Philip Lehmann

Chorleiter-Coaching

1004 Wege dich, dein Dirigieren und deinen Laienchor zu optimieren

© 2021 Philip Lehmann (www.musicfactory-21.com)
Umschlag, Illustration: Katharina Lob (www.katharina-lob.de)

Verlag & Druck: tredition GmbH, Halenreie 40-44, 22359 Hamburg

ISBN
Paperback   978-3-347-32419-0
Hardcover   978-3-347-32420-6
e-Book   978-3-347-32421-3

Das Werk, einschließlich seiner Teile, ist urheberrechtlich geschützt. Jede Verwertung ist ohne Zustimmung des Verlages und des Autors unzulässig. Dies gilt insbesondere für die elektronische oder sonstige Vervielfältigung, Übersetzung, Verbreitung und öffentliche Zugänglichmachung.

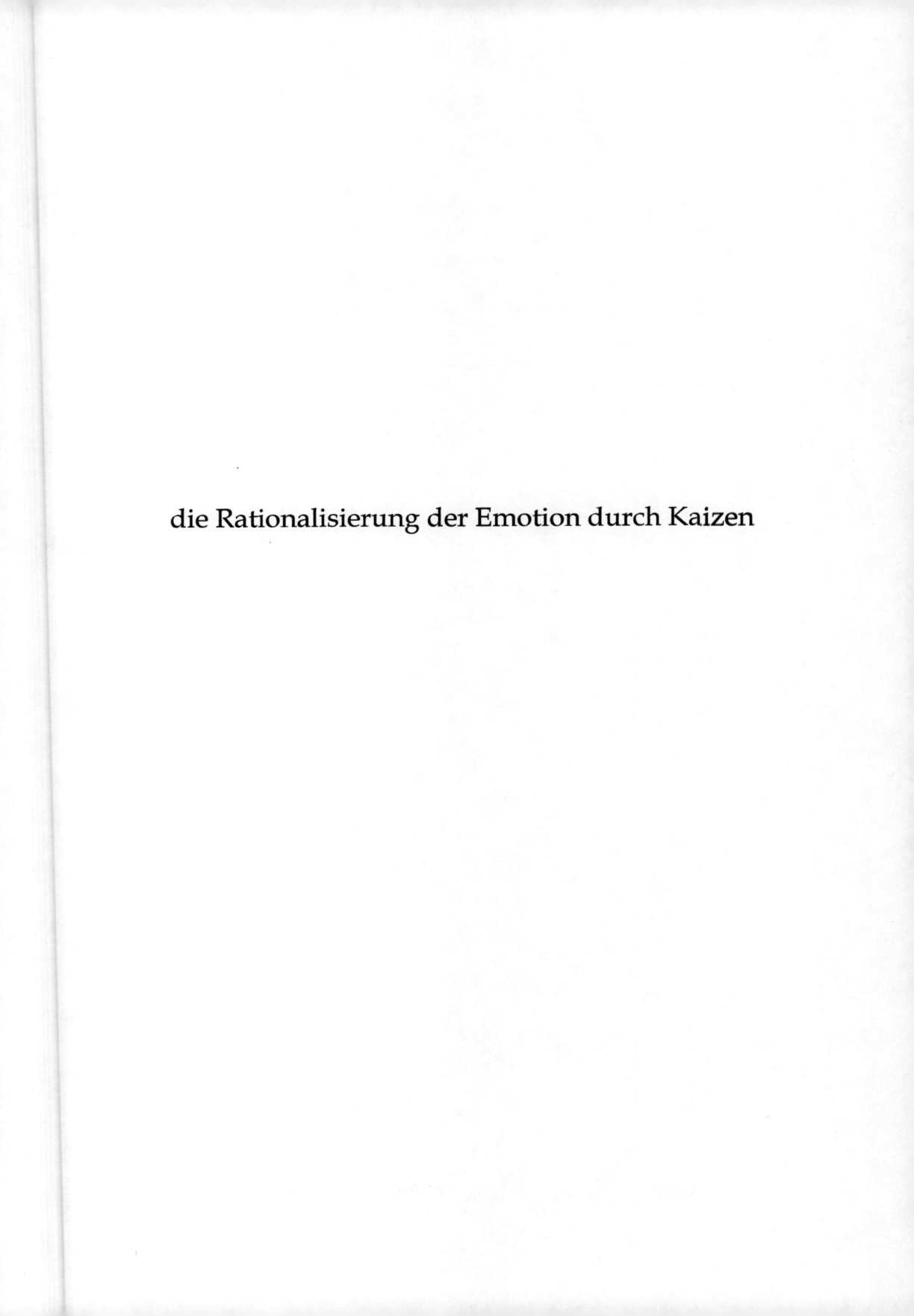

die Rationalisierung der Emotion durch Kaizen

Inhaltsverzeichnis

Vorbemerkung	9
Vorwort	10
Einleitung	16
Alphabetischer Inhaltsteil	**25**
Danksagung	745
Index	746

Vorbemerkung

Ich werde dich liebe Kollegin, lieber Kollege in diesem Buch duzen. Wir werden **gemeinsam** derart ans Eingemachte gehen, dass ich es unhöflich finden würde dich zu Siezen.

Dieses Buch zeigt dir, dass Leiten und Dirigieren eines Laienchores ein Handwerk sind – ein erlernbares Handwerk mit eigenen Techniken, Arbeitswegen und Methoden ein *Produkt* herzustellen: Einen glücklichen, erfolgreichen und produktiven Chor.

Das Wort *Laienchor* definiert nur einen Chor, der aus Sängern besteht, die fürs **Singen kein Geld** bekommen. Über seine Qualität sagt das Wort nichts aus. Eine tiefere Differenzierung ist terminologisch nicht möglich.

Trotzdem behandelt dieses Buch nahezu alle Aspekte der Laienchorleitung, da es spezifische Merkmale gibt, die ihn fundamental vom Profichor unterscheidet.

Diese Merkmale und Arbeitsweisen wirst du in keinem mir bekannten Studium oder Chorleitungskurs lernen, weil du sie nur durch Praxis und Reflexion erfahren kannst. Einen Teil dieser Arbeit nehme ich dir hiermit ab, indem ich dir meine Erfahrung und Reflexion mitteile.

Ich coache dich – ich unterrichte dich nicht. Ich möchte nicht, dass du etwas unreflektiert annimmst – ich möchte, dass du dich mit der Sache auseinandersetzt.

Alles was ich dir an Lösungswegen vorschlage begründe ich, ohne dir die Lösungen aufzuzwingen. Nur weil etwas **mein** Weg ist, muss es nicht **deiner** sein. Ich bin sehr meinungsstark – meine Meinungen sind aber immer begründet. Ich helfe dir so deine Arbeitsweise und deinen Umgang mit deinem Chor und deinen Sängern zu überdenken.

Dieses Buch soll ein ständiger Begleiter und Ratgeber für jeden Laienchorleiter jeden Niveaus sein können. Sollte dir dies nicht ausreichen biete ich dir weitere Wege:

www.chorleiter-coaching.de
Buche mich für dich und deinen Chor. Lasse dich aktiv oder passiv coachen.

www.chor-mediation.de
Wenn der chorinterne Haussegen schief hängt, kann ich vermitteln.

www.chorleiter-stammtisch.org
Das kostenlose und ausdrücklich **anonyme** Forum für Chorleiter, alle deine Fragen und alle Antworten, die du anderen geben möchtest.

2. Auflage

2027 werde ich eine 2. Auflage dieses Buches herausbringen. Dies werde ich unabhängig von den Verkaufszahlen tun. Ich habe (verständlicherweise) keinen Verlag gefunden, der mir nach 5 Jahren alle Verlagsrechte wiedergibt, und damit garantiert eine 2. und überarbeitete Auflage ermöglicht. Deshalb musste ich den Weg über einen Book-on-Demand-Anbieter wählen, der mir erlaubt alleiniger Rechteinhaber zu bleiben. Ich darf mich so (z.B. im Forum) auch selbst zitieren und es gibt keine zahlenmäßige Auflage – das Buch wird also nie vergriffen sein.

Da dieses Buch außerdem zum größten Teil auf reflektierter Erfahrung basiert und ich in den nächsten Jahren noch viel dazulernen, bzw. auch im Austausch mit Kollegen (dir!) neue Probleme und Lösungswege kennen lernen werde, ist eine Überarbeitung und Ergänzung des vorliegenden Materials nur konsequent und auch in deinem Sinne.

Vorwort

Aufbau

Dieses Buch ist nicht nach Themen geordnet. Es ist ein *Blog* in Buchform und folgt damit der Theorie des Differenziellen Lernens *(s.a.)*.
Aspekte der Chorleitung sind in kleinen Absätzen aufgearbeitet und mit einer Überschrift versehen. Diese sind dann alphabetisch, nicht inhaltlich, geordnet.
Lese das Buch chronologisch, da seine Kapitel strategisch gesetzt sind – erst **danach** problembezogen. Der Index am Ende des Buches wird dir dabei helfen die für dich interessanten Themen wiederzufinden.
Einige inhaltlich verbundene Hinweise (z.B. „Neuer Chor") sind im Buch verteilt, weil die Hinweise nicht nur in einem neuen Chor gelten. Sie sind aber unter „Neuer Chor" im Index alle zu finden.
Spezielle inhaltliche Hinweise (z.B. nur für den Gottesdienst) sind wiederum unter „Gottesdienst" im Buch zu finden (natürlich auch im Stichwortverzeichnis).
Es fiel mir sehr schwer nach Kapiteln (*Probenvorbereitung/vor der Probe/nach der Probe/* etc.) zu arbeiten, da viele der Absätze inhaltlich in mehrere Kapitel passen würden.

Manche Paragrafen haben augenscheinlich denselben, mit anderen Worten beschriebenen, Inhalt. Aber so individuell jeder Chor und Chorleiter ist, so wird auf nur in Nuancen unterschiedene Aussagen reagiert. – Auch von dir. Dieses Buch will auch **dir** gegenüber pädagogisch sein – das ist *Coaching*. Wäre dies ein Lehrbuch würde ich nur einen Paragrafen zur „Intonation" geschrieben haben und nicht sechs. Manche Dinge, die mir selbst sehr wichtig sind, wiederhole ich inhaltlich bewusst nur in anderen Worten und unter anderer Überschrift, sodass sie im Buch verteilt immer wieder auftauchen.
Wenn dir also etwas bekannt vorkommt habe ich mein Ziel erreicht – einen Wiedererkennungswert. Es sind Dinge, die ich auch im Leben andauernd wiederholen muss und dies tue, weil ich von ihnen überzeugt bin.
In den meisten Fällen sind diese ähnlichen Abschnitte durch Verweise verbunden.
Der Abschnitt *Wiederholen* wird dir einiges an diesem Buch erklären.
1. Ich wiederhole, um Wissen zu vermitteln.
2. Ich bin humorvoll, motivierend schnodderig, auffordernd, ehrlich, formal, provozierend und beleidigend, um in dir **emotionale** Reaktionen hervorzurufen. Die z.T. durchgedrehten Überschriften sind wohlüberlegt.

Du kannst mich nach der Lektüre dieses Buches lieben oder hassen – solange du weißt, *warum* du es tust, hast du dich im Verhältnis zu meinen Intentionen reflektiert.
Nur dann war ich erfolgreich.

Dies ist ein *Coaching-Buch*. Dies ist **kein** *Handbuch der Chorleitung*. Ich gehe somit davon aus, dass du schon einen Chor leitest und eigene Erfahrungen gemacht hast.
Ich gehe davon aus, dass Folgendes grundsätzlich bekannt ist:
- Grundschläge des Dirigierens
- Akkordsymbole

- Tonarten
- Tempoangaben
- Taktarten
- Harmonielehre im Allgemeinen

Dies ist kein theoretisches Buch – alles was du hier liest kannst du, unabhängig vom Niveau, auf deinen Chor zugeschnitten anwenden. Ich helfe dir deine Arbeit zu optimieren. Dies ist ein Ergänzungsbuch zu jeder Dirigierschule. Es kann diese aber nicht ersetzen. Fängst du erst an einen Chor zu leiten, wird dir mein Buch etwas helfen, aber dich mit seiner Informationsfülle eher erschlagen.

Alles in diesem Buch ist **meine** subjektive Erfahrung. **Mein** (angelesenes) Wissen.
Ich mache es so. **Ich** will es so machen.
Du musst den richtigen Weg für **dich** und **deinen** Chor finden.
Nur dann ist er authentisch und nachhaltig.
In hunderten Paragrafen beschreibe ich dir, wie ich **meine** Proben vorbereite, wie **ich** probe und die Psychologie hinter dem Laienchorleiten.

Beleidigte Leberwurst

Ich hätte es nicht gedacht, aber ich muss auch so etwas in ein Vorwort schreiben, denn heutzutage beleidigt sogar gutgemeinte Hilfe…

Wenn ich jemanden in diesem Buch durch meine Vorschläge und Anregungen, aber auch Forderungen, beleidigt haben sollte, tut mir dies nicht leid. Alles was ich hier geschrieben habe sind Vorschläge zur Optimierung – selbst ich kann nicht alle erfüllen.

Eine übermäßig negative Reaktion auf einen Vorschlag wurzelt meist in dem Wissen, dass man ihn befolgen sollte, aber es entweder nicht kann oder Angst davor hat.

Jeder Dirigent muss reflektieren, welche Wege für **ihn** in Frage kommen, ohne dass er seine Persönlichkeit aufgeben soll (denn das geht nun mal nicht) – d.h. es ist unmöglich von einem normalerweise sachlich arbeitenden Dirigenten zu erwarten, dass er nun jede Probe mit einem Witz beginnt (bitte niemals machen!) oder von dem unorganisierten Scherzbold, dass er jemals ohne viel zu Delegieren ein guter Gruppenleiter wird.

Wir können im Bereich unseres Charakters Techniken anwenden, um Abläufe zu optimieren und bestimmte Verhaltensweisen (auch liebgewonnene) zu überdenken. Dieses Buch will dich dazu anregen. Jeder Hinweis ist ein begründeter Impuls.

Ab und zu nutze ich Kraftausdrücke, um Handlungsweisen (z.B. einen Chor a-capella mitteltönig singen zu lassen) als das darzustellen, was sie **für mich** sind. Wenn du dich davon persönlich angesprochen fühlst, bedenke, dass wir uns nicht kennen und ich dich nicht persönlich gemeint haben kann. Frage dich dann, warum du dich beleidigt fühlst. Wenn ich soo falsch liegen sollte, kannst du mir gerne schreiben.

Coaching bedeutet **deinen** Weg zu finden – aber manche Sachen macht man einfach nicht – also meiner (begründeten) Meinung nach…

Genderterminologie

Ich habe mir viele Gedanken über eine gendergerechte Sprache gemacht und bin zu keiner befriedigenden Lösung gekommen.

Es ist unbestritten, dass nicht nur im Chor mehr Sängerinnen als Sänger singen, sondern es im Laienbereich auch mehr Chorleiterinnen als Chorleiter gibt.

Ich bin damit aufgewachsen, dass man Sänger, Chorleiter, Autor, Regisseur, Intendant, etc. sagt und damit gleichzeitig männliche wie auch weibliche meint.

Ich nutze im allgemeinen Sprachgebrauch das generische Maskulinum, ohne großartig darüber nachzudenken – in einem Buch ist das eigentlich etwas anderes.

Gleichzeitig verweigere ich mich solchen Wortmonstern wie „Chorleiterinnen und Chorleiter", „Chorleiter*innen" oder am schlimmsten: „Chorleitende", „Singende", „Dirigierende". Wir leben in einer spannenden Zeit und ich als Mann bin ‚natürlich' der Meinung, dass man gerne beim generischen Maskulinum bleiben kann – man weiß doch wer gemeint ist... Das ist ja soo leicht von mir zu sagen, da mich die maskuline Bezeichnung *Dirigent* oder *Sänger* ja meint.

Die Problematik wurde mir bewusst, als ich einen ZEIT-Artikel über die Frage las, wie Astronautinnen im All aufs Klo gehen. Es hat eine Seite gedauert, bis ich verstanden hatte, dass der Autor (männlich) nicht nur Frauen, sondern auch die Männer unter dem Begriff „Astronautinnen" zusammenfasste.

Der gemischte Chor ist eine letzte Bastion echter Gendertrennung. Nur im Tenor und Alt gibt es ab und zu Überschneidungen – wobei der Anteil der Tenösen den der männlichen Altisten bei weitem übersteigt – letzteres ist mir noch nie passiert.

Wenn ich mit dir über *Sängerinnen* rede – denkst du da an den Bass? Und *die Sänger des Chores* – denkst du da nur an die Männerstimmen?

Auch das neue „divers" ist im Chorzusammenhang nicht zielführend, da z.B. der Genderbegriff „Männerstimme" *klangphänotypisch* gemeint ist und mit der sexuellen Einstellung nichts zu tun hat.

Ein als transgender identifizierender Mann wird, da die Ausbildung der Stimmlippen in der Pubertät vollzogen wurde, im gemischten Chor in der Männerstimme singen (müssen). Umgekehrt ist es aber möglich, dass als transgender identifizierende Frauen ihre Stimmen durch Testosteronzufuhr tiefer bekommen (dies bedeutet aber nicht zwingend, dass Tenösen grundsätzlich mehr Testosteron haben als Soprane).

So leid es mir tut, aber das generische Maskulinum ist im chorbezogenen Sprachgebrauch verankert und wird da auch nicht so schnell verschwinden. Mit dieser Feststellung werde ich mit Sicherheit irgendwelche Empörungen auslösen und würde zwar auch gerne meinen Teil zum Verschwinden beitragen, habe aber gemerkt, dass **ich** noch nicht so weit bin und keine für **mich** befriedigende Lösung gefunden habe.

Ich habe sogar versucht bei allen Paragrafen im Buchstaben A nur weibliche Generika und im Buchstaben B nur männliche usw. zu nutzen. Auch das fühlte sich erzwungen an.

Das grundlegende ‚Problem' ist, dass der Text dieses Buches meine Umgangssprache ist. **Ich** spreche mit **dir**. Darunter leidet nicht nur die etwas umgangssprachliche Kommasetzung...

Eine praktische (sic!) Idee zur gendergerechten (Schrift-) Sprache bringt der Germanist Thomas Kronschläger in Anlehnung an den Künstler Hermes Phettberg mit in die

Diskussion: Hänge einfach bei Personenbezeichnungen ein „y" an den Wortstamm, und setze ein neutrales „das" davor, schon fühlen sich alle (m/w/d) mitgemeint.
Um das Plural zu bilden, wird ein „s" angehängt.
Aus *der/die Sänger*in* wird *das Sängery* – plural: *die Sängerys*.
Aus *der/die Chorleiter*in* wird *das Chorleitery* – plural: *die Chorleiterys*.
Aus *der/die Stimmbildner*in* wird *das Stimmbildnery* – plural: *die Stimmbildnerys*.
Aus *der/die Zuhörer*in* wird *das Zuhörery* – plural: *die Zuhörerys*.
Aus *der/die Dirigent*in* wird *das Dirigenty* – plural: *die Dirigentys*.
Aus *der/die Kolleg*in* wird *das Kollegy* – plural: *die Kollegys*.

Ob auch innerhalb von Wörtern gegendert werden soll, stellt Kronschläger frei.
Die Vorteile liegen allerdings auf der Hand: Ein Wortungeheuer wie *der/die Chorleiter*innenausbilder*innengehilf*innen* schnurrt auf *das Chorleiteryausbilderygehilfy* zusammen. Man spart drei Kunstpausen beim Sprechen, beim Schreiben fast die Hälfte der Anschläge und hat womöglich sogar ein paar Lachys auf seiner Seite.

[aus „Spiegel Online" URL: *https://www.spiegel.de/politik/deutschland/gendergerechte-sprache-leichter-gendern-mit-phettberg-kolumne-a-ae5da027-0002-0001-0000-000176418810 (Abgerufen: 21. März 2021, 09:21 UTC)*]

Im Jahr 2027 gibt es die zweite überarbeitete Auflage dieses Buches.
Ich hoffe dann eine für mich praktische Lösung gefunden zu haben und entschuldige mich bis dahin.

Weitere Terminologien
Ich wechsle die Termini Dirigent und Chorleiter ab. Sie sind für mich gleichbedeutend.
Orchesterleiter ist ein Spezialbegriff.
Gruppenleiter nutze ich nur, wenn die zugehörige Handlungsanweisung universell für Gruppenleiter gelten kann (chorunabhängig).
Abkürzungen für Chorstimmen: Sopran (S), Alt (A), Tenor (T), Bass (B).
Taktangaben: T5ff = Takt 5 und Folgende.
Verweise zu anderen Kapiteln zeige ich so: *(s.a. Wiederholen)*
Personennamen habe ich mit Lebensdaten versehen. Fehlen diese Daten habe ich sie nicht finden können.
Alle Geldbeträge (Vertrag, Gehalt, Honorare, etc.) sind „brutto" zu verstehen – also als Auszahlungsbeträge. Nettobeträge sind als solche gekennzeichnet.
Ich nutze folgendes Tonnamensystem in diesem Buch und im normalen Leben:

Große Oktave: C D E F G A H
kleine Oktave: c d e f g a h
eingestrichene Oktave: c' d' e' f' g' a' h'
zweigestrichene Oktave: c'' d'' e'' f'' g'' a'' h''
c'''

Gesangstechnik

Alle Hinweise zur Gesangstechnik sind ergebnisbezogen. D.h. wenn Sänger eine bestimmte Technik anwenden, wird ein bestimmtes Klangergebnis erreicht. Dies kann in einem Chor ohne Einzelstimmbildung immer nur *nahezu* funktionieren. Deshalb müssen wir im Laienchor Anweisungen nutzen, die bei den **meisten** Sängern zu richtigen Ergebnissen führen.

Das von mir im Buch geforderte „freundliche Gesicht" muss nicht bei jedem Sänger helle Vokale produzieren, tut es aber bei den meisten.

Die Zungenspitze beim Singen an den unteren Schneidezähnen zu belassen, lässt die Zunge hinten nicht zwangsläufig flacher werden und damit einen oberen Resonanzraum schaffen – tut es aber bei den meisten.

Ich behaupte nicht, dass meine Stimmbildungshinweise die besten sind – aber *„they get the job done"*.

Die individuelle Ausprägung der Techniken musst du an deinem Chor ausprobieren. Deshalb beschränke ich mich auch auf Grundsätzlichkeiten und gebe sonst nur Hinweise.

Artikel zur Funktion und Anatomie der Stimme bestehen hauptsächlich aus Verweisen auf Wikipediaartikel. Der Grund ist einfach: die moderne Technik. Sei es nur die der Animation oder auch MRT-Aufnahmen von der Stimme, welche ich natürlich nicht in einem Buch darstellen kann.

Die menschliche Klangerzeugung ist sehr komplex. Um alle notwendigen Aspekte abzudecken wurden schon andere dicke Bücher geschrieben. Ich will dir Wege zeigen. Nehme dir einfach mal einen Nachmittag und lerne das Instrument deiner Sänger (und auch von dir) näher kennen. Ich glaube jeder Geiger weiß mehr über den Aufbau seiner Geige, als wir Sänger über den Aufbau unserer Stimme. Ändere das.

Kommunikationstechniken

Manche Ratschläge bezüglich der Befindlichkeiten der Sänger wirken vielleicht kalt, sachlich und wenig empathisch.

Das Gegenteil wird das Befolgen der Ratschläge erreichen. Mein Ziel ist es, dass Sänger sich in deinem Chor wohlfühlen, und da ist der Hinweis einem schwer erkrankten Sänger nicht nur „gute Besserung", sondern auch „viel Kraft" zu wünschen vielleicht berechnend, aber vor allem ein Augenöffner dahingehend, wieviel *kleine* Änderungen im Sprachgebrauch *große* Effekte und Wärme hervorrufen.

Ich werde dir zeigen, auf welche Situationen du noch achten solltest und wie du mit ihnen umgehst, damit deine Sänger deine Empathie wahrnehmen.

Manche Hinweise in diesem Buch wirken wiederum wie aus einer ‚Kuschelpädagogik'.

Du hast es allerdings mit Menschen zu tun, die auch jederzeit in einen anderen Chor gehen können. D.h. solange deine Sänger sich wohlfühlen, bleiben sie auch.

Lesende Chorsänger
Lieber lesender Chorsänger. Dies ist **kein** Buch für dich.
Du wirst damit *hinter den Vorhang* schauen.
Wenn du also einfach gute Chorproben erleben willst, lese nicht weiter!
Wenn du wissen willst wie (meiner Meinung nach) Chorproben besser geleitet werden können, darfst du nachher nicht sauer sein, wenn du dich in Proben manipuliert fühlst. Du wirst nämlich manipuliert – aber bei korrekter Ausführung immer zu deinem Besten.

Rechtliches
Alle rechtlichen Hinweise und Behauptungen sind von mir nach bestem Wissen und Gewissen gemacht worden. Eine Gewähr gebe ich auf diese nicht und empfehle dir dringend dich von Fall zu Fall selbst zu informieren. Sie spiegeln alle nur eine Meinung wider.
Alle Tatsachenbehauptungen, Vorgehensweisen der Allgemeinbildung, die nicht mit einer Quellenangabe versehen sind, entstammen meiner eigenen Erfahrung. Ich gebe keine Garantie auf ihre Richtigkeit. Im Falle der Quellenangaben liegt die Verantwortung bei der Quelle, deren Korrektheit zu überprüfen ist.
Beispielhafte Chorsituationen sind gänzlich anonymisiert und inhaltlich verfremdet.
Alle Ähnlichkeiten mit lebenden und verstorbenen Personen sind rein zufällig und nicht beabsichtigt, selbst wenn sie spezifiziert wirken.

Einleitung

Laienchorleitung

Laienchorleitung ist ein schöner Beruf – ob haupt- oder nebenberuflich.
Leider sind alle mir bekannten Lehrformate für Laienchorleitung nicht realitätsnah, da sie schlicht nicht auf die Arbeit mit Laienchören ausgerichtet sind.
Das Hauptproblem: Die Schüler und Studenten müssen sich in den praktischen Übungen nur mit Kommilitonen oder Kollegen auseinandersetzen.
Der Laienchorleiter ist im Gegensatz zum Dirigenten eines professionellen Chores oder Orchesters **kein** kleines Rädchen im System, sondern maßgeblich für die Qualität, die Ausrichtung und Zufriedenheit der Sänger seines Chores verantwortlich.
Er ist das Zentrum um das sich alles dreht.
Mit deiner Qualität steht und fällt die des Chores. Du hast dadurch signifikant mehr Macht als deine ‚professionellen' Kollegen – **aber** damit auch mehr Verantwortung.
Deshalb muss bei jedem Fehler des Chores oder im Ablauf die Frage von **dir** an **dich** gehen, was **du** falsch gemacht hast. In deiner verantwortungsvollen Position hast du zuerst zu fragen was du besser machen kannst, bevor du fragst, was die anderen besser machen können. Das ist nicht einfach – den Weg dahin zeige ich dir.

Im Laienbereich besteht ein ganz anderes Vertrauensverhältnis zwischen Chor und Sänger als im Profibereich. Profisänger wissen, wann sie falsch gesungen haben. Sie brauchen keine Stimmbildungstipps. Sie müssen nicht auf eine gute Haltung hingewiesen werden. Mit ihnen musst du keine Töne pauken oder die Intonationsgrundsätzlichkeiten klären. Dort bist du für die musikalische Gestaltung zuständig. Mehr nicht. Du bist absolut ersetzbar.
Ein Profichor könnte auch ohne Dirigenten noch verhältnismäßig gut singen.
Im Laienchor brauchen die Sänger dich, um als Chor überhaupt zu **funktionieren**.
Du wirst diese Machtposition aber nur gut ausfüllen können, wenn die Sänger ihre Unterwürfigkeitsposition nicht spüren, sondern das Gefühl bekommen, Anteil an der Entstehung der Musik zu haben. Auch hierfür lernst du Techniken in diesem Buch.

Dirigieren ist keine Zauberei.
Man kann es (eine gewisse Führungspersönlichkeit vorausgesetzt) lernen.
Woran viele von uns scheitern ist der Glaube, dass Dirigieren im Laienbereich, wie im Studium gelernt, *einfache Mathematik* ist: Wenn ich *das* mache/fordere, passiert *das*.
Bei den Profis ist das auch (meistens) so. Ich sage: „Takt 25 leiser" oder zeige das sogar nur an, und es passiert. Dirigieren im Laienbereich ist aber *höhere Mathematik* – es ist **Wahrscheinlichkeitsrechnung**. Wenn ich *das* mache, passiert **wahrscheinlich** *das*.
Leider gehen alle mir bekannten Dirigierschulen von höchst willigen und fähigen Sängern aus. Wir alle wissen aber, dass dem nicht so ist.
Dieses Buch schließt somit die Lücke zwischen dem technischen Dirigieren und dem Leiten einer Gruppe von musikalischen Laien **jeden** Niveaus.
Es ist für den Anfänger bis zum studierten Profi geschrieben.

Denn wo es dem Anfänger an Sachkompetenz fehlt, fehlt es dem Profi an Sozialkompetenz. Für beides bietet das Buch Handlungsanweisungen, Tipps und Vorschläge, die die Arbeit und den Umgang mit einem Laienchor optimieren.
Es hilft dir ein Dienstleister an deinen Sängern und deinem Chor zu werden, ohne daran kaputt zu gehen. Du wirst schließlich einen funktionierenden Chor, zufriedenere Sänger und bessere Konzerte erreichen.
Der Fisch fängt immer am Kopf an zu stinken. Deshalb musst du dich selbst ändern, bevor sich dein Chor ändern kann: zufrieden werden und bereit sein immer dazu zu lernen.

Dieses Buch wird dir leider ohne Eigenleistung nicht helfen können. Ich zeige dir zwar eine Menge Wege, wie du deine Arbeit effektiver gestalten kannst und weniger Probleme bekommst, aber kein Chor gleicht dem anderen. Einige Tipps funktionieren bei jedem Chor und gehören quasi zum Grundrepertoire, bzw. zu deinem Fundament.
Viele Wege musst du aber erst versuchsweise beschreiten, um herauszufinden, ob sie etwas für deinen Chor sind oder nicht **und** ob sie etwas für **dich** sind.
Wenn du nicht bereit bist deine Arbeit und deinen Chor zu reflektieren, brauchst du im Prinzip nicht mehr weiterlesen.

Die Rationalisierung der Emotion
Alle Menschen in allen Kulturkreisen singen.
Leider ist in der Historie zum großen Teil nur der sakrale Gesang aufgezeichnet worden. Auch aus dem griechischen Theater gibt es nur rudimentäre Überlieferungen.
Das *Volkslied* gab es schon immer. Es wurde aber nur mündlich überliefert.
Ein singender Mensch tut dies nicht um anderen zu gefallen – er tut dies für sich selbst.
Er tut es, um seine Arbeit erträglicher zu machen. Ein Kind in den Schlaf zu wiegen. Seine Freude auszudrücken, seine Wut, aber auch seine Angst *(der Pfeifer im Walde)*.
Singen und **Emotion** sind untrennbar miteinander verbunden – auch im Chor.
Singen ist damit immer intrinsisch und emotional. Deshalb hat der singende Laie das Gefühl er gebe etwas Intimes von sich preis.
Es ist die Aufgabe des Chorleiters diese Verbindung zur tiefen Emotionalität konstruktiv und sensibel aufzubrechen, um das Singen für den Sänger zu einer steuerbaren und formbaren Tätigkeit werden zu lassen.
Er muss die **Emotionen rationalisieren**.
Ein Chorsänger, der sich mit seinem Individualgesang einer Gruppe unterordnen soll, braucht eine Führung, die ihn in seiner emotionalen Ausdrucksweise nicht verkrüppelt, sondern ihm Werkzeuge gibt seine singende Ausdrucksweise zum Wohl der Gruppe, und zu seinem eigenen, zu steuern.
Ein schlechter Laienchorleiter wird seine Sänger wie bezahlte Profis behandeln, deren emotionale Bindung zum Chor und zu der Musik nicht an erster Stelle stehen müssen.
Ein guter Laienchorleiter wird in dem Verständnis um die emotionale Heterogenität seiner Sänger Wege finden diese zu homogenisieren und die meisten seiner Sänger

emotional in dieselbe Richtung zu bewegen.
Dies wird er aber nur schaffen, wenn er selbst rational bleibt, ohne kalt zu sein.
Er muss fühlender **Mensch** bleiben. Seine Methodik und Didaktik darf trotzdem nur von klaren Gedanken und Rechtfertigungs**fähigkeit** (nicht Rechtfertigungszwang) geprägt sein. Er muss sich immer erklären können, ohne es zu müssen. Nur wenn er auf eine eigene unsachliche Meinung verzichtet, ist er für jeden Sänger ansprechbar.
Sein Profil ist darüber definiert – es gibt keine Überraschungen.

Coaching

Dies ist ein Coachingbuch. Es setzt voraus, dass du schon einige Zeit einen Chor leitest.
Coaching ist Interaktion. *Du* und *ich* finden **deine** Lösung.
Das ist mit einem Buch natürlich nicht zu leisten.
Wenn du es falsch machen willst, nimmst du dir ein paar markige Sprüche und ein paar Probenmethoden aus dem Buch, setzt sie um, erzählst von ihnen und ersetzt mit ihnen eine praktische Wirkung. – Denn du tust ja schon was. Du änderst dich ja. Problem erkannt – Gefahr gebannt – aber nur punktuell.
Der richtige Weg ist, niemandem zu erzählen, was du anders machst. Mach es einfach. Sei du selbst und finde deinen Weg. Nur du kannst auf ihm gehen.
Ich gebe dir kleine Hilfsmittel und Wegweiser, soweit es ohne einen persönlichen Kontakt möglich ist. Ich zeige dir Alternativen. Du musst dir deinen Weg selbst suchen. Wenn du dich aber entscheidest auf dem Weg zu bleiben, den du *jetzt* gerade gehst, dann tust du es über die Auseinandersetzung mit meinen begründeten Vorschlägen informiert und selbstbegründet.
Es kann sein, dass dir die Hälfte der Tipps nichts bringen, da sie nicht zu deiner Lebenssituation passen, dir oder deinem Chor.
Das bedeutet aber, dass du diese Tipps reflektiert, und dich informiert *gegen* ihre Umsetzung entschieden hast. Das ist eben so viel Wert wie ihre Umsetzung.
Wenn dir persönliche Änderung schwerfällt, wirst du versucht sein wegen einzelner Dinge, die du nicht umsetzen kannst, alles an diesem Buch für nicht umsetzbar zu halten. Dann hast du das Ziel leider missverstanden. Solange du eine informierte Entscheidung triffst, ist sie korrekt – für dich.
Ein Beispiel: **Ich** würde niemals vor der Probe ein gutes Essen zu mir nehmen.
Du möchtest vielleicht nicht darauf verzichten mit deiner Familie zu Abend zu essen.
Es zu tun oder zu lassen hat Vor- und Nachteile. So lange du dann in der Probe nicht rumjaulst, wie schwer doch dein Magen ist, sondern zufrieden an das schöne gemeinsame Essen denkst und mit dem vollen Magen trotzdem deine Arbeit machen kannst (oder gerade weil, da du nun keine Schuldgefühle gegenüber deiner Familie hast) ist alles ok.
Dein Weg – **mein** Ziel: Gute Probe durch zufriedenen Chor und Chorleiter.
Eventuell wusstest du gar nicht, dass es da noch andere Wege gibt, wo du immer schön geradeaus gegangen bist. Eventuell warst du zu faul oder einfach uninformiert. Vielleicht dachtest du, du gehst den richtigen Weg. Vielleicht gehst du auch **deinen** richtigen Weg. Dann **weißt** du das jetzt auch und denkst es nicht nur. Das ist das Ziel dieses Buches.

Ich will dich dazu bringen, dass du dich für **deinen** Weg **entscheidest**.
Ich gebe ihn dir nicht vor. Ich zeige dir nur welche Wege du gehen kannst und welche Wege **ich** für die besseren halte. Den Weg gehen musst du selbst.
Sehr häufig wirst du bei Aufzählungen „etc." oder „usw." lesen. Das liegt weniger daran, dass mir nichts mehr einfällt, als eher, dass meine Aufzählung eine Basis definieren soll, auf der du die Liste aus deiner Erfahrung und Situation heraus weiterführen kannst.
Dieses Buch ist ein Werkzeugkasten. Ich gebe dir in ihm Werkzeuge, um deine Aufgabe zu erfüllen. Es ist aber deine Aufgabe die Werkzeuge aus dem Kasten zu nehmen.
Du hast die Wahl: Schaust du einmal in den Kasten und stellst ihn dann in die Ecke, oder wirst du für die entsprechende Situation das richtige Werkzeug nutzen? Für manche Situationen wirst du kein Werkzeug finden, aber du wirst dir dann dein eigenes bauen können.
Ich werde damit deine **Resilienz** fördern.
Durch Techniken und durch Wissen wirst du ruhiger und so mit einer gesunden Spannung deinen Chor führen können. Die Probleme, die dich vorher emotional berührt haben bleiben bestehen – du lernst aber einen gesunden Umgang mit ihnen.

Coaching kann nur individuell geschehen. Ich habe auf den letzten 2 Seiten auf unterschiedlichste Weise erklärt, dass du **deinen** Weg finden musst und ich dir dabei helfen werde. Diese Wiederholung eines Grundthemas mit anderen Worten und Beispielen ist eines der Grundprinzipien dieses Buches. Ich möchte dich abhängig von deiner Lebens- und Arbeitssituation ansprechen.

Kaizen

Kaizen – gesprochen mit stimmhaftem „s"; jap. kai „Veränderung, Wandel", zen „zum Besseren"; „Veränderung zum Besseren", bezeichnet sowohl eine japanische Lebens- und Arbeitsphilosophie als auch ein methodisches Konzept, in deren Zentrum das Streben nach kontinuierlicher und unendlicher Verbesserung steht.
Die Verbesserung erfolgt in einer schrittweisen, punktuellen Perfektionierung oder Optimierung eines Produktes oder Prozesses.
Im engeren Sinne ist eine stetig-inkrementelle Verbesserung gemeint, in die **Führungskräfte**, wie **Mitarbeiter**, einbezogen werden.
Gemäß der Philosophie des Kaizen weist nicht die sprunghafte Verbesserung durch Innovation, sondern die schrittweise erfolgende Perfektionierung des bewährten Produkts den Weg zum Erfolg. Dabei wird davon ausgegangen, dass der wirtschaftliche Erfolg das Ergebnis von Produkten und Dienstleistungen ist, die mit ausgezeichneter Qualität höchste Kundenzufriedenheit erzielen.
Aus dieser Überzeugung leitet sich die stetige Suche nach Verbesserung auf allen Ebenen eines Unternehmens als Kernfunktion eines Kaizen-Programms bzw. kontinuierlichen Verbesserungsprozesses (KVP) ab.

Dazu gehören zum Beispiel:
- Perfektionierung des betrieblichen Vorschlagswesens
- Investition in die Weiterbildung der Mitarbeiter
- Mitarbeiterorientierte Führung
- Prozessorientierung
- Einführung eines Qualitätsmanagements

Insgesamt soll durch Kaizen bzw. durch einen KVP eine höhere Identifikation der Mitarbeiter mit dem Unternehmen erreicht werden, was zu einer stetigen Verbesserung der Wettbewerbsposition beitragen soll. Eine nicht-kontinuierliche, sondern sprunghafte Verbesserung wird auch als Re-Engineering bezeichnet.

[Seite „Kaizen". In: Wikipedia, Die freie Enzyklopädie. Bearbeitungsstand: 11. Februar 2020, 07:23 UTC. URL: https://de.wikipedia.org/w/index.php?title=Kaizen&oldid=196713312 (Abgerufen: 25. März 2020, 06:26 UTC)]

Um Kaizen auf einen Chor zu übertragen, muss man den **Chor als Produkt** erkennen. Das mag sich technisch anhören, vor allem da der Laienchor an sich auf Emotionen aufgebaut ist. Damit diese aber möglich werden ist es deine Aufgabe als Chorleiter diese Emotionen zuerst zu rationalisieren.

Dieses Buch wird, ohne es weiterhin explizit zu erwähnen die 5 Grundlagen des Kaizen auf die Leitung eines Laienchores übertragen. Sie sind meine Handlungsgrundlagen. An ihnen orientiere ich mich.

1. **Prozessorientierung**

    Zu häufig leiten wir unseren Chor ausschließlich ergebnisorientiert (Auftritt). Aber nur über die Analyse der Probe, dem Aufarbeiten und folgendem Ziehen von Konsequenzen wirst du ein gutes Ergebnis *nachhaltig* erhalten und damit wiederholen können.

    Frage nicht: „War dieser Auftritt gut/schlecht?"

    Sondern: „Was habe *ich* dafür getan, dass der Auftritt gut war, und was kann ich davon zum Standard für das Proben anderer Stücke machen?"

    Später erst: „Was war nicht gut und was ist mein Anteil daran?"

2. **Kundenorientierung**

    Kaizen bedeutet die Unterteilung in interne und externe Kunden.

    Externe Kunden sind in erster Linie die Zuhörer.

    Wenn ich ständig Stücke singen lasse, die keiner hören will/
    wenn ich schlechte Pressearbeit mache und somit keiner von Auftritten weiß/
    wenn ich die Eintrittspreise zu hoch ansetze/
    wenn ich meinen Chor ungenügend vorbereite und die Auftritte schlecht sind/
    etc., dann darf ich mich nicht beschweren, wenn meine externen Kunden von meiner Existenz nichts wissen oder unzufrieden sind und meine Konzerte nicht besuchen.

Interne Kunden sind deine Chorsänger.
Nur wenn du verstehst, dass du ohne Sänger kein Dirigent bist, kannst du erfolgreich einen Laienchor leiten. Sie müssen nämlich nicht bei dir bleiben.
Du verkaufst ihnen ein Produkt: **Dich** und den Inhalt, den du bietest.
Zur Qualitätssicherung musst du bei deinen internen Kunden ansetzen.
Wenn deine internen Kunden zufrieden sind (mit dir, deiner Probenarbeit, deiner Programmauswahl, deiner Menschlichkeit und Führungsstärke), dann werden auch die externen Kunden glücklich und zufrieden. Ich habe noch nie erlebt, dass Zuhörer mit einem Chor und seiner Leistung unzufrieden waren, wenn der Chor selbst stolz auf seine Leistung und Qualität war, weil er 100% seiner Möglichkeiten abrufen und präsentieren konnte.

3. **Qualitätsorientierung**

   Nur wenn du dich ständig weiterbildest und jeden Fehler als Chance zum Lernen verstehst, wirst du besser und damit auch dein Chor. In diesem Beruf wirst du ewig lernen und deine Standards ständig anpassen müssen. Deshalb funktioniert die Denkweise des Kaizens in der Chorleitung so gut.
   Dein Chor besteht aus einer heterogenen Masse von Menschen, dessen Zusammensetzung und Stimmung einem ständigen Wandel unterworfen ist.
   Wenn du meinst bei einer Dirigiermethode bleiben zu können, ohne über ihre Optimierung nachdenken zu müssen, bist du nicht qualitätsorientiert.
   Die Qualitätsorientierung kann sich nur über eine ständige Anpassung an die Situation und den unbedingten Willen zur Optimierung der Prozesse äußern.

4. **Kritikorientierung**

   Im Kaizen wird Kritik als Chance zur ständigen Verbesserung gesehen.
   Kritik ist ein Hinterfragen. Hinterfragt werden die Abläufe die funktionieren, um aus ihnen zumindest kurzzeitig Standards zu machen.
   Hinterfragt werden die Abläufe die nicht funktionieren, um sie zu **verbessern**.
   Dies kannst du nicht allein.
   Deshalb wird im Kaizen Kritik von *Mitarbeitern* gewünscht und **gefördert**.
   Deine Sänger müssen sich trauen dich und deine Arbeit zu kritisieren. Das kann nerven. Du wirst aber bald lernen alles, was du tust, erklären zu können.
   Das wird dir eine tiefe innere Ruhe geben und dich gleichzeitig in einen positiven Spannungszustand versetzen, der Gleichgültigkeit verhindert.
   Wenn du alles begründen kannst, wirst du vorher darüber nachgedacht haben und keine emotionalen Entscheidungen treffen. Du wirst deine Arbeit rationalisiert haben.
   Wenn du vorher kritisiert wurdest, wurden emotionale Entscheidungen von dir kritisiert. **Du** wurdest kritisiert. Hast du dann emotional reagiert, trauen sich Sänger nicht mehr dich zu kritisieren. Das bedeutet Stillstand.
   Wird dagegen eine rationale Entscheidung von dir kritisiert, wird eine **Begründung** kritisiert, über die diskutiert werden kann. So wird ein **Ablauf** verbessert werden.

Du darfst nur selten *persönliche* Entscheidungen treffen – du musst *logische* und *durchdachte* Entscheidungen treffen, die du begründen kannst.
Das beinhaltet auch die Vorbereitung der Probe.
Gewöhne dir diesen Zyklus an:
- Planung (Vorbereitung der Probe/Konzert/Programmauswahl)
- Tätigkeit (Probe/Auftritt)
- Kontrolle (was war gut – nicht gut)
- Verbesserung

So analysierst und verbesserst du dich und deinen Chor ständig. Das schaffst du allerdings nur mit Hilfe der Selbstreflexion und der sachlichen Kritik und Auseinandersetzung mit deinen Sängern.

Nur wenn du deine Arbeitsweise begründen kannst, dich nicht primär von Emotionen steuern lässt und deinen Sängern die *Werkzeuge* – also die Technik und das Wissen – gibst, um gut zu singen und das eigene Singen objektiv analysieren zu können, werdet **ihr alle** kritikfähig.

Nur so kannst du mit deinen Sängern auf einer **Sachebene** diskutieren und ihre Meinungen, die ja dann auch begründet sein müssen und dürfen, annehmen.
„Ich will das so!" ist keine Begründung.

5. **Standardisierung**

Wenn du eine Verbesserung für einen Detail oder einen systematischen Ablauf wie z.B. **dein** „Run for Cover" *(s.a.)* gefunden hast, versuche dies zu formulieren. Nichts anderes ist dieses Buch.

Es ist meine Auseinandersetzung mit Kaizen in Verbindung mit der Chorleitung. Im Gegensatz zu Fabriken oder Produktionsprozessen in der Automobilindustrie, wo Kaizen häufig zur Anwendung kommt, ist ein Chor ein lebendiges Produkt, das ständiger Veränderung unterliegt.

Es ist trotzdem sehr wichtig sich Standards anzueignen, auf die man im Notfall zurückgreifen kann. Gleichzeitig müssen diese Standards kaizengetreu ständiger Anpassung unterliegen.

Kaizen bedeutet, dass alle Menschen im Chor nach ihren Möglichkeiten und Fähigkeiten in die Abläufe eingebunden werden.
Die meisten Chorleiter müssen lernen zu delegieren.
Delegieren heißt Vertrauen zu haben und Menschenkenntnis zu besitzen.
Nur dieses Delegieren, indem Verantwortung unter denen verteilt wird, die sie übernehmen wollen und können, sorgt für Zufriedenheit und bessere Qualität.
Solange du bewusst Verantwortung abgibst, aber auch Rechenschaft einforderst und diese Haltung nach außen aktiv vertrittst, wird niemand auf die Idee kommen, du würdest es aus Unvermögen oder Faulheit tun.
Lenke unmusikalische Abläufe im Hintergrund durch Delegieren und musikalische kommunizierend diktatorisch.

Schlussbemerkungen
Habe ich ein Thema vergessen?
Habe ich eine Frage nicht beantwortet?
Habe ich ein Problem nicht ausführlich genug behandelt?
Hast du selbst bessere Lösungen oder Erfahrungen die anderen helfen können?
Schreibe mir eine Mail unter kontakt.p.lehmann@gmail.com oder nutze (besser) das Forum www.chorleiter-stammtisch.org.
Ich möchte gerne mit dir in Kontakt treten.

Beachte hiermit auch den rechtlichen Hinweis, dass ich im Jahr 2027 eine überarbeitete 2. Auflage dieses Buches herausbringen werde. Diese wird durch Zuschriften und im Forum besprochene Probleme, die ich (soweit es mir möglich ist) anonymisiere und verfremde, erweitert, um Kolleginnen und Kollegen noch besser helfen zu können.
Warnung: **Jede** Kontaktaufnahme mit mir kann dazu führen, dass in der nächsten Auflage ein von uns besprochenes Problem (und seine Lösung) auftaucht.
Bitte versteh das nicht falsch: Ich will niemanden ausbooten oder vorführen. Ich kann mir aber jetzt schon nur mit klaren Hinweisen in meinen Notizen merken, welche Situationen ich selbst erlebt habe und welche mir von anderer Seite zugetragen wurden. Mit einem gewissen zeitlichen Abstand verschwimmen die Details, vor allem wenn sie mich emotional berühren.
Kontaktiere mich also mit Fragen und/oder Anregungen nur, wenn du damit grundsätzlich einverstanden bist.
Dieses Buch herauszubringen ist für mich ein Minusgeschäft (fiskal – nicht nur in Bezug auf unbezahlte Arbeitszeit). Ich tue dies nur, um dir und anderen zu helfen.

Ich wünsche dir viel Erfolg und hoffe, ich kann dir helfen deine Arbeit noch besser und befriedigender für alle zu gestalten.

Philip Lehmann

A

A-capella proben

Ich erreiche durch das unbegleitete Proben (reines *a-capella*), dass meine Chorsänger mehr auf andere Stimmen hören, als sie es in Chören tun, die in den Proben durch ein Klavier begleitet werden. Sie singen deshalb nachhaltig besser zusammen.

Ich erreiche dies auch dadurch, dass ich alle Stimmen die Melodie lernen lasse – da diese ja zu begleiten ist *(s.a. Bewusstes Begleiten)* – und durch unterschiedliche Choraufstellungen *(s.a.)* in der Probe – gemischt, im Kreis, Reihen, Quartette, etc.

So singen die Sänger im Auftritt im schlimmsten Fall abhängig von ihrem Nachbarn – der sie stützt oder irritiert – gut oder schlecht, aber niemals abhängig von einem Instrument, das in der Auftrittssituation nicht da ist. *(s.a. Wahrnehmungshierarchie)*

Ich kann immer identifizieren, ob ein Chor mit oder ohne Klavier geprobt wurde.

Die mit Klavier geprobten Sänger fangen im Auftritt an zu ‚schwimmen', weil man ihnen den Boden (das Fundament – das Instrument) unter den Füßen weggezogen hat und sie sich allein fühlen. Sie haben nicht gelernt mit ihren Mitsängern zu singen und nicht gelernt diese als Fundament zu verstehen und zu spüren. *(s.a. Überflüssig und stolz darauf!)*

Aber selbst wenn ein Chor ein begleitetes Stück singt, wird die Akustik im Konzertraum immer anders sein als im Probenraum, bzw. das Klavier steht nicht frontal vor dem Chor oder ein Orchester wird nicht dieselbe Hilfe sein wie ein Klavier, etc.

Wie häufig habe ich schon Kollegen proben hören: „Und euren Ton spielt euch nachher die Bratsche vor…hört ihr?" – Vom Klavierklang bis zum Bratschenklang ist es selbst für mein Gehör ein weiter Weg… Als wenn das jemals einem Sänger geholfen hätte…

Das bedeutet, dass die Sänger das ihnen so wichtig gewordene Instrument eventuell gar nicht hören können und dann unsicher singen.

Auch begleitete Stücke probe ich also in den Grundlagen a-capella und erst am Schluss der Proben mit Instrumentarium. Ich probe so mit Oratorienchören, Kirchenchören, Kantoreien und sogar mit Gospelchören, die nachher immer mit Band, Schlagzeug und/oder Klavier singen.

Es ist ein durchaus berechtigter Vergleich: Der Pianist probt seine Töne auch erst zuhause und spielt dann **vorbereitet** mit dem Chor zusammen.

Genauso sollte auch ein Chor geprobt werden: Die Töne und musikalischen Grundsätzlichkeiten a-capella vorbereiten, um dann das Stück mit dem Instrumentarium zusammenzusetzen.

So können die Sänger die Stücke gut singen, ohne von der Akustik des Konzertraumes und damit – je nach Standort – von der verschieden wahrnehmbaren Instrumentalbegleitung abhängig zu sein.

Die Ausrede, dass Chöre schon in der ersten Probenphase die Begleitstimmen vom Klavier hören müssen, um musikalisch singen zu können, ist scheinheilig. Der Chor kommt **vermeintlich** schneller zum Ergebnis – das Ergebnis ist aber auf einem Fundament aufgebaut, das der Sänger im Konzert eventuell nicht mehr hat:
Denk dir den Chor, der in einem akustisch trockenen Probenraum geprobt hat – d.h. der Klang des Klaviers ist sehr direkt und präzise wahrnehmbar.
Nun geht es an die Generalprobe mit Orchester. Du hast deinem Chor vielleicht noch gesagt: „An dieser Stelle müsst ihr präzise mit dem Orchester zusammen singen. Wir proben das jetzt mal!"
Die Generalprobe findet aber leider in einer großen und halligen Kirche statt.
Na, das wird präzise...
Bisher hat es noch kein Kollege geschafft mir bei den klassischen Werken fundiert zu begründen, warum er in der Probe das Klavier braucht.
Es ist Faulheit oder Unwissenheit, weil man mit viel weniger pädagogischen und methodischen Tricks (und somit Eigenleistung) mit seinem Chor schneller zum Ziel kommt: einem vermeintlich guten Chorklang.
Im Laienbereich hat dieser im Konzert allerdings nur wenig Bestand.
Ich lasse mich gerne eines Besseren belehren, aber einen Chor, der nur mit Klavier probt und dann ad hoc einmal mit und dann direkt danach ohne Klavier dasselbe Stück vergleichsweise gut singt, habe ich noch nicht getroffen – nicht einmal im Profibereich. Deshalb wird bei den echten Profis auch nicht mit Klavier geprobt. •
(s.a. Klavier in der Probe; Pianist und Organist sind nicht immer Mist aber manchmal)

Abgelenkt
Du kannst dich nur um andere kümmern, wenn du nicht mit dir selbst beschäftigt bist.
Bist du in einer Probe durch persönliche Probleme gehemmt, musst du diese vor der Probe aktiv und bewusst auf später verschieben, damit du ganz bei dir sein kannst.
Du kannst während der Probe eh nichts ändern.
Wenn dich etwas zu sehr belastet, wie z.B. ein Trauerfall in der Familie, ist es immer besser die Probe abzusagen. •

Abgrundsgründe
Probleme, die zum Sacken der Intonation führen:
- Dunkle Vokale ohne Vokalausgleich *(s.a.)*.
- Geschlossener Mund, dadurch Kehle zu (in der Höhe), dadurch gepresst (kann bei Tenören auch zu zu hohen Tönen führen) – dadurch fehlt die Flexibilität bei Tonsprüngen und der Zielton wird nicht erreicht.
- Kopf zu tief auf der Brust und damit gequetschte Kehle.
  (s.a. Horizontschauen; Notenhaltung im Konzert (Sänger))

- Tonsprünge aufwärts werden von unten angesteuert und nicht von oben.
  Mein Bild dazu: Eier von oben aus dem Regal nehmen und nicht versuchen durch das Regalbrett dranzukommen.
- Kehliger Klang – kein Sänger darf mit dem berühmten *Gähngefühl* oder mit der *heißen Kartoffel* singen – das führt sonst dazu, dass der Ton *im Hals* bleibt und nicht vorne sitzt. Vor allem in der Tiefe wird das immer zum Sacken führen.
- Diphthonge (s.a.) werden zu früh geschlossen.
- Das Hauptproblem ist und bleibt aber, dass Intervalle aufwärts zu klein, abwärts zu groß genommen werden.
  Grundregel: Intervalle aufwärts müssen weit und nach unten eng gesungen (tiefer Ton aufgefangen) werden.
  Begründung: Aufwärts wird der Ton mit zu wenig Energie hochgeführt und abwärts wird der Ton/die Energie fallen gelassen.
  Mein Bild dazu: Wenn man einen heißen Topf mit Suppe vom Herd hochhebt wird man das mit Energie tun (Ton rauf).
  Noch wichtiger ist aber den Topf beim Absetzen nicht fallen zu lassen, sondern zur Herdplatte zu **führen** (Töne abwärts). •

(s.a. Absturzversicherung; Intonationsgrundsätzlichkeiten; Jeder Chor sackt; Sacken; u.v.m.)

Abilene-Paradox

Der Begriff „Abilene-Paradox" wurde 1974 von Jerry B. Harvey, Professor für Betriebswirtschaft an der George Washington University, in seinem Artikel *The Abilene Paradox and other Meditations on Management* eingeführt. Der Name nimmt Bezug auf eine Anekdote, anhand der Harvey das Paradox veranschaulicht:

An einem heißen Nachmittag spielt eine Familie in Coleman (Texas) auf einer Terrasse Domino, als der Schwiegervater vorschlägt, zum Abendessen ins 53 Meilen nördlich gelegene Abilene zu fahren. Die Frau sagt: „Das klingt nach einer guten Idee."

Obwohl er Bedenken wegen der langen Fahrt und der Hitze hat, denkt der Ehemann, er müsse seine Interessen für die Gruppe zurückstellen und sagt: „Klingt für mich auch gut. Ich hoffe nur deine Mutter will mitfahren." Die Schwiegermutter sagt: „Natürlich will ich fahren. Ich war schon lange nicht mehr in Abilene."

Die Fahrt ist lang, heiß und staubig. Als sie in der Cafeteria ankommen, ist das Essen genau so schlecht wie die Fahrt. Vier Stunden später kommen sie völlig erschöpft wieder nachhause.

Einer von ihnen sagt unehrlich: „Es war ein toller Ausflug, oder nicht?"

Die Schwiegermutter sagt, sie wäre in Wahrheit lieber zuhause geblieben, sei aber mitgekommen, weil die anderen drei so begeistert waren.

Der Mann sagt: „Ich war nicht begeistert, das zu tun, was wir taten. Ich wollte nur den Rest von euch zufriedenstellen."

Die Frau sagt: „Ich bin auch nur mitgekommen, um euch glücklich zu machen. Ich hätte verrückt gewesen sein müssen, um in der Hitze nach draußen gehen zu wollen."

Der Schwiegervater sagt schließlich, er hätte den Vorschlag nur gemacht, weil er dachte, die anderen seien gelangweilt gewesen.
Die ganze Gruppe ist verblüfft, dass sie beschlossen haben, einen Ausflug zu machen, den keiner von ihnen wollte. Sie hätten es alle vorgezogen, gemütlich zuhause zu bleiben, wollten es aber nicht eingestehen, als noch Zeit dazu war.
[Seite „Abilene-Paradox". In: Wikipedia, Die freie Enzyklopädie. Bearbeitungsstand: 2. März 2019, 19:10 UTC.
URL: https://de.wikipedia.org/w/index.php?title=Abilene-Paradox&oldid=186192954 (Abgerufen: 1. Februar 2020, 15:08 UTC)]

Es steht eine Entscheidung an (z.B. für eine Chorfahrt oder die Abstimmung über die Machbarkeit eines bestimmten großen Werkes).
Alle stimmen für die Chorfahrt, obwohl sie keiner oder nur eine Minderheit machen will. Genauso wie das große Werk.
Im Abilene-Paradox glauben **alle** Gruppenmitglieder, dass sie jeweils die **einzige** Person sind, die etwas gegen einen Vorschlag hat und wollen sich nicht gegen die Gruppe stellen. Es genügt schon eine Person, die *überzeugt* einen Vorschlag macht, um alle anderen mit ins Boot zu nehmen, obwohl die dazu überhaupt keine Lust haben.
Grundsätzlich verhindern lässt sich diese Dynamik nicht. Du musst aber um sie wissen und kannst ihr in der Situation entgegenwirken – und das solltest du dringendst!

Stell dir vor, du präsentierst deinem Chor, dass du für die nächsten 2 Jahre keine Konzerte mehr machen, sondern mit ihm nur die Johannes-Passion von Bach einstudieren willst (schwachsinnige Idee!).
Darauf reagiert ein Sänger sehr enthusiastisch und findet das toll.
Nun sind es du und dieser Sänger, also die Gruppenleitung und einer aus der Gruppe, die für den Vorschlag sind. Von dir wird auch keine Alternative angeboten.
Bei ungesunder Gruppendynamik denken darauf die anderen Sänger, dass das wohl auch alle anderen gut finden und wollen sich nicht gegen die Gruppe stellen. Je nachdem, wie überzeugend und überzeugt von der Richtigkeit deiner zweijährigen Probenphase du das Vorhaben präsentiert hast, ist das nicht so unrealistisch wie es sich gerade liest.
Im Kleinen findet das dauernd statt. Im Großen kann es deinen Chor zerstören.
In diesem Beispiel musst du von jetzt an zwei Jahre eine Gruppe von Lustlosen durchschleppen. Das schaffst du nicht. Du kannst das Problem aber leicht umschiffen:
Einerseits solltest du anonym abstimmen lassen. (*s.a. Abstimmen; Meinungsbild*)
Andererseits **musst** du bei großen Entscheidungen eine offene Diskussion fördern und fordern. Auch wenn du von deinem Plan überzeugt bist, kannst du diesen nur **mit** deinem Chor ausführen. Also musst du dir im Zweifelsfall sogar Gegenargumente überlegen (hier z.B.: keine Konzerteinnahmen in den zwei Jahren/Außenwahrnehmung kann leiden, weil öffentlich wirksame Auftritte fehlen).
Es müssen nicht mal starke Gegenargumente sein – sie müssen nur ausgesprochen werden, um eine Opposition *möglich* zu machen. (*s.a. Konformitätsdruck; Tendenziöse Fragestellung*)
Handelt es sich um (für diesen Chor) ‚abnormale' Vorschläge, solltest du dir in jedem Fall eine Alternative, bzw. einen Kompromiss ausdenken und den Chor nicht nur in „ja" und „nein" Fraktionen aufspalten (hier z.B. ‚nur' 1 Jahr Proben, aber am Schluss eine **intensive Probenwoche in den Ferien**).

Grundregel: Du brauchst eine Diskussion vor einschneidenden Entscheidungen und musst mit offenen Karten spielen. Nur so wirst du später auf den **demokratischen Prozess** hinweisen können und damit überzeugen. Wenn dein Projekt wirklich so toll ist wie du denkst, der Chor es aber nicht will, dann heißt das nicht, dass sie dir nicht vertrauen, oder das Projekt grundsätzlich schlecht ist.
Es passt halt nicht zu **diesem** Chor.
Fordere von deinem Chor Widerspruch. Das macht in dem Moment Arbeit – wenn du es lässt, hast du aber später mehr Arbeit. Einen Chor habe ich bisher wegen dem Abilene-Paradox untergehen sehen. Das ist kein Spaß und kein Hirngespinst. Verhindere es mit dem einfachen Mittel dir selbst Opposition zu sein, wenn es kein anderer sein will. •

Absagen
Wenn du direkte Absagen von Sängern einforderst (per E-Mail *(s.a.)*/WhatsApp *(s.a.)*/SMS an dich), denke daran **immer** darauf zu reagieren:
- bei Krankheit mit einem „Gute Besserung".
- ohne Begründung für das Fehlen mit einem „Alles klar" oder „Schade".

Sonst werden die Sänger diese Maßnahme nicht lange akzeptieren.
Begründe die Einforderung einer persönlichen Absage deinem Chor damit, dass du deine Probe planen willst und bei Absage von 2 deiner 3 Tenöre anders proben musst, als wenn du sie alle in der Probe hättest. Wenn du deine Probe ordentlich planst, ist das auch die Wahrheit. *(s.a. Probendisposition)*
Wichtiger ist es aber vor dem ganzen Chor als **informiert** dazustehen.
Sänger, die abgesagt haben, schreibe ich mir in meinen Probenplan *(s.a.)* mit ihrer gegebenen Begründung. So kann ich immer auf eine Rückfrage („Wo ist Jonny?") antworten, und es fällt jedem auf, wenn ich es nicht kann – die Person hat sich dann nicht abgemeldet und gegen den Ehrenkodex verstoßen. Weiterhin ist diese Maßnahme eine zusätzliche Hürde, die deine Sänger davon abhält, der Probe fernzubleiben. Denn sie haben das Gefühl für dich wichtig zu sein und scheuen den Konflikt.
Anwesenheitslisten *(s.a.)* sind so auch keine Gängelung, sondern ein weiterer Punkt, wo der Sänger gerne glänzen möchte und über seine Unterschrift zeigt, dass er da war.
Ich habe in keinem meiner Chöre eine Regel wie: „Drei Male gefehlt, dann singst du das Konzert nicht mit." – Die Sänger sollen kommen, weil sie es wollen, und haben meist gute Gründe, warum sie mal nicht zur Probe kommen können. Dies ist ein Vertrauensvorschuss, den nur wenige ausnutzen. Diese wirst du aber durch die Anwesenheitsliste schnell identifizieren.
Wenn jemand öfter unbegründet fehlt, musst du mit ihm sprechen und die Gründe erfahren. Wenn er unzufrieden ist, schau wie man ihm helfen kann und eventuell muss man sich doch trennen.
So habe ich im Augenblick nur eine Handvoll Sänger, bei denen ich eine gewisse Faulheit und Sorglosigkeit diagnostiziere, die aber durch den Rest des Chores kompensiert werden und keine Rechtfertigung dafür sind, den ganzen Chor in Sippenhaft zu nehmen. •

Abstimmen *(s.a. Schweigende Mehrheit)*
Fragst du im konkreten Moment nach, wollen immer alle **öffentlich** abstimmen, weil sich dagegen zu wehren ja asozial ist („Hat jemand etwas gegen eine nichtgeheime Abstimmung?"). Willst du aber ein echtes Stimmungsbild lass deine Sänger ihre Meinung zu Papier bringen.

Das geht nicht nur bei Entscheidungsfragen („ja oder nein") oder Werkauswahl: Wenn du ein Chorfahrt planst und dir unsicher bist, wie teuer die Unterkunft sein darf, sodass die meisten Sänger es sich leisten können, lass deine Sänger nach eingehender Prüfung der Möglichkeiten (eine Woche für 100€ sind unrealistisch, aber ab 300€ könnte es klappen…) ihren Preisrahmen auf ein Papier schreiben. •

(s.a. Meinungsbild; Tendenziöse Fragestellung)

Abstraktes in Konkretes
Als Chorleiter musst du die abstrakten Töne eines Stückes in etwas Konkretes umwandeln.
Nur Sänger mit absolutem Gehör können ein A auf Kommando singen.
Für jeden anderen Sänger sind Töne *abstrakt*.
Die Zusammenhänge mit anderen Stimmen (Harmonien) sind *abstrakt*.
Das Wort-Ton-Verhältnis ist *abstrakt*.
Erst durch das gemeinsame Singen wird das alles **konkret**.
Als Dirigent ist es deine Aufgabe die Zusammenhänge zu erklären und zu deuten.
Wenn ich mir eine Zahl (z.B. *52*) merken soll, ist diese Zahl erstmal abstrakt, weil sie nur eine Zahl ist. In dem Augenblick, in dem ich sie mit dem Geburtsjahr von Tante Gertrude in Zusammenhang bringe, wird sie konkret – sie ist **erfahrbar**.
Du kannst deinen Sängern Töne und ihre harmonischen Zusammenhänge erfahrbar machen. Ein Klang wie ein Dominantseptakkord wird konkret, wenn du seine Leitfähigkeit am Klavier demonstrierst.

Klänge werden auch durch Analogien aus anderen Lebensbereichen erlebbar:
Die Terz ist für mich *das Herz* des Akkordes.
Bild: Ohne Terz ‚lebt' ein Akkord nicht.
Klänge können wie Schokolade auf der Zunge zergehen.

Ein Ton bekommt seine Bedeutung nur im Zusammenhang:
Ein A kann die kleine Terz von Fis-moll sein oder die Quinte von D-Dur.
Welche Aufgabe hat er da?
Indem du diese Zusammenhänge deutest, auslegst und hörbar machst, werden Töne und Klänge für deinen Chor konkret. •

(s.a. Bildliche Handlungsanweisung; Prozedurales Gehör; Wegkorrektur)

Abstützen

Die Zunge ist der stärkste Muskel im Körper und auch der neugierigste.
Du musst ihr etwas zu tun geben. Singen allein reicht ihr nicht! Deshalb fordere ich meine Sänger auf die Zungenspitze beim Singen an den **unteren Schneidezähnen** zu belassen. Dieser leichte Druck auf die unteren Schneidezähne kontrolliert die Zungenspitze, weil sie sich *nützlich* fühlt. Das sorgt dafür, dass die ganze Halsmuskulatur (und damit der Gesangsapparat) vom Sänger besser kontrolliert werden kann.
Im Forte blockiert die im Mundraum hängende Zunge den Ton nicht.
Im Piano oder im hauchigen Singen bekommt der Ton mehr Kontur und ist klarer.
Die Intonation wird verbessert, weil die Sänger beim leisen Singen mehr Kontrolle über die Mikrobewegungen der Muskulatur und somit über den Ton haben.
Wie ein Maler, der seinen Arm oder die Hand abstützt, um fein malen und zeichnen zu können, stützt du so die Zunge ab.
Die Zunge nicht abzustützen und damit keinen **Ankerpunkt** zu bieten, bedeutet freihändiges Malen, führt zu zittrigen Linien, einem *Flatterton* und damit zu einer **Flatterintonation**. • *(s.a. Koronal; Zungenspitze)*

Absturzversicherung

Tonfolgen abwärts müssen gestützt und geführt werden.
Nutze das Bild des Suppentopfes: Hoch auf den Herd trage ich den Topf immer mit Energie – er ist ja schwer...
Wenn ich ihn abstellen will, lasse ich ihn nicht einfach fallen, sondern führe ihn zur Herdplatte – trage ihn dort also auch mit Energie hin.
Abwärtslinien sollten die Sänger also singen, als wenn sie einen Topf tragen und führen.
Das kann auch mit einer Aufwärtsbewegung der Arme und damit **Gegenbewegung** zur Abwärtsbewegung der Linie unterstützt werden, solange es kraftvoll geschieht. Der Effekt in den Bässen ist, dass in großer Tiefe der Kehlkopf *(s.a.)* oben bleibt und nicht fallen gelassen wird, was sonst zu zu tiefen Tönen führt.
Ein weiteres wirksames Bild um die Töne unten aufzufangen ist die Töne bildlich an einer Spiralfeder aufzuhängen, die sich je weiter es abwärts geht, immer mehr spannt.
Die Feder ist am Spitzenton der Linie befestigt und bleibt so mit dem hohen Ton in Verbindung – die tiefen Töne können also nicht fallen und zu tief werden.

Advent ist nicht Weihnachten

Mich nervt der Advent wegen der Erwartungshaltung des Publikums.
Im Advent warten wir ab. Dort dauernd Weihnachtslieder zu singen ist nicht notwendig. Singt man aber in einem Adventskonzert am 2. Advent kein *Stille Nacht* sondern irgendein Segenslied bricht die Revolution aus.

Meine *offizielle* bildliche und somit kommunizierbare Reihenfolge:
1. Totensonntag: Licht aus
2. 1. Advent: Licht an, mit Dimmer auf fast Null
3. mit jedem Adventssonntag wird der Dimmer heller gestellt, bis Weihnachten das Licht hell erstrahlt

Leider ist die Erwartungshaltung des Publikums die, dass in jedem Adventskonzert Weihnachtslieder zu singen sind.

Diese Erwartungshaltung solltest du bedienen, aber mit dem Bild des Dimmers hast du eine leicht verständliche Begründung dafür, warum in der **Abwartenden Zeit** jedes Lied zur Ehre Gottes, welches keinen direkten Bezug auf ein anderes Kirchenfest hat (z.B. Ostern), rechtens ist. So lange die Balance begründet stimmt und auch ein explizites Weihnachtslied vorkommt, sind alle glücklich. •

Acceptance Prophecy

Acceptance Prophecy ist eine Form der selbsterfüllenden Prophezeiung. Wir nutzen den Begriff *Self-fulfilling-Prophecy* eher im negativen Kontext – hier ist er sehr positiv gemeint. Es gibt Menschen, die einfach sympathisch sind.

Ob du das bist oder nicht, und ob diese Menschen bewusst sympathisch sind, soll uns nicht interessieren. Du kannst von dem Verhalten dieser Menschen aber einige Verhaltensweisen ableiten, die dich sympathischer **wirken** lassen.

Es geht hier nicht um die Manipulation deines Gegenübers, sondern darum, die Voraussetzungen für konstruktive und positive Gespräche zu schaffen, sowie ein vertrauensvolles Miteinander. Wenn die folgenden Techniken nur ‚Lippenbekenntnisse' sind, wirst du sehr schnell scheitern. Je bewusster du sie aber einsetzt und je ehrlicher du sie meinst, desto größer ist ihre Wirkung.

- Bist du in einem Gespräch, sei 100% aufmerksam. Zeige deine Aufmerksamkeit subtil. Lege dein Handy ganz weg. Wende dem Gesprächspartner deinen ganzen Oberkörper zu. Sieh ihn direkt an. Nutze die 3-Sekunden-Regel *(s.a.)*. So fühlt sich der Gegenüber ernst genommen. *(s.a. Kommunikationsregel)*
Da diese vollständig aufmerksame Gesprächsführung im Alltag nicht normal ist, wird sie als positive Wahrnehmung über dich nachhaltig abgespeichert.
Wenn du von deinem Gegenüber als Führungsperson akzeptiert bist, ist **echtes Zuhören** eines der machtvollsten Instrumente.

- Behandle alle gleich. Sei vorurteilsfrei. Das geht sehr einfach: Du musst nur in jedem Menschen mindestens einen wertvollen Punkt für **dein** Leben finden.
So ist die Reinigungskraft dafür verantwortlich, dass du im Gemeindehaus auch mal aufs Klo gehen kannst. Der *mitgeschleifte* Sänger backt einen leckeren Kuchen oder ist der Kummerkasten für viele Sänger, sodass dein chorinterner Haussegen geradehängt. So findest du in **jedem** etwas Wertvolles.

Setze bewusst das *Pars-pro-toto*-Prinzip ein *(s.a. Ganz geteilt)*, so kannst du selbst Personen, gegen die du evtl. eine Abneigung hast oder die du noch nicht kennst, informiert und mit Substanz respektvoll behandeln.

Respektvoll behandeln heißt auch, dass erstmal jede Meinung gleich viel wert ist. D.h. du stellst dich nicht über Personen, sondern hörst zu und widerlegst im Zweifelsfalle die Begründung des Gegenübers durch deine eigene. Du musst dabei versuchen, dich auf das intellektuelle Niveau deines Gegenübers zu begeben. Im Zweifelsfalle schlägst du vor, dass man sich darauf einigt, nicht einig zu sein („agree to disagree"). Kein sympathischer Mensch pocht auf seiner Meinung. Er lässt im schlimmsten Fall beide gleichwertig im Raum stehen.

Aus einer Führungsrolle heraus ist diese Haltung eigentlich unmöglich und auch nicht erwünscht. Du darfst aber in anderen Momenten aus dieser Rolle heraustreten. Dein Gegenüber fühlt sich dadurch akzeptiert. Selbst wenn er nicht deiner Meinung ist, wird er als einzigen Reibungspunkt haben, dass du nicht bis aufs Blut mit ihm um deine Meinung gekämpft, aber auch seine nicht übernommen hast.

Einer solchen Führungsperson wird dann, wenn sie tatsächlich mal auf ihrem Standpunkt bestehen bleibt und sogar ein Umschwenken anderer einfordert, eher gefolgt, da der Eindruck entsteht, dass es ihr diesmal wirklich ernst ist.

- Sei grundsätzlich positiv. Sympathische Menschen sind nicht immer glücklich, aber finden auch im Unglück noch den kleinen Lichtstrahl.

  Ich sitze gerade in der Corona-Krise fest und kann sehr gut beobachten, wer meiner Chorsänger für mich zu den sympathischen Menschen gehört.

  Ich bin ein Macher und versuche noch aus einer halbvertrockneten Zitrone Limonade zu pressen. D.h. meine Versuche sind nicht verzweifelt, aber evtl. erfolglos. Trotzdem versuche ich es. Es gibt dann Menschen, die auf meinen Zug aufspringen, es gibt die, die zu sehr mit sich selbst beschäftigt sind (nicht negativ gemeint) und es gibt die irrationalen Bedenkenträger, die aus einem negativen Gefühl heraus (ohne andere Begründung) bremsen.

  Es geht aber niemals darum Wolkenkuckucksheime zu bauen. Es geht darum einem Problem und jeder Situation zuerst mit einem Lächeln zu begegnen.

  Das Ziel ist, durch diese Grundhaltung anderen zu helfen selbst den Blickwinkel zu verändern. Das ist auch gar nicht so schwer. Frage dich einfach nur: „Wie kann ich das lösen?" und dann erst: „Warum ist das überhaupt passiert?" Die meisten Menschen drehen diese Fragen um. Wenn du sie aber so stellst, ist dein erster Impuls ein rationaler. *(s.a. Warum? vs. Wozu?)* Selbst wenn du (noch) keine Lösung findest, ist dein Ansatz positiv und lösungsorientiert.

- Sei humorvoll und schlagfertig – aber immer „aus dem Wald heraus". So bist du nie der Angreifer, aber zeigst eine souveräne Gelassenheit, die Vertrauen erweckt. *(s.a. Harald Schmidt; Popanz im Waldesecho)*.

  Du musst über dich selbst lachen können. Fehler passieren. Wisch sie nicht weg, nehme sie aber auch nicht zu ernst. Sei dann lösungsorientiert.

- Berühre. Einerseits meint das tatsächlich *angemessene* physische Berührungen, wie z.B. eine Handschlagsbegrüßung jedes Sängers vor der Probe. *(s.a. Ellenbogen)*

Berührungen sind für uns Menschen wie die Luft zum Atmen.

Andererseits meint dies *keine Hemmung* zu haben andere Menschen anzusprechen und, wenn etwas passiert ist, zu fragen, ob Unterstützung notwendig ist. Sympathische Menschen bieten lieber einmal zu viel Hilfe an, als grundsätzlich davon auszugehen, dass dieses Angebot abgelehnt wird.

- WYSIWYG ist das Akronym für den Grundgedanken „What You See Is What You Get". Normalerweise findet man das im Zusammenhang mit Website- und Grafiksoftware. Ein sympathischer Mensch wirkt auf andere *echt* und *ehrlich.*

Sie haben das Gefühl, dass sie bei ihm das bekommen, was er ausstrahlt. Sympathische Menschen bauen sehr schnell Vertrauen auf. Einer der effektivsten Wege dahin ist, zu unseren Besonderheiten und (vermeintlichen) Fehlern zu stehen. Ein sympathischer Mensch wird sich niemals kräftig schminken, um eventuelle Falten zu kaschieren. Wenn er humpelt, humpelt er, macht aber keine große Sache daraus. – Er ist einfach er.

Hat er einen Fehler gemacht, gibt er ihn unumwunden zu und bietet Lösungen an, die er auch selbstständig umsetzt. Er kennt sich selbst und wird nur das versprechen, was er auch einhalten kann.

Er wird auch mal enttäuschen, weil er öffentlich zugibt, dass er etwas nicht kann. Dadurch gewinnt er aber Vertrauen, da sein Gegenüber so lernt, dass Zugesagtes auch wirklich eingehalten wird. Diese Vertrauenswährung wiegt sehr viel mehr als alle kleinen Enttäuschungen, die dazu geführt haben.

Oder einfacher: Sympathische Menschen haben ein realistisches Selbstbewusstsein *(s.a.)* und leisten, was sie versprochen haben. Angeber werden dagegen immer unsympathisch sein, da sie Versprochenes nicht liefern.

- In der Definition der *Acceptance Prophecy* nach der Psychologin Danu A. Stinson kommt nun ein Punkt, der für uns differenziert werden muss:

„*Ein sympathischer Mensch drängt sich nicht in den Vordergrund.*"

Ein Dirigent wird nur als sympathisch angesehen, wenn er vor dem Chor souverän ist, klar Macht ausübt und sich im Vordergrund wohlfühlt.

Eine ‚kleine graue Maus', die jeden Zwischenkommentar der Sänger auf die Goldwaage legt, hat es mit etwas ambitionierteren Sängern schwer.

Die Erwartungshaltung der Sänger ist aber differenziert. Sie erwarten von dir einen Wissensvorsprung in der Probe. Da darfst und musst du die Rampensau sein. Diese Verhaltensweise erwarten sie aber nicht **außerhalb** der Probe.

Ich kenne mehrere Dirigenten, die auch in jeder Alltagssituation *alles besser* wissen und nicht mit sich diskutieren lassen. Dass sie so niemals ihre Handlungen und ihre Arbeit reflektieren werden, ist das eine Problem. Das andere ist, dass sie schlicht asoziale Arschlöcher sind. Das, was sie vielleicht in der Probe auszeichnet, ist im normalen Sozialleben absolut unangenehm. Ein „Platz da, hier komm ich!" musst du in der Probe (pädagogisch aufbereitet) zelebrieren und wirst dafür auch bezahlt. Im Normalleben halte dich an die oben genannten Punkte und du wirst nie in die Versuchung kommen dich aufzuspielen. •

[siehe: Stinson, D. A. Cameron, J. J., Wood, J. V., Gaucher, D. & Holmes, J. G. (2009). Deconstructing the "Reign of Error": Interpersonal Warmth Explains the Self-Fulfilling Prophecy of Anticipated Acceptance. Personality and Social Psychology Bulletin, 35, 1165 – 1178 (Stangl, 2020).

Änderungen müssen begründet werden (Neuer Chor)
Hast du einen neuen Chor übernommen, musst du jede Änderung im Ablauf (keine Pause/eine Pause/Probenlänge/Noten einrichten/etc.) begründen.
Laiensänger sind Gewohnheitstiere, denen du vor allem gemütliche Sachen nur schwer wieder wegnehmen kannst („Wir trinken in der Pause immer ein Bier" – Antwort: „Ja, aber den Rest der Probe könnt ihr dann nicht mehr proben, weil…").
Im schlimmsten Fall musst du für dich unangenehme Dinge erstmal in Kauf nehmen.
Sprich sie immer wieder leicht spöttisch an („Na, Durst gestillt?") und du wirst merken, wie viele Sänger, denen diese Tätigkeit egal ist, auf deine Seite wechseln.
Wenn es aber eine Chortradition ist (Geburtstagslieder/gemütliches Beisammensein/ Pausen), hinter der alle stehen, wirst du sie nur schwer los und solltest dich damit anfreunden (ok, vielleicht nicht unbedingt mit dem Alkohol in der Pause – da gäbe es z.B. den Kompromiss auf alkoholfreies Bier umzusteigen). *(s.a. Alkohol vor einem Konzert)*
Überlege dir stark, ob sich ein Kampf lohnt und ob die vielleicht auch spleenigen Abläufe nicht grade den Charakter des Chores ausmachen. •

Ärmelhochkrempeln
Ich habe nur durch Zufall den perfekten Weg gefunden, wie ich meine Hemdsärmel hochkrempeln kann. Einfach dreimal umschlagen sieht unordentlich aus und hält beim Dirigieren auch nicht.
So wie in der folgenden Bilderreihe mache ich es nun seit Jahren.
Der Trick ist einmal lang umzuschlagen und dann zwei Mal ‚normal'. So halten die gekrempelten Ärmel einen ganzen Probentag. •

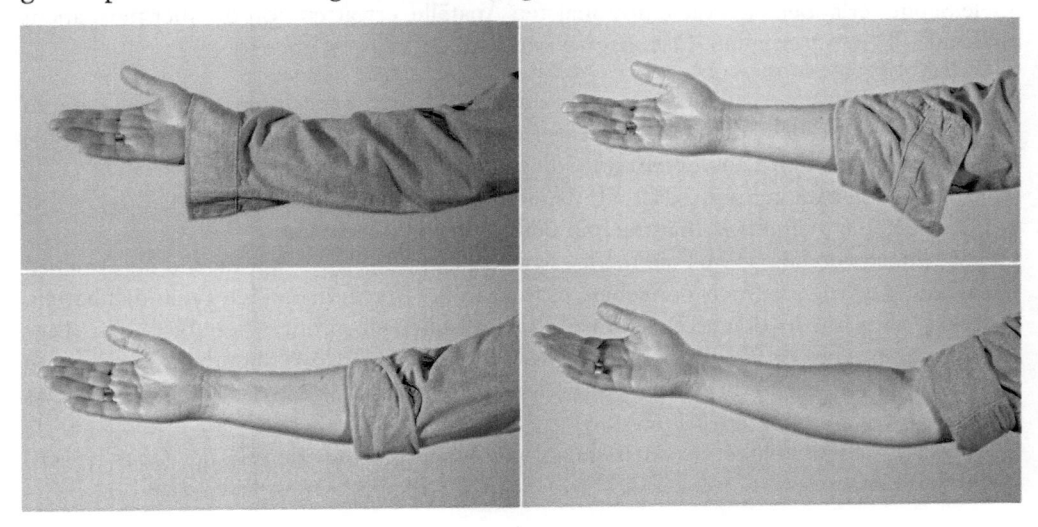

Aggression

Aggressionen entstehen durch Überforderung – sie sind ein Schutzreflex.
Wenn ein Sänger dir gegenüber in der Probe verbal aggressiv wird, ist er mit dir, dem was du sagst oder der Situation überfordert.
So schwer es fällt, gehe nicht (beleidigt) auf die Emotion ein, sondern sprich mit dem Aggressor **nach** der Probe. Meistens ist dem Sänger sein Verhalten dann schon peinlich. Zeige für die Sache und das Problem Verständnis und versuche die Überforderung zu lösen. Der Sänger wird in 99% der Fälle dankbar sein, da Aggressionen normalerweise auch ein **Kontrollverlust** sind – und den mag keiner.
Indem du dem Sänger also Verständnis und Erklärungen bietest, gibst du ihm das Gefühl Kontrolle erlangen zu können.

Wirst du aggressiv gilt dasselbe: Du willst es nicht, weil es Kontrollverlust bedeutet.
Du bist überfordert. Bevor du deine innere Aggressivität externalisierst, sprich das Zauberwort: „Einen Augenblick!"
Du bist in der Position, in der du **immer** einen Moment Bedenkzeit einfordern kannst.
Im schlimmsten Fall machst du in der Probe eine Pause. Sollte dich gerade ein Einzelgespräch oder ein Problem mit einem Sänger ärgern, musst du dich aus der Emotion befreien, indem du versuchst, das Gesprächsthema zu versachlichen.
Will dein Gegenüber emotional bleiben, kannst du das Gespräch mit dem Hinweis darauf abbrechen und vertagen. Es kann sich auch lohnen, einen deiner Vorstände oder andere Vertraute in das Gespräch als Puffer mit einzubinden.

Solltest du schon ausfallend geworden sein und aggressiv auf einen Sänger reagiert haben, musst du sobald als möglich erklären, warum dies geschehen ist.
Viele Sänger erlauben sich die emotionalsten Ausfälle, erwarten von dir aber permanent ein kontrolliertes Verhalten. Das mag zwar ungerecht sein, ist aber so.
(s.a. Eierlegende Wollmilchsau nach Kundenwunsch; Mystische eierlegende Wollmilchsau)
Sänger verzeihen dir Ausfälle aber, wenn du ihnen deinen Emotionen erklärst – dass du überfordert warst, bzw. dich einfach geärgert hast.
Du brauchst dich dafür auch nicht unbedingt zu entschuldigen.
Sage eher: „Ihr habt gemerkt, dass ich da die Fassung verloren habe.
…hat mich sehr geärgert/…hat mich in dem Moment überfordert."
Deine Sänger verzeihen, weil sie nicht erwarten, dass du deine Schwächen ausspricht. Gleichzeitig werden sie meistens sehen, dass sie in der Situation ähnlich gehandelt hätten.
Bedenke, dass du in deiner Position eh schon sehr selbstkontrolliert bist. Um diese Position überhaupt erfüllen zu können, musst du mehr Kontrolle über deine Emotionen haben als andere. Wenn du also aggressiv oder ausfallend wirst, hat das einen Grund. Das sehen deine Sänger. *(s.a. Regelunterwerfung)*
Unabhängig davon solltest du Ausfälle auf ein Minimum reduzieren oder (noch besser!) gar nicht zulassen. •

Akkolade

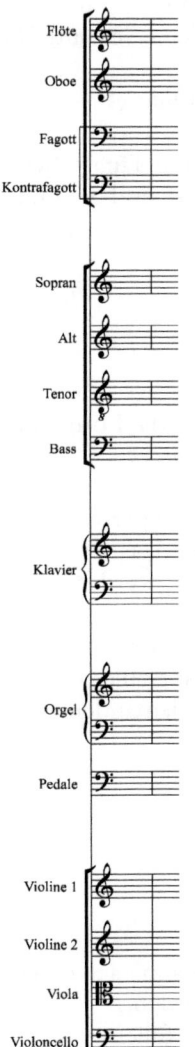

Mehrere gleichzeitig erklingende Notensysteme werden in einer Partitur so übereinander notiert, dass alle gleichzeitig erklingenden Noten jeweils senkrecht übereinanderstehen.

Eine solche Gruppe von Notensystemen wird ebenfalls System oder nach der französischen Bezeichnung für die geschweifte Klammer *Akkolade* genannt.

Die einzelnen Fünflinien-Systeme in diesem System heißen Zeilen. Gelegentlich bezeichnet der Begriff Akkolade nicht die Gesamtheit gleichzeitig erklingender Systeme, sondern nur bestimmte, jeweils durch (Akkoladen-) Klammern verbundene Instrumentengruppen einer Partitur.

Eckige Klammern

Die Notensysteme einer Instrumentengruppe (etwa Streicher, Blechbläser, Holzbläser und Schlagwerk) werden untereinander mit eckigen Klammern verbunden. Die so verbundenen Instrumente erhalten vom oberen bis zum untersten Notensystem der Gruppe durchgezogene Taktstriche.

Chorstimmen werden ebenfalls mit einer eckigen Klammer verbunden. Da unter bzw. zwischen den Notensystemen Text notiert wird, erhalten sie aber keine durchgehenden Taktstriche.

Die eckige Klammer wird auch *Chorklammer* oder *Balkenklammer* genannt, weil Notenstecher sie mit dem auch für Balken verwendeten Stichel stachen. Sie hat daher traditionell die gleiche Strichstärke wie Balken.

Geschweifte Klammern

Eine geschweifte Klammer (also die *echte* Akkolade) fasst mehrere Notensysteme zusammen, die von einem einzelnen Instrument zu spielen sind (z. B. Klavier, Harfe oder Akkordeon). Auch bei der Orgel werden so die beiden Systeme für die Klaviatur (Manuale) verbunden.

Eine Gruppe gleicher Instrumente (etwa Horn I bis IV oder Fagott und Kontrafagott in einer Orchesterpartitur) wird durch eine Subklammer verbunden. Diese steht dann links von der die gesamte Instrumentengruppe zusammenfassenden eckigen Klammer.

Durch eine geschweifte Klammer verbundene Systeme erhalten durchgehende Taktstriche. •

[aus Seite „Notensystem (Musik)". In: Wikipedia, Die freie Enzyklopädie. Bearbeitungsstand: 27. April 2020, 18:06 UTC. URL: https://de.wikipedia.org/w/index.php?title=Notensystem_(Musik)&oldid=199350605 (Abgerufen: 18. Mai 2020, 10:29 UTC)]

Akkord intonieren

Willst du einen Akkord vom Chor sauber ausstimmen lassen beginne immer mit dem tiefsten Grundton. In diesem Beispiel das *d* im Bass. Darauf setzt du die Oktave (S1). Dann kommt die Quinte (S2), die eher hoch sein muss, die Terz (A) in Dur eher tief und die kleine Septime (T) auch eher tief. *(s.a. Cent; Obertöne, Partialtöne, Teiltöne)*
Du gehst also immer von **konsonant** (Oktave, Quinte) – über **ambivalent** (Terz) – zu **dissonant** (Septime).
Wenn der Grundton nicht im Bass ist, dann ist er nicht im Bass. Du fängst beim Ausstimmen trotzdem **immer** mit dem am tiefsten liegenden Grundton an und der muss nicht in der tiefsten Stimme liegen. Die Reihenfolge von konsonant zu dissonant darf sich nicht ändern. • *(s.a. Konstanzen; Mediante; Ton angeben und Einsatz)*

Aktionismus (blinder)

Bei Kritik aus dem Chor fällt man oft in blinden Aktionismus. Bevor du die Forderung des Kritikers erfüllst – also Tatsachen schaffst – musst du zuerst reflektieren:
1. Einzelpersonenproblem oder Flächenbrand, der nun hervortritt?
2. Ist die Kritik überhaupt gerechtfertigt oder nur eine Projektion von persönlichen Problemen des Sängers auf den Chor, bzw. dich? *(s.a. Fremdbestimmung)*
3. Ist das im Einzelgespräch zu lösen oder muss der Chor involviert werden?
4. Wer außer dir könnte die Probleme lösen?
5. Hast du das Problem hervorgerufen, um anderes zu erreichen und das nicht begründet (z.B. die Aufstellung geändert, um einen besseren Klang zu erreichen, aber einige Sänger stehen nun mit schlechtem Licht oder neben jemandem, den sie nicht mögen, etc.)? – Da hilft nur bessere Kommunikation. •

Aktive und passive Atmung

<u>Aktiv</u>: Der Sänger weitet bewusst seinen Bauchraum und atmet ein.
<u>Passiv</u>: Der Sänger lässt seinen Bauch *fallen*, wodurch Luft einströmt.
In beiden Fällen machen die **Eingeweide** Platz und das Zwerchfell *(s.a.)* kann nach unten, wodurch im Brustkorb mehr Platz ist, also die Lungenflügel geweitet werden.
Die aktive Atmung lässt uns den Raum kontrolliert und auch vollständig füllen.
Die passive Atmung ist sehr schnell und ist die umgangssprachliche **Schnappatmung**. Sie lässt uns nicht viel Luft einsaugen, aber genug um weiterzusingen.
Das Loslassen des Bauches für diese Atmung muss trainiert werden.
Es gibt Sänger, die den Bauch beim Einatmen einziehen und Ausatmen loslassen, weil sie ihre Atmung hauptsächlich mit den Muskeln des Brustkorbes kontrollieren. Das ist für das Singen ungünstig. Achte darauf! •
(s.a. Bauchatmung vs. Brustkorbatmung, PTK; Schulterzucker)

Aktive Verantwortliche

Mitglieder des Vereinsvorstandes oder des Beirates (s.a.) müssen immer *aktive Mitglieder* des Chores sein. Sie müssen den Chorleiter und chorinterne Abläufe im Auge behalten.
Sie sind Ansprechpartner für die Sänger.
Sie sollen auch **dein** Ansprechpartner und Vermittler sein.
Sie sollen dir helfen die Außenwirkung des Chores zu gestalten und zu vermitteln.
Dies alles können sie nur, wenn sie aktiv mitsingen.
Merke:
1. Ein Chor sollte **immer** einen Beirat oder Vorstand haben. Er muss dafür kein Verein sein. Es sind gewählte Mitsänger, die organisatorische Verantwortung übernehmen und im vertraglichen Rahmen gegenüber dem Chorleiter weisungsbefugt sind. Sie sind bei Unstimmigkeiten der erste Ansprechpartner für Sänger und Dirigent, und vermitteln.
2. Ein *Vereinsvorstand* muss nicht zwingend aus drei Personen, aber immer aus Chorsängern bestehen. •

Akzente

Ein *Sforzato* (**sf**) oder starke Akzente sind definiert durch die plötzliche Änderung der Dynamik zum Lauten und dem sofortigen Zurückkehren zur Ausgangslautstärke.
Alle so definierten Betonungsbezeichnungen kann man im Laienchor über einen Kamm scheren. Es sind **Betonungen**. (s.a. *Silbenbetonungen wider die Natur*)
Die genaue Differenzierung ist von Komponist zu Komponist verschieden und so ist es in der Probenkommunikation einfacher zuerst allgemein („lauter") und dann erst im späteren Verlauf der Proben von Fall zu Fall zu unterscheiden, wie stark die Akzente z.B. im Verhältnis zu einen **sf** oder untereinander sein müssen.
Ein Betonungszeichen fordert auch nicht immer einen Plosivlaut, sondern evtl. nur ein *Espressivo*. So würde ich im folgenden Beispiel die Akzentzeichen als „knack" bezeichnen – also hart und kurz, und die **sf** als „espressivo" – also längere Momente mit vollerem Klang.
Anders ist es bei einem *Forte-Piano*. Hier ist die Dynamikdefinition klar. Es ist zwar eine Betonung – sie soll aber stark sein und in einem Piano enden.

Beispiel: T5ff (Sopran) aus „Zahnweh", Op. 55 Nr. 2 von Robert Schumann (1810 - 1856)

Grundsätzlich musst du den Anfang von Betonungen (lang oder kurz) über die **Konsonanten** lösen, bzw. den Glottisschlag (s.a.) bei Vokalen, da dieser ihr Konsonant ist. Das „Ohr" kann nur so sehr knackig beginnen.
Eine weitere Technik ist, auf einmal mehr Klang rauszulassen (nicht zu erzeugen).
Das funktioniert bei offenen Vokalen, die einem geschlossenen Konsonanten folgen.
Den „Marterstich" muss der Sänger so nicht durch mehr Druck betonen, sondern nur **den Mund** sehr schnell und weit zum „a" öffnen.
Der „Fluch" kann auf zwei Wege betont werden:
Einerseits wird „Fl" sehr schnell und mit viel Luft gesprochen, sodass das „u" freundlich gesungen eine automatische Betonung bekommt. (s.a. *Wiederholende Freundlichkeit*)
Andererseits ist eine Lautstärkenveränderung nichts anderes als **Kontrast** zum Umfeld. So kannst du dir eine Lautstärkendifferenz zu Nutze machen und vor dem „Fluch" eine Atemzäsur (also Stille) einbauen.
Viele Sänger versuchen einen Akzent durch viel Druck (also bewusst lautes Singen) zu lösen – ohne gute Kontrolle wird solch ein Ton immer zu hoch sein oder die Stimme überschlägt. Andere können diesen plötzlichen Druck nicht aufbauen und singen dann keinen Akzent, sondern ein Crescendo auf dem Ton.
Im Laienchor führt die Fokussierung auf einen plosiv gesprochenen Konsonanten zum besseren Ergebnis, da die Sänger weniger auf den Ton und seine Lautstärkenänderung achten und damit über den Umweg über den Text eine bessere Kontrolle über ihn haben. Dies liegt daran, dass ein Konsonant viel Luft, also eine freie Kehle benötigt. Um laut zu singen, verengen viele Sänger aber die Kehle – auch weil sie die Lautstärke spüren wollen – und nur durch einen starken Druckaufbau das Gefühl haben, dass sie laut singen. •

Alkohol vor einem Konzert
Manche Chöre trinken ein Glas Sekt/Korn/Schnaps/etc. bevor die Sänger auf die Bühne gehen. Es enthemmt, entspannt und lässt eventuelle Aufregung etwas schwinden. Es senkt aber die Konzentrationsfähigkeit und durch die etwas geringere Körperkontrolle auch die Präzision.
Man darf nicht vergessen, dass Singen sehr feinmotorische Muskelbewegungen voraussetzt – d.h. man kann noch (vor dem Gesetz) Autofahren, aber präzise Singen nicht mehr – egal auf welchem Niveau!
Bedenke: Der Chor ist ein Dienstleister am Publikum.
Genau wie du im Idealfall ohne vorher einen ‚Schluck' nehmen zu müssen die Probe leitest, und der Chor das auch erwartet, singt der Chor im Konzert oder bei einem Auftritt nicht (nur) zu seinem eigenen Vergnügen. Er singt **für** jemanden und hat damit die Verantwortung alles daran zu setzen 100% zu geben. Sänger, die nur alkoholisiert auf die Bühne können, haben ein behandlungswürdiges Problem.
Auch als *Tradition* akzeptiere ich das in keinem Chor. Man probt für den Auftritt und dann versaut man sich die Qualität aus ‚Tradition'…? Häh?!
Mir konnte bisher noch keiner das Gegenteil beweisen. Keiner singt besser, wenn er Alkohol im Blut hat (außer vielleicht der funktionelle Trinker…). • (s.a. *Lampenfieber*)

Alle Eins
Ist eine Stimme mit den Noten überfordert oder es singen nur 1-2 Sänger in der aktuellen Probe in dieser Stimme, lass die anderen Stimmen diese Stimme mitproben. So fühlen sich die ‚Solisten' nicht allein, der Stress wird reduziert und der Rest des Chores muss nicht warten. Alle profitieren von dieser Maßnahme, da nur so auch alle einen weiteren Einblick (weil andere Stimme) in das Stück bekommen. Als Dauerlösung wäre es aber zu zeitraubend. • *(s.a. Bewusstes Begleiten; Untätige Stimme: Die Todsünde)*

Alle zusammen!
Einen Kanon im Gottesdienst oder im Konzert mit dem Publikum zu singen ist eine tolle Sache und klappt meistens gut. *(s.a. Total einfach)*
Mit ein paar Regeln kannst du das Erlebnis noch verbessern.
Verteile deine Sänger strategisch im Publikum, damit sie mithelfen können. Sie können sich einfach am Rand stehend verteilen oder, wenn es passt, auch in die Reihen setzen. Soll ein Kanon zu Beginn des Gottesdienstes/Konzertes gesungen werden, könnten sie auch schon 20 Minuten vor Beginn am Rand in den Bänken sitzen.
Niemals solltest du einen Kanon *Zuschauer vs. Chor* versuchen. Das kann klappen – bei mir bisher noch nie.
Ich mache außerdem eine etwas andere Stimmeneinteilung: Normalerweise fängt man vorne mit der 1. Stimme an, um dann nach hinten weiter vorzurücken.
Klüger ist es **von hinten** anzufangen: Ich gehe im Folgenden davon aus, dass in der Kirche/im Konzertraum das Publikum durch einen Mittelgang getrennt ist.
Du singst den Kanon zur Übung einstimmig 2-3x mit dem Publikum durch. Dann teilst du die Gruppen auf.
<u>Vierstimmig</u>: Hinten Links (1), Hinten Rechts (2), Vorne Links (3), Vorne Rechts (4).
Zu Beginn singen nun alle den Kanon einmal einstimmig durch. Währenddessen gehst du zur Mitte (Hälfte) des Raumes und kannst von dort die Kanoneinsätze für HL und HR geben, gehst dann (rückwärtsgehend) nach vorne und gibst VL und VR die Einsätze. So haben dich, weil du immer weiter nach vorne gehst, alle **aktiven** Stimmen im Blick.
Wenn du es anders herum machst (vorne beginnst), musst du entweder die hinteren Gruppen von weit weg (also vorne) anleiten und ihnen den Einsatz geben – kannst damit aber nicht eindeutig sein – oder du gehst im Verlauf zu ihnen hin, wodurch dich dann die zwei ersten Gruppen vorne nicht mehr sehen. Auch nicht zu unterschätzen: Mit dieser Methode sehen dich die vorderen zwei Gruppen nicht bei dem Einsatz für die ersten Stimmen und werden somit auch nicht unabsichtlich einsetzen.
<u>Zweistimmig</u> teilt man die Bänke in der Hälfte (also links und rechts vom Mittelgang).
<u>Dreistimmig</u> teilt man vorne links und rechts und hinten einen Teil beide Reihenteile, wobei dieser hintere Teil dann, wie im vierstimmigen Kanon, die erste Stimme ist.
Ist die Kirche nicht durch einen Mittelgang geteilt, stellst du dich an die linke Seite – also die Seite, die zuerst beginnt (HL). So kannst du den Einsatz für HL/HR geben und stellst dich dann vorne mittig hin, um VL und VR den Einsatz zu geben. •

Alleluja
Grundsatz: **Der Mund ist faul.**
Das Ziel ist aber eine freundliche Aussprache beim Singen. *(s.a. Mundstellung (chorische))*
Versuche es selbst: Singe auf irgendeinem Ton 10x hintereinander das Wort „Alleluja". Gebe dem Drang deines Mundes nach beim „u" rund zu werden, spüre wie stark du beim „a" dunkel geworden bist und wie sich das beim nächsten Anfangs-„A" fortsetzt.
Nach 10x siehst du aus als hättest du in eine saure Zitrone gebissen. Dein Mund bewegt sich also in seine normalerweise eher unfreundliche Ausgangsposition und man muss ihn zum freundlichen Ausdruck ‚zwingen'. *(s.a. Konzentrationsschnute)*
Versuche nun die 10x mit einem bewusst freundlichen Gesicht, hohen Wangen *(s.a. Hoch die Wangen!)* und leuchtenden Augen zu singen. Es wird immer noch ein „u" erklingen, aber ohne beide „a" zu verdunkeln.
Als Solist würde ich das „u" runden und nach dem „j" den Mund zum „a" wieder öffnen – diese Disziplin haben Laiensänger aber nicht. Dies zu erwarten ist sehr müßig.
Grundregel: Das Ziel sind für mich *helle Vokale* durch ein freundliches Gesicht (**immer**) (1) und eine freie Kehle, weil die Zungenspitze mit den unteren Schneidezähnen **dauerhaft** Kontakt hat (2). Auf meine Lösungsansätze bekomme ich von Stimmbildnern die Antwort: „Das kann man auch anders lösen." – Ja, aber nur **individuell**.
Ich habe keine Zeit einmal im Monat eine Solosession mit jedem Chorsänger zu machen, um auf die individuellen Probleme eingehen zu können. Nicht zu vergessen: Die meisten Chorsänger würden aus dem Chor austreten, wenn ich das einfordern würde.
So muss ich den Mittelweg gehen, der mir im **Allgemeinen** die besten Ergebnisse liefert. Bis mir jemand eine bessere allumfassende Technikanweisung bietet, nutze ich obengenannte zwei Grundregeln für einen sauberen Chorklang, die **immer** gelten.
Willst du das Wort „Alleluia" mal bis zum Exzess und in allen Lagen üben empfehle ich dir das Stück „Alleluia" von Randall Thompson (1899 - 1984).
Bis auf den Übergang zu T52 ist das Stück überraschend machbar. Für sich genommen auch T52, aber mit 10 Takten Vorlauf wird die Stelle aus den verschiedensten Gründen schwierig und ich kann die Konzerte, in denen sie perfekt funktionierte an einer Hand abzählen.
Das Problem war, dass die Fehler nicht direkt reproduzierbar waren und die Stelle für sich geübt kein Problem ist.
Ein wunderschönes Stück, mit einer echten Kopfnuss für Chorleiter, die mich methodisch an meine Grenzen brachte und für die ich viele Tricks anwenden musste. Das Stück brach nie zusammen, obwohl der Zielakkord häufig weit von einem A-Dur entfernt und der Grund für das Nichterreichen immer ein anderer war. • *(s.a. Abstützen; Koronal)*

Allergiker
Allergiker können einem echt leidtun. Im Frühjahr sind sie in jedem Chor sichtbar.
Ich fühle mit ihnen: Mich muss ganzjährig eine Katze nur anschauen und ich niese.
Es gibt sehr wirksame und nicht ermüdende Antihistaminika, die diesen Menschen helfen können. Wenn sich jemand diesen Mitteln verweigert (ich spreche nicht von den Personen, die diese Mittel nicht nehmen dürfen!), darf er aber kein Mitleid von mir erwarten.

Ich hatte schon Sänger, die bei schönstem Frühlingswetter vom Chor verlangten, die Fenster geschlossen zu halten, weil sie sonst ja nicht mehr gut singen könnten.
So etwas akzeptiere ich nur in begründeten Fällen. Eben weil die medikamentöse Lösung so gut verträglich ist, kann ich nicht auf ein Einzelschicksal Rücksicht und damit den gesamten Chor in Sippenhaft nehmen.
Ich musste leider feststellen, dass Menschen, die mit ihren Erkrankungen in negativer Weise kokettieren, eigentlich nur Aufmerksamkeit wünschen. Das wäre immer noch unproblematisch, wenn es mit einem einfachen (meinetwegen auch öffentlichen) Wahrnehmen der Problematik getan wäre. Wenn es aber den ganzen Chor betrifft, wird es schwierig.
Natürlich steht es außer Frage, dass ein gehbehinderter Sänger im Konzert von anderen Sängern gestützt und ihm ein Stuhl an die korrekte Stelle gestellt wird. Das ist begründbare Rücksichtnahme, die eingefordert werden darf.
Auch wenn ein Sänger am heutigen Tag einfach einen echt steifen Nacken hat, kann man mal die Fenster zu machen und damit den Arktikfön abschalten.
Grundregel: Solange jemand dem Chor nicht zur Last fallen **will**, fällt er dem Chor auch nicht zur Last, selbst wenn für ihn besondere Maßnahmen gelten müssen.
Es gibt aber leider irritierend viele Menschen, die zur Last fallen **wollen** und (ungerechtfertigte) Sondermaßnahmen einfordern. •

Allgemeinwissen/ Zeitgeschehen/ Tagesaktuelles
Ein guter Dirigent interessiert sich nicht nur für Musik.
Im Laienchor bist du ein Gesprächspartner für die unterschiedlichsten Personen mit den verschiedensten sozialen und intellektuellen Hintergründen.
Um Menschen führen zu können – vor allem eine heterogene Interessengemeinschaft wie einen Chor – brauchst du *Allgemeinwissen*.

- Halte das Tagesgeschehen im Auge, um auf Ereignisse eingehen zu können, die die Sänger eventuell am Probenabend beschäftigt.
- Abonniere eine Tageszeitung oder mindestens eine Wochenzeitung (Zeit, FAZ etc.), in der die Themen der Woche konzentriert aufgearbeitet und kommentiert werden.
- Lese aufmerksam den Lokalteil der Tageszeitung, bzw. kostenlose lokale (werbefinanzierte) Wochenzeitungen, die du in den Briefkasten bekommst.
  Vor allem in Dorfchören ist es wichtig zu wissen, was um einen herum passiert. Ist das Dorf weiter weg, kannst du dir sporadisch solch eine Zeitung mitgeben lassen, bzw. einige haben auch Internetangebote.
- Lese durchaus auch ein ‚Klatschblatt'.
- Habe mindestens 2 Nachrichten Apps (Spiegelonline, Zeit, etc.) auf dem Smartphone. Lese hier ein Mal am Tag die gesammelten Schlagzeilen.
- Lese Bücher, die allgemeinbildend sind. *(s.a. Literaturverzeichnis)*

Um Musik einordnen zu können muss man sich für Geschichte, kulturelles Leben (auch Klatsch und Tratsch), Sport, Wissenschaft – also alles, was der Musik und der in einen Kontext eingebundenen Musikvermittlung dient – interessieren.
Dieses Allgemeinwissen wird dir nicht nur in der Kommunikation **neben** der Probe helfen, sondern auch **in** der Probe.
So wirst du Ansprechperson für deine Sänger, weil sie das Gefühl haben, dass du sie in ihrem normalen Leben auch verstehen würdest.
In der Musikvermittlung kannst du *Bilder malen* und damit die Musik oder Phrasenbildung für die Sänger konkret werden lassen, indem du ihnen eine lebensnahe Vorstellung davon gibst, was über den Notentext/Liedtext hinaus geht. • (*s.a. Abstraktes in Konkretes; Bildliche Handlungsanweisung; Kaffeewasserfuge; Suggestion durch Lebenserfahrung; Supermans Großvater*)

allthemusic.info
Durch die Website www.allthemusic.info kannst du dir alle möglichen Melodien innerhalb einer Oktave herunterladen.
Also wirklich **alle möglichen**: 68,7 Milliarden Melodien.
Ohne rhythmische Variationen – nur die Tonfolgen mit bis zu 12 Tönen.
Die Programmierer Damien Riehl und Noah Rubin haben diese Melodien mithilfe eines Programms erstellt, sie also ‚erfunden' und sind damit Inhaber des Urheberrechts.
Nun haben sie aber diese Melodien unter die *Creative Commons Attribute 4.0 International License* gestellt. D.h. jeder darf mit diesen Melodien machen was er will.
Erstellt wurde das Ganze Anfang 2020. Theoretisch ist also jede Melodie im Bereich einer Oktave, die ab jetzt veröffentlicht wird, nun gemeinfrei.
Praktisch – wenn man das Gesetz ernst nimmt – auch. •

¡Ándale!
Mit Jockey laufen Pferde schneller also ohne. Mit ihm wissen sie, wohin sie laufen sollen und können sich auf das Laufen konzentrieren. Sie müssen nicht über die Richtung nachdenken.
Ein Vergleich zum Verhältnis Chor zu Chorleiter ist rein zufällig. • (*s.a. Dirigenten als bepulsende Kontrollinstanzen mit weitreichenden Befugnissen; Sinnhafte Existenz; Stimmungsmacher*)

Anfangston atmen
Einen sauberen Anfangston eines Stückes erreichst du mit Laien **nicht**, indem du den ersten Ton ansingen lässt. Es schadet nicht unbedingt, aber deine Sänger werden sich nach dem Ansingen wieder entspannen - und das liegt an dir: Die meisten Chorleiter brauchen nach dem Töneangeben und Ansingen noch viel Zeit, oder möchten dem Chor sogar Zeit geben, damit er sich den Anfang des Stückes vorstellen kann.

Egal ob du den Anfangston ansingen lässt oder nicht, musst du **deinen Sängern** beibringen sich den Ton vor dem Singen vorzustellen und dann auf dem Ton *einzuatmen*. D.h. beim Einsatzeinatmen muss die Kehle schon die Stellung haben, die sie hat, wenn sie den ersten Ton singt.

Chöre, deren erster Ton Mist ist, singen zwar auch an, stellen sich den **ersten** Ton vor etc., dann atmen die Sänger aber ein und stellen erst *beim Singen* die Kehle auf die richtige Spannung ein. Das gibt dann die bekannten Anfangsglissandi, bei denen der Chor sich wie ein startendes Tonband anhört.

Übung: Man kann beim Einatmen singen. Lass deinen Chor mal spaßeshalber den Anfangston stimmhaft einatmen. Zuerst mit einem schon geübten Ton (d.h. zuerst normal gesungen, sodass sicher ist, dass der Ton stimmt) dann aber auch ohne diese Vorbereitung.

Übung für dich: Stelle dir einen Ton in deiner Mittellage (später auch **extremer**) vor und singe ihn sofort, ohne über ihn weiter nachzudenken.

Du wirst merken, wie sehr du ‚nachjustieren' musst, aber auch, wie du **nach** ein paar Wiederholungen ‚Vorstellung zu Ton' – selbst mit unterschiedlichen Tönen – weniger und vor allem schneller nachjustieren kannst.

Dein Gehirn hat den Ablauf in dir optimiert, sodass er nicht von einer bestimmten Tonhöhe abhängig ist. • *(s.a. Ton angeben und Einsatz)*

Angriff!

Wie jeder gute Sektenführer und Diktator weiß, kann man eine Gruppe am besten zusammenschweißen, wenn man ihr den Eindruck gibt, dass sie von außen **angegriffen** wird. Je stärker die Angriffe das Ansehen dieser Gruppe beschmutzen, desto stärker identifiziert sich jemand mit *seiner* Gruppe und desto mehr wird er sich für diese Gruppe einsetzen.

Weniger dramatisch geht es um zwei Dinge:
1. ein Sich-Abgrenzen von anderen Gruppen durch ein Profil/Leitbild *(s.a.)*
2. ein Identifizieren mit diesem Bild, welches der Gruppe ihre Sinnhaftigkeit gibt

Hast du eine Gruppe von Menschen unter diesen Punkten zusammengeschlossen, kannst du dein Handeln in diesem Rahmen begründen und die Gruppenmitglieder werden dich und dein/ihr Handeln nach Außen verteidigen.

Für uns bedeutet das: „Warum machen wir keine Konzerte?" – „Weil wir als Kirchenchor für den Gottesdienst singen."

„Warum singen wir nicht im Gottesdienst, wo wir doch im Gemeindehaus einer Kirchengemeinde proben?" – „Weil wir ein weltlicher Chor sind, der Nutzungsgebühr bezahlt." • *(s.a. Selbstbewusstsein des Chores)*

Angst vor Sängerverlust
Die schlimmsten Chorleiter, aber vor allem Vorstände, sind die, die grundsätzlich keine Änderungen zulassen, weil sie Angst haben, die **derzeitigen** Sänger zu verlieren.
Wenn diese Sänger aber den Chor nicht mehr am Leben erhalten können, muss sich etwas ändern. *„Geh mit der Zeit, sonst gehst du mit der Zeit…"* •

Annahmen falsifizierende Gespräche
Hast du den Eindruck jemand aus deinem Vorstand/ein wichtiger Sänger/Pastor/Veranstalter/etc. steht nicht hinter einem von dir geleiteten Projekt/einer angeregten Änderung/Maßnahme/einem Stück/etc., rede mit ihm direkt und vermittle deinen Eindruck: „Ich habe das Gefühl, dass du das nicht so gut findest/dass du da nicht vollständig hinter stehst/dass du eine andere Vorstellung hast. Stimmt das? Und wenn, was können wir deiner Meinung nach verbessern/anders machen?"

Es ist unklug seinem *Gefühl* zu folgen und ungefragt *anzunehmen*, dass die Person nicht hinter dir steht oder etwas doof findet.
Das ist wie der Piks bei der Spritze: Einmal fragen tut kurz weh und kostet Überwindung. Das Gespräch danach ist eine Erlösung und befreit.
Traue dich Dinge direkt anzusprechen, bevor sie zum Gerücht werden.
Wie viele schlaflose Nächte habe ich schon wegen *Annahmen* verbracht.
Ich hätte einfach mit der Person sprechen sollen. •

Ansagenangst
Wenn du Angst vor Ansagen im Konzert hast, liegt das oft daran, dass du darauf fokussiert bist, dass du Fehler machen könntest und was die Leute dann von dir halten.
Du wirst Fehler machen. Akzeptiere das.
Das doofe an der Sache: Du wirst mehr Fehler machen, weil du durch die Angst vor ihnen zu sehr auf **dich** fokussiert bist. Das klaut dir Hirnkapazität.
Fokussiere dich stattdessen auf die Aufgabe: Deine Zuschauer zu informieren.
Durch die Fokussierung auf die Aufgabe und ihren Zweck relativiert sich das eine verschluckte Wort oder der Versprecher, weil der **Inhalt** (auch für dich) im Vordergrund steht.
Wenn du Informationen angemessen emotional und *von Herzen* transportierst, werden dir die Menschen zuhören – auch ohne perfekt geschliffene Formulierungen.
Wenn die Angst dich bestimmt wirst du steril, liest ab, sprichst wie ein Roboter und wirst am Ende trotzdem Fehler machen. Akzeptiere deine Fehler und du wirst frei sein. •
(s.a. Ansprache)

Anspannen (antizipiertes)
Der Ton vor einem *Atemzeichen* wird sehr häufig in Antizipation des Einatmens betont. Die Sänger brauchen für das Einatmen Energie. Diese Anspannung wird auf den letzten Ton übertragen, sodass er nicht entspannt werden kann.

- Lass die Sänger diesen Ton in ihren Noten einklammern.
- Lass sie eine Diminuendogabel darüberschreiben – die kann aber bei kurzen Tönen wie ein Akzent aussehen, was dem Gewünschten natürlich entgegenwirken würde.
- Bringe ihnen die Schnappatmung *(s.a.)* bei, sodass ein Einatmer mit Entspannung gleichgesetzt wird. *(s.a. Schulterzucker)*
- Die effektivste Methode ist aber die Notenausgabe selbst zu schreiben und an jeder Stelle, an der du ein Atemzeichen haben möchtest, eine **Pause** einzufügen. Der klangliche Effekt ist der selbe – der psychologische im Laienchor aber umgedreht: Es passiert nun, dass manche Sänger zu sehr entspannen und den Ton vor dem Atmen abphrasieren, da eine Pause genau das indiziert. So singen sie eventuell sogar zu spät weiter. *(s.a. Aufphrasieren und Abphrasieren; Pausenmusizieren)*

Das Pausenschreiben hat sich für mich so sehr bewährt, dass ich mir, wann immer es möglich ist, die Zeit nehme eigene Notenausgaben zu erstellen, bzw. freundliche Helfer im Chor habe, die das übernehmen.
Wenn man Übe-Klang-Dateien erstellen will, muss man ja eh Noten schreiben – da fallen halt noch das Layouten und der Text an. • *(s.a. Atemzeichen; Übe-Klang-Dateien)*

Ansprache
Wenn du eine Rede halten musst gibt es ein paar hilfreiche Grundregeln.
Die zwei ersten und wichtigsten predigst du deinem Chor jede Woche:
Lächeln und deutlich artikulierter **Text**.
Wenn du nervös bist, lächle die Nervosität weg – das funktioniert wirklich.
Konzentriere dich auf die Aussprache des Textes. Es muss sich für dich sehr langsam anfühlen und im Raum geprobt werden. Nur dann versteht jeder, was du sagst. Trotzdem musst du in einen Sprechrhythmus kommen. Wenn du nicht häufig vor Menschen sprichst, solltest du das langsame Sprechen üben, da es sonst künstlich klingt.

Ich spreche nie frei – andere können das super. Es darf halt nicht wie *abgelesen* klingen.
D.h. wenn du einen vorformulierten Text hast, musst du ihn fast auswendig können, bzw. frei ablesen.
Ich drucke ihn sehr groß aus (ab Schriftgröße 22), nutze eine Serifenschrift, damit das Auge den Textlinien folgen kann *(s.a. Leseblätter)* und habe das Redepult – oder im Konzert den Notenständer – so weit weg stehen, dass ich mit einem Schritt hinkomme, um umzublättern und so hoch, dass ich beim Ablesen für die Zuschauer nicht aussehe, als wenn ich auf den Boden starre.

Wird dein Mund trocken darfst du Wasser dabeihaben. Sonst hilft es auch, sich leicht auf die Zunge zu beißen. *(s.a. Speicheldrüsen)*
Musst du ein Mikrofon in der Hand halten, gilt dasselbe wie für Solosänger.
Stütze den mikrofontragenden Arm (Ellenbogen) auf dem Bauch ab, damit er Halt bekommt. *(s.a. Konzert: Ansagen; Mikrofonhaltung)*
Solltest du eine Fragerunde anbieten (z.B. bei einer Vollversammlung oder einem Vortrag vor einem Konzert), fange mit den Personen an, die im **hinteren Drittel** sitzen.
Dort sitzen eher die, die für dich sind.
Die Kritiker bzw. Hyperengagierten sitzen weiter vorne. •

Anwalt

Du bist der Anwalt des Komponisten.
Dein Job ist es das umzusetzen, was der Komponist wollte.
Wenn der Komponist nichts in seiner Partitur eingetragen hat (z.B. Dynamik) ist der musikalische Ausdruck und Geschmack durch dein Gespür, Wissen und nach der Norm der Zeit, aus der das Stück stammt, zu begründen.
Erst wenn du zur Interpretation *(s.a.)* keine endgültigen Antworten findest, darfst du deine eigene Interpretation formen und vom Chor fordern. • *(s.a. Lieber Gott im Bergbau)*

Anwesenheitsliste

Ich lasse in meinen größeren Chören Anwesenheitslisten führen.
Eine Liste zu führen macht ab 30 Sängern absolut Sinn, da du sonst leicht den Überblick über die Fehlzeiten verlierst.
Bei kleineren Chören schreibe ich mir in meinen Probenplan, wer entschuldigt in einer Probe fehlt.
In vielen ‚hochwohlgeborenen' Chören darf ein Sänger nicht im Konzert mitsingen, wenn er z.B. drei Mal gefehlt hat. Das zeugt von absoluter Inkompetenz des Chorleiters.
Mich interessiert nicht wie **häufig** jemand fehlt, sondern ob er das Konzert mitsingen **kann**. D.h. hat er nachgearbeitet, kennt er die Stücke und wird er (trotz seines Fehlens) vom Chor als – für das Konzert – wertvollen Teil der Sozialgemeinschaft anerkannt?

Die Anwesenheitsliste ist für mich die Kontrolle, wer wieviel gefehlt und welche Stücke nicht oder nur teilweise mitgeprobt hat.
Durch meine detaillierten Probenpläne behalte **ich** den Überblick, aber auch die **Sänger**, die dadurch immer wissen, was sie verpasst haben. *(s.a. Probenplan)*
Manche Sänger arbeiten gut nach, sind engagiert und wenn sie mal gefehlt haben fragen sie ihren Nachbarn, ob in der letzten Probe etwas in die Noten eingetragen wurde.

Andere bitte ich in den Proben vor dem Konzert/Auftritt in der ersten Reihe zu stehen, damit ich sie mir anhören kann (ohne es ihnen zu sagen…). Im Zweifelsfalle muss ich dann tatsächlich jemanden bitten, nicht im Konzert mitzusingen.

Meistens reicht aber der rechtzeitige Hinweis auf die Fehlzeiten und dass da noch einiges nachgeholt werden muss. Auch renitente Sänger setzen sich dann zuhause hin und schauen sich die Noten an.

Wohlgemerkt: Die Forderung sich die Noten anzuschauen funktioniert bei jedem Chor! Wenn du keine Übe-Klang-Dateien anbietest und die Sänger keine Noten lesen können, können sie **immer** den Text üben. Damit ist die halbe Miete bezahlt und der Sänger darf weiter in seiner ‚Chorwohnung' wohnen bleiben…

Das geht aber nur mit einem detaillierten und vorausschauenden Probenplan *(s.a.)*.
(s.a. Deutliches Sprechen ist deutliches Singen; Schubladendenken)

Es gibt drei sinnvolle Möglichkeiten eine Anwesenheitsliste zu führen:
1. Heimlich.
   D.h. ein mit dieser Aufgabe betreuter Sänger (Delegierter) ist grundsätzlich für die Erstellung und Führung der Anwesenheitslisten zuständig und kreuzt in der Pause an, wer da ist. Er gibt dir dann alle 2-3 Monate einen Bericht.
2. Du gibst in der Probe eine Liste herum, oder legst sie am Eingang aus, in der jeder Sänger zum Probentag unterschreibt, dass er da war.
   Das ist meine Lieblingsmethode, da sie die Sänger merken lässt, dass eine Kontrolle stattfindet. Wenn du diese Kontrolle positiv kommunizierst – die Konsequenzen also konstruktiv sind (Hilfe für die Sänger) – wird sie nicht als Gängelung verspürt.
3. Du fragst die Anwesenheit in der Probe öffentlich ab.
   Wenn du richtig viel Disziplin (und bald keinen Chor mehr) haben willst, kannst du diese Abfrage sogar am Anfang machen. D.h. jeder, der zu spät kommt, hat gefehlt.

Grundregel: Die Anwesenheitsliste ist eine Möglichkeit die Übersicht zu behalten und befähigt dich deinen Sängern noch besser und individueller zu helfen.

Du kannst über die Fehlzeiten Probleme viel früher wahrnehmen.

Grundregel der Grundregel: Fehlzeiten haben **immer** einen Grund. •

Anwesenheitsrate steigern

Hast du mit unentschuldigter und unregelmäßiger Teilnahme mancher Sänger zu kämpfen ist dein erster Schritt immer das Gespräch. Meistens gibt es gute Gründe.

Aber es gibt da einfach auch renitente… Das bekommen leider auch andere Sänger mit. Bevor sich im Chor eine *Scheißegal-Haltung* etabliert, lobe anhand der Anwesenheitslisten die, die in den letzten drei Monaten ohne Fehlzeit anwesend waren.

Wiederhole das entsprechend 4x im Jahr.

Du zeigst dein Wahrnehmen der Fehlzeiten und Wertschätzung für Verlässlichkeit.

Das ist viel effektiver als zu schimpfen. •

Apfelbaum
„Für Lob und Kritik bin ich nicht empfänglich. Nicht aus übertriebenem Selbstwertgefühl heraus (das wäre Dummheit), sondern weil ich im Hervorbringen meiner Werke einem Gesetz meiner Natur folge – so wie ein Apfelbaum Äpfel hervorbringt – und mich also nicht darum kümmern brauche, was man für eine Meinung von mir hat."
Camille Saint-Saëns (1835 – 1921)

Das Zitat erlaubt dir – wenn du alle deine Möglichkeiten, die du besitzt und die dir durch äußere Umstände gegeben wurden, ausgeschöpft hast – das Ergebnis (damit dich) zu akzeptieren und diese Akzeptanz auch von anderen einzufordern. Es verbietet dir aber dich auf deinen Wurzeln auszuruhen oder noch schlimmer: als Birnenbaum zu erwarten Äpfel zu produzieren. Mach das, was du kannst, und mach das ordentlich. •
(s.a. Beflügelte Wurzeln)

Apolitisch
Lass deine politischen Ansichten zuhause. Außer Frieden, Hilfe für sozial Benachteiligte, Humanismus im Allgemeinen, etc. – also etwas auf das sich die meisten als **ethische Grundidee** einigen können – darfst du nichts erwähnen, wenn es nicht aktuelle Themen tangiert – aber echt nur, wenn du unbedingt musst (musst du nicht).
Auch einen Wahlaufruf (allgemeinen) kannst du in einem Nebensatz in der Probe vor einer Wahl leisten. Ansonsten sind alle aktuellen politischen Äußerungen absolut tabu.
Eine Ausnahme bildet natürlich die Leitung eines explizit politischen Chores.
Die politischen Meinungen deiner Sänger sind so heterogen, dass du immer irgendwo auf Widerstand stoßen wirst. Du musst nicht neutral wie die Schweiz sein, im schlimmsten Fall wird deine politische Meinung aber zu einem Reibungspunkt und du damit identifiziert („ah – der Grüne/Kommunist/Tierliebhaber/Antifaschist/etc.").
Die einzige politische Meinung gegen die du dich positionieren musst ist eine Radikale (ob links, rechts oder theistisch), denn auch hier wirst du einen Konsens im Chor finden: dass Radikale (die ihre radikale Meinung öffentlich und auch in den Proben vertreten) dort nichts verloren haben. • *(s.a. Politischer Humanismus; Verhaltenskodex; Wertegemeinschaft)*

Apps
Da sich der App-Markt dauernd ändert und manche Apps nur für Android *oder* Apple zu haben sind, möchte ich dir nur eine App ans Herz legen, die anderen musst du für dich ausprobieren:
- Für die Gehörbildung kaufe dir den *Complete Ear Trainer*. Die einzige App, die ich jemals gekauft habe. Du lernst einerseits Gehörbildung in verschiedenen Schwierigkeitsstufen bis hin zu den unmöglichsten Jazzakkorden. Andererseits (und deshalb wirklich toll!) kannst du Gehörbildung als Spiel spielen. D.h. du

absolvierst ein Level mit z.B. nur Oktaven und Quinten. In Level 2 kommen dann Quarten und Terzen dazu, etc. *(s.a. Stimmgabelübungen)*
- Du solltest eine App haben, die eine Klaviertastatur bietet. Damit kannst du dir schwierige Passagen unabhängig von einem physischen Klavier vorspielen.
- Eine Metronom-App.
Du solltest hier das Tempo klopfen können und sie muss einen Blinkmodus haben (d.h. Ton aus, aber Tempo sichtbar).
- Wikipedia App *(s.a.)* •

Arbeitslautstärke

In der Probe werden Erwachsene wieder zu Schulkindern. *(s.a. Freud für Chorleiter)*
Eine *Arbeitslautstärke* ist im Laienchor selten zu vermeiden, außer man möchte dauernd ermahnen. Man kann nur darum bitten, dass die Privatgespräche eingestellt werden und immer mal wieder rügen…
Durch Erhöhung des Probentempos kann Aufmerksamkeit erzwungen werden.
(s.a. Kleinteiliges Proben)
Jaule bitte niemals herum, dass es **dir** zu viel wird – das interessiert keinen – die Stille, bzw. Konzentration muss für **die Sänger selbst** einen Sinn ergeben. *(s.a. Ruhe erzeugen)*
Was du unterbinden musst ist das Kommentieren eigener Fehler. Ich habe Sänger, die konsequent nach jedem Durchsingen dem Chor sagen, was sie persönlich gerade falsch gemacht haben. – Die merken selber nicht wie blöd das ist.
Noch besser: Du machst einen Durchlauf und hörst auf einmal mitten im Stück ein „Oh nein!" oder „Ach Mist. Nochmal!" Das ist zum Glück eher zum Lachen. •

Arbeitsleben

Fast jeder Angestellte kommt nach der Arbeit nach Hause, geht am nächsten Tag wieder hin und hat zwischendurch frei. Ein hauptberuflicher und auch der nebenberufliche Laienchorleiter *lebt* in seiner Freizeit seine Arbeit. Er ist ein **kreativer** Arbeiter und Handwerker *(s.a.)*, der von seiner eigenen Stimmung getrieben wird.
Aber nur eine gute Stimmung führt zur Kreativität. Ablenkung durch alltägliche Probleme bremst Kreativität.
Nutze also deine Stimmungen: Wenn du gut drauf bist, entwickle das nächste Programm und plane Proben. Wenn du dich zwingen musst, wird es nicht gut und ist eine Qual.
Diese **Grundregel** gilt im kreativen und vor allem in einem selbstbestimmten Beruf mehr als in jedem anderen.
Dich leitet keiner an. Du musst dich de facto selbst kontrollieren. Du musst deine kreative Phase ausnutzen, um im Alleingang zu *brainstormen* und Projekte zu entwickeln.

Diese Ergebnisse musst du zwar in einer zweiten Phase rational begutachten und bewerten, aber nur durch die kreative Phase, die ohne Druck geschehen muss, wirst du herausragenden Ergebnisse bekommen.
Dies ist ein entscheidender Grund für mein Einfordern einer langfristigen Planung.
Du brauchst viel Vorlauf, in welchem du dich kreativ, ohne den Druck ein Ergebnis präsentieren zu müssen, ausleben darfst. • *(s.a. Probenplan)*

Arbeitsmaterialkosten
Gib für deine Arbeitsmaterialien (Stifte, Verstärkungsringe, Papier (90g), Ordner, etc.) lieber einen Euro mehr aus – es ist dein Arbeitsmaterial und von der Steuer *(s.a.)* absetzbar. *Gut und Günstig* funktioniert leider meistens nur in der Werbung.
Unterschätze auch nicht die Freude, die dir gutes Werkzeug bei der Arbeit macht. Nichts ist nerviger als Stifte, die dauernd abbrechen oder Ordner, die sich schon vom Rumstehen verbiegen. •

Artikulationslast
Hohes Singen klingt, unabhängig von der Stimmlage, nur *leicht*, wenn es mit weiter Kehle und offenem, freundlichem Mund gesungen wird (**nicht** gähnig, sondern mit der Zungenspitze an den unteren Schneidezähnen *(s.a. Abstützen; Koronal)*).
Diese Methode beeinträchtigt z.T. die Fähigkeit den Text mit seinen Konsonanten zu artikulieren und saubere Vokale zu formen – hier muss man das Mittelmaß finden.
Die meisten Sänger sind (korrekter Weise) dazu erzogen worden gut zu artikulieren – das muss aber ab einer gewissen Höhe aufgegeben werden, damit der Ton nicht gedrückt wird. Der Sänger hat dann sogar erstmal das Gefühl, nicht alles zu tun, um gut zu singen (weil er ja sonst Text und Musik verbindet).
Grundregel: Je höher gesungen wird, desto wichtiger wird ein frei produzierter Ton, der nicht durch Artikulation ‚belastet' wird. Die psychologische Hilfe für engagierte Sänger ist die Versicherung durch dich, dass andere Stimmen zur selben Zeit in bequemer Lage singen, deshalb gut artikulieren können und der Text damit verständlich bleibt.
Auch wenn dies als technische Ansage meistens schon reicht um den Klang zu verbessern, weil du deine Sänger von der *Artikulationslast* befreit hast, werden Nachfragen kommen: „Ab **welchem** Ton soll ich aufhören mir über die Artikulation Gedanken zu machen?".
Die Schwelle ist leider schleichend und vor allem individuell – dies musst du vermitteln. Die Sänger müssen **sich selbst** beobachten. Es gibt keinen allgemeingültigen *Knickpunkt*. Der Mund muss sukzessive weiter geöffnet werden, je höher der Sänger singt. Im Normalfall passiert dies automatisch – außer der Sänger will krampfhaft sauber artikulieren. Dadurch wird er aber über kurz oder lang auffallen und bedarf individueller Einweisung. • *(s.a. Deutliches Sprechen ist deutliches Singen; Leise oder Laut – ich verstehe jedes Wort; Rufen; Tenor; Textbasierte Nachbarschaftshilfe zur Intonationsdrückvermeidung)*

Artikulationsorgan

Im Wikipediaartikel „Artikulationsorgan" findest du faszinierende MRT-Aufnahmen des Sprechvorgangs.
Dieser Artikel kann dir auch als Zugang zur Phonetik dienen. Nutze ihn als Impuls, dich detailliert mit deinem Sprechorgan und der Lautbildung zu befassen – das ist schließlich dein *Täglich Brot*. •

Asexualität

Dirigenten müssen asexuell sein.
Nichts ist schlimmer als ein Dirigent oder Gruppenleiter, der sich ‚sexy' fühlt (**das ist ok**) und sich auch so verhält (Katastrophe!).
Sexualität und Attraktivität sind sehr subjektiv. Es ist zwar toll, wenn du dich sehr komfortabel in deinem Körper fühlst, aber es gibt einfach Zonen des Körpers, die die Blicke auf sich ziehen. Dazu gehören die Achseln (**behaart oder nicht**), das Dekolleté, die Beine (ob rasiert oder nicht), der Hintern und die Geschlechtsteile. Diese Regionen müssen unabhängig von den herrschenden Temperaturen bedeckt sein.
Kurze Hosen sind **immer** verboten.
Männer sollten nicht breitbeinig auf einem Tisch sitzen (*manspreading*) oder das Hemd so weit öffnen, dass das Brusthaartoupet rausschaut.
Frauen können einen langen Rock tragen, aber kein Oberteil mit weitem Ausschnitt oder schulterfrei (das wäre sonst ein Brusthaartoupetäquivalent). Bei großer Oberweite ist es dienlich einen Sport-BH zu tragen, da du dich als Dirigentin viel bewegst.
Ich habe bewusst den Hals und den Bauch ausgelassen (obwohl der **Bauch natürlich bedeckt sein sollte**…), aber diese Regionen gehören zum Singen.
D.h. trage niemals einen Schal *(s.a.)* – auch wenn das total trendy und jung und hip ist (je nach Saison). Dein Hals muss frei sein, um als Gesangsorgan sichtbar zu sein.
Deine Bauchbewegungen dürfen sichtbar sein, da sie den Atem anzeigen. Hier wäre Eitelkeit fehl am Platz. Selbst wenn dein Bauch etwas fülliger ist: steh dazu. Nutze ihn.
(s.a. Bauchatmung vs. Brustkorbatmung; Probenkleidung: Dirigent; PTK)

Nur damit du mich nicht falsch verstehst: Unser gesamter Job ist körperlich – du nutzt deinen Körper – du zeigst ihn. Aber die Kleidung muss zweckdienlich sein – es ist **Arbeitskleidung**.
Der Sänger soll sich auf zwei Dinge konzentrieren können: dein Gesicht und deine Hände. Wenn dann die großen Ohrringe runterbimmeln, die weißen Beine um längere Hosen betteln oder die Motivkrawatte davon zeugt, dass ihr Besitzer denkt, dass sie lustig ist, dann lenkt das ab.
So habe ich für mich festgestellt, dass mich ein Sacko unnötig beim Dirigieren behindert. Ich trage also in Konzerten kein Sacko mehr, dafür ein gutes Hemd mit unauffälliger Krawatte.
Auch habe ich ein Outfit (Hemd, weißes T-Shirt und Jeans – natürlich in **verschiedensten** Kombinationen), das ich erst abends anziehe – ich gehe zur Arbeit.

Grundregel:
Die Kleidung darf nicht von der Funktion ablenken indem sie
- zu unbequem
- zu auffällig
- zu sexualisiert
- zu laut (quietschende oder klackernde Absätze oder Schmuck)

ist. • *(s.a. Hygiene; Konzertkleidung; Probenkleidung)*

Atemkontrolle wiedererlangen
<u>Atmung unter Kontrolle bringen/gegen Hyperventilieren/gegen Panik</u>:
Mit dem rechten Zeigefinger das rechte Nasenloch zuhalten und durch das linke einatmen. Während des Einatmens bis 4 zählen.
Mit dem linken Zeigefinger das linke Nasenloch zuhalten und durch das rechte Nasenloch ausatmen (währenddessen bis 4 zählen). Wiederholen.
Stell/setz dich dafür vor eine Wand und starre einen Punkt an.
Dein Gehirn ist im Panikmodus. Es will fliehen. Das Hyperventilieren soll für das schnelle Weglaufen die Sauerstoffversorgung sicherstellen. Deshalb wirst du deine Augen nicht schließen können (dein Hirn will die Gefahr kommen sehen). Gib ihm so wenig zu sehen wie möglich (die Wand). Pass aber auf, dass kein Fenster oder eine Tür in deinem Rücken sind. Seitliche Eingänge, über die Gefahren auf dich zukommen könnten, sind besser. Du kannst auch einfach die Tür anstarren.
Am besten sind Badezimmer. Da bist du auch in der Nähe einer Toilette, wenn du kotzen musst. Versuche an nichts zu denken. Nach einiger Zeit wirst du ruhiger.
Du kannst auch zu der bekannten Tüte greifen, um in diese zu atmen und dadurch die Sauerstoffsättigung deines Blutes zu reduzieren. Dies hilft schnell – aus dem Panikmodus kommst du aber einfacher mit der Fingermethode, weil sie deine Atmung verlangsamt.
Da mit großer Wahrscheinlichkeit kein Säbelzahntiger hinter dir her war, sondern ‚nur' eine gesellschaftliche Situation dich so aufgebracht hat, hilft dir vielleicht der Gedanke, dass dieser Reflex unter den Umständen, als er noch nötig war, einen evolutionären Vorteil geboten hat. •

Atemlos
Meistens atmen deine Sänger **zu viel** Luft ein.
Das passiert durch fehlende Kenntnisse darüber, wie viel Luft man eigentlich zum Singen benötigt und dass man differenziert atmen muss.
So wie man einatmet, so wird man weitersingen.
Atmen die Sänger kräftig ein, werden sie einen Überdruck produzieren, der sie zwingt laut zu singen – im *forte* toll – sonst zu vermeiden.
Schnelles Singen verlangt knackiges Einatmen.

Leises Singen verlangt ein präzises, energetisches Einatmen das die Spannung hält, aber den Druck kontrollieren lässt. *(s.a. Atemoffenbarung)*

Weiterhin haben wir gelernt im Chor *gleichgeschaltet* zu atmen: alle zur selben Zeit. Das stimmt auch in den meisten Fällen, sorgt aber bei langen Phrasierungsbögen und Linien dafür, dass die Sänger sich gezwungen fühlen ohne Zwischenatmer zu Ende zu singen. Das wird deine Sänger blockieren.

Du musst deine Sänger dazu erziehen, dass sie wenig Luft brauchen und **immer** nachatmen dürfen. Sie dürfen sich in ihre Noten eigene Atemzeichen eintragen.

Mein Credo ist: „*Ihr dürft atmen, wo ihr wollt – nur nicht da, wo ihr eigentlich wollt.*" (was in der Probe immer einen etwas verzweifelten Lacher einiger Sänger hervorruft…)

Es gibt in jeder Phrase Momente, in denen Sänger automatisch atmen wollen. Das sind Stellen mit einem Komma im Text, das Ende einer Phrase oder einer Teilphrase. Meistens dürfen da auch alle atmen – das ist die Gleichschaltung. Unabhängig davon, ob du willst, dass deine Sänger an solch einer Stelle atmen oder ob es Sinn macht, auch mal nicht zu atmen, um zwei Linien miteinander zu verbinden, müssen deine Sänger die Freiheit haben, eben davor oder danach einfach so zwischendurch, wenn sie es **brauchen**, zu atmen.

Je weniger Luft deine Sänger in der Lunge haben, desto flexibler und kontrollierter können sie singen. Um das zu erreichen, müssen sie im Auftritt die Sicherheit haben, häufig genug atmen zu dürfen. Wenn sie sich solche außerplanmäßigen – aber für sie notwendigen – Atmer eingetragen haben, kannst du steuern, dass nicht alle gleichzeitig atmen und du erreichst das *Chorische Atmen (s.a.)*. • *(s.a. Pausenmusizieren)*

Atemoffenbarung

Es war für mich eine wirkliche Offenbarung – auf die ich leider selbst kommen musste – vielleicht ist es aber auch zu offensichtlich…?

Der pünktliche Beginn eines Stückes und das pünktliche Weitersingen nach einer Atempause, bzw. einer längeren Pause, ist eines der größten Probleme im Laienchor.

Das Mantra ist ja: „Pünktlich *lossingen*". Aber was macht man vor dem Lossingen? **Atmen.**

Mein Mantra ist: „Pünktlich *atmen*".

Trainiere deine Sänger den Einatmer so zu gestalten wie gleich gesungen werden soll.

Kräftig für *Forte*, weich für *Piano*, kurz für Staccato, lang für Legato.

Es geht dabei nicht um die Luftmenge! Es geht um die **Energie**, die die Energie des gesungenen Tones **antizipiert**. Evtl. beginnt das Piano mit einem harten Konsonanten – dann darf eben nicht weich eingeatmet werden. Das nächste Piano beginnt weich – dann muss weich geatmet werden.

Dieser Einatmer muss immer im Grundmetrum oder auf einem Teilschlag geschehen. Meistens wird es sehr natürlich auf der Zählzeit vor dem Ton passieren. Aber schon einige Wenige, die zu früh oder zu spät atmen, werden die Harmonie und Energie im Chor so sehr stören, dass sich auch korrekt atmende Sänger irritieren lassen. Kläre deshalb mit deinen Sängern, wann und wie geatmet werden soll! *(s.a. Atmungsorganisation)*

Ich nerve meine Sänger damit, dass ich einen Einsatz gebe und – schon bevor der erste Ton erklingt – abbreche.
Nur anhand des Einatmers konnte ich feststellen wie der folgende Ton klingen würde.
Wenn du dein eigenes Notenmaterial erstellst, schreibe Atemzeichen als Pausen. So kannst du das Absprechen eines Schlusskonsonanten und den Zeitpunkt und die Dauer des Einatmers definieren. *(s.a. Atemzeichen als Pause)*
Verstehe, dass es nicht relevant ist, wann und wie der **Ton** beginnt, sondern wie und wann ge**atmet** wird. *So wie ich einatme, werde ich singen.*
Wenn du dies mit einer (auch durch die Sänger selbstbestimmten) Atemorganisation verbindest, wirst du keinen überatmenden Chor mehr haben.
Grundregel: Gutes Singen braucht **kluges** Atmen. •
(s.a. Atemlos; Chorisches Atmen; Kurzatmigkeit etablieren; Pausenmusizieren; Polyphoner Pauseneinsatz)

Atemzeichen als Pause

Wenn ich eine eigene Ausgabe von Chornoten erstelle, trage ich die von mir gewünschten Dynamikverläufe ein, sollten sie nicht vom Komponisten vorgegeben sein.
Außerdem notiere ich die Atemzeichen nicht als Atemzeichen, sondern als *Pausen*.
Das sorgt dafür, dass ich leichter mit dem Chor kommunizieren kann.
„Auf die Pause absprechen." wird auf einmal häufiger möglich.
Fortgeschrittenere Chöre wollen wissen wie lang ein Atmer sein muss, bzw. auf welche Zählzeit abgesprochen werden soll – all das habe ich damit schon beantwortet, bevor die Probe überhaupt begonnen hat.
Soll an bestimmten Stellen nicht geatmet werden (obwohl an der Stelle vom Text her geatmet werden könnte), nutze ich einen gestrichelten Bindebogen.
Merke: Jeder Chor profitiert von dieser Maßnahme! •
(s.a. Pausenmusizieren; Schlussdefinition über schnappende Aspiration)

Beispiel: T138ff aus „Deutsches Magnificat" von Heinrich Schütz (1585 – 1672)
mit Atemzeichen

mit Pausen

Atmungsorganisation
Beispiel: „Capricciata et Contrappunto bestiale" von Adriano Banchieri (1568 – 1634)

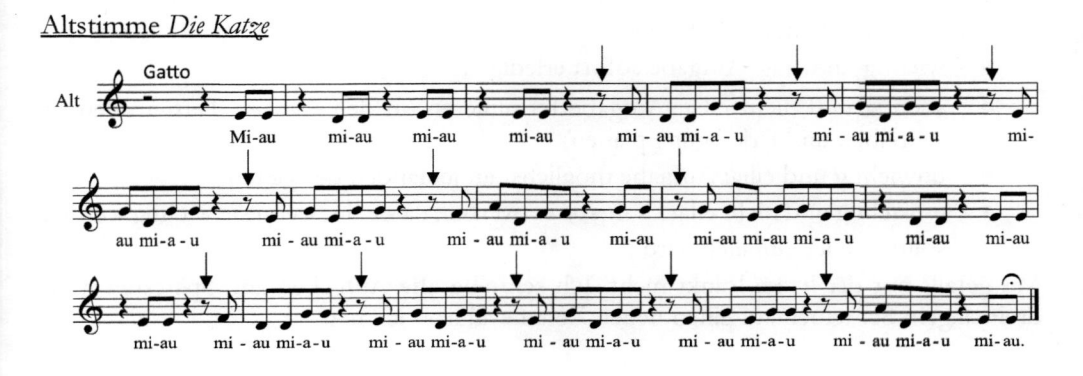

<u>Altstimme</u> *Die Katze*

Problem 1: Ohne Organisation werden sich die Sänger wegen den vielen **Pausen** *veratmen*.
Lösung: Nicht in den Viertelpausen atmen, sondern nur auf den Achtelpausen (Pfeile).
In den Viertelpausen können die Sänger sogar weiter ausatmen, um im Fluss zu bleiben.

Problem 2: Der *miau*-schließende Diphthong (s.a.) lässt den Ton tiefer werden.
Lösung: *u* = bewusst hell und mit Energie singen. •
(s.a. Alleluja; Atemoffenbarung; Chorisches Atmen; Kurzatmigkeit etablieren; Pausenmusizieren; Polyphoner Pauseneinsatz; Schlussdefinition über schnappende Aspiration)

Aufgabenliste

Du hast viele kleine Aufgaben zu erledigen. Du musst alle bedenken und dich zum richtigen Zeitpunkt daran erinnern. Ich habe viele verschiedene Wege ausprobiert, um organisiert zu sein. Die Methode, bei der ich hängengeblieben bin und der ich nun seit 10 Jahren treu bin, ist meine **Chaosliste**.

Ich schreibe alle Aufgaben, die ich zu erledigen habe auf einen DinA4 Zettel und unterteile diese Aufgaben nochmals in Aufgaben, die mich maximal 60 Minuten kosten. *Einkaufen* lässt sich schlecht aufteilen, aber zu planende Projekte oder Noten, die erstellt werden müssen.

Wenn ich eine Aufgabe erledigt habe, streiche ich sie durch.

Neue Aufgaben werden da hingeschrieben wo auf dem Zettel noch Platz ist.

Ist der Zettel voll kommt ein neuer und die noch nicht erledigten Aufgaben werden darauf geschrieben. Da dies spätestens nach zwei Wochen passiert (wenn du die Aufgaben wirklich unterteilst - wenn nicht - dein Problem) kannst du auch keine Aufgaben vergessen, bzw. den Überblick verlieren.

Ganz dringende Aufgaben streiche ich mir rot an.

Wichtig: Es muss alles auf **einen** Zettel. Nicht Aufgaben hier und dort auf verschiedene Zettel geschrieben – das wäre *schlechtes* Chaos.

Geordneter geht es mit der so genannten *Eisenhower-Methode*, die nichts mit dem General zu tun hat.

Dabei priorisierst du deine Aufgaben:

- wichtig und eilig: Aufgabe sofort erledigen
- wichtig und nicht eilig: Aufgabe terminieren (in den eigenen Terminkalender schreiben und Erledigung planen)
- unwichtig und eilig: Aufgabe möglichst an jemanden delegieren
- unwichtig und nicht eilig: Aufgabe verwerfen, da sie dir, wenn sie wichtig werden sollte wieder einfallen wird

Mir gefällt nur der letzte Punkt nicht. Ich schreibe **alle** Aufgaben auf. Spätesten nach dreimaligem Schreiben auf einen neuen Zettel evaluiere ich neu.

Wenn du deine Chöre noch besser organisieren willst (oder musst), führe zuhause eine *to-do-Liste* für jeden Chor, damit du den Überblick nicht verlierst.

Hier lohnt es sich Deadlines einzutragen – also bis wann etwas erledigt sein soll.

Solch eine Liste solltest du in jedem Fall vor Beginn eines Projektes anlegen, die dann auch nur für dieses Projekt existiert. So hast du immer einen Überblick über die Dinge, die noch erledigt werden müssen und die, die schon erledigt sind. Hier kommen auch alle Kontaktdaten von wichtigen Personen drauf, Orte, Notenbestellungen und Musiker.

Wenn es zu viel wird, nutze ich dafür aber im Gegensatz zu meinen normalen Listen eine Worddatei im Computer, da diese einfacher zu updaten ist. •

(s.a. Konzert: Planungsliste; Konzertort: Merkblatt)

Aufmerksamkeitsfangverhinderung
Bei Konzerten mit Chor und Orchester/Ensemble, in denen die Instrumentalisten ein oder mehrere Werke ohne Chor spielen, sollte der Chor vor diesen Stücken von der Bühne abgegangen sein und nicht hinter dem Ensemble sitzen oder stehen.
Bei längeren Konzerten **müssen** abseitige Sitzmöglichkeiten vorhanden sein (seitlich auf oder neben der Bühne – auf keinen Fall in den ersten Reihen des Zuschauerraumes).
Bei Konzerten unter einer Stunde kann der Chor sich auch seitlich hinstellen und dort die Stücke abwarten. Für Gehbehinderte können dann extra Sitzmöglichkeiten bereitgestellt werden.
Der Chor muss aus dem *direkten Sichtfeld* des Publikums gehen, damit die Aufmerksamkeit beim Ensemble sein kann. Würde der Chor die ganze Zeit *auf der Bühne* sein, müsste er sich professionell verhalten. Die meisten Sänger fühlen sich aber nicht beobachtet wenn sie nicht singen und fangen an zu schwatzen. Einmal habe ich sogar erlebt wie ein Sänger während einer Streichquartettpräsentation jemandem im Zuschauerraum zugewunken hat. Wohlgemerkt waren das Erwachsene. Ich hatte vorher noch eine Ansprache zum korrekten Verhalten während des Konzertes gemacht. Aber…
Das Abgehen gilt natürlich nicht bei Vor-, Zwischen-, oder Nachspielen, bzw. Solointermezzi, die alle zum gemeinsamen Stück gehören (z.B. einer Kantate oder Oratorium, etc.). Hier sollte der Chor aber möglichst in Stuhlreihen auf der Bühne sitzen und sich für seine Stücke einfach nur erheben müssen, um sich dann wieder zu setzen. Dass der Chor die ganze Zeit stehen muss, ist unklug aber leider nicht immer zu verhindern. Ich versuche trotzdem immer einen zumindest zeitweise sitzenden Chor zu erreichen. Die Sänger nehmen sonst in der Singpause eine Schonhaltung ein, aus der sie auch beim Singen nicht wieder rauskommen.
Das Stellen und Setzen spiegelt außerdem die Rollenverteilung, die für das folgende Stück zu erwarten ist, wider. Genau wie sich ja auch die Solisten für ihren Einsatz hinstellen und danach wieder setzen.
Bei den Standardpodesten mit 1 Meter Tiefe ist die Stuhlreihenlösung kein Problem. Wenn dein Chor rein a-capella arbeitet, empfehle ich dringend die 50cm tiefen Podeste, auf die aber keine Stühle passen. • (s.a. *Konzertprobenstehen; Podeste*)

Aufmerksamkeitsspanne
Die Zeit, in der sich ein Sänger in der Probe auf ein Stück konzentrieren kann, ist limitiert. Du kannst diese Zeit aber durch interessantes, kleinteiliges und konzentriertes Arbeiten verlängern.
Ich habe für mich festgestellt, dass Chöre, in denen die Sänger Noten lesen können und somit weniger nach *call-and-response* (s.a.) singen, maximal 45 Minuten an einem Stück proben können, bevor ich einen längeren Durchlauf oder eine Pause machen muss.
Mit allen anderen Chören probe ich kein Stück länger als 20 Minuten. Dann wechsele ich das Stück. Ich kann es zum Ende der Probe wieder 20 Minuten proben – der Wechsel dazwischen war aber wichtig.

Wenn du länger proben musst, solltest du zwischendurch einmal die Sitzordnung wechseln oder den Raum – einfach um den Gehirnen der Sänger Aufmerksamkeit abzuverlangen. *(s.a. Differenzielles Lernen)*
Ich bleibe seit Jahren bei diesen Zeiten, und sie sind bei guter Planung ohne Probleme einzuhalten. Auch wenn es mich ab und zu nervt, nach 20 Minuten zu wechseln weiß ich doch, dass ein weiteres Proben eh nichts bringt, da die Aufmerksamkeit der Sänger ab jetzt rapide abnehmen und alles Gelernte weniger reproduzierbar wird.
Einen Ausweg bietet nur das retrosequenzielle *(s.a.)* Proben. •

Aufnahme (-stopp)
Hast du vor eine CD-Aufnahme mit deinem Chor zu machen, z.B. nach den Konzerten von einem Projekt, musst du bei Beginn des Projektes einen *Sängeraufnahmestopp* aussprechen.
Du kannst vor Beginn der Proben für das Projekt werben und damit neue Sänger anlocken, aber wenn die Proben einmal begonnen haben, musst du mit den Sängern, die du hast, das Projekt durchziehen. Neue Sänger werden den Chorklang immer verschlechtern.
Plane sehr pessimistisch. Verlasse dich nie auf ein oder zwei Sänger in einer Stimme.
Es kann immer sein, dass gerade die an dem Wochenende der CD-Aufnahme krank sind.
Das Grundprinzip muss KISS *(s.a.)* sein. Alles andere wird dich stressen. •

Aufphrasieren und Abphrasieren
Jede Phrase, also jeder kleine, zusammenhängende musikalische Abschnitt, hat eine Phase der Spannungsstauung und des Loslassens *(s.a.)* (sag niemals „entspannen").
Ich nenne das *Aufphrasieren und Abphrasieren*.
Das Aufphrasieren ist für einen Chor kein Problem, wenn du ihm das Ziel, also den wichtigsten Ton einer Phrase, definiert hast.
Das Abphrasieren führt durch das musikalische Gefühl des Loslassens zu einem Spannungsabfall und damit häufig zu einem Intonationsverlust.
Manche Sänger schließen sogar unbewusst den Mund, um den Schalltrichter zu verkleinern und damit weniger Schall rauszulassen.

Über eine Phrasenführung muss selbst im Laienchor wenig gesprochen werden, da die meisten Stücke in der Schwerpunktsetzung ihrer Melodie sehr klar sind.
Nur wenn ich diese natürliche Ordnung ändern will, sie nicht ganz klar ist oder vom Chor nicht deutlich genug gesungen wird, lasse ich meine Sänger einen langen Bindebogen über die Linie zeichnen.

Jeder Schlusston sollte abphrasiert sein und ich kenne nur wenige Sänger, die einen Schlusston betonen. Wenn solche abphrasierten Einheiten in der Intonation abschmieren, ist das also tatsächlich erstmal ein gutes Zeichen, da dein Chor der musikalischen Linie folgt.
Deine Aufgabe ist es dann, deinen Sängern Techniken an die Hand zu geben, mit denen sie abphrasieren und dem Zuhörer ein Gefühl des Loslassens geben – selbst aber die Spannung weiterführen und damit auch die Intonation halten können. •
(s.a. Absturzversicherung; Antizipiertes Anspannen; Crescendo auf langer Linie; Dynamikänderung ohne Suppenverlust; Klauseln; u.v.m.)

Aufreißen oder zu lassen

Schwerpunkte im Text mit unterschiedlichen Worten aber ähnlichen Vokalen zu unterscheiden erreichst du durch unterschiedliches Öffnen des Mundes.
D.h. die Betonung wird nicht durch einen vom Zwerchfell erzeugten lauteren Klang hervorgerufen, sondern durch das Öffnen des Schalltrichters (Mund) und ist dadurch kontrollierbarer und nicht ganz so stark.

Beispiel: T1ff (Sopran) aus „Danket dem Herrn" von Karl Friedrich Schulz (1784 – 1850)

Das „a" des „Danket" wird mit besonders offenem Mund und das „a" des „danken" mit normaler Mundstellung gesungen.
Andersherum das Schwa *(s.a.)* von „Herrn". • *(s.a. Akzente; Silbenbetonungen wider die Natur)*

Augenblicke

Wenn du deinen Sängern beim Dirigieren nicht mehr in die Augen schauen kannst (du schaust über den Chor drüber oder starrst in deine Noten), ist das Vertrauen weg.
Kein Scherz: Das ist ein ernstzunehmendes Problem.
Wem kannst du im normalen Leben nicht in die Augen schauen? Jemandem vor dem du dich schämst, vor dem du Angst hast, dem du nicht vertraust oder jemandem, den du verabscheust. Du hast Angst vor der ehrlichen Reaktion der Sänger auf deine Äußerungen, bzw. ihre Gesichter, während sie singen.
Ein mir näher bekannter Kollege musste einen seiner Chöre aufgeben, weil er regelrecht paranoid wurde. Auch mir ist dieses Gefühl des Misstrauens (ungerechtfertigterweise) passiert. Das erste Indiz dafür war, dass wir beide unsere Chöre beim Dirigieren nicht mehr anschauen konnten. Ich habe die Kurve gekriegt und leite meinen Chor im Jahr 2021 immer noch.

Das einzige, das hilft, ist eine Konfrontationstherapie, indem du dich **zwingst** den Chor beim Dirigieren anzuschauen.
Es passiert dir nichts. Interpretiere auch nicht zu viel in kleine Lächler oder Augenbrauenzucker hinein. *(s.a. Gesichter deuten; Konzentrationsschnute)*
Komme zu früh zur Probe und begrüße ankommende Sänger per Handschlag und mit einem freundlichen Wort. Baue dir so das Vertrauen aktiv wieder auf.
Reflektiere nach der Probe. Freue dich über erfolgreiche Lösungswege. Sprich mit Vertrauenspersonen über die Fehler, die du gemacht hast und lerne, dass sie für den Chor kaum wahrnehmbar waren.
Grundregel: Du hast einen Job, für den deine Sänger dich gerne haben.
Wahre Freunde kannst du nur außerhalb des Chores haben (ganz seltene Ausnahmen bestätigen auch bei mir die Regel). •

Augenscheinlich
Nach Edward Twitchell Hall (1914 – 2009) sind 80% des Eindrucks, den wir von Menschen haben, schon vor dem ersten Wortwechsel in Sympathie- und Antipathiewerte *geklärt*.
Alles *Augenscheinliche* wird bewertet und daraus auch auf den Charakter geschlossen.
Von der Bewegung, zur Kleidung, bis zur Mikroexpression im Gesicht.
Was früher ein Evolutionsvorteil war (…weil der Gegenüber mir meinen letzten Bissen Essen mit einer Keule wegnehmen will – also eventuell – zumindest sieht er so aus…), ist heute blöd, da wir immer noch Probleme haben uns von diesen Vorurteilen zu lösen und uns recht drastische, unfundierte und subjektive Urteile über Menschen bilden, die wir gar nicht kennen. Wenn dann noch ein „ich habe über den gehört…" dazu kommt…
Andersherum kann eine Person hypersympathisch sein und verrät uns bei nächster Gelegenheit. *[siehe: Hall, Edward T.: The Silent Language. Garden City, New York 1959]*

Ob es nun wirklich „80%" sind, mehr oder weniger, interessiert uns nicht. Wichtig ist in unserem Job, dass wir zwar Menschenkenntnis haben und uns auch recht schnell ein Urteil fällen müssen, aber auch, dass wir um die Gefahr wissen müssen.
Die meisten Sänger werden uns emotional *egal* sein. Wir mögen sie nicht besonders (nicht). Es ist einfach nett sie im Chor zu haben. Genauso verhält es sich mit neuen Sängern.
Aber es gibt ein paar, die uns in die eine oder andere Ecke drängen – wir mögen sie besonders oder können sie nicht ausstehen – ohne sie zu kennen.
Wir sehen sie schließlich nur ein Mal pro Woche… Wie können wir uns da ein **abschließendes** Urteil bilden? Das dürfen wir ohne mehr Informationen nicht zulassen.

Es beruhigt mich, dass mich so ein erster Eindruck von einem nervösen Sänger, der vielleicht das erste Mal in einem Chor singt, durchaus foppen kann. Bis er mir allerdings seinen Charakter bewiesen hat, ist er für mich ein *neutraler* Mensch. •

Außenwahrnehmung, Eigenwahrnehmung und Videoanalyse
Die Außenwahrnehmung ist oft eine andere als deine Eigenwahrnehmung.
Um diese Wahrnehmungen deckungsgleich zu bekommen, kannst du viel mit deinen Sängern sprechen und darüber ein Bild deiner Außenwirkung bekommen oder du machst es dir einfach und sehr effektiv: filme dich während einer Probe und Auftritt.
Das ist (meistens) schmerzhaft, weil es **dich** zeigt, und dir dabei ‚entlarvend' vorkommt – aber gerade deshalb sehr lehrreich ist. (s.a. chorleiter-coaching.de)
Wenn du viele **Fehler** siehst, analysiere sie, aber verfalle nicht in Aktionismus, denn bedenke, dass die Sänger ‚trotzdem' noch bei dir sind. Du kannst also langsam und überlegt deine Probenmethode ändern.
Wenn du deine Fehler wahrgenommen hast, nehme auch wahr, was die Sänger an dir **Gutes** finden. Welches Problem hast du in der Probe wie gelöst und kannst du daraus Standards ableiten? Warum hat etwas geklappt? Wo warst du besonders souverän im persönlichen Umgang?
Sei wirklich nicht zu kritisch mit dir selbst – wir hassen unsere eigene Stimme, da sie ungewohnt ist. Verstehe, dass diese Methode ein Werkzeug ist und alle anderen Menschen dich nur so kennen – nun bist du an der Reihe dich selbst kennen zu lernen.
Sei dabei so gut es geht rational. Du hast den Job ja – irgendwas musst du richtig machen.
Wenn du dich nicht ganz so auffällig aufnehmen willst, kannst du einzelne Proben auch mit deinem Handy oder einem Handheldrecorder (also nur Ton) aufnehmen.
In jedem Fall muss für alle Beteiligten klar sein, dass das für dich nur eine **private** Aufnahme ist und es nur um dich und deine Selbstkontrolle geht.
Alles andere verbietet der Datenschutz. •

Ausgeglichen
Ich habe einen Grundsatz, den ich jedem neuen Sänger mitteile:
Bei mir wird niemand 100% glücklich, aber auch niemand 100% unglücklich.
Denn niemand wird alle Stücke eines Programms oder jede Probe toll finden.
Er wird aber Freude empfinden, weil das Gesamtpaket stimmt. (s.a. Freude vs. Spaß)
Diesen Vorsatz zu haben, entspannt mich ungemein, weil er die Erwartungshaltung **realistisch** dämpft.
Per Definition muss ich nicht alle und immer zufriedenstellen. Und weil ich dann so entspannt bin, stelle ich die meisten zufrieden. Ich darf ausgeglichen sein.
Grundregel: Deine Sänger werden dir folgen, wenn du hinter dem stehst, was du tust und dies auch begründen kannst – unabhängig davon, ob sie deinen Begründungen folgen wollen, stehst du als jemand da, der sich Gedanken macht und vertrauenswürdig ist. Wenn deine Sänger einer Mehrzahl deiner Entscheidungen folgen können und diese am Ende zu ihrem Vorteil verlaufen, wirst du zwar zwischenzeitlich Diskussionen erleben, aber schließlich loyale Sänger haben.
Zwischenzeitliche Unzufriedenheit wirst du nicht aus dem System tilgen können. •

Ausgleich
In jedem Chor gibt es einige starke Führungsstimmen, die das Programm präziser singen können als andere. Es gibt demgegenüber genauso viele Sänger, die sich an diese dranhängen müssen, um im Chor überhaupt zu funktionieren.
Beides sind **essenzielle** Positionen im Chor. Dieses Verhältnis wird sich bei guter Führung auch nie ändern.
Deine Aufgabe ist es, den Mittelweg zu fordern. D.h. die Führungsstimmen dürfen sich nicht langweilen, sie dürfen nicht demotiviert und die anderen nicht überfordert werden. Du musst also immer wieder die Zusammensetzung deines Chores analysieren.
Bei guter Analyse wirst du ein Programm auswählen, das einen Zusammenhalt fördert. Zusammenhalt geschieht nur, wenn jeder seine Aufgabe im Sozialsystem verstanden hat und wahrnehmen kann.
Führungsstimmen führen und sind dafür verantwortlich nicht nachzulassen oder sich weniger vorzubereiten, nur weil die anderen weniger präzise singen als sie.
Die schwächeren Sänger sind sich ihrer Position bewusst, fühlen sich gefordert, aber durch die Führungsstimmen mitgenommen und dadurch motiviert, sich auch zuhause vorzubereiten. So fühlen sich die Führungsstimmen in ihrer Funktion bestätigt, usw. usf.: Damit hast du ein **ausgeglichenes System** im Chor.

Dieses Ausgleichssystem gibt es auch in Berufschören. Es ist nichts Besonderes – du kannst es aber fördern oder zerstören. Es muss dir bewusst sein und aktiv am Leben gehalten werden. Das bedeutet auch, ganz schwache Sänger aus dem Chor zu entfernen oder zumindest nicht (wie einige Kollegen), das Programm nach deren verhältnismäßigen (Un-)Fähigkeiten auszuwählen.
Grundregel: Erstelle dein Programm so, dass es im Schwierigkeitsgrad für ca. 70% der Sänger angemessen ist.
Bedenke: Würde man einen Chor nur aus vermeintlichen Führungsstimmen haben, würde jeder Dirigent unbewusst das Programm so auswählen, dass auch hier eine Auslese stattfindet. Hast du keine Führungsstimmen und deine Sänger sind heillos überfordert, wirst du das Programm auch anpassen.
Analysiere also vor dem nächsten Programm deinen Chor und schaffe über die Stückauswahl einen Ausgleich. • *(s.a. Führungssängerstandort; Sängerkategorien)*

Aushilfe/ Stimmprobenleiter für Probentage und Stimmproben
Willst du Stimmproben anbieten/Männer und Frauen getrennt proben lassen/musst du während einer Probenphase eine geplante Auszeit nehmen, wirst du dir einen Kollegen als Aushilfe im Wortsinne suchen. Sei es für eine Probe oder längere Zeit, gibt es gewisse Vorbereitungsgepflogenheiten, die du einhalten solltest:
- Schicke die eingerichteten Noten einen Monat vorher an die Hilfs-Person. **Nicht** früher. So hast du auch Korrekturen, Atemzeichen, Dynamik eingepflegt, die sich erst in den Proben ergeben haben.

- Kurz vor einer Stimmprobe muss es eine Besprechung geben: Was wird heute erwartet? Was soll erreicht werden? Es wird auf Schwierigkeiten hingewiesen, oder auf das, was schon gut klappt. Mit Kurzzeitaushilfen kannst du das telefonisch klären, bei längerer Vertretung benötigst du mindestens ein persönliches Treffen.
  Im Prinzip schafft man eine Zielvereinbarung *(s.a.)* (...sollen heute Abend die Töne lernen/Chor soll, wenn ich wiederkomme, diese Stücke bis zu diesem Niveau können).
- Bist du länger weg und der Chor hat zwischenzeitlich ein ganzes Konzertprogramm inkl. Konzerte mit deiner Aushilfe zu singen, solltest du ihr allen Freiraum geben.
  Die Aushilfe ist dein Delegierter *(s.a.)*. Behandle sie auch so.
- Wenn du Männer- und Frauenstimmen getrennt probst, lass die Frauenstimmen von einem Mann und die Männerstimmen von einer Frau leiten (je nachdem welches Geschlecht du selbst hast).
  Vor allem die Männer reagieren besser auf eine weibliche Stimmprobenleiterin – bei männlichen kann es durchaus zu einem *Pissingcontest*, bzw. kumpelhaftem Verhalten kommen – bei Frauenstimmen ist es nicht ganz so dramatisch.
- Geplante gemeinsame Pausen der verschiedenen Stimmen bei Stimmproben sind unklug. Man sollte den Stimmprobenleiter die Pausen selbst zur richtigen Zeit für die von ihm geleiteten Gruppe machen lassen (wie du ja auch selbst mal 10 Minuten früher oder später mit der terminierten Pause beginnst).
- Bedenke, dass du die Aushilfe zu deiner **Hilfe** geholt hast. Du musst also vertrauen, dass sie das alles gut machen wird und sie ihren eigenen Probenweg gehen lassen. Das Schlimmste, das du machen kannst, ist in eine Probe reinzuplatzen und zu fragen wie es läuft – das kannst du beim gemeinsamen Mittagessen fragen. *(s.a. Delegierte loslassen)*
- Lass den Stimmprobenleiter bei solch einer geteilten Probe auch das Einsingen für alle zu Beginn übernehmen. Das gibt dem Chor einerseits neue Impulse, weil mal jemand anderes vor ihm steht, zeigt aber vor allem der später von ihr geleiteten Gruppe dein Vertrauen in diese Person.

Die Aushilfe sollte ein ähnliches Niveau haben wie du, denn sie kann dann umsetzen, was du willst. Sie darf auch gerne *besser* sein als du (mehr Erfahrung/Ausbildung), solange du verstehst, dass du auch noch lernen darfst und sie versteht, dass du der Chef bist.
Du wirst eventuell Angst bekommen, dass die Sänger dich danach nicht mehr respektieren – bedenke (**ernsthaft**): Die haben nur dich – ‚müssen' also mit dir und deinen Fähigkeiten leben.
Solange du zeigst, dass du bereitwillig lernst und deine Wege die Probe zu leiten reflektierst ohne deine Qualitäten zu vergessen, kann dir nichts geschehen und der Chor und du profitieren nur davon. •

Aussprache: DIE korrekte

Singst du fremdsprachige Texte, höre dir (wenn möglich) mindestens zwei Aufnahmen von Chören an, deren Sänger diese Sprache als Muttersprache sprechen.
Eventuell hast du jemanden in deinem Chor, der diese Sprache muttersprachlich spricht (nicht nur einen Volkshochschulkurs in z.B. Spanisch besucht hat!).
Machst du das, machst du schon sehr viel richtig.
Aber: Das grundlegende Problem ist, dass es nicht **das** Spanisch, **das** Englisch und auch nicht **das** Deutsch (sic!) gibt.

Stell dir diese fiktive Situation vor: Ein spanischer Kollege möchte im Jahr 1890 die Johannes-Passion von Bach aufführen und hat natürlich keine Aufnahme und kein Internet. Er kennt aber einen Deutschen. Den bittet er, ihm die Aussprache des Textes korrekt vorzusprechen. Dieser Deutsche kommt nun aus Sachsen und spricht einen stereotypen Dialekt. Unabhängig davon, dass Bach seine Werke wahrscheinlich auf sächsisch gehört hat, wäre das nach heutigem Standard nicht korrekt.
Allein im Deutschen gibt es 20 anerkannte und stark differierende Dialekte. Sollte jemand bei einem spanischen Stück behaupten: „Das muss **so** ausgesprochen werden." ist die Beweislage auch hier genauso schwierig.

Noch schwieriger wird es bei *historischen* Liedern aus Spanien, Deutschland, Italien und England um z.B. 1500. Wer kennt denn die Aussprache aus der Zeit? Mittelhochdeutsch? Shakespeare Englisch? Mehr als Näherungswerte gibt es nicht. Und: Diese Sprachen sind beispielhaft. Das Problem gibt es in **jeder** Sprache.
Norwegisch wurde verboten, durch Dänisch ersetzt und (als heute lebendige) Retortensprache wiederbelebt. Was ist Norwegisch?

Bei der Besprechung der Aussprache mit dem Chor in der Probe, wirst du aufgrund dieser Näherungswerte und dank viel Halbwissen immer wieder von Sängern auf andere Aussprachen von Wörtern hingewiesen werden.
Vor allem Lateinlehrer und langjährige Chorsänger, die in Oratorienchören gesungen haben, werden z.B. Probleme mit der italienisierten Aussprache des Lateins haben.

Wenn du nicht Muttersprachler bist (bzw. dein Chor es nicht ist), wirst du gewisse Abstriche in der Aussprache machen müssen. Du wirst evtl. keine *Shakespeare-Aussprache* bei Tallis-Stücken hinbekommen (also eine stilisierte ‚britische' Aussprache), aber das „th" kannst du deinem Chor in jedem Fall beibringen. *(s.a. TH)*
Oder im Italienischen wird eben doch mal ein „t" aspiriert *(s.a. Konsonanten (aspirierte); Spuckende Italiener gibt's nicht, das machen nur Deutsche)* – das ist im Deutschen eben so und für den gemeinen deutschen Laiensänger verdammt schwierig abzustellen. Versuchen sollte man es aber und sei es, dass man aus Respekt Näherungswerte herstellt.

Mein Ziel ist es, dass ein Muttersprachler den Inhalt eines (für mich) fremdsprachigen Stückes versteht. Singt der Chor ein spanisches Lied, soll dabei nicht ein Äquivalent zu Plattdeutsch herauskommen.

Bedenke, dass auch in einer Fremdsprache die Grundregeln der gesanglichen Choraussprache gelten (Diphthonge und Konsonantentrennung). Eine Ausnahme bildet Italienisch, da sich dort eine festgelegte Ausprachentechnik gebildet hat. Zum Glück lässt sich das nachlesen. • *(s.a. Aussprachenfestlegung; Literaturverzeichnis)*

Aussprachenfestlegung

Lateinische Aussprache solltest du in 99% der Fälle italienisiert singen lassen. So ist es einfach sanglicher. *(s.a. Aussprache: DIE korrekte; Literaturverzeichnis)*
Obwohl die Methode nicht perfekt ist, empfehle ich beim Laienchor je Sprache grundsätzlich nur **eine** Ausprachenart gut zu lernen.

- Latein: Italienisch
- Englisch: 90% aller englischsprachigen Musik mittleren Levels kannst du amerikanisiert aussprechen lassen. Ab einem gewissen Niveau lohnt sich die Differenzierung amerikanisch – britisch. Im Literaturverzeichnis findest du einen guten Buchtipp für die Shakespeare-Zeit.
- Deutsch: Hochdeutsch
- alle sonstigen Sprachen in der **aktuellen** Hochsprache.

Die Aussprache, für die du dich entscheidest, musst du gut beherrschen.
Entweder du machst es ordentlich oder solltest Stücke in einer Fremdsprache sein lassen. Dazu gehört vor allem Englisch: Wenn dein Chor keine Lust hat ein vernünftiges „th" *(s.a.)* zu lernen, tu dir selbst und den Zuhörern den Gefallen ab jetzt nur noch Deutsch zu singen.
Extremere Feinheiten in der Aussprache solltest du nur bei Chören mit Interesse an Fremdsprachen/Originalsprachen versuchen (z.B. die Ausspracheregeln für deutsches Latein, französisches Latein, italienisches Latein und Kirchenlatein). •

Aussprachezeit

Übe die Aussprache fremdsprachiger Texte in kleinen Abschnitten.
Sprich ihn vor, lass ihn nachsprechen.
Übe die Töne eventuell auf Vokalise *(s.a.)* „la" oder „do", aber am besten sofort auf Text, um ihn durch das häufige Wiederholen auch beim Tönelernen in den Einzelstimmen einzuschleifen. *(s.a. Deutliches Sprechen ist deutliches Singen; Schubladendenken)*
Grundregel: Erst Text, dann Töne (mit Text) lernen.
Selbst bei Chören, deren Sänger die Töne zuhause geübt haben, solltest du **immer** die Aussprache für das ganze Stück **klären**. Nur einmal alles richtig vorsprechen und dann einfach singen lassen, ‚klärt' nämlich nix. Nimm dir die Zeit und mach es ordentlich.
Eine korrekte Aussprache sorgt für gute Intonation durch Vokalreinheit, und für Pünktlichkeit durch klar gesprochene Konsonanten. •

Austritt

Wenn ein Sänger aus dem Chor austritt, frage ihn nach den Gründen. Meistens hat es nichts mit dem Chor zu tun, sondern mit dem Leben des Sängers.

Wenn er allerdings den Chor, bzw. einen Aspekt des Chores als Grund nennt (Probentag/Programm/Sänger/Dirigent/etc.) verfalle nicht in Aktionismus, sondern erkläre deine Sicht der Dinge und frage, ob man mit ihm an Lösungen arbeiten darf.

Ich habe allerdings aufgehört mit austrittswilligen Sängern zu diskutieren. Nicht, weil ich sie loswerden will, sondern schlicht, weil sie sich diese Entscheidung nur sehr selten leicht machen. Nachdem ich die Gründe erfahren habe, lasse ich ihnen immer die Tür offen wiederzukommen: Wenn sich die Lebenssituation geändert hat oder der Sänger merken sollte, dass ihm etwas fehlt. *(s.a. Freude vs. Spaß)*

Nur mit Sängern, die meinen, dass sie nicht mehr mitsingen sollten, weil sie zu schlecht singen oder Sängern, die Kritik am Chor haben, spreche ich eindringlicher.

Grundsätzlich musst du dich fragen: Ist das ein Problem dieses Sängers oder betrifft es auch andere?

In ersterem Fall musst du abwägen, ob dieser Sänger wichtig genug ist, dass man nun *seine* Probleme löst, oder ob man sich so selbst und anderen Zeit stiehlt.

Doch wenn es alle betrifft, muss gehandelt werden. Das tust du im ersten Schritt durch eine (eventuell auch wiederholte) öffentliche Erklärung, warum bestimmte Dinge so sind wie sie sind. Gleichzeitig machst du dem Chor damit klar, dass ein allgemeines Problem erkannt wurde (das löst viele Spannungen) – auch um Lösungsvorschläge aus dem Chor kannst du bitten.

Schließlich musst du aber vor allem dafür sorgen, dass ein Sänger im Guten geht.

Selbst wenn er aufgrund deiner Person geht, muss er das Gefühl bekommen, dass er gehört wurde, dass es schade ist, dass er geht und dass er ein wertvolles Mitglied der Sozialgemeinschaft war und es jederzeit wieder sein darf. • *(s.a. Gegangen worden (heimlich))*

Austrittsteigerung durch Verhärtung weicher Ware

Nimmst du für ein Konzert *Eintritt* oder auch keinen Eintritt, sondern *Austritt* (Spenden), befindest du dich in einem Tausch: Dein Konzert für…?

Wenn du Eintritt nimmst, geht der Zuschauer in Vorleistung. Er gibt dir etwas und erwartet dafür eine Gegenleistung.

Nimmst du keinen Eintritt, sondern Spenden am Ausgang, gehst du in Vorleistung und erwartest vom Zuschauer eine fiskale Gegenleistung.

Die Höhe dieser Gegenleistung und ob sie deiner Meinung nach angemessen ist, kannst **du** nicht beurteilen. Du kannst aber den Druck erhöhen und die reziproke, also ausgleichende Reaktion des Zuschauers beeinflussen, d.h. den auszugleichenden *Wert* des Konzertes in seinen Augen erhöhen:

1. präsentiere ein gutes Konzert
2. präsentiere ein gutes Konzert
3. präsentiere ein gutes Konzert

4. Weise am Anfang und am Schluss (humorvoll oder ernst – entscheide dich für eins) auf die freundlichen Sänger mit den Körben am Ausgang hin.
5. Der Eintritt war frei, aber nicht umsonst (Programmheft, Chorleiter, Noten, Heizung, Raummiete, Instrumentalisten, usw. usf. müssen bezahlt werden).
6. Beschreibe den Weg, den der Chor gegangen ist, um dieses Konzert auf die Beine zu stellen und erhöhe damit den *ideellen* Wert des Konzertes.
7. Gib einen weiteren Grund an (z.B. will sich der Chor von dem Geld ein neues Klavier kaufen).
8. In neuen Konzertorten und sonst alle zwei-drei Konzertreihen kannst du eine Vergleichsgröße einbringen: „Andere Chöre nehmen in solchen Konzerten 10€ und mehr, aber uns ist es wichtig, dass jeder, unabhängig seiner finanziellen Situation unsere Konzerte besuchen kann, und wir freuen uns über eine Spende am Ausgang."

Der Zuschauer muss zu einem **wirtschaftlichen Denken** gezwungen werden.
Also: „Die geben mir was – ich muss auch was geben – aber wieviel ist fair?"
Geld ist eine **harte** Währung. Deine Musik eine **weiche**. Je härter du deine ‚weiche Ware' für den Zuschauer machst, desto erfolgreicher wird das Konzert im Klingelbeutel.
Bevor du aber übers Ziel hinausschießt: Das Erlebnis darf darunter nicht leiden. Keiner will nach jedem zweiten Stück daran erinnert werden, dass er gleich noch sein Portemonnaie zücken soll. Das kannst du nur bei einem Benefizkonzert tun und solltest es wahrscheinlich auch. Für den Zuschauer muss das Erlebnis des Konzertes im Vordergrund stehen (dürfen).
Die Aufzählungen der Punkte 4–8 kommen an den Anfang des Konzertes in die Begrüßung – **vor** die Leistung (Punkt 1–3) – wenn Zuschauer und Chor noch nichts gegeben haben – die Schuldwaage also noch neutral ist.
Ans Ende kommt nur der Wink „wir würden uns freuen…". So wird der Zuschauer daran erinnert über die Waage nachzudenken.
Ich sage in jeder Begrüßung: „Als Chor haben wir Kosten, die gedeckt werden müssen. Deshalb freuen wir uns über eine Spende am Ausgang nach Ihren Möglichkeiten. Das heißt jemand, der nichts geben kann, muss auch nichts geben. Wir vertrauen darauf, dass die, die mehr geben können, dies auch tun. Denn wir wollen, dass wirklich jeder in unsere Konzerte kommen kann – ohne Rücksicht auf seine finanzielle Situation."
Stelle Sänger an den Spendenkörben auf, die im Konzert für den Zuschauer offensichtlich aktiv involviert waren (Solisten, Sänger aus der ersten Reihe). Dann geben die Zuschauer nicht nur einem anonymen *Korb*, sondern tatsächlich dem *Chor*.
Wenn du alles richtig machst, solltest du bei klassischen Konzerten in einer Kleinstadt auf einen Zuschauerschnitt von 6-8€ pro Person kommen. *(s.a. Konzert: Geldmenschenstandort)*
Bei populären Konzerten (Gospel, Pop) wirst du auf etwa 5€ kommen.
Das ist meine Erfahrung. Es wird in Norddeutschland anders als in Bayern sein, in Städten anders als auf dem Land.
In Städten zählt eher die Qualität und augenscheinliche Professionalität. Auf dem Land ist die Dorfverbundenheit/Tradition mindestens genauso wichtig. Ein tolles Streichquartett wird dort genauso viel einnehmen wie der lokale Kirchenchor. •

Auswahlvorsingen/ Einzelvorsingen

Viele Chöre nehmen Sänger nur nach einem Einzelvorsingen vor Chorleiter und Vorstand auf. Dies ist im Laienchor meiner Meinung nach Quatsch.

Ohne Kontrolle darf aber trotzdem kein Sänger mitmachen – und ich bin so arrogant zu behaupten, dass meine Methode, wie im Folgenden beschrieben, besser ist als das Einzelvorsingen, da ich sie im Konzertchor, wie im kleinen Dorfkirchenchor anwenden kann und dies auch mit allen Konsequenzen.

Was ist das Ziel? – Ich möchte herausfinden, ob dieser neue Sänger in meinen Chor passt – mit seiner **Stimme** und seiner **Persönlichkeit**. *(s.a. Schnuppertage)*

Dafür muss ich ihn jedoch zuerst im Chorzusammenhang hören und erleben.

Trifft ein Sänger keinen Ton, werde ich dies nicht nur durch ein Einzelvorsingen, sondern natürlich auch in einer Tuttiprobe sehr schnell herausfinden können.

Neue Sänger haben bei mir grundsätzlich ein halbes Jahr **Welpenschutz**, in dem sie sich in den Chor einfinden dürfen.

Danach evaluiere ich die Situation und muss mich eventuell von dem Sänger trennen, wenn z.B. die Persönlichkeit nicht passt (übt nicht/verbreitet schlechte Laune/etc.). Wenn die Person **wirklich** nicht singen kann, muss sie auch früher gehen. Bis dahin versuche ich mein Möglichstes, um ihr das Singen beizubringen. *(s.a. Nackiger Sänger)*

Um das alles zu erreichen, setze ich diese neuen Sänger immer in die **erste Reihe** und höre vor allem beim Einsingen genau hin, wo die Grenzen in Höhe und Tiefe sind.

Die Stücke der ersten Probe, in der alles noch neu ist, sind noch zu komplex, als dass der neue Sänger mit voller Stimme mitsingt – die Einsingübungen sind dafür aber einfach genug.

Hier hört man schon: Intonation, Tongefühl, Verhalten (sicher/unsicher), Vibrato *(s.a. Knick; Vibrato)*, Stimmsitz. Ich beurteile, welche Stimmlage gut wäre, bzw. ob die vom Sänger angestrebte die richtige wäre.

Vieles davon kann ich natürlich auch im Einzelvorsingen überprüfen, aber das Verhalten in der Probe und die Mischung in den Chorklang nicht. *(s.a. PTK)*

Was bei einigen Kollegen noch nicht angekommen ist: Chorstimmbildung ist eine andere ist als die des Solosängers. Ich will ja keine weit tragende Sängerstimme hören, sondern eine, die sich möglichst bald akustisch mit seinen Nebensängern mischt.

Wenn ich im Auswahlsingen nun solistisch vorsingen lasse (z.B. ein Sololied) wird der Sänger versuchen ‚solistisch' zu singen – was ist dann die Information, die ich daraus gezogen habe...?

Oder schlimmer: Ich lasse ihn eine Stelle aus einem Chorstück vorsingen – er ist allein und wird wieder versuchen nicht *zu dünn* zu klingen.

Stelle dir die Situation vor: Der neue Sänger steht/sitzt für mehrere Proben in Spuckweite vor dir. Wenn du dann noch nicht mitbekommen hast, ob der singen kann oder nicht, bzw. ob er Hilfe benötigt, wirst du das auch in einem Einzelvorsingen nicht herausbekommen haben. Wenn du signifikante Fehler hörst, kannst du ja immer noch um ein Einzeltreffen bitten.

Das Vorsingen **aus dem Chor heraus** zu praktizieren, bedeutet weniger Stress für den neuen Sänger, schreckt keine interessierten Laiensänger ab und die Informationen, die ich als Chorleiter bekomme, sind für den Chor wertvoller.
Diese alternative Methode sollte in der Werbung für den Chor beschrieben sein, um gute Sänger wiederum nicht abzuschrecken, denn *Vorsingen* ist immer noch ein Qualitätsmerkmal.

Manche Laienchöre lassen alle ihre Sänger tatsächlich einmal im Jahr vorsingen – vornehmlich um ihnen Tipps zu geben, was sie verbessern können, bzw. auch um auszufiltern. Wenn es sich nicht wirklich um die stimmbildnerische Hilfestellung handelt, ist dies ein Armutszeugnis für den Dirigenten. Wenn er nicht hört, dass ein Sänger *stört* oder den Klang verschlechtert, dann macht er seinen Job nicht richtig.
Noch schlimmer – er interessiert sich nicht für seine Sänger.
Warum sollte ich einen Chorsänger rauswerfen, nur weil er *solistisch* nicht brilliert? Das ist doch irrelevant.
Der bessere Weg ist, die Sitzordnung immer mal wieder zu mischen, um andere Sänger nahe vor sich sitzen zu haben und diese genau zu evaluieren.
Wenn ich dann mitbekomme, dass ein Sänger sich verschlechtert hat, spreche ich ihn an und bitte ihn sich Hilfe zu suchen, bzw. biete ihm eine Einzelprobe an.

Wenn du dir unsicher bist, wer die störenden Töne in einer Stimme (Sopran, Alt, Tenor oder Bass) hervorruft, kannst du einfach mal 20 Minuten vor der echten Probe eine außerordentliche Stimmprobe für die verdächtige Stimme machen und mit kleinen mehrstimmigen Übungen ganz schnell herausfinden, wer der ‚faule Apfel' ist.
Es gibt viele Möglichkeiten seinen Job zu machen, ohne sich selbst auf einen Sockel stellen zu müssen oder die Sänger zu verängstigen.

Ein kontrollierendes ‚Vorsingen', das alle Sänger einschließt und nicht punktuell/ differenziert erfolgt, ist im Laienchor in den meisten Fällen nur elitäres Gehabe und nicht zielführend. *(s.a. Literaturverzeichnis)*
Es zeugt von der Unfähigkeit des Chorleiters, der die Stimmen seiner Sänger nicht kennt und hat für mich auch das Geschmäckle von Selbsterhöhung: „Ich entscheide über dein weiteres Mitsingen." und das Schwellen der Brust.
Das Argument, dass dadurch die Sänger immer weiter an sich arbeiten, lasse ich ebenso nicht gelten. Ich gehe grundsätzlich davon aus, dass die Sänger an sich arbeiten **wollen**. Wenn du sie genug begeisterst und durch stimmbildnerische Anweisungen schulst, wird dein Chor besser werden und die, die nicht mithalten können, bekommen die helfende Aufmerksamkeit, die sie brauchen, bzw. bleiben auf der Strecke und müssen gehen.
(s.a. Ausgleich; Sängerkategorien)

Einzelvorsingen lasse ich nur unter zwei Umständen gelten:
1. Du hast keine Zeit dich mit den Sängern ausgiebig zu befassen.
    Z.B. einen Projektchor, der ein sehr hohes Niveau haben soll. Aber auch hier gibt es bis zu einem gewissen Level andere Möglichkeiten. *(s.a. Projektchor)*

2. Du hast eine lange Warteliste an Sängern, die unbedingt in deinem Chor singen wollen und theoretisch würde jede Woche mindestens ein neuer Sänger im Chor dazukommen. So hast du nicht die Möglichkeit dich ausgiebig mit den neuen Sängern auseinanderzusetzen und musst durch das Einzelvorsingen eine Vorauswahl treffen.

Grundregel:
- Einzelvorsingen = doof.
- Kontrolle der Sänger = toll und in **jedem** Chor möglich und richtig. Nicht unbedingt, um ‚faule Äpfel' loszuwerden, sondern vor allem um rechtzeitig helfend eingreifen zu können. Das ist dein Job.

Wenn du wirklich gut sein willst, kann ein Mal im Jahr (z.B. auf einer Chorfahrt) ein externer Stimmbildner oder Dirigentenkollege mit allen Sängern (die wollen) eine Einzelprobe von 30 Minuten machen, um sie zu testen und ihnen Tipps zu geben.
Er soll dir dann darüber berichten, worauf bei den Sängern geachtet werden sollte.
Am besten macht das jemand, der das mehrere Jahre mit dem Chor machen kann, um eine Entwicklung zu sehen und sie zu bewerten.
Achte darauf, dass diese Person weiß was Chorstimmbildung ist.
Dies sollte der Chor sich aus der Chorkasse leisten (ca. 250€ für einen Tag), bzw. von den Sängern aufgeteilt einsammeln. •

Auswendig dirigieren
Es ist nicht notwendig komplett auswendig zu dirigieren.
Du solltest die Stücke eines Konzertes aber so gut kennen, dass du *de facto* auswendig dirigierst. So kann deine Aufmerksamkeit zu 100% beim Chor sein.
Im Laienbereich ist es leider sinnvoll die Noten vor sich liegen zu haben, falls im Konzert etwas schiefläuft. Was passiert z.B., wenn du mitten im Stück neu beginnen musst? Oder wenn eine Stimme rausfliegt, oder Unsicherheiten hat und du zwar den Ablauf gut kennst – die *Musik* dirigieren kannst – aber nicht den Ablauf der einzelnen Stimmen genau genug kennst, um helfen zu können?

Der einzige Vorteil beim gänzlich auswendigen Dirigieren ist, dass zwischen dir und dem Chor nichts ist – keine Partitur oder Notenständer – und die Energie ganz fließen kann. Wenn du das wirklich tun willst, musst du es vorher bei Durchläufen üben bis du es im Schlaf könntest. Nur so wirst du im Konzert/Auftritt Sicherheit ausstrahlen.
Dafür musst du wissen, wo schwierige Stellen für dich sind und auch, wo der Chor schwächeln könnte.
Wenn nur **ein** Funken Unsicherheit da ist, darfst du nicht aus Eitelkeit auswendig dirigieren, sondern musst die Noten vor dir liegen haben und im Idealfall einfach nicht reinschauen. Wenn du deinen Job aus Eitelkeit nicht ordentlich machst, weil du einfach nicht auswendig dirigieren kannst, dann ist dies kein Beruf für dich! •

Auswendig singen

Wenn ein Lied ausnahmsweise auswendig gesungen werden soll (d.h. der Chor singt normalerweise auch im Konzert mit Noten in den Händen), werden viele Sänger während des Singens ihre Hände/Arme vor dem Bauch oder auch vor den Geschlechtsteilen verschränken.

Sie fühlen sich ohne Noten (ihr ‚Schild') nackt und verletzlich (physisch wie psychisch). Verschlimmert dadurch, dass sie ohne Noten nun auch **im Stück** keinen Halt mehr haben.

Animiere sie dazu die Hände an der Seite runterhängen zu lassen und sich so zu öffnen. Erkläre ihnen, warum sie die Hände vor sich verschränken (Schutz). Diese Erklärung wird für viele eine Offenbarung sein und wenn sie es wieder tun, ‚ertappen' sie sich eventuell sogar selbst.

Den ganz renitenten (ohne bösen Willen) kannst du vorschlagen die Hände hinter dem Rücken zu verschränken oder sogar eine Hand in die Hosentasche zu stecken.

Einige Sänger fangen bei herabhängenden Armen auf einmal an zu *nesteln* – also am Hemd zu zupfen oder sich zu kratzen.

All das geschieht unbewusst, weil es ungewohnt ist und Menschen sich normalerweise unwohl fühlen, wenn ihre Hände keine Aufgabe haben.

Somit muss für die Hände, die sonst gewohnt sind beim Singen die Noten zu halten, das Herunterhängenlassen die Aufgabe werden.

Meine liebste Übung für einen sofortigen Effekt ist, die Sänger das Stück durchsingen und dabei konsequent die Handinnenflächen bei hängenden Armen nach vorne zeigen zu lassen. Das sieht aus als würden sie in der Kirche den Segen empfangen, nur halt mit seitlich hängenden Armen. *(s.a. Bauchmittenatmung erzwingen)*

Es ist eine gänzlich offene Haltung, bei der der ganze Körper quasi ungeschützt dasteht und deine Sänger zwingt, die Erfahrung zu machen, dass beim Singen nichts passiert.

Ein schöner Nebeneffekt ist, dass sich dadurch die Schultern etwas nach hinten drehen und ein aufrechter Stand fast erzwungen wird.

Nachdem du so hast singen lassen, musst du dies noch positiv bestärken: „Das klang freier/voller/fröhlicher/mehr zusammen, etc.!"

Dies ist nicht nur ein Problem von sonst nicht auswendig singenden Chören, sondern auch von solchen, die **nur** auswendig singen.

Das Grundprinzip ist aber einfach: Je mehr Sicherheit du deinen Sängern durch die Proben gibst und im Konzert selbst vermittelst, desto offener präsentieren sie sich.

Weitere Hilfen, um deinen Chor freier auswendig singen zu lassen:
- Vierstimmige Übungen beim Einsingen, um den Chor an die *Ohne-Noten-Situation* zu gewöhnen. *(s.a. Einsingen: Mehrstimmige Übungen)*
- Das Stück (schon auswendig) wiederholen, bis es aus den Ohren wieder rauskommt, dann einige Wochen nicht singen lassen und erst **drei** Proben vor dem Auftritt wieder singen. Dadurch lösen sich viele Blockaden.

- Spreche während des Singens im Konzert den Text mit.
  Bei der Generalprobe und mindestens einer Probe davor, solltest du dies aber nicht tun, um nicht alle Aufmerksamkeit auf dich zu ziehen.
  Die Sänger müssen bis zum Konzert noch *frei* von dir sein.
  Versichere ihnen aber, dass du im Konzert wieder alles mitsprichst.
- Leseblätter *(s.a.)* auf DinA3 auf Notenständern vor der 1. Reihe und Lesekärtchen für die hinteren Reihen, wenn unbedingt notwendig – dann aber auf schwarzem Karton geklebt.
- Atme immer mit dem Chor (noch mehr als sonst, nicht lautstark – nur sichtbar).
- Lasse den Chor das Stück häufiger ohne Dirigat singen. *(s.a. Lass die mal machen)* •

Auswendig lernen

Auswendiglernen ist im Chor kein Problem, wenn du deine Sänger positiv animiert mitnimmst und auf die Gruppendynamik setzt. Verstehe also, dass keiner aus deinem Chor **solistisch** auswendig singen können muss.
Schnell geht das Lernen in der Probe über *Call-and-Response* *(s.a.)* und retrosequenziell *(s.a.)*. Du beginnst also am Ende des Stückes und lässt in SBAT oder wie es dir sinnvoll erscheint, einen ca. 10 Sekunden langen Abschnitt üben, indem du ihn vorsingst und die jeweilige Stimme nachsingt, so wie die vierstimmigen Übungen am Ende des Einsingens. Nach dieser Methode arbeitest du dich nach vorne.
(s.a. Einsingen: Mehrstimmige Übungen)

Sollen die Sänger zuhause auswendig lernen, musst du ihnen Übe-Klang-Dateien *(s.a.)* zur Verfügung stellen.
Mit diesen müssen sie zuerst den Text mitsprechen, da dieser schon den Rhythmus beinhaltet und erst danach mitsingen (auf die Atmung achten!).
Wenn deine Sänger die Übe-Dateien am PC oder mit dem Handy/Tablet abspielen und somit einfach vor- und zurückspringen können, ist es kein Problem retrosequenziell zu üben und umso effektiver. *(s.a. Deutliches Sprechen ist deutliches Singen; Schubladendenken)*
Einige Sänger können Noten lesen und nutzen die Übe-Dateien nicht, weil sie sich lieber am Klavier vorbereiten. Zeige ruhig dem ganzen Chor einmal in einer Probe wie effektiv man mit den Klang-Dateien üben kann. Am besten funktionieren sie mit Kopfhörern. •

Autokratie

Dirigieren ist direkte Menschenführung, ohne diese delegieren zu können.
Alles andere (Organisation) kannst du im Laienchor delegieren – die Probenarbeit nicht. Im Profibereich kommt der ‚Maestro' nur zur Generalprobe und hat bis dahin seine Gehilfen proben lassen. Im Laienchor ist auch der **Weg** das Ziel und nicht nur das Ziel.

Aus dem Grund bin ich strikt dagegen einen Chor von zwei ‚gleichberechtigten' Dirigenten leiten zu lassen, die sich die Stücke und die Probenzeit teilen. Dies führt immer zu Animositäten, weil es keine eindeutige Richtung gibt.

Da das Laienchorleiten sehr viel mit Persönlichkeit zu tun hat, wird, selbst wenn die Dirigenten *an einem Strang ziehen*, der Sänger sich **seinen** Dirigenten aussuchen, der ihm in seiner Persönlichkeitsstruktur und Art am ehesten zusagt. (s.a. *Doppelspitze*)

Die einzige Ausnahme bilden Stimmproben an Probentagen, bzw. eine Trennung von Männer- und Frauenstimmen. Hier ist die Hierarchie eindeutig: Chorleiter und Gast.

Grundregel: Das System Chor + Dirigent funktioniert am besten in einer Autokratie, aber ohne zur Schau gestellter Selbstherrlichkeit. •

Automatismen vermeiden, um Inhalt zu transportieren

Du musst in den Stunden/Minuten zwischen Ansingprobe und Auftritt/Konzert die Spannung aufrechterhalten. Es darf nie passieren, dass der Sänger denkt „ach das schaff ich schon", denn dann schlafft er ab.

Gleichzeitig muss die Stimmung trotzdem sehr zuversichtlich sein.

Deshalb solltest du dem Chor in der Ansingprobe etwas Grundsätzliches mitgeben, auf das er achten kann, damit die Musik nicht zum *Automatismus* wird.

Es bietet sich eine Besonderheit in der Raumakustik an, die eventuell das Zusammensingen erschwert, weshalb dann besonders auf die Konsonanten geachtet werden soll.

Oder die Zuschauer sitzen besonders nah am Chor – deshalb muss durch einen besonders freundlichen Mund ein weiter Schalltrichter erzeugt werden, der die Einzelstimmen recht früh mischt. *(s.a. Mundstellung (chorische))*

Das sind **situative** Begründungen für schon 100fach Gesagtes. Ohne die Begründung würde es nicht wahrgenommen werden. Mit situativer Begründung ist es etwas *Altes* in *neuem* Zusammenhang.

Im Konzert sind Zuschauer das situativ Neue. Es bietet sich damit an, diese Hinweise mit dem Publikum zu verbinden. Das schärft auch den Fokus des Chores.

Der Hinweis, den Inhalt des Textes zu transportieren funktioniert zu diesem Zweck **immer**. Sprich dafür noch einmal die Inhalte der Stücke an – was soll der Zuschauer inhaltlich mitnehmen? *(s.a. Deutliches Sprechen ist deutliches Singen)*

Selbst wenn du alles schon 100x vorgebetet hast und deine Sänger normalerweise nur noch mit einem müden Lächeln reagieren: Gute Artikulation für bessere Textverständlichkeit und Rhythmus, freundliches Schauen, usw. usf. – wenn du alles situativ und publikumsbezogen begründest, werden die Hinweise für einen Laien real und pragmatisch und er hat etwas, auf das er im Auftritt speziell achten kann. •

Autoritätsgewinn durch Fehlermanagement und Sängerkommentare

Ein Chorleiter hat seine Weisheit nicht mit Löffeln gefressen – er hat Erfahrung und Wissen, welches er aber nachweisen können muss.

Er hat eine Atmosphäre zu schaffen, in der Sänger Vorschläge und Anmerkungen machen dürfen und wollen. Er hat auf diese immer positiv einzugehen, muss deshalb aber seinen eigenen Plan nicht über den Haufen werfen.

Ein Chorleiter ist dadurch immer angehalten, seine Aktionen und Entscheidungen begründen zu können – dies bedeutet nicht, sich verteidigen zu müssen. Aber er muss seine Sänger mit ins Boot holen und da sie alle freiwillig da sind, kann er ihnen nicht einfach befehlen etwas zu machen, sondern muss sie **überzeugen**.

Dies geschieht durch seine Position und ein Grundvertrauen, das die Sänger in ihren Leiter haben zwar bis zu einem gewissen Maße automatisch, aber eben auch durch fundierte Begründungen.

Ist der Dirigent unsicher (Ist ein Ton in den Noten eventuell falsch?/Die Aussprache eines Wortes unklar?/etc.) muss er dem Chor erklären, dass er dies zuhause überprüfen wird (durch andere Ausgaben/spezielle Bücher/Muttersprachler bei der Aussprache). Es ist auch immer möglich in einer Pause das Problem mit dem Smartphone zu googlen.

Wenn deine Sänger Anmerkungen machen, ist dies nie Kritik an dir, sondern im Prinzip eine Bitte um Erläuterung und damit grundsätzlich positiv zu bewerten.

Sollten deine Sänger aufhören Fragen zu stellen, zeugt das von fehlendem Engagement. Deine Aufgabe ist es, deinen Arbeitsweg zu erklären. Wenn ihr dann gemeinsam herausfindet, dass du einen Fehler gemacht hast, kannst du ihn korrigieren.

Grundregel: Du darfst Fehler machen – wie du mit diesem Fehler umgehst wird definieren, wie sehr er dir schadet. *(s.a. 1:10 Regel)*

Deine Autorität wird durch Fehler nicht untergraben: Wenn du ansonsten fachlich kompetent bist, steigert ein Eingehen auf Fragen und Vorschläge diese sogar.

Problematisch wird es dann, wenn Sänger glauben, alles, was ihnen wie ein Geistesblitz kommt, ausblahen zu dürfen.

Wenn du unkontrolliert auf alles eingehst, kann dies vereinzelt vorkommen. Dies ist ein Lernprozess für deine Sänger. Du musst ihnen zeigen welche und wie viele Fragen du in der Probe zulässt und welche nicht – dies auch ohne Erklärung: Ich gehe z.B. immer ausführlich auf Fragen zum Stück ein, während ich Privatgespräche und persönliche Kommentare („Hach, das war aber wieder schwer…") ignoriere oder rüge.

Am schlimmsten sind aber die Sänger, die ihrem Chorleiter bei jeder Gelegenheit widersprechen, ohne sich zu erinnern, dass er sich lange über sein Vorgehen Gedanken gemacht hat. Das kann wie fehlendes Vertrauen wirken. Ist es aber meistens nicht.

Hier muss man mit dem Sänger privat sprechen, um zu erklären, dass die Zwischenkommentare stören.

Mir ist es schon passiert, dass solche Sänger nach Ende des Durchsingens eines Stückes, ohne *Armheben* einfach erklären, was denn nun zu verbessern wäre.

Sie machen also **meinen** Job.

Der größte Fehler wäre nun diese unwirsch abzuwatschen – sie sind einfach nur übermotiviert. Motivierte Sänger will man ja. Dass sie es sind, stellt sich dann im privaten Gespräch heraus.

Eine gute Möglichkeit ist es einen Deal zu vereinbaren: Der Sänger soll sich alles was ihm auffällt in der Probe merken oder aufschreiben – sollte dann am Ende der Probe etwas ungesagt bleiben, kann der Sänger zum Dirigenten kommen und man bespricht es. So fühlt er sich wahrgenommen. Er will doch nur helfen und überschreitet dabei unbewusst die Grenze der Aufgabenverteilung: Dirigent – Sänger.

Glaube mir – das hält sich zwei Proben, dann bist du ihn befriedigt los. Er ist gehört worden und merkte dann, dass seine Notizen in den meisten Fällen ‚nutzlos' waren.

Grundregel 1: Ein Mitdenken der Sänger zu fördern (durch positive Reaktionen und auch der Ansage, dass man sich über Vorschläge freut) hat immer Vorteile – wie durch einen Vorstand/Beirat (s.a.) und Arbeitsgruppen fühlen sich dann alle integriert und nicht dem Willen **einer** Person ‚ausgeliefert'.

Dein größter Vorteil ist aber, dass du viel lernst, gezwungen bist für jede Probe gut vorbereitet zu sein (…ja, das ist immer ein Vorteil!) und dir zu deinen Stücken Gedanken gemacht haben musst.

Grundregel 2: Du musst in deinen Handlungen immer vorhersehbar und verlässlich sein – d.h. wenn du einmal angefangen hast positiv auf Vorschläge zu reagieren (**so doof sie auch sein mögen**) musst du dies durchziehen – denn nichts wird leichter zerstört als Vertrauen. Du darfst **niemals** nach deiner Tageslaune reagieren. Dann werden deine Sänger ganz schnell die Kommunikation mit dir einstellen.

Diese Grundregel gilt für alles was du tust. •

B

Babys Schreiakzent
Nach der Würzburger Sprachforscherin Kathleen Wermke übernehmen Babys den landestypischen Tonfall ihrer Eltern. Ein italienisches Baby schreit anders als ein deutsches. •

Ballett tanzen
Worüber keiner spricht, aber was für ein freies Dirigieren, freie Bewegungen und für das Training eines guten Körpergefühls unglaublich hilfreich ist, ist das Dirigieren von CD-Aufnahmen.
Natürlich ist dieses ‚Dirigieren' kein Dirigieren im Wortsinn, da die Aufnahme ja nicht das macht was **du** willst. Es ist eher ein *Ballett tanzen*, also eine *Bewegung zur Musik*.
Solange dir die **Passivität** darin klar ist und du damit nicht die Stücke trainierst, die du mit einem echten Chor oder Orchester musizierst, da du sonst fremde Interpretationen einstudieren würdest, sorgt das für verschiedene vorteilhafte Übungsmöglichkeiten.

- Dieses imaginäre Orchester/dieser imaginäre Chor reagiert nicht auf dich und deine Fehler, sondern macht einfach weiter und zwingt somit auch **dich** weiterzumachen.
- Du kannst bestimmte Taktarten üben bzw. den Wechsel zwischen Taktarten, indem du bestimmte Stücke auswählst, in denen diese vorkommen.
  „Die Geschichte vom Soldaten" von Igor Strawinsky (1882 – 1971) ist dafür ein tolles Übungsstück.
- Du kannst auch mal sehr ausladend oder sehr klein dirigieren und spüren, wie sich das anfühlt. Du kannst irrwitzige und irrsinnige Bewegungen ausprobieren und herausfinden, ob sie vielleicht doch sinnvoll sind.
- Du kannst dich dabei filmen und deine Bewegungen, deine Mimik und deine Körpersprache analysieren, ohne dass sie und ihre Fehler einen Effekt auf ein Ensemble hätten. So kannst du experimentieren und mit immer dem gleichen Stück auch kleine Verbesserungen anstreben, einfach weil du die Musik von der für dich interessanten Stelle wieder abspielen kannst, ohne dass sich ein Chor oder Orchester ärgert. Ein Spiegel kann hier genauso helfen.

Frage dich mal, warum **jeder** Instrumentalist im stillen Kämmerlein üben darf und soll, aber ein Dirigent nicht…? •

Barabbas-Effekt
Es gibt Textstellen, da möchte der Sänger gerne ein „s" singen – er soll es aber nicht. Das „s" ist ein so prägnanter Laut, dass nur einer im Chor ihn machen muss und wenn es blöd kommt, hat für den Zuhörer der **ganze** Chor ein „s" gesungen.
Dies passiert bei Worten, die auch der Zuhörer mit einem „s" kennt.
Beispielsweise gibt es im Choral „Dir, dir, o Höchster, will ich singen" den Text: „...dass ich dir Psalmen sing im höhern Chor." Das Wort *höhern* kennt man nicht mehr – so singen Sänger auch regelmäßig: „...hö**chsten** Chor".
Macht das im Auftritt nur einer, hat er ein Wort gesungen, das für den Zuhörer hörpsychologisch logisch ist und damit vom Chor so gesungen wurde.
Es ist ein Wahrnehmungsphänomen.
Das erste Mal ist mir dies bei einer Mugge (aka „**Musikalisches GelegenheitsGeschäft**") mit einem Barockorchester bewusst geworden. Wir hatten irgendeine Passion gespielt. Die Menge (der Chor) darf wählen, ob der Mörder Barabbas oder Jesus freikommen soll. Pontius Pilatus fragt also singend: „Wen wollt ihr?" Und die Menge antwortet im lateinischen Akkusativ: „Barabbam!". Barabbam wird nun kein unbedarfter Zuhörer als korrektes Wort wahrnehmen. Es gibt in jedem 80-Sänger starken Laienchor den einen engagierten Sänger, der auf Deutsch antwortet. Wenn der Dirigent Glück hat, nur in der Probe... Im Zweifelsfall im Konzert und dann hat der ganze Chor Pontius Pilatus im deutschen Akkusativ „Barabbas" geantwortet, weil dem Zuhörer dieses eine starke „s" absolut korrekt vorkommt und seine Wahrnehmung darauf fokussiert ist. So habe ich dieses Phänomen *Barabbas-Effekt* getauft.

Der Effekt ist nicht nur schlecht. Wenn ein Text sehr schnell zu singen ist und mit den vielen „s" ein reines Zischkonzert geschieht, kannst du ihn dir auch zunutze machen: Reduziere dann den Text um die „s"-Laute und lasse nur ausgewählte, präzise Sänger dieses „s" mitsingen.
Hast du eine lange Strecke in der *chorisch geatmet* (s.a.) werden soll, bietet ein Schlusskonsonant „s" die Möglichkeit 2/3 deiner Sänger, indem sie das „s" einfach nicht sprechen, die dadurch entstandene Pause zum Atmen zu nutzen. • (*s.a. Konsonantenshifting*)

Barer Wahnsinn
Ich möchte dir heftigst davon abraten dich aus *schwarzen Kassen* bezahlen zu lassen, indem du Mitgliedsbeiträge in bar nach jeder Probe einsammelst oder in bar ohne schriftlichen Vertrag (d.h. schriftlich fixierter Summe) ausbezahlen lässt. Bleib sauber!
Wenn es für deinen Chor aus unerfindlichen Gründen keine Möglichkeit gibt ein Konto zu eröffnen über das du nachweislich bezahlt wirst, dann schreibe dir selbst auf, wieviel Geld du bekommst oder schreibe selbst Quittungen (kaufe dir z.B. einen Quittungsblock) und lasse dir den erhaltenen Barbetrag quittieren. Schließlich: zahle Steuern!
Bedenke: Du musst nur einen Sänger verärgern, der dich anzeigt. **Du** müsstest dann nachweisen wieviel Geld du bekommen hast, bzw. einer Behauptung („Der hat 100€ pro Probe bar auf die Kralle gekriegt!") mit Beweisen oder einer gut geführten internen Buchführung widersprechen können. •

Bauchatmung vs. Brustkorbatmung

Die *Bauchatmung* ist natürlich keine **Bauch**atmung – sie wirkt nur so. Die Lunge bleibt wo sie ist. In der Bauchatmung gehen die Eingeweide aber bewusst nach unten, zur Seite und nach vorne, wenn das Zwerchfell *(s.a.)* nach unten drückt und so Luft in die Lunge gesogen wird. Dadurch wird der Bauch geweitet.
In den Brustkorb atmen wir, wenn wir das Rippengerüst **aktiv** weiten und somit den Brustkorb und somit die Lungen. Dabei ist natürlich auch das Zwerchfell beteiligt, aber nicht so entscheidend.

Du musst in deinen Sängern die Bauchatmung aktivieren. Die Brustkorbatmung ist schlicht nicht flexibel und schnell genug, um die Schnappatmung *(s.a.)* zuzulassen und kann leicht zu einem Überatmen führen – d.h. es ist viel Luft in der Lunge, aber das Zwerchfell nicht unten, und es kann damit kein kontrollierter Druck aufgebaut werden.
Das Problem: Der Sänger hat zwar das Gefühl ganz viel Luft eingeatmet zu haben, kann aber nur sehr luftig singen und damit keine lange Phrase.
Um das zu können müsste er seinen Brustkorb zusammendrücken – da haben dann aber die Rippen was dagegen, die die Lungenflügel und das Herz genau gegen solch eine Stauchung schützen sollen (haha). *(s.a. Schulterzucker)*

Wir wollen erreichen, dass die Sänger stabil stehen und eine leichte Grundspannung auch im Bauch haben. Sie sollen nur bei der Schnappatmung den Bauch wirklich fallen lassen müssen. Ansonsten reicht die Luft, die sie mit einer nicht zu sehr sichtbaren Weitung des Bauchraumes schaffen.
Eine zu große Weitung wird von der minimalen Anspannung der Bauchmuskeln verhindert – ich nenne sie die **Stabilisierungsspannung**.
Wenn ich irgendwo lese, dass der Bauch immer ganz weich und flexibel sein soll, weiß ich nicht wie diese Stimmbildner mich dann singen lassen wollen.
Sie haben einfach Angst, dass der Sänger *fest* wird. Singen ist aber eine permanente Balance zwischen Anspannen und Loslassen.

Es gibt dutzende Übungen um die Bauchatmung zu aktivieren. Drei wirkungsvolle, die ich viel nutze, möchte ich dir vorstellen.
1. Eine, die du in die Körperübungen vor dem Einsingen *(s.a.)* einbringen kannst, lässt deine Sänger einen Baum umarmen:
   Die Schultern sind unten, die Knie locker *(s.a. Hackentrick; Stillgestanden!; Wippen)*, die Hände parallel auf Höhe des Solar Plexus, die Ellenbogen *(s.a.)* sind ca. rechtwinklig, als wenn man einen Baumstamm umarmt.
   Ablauf:
   1. Einatmen (E) – Ausatmen (A): Daumen rechts-links berühren sich und werden gehalten
   2. E – A: Zeigefinger berühren sich auch und werden gehalten
   3. Usw.

   Am Ende berühren sich alle Finger.

Wenn die Schultern bewusst unten und hinten gehalten werden, entsteht eine zentrierte Gewichtung, die den Sänger stabil stehen lässt.

Durch das hohe Zusammenführen der Finger weicht die Atembewegung des Bauchraumes immer weiter nach unten aus – als wenn die Finger eine Barriere sind, gegen die nicht geatmet werden kann.

Erkläre den Sängern genau, was du mit der Übung bezwecken willst und was sie spüren sollen.

Einerseits erfüllt sich das dann eher von selbst, andererseits können die Sänger auch selbst nachspüren, wie/ob die Übung wirkt. Bei korrekter Ausführung ist sie nämlich ein faszinierendes Atemerlebnis.

2. Atmet ein Sänger zu sehr in den Brustkorb, gib ihm das Bild, dass die Luft oben durch den Mund einströmt und unten durch den Bauchnabel wieder ausströmt. Bei guter Vorstellung kann er nur in den Bauch atmen.

3. Durch die Atemübung PTK *(s.a.)* kannst du die Sänger dazu bringen, dass sie beim Einatmen den Bauch weiten. Diese Atmung unterstützt das Zwerchfell und ist für Zwischenatmer im Stück schneller als die Brustkorbatmung. •
(s.a. Bauchmittenatmung erzwingen; Handinnenflächen vorne)

Bauchgefühl

Seitdem ich auf meinen Bauch *höre*, schlafe ich bedeutend besser.

Natürlich spricht mein Bauch nicht mit mir, aber ich habe vor manchen Entscheidungen ein komisches Gefühl/eine Unruhe, die meistens auch begründet ist.

Meistens kommt die Begründung aber erst sehr spät.

Soll heißen: Rational sollte ich „ja" sagen, weil nichts dagegenspricht, das *Bauchgefühl* sagt „nein" – ich höre darauf und später stellt sich heraus, dass es doch einen Grund gab, den ich aber nicht gesehen hatte.

Meistens hatte er etwas mit den betreffenden Personen zu tun.

Ich erkläre es mir dadurch, dass mein Unterbewusstsein den Grund schon kennt, die Formulierung dieses ausschließenden Grundes aber noch nicht bis in mein Bewusstsein vorgedrungen ist.

Wenn es um die handelnden Personen geht, können diese ihre wahren Intentionen maskieren. Meine Erfahrung und Menschenkenntnis erkennt aber schon, was sich später als Tatsache herausstellen wird und meldet sich in Form eines Bauchgrummelns. •
(s.a. Entscheidungshilfen)

Bauchmittenatmung erzwingen

Wenn deine Sänger, bei hängenden Schultern, die Hände wie auf oberem Foto halten, ist die Muskulatur im Brustkorb blockiert und nur die Bauchmuskulatur zum Atmen frei.
Ich nutze diese Haltung um dem Chor zu zeigen wie wenig sie den Brustkorb zum Atmen brauchen. Sehr effektiv ist sie bei Atemübungen wie „PTK" (s.a.)
Wirklich angenehm ist diese Haltung aber nicht. Nach spätestens 3 Minuten solltest du sie wieder beenden.

Als abgemilderte Version kannst du deine Sänger ihre Handinnenflächen bei hängenden Armen nach vorne zeigen lassen.
Dadurch lässt sich viel einfacher eine aufrechte Körperhaltung erreichen. •
(s.a. Auswendig singen)

Bauernleben
Die stinkendste Scheiße ist der beste Dünger – du musst aber auch säen… •

Beflügelte Wurzeln
„Bedenke deine Wurzeln, aber nutze deine Flügel." (s.a. Apfelbaum)
Wurzeln: Dein Backround. Wo kommst du her? Wie hast du dich bisher entwickelt? Dein Fundament und die Basis auf der du stehst.
Eine Momentaufnahme/ein *Reality Check*, aber keine Entwicklung.
Flügel: Schaffe etwas Neues, etwas Kreatives mit dem du Menschen glücklich machen kannst (der Dienstleistungsgedanke).
Deine Wurzeln **nähren** deine Flügel. In was für Erde stehen deine Wurzeln?
Sind sie stark und gut genährt kannst du deine Chöre weit tragen.
Deine Wurzeln definieren die Grenzen deiner Flügel. Uninspirierte oder auch faule Dirigenten ruhen sich auf ihren Wurzeln aus – sie haben ihr Repertoire und ihre Chöre

– das reicht. Sie vergessen darüber sich weiter zu entwickeln, zu lernen, Kritik anzunehmen, spannende Projekte mit ihren Chören zu machen, zu träumen, die Fühler nach anderen Chören auszustrecken.
Schlimmer sind aber die Dirigenten, die die Flügel strecken ohne die Grenzen ihrer Wurzeln zu realisieren – d.h. sie machen Projekte/Programme, denen sie oder der Chor nicht gewachsen sind und stürzen ab.
Grundfragen: „Was kann ich?" (Wurzel) – „Was kann ich damit machen?" (Flügel)
Das ist **Reflexion**. •

Befriedigender Beschimpfen
Schimpfwörter, die sich aus einem einsilbigem und einem zweisilbigen Wort bilden, sind besonders überzeugend beleidigend und für den Schimpfenden befriedigender: *Dumpfbacke, Sackgesicht, Pissnelke* oder im englischen: *shit-gibbon, fast-monger, piss-weasel*.
Diese Wortkombinationen können nämlich wie ein eigenständiger Satz, mit eigener Aussage, durch ein Runtergehen mit der Stimme am Schluss beendet werden und haben so, ohne zusätzliche Ergänzungen, mehr Gewicht. • *(s.a. Fragezeichen; Überzeugendes Runter)*

Begründungskonflikt
Du kannst nur eine gewisse Zeit gegen deinen Chor arbeiten.
Selbst wenn du gute Gründe hast, wirst du deine Sänger nur behalten, wenn du mit deinem Konzept eine **Monopolstellung** hast (einziger Gospelchor in 20 Kilometer Umkreis)/wenn deine Art zu proben/die Stücke, die du auswählst/die Probenumstände (Raum, Tag, Uhrzeit) mit den Erwartungen der Sänger **übereinstimmen**.
Wenn du z.B. immer in einer (kalten) Kirche proben willst, weil die Akustik des Probenraumes deiner Meinung nach schlecht ist, ist das zwar ein guter Grund für **dich**, aber eventuell keiner für einige Sänger (deren Begründung wiegt ihnen schwerer: „Mir ist kalt!") – und die gehen dann.
Grundregel: Auf Einzelschicksale und Einzelmeinungen sollte in Chören selten Rücksicht genommen werden – das schließt **deine** mit ein. •

Beirat
Bist du nicht in einem Verein organisiert, schaffe dir einen gewählten Beirat an.
Auch wenn ihr eine anderweite Organisationsstruktur besitzt (z.B. Kirchenchor), nimmt dir ein Beirat viel Arbeit ab, weil seine Mitglieder *verantwortlich* sind. Manche Chöre haben gewählte Stimmsprecher und einen Schatzmeister – im Prinzip hast du damit schon deinen Beirat. Es sind **vom Chor** beauftragte Delegierte, die administrative, nicht unbedingt repräsentative Aufgaben (wie ein öffentlich sichtbarer Vereinsvorstand), übernehmen. Kommuniziere dem Chor, wer für welche Aufgaben Ansprechpartner ist (Mailverteiler/ Notenwart/Website/Anwesenheitsliste/Adressliste/etc.). •

Belting

„Belting" = „schmettern".
Belting ist eine Bühnengesangstechnik, die Solisten im Popularbereich vor dem Mikrofoniezeitalter die Möglichkeit gab, gegen ein Ensemble anzukommen.
Das Ziel ist, in hoher Lage erst viel später in die Kopfstimme zu wechseln als es sonst passieren würde. Dafür braucht es einen hohen Kehlkopf und viel Kraft.
Es wird ein gerader, glatter Ton ohne Vibrato *(s.a.)* erzeugt.
Auch moderne Popsänger nutzen diese Technik, um durchdringender zu singen.

Vor allem Tenöre neigen im Chor unbewusst dazu und sind sehr ‚durchsetzungsfähig'.
Da dein Chor ja nicht aus Solisten bestehen soll, musst du dies unterbinden.
Das schaffst du verständlicherweise nur durch eine **Gegentechnik**:
Wenn du einen echten *Belter* unter deinen Sängern hast, musst du ihn entspannen.
Unbewusstes Belting passiert durch viel Druck gepaart mit einer Anspannung im Hals.
Ähnlich wie bei Sängern, die durch zu viel Druck ein ungewolltes Vibrato erzeugen.
Allerdings steht beim Belten der Kehlkopf sehr weit oben, was die Kehle bewegungsunfähig macht, womit ein Vibrato kaum möglich ist.

Zuallererst hilft eine Atemtechnik, die die Sänger bewusst in den Bauch **atmen lässt**.
(s.a. Bauchatmung vs. Brustkorbatmung; Bauchmittenatmung erzwingen; Hackentrick; Loslassen!; PTK)

Weiterhin musst du ihnen den Druck *klauen*. ‚Zwinge' sie durch ein andauerndes darauf Hinweisen dazu, einige Zeit mit „ganz viel Luft" zu singen.
Sie werden mehr nachatmen müssen als die anderen Sänger, aber dieses hauchige Singen wird sie ihre Stimme neu erfahren lassen.
Nach ein paar Proben hauchigen Singens lässt du sie *frei*. Eventuell fanden sie ihr starkes, klares Singen gut. Sie müssen aber verstehen, dass das im Chor unerwünscht ist, da sie klanglich mit der Masse verschmelzen sollen.

Problematisch sind Sänger, die zu viel Verantwortung für ihre Stimmgruppe übernehmen. Sie haben das Gefühl, dass die anderen ohne sie nicht singen können. Dadurch fangen sie an überdeutlich und laut zu singen.
Leider wird das dann eine *Self-fulfilling-Prophecy*. **Weil** sie laut singen, hängen sich die anderen dran und können ohne diesen Sänger nicht mehr singen.
Stelle solche Verantwortung übernehmenden Sänger neben gute Sänger, oder im schlimmsten Fall sogar mal weiter von der eigenen Stimmgruppe weg auf. So nimmst du ihnen den Druck und den anderen den Anker, an dem sie sich bis dahin festgezurrt haben.
Dieses Phänomen geschieht vor allem in den Männerstimmen, wo nicht so viele Sänger vorhanden sind und damit die Rollenverteilung individualisierter ist (1 Guter, 1 Mitläufer, 1 Schlechter im Gegensatz zur Frauenstimme: 3 Gute, 5 Mitläufer, 2 Schlechte).
Vor allen Maßnahmen musst du mit diesen Sängern sprechen und ihnen so zeigen, dass du sie und ihre Situation wahrgenommen hast. Allein das kann schon entspannen. •

Beobachtung ist Reflexion
Erfahrung nährt sich aus dem Beobachten.
Wenn ich mich selbst nicht beobachte und das Beobachtete reflektiere, bzw. eine meiner Handlungen und die Reaktion darauf (z.B. eine Art des Auftaktes und die Art des Einatmens im Chor, oder welchen Effekt meine Körperhaltung auf den Chor hat, etc.) kann ich nicht lernen.
Erfahrung sammle ich nur durch aktives Beobachten und Hinterfragen.
Auch in der Probe kannst du dir Notizen machen: Was hat geklappt oder nicht und warum?
Gerade das Positive ist zu vermerken – denn manchmal klappt auf einmal etwas, das sonst nicht geklappt hat. Analysiere dann, was du gerade gemacht hast, um dies hervorzurufen. Denn nicht nur wenn etwas schlecht war, bist du schuld, sondern auch wenn etwas gut war – und das willst du ja schließlich wiederholen! • *(s.a. Titelkampf)*

Berliner Mauer – einreißbar, dauert aber und verlangt Engagement
Kenne die Grenzen von dir und deinem Chor.
Kannst du kein Orchester leiten? Dann mache kein Projekt mit Chor und Orchester, ohne es vorher gelernt zu haben, indem du einen Kurs besuchst oder bei einem Kollegen hospitiert hast.
Kann dein Chor eher nur melodisch singen und nicht nach Intervallen, dann mache kein freitonales Stück.
Hat der Chor Lust auf ein großes Projekt?
Hast **du** die Zeit ein schweres Stück vorzubereiten, um eine Probe konstruktiv leiten zu können?

Die Analyse der Fähigkeiten und Möglichkeiten kannst du auf einem Stück Papier mit „geht – geht nicht" aufschreiben und überlegen, welche der ausschließenden Punkte du korrigieren kannst und welche dem Projekt/Stück den Todesstoß versetzen.
Seine Grenzen zu kennen bedeutet nicht vor ihnen zurückzuschrecken, sondern sie über Aufbauarbeit und Fortbildung immer weiter voranzutreiben und damit zu verschieben.
So solltest du durchaus immer bis an die Grenze des Möglichen gehen, da das Konzerten/Auftritten und der weiteren Arbeit Erfolg verleiht.
Wenn ein Chor in einem Projekt so gearbeitet hat, dass alle Beteiligten gefordert waren und dann ein gutes Konzert gibt, macht das die Menschen zufrieden. Wenn sie aber nicht gefordert werden und das Gefühl haben, dass das alles *easy* läuft, dann ist das Erfolgsgefühl sehr gering.
Im Idealfall hat dein Chor 100% des Möglichen gegeben und geben müssen.
Um nicht in die Gefahr zu kommen die Grenze aus Versehen zu überschreiten, treffe mit dir selbst Zielvereinbarungen *(s.a.)* („Ich will, dass das Konzert klingt wie auf einer CD."). Erstelle einen Plan, wie dies mit dem Chor möglich sein kann, ob du diese eventuell noch existierende Grenze einreißen kannst und ob dies sinnvoll ist. •

Berufung

Dirigent sein ist Berufung. Der Job ist für die Verantwortung schlecht bezahlt.
Man ist mit persönlichen Problemen konfrontiert (man ist Sozialtherapeut).
Man ist direkt verantwortlich.
Man muss emotional verbunden sein, sonst kann man das nicht lange durchhalten.
Aber Beruf kommt vor Berufung.
Wenn es mir schlecht geht oder ich nicht zielführende Emotionen habe (sauer/genervt/traurig/ungeduldig/albern) muss ich trotzdem meinem Beruf nachgehen und diese unterdrücken.
Ich bin zuerst Dienstleister am Chor, Komponist und Publikum.
Dann Privatperson. •

Besonderheitenwerbung

Hast du viel Konkurrenz im näheren Umfeld (z.B. in der Stadt), musst du dich von der Konkurrenz absetzen.
Du konkurrierst mit anderen Chören nicht nur um Publikum, sondern vor allem um Sänger. Du musst diesen also etwas **Einmaliges** bieten.
Du kannst dich nicht auf Loyalitäten verlassen.
Wenn du und dein Konzept nichts Besonderes sind, dann gehen die Sänger langfristig woanders hin, bzw. es kommen keine neuen hinzu.
Schon dein *On-Boarding-Package* (s.a.) muss stimmen. D.h. wenn du es geschafft hast, dass ein Sänger eine Schnupperprobe macht, muss er dableiben wollen.
Analysiere, was die Chöre in der Umgebung bieten (großes Orchester/Kammerchor/Stimmbildung/gemütliches Bier nach der Probe/etc.). Vergleiche dann, was du bietest und was du bieten willst und kannst, das die anderen **nicht** bieten.
Jeder Chor hat etwas Besonderes. Das musst du bewerben.
Vergiss darüber natürlich nicht deine allgemeinen Qualitäten eines guten Chores zu bewerben – aber die bieten eben auch die meisten anderen. •
(s.a. Leitbild; Selbstbewusstsein des Chores)

Besser

Du musst lernen dich selbst und deine Lage besser zu verstehen.
Folge dabei nicht dem bequemen Weg. Dieser wäre es, deine derzeitige Situation als **Optimum** zu akzeptieren.
Es geht im Augenblick vielleicht nicht besser – aber wie kann es in Zukunft besser werden?
Hinterfragen kann weh tun – macht dich aber stärker, erfolgreicher und besser. •

Betriebsblindheit
Warum bin ich ein guter Dirigent? – Weil ich weiß, dass ich nicht der beste bin.

Die coolste Information, die du aus diesem Buch mitnehmen solltest, ist:
Du musst immer an dir arbeiten und wirst niemals alles gelernt haben.
Wenn du das wirklich verstanden hast, kann dich nichts mehr aus der Bahn werfen.
Du wirst niemals perfekt sein können. Versuche es gar nicht.
Es ist paradox, aber erst wenn du deinen Perfektionismus **aufgibst**, kannst du wirklich gut werden.

Je länger du dirigierst, desto häufiger wiederholen sich Probleme. Du bekommst in einigen Dingen echte Routine, obwohl kein Chor dem anderen und keine Probe der anderen gleicht, da du sie jedes Mal mit anderen Menschen gestaltest.
Trotzdem gibt es immer wiederkehrende Probleme (z.B. dunkle Vokale…) und dann kennst du die Lösung.

Wenn du mit zunehmender Erfahrung dieses Gefühl „das kenne ich" häufiger erlebst, willst du mehr davon. Denn die **Unsicherheit**, der nur bis zu einem gewissen Grad planbaren Proben, ist ein **Stressfaktor**.
Wenn man die Unvorhersehbarkeit und das permanente Lernen nicht als Teil des Berufes lieben gelernt hat, wird man froh sein, davon eine Pause zu bekommen.
Und das passiert soo vielen Kollegen: Sie sind irgendwann wie ein Arzt, der seit Jahren jeden Winter Menschen mit grippalen Infekten behandeln muss und dann die eine tödliche, aber behandelbare Lungenentzündung übersieht.
Der Lungenentzündete wird nachhause geschickt – weil ist ja eh nur wieder ein grippaler Infekt – wie langweilig (und tödlich). Der Arzt wurde *betriebsblind*.
Er kann sich seine Patienten und ihre Behandlung nicht aussuchen – du kannst es (zumindest die Art der Behandlung)!

Wenn dich Routine überkommt, musst du dir fordernde Beschäftigungen suchen: neue Stücke/neues Einsingen/neue Sitzordnung/neuer Probenraum/etc. – alles was dich im Zweifelsfalle die „Lungenentzündung" entdecken lässt.
Oder weniger dramatisch: Du wiederholst dauernd, dass die Sänger ihr freundliches Gesicht machen *(s.a. Freundlich)* und die Zungenspitze an die unteren Schneidezähne *(s.a. Abstützen; Koronal; Zungenspitze)* legen sollen. Das klappt auch – aber weil sich dein Anspruch über die Zeit abnutzt, weil du nur diesen **einen** Lösungsweg als Allheilmittel predigst und dich mit dem Ergebnis anfreundest (weil es ja nicht besser geht…), übersiehst du dann die schlechte Körperhaltung von einigen Sängern, deren Korrektur hier den Klang auch verbessern würde. •
(s.a. Kontrabass & Violine; Organisationsbetriebsblindheit entgegenwirken)

Beweisführung durch die heiße Herdplatte
Am Ende wirst du mit deinem Chor nur dann Erfolg haben können, wenn du es schaffst, deine Sänger auszubilden.
Müssen sie ihre Technik ändern, kannst du ihnen diese Notwendigkeit durch Gesundheitsaspekte oder Klangvorstellungen allgemeiner Art näherbringen.
Einfacher ist es aber, dies in dem Stück zu zeigen das gerade geprobt wird.
Beispielsweise eine Basslinie, in der der Bass sackt, weil er alle Vokale dunkel singt, lässt du mit der Anweisung wiederholen diese nun hell zu singen. Am Ende kannst du vergleichen wieviel weniger der Chor nun sacken musste, nur weil der Bass mal ausnahmsweise freundlich geschaut hat (also helle Vokale gesungen hat). *(s.a. Obertöne)*

Beispiel: T9ff (Bass) aus „Locus Iste" von Anton Bruckner (1824 - 1896). *(s.a. Probendisposition)*

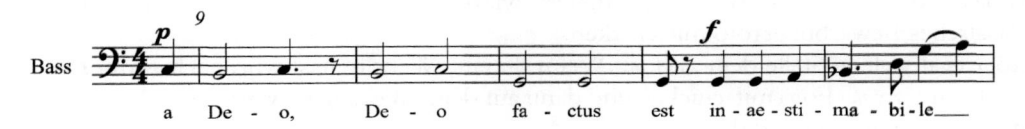

[Notenbeispiel: Bass, "a De-o, De-o fa-ctus est in-ae-sti-ma-bi-le"]

Die Halbton runter und rauf Geschichte ist doppelt doof, weil die Sänger auf dem „o" von „Deo" meistens dunkel werden und den Halbton rauf also extra weit gestalten müssten. Im Forte muss der Klang der sehr tiefen Töne federnd und hell sein. Bruckner war ja nicht dumm und hat diesen Einsatz beide Male für den Bass solistisch gesetzt, sodass dieser sich nicht anstrengen muss – tut er aber immer. *(s.a. Forcieren; Tonumfang; Zu tief)*
Wenn der Bass hier nicht freundlich bleibt und die Zungenspitze an die unteren Schneidezähne setzt *(s.a. Abstützen; Koronal; Zungenspitze)*, werden die Laienchorbässe spätestens im Forte fest. Sie wollen *laut* singen, drücken nach unten und du verlierst mit den abstürzenden „Deos" davor in fünf Takten einen Ganzton. –
Und dann kommt dieselbe Stelle ja nochmal...

Dies als ein Beispiel von vielen: Du kannst deinen Sängern das Ganze technisch erklären oder sie spüren lassen. Am Ende ist die Kombination der Trick:
Erkläre was sie gerade machen **und** fühlen („Ihr seid fest, schaut griesgrämig und wollt laut singen.").
Dann erklärst du, was sie machen sollen und führst den Beweis.
Deine Sänger müssen zuerst auf die *heiße Herdplatte* fassen, um deine technischen Hinweise langfristig umsetzen zu können – sie werden sie sonst schlicht **vergessen**.

Wenn du dich nicht ganz doof anstellst wirst du den Beweis immer führen können, da deine Sänger besser singen wollen. Sie müssen nur vorher physisch und psychisch **spüren**, was sie falsch gemacht haben, um es zu können.
Wenn du ihnen dann Anweisungen gibst, wird sich ihre Spannung und der Fokus vergrößern – allein dadurch wird die Stelle besser klappen – hab also keine Angst vorauszusagen, dass es besser klingen wird, wenn die Sänger deine Techniken anwenden.
Willst du nachhaltig sein, wäre es natürlich gut, wenn du die richtigen Technikanweisungen erwischt... •

Bewerbungsfoto

Wenn du dich auf eine Stelle bewirbst, bzw. ein Chor seine vakante Chorleiterstelle öffentlich ausgeschrieben hat, solltest du deiner Bewerbung ein Foto von dir beifügen.
Dieses Foto sollte professionell gemacht sein. Bedenke aber **bei wem** du dich bewirbst! Frage dich, ob deine Bewerbung professionell, aber nicht einschüchternd wirkt.
Bist du jemand, den Laien (...und die sitzen im Vorstand von einem Chor) als sympathisch in den „laden wir ein"-Stapel legen würden? Du musst Vertrauen erwecken.
Ein Augenwischerfoto geht meistens nach hinten los: Vielleicht bist du stolzer Besitzer von Fotos, die dich im Frack mit Taktstock zeigen. Solch ein Foto finde ich persönlich im Zusammenhang mit Laien immer lächerlich, aber so wollen manche Kollegen ihren Status und die eigene Professionalität präsentieren.
Wenn du dich nun auf die Stelle eines lokalen Kirchenchores bewirbst, ist dieses Foto unpassend, da du sofort überqualifiziert wirkst. Hier würde ich ein freundliches klassisches Bewerbungsfoto mitschicken.
Aber egal welche Stelle dein Ziel ist: Wenn du eine Website hast würde ich **immer** nur solch ein *normales* Foto mitschicken und dann auf deine Website verweisen auf der weitere aussagekräftige Fotos sind.
Dass du kein zu privates Foto – also einen Schnappschuss – schicken solltest, muss hoffentlich nicht erwähnt werden (ich tu es trotzdem...man weiß ja nie...).
Nutze auch kein Passfoto. Da darf man heute nur noch wie ein Verbrecher dreinschauen. Außerdem wirkt das billig. Und scanne kein Foto von dir – das sieht immer schlecht aus.
In unserer modernen Zeit kannst du relativ schnell ein Bewerbungsfoto mit einheitlichem Hintergrund, ordentlichem Oberteil und freundlichem Gesicht mit dem Handy oder einer Digitalkamera selbst herstellen.
Wenn du eine Papierbewerbung schicken sollst, kannst du das Foto in einem Drogeriemarkt ausdrucken.
Bei digitaler Bewerbung fügst du das Foto in deinen Lebenslauf (Word) oben rechts, oder in das Deckblatt, ein und wandelst das Ganze in eine PDF um. • (s.a. *Fotos: Chorleiter*)

Bewerbungsgespräch: Checkliste

Die Punkte im Folgenden gehe ich beim persönlichen Erstgespräch mit einem Vorstand/Beirat/Pastor/etc. durch. Sie decken alle Informationen ab, die ich über den Chor brauche, um seine Organisationsstruktur zu verstehen.
Für deinen Gegenüber zeugt die Liste von deinem Interesse, deine Professionalität und Vorbereitung auf das Gespräch. Sie hinterlässt den Eindruck, dass du dir den Chor aussuchen kannst, denn die Vorstände/Verantwortlichen, die solche Vorstellungsgespräche durchführen sind meist so von ihrem Chor überzeugt, dass sie meinen, sie könnten sich den Chorleiter aussuchen, und sind dann (häufig positiv) überrascht, wenn du so genaue Informationen haben willst, dass sie zum Teil in Erklärungsnot geraten.

Die Liste zeigt, dass du strukturiert arbeitest und gibt dir nach dem Gespräch die Möglichkeit zu reflektieren.

Es macht allerdings wenig Sinn alle Punkte chronologisch durchgehen zu wollen, da sich bestimmte Fragen im normalen Gespräch klären. Wenn eine Frage geklärt ist, schreibe ich mir die Antwort (auch demonstrativ) auf.

Die folgende Checkliste musst du an deine Situation anpassen. Im Idealfall kennst du schon vor dem Bewerbungsgespräch die Antworten auf die meisten Fragen. Stelle sie dann trotzdem und komme durch dein Vorwissen ins Gespräch.

Die Reihenfolge ist also eine Anregung. Lerne die Punkte am besten auswendig. Sie sollten, wie gesagt, eh im Bewerbungsgespräch angesprochen werden.

Beachte, dass das Finanzielle **immer** an den Schluss gehört.

1. Wie viele Sänger (Stimmverteilung)
2. Repertoire (Werke mit Instrumentalisten, große Werke, themenbezogene Konzerte, Besetzung)
2.1 Wie wird über das Programm entschieden?
2.2 Wie werden Noten beschafft?
2.3 Chormappe für mich mit allen in den letzten 5 Jahren gesungenen Liedern?
3. Wie viele Auftritte (im Jahr) und was gewünscht – bisher (Anlässe)?
4. Gemütliche Abende/Chorfahrten/Aktionen für das soziale Zusammensein?
5. Standard bei Geburtstagen? (Lieder)
6. Probleme/Positives mit Vorgänger? – Auf was muss ich mich einstellen?
7. „Duzen" oder „Siezen"?
8. Klavier im Probenraum?
9. Schlüssel zu Probenraum/Kirche (eventuell Klavier?)
10. Regeln für die Nutzung des Probenraumes (Bestuhlung etc.)
11. Wenn Probe in Kirche: Heizung
(wann muss diese angemacht werden, damit sie einen Effekt hat?/Licht?)
12. Organisatorisches im Chor – wer hat welche Aufgaben – wurden Vertreter gewählt (Chorsprecher, Schatzmeister, Notenwart, Presse, etc.)
13. Qualität
13.1 Vorsingen?
13.2 Stimmbildung? – Wer, wie (Ablauf), bisher?
13.3 Solisten im Chor?
14. Probenzeiten (Ferien?)

15. Schon feste Termine im Jahr 20…, bzw. wann werden diese festgelegt und von wem, bzw. welche Termine sind Tradition?
15.1 Jahresplanung notwendig – besser Zweijahresplanung
16. Was sind die Ziele des Chores? Gibt es ein Leitbild?
17. Datenschutzverordnung?
18. Zusammenarbeit mit Posaunenchor/Organist/anderes Ensemble? (in Vergangenheit + Wunsch in Zukunft – gemeinsame Stücke)
19. Was sind die Stärken – worin ist der Chor besonders gut?
20. Was sind die Schwächen – woran sollen wir in den nächsten Jahren besonders arbeiten, ohne das bisher Erreichte zu vernachlässigen?
21. Was will der Chor von einem Dirigenten
21.1 Was sind die konkreten Aufgaben
22. Zahlen die Chorsänger einen Chorbeitrag und wenn, wie viel? Wer finanziert die Stelle grundsätzlich? •

Bewerbungsgespräch: Konfession

Seit 2018 ist es nicht mehr rechtskonform von einem Angestellten eine Konfessionszugehörigkeit zu fordern oder deshalb ausgeschlossen zu werden (die Kirche…).
So könntest du als Moslem darauf klagen einen evangelischen Kirchenchor leiten zu dürfen – wenn deine Konfession der einzige ausschließende Grund sein sollte.
Das einzuklagen wird schwer und das Beispiel ist vielleicht extrem, aber die Problematik durchaus vorhanden (Konflikt evangelisch – katholisch…).
Nur wenn du der einzige Kandidat bist und die Verantwortlichen den Chor lieber auflösen, als dir den Job zu geben, hast du eine Chance. Ansonsten wird heute wahrscheinlich keiner mehr so ungeschickt sein und dich wegen deiner Konfession **offen** ablehnen (obwohl ich da gerade wieder was in der Zeitung gelesen habe…). •

Bewerbungsgespräch: unerfahren

Bist du noch unerfahren, bilde dich durch Kurse weiter, weise auf deine Ausbildung hin, zeige deine soziale Kompetenz und erzähle ruhig von anderen Chören, die du erfolgreich (auch projektweise) geleitet und was du mit ihnen gemacht hast.
Schließlich musst du dem Chor/Vorstand vermitteln, warum **du** gut für **ihn** wärest – um das zu tun, musst du es aber erst einmal selbst wissen. Das kannst du nur, wenn du dich selbst und deine Fähigkeiten reflektiert hast. Du sollst in der Bewerbung nicht lügen, aber

im Gespräch durchaus deine Vorteile hervorheben, bzw. deine Unerfahrenheit durch das Aufzählen anderer Faktoren (und sei es nur deine jugendliche Frische) ausgleichen.
So lange du fachliche Kompetenz vorweisen kannst, kannst du mit Engagement viel an nicht vorzeigbarer Erfahrung wett machen.
Du wirst allerdings mit Sicherheit im Preis gedrückt. Vereinbare in diesem Fall im Vertrag, dass nach drei Jahren das Gehalt neu zu verhandeln ist. •

Bewerbungsgespräch: Zukunft

Auch wenn du den Chor, für dessen Leitung du dich bewirbst, nicht konkret kennst, kannst du durch Hintergrundwissen vorab einschätzen, was der Chor programmatisch draufhat. Denke also darüber nach, was du in Zukunft mit dem Chor machen würdest und lasse dies im Bewerbungsgespräch einfließen ohne zu sehr in Details zu gehen.
Sei vorsichtig mit Dingen, die du anders machen würdest und spüre den Raum, ob Änderungen gewünscht sind. Selbst wenn von Chorseite Wünsche geäußert werden, bleib wage, ohne beliebig zu wirken: Du sollst erzählen, was du gerne mit dem Chor machen würdest (im realistischen Rahmen), aber musst unbedingt einschränken, dass du ja ein Dienstleister bist und den Chor erst kennenlernen willst, um mit ihm gemeinsam seinen Weg zu beschreiten. *(s.a. Bus; Versuchsjahr)*
Wenn du glaubhaft versichern kannst, dass du dich auf den Chor einstellen wirst, hast du gewonnen. Die Beliebigkeit verlierst, und Profil gewinnst du, indem du deine **Arbeitsweise** erklärst: Wie sind deine Proben aufgebaut? Programmplanung *(s.a.)*. Probenplan *(s.a.)*. Instrumentalbegleitung. Klavier *(s.a.)*? Etc.
Alles was mit **dir** zu tun hat, bietet keine emotionalen Reibepunkte.
Wenn du dem Chor aber seine neue Zukunft mit dir **konkret** vorstellst, kann das emotionale Abwehrreaktionen hervorrufen.
Grundregel: Sagst du die Zukunft voraus, erkläre dich und deine allgemeine Arbeitsweise. Die Zukunft des Chores unterliegt deinem Dienstleistungsgedanken, den du durch deine Fähigkeiten und Freude an dem Beruf erfüllen kannst.
Was **konkret** möglich ist, wird sich herausstellen. •

Bewerbungsschreiben

Wird eine Chorleiterstelle ausgeschrieben (z.B. auf der Website eines Chorverbandes oder Kirchenkreises) gibt es häufig die Telefonnummer eines Ansprechpartners. Ruf an. Schreibe erst, wenn dies gewünscht wird. Sei interessiert.
Das Bewerbungsschreiben besteht aus einem Anschreiben, einem tabellarischen Lebenslauf mit Foto (evtl. auf einem Deckblatt) und (nur wenn gewünscht) einer Mappe mit Zeugnissen (Kopien!).
Letzteres ist aber eigentlich weniger interessant. Ich musste noch nie so etwas vorzeigen. Der Grund ist einfach: Im Laienchor zählt neben der fachlichen Kompetenz mindestens

so sehr die Erfahrung. Schreibe also lieber auf seit wann und wie viele Chöre welcher Art du leitest.
Gehaltswünsche solltest du niemals angeben.
Bedenke: Die Vorstände machen das ehrenamtlich. Das ist also erst der zweite Schritt. Ich habe mal einen Chor bekommen (ohne überhaupt vordirigieren zu müssen), weil mein Konkurrent im ersten Gespräch gleich fragte, wie viel er denn an Gehalt bekommen würde. Anfängerfehler…

Es dürfte klar sein, dass dir ein aus 12 älteren Sängerinnen und Sängern bestehender Dorfchor kein Monatsgehalt von 300€ zahlen kann. Da kannst du dich über 100€ freuen. In der Bewerbung musst du deinen Lebenslauf so frisieren (nicht lügen!), dass du nicht abschreckend wirkst. *(s.a. Bewerbungsfoto)*
Deine angegebenen (herausgehobenen) Fähigkeiten müssen zur Stelle passen.
Wenn du dich für den lokalen Kirchenchor bewirbst und deine Stationen mit den großen Chören und Welttourneen hervorhebst, kann es sein, dass du als überqualifiziert schon von vorneherein ausgemustert wirst, weil die Verantwortlichen Angst haben, dass du entweder zu Großes mit ihnen vorhast, oder eh gleich bei nächster Gelegenheit gehen wirst. Hier solltest du so etwas in ein/zwei Sätzen abgehandelt haben und lieber deine pädagogischen Fähigkeiten (Stimmbildungslehrer, in Kirche verwurzelt, im Studium die Freude entdeckt mit Laien zu arbeiten, etc.) hervorheben.
Hast du nun nicht die großen Welttourneen gemacht, sondern gerade deine D-Prüfung und bist eigentlich Busfahrer gilt dasselbe: Laienchöre wollen einen **Pädagogen**.
Hebe das hervor, ohne dabei deinen musikalischen Hintergrund klein zu reden (kein: „Ich habe ja erst…, aber strenge mich ganz dolle an. Versprochen!"). Im Busfahrerfalle liebst du z.B. die Arbeit mit Menschen und hast Organisationsgeschick.
Du wirst dich also mit dem Chor beschäftigen müssen, bevor du etwas schreibst.
Große Chöre wollen gerne den *großen* Dirigenten. Hier muss du aber auch herausfinden, ob der *Pädagoge* oder der *Forderer* gesucht wird.
Ich habe mich mal auf eine Stelle beworben. Großer Chor. Tolle Kritiken. Große Werke. Ich werde zum Vordirigieren eingeladen. Denke, dass die Sänger einen Chorleiter suchen, der sie fordert. Arbeite in der Probe sehr fein und bekomme auch ein gutes Ergebnis. Werde nicht genommen. Warum? Die Sänger waren alle ganz gute Sänger, wollten aber einfach nur zum Singen kommen und vom Dirigenten nicht weiter ‚gestört' werden.
Ich hatte mich nicht informiert… •

Bewusstes Begleiten
Wenn du willst, dass eine Begleitstimme bewusst die Melodie begleitet, musst du sie die Melodie zuerst einmal singen lassen.
Ein Sänger hört während er singt nur das bewusst, was er selbst einmal gesungen und nicht nur abstrakt übers Hören wahrgenommen hat.
So ist es immer ratsam, **alle** Stimmen die **Melodie** eines Liedes üben zu lassen, da sie dann einen anderen Zugang zu ihrer eigenen Stimme und deren Aufgabe bekommen. •
(s.a. Alle Eins; Fokusshift; Untätige Stimme: Die Todsünde)

Beziehungsglück = fehlende Objektivität

Ein guter Dirigent muss sich seine Objektivität bewahren, um den Abstand zu haben, analysieren zu können, was er vermitteln will. D.h. er muss Privates und Berufliches (hier also der Chor, ob nun haupt- oder nebenberuflich) trennen.

Stell dir einen guten Bekannten vor, mit dem du auch Essen gehst und der im Chor singt. Vielleicht hast du ihn auch erst im Chor kennengelernt. Wenn er seine Stimme nicht mehr halten kann, musst du ihm sagen, dass er aus dem Chor austreten soll. Das wird dir schwerfallen. Das ist aber dein Job. Du hast hier keine Verantwortung für dein *Privatleben*, sondern ausschließlich für den *Chor*. Natürlich lässt es sich nicht vermeiden, dass du auch mal gute Bekannte in deinem Chor haben wirst. Aber du musst vermeiden, einen dir vorher unbekannten Sänger so nah an dich heranzulassen.

Es geht noch schlimmer: Ein Sänger, der für dich *nur* ein Sänger ist, wird dich schwerlich verletzen können wenn er mal einen schlechten Tag hat und dich annölt oder eventuell sogar beleidigt.

Ein Sänger, zu dem du ein *Vertrauensverhältnis* im Privatleben hast, wird in der Probe in die Rolle des Sängers hineingedrängt, weil du als Chorleiter die Rolle des *Befehlshabers* hast. D.h. auch er wird an einem schlechten Tag nicht dich persönlich, aber dich in deiner Rolle angreifen. Ohne Abstand und Rationalisierung wirst du dann verletzt sein.

Für mich sind aber die schlimmsten die, die durch ein (eventuell auch nur vermeintliches) persönliches Verhältnis zum Dirigenten meinen, in der Probe joviale Kommentare abgeben zu können, die im Privatleben (wo du und er auf einer Hierarchieebene stehen) so gewollt, in der Probe aber vollkommen unpassend sind. – Wenn du dann auch noch verbal zurückschlägst, kann das die Freundschaft ganz schnell beenden.

Wenn Verwandte oder Freunde in einem meiner Chöre singen wollen, erkläre ich ihnen vorher genau, was sie erwartet und wie das Verhältnis sein muss.

Gerade ihnen musst du die Spielregeln sehr deutlich machen: Das Wohl des Chores steht über deinem Privatleben. Deine Aufgabe ist das Bewerten der Stimmen. Das ist niemals etwas Persönliches.

Es ist ein *Eltern-Kind-Verhältnis*: Du bist nicht der beste Freund deiner Kinder, sondern hast die Verantwortung für ihr Leben und in welche Richtung es sich entwickelt.

D.h. du kannst ein freundschaftliches Verhältnis haben, aber wirst auf lange Sicht für die Handlungen und Fähigkeiten deiner *Kinder* – also Sänger – zur Rechenschaft gezogen.

Bedenke: meistens wirst du von **ihnen selbst** zur Rechenschaft gezogen!

Im Positiven: „Toller Chorklang, gutes Gefühl in den Proben und Auftritt, ich fühle mich angeleitet und kann vertrauen."

Im Negativen: „Du lässt den faulen Apfel im Chor drin, weil du weiterhin schöne Grillabende mit ihm feiern willst/weil du dich nicht traust Konsequenzen zu ziehen/ weil du dein eigenes Glück oder das Glück des Einzelnen über das des Chores stellst."

Der Chor wird dir niemals verzeihen, wenn du dein persönliches (Beziehungs-)Glück über das des Chores stellst und seine Gesamtqualität darunter leidet.

Dazu zählt auch mein schon 100x gehörtes ‚Lieblingsargument': „Ich will ihn doch nicht verletzen…" – dass alle anderen dann leiden müssen tut dir vielleicht zuerst weniger weh – später aber… •

Bildliche Handlungsanweisung

Sänger merken sich Ansagen besser, wenn sie Bilder enthalten und damit für den Sänger konkret vorstellbar sind. Willst du, dass etwas auf eine bestimmte Art gesungen wird, kann es deshalb sehr hilfreich sein, blumige Worte zu finden.
Ein leiser, konzentrierter Klang: Den Ton wie Schokolade auf der Zunge zergehen lassen.
Ein Ton muss höher = Ton muss *hell* sein.
Lauter = *kräftiger* (da du auch mehr Energie brauchst)
Grundregel: Willst du (z.B. wie ein Politiker) möglichst keine konkrete Aussage machen, rede abstrakt und verwoben, mit Nebensätzen usw. Dann wirst du inhaltlich kaum wahrgenommen und nur deine Persönlichkeit zählt.
Willst du aber verstanden werden, transportiere deine Information in einfachen Worten klipp und klar. Nutze dabei Bilder, um der Handlungsanweisung eine emotionale Seite zu geben. • *(s.a. Abstraktes in Konkretes)*

Bildliche Hilfen zum Harmonieverständnis

Terz

Die Terz ist das Herz des Akkordes, sie macht den Akkord zu Dur oder moll – ohne Terz klingt ein Akkord leer und ‚leblos', was in sich auch eine Aussage ist und vom Komponisten bewusst eingesetzt werden kann.
Keiner muss den abstrakten Begriff *Terz* verstehen. Sie ist leicht zu veranschaulichen: Am Klavier eine Oktave spielen, die Quinte hinzufügen, dies als einen blutleeren/herzlosen oder auch charakterlosen Klang bezeichnen, dann eine Dur-Terz hinzufügen: der Klang wird lebendig – dann Wechsel zwischen Dur- und moll-Terz – sie formt den Charakter. Wenn man schon dabei ist, auch noch einen *Quartvorhalt* zeigen – also von der Dissonanz zur Konsonanz – bildlich: dem Akkord/Klang wird Leben eingehaucht.

Septime

Die (kleine) Septime ist die Königsmacherin, da sie in einer Kadenz oder einfachen Akkordfolge zu der Terz („Herz") des (neuen) Grundakkordes strebt. – In einem rein klingenden Akkord wird die kleine Septime auch fast nicht mehr als dissonant wahrgenommen, weil sie sehr tief und fast schon die *neue* Terz ist – die Septime hat ungeheure Macht. *(s.a. Cent)*
Dies kannst du einfach anhand der Akkordfolge G^7 – C hörbar machen.

Tritonus

Der Tritonus ist meistens ein Vorhalt zu einem stabilen Ton (im Akkord) und das Intervall zwischen Dur-Terz und Septime im Dominantseptakkord.
Er ist der *Diabolus in Musica* – der Teufel in der Musik – gewesen. Je nach Zeitraum, weil er einfach ein verqueres Intervall ist, oder weil er bei bestimmten Klavierstimmungen im Dominantzusammenhang komisch klang, oder weil er dann wiederum die Septime zu dem machte, was sie war. Gründe gibt's genug. Er wird heute nur noch als ungewohnt wahrgenommen, wenn er als Intervall gesungen werden muss:

Beispiel: T30f (Tenor) aus „Der Käfer und die Blume" von Wenzel H. Veit (1806 - 1864)
(Mit dem Stück habe ich schon mit einem Chor Nonnen vor Freude juchzen lassen – es ist etwas anzüglich…)

[Notenbeispiel: Original – "Din - ge, viel ar - ti - ge - re…"]

[Notenbeispiel: erst auf la, dann auf Text in einem Atem, Vorhalt spüren – "Din - ge, viel ar"]

Tritoni übst du im Laienchor, indem du, je nachdem, ob sich der Tritonus rauf oder runter auflöst, zuerst das stabile Intervall dazwischen singen lässt, um den Sängern das Gefühl für den Zielton zu geben. Dann nimmst du ihnen das stabile Intervall weg, sodass sie den Tritonus/Zielton als *Leit- oder Gleitton* (s.a.) wahrnehmen können.
(s.a. *Veranschaulichen durch Vereinfachen*)

<u>Vorzeichen</u> (s.a.)
Die folgenden Eselsbrücken sind zwar etwas eselig, aber mir ist in all den Jahren nichts Besseres untergekommen.
Da Jesus am Kreuz gestorben ist kommen wir in den Himmel: **#** = Ton wird erhöht
Belzebub = Hölle/Teufel: **b** = Ton wird erniedrigt
Das Auflösungszeichen sieht aus wie ein Radiergummi: der Ton wird wieder ‚sauber'. •

Bindungsangst
Menschen wollen sich nicht an einen Chor binden – so der allgemeine Gedanke…
Meiner Meinung nach liegt das Chorsterben aber eher an der Inkompetenz der Leiter ihren Haufen zusammenzuhalten.
Ich glaube nicht, dass Menschen sich nicht binden wollen – ich glaube, dass sie heute zu viel Auswahl haben und Angst haben, sich nicht an das *Richtige und Perfekte* zu binden.
Am Ende muss ein Chor für den Sänger also sinnbehaftet sein.
Wenn du Menschen erklären kannst, was ihnen dieser Chor **persönlich** bringt, kommen sie auch. (s.a. *Leitbild; Selbstbewusstsein des Chores*)
Eine gute Möglichkeit, die wenigen, die sich tatsächlich nicht binden wollen einzufangen, ist in deinem bestehenden Chor einmal im Jahr einen Projektchor anzubieten. Dazu wird 6 Monate vorher eingeladen und klar gemacht, dass es nur ein zeitlich beschränktes Projekt ist. Ein Projektchor ist eine gute Möglichkeit für sich zu werben, da man durch das *Spezielle* in die Presse und den Gemeindebrief kommt. (s.a. *Projektchor*)
Am Ende steht und fällt aber alles mit der Qualität deiner Arbeit und der Außenwahrnehmung des Chores.

Wogegen du wenig machen kannst, sind unbeeinflussbare Kriterien:
- Der Musikgeschmack wandelt sich, die Sänger wollen interessante Programme, die aber auch das Herz berühren, d.h. nicht nur beinharte ‚Alte' oder ‚Neue Musik', sondern auch mal das klischeehafte Weihnachtsoratorium.
Auch das kannst du durch Projekte befriedigen. *(s.a. Robert Irvine)*
- Sänger wollen keine Vereinsmeierei mehr. – Die Organisationsstruktur muss bestehen, aber ein guter Verein ist der, den man einmal im Jahr in der Vollversammlung wahrnimmt, der aber sonst im Hintergrund die Fäden zieht und bei Problemen immer ansprechbar ist.
- Wir haben mit Aufkommen des iPhones (ab 2007) eine **verlorene Generation**. Bis dahin waren Menschen ab 60 bereit in einen Chor einzutreten (Kirchenchor), im Augenblick sind sie dafür aber nicht *alt* genug – sie kommen nun mit 70.
(s.a. Lost Generation)
- Jüngere Sänger gehen häufig nur noch eine Zweckgemeinschaft ein, d.h. sie kommen zum Chor, um zu singen – nicht um danach und vorher noch ein Bier trinken zu gehen. – Zumindest darf es keinen Sozialdruck dazu geben.
- Sänger wollen immer weniger etwas mit der Kirche zu tun haben und die Kirche immer weniger mit qualitativer Chormusik. So stirbt der klassische Kirchenchor. – Sorry, aber das ist die Schuld der Kirche – nicht der Chöre.

Wenn verstanden würde, dass gute Chorleitung Ausbildung und dann ein vernünftiges Gehalt voraussetzt, würden mehr gute Chorleiter kleinere/dörflich gelegene Chöre leiten wollen und damit auch dem Chorsterben entgegenwirken.

Das Argument der Überalterung und der rückläufigen Mitgliederzahlen ist scheinheilig. Ich stehe dazu: Qualität gepaart mit Engagement und Fortbildung wird jeden Chor am Leben erhalten. *(s.a. Wahlspruch)*

Binnendynamik

Innerhalb einer Dynamikanweisung (z.B. *forte*) gibt es Töne, die betont und unbetont sind; Linien, die sich steigern oder entspannen oder einfach: lebendige Musik.
Dies nennt man *Binnendynamik*.
Es ist also Dynamik, die in den Grenzen der Grunddynamikvorgabe geschieht.
Sie macht Musik erst lebendig und unterscheidet uns von Robotern.
Das Schöne ist, dass du Binnendynamik normalerweise eh machst und da zum Glück nicht mal viel darüber nachdenken musst.
Es ist ganz einfach: Geht der Ton rauf, wird die Musik lauter – geht er runter, wird sie leiser. Nicht extrem – aber so, dass eine musikalische Linie flexibel wirkt.
Dies hat wohlgemerkt nichts mit der Phrasierung zu tun. Eine Phrase ist die große Schwester der Binnendynamik.
In einer Phrase kann und soll ganz viel Dynamik geschehen. Wo eine Phrase einen Höhepunkt und folgende Entspannung hat, findet **zusätzlich** innerhalb dieser beiden musikalischen Elemente der Phrase Binnendynamik statt.

Beispiel: T1ff aus dem Kanon „Cantate Domino" von Dietrich Buxtehude (1637 - 1707)

Die Binnendynamik macht Musik *menschlich* (um bei dem „Nicht-Roboter"-Bild zu bleiben). Denn allein schon die Tonhöhe sorgt dafür, dass eine Stimmlage im Verlauf einer Linie im Chor lauter oder leiser wird.
So ist ein Alt beim Ton *c1* voll und rund – die Sopranistin dagegen fahl und flach.
Beide singen vom Kraftaufwand ein Forte – es kommt halt nur nicht bei beiden in derselben psychoakustischen und auch tatsächlichen Lautstärke heraus.
Ein guter Komponist wird diese Problematik erkennen und zu vermeiden versuchen. Wenn es nicht geht, wird er in diesen Fällen den Chor als akustisches Sozialsystem zu gebrauchen wissen. *(s.a. Extremlagenwechsel; Registerwechsel vermeiden; Zu tief)*
Grundregel: Binnendynamik ist ein wichtiges *menschliches* Element im Gesang. Denn im Gegensatz zu den meisten Instrumenten ist der Stimmumfang, der gut klingt, beim Menschen recht klein. Somit kommt man relativ schnell in Grenzregionen, die die Unvollkommenheit von uns Menschen zeigen und einen Chor zu einem Klang-Sozialsystem machen. So speziell ist kaum ein anderes ‚Soloinstrument' und das macht den Gesang einmalig. • *(s.a. Tonumfang)*

Blätterhilfe

Musst du im Konzert weit zurück- oder vorblättern, klebe dir ein Post-it (Klebezettel) so in die Noten, dass es an der Seite rausschaut (z.B. bei Wiederholungen über mehrere Seiten, oder schlicht um das Stück, das du als Zugabe *(s.a.)* nochmal singen lassen willst, zu markieren).
Musst du nur 1-2 Blätter zurückblättern, lege die Blätter etwas versetzt, sodass nur diese über den Notenständerrand hinausschauen und du sie einfach greifen kannst.
Dies musst du natürlich während des Dirigierens im Auftritt, also Umblätterns, machen und kannst es nicht vorbereiten – nur dran denken. •

Bleib ruhig!

Kein Mensch auf der Welt möchte in einem emotionalen Moment hören: „Bleib ruhig." Darauf konstruktiv reagieren zu können, würde einen rationalen Verstand erfordern, der dann wiederum nicht in einem emotionalen Status wäre.
Die einfachste Methode jemanden zu beruhigen ist: „Ich verstehe dich. Ich weiß warum du dich aufregst. Du hast allen Grund dazu. Wir wollen das Problem lösen. Dafür müssen wir aber reden/irgendwohin gehen/etwas machen/etc."

Die Person fühlt sich verstanden und nicht mehr **allein**. Sie wurde in 99% der Fälle laut und emotional, weil sie das Gefühl hatte, dass ihr keiner zuhört. Nun hat sie das Gefühl, dass sie jemand verstanden und ihr einen ersten Ausweg aus der Emotion angeboten hat. Versuche nicht dein eventuell nur vorgetäuschtes Verständnis zu verifizieren („Du hast allen Grund dazu, **weil**..."). Für die Person ist in diesem speziellen Moment das Gefühl *verstanden zu werden/ nicht allein zu sein* wichtig – noch nicht die Begründung.
Merke: Nur Verrückte **wollen** öffentlich emotional sein. Alle anderen lassen sich, sobald sie gehört wurden, relativ schnell beruhigen. •

Bleistiftbox
Habe eine Box mit Bleistiften bei dir (für den Notfall).
Ich habe gehört, in einem Möbelhaus gibt es die recht günstig...
Manche Chöre haben sogar eine Dose mit Stiften, aus der sich jeder vor der Probe einen Stift nimmt und ihn nach der Probe wieder zurücklegt. Meiner Meinung nach ‚pampert' das zu sehr, sorgt aber auch konsequent dafür, dass jeder einen Stift parat hat...
Bedenke: Wenn du einmal etwas angefangen hast, musst du es durchhalten. Kaum ein Sänger wird solche Bequemlichkeitsmaßnahmen kampflos wieder hergeben. •

Blut
Erwachsene haben ca. 5–7 Liter Blut im Körper, was ca. 8% des Körpergewichts ausmacht. Reiht man alle Blutgefäße aneinander, ergibt das 96.000 Kilometer oder den 2,5-fachen Erdumfang. Das Blut fließt ungefähr 2000x pro Tag durch den Körper – das sind rund 10.000 Liter Blut, die täglich durch das Herz gepumpt werden.
Es braucht im Ruhezustand 1 Minute, um einmal durch den ganzen Körper zu fließen – bei körperlicher Anstrengung nur 20 Sekunden. *[Quelle: Rotes Kreuz]*
Konsequenz: Wenn dein Chor müde ist, reicht es also mit ihm bei offenem Fenster eine Minute lang Atemübungen zu machen, um deine Sänger wieder gut mit Sauerstoff zu versorgen. • *(s.a. Luftaustausch)*

Botanisches Gemetzel mit geschriener Begründung
Die Motivation des Komponisten, aber auch die des Textdichters – also der Grund warum er es so geschrieben hat, wie er es geschrieben hat – zu verstehen, wird deine Sänger motivieren besser zu singen. Das Stück bekommt neben dem reinen Textinhalt eine weitere menschliche Ebene.
So ist z.B. ein Stück wie „Es ist ein Schnitter, heißt der Tod" merkwürdig, da es in dutzenden Strophen eigentlich nur um die Vernichtung von *Botanik* geht. Wenn die Sänger aber verstehen, dass die Textdichter (viele verschiedene) ihre Machtlosigkeit

gegenüber der herrschenden Klasse im 30-jährigen Krieg ausdrücken wollten und zu dem Schluss kommen, dass 1. der Tod eine Erlösung ist und 2. alle vor dem Tod gleich sind, singt dein Chor dieses Stück ganz anders.
Das Lied wurde von einem meiner Chöre nach dieser historischen Einordnung fast geschrien – unbewusst. Das war ein sehr eindrückliches Erlebnis.
Es kommt darauf an, wie du die Motivation der Autoren vermittelst.
Ich tue dies immer nur sehr knapp zu Beginn und dann ausführlicher, wenn die Töne gekonnt sind – wenn es also an den Ausdruck geht.
So sorgt der Text/Inhalt/lyrisches Ich für die rationale Situationsbeschreibung und die Musik wird emotionalisiert. Der Sänger spiegelt dies durch seine Ausstrahlung, die Körperhaltung und die Schärfe/Weichheit seines Singens.
Das kannst und musst du steuern. • *(s.a. Strophenliedern gerecht werden)*

BpM

Das Tempo der meisten Top 10 platzierten Songs liegt zwischen 120 und 130 *Beats per Minute* (BpM), was der doppeltem Ruhepulsfrequenz entspricht. •
(s.a. Perfectes Tempo; Tempoangaben)

Brief

Bist du verletzt, sauer, traurig oder in sonst einer Form einer Person gegenüber nicht wohl gesonnen? Eine direkte Konfrontation würde dir mehr schaden als sie dir Erleichterung verschaffen würde?
Schreibe ihr einen Brief (handschriftlich!) aber schicke ihn nie ab. Formuliere deine Gedanken und Gefühle.
Während du dies tust wird sich das Problem nicht lösen, aber dir wird klarer, ob du eine Konfrontation doch nötig hast. Durch die Verschriftlichung kannst du Kleinigkeiten als Kleinigkeiten identifizieren und ‚echte' Probleme rational verbalisieren.
Dies wird dir als Vorbereitung für eine sachliche und lösungsorientierte Konfrontation dienen. • *(s.a. 3-Sekunden-Regel; Jon Postel)*

Brummbass vs. Schlankbass

Einen tiefen Brummbass erzeugst du durch eine tiefe Kehle (Gähngefühl).
Einen schlanken Bass (den wir eigentlich immer wollen!) erreichen wir durch ein gespannteres Gaumensegel (Vokal „i") und einen mittig sitzenden Kehlkopf *(s.a.)*.
Übungssatz: „Das würde ich n**ie**mals tun".
Lächeln und die Zungenspitze an die unteren Schneidezähne versteht sich für dich (glaube ich) auch schon im Buchstaben **B** dieses Buches von selbst.
Aber keine Sorge: Du wirst es noch einige Male lesen! •

Bühnengrößenberechnung

Bei Konzertanfragen musst du immer die Bühnengröße erfragen.

Du musst also die Breite und Tiefe deines Chores kennen, die dann von einer Bühne unter normalen Bedingungen mindestens erfüllt werden sollte.

Denke auch an den Platz für dich **vor** dem Chor – du solltest ca. eine halbe Chorbreite Abstand zum Chor haben können und hinter dir noch **mindestens** einen Meter bis zum Bühnenrand. Wenn es tief runter geht, sorge bitte für ein Geländer. *(s.a. Entfernung)*

Auch nur **eine** Treppenstufe (z.B. zum Altarraum) in deinem Rücken kann schlimme Folgen haben, wenn du im Eifer des Gefechtes einen Schritt nach hinten gehst und fällst.

Wenn du pro Sänger ca. 70cm Breite (3 Personen auf einem 2 Meter langen Podest) und 1 Meter Tiefe berechnest, hast du einen guten Raum geschaffen, in dem sich jeder Sänger wohlfühlt.

Weniger als 60cm Breite und 80cm Tiefe dürfen es nicht sein, da die Sänger sich sonst beengt fühlen und nicht mehr bequem ihre Noten öffnen können, wenn ein Sänger vor ihnen steht.

In Corona-Zeiten habe ich für den Chor ein Schachbrettmuster entwickelt, in dem der Abstand zum Vordersänger 2,2 Meter und in der Diagonalen 1,5 Meter bestand. • *(s.a. Choraufstellung)*

Bulldozer

Wenn etwas partout nicht klappen will (Intonation/eine Stelle/überhaupt/etc.), dann wird der Sänger entmutigt und verliert die nötige Spannung solch eine Stelle zu bewältigen.

Es bildet sich ein Teufelskreis: Fehlende Spannung wegen Versagen – Versagen wegen fehlender Spannung = Demotivation.

Die Sänger brauchen Hilfe. Nutze das. Male in ihren Köpfen das Bild: „Ihr Sänger steht im Augenblick vor einer Mauer – lasst mich euer *Bulldozer* sein!".

So was darfst du nur sagen, wenn du überzeugt bist, dass deine Methode die Mauer auch zum Einstürzen bringen wird. Es ist ein machtvolles Instrument um Vertrauen zu bilden: Spiele dich zum Retter auf und sei es dann auch.

Erkläre in jedem Fall deinen Kniff (wenn du einen anwendest). Sänger finden es toll, wenn du **reaktiv kreativ** bist und immer noch einen Trick parat hast.

Wenn du unsicher bist kommst du auch zum Ziel, indem du zeigst, wie besonnen und vielfältig du bist: „Lasst uns ein paar Wege versuchen, mit denen wir diesen Knoten lösen könnten." – und gehe methodisch verschiedene Wege ab.

Natürlich ist dieser zweite Weg der klügere, der erste aber der kraftvollere, wenn du von dem **einen** Lösungsweg überzeugt bist.

Im Idealfall steht dein Chor bei guter Stückauswahl und Probenarbeit nie vor einer Mauer – aber das passiert den Besten unter uns. Die Spreu vom Weizen trennt sich im Umgang mit der Mauer. • *(s.a. Titelkampf)*

Bus

Mein Credo für alle Proben, Auftritte und Konzerte (gleichermaßen nicht nur für Sänger, sondern auch für das Publikum): Nimm deine Kunden von dort mit, wo sie stehen.
Überfordere sie nicht. Fordere nicht nur keine Dinge, die sie nicht können, sondern auch keine, die sie nicht wollen. Aber bewege dich dann mit ihnen vorwärts.
Entwickle den Chor und bringe deinen Sängern etwas bei.
Zeige deinem Publikum interessante Stücke und erkläre sie ihm niveaugerecht.

Mein Bild: Ein Busfahrer einer Besichtigungstour, der 100m hinter der Bushaltestelle anhält und von den wartenden Fahrgästen fordert, dass sie ihm hinterherlaufen sollen, verliert seinen Job.
Ein Busfahrer, der an der Haltestelle zwar die Fahrgäste in den Bus lässt, dann aber nicht weiterfährt, verliert seinen Job.
Ein Busfahrer, der zu schnell anfährt und die Fahrgäste dadurch stürzen lässt, verliert seinen Job.
Ein Busfahrer, der seine Fahrgäste an der Haltestelle aufsammelt und sie dann unter Androhung von Gewalt zum Flughafen fährt, in ein Flugzeug zwingt und mit ihnen in den brasilianischen Dschungel fliegt, verliert seinen Job **(haha)**.
Ein Busfahrer, der seine Fahrgäste an der Haltestelle aufsammelt und dann die vorher vereinbarte Besichtigungstour fährt, behält seinen Job.
Wenn er dann auf dem Weg noch vorschlägt ein wenig weiter zu fahren, weil sein vorgeschlagenes Ziel viel schöner ist, wird er zwar irritiert beäugt, aber bei überzeugender Art seine Fahrgäste weiterfahren dürfen.
Er wird sie aber niemals **zwingen** können. • *(s.a. Versuchsjahr)*

Businessplan auf zwei Beinen

Ein Dirigent ist ein Businessplan auf zwei Beinen.
Er ist hochorganisiert, durchgeplant und zielorientiert.
Er ist verantwortungsbewusst anderen gegenüber, denn wenn es den anderen gut geht, geht es ihm gut. •

C

Call-and-Response

Wenn Stellen einer Stimme Probleme bereiten (schwierige Sprünge/Läufe), lass diese den ganzen Chor am Ende des Einsingens *Call-and-Response* auf Vokalise *(s.a.)* üben.

Du singst ein paar Töne vor – der Chor singt nach. Längere Stellen übe **niemals** von vorne, sondern *retrosequenziell (s.a.)* – also in etwas Bekanntes hinein.

Dies geht auch zwischendurch: Klappt eine Stelle nicht und die Sänger werden fest, übe erst eine andere Stelle.

Danach lässt du die Sänger die Noten weglegen und übst die vorherige Stelle durch Vor- und Nachsingen. Indem der Fokus nun ganz auf dir und nicht auf den Noten liegt, klappt sie meistens im zweiten Anlauf.

Wenn Sänger kurze Abschnitte vorgesungen bekommen und direkt nachsingen sollen, verengt sich ihr Fokus und sie werden **egozentrisch**, was in diesem Fall gut ist, da sie sich nicht ablenken lassen. •

Cantus firmus

Cantus firmus (etwa: „feststehender Gesang", Plural *Cantus firmi*, Abkürzung *c.f.*), auch *cantus prius factus* („vorher gemachter Gesang"), nennt man eine (historisch) festgelegte Melodie, die im Rahmen eines neu komponierten musikalischen Werkes von den anderen Stimmen umspielt wird, ohne selbst besonders weitgehend verändert zu werden.

Der Cantus firmus spielt eine wichtige Rolle im Rahmen des Kontrapunktes, bei dem zur Melodie des Cantus firmus eine neue Stimme hinzukommt.

In der beginnenden Mehrstimmigkeit des Mittelalters war es üblich, dass der Tenor (hier noch auf der ersten Silbe betont, v. lat. *tenere*, „halten") die Linie des Chorals hielt, also den Cantus firmus innehatte, während eine, zwei, später auch drei weitere Stimmen ihn umspielten.

Diese Technik wurde in der Musik der Renaissance um kontrapunktische Künste erweitert, z.B. den Cantus firmus in zwei Stimmen zeit- und lagenversetzt einzubringen. Im Quodlibet *(s.a.)* experimentierte man damit, verschiedene Cantus firmi, z.B. Volkslieder, gegeneinander zu setzen.

Beliebt war auch die Parodiemesse *(s.a. Parodie)*, in der immer wieder eine bekannte Melodie als Cantus firmus auftaucht („parodiert" wird), beispielsweise das weltliche „L'homme armé".

Eine typische Cantus-firmus-Gattung der Renaissance ist auch das deutsche Tenorlied, ein vierstimmiger A-cappella-Chorsatz, bei dem die Melodiestimme im Tenor liegt.
Ein bedeutendes von Cantus-firmus-Techniken geprägtes Werk an der Schwelle von der Renaissance zum Frühbarock ist Claudio Monteverdis (1567 – 1643) „Marienvesper".
In ihr sind die gregorianischen Vespergesänge durchgehend in die mit neuesten musikalischen Mitteln gestalteten Vokalkonzerte eingewoben.

In der Barockmusik wurde die Cantus-firmus-Technik weiter intensiv gepflegt. Besonders kennzeichnend ist sie in der barocken Orgelbearbeitung; üblicherweise beginnen die anderen Stimmen mit imitierenden Einsätzen, die der zu verarbeitenden Melodie bereits entlehnt sind, bevor diese dann in längeren Notenwerten einsetzt. •
[Seite „Cantus firmus". In: Wikipedia, Die freie Enzyklopädie. Bearbeitungsstand: 20. März 2020, 17:25 UTC.
URL: https://de.wikipedia.org/w/index.php?title=Cantus_firmus&oldid=197940389 (Abgerufen: 17. Juni 2020, 19:14 UTC)]

Cent

Das Cent (von lat. *centum* „hundert") ist eine additive Maßeinheit, mit der ein sehr genauer Vergleich der Größen musikalischer Intervalle möglich ist.
Das Cent ist definiert durch: 100 Cent = 1 gleichstufiger Halbton *(Eselsbrücke: 1 Halbton = 1€).*
Da eine Oktave zwölf Halbtöne umfasst, gilt auch: 1200 Cent = 1 Oktave.
Im gleichstufigen System ist z.B. eine Quinte somit 700 Cent groß.

Die Cent-Einheit ist so gewählt, dass wahrnehmbare Tonhöhenunterschiede hinreichend genau als ganzzahlige Vielfache von Cents ausgedrückt werden können.
Grob kann angenommen werden, dass der kleinste erkennbare Frequenzunterschied für nacheinander erklingende Sinustöne beim Menschen bei Frequenzen ab 1000 Hz bei etwa drei bis sechs Cent liegt; bei **gleichzeitigem** Erklingen sind durch Schwebungseffekte aber noch wesentlich geringere Intervallunterschiede hörbar.

Bei größeren Tonabständen lassen sich Intervallgrößen durch Schwebungen der harmonischen Obertöne, die in musikalisch verwendeten Tönen meistens vorhanden sind, sehr genau bestimmen. Diese werden durch dunkle Vokale hörbar gemacht.

Bei tiefen Sinustönen steigt mit geringer empfundener Lautstärke (trotz hohem Schalldruckpegel) die Unterscheidungsschwelle auf über 100 Cent, also mehr als einen Halbton. Deshalb klingen 2 ‚gleich' singende Soprane eher unsauber als zwei Bässe.
(s.a. Mitteltönig mittelprächtig und etwas Polemik; Obertöne, Partialtöne, Teiltöne; Tonartencharakteristik; Vokalverbindung und Schwa)

Für Tonbeispiele lese die Wikipediaartikel **Cent (Musik)**, **Reine Stimmung** und **Gleichstufige Stimmung**.
Folgende daraus entnommene (aber angepasste) Tabelle macht deutlich, wie groß der Unterschied zwischen reinen (schwebungsfreien) Tönen und unserer heutigen gleichschwebenden Stimmung ist.

Höre den Unterschied den nur ein paar Prozent eines Halbtones ausmachen, um eine große Terz rein (oder eben unrein) klingen zu lassen, oder wie nahe die **reine** große und kleine Terz beieinander liegen (70 cent!).

Ein Chor kann rein singen. Dies mit einem Klavier (gleichschwebend) zu trainieren wird ab einem bestimmten Niveau (das nicht so hoch ist, wie du denkst) unmöglich.

Chromatische Skala der gleichstufigen Stimmung:

Name des Tones	c'	cis'/des'	d'	dis'/es'	e'	f'	fis'/ges'	g'	gis'/as'	a'	ais'/b'	h'	c''
Frequenz [Hz]	261,6	277,2	293,7	311,1	329,6	349,2	370	392	415,3	**440**	466,2	493,9	523,3
In Cent	0	100	200	300	400	500	600	700	800	900	1000	1100	1200

Erweiterte Skala der reinen Stimmung von C-Dur und c-moll ergänzt um fis und des:

Name des Tones	c'	*des'*	d'	es'	e'	f'	*fis'*	g'	as'	**a'**	b'	h'	c''
Frequenz [Hz]	264	281,6	297	316,8	330	352	371,3	396	422,4	**440**	469,3	495	528
In Cent	0	112	204	316	386	498	590	702	814	884	996	1088	1200

Das Chaos bändigen

Eine Probe ist Chaos. Du kannst nicht berechnen was passieren wird.
Nach einer ersten Aktion (z.B. Ton angeben und Einsatz) wirst du nur noch **reagieren**: Der Chor bietet dir etwas an, du kommentierst, er bietet dir darauf die Verbesserung und du reagierst. **Chaos**.
Du kannst dir das Chaos aber schon durch deine Vorbereitung und eine Probendisposition (s.a.) vorsortieren. So kommst du organisiert in die Probe und kannst dann auf deine Grundorganisation zurückgreifen. Wenn du verstehst, dass eine Probe Chaos bedeutet, bist du davon nicht mehr überrascht. Du kannst durch deine Fähigkeiten und Erfahrung das Chaos bändigen.
Deine Sänger können das nicht. Sie brauchen dich. • *(s.a. Dynamische Prozesse)*

Charakter vs. Persönlichkeit

Im **Talmud** steht „Achte auf deinen Charakter, denn er wird dein Schicksal."
Dieser Satz macht nur als Ende des folgenden Rattenschwanzes Sinn:
Achte auf Deine Gedanken, denn sie werden Worte.
Achte auf Deine Worte, denn sie werden Handlungen.
Achte auf Deine Handlungen, denn sie werden Gewohnheiten.
Achte auf Deine Gewohnheiten, denn sie werden Dein Charakter.
Achte auf Deinen Charakter, denn er wird Dein Schicksal.
So sehr ich diese Kausalkette für viele Situationen unterschreibe ist sie für uns als Chorleiter nicht zielführend.
Ich formuliere es lieber so: *Dein Charakter **ist** dein Schicksal.*
Je schneller du deinen Charakter (vorsichtig/liebevoll/herrisch/aufbrausend/berechnend/etc.) und damit deine der Chorleitung nicht zuträglichen Seiten akzeptierst, desto schneller wirst du Strategien entwickeln können, ihn vor dem Chor nicht auszuleben.
Ich widerspreche der Grundannahme man könne seinen Charakter ändern.
Ich spreche lieber davon, die **Persönlichkeit** zu ändern.
Wie fast jeder Mensch hast du eine **private** und eine **öffentliche** Persönlichkeit.
Die meisten Dirigenten (auch Lehrer/Politiker/alle die offensiv-öffentlich agieren) haben noch eine dritte: die **Gruppenleiter**-*Persönlichkeit*.
Diese Persönlichkeiten sind alle nur dazu da den ‚wahren' Charakter zu verschleiern.
Und das ist auch gut so.
Z.B. bin ich überhaupt kein sozialer Mensch. Ich hasse Feiern und Smalltalk. Ich liebe das Handwerk, am Schreibtisch Partituren vorzubereiten. Vom Grundsatz her sind Proben ok und in den Ferien vermisse ich sie sogar. Konzerte kann gerne jemand anderes für mich dirigieren (kein Scherz – wenn das möglich wäre...).
Diesen Charakter kann ich schlecht mit meinem Beruf vereinbaren.

Ich musste Strategien entwickeln, diese Charakterzüge zu kaschieren, ohne meinen Charakter zu ändern. Damit machen mir Proben richtig Spaß und in Konzerten werde ich zur ‚Rampensau'.
Ich fühle aber nie, dass ich mich verdrehe oder mir selbst untreu bin.
Das kann ich unter zwei Prämissen: Ich kenne meinen Charakter und habe ihn akzeptiert. Ich liebe meinen Beruf und will ihn ausüben. Über die Analyse entwickle ich Strategien. Ein konkretes Aufzählen **meiner** Strategien würde dir nicht helfen, weil sie sehr individuell sind, aber viele findest du in diesem Buch.
Die vielleicht wichtigste ist die **Rationalisierung der Emotion durch Kaizen**.

Zu viele Bücher und Kollegen reden von „Charakterschwächen" oder davon „man müsse sich ändern". Es fehlt die Differenzierung *öffentliche Persönlichkeit* und *Charakter*.
Ich behaupte, du musst **dich** nicht ändern. Im Gegenteil: Du wirst erst dann gut, wenn du genau weißt, was dich ausmacht – wie dein Charakter ist.
Erst dann kannst du Techniken entwickeln, mit denen du in diesem Beruf unerwünschte Charakterzüge **ausgleichen** kannst.
Mit Sicherheit wird über die Zeit die Kausalkette des Talmudes wahr und dein aufbrausender Charakter beruhigt sich, weil du über Techniken mehr Ruhe gefunden hast. Wenn du das aber als Ziel siehst, wirst du kurzfristig (und ich behaupte auch langfristig) keine Änderungen erwarten können.
Gehe also in dich, analysiere deinen Charakter und finde Techniken, um ein erwünschtes Verhalten zu erreichen.
In diesem Buch findest du genug Anregungen und Wege dich zu entwickeln und vor allem praktische Definitionen wie du dich vor dem Chor verhalten solltest. Diese anzuwenden ist ein erster Schritt deine Emotionen zu rationalisieren. Wenn du für dich definiert hast, wie deine Chorleiterpersönlichkeit aussehen soll, analysiere, wie du sie (trotz und mit deinen Charaktereigenschaften) **erschaffen** kannst. •

Charakterköpfe
Störende Sänger oder solche, die dir immer widersprechen, werden dich **kurzfristig** nerven. Loswerden wirst du sie nur langfristig oder nie.
Du musst natürlich zuerst versuchen sie zu integrieren und auf deine Seite zu ziehen. Dafür musst du sie für dich **terminologisch** einordnen.
Wenn sie in deinem Kopf nur als „Störer"/„respektlos"/etc. bezeichnet werden, wirst du sie auch so behandeln. Damit wird jede Interaktion zur Qual.
Besser ist es sie in die Kategorie „Charakter"/„charaktervoll" zu schieben und sie **in dir** auch so zu beschreiben: „Der hat Charakter". *(s.a. Acceptance Prophecy)*
Das bedeutet erstmal nur, dass sich diese Person von der Masse abhebt und hat nicht augenblicklich eine schlechte Konnotation.
Ich habe viele „Charakterköpfe" unter meinen Sängern und auch wenn sie ab und zu stören, kann ich sie so besser verstehen und einordnen.
Sind sie allerdings subversiv musst du sie langfristig aus dem Chor entfernen. •

Choraufstellung

Unsere Sprachverarbeitung findet im Normalfall in der linken Gehirnhälfte statt, die Verarbeitung von Melodien und Musik allgemein in der rechten.

Akustische Signale, die in einem Ohr ankommen, werden in der gegenüberliegenden Hirnhälfte verarbeitet. Es gibt keine harte Schranke dazwischen, es geht aber um Präferenzen und Gewichtungen.

Werden Probanden auf Kopfhörern links und rechts jeweils ein unterschiedliches Wort genannt, verstehen die meisten nur das Wort, das auf der rechten Seite gesprochen wurde. Was zuerst einfach nur interessant anmutet, hat für uns signifikante Konsequenzen, die seit Beginn der Mehrstimmigkeit zur Regel geworden sind:

Alles was tendenziell **melodisch** ist, steht traditionell aus Sicht des Publikums/Dirigenten auf der **linken** Seite.

Alles was tendenziell zur **Sprache** gehört, steht **rechts**:

- Im Orchester sitzen die ersten Violinen links.
- Alle Streichinstrumente sind ursprünglich so gebaut, dass der klingende Korpus auf der linken Körperseite und somit näher am linken Ohr gehalten wird.
- Solisten stehen im Konzert auf der linken Seite.
- Der Sopran steht links.
- In der *Wiener* Orchesteraufstellung sitzen die 2. Geigen und in der *Amerikanischen* die Bässe rechts.
- Genauso ist die Bläseraufstellung sortiert.
- Im Chor stehen der Alt und Tenor (s.u.) rechts.

Wenn du von dieser *naturgegebenen* Regelung abweichen willst, musst du gute Gründe haben. *(s.a. Es darf nichts zwischen uns sein; Lautstärkenverdopplung)*

<u>**Meine**</u> Aufstellung für alle Gelegenheiten:

Ich stelle den Bass grundsätzlich hinter den Sopran, weil Basstöne mit der Melodie und der Alt mit dem Tenor als Mittelstimmen jeweils eine Einheit bilden. Dies ergibt einen durchsichtigen Klang. Das Prinzip ist je nach Stück auf die dortige Situation anzupassen.

Bass	Tenor
Sopran	Alt

Diese Aufstellung ändere ich auch nicht, wenn die Frauen oder Männer geteilt sind:

Bass	Bariton	Tenor
Sopran 1	Sopran 2	Alt

Die meisten Chöre stellen den Tenor neben oder hinter den Sopran. Dies geschieht aus der Logik heraus, dass er ja das Äquivalent zum Sopran in den Männerstimmen wäre. Für mich hat jede Stimme eine Funktion, die sich auch von Stück zu Stück ändert.

So kann es vorkommen, dass ich einen Chor im Laufe des Konzertes 5x die Aufstellung wechseln lasse (auch den kleinen Dorfchor!).

In 95% aller klassischen, und von einem Laienchor mittleren Niveaus singbaren Stücke, liegt folgende Aufgabenverteilung vor:
- Sopran: Melodie.
- Sopran 2/Alt: Unterstimme zur Melodie ohne eigene melodische Ambitionen.
- Tenor/Bariton: Akkordfüller.
  Manche Tenorstimmen sind richtig blöd zu singen, weil dem Komponisten im Satz noch ein paar Töne fehlten. Der Tenor hat häufig die Terz oder Septime. Er gehört mit dem Alt und Bariton zu den **sprechenden** Stimmen. Sie sind komplex und transportieren (hauptsächlich harmonische) Informationen.
- Bass: Bildet das harmonische Fundament.
  Seine Töne lassen den Satz erst lebendig werden.
  Wenn der Sopran bildlich die Baumkrone ist, ist der Bass das Wurzelwerk.
  Wenn auch die Dicke und Größe des Baumstammes (Alt und Tenor) nicht entscheidend ist – ein Baum ohne Blätter und Wurzel stirbt. Deshalb kann eine Melodie auch mal nur mit einer Bassbegleitung leben, aber nie auf sie verzichten.
  Somit gehört der Bass für mich zur **melodischen** Stimme.

Wenige Männer
Hast du wenige Männerstimmen, musst du sie in den akustischen und visuellen Vordergrund stellen.
Dies gilt im Übrigen für **jede** – in Relation zum Restchor – dünn besetzte Stimme.
Häufig ist der Tenor durchdringend – also kommt er hinter den Bass.
Ist dein Tenor eher weich, geschult, und/oder besteht aus Tenösen (s.a.), sollte er vorne stehen.
Bässe werden sich durch die Weichheit der Töne eher mischen und somit weniger durchdringend sein.
Gibt dein Tenor es her, stelle den Bass nach hinten, weil seine tiefen Töne weit tragen.
Hast du auch nur **einen** Quetschtenor, musst du den Tenor nach hinten stellen.

Sopran	Tenor	Alt
	Bass	

Kammerchorklang
Willst du einen sehr durchsichtigen Klang, musst die Stimmen nebeneinanderstellen.
Äquivalent zur ‚Wiener' Orchesteraufstellung der Streicher (s.u.):

| Sopran (1. Vln) | Bass (Vlc) | Tenor (Vla) | Alt (2. Vln) |

Du wirst versucht sein, die Trennung noch weiter zu treiben und den Tenor nach außen zu stellen. Tu es nicht. Das macht ihn zum Solisten.

Dreistimmig
Hier hast du zwei gute Möglichkeiten. *(s.a. Luxus)*

Bei starken Männerstimmen:

Männer	
Sopran	Alt

Bei schwachen Männerstimmen:

Sopran	Männer	Alt

Hier werden die Männer von den Frauenstimmen eingeschlossen und verlieren etwas von ihrem Soloklang. Stelle einsame Männerstimmen **niemals** allein neben die Frauenstimmen. Der Klang wird sich nicht mischen.

Doppelchörig
Suche dir eine sinnvolle Einzelchorordnung aus und stelle die Chöre nebeneinander.

Bass	Tenor	Bass	Tenor
Sopran	Alt	Sopran	Alt

Du solltest nicht spiegeln, da du so die Separierung in den Mittellagen verlierst. Trotzdem ist es davon abhängig, wer die führenden Stimmen sind – vielleicht bekommst du gerade durch die akustische Zusammenführung der sprechenden und sehr großen räumlichen Trennung der melodischen Stimmen einen spannenden und passenden Klang:

Bass	Tenor	Tenor	Bass
Sopran	Alt	Alt	Sopran

Echo-Klang
Beispiel: „Sleep fleshly birth" von Robert Ramsey (gest. 1644). (Noten unter www.imslp.org)
S1 und S2 singen häufig in gleicher Lage und im Echo. Um diesen Effekt zu verstärken müssen diese Stimmen räumlich getrennt werden.
Das Stück funktioniert am besten, wenn alle Stimmen nebeneinander Platz finden.
Wenn nicht, stelle Bass und Tenor 2 nach hinten.
Alt und T1 (der auch von Alti unterstützt werden kann) bilden eine Einheit.
T2 und Bass sind eigenständig. Der T2 bildet aber die Oberstimme zum Bass und steht deshalb links und der Bass ausnahmsweise rechts.
Durch diese Aufstellung verteilen sich auch die Fugatoeinsätze der „Flowers" räumlich.

Sopran 1	Tenor 2	Alt	Tenor 1	Bass	Sopran 2

Gemischt

Wenn du die Hierarchie auflösen willst kannst du deinen Chor gemischt stellen.
Die Profis stellen ihre Chöre in Quartetten auf:

A	T	S	B	A	T	S	B	A	T	S	B
T	S	B	A	T	S	B	A	T	S	B	A
S	B	A	T	S	B	A	T	S	B	A	T

Ich gehe davon aus, dass du auch einen Chor leitest, der eher an Männer- als an Frauenmangel leidet.
Mein Vorschlag für obige beispielhafte Stehordnung: 36 Sänger, 3 Reihen.
Hier aufgeteilt in realistischere 14 Sopräne; 12 Alti; 4 Tenöre; 6 Bässe.
Ich behalte trotz der Mischung meine grundsätzliche Aufteilung der klassischen Aufstellung bei.

S	B	S	B	S	A	T	B	S	A	B	A
A	S	B	S	T	B	A	S	T	S	A	T
S	A	S	A	S	A	S	A	S	A	S	A

Nach einiger Zeit kenne ich die Stimmen meiner Sänger so gut, dass ich zuhause am Schreibtisch eine genaue Stehordnung entwerfen kann, damit durch sie der gemischte Klang auch wirklich ausgewogen ist.
Grundsätzlich kannst du aber schlicht die Richtung vorgeben, die Sänger sich selbst mischen lassen und wenn jeder seinen Platz gefunden hat mit Hilfe einiger Lieder hören, ob der Klang ausgewogen ist. Wahrscheinlich musst du ein paar Sänger untereinander austauschen. Tue dies wie immer sehr sensibel. Erkläre, dass wir alle unterschiedliche Stimmfärbungen haben und du nun wie ein Maler die Farben mischen musst.
Lass sowas dann einfach stehen. Es muss sich wie ein normaler Vorgang anhören (der er ja auch ist). **Niemals** darfst du die Sorgen der Sänger antizipieren: „Das sagt nichts über eure Stimmqualität aus!". Damit negierst du eine unausgesprochene Sorge, die damit ausgesprochen wurde. Anfängerfehler! *(s.a. Mischen)*

Draußen

Singst du draußen – also ohne Raumakustik – kannst du, wenn du einen starken Sopran hast, folgende Aufstellung versuchen. So gibst du dem Chor einen akustischen Anker, da alle Begleitstimmen den Sopran und damit die Melodie gleichgut hören. Vor allem in den Corona-Konzerten, wo die Sänger auf Abstand stehen mussten war diese Aufstellung die Rettung. Sie ist es aber auch auf jeder lauten Weihnachtsmarktbühne. Versuche es!

Sopran	Sopran (starke Sängerinnen)	
	Tenor	Alt
	Bass (oder andersrum)	

Draußen Proben

Setze die Sänger nicht in Choraufstellung, sondern möglichst in einem ¾-Kreis.
Zweireihig: Sopran – Männer – Alt.
Du stelltest dich in die Öffnung gegenüber der Männer. So bildest du zumindest ein bisschen Raumklang **für dich**.
Wenn die Sänger in Reihen sitzen würden, würde dir durch die fehlende Raumakustik die Kommunikation und das Hören erschwert.
Durch den Kreis kannst du aber zu Stimmen hingehen und dich für einen Tuttiklang auch **in** den Kreis stellen. Du bist damit viel flexibler. *(s.a. Proben im Sommer im Freien (Hitze))*

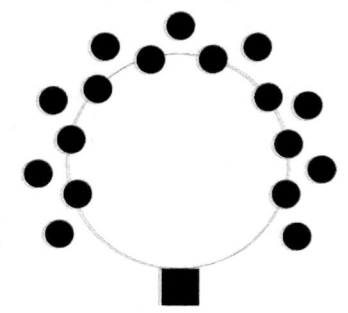

Corona-Aufstellung

Ich habe in der Corona-Zeit meine Chöre in einem Schachbrettmuster aufgestellt. 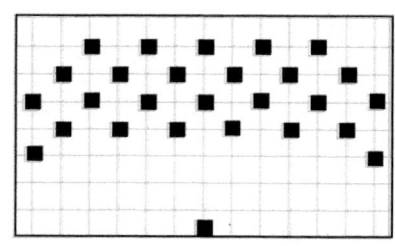
Jeder Sänger hatte nach Vorne und zur Seite 2,2m Abstand zu anderen Sängern und in der Diagonalen 1,5m (Satz des Pythagoras…).
Zu mir bestanden 3m Abstand.
So wird der Platz am besten ausgenutzt, jeder kann den Dirigenten sehen und der Spuckabstand zum Vordermann ist verhältnismäßig groß.
Der Linienabstand in der Zeichnung beträgt 1,1m.

Mit Orchester

Platziere den Chor grundsätzlich hinter dem Orchester. Das war nicht immer so. Es gab Zeiten da stand der Chor **vor** dem Orchester. Die Sicht der Instrumentalisten auf den Dirigenten ist dann aber durch den stehenden Chor etwas eingeschränkt. Das stammt noch aus Zeiten, wo der Dirigent mit dem Stock den Takt wortwörtlich auf den Boden oder aufs Notenpult geschlagen hat.
Wenn du den Platz hast, kannst du deinen Chor links und rechts neben das Orchester stellen – äquivalent zur Sitzordnung der Streicher:

Wiener:

Sopran	Bass	1. Vln	Celli	Vla	2. Vln	Tenor	Alt

Amerikanisch:

Sopran	Alt	1. Vln	2. Vl	Vla	Celli	Tenor	Bass

Das lohnt sich, wenn dein Chor akustisch sehr viel leiser ist als das Orchester.
Im Falle eines Posaunenchors kannst du den Posaunenchor in das Seitenschiff der Kirche und den Chor in den Altarraum platzieren – beide Gruppen also nebeneinanderstellen. Wenn du es aber irgendwie bewerkstelligen kannst, sollte der Chor hinter dem Orchester oder den Instrumentalisten stehen – weil die Sänger eben **stehen**.
Sie können über die sitzenden Musiker drüber schauen und über sie hinweg singen.

Für alle Aufstellungen gilt:
- Grundsätzlich sollten Melodiestimme links platziert werden.
- Alles, was du nach vorne stellst, wird eher wahrgenommen.
- Am Ende entscheiden der Raum und seine Gegebenheiten.
  Wenn du in einer Kirche mit 5 Sekunden Nachhall singst, ist die Aufstellung fast egal (ebenso wie viele andere mühsam eingeübte musikalische Feinheiten).
  Je trockener die Akustik ist, desto entscheidender wird die Choraufstellung für das Erzeugen eines runden Chorklanges.
  (s.a. Direkter und indirekter Klang (Schall); Dry und Wet; Konzert: Publikumsplatzierung (strategische))
- Je breiter ein Ensemble aufgestellt ist, desto weiter solltest du von ihm weg stehen, um alle im Blick/Ohr haben zu können.
  (s.a. Bühnengrößenberechnung; Entfernung)

Bedenke die Körpergrößenverhältnisse. Auch deshalb sollten die Männer nicht in der ersten Reihe stehen *(siehe mein Aufstellungsvorschlag für die gemischte Aufstellung)*.
Die Fotogrundregel „Wenn ich die Kamera sehe, sieht sie mich." passt hier nicht.
Du dirigierst mit den **Händen** und Armen – nicht mit den Augen.
Wenn **du** deine Sänger siehst, sie dir aber sagen, dass sie dich nicht sehen, meinen sie damit deine Hände – nicht deinen Kopf.
Nimm darauf Rücksicht und nutze Podeste *(s.a.)* für den Chor und für dich.

Experimentiere mit Aufstellungen und denke dir selbst welche aus.
Tue dies auf jeden Fall schon früh in den Proben!
Stelle den Chor bei Klangstücken in einem großen Altarraum im Kreis. Oder umringe das Publikum, indem die Sänger am Rand des Zuschauerraumes um das Publikum herum in einem großen *U* stehen. Oder stelle ihn auf Emporen. Oder setze die Sänger zu Beginn verteilt ins Publikum und lass sie ‚flashmobartig' aufstehen und singen.
Jedes Stück kann von der einen oder anderen Methode profitieren.
Eine eingeübte Aufstellung kann sich im Konzertraum plötzlich auch als falsch herausstellen. Kommuniziere deinen Sängern, dass unterschiedliche Aufstellungen den Klang verbessern sollen und immer wieder dynamisch angepasst werden müssen.

Grundregel: Deine Aufgabe ist es, ein Werk nach bestem Wissen und Gewissen unter Berücksichtigung aller sängerischen und räumlichen Möglichkeiten und Einschränkungen dem Publikum bestmöglich zu präsentieren.
Eine allgemeingültige Choraufstellung, die dies erfüllt, gibt es nicht. •

Choraustausch

Ein Choraustausch, also ein Projekt mit einem anderen Chor, der weiter als das Nachbardorf entfernt existiert, musst du mindestens 2 Jahre im Voraus planen.
Nicht nur, dass ihr ein gemeinsames Konzert(-programm) gestalten wollt, auch sollte man Ausflüge unternehmen. Bei mehr als 50 Kilometern entfernten Chören muss auch die Übernachtung geklärt werden und ob jeder im Chor mitreisen kann/will. •
(s.a. Konzert: gemeinsam mit anderen Chören)

Chorbeiträge

Kirchenchöre haben meiner festen Überzeugung nach **immer** kostenlos zu sein – ob es nun die Kantorei oder der Seniorenchor ist.
Wenn Kirche draufsteht muss auch Kirche drin sein – also steuerfinanziert und sozial.
Ich halte wirklich nichts davon, dass manche Kantoreien, die mehrere 10.000€ für ein Orchesterprojekt ausgeben (dürfen), von ihren Sängern verlangen sich die Noten (einer Passion/Kantate/eines Oratoriums) selbst zu kaufen, weil man ja aus dem Urtext *(s.a.)* musizieren will.
Die 1000€ hat der Chor noch übrig und kann die Noten nach dem Konzert meinetwegen auch wieder von den Sängern einsammeln und seinem Fundus einverleiben – natürlich immer mit der Option, dass die Sänger ihre Noten als Erinnerungsstück dem Chor abkaufen dürfen.
Was **ich** für korrekt erachte, muss ich eigentlich nicht schreiben: Gib den Sängern die Noten!

Private Chöre/Vereine müssen den Chorleiter bezahlen.
Ich gehe hier von fiktiven 300€ Monatsgehalt (3600€ Jahresgehalt) aus.
Der Chorleiter ist der größte Kostenfaktor für einen Chor und an ihm darf auch nicht gespart werden. Mit einem schlechten Kapitän sinkt das Schiff.
Hast du 30 Mitglieder müssten diese also 10€ im Monat zahlen. Dann nimmt der Chor noch ca. 600€ durch Konzerte ein, für die Programmhefte und Plakate finden sich Sponsoren, bzw. Werbepartner und: tataa! – er ist fast finanzierbar.
So wäre die Milchmädchenrechnung…und die geht nur mit Glück auf.
In diesem Fall würde ich den Monatsbeitrag auf 13,50€ setzen (gesamt also ca. 4860€ im Jahr), um langfristig Rücklagen aufzubauen und Mitgliederschwankungen oder eine Corona-Krise ausgleichen zu können. Eventuell hat der Chor weitere Ausgaben durch Raummieten. Diese müssen auch durch den Monatsbeitrag gedeckt sein.
Grundregel 1: Deine Mitgliedsbeiträge sollten immer ca. 20% über dem notwendigen Betrag (hier also 12€) liegen. Konzerteinnahmen sind **nicht** anrechenbar. Du musst ein Konzert finanzieren können, selbst wenn kein Zuschauer kommt. Du musst deinen Chor finanzieren können ohne Konzerte zu geben (weil Corona und so…).
Selbst wenn du ein Konzert absagen musst: Den Dirigenten oder bezahlte Musiker wirst du nicht einfach los und musst meistens Ausgleichszahlungen tätigen.
So funktioniert auch Kultursponsoring: Das Publikum ist **keine** Kalkulationsgröße.

Grundregel 2: Ein Chor muss Rücklagen bilden. Ihm bleibt nichts anderes übrig, als wie ein Wirtschaftsunternehmen zu denken. Er hat laufende Kosten. Die muss er tragen können. Er muss Ausfälle (Mitgliederschwund oder Konzertausfall) kompensieren können. Er muss in finanziellen Härtefällen seinen Sängern gegenüber unbürokratisch kulant sein können (Arbeitslosigkeit/Schüler/Student/Rentner am Existenzminimum). **Daran** orientiert sich der Mitgliedsbeitrag.
Hast du große Schwankungen in deiner Sängeranzahl musst du den Mitgliedsbeitrag im schlimmsten Fall sogar jährlich anpassen.

Die Höhe des Beitrages ist ein großes Streit- und Angstthema. *(s.a. Gehalt: eine Notwendigkeit)* Habe keine Angst! Ob der Beitrag bei 12€ oder 15€ liegt, wird nicht über die Mitgliedschaft eines Sängers entscheiden. Der Unterschied 5€ zu 15€ tatsächlich.
So lange du deinen Mitgliedsbeitrag aber offen kommunizierst und rechtfertigst (auch das Gehalt des Dirigenten muss offengelegt werden), wird dieser für die, die es sich leisten können sinnbehaftet und indiskutabel.
Die jährliche Offenlegung übernimmt der Schatzmeister (im Verein) oder ein Äquivalent. Eine einfache Einnahmen-Ausgaben-Rechnung reicht. Ein gewählter Kassenprüfer aus dem Chor sorgt für Sicherheit, denn bei Geld hört Freundschaft auf – so ist jeder Zweifel auszuräumen.
Wenn du dann noch sozial und kulant bist, sodass auch weniger Betuchte bei dir unbürokratisch mitsingen können und das ebenfalls klar (aber vertraulich) kommuniziert wird, wird dein Chor auf sicheren finanziellen Beinen stehen.

Zusammenfassung: Ein Chorbeitrag zwischen 8 und 15€ pro Monat ist im Laienchor forderbar – jedes Fitnessstudio ist teurer.
Der Chor ist eine Sozialgemeinschaft und unterstützt weniger Betuchte vertraulich ohne bürokratische Hürden (z.B. einen Gehaltsnachweis), sodass auch diese mitsingen können.
Der Chorleiter als größter Kostenfaktor eines Laienchores muss durch die Mitgliedsbeiträge so gedeckt sein, dass der Chor im Jahr mit allen **garantierten** Geldquellen zusammen ca. 20% mehr einnimmt als er vorausberechnet ausgeben muss. So kann er alle Eventualitäten ausgleichen.
Konzerteinnahmen sind in jeder Bilanz ein Bonus und keine feste Größe. •

Chorfahrt/ Chorwochenende außerhalb

Eine Chorfahrt mit Übernachtung (Freitag – Sonntag) ist eine fantastische Möglichkeit den Chor enger zusammenzuschweißen und intensiv zu proben.
Die Entfernung zum Wohnort sollte um die 50 – 80 Kilometer liegen. Das ist weit genug entfernt, um ein spontanes Nachhausefahren zu verhindern, lässt aber z.B. pflegende Angehörige oder Eltern an den Probentagen teilhaben und ermöglicht ihnen abends nachhause zu fahren.

Es ist überaus wichtig, dass du als Chorleiter bei einer Chorfahrt ein Einzelzimmer bekommst – du brauchst den Rückzugsraum.

Solch ein Chorwochenende dient auch dem Austausch und dem Knüpfen sozialer Bindungen.

Bitte vermeide es, irgendwelche Gruppenspiele zu spielen – das geht immer in die Hose, weil sie meistens schlecht sind und nur wenige Lust dazu haben. *(s.a. Oxytozin)*

Der Ort, zu dem der Chor fahren will, muss für die Proben eh einen großen Raum haben – somit kann man sich dort abends zusammensetzen.

Du kannst soziale Aktionen wie eine Wanderung in der Mittagspause oder bei sportlichen Ereignissen einen Beamerraum für eine Fernsehübertragung anbieten. Es muss aber alles bei einem **Angebot** bleiben. Einige Sänger werden sonst einen Gruppenkoller bekommen. Die Proben sind verpflichtend – alles andere **darf**.

Solch ein Chorwochenende ist die Gelegenheit einen Kollegen einzuladen, der z.B. Stimmproben anbietet oder die Männer/Frauen übernimmt. Auch sollte er das gesamte Einsingen machen. *(s.a. Aushilfe/ Stimmprobenleiter für Probentage und Stimmproben)*

Und: Ich kann es nicht ausdrücklich genug betonen: Es ist wichtig eine Tagungsstätte/Hotel/etc. zu buchen, in der das Essen nachweislich **gut** ist.

Ich weiß nicht, warum viele Küchen von diesen Tagungsstätten bis heute nicht kapiert haben, dass aufgetaute und dann gekochte Karotten nicht schmecken und Soße im Duden nicht mit *„brauner, salziger Rotz"* beschrieben ist.

Natürlich will man günstig verreisen – ich rate dir aber dringend niemals am Essen zu sparen. Ein vom salzigen und schwer im Magen liegenden Essen behäbiger Chor probt einfach schlecht! •

Chorisches Atmen

Manche Phrasen sind so lang, dass sie nicht auf einem Atmer gesungen werden können, aber so klingen sollen. Dann lässt du deinen Chor *chorisch atmen* – d.h. jeder Sänger atmet an einer anderen Stelle. Das ist nicht immer einfach zu bewerkstelligen.

Bei professionellen Chören reicht die Ansage „von Takt…bis Takt… chorisch Atmen". Alle Laienchöre profitieren von klaren Definitionen und Regeln:
1. Nicht atmen, wenn der Nachbar atmet.
2. Auch zu früh atmen, um nicht zum Atmen gezwungen zu sein.
3. Eher wenig Luft einatmen, um keinen Überdruck zu haben, der durch einen Akzent das Wiederlossingen hörbar macht.
4. Es gibt bestimmte Stellen, an denen ein Chor automatisch atmet, wenn man ihn lässt (Ende einer Melodie/Komma im Text/Mitte einer Phrase/etc.).
   Genau diese Stellen müssen für den Chor identifiziert werden, indem dort z.B. ein gestrichelter Bindebogen in die Noten notiert wird, damit dort garantiert keiner atmet (einige werden es immer noch machen – aber das gehört ja dann zum chorischen Atmen…).

Der pädagogische Weg: Du sagst: „Ihr dürft überall atmen – nur nicht da, wo ihr wollt."
Es gibt die Stellen, die gerne zum Atmen genutzt werden (Punkt 4), hier aber nicht genutzt werden sollen – diese müssen vorher definiert werden.
Nach einigen Malen Singen eines Stückes kann sich jeder Sänger selbst eintragen, wo er gerne in der Phrase atmen möchte. Das vergleicht er mit den Nachbarn, um zu verhindern, dass sie zur selben Zeit atmen.
Der **un**pädagogische, schnellere (aber deshalb nicht schlechtere) Weg:
Du definierst **Atemmomente** – teilst also jede Stimme auf – und solltest dies schon in der Ausgabe eintragen, die du austeilst. Dort dürfen dann nur die Atemzeichen als Pause ausgeschrieben werden, die für **alle** Sänger gelten.

Ich habe im folgenden Notenbeispiel durchgängig vier Atemstellen definiert.
Im Chor wird in jeder Stimme 1,2,3,4,1,2,3,… abgezählt.
Gruppe 1 atmet **nach** der ersten Stelle, Gruppe 2 **nach** der zweiten, usw.
Diese Methode ist in kleineren und älteren Chören sehr erfolgreich möglich.
Du musst deinen Sängern nur Zeit geben sich an solch ein System zu gewöhnen, da sie seit Jahrzehnten gewohnt sind, mit dem Nachbarn gemeinsam zu atmen. •
(s.a. Atmungsorganisation; Atemoffenbarung; Barabbas-Effekt; Kurzatmigkeit etablieren; Pausenmusizieren; Polyphoner Pauseneinsatz; Schlussdefinition über schnappende Aspiration)

Beispiel: „Heilig" aus der „Deutschen Messe" von Franz Schubert (1797 - 1828)

Chorleiterbesteck
Die folgenden Dinge solltest du in jeder Probe dabeihaben:
- rot-blauer Stift (Stabilo Original 87/815) *(s.a. Farbenspiel)*
- ein Radiergummi das Buntstiftfarbe ausradiert
- Stimmgabel *(s.a. Stimmgabel und Alternativen)*
- Bleistift (mindestens B, besser 3B) & Anspitzer
- Kugelschreiber oder vergleichbares Unauslöschliches
- Erste Hilfe *(s.a.)* Paket (Wanderverbandskasten – klein, leicht, günstig)
- Medizinisches Handdesinfektionsmittel *(s.a. Hygiene)*
- Handy *(s.a. Apps)* •

chorleiter-coaching.de
Soweit ich weiß gibt es im deutschsprachigen Raum noch kein speziell auf Chorleiter ausgelegtes Coaching, obwohl es eine der effektivsten Methoden ist die eigene Chorarbeit, aber auch die Qualität des eigenen Chores zu verbessern.
(s.a. Betriebsblindheit; Kontrabass & Violine; Organisationsbetriebsblindheit entgegenwirken)
Es gibt keinen mir bekannten Chorleiterkurs, der sich speziell um Laienchorleiter kümmert. *(s.a. Chorleitungskurse)*
Es ist zwar immer gut und sehr empfehlenswert, wenn ein externer Chorleiter deinen Chor einen Nachmittag leitet und eventuell neue Impulse gibt („Chor-Coaching"). Aber kein Chor wird diese Impulse ohne seine Chorleiterin/seinen Chorleiter weiterentwickeln können. Deshalb liegt mein Fokus immer darauf **dich** zu schulen.
Du kannst auswählen, ob du lieber als *Beobachter* deinen Chor von mir leiten lässt und damit also passiv neue Probenmethoden aufschnappst, oder, ob du auch aktiv einige Stücke mit deinem Chor erarbeitest und von mir danach ein Feedback bekommst.
Als Dirigent lernt man nie aus und darf nicht stehen bleiben und ich helfe dir einen großen Schritt nach vorne zu gehen.

Zur Zeit der Veröffentlichung dieses Buches biete ich dir folgende Coachings an:
Natürlich ist der Ablauf auf Wunsch variabel und in jedem Fall kann auf Wunsch auch eine Videoanalyse des Kurses stattfinden, indem ich deine aktiven Anteile aufnehme und mit dir danach bespreche.
Die aktuellen Preise findest du unter www.chorleiter-coaching.de.

<u>1. passiv</u> (ohne Videoanalyse)
Ein Nachmittag mit deinem Chor (4 Stunden: 14:00 – 18:00 Uhr, danach Nachbesprechung)
- 60 Minuten Stimmbildung (durch mich)
- Erarbeiten eines dem Chor bekannten Stückes (durch mich)
- Erarbeiten eines für den Chor unbekannten Stückes (durch mich)
- Fragen der Chorsänger
- *(ab 18:00 Uhr)* Nachbesprechung mit dir

2. aktiv (auf Wunsch mit Videoanalyse)
Ein Nachmittag mit deinem Chor (4 Stunden: 14:00 – 18:00 Uhr, danach Nachbesprechung)
- 60 Minuten Stimmbildung (durch mich)
- Erarbeiten eines dem Chor bekannten Stückes (durch dich)
- Pause für den Chor (mit Feedback an dich)
- Nacharbeit dieses Stückes (durch dich)
- Erarbeiten eines für dich und den Chor unbekannten Stückes durch dich (das ich dir eine Woche vor Kursbeginn zusende)
- Pause für den Chor (mit Feedback an dich)
- Nacharbeit dieses Stückes (durch dich)
- Fragen der Chorsänger
- *(ab 18:00 Uhr)* Nachbesprechung mit dir

3. Kombination (auf Wunsch mit Videoanalyse)
Ein Nachmittag mit deinem Chor (4 Stunden: 14:00 – 18:00 Uhr, danach Nachbesprechung)
- 60 Minuten Stimmbildung (durch mich)
- Erarbeiten eines dem Chor bekannten Stückes (durch mich)
- Erarbeiten eines für dich und den Chor unbekannten Stückes durch dich (das ich dir eine Woche vor Kursbeginn zusende)
- Pause für den Chor (mit Feedback an dich)
- Nacharbeit dieses Stückes (durch dich)
- Fragen der Chorsänger
- *(ab 18:00 Uhr)* Nachbesprechung mit dir

4. ein ganzer Tag (auf Wunsch mit Videoanalyse)
10:00 – 18:00 Uhr, danach Nachbesprechung

Privates Coaching
Wir analysieren gemeinsam dein Dirigat, deine Probenplanung und Probe (möglichst inklusive Videoanalyse deiner Proben), die Partiturvorbereitung, das Management in deinem Chor (auch die Zusammenarbeit mit Vorständen). Wir entwickeln gemeinsam deine öffentliche Persönlichkeit, deine Eigen- und Fremdwahrnehmung vor dem Chor und einen nachhaltigen Entwicklungsplan für deinen Chor.

1. als Zusatz zu den Kursen
Am Vormittag einer der Nachmittagskurse 1.-3. (10:00 – 13:00 Uhr)
auch als Vorbereitung auf den Nachmittagskurs

2. ein ganzer Tag
10:00 – 18:00 Uhr

3. nach Bedarf

Alle Kurse und Coachings finden bei dir vor Ort statt (am besten ist **euer regulärer Probenraum**).
Kontaktiere mich einfach unter kontakt.p.lehmann@gmail.com und schau auf die Website www.chorleiter-coaching.de. •

Chorleitermanager

Die besten Vorstände/Beiräte sind die, die auch wissen, wie sie **dich** managen müssen.
Hilf ihnen dabei: Brauchst du Erinnerungen um Dinge zu erledigen, sag es ihnen.
Kommunizierst du am liebsten per Mail oder doch per Telefon, sag es ihnen.
Wie häufig möchtest du an Sitzungen teilnehmen?
Willst du Hilfe bei der Programmgestaltung?
Willst du über jeden Schritt, den der Vorstand und Delegierte machen, informiert werden (nein, willst du nicht!), oder reichen dir Zwischenberichte (ja, tun sie!)?
(s.a. Delegieren)

Natürlich können andere deine Befindlichkeiten kennen**lernen** – aber das können sie immer nur über **trial and error**, d.h. es muss erst etwas schief gehen.
Wenn du deine Vorlieben aber bereits kennst, kannst du sie mitteilen.
Das wirkt auf unerfahrene Vorstände zwar im schlimmsten Fall wie eine Gängelung – macht eure Zusammenarbeit aber effektiver – es kommt ja auch darauf an, wie du es sagst. Erkläre immer deine Motive, dann gibt es keinen Streit.
Ein typischer Fall ist für mich, dass Sänger oder Vorstand **vor** der Probe mit mir sprechen wollen und auch wichtige Dinge zu sagen haben.
Da bin ich aber schon auf die Probe fokussiert. Den Vorständen habe ich gesagt, dass ich zu diesem Zeitpunkt nur begrenzt aufnahmefähig bin – den Sängern sage ich das nicht. Wenn es sich wichtig anhört bitte ich um ein Gespräch nach der Probe oder schlicht um eine Mail, „da ich mir das im Augenblick nicht so merken kann/drum kümmern kann/nicht die Zeit habe, die dieses Problem braucht". •

Chorleitervertrag: Definierte Probenanzahl

Manche Chorleiterverträge definieren eine bestimmte Probenanzahl (z.B. 45 Proben Jahr).
Solche Verträge darfst du **niemals** unterschreiben, da die Probenanzahl **unbeeinflussbar relativ** zum Jahreskalender ist: Fällt ein Probentag z.B. auf den 1. Mai oder er ist ein Brückentag – fehlt dir einer. Die Ferienzeiten sind in jedem Jahr anders. Du bist auch mal krank. Usw. usf. Das musst du alles nachholen!
Nun wäre das kein Problem, wenn die Sänger nicht an anderen Tagen etwas Besseres zu tun hätten. Das Denken: „Die Probe muss nachgeholt werden!" kommt aus dem Einzelinstrumentalunterricht, bei dem ein Nachholen möglich ist, bzw. aus der Wirtschaft: Du bist für ein Produkt bezahlt worden (deine Probenzeit) – dann musst du auch liefern. Unabhängig davon, ob das sinnvoll ist oder nicht.
Die Probenanzahl ist auch relativ zur Notwendigkeit: Was ist, wenn dein Chor ein bestimmtes Stück singen will, du dafür noch Zusatzproben brauchst, aber dein 45-Probenkontingent schon aufgebraucht hast? – Kann dann jemand von dir verlangen, dass **du** nun über den Vertrag hinaus Mehrarbeit leistest? *(s.a. Corona-Verhältnisdrehung)*
Viele Vorstände werden dann sagen: Man werde Lösungen finden/auf ein paar mehr oder weniger Proben kommt es nicht an/etc.

Du wirst versucht sein diese schwammigen Vereinbarungen anzunehmen, weil du deinem **derzeitigen** Gegenüber vertraust. Was ist aber, wenn der Vorstand/Pastor/etc. wechselt und auf einmal das gefordert wird, was im Vertrag steht?
Da ist meine vertragliche Formulierung besser. Ein Vertrag soll *eventuelle* und *zukünftige* Konflikte verhindern. Und das tut er durch eine klare Formulierung.
Grundregel: Frage dich in Vertragsfragen immer: „Ist das in dieser Form deutlich genug oder lässt es ungewollten Raum für Spekulationen?"
Eine allzu klare Regelung (hier 45 Proben) passt niemals zu einem relativen System, selbst wenn die menschliche Komponente (z.B. Krankheit) ausgeschlossen wird. Durch Ferien und gesetzliche Feiertage, sowie durch schlichte Notwendigkeit, kann es mehr oder weniger Proben im Jahr geben. • *(s.a. Chorleitervertrag(-svorlage))*

Chorleitervertrag(-svorlage)

So sieht ein Vertrag aus, den ich fair finde und wie er auch in Variationen bei mir zur Anwendung kommt.
Du darfst ihn kopieren, umschreiben und musst ihn für deine Zwecke anpassen.

Chorleitervertrag
zwischen *[Name des Chors]* vertreten durch *[den Vereinsvorstand/Kirchenvorstand/…]*,
 - nachstehend „Chor" genannt -
und
[dein Name und Adresse]
- nachstehend Chorleiter genannt -
wird folgendes vereinbart:

§ 1 Vertragsgegenstand
Der Chorleiter übernimmt ab *[Datum]* die musikalische Leitung des Chores und die Verantwortung für die musikalische Arbeit im Chor. Er wird seine künstlerische Begabung sowie seine beruflichen Kenntnisse bei der Ausführung der ihm übertragenen Aufgaben einsetzen und dadurch zu gewährleisten suchen, dass für den Chor das bestmögliche Ergebnis bei der musikalischen Arbeit erreicht wird.

§ 2 Rechtsstellung und allgemeine Pflichten des Chorleiters
(1) Der Chorleiter führt die Chorproben durch, die *[einmal wöchentlich/monatlich/etc.]* *[Wochentag eintragen]* stattfinden und deren Dauer in der Regel *[120/90/240/etc.]* Minuten *[(… bis … Uhr)]* betragen.
Hier kannst du auch eine ‚von…bis…' Länge der Proben eintragen. Z.B. eine Dauer von 90 – 120 Minuten. So ist die reguläre Probenzeit 90 Minuten, du kannst sie aber auf 120 Minuten verlängern, wenn du die Zeit brauchst. So bist du nicht gebunden, der Chor kann aber die Grenzen einfordern.
Während der üblichen Schulferien finden keine Chorproben statt.
Darüber hinaus obliegt dem Chorleiter die musikalische Leitung des Chores bei Konzerten und anderen Auftritten in der Öffentlichkeit.

Chorproben, Konzerte und öffentliche Auftritte sind grundsätzlich von dem Chorleiter persönlich wahrzunehmen. Nur bei dringender entschuldbarer Verhinderung oder im Krankheitsfall ist der Chorleiter von dieser Verpflichtung entbunden.
Lass dich hier niemals auf den Passus ein, dass du im Verhinderungsfalle einen Ersatzdirigenten **garantierst***!*
Das kannst du nicht. Im Zweifelsfalle kannst du vereinbaren, dass du dich bemühst einen Ersatz zu finden.
Das solltest du eh – aber wenn du keinen findest, darf das keinen Vertragsbruch darstellen.
Dieser Ersatz wird auf deine Kosten arbeiten. Auch das darf im Zweifelsfalle in den Vertrag – das alles freiwillig anbieten würde ich aber niemals!
Diese Formulierung garantiert mir im Augenblick trotz Probenausfalls durch die Corona-Krise eine Lohnfortzahlung. Gesetzlich **darf** *ich nicht proben – somit ist die Verhinderung dringend entschuldbar.*

(2) Der Chorleiter hat das Recht, auch für andere Auftraggeber als Dirigent tätig zu werden. Er unterliegt insoweit keinen Ausschließlichkeitsbindungen oder einem Wettbewerbsverbot.

(3) Aufgrund seiner besonderen Funktion und der angestrebten engen Zusammenarbeit [mit dem Musikverein/ mit der Musikgruppe], [dem Vorstand] und den Mitgliedern, verpflichtet sich der Dirigent, über alle ihm bekannt gewordenen und bekanntwerdenden Geschäfts- und Betriebsgeheimnisse des Vereins, über vereinsinterne Vorgänge und Strukturen sowie über schutzwürdige persönliche Verhältnisse von Mitarbeitern und/oder Mitgliedern des Chores Stillschweigen zu bewahren.
Diese Verschwiegenheitsverpflichtung gilt auch fort, wenn das Vertragsverhältnis zwischenzeitlich beendet ist.
Diese Vereinbarung läuft unter dem Ehrenkodex. Wenn du nicht 4000€ pro Monat mit deinem Chor verdienst verweigere Vertragsstrafen. Es ist doch ganz einfach: Ihr geht ein Vertrauensverhältnis ein – wenn du meinst über Interna plaudern zu müssen, ist dieses Vertrauensverhältnis eh zerstört und ihr müsst eine andere Lösung für eine Zusammenarbeit suchen. Entweder **du** *gehst dann oder der Vorstand.*

(4) Die Auswahl des Liedgutes sowie die Durchführung und Programmgestaltung für Konzerte, Gottesdienste und andere öffentliche Auftritte führt der Chorleiter durch.
Keine Diskussion! Programmkommissionen (s.a.) oder ähnlicher Quatsch dürfen **niemals** *vertraglich festgelegt sein.* **Du** *bist für die musikalische Gestaltung zuständig. Wenn der Chor mit deiner Stückauswahl nicht einverstanden ist, wirst du das bald merken.*

(5) Die Festlegung der Anzahl und der Orte der Auftritte obliegt dem Chorleiter in Abstimmung mit dem Vorstand. Der Chorleiter hat hierbei darauf zu achten, dass Auftritte nur stattfinden oder geplant werden, wenn sichergestellt ist, dass diese vom Chor quantitativ und qualitativ dem derzeitigen Ist-Zustand entsprechend durchgeführt werden können.
Dieser Passus schützt dich, wie auch den Chor. So kannst du nicht dazu ‚überredet' werden, einfach mal spontan noch einen Auftritt ins Programm zu nehmen, ohne dass der Chor Konsequenzen in Form von Zusatzproben (die auch Kosten verursachen) zu befürchten hat. Meistens ist es ja leider so, dass die, die am lautesten nach diesen Zusatzauftritten schreien, dann bei den dafür notwendigen Zusatzproben nicht dabei sind.
Das lässt man einmal ausspielen, verweigert darauf mit Verweis auf diesen Passus den Auftritt, weil er qualitativ nicht dem Ist-Zustand entsprechen würde, da die Sänger nicht das getan haben was du zur Erfüllung dieses

Zusatzauftrittes von ihnen vorausgesetzt hast, und schon wird entweder nie wieder danach gefragt oder es wird von nun an ordentlich mit dir geprobt.
Der Chor schützt sich durch diesen Passus, weil es ja auch du sein könntest, der – eventuell um mehr Geld zu verdienen, oder weil du deinen Chor falsch einschätzt – Auftritte plant, die dann schlecht klingen.

(6) Der Chor trägt Sorge, dass das Notenmaterial, aus dem er singt, keine Urheberrechte verletzt und ist für die Anmeldung von Konzertprogrammen bei der „GEMA" verantwortlich.
Er stellt den Chorleiter in diesen Belangen von jeder Verantwortung frei.
Dies ist ein netter Satz – aber ohne rechtliche Handhabe.
Wenn du deinem Chor urheberrechtlich geschützte Material kopierst und keiner aus dem Vorstand protestiert, bist du vor dem Gesetz trotzdem verantwortlich. Ich nutze den Satz aber dafür, um meine Position klar zu machen: Wenn aus urheberrechtlich geschütztem Material gesungen werden soll, dann wird das bitteschön gekauft.

(6.1) Der Chor ist für die Beschaffung von ausreichend Notenmaterial für den Chor und für den Chorleiter verantwortlich. Welche Ausgabe, beziehungsweise von welchem Verlag die Ausgabe stammt, entscheidet der Chorleiter.
Nutze dieses Recht! Du musst schließlich nachher mit dem Notenmaterial arbeiten. Es gibt z.B. immer noch Verlage, die keine Taktzahlen in ihre Noten eintragen. Es ist eine Katastrophe damit zu proben.

(6.2) Es muss das Bestreben des Chores sein, für gemeinfreie Noten eigene Ausgaben für den Chor zu erstellen und hierfür ein hochwertiges Notenschreibprogramm zu nutzen.
Spätestens wenn du Übe-Klang-Dateien (s.a.) anbieten willst, wird sich das immer mehr etablieren.

§ 3   Honorar
(1) Der Chorleiter erhält für seine Tätigkeit ein monatliches Honorar von *[…]*€.
Damit sind grundsätzlich alle regelmäßigen Proben, sowie alle grundsätzlich zur Ausübung der Chorleitung notwendigen Ausgaben vergütet.
*Das heißt wirklich **alles**. Wenn du einen Brief schreiben musst ist damit die Briefmarke abgegolten Es gibt Kollegen, die dies berechnen – ich will für meinen Chor berechenbar sein.*
Hiermit ist eine Honorarvereinbarung getroffen, die keiner weiteren schriftlichen Rechnungstellung bedarf. Der Monatsbetrag ist zum Ende jeden Monats auf ein vom Chorleiter schriftlich zu benennendes Konto zu überweisen.
[(1 Alternative) Der Chorleiter erhält je vertraglich festgelegter Probeneinheit ein Honorar von *[…]*€. Hiermit ist eine Honorarvereinbarung getroffen, die einer weiteren schriftlichen Rechnungstellung bedarf. *Du fasst am Ende des Monats deine Tätigkeiten mit Einzelabrechnungen zusammen und stellst das Gesamthonorar für diesen Monat in Rechnung (s.a.).*]

(2) Für seine Tätigkeit bei Konzerten, anderen Veranstaltungen und sonstigen Auftritten erhält der Chorleiter nachstehendes zusätzliches Honorar:
Auftritte in Gottesdiensten: *[…]*€
Auftritte bis 15 Minuten Dauer: *[…]*€
Kleine Feierlichkeiten und Teilnahme an Massenchorveranstaltungen – das ist aber auch das kleine Geburtstagsständchen für den 80. Geburtstag eines langjährigen Chormitgliedes bei ihm zuhause, wenn du hier eine Berechnung moralisch für korrekt hältst.

Konzerte bis 45 Minuten Dauer: *[…]€*
Das sind Konzerte, wo du nur die eine Hälfte des Programms selbst gestaltest, weil ihr selbst der Gastchor seid oder ein anderer Chor die andere Hälfte gestaltet.
Konzerte über 45 Minuten Dauer: *[…]€*
Ein vollwertiges Konzert.
Merke: *Keine Kirchengemeinde wird sich auf diesen Passus einlassen – die erwarten, dass mit deinem monatlichen Gehalt alle Proben und Gottesdienste abgegolten sind. Lass dich dann auf eine ca. Anzahl von Auftritten ein. Bei Kirchenchören hat es sich als sinnvoll herausgestellt 8-12 Gottesdienste in den Vertrag einzuarbeiten und 9 im Probenplan festzulegen. Besondere Feiern (von Hochzeit bis Todesfall) kommen dann noch hinzu – sind aber meist nicht planbar. So bist du aber vertragsgetreu und riskierst nicht über den Vertrag hinaus arbeiten zu müssen.*

(2.1) Die Berechnung der zu berechnenden Zeit ist über die notwendige Dauer der Anwesenheit des Chorleiters ab Konzertbeginn definiert und nicht zwingend über die Dauer des aktiven Auftrittes vor Publikum. Mit jedem in §3 Ziff. (2) genannten Honorar ist jede notwendige Probe am Tag des Auftrittes vergütet.
Damit ist der Chor versichert, dass du auch bei einem Auftritt von 15 Minuten, aber einer Einsingzeit die drei Stunden vorher beginnt nicht das große Honorar einstreichen kannst – auch wenn das eigentlich klar ist. Die Zeitrechnung beginnt also erst in dem Augenblick, wo du die Bühne betrittst.
*Wohlgemerkt: Wenn dein Chor sich mit einem anderen Chor abwechselt, und du somit eine ganze Konzertlänge immer wieder auf die Bühne musst, um den Chor zu leiten, ist dies eine Anwesenheitspflicht von über 45 Minuten. Wenn du irgendwo in der Mitte dran bist und dann ganz am Schluss ein gemeinsames Stück gesungen werden soll, das du **nicht** dirigierst, darfst du nur deine tatsächliche Bühnenzeit berechnen.*
Dirigierst du aber dieses letzte Stück, ist deine Anwesenheit die ganze Zeit notwendig gewesen.
Grundregel: *Ab dem Moment wo du auf die Bühne gehst, beginnt die zu berechnende Zeit. In dem Augenblick wo du theoretisch nachhause gehen könntest – auch wenn das Konzert noch läuft – stoppt diese Zeit.*
Auftritte auf wie in §3 Ziff. (4) pauschal vergüteten Chorfahrten werden mit dem in §3 Ziff. (2) genannten Honorar zusätzlich zu der Pauschale vergütet.

(3) Notwendige Sonderproben (z.B. Probenfreitag 19:00 Uhr – 22:00 Uhr, halb- und ganztägig) z.B. vor Konzerten werden dem Chorleiter pauschal mit *[…]€* vergütet.
Die Beurteilung der Notwendigkeit solcher Zusatzproben, deren Festlegung und Dauer liegt im Ermessen des Chorleiters.
Er hat die Befugnis die Zusatzprobe nach seinem Ermessen am Probentag angemessen zu kürzen, sollte dies aber begründen.
Es ist einfacher diese Sonderproben zu pauschalisieren, als dass du da einen Stundensatz berechnest. Manchmal setzt du 8 Stunden an, brauchst aber nur 7. Statt die Sänger nun nachhause zu schicken, wirst du versucht sein aus Geldgier ‚irgendwas' zu proben. Das fällt auf. Außerdem bist du dann nicht mehr so frei deine Pausen nach Notwendigkeit zu setzen. Glaube mir: Die Pauschale befreit dich.

(3.1) Ein außerordentlicher Probenbeginn der regulären wöchentlichen Probe um *[…]* Uhr zwecks Stimmbildung *(45/30 Minuten)* mit einer Stimmgruppe oder zur Verlängerung der regulären Probenzeit wird mit *[…]€* vergütet.
Selbst wenn du es noch nicht vorhast – schreibt es in den Vertrag. Wenn es nicht erwünscht ist, tut es keinem weh und wenn es gewünscht wird, muss man keinen Nachtrag zum Vertrag aufsetzen.

(4) Soweit der Chor eine Chorfahrt wünscht (**mindestens eine Übernachtung**), wird die Mitfahrt, Anwesenheit und alle Proben vor Ort gesamt pauschal dem Chorleiter mit *[…]*€ je Übernachtung vergütet. Notwendige Kosten für Übernachtung und Verpflegung trägt der Chor. Der Chorleiter hat Anrecht auf ein Einzelzimmer.

Der letzte Punkt mag komisch aussehen – du brauchst aber Ruhe um wieder zu dir zu finden – so sozial du auch sein magst, nach drei Tagen Gruppenleitung wirst auch du einen Koller kriegen.

(5) Mit dem Honorar sind Fahrtkosten und Spesen für Fahrten zwischen dem Wohnort und dem Proben- oder Auftrittsort bis zu *[…(50)]* Kilometer vom Wohnort entfernt abgegolten. Darüber hinaus werden dem Chorleiter die tatsächlichen notwendigen Reisekosten oder Fahrtkosten mit *[was das Finanzamt gerade für Freiberufler absetzen lässt…]*€ je gefahrenen Kilometer erstattet.

Wenn der Chor dir eine Fahrtkostenerstattung anbietet, ist das zwar erstmal mehr Geld – versuche aber lieber eine ‚heimliche' Pauschale auszuhandeln, die im Monatslohn drinsteckt. Dann kannst du in dieser freiberuflichen Tätigkeit nämlich deine Fahrtkosten von der Steuer absetzen. Alle Fahrtkosten, die in der Abrechnung auftauchen sind ja schon honoriert und somit nicht mehr absetzbar. D.h. verhandle lieber über ein höheres Monatsgehalt, als über extra abgerechnete Fahrtkosten.

Die beispielhaften 50 Kilometer habe ich nur im Vertrag, um zu verhindern, dass der Chor bei Reisen oder weiter entfernten Konzerten nicht meint, dass das ein kostenloser Dauerzustand werden darf.

Die 50 Kilometer sind bei mir so gewählt, dass sie (mit Autobahnanbindung) in ca. 60 Minuten zu fahren sind und somit in meiner Maximalentfernung, die ein Chor zu meinem Wohnort für mich haben darf, liegen. Ich möchte nämlich nicht, dass meine reine Fahrtzeit (hin und zurück) die Gesamtprobenzeit überschreitet (hier 2 Stunden).

(6) Alle Posten nach §3 Ziff. (2-5) bedürfen einer weiteren schriftlichen Rechnungsstellung durch den Chorleiter.

(6.1) Alle in Rechnung gestellten Beträge sind innerhalb von 10 Tagen auf ein vom Chorleiter schriftlich zu benennendes Konto zu überweisen. *[s.a. Rechnungsvorlage]*

[(7) Alle Steuern und Sozialabgaben (einschließlich Künstlersozialkasse) sowie sonstige öffentlich-rechtliche Abgaben bestreitet der Chorleiter von dem vereinbarten Honorar. Er ist selbst für die entsprechenden Anmeldungen verantwortlich und stellt daher den Chor von diesbezüglichen Forderungen Dritter frei.]

Das ist ein Satz, der für **mich** *gilt. Wenn du sonst wie sozialversichert bist, kannst du nach meinem Wissensstand selbstständig Rechnungen nach §19UStG ausstellen – wenn der Verein gemeinnützig ist, brauchst du das wohl nicht.* **Aber** *man gerät da ganz schnell in eine Scheinselbstständigkeit. Dieser Passus sollte von Fall zu Fall genau bewertet und formuliert werden!*

(8) Beide Vertragsparteien gehen in diesem Vertrag von einer sozialversicherungsrechtlich und steuerrechtlich zutreffenden freiberuflichen und selbstständigen Tätigkeit des Chorleiters aus.

Sollte rechtskräftig etwas anderes festgestellt werden, so haben beide Parteien das Recht der außerordentlichen Kündigung des vorliegenden Chorleitervertrages ohne Einhaltung einer Kündigungsfrist.

Wenn (7) auch nach Umformulierung und Prüfung nicht stimmen sollte, schützt euch dieser Passus zumindest insofern, als dass ihr den Vertrag sofort auflösen könnt.

§ 4 Rechte

(1) Der Chorleiter ist zur Teilnahme an vereinsinternen Besprechungen und Versammlungen berechtigt, jedoch nicht verpflichtet. Die Berechtigung entfällt, sollte der Chorleiter selbst Gegenstand der vereinsinternen Besprechung oder Versammlung sein. Sofern er daran teilnimmt, ist der hieraus entstehende Aufwand mit der Zahlung des Honorars nach §3 Ziff. (1) abgegolten.

Dieser Passus gibt dir das Recht an Vollversammlungen des Vereins teilzunehmen – wenn kein Verein vorhanden ist, kann dieser Passus weggelassen werden, bzw. in „chorinterne" Besprechungen und Versammlungen umgewandelt werden.

(2) Der Chorleiter ist berechtigt an Vorstandssitzungen des Vereins teilzunehmen und muss von diesen angemessen vorab in Kenntnis gesetzt werden. Er ist nicht zur Teilnahme verpflichtet. Die Berechtigung entfällt, sollte der Chorleiter selbst Gegenstand der Vorstandssitzung sein. Sofern er daran teilnimmt, ist der hieraus entstehende Aufwand mit der Zahlung des Honorars nach §3 Ziff. (1) abgegolten.

Siehe oben – hast du einen Beirat kannst du „Vorstandssitzungen" durch „Sitzungen des Beirates" ersetzen.

(3) Ob ein Programm/Stück/Auftritt durch Solisten, Instrumentalisten, Leihgebühren für Instrumente, Aushilfen, etc. unterstützt wird, entscheidet der Vorstand. Die Kosten trägt gegebenenfalls die Chorkasse; wenn eine Umlage auf die Chormitglieder notwendig ist, entscheidet der Chor. Eventuelle Solisten oder Instrumentalisten werden vom Dirigenten in Abstimmung mit dem Vorstand ausgewählt.

Dieser Passus schützt dich, wie auch den Chor:
Den Chor, weil er verhindert, dass du die H-moll Messe aufführen willst und ungefragt ein Orchester für 30.000€ engagierst. Er schützt dich, da der Chor zwar den Plan haben kann mit Instrumentalisten zu musizieren, aber dein Recht auf Qualitätsmanagement davon nicht berührt werden darf.
Wenn der Chor sich die Musiker, die du dir wünschst, oder die du für notwendig erachtest nicht leisten kann/will dann geht das alles eben nicht.
*Lasse dich **niemals** darauf ein, dass du dich an den Kosten für die Musiker beteiligen sollst. Dann wirst du Abstriche in der Qualität machen. Du bist ein bezahlter Dienstleister – genau wie die möglichen Instrumentalisten. Ich weiß meistens tatsächlich nicht, wie viel die Musiker, mit denen ich zusammenarbeite, an Honorar vom Chor bekommen und frage auch nie danach. Das ist nicht mein Aufgabengebiet. (s.a. Instrumentalistenhonorar)*

(3.1) Sollten Konzertorte gebührenpflichtig sein, trägt der Chor diese Gebühren in vollem Umfang.

Genau wie oben: Wenn der Chor in einem kostenpflichtigen Konzertraum singen will, werde ich dafür nicht einen Teil meiner Gage hergeben. Es gibt genug kostenlose Kirchen, die sich einfach freuen, einen Chor zu Gast zu haben. Wenn diese Räume nicht mehr ausreichen, muss die Chorkasse für die Kosten aufkommen.

(4) Ob für Konzerte des Chores Eintritt verlangt wird und dessen Höhe, kann nur in Rücksprache mit dem Chorleiter beschlossen werden.

Ein Passus, der mir persönlich am Herzen liegt, da ich (so gut es geht) vermeide Eintritt zu nehmen. Dieser lohnt sich nach meiner Erfahrung nur bei einem spannenden Event (z.B. mit einem Star) oder wenn er wirklich hoch ist. Du wirst schlicht weniger Zuhörer haben und die, die es sich nicht leisten können, müssen draußen bleiben – dafür mache ich aber keine Musik. (s.a. Konzert: Eintritt)

§ 5 Kündigung

(1) Dieser Chorleitervertrag wird auf unbestimmte Zeit geschlossen und kann durch beide Vertragspartner mit einer Frist von 3 Monaten zum Quartalsende gekündigt werden. *Eine Kündigung ist damit nur zum 01.04. (Kündigung muss bis zum 31.12. eingegangen sein), 01.07. (31.03.), 01.10. (30.06.) und 01.01. (30.09.) möglich.*

(2) Das Recht einer außerordentlichen fristlosen Kündigung aus wichtigem Grund steht den Parteien uneingeschränkt zu. *Standard.*

(3) Kündigungen bedürfen der Schriftform. Der Kündigende hat den Nachweis des Zugangs der Kündigung beim Kündigungsadressaten zu führen. *Standard.*

(4) Es wird eine Probezeit von 6 Monaten ab Vertragsunterzeichnung vereinbart, in der die Kündigungsfrist auf 2 Wochen verringert ist.
Kein Standard. Kann auch auf drei Monate reduziert werden. Bei misstrauischen Vorständen kommt das aber gut an, da sie dann glauben, dich schnell wieder loswerden zu können – sie vergessen aber gerne was für Mühen es gekostet hat, dich überhaupt zu finden…
Bedenke aber auch, dass du meist nicht sofort mit der Leitung des Chores beginnen wirst, weshalb einigen Vorständen die Formulierung „ab Vertragsunterzeichnung" sauer aufstößt. Durch die 6 Monate ist aber meist noch genug ‚aktive' Zeit in der Probezeit und vergiss nicht, dass auch die Übergangszeit vom alten zum neuen Dirigenten – selbst wenn du noch nicht bezahlt werden solltest – viel über deine Arbeitsweise aussagen wird. Wenn es hier zu Knatsch kommt, kommst du damit auch schnell aus dem Vertrag wieder raus.

§ 6 Schriftform und salvatorische Klausel

(1) Mündliche Nebenabreden wurden nicht getroffen.

(2) Ergänzungen und Änderungen des Vertrages bedürfen grundsätzlich der Schriftform.

(3) Sollten einzelne Bestimmungen dieses Vertrages ganz oder teilweise unwirksam sein oder werden, wird hierdurch die Rechtswirksamkeit des gesamten Vertrages im Übrigen nicht berührt. Die Vertragsparteien verpflichten sich, anstatt der unwirksamen Regelung eine Regelung zu vereinbaren, die dem Parteiwillen und dem wirtschaftlichen Zweck der unwirksamen Regelung in zulässiger Weise am nächsten kommt.

§ 7 Vertragsausfertigungen

Die Vertragsparteien bestätigen, eine jeweils gegengezeichnete Ausfertigung dieses Vertrages erhalten zu haben.

Ort, Datum,

Unterschriften… •

Chorleiterwahl und Probedirigieren
Es gibt zu viele Chöre, denen eine qualifizierte Chorleitung nicht wichtig ist.
Das liegt nicht daran, dass sie das bewusst nicht wollen („wir wollen keinen, der das gelernt hat"), sondern weil ihnen ihre Situation alternativlos erscheint.
Sie haben einen Chorleiter und der ist ‚gut genug'. Sie glauben nicht, dass sie einen besseren finden. Im schlimmsten Fall werden sie vom aktuellen Chorleiter eingelullt, indem er seine Unfähigkeit durch seine Persönlichkeit kaschiert.
Wenn es nun daran geht einen neuen Chorleiter zu finden, hat man als Chor mit kleinem Budget zugegebenermaßen schlechte Karten, weil der Chorleitermarkt, vor allem auf dem Land, leergefegt ist. (Auch wenn Corona in dieser Hinsicht katastrophale Auswirkungen haben dürfte.) Interessant wird es in jedem Fall, wenn man mit einem Monatsgehalt ab 350€ werben kann.
Eine **Grundregel** sollte immer leicht zu erfüllen sein: Ein Chorleiter muss **besser** sein als seine Sänger. Er muss mehr **Fachwissen** haben. Er muss einen **Wissensvorsprung** haben. Zu viele Chorleiter bekommen ihre Position im Laienchor, weil sie offen den Willen und vor allem Spaß daran haben Verantwortung (Macht) zu übernehmen.
Dem kann nur mit der Erfahrung der Sänger (oder eindringlichen Warnungen wie aus diesem Buch) entgegengewirkt werden.
Sänger, die wissen, dass es auch anders geht, müssen der Besetzung von verantwortlichen Positionen durch solche Personen widersprechen.
Ich sehe ständig, dass Chorleiter durch ihren Charme im Auswahldirigieren überzeugen.
Der normale Chorsänger will vom Chorleiter mitgenommen werden, eingelullt werden, nicht gestört werden. So funktioniert aber effektives Chorleiten nicht.
Und wenn dann die Proben losgehen, merken die Sänger wie wenig Substanz der von ihnen gewählte Dirigent hat.

Die folgende Empfehlung zum **Ablauf einer Chorleitersuche** ist eigentlich für einen Vorstand/ein Gremium.
Wenn du nett bist, solltest du diesen Ablauf aber begleiten und helfen ihn für eure Situation anzupassen. *(s.a. Kündigung)*
Wenn du einen Chor übernehmen willst und wirst durch solch ein Verfahren geschickt, kannst du davon ausgehen, dass auch sonst einiges in diesem Chor richtig läuft.
Wenn nicht, hat das auch seine Gründe (es können auch gute sein…).

Die Stelle wird also beworben – auf Plattformen von Chorverbänden und sogar ebay-Kleinanzeigen, Aushänge in Musikhochschulen und Musikschulen. Auch in die Zeitung sollte ein Artikel.
Wenn der Chor auf dem Dorf liegt, sollten in der Anzeige die Nahverkehrsbedingungen geschildert werden. Eine kurze Beschreibung des Chores, Probentag, Ansprechpartner, Website, Beginn und was man sich von der neuen Chorleitung erwartet.
Hast du im ersten Anlauf kein Glück, solltest du im zweiten Anlauf (**erst dann!**) auch das mögliche Honorar bewerben.
Vor dem Auswahldirigieren trifft sich der Vorstand mit den Kandidaten einzeln und es wird die erste Vorauswahl getroffen.

Merke: Es ist (war) *Chorleitermarkt* – es gibt (gab) ein Überangebot an Chören und ein Unterangebot an **qualifizierten** Chorleitern.
Gerade auf dem Dorf ist es schwierig (immer noch). In der Stadt hat man meistens gute Auswahl, vor allem wenn eine Musikhochschule in der Nähe ist.

In dieser **Vorauswahl** passieren meist die ersten zwei großen Fehler:
„Wir nehmen den Studenten, der ist jung und frisch." – Der ist aber auch unerfahren und geht meistens nach 3-4 Jahren wieder.
Wollt ihr nachhaltig sein und habt die Wahl (also 3-4 andere), nehmt **nicht** den Studenten!
Dann eine der bescheuertsten Vorauswahlen, die ich kenne: „Der ist überqualifiziert."
Da will also ein erfahrener Dirigent den Dorfchor übernehmen, wird aber nicht mal zum Auswahldirigieren zugelassen, weil er **zu viel Erfahrung** hat?
Dies geschieht aus der Angst, dass der Kandidat sich nicht auf das Niveau des Chores ‚herablassen' kann. Diese Kandidaten gibt es – aber selten.
Somit wird euch die irrationale Angst vor der Überforderung möglicherweise einen großartigen Chorleiter verlieren lassen.
Wenn ihr den Verdacht habt, er könnte überqualifiziert sein, sprecht doch mit ihm darüber. Wenn er dann zeigt, dass er genau weiß wo ihr steht und euch konzeptionell da abholen will wo ihr seid, dann zeugt das davon, dass er sich darüber vorher Gedanken gemacht hat.

Das **Auswahldirigieren** muss pro Kandidat mindestens zwei Proben umfassen. Nicht nur 20 Minuten und fertig. Die Sänger dürfen am Ende jeder Probe Fragen stellen (rechne hier mit 30 Minuten und sei lieber ‚zu früh' fertig).
Der Kandidat muss in den Proben ein bekanntes Stück (vom Vorstand/von dir ausgewähltes und am besten aus dem letzten Programm) und zwei für den Chor unbekannte Stücke in unterschiedlichen Schwierigkeitsstufen (die der Kandidat selbst mitbringt) einstudieren.
Sie müssen nicht perfekt zu Ende geprobt werden, geben euch aber schon die Information, wie der Kandidat den Chor einschätzt. Mehrere Kandidaten bekommen natürlich unterschiedliche, aber vergleichbare bekannte Stücke.
Euer Ziel muss sein mit dem Kandidaten auch schwere Stellen gelöst zu bekommen.
Welche pädagogischen Kniffe wendet er an? Was ist sein Plan mit euch?
Fragt ihn, wie er die von ihm mitgebrachten Stücke weiter proben würde.
Wenn er sehr oberflächlich geprobt hat, sollte er beim 2. Mal genauer werden wollen. Wenn er in 30 Minuten nur 10 Takte geprobt hat, aber dafür sehr genau, muss er auch das begründen (z.B. Grundlage legen für das nächste Mal/den Chor testen/etc.).

Selbst wenn ihr 10 Bewerber habt, muss sich der Vorstand/Beirat/das Gremium in seinen Gesprächen auf maximal drei Kandidaten einigen, die vordirigieren dürfen.
Dann leiten die Dirigenten im Wechsel je eine Probe, um darauf ein zweites Mal zu kommen, also: 1,2,3 – 1,2,3. Schließlich wird anonym(!) gewählt. Es muss das

Mehrheitswahlrecht gelten. D.h. der, der die meisten Stimmen hat, gewinnt. Einen Patt zwischen zwei Kandidaten löst du durch eine Stichwahl.

Der Vorstand trifft die Vorauswahl – das ist die **erste Runde**. Einen guten Dirigenten kann man hier schon erkennen.
Spart eurem Chor das sinnlose Probedirigieren mit zwei Wahlgängen, in dem schon nach dem ersten Probendurchgang ein Kandidat rausgewählt wird. Nur weil das Opernhaus mehr als einen Wahlgang macht, braucht ihr es nicht auch tun.
Bedenkt: Auch die Dirigenten müssen sich erst an den Chor gewöhnen und dafür haben sie die zweite Chance verdient – dafür ist die **zweite Probeprobe** da.
Meistens ist es eh so, dass Kandidaten, die in der ersten Probe schon vornehmlich negative Rückmeldung bekommen haben, nicht mehr zum zweiten Dirigieren erscheinen. Die dann ausgefallene Probe kann der alte Dirigent leiten, oder ein anderer Kandidat kann vorgezogen das zweite Mal dirigieren.
Als Vorstand muss man darauf achten, vorschnelle und lautstark verkündete Entscheidungen von Sängern zu dämpfen (nach dem ersten Kandidaten: „Der war doch gut – nehmen wir ihn!"). Das sind Schreier (s.a.). Die haben einfach keinen Bock.

Mit meinem System braucht ihr zum vernünftigen Ausprobieren maximal 6 Proben (bei zwei Kandidaten sogar nur 4). Das ist nicht viel, wenn man bedenkt, dass man mit dem Chorleiter viele Jahre verbringen wird.
Grundregel:
1. Runde: Der Vorstand/ein gewähltes Gremium und im besten Fall auch der aktuelle Dirigent treffen eine Vorauswahl von maximal drei Kandidaten durch Gespräche.
2. Runde: Auswahldirigieren mit jeweils zwei Proben pro Kandidat, im Wechsel und mit anonymer Wahl, in der das Mehrheitswahlrecht gilt.
Nutzt eure Zeit **wenige** Kandidaten **gut** zu prüfen. •

Chorleitungskurse

Alle Chorverbände, Hochschulen, Volkshochschulen und manche Private bieten Dirigierkurse bei mehr oder weniger etablierten Chorleitern und Chören an.
Du solltest diese Angebote wahrnehmen!
Ich habe mit ihnen nur ein einziges Problem…
Dirigierkurse sind grundsätzlich toll, um die eigene Technik zu verbessern, Input von Profis zu bekommen, andere Chorleiter zu treffen, den Fokus auf die eigene Technik zu legen und gute Chöre zu dirigieren. Uups: 2x Technik gesagt… Denn für mehr sind sie nicht gut.
Wenn ein Laienchorleiter sagt, er hätte bei diesem und jenem schon Kurse gemacht – was juckt es mich? Denn Dirigierkurse als Vorbereitung auf das **Laien**chorleiten sind nutzlos, weil sie nicht realitätsnah sind:

- Du leitest in diesen Kursen, genau wie im Studium oder bei den C-Prüfungskursen Sänger/Mitstudenten, die alle singen können und jung oder im mittleren Alter sind.
- Du lernst Stücke kennen, die du mit deinem Chor nicht singen kannst.
- Du lernst ein detailliertes Arbeiten kennen, das dir dein Chor nie verzeihen wird.
- In dir wird eine Erwartungshaltung geschürt, die sich nie erfüllen wird.
  Nach solch einem Kurs wirst du hochmotiviert sein und in ein tiefes Loch fallen: die Realität.

Ich habe in meinem Studium und auf Kursen niemals gelernt, wie ich mit einem Laienchor umgehen soll. Ein Chorleitungskurs, der **dir** neben der Technik etwas beibringen kann, muss mit einem echten Laienchor als *Arbeitsinstrument* gestaltet werden. Es muss Einheiten in „Management und Organisation" geben. Es muss Gesprächsrunden geben, in denen Erfahrungen wertfrei aber reflektiert ausgetauscht werden können. Chorleitung im Laienbereich ist **Menschenführung** – dafür brauchst du ein Grundwissen in Kommunikation, Psychologie, Pädagogik und Sozialarbeit.
Nur so wirst du realitätsnah an die Probleme, die dich im Laienbereich erwarten, herangeführt. Nur so wirst du, von einem Lehrer begleitet, Lösungswege finden können. Ich habe noch von keinem Kurs oder Studium gehört, das sich bewusst (nicht aus Versehen) mit der Laienchorarbeit und im Kurs mit einem Laienchor beschäftigt hat.
Weiß jemand etwas von einem Kurs wie er mir vorschwebt, kann er mir gerne schreiben.
Ein ‚normaler' Kurs/Studium/C-Prüfung/etc. gibt dir das **technische** Fundament. Laienchorleitung lernst du aber nur durch **reflektierte Erfahrung**.
Ein Profichor kann von einem Affen geleitet werden. Wenn die Profis gut musizieren wollen, werden sie sich von dem da vorne nicht daran hindern lassen.
Dort ist der Dirigent ersetzbar.
Im Laienchor kommt es auf dich und deine Persönlichkeit an.
Du bist der Chor. Ohne dich ist der Chor nichts. Und jeder Chor ist unterschiedlich.
Deine Fähigkeit einen Chor und seine Menschen zu leiten und wahrzunehmen, entscheidet über seine Zukunft. Dies zu evaluieren, erfordert eine individuelle Analyse. Das kann kein Kurs leisten. Dafür biete ich Coachings an.
Von einem Kurs/Studium erwarte ich, dass du dort aber mindestens zu einer problembezogenen und niveaugerechten Reflexion hingeleitet wirst. •
(nur beispielhaft s.a. Dialog als Schlüssel zur Diskussionskultur)

Chorrettung durch Marktlückenanalyse

Gibt es in deiner näheren Umgebung viele Chöre (z.B. in der Stadt) und ihr konkurriert untereinander um Sänger, lohnt es sich nicht nur das *eigene* Profil zu analysieren, sondern auch das der *anderen* Chöre. Dann kann dein Chor gezielt das eigene Profil so schärfen, dass er zumindest teilweise in eine **Marktlücke** fällt.
Viele Chöre machen den Fehler sich bei Sängerverlust immer breitbeiniger aufzustellen, um für jeden Sänger attraktiv zu sein. Das ist nur dann richtig, wenn dein Chor vornehmlich eine soziale Einrichtung ist.

Willst du dich gegen andere durchsetzen, kann es dagegen hilfreich sein ausschließend/spezialisiert zu sein. Z.B. ein Chor nur für 50 – 70-Jährige. Oder nur für Menschen mit blauen Augen. Oder nur für Menschen mit 6 Zehen am linken Fuß.
Ein korrektes Beispiel gibt es nicht. Dieses muss aus der Standortsituation und den Möglichkeiten deines Chores heraus entwickelt werden, denn du darfst dabei natürlich nicht alle existierenden Chorsänger vergraulen – dann könntest du gleich einen neuen Chor gründen.
Dieser Schritt passiert also nicht plötzlich – er muss sich entwickeln.
Fange deshalb früh an die *Marktsituation* zu analysieren.
Wenn du dann deine Lücke gefunden hast, werbe damit. •

Chorverbände
Es gibt unzählige Chorverbände in den meisten Ländern dieser Welt. Chöre scheinen sich organisieren zu wollen.
In Deutschland hat mindestens jedes Bundesland und noch kleinteiliger seinen eigenen Chorverband. Auch die Kirchen haben Chorverbände – du kannst dich also auch als Kirchenchor organisieren.
Was die genauen Vorteile eines Chorverbandes deiner Region sind, musst du dort konkret erfragen (auf der Website unter „Mitglied werden").
Die meisten haben für ihre Chöre einen Rahmenvertrag mit der GEMA abgeschlossen, sie beraten in allen Chorbelangen, haben eigene Zeitschriften und sind Ansprechpartner für Probleme jeder Form.
Der wichtigste Grund wäre für mich aber, dass über den Zusammenschluss gemeinsame Konzerte veranstaltet, aber auch Kurse für Chorleiter und Chorsänger angeboten werden.
Ob sich die Mitgliedschaft finanziell lohnt, muss gut durchgerechnet werden.
Wenn der Chor keines der Angebote nutzt und keine GEMA-pflichtige Musik singt, darf die Mitgliedschaft evaluiert werden. Eventuell muss aber auch hinterfragt werden, warum du und dein Chor die Angebote des lokalen Chorverbandes nicht nutzt... •

Cluster
Eine tolle Übung zum Einsingen ist ein *Clusterklang* (also viele nahe beieinander liegende gleichzeitig klingende Töne), der durchgehalten wird und sich dann harmonisch zusammenfindet.
Dafür soll jeder Sänger auf einem Ton, auf dem er sich **wohlfühlt**, singen. Lass die Sänger mit wachen Augen und sehr bewusst freundlich singen, da der hellere Klang von den eigenen Ohren besser wahrgenommen und damit kontrolliert werden kann. So werden auch unsichere Sänger nicht so leicht vom Ton des Nachbarn abgelenkt, sondern bestehen in der Dissonanz.

Der folgende Ablauf muss natürlich mit dem Chor besprochen und geübt werden:
Du lässt die Sänger auf „m" *ihren* Ton finden.
Auf Zeichen wechseln sie in langsamen Schlägen folgende Vokalreihe:
„a – e – i – o – u – m – a".
Das letzte „a" lässt du lange stehen und die Sänger sollen versuchen zu **einem** Ton zusammen zu finden. Wo vorher Chaos herrschte soll nun Ordnung sein.

Ich habe noch nie erlebt, dass ein Chor ad hoc wirklich auf einem Ton landet. Es wird meistens ein Quintklang und sogar Dreiklang. Manchmal hat man auch eine sehr tiefe kleine Septime, die dann nicht mehr dissonant ist, dazwischen. *(s.a. Cent)*
Ist dein Chor nicht geschult (hat z.B. nur mit Klavier geprobt oder singt auch sonst nur ‚irgendwie'), wirst du das aber nicht schaffen, da die Sänger gewohnt sind, sich an gegebene Töne zu halten. Je mehr deine Sänger gelernt haben mit ihren Nachbarn zusammen zu singen, desto harmonischer wird der Schlussklang. Lass dich deshalb nicht entmutigen. Verkaufe es dem Chor als kleinen Klangspaß – wenn sie sich darauf einlassen, macht es den auch wirklich.
So findest du übrigens auch die unmusikalischen Sänger: Es sind die, die auch beim dritten Mal als einzige *irgendeinen* Ton in den eigentlich harmonischen Klang würgen.
Diese Übung funktioniert mit **jedem** Chor, der Spaß am Experimentieren hat, und in dem die Sänger bewusst miteinander singen. •

Cool bleiben

Zu viele Kollegen drehen vor einem Konzert/Auftritt durch. Sie haben nicht verstanden, worin ihre Verantwortung liegt. In der Probe vor einem Auftritt ist es nämlich dein erster und oberster Job, die Qualität wie sie ist zu **akzeptieren**. *(s.a. Emotion)*
Die Intonation wird sich nur noch punktuell durch Proben verbessern lassen. Sie wird sich automatisch durch die Spannung eines Konzertes steigern.
Die Präzision wird durch die gesteigerte Aufmerksamkeit der Sänger gefördert – das kann dann wiederum nachteilig sein, weil Sänger plötzlich mehr zuhören (wacher sind) und sich dann von den anderen Stimmen verwirren lassen. *(s.a. Wahrnehmungshierarchie)*
Das, was du vorher nicht bis in die Tiefe geprobt hast, kann jetzt nicht auf einmal klappen. Niemals darfst du auf den Chor sauer sein oder negative Kommentare abgeben – dein Job ist es **positive Stimmung** zu verbreiten.
Du sollst nicht der Gute-Laune-Kasper sein: Du machst kleine Verbesserungen – aber nur solche bei denen du sicher bist, dass sie auch umgesetzt werden können.
Auf Probleme reagierst du gelassen und kontrolliert.
Dadurch wirst du deinen Chor positiv bestärken – er fühlt sich stark und befähigt ein tolles Konzert zu singen.
Die Konzentration förderst du, indem du auf Stellen, auf die geachtet werden muss, hinweist und durch gute Organisation Ablenkung vermeidest, da die Sänger sich nur um das Singen kümmern sollen. *(s.a. Automatismen vermeiden, um Inhalt zu transportieren)*
Widerstehe der Versuchung zu proben! Das ist nicht leicht, aber notwendig!

Zum Proben waren die Proben da. Wenn **du** in den Proben nicht alles geschafft hast, bist **du** verantwortlich.

Eine Ansingprobe im Konzertraum ist dafür da, die Umstände zu schaffen, das **bisher** Geprobte in diesen Räumlichkeiten zu **er**proben und erklingen lassen zu können.

Nur das was geprobt wurde – und nicht mehr – kann erwartet und soll präsentiert werden. Ein Konzert war gut, wenn das geklappt hat – dann habt ihr 100% des Möglichen erreicht. *(s.a. Einsingen vor einem Konzert)*

Meistens sind Konzerte in diesem positiven Akzeptanzmodus besser, weil das Hormon Adrenalin (in Maßen) und bei positiver Grundstimmung Serotonin zu Konzentration führen und die positive Energie des Chores auch auf das Publikum übertragen wird. •
(s.a. Target Group 90%)

Corona-Proben, Zoom und Co

In der Corona-Krise ergab sich der Vorschlag über Skype, Zoom, Cisco Webex und wie sie alle heißen sogar zu proben. Manche Chöre haben es getan – sinnvoll war es selten.
Problem 1: Verschiedene Übertragungsgeschwindigkeiten – für den Chorleiter ergibt sich nie ein gemeinsames Chorklangbild.
Problem 2: Die Sänger dürfen nur den Chorleiter hören – die Mikrofone müssen untereinander ausgeschaltet sein – d.h. sogar der soziale Faktor ist weg.
Problem 3 welches aus Nr. 2 resultiert: **Du** hörst auch keinen Sänger. Somit kannst du nicht mal auf individuelle Probleme eingehen. Ergo: Du kannst nicht **proben**.
Problem 4: Ein Teil der Sänger ist nicht in der Lage solche Programme zu nutzen – aufgrund von Hardwareproblemen und leider auch Software…

Einfacher ist es eine echte Probe live zu übertragen.
Als Proben erlaubt waren, war dies der einzige Weg allen noch wegbleibenden Sängern die Möglichkeit zu geben zumindest medial „dabei" zu sein.
Dafür erstellt man bei YouTube ein Liveevent/Stream. Der Link und die Uhrzeit werden an die Sänger verteilt, die nicht an der Probe direkt teilnehmen können/wollen. Jeder kann durch Anklicken des Links diesem Liveevent beiwohnen und auch über die Kommentarspalte Fragen stellen.

Nur zur Klärung: Zoom und andere mediale Wege ohne freigeschaltete Mikrofone zu verwenden läuft auf dasselbe hinaus, nur, dass die Sänger sich gegenseitig halt sehen können. Gleichzeitig führt aber genau das zu dem Problem, dass sie bei Problemen den ganzen Laden aufhalten. Schlecht!
Ab einer Besetzung des Livechores von ca. 4 Sopränen, 3 Alti, 1 Tenor, 1 Bass funktioniert das Konzept.
Du musst natürlich etwas idealisiert proben und dir vorher überlegen, wie häufig du bestimmte Stellen machen willst.
Zum Schluss der Probe fragst du, ob bestimmte Stellen nochmal geprobt werden sollen – dies können die Sänger dann in der Kommentarspalte schreiben.

Es wäre toll, wenn man online tatsächlich eine Chorprobe machen könnte. **Realistisch ist aber nur ein Frontalunterricht.** Skype, Zoom, etc. sorgen für eine sehr direkte Interaktion. Diese wird dich bei 20 Menschen von der Probe abhalten, weil immer irgendjemand ein Problem hat.
Die **Liveprobe** lässt deine Sänger mit dir interagieren, aber sortiert und still. **Du kannst** auf Kommentare und Probleme eingehen – musst es aber nicht sofort tun.

Was du für YouTube brauchst:
- Natürlich ein paar Sänger (ca. 10), mit denen du die Übungen und das Singen proben kannst. Diese Sänger wirken dann als *Chor*, mit dem du probst und jeder externe Sänger kann vor seinem Computer an der Probe teilnehmen.
Stelle/Setze den Chor in einen Halbkreis mindestens zweireihig in den Frauenstimmen und die Männer (bei einfach besetzten Stimmen) **nebeneinander** in der Reihenfolge S-M-A.
So hast du die Frauenstimmen akustisch und visuell getrennt.
- Ein gutes Mikro, das als Richtungscharakteristik *Kugel* und **nicht** *Niere* hat, damit es dich und auch den Chor vor dir gleichermaßen gut aufnimmt. Dieses stellst du mittig zwischen dich und den Chor.
- Ein Interface (Soundkarte), wobei es auch gute USB-Mikrofone gibt.
- Eine HD-Webcam.
- Einen Laptop mit guter Rechenleistung.
- Willst du mehr Einstellungen vornehmen als YouTube dir erlaubt, nutze die kostenlose Software „OBS-Studio"
- Einen schnellen Internetanschluss (**Up**load mind. 5 Mbit/s).

Verzeih mir meinen Sarkasmus, aber beim letzten Punkt macht dir der „Technologiestandort Deutschland" (zumindest auf dem Land) zu häufig einen Strich durch die Rechnung: Dich interessiert der **Up**load und **nicht** der **Down**load.
Je nach Auflösung (mind. *Full HD*, da sonst deine Mundbewegungen nicht mehr sichtbar sind) und Bildern pro Sekunde (mind. *30fps*, da sonst alle deine Bewegungen Schlieren bekommen) erhöht sich die notwendige Geschwindigkeit.
Versuche dich in jedem Fall per LAN-Kabel mit dem Router zu verbinden, da WLAN immer im falschen Moment eine Unterbrechung hat. Ein Kabel ist außerdem ein kleines bisschen schneller (wenn es wirklich um jeden Kbit geht…).

Videoqualität	Auflösung	Datenrate Upload
ab Ultra HD	3840 × 2160 Pixel	ab 10.000 – 35.000 Kbit/s
Full HD	1080p, 1920 x 1080 Pixel	ab 3.000 – 9.000 Kbit/s
HD	720p, 1280 x 720 Pixel	ab 1.500 – 6.000 Kbit/s
SD	360p, 640 x 360 Pixel	ab 400 – 1.500 Kbit/s

Sollte es am Internet scheitern, nehme die Probe auf und lade sie später hoch. Verteile sie mit einem privaten/nicht gelisteten Link und lasse deine Sänger darunter kommentieren, was sie sich für die nächste Probe wünschen. •

Corona-Verhältnisdrehung

Während der Kontaktsperren in der Corona-Krise ergab sich ein spannendes Vertragsproblem.

Alle meine Verträge mit Chören haben einen Passus, der klärt was passiert, wenn **ich** krank werde (…es geschieht eine Lohnfortzahlung). *(s.a. Chorleitervertrag(-svorlage) – §2)*

Es steht aber in keinem, was passiert, wenn der **Chor** ‚krank' ist.

Da ich nicht angestellt bin, kann ich nicht in *Kurzarbeit* geschickt werden. Da ich **theoretisch** arbeiten könnte und dies durch Vorbereitungen von Proben und Programmen auch tue, muss ich weiter bezahlt werden.

Ich habe auch Notenlesekurse *(s.a.)* angeboten, „Virtuelle Chöre" mit den Sängern aufgenommen und online Stimmproben gemacht.

Zwei Szenarien hätten aber eine Lohnkürzung nach sich ziehen können: Der Verein hat kein Geld mehr oder mir wird gekündigt.

Da die Mitglieder nicht aus dem Chor austreten werden, nur weil ein paar Monate keine Probe ist, ist die Finanzlage stabil. In der Kirche eh. Es gibt keinen Kündigungsgrund.

Das Paradox ist, dass von mir in **normalen** Zeiten grundsätzlich Dinge gefordert werden, die vertraglich nicht geregelt und nicht explizit honoriert werden:

- Übe-Klang-Dateien (ein Mehrgewinn für den Chor, da so mehr Konzertprogramme und damit auch Konzerte, die Geld in die Kasse spülen, pro Jahr, in besserer Qualität, mit abwechslungsreicherem Programm, gesungen werden können)
- die Organisation von Projekten auch mit Orchester (ein Mehrgewinn für den Chor, weil dadurch mehr Spendengeld nach Konzerten fließt und Sänger angelockt werden)
- Zusatzproben (nicht honoriert im Kirchenchor, aber ein Mehrgewinn für den Chor, da die Qualität steigt)
- das Erstellen von Notenmaterial (ein Mehrgewinn für den Chor, da ich mich auch weigern könnte aus Kopien zu singen und Notenmaterial dann immer gekauft, bzw. eingerichtet und gut kopiert werden müsste – eventuell sogar nur freies Material mit Frakturschrift existiert)

In einer Krise zeigen sich die wahren Gesichter.

Der Chor vertraut darauf, dass ich diese Mehrarbeit leiste und Engagement zeige.

Ich bin über Jahre in Vorleistung gegangen. Ich vertraue ihm, dass er mir dies nun im wahrsten Sinne des Wortes mit barer Münze zurückzahlt.

Sollte er es nicht tun werde ich mich nach Überstehen der Krise buchstäblich an meinen Vertrag halten. Ich werde alles tun, was in meinem Vertrag festgelegt ist.

Ich werde keinen Kündigungsgrund provozieren – mehr aber auch nicht.

Durch die Zusatzarbeit, die ich leiste verdient der Chor mehr Geld als ohne sie.

Wenn er langfristig denkt, ist eine Reduktion meines Gehalts durch die von mir dann gezogenen Konsequenzen teurer als eine Fortzahlung. •

Crescendo auf langer Linie

Lange Phrasen brauchen (wenn nicht anders angegeben) ein leichtes Crescendo, das auch mit einer Gabel eingetragen werden kann.
Es hat den Effekt, dass die Spannung über die ganze Phrase gehalten wird. Bei besseren Chören reicht auch ein langer Bindebogen.
Im Laienchor wird ein Crescendo selten sauber, graduell und vor allem selbstständig ausgeführt, wenn es **kein** Ziel hat (z.B. ein eingetragenes *fortissimo* am Ende einer Crescendogabel) – somit ist die Gefahr relativ gering, dass dir das entgleitet.
Ich würde solch ein Crescendo niemals in die Noten drucken, aber von den Sängern handschriftlich eintragen lassen.

Im Beispiel T40ff aus „Locus Iste" von Anton Bruckner (1824 – 1896) ist der Phrasenschwerpunkt in T42 auf der Eins wie auch durch den vom Komponisten eingetragenen Bindebogen angezeigt. *(s.a. Probendisposition)*
Wenn der Hinweis darauf nicht ausreicht, lasse ich eine Crescendogabel, wie von mir eingetragen, von den Sängern in ihre Noten einzeichnen.
Beachte, dass die Gabel bis zum Ende des Schlusstones gezogen ist, um einem vorzeitigen Spannungsabfall vorzubeugen.
Einen leichten Schlusston bekommst du leichter geprobt als eine spannungsvolle Linie – nehme deshalb erstmal einen evtl. zu heftigen Schlusston in Kauf. •
(s.a. Inegalität; Monotone Tonfolge in die Hölle)

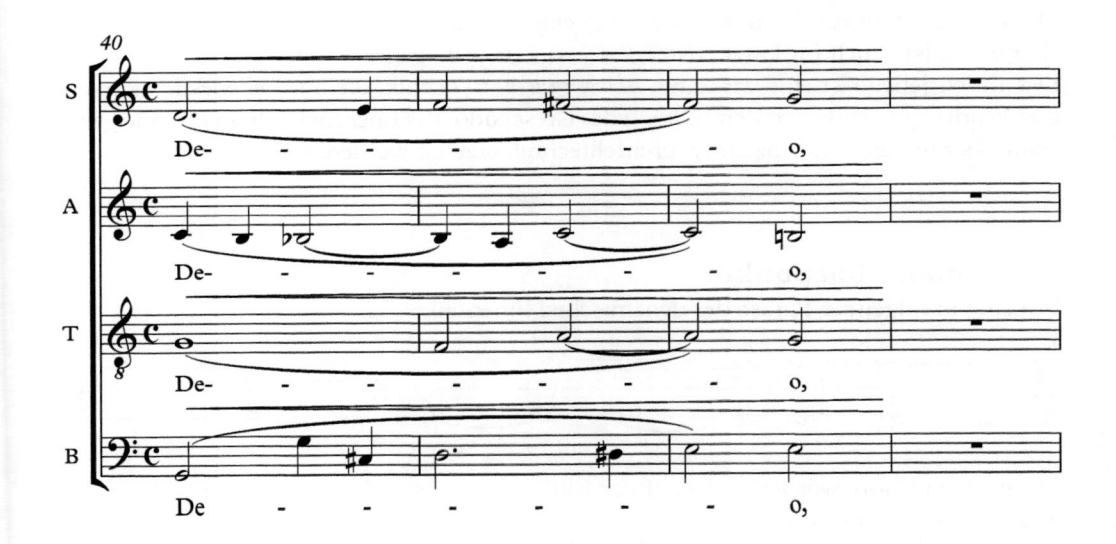

Crescendo: Bauch

Willst du bei einem kurzen Crescendo keinen Akzent, sondern einfach nur einen weichen, lauter werdenden Klang, wird dein Chor Schwierigkeiten bekommen.

Normalerweise müssen die Sänger – lauter werdend – auch mehr Spannung (oder Kraft) in den Ton legen. Dabei ziehen sie den Bauch ein, um mit höherstehendem Zwerchfell die Luft herauszupressen. In diesem speziellen Fall wird dies unweigerlich zu einem Akzent führen, da nur geübte Sänger diese Spannungssteigerung im Bauch bei solch einen Tonsprung weich steuern können.

Wenn wir bei deinen Sängern von einer gesunden Ausgangsspannung zu Beginn des Crescendos ausgehen, würden sie also nun anfangen die Luft hoch zu pressen.

Lass sie stattdessen den Bauch kontrolliert weiten (nicht fallen lassen). Genau wie sie nun den Klang weiten sollen.

Der erhöhte Luftdruck wird nun nicht vom hochgeschobenen Zwerchfell erzeugt, sondern vom zusammengedrückten Brustkorb.

Du kannst dies noch unterstützen, indem du die Sänger, bei aufrecht bleibendem Oberkörper, mit beiden Händen einen großen (imaginären) Ball nach unten schieben lässt.

Diese Art das Crescendo zu singen erzeugt einen wirklich schönen Schweller, der schnell, aber weich ist. Auch für kurze *Messa di voce (s.a.)* ist er zu gebrauchen.

Das Beschriebene ist eine wirksame *klangerzeugende* Technik, die nur bei wirklich kurzen Crescendi angewendet werden sollte. Jedes Crescendo, das über mehr als zwei Töne geht, sollte aber mit einer normalen Zwerchfelltechnik erzeugt werden. •

Crescendo: Höhepunkt

Wo sitzt in folgender Phrase der dynamische Höhepunkt?

Die meisten Chöre würden in T4 auf der Eins anfangen abzubauen und den Höhepunkt in T3 auf die Drei setzen.

Tatsächlich liegt der dynamische Höhepunkt einer so mit Dynamikgabeln bezeichneten Phrase – unabhängig davon, wann die Crescendogabel aufhört – **immer** auf dem Ton bei dem die Diminuendogabel **beginnt**.

D.h. hier ist der Beginn des *g'* in T4 der lauteste und spannungsreichste Moment der Phrase.

Die aktive Lautstärkensteigerung endet in T3. Leiser wird die Phrase aber erst in T4. •

Crescendo mit kurzen Tönen

Kurze Töne (unter einer Sekunde) beginnen (wenn sie nicht wie eine Clownparade klingen sollen) auch in einem Crescendo lauter als sie enden, bzw. sind am Ende genauso laut wie am Anfang – sie werden nicht **im** Ton lauter.

D.h. jeder folgende Ton muss ein wenig lauter gesungen werden, was eher einer Terrassendynamik entspricht. Je länger der Ton ist, desto mehr muss er im Crescendo geführt und *in sich* lauter werden (hier das *h'*). •

D

Danny Trejo (*1944)
„The whole world can think you're a movie star – but you can't!" •

Delegieren

Eine Grundregel für Chefs ist, dass sie sich mit Menschen umgeben sollten, die etwas besser können als sie selbst. Einen guten Boss macht aus, Positionen mit den richtigen Menschen zu besetzen und nicht alles selbst ‚am besten' zu können. Im Idealfall hat er nur noch die Aufgabe die Umstände zu schaffen, die seinen Mitarbeitern ermöglichen ihr Potenzial entfalten zu können.
Die moderne Geschäftsführung fordert von uns somit eine flache Hierarchiestruktur. D.h. kein Oberchef mehr, sondern viele kleine Chefs mit viel Eigenverantwortung.

Dieses Managementverhalten ist als Chorleiter nur teilweise sinnvoll umsetzbar.
Da ein Laienchor ausschließlich als versteckte Diktatur *(s.a.)* funktioniert, kann man eine flache Hierarchiestruktur zumindest in den Proben nicht, oder nur sehr schwer, umsetzen ("Wer ist dafür, dass dieser Ton im Alt zu hoch war? Ich bitte um Handzeichen.").
Trotzdem möchtest du, dass deine Sänger eigenverantwortlich arbeiten und sich mit dem Chor identifizieren.
Das schaffst du, indem du ihnen die Möglichkeit und Fähigkeit gibst sich zum Teil selbst auf die Proben vorzubereiten (langfristiger Probenplan *(s.a.)*, Übe-Klang-Dateien *(s.a.)*). Allen, die mehr tun wollen, gibst du kleinere Aufgaben und delegierst damit alles, was nicht mit Musik zu tun hat, indem du es auf viele Schultern im Chor verteilst.
So fühlen sich viele Menschen über das reine Singen **in** der Probe hinaus auch **außerhalb** für den Chor verantwortlich (und sei es nur wegen der Vorbereitung).

Im **Delegieren** ist obenstehendes Managementverhalten der „modernen Geschäftsführung" dringend angeraten: Du musst die richtigen Personen für die Aufgaben finden. Du delegierst schließlich **deine** Aufgaben, die du als Chorleiter eigentlich erfüllen müsstest: Plakat erstellen, Noten erstellen, Probenraum/Konzertort organisieren, Presse, Social Media, Tontechnik, etc.
Finanzen habe ich hier bewusst nicht aufgezählt, da du, wann immer es geht, **nichts** mit den Finanzen des Chores zu tun haben solltest. *(s.a. Schatzmeister)*

Die vom Chor gewählten oder von dir eingesetzten Delegierten müssen diese *deine* Aufgaben mindestens so gut erfüllen wie du sie erfüllen könntest.

Wenn du jetzt ein kleinkarierter Pups bist, wirst du dir Unterlinge suchen, die auf jedes kleine Wort von dir achten, die verzweifelt versuchen dich zufrieden zu stellen, aber immer scheitern werden.

Du wirst dir Menschen suchen, die schwach sind, die eigentlich unfähig sind, aber absolut loyal. Du wirst dir Menschen suchen, die dir niemals widersprechen werden („Trumpismus").

Das wird dazu führen, dass du sie immer kontrollieren musst (vielleicht willst du das ja auch) und du wirst vollkommen überarbeitet sein, da du das ja eigentlich viel besser kannst, usw. usf. *(s.a. Rapportierende Delegierte sind doof)*

Ich habe zwei Chöre übernommen, wo genau dies geschehen war. In einem Fall ‚musste' der Vorgänger zu viel kontrollieren. Im anderen Fall konnte er nicht delegieren.

Wenn du **gut** bist, wirst du dir z.B. für das Kreieren von Plakaten jemanden suchen, der besser mit einem Grafikprogramm umgehen kann als du. Vielleicht habt ihr im Chor einen Künstler, der gut zeichnen kann?

Du wirst für das Notenerstellen jemanden suchen, der das mit Lust und Laune tut und auch noch das letzte Quäntchen Layoutverbesserung in die Noten reinbringt.

Du wirst für die Konzertortakquise jemanden suchen, der sehr gut mit Kirchengemeinden und Veranstaltern sprechen kann.

Du suchst jemanden für die Finanzen, der auch im Berufsleben mit Finanzen zu tun hat.

Wenn du **richtig gut** bist, dann lässt du diese Menschen sehr eigenverantwortlich – mit klarem Auftrag – arbeiten und machst nur die *Endkontrolle*.

Wenn du es also geschafft hast zu delegieren, kommt damit die nächste Hürde: **Arbeitsteilung ist Verantwortungsteilung.** *(s.a. Delegierte loslassen)*

Das Lob und die Kritik gehören den Delegierten – nicht dir.

Wenn deine Delegierten etwas gut gemacht haben, werden sie das Lob einheimsen.

Wenn sie etwas aus Schludrigkeit falsch gemacht haben, werden sie genauso die Verantwortung übernehmen müssen – dich aber in ihrem Rücken als stärkend erleben. Kommuniziere dem Chor dafür vor allem, wer für welche Aufgaben Ansprechpartner ist (Mailverteiler/Notenwart/Website/Anwesenheitsliste/Adressliste/etc.).

Du wirst es meistens nicht sofort erreichen, aber du musst versuchen langfristig alle Positionen mit **spezialisierten** Menschen zu besetzen.

Genau wie du deine Position als spezialisierter Mensch besetzt (Musik, Gruppenleiter, Dirigent), solltest du andere Positionen mit Spezialisten besetzen.

In der Probe musst **du** der Spezialist sein. Demokratisch proben ist machbar, aber dysfunktional. Das ist das Diktatorische. Du musst dafür einen Wissensvorsprung vor deinen Sängern haben, sonst kannst du deine Position nicht ausfüllen.

Genauso ist es mit deinen Delegierten: Wenn diese einen Wissensvorsprung vor dir haben, sind sie in dieser Position nicht nur eine Zeitersparnis *(s.a.)* für dich (weil du die Aufgabe nicht erledigen musst), sondern wertvoll für den Chor.

Im Idealfall hast du deine Spezialisten gefunden und engagieren können, verteilst Aufgaben und lässt die Delegierten eigenverantwortlich arbeiten. Du bist dann nur noch Ansprechpartner bei Problemen und bewertest das Ergebnis der Aufgaben – mal offensichtlich, mal sehr bedeckt.

Du hilfst durch konstruktive Kritik, sodass die Aufgaben von Mal zu Mal **besser** erledigt werden und du lernst von deinen Spezialisten wie **du** es in Zukunft **besser** machen könntest. So bist du vorbereitet, falls du die Aufgabe wieder übernehmen musst.

Aber egal ob schon mit Spezialisten besetzt oder noch nicht: Langfristig wird dir das Delegieren Arbeit und Stress abnehmen. Es ist die Grundvoraussetzung dafür, dass du diesen Job lange und gesund machen kannst. • *(s.a. Hierarchien im Chor; Kontrollverlust; Optimiere deine Chororganisation; Unersetzlich; Verantwortung abgeben)*

Delegierte loslassen

Delegieren heißt Verantwortung abzugeben.

Das bedeutet gleichermaßen, dass derjenige, der die Verantwortung übernimmt für seine Handlungen auch vor dem Chor gerade stehen muss (Schatzmeister/Konzertort organisieren/Anwesenheitsliste führen/Plakat designen/etc.) – wenn er Mist baut, ist er verantwortlich, wenn er etwas gut macht, muss er vor dem Chor auch gelobt werden.

Viele Kollegen wollen zwar ihre Arbeit delegieren, aber dann leider noch Verantwortung übernehmen.

Die einzige Verantwortung, die man in dieser Situation als Dirigent hat, ist den Überblick zu behalten, zuzuschauen und zu evaluieren ob man das richtige ‚Personal' hat, an das man Arbeiten delegiert. Diese Bewertung hat differenziert auszufallen: Ist derjenige, der die Aufgabe übernimmt, dieser **grundsätzlich** gewachsen?

Wenn die Person meint ihr gewachsen zu sein, hat sie auch eine Lernkurve verdient. Eventuell kannst du die Sache anfangs besser machen, weil du sie schon öfter gemacht hast – dann musst du mit *Rat* zur Seite stehen – nicht mit *Tat*. Delegierte dürfen und müssen Fehler machen. So lange du eine Kultur installierst, in der **Fehler als eine Gelegenheit zu lernen** erlebt werden, weil du bei Fehlern lösungsorientiert kritisierst, werden Fehler auch sofort mit dir besprochen, ihr sucht gemeinsam nach Lösungen und entwickelt Fehlervermeidungsstrategien. Nur dann kann dich solch ein Delegierter wirklich entlasten.

Grundregel: Gehe davon aus, dass deine Delegierten ihr Bestes geben.

In der ‚Endkontrolle' musst du immer fragen: „Warum?"

Wenn etwas gut war: „Warum?" und: „Wie können wir das wiederholen?"

Wenn etwas schlecht war: „Warum?" und: „Wie können wir eine Wiederholung vermeiden?"

So rationalisierst du Emotion und schaffst kommunizierbare (und damit von anderen erlernbare) Standards. *(s.a. Sicherer Raum)*

Erwartest du von Delegierten unreflektiert perfekte Ergebnisse *in deinem Sinne* wirst du bald merken, dass Fehler heimlich geschehen und somit auch nicht konstruktiv verarbeitet werden. •

Demut
Grundregel für deinen internen kleinen Teufel: Bei allem was schief läuft hast zuerst und immer **du** die Verantwortung, da du die Gruppe im Zweifelsfalle nicht richtig geleitet und damit den Fehler zugelassen hast. Ob dies auch wirklich so ist, wird sich **später** herausstellen.
Es ist sehr gesund so zu denken, da es dir Demut abverlangt, die eventuell an Stellen, an denen du wirklich schuld bist, angebracht ist und du sonst arrogant jemand anderem die Verantwortung dafür geben würdest. •

Depressive erkennen und zumindest ein bisschen helfen
Viele klinisch depressive Menschen haben so wenig innere Spannung, dass sie physisch nicht genug Druck aufbauen können, um einen klaren Ton zu produzieren. Sie singen mit viel Luft und hauchen nur, müssen deshalb viel nachatmen und das Singen ist sehr anstrengend.
Ich hatte schon einige solche Sänger. Problematisch ist, dass ihnen das Singen eigentlich helfen würde, weil das physische (und damit psychische) Aufbauen einer gesunden Körperspannung und Energie ein sofortiges Resultat – den klaren Ton – ergibt.
Sie bekommen damit ein direktes Feedback. *(s.a. Nackiger Sänger)*
(Chor-)Singen hilft bei guter Anleitung deshalb nicht nur aufgrund der Musik und Gemeinschaft, sondern auch durch die positive Körpererfahrung. *(s.a. Oxytozin)*
Leider hat man in der Probe zu wenig Ressourcen frei, um sich um diese Menschen ausreichend kümmern zu können. So sind sie leider bald wieder weg. Das ist nicht verwunderlich – alle anderen singen laut und klar – nur **sie** hauchen, hören sich selbst nicht und sind außer Atem. Sie bekommen damit (leider) ein direktes Feedback, das in einem Teufelskreis endet. Die paar, die ich zu einem Logopäden *(s.a.)* schicken und dann in den Proben positiv bestärken konnte, haben vom Singen sehr profitiert.
Habe also die Ohren offen: Sei wach und hilf, wenn du jemanden mit einer depressiven Aura in deinem Chor hast, diesem Menschen, der sich dann auch (meist leise und unauffällig) darüber beschwert, dass er die Linie nicht ohne Zwischenatmer singen kann. Du wirst ihn nicht heilen können, aber das direkte Feedback über eine plötzlich vorhandene klare Stimme bei gesunder innerer Spannung und Energie kann dabei hilfreich sein und fördert das Selbstbewusstsein *(s.a.)* in seinem Wortsinne. •

Designierte Standorte
Bei Konzerten musst du mindestens einen Platz für Rollstuhlfahrer ausweisen. Sie dürfen auf keinen Fall im Gang stehen, denn alle Fluchtwege müssen frei bleiben. Gleiches gilt für Kinderwagen, Rollatoren oder auch deine eigenen Aufbauten wie ein Mischpult oder Lichtstative.
Alles und jeder braucht seinen designierten Platz über den du dir länger vorher Gedanken machen solltest, damit du kurz vor dem Konzert keinen Stress bekommst. •

Deutliches Sprechen ist deutliches Singen
Wenn du im Alltag deutlich sprechen willst, spannst du deine Bauchmuskeln leicht an, um mehr Kontrolle über den Sprechapparat zu haben. Dies ist eine natürliche **Stabilisierungsspannung**.
Nutze diese natürliche Spannung, um über ein deutliches Sprechen im Rhythmus(!) pünktliche Silben und damit im weiteren Verlauf pünktliche Töne zu erreichen.
Wenn dein Chor unpräzise singt, nuschelt oder einfach dünn klingt, lass ihn den Text mit Energie *sprechen*. Das Zauberwort ist „**lebendig**". Die Sänger sollen mit dem Text etwas aussagen wollen. Dies im korrekten Rhythmus und mit den Tonhöhenbewegungen ihrer Stimme (wenn Töne hoch, dann Sprachmelodie hoch – wenn runter, dann runter).
Es kann dabei vorkommen, dass die Phrase durch stark artikulierte Konsonanten zerstückelt klingt. Das Lied wirkt militärisch. Das solltest du zuerst akzeptieren. Wenn dann das Pünktlichkeitsproblem gelöst ist, führst du die Wörter/Silben durch den Hinweis auf die Melodie (also die Musik und Phrasierung) wieder zusammen. •
(s.a. Bauchatmung vs. Brustkorbatmung; Hackentrick; Loslassen!; Schubladendenken; Stillgestanden!; Wippen)

Deutsche Messe
Die „Deutsche Messe" von Franz Schubert (1797 – 1828) ist das ideale Stück um neue Sänger durch ein Projekt *(s.a.)* zu werben. Sie klingt gut mit Orgel/Streichquartett/Posaunenchor/Orchester/a-capella/etc. **und** als musikalischer Gottesdienst.
Sie ist so einfach, dass du risikolos einen Projektchor für 10 Proben terminieren kannst, ohne zu wissen, wer eigentlich kommt.
Singst du die Messe mit Ensemblebegleitung, ist es überspitzt gesagt sogar egal, ob du im Projekt z.B. keinen Basssänger hast, da das Ensemble alle Chorstimmen *colla parte* (Instrumente spielen dieselben Töne, die der Chor singt) mitspielt.
Die „Deutsche Messe" ist die **eierlegende Wollmilchsau** für jeden Projektchor. Wenn du Übe-Klang-Dateien *(s.a.)* für die Chorsänger zur Verfügung stellst und durch die Anmeldung aussortierst, kommst du sogar mit 6 Proben aus.
Kennst du noch solch eine „eierlegende Wollmilchsau"? Schreibe mir im Forum chorleiter-stammtisch.org oder per Mail: kontakt.p.lehmann@gmail.com. •

Dialog als Schlüssel zur Diskussionskultur
Lernen ist ein Dialog: Frage und Antwort.
In der Probe gibt es viele unausgesprochene Fragen: Wie singe ich das richtig? War das gut? Was will der Dirigent jetzt damit sagen? Soll ich mich trauen? Etc.
Diese Fragen beantwortest du automatisch durch deine Probenarbeit.
Lasse Platz für Widerspruch: „Ich (Sänger) sehe das anders als du.", denn eventuell haben Sänger sogar bessere Ideen oder Recht. Nur so lässt du zu, dass ein Dialog entsteht. Eventuell musst du deine Ideen dann verteidigen oder erklären. *(s.a. Michelangelo)*

Da du aber gut vorbereitet bist, kannst du das zulassen und davon profitieren. Denn wenn deine Sänger sich trauen Fragen zu stellen, wird ein Dialog entstehen, der den Sänger dazu bringt das Stück besser zu verstehen und das Geforderte umzusetzen.
Schließlich muss nur klar sein, dass **du** bei strittigen Fragen die Entscheidung fällst und der Chor sie mittragen muss. Da du sie aber begründet hast („das gefällt mir" ist keine Begründung, sondern eine Meinung), wirst du (wenn auch nicht alle Sänger deine Entscheidung mögen werden) doch mindestens akzeptiert und respektiert.

Ich lasse es in Proben bewusst zu, dass auch Dialoge zwischen Sängern entstehen und diskutiert wird. Ich moderiere es aber. Vor allem in den Anfangsproben und dann wieder kurz vor den Konzerten passiert es, dass Sänger in der Probe miteinander sogar über einen Ton oder eine Phrasierung diskutieren.
Wenn du eine Diskussionskultur installiert hast, passiert das in **jedem** Chor jedweden Niveaus. Denn nur weil die Menschen vielleicht unausgebildete Stimmen haben oder keine Noten lesen können, sind sie ja nicht unmusikalisch oder unintelligent.
Dialoge sind ein wichtiger Bestandteil der Verständnisentwicklung für ein Stück im Laienchor. Anders als im Profichor, wo der ‚Frontalunterricht' und (auch) zähneknirschende Akzeptanz vorherrschen (müssen).
Leider wird diese Kultur in keiner Dirigierausbildung gelehrt, weil Dialoge (und eben nicht nur Informationen von vorne) über das Stück/den Gesang ja Probenzeit ‚stehlen'. Sänger, die von ‚gehobenen' Chören kommen, fühlen sich in meinen Chören auch zuerst nicht wohl, weil da einfach viel mehr geredet wird: **Ich** rede mit meinen Sängern und meine Sänger reden mit **mir**.
So lange ich das Zepter aber in der Hand halte, mir diese hierarchische Position vom Chor zugestanden wird und auf meinen Wunsch hin auch stringent geprobt werden kann, funktioniert das System. *(s.a. Stringente Proben sind des Leithammels Hörner)*
Grundregel: Eine gesunde Diskussionskultur in der Probe wird den Chor verbessern. •
(s.a. Diskussionsthemen durch Wertung steuern)

Differenzielles Lernen
Differenzielles Lernen bedeutet, dass du deine Sänger dasselbe Stück in unterschiedlichen Situationen singen lässt: Gemischt sitzend, in einem anderen Raum, draußen, auswendig (ohne Ankündigung), einen Ganzton tiefer/höher, etc.
Die Theorie dahinter kommt aus dem Leistungssport.
Übertragen sagt sie, dass Singen ein Zusammenspiel von Muskeln ist, das nie genau gleich wiederholt werden kann. So versucht man durch Änderung der Umstände *ungefähre* Ergebnisse zu erzielen. Z.B. wird plötzlich auswendig singen zu lassen nicht gut klingen, aber den Sänger zwingen das Stück im weiteren Probenverlauf anders zu erarbeiten und das bisher schon Gelernte in anderem Kontext umzusetzen.
Die Muskeln/die Sänger(-Gehirne) müssen sich variabel an die neuen Situationen anpassen, was zu einer verstärkten Reaktion des zentralen Nervensystems führt.
[Seite „Differenzielles Lernen". In: Wikipedia, Die freie Enzyklopädie. Bearbeitungsstand: 6. April 2018, 20:07 UTC.
URL: https://de.wikipedia.org/w/index.php?title=Differenzielles_Lernen&oldid=176206715 (Abgerufen: 4. Februar 2020, 11:02 UTC)]

Praktisch bedeutet diese Theorie, dass Stücke, die noch nicht gut gesungen werden, davon profitieren können, wenn du deine Sänger in ein anderes Arbeitsumfeld zwingst. Das wird das Ergebnis zuerst nicht verbessern, aber die Unterschiede („Differenzen") zwischen den Umständen sorgen dafür, dass der Sänger gezwungen ist die Schwierigkeiten, die ein Stück mit sich bringt, (auch unbewusst) geändert zu lösen.
Draußen hört er z.B. schlechter seine Nachbarn und hat keine Raumakustik, was ihn ganz auf sich konzentrieren lassen wird, wie die meisten von uns in den Corona-Proben erfahren durften...
In geänderter Sitzordnung wird er versuchen mehr auf die Nachbarn zu hören. Auswendig wird er Angst bekommen, aber bei guter pädagogischer Führung wie auch Call-and-Response *(s.a.)* die schwierigen Stellen einfach so singen.
Vor allem in der **Mittelphase** von Proben wende ich diese Methode der wechselnden Umstände an.
Zu Beginn ist sie noch nutzlos, da der Chor die Töne lernen muss – im letzten Drittel will ich die Aufstellung festigen und den Chorklang entwickeln.
Erkläre deinen Sängern, warum du diese unterschiedlichen Aufstellungen/Orte nutzen willst. Das Wissen, dass der Wahnsinn Methode hat, sorgt für schnellere Akzeptanz und bei den meisten für ein gesteigertes Engagement. •

Diktator vs. weisungsgebunden

Du arbeitest in deinem Beruf in einer auf dem Arbeitsmarkt und im Kunstbetrieb einmaligen Diskrepanz, gleichzeitig Chef mit diktatorischen Vollmachten und Arbeitnehmer – also Dienstleister – zu sein. In kaum einem Beruf gibt es diese extreme Diskrepanz im Machtgefüge: *Diktator vs. weisungsgebunden.*
Es kommt aber noch schlimmer: Beides darf nicht öffentlich werden. Du musst auf den Chor eingehen und ihn von deinen Ideen überzeugen, wenn du gute Ergebnisse erzielen willst. Du darfst gleichzeitig aber nicht allzu viel Schwäche zeigen
Grundregel: Fehler zugeben ist eine Stärke. *(s.a. Meinungsänderung)*
Du musst mit einer starken Vorstellung von der Musik und deiner Arbeitsweise zum Chor gehen und glauben, dass nur diese deine zählt, wichtig und richtig ist.
Wenn du dann vor dem Chor stehst, wirst du von ihm die Umsetzung deiner Vorstellung verlangen und schließlich einen Kompromiss eingehen müssen.
Denn obwohl du über die Ausführung eines Stückes und die Besetzung der Sänger diktatorisch entscheiden darfst, bist du indirekt weisungsgebunden. Deine Sänger sind freiwillig da. Wenn es ihnen nicht mehr gefällt, gehen sie. Du musst also im Prinzip doch das tun, was **sie** wollen.
Chorleiten im Laienchor bedeutet deine Sänger zu überzeugen, ohne sie **offensichtlich** überzeugen zu wollen und im Idealfall dafür zu sorgen, dass sie glauben, dass der Wille des Chorleiters ihr eigener ist.
Du wirst immer in dem Zwiespalt arbeiten, auf das einzugehen, was der Chor will oder ihn eben zu seinem Glück zu zwingen, ohne dass er merkt, dass es Zwang ist. •

Diktatur

Wenn du immer noch nicht glaubst, dass du diktatorische Befugnisse/Wirkung hast, gebe ich dir ein einfaches Beispiel: In der Corona-Krise *(s.a.)* habe ich jede rechtliche Möglichkeit ausgeschöpft Chorproben zu machen. Ich habe den Sängern erklärt, was ich zu ihrer Sicherheit unternehme und hatte eine Anwesenheitsrate von ca. 70%.
Manche Kollegen erklärten ihren Chören, dass unter diesen Umständen Proben nicht mehr möglich sind und haben die Proben abgesagt.
Einige verschleierten dies mit Umfragen. *(s.a. Meinungsbild; Tendenziöse Fragestellung)*
Nehme ich meine Chöre als Indikator, sind auch in anderen Chören mehr als die Hälfte der Sänger bereit gewesen weiter zu proben/zu singen.
Aber selbst, wenn nur noch ein Sänger zur Probe gekommen wäre, hätte ich mit ihm gesungen. Singen ist Seelsorge. *(s.a. Depressive erkennen und zumindest ein bisschen helfen)*
Im Profibereich hätte man bei solch einer Arbeitsverweigerung (die evtl. aus irrationaler Angst heraus entstanden ist) einfach einen anderen Dirigenten beauftragt.
Ich habe von keinem Fall gehört, bei dem ein Vorstand (wenn er eigentlich Proben anbieten wollte) den sich verweigernden Chorleiter ausgetauscht hätte.
Im Laienbereich ist der Chorleiter in seiner **Funktion** vielleicht austauschbar – als Person und Persönlichkeit – als **Alleinherrscher** – nicht.

Diphthong

Umlaute sind bei falscher Umsetzung für 30% der schlechten Intonation verantwortlich. Für uns Chorleiter bedeutet ein Diphthong nicht nur die klassischen Doppelvokale „ei, au, äu, eu, ai, oi und ui", sondern alle Silben, die *in sich* eine Lautbewegung haben. Solche, die mit einem klingenden Buchstaben beginnen und sich zu einem anderen Laut **bewegen** – also alles was eine Änderung der Mundstellung erfordert. Denn diese ändert die Intonation und Vokalreinheit.
Das kann auch die Verbindung von Vokal und klingendem Konsonanten sein.

Haus   Ha - us   Ker - ze   Ke - r - ze

Da die Beugung des Diphthong normalerweise von jedem Sänger unterschiedlich lang ausgeführt wird, kann es zu keinem sauberen Chorklang kommen.
Nur reine Vokale führen zu einem reinen Klang. *(s.a. Vokalise)*
Die **Grundregel** für jeden Diphthong im Gesang ist deshalb, dass auf dem Startvokal gesungen wird und die Beugung des Diphthong erst im **allerletzten** Moment passiert.
Diesen Moment kannst du auch zeitlich definieren (z.B. aufs „u" von „Haus" auf der letzten Achtel wechseln). Normalerweise reicht aber die „allerletzter Moment"-Ansage. Wenn du darauf konsequent achtest, werden sich die Intonation und Präzision und dadurch die Qualität des Chorklanges deines Chores schlagartig erhöhen.

Bevor ich Akkorde ausstimme oder sonst wie über die Intonation meckere, ist mein erster Blick immer der in den Text: Stört die Sänger ein Diphthong oder ein dunkler Vokal (dann freundliches Gesicht und Zungenspitze an die unteren Schneidezähne)?

Im Laienchor steht ein sauber gesprochener Text über allem, weil die Qualität der Textbehandlung entscheidend für die Qualität des Gesanges ist. Leider wird das was wir vermeintlich so gut können („sprechen") auch von den Sängern nur stiefmütterlich behandelt. Dies ist eine Todsünde (s.a.) von Chorleitern. • *(s.a. Deutliches Sprechen ist deutliches Singen; Mundstellung (chorische); Schubladendenken; Heilig; Schlussdefinition über schnappende Aspiration)*

Direkter und indirekter Klang (Schall)

Auch wenn du mit deinem Chor grundsätzlich in einem Auftritt von **Vorne** singen solltest, lohnt es sich, andere Stellen im Raum auf ihren Klang hin zu testen.

Das ist unter Umständen nur in den Räumen machbar, in denen du regelmäßig singst, da dir der Standort des Chores sonst vom Veranstalter vorgegeben sein kann oder dir zu wenig Probenzeit dafür bleibt.

Hast du aber z.B. in einer Kirche einen großen Altarraum, kannst du Klangstücke auch mal im Kreis stehend singen lassen – ein Versuch würde nur 5 Minuten kosten und du hättest eventuell ein für das Publikum fantastisches Erlebnis produziert.

Grundsätzlich solltest du die Begriffe *Direkter* und *Indirekter Klang* gehört haben.

Schall (für uns = Klang) breitet sich durch Kompression eines Mediums aus.

Geräusche (jeder Klang) pressen Moleküle (z.B. Luft, Wasser, Metall oder Stein) zusammen und produzieren eine Druckwelle, die sich – je nach Medium – mit unterschiedlicher Geschwindigkeit fortbewegt. Im Wasser breitet sie sich z.B. ca. 4,5x schneller aus als in der Luft (ca. 1500 m/s gegenüber ca. 343 m/s).

Die Schall**geschwindigkeit** hat nichts mit der Tonhöhe zu tun.

Ein hoher und ein tiefer Ton verbreiten sich unter gleichen Bedingungen gleich schnell. Die Tonhöhe wird durch die **Frequenz** (wie viele Wellenbewegungen pro Sekunde) der Schallwelle bestimmt.

Direkter Schall ist der Klang, den der Sänger/Chor produziert und der direkt im Ohr der Zuhörer landet.

Indirekter Schall ist der Klang, der zuerst auf eine Oberfläche des Konzertraumes trifft, von dieser reflektiert wird und dann im Ohr des Zuhörers landet.

Als einfaches Bild kannst du dir eine Billardkugel denken, die über Bande gespielt wird. Das ist sehr vereinfacht der *Raumklang* – das was einen Raum akustisch ausmacht.

Je mehr Reflexionen ein Raum bietet, desto irrelevanter wird der Standort des Chores. Manche Konzertsäle/Theater haben ein Verhältnis von 5% direktem zu 95% indirektem Schall. So können Schauspieler auch vom Publikum abgewandt sprechen und verstanden werden, bzw. das Publikum in manchen Sälen auch hinter dem Orchester sitzen und ein ähnliches Hörerlebnis haben, wie die, die vor dem Orchester sitzen.

Für uns ist der **in**direkte Schall interessant, da er den Klang im Normalfall **rundet**.

Nur ein Sinuston ist ‚sauber'. Ein von Menschen produzierter Ton besteht aber aus vielen Klanganteilen, die alle leicht unterschiedlich reflektiert werden.
Jede Oberfläche absorbiert (dämpft damit) und reflektiert (verstärkt damit) bestimmte Frequenzen. Somit besteht jeder Klang (um beim Bild zu bleiben) aus 1000 verschiedenen Billiardkugeln, von denen die einen eher und die anderen schlechter von der Oberfläche abprallen, auf die sie treffen. So werden bestimmte Frequenzen verstärkt oder abgeschwächt. Das macht die **Raumcharakteristik** aus und wird in Konzerthäusern über Materialauswahl und Struktur der reflektierenden Oberflächen gesteuert.
Deshalb klingt ein voller Konzertsaal auch anders als ein leerer, da Menschen Schall ‚schlucken' (absorbieren) – ein Segen in jeder halligen Kirche...

Das ‚Andicken' des Klanges geschieht durch die minimale Zeitversetzung, in der die Schallwellen auf das Ohr des Hörers auftreffen. Die ‚über-Bande'-Schallwellen brauchen durch die Reflexion schlicht etwas mehr Zeit, da sie einen längeren Weg haben.
Der Klang wird dadurch nicht unbedingt lauter (auch das gibt es), aber er wirkt meistens so, als wären mehr Akteure am Singen, als es wirklich sind.
Böse gesagt wird der Klang etwas matschiger, weil er Präzision verliert. Bis zu einem gewissen Maß ist das so auch erwünscht.

Viele Reflexionen in einem Raum bedeuten nicht zwingend einen langen Nachhall. Das hat andere Gründe. Viel Nachhall entsteht dadurch, dass die oben genannten Billardkugeln nicht nur über eine Bande, sondern über z.B. 3 Banden gespielt werden. Das braucht noch mehr Zeit. In dieser Zeit ist aber schon die nächste Kugel auf ihren Weg geschickt worden, vielleicht mit einer minimal anderen Drehung. So kann es vorkommen, dass die sich auch zwischendrin treffen und stören. Dann kommt aber schon die nächste usw. Je größer der Raum desto länger ist der Weg und somit die Zeit, bis die Billardkugel über drei Banden im Loch (also Ohr) landet. Deshalb ist es auch so schwer in großen Kirchen – in denen dieser lange Nachhall nicht unter Kontrolle zu bekommen ist – eine CD-Aufnahme zu machen oder den Chor elektrisch zu verstärken. Singst du *OpenAir* *(s.a.)* gibt es keinen Raumklang, also keine Reflexionen, also nur den direkten Schall. Deshalb klingt ein Chor draußen auch so dünn. Es fehlt der zusätzliche Klang des indirekten Schalls. Dies klaut dir auch viel dynamische Differenzierung. Draußen kannst du sinnvoll im Prinzip nur ‚laut' und ‚leise' proben.

Es lohnt sich also im Konzertraum zu versuchen, ob ein leicht veränderter Standort/ geänderte Choraufstellung *(s.a.)* für mehr Reflexionen sorgt.
Der Dirigent Sergiu Celibidache (1912 - 1996) weigerte sich (fast erfolgreich) Live-CD-Aufnahmen zu machen, weil jedes Konzert in einem neuen Raum ein eigenständiges Erlebnis wäre. Er war ein Meister darin einen Raum zu lesen und das nur mit seinen Ohren. Heute haben wir dafür Messmikrofone...
Deshalb ist es für dich auch wichtig vor einem Konzert einmal vom Chor weg *in den Raum* zu gehen und zu hören wie dein Chor aus der Entfernung klingt. •
(s.a. Dry und Wet; Entfernung; Lass die mal machen; Proben im Sommer im Freien (Hitze); Raummoden und Flatterecho; Reihe freihalten; Wellenlängen und Frequenzen)

Direktes Umfeld

Jeder Sänger kann machen und sagen was er will, solange er nicht die Sicherheit und Integrität des Chores gefährdet. Wenn das passiert, musst du intervenieren – erst dann. Vorher ist das ein Problem des *direkten Umfeldes* des Sängers im Chor. •

Dirigenten als bepulsende Kontrollinstanzen mit weitreichenden Befugnissen. Oder: Brauchen wir einen Dirigenten?

Kleine Ensembles brauchen keinen Dirigenten im Konzert. Das geht bis ca. 8 Sänger auch im Laienbereich sehr gut, da das gemeinsame Atmen und der Puls untereinander gespürt werden können. Außerdem ist die visuelle Kommunikation kein Problem, wenn man sich in einen Halbkreis stellt.

In den Proben ist ein Probenleiter hilfreich, weil er die Qualität **von außen** beurteilt.

Meistens kann aber intern diskutiert werden und in jeder Gruppe kristallisiert sich ein Gruppenleiter heraus. Dort sollte einfach zum Schluss eine weitere *Kontrollinstanz* dazukommen, um das Geübte zu kontrollieren.

Problematisch ist es, wenn in dieser kleinen Gruppe mehr als einer die Kontrolle übernehmen will. Dies führt fast immer zu Problemen, unter denen das ganze Ensemble leidet. Hier ist ein Dirigent zwingend notwendig, um die Proben zu moderieren.

Genauso schwierig wird es, wenn zwei Chormitglieder in einer Beziehung sind, da damit eine gesunde Kritikkultur meistens nicht mehr möglich ist (been there – done that...).

Ab 10 Sänger wird es immer schwerer einen gemeinsamen Puls zu spüren und es muss oft zweireihig gestanden werden. So ist das Singen einfacher, wenn der Chor über einen zentralen Punkt *bepulst* wird.

Proben können hier auch nicht mehr über Diskussionen geführt, sondern müssen von einer ausgebildeten Person **gesteuert** werden. Diese Person muss das Vertrauen der Sänger haben. Sie beurteilt die aktuelle Situation und gibt Hinweise zur Verbesserung.

Das bedeutet nicht, dass sich Sänger nicht einbringen können oder sollten – aber die von der Allgemeinheit anerkannte Führungsperson muss diese Einwände moderieren.

Je laienhafter ein Chor ist, desto mehr braucht er einen Dirigenten.

In vielen Laienchören gibt es keinen Sänger der eine Partitur (heißt auch mindestens zwei verschiedene Schlüssel) lesen oder Töne angeben kann.

Die Frage ob Dirigent oder nicht wurde mir im Laienbereich tatsächlich auch noch nie gestellt. Dafür ist er ein zu essenzielles Element für die Funktion eines Laienchores.

Eine Diskussion über die Befugnisse und Pflichten des Chorleiters habe ich schon häufiger durchmachen müssen. Am Ende steht immer der Konflikt zwischen der offensichtlich undemokratischen Struktur, die ein Laienchor eben bis zu einem gewissen Maße haben muss und in der du der Diktator *(s.a.)* bist, und dem Drang einiger Sänger in ihrer Freizeit nicht auch noch fremdbestimmt *(s.a.)* zu sein. •

(s.a. Lass die mal machen; Programmkommission. Oder: Die dümmste Idee der Welt; Sinnhafte Existenz)

Diskussionsthemen durch Wertung steuern
Eine gesunde Diskussionskultur entsteht, indem du **berechenbar** auf Kritik, bzw. auf bestimmte Diskussionsthemen reagierst.
Ein Sänger soll dir sagen können, dass er glaubt, in den Noten stehe ein falscher Ton.
Er muss aber nicht kommentieren, wenn in den Noten durch schlechtes Scannen *ma1en* und nicht *malen* steht. Am besten noch: „Was soll denn das für ein Wort sein?".
Durch ein etwas genervtes Wegfegen des letzteren Themas und interessiertem Nachforschen bei dem (vermeintlich) falschen Ton, lernen die Sänger, welche Themen für dich relevant sind und welche nicht.
Zugegebenermaßen wirkt dies zuerst wie eine Meinungsdiktatur, wird aber bei konsequentem Anwenden keine solche Außenwirkung haben. Du musst nur sensibel sein, ob den Sänger diese *1* (eins) statt *l* (L) wirklich stört. Wenn ja, gehe darauf ein. •
(s.a. Dialog als Schlüssel zur Diskussionskultur)

Distanzdefinition zur Minderung der Beißhemmung
Aus Eigenschutz musst du Grenzen definieren, bis zu denen du persönliche Nähe von Sängern zulassen willst.
Und glaube mir: Denke darüber nach, bevor du in die Situation kommst!
Willst du Sänger in dein Haus/deine Wohnung lassen? Wenn nicht, lege dies für dich fest, denn sonst verplapperst du dich an einem schönen Abend auf einer Chorfreizeit.
Willst du deine private Mailadresse nicht angeben? – Nutze eine Arbeitsmailadresse.
Es geht aber auch um so einfache Dinge wie von Sängern zu deren Haus zum Essen eingeladen zu werden, oder zu einer privaten Fahrradtour mit Freunden, etc.
Es wird zum Glück selten passieren, dass ein Sänger von dir fordert, ihn zu dir in deine Privatsphäre zu bitten. Sei aber darauf vorbereitet.
Nun denkt man sich zuerst, dass das ja eigentlich nichts Schlimmes ist.
Man möchte doch ein gutes Verhältnis mit seinen Sängern haben. **Aber mit welchen?!**
In dem Augenblick, wo du jemanden näher an dich herankommen lässt als andere, kann es passieren, dass diese Person die natürliche Barriere Dirigent/Gruppenleiter – Sänger verlässt und sich durch die Spezialbehandlung ein besonderes Verhältnis mit dem Chorleiter erwartet. Andersrum – wenn andere Sänger nicht eingeladen sind, werden sie sich zurückgesetzt fühlen. Es braucht schon einen offensichtlichen Grund – wie z.B. der Chorvorstand, der bei dir zuhause eine Sitzung abhält – damit sich kein Sänger von dir zurückgesetzt fühlt.
Es passiert leider zu häufig, dass diese neuen ‚Freunde' aufgrund des ‚Vertrauensverhältnisses' auf einmal anfangen in der Probe mit dir zu schäkern oder sich einzumischen, oder dich in der Pause mit privaten Stories belagern – immer noch kein Weltuntergang... Der kommt in dem Augenblick, in dem du diese Personen verbessern, oder im schlimmsten Fall aus dem Chor bitten musst. Da reagieren sie verständlicherweise sehr angefasst – denn das Vertrauensverhältnis ist zerstört. Oder andersherum – du traust dich nicht, wie bei jedem anderen Sänger, notwendige und angebrachte Kritik zu äußern, weil du hier eine *Beißhemmung* hast.

Grundregel: Du hast eine Verantwortung für den **ganzen** Chor. Sobald etwas die Ausübung dieser Verantwortung stören könnte, musst du es unterlassen.
D.h. hier: Freunde dich niemals bis zu einem intimen Level mit Chorsängern an, außer du kannst dir sicher sein, dass sie eine ehrliche Kritik vertragen werden.
So wie du, müssen sie die Arbeitsperson (also die Aufgaben, sowie Verantwortung des Dirigenten) von der Privatperson trennen können. •

Dreck

Ein Chorleiter hat seinen Kirchenchor nun schon seit über 20 Jahre geleitet. Nun meint er, dass es wohl an der Zeit ist einem Jüngeren mit frischer Kraft und neuen Ideen Platz zu machen.
Vorher spricht er aber mit dem Organisten darüber: „Man sagt ja, neue Besen kehren gut." Antwortet der Organist: „Aber die alten wissen wo der Schmutz sitzt."
Der **Verjüngerungswahn** (vor allem bei Sängern) ohne rationale Basis ist tödlich für jeden Chor. Man braucht die älteren und erfahrenen Sänger, die die Abläufe im Chor kennen und eben den „Dreck". Es ist nur Zeit zu gehen, wenn man sich nicht weiterentwickeln will.
Chorleiter, die wach und interessiert bleiben, werden mit dem Alter durch ihre Erfahrung besser.
Durch Technik und Menschlichkeit können **Sänger** im hohen Alter noch wertvolle Choristen sein und nicht nur sängerisch, sondern auch durch einen reichen Erfahrungsschatz Stützen des Chores sein. •
(s.a. Junge Sänger und ihre absolutistische Notwendigkeit; Schlange stehen)

Drei

Achte im 4/4 Takt auf deine 3.
Sie wird in den meisten Fällen nicht weit genug nach Außen gehen.
Das liegt daran, dass der Weg von der 2 zur 3 bei korrekter Ausführung etwas weiter ist als von der 1 zur 2. So muss dort die Bewegungsgeschwindigkeit ein bisschen höher sein. Wenn die Bewegungsgeschwindigkeit gleich bleibt, ist der Schwerpunkt der 3, statt weiter außen, auf der Höhe der 1 und 4.
Im 3/4 Takt passiert dir Ähnliches mit der 2. Diese willst du leicht dirigieren und vernachlässigst den Weg. So hast du bei schlechter Ausführung alle drei Schläge de facto auf einem Punkt.
Lösung hier: Wenn du die 2 seitlich etwas höher platzierst als die 1 erzeugst du ein gleichschenkliges Dreieck.
Dies wird immer für eine korrekte Ausführung der 2 sorgen. • *(s.a. Schlagpunkte)*

3-Sekunden-Regel

Willst du ein gutes und zielorientiertes Gespräch führen, nutze die 3-Sekunden-Regel. Diese funktioniert allerdings nur, wenn dein Gesprächspartner nicht wie ein Wasserfall redet, sich für viel wichtiger hält, als du es bist, oder nur Blödsinn quatscht.

Das Tolle an der 3-Sekunden-Regel ist, dass sie den Gegenüber konsequent aussprechen lässt, das Gesagte wirken lässt und dann erst eine Antwort formuliert.

Beispiel: Jemand stellt dir eine Frage.
Du wartest (am wahrscheinlichen Ende) 3 Sekunden.
In dieser Zeit kannst du dir sicher sein, dass dein Gegenüber fertig ist.
Du antwortest, und im Idealfall wartet dein Gegenüber auch.

Wenn du nach etwas Gesagtem konsequent **wartest**, fühlt sich dein Gesprächspartner gerade in unserer schnellen und unterbrechenden Zeit besonders ernst genommen. Dies ist keine Technik für ein angeregtes Gespräch, aber du erreichst in kürzerer Zeit bessere Gespräch**ergebnisse**, schlicht weil beide Parteien ihre Gedanken vollständig formulieren durften und keinen Druck vom Gegenüber gespürt haben schnell zum Punkt kommen zu müssen.

Das Paradox ist, dass das Gespräch augenscheinlich langsamer vonstattengeht, aber durch seine Tiefe bessere Ergebnisse fördert. Die Wartezeit ist gewonnene Zeit.

Diese Wartezeit nach einer Aussage des Gegenübers ist eine Investition in ergebnisreichere Verhandlungen/Diskussionen und das Gefühl des Gegenübers ernst genommen zu werden, wenn er dir Probleme klagt.

Langfristig wird so Zeit gewonnen, da ein Gespräch nicht wiederholt werden muss. •

Drucker

Ein Tintenstrahldrucker ist günstiger als ein Laserdrucker, wenn du nicht die Tinte vom Gerätehersteller, sondern s.g. „NoName"-Tinte, nutzt.

Außerdem entsteht kein Feinstaub durch Toner.

Lange war es so, dass günstige Tinte nicht wischfest war. Viele Sänger markieren sich ihre Stimme mit einem Textmarker und das verwischte dann.

Dieses Problem haben fast alle Billighersteller nun endlich gelöst. Trotzdem lohnt es sich im Zweifelsfall die Bewertungen bei Amazon oder anderen Anbietern daraufhin zu lesen und zu Beginn nur eine kleine Anzahl an Tintenpatronen zu kaufen.

Es kann sein, dass du bei der Nutzung von anderer als der Originaltinte Probleme mit der Garantie des Gerätes bekommst. In dem Augenblick, in dem ich dies schreibe (Anfang 2021) ist das aber nicht so, auch wenn die Hersteller gerne ihre teure Tinte verkaufen würden und manche Warnungen in die Welt setzen.

D.h. ob Originaltinte oder z.T. 10x günstigere, aber qualitativ gleichwertige Substitute – wenn das Gerät innerhalb der Garantiezeit kaputt geht, muss dir der Hersteller nachweisen, dass es an der Ersatztinte lag. Sollte das der Fall sein, ist dann aber der Tintenhersteller in der Haftung.

Wie du aber druckst liegt in deiner Verantwortung. Ich übernehme keine Garantie.

Mir als Vieldrucker sind bisher zwei Drucker kaputt gegangen. Beide kurz nach Ende der Garantiezeit. Ein Schlingel, der Böses dabei denkt...
Wie auch immer: Kaufe dir einen **Allzweckdrucker**, der **DinA3** drucken (auch doppelseitig) und scannen kann.
Für unsere Zwecke brauchbare Geräte gibt es ab 350€.
Du kannst damit die Leseblätter *(s.a.)* fürs auswendige Singen drucken und wenn du Noten kleinteilig einrichten musst, lohnt es sich diese groß auf DinA3 zu drucken, handschriftlich einzurichten, um sie dann wieder eingescannt auf DinA4 ausdrucken zu können. Aber vor allem sind viele Notenausgaben, die du zu privaten Zwecken kopieren oder scannen willst, in einem größeren Format als DinA4. Die könntest du mit einem DinA4-Scanner nicht einscannen. Die Verlage wissen warum... *(s.a. Urheberrecht)*
Scanner (auch innerhalb dieser Allzweckgeräte) gibt es in zwei Ausführungen:
Compact Image Sensor (CIS) und *Charge Coupled Device* (CCD).
Der CIS ist günstiger, hat aber keine Tiefenschärfe und kann damit nur flache Blätter scannen. CCD hat Tiefenschärfe und kann auch z.B. Bücher scannen, die nicht ganz plan auf dem Glas liegen. •

Druckservice

Biete deinen Sängern an, dass du ihnen die Noten für ein neues Konzertprogramm ausdruckst (doppelseitig).
Verlange dafür pauschal 5€ (oder mehr), denn sonst würde es jeder von dir erbitten und irgendwann erwarten.
Drucke bitte auf 90g Papier (normal 80g), da die Schrift bei dieser Dicke beim doppelseitigen Drucken nicht durchscheint. • *(s.a. Noten als doppelseitige PDF)*

Dry und Wet

Je nach Stück klingt dein Chor präzise oder unpräzise.
Grundsätzlich ist das keine überraschende Aussage...
Dir kann aber schon in der Vorbereitung klar sein, welches Stück präziser klingen wird als das andere, bzw. welches Stück du mit deinem Chor auf Präzision trainieren musst.

Jeder Ton und jede Silbe hat eine **Einschwingphase**. Die Kehle stellt sich auf den Ton ein, der Mund formt den Konsonanten oder Glottisschlag *(s.a.)* und bereitet den auf den Konsonanten folgenden Vokal, auf dem gesungen wird, vor.
Druck wird aufgebaut und es erklingen Anfangskonsonant – Ton – Vokal.
Je nach Konsonant und Druck ist diese Einschwingphase kürzer und länger.
Der Zuhörer empfindet einen Chor als Einheit, wenn die Einschwingphase **gemeinsam** stattfindet.

Lässt du eine Stelle auf Vokalise *(s.a.)* „LE" singen, wird sie relativ präzise klingen, weil die Einschwingphase der Silben und damit der Töne länger ist.
Lässt du die Stelle auf Vokalise „KE" singen, wird sie bei gleichem Übeaufwand **un**präziser klingen, da die kurze Einschwingphase des „K" keine Überlappungen zulässt ohne hörbar zu werden und damit eine fehlende Präzision leichter identifizierbar ist.
Die Stelle muss also mehr geübt werden.

Im Schwingungsbild „KE" siehst du den kurzen und klaren Konsonantenbeginn, bevor der Ton klingt.
Der Konsonant ist nicht so laut wie der Ton, den ich hier singe, aber er ist klar definiert und deshalb für das Ohr eines Zuhörers wie ein Schlagzeugtusch zeitlich gut zu orten.
Die Einschwingphase ist kurz

Auf demselben Ton und in gleicher Lautstärke gesungen beginnt „LE" weich.
Das „L" startet schon auf dem Ton und hat keinen harten Startpunkt.
Wenn ich auf das „E" gegangen bin, bekommt der Ton einen minimalen Akzent durch die Öffnung des Mundes.
Der Start dieser Silbe ist weich, der Beginn des Konsonanten damit schwerer von dem des Vokals zu differenzieren und so auch der Beginn der Silbe.
Dadurch fallen kleinere Ungenauigkeiten weniger auf.
Die Einschwingphase ist lang. *(s.a. SCHLAND)*

Es ist interessant wie lange es braucht, bis ein für den Zuhörer identifizierbares akustisches Signal – über den reinen Ton hinaus – produziert ist.
Das dauert beim „K" sehr kurz, beim „L" relativ lang. Deshalb *hilft* eine hallige Akustik im Konzertraum der (aus Zuhörersicht) subjektiven Präzision und dem Zusammenklang. Ich habe schon manche Probe damit verschwendet Präzision einzufordern, um dann in der großen Kirche zu merken, dass die Präzision von vor drei Proben gereicht hätte.
Deshalb ist die Generalprobe oder auch schon eine Probe im frühen Probenverlauf im **Konzertraum** wichtig, um in den folgenden Proben auf die situativ wichtigen Dinge zu achten. *(s.a. Direkter und indirekter Klang (Schall); OpenAir unterm Dach)*

Wo dir der Hall im Auftritt hilft stört er in der Probe. Du brauchst also eine recht trockene und durchsichtige Akustik im Probenraum. Nur so probst du präzise.
Grundregel: Probe im ‚trockenen', singe im ‚Regen' (im englischen heißt eine hallige Akustik auch „wet" also nass im Gegensatz zur trockenen „dry").
D.h. stell nicht die Frage, ob dein Chor präzise singt, sondern ob er präzise *genug* singt.
Im Umkehrschluss heißt es also auch: Wenn du ein Stück mit vielen weichen (klingenden) Konsonanten und/oder vielen Anfangsvokalen hast, wirst du aufgrund der weichen Einschwingphase schon früh in der Probenphase ein ‚relativ' präzises Stück von deinem Chor angeboten bekommen.

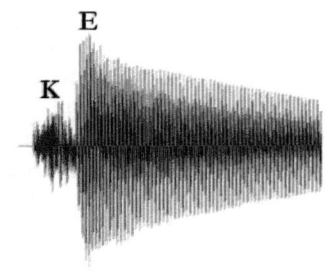

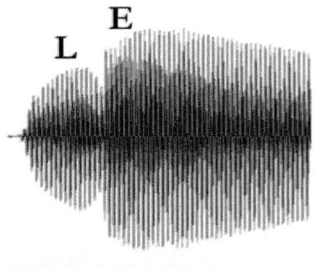

Bevor du dich nun zu sehr freust, und darauf ausruhst...
Wenn die Akustik im Konzertraum nicht gut ist, haben deine Sänger nur zwei Wege miteinander singen zu können:
1. dich (visuell)
2. die präzisen scharfen Konsonanten ihrer Nachbarn (akustisch)

Ist die Kirche sehr hallig, hilft das zwar den Chorklang füllig zu formen, aber deine Sänger müssen leider noch präziser und deutlicher singen als gewohnt, da sonst das Ergebnis für den Zuhörer nur noch akustischer Matsch ist. Ergo: Lass deinen Chor **immer** gut artikulieren – schaden tut es nicht. • *(s.a. Raummoden und Flatterecho; Wellenlängen und Frequenzen)*

DSGVO

Zur **Datenschutzgrundverordnung** sind dicke Bücher geschrieben worden und trotzdem viele Gerüchte mit erschreckenden Konsequenzen im Umlauf, wie Jahrbücher im Kindergarten, in denen auf einmal alle Fotos retuschiert worden sind.
Befrage im schlimmsten Fall bitte Google, wie der aktuelle Stand ist.
Es ist ein wirklich umfangreiches Thema, mit dem du dich befassen **musst**.
Schon die E-Mailadressen deiner Chorsänger sind **Daten**, die du nutzt.
Du machst Fotos vom Chor, die eventuell in der Werbung/einem Konzertbericht auftauchen. Du hast Telefonnummern. Du betreibst eine Website.
Was machst du mit den Daten? Das darf nun jeder von dir erfragen und der Nutzung widersprechen – bzw. du musst nun erst fragen, **bevor** du die Daten nutzt. Und das mit gutem Recht!
Ich bin trotz des großen Aufwandes und der Begründung, mit der die DSGVO gestartet wurde, ein absoluter Unterstützer dieser Form des Datenschutzes.
Grundsätzlich ist es aber so: Fotos einer öffentlichen Veranstaltung – ob mit Kindern, Sängern oder Meerschweinchen – dürfen gemacht werden, privat genutzt und verteilt werden. Du darfst als Fotograf aber nicht ohne Auftrag einen Sänger herauspicken, mit Teleobjektiv permanent fotografieren und die Fotos dann veröffentlichen. Das durftest du aber auch noch nie. Grundsätzlich darf über deine Datenerfassung (z.B. Foto) keine Einzelperson ohne Einverständnis identifiziert werden können.
Ein Taggen bei Facebook ist da eben schon **keine** Grauzone mehr. *(s.a. Social Media)*
E-Mailadressen sammeln oder Nachrichten auf WhatsApp *(s.a.)* sind Grauzonen.
Aber um sicher zu gehen gibt es dafür ja die Einverständniserklärung. Wenn du dir von deinen Sängern das Einverständnis zur Nutzung ihrer Daten im Rahmen des Chores einholst (das schließt die Weitergabe an Dritte aus), darfst du die Daten nutzen.
Ich gebe dir bewusst keine Vorlage für diese Einverständniserklärung oder eine konkrete Liste der notwendigen Maßnahmen, die du treffen musst um rechtskonform zu sein, da sich das Recht ständig ändert.
Meine obengenannten Grundannahmen dürften sich nicht geändert haben, aber ich kann mich da auch ganz gewaltig irren. Ich werde also keine Kaution für dich bezahlen, solltest du wegen Verstoßes gegen die DSGVO (in Großbuchstaben - erinnert mich an Dieter Thomas Heck und seine Ansagen der Hitparade im Z.D.F.) im Gefängnis landen. •

Die Dunkle Seite der Macht
Die Berechnung ist zwar populistisch aber in ihrer Grundannahme korrekt: 80% der Qualität machen 20% der Arbeit – die restlichen 20% Qualität machen 80% der Arbeit. Die Zahlen variieren von Ratgeber zu Ratgeber, was sie dir aber verdeutlichen ist, dass du mit relativ wenig Arbeit ziemlich weit kommen kannst (jippie! - yep: Sarkasmus…).
Je nach deinem eigenen Anspruch werden dir diese 80% schon reichen und ich erlebe ständig Chöre, bei denen genau das passiert.
Chorsänger wollen nicht **arbeiten**, sie wollen **singen**.
Wenn der Chorleiter sich nun mit diesen 80% zufriedengibt, werden ihn die Sänger irgendwann auf die *dunkle Seite der Macht* gezogen haben. D.h. mit wenig Arbeit ein akzeptables Ergebnis zu präsentieren und damit zufrieden zu sein.
Dein Job ist es eigentlich an diesem Punkt der Probenarbeit noch ein wenig mehr rauszukitzeln. Zu viele schwache Chorleiter lassen sich von starken, aber faulen Sängern beeinflussen und glauben irgendwann, dass der Chor ja nicht besser singen **kann**.
Nur durch eine bessere Strukturierung der Proben, die den Chor indirekt dazu zwingt strukturierter zu arbeiten, wirst du Probenzeit sparen und die 80% Marke ‚zu früh' erreichen. Dann hast du auf einmal eine Probe übrig. Was machst du jetzt mit der? Die kannst du für die letzten 20% Qualität nutzen. Versuch es mal. •
(s.a. Zeitersparnis durch kleine Änderungen)

Doppelspitze
Manche Chöre haben zwei Dirigenten. Ich habe das noch nie persönlich durchlebt. Ich habe aber mehrfach Chorleitertandems bei anderen Chören kennengelernt. Keines davon hat mehr als vier Jahre durchgehalten.
In einem Zweierverhältnis wird sich nämlich **immer** ein dominanter Part herausarbeiten. Das so gern proklamierte gegenseitige „Ausgleichen von Schwächen" funktioniert nicht.
Der eine kann super Stimmbildung, der andere gut proben.
Der eine macht gut Pop, der andere Alte Musik.
Der eine ist der emotional mitziehende, der andere der, der die Feinheiten aus dem Chor herauskitzelt. – So ist die Theorie.
Ein Chor will angeleitet werden und ist im Laienbereich stark von der Persönlichkeit des Chorleiters abhängig. D.h. der eine Teil des Chores fühlt sich von der einen, der andere von der anderen Persönlichkeit angesprochen. Es entstehen also immer zwei Lager.
Je ähnlicher sich die Dirigenten sind, desto weniger wird der Chor durch unterschiedliche individuelle Schwerpunktsetzung der Bewertung der Qualität der Chorleiter gespalten.
Das Ganze funktioniert also nach meiner Beobachtung langfristig nur, wenn beide einen ähnlichen Stil haben – also *eins in zwei*.
Gleichzeitig habe ich aber in keinem Chor erfolgreich **gleichberechtigte** Doppelspitzen erlebt. Eine wurde langfristig immer gegangen…
Auch wenn wir in einer Zeit leben, in der es *super fresh* und *voll innovativ* ist Doppelspitzen zu haben (am besten noch männlich und weiblich) ist Chor eine der letzten Bastionen wo nur eine (versteckte) Diktatur *(s.a.)* sinnvoll funktioniert.

Zum Schluss muss **einer** das Sagen haben.
- Doppelspitzen sind ein Ausdruck einer Identitätskrise.
- Doppelspitzen sind gut gemeint und führen ins Chaos.
- Doppelspitzen sind eine Ideologie.
- Doppelspitzen wollen nach außen nicht anecken.
- Doppelspitzen sind offensichtlich – aber begründet – nicht so mein Ding.

Jede Doppelspitze, die ehrlich gleichberechtigt ist (d.h. auch: sich ergänzend!), sowie von jedem Chorsänger als gleichberechtigt wahrgenommen wird, und sich von meinen Vorwürfen angegriffen fühlt, muss mir erst mal beweisen, dass sie nicht doch, nachdem sie evtl. gleichberechtigt gestartet ist, nun aus einem dominanten und einem unterlegenen Part besteht, bevor ich meine Meinung ändere. • *(s.a. Autokratie)*

Drumset

Spielt im Konzert zu deinem Chor ein Drumset, empfehle ich dir dringend ein E-Schlagzeug einzufordern oder eine Cajón. Bongos sind möglich, aber einseitig.
Der *analoge* Schlagzeuger wird in 99% der Fälle einen unverstärkten Chor nur mit Besen statt Sticks begleiten können – er ist sonst einfach zu laut.
Du darfst dich da auch nicht beeinflussen lassen – Schlagzeuger hassen es mit Besen zu spielen. Aber dir wird es nachher angekreidet, wenn man den Chor nicht mehr hört. •

Dunbar-Zahl

Unter der Dunbar-Zahl (englisch *Dunbar's number*) versteht man die theoretische **kognitive Grenze** der Anzahl an Menschen, mit denen eine Einzelperson soziale Beziehungen unterhalten kann. Das Konzept wurde vom Psychologen Robin Dunbar (*1947) entwickelt. Die Dunbar-Zahl beschreibt die Anzahl der Personen, von denen jemand die Namen und die wesentlichen Beziehungen untereinander kennen kann.
Dunbar sieht die Anzahl als Eigenschaft bzw. Funktion des Neocortex.
Im Allgemeinen betrage die Dunbar-Zahl 150, wobei die Anzahl der Freunde individuell zwischen 100 und 250 schwanken könne. Ob sie auch für sogenannte virtuelle soziale Netzwerke gilt, ist Gegenstand wissenschaftlicher Diskussionen. Erste Studien dazu bestätigen die Gültigkeit auch für diesen Bereich.
[Seite „Dunbar-Zahl". In: Wikipedia, Die freie Enzyklopädie. Bearbeitungsstand: 25. Januar 2019, 10:22 UTC. URL: https://de.wikipedia.org/w/index.php?title=Dunbar-Zahl&oldid=185054246 (Abgerufen: 3. Februar 2020, 18:59 UTC)]

Das bedeutet: Irgendwann ist der Speicher voll. Du wirst dich nicht an jeden ausgeschiedenen Sänger erinnern können. Sogar manch unscheinbarer aktueller Sänger wird deiner Aufmerksamkeit entschweben.
Du kannst dir natürlich ein Sängerarchiv mit Kommentaren zu den Sängern anlegen – so werden sie besser abgespeichert. Wenn man aber nach der Dunbar-Zahl geht, wird das langfristig auch nur ein Nachschlagewerk sein.
Akzeptiere also dein **Neocortex-Limit**. • *(s.a. Namen lernen)*

Durst in der Probe
Vor einer Probe solltest du genügend Wasser trinken.
Normalerweise sind wir im Alltag vor der Probe relativ bewegungslos.
Die Probe ist aber Sport: Bewegungssport, wie auch Denksport.
Wenn ich vor der Probe nichts trinke, bekomme ich in der Probe Durst.
Wenn ich dann trinke, ist das nicht schlimm – es animiert eventuell auch Sänger etwas zu trinken (was gut ist...).
Es ist ein Indikator dafür, dass mein Körper nun in einem anderen Modus arbeitet (sportlich). Wenn ich das aber vorher weiß, kann ich dem Durst vorbeugen. •
(s.a. Konzert: heißer Tag)

Duzen erzwingen
Will ich jemanden duzen, obwohl es eigentlich nicht angesagt ist, doch man kennt sich schon einige Zeit, duze ich diese Person im Gespräch ‚aus Versehen' und entschuldige mich dann damit, dass ich so viele Menschen duze.
Normalerweise bietet mir mein Gegenüber dann auch das „Du" an.
Wenn nicht, habe ich auch meine Information bekommen – diese Person wünscht kein derart persönliches Verhältnis zu mir. •

Duzen – Siezen
In Chören mit älteren Mitgliedern ist es zum Teil schwierig das „Du" anzuwenden.
Duzen ist für ältere Generationen sehr persönlich und impliziert ein Vertrauensverhältnis.
Jüngere Sänger dagegen fordern das „Du", da sie in einem Chor freundschaftlich mit allen verbunden sein wollen. Wo ältere Sänger es noch gewohnt sind alles zu tun, was der Chorleiter sagt, fordern jüngere eine flache Hierarchie.
Um mit der Zeit zu gehen, brauchen wir heute den Mittelweg eines gesunden Vertrauensverhältnisses zwischen Chor und Chorleiter, welches Kritik und Dialog *(s.a.)* zulässt.

Wenn du einen Chor neu übernimmst, sei deshalb so mutig das öffentlich „Du" anzubieten.
Die meisten werden es gut finden, denn es unterstützt den privaten Charakter des Verhältnisses zwischen Chorleiter und Chor und bringt viel Ruhe, wenn im Verlauf der Zeit das echte Vertrauensverhältnis gewachsen ist.
Einigen wird das sauer aufstoßen – die müssen dann eventuell gehen (...wenn sie nicht mit der Zeit gehen...).

Ein öffentliches „Du" ist spät nach Chorübernahme nur schwer zu forcieren und es entwickelt sich über die Zeit leider dazu, dass man mit einigen Sängern ein *Du-Verhältnis* hat und diese dadurch einen speziellen Status erlangen.
Wenn du in deinem jetzigen Chor noch das „Sie" anwendest, warne ich trotzdem davor es zu ändern. Die Dynamik des „Sie" ist eine andere (respektvoller bis hin zu „unser Chorleiter", der „Maestro") – wenn du dann auf einmal mit einem forcierten „Du" ankommst, kann das zu der Meinung umschlagen, dass du dich anbiederst oder beliebig wirst.

Wenn deine Sänger dich nicht als *Maestro* ansehen müssen, werden sie dir ehrlicher begegnen. Das hat nur Vorteile, da du nicht schludern kannst (ja, das ist ein Vorteil…).
Ich duze in meinen Chören alle. Sogar wenn jemand nur zum Schnuppern kommt, stelle ich mich mit „Hallo, ich bin Philip, wir duzen uns hier alle…" vor.
Wenn du einen Chor neu übernimmst, werden die Vorteile des „Du" die Nachteile überwiegen. •

Dynamikausgleich
Tiefe Töne sind immer leiser als hohe, d.h. im Verlauf einer aufsteigenden Tonleiter werden die Spitzentöne immer lauter sein als die unteren. – Außer man gleicht die Dynamik aus und singt ein Decrescendo.
Wenige Komponisten fordern in langen steigenden oder fallenden Linien eine gleichbleibende Dynamik. Meistens ist diese Binnendynamik *(s.a.)* erwünscht.
D.h. nur weil der Komponist bei einer aufsteigenden Linie kein zusätzliches Crescendo notiert hat, bedeutet das nicht, dass er dort keines haben will.
Ein guter Indikator ist, wenn der Tonverlauf und eine damit einhergehende, natürliche Dynamiksteigerung oder Dynamikreduktion mit der Phrasierung kongruent verlaufen.

Ein Diminuendo in einer aufsteigenden Linie in extremere Regionen der Höhe ist für einen Laienchor ein sehr schwieriges Unterfangen und verlangt vom Sänger ein Verständnis der Problematik. *(s.a. Tonumfang)*
Auch wenn es bessere, individuelle stimmbildnerische Lösungen gibt, habe ich im Chor ein Verringern der Dynamik ohne Intonationsverlust nur über einen sehr luftigen Klang der bewussten Kopfstimme *(s.a.)* erreichen können.
Dieses Singen verlangt genauso viel Energie wie die Bruststimme *(s.a.)* – was auch der Trick dabei ist: So kann die Linie **energetisch** fortgeführt werden.
Das Paradox für den Sänger ist, dass er im Diminuendo versucht sein wird, den Mund zu schließen (Ton darf nicht raus…) und mit wenig Luft zu singen.
Er muss den Mund aber weiter öffnen, mit viel Luft**zug** und wenig Luft**druck** singen, und dies dann noch schleichend von einer Bruststimme zur hauchigen Kopfstimme wandeln.
Schwer, aber am machbarsten, aber vor allem extrem **selten**…

Häufiger muss bei Sprüngen in die Höhe (in gleichbleibender Dynamik), die nach einigen Tönen wieder nach unten springen, ein Dynamikausgleich notiert werden, damit die hohen Töne nicht *knallen*.

Vor allem Abwärtslinien, die eine Spannungssteigerung haben sollen und Oktavsprünge müssen in der Dynamik ausgeglichen werden. Meist reicht schon ein Hinweis und deine Sänger machen es automatisch – achte aber in deiner Stückvorbereitung darauf.

Im folgenden Beispiel habe ich die Dynamikanweisungen sehr übertrieben. Bitte schreibe das so nie in die Noten. Ich möchte dir nur den Grundsatz eines notwendigen Dynamikausgleiches zeigen. Dieser ist in jedem Stück anders:

Bassstimme aus „Herr Christ, der einig Gotts Sohn" von Johann Sebastian Bach (1685 - 1750), Grunddynamik Mezzoforte:

Die Ausführung eines Dynamikausgleiches ist abhängig von den genauen Tonhöhen und den Stimmen.

Ein Alt kann die tieferen Töne mit mehr Klang füllen als ein Sopran, wird aber die Höhen eher hauchig singen.

Der Sopran wird die Höhen kraftvoll füllen, während die Tiefe hauchig wird.

Grundvoraussetzung ist, dass beide Stimmen nicht drücken und die Töne nicht forcieren.
(s.a. Extremlagenwechsel; Registerwechsel vermeiden; Zu tief)

In polyphonen Chorsätzen guter Komponisten wird diese Problematik berücksichtigt:
Beispiel: T12ff aus „Locus Iste" von Anton Bruckner (1824 - 1896) *(s.a. Probendisposition)*

Der Bass beginnt tief allein. Die anderen Stimmen kommen erst dazu, wenn der Bass in größerer Höhe lauter singen kann und werden höher (und damit lauter), wenn der Bass mit seiner Linie eigentlich fertig ist.

Zum Basseinsatz in T16 hat der Rest des Chores wieder einen tieferen Ton und phrasiert ihn sowieso als Schlusston ab.

Beachte meine Pausensetzung im Bass, um einen weichen Schlusston und klare Absprache zu triggern. Es ist auch ein wunderbares Beispiel dafür, dass Taktschwerpunkte meistens stimmig sind, aber eben nicht immer: T16 muss der Bass die Eins extrem abphrasiert singen. Manche Sänger sind versucht dort einen Schwerpunkt zu setzen, da SAT hier ihren Phrasenschwerpunkt haben. •

(s.a. Atemzeichen als Pause; Pausenmusizieren)

Dynamikänderung ohne Suppenverlust

Eine Dynamiksteigerung geht mit einer Druck- und Spannungssteigerung einher.
Druck/Spannung kontrolliert **aufzubauen** ist relativ einfach.
Wir sind es aber gewohnt, eine starke Spannung ruckartig zu lösen.
Wenn wir einen Suppentopf hochheben (ein bildliches Crescendo) führen wir ihn und spüren sein Gewicht. Deshalb ist es für einen Chor auch so einfach ein Crescendo zu singen.
Wollen wir den Topf auf den Tisch stellen (Diminuendo), sollten wir ihn nun natürlich genauso zum Tisch und zu seinem Platz führen. Wenn wir ihn aber nur loslassen, fällt die Spannung plötzlich ab.
Ein Diminuendo fällt bei den besten Chören in sich zusammen Die absteigende Spannung wird nicht über einen langen Zeitraum kontrolliert, sondern der Chor wird **plötzlich** leiser. Der Topf fällt also auf den Tisch und die Suppe ist verloren.
Dem ist leicht durch einen Gedankentrick abzuhelfen.
Wenn du deinem Chor sagst, er soll (kontinuierlich) leiser werden, wird er sehr schnell leise werden. Du könntest das stundenlang üben oder du machst es dir einfach: Du schaffst **Etappenziele**.
D.h. so häufig wie möglich (z.B. alle drei Töne) schreibst du eine geringere Dynamikstufe in die Noten. Damit hat der Sänger keinen großen Weg mehr zurückzulegen und zu überblicken (s.u.), sondern kann seinen Spannungsabfall über die Etappen zurücklegen.

Weiterhin müssen deine Sänger verstehen, dass leises Singen mehr Energie benötigt als lautes Singen.
Ein Diminuendo ist also kein Spannungs**abfall**, sondern ein Spannungs**aufbau**.
Den erreichst du durch Zielsetzung. Du übst mit deinem Chor die Passage erst in der Ausgangslautstärke ohne Dynamikänderung und lässt ihn über die ganze Diminuendostrecke eine lange Phrase singen (Schlusston = Zielton).

Wenn der Chor nun diese Phrasierung verinnerlicht hat, lässt du ihn die Dynamiketappen stufenweise (also mit klaren Wechseln) absingen, sodass er die Abstufungen lernt.
Wenn das klappt, lässt du diese Stufen weg, um nicht mehr in Terrassen, sondern gleichmäßig dynamisch zu singen.
Dein Chor muss verstehen, dass er in der Zieldynamik mit mehr Energie und Fokus singen muss, als in der Ausgangsdynamik.
Hat dein Chor Probleme mit Diminuendo, wird es sich immer darum handeln, dass er **zu schnell** leise wird. Die Sänger haben häufig Angst die letzten ‚Lauten' zu sein.

Über eine einfache Übung kannst du den Chor unabhängig von einem Stück trainieren:
Du lässt den Chor auf einem Akkord (sodass jede Stimme in einer bequemen Lage singt) auf „sa" einen langen Ton singen. Jeder soll nachatmen *(s.a.)* wie er will – es geht darum, dass der Akkord lange klingen kann.

Du hältst deine Hände, als ob du einen Fußball halten würdest.
Je weiter deine Hände voneinander entfernt sind, desto lauter soll der Chor singen, je näher beieinander, desto leiser.
Äquivalent zu „Soo groß ist der Fisch, den ich gefangen habe – soo klein der meines Rivalen." Nun soll dein Chor dir folgen.
Wenn das klappt, kannst du das mit einfachen Tonfolgen machen und schließlich mit einem langgezogenen Diminuendo oder Crescendo in einem mehrstimmigen Stück, das der Chor sehr gut kann. Der Dynamikverlauf muss dort nicht original sein – es geht darum, dass der Chor lernt auf dich zu reagieren und zu spüren wie spät so ein Diminuendo wirklich leise ist und wie viel Energie es trotzdem benötigt.

Ein letzter Stolperstein liegt im möglichen Überblicken einer Dynamikgabel. Der Sänger erkennt maximal drei Noten im Voraus was gleich passieren soll.
Er sieht also die Diminuendogabel und kann nicht überschauen wie lang sie ist.
So wird er lieber zu schnell leise als zu lange laut zu sein – er will sich verstecken.
Du musst also die Länge des Weges klären.
Dasselbe passiert mit einer Crescendogabel. Deshalb werden Chöre immer erst sehr spät laut, wenn nicht extra darauf hingewiesen und es geübt wird. Der Sänger will nicht ‚zu früh' laut sein, bzw. kann nicht überblicken, wann denn nun die Ziellautstärke erreicht sein soll.
Das Problem ist aber signifikant leichter zu lösen als das eines geführten Diminuendos.

Beachte: Wenn nur die Worte „cresc." und „dim." in den Noten stehen, muss (auch wenn irgendwann die Zieldynamik auftaucht) in den meisten Fällen kurz auf die Existenz des Wortes hingewiesen werden. *(s.a. Inegalität)*

Grundregel: Zwischenetappen wirken Wunder – müssen aber einstudiert werden. Langfristig soll dein Chor lernen ein Diminuendo mit der gleichen Energie und Führung zu singen wie ein Crescendo. Er soll also die Suppe nicht verschütten. •

Dynamisch dirigieren

Ausgangsstellung

Die Ausgangsstellung der Hände, von der jede deiner Bewegungen ausgeht und die ihren Nutzen definiert, ist dein Bauchnabel.
Deine Hände ruhen auf Höhe des Bauchnabels, wenn du sie nicht brauchst.
Dies ist auch die Ebene, auf der deine Dirigierschläge im Normalfall auftreffen sollen.
Wenn du dir deine Hand als Flummi denkst, ist das deine Aufprallebene.
Unter der Bauchnabelhöhe passiert nichts, da du sonst deinen Oberkörper beugen müsstest, was deine Luftsäule einknicken lässt.
Je lauter ein Klang werden soll, desto größer wird deine Dirigierbewegung nach oben und zur Seite – die Schläge finden aber immer auf der Bauchnabelebene statt (beachte die Einschränkung weiter unten).
Unser größtes Problem ist, dass wir meistens **zu hoch** dirigieren. Das hat auch etwas damit zu tun, dass die hinteren Reihen im Chor uns (vermeintlich) nicht sehen. Wenn du darauf zu sehr Rücksicht nimmst, wirst du immer höher dirigieren und deine Schlagebene auf Brustkorbhöhe verschieben. Dadurch sorgst du im Chor für eine hohe Atmung.
Ein tiefes Dirigieren sorgt tatsächlich für eine tiefe Bauchatmung deiner Sänger.
(s.a. Gummiband; Haltung; Klare Dirigierbewegungen; Lehnen; Leuchtende Augen; Schlagpunkte; Spieglein...)

Ebenen
Ich denke mir meinen Körper in 4 Ebenen:

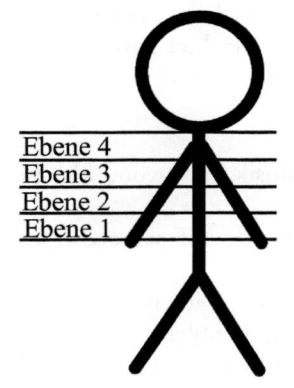

Ebene 4: Hals
Ebene 3: oberer Brustkorb
Ebene 2: Solarplexus
Ebene 1: Bauchnabelregion – Schlagaufprallebene

Darunter oder darüber haben deine Hände beim Dirigieren **nichts** zu suchen.
Wir müssen unsere Sänger stabilisieren und gleichzeitig lockern – das schaffen wir nur durch ein spielerisches (Aus-)Nutzen der 4 Ebenen (E). Sei also auch nicht sklavisch. Zu viele Kollegen haben das mit dem Bauchnabel gelernt und wursteln dann kraftlos in der Schmalzkuchengegend herum. Das ist nicht Sinn der Sache. Du sollst dir bewusst machen, was die unterschiedlichen Regionen **bewirken**.
Liegt dein Schlagpunkt niedrig auf E1, atmen die Sänger tiefer (wirklich!) und der Klang ist **erdend**. Du kannst auch groß dirigieren – solange dein Schlagpunkt dort unten ist, wirst du diesen Effekt haben. Willst du einen sehr leichten und luftigen Klang, ist es auch mal sinnvoll, deine Schlagebene bis auf E3 hochzuschrauben.
Ich schlage immer auf E1/E2. Nur meine Ausdruckshand kann zeitweise auf E4 gehen.

Du wirst vieles schon automatisiert haben. Manche Dinge musst du aber umgedreht zum natürlichen Impuls tun: Willst du einen Klang stützen, solltest du auf den unteren Ebenen bleiben. D.h. auch, wenn eine Stimme zu tief singt, darfst du ihr dies höchstens auf E2 zeigen, besser auf E1. Die Sänger müssen mit Kraft aus dem Bauch den Ton erhöhen und mehr Spannung aufbauen.

Wenn du auf E4 dirigierst, liegt die Energie im Hals. Metaphysisch, aber wahr. Auch ich ertappe mich dabei, wie ich einer Stimme auf E4 mit dem Zeigefinger ein „Höher!" anzeige, was immer wirkungslos bleibt. Versuche es mal auf E1 und höre die Wirkung.

Willst du ‚leise' dirigieren, bleibe auch in E1/E2. Die Sänger brauchen Energie, um gut leise zu singen. Die bekommen sie nur durch eine gute Stütze aus dem Bauchraum.

Wenn du bisher eher hoch dirigiert hast, wirst du bei solch einer Ebenenumstellung deinen Oberkörper nun nach vorne beugen. Das muss verhindert werden.

Lerne deine Arme fallen zu lassen, aber deine Schultern aufrecht (nach hinten) zu halten. Du musst das Vorbild für einen gut aufgestellten Gesangsapparat sein, sonst kannst du ihn nicht von deinen Sängern fordern.

Dirigiere tendenziell mit nach oben zeigenden Handinnenflächen, so als würdest du den Klang **tragen**. Das wird dir helfen.

(s.a. Handhaltung – Schlaghand – Ausdruckshand; Handinnenflächen vorne; Wackeldackel)

Lass dich **niemals** durch Sänger, die deine Hände nicht sehen können, weil sie hinten stehen, zum höheren Dirigieren verleiten! Ändere dann die Stellordnung oder kaufe Podeste (s.a.). Sei dir bewusst, dass eine Änderung der Ebenen bei korrekter Anwendung sogar im nicht so guten Chor echte Auswirkungen hat (positive wie negative).

Lautstärke zeigst du durch die Größe der Bewegungen an.
Das Problem ist aber, dass du auch in lauter und energischer Musik locker und klar in den Bewegungen bleiben musst.
Wenn der Chorleiter fest wird, atmet er nicht mehr frei, was sich auf seine Sänger überträgt und den Klang fest und gepresst werden lässt.
Du kannst also nur bis zu einem gewissen Maß groß und energisch dirigieren.
Wenn du eine laute Stelle hast, die für sich alleine steht, ist das kein Problem.
Der Sänger wird laut genug singen – du musst nur ordentlich groß dirigieren.
Das Problem liegt im Lauter**werden** – wenn also deine Bewegungen durch Vergrößerung einen Lautstärkenverlauf anzeigen möchten.
Dies musst du vor der Probe üben. Du musst wissen, was deine **Zielgröße** ist, in der du noch sinnvolle Bewegungen machen kannst und welche du über ein langgezogenes Crescendo und einhergehende Bewegungsvergrößerung erreichen willst.
Wenn du nicht weißt, was deine Zielgröße ist, wirst du immer zu früh zu groß werden.
In die andere Richtung wird dir das nicht passieren.
Kleinerwerden ist kein Problem – auch nicht über ein längeres Diminuendo – weil du, selbst wenn du dich verschätzt haben solltest, immer noch viel weniger machen kannst, bis du nur noch mit den Augen dirigierst.
Eine Zielgröße beim Leiserwerden ist nur zu definieren, wenn du stufenweise leiser wirst.

Merke: Eine Bewegung von deinem Körper weg oder zu ihm hin, wird der Chorsänger nicht bemerken. Deshalb ist diese Entfernung für den Klang auch nicht entscheidend. Viele Dirigierschulen lehren dich bei großer Lautstärke nach vorne zu dirigieren. Das macht, wenn überhaupt, nur für seitlich sitzenden Streicher im Orchester Sinn.
Mach dir darüber also keine zu großen Gedanken. Solange dein Oberkörper aufrecht ist, wirst du keinen Unterschied im Ausdruck feststellen, da Sänger dich zweidimensional sehen. Halte die Hände so weit von deinem Körper weg, wie es **dir** bequem ist.
Entscheidend sind **Breite**, **Höhe** und **Schlagpunkt** *(s.a.)* deiner Bewegungen, da diese differenziert wahrgenommen werden können und von dir deshalb differenziert mit Zielgrößen einstudiert werden müssen (d.h. üben!). *(s.a. Ballett tanzen; Technikübezeit)*
Dynamik dirigierst du also nach oben und zur Seite. Je größer, desto lauter.
Dies gilt auch für die Ausdruckshand.

Folgende Ebenen und Techniken solltest du bei unterschiedlichen Dynamiken einmal ausprobieren – der Schlagpunkt der Schlaghand liegt **immer** in E1(/2), nur der Weg ändert sich mit der Dynamik – heißt: wie viele Ebenen du im Schlag durchwanderst.

- ***pp/ppp:*** Schlag- und Ausdrucksbewegung bleiben in E1; klein; mit den Fingerspitzen
- ***p:*** Schlag- und Ausdrucksbewegung E1/max. bis E2; klein; mit geraden Fingern
- ***mp/mf:*** Schlag- und Ausdrucksbewegung bis E2; körperbreite Bewegung; offene Handflächen
- ***f:*** Schlagbewegung bis E2, Ausdrucksbewegung bis E3; breiter als dein Körper; Auftakte werden aus der Schulter katapultiert
- ***ff/fff:*** Schlagbewegung bis E2, Ausdrucksbewegung bis E3; breiter als dein Körper; Auftakte werden aus der Schulter katapultiert
  Ich gehe nicht höher, ich werde höchstens etwas breiter. Ich habe allerdings auch sehr lange Arme – wenn dir noch differenziertes Dirigieren gelingt, kannst du bei sehr lauten Stellen mit der Schlaghand E3 erreichen.
  Gehe mit der Ausdruckshand trotz großer Lautstärke nie zum Hals (also bis max E3), da du dem Klang sonst Kraft wegnimmst.
  Merke: E4 ist für einen luftigen Klang (also auch nicht für ein normales Piano!).

Grundregel: Im Unterschied zum Orchesterleiter sind wir mit unseren Bewegungen direkt für den Klang verantwortlich. *(s.a. Orchesterleiter vs. Chorleiter)*
Du musst verstehen und für alle Zeiten in deine DNS eintragen, dass wir als Chorleiter den Klang**körper** dirigieren – *niemals* den Klang mit unserem Körper *darstellen*.
Mit allem unserem physischen und metaphysischen Sein, mit jeder Bewegung und allem was wir sagen und tun, haben wir direkten Einfluss auf die Klang**erzeugung**.
Jeder Dirigierlehrer wird dir diesen Satz so ähnlich gesagt haben – aber er wird seinen Fokus auf den *Klang* gelegt haben. Dies lässt für mich den wichtigen Schritt der Sängerbeeinflussung aus und kommt aus dem Profibereich. Dort werde ich mich winden können, hopsen und springen – die Sänger werden stabil eine gute Stütze bewahren.
Der Laie wird dich und deine Haltung spiegeln. • *(s.a. Haltung annehmen)*

Dynamische Prozesse

Jede Probe ist ein *dynamischer Prozess*.

Du beginnst zwar mit einer klaren Vorgabe („Wir proben jetzt dieses Stück und beginnen in diesem Takt.") aber ab dann bekommt die Probe eine Eigendynamik. Du kannst nur über dein Wissen und eine Gruppensteuerung versuchen dein Ziel für die Probe zu erreichen.

Wie das genau passieren wird, kannst du nicht endgültig vorhersagen.

Eine Probendisposition *(s.a.)* hilft dir in diesem Chaos den Überblick zu behalten.

Wenn du allerdings glaubst daran sklavisch festhalten zu können, hast du verloren.

Du kannst sie als Wegweiser nutzen, aber verstehe, dass **alles** den dynamischen Prozessen unterworfen ist. • *(s.a. Chaos)*

E

E-Mailmalheur

Hast du eine Mail mit einem Inhalt versendet, der von der angeschriebenen Person nicht gelesen werden soll, musst du unbedingt verhindern, dass diese Mail geöffnet wird.
Korrigiere dafür den Text inhaltlich so, dass er gelesen werden darf, aber augenscheinlich ähnlich aussieht (ähnliche Absätze und Länge).
Der erste Absatz muss genau gleich sein, da dieser bei manchen E-Mailprogrammen angezeigt wird! Sonst würde ein Unterschied sichtbar werden.
Schicke diese Mail dann mindestens 20x an diese Person immer mit demselben Betreff wie die unerwünschte Mail.
Dann schickst du eine Mail mit demselben Betreff aber dem Zusatz: „Jetzt endlich richtig." Diese E-Mail hat den selben Inhalt wie die 20 Mails, aber noch die Erklärung, dass dein Mailprogramm, aus dir unerfindlichen Gründen, diese Mail während der Erstellung an den Empfänger gesendet hat.
Die Mails mit gleichem Betreff werden nämlich im Normalfall bei dem Empfänger *gestapelt* angezeigt. D.h. wenn er die Mail öffnen will, sieht er nur eine lange Schlange von Mails mit ‚gleichem' Inhalt. Und selbst wenn nicht, wird es komisch aussehen, wenn da 20 Mails mit gleichem Betreff vom selben Versender geschickt wurden. Der Empfänger wird im Normalfall die zuletzt gesendete öffnen wollen.
Um aber das Risiko endgültig zu minimieren und damit er da gar nicht erst anfängt zu lesen, ist es so wichtig die Erklärungsmail zu schicken, da dort ja nun ‚endlich' die Informationen drin sind, die der Empfänger vermeintlich lesen sollte.
Dass dieser Fehler technisch eigentlich unmöglich ist, ist irrelevant. Die wenigsten kennen sich mit diesen Dingen so genau aus, dass sie dir vorwerfen werden ein Lügner zu sein. Im schlimmsten Fall wird halt doch diese Schlangenmail gelesen und das kompromittierende Material gefunden. Dann bekommst du für die Verschleierungstaktik vielleicht Extrapunkte wenn du dich entschuldigst.

Am einfachsten so etwas zu vermeiden ist eine schöne Funktion, die es in einigen Mailprogrammen gibt: Das **verzögerte Versenden**.
Damit kannst du einstellen, dass die Mail nachdem, du auf *Senden* geklickt hast, noch 10 Sekunden in der Warteschleife bleibt. In dieser Zeit kannst du das Senden noch verhindern. Und wem ist es nicht schon passiert, dass er sich nach dem Senden nicht gewünscht hätte die Mail doch nochmal durchzulesen, bzw. etwas zu ergänzen.
Mir passiert das täglich – ich unterbreche regelmäßig das Senden, um den Text doch nochmal zu überfliegen. • *(s.a. Jon Postel; Rezipientenabschluss; Schriftliche Schnellschüsse)*

E-Mail-Signatur
Nahezu jedes E-Mailprogramm bietet dir die Möglichkeit eine festgelegte Signatur, bzw. Fußzeile zu erstellen, die in jeder E-Mail, die du schreibst, automatisch steht.
Automatisch eingefügt siehst du sie manchmal, wenn unbedarfte Nutzer von ihrem Handy aus eine E-Mail schreiben und dort am Ende steht „von meinem Android-Phone gesendet" – das kann man alles personalisieren. In meiner steht mein Name (so muss ich nur noch „Viele Grüße" schreiben – Philip Lehmann steht schon da), Anschrift, Handy und alle Internetadressen, die ich habe und natürlich die, meiner Chöre.
Es kommt vor, dass ich nicht will, dass all diese Informationen in der E-Mail stehen – z.B. bei einem Kündigungsschreiben für meinen Stromanbieter, etc. – dann lösche ich diesen Text einfach. Wenn ein Konzert bevorsteht, füge ich dieser Signatur auch ein Foto (JPEG) des Plakats bei (also nicht fotografiert, sondern z.B. aus einer PDF heraus erstellt), sodass dieses automatisch immer mitgeschickt wird – nicht als Anhang, sondern als Teil der E-Mail. Beachte hier bitte, dass die Dateigröße des Fotos nicht zu groß sein darf, da sonst die E-Mail zu groß wird. Da der Empfänger das Foto aber nicht aktiv öffnen und vergrößern kann, muss alles, was auf dem Plakat steht, lesbar sein.
Hast du mit einem Chor ein ansprechendes (öffentliches) Video gedreht/ Konzertaufnahme veröffentlicht, reicht es in die Signatur den YouTube-Link zu schreiben. Das Video wird dem Empfänger dann wie ein Anhang, mit einem kleinen Beispielbild, angezeigt, auf das er klicken kann.
Die Signatur ist deine Visitenkarte und auch dein *schwarzes Brett*. Pflege sie. •

E-Mailverteiler
Ein *E-Mailverteiler* braucht einen Manager und muss konform zur DSGVO (s.a.) sein.
Er ist (so meine ich) heute schon Standard. Selbst in Chören, in denen nicht alle eine E-Mailadresse haben, hat er sich bewährt, da du alle auf einmal informieren kannst und die (wenigen) anderen auf anderem Weg. (s.a. Telefonkette; WhatsApp-Gruppe)
Ein Verteiler spart Zeit, weil man nicht alle E-Mailadressen heraussuchen muss. So kann schnell eine Nachricht an den ganzen Chor gesendet werden. Es muss aber folgende klare Regelung herrschen: der Verteiler ist nur für Chorangelegenheiten und nicht zum Rezepteaustauschen (real-life-experience…). Er darf anderseits von Chorsängern genutzt werden, um z.B. auf Konzerte anderer Chöre hinzuweisen.
Ein Verteiler hat aber auch den Nachteil, dass mit ihm schneller und unbedacht schmutzige Wäsche gewaschen werden kann. Wenn ein Sänger in Wut über z.B. einen Rausschmiss den gesamten Chor über sein Leiden informieren will, geht das mit dem einfachen Eintragen der Verteileradresse. Er könnte auch alle Adressen heraussuchen – das würde allerdings mehr Zeit beanspruchen und so für mildere ‚Verabschiedungsmails' sorgen. Dieser Fall ist in vielen Chöre aufgetreten – mir aber noch nie passiert. Die Angst davor bleibt trotzdem konkret. Im Idealfall kannst du den Verteiler einfach „offline" stellen, sodass er einige Zeit nicht genutzt werden kann. Meistens beschränkt sich der ‚Missbrauch' zum Glück auf Alltäglichkeiten und die Vorteile überwiegen die Nachteile.
Ein Mailverteiler gehört in jeden Chor. •

E-Piano im Konzert

Singst du ein Konzert mit E-Pianounterstützung hat das große Vorteile (wenn du sie nutzt) und die liegen in der Möglichkeit zusätzliche **Lautsprecher** nutzen zu können.

Wenn du nur die eingebauten Lautsprecher vom E-Piano nutzt, passieren zwei Dinge:
1. Du musst die Lautstärke sehr erhöhen, damit jede Seite des Chores den Ton mitbekommt – dies führt dazu, dass das Klavier meist lauter als der Chor ist, was ich ein **Klavier mit Chorbegleitung** nenne – ein blöder ‚Standard' in den meisten Gospelkonzerten…
2. Es gibt nur eine Schallquelle.
   Wenn du das Klavier seitlich vom Chor positionierst, wird der Schall auf der anderen Seite verzögert ankommen.
   Das mag auf geringem Niveau keinen Effekt haben, aber je besser dein Chor wird, desto mehr wird auffallen, dass der Chor nicht gemeinsam singt. In einer großen Kirche mit viel Hall ist das am auffälligsten. *(s.a. Dry und Wet)*
   Weiterhin haben die Sänger auf der Klavierseite das Gefühl im Klang (oder meist gegen den Klang) zu singen und sind präsenter als die, die nur den reflektierten schwammig-halligen Schall von der anderen Seite bekommen.

Jedes mir bekannte E-Piano hat einen Stereoausgang über Klinke oder Chinch – und sei es nur ein Kopfhörerausgang.
Schaffe dir also **2** aktive Lautsprecherboxen an (die damit keinen extra Verstärker brauchen) und stelle diese **hinter** den Chor. Am besten auf hohe Stative.
In vielen Kirchen gibt es hinter dem Altar noch eine Empore. Du kannst die Boxen auch auf diese stellen.
Es reichen für diesen Zweck schon Boxen für 150€ pro Stück (teurer und größer ist hier mal wirklich besser) + Kabel (ausmessen und lieber zu lange kaufen!) – die halten und sind eine echte Investition.
Wenn die Boxen hinter dem Chor stehen, hat jeder(!) Sänger ein sehr präsentes Klavier im Rücken, bei dem er mitsingen kann und der Zuhörer kein zu präsentes Klavier im Ohr, da es durch den Chor gedämpft wird.
Wenn das Klavier zu laut werden sollte, werden sich außerdem einige Sänger beschweren (was ein sehr guter Indikator ist!) und du bekommst den erwünschten Effekt **Chor mit Klavierbegleitung**.
Auf diese Boxen mischst du eventuell auch noch das E-Drumset und alle sind glücklich.

Wenn es nicht gerade klassische Musik ist, bevorzuge ich immer das E-Piano als Chorbegleitung, da es an die Chorsituation und den Raum schnell anpassbar ist.
Ein analoges Klavier oder ein Flügel sind zwar ehrenwert, aber die Klänge von E-Pianos sind in den letzten Jahren so gut geworden, dass mir klanglich zu wenig Unterschied vorhanden ist, als dass nicht die Vorteile überwiegen (wenn du sie nutzt!).
Wer aber Brahms Chorlieder mit E-Piano begleitet, gehört auf den Scheiterhaufen. •
(s.a. Konzert: elektrische Verstärkung des Chores; Solistenverstärkung; Verstärkertechnikanschaffung)

E-Piano in der Probe
Der Vorteil gegenüber einem akustischen Klavier oder Flügel liegt auf der Hand:
Die Lautstärke ist regelbar. Achte bei der Anschaffung darauf, dass die eingebauten Lautsprecher nach **oben** ausgerichtet sind. So ist die Stellrichtung zum Chor weniger relevant. Beim Klavier strahlt der Klang von der Klaviatur weg gerichtet und da du eher nicht mit dem Rücken zum Chor sitzen wirst, wird der Klang immer in Richtung Chor abstrahlen. Schlimmer ist es noch, wenn das Klavier rechts von dir steht (um mal mit einer Hand eine Melodie mitzuspielen): Dann wird der Alt vom Klang zugedröhnt und der Sopran bekommt nichts mit.
Ein E-Piano ist so niedrig, dass du den Chor immer sehen kannst und es ist ohne Probleme im Raum verschiebbar.
Da ich hauptsächlich a-capella probe ist das Klavier für mich nur ein Werkzeug. Wenn du nach der Lektüre dieses Buches immer noch meinst, dass es klug und wünschenswert ist, ein Tastenhengst oder eine Tastenstute zu sein, dann trample weiter auf deinem Flügel und damit auf deinem Chor rum. (Yep – ich kann es wirklich nicht ab!) •

Echokammer
Menschen, die sehr sympathisch sind und viele Freunde haben, haben eine große und allgemeine *Echokammer*.
Eine Echokammer ist so etwas wie eine **Filterblase**: In sozialen Netzwerken werden dir ‚Freunde' und Nachrichten vorgeschlagen, die am ehesten zu deinen Interessen passen. So bleibst du in deiner Blase, in die nur gefilterte, passende Informationen vordringen. Dasselbe passiert im ‚analogen' Leben mit Menschen, mit denen du dich gerne umgibst und Menschen, mit denen du dich gerne unterhältst.
Eine Echokammer bedeutet, dass dir Menschen deine Meinung als Echo widerspiegeln. Menschen mit ähnlichen Interessen werden eine Gruppe bilden, da wir Herdentiere sind. Dieses Phänomen kannst du ausnutzen.
Willst du eine große Gruppe Menschen führen, musst du ihnen ein Echo bieten. Dafür musst du dich nicht einmal verstellen. Du musst schlicht Themen umschiffen, die starke und heterogene Meinungen beinhalten. Wenn du dich politisch äußerst, wirst du auch eine Opposition haben. Lässt du das einfach konsequent sein und sprichst nur Themen an zu denen die meisten Menschen grundsätzlich „ja" sagen können, wie z.B. eine humanistische Grundhaltung, wirst du eher das Echo der Meinung der meisten deiner Sänger sein.
Wenn du eine heterogene Gruppe leiten willst, geht es also nicht darum deine eigene Meinung zu verleugnen, sondern eher darum, bestimmte, polarisierende Gedanken nicht auszusprechen und sich an bestimmten Diskussionen nicht zu beteiligen.
Menschen wollen einer Gruppe angehören und sie wollen, dass diese Gruppe geleitet wird. Je öfter du die Mitglieder einer Gruppe dazu bringst „ja" zu dem zu sagen, was du ihnen vermitteln willst, desto mehr akzeptieren sie dich als ihren Gruppenleiter. Dann

kannst du auch Dinge durchsetzen, die eigentlich unpopulär sind, so lange diese unpopulären Forderungen in warme und wohlige „ja"-Forderungen eingebettet sind.
Das hört sich zwar an, als stamme es aus dem ‚Sektenführer-Handbuch', du wirst das alles aber als Chorleiter schon automatisch seit Jahren so angewendet haben – schlicht, weil die Sänger dir sonst nicht folgen würden: Jede Korrektur in der Probe, die der Sänger nachvollziehen kann, ist nämlich solch ein „ja"-Moment.
D.h. je fachlich und pädagogisch kompetenter du wirkst (und bist - aber das ist tatsächlich nicht so relevant), desto eher darfst du dann auch mal polarisierend mit einer Meinung sein, ohne die Echokammer zu zerstören. • *(s.a. Meinungsänderung)*

Eh harmonisch
Meine **Grundregel:** *Der beste Dirigent ist der, der im Konzert überflüssig ist.*
Er hat in den Proben die Musikgruppe so gut vorbereitet, dass sie auch ohne ihn spielen/singen kann. Deshalb kann er in den Schlussproben auch einfach mal ein ganzes Stück nicht dirigieren, sondern sich in den Zuschauerraum setzen und zuhören.
Manche Stücke wirken ohne Dirigenten sogar besser.
Hätte ich mich nicht einmal *hingesetzt*, wäre mir das nicht aufgefallen: In „Die Harmonie in der Ehe" von Joseph Haydn (1732 – 1809) – wenn sich Frauen und Männer gegenüberstehen und praktisch ein Zwiegespräch halten – stört der Dirigent. Erst **ohne** das ‚Zentralorgan' – oder bildlich: den *Eheberater* – wird die Komposition lebendig.
Wenn du deine Sänger dazu bringst, gemeinsam zu atmen, können sie super zusammen singen, ohne einen Dirigenten zu brauchen, und es wirkt fantastisch. •
(s.a. Lass die mal machen; Überflüssig und stolz darauf!)

Ehrgeizige Faulheit
Sei ein ehrgeiziger Faulpelz. *(s.a. Faulheit)*
Als Fauler musst du Strategien entwickeln, um effektiv ans Ziel zu kommen.
Der Ehrgeiz sorgt dafür, dass das Ziel nicht zu niedrig gesteckt sein wird. •

Ehrlich währt am längsten
Als Dirigent musst du immer ehrlich sein.
Wenn du einen Fehler gemacht hast, gib ihn zu. Nichts ist schlimmer, als einen Fehler zu machen und diesen (offensichtlich) zu überspielen. *(s.a. Wahrheit sagen)*
Du musst auch vor dir selbst ehrlich sein. Wenn du z.B. keine Ahnung vom Orchesterleiten hast: Lies dich ein – stell dich nicht einfach vor ein Orchester – das wäre respektlos und du wirst nicht mehr respektiert (GAU: die Noten der Klarinette in *C* statt *Bb* lesen *(s.a. Laienchorleiterdasein als Zwischenstation zu Höherem)*, etc.).

- Bei Aussprachenunsicherheit nicht irgendetwas machen, weil es sich gut anhört – immer fundiert argumentieren.
  Für das Orchesterleiten und die Aussprache empfehle ich dir im Literaturverzeichnis *(s.a.)* ein paar Bücher.
- Sei ehrlich in Bezug auf das, was dein Chor kann. Du wünschst dir vielleicht, dass er ein großes Werk aufführt, aber kann er es auch und wäre es klug?
- Bist **du** fähig das Werk vorzubereiten und zu proben?
- Mein Lieblingsbeispiel für Wunschgedanken, wo Außen- und Innenwahrnehmung flächendeckend im deutschsprachigen Raum inkongruent sind: *Gospelchöre*.
  Wenn man nicht die Lockerheit besitzt, einen afrikanischen Spiritual anzuleiten (denn der gemeine deutsche, weiße Chor hat diese erst recht nicht), sollte man die eigentlich notwendigen Improvisationen und Anbetungsrufe sein lassen, denn das Ergebnis ist immer unbefriedigend.
  Der Deutsche/weiße Sänger braucht meist einen klaren Ablauf, an dem er sich lang hangeln kann. In diesem können Stellen sein, die wie Improvisationen klingen – es aber nicht sind.

Grundregel: Nur weil **du** etwas kannst, kann dein Chor es noch lange nicht! •

Eierlegende Wollmilchsau nach Kundenwunsch

Sänger erwarten einen emotionalen Chorleiter, der sie auf eine Reise mitnimmt.
- Der sie zum Lachen und Weinen bringt, der für sie Musik lebendig macht.
- Er soll authentisch und ehrlich sein.
- Interessiert an seinen Sängern.
- Er muss seine Sprache und sein Verhalten absolut unter Kontrolle halten.
- Er soll nur Freudenausbrüche haben – niemals Wutausbrüche oder Zweifel oder überhaupt Fehler machen.
- Er soll konstruktiv und ergebnisorientiert proben – ohne zu fordern.
- Er soll seinem Chor, mit möglichst wenig Eigenleistung der Sänger fantastische Konzerte ermöglichen.
- Er soll seine Sänger fordern und ihnen Technik beibringen.
- Er soll das soziale Miteinander fördern
- Er soll…
- Er soll für jeden Sänger **gleichermaßen** perfekt sein.

Das sind unrealistische Erwartungen. Dafür ist ein Chor zu heterogen.
Aber es gibt ein paar Grundregeln, mit denen du dem nahe kommen kannst – du findest sie in diesem Buch. • *(s.a. Mystische eierlegende Wollmilchsau)*

Eigene positive Änderungshinweise
Kritisiere dich selbst nur durch positive Änderungshinweise:
Statt: „nicht zu hoch dirigieren" lieber: „niedriger dirigieren".
Nur so sparst du sonst notwendige kognitive Zwischenschritte, die Zeit und Energie rauben.
Außerdem musst du verstehen warum du es tun sollst (*erden* – die Sänger atmen tiefer, wenn du tief dirigierst). Du wirst damit deine eigenen Anweisungen besser umsetzen können. • *(s.a. Positiv bleiben)*

Eigenverantwortung einfordern mit einem Satz
Sage statt „das war schlecht" lieber „**das könnt ihr besser**".
Ich nutze diesen Satz viel. Er bringt aber nur etwas, wenn du dir sicher bist, dass eine verbesserte **innere Einstellung** der Sänger das Ergebnis verbessern wird.
Wenn es an technischen Problemen liegt, wird solch ein Eigenverantwortung einfordernder Satz Verzweiflung erzeugen, da du dem Sänger eigentlich technisch helfen müsstest, und er danach fragt. *(s.a. Dialog als Schlüssel zur Diskussionskultur)*
Bist du dir allerdings sicher, dass der Chor es besser kann und gerade einfach geschludert hat, packt ihn dieser Satz – richtig angewandt – an der Ehre. •

Einfachheit, um früh Transferleistungen zu ermöglichen
Habe auch immer sehr einfache Stücke in jedem Auftrittsprogramm.
Sie sind für die Sänger eine Entspannung im Konzert.
An ihnen können aber vor allem schon früh in der Probenphase Intonation, Ausdruck und Aussprache geprobt werden, ohne sich groß um das Notenmaterial kümmern zu müssen. Es dürfen durchaus Stücke aus dem vorletzten Programm sein, die den meisten Sängern damit noch bekannt sind.
Auch wenn die anderen Stücke das noch nicht hergeben, hast du hier die Möglichkeit immer wieder sauber arbeiten zu können, was sich positiv auf die **anderen Stücke** auswirkt.
Du kannst an ihnen technische Probleme lösen, die dann in den schwereren Stücken nicht mehr unbekannt sind.
Du ermöglichst im besten Fall eine *Transferleistung (s.a.)* von einem Stück auf das andere.
Das erfordert aber eine weitreichende Planung. •

Einsatz siehe **Ton angeben und Einsatz**

Einseitig vs. Zweiseitig

Die Qualität eines Konzertes wird vom Sänger und auch Dirigent oft nur *einseitig* analysiert. So sind eventuell ein paar falsche Töne dabei gewesen oder aber der Chor hat perfekt gesungen. Egal wie – die Analyse bezieht sich fast immer nur auf die Richtigkeit der Umsetzung des Notentextes.

Wir vergessen leider fast immer, dass wir **für** jemanden singen und somit die Wahrnehmung des Zuhörers eine außerordentliche Rolle spielt.

Die Qualität der Umsetzung des **Notentextes** wird meist ausschließlich von den Ausführenden beurteilt werden können – die Qualität des **Konzertes** wird aber von der Wahrnehmung des Zuhörers definiert.

So kann das vom Sänger so wahrgenommene ‚perfekte' Konzert für den Zuhörer wenig mitreißend gewesen sein. Ein Stück, das schwer zu singen war, an dem der Chor monatelang geübt hat und nun stolz ist es gut präsentiert zu haben, kann beim Zuhörer Gähnattacken hervorrufen. Das nur mäßig gesungene Stück (im Vergleich: Notentext zu Gesungenem) kann den Zuhörer wiederum begeistert haben.

Der Unterschied zwischen Außenwahrnehmung (Publikum) und Innenwahrnehmung (Sänger) ist häufig immens – aber zum Glück meistens vorteilhaft für den Sänger.

Deshalb musst du bei der Konzertplanung und Nachbesprechung die Erwartungs**haltung** und Erwartungs**erfüllung** des Publikums mit einbeziehen, da du sonst verfälschte Ergebnisse bekommst.

Grundfragen:
- Wird/Wurde die Erwartung befriedigt?
- Wie ist die Erwartungshaltung meines Publikums (gewesen)?
- Kann/Konnte ich sie steuern?

Z.B. ein Weihnachtskonzert, bei dem der Zuschauer erwartet seine bekannten Weihnachtslieder mitsingen zu dürfen. Dir ist das zu langweilig und du nimmst spannende unbekannte Lieder. Da kann die Aufführung noch so toll sein – der Zuschauer wird enttäuscht nachhause gehen (been there - done that - big mistake…).

Durch Vorankündigungen in der Presse kann die Erwartungshaltung gesteuert werden. Du musst den Zuschauern nur klar sagen, was sie erwartet und du wirst ein zufriedenes Publikum haben. Um das zu erreichen, musst du auch wissen, was das Publikum **grundsätzlich** von dir erwartet und an was es gewöhnt ist. Dies solltest du wiederum durch dein Leitbild *(s.a.)* steuern. *(s.a. Selbstbewusstsein des Chores)*

Man kann mit den Erwartungen auch spielen, indem man bei einem Weihnachtskonzert eines Gospelchores als erstes Stück zuerst unkommentiert „Es ist ein Ros entsprungen" singen lässt und erst im Anschluss erklärt, dass Gospel – also *Good Spell* – die „Gute Nachricht" heißt und dieses alte Lied genau das ist – ein ganz alter Gospel.

Nach einem Konzert zu sagen: „Aber das Publikum fand es toll!", auch wenn der Chor nicht so toll gesungen hat, ist ein ernstzunehmendes und wertvolles Argument.

Das Publikum gehört schließlich auch zum Konzertablauf dazu – nicht nur die ausübenden Musiker – somit ist das Urteil von Oma Liese genauso viel wert, wie das eines Dirigenten oder Sängers. *(s.a. Target Group 90%)*

Aber: Das ist deine Außenwirkung.
Du musst für dich das Konzert natürlich nach deinem Gesichtspunkt bewerten.
Du musst aus der Qualität des Konzertes Schlüsse ziehen, was du in den folgenden Proben mit dem Chor noch verbessern kannst und, was der Chor sehr gut gemacht hat. Deine Aufgabe ist eine differenzierte Reflexion (zu der auch das Publikumsurteil zählen soll). Das ist dein Job – aber auch **nur deiner**.
Auf die Frage: „Wie fandest du das Konzert?" sehr differenziert zu antworten, hat sich immer als Eigentor herausgestellt, da die Sänger nur das Negative hören.
Grundregel: Wenn der Chor 100% gegeben hat, war das Konzert gut und wird von dir vor ihm auch so dargestellt. *(s.a. Grenzen definieren, akzeptieren und umwerfen)*
Wenn der Chor sichtlich nicht alles gegeben hat was er konnte, kommuniziere ich das auch im Privaten. So bleibe ich glaubwürdig, muss aber auch nicht zu differenziert werden und kann in den Proben meine Konsequenzen aus der Analyse ziehen.
Hilfreich ist dafür natürlich eine Video- oder Tonaufnahme des Auftrittes. •

Einsingen: Ablauf

Ich mache immer denselben Ablauf. Die Gesangsübungen variieren.

- Körper
- Atem mit Konsonanten *(s.a. PTK)*
- Aufwärmen in die Tiefe auf Vokale
- Locker in die Höhe
- Konsonanten in die Tiefe
- Konsonanten und Linie in die Höhe
- Eine drei- bis vierstimmige Übung für Vokale, Linien, Intonation und gemeinsames Hören, die per Call-and-Response *(s.a.)* eingeübt wird.
  Kanons bringen wenig, da hier keine stimmspezifischen Dinge passieren wie z.B. im Bass ein Quintfall zum Schluss, der oft zu tief ist, etc. *(s.a. Klauseln)*
  Die Übungen sollten immer ein Ziel haben/eine Verbesserung bringen; man kann auch schwierige Stellen aus aktuellen Stücken nehmen, die ohne Noten einstudiert werden – es sollten aber sehr kurze Stellen sein, die einen Anfang und ein Ende haben. Du kannst dieser schwierigen Stelle auch selbst einen Anfang/ein Ende hinzukomponieren – der Sänger soll nicht merken, dass er schon etwas für später übt. *(s.a. Einsingen: Mehrstimmige Übungen)*

Ich habe für mich 12 Programme entwickelt, die ich wöchentlich austausche.
Damit habe ich einen 12-Wochenzyklus, sodass mir das Einsingen nie langweilig wird und ich nicht schludere – ich mache dieses eine Programm aber halt auch bis zu 6-mal pro Woche...

Die Körperübungen habe ich zum größten Teil aus „Antiaging für die Stimme I+II" *(s.a. Literaturverzeichnis)* entlehnt und chortauglich gemacht. Diese variieren wenig, da hier die richtige Ausführung entscheidend ist.

Das Einsingen muss stressfrei sein und die Sänger sollen nicht das Gefühl haben schon jetzt etwas zu üben. Gib ihnen die Möglichkeit sich zu öffnen. Es darf also auch gelacht und ein wenig kommentiert werden.

Einsingen ist eine **Phase des Ankommens**. •

Einsingen ist wichtig!

Für den Dirigenten ist das Einsingen oft ein mühsamer Probenzusatz, der Probenzeit für die ‚echten' Stücke stiehlt.

Einsingen soll die Stimme, aber vor allem auch den Geist aufwärmen.

Der Sänger soll *ankommen* (Körperübungen), denn wir arbeiten heute oft in Jobs, die Körper und Geist trennen (Bürojob: „Körper sitzt - Kopf rennt").

Über das Einsingen sollen Körper und Geist wieder *eins* werden. Nur mit einem davon singen zu wollen klappt nicht.

Du solltest **dir** dein Einsingen abwechslungsreich gestalten. Ich habe eine Einsingmappe mit 12 Programmen, und mache jede Woche ein neues Programm – nach 12 Wochen fange ich wieder von vorne an. Alle zwei Jahre überarbeite ich diese Mappe und füge neue Übungen ein, bzw. eliminiere die, die sich als nervig oder unnütz herausgestellt haben.

Um mehr Sinn im Einsingen zu sehen, gehe zielgerichtet Schwierigkeiten in den zu probenden Stücken an (Rhythmus/Aussprache/komische Intervalle – für alles gibt es Übungen).

Gehe stimmliche Schwächen deines Chores an – für eine leichte Höhe/leichte Tiefe/ kein Vibrato *(s.a. Knick; Vibrato)*/lauter werden/leiser werden/etc. •

Einsingen: Körperübungen

Ich baue immer ein paar Körperübungen an den Anfang des Einsingens ein.

Meine Standards sind das Ausklopfen und Gähnen und Strecken.

Den Körper ausklopfen (es darf richtig ‚klatschen' - ich nenne es spaßeshalber ab und zu die „Selbstkasteiung"): Es fördert die Durchblutung. Der Körper wird bewusst wahrgenommen – die Sänger sagen dadurch jedem Körperteil einmal „hallo". Auch der Kopf und das Gesicht werden mit den Fingerspitzen abgeklopft – bitte keine Ohrfeigen einfordern.

Schließlich werden der Hals und dann der Brustkorb ausgeklopft. Dies geschieht mit einem tiefe kehligen „Aahhh" – ein Bewusstmachen der Stimme und ein Lösen des Schleims.

Danach werden alle Glieder gestreckt und von hoch nach tief gegähnt.

Das reicht, wenn du wirklich keine Zeit hast.

Ansonsten habe ich viele Übungen aus „Antiaging für die Stimme I+II" *(s.a. Literaturverzeichnis)* übernommen und für den Chor angepasst.

Es gibt in der Literatur wenig Übungen die speziell für den Stimmapparat sind – und in diesen Büchern sind sie versammelt.

Verstehe: Singen ist eine Muskelleistung. Muskeln kann man trainieren. Das **wie** entscheidet. Erwarte keine Wunder, da du deinen Chor nur einmal pro Woche siehst, aber langfristig und durch konstante Übung passiert in den Sängern etwas.

Körperübungen sind ein essenzieller Bestandteil der Stimmbildung!

Als Start des Einsingens sind sie auch einfach gut geeignet die Sänger **ankommen** zu lassen und ihren Körper wieder spüren zu dürfen.

Lass dir bei den Körperübungen Zeit. Zähle z.B. beim Körperausklopfen innerlich langsam bis 12. Die Sänger werden die Übung so lange machen wie du. Alle Übungen dürfen länger dauern als du möchtest. Hänge immer noch 2-3 Durchgänge dran.

Wenn du diese Übungen mit mehreren Chören pro Woche machst, entwickelst du eine gewisse lustlose Routine und fängst an zu schludern. Du springst so schnell von einer Übung zur anderen, dass einige ältere Sänger nicht mehr hinterherkommen und andere sich mindestens gestresst fühlen.

Mache jede Übung ausgiebig, langsam, aber ohne Pausen zwischen den Übungen, da dies nur zum Schwatzen animiert. Dann sind alle glücklich. •

Einsingen: mehrstimmige Übungen

Jedes Einsingen kannst du sogar im kleinen Kirchenchor mit einer zwei- bis vierstimmigen Übung beenden. Das können die Schlusstakte eines Liedes sein, eine Übung aus den hunderten von Einsingworkshopbüchern, die es auf dem Markt gibt oder du nimmst einfach das Buch, welches ich im Literaturverzeichnis *(s.a.)* empfehle.

Wenn du keine zur Hand hast, kannst du einfach eine vierstimmige Fantasieübung auf einem Vokal oder einer Vokalfolge singen lassen.

Meine *Run for Cover (s.a.)*-Übung ist nicht die kreativste, aber auch zweistimmig möglich, wenn Alt und Bass den Grundton, und Sopran und Tenor die Quinte singen.

Sie ist leicht zu merken, in Dur und Moll möglich und immer parat.

In folgender Konstellation ist sie dreistimmig möglich.

Hast du keine Septimklänge vor und kannst vierstimmig singen lassen, ist folgende Fassung die rundere und **empfohlen**.

Wenn du es schwieriger haben möchtest, kannst du dem Tenor die Septime der verschobenen Durdreiklänge geben.
Du könntest den Akkord auch in weiter Lage (s.a. Enge Lage - Weite Lage) aufbauen. Dann würde (wenn du sie proben willst) die Septime allerdings im Sopran liegen und da wäre sie zu mächtig.

Bei jeder mehrstimmigen Übung erreichst du schnell Extremlagen – deshalb kannst du nicht einfach immer weiter rauf oder runter singen lassen.
Wenn du deinen mehrstimmigen Übungen (ab der Zweistimmigkeit) also noch etwas mehr pädagogischen Pepp verleihen willst, kannst du die Übung mit einem etwas ambitionierteren Laienchor, ohne neue Tonangabe und nur auf Zeichen, nach einem Durchgang einen Halbton/Ganzton höher oder niedriger singen lassen und dies auch abwechseln (mal einen GT rauf, HT runter, GT runter, HT rauf, etc.).
Vorsicht: Das geht nur mit Übungen, in denen der Schluss- und Anfangsakkord identisch sind. Und dass du diese Methode mit deinem Chor erst üben musst, ist natürlich klar.
Ablauf: Einmal durchsingen, dann einen Halbton oder Ganzton hoch oder runter ansingen lassen und weitersingen. – Später ohne Ansingen.
Achte darauf, dass kein Sänger für sich selbst leise seinen neuen Ton in der Pause ansingt – das verwirrt alle anderen.
Um das Ganze im Fluss zu belassen vereinbare Gesten. Ich nutze folgende:
- ein Zeigefinger hoch: Halbton hoch
- beide Zeigefinger hoch: Ganzton hoch
- ein Zeigefinger runter: Halbton runter
- beide Zeigefinger runter: Ganzton runter

Einsingen und im Fluss bleiben

Viele Kollegen singen eine Übung vor und reden dann leider zu viel: „Jetzt alle von diesem Ton: naah." Dann singt der Chor die kurze Übung. „Und jetzt von diesem Ton: naah." Usw. Manche Chorleiter gehen sogar so weit und singen bei Einsingübungen die Übungen auf einem neuen Ton (wegen des Tonartwechsels) immer wieder komplett vor. Manche sind so gnädig und singen den neuen Ton nur „von hier"/„von dem Ton" vor.

Ich versuche beim Einsingen aber *im Fluss zu bleiben* und den **Puls** weiterzuschlagen: Ich singe die Übung vor, gebe einen Ton mit Anfangssilbe, der Chor singt nach – ich singe den neuen Ton, Chor singt, etc.

Wenn die Übung neu ist, singe ich die ersten paar Durchgänge mit und werde dann leiser, um den Chor zu hören. Ich unterbreche auch mal, um Verbesserungen zu machen (Mund weiter auf/vorwärts singen/Linie/etc.).

[Notenbeispiel: Dirigent Chor – so so sa so sa so sa so sa so – Dirigent Chor – so so sa so sa so sa so sa so – Dirigent Chor – so so sa so sa...]

Im Fluss bleibt eine Einsingübung, wenn du:
1. Im Rhythmus atmest und im Puls den Ton angibst, damit der Chor einfach weitersingen kann.
2. Den Ton auf der Anfangssilbe gibst.

Es ist schlichtes Singen. Einige Chöre fühlen sich dann gestresst, aber nach zwei Proben haben sich alle an das Tempo gewöhnt und das Einsingen macht dir und den Sängern mehr Spaß, weil es stringenter abläuft. • *(s.a. Stringente Proben sind des Leithammels Hörner)*

Einsingen: vor einem Konzert

Triff dich mit deinem Chor 2½ Stunden vor Beginn des Konzertes, bzw. mindestens 1½ Stunden vor offiziellem Einlass.

Deine Sänger sollten bis zu einer Stunde zwischen Konzert und Einsingen Zeit haben sich um sich selbst zu kümmern. *(s.a. Regelhafter Auftritt)*

Es wird Sänger geben, die solch ein Treffen für viel zu früh halten und die Zwischenzeit zu lang finden, aber man braucht in der Ansingprobe immer mehr Zeit als man hat und darf trotzdem niemals in Stress geraten.

Die 2½ Stunden haben sich als sehr sinnvoll erwiesen.

Das erkläre ich auch meinen Sängern: Sollte die Probe super laufen und man ist ‚zu früh' fertig, sollen die Sänger sich lieber etwas langweilen oder noch einen Spaziergang machen, als dass man vor dem Konzert keine Zeit mehr hat, auf alles Notwendige zu achten.

Du willst mindestens ermöglichen, dass dein Chor den Raum kennenlernt und alles Geprobte **auch hier** abrufen kann. Dafür muss er die Akustik (auch durch dich reflektiert) spüren *(s.a. Beweisführung durch die heiße Herdplatte)*:
- Wie höre ich mich als Sänger anders als im Probenraum?
- Höre ich meinen Nachbarn mehr oder weniger?
- Kann ich mit den anderen Stimmen zusammensingen, oder habe ich das Gefühl für mich allein zu singen?
- Du probst die Aufstellung (Wechsel und Auf- und Abgang).

- Licht/Beleuchtung müssen stimmen – achte darauf, dass es im Verlauf eines Konzertes dunkler werden könnte, wenn du bei Tageslicht probst.
- Wie ist die Sicht auf den Dirigenten (deine Hände!)? *(s.a. Podeste)*
- Im Einsingen: Stimme aufwärmen, Extreme (hoch-tief, laut-leise) testen.

In den zwei letzten Proben und der Einsingprobe vor einem Konzert (also ein echtes, langes – nicht nur ein Gottesdienst) mache ich dieselben Einsingübungen. Die Sänger sollen nicht über die Ausführung der Übung nachdenken müssen, sondern ins Singen kommen dürfen.
Wenn dein Chor aber vor einem Konzert etwas abgespannt ist (z.B. sich nach zwei Konzerten nun vor dem dritten etwas Routine eingeschlichen hat) kann es helfen ein oder zwei der bekannten Übungen durch spaßige neue zu ersetzen.
Das sorgt nochmal für einen Spannungskick. Die Sänger nehmen dich dadurch wieder als **Informationsgeber** war.

Dann machst du einen Durchlauf. Hier geht es ums Singen, Singen, Singen.
Kleinigkeiten darfst du nicht mehr lösen wollen. Du darfst Grundsätzlichkeiten klären und schwere Stellen ansingen.
Der Chor soll keine 100% Lautstärke geben (Gefahr des Absingens).
Bei gut laufenden Stücken kannst du kurz vor Ende (3-4 Takte) stoppen – das macht Hunger auf mehr.
Sehr effektiv ist es auch, sich mal hinzusetzen und zuzuhören. Der Chor muss also auf dein Dirigat verzichten und sich ganz auf sich konzentrieren. Das fördert den Zusammenhalt und das Aufeinanderhören. Auch für dein Klanggefühl ist es wichtig, dass du mal im Raum herumläufst und hörst, während der Chor singt. Du musst wahrnehmen wie der Chor sich im Raum mischt. Diese Maßnahme ist notwendig – unabhängig vom Niveau.

Du kannst nun sogar im schlimmsten Fall noch etwas an der Aufstellung ändern. Eventuell trötet da eine Sopranistin so massiv, dass du sie nach hinten stellen solltest (mit dem freundlichen Wort, dass sie als sichere Sängerin den anderen helfen kann – was nicht mal gelogen ist).

Bist du dir nicht sicher, ob der Chor bei einem Stück an einer Stelle nicht doch rausfliegt, ist nun die letzte Möglichkeit eine Wiedereinsatzstelle zu vereinbaren, und zu üben auf Ansage eines Taktes dort sehr schnell weitersingen zu können.
Solch eine Wiedereinsatzstelle sollte einfach zu finden sein – z.B. am Anfang einer Zeile. Normalerweise musst du so etwas aber schon zwei Proben vorher geklärt haben – auch auf Verdacht. Vereinbare lieber zu viele Einsatzstellen. *(s.a. Konzert: Wiedereinsetzen)*

Als Dirigent ist es spätestens jetzt Zeit aktiv die Kontrolle abzugeben.
Dies ist eine innerliche Entscheidung: „**Ich** kann nun nichts mehr ändern.
Es ist wie es ist. Ich habe **alles** gegeben was ich konnte."

Ich habe meine Aufgabe **erfüllt** (gute, organisierte Proben).
Der Rest liegt nun in der Verantwortung der **Sänger**."
Im Konzert hat jeder seine Aufgaben: Deine ist es eine **Grundorganisation** anzubieten. Singen tun deine Sänger.
Gut geprobt hast du, wenn du im Konzert de facto überflüssig *(s.a.)* bist.

Zusammenfassung
- Unbekannter Raum: 2½ h vorher
- Bekannter Raum: 2 h vorher
- Einlass: 30 Minuten vor Beginn

Tu dir was Gutes und hänge einen freundlichen Zettel an die Tür: Das Plakat und darunter angeklebt (gedruckt!) „Einlass 17:30 Uhr" (natürlich nur wenn **das** Konzert um 18:00 Uhr beginnt…). So ersparst du dir irritierte Zuschauer, die zu früh reinplatzen. •
(s.a. Cool bleiben; Es ist wie es ist; Vorhersehbarkeit herstellen; Wahrnehmungshierarchie)

Einsingen wird überbewertet (einerseits)
Die meisten Sänger verstehen unter Einsingen *die Stimme warm machen*.
Nun haben sie die Stimme beim Sprechen aber schon den ganzen Tag genutzt, d.h. die Muskeln sind eigentlich *warm*.
Was vor dem Einsingen noch fehlt, sind die Extreme, also die Höhe und Tiefe. Die natürliche Mitte, in der er normalerweise singt, hat der Sänger den ganzen Tag schon geübt. Dafür reichen also praktisch 5 Minuten lang leichte Übungen hoch und runter.
Das Einsingen ist aber doch sehr wichtig, denn nicht die Stimme muss eingesungen werden, sondern das **Gehirn** und das **Gehör**.
Zuerst lassen wir den Sänger über Körperübungen seinen Alltag vergessen und ihn im Raum ankommen. Dann lassen wir das Gehirn sich der Konsonanten und einer kontrollierten Atmung bewusst werden.
Schließlich geht es eigentlich nur noch um den Chorklang und dass der Sänger sich in diesem Chorklang zurechtfindet.
So musst du z.B. bei einer Generalprobe am Vorabend in einem für den Sänger unbekannten Konzertraum ein langes Einsingen machen – auch mit mehrstimmigen Übungen – damit er sich in diese akustische Situation einhören kann.
Am Konzerttag kannst du dir das lange Einsingen dann sparen, denn der Sänger ist schon **eingehört**.
Lass an den Konzerttagen bitte solche Spielchen wie ‚den Raum erfahren' – also den Sänger singend im Raum herumgehen, etc. – das bringt dem Sänger dann nichts (mehr), da er sich auf seiner Standposition einhören muss. Lass es also auch, wenn du nur eine Ansingprobe im für den Chor neuen Konzertraum hast.
In anderen Situationen ist das eine ganz gute Übung, da sie den Sänger zwingt sich sekündlich auf eine neue akustische Situation einzuhören. Mach das also am Vorabend oder einer früheren Probe im neuen Raum. *(s.a. Differenzielles Lernen; Frei singen)*

Grundregel: Einsingen ist für den Kopf und für die Extreme.
Wenn Chorsänger meinen, sie könnten ja nur mit einem ganz langen Einsingen gut singen, ist das psychosomatisch und/oder eine Ausrede.
Manche Sänger brauchen ein langes Einsingen um loslassen zu können und anzukommen – das hat aber immer noch nichts mit der Stimme zu tun und darf so auch (liebevoll) kommuniziert werden. •

Einsingen: Zwischenübung
Zwischen jeder Einsingübung lasse ich die Sänger seufzend gähnen und sich strecken.
Seufzen entfaltet durch den plötzlichen leichten Überdruck alle Regionen der Lunge.
Eine hocheffektive Übung, die ich aber noch mehr anwende, ist der *Pferdeseufzer*.
Dafür seufzen die Sänger vom höchsten möglichen Ton der Kopfstimme bis zum tiefsten Ton – möglichst langsam und das ganze Lungenvolumen ausnutzend.
Dabei lassen sie die Lippen flattern wie ein Pferd beim Schnauben. Es tut mir leid - aber ich weiß einfach nicht wie ich es schriftlich besser beschreiben könnte. Wenn man es einmal vormacht hat es sofort jeder kapiert. Der Name der Übung ist auch wirklich erst für diese Beschreibung entstanden und nicht für den Publikumsverkehr gedacht...
Scherz beiseite: Um die Lippen flattern lassen zu können, muss ein bestimmter **konstanter** Luftzug herrschen. Um weit oben zu singen, brauchen Sänger normalerweise weniger Luft als unten. Dies muss nun ausgeglichen werden.
Resultat: Bei korrekter Ausführung bleiben der Luft**druck** und die Luft**menge** unabhängig von der Tonhöhe gleich, weil sonst die Lippen aufhören zu flattern. Das ist eine sehr machtvolle Übung zur Luftkontrolle.
Du wirst feststellen, dass viele Sänger, wenn sie nach unten kommen, ihren Oberkörper zusammensacken lassen. Manche tun das sogar bewusst, da sie die Übung aus einem anderen Zusammenhang kennen, in dem sie entspannt ausschnauben sollen. Wir wollen hier aber über das gesamte Tonspektrum die Kontrolle und Stabilisierungsspannung beibehalten. (s.a. *Bauchatmung vs. Brustkorbatmung; Hackentrick; Stillgestanden!*)
Dafür lasse ich meine Sänger während des Abwärtsseufzens eine Gegenbewegung mit einem oder beiden Armen machen – die Arme bewegen sich also nach oben, während die Stimme nach unten geht. So sind auch noch die tiefen Töne kontrolliert.
Manche Sänger können ihre Lippen nicht flattern lassen – wenn es gar nicht geht, sollen sie einfach seufzen – es gibt aber auch Gründe für dieses Unvermögen: Meistens ist es ein Zeichen für einen festen Kiefer, bzw. zu gespannte Lippen.
Abhilfe: Muskeln vom Kiefergelenk massieren und auf einem abfallenden Glissando (wie Gähnen) am Kiefer entlang ausstreichen. Um die Lippen locker flattern lassen zu können, muss man den Mund minimalst öffnen. Die beste Stellung ist die, die man am Ende eines entspannten Gähnens hat, bevor man den Mund wieder fest schließt.
Es kann sogar an noch etwas Kleinerem liegen: Manche Sänger spannen minimal die Mundwinkel an. Sie **wollen**. Sie versuchen krampfhaft die Lippen zum Flattern zu bekommen und verstehen nicht, dass das nur mit losgelassenem Gesicht funktioniert.
Hier hilft ein Bewusstmachen durch Massage der Mundwinkel und Wangen. •

Einsteckverhinderungsfaden

Willst du einen ausgeteilten Stift (z.B. für die Anwesenheitsliste) behalten – er soll also nicht aus Versehen in der Jackentasche eines Sängers verschwinden – binde einen dicken und längeren (20cm) Wollfaden an den Stift.
Jeder, der ihn einstecken will, wird schnell merken, dass das nicht seiner ist. •

Einstiegs- und Ausstiegsalter

Chorleiter, die einen Sänger mit 50 oder 60 Jahren aus ihrem Chor entfernen, weil sie dort nur junge Stimmen haben wollen, sind meiner Meinung nicht qualifiziert einen Laienchor zu leiten. Sie müssten diese Stimmen eigentlich unterstützen und trainieren.
Ich habe einige Chöre erlebt, in denen diese Methode der Altersdiskriminierung nach hinten losgegangen ist. Kurzfristig klappt das in einem *Stadtchor*, da es dort auch den Nachwuchs gibt. Langfristig bedenkt der Dirigent nicht, dass auch **er** älter wird – also *unattraktiver* für junge Sänger.
Es gibt einen ‚Sweetspot' zwischen 25 und 40. Danach wird es schwieriger.
In meinen Chören singen auch noch 80-jährige Sopranistinnen und sind z.T. sogar Stützen – alles eine Frage einer langjährigen Stimmbildung, die auch gerade den jungen Sängern nicht schadet.
Ich will meinen Chor nachhaltig aufbauen, d.h. ich versuche relativ junge Sänger (ab 40 Jahre! - s.u.) zu erreichen und diese auf meine Methode zu arbeiten, einzuschwören. Sie werden mit der Zeit immer besser. Ich gebe ihnen ein stimmtechnisches Fundament, mit dem sie hoffentlich lange Jahre singen können. Die Stimme ist schließlich ein Muskel, der trainiert werden kann und muss.
Ich werde niemals behaupten, dass meine Methoden, die einzig wahren sind. Sie unterliegen einer permanenten Anpassung. Auch die in diesem Buch beschriebenen Techniken sind ein *Ist-Zustand*. Mit ihnen erreiche ich *jetzt gerade* die besten Ergebnisse. Welche ich in 5 Jahren nutzen werde, weiß ich nicht.
Und um keine weiteren Missverständnisse aufkommen zu lassen: An vielen anderen Stellen in diesem Buch lege ich dir sehr warm ans Herz, dich von störenden Sängern zu trennen. Wenn der ältere (60 ist heute kein Alter mehr!) Sänger nicht mehr gut hört, er ‚im Kopf langsam' wird oder die Stimme trotz privater Stimmbildung bricht, muss man den Sänger vor sich selbst und dem Rest des Chores (der den Qualitätsverlust bemerkt) schützen. Das ist ein schlimmer Teil deines Berufes.
Ein Sänger muss gehen, wenn er die Anforderungen, relativ zu **diesem** Chor nicht mehr erfüllen kann und damit ein K4-Sänger wird. *(s.a. Sängerkategorien)*
Das allerdings einfach am Alter festzumachen ekelt mich an.
Das machen nur Chorleiter, die die Stimmen ihrer Sänger nicht kennen/kennen wollen/ sich nicht für ihre Sänger interessieren.
Oder: Sie installieren dieses diskriminierende System, um nicht in die Verlegenheit zu kommen ältere und auch vom Chor liebgewonnene Sänger bitten zu müssen, zu gehen.
D.h. sie sind schwach und verantwortungslos.

Wenn also kein organischer Schaden vorliegt, ist jeder Sänger bis ins hohe Alter fähig zu singen – die richtige Technik und Anleitung vorausgesetzt.

Ich habe zugegebenermaßen noch nie langfristig (außerhalb des Studiums) mit einem Chor gearbeitet, in dem alle Sänger U30 sind (ein Kinderchor zählt da nicht…).
Vielleicht ist das ja für manche Kollegen auch wie eine Sucht…?
Ich arbeite gerne mit erfahreneren Sängern, da diese zumindest das Fundament des Chorsingens beherrschen und ihnen nicht alles mehr beigebracht werden muss.

Es gibt drei Einstiegsalter in den Laienchor (Ausnahmen bestätigen die Regel):
1. Studenten/Auszubildende
2. Ab ca. 40, da dann die Kinder so alt sind, dass sie auch mal abends allein zuhause sein können, bzw. nicht mehr den Alltag dominieren und die Eltern eine neue Aufgabe suchen.
3. Mit Eintritt ins Rentenalter. *(s.a. Lost Generation)*

Nachhaltigkeit entsteht nur durch Kontinuität. Deshalb sind mir Studenten nicht so lieb, da ich weiß, dass diese spätestens nach 5 Jahren gehen werden.
(s.a. Chorleiterwahl und Probedirigieren)

Die nachhaltigste **Targetgroup** sind die ab 40-Jährigen, da diese am wahrscheinlichsten lange bei dir bleiben können und stimmlich lange wachsen. Es gibt dort natürlich immer die Gefahr der beruflichen Umorientierung und Wohnortwechsel.
Daraus sieht man auch, wen man für seinen Chor werben sollte:
Eltern in Gymnasien/weiterführenden Schulen, Konfirmandeneltern und an Universitäten/Hochschulen (wobei die oft ihre eigenen Chöre haben).
Die immer wiederkehrende Idee im Kindergarten oder in der Grundschule zu werben ist meistens fruchtlos.
Grundregel: Verabschiede dich von Altersbeschränkungen und sei sehr vorsichtig bei Chören, die so etwas haben. Es zeugt von einem kranken Verhältnis zwischen Chorleiter und Chorsängern. *(s.a. Junge Sänger und ihre absolutistische Notwendigkeit; Schlange stehen)*

Eine schöner Alternative habe ich bei einem großen Chorverein, der Chöre für alle Lebenslagen anbietet, gesehen: Er sortiert durch sein Angebot und die Probenzeiten.
Es gibt keinen Zwang – sondern das **Angebot**: Den gemischten Chor, Kinderchor, Jugendchor und Ü70 Chor. Allerdings heißt der nicht Ü70 sondern hat einen coolen Namen, der die Altersgrenze etwas kaschiert…
Der Kinderchor probt nachmittags, danach der Jugendchor. Der Ü70 Chor probt von 18:45 - 19:45 Uhr und um 20:00 Uhr beginnt der gemischte Chor.
So singen nur die wirklich engagierten Sänger älteren Semesters weiter im gemischten Chor. Der ‚alte' Chor ist dort ziemlich groß – es muss sich also ein gesunder Sozialdruck aufgebaut haben und für die ganz Taffen gibt es alle Möglichkeiten.
Das halte ich für eine menschliche Lösung, solange du den Ü70-Chor nicht als den Eimer für den stimmlichen Abfall verstehst, oder schlimmer: ihn sogar so kommunizierst.
Ich halte einfach nicht allzu viel von diesen ‚Kollegen' und ihrem Jugendfetischismus. •

Einzelstimmbildung

Einzelstimmbildung durch einen externen Stimmbildner in einem separaten Raum während der Tuttiprobe ist eine tolle Möglichkeit deine Sänger zu kontrollieren, aber ihnen auch den Freiraum zu geben individuelle Stimmprobleme anzusprechen, bzw. solche frühzeitig zu erkennen:

- Während der Tuttiprobe jeweils 30 Minuten (d.h. 3-4 Sänger an einem Übungsabend).
- Achte darauf, dass der Stimmbildner eine Chorstimmbildung und keine Solostimmbildung anbietet und dass ihr eng zusammenarbeitet.
- Er soll dir Rückmeldungen zu den einzelnen Sängern geben.
- Kosten: mindestens 60€ pro Abend (eher mehr).

Das wird deinen Chor auf ein ganz neues Level bringen. Leider sind viel zu wenige Stimmbildner in der Lage eine Chorstimmbildung anzubieten. Sie kommen (natürlich) meistens von der Solostimmbildung und das merkt man dann an der Arbeitsweise.
Ich bin auch unter **keinen** Umständen der Meinung „besser eine haben als gar keine". Wenn die Einzelstimmbildung etwas Gegenteiliges unterrichtet als du in der Probe von den Sängern forderst (einfaches Beispiel: *weiter* Ton vs. *zentrierter* Ton), werden die Sänger irritiert. Im schlimmsten Fall wird der Chor gespalten.
Bedenke: Eine Einzelunterredung zwischen Stimmbildner und Sänger, in der dem Sänger auch bei seinen Stimmproblemen ganz individuell geholfen wird, hat immer mehr Überzeugungskraft als das Singen im Chor, wo der Sänger nur ein Teil des Ganzen ist. Langfristig hat der Stimmbildner also mehr Einfluss auf die Technik deiner Sänger als du, was aber im Normalfall und bei guter Zusammenarbeit auch sinnvoll und erwünscht ist. Sei also klug in deiner Wahl und schau auch dem geschenkten Gaul („Ein Freund von mir kann bei uns im Chor Stimmbildung machen – er studiert Gesang und nimmt nur 30€ für den Abend…") ins singende Maul. •

Einzelstimmen zwecks okularer Verbesserung

Manche engagierte Sänger erstellen sich aus den Chorpartituren Einzelstimmen (wie ein Orchestermusiker oder Solist sie hat), um größere Noten zu haben und sie so besser lesen zu können. Das musst du unterbinden, denn die Probleme sind mannigfaltig:

- Du kannst diesen Sängern nicht mehr in den Noten zeigen, was die anderen Stimmen machen, bzw. was sie im Verhältnis zu den anderen Stimmen für Aufgaben haben.
- Wenn die Sänger die Noten abgeschrieben haben, kannst du nicht mehr „Seite 3, Takt 5" sagen, sondern musst immer die Taktzahl nutzen.
- Bei längeren Stücken werden alle Sänger mit Originalnoten zur selben Zeit umblättern, nur diese Sänger nicht.
- Wenn du mal eine Stelle oft mit einer Stimme üben musst, ist es häufig hilfreich, dass der ganze Chor hier mitsingt – auch das kannst du dann nicht machen.

Am Ende bleibt aber vor allem die fehlende Möglichkeit der Kommunikation und Erklärung zum Stück oder auch von Stimmzusammenhängen das entscheidende Problem: „Ihr singt hier in Oktaven mit dem Tenor."/„Euren Ton bekommt ihr für diesen Einsatz vom Sopran."/„Seht ihr, der Bass hört mit dem selben Ton auf, mit dem ihr anfangt."; etc.

Grundregel: Solche Informationen machen in **jedem** Chor Sinn!

Wenn Sänger die Noten wirklich nicht lesen können und du aus gemeinfreiem Notenmaterial singst, solltest du anbieten, die Chornoten größer zu erstellen. Bei gekauften Noten kannst du den Verlag fragen, ob du eine s.g. praktische Ausgabe für deinen Chor schreiben darfst. *(s.a. Urheberrecht)*

Merke: Sänger wollen gut singen. Die Sängerschreibtsichseineeigenennotenselber-Methode ist mittelprächtig. Hilf ihnen. •

Elchtest
Auf die Schnauze fallen ist auch eine Vorwärtsbewegung. •

1:10 Regel
Ob die Zahl, die je nach Studie schwankt, genau stimmt, ist für uns irrelevant – wichtig ist das Verständnis des Grundprinzips: Um **1** emotionales negatives Erlebnis zu kompensieren, muss man **10** positive Erlebnisse haben.

Du darfst einen Fehler machen – nach zehn korrekten Ansagen ist er in den Köpfen der Sänger kompensiert.

1 misslungenes Konzert braucht 10, um es wieder aus den Köpfen der Sänger zu löschen. Ist der Chor in einem Stück unsicher, brauchst du 10 Durchgänge, um eine grundsätzliche Sicherheit zu erlangen.

Aufgrund dieser Regel muss auch **immer** gelobt werden (erst loben *(s.a.)*, dann kritisieren). Man kann die Kritik damit zwar nicht kompensieren, aber wenigstens den *Eindruck* der Kritik.

Kritik und Negatives werden immer *zu Herzen* genommen – sind also eine emotionale Belastung. Positives wird meist **nicht** zu Herzen genommen, da der Sänger damit ja etwas richtig gemacht hat. Bei der Masse an komplexen Handlungen, die er dann aber darauf gleich zu bewältigen, bzw. an denen er zu feilen hat, hakt er die positiv kritisierte Stelle nur als eine ab, über die er nicht mehr nachdenken muss.

Lob ist also nur eine **kurzfristige** Erleichterung.

Hier verbirgt sich ein großes Konfliktpotenzial: Wenn Sänger nicht verstanden haben, dass sie die Waage *Kritik zu Lob* nie ausgleichen können, werden sie zu Problemsängern. Auf der Waage wiegt ein Lob leider nur 1 Gramm. Kritik dafür 10.

Ein für mich eindrückliches Beispiel dieser Grundregel war ein seit Jahren in seiner Mitgliederzahl stabiler Kirchenchor (um die 20 Personen). Mitglieder skandierten nach jedem altersbedingten Austritt eines Sängers, dass der Chor nun vor der Auflösung stehe und sterben würde. Wohlgemerkt trat konstant ein neuer Sänger für den alten in den Chor ein. Mir war lange nicht klar, woher diese Unkenrufe kamen. Da die Sänger aber zum Teil 30 Jahre zusammen gesungen hatten, wog ein Eintritt zwar stimmlich auf – emotional nicht. Der Chor war **rational** stabil – **emotional** de facto im Grab. Jeder Austritt wog 10x schwerer als 1 Eintritt. Evolutionär macht diese Regel wohl Sinn – sonst wäre sie nicht so tief in uns Menschen manifestiert. In ihrer Drastigkeit kann ich sie mir allerdings nicht ganz erklären. Sie schaltet jedes positive emotionale Gefühl und die Ratio aus.

Sie blockiert nicht nur die Sänger, sondern auch mich. Ich muss ihr bewusst entgegentreten. Wenn ich nämlich nur aus meinen *Fehlern* lernen würde, wäre ich lange nicht so weit wie ich jetzt bin. Erst als ich gelernt hatte, auch die Erfolgserlebnisse wahrzunehmen und zu analysieren, konnte ich Probleme später schneller lösen, weil ich die Lösung schon einmal analytisch verarbeitet hatte.

Grundregel: Lobe deinen Chor ‚zu viel' – es wird **nicht** genug sein.

Nehme deine Stärken und gut gemeisterten Problemlösungen bewusst wahr. Sie werden sonst in deiner persönlichen Wahrnehmung durch die wenigen kleinen Fehler, die jeder von uns in der Probe macht, überdeckt. • *(s.a. Kritik: sachlich – Lob: persönlich; Relatives Loben)*

Eintritt – siehe **Konzert: Eintritt**

Ellenbogen

Willst du mit jemandem im Gespräch schnell auf eine persönliche Ebene kommen berühre ihn ganz leicht am Ellenbogen.

Der Ellenbogen befindet sich auf Höhe der untersten Rippe. Dies ist evolutionär ein sehr verletzliches Körperteil. Wir sind dort auch meistens sehr kitzelig.

Durch die **Berührung** und eben nicht *Verletzung*, wobei der Ellenbogen als Substitut fungiert, hast du schnell Vertrauen aufgebaut. In unserem Neandertalergehirn passiert der logische Schluss: Der hat mich nur angefasst und mir nicht ein Steinmesser in die Seite gerammt – „der ist ein Freund". Das hört sich wie Küchenpsychologie an. Versuche es aber mal. Richtig angewandt ist es unglaublich machtvoll. •

Emotion

Ein Dirigent wird ungerecht, wenn er sich von seinen Emotionen leiten lässt.

<u>Aus Angst</u> vor dem Kontrollverlust in einem Konzert.
Lösung: Schon bei der Hauptprobe *(s.a.)* innerlich die Verantwortung abgeben.
Eine Hauptprobe sollte nur noch zum Durchsingen, für den musikalischen Ausdruck und Ablauf lernen (Stellungswechsel) genutzt werden. D.h. ab hier musst du alle kleineren Fehler akzeptieren und solltest nur noch Grundsätzliches klären (Haltung, auf Dynamik achten, Tempo, Vokale im Allgemeinen, etc.).

Wenn du hier noch im Kleinen probst, wirst du dich im Konzert nicht davon befreit haben, sodass auch dort dein Fokus auf diesen kleinen unvermeidlichen Fehlern liegen wird und du fast wahnsinnig vor Angst noch in der Ansingprobe deinen Chor zusammenscheißen wirst.

Verstehe, dass du für den Ablauf der Proben **davor** verantwortlich warst. Alles, was bis hierhin nicht funktioniert ist also **deine** Schuld. Akzeptiere nun die kleinen Fehler.

Die großen Fehler sollten nicht mehr auftreten. Wenn doch, kann man ein Stück kürzen, bzw. den schweren Teil auslassen.

Dass solche Maßnahmen notwendig sind, ist immer noch deine Schuld. Du machst deinen Job also nur, wenn du das Problem (das du hervorgerufen hast) löst. Deine Sänger anzumachen erzeugt nur weitere Probleme.

Gerade im Konzert ist der Sänger auf einen rationalen Leiter angewiesen, da er durch diese Ausnahmesituation sicher und mit positiver Grundstimmung hindurchgeführt werden muss. Ein Dirigent, der vor einem Konzert selbst durchdreht, hat seine Aufgabe nicht verstanden.

<u>Aus Angst</u> vor Sängerreaktionen und Konfrontationen.
Menschen die beste Ausbildung, die sie von dir bekommen könnten, vorzuenthalten, ist ungerecht.
Angst vor Delegieren/Augenschauen/Rausschmiss/Kritik/etc. blockiert.
Lösung: Hunderte in diesem Buch.

<u>Aus Frust</u>, wenn etwas nicht klappt.
Lösung: Gehe innerlich einen Schritt zurück und frage (auch) laut: „Warum klappt das nicht?" – eventuell bekommst du die Antwort aus dem Chor (sie hören eine andere Stimme nicht/der Übergang zur Stelle ist unklar/etc.). Meist lohnt es sich erst eine andere Stelle zu üben, um das Tongedächtnis für diese Stelle (wo nun mehrfach falsche Töne geübt wurden) zu löschen und dann wieder zurückzukehren. Dies evtl. auch erst in der folgenden Woche mit der Bitte, die Stelle nochmals zuhause anzuschauen.
Merke: Du musst nicht für alles sofort die Lösung parat haben. Dieser Selbstanspruch kann nur zu Frust führen.
Am Ende können die Sänger nichts dafür. Selbst wenn sie sich hätten vorbereiten sollen und es nicht getan haben, hast **du** versagt. **Du** hättest das antizipieren müssen und deine Sänger anders oder eindringlicher bitten müssen. Vielleicht war deine Erwartungshaltung aber auch zu hoch?

<u>Aus Freude</u>.
Zu überschwängliches Loben verleitet dich selbst dazu, dich in Sicherheit zu wiegen und z.B. eine Stelle, die es aber nötig hätte, nicht nochmals zu proben. Das ist dem Chor gegenüber nicht fair, denn er muss darauf vertrauen können, dass dein Lob rational ist. Lobe lieber weniger überschwänglich, dafür ehrlich.
(s.a. 1:10 Regel; Kritik: sachlich – Lob: persönlich; Relatives Loben)

Sei dir bewusst, dass unkontrollierbare Emotionen sehr gefährlich sind.
Fühlst du es in dir brodeln und bemerkst dies rechtzeitig, verharre einen Moment und frage dich, wie du die Situation in einer Stunde bewerten wirst.
Du hast nach Ansicht verschiedener Kommunikationsstudien ca. 7 Sekunden Zeit auf eine Frage zu antworten oder nach dem Abwinken das eben Gehörte zu kommentieren (bitte den Chor sonst um einen Augenblick) – das ist eine verdammt lange Zeit! Probiere es mal aus.

Grundregel: Suche die Verantwortung zuerst bei dir selbst und gehe davon aus, dass die Sänger 100% geben **wollen**. Dass sie es können, musst **du** ermöglichen.
Hast du alles getan, damit die Sänger zum Ziel kommen können? Was hättest du anders machen können? Sind die Stücke zu schwer/zu leicht/die Umstände in Ordnung/etc.?
Erst wenn du zu dem Entschluss gekommen bist, dass du keine sinnvolle, signifikant andere Strategie anwenden konntest, darfst du die Verantwortung bei den Sängern suchen.
Dieses Vorgehen schützt dich vor emotionalen Ausbrüchen, die falsch verstanden werden können und dir somit gefährlich werden.
„Ich bin immer so emotional!" ist keine Ausrede, sondern ein Armutszeugnis jedes Gruppenleiters, denn am Ende bedeutet dies, dass die Sänger nichts mehr ernst nehmen können, was der Dirigent sagt. Wie sollen sie differenzieren, was du gerade ernst meinst und was ein emotionaler Ausbruch (positiv wie negativ) ist?
„Ist das Lob gerechtfertigt oder werden wir im Konzert rausfliegen?"
„War das jetzt wirklich so schlecht oder ist er gerade nur schlecht drauf?"
Das ist die große Diskrepanz in unserem Job: Wir müssen die Sänger emotional mitnehmen, anfeuern und eine lebendige Probe bieten, aber selbst relativ emotionslos bleiben, bzw. unsere Emotionen bewusst einsetzen (Freude/der ‚Theaterdonner'/ Ernsthaftigkeit/Verspieltheit/etc.).
Berechenbarkeit schafft Vertrauen. • *(s.a. Meinungsänderung)*

Emotionale Bindung aufbauen/ halten/ reparieren
Die Sänger eines Chores treffen sich auch unter der Woche zufällig auf der Straße/beim Einkaufen/im Schwimmbad. Sie wohnen im selben Dorf und haben ähnliche soziale Hintergründe.
Du wohnst eventuell in einer anderen Stadt, bzw. so weit entfernt, dass du mit den sozialen Dingen in dem Dorf nichts zu tun hast. Du triffst deinen Chor und damit deine Sänger also nur ein Mal pro Woche.
Vor allem wenn du am Anfang einer Probenphase weniger emotional als technisch proben musst, kann dann das Gefühl entstehen, dass du dich von ihnen entfernst.
Die Sänger werden für dich eine anonyme Masse, zu der du keinen emotionalen Zugang bekommst oder es sich für dich so anfühlt.

Die Gefahr ist, dass dann jede kleine Kritik an dir, von dir persönlich genommen wird, da du ihre Schwerkraft nicht einschätzen kannst. Es gibt Chorleiter, die richtiggehend paranoid geworden sind („der hat mich komisch angeschaut = der mag mich nicht").
Natürlich ist das Problem am größten, wenn du einen Chor neu übernommen hast und du nicht mal die Namen kennst. *(s.a. Namen lernen)*
Zum Glück gibt es eine ganz einfache Lösung da wieder rauszukommen. Dein Problem ist fehlende **soziale Bindung**. Dann schaffe dir welche: Komm regelmäßig sehr früh zur Probe – sei am besten der erste – und begrüße einfach jeden ankommenden Sänger per Handschlag, Namen und mit einem Lächeln – aber ungezwungen. Du wirst vielleicht ein Kommentar bekommen wie „oh, per Handschlag" oder „oh, heute persönliche Begrüßung", aber genau das willst du ja – du willst die kurze persönliche Verbindung zu deinen Sängern.
Meistens gibt sich dieses Gefühl wieder, wenn die *technischen* Proben vorüber sind und du und der Chor wieder ein gemeinsames *emotionales* Ziel habt, also gemeinsam Musik erlebt. Wenn dir zu Ohren kommt, dass Sänger dich für „fern" halten, ist die Handschlagbegrüßung ein gutes Mittel, um dieses Gefühl bei den Sängern zu reduzieren. Ihr müsst euch aber alle im Klaren sein, dass jedes Dorf/jede Stadt/jede Kirchengemeinde ihre eigenen sozialen Eigenheiten hat. Diese sorgen dafür, dass sich diese Sozialgemeinschaft von einer anderen unterscheiden kann. Da du aber nicht dazu gehörst, wirst du dich auch nie direkt emotional beteiligt fühlen (können). •

Emotionsarchitekt

Ein Chorleiter, der für die Programm-, Proben- und Konzertgestaltung verantwortlich ist, ist ein *Emotionsarchitekt*.
Proben und Konzerte sind schnell vorbei – das was bleibt ist im Herz und Kopf: ein Gefühl – negativ wie positiv. Das können wir durch einfach umsetzbare Tricks, die nichts mit der Persönlichkeit des Chorleiters zu tun haben, steuern:
- dein Aufbau der Proben
- deine Programmauswahl und Stücksortierung
- das Kreieren von Erwartungshaltungen
- der Raum
- ein Abholen der Menschen

Deine antrainierte Didaktik und Methodik werden bei ihrer Umsetzung Sänger wie Zuhörer emotional berühren.
Du kannst fachlich kompetent und rational ein Gebäude errichten, in das du diese Menschen einlädst.
Das Wundervolle an Musik ist, dass sie meistens von allein funktioniert.
Du musst ‚nur' durch gute Planung die Umstände schaffen, in der sich die Sänger und Zuhörer sicher fühlen können, die Emotionen spüren zu dürfen.
Können werden sie das nur, wenn sie sich von dir geleitet fühlen. •

Emotionsgesteuerte Erwartungshaltung

Emotionen steuern unser Verhalten und Denken nur kurzfristig. Dein Job ist es aber langfristig zu planen. Wenn du es also schaffst, die emotionsgesteuerten Erwartungshaltungen deiner Sänger zu rationalisieren (z.B. den situativen *Spaß* am Singen, in den Wunsch, in der Gemeinschaft ein Konzertprogramm zu erarbeiten, umzuwandeln), wirst du einen guten und glücklichen Chor erhalten.

Du musst im Zweifelsfall aktiv sachliche Motive für die Teilnahme am Chor in den Vordergrund stellen, sodass den Sängern die Frage: „Warum soll ich hier mitmachen?" beantwortet wird. • *(s.a. Leitbild; Freude vs. Spaß; Selbstbewusstsein des Chores)*

Empathie

Ein Dirigent muss empathisch sein. D.h. er muss sich in die Gefühlswelten seiner Sänger eindenken können, um entsprechend auf sie eingehen zu können.

Wie du es auch im Großen mit deinem Chor machst, wenn du ihn als Gruppe dort abholst wo er steht und entsprechend seiner Fähigkeiten und Wünsche zum Ziel führst, ist im Laienchor Empathie im persönlichen Miteinander überlebenswichtig.

Im Profibereich ist der Dirigent nur ein Werkzeug – genau wie der Sänger – es ist ein Job. Im Laienbereich ist das Dirigieren zwar **dein** Job, aber das Singen nicht die *Arbeit*, sondern das **Hobby** der Sänger. Du musst also die menschliche Komponente, die den Sänger ausmacht, als Teil deines Berufes (an-)erkennen.

Die Sänger eines Laienchores erwarten von ihrem Laienchor eine gewisse therapeutische Wirkung. Manche Sänger erzählen mir Dinge, die sie nicht ihrem Ehepartner erzählen. Damit muss man umgehen können. Man darf es nicht an sich heranlassen und muss deshalb den persönlichen Abstand zu den Sängern wahren. *(s.a. Intimwährung)*

Zuhause muss man damit abschließen und verstehen, dass man **nur** der Chorleiter ist – nicht der Therapeut, der aktiv etwas an diesen persönlichen Problemen ändern kann.

Die Kompetenz und Führungsstärke, die der Chorleiter in der Probe ausstrahlt, die vielleicht sogar nur seine Dirigentenpersönlichkeitsstruktur ist, beziehen manche Menschen auch auf andere Lebensbereiche.

Ein Chirurg kann nicht unbedingt gut Autos reparieren, nur weil er Menschen wieder zusammennähen kann... *(s.a. Ganz geteilt; Supermans Großvater)*

Du musst auch empathisch und sensibel sein, wenn du deinen Sängern persönliche technische Tipps gibst: „Das hört sich an, als hättest du keinen perfekten Stimmbandschluss – geh doch bitte einmal zum HNO und lass das anschauen." Am nächsten Tag bekomme ich von dem Sänger einen Anruf, ob er denn noch im Chor singen oder besser pausieren sollte, weil er doch so schlecht singen würde. Worauf ich ihm klarmachen musste, dass es mir nur um seine Stimmgesundheit ging und dies nicht seine sängerischen Fähigkeiten infrage stellte.

Da war ich einfach unsensibel und hätte mehr auf das Thema Stimmgesundheit eingehen müssen. Ich hätte nicht sagen dürfen, dass es sich so „anhört", denn bei dem Wort hatte der Sänger mental schon dicht gemacht. •

Empöörend!
Du willst nie jemanden beleidigen, wirst es aber tun.
In dem Augenblick, in dem du ein Thema ansprichst das eine Meinung voraussetzt, wirst du jemanden in deinem Chor haben, der das anders sieht.

Ich schneide grundsätzlich keine Themen an, die Meinungen voraussetzen, wenn ich es nicht muss: Politik/Religion/Ernährungsmythen/‚Chemtrails' (Weltverschwörungen)/ gechipte Impfungen/Corona ist doch nur eine Grippe/etc.
Wenn ich aber genötigt werde, habe ich meine Meinung, ohne die des anderen zu untergraben.

Wenn ich mich mit jemandem nicht einigen kann ist meine **Grundregel:** *Agree to disagree.* Oder: *Leben und leben lassen.*
Leider werde ich heute schon durch die Existenz **meiner anderen** Meinung einen Gegenüber beleidigen können. In unserer immer empörteren Zeit passiert das ständig. Ich habe lange versucht empörte Menschen ernst zu nehmen. Ich kann es nicht. Es ist mir einfach zu doof – aber diese Menschen brauchen das.
Da endet trotzdem meine Empathie *(s.a.)*.

Der einzige Weg diese Personen wieder auf den Boden der Tatsachen zu bekommen ist, ihnen zu sagen: „**Ich** leite diesen Chor. Wenn du ein Problem mit mir oder meinen Entscheidungen hast, kannst du gehen. Es gibt genug andere Chöre, in denen du bestimmt glücklich wirst."
Das sind vollendete Tatsachen. Es stellt sich meistens sofort heraus, dass sie „das doch nicht so gemeint haben…"

Jede Aktion (rumbölken/sich beschweren/diskutieren/empören) fordert eine Reaktion. Diese muss immer wieder an den Zeitgeist angepasst werden. Auch daran, wie sich die Dynamik in deinem Chor ändert, bzw. wie deine Sänger als soziale Gemeinschaft leben. Es kann in Grenzen tatsächlich notwendig sein sensibel auf die Pupsprobleme einiger einzugehen, da dies vom Chor als Sozialgemeinschaft gefordert wird.

Ich würde mich auch mal gerne beschweren: Über die Leute, die als erste in der Menschheitsgeschichte größtmögliche Gleichheit vor dem Gesetz haben, keinen Hunger kennen, voll ärztlich versorgt sind (bis zur Sinnlosigkeit) und ein Grundrecht auf einen Flachbildschirm als Fernseher haben (sic!). – Aber es zieht im Probenraum und deshalb kann man nicht mehr in diesem Chor – also generell, weil das unmenschliche Bedingungen sind und überhaupt – mitsingen.
Ich beschwere mich aber nicht, sondern versuche auch dieser Person klarzumachen, dass 40 Sänger in einem 60m² großen Raum ein offenes Fenster brauchen. Sie könnte doch einen anderen Platz außerhalb des ‚Arktikföns' suchen – es muss ja nicht gleich ein anderer Chor sein…

Früher wurde einfach nur gefragt, ob das Fenster zugemacht werden könne (und zum Glück wird auch heute meistens noch höflich gefragt).
Wenn dies aus genanntem Grund verneint wurde, kamen die Menschen selbst auf die Idee sich wegzusetzen. Heute passiert es aber zu häufig empörend. Leider ist dies das harmloseste Beispiel.

Ehrlich: Ich bin Mitte 30 und muss manchen 60-Jährigen darauf hinweisen, dass Kommunikation **Dialog** bedeutet und nicht einseitiges Anmuffeln.
Menschen werden immer frecher und anmaßend. Aber da haben sie bei mir den falschen erwischt. Einmal bin ich nett. Das zweite Mal ruft es aus dem Wald, so wie es hineinruft zurück – und ich bin der Wald *(s.a. Waldecho)*.
Das gibt dann kurz Schluchzerei (ich habe schon viele Erwachsene zum Weinen gebracht), eine knappe Erklärung von mir und in 99% der Fälle eine Entschuldigung von der Gegenseite.
Mann, habe ich manchmal die Schnauze voll von s.g. Menschen… •
(s.a. Kommunikationsregel; Zumutung)

Engagement kann nerven, sorgt aber für scharfe Werkzeuge
Engagierte Sänger können nerven.
Sie haben immer eine eigene Vorstellung von Abläufen und wie die zu sein haben: Programmvorschläge/Probenabläufe/Beschwerden über andere Sänger/etc.
Aber wir nutzen sie ab jetzt als Werkzeuge!

- Einer kann sehr gut spanisch – dann soll er die Aussprache für den Chor vorbereiten.
- Es kommt ein Hinweis auf schlecht singende Sänger, die sich eventuell hinten verstecken (was bei guter Rotation nicht passieren können sollte) – setze den Hinweisgeber daneben und sag ihm, dass er diesen helfen soll (also heimlich…).
  (s.a. Sitzordnungen: Eingefahrene aufbrechen)
- Programmvorschläge? – Immer her damit, aber ohne das Versprechen, dass sie gesungen werden.
- Du hast ein Oberthema, aber noch nicht genug Programm oder Zeit etwas zusammen zu suchen? – Bitte diese Sänger Vorschläge zu machen. Dann fühlen sie sich wahrgenommen.
- Jemand ist unzufrieden mit der Plakatgestaltung? – Soll er sich darum kümmern (aber nur, wenn du es bisher selbst gemacht hast und die Kritik also dich trifft. Sei sonst vorsichtig, wenn du das schon an jemand anderes delegiert hast – nicht, dass ein anderer engagierter Sänger vor den Kopf gestoßen wird).

Grundregel: Delegieren und Engagement nutzen! Jeder engagierte Sänger will seinem Chor dienen – suche ihm eine Aufgabe! • *(s.a. Delegieren)*

Enge Lage – Weite Lage

Die Definition von enger und weiter Lage liegt im Abstand der Töne **über** dem Basston. Der Tenor könnte sogar denselben Ton wie der Bass singen und der Akkord trotzdem in weiter Lage stehen.
Der Unterschied ist sehr einfach zu sehen:

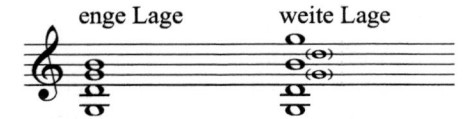

Das *g* ist der Basston – der Abstand zum Tenor ist irrelevant.
In der *engen Lage* passen in die Zwischenräume der Töne des klingenden Akkordes **keine** reinen, akkordeigenen Töne mehr, sondern nur dissonante (z.B. die Septime).
In der *weiten Lage* würde jeweils noch ein akkordeigener Ton dazwischen passen.
Beide Lagen findest du in allen möglichen Sätzen, auch im selben Stück kurz hintereinander.
Wechselt der Komponist von der engen in die weite Lage, bewirkt dies eine akustische Weitung. Ein Wandern von der weiten in die enge Lage konzentriert den Klang. •

Entfernung

Die beste Position für dich vor deinem Chor ist die halbe Breite deines Chores.
Sitzt dein Chor 6 Meter breit (die Tiefe ist dabei irrelevant) ist dein idealer Abstand also 3 Meter bis zur ersten Stuhlreihe.
Oder anders: Von deiner Position geht ein gleichschenkliges Dreieck aus, wobei die gleichen Seiten „a, b" einen 90 Grad Winkel ergeben. Die erste Reihe deines Chores ist dann die Seite „c" des Dreiecks. So sind unsere Ohren aufgebaut.
Wenn du Stereolautsprecher aufbaust, stelle sie genauso hin.
Willst du deinen Chor aufnehmen, stelle das Mikro an diese Stelle (mono, Niere). •
(s.a. Konzert: Publikumsplatzierung (strategische))

Entscheidungshilfen

Musst du schwierige Entscheidungen treffen – und sei es nur, ob du einen Chor abgeben, einen Sänger aus dem Chor entfernen musst oder andere Lebenslagen – habe ich zwei Wege gefunden, wie ich diese in dem Augenblick von mir geforderten schweren Entscheidungen neu bewerten kann:
Ich frage mich zuerst, wie ich darüber in **zwei Jahren** denken werde.
So bekomme ich eine Distanz, die die Entscheidung leichter macht. Im Augenblick sehen harte Entscheidungen (einen Sänger rausschmeißen/den Chor aufgeben/etc.) sehr harsch, schwierig und nahezu unüberwindlich aus. Aber wie wird es mir in zwei Jahren

damit gehen? Werde ich erleichtert sein, es bereuen oder wird diese Entscheidung überhaupt noch einen Effekt auf mein Leben haben (meistens nicht!)?

Auch wenn es nicht rational erklärbar ist, höre ich dann aber meistens auf meinen **Bauch** und habe gelernt ihm zu vertrauen. Ich gebe sehr viel Herzblut für meine Chöre, habe also eine emotionale Bindung. Diese Emotion kann die Ratio des Gehirns verblenden.
Ich habe schon häufig Entscheidungen fällen müssen, bei denen die äußeren Umstände alle passten, ich aber immer, wenn ich über die Entscheidung nachdachte, ein Grummeln im Bauch hatte. Ich habe gelernt auf dieses Grummeln zu hören, das mich zwingt nochmal rational alle Parameter zu überprüfen.
Meistens gibt es da etwas, was ich vorher nicht bedacht habe, was die Entscheidung in eine andere Richtung drängt. Das geht über die Entscheidung des Programmes für ein Chorprojekt (da passt dann eventuell doch ein Stück nicht rein) bis hin zu der Entscheidung einen Chor zu übernehmen (Gehalt, Programm, Anfahrtsweg, etc. stimmen, aber...).
Versuche mal auf deinen Bauch zu hören und wenn er sich meldet, einen Schritt zurückzugehen und die Situation nochmals zu evaluieren.
Ich höre auf meinen Bauch und lasse mich von diesem Gefühl (Emotion) anleiten, die Situation nochmal rational zu bewerten. Ein Bauchgefühl für sich allein ist keine Begründung, aber ein **Indiz**. • *(s.a. Bauchgefühl; Methodisches Kaffeesatzlesen)*

Enttäuschung
„Die Zukunft verspricht alle Möglichkeiten – das schließt auch die Enttäuschungen ein."
Notker Wolf (*1940)

Du wirst von Menschen enttäuscht werden.
Enttäuschung entsteht, wenn du ein bestimmtes Verhalten erwartest (meistens ein positives) und das Gegenteil eintritt. Wenn ein netter Mensch Böses tut. Wenn eine Respektsperson auf einmal ganz menschlich ist *(„Never meet your heroes, because they're sure to disappoint you!")*.
Wenn z.B. kurz vor dem geplanten Auftritt der sehr wichtige Bass absagt, weil er doch lieber zum Geburtstag der Schwiegermutter geht, bist du verletzt und hinterfragst vielleicht sogar die Loyalität des Sängers.
Oder ein Sänger wirft dir vor, den Chor nicht gut zu leiten und du merkst, er hat selbst gerade private Probleme und sucht nur ein Ventil, um Dampf abzulassen.
Oder ein Sänger, der immer wieder versucht deine Autorität zu untergraben...
Es gibt unendlich viele sehr individuelle und tagesformabhängige Beispiele, was dich verletzen wird und was nicht.
Grundsätzlich verfahre ich mit meinen Sängern so, dass ich sie alle so nehme wie sie sind und in meiner Bewertung neutral bin. Dann greift das Prinzip: *„Fool me once, shame on you. Fool me twice – shame on me."*
Ich analysiere nach einem Zwischenfall, warum er passiert ist und wie hoch die Wiederholungswahrscheinlichkeit ist.

Bei dem absagenden Bass: Wie loyal ist der Sänger? Hat ihn seine Frau gezwungen? Kann ich mit ihm darüber reden? Wie sorge ich dafür, dass es sich nicht wiederholt?
Lösung: Ich muss ihm seine Wichtigkeit klar machen.
Ich muss ihn vor der Programmauswahl fragen, ob er wirklich bei dem Termin da ist.
Ich muss einen zweiten Bass so aufbauen, dass dieser die Stimme auch ohne den wichtigen Bass halten kann.
So muss ich mich nicht mehr auf diesen einen Sänger verlassen, bzw. habe die Umstände so verändert, dass die Wiederholungswahrscheinlichkeit des Zwischenfalls geringer wird. Grundsätzlich solltest du daran arbeiten, dass die Funktionalität einer Stimme von mehreren Sängern abhängt. Der *eine* könnte ja auch einfach mal krank sein…
Im Zweifelsfalle kannst du in einen schwächelnden Alt einen starken Sopran setzen, dem du auch klar seine Aufgabe erklärst und in Aussicht stellst, dass er bei Besserung der Situation wieder zurück in den Sopran wechseln kann („wir brauchen dich dort!"). Dann hast du zwei Führungsstimmen. Oder bei schwächelnden Männern gibt es eine große Menge an guten dreistimmigen Chorsätzen vor allem aus der Nachkriegszeit. Die Chorsätze ab 1970 empfehle ich ausdrücklich nicht, da sie meist zu *neutönend* sind.

Missstände werden dir immer passieren – wie du damit umgehst, wird deine Zukunft bestimmen. Werden die Umstände wieder auftreten oder hast du alles dafür getan, dass sie voraussichtlich nicht mehr auftreten werden?
Aber selbst dann: Ein Sänger wird dich **niemals** persönlich verletzen wollen. Er wird dir oder dem Chor gegenüber vielleicht nicht loyal sein oder gegen deine Funktion als Dirigent etwas haben, aber ich habe noch niemals erlebt, dass ein Sänger einem Dirigenten persönlich schaden wollte. Dass er es tut (durch sein illoyales Verhalten/sexuelle Belästigung/respektlose Art) ändert nichts daran: In den meisten Fällen musst du Verständnis aufbringen, ohne das Verhalten gut zu heißen.
Aber bevor du dich jetzt empörst, lese nun aufmerksam weiter: Das Verständnis und die Analyse sorgen dafür, die **Wiederholungsgefahr** zu reduzieren und **wirkungsvolle Konsequenzen** zu ziehen.
Wenn du es aus Enttäuschung nicht schaffst Verständnis aufzubringen (und ich weiß wie hart das ist!) wird sich die Wiederholungsgefahr steigern und/oder die Konsequenzen, die du ziehst zu hart oder schlicht falsch sein.
Du musst **wissen**, **warum** etwas geschehen ist. •

Entwicklungshilfe
Du musst deinen Chor entwickeln wollen.
Da helfen die langfristigen Probenpläne *(s.a.)* und in ihnen die Planung, welche Stücke in welcher Probe geprobt werden sollen, da man beim Planen eben schon über einen Weg zu proben nachdenken muss.
Überlege dir, welche Stücke du in den nächsten Jahren mit dem Chor singen willst.
Greife nicht zu hoch, denn es werden genug Stolpersteine auf dem Weg liegen. Eine grundsätzliche langfristige Richtung musst du dir aber geben. •

Erfolgsversicherung
1820 wurde in Paris die *Assurance des succès dramatiques* gegründet.
Über diese Agentur konnten darstellende Künstler, Theater und Opernhäuser **Claqueure** buchen, die (verteilt im Publikum sitzend) an bestimmten, verabredeten Stellen im Programm klatschten, um den Rest des Publikums anzustacheln.
Diese Dienste wurden sogar in der Zeitung beworben und waren, wie auch ihr sehr differenzierter Preis (stürmischer Applaus/Bravo-Rufe/normaler Applaus/etc. mit unterschiedlichen Tarifen), kein Geheimnis.
Zusätzlich buchten Künstler, Sänger, Instrumentalisten und auch Manager Claqueure, um die Aufführung ihrer Konkurrenten mit negativen Kommentaren zu stören.
Der Herdentrieb *(s.a.)* machts möglich.

Heute finden wir das Claqueur-Prinzip im Lachen und Applaus ‚vom Band' in Fernsehshows und Komödien.
Auch bei den meisten aufgezeichneten Satiresendungen oder Liveauftritten von Comedians im Fernsehen wird nach vermeintlich witzigen Momenten lachendes Publikum gezeigt. Dieses lachende Publikum lacht aber meistens über einen Witz, der schon 10 Minuten her ist – ist also reingeschnitten worden.
Stört uns das? Nein. Wir lachen/klatschen/weinen/empören uns mit.
Wenn es richtig gut gemacht ist und die Reaktion der Claqueure passt (nicht zu viel Lachen/Weinen/etc.), fällt uns das nicht einmal auf.

Zwar nicht bezahlte, aber **sozial engagierte** Claqueure haben wir bei jedem Konzert zuhause: Freunde und Familie, die klatschen und es toll finden – egal wie der Chor singt – und damit dem Rest der Zuschauergruppe signalisieren, dass das gut war, was man eben gehört hat.
Achte mal darauf: Der Applaus ist zuhause immer länger als außerhalb, wo dich und deinen Chor keiner kennt und wo nur die Qualität und Präsentation im Konzert eine Rolle spielen. •

Das Ergebnis steht fest – mit dir oder ohne dich
Wenn dir Sänger sagen, dass sie vor Auftritten nervös sind, werden dir die wenigsten sagen können, warum. Eigentlich ist dieses Gefühl unlogisch.
In der Gruppe ist die Eigenleistung – also ob der Sänger nun einen guten Ton singt oder nicht – und damit auch die Verantwortung für das Gelingen, je nach Größe des Chores, fast vernachlässigbar.
Ich erlebe hier meistens einen von zwei Gedankengängen: Einerseits setzen die Sänger **sich selbst** unter Druck und wollen perfekt singen, weil sie ein Verantwortungsgefühl haben („wenn **ich** falsch singe, singen **alle** falsch") oder weil sie schlicht Perfektionisten sind.

Andererseits werden die Sänger von **außen** unter Druck gesetzt, weil sie wollen, dass der Auftritt des Chores ihren Freunden/Familie/etc. gefällt oder sie sich selbst mit dem Chor so identifizieren, dass die Außenwirkung des Chores ihrer eigenen entspricht.

In allen Fällen ist es wichtig, den Sängern einerseits klar zu machen, dass ihre persönliche Leistung nicht die Leistung des Chores so signifikant beeinflusst wie sie es fühlen, andererseits darf dabei nicht der Eindruck entstehen, sie wären unwichtig.
Mein Ziel (und das sage ich den Sängern auch so blumig) ist es, sie zu **befreien**.
Wenn dein gestresster Sänger sich von der Verantwortung befreien will, muss er sich selbst zu verstehen geben, dass seine Mitwirkung an dem Konzert den Grad der Außenwirkung und die Qualität des Ergebnisses nicht entscheidend beeinflusst.
D.h. **das Ergebnis steht** durch die guten Proben schon **fest**.
Seine Mitwirkung ist wichtig und gut, aber das Konzert würde auch ohne ihn gelingen. Pädagogisch verpackt beruhigt das die meisten Choristen und gibt ihnen ihre Freude zurück.
Ich konnte allerdings weder bei Solisten oder mir selbst feststellen, dass die Frage: „Was kann denn schon passieren?" großartig über den Fluchtreflex hinweggeholfen hätte.
Wir sind eben ‚allein'. Mir hilft nur ein bewusstes *Verantwortung abgeben*, üben, üben, üben und Abläufe wiederholen.
Grundregel: So wenig Unerwartetes und so wenig Improvisation wie möglich, um für die improvisierten Momente (die immer passieren) ein stabiles Fundament zu haben. •
(s.a. Lampenfieber; Planung und Ausführung sind deckungsgleich; Tuut, tuut!; Vorhersehbarkeit herstellen)

Ergebnisorientiert
Ich bin ausschließlich **ergebnisorientiert**. Ich suche nur nach Lösungen.
Wollen oder können Delegierte eine Aufgabe nicht erledigen, werfe ich ihnen das nicht vor, sondern mache es selbst und kommuniziere das auch.
Konzerte/Auftritte haben einen Zweck (welchen auch immer) – den will ich erfüllen.
Jede soziale Interaktion mit Sängern hat einen Zweck – nicht für mich, sondern für das große Ganze.
Ich bin nur ein Rädchen im Uhrwerk, aber ab und zu auch der Uhrmacher.
Das Ziel ist immer und ausschließlich, dass die Uhr läuft. •

Erklär's der Oma
Den Ausdruck *Erklär's der Oma* habe ich in Hinweisen zur Erstellung einer Masterarbeit gefunden.
Auch wenn die titelgebende Rezipientin Quatsch ist, ist dies ein wertvoller Hinweis.
Für uns sind viele Dinge sehr klar und logisch. Bist du dir aber nicht sicher, wie verständlich eine von dir gemachte Aussage wirklich ist, übe sie mit einem Fachfremden.

Nichts anderes habe ich mit diesem Buch gemacht.
Ich bin ein ‚Meister' der geschriebenen Bandwurmsätze – will ich aber verstanden werden, darf ich darauf nicht allzu stolz sein.
So haben dieses Buch auch keine Dirigenten korrigiert/lektoriert, sondern Sänger, Instrumentalisten und ein Pastor.
Der Arbeitsauftrag war (neben Rechtschreibung, Grammatik und Korrigieren von zu viel Umgangssprachlichkeit): Einen Satz, dessen Inhalt man erst nach dem zweiten Mal Lesen versteht ist noch ok. Muss er aber drei Mal durchgelesen werden, muss er gekürzt/umformuliert oder weiter erläutert werden.
Ich will ja nicht bewusst unverständlich sein – ich bin aber in der Materie drin und verstehe deshalb auch meine eigenen Sätze schneller. Ein Fachfremder wird sich leichter irritieren lassen.

Unabhängig von diesem Buch: Wenn du ein Programmheft, Zeitungsartikel, Buch oder Vortrag schreibst, versuche immer die Personen zu erreichen, die nicht so viel Ahnung haben.
Je einfacher deine Sprache ist, desto mehr Menschen werden dich verstehen und deine Gedanken nachvollziehen können.
Oder: Wenn die Oma es verstanden hat, kann es auch die Allgemeinbevölkerung (ohne deiner Oma zu nahe treten zu wollen…). •

Erste Hilfe
Habe immer eine kleine Erste-Hilfe-Tasche bei dir. Diese gibt es für wenige Euro. Frische außerdem deinen Erste-Hilfe-Kurs auf, den du vor deiner Führerscheinpüfung machen musstest.
So blöd es klingt, aber je älter deine Sänger sind, desto eher wirst du diese Fähigkeit einmal brauchen.
Mir ist beim Abschlusskonzert eines Dirigierkurses der Lehrer mit einer Lungenembolie vom Podium vor die Füße gefallen (kein Scherz!).
Zum Glück war eine Ärztin anwesend, die ihn 20 Minuten lang reanimierte, bis die Sanitäter da waren. Er hat ohne bleibende Schäden überlebt. Seitdem bin ich da etwas sensibilisiert.

Merke: Jedes Mobiltelefon ermöglicht es dir Notrufe abzusetzen. Dafür muss nicht mal eine Simkarte eingelegt sein.
Es ist auch egal, ob du das Handy entsperren kannst.
Vom Startbildschirm aus kannst du 112 anrufen.
Immer – sogar, wenn das Handy eigentlich keinen Empfang hat, da es dann automatisch das stärkste Netz auswählt (auch wenn es eigentlich nicht der reguläre Anbieter ist). •

Die erste Probe (Neuer Chor)
Ablauf
- **Kurz** vorstellen.
- Dann sofort zum Einsingen. Überfalle die Sänger regelrecht. Lass sie nicht über einen kuscheligen Plausch ankommen, sondern über die Materie, um die es eigentlich geht: das Singen. Fang also, sobald es geht, damit an.
- Danach kommt ein längeres Vorstellen.
Dieser Ablauf gilt auch für ein Vordirigieren. **Nicht sabbeln – machen!**
- Auch wenn der Chor dich gewählt haben sollte und dich somit kennt, lohnt es sich in der ersten Probe nochmals aufzuzählen, was du so machst und was du mit dem Chor vorhast (Vorsicht! Nicht überfahren!).
- Gebe dabei schon die Liste zum Eintragen der Lieblingsstücke herum und erkläre sie. *(s.a. Lieblingsliederliste)*
- Dann folgt der Probenplan. Vor der ersten Probe **muss** das erste Jahr feststehen. Triff dich mit den Pastoren, dem Vorstand oder wem auch immer, um dieses wichtige Ziel zu erreichen, denn die Sänger sollen sehen, dass es mit dir weitergeht, und zwar lange!

Erste Stücke
Ein bekanntes Stück ist gefährlich, da mit diesem immer noch Gefühle verbunden sein können. Es zeigt aber, auf welchem Niveau der Chor bisher gearbeitet hat (dafür könntest du auch den letzten öffentlichen Auftritt unter alter Leitung besuchen...).
Ich tendiere erstmal zu neuen Stücken, um hier einen Schnitt zu machen. Die Sänger haben ja durch die Lieblingsliederliste die Versicherung, dass es auch die alten Lieder weiterhin gibt. Ein neues Stück sollte eher leicht sein, damit der Chor schnell mit dir zu Erfolgserlebnissen kommt.
Unterschätze nicht wie unglaublich schwer alte Lieder ‚neu' einzustudieren sind (Atmer, Tempo, Dynamik, etc.), da sich alte Marotten eingeschweißt haben.
Mir ist es schon passiert, dass ich mit einem Chor ein altes Stück geprobt habe, es wurde so gesungen, wie ich es mir vorstellte, im Auftritt war aber alles Geprobte vergessen und der ganze(!) Chor sang es wieder nach dem alten Muster – es war faszinierend. Da konnte ich mich nur zum Balletttanzen entscheiden und fröhlich mitmachen. Ich habe fast laut losgelacht. Der Chor hat davon **nichts** mitbekommen. Die Sänger dachten, sie machen alles richtig.
Grundregel: Mach grundsätzlich keinen Heckmeck um deine Person. Arbeite einfach ordentlich. Das ist deine Visitenkarte. Emotionalitäten und Persönlichkeitsfindungen wirst du in Folge genug erleben. Vor allem, wenn manche Sänger nach dem Verlust des alten Chorleiters Trauerarbeit leisten müssen. •

Erstreaktion zu Irrelevantem
Kommt ein Sänger mit einem Problem, reagiere zuerst so, dass dein Gegenüber den Eindruck hat, dass du sein Problem verstehst und ernst nimmst. Wenn er nun gehört wurde, kannst du das Problem immer noch argumentativ relativieren. •

Erwachsenenbildung
Im Laienchor bist du im Gegensatz zum Profichor dazu angehalten deinen Sängern etwas beizubringen. Dazu gehört nicht nur das reine Singen, sondern auch das Umfeld, also die historische Einordnung der Komposition, Musiktheorie, Notenlesen, etc.
Dein Ziel muss sein, dass deine Sänger aus einer Probe gebildeter rausgehen als sie reingekommen sind. •

Erweiterte Tonsprache
Musik wird oft nicht schön gefunden, weil sie stets mit Geräusch verbunden.
Wilhelm Busch (1832 – 1908)
„*Musik ist alles, was wir hören, mit der Absicht Musik zu hören.*"
Luciano Berio (1925 – 2003)

Natürlich gibt es universell *schöne* Musik und Musik, die von allen Menschen auf der Welt als Musik definiert werden würde.
De facto ist Musik aber schlicht auch nur ein **Geräusch**.
Ein **undefiniertes** akustisches Ereignis wird als Geräusch bezeichnet. Weiß ich dagegen wie dieses Geräusch entsteht, beziehungsweise habe ich es schon einmal gehört und kann es zuordnen, kann ich dieses Geräusch benennen. So ist das Knarzen einer Tür ein „Knarzen", das *Air* von Bach dagegen Musik. Singst du mit deinem Chor ein modernes Stück mit „Geräuschen" sind diese für den Komponisten also keine Geräusche, sondern Klänge, die er von euch ausführenden Musikern fordert.
Als Anwalt des Komponisten ist es damit deine Aufgabe, dem Chor diese Klänge zu vermitteln, sodass deine Sänger nicht das Gefühl haben, sie würden ein Geräuschkonzert geben. Solche Musik nutzt eine *erweiterte Tonsprache* und als solche muss sie von dir dem Chor, und vom Chor dem Publikum, erfahrbar gemacht werden.
Es gibt heute genug Mist, der sich Musik nennt – aber die richtig guten Kompositionen, die sich dieser erweiterten Tonsprache bedienen, sind auch mit einem Laienchor überzeugend zu singen. Die „Geräusche" sind dann nämlich in ihrer Form erklärbar und dadurch auch dem Laien vermittelbar.
Es darf nie ein Gefühl der Beliebigkeit aufkommen. Wenn ein Geräusch oder eine akustische Aktion austauschbar sind (was auch im besten Stück mal vorkommt) und sich das durch das Stück zieht, werden das nur noch diejenigen singen wollen, die an so etwas ihren Spaß haben. Alle anderen machen es dann eventuell gar nicht oder nur für dich.
Einige Sänger werden sich dieser Tonsprache gänzlich verschließen – häufig haben sie in der Vergangenheit schlechte Erfahrungen mit unpädagogischen Herangehensweisen gemacht.
Da der Zuhörer mit dieser Musik auch heute noch nicht viel anfangen kann, lebt sie von der Energie, mit der sie vorgetragen wird. Tu dir den Gefallen: Solltest du deinen Chor nicht überzeugen können, lass so ein Stück lieber sein. Als Übung in der Probe war es dann sehr sinnvoll – aber als Vortragsstück muss es **leben**. •
(s.a. Geräusch; Geste vs. Ton; Lärm und Aneignung; Muh; Nackiger Sänger; Spannend)

Es darf nichts zwischen uns sein
Nichts außer dem Notenständer darf zwischen Chor und Dirigent stehen, damit die Energie fließen kann.
In manchen Kirchen kann man z.B. das mittig stehende Taufbecken nicht verschieben, welches dann zwischen Chor und Chorleiter eine Blockade bildet (keine sichtbare).
Oder der Altar steht für einen Gottesdienst toll – im Konzert mitten im Chor...
Ich kann mir das wissenschaftlich nicht erklären, aber habe dann immer ein ganz blödes Gefühl: So als wenn die Verbindung zwischen mir und dem Chor unterbrochen ist. Normalerweise ‚spürt' man den Chor in den Fingerspitzen. Er bildet einen energetischen Widerstand – mit Taufbecken rühre ich in der Luft.
Ich versuche dann unbedingt eine andere Lösung zu finden, bzw. singe auch in solchen Kirchen schlicht nicht mehr. • *(s.a. Choraufstellung)*

Es ist wie es ist
Einen großen Fehler, den du machen wirst, ist dich auf das **Ergebnis** deiner Handlung zu fokussieren, anstatt auf deine **Handlung**. Das Ergebnis wird sein, wie es ist.
Sei es ein Konzert oder Probe, akzeptiere alles was du nicht kontrollieren kannst (meistens die Menschen, mit denen du interagierst) und konzentriere dich darauf **dein** Bestes zu geben.
Wenn du dir z.B. sagst, dass du aus dir heraus auf alle Situationen gut reagieren wirst, gut vorbereitet bist und bei Fehlern immer 7 Sekunden Zeit hast zu reagieren, hast du einen inneren Frieden, der das Ergebnis tatsächlich positiv beeinflusst. *(s.a. Emotion)*

Normalerweise konzentrieren wir uns immer auf die anderen: Werden *sie* mich mögen? Werden die *Sänger* konzentriert sein? Werden die *Sänger* ihre Noten sortiert haben? Werden die *Sänger*...? Wird viel *Publikum* da sein? Wird das *Publikum* lange applaudieren? Das sind alles Dinge die man nicht unmittelbar beeinflussen kann. Man muss darauf besonnen **reagieren**. Das kann man aber nur, wenn man mit sich selbst im Frieden ist.
Mache dir klar: Das einzige was du in deinem Leben wirklich kontrollieren kannst, sind dein Körper und deine Gedanken – alles andere wird dir vom Leben zugeworfen.
Natürlich reagieren andere Menschen auch auf dich: Wenn du ein unfreundliches Arschloch bist, darfst du dich nicht über deinen sehr überschaubaren Freundeskreis wundern. In unserem Job müssen wir mit unserer Persönlichkeit *echt* sein (im sozial akzeptablen Rahmen) und uns bewusst sein, dass unsere Handlungen einen Effekt auf andere haben. Indem wir unsere Gedanken und unseren Körper kontrollieren, können wir diesen Effekt steuern und tun dies in jeder Probe.
Was wir aber fachlich in der Probe machen, ist fast ausschließlich eine Reaktion auf das, was uns der Chor anbietet. *(s.a. Titelkampf)*
Für die Umstände kannst du durch deine Handlungen die Grundlage legen. Das Gesamtsystem ist aber so komplex, dass es sich nur lohnt Energie in die Optimierung **deiner** Handlungen zu stecken und darüber (hoffentlich) die anderer zu beeinflussen.

Wenn du deinen Fokus auf die **von anderen** beeinflussten Ergebnisse legst, wirst du langfristig scheitern. Diese Ergebnisse sind nur ein Mittel, um die **Effektivität deiner Handlungen** zu bewerten. Bis dahin musst du sie erstmal akzeptieren.

Es ist wie es ist war ein Augenöffner für mich: Akzeptiere deine Situation, analysiere sie, ändere **deine** Handlungsweise, die zur Situation geführt hat. Wenn du nicht direkt verantwortlich bist, akzeptiere die Situation. Es darf keinen Zwischenschritt des *Lamentierens* geben. Ohne die Akzeptanz wirst du den emotionalen Ballast nicht los, um rational analysieren zu können, und wirst deiner Aufgabe nicht gerecht.
Aktuell heißt das für mich (und viele andere) z.B. die Situation der Corona-Maßnahmen zu akzeptieren und das Beste daraus zu machen. Was das Beste ist, kannst **du** aber kontrollieren. •

Etappenziele
Bei langfristigen Projekten musst du deine Sänger motivieren engagiert dabei zu bleiben. Sie haben vielleicht rational verstanden, dass der Chor nun z.B. 12 Monate für ein Konzertprogramm proben muss, aber sie werden nicht so lange mit Freude dabeibleiben können. Das **Gefühl** hat einen kurzen Atem. *(s.a. Freude vs. Spaß)*
Du kannst diesem Problem am besten mit *Etappenzielen* begegnen.
Alle 3-4 Monate solltest du einen kleinen Auftritt einplanen (Gottesdienst/mit anderen Chören/etc.) und dort schon Teile des großen Programmes singen lassen. Wenn es sich um ein Programm mit Chor und Orchester handelt, lass den Chor von einem Klavier begleiten. Präsentiere vor allem die schweren Lieder. So sind diese schon konzertreif geprobt worden, dürfen aber bis zum großen Konzert noch nachreifen. •
(s.a. Grob nach Fein; Nachreifen; Programmplanung (strategische))

Ethik der Verantwortung
Ethik der Verantwortung zu leben bedeutet, dass du dich für dein eigenes Handeln verantwortlich **fühlst** – nicht erst wenn du dafür verantwortlich **gemacht** wirst.
Im Negativen bedeutet das, dass du als Verantwortlicher reflektierst, warum etwas nicht geklappt hat und überprüfst, wie du das nächste Mal Umstände schaffen kannst, dass es klappt.
Im Positiven bedeutet dies, wenn etwas klappt, sich durchaus einmal selbst auf die Schulter zu klopfen, Dank anzunehmen und einen Erfolg zu feiern, so er in deiner Verantwortung liegt.
Die Reflexion des Positiven ist genauso wichtig wie die des Negativen, um damit das nächste Mal die Umstände schaffen zu können, dass etwas besser klappt. *(s.a. 1:10 Regel)*
Durch verantwortungsvolles Handeln wirst du Probleme lösen und den Grundstock für Problemlösungen legen, die auch durch Transferleistung *(s.a.)* auf andere Situationen übertragen werden können. •

Existenzbegründung
In den meisten Firmen laufen Berater und Coaches rum, die den Mitarbeitern ihre Sinnfrage beantworten: „Nur wenn du dieses Rad montierst, kann das Auto fahren."
Singen als Begründung für die Mitgliedschaft in einem Chor reicht den meisten Menschen. Im Chor ist die Sache also zum Glück recht einfach: Die Sänger wollen singen und das gut und vor allem für **sich selbst**. Die Motivation ist *intrinsisch*.
Aber: Diese intrinsische Sinnhaftigkeit reicht für die meisten nur bis zu dem Augenblick, in dem das Singen keinen ‚Spaß' mehr macht, sondern auch etwas Arbeit bedeutet.
Und hier scheiden sich die guten von den mittelmäßigen Chören (unabhängig vom zugrundeliegenden Niveau). Wenn du es schaffst dieser Gruppe von Egozentrikern (im Wortsinne) einen langfristigen Sinn zu geben, wird die ‚Arbeit' auf einmal lohnend.
Im Beruf ist es auch so: Du arbeitest, bekommst dafür Geld und kannst deinen Lebensstandard finanzieren. Im Chor übst du (also ‚singst' nicht nur), arbeitest also und dann...? Deshalb sind ein Leitbild und eine Identität so wichtig.
Du musst deinen Sängern eine *extrinsische* Motivation bieten, damit sie nicht nur für sich singen, sondern auch für den Chor und die Gemeinschaft ‚arbeiten'.
Grundregel: Ein Chor braucht eine kommunizierbare Identität und einen Sinn. Er muss seine Existenz begründen können. •
(s.a. Freude vs. Spaß; Leitbild; Motivatoren: intrinsisch und extrinsisch; Selbstbewusstsein des Chores)

Externe Dirigenten/ Komponisten einladen
Einen externen Komponisten als Probenunterstützung einzuladen macht Sinn, wenn du Musik dieses Komponisten singen lässt.
Er kann dem Chor seine Motivation direkt und ohne dich als ‚Übersetzer' erklären.
Tu dies im letzten Drittel der Proben, wenn die Noten geprobt, der musikalische Ausdruck aber noch formbar ist.
Externe Dirigenten sind für dich eine Möglichkeit dir Kniffe von anderen abzuschauen. Auch für den Chor ist es ein Happening, wenn da mal jemand anderes vor ihnen steht. Du wirst nachher auch verglichen – das ist aber ok. So lange du die positiven und konstruktiven Impulse in deinen Proben übernimmst und sonst deinen Weg gehst.
Wenn du dich klein fühlst **bedenke:** Die haben niemand anderes und wollen auch niemand anderes. •

Extremlagenwechsel
Muss ein Sänger nach einer für ihn sehr tiefen Stelle hoch singen, wird seine Kehle fest. Denn um sehr tief zu singen, werden Sänger ihre Kehle meist tief drücken.
Ohne ein aktives Erhöhen der Kehle oder bewusstes Weiten verengt sich die Kehle und die hohen Töne werden zu tief, oder die tiefen Töne durch den Druck zu hoch, wenn sie außerhalb des individuellen Stimmumfangs des Sängers liegen.

Lösung: Lass die tiefen Stellen grundsätzlich **leise** singen, dann drückt sich die Kehle nicht nach unten.
Äquivalent dazu, gehört das Akzeptieren der eigenen Grenzen. Diese solltest du deine Sänger im Einsingen *(s.a.)* immer wieder erfahren lassen und ihnen beibringen, dass sie, wenn der Ton nicht mehr locker kommt, heiße Luft produzieren **dürfen**.

Gute Komponisten lassen die Stimmen nicht von einem Extrem ins andere springen. Wenn dem aber so ist, unterstützen sie diese ‚schwache' Stimme durch eine andere, die in der Tonlage gesund und laut singen kann.
Folgende Dynamik lasse ich von meinen Sängern in ihre Noten eintragen:
Beispiel: T1ff aus „Danket dem Herrn" von Karl Friedrich Schulz (1784 - 1850)

Der Sopran muss mit viel Luft ganz weich beginnen.
Seine fehlende Lautstärke macht er durch gut gesprochenen Text wett und wird durch den Alt und Bass kompensiert. Dann darf er nicht sofort laut singen, sondern muss, um den Singapparat weit lassen zu können, die Laustärke kontinuierlich steigern.
Da der Tenor in der Höhe in keine Extremlagen muss, kann er kräftiger beginnen und in T3 auch sofort laut werden. Damit unterstützt er durch seine Unteroktave den noch schwachen Sopranton auf der Eins.
Grundregel: Muss eine Stimme in hoher Lautstärke von einem Extrem (oben/unten) ins andere, muss dies im Laienchor mit einer, den Sprung unterstützenden Dynamik (also schleichend) geschehen.
Wenn dies nicht möglich ist, muss aktiv auf die Lockerheit geachtet werden. Sänger werden sonst blockiert. So ist nach einem hohen Extrem die Tiefe fest und eng (und andersherum wie oben beschrieben).
Im Zweifelsfalle muss die Gesamtlautstärke in einer Stimme im extremen Teil reduziert werden.
Die meisten Komponisten kennen die Extremlagen und komponieren entsprechend. Voraussetzung für einen gesunden Klang ist aber, dass die Sänger ihre eigenen Grenzen akzeptieren und nicht forcieren. Dies kannst du im Einsingen üben. •
(s.a. Forcieren; Registerwechsel vermeiden; Tonumfang; Zu tief)

F

Facial-Feedback

138 Studien mit über 11.000 Teilnehmern zufolge macht ein aufgesetztes Lächeln nicht grundsätzlich glücklich, versetzt uns aber **momentan** in einen dem Gesichtsausdruck entsprechenden Zustand. Wenn das Gesicht der Probanden schon auf eine Emotion (auch aufgesetzt) *eingestellt* war (fröhlich/traurig/ärgerlich/etc.) reagierten die Teilnehmer eher mit der entsprechenden Emotion.
Lustiges bringt dann eher zum Lachen, Trauriges eher zum Weinen, etc.
[aus „Spiegel Online" URL: https://www.spiegel.de/gesundheit/psychologie/laecheln-macht-glueklich-ein-bisschen-zumindest-a-1262317.html (Abgerufen: 12. April 2019, 17:30 UTC)]
Für uns bedeutet das, dass wir nachweislich behaupten können, dass ein freundlich schauender Sänger in dem Moment tatsächlich glücklicher ist – langfristig kann man es ihm aber halt nur wünschen…
Die Studien zeigten auch, dass die Körperhaltung den Geist beeinflussen kann.
So verbessert eine bewusst aufrechte Körperhaltung die Stimmung und macht wach.
Ein krummer Rücken verschlechtert die Stimmung und macht anfälliger für Frust. •
(s.a. Haltung annehmen; Hoch die Wangen!; Honigkuchenpferd; Wiederholende Freundlichkeit)

Falsche Mädchen

Die 4. Strophe aus „Ade zur Guten Nacht" war in einem meiner Chöre ein großes Diskussionsthema, bis dahin, dass eine Sängerin das Konzert nicht mitsang.

> „Die Mädchen in der Welt
> Sind falscher als das Geld
> Mit ihrem Lieben.
> Ade zur guten Nacht,
> jetzt wird der Schluß gemacht,
> daß ich muß scheiden."

Der Stein des Anstoßes: „Die Mädchen sind falscher als das Geld".
Der eine versteht es als polemische Übertreibung eines enttäuschten Jünglings, der andere fühlt sich dadurch beleidigt, weil man Frauen nicht beleidigen darf und weigert sich das Lied zu singen. **Solche** inhaltlichen Differenzen sind nicht immer antizipierbar. Manche Lieder haben Textzeilen, da weiß man aber einfach, dass man da mit den älteren Semestern Probleme bekommen wird (z.B. „Lasse Red'n" von den „Ärzten" in der Bearbeitung von Oliver Gies (*1973)).

Wenn ein Sänger sein Problem anspricht ist dies meistens irrational, also emotional, weil irgendeiner Textzeile bei ihm seelische Wunden (auf-)reißt.

Wenn du halbwegs empathisch *(s.a.)* bist und dies nicht antizipieren konntest, ist das Problem eigentlich immer individuell und bedarf keines Aktionismusses.

Sollte solch eine Problematik angesprochen werden (ob öffentlich oder privat), musst du dein eigenes Verständnis von dem Text erklären und bitten, dass der Sänger zumindest versucht es auch so zu verstehen.

Sollten mehrere Sänger ein Problem mit dem Text haben, stehe zu deiner Interpretation: Du hast diesen Text/das Lied ja nicht aus Jux ausgewählt (hoffentlich…).

Biete dann an, den Text im Konzert in deinem Sinne kurz auszulegen und zu erklären.

Wenn der Sänger sich trotzdem weigern sollte oder gar polemisch wird („dann gehe ich für dieses Stück von der Bühne") musst du auf sein Mitsingen bestehen.

Wenn du **einmal** zulässt, dass ein Sänger für ein Stück, das er nicht mag, die Bühne verlässt, wirst du auf lange Sicht ein dauerndes Kommen und Gehen während der Auftritte haben. Der Sänger hat sich für den Chor entschieden. Er hat sich für dich als Chorleiter entschieden. Wenn ihm das Stück nicht passt, muss er sich entscheiden, ob er das Konzert mitsingt. Also alles – oder nichts. *(s.a. Ausgeglichen)*

Bei konsequenter Verweigerung solltest du natürlich das Einzelgespräch suchen („lass uns nach der Probe darüber reden") – vielleicht gibt es ja einen sehr persönlichen Grund auf den sensibel eingegangen werden muss.

Biete in solch einem Fall an, dass der Sänger diese Stelle auf Vokalise *(s.a.)* mitsingt.

Sollte er dem zustimmen, aber im Konzert theatralisch den Mund verschlossen halten, musst du diesen Sänger rauswerfen, da er sich selbst über das Wohl des Chores stellt.

Merke: Du wirst einen emotionalisierten Sänger nur auf deine Seite ziehen können, indem du selbst ruhig und sachlich bleibst.

Er wird einerseits nicht lange in diesem Zustand verharren und dankbar sein, wenn du ihm einen Grund gibst, nicht mehr emotional vor allen dazustehen.

Gib ihm also einen Grund, warum er das Lied mitsingen könnte.

Andererseits will er mit seinem Problem ernst genommen werden.

Wenn du also zeigst, dass du darüber nachdenkst, wie er sich mit dem Stück arrangieren könnte, fühlt er sich wahrgenommen.

Meistens maulen Sänger aber auch erst einfach mal rum (wie beim „Lasse Red'n" über das Wort *Titten*) und werden dann durch den Schwung der anderen Sänger und der Musik mitgerissen. Bei solchen offensichtlichen ‚Problemen' à la „das sagt man doch nicht" kannst du gewinnen, indem du konsequent den Text durchpeitschst und selbst kräftig und enthusiastisch die *schlimmen Wörter* nutzt.

Sie **nutzen sich** nämlich **ab**: Je öfter du diese ‚böse Stelle' singen lässt, desto uninteressanter wird sie für das *Manierenzentrum* und somit gewissermaßen normalisiert.

Wenn sich ein Großteil des Chores einem Stück oder Text verweigert, bitte ihn dem Stück eine Chance zu geben und lege nochmals deine Gründe dar.

Der Kombination ‚negative Emotion und Gruppendynamik' ist aber kaum mit rationalen Erklärungen beizukommen. Auch wenn mir das erst zwei Mal vorgekommen ist – kämpfe nicht gegen den Chor. Akzeptiere die Situation und führe ihn zur Ratio.

Wenn dir das Stück egal ist, lass es weg. Es wird dir sehr selten passieren, **dass** der Chor sich als Ganzes gegen ein von dir vorgeschlagenes Stück stellt.
Ist dir das Stück wichtig, dann lege die Gründe dar und frage auch im Chor nach, was es für Möglichkeiten gibt. Wenn es dir z.B. vor allem um die 1. Strophe geht, ob man das Lied dann eben um die 4. kürzen könnte. **Aber** lass den Chor selbst auf die Ideen kommen.
Du musst deinen Sängern klar machen, **warum** du das Stück und **dass** du es singen lassen willst. Indem der Chor selbst die Lösung erarbeiten muss, wird er rational über die Textstelle (oder es kann auch eine harmonisch schwere Stelle sein) nachdenken und sich nun auch rational gegen diese Stelle entscheiden müssen. Als mir das das erste Mal passiert ist, hatte ich das noch nicht versucht, sondern aufgegeben. Beim zweiten Mal war es eben das „Ade" und durch dieses Führen zur Rationalität habe ich (mit einer Ausnahme) dafür sorgen können, dass der Großteil des Chores verstand, dass diese 4. Strophe kein großes Problem darstellt. • *(s.a. Meinungsfreiheit – also meine ist deine – ohne dass du es merkst)*

Fahrtkostenabrechnung Muster

Fahrtkostenabrechnungen sind meistens formlos.
Musst du viele abrechnen, nutze ein Fahrtenbuch.
Der Vollständigkeit halber hier aber eine standardisierte Fahrtkostenabrechnungsvorlage:

Fahrtkosten-Aufstellung
[Name und Anschrift des Rechnungsempfängers]

Angaben zur Person
Fahrtkostenabrechnung, überreicht durch die folgende Person:
[Name und Anschrift des Rechnungsstellers]

Angaben zu Geschäftsfahrten
Die folgenden Geschäftsfahrten wurden mit folgenden PKW durchgeführt:
Kennzeichen: _____
Fahrzeughalter: _____

Datum	Kommentar	Start	Ziel	KM

Gesamtkosten
Kilometer gesamt: _____ km
Kilometerpauschale: _____ €
Gesamtbetrag: _____ **€**

Durch meine Unterschrift bestätige ich die Korrektheit der oben gemachten Angaben:

_____
Ort, Datum   Unterschrift

Farbenspiel

Für die Probe brauchst du einen 2 farbigen Stift sowie einen Bleistift. *(s.a. Chorleiterbesteck)*
- Rot: Dynamikänderungen, Taktwechsel, Einsätze – alles, was für den **Dirigenten** wichtig ist und verdeutlicht werden soll/gleich ins Auge fallen muss.
- Blau: Atemzeichen, Bindebögen – alles, was für die **Sänger** wichtig ist, aber nicht zwingend dirigiert werden muss.
- Bleistift: Akkordbezeichnungen, Anmerkungen, Theoretisches, Fehler in den Noten – alles, das nur bei **genauer Betrachtung** wichtig ist. •

Faulheit

Es kann sich lohnen bewusst ‚faul' zu sein, um sich zu zwingen langfristig und organisiert zu denken.
Um viel zu schaffen und trotzdem fleißig zu *wirken,* muss man alles optimieren: Abläufe, Übungen, Delegieren, Vorbereitung – und dies so universell, dass man es auf verschiedene Situationen anwenden kann.
Du musst dir also **Standards** schaffen:
- Einsingübungen, die für alle Chöre immer gelten können
- feste Vorbereitungszeiten
- Probenplanvorlagen *(s.a. Traditionsauftritte etablieren)*
- zu delegierende Ämter
- Programme/Stücke, die in bestimmten Situationen/Chören funktionieren
- usw.

Wenn du genau weißt, was du **wann** und **mit wem** zu tun hast, kannst du diese Abläufe übertragen und musst das Rad nicht immer neu erfinden. •

Feedback

Als Chorleiter machst du das, was jeder Vorgesetzte in jedem Unternehmen der Welt tun sollte – und du tust das wahrscheinlich mehr als 30x pro Stunde.
Es ist auch das, woran soo viele Vorgesetzte scheitern: Ein Feedback **konstruktiv** vermitteln, sodass es zur Weiterbildung beiträgt:
- „Das ist gut, weil…"
- „Das ist schlecht, weil…"
- „Das wünsche ich mir in Zukunft…"
- „Das ist der Weg, den ich vorschlage…"
- „So kannst du den Weg beschreiten…" •

Fermatendauer

Eine Fermate zeigt grundsätzlich an, dass der Notenwert der Note, über der sie steht, verdoppelt wird. Eine Viertelnote wird damit z.B. in der Länge einer halben Note gehalten.

Wenn also im 4/4 Takt die letzte Viertel eine Fermate hat, dirigiert man einen 5/4 Takt und bleibt so im Flow *(s.a.)* des Stückes und es kann im Tempo weiterdirigiert werden.

Die Verdopplung des Notenwertes ist kein über die Jahrhunderte festgelegtes Kriterium. **Ich** habe diese Definition für **mich** so festgelegt. Weil die Musik im Puls weiterschwingen darf, macht es diese Zählung dem Laienchor einfacher mit der Fermate umzugehen.

Der Fermate folgt **grundsätzlich** ein Atmer.

Versuche es: Fermate = Verdopplung des Notenwertes inklusive folgendem Atmer.

Verdopplung der ♩ mit Fermate führt zu Verlängerung des Taktes

Fermaten sind aber auch ein musikalisches Element, das im **Zusammenhang** interpretiert werden muss. Es gibt also Fermaten, die das Stück unterbrechen wollen, bzw. eine Geste sind (z.B. fragende Stellen).

Ausnahmen gibt es bei Chorälen, wo vor allem bei J.S. Bach in den meisten Ausgaben, die ich kenne, am Ende jeder Phrase eine Fermate steht. Diese jedes Mal zu ehren macht die Musik nicht schöner. Spaßig ist es aber, sie je nach Stropheninhalt mal zu singen und in der nächsten wegzulassen und/oder als Ausrufezeichen für den Textinhalt zu nutzen. Ansonsten würde ich die nur am Ende eines Abschnittes machen, da der Fluss der Musik sonst schweren Schaden nimmt.

Ab und zu findest du Differenzierungen durch eine runde und eckige Fermate, wobei die eckige die vergleichsweise längere Dauer anzeigen soll. Mir ist dies im klassischen Repertoire noch nie untergekommen. In der modernen Musik schon – dort sind die Fermatenlängen aber häufig durch eine Zeit-/Sekundenangabe klar definiert. •

Firmenleitung

Chorleiten bedeutet eine Firma zu leiten, deren **Produkt** eine überzeugende (also kundenorientierte) Präsentation von Chorgesang ist.

Die Leitung geschieht mit dem Verständnis, dass solch eine Präsentation nur mit zufriedenen, selbsterfüllten und glücklichen, aber auch hungrigen, also nicht selbstgefälligen, sondern interessierten Mitarbeitern (Sängern) möglich ist. •

Der Fisch beginnt vom Kopf her zu stinken
Auch im Chor: Der Vorstand/Beirat/Chorleiter müssen ihre Aufgaben gut erledigen, sonst wird der Chor nicht gut klingen können.
Im Chor drückt der Sopran die Intonation eher nach unten, als es eine der unteren Stimmen vermag. Im Umkehrschluss wird ein leichter/heller Sopran dafür sorgen, dass die anderen Stimmen die Stimmung halten können. • *(s.a. Sand)*

Fit
Du musst Muskeln haben, um präzise, aber trotzdem energetisch dirigieren und eine aufrechte Haltung bewahren zu können.
Du kannst in ein *fancy* Fitnessstudio gehen oder einfach die effektivste Übung für unsere Zwecke machen: Liegestütz.
Wenn du ganz untrainiert bist, beginne konsequent mit einer pro Tag in der ersten Woche. In der zweiten Woche 2 pro Tag, etc. Diese Staffelung klappt wirklich.
Ich mache jeden Tag 30 Liegestütz. Mache sie direkt nach dem Aufstehen. So gehst du gestärkt in den Tag und bekommst eine Routine.
Weiterhin brauchst du Ausdauer. Ob du joggst oder Fahrrad fährst (eventuell zur Probe) macht keinen Unterschied, Hauptsache du bewegst dich und nutzt deine Lunge. •

Flashmob
Der *Flashmob* ist eine Modeerscheinung, der, wenn er gut **choreografiert** ist, einen grandiosen Effekt haben kann.
Ich habe aber leider noch keinen grandiosen Flashmob von Chören in Fußgängerzonen oder Einkaufszentren erlebt, wie sie uns YouTube & Co präsentieren:
Ganz unschuldig beginnt mitten in der bunten Einkaufsstraße ein Mädchen zu singen.
Die irritierten Bummler werden in Großaufnahme gezeigt und schon beginnen immer mehr vermeintliche Passanten in den Gesang einzustimmen bis 100 Sänger in klarster Klangqualität „Freude schöner Götterfunken", oder „Happy", oder was gerade in ist, singen.
Wenn das Stück vorbei ist, verschwinden die Sänger wie ein Spuk und hinterlassen ahnungslose Menschen, die vielleicht erst später realisieren, dass sie Wunderbarem beiwohnen durften...

In **Realität** sind die meisten Einkaufszentren so gebaut, dass die Akustik bewusst schlecht ist – man soll ja nun nicht alles verstehen, was auf der Etage über einem geredet wird. Außerdem dudelt jedes Geschäft einen anderen Popsong aus seiner Fassade – wenn das weiter als zwei Meter tragen würde... Da ist die schlechte Akustik ein echtes architektonisches Prinzip.
Einkaufsstraßen haben mindestens die Dudelei und natürlich den absolut nicht tragenden OpenAir-Charakter.
Unabhängig davon: Draußen gibt es einfach keine annehmbare Akustik.

D.h. wenn du einen Flashmob machen willst brauchst du **Masse**. Du brauchst verdammt viele Sänger. 30 oder 40 klingen **immer** dünn. Du brauchst mindestens 100 – egal wo – wenn es nicht gerade ein Konzerthaus oder eine Kirche ist.

Ein Flashmob will ja *positiv* überraschen. Er will etwas Verrücktes sein. Er will einen Chor, der unauffällig in der Masse untertaucht *flashen* wie ein Scheinwerfer, der auf die Sänger (durch ihr Singen) scheint. Danach tauchen sie wieder unter und sind anonym.

Ok – ich weiß nicht wie ich das schönreden soll…: Es gibt kein Dirigat, die Akustik ist furchtbar, die Sänger sind gehemmt, du kannst die Situation nicht vor Ort proben, du hast keinen Chor von 120 Leuten. **Jeder** Flashmob, der nicht von absoluten Profis im Showgeschäft gemacht wurde, ist peinlich.

Selbst mit 150 Laiensängern, mit denen ich dann noch genau die Positionen geplant und unter ähnlichen räumlichen Bedingungen geprobt habe, würde ich **niemals** einen Flashmob inszenieren wollen.

Beweise mir das Gegenteil und sei die Ausnahme, die die Regel bestätigt!

Nichts würde mich mehr freuen, als wenn ein Chor unbedarfte Menschen positiv überrascht und dem Chorgesang ein wenig den Staub wegwischt.

Solltest du also 180 Sänger (yep, wenn keine Klasse (Profis!), dann viel **Masse**) haben, bedenke trotzdem ein paar Regeln – wir sind ja in Deutschland:

- Willst du den Mob nicht im öffentlichen Raum, sondern in einem Einkaufszentrum, Bahnhof, Kirche oder Theater singen lassen, brauchst du unbedingt die Erlaubnis des Eigentümers. Das ist privates Gelände.
- Je nach Liedgut wirst du oder er die GEMA fiskal beglücken müssen.
- Bist du im öffentlichen Raum, musst du das ganze evtl. als Veranstaltung anmelden.
- Wenn Sänger dich drängen, und sowas „unbedingt" machen wollen, sag nein.
- Wenn du glaubst, dass deine Sänger damit glücklich werden und das total cool und hip ist, sag nein.
- Wenn du glaubst mit 30 Laiensängern in einer Einkaufspassage ohne Choraufstellung, ohne Probe im ‚Raum', ohne Instrumentalunterstützung und ohne allen Rundumdudlern aus den Geschäften den Saft abzudrehen ein Erfolgserlebnis produzieren zu können…häh?…ähm…da ist die Tür. Fremdschäm…

Immer noch Lust…? •

Flicklaute

Jeder von uns nutzt in 100 Worten durchschnittlich 6 s.g. *Flicklaute*. Das sind „äh" und „ähm". Sie tauchen meist vor selten verwendeten oder längeren Begriffen auf. Wir nutzen sie unbewusst, um einen Satz zu *flicken,* der ohne diesen Laut eine Pause haben würde. Versuche mal bewusst ohne Flicklaute zu sprechen. Du wirst Pausen machen.

Das Gehirn muss außerhalb seines normalen Wortschatzgedächtnisses auf eine tieferliegende *Datenbank* zugreifen. Dafür braucht es ein paar Millisekunden.

Je bekannter ein Text und dessen Worte sind und damit zum **aktiven** Wortschatz *(s.a.)* gehören, desto flüssiger kann gesprochen werden. Menschen, die wenig Flicklaute nutzen (müssen), haben nicht gezwungener Maßen einen großen Wortschatz – sie nutzen einfach nur diese, ihrem Hirn sehr vertrauten und damit schnell zugänglichen Worte.

Wenn jemand sehr gut frei sprechen kann, ist dies ein gutes Indiz für die effektive Nutzung seines aktiven Wortschatzes im ‚Arbeitsspeicher' ohne Ausweichen auf die langsamen Festplatten.

Dieser aktive Wortschatz kann trainiert werden und ist meistens spezifisch.

Ich kann z.B. relativ flüssig über Chorleitung dozieren. Soll ich über Orchesterleitung sprechen, muss ich mehr nachdenken, obwohl ich das Thema eigentlich auch gut kenne. Ich erlebe diese Situation aber nicht täglich und muss somit auf tieferliegende Erinnerungen zurückgreifen. Diese Dokumentenabfrage wird durch Flicklaute kaschiert.

Flicklaute gibt es im Gesang natürlich nicht. Deine Sänger sind beim Singen gezwungen immer weiterzusingen.

Du kannst den Moment an dem eigentlich ein Flicklaut eingebaut würde aber wahrnehmen: Wenn deine Sänger bei schweren Stellen unvermittelt langsamer werden oder einige sogar stoppen. Da ist die ‚*Sprache*' noch nicht flüssig, weil noch nicht alle ‚*Wörter*' klar sind. *(s.a. Übe-Klang-Dateien)*

In der gesprochenen Sprache ist ein passiver Wortschatz der, den du lesen und verstehen kannst, dessen Worte und/oder Grammatik du aber selbst nicht aktiv nutzt.

Ein passiver Wortschatz bedeutet für den Chorsänger, dass er mit dir oder einem Nachbarn zusammensingen **muss**. Ohne diese Hilfe könnte er nur stammelnd und mit Flickpausen singen.

Durch unsere Proben wollen wir den Chor zum aktiven Wortschatz führen.

Einen aktiven Wortschatz zu nutzen bedeutet nicht unbedingt solistisch sein zu können. Es bedeutet **gemeinsam** singen und aktiv die eigene Stimme gestalten zu können.

Dafür muss der Sänger das Notenmaterial kennen (die Wörter und Grammatik), das Notenmaterial im Zusammenhang mit den anderen Stimmen wahrnehmen (die Musik = die Sprache) und schließlich das Selbstbewusstsein, die Freude und auch das Vertrauen haben, das Gelernte zu reproduzieren.

Dafür müssen deine Sänger sich befreit fühlen. Die Umstände dafür zu schaffen, dass deine Sänger das erreichen, ist **dein** Job. •

Flow

Jeder kennt das Gefühl des *Flow*. Das völlige Aufgehen in seinem Tun. Der Rausch, der uns die Zeit vergessen lässt.

Man kann es beim Sport erleben, beim Singen, Malen, Schreiben, etc.

Der amerikanisch-ungarische Psychologieprofessor Mihály Csíkszentmihályi (*1934) prägte diesen Begriff in den 1970ern. Für viele ist dieser Zustand das Höchste und sehr erstrebenswert.

Ich habe schon unter Dirigenten proben müssen, die in der Probe den Flow erreicht haben – und es nervt. Der Grund ist einfach: Kommst du als Dirigent in einer Probe in den Flowzustand, bist du ausschließlich auf dich und dein Handeln zentriert.

Passender ist für mich deshalb der Begriff **polarisierte Aufmerksamkeit** von Maria Montessori (1870 – 1952).

Mir ist das selbst auch ein paar Mal passiert. Es beginnt damit, dass dein Plan für die Probe voll aufgeht. Keine Stolpersteine. Die Sänger tun, was du verlangst. Sie lernen in dem Tempo, das du vorgibst – alles ist super. Dein Fokus ist zentriert und du probst weiter, weil es geht.

Warum ist das dann für die Sänger nervig? Weil du aufhörst offen zu sein. Du hörst nicht mehr die feinen Untertöne, du verlierst deine Achtsamkeit. Die Probe muss nicht mal schlecht sein, aber für den Sänger ergibt sich ein Gefühl des Ausgeliefertseins.

Hört sich komisch an, ist aber so: Dadurch, dass du im Flow nur auf dich achtest, haben die Sänger und ihre Wünsche keinen Platz mehr. Sie werden dein Instrument. Im Profibereich ist das wünschenswert – im Laienbereich kann es die Sänger vielleicht sogar kurzfristig mitreißen, ist aber auf Dauer tödlich.

Ich wünsche dir sehr, dass du mal eine Probe im Flow erlebst.

Wenn es aber häufiger passiert wirst du ein böses Erwachen erleben, da **du** natürlich denkst, dass alles super läuft. Bis dann die ersten Sänger deinen Chor verlassen, weil sie dich für einen Egozentriker halten. •

Fokusshift

Ich nutze die folgende Übung vor allem in älteren und kleineren Chören, da sie dort besonders wirkungsvoll ist.

Die Melodie liegt im Repertoire dieser Chöre meistens im Sopran. Alle anderen Stimmen sind also Begleitstimmen und sollen dem Sopran folgen.

Dazu müssen sie ihn aber **wahrnehmen**.

Der erste Schritt ist, alle Stimmen die Melodie einmal singen zu lassen, da man nur begleiten kann, was man schonmal gesungen hat. *(s.a. Bewusstes Begleiten)*

Im zweiten Schritt muss sich die Melodiestimme (hier Sopran) seiner Rolle bewusst werden. Sie darf nicht einfach singen – sie muss **aktiv** sein. Deshalb lasse ich diese Stimme als Gruppe die Führung übernehmen.

Dafür stellst du sie (maximal zweireihig) an deine Dirigentenposition vor den Chor. Du gibst diesen Sängern nun die Aufgabe – während sie singen und **nur** mit ihrem Gesang – das Tempo, die Lautstärke, die Atmung und die Musikalität (Phrasierung) zu dirigieren. Es gibt keinen offiziellen Einsatz. Die Gruppe soll selbst spüren, wann es losgeht, dann einfach lossingen und den Rest des Chores mitnehmen.

Den Begleitstimmen gibst du den Auftrag, die Melodiestimme so zu begleiten, wie sie meinen es tun zu sollen.

Nach dem ersten Fehlversuch werden sich Führungskräfte, die es in jeder Gruppe gibt (auch wenn sie sonst nicht hörbar/sichtbar sind), herauskristallisieren.
Diese geben den Startimpuls (meist ist es ein hörbarer Atmer) und nehmen die Sänger in dieser Gruppe mit, worauf diese auch energetisch werden und den Rest des Chores mitnehmen.
Es ist unglaublich faszinierend zu beobachten und gibt dir auch die Chance solche Führungsstimmen zu identifizieren.
Spätestens nach drei Versuchen wird jeder verstanden haben, dass du es ernst meinst und es wird klappen. Es wird mit mehr Energie gesungen und der Gesang ist präziser und sauberer.
Was sich dann wie ein Wunder anfühlt ist einfach zu erklären: Im Normalfall ist eine Stimmgruppe kraftloser als sie sein müsste, weil ihre Sänger alle Verantwortung abgeben – an dich und an die anderen Sänger. *(s.a. Soziales Faulenzen)*
Indem du sie vor die Gruppe stellst und diese von ihnen leiten lässt, zwingst du sie ins Rampenlicht. Diese Sänger sind nun eigenverantwortlich unter Berücksichtigung der stimminternen Führungskräfte.
Die Übung ist auch gut, um eine Stimmgruppe, die vielleicht noch etwas unsicher ist, zu stärken. Die Situation verschiebt den Fokus vom ausschließlichen korrekten Singen des Notenmaterials hin zur Führung anderer. Die Sänger müssen ja nun nicht mehr Töne sauber singen – sondern diese ‚irgendwie' über die Ziellinie bringen. Ein sehr machtvolles Instrument. • *(s.a. Flicklaute; Heterogenität blockiert)*

Forcieren

Tiefe Stimmen neigen in der Höhe dazu zu drücken, um verzweifelt den hohen Ton zu erreichen, **aber** genauso drücken hohe Stimmen in der Tiefe.
Lass deine Sänger schon im Einsingen, wenn es in die extreme Höhe oder Tiefe geht, verstehen, dass bei jedem Sänger, bei lockerem Singen in extremen Lagen, irgendwann nur noch heiße Luft rauskommt.
Sie sollen also maximal so weit hoch oder runter singen, bis die Stimmlippen nicht mehr schließen, bzw. bis sie nur noch schließen würden, wenn man mit Gewalt Druck ausübt. Um dies zu kompensieren gibt es ja schließlich unterschiedliche Stimmen, da Sopräne nun mal hoch singen und Bässe tief.
Sänger müssen diese Grenze akzeptieren lernen, und dass es auch gut ist, diese Grenze zu respektieren, da es der Stimmgesundheit dient.
Du wirst nach einiger Zeit manche Sopräne eventuell in den Alt verschieben, da diese die Sopranhöhe nur über das ungesunde Drücken, Ansingen von Unten und Quälen der Stimme erreichen. *(s.a. Zu tief)*
Der Moment deinen Chor dafür zu sensibilisieren ist das **Einsingen**. Hier scherst du schließlich alle Sänger über einen Kamm. Du machst Übungen für den Sopran, die auch der Alt mitsingen soll und andersrum. Ich versuche meine Sänger dazu zu erziehen, dass sie lernen wahrzunehmen, wann **sie** ein *zu viel* an Druck ausüben.

In die Tiefe sollen die hohen Stimmen, wenn kein lockerer Ton mehr kommt – die Stimmbänder ohne technische Tricks also nicht mehr anspringen – tatsächlich mit ‚heißer Luft' singen – also stimmlos – um dieses Gefühl zu lernen.

In die Höhe bitte ich die tiefen Stimmen, sobald es sich sehr unangenehm anfühlt, nach unten zu oktavieren. Die Bässe sind da ab und zu etwas faul und oktavieren meist zu früh, sodass sie die oktavierten Töne noch nicht erreichen. Darauf weist man einmal freundlich hin und sie strengen sich das nächste Mal wieder mehr an. In den meisten Chören klappt das problemlos.

Wenn du diese Maßnahme noch nicht lange einforderst, kannst du ab einer Höhe, die dir richtig erscheint, selbst die oktavierten Anfangstöne angeben, sodass die Sänger merken, was sie machen sollen. •

Fotos

Du brauchst viele aktuelle Fotos für die Presse *(s.a.)*, Social Media *(s.a.)* und Website *(s.a.)*:
- vom Chor vor jeder Werbekampagne als *gestelltes* Foto
- vom Vorstand alle zwei Jahre, bzw. bei Personalwechsel
- vom Chorleiter jedes Jahr
- vom Chor und Sängern während der Probe je nach den Medien, die du nutzt

Es lohnt sich nicht einen teuren Fotografen zu engagieren. Wenn du es tust, wirst du seltener Fotos machen lassen (weil teuer…). Auch werden dir viele Fotografen einen Paketdeal anbieten (z.B. 5 Fotos zur freien Verwendung für 200€) – damit kannst du nichts anfangen.

Einheitliche Fotos vom Vorstand und Chorleiter (z.B. gleicher Hintergrund) sehen zwar professionell aus – wenn ein Wechsel kommt, musst du den Fotografen aber wieder engagieren, um die Einheitlichkeit zu gewährleisten.

Mach dir das Leben einfacher und beachte den Betrachter deiner Fotos genauso wie du im Konzert auf den Zuhörer und seine Erwartungshaltung achten musst.

Bei Fotos gilt heute vor allem Masse statt Klasse. Schlicht, weil jedes modernere Handy auch im Halbdunkel Fotos machen kann, die ‚gut genug' sind.

Qualität ist relativ zum Zweck.

Fotos vom Vorstand oder auch dir wirken genauso freundlich und professionell, wenn sie im privaten Garten mit einem schönen Baum oder Busch im Hintergrund gemacht werden. Für die Schnappschüsse reicht das Handy – diese Fotos sollen den **Voyeurismus** befriedigen.

Für alle anderen Fotos findet sich in jedem Chor jemand mit einer relativ guten Kamera, die vor allem aber ein lichtstarkes Objektiv besitzen muss.

Grundregel: Nicht die 1000€ Kamera mit 100€ Objektiv macht gute Fotos, sondern die 100€ Kamera mit 1000€ Objektiv.

Diesen Sänger bittet man eine vertrauenswürdige Person zu fragen bei Konzerten Fotos zu machen. Aber ohne Blitz und mit schneller Verschlusszeit, damit die Fotos nicht verwaschen sind. Am besten kommt diese Person auch zur Generalprobe vor dem

Konzert, in der alle Sänger schon in Konzertkleidung auf der Bühne stehen, aber (zumindest in Kirchen) noch Tageslicht da ist und der Fotograf auch nah an den Chor herangehen kann, ohne Konzertbesucher zu stören.
Spiegelreflexkameras klacken beim Auslösen des Spiegels etwas. Es gibt aber sehr gute Systemkameras mit Wechselobjektiv, die auch im Konzert leise Fotos machen können.

Das wirklich Entscheidende ist, dass so viele Fotos wie möglich gemacht werden – und heute durch große Speicherkarten auch gemacht werden können. Etwas Gutes wird sich immer darunter finden und kostenlose Bildbearbeitungsprogramme gibt es zuhauf.
Gestellte Fotos vom Chor können draußen oder drinnen bei guten Lichtverhältnissen sogar mit modernen Handys gemacht werden.
Bedenke: Wenn du Glück hast, wird so ein Foto in der Zeitung auf Größe 10x15cm gedruckt – aber nicht in Hochglanz, sondern in Zeitungsdruck.
Auf einer Website oder Social Media wird, um Bandbreite zu sparen, die Qualität auch heruntergesetzt und somit keine große erwartet.

Zwei Dinge fallen aber unabhängig von der Auflösung auf:
1. Bilder, die *verrauscht* sind (hoher ISO-Wert)
2. Fotos mit Blitz und schlechtem Weißabgleich die Menschen wie ‚Weiße Kaninchen mit roten Augen' aussehen lassen.

Daher bietet sich das Fotografieren draußen bei natürlichem Licht an.

Ich kann mich nur wiederholen: Lass so viele Fotos wie nur möglich, in jeder Situation, machen. Vor allem, wenn du auf Facebook, Instagram (oder **was gerade aktuell ist**) bist, **musst** du jede Probe kommentieren und mit Bildern versehen.
Bei Konzertfotografie gilt: „Auch das blinde Huhn findet ein Korn" – es wird ein gutes Foto unter den vielen geben.
Bedenke also, wofür und wie häufig du neue Fotos brauchst.
Willst du doch den Profi, überlege dir vorher genau was du willst.
Frage den für euch zuständigen Kulturredakteur der Zeitung, welches Format (hochkant, Quadrat, etc.) die Zeitung gerne hätte. Wie ist deine Website aufgebaut – sollen die Fotos einer *Corporate Identity* angepasst sein? (s.a. *Profil*)
Einen Fotografen zu bezahlen und zu sagen: „Mach mal." – sind Perlen vor den Säuen.

Grundregel: Wenn du genug Geld hast, dann miete dir einen Fotografen. Lass dich aber niemals auf den Deal mit den wenigen Fotos ein. Du brauchst viele – mach also einen Paketpreis: Alle brauchbaren Fotos in der gebuchten Zeit.
Sei dir bewusst, dass du viele aktuelle Fotos brauchst. Du wirst den Fotografen mindestens ein Mal – besser zwei Mal im Jahr und auf jeden Fall bei jedem Konzert buchen müssen.
Denn: Auf der Website wirkt eine Mischung aus hochwertigen professionellen Fotos und privaten ‚Schnappschüssen' noch billiger als nur die verrauschten Privatbeiträge.
Wenn privat: Beauftrage jemanden mit einem lichtstarken Objektiv und Kamera – dann kann dir nichts passieren. •

Fotos: blinzelfrei
Auf jedem ungestellten, aber auch gestellten Chorfoto blinzelt jemand – im Konzert, bei einer Feier, in der Probe. Zum Glück haben sich Wissenschaftler daran gemacht und berechnet, wie viele Serienfotos es braucht, um ein blinzelfreies Gruppenfoto zu erhalten: Bei Gruppen mit weniger als zwanzig Menschen braucht man bei viel Licht und kurzer Belichtungszeit (viele Bilder pro Sekunde) die Anzahl der Menschen geteilt durch drei (bei 10 Menschen theoretisch 3 Fotos). Bei schlechtem Licht benötigt man die Anzahl der Menschen geteilt durch zwei (bei 10 Menschen demnach theoretisch 5 Fotos).
Bei Gruppen über zwanzig Personen braucht man etwa dreißig Bilder für ein blinzelfreies.
Gruppen über dreißig Personen bekommen nur mit viel Glück ein blinzelfreies Bild. Um hier aber die Augen jeder Person erkennen zu können, müsste man das Foto unpraktisch vergrößern. • *[siehe: Benecke, Mark: Warum man Spaghetti nicht durch zwei teilen kann. Lübbe, 2009, S. 128-131]*

Fotos: Chorleiter
Lass von dir im Garten/Park/vor einem Baum ein freundliches Foto machen, auf dem du lächelst und mit ganz leicht seitlich gehaltenem Kopf direkt in die Kamera schaust. D.h. der Kopf schaut an der Kamera vorbei, die Augen hinein.
Vergiss die Künstlerfotos. Im Laienchor wollen die Menschen von dir angesprochen werden. Dazu gehört, dass du nahbar bist.
Ich mag meine Fotos lieber Schwarz-Weiß, aber das ist Geschmackssache. Auch habe ich lieber ein schwarzes Hemd an als Freizeitklamotten – ein bisschen Stil darf es ja haben.
Dein Ziel muss sein, auf den ersten Blick einladend und trotzdem professionell auszusehen. • *(s.a. Bewerbungsschreiben; Bewerbungsfoto)*

Fotos: kamerascheu
Sind Menschen kamerascheu, haben sie bewusst oder unbewusst Angst vor der Dauerhaftigkeit eines Momentes.
Beispiel Chorfoto: Ein Sänger lächelt nicht, ist aber eigentlich der Spaßvogel des Chores. In dem Moment war er aber kurz davor zu niesen und schaut ein wenig gequält. Für die Nachwelt ist er der einzige, der nicht lächelt. Und so wird ein *momentanes* Merkmal zu einem *dauerhaften*. Die Angst davor ist überraschend groß. Eine gute Vorbereitung für gestellte Fotos schafft Abhilfe und Vertrauen in den Fotografen.
Es gibt aber auch andere Gründe: Ich hatte mal eine Sängerin, die nicht auf Chorfotos (die auch Pressefotos sein sollten) wollte, damit der Vater ihrer Kinder nicht wüsste, wo sie wohnt. Damit die Gefahr gar nicht erst aufkam, dass sie durch Fotosuche oder ähnlichem im Internet gefunden werden könnte (so klein die Wahrscheinlichkeit auch war), war sie eben auf keinem Foto und stand auch in keinem Programmheft.
Du hast es mit einer heterogenen Menschengruppe zu tun. Sei sensibel.
Es ist nicht immer Eitelkeit. •

Fragebogen

Du kannst alle paar Jahre (maximal einmal im Jahr) einen Fragebogen ausgeben, der anonym ausgefüllt wird. Darauf kannst du u.A. spezielle Fragen stellen, wenn du dir z.B. über eine Änderung im Ablauf unsicher bist (die Meinung zur Änderung eines Konzertturnusses oder wie die Sänger zu Neuer Musik stehen, nachdem du sie nun einmal im Konzert hast singen lassen).

Aber vor allem müssen darauf drei Fragen beantwortet werden:
1. Was hat dir im letzten Jahr besonders gefallen?
2. Was gefällt dir grundsätzlich an diesem Chor?
3. Was wünscht du dir für deinen Chor?

Dies zwingt deine Sänger zwei Mal darüber nachzudenken, was den Chor ausmacht, sowie was an ihm gut ist und schafft damit eine positive Grundstimmung.

Die darauffolgende Kritik ist nicht negativ formuliert („was war schlecht?") sondern positiv („was wünscht du dir?") und besitzend („dein Chor").

So wird der Sänger ehrlich sein, aber nicht verletzend und auch du wirst dir diese Kritiken (positiv wie negativ) offener anschauen und sie annehmen können.

Du kannst deinen Fragebogen ausdrucken, verteilen und in der Folgewoche einsammeln. Am besten gibst du dafür einen DinA4 Umschlag rum, in den die ausgefüllten Bögen gesteckt werden können.

Grundregel: Wenn mehr als 20% etwas Konkretes loben oder kritisieren darfst du es ernst nehmen und nicht nur als individuelle Meinung zur Kenntnis nehmen. Das sind bei 20 Sängern mindestens 4, bei 30 schon 6.

Dann solltest du deine Arbeit überprüfen, oder von dem Vielgelobten mehr machen.

Wenn du in dem Jahr ein großes Projekt gemacht hast, wird das wahrscheinlich gelobt werden – das bedeutet nicht, dass du es dann ständig wiederholen musst. Es kann in diesem Fall auch sein, dass für einige solch ein großes Projekt nicht zu diesem/ihrem Chor passt oder ihnen zu schwer war. Wenn das mehr als nur Einzelmeinungen sind, musst du das öffentlich ansprechen.

Wenn es sehr starke individuelle Meinungen gibt („Ich hasse die Probenarbeit vom Chorleiter, bleibe aber, weil ich den Chor nicht verlassen will.") solltest du diese auch öffentlich ansprechen und um ein Gespräch mit der Person bitten (wenn sie sich zu erkennen geben will).

Diese Umfragen sind ansonsten nicht für die Öffentlichkeit. Eine Auswertung soll auch nicht für den Chor da sein. Kommuniziere das. Nur besondere Meinungen werden dem Chor mitgeteilt.

Nochmal: Du musst deinem Chor **vorher** sagen, dass die Antworten nur für dich bestimmt sind – für niemanden anderes (evtl. Vorstand/Beirat).

Wenn du dem Chor eine detaillierte Auswertung zur Verfügung stellen würdest, würde dies nur in Diskussionen enden. Dein erklärtes Ziel muss sein, dass du vom Chor herausfinden willst, wie der Stand ist – was gut ist und was gewünscht wird.

Manche Sänger wollen die Auswertung sehen – hier kannst du argumentieren, dass bestimmte Aussagen so individuell sein werden, dass sie nicht mehr anonym sind.

Wenn sich beispielsweise ein Sänger ständig über die Zugluft beschwert und dies dann in einem Fragebogen angegeben wurde, geht jeder davon aus, dass es diese Person war – aber vielleicht war sie es gar nicht...

Wenn du die Ergebnisse mit einem Vorstand/Beirat teilst, schwöre ihn auf die 20%-Regel ein. Man ist zu leicht versucht, in unbegründeten Aktionismus zu verfallen.

Merke: Jede Änderung im Ablauf hat auch gegenteilige Folgen!

Thema Zugluft: Die Fenster bleiben konsequent geschlossen. Im nächsten Fragebogen hast du auf einmal 5 Sänger, die sich über die schlechte Raumluft beschweren, aber die eine Person schreibt nicht mehr, dass sie unter der Zugluft leidet... •

Fragezeichen

Am Ende einer Melodie/Phrase tendieren Sänger dazu mit der Stimme (im übertragenen Sinne) nach unten zu gehen, wie es am Ende eines gesprochenen Satzes geschieht. D.h. sie schlaffen ab und führen die Phrase nicht mit Energie in den Schluss hinein.

Ein einfacher Trick führt dazu, dass das nicht passiert: Lass deinen Chor die Stelle (den Satz) zuerst als **Frage** sprechen und dann mit dem fragenden Gefühl singen.

Das klappt bei jedem Satz, auch wenn der Satzbau eigentlich kein Fragezeichen zulässt:

Das fühlt sich komisch an(!)(?)

Spreche diesen Satz als Frage und als Aussage und spüre den Unterschied.

Bei einer Frage gehen wir am Ende immer mit der Stimme nach oben. Auch wenn sich das komisch anfühlt – gerade deshalb ist es so effektiv.

Wenn deine Sänger die Phrase wie eine Frage singen, werden sie, obwohl der Tonverlauf beim Singen ja nicht wie beim Sprechen geändert werden kann, oder dieser sogar abwärts geht, durch das vorher eingeprägte Gefühl tendenziell den Kehlkopf oben lassen und das Ende energetischer führen.

Dies ist zwar keine Dauerlösung für das Problem, lässt deine Sänger aber einen Unterschied spüren, sodass sie verstehen, dass auch ein Schluss Energie braucht. •

(s.a. Überzeugendes Runter)

Frau bringt Mann – sonst weg

Ist dein Chor groß genug, du brauchst aber dringend Männer, hast aber zu viele, als dass du deinen Chor in einen Frauenchor umwandeln könntest, kannst du für an einer Teilnahme interessierte Sänger die Vorgabe machen, dass Frauenstimmen immer einen Mann mitbringen müssen.

Ich habe das noch nie gemacht und glaube auch nicht, dass das sehr erfolgreich ist.

Ausnahmen werden die Regel bestätigen und ich lasse mich gerne eines Besseren belehren.

Ich bin kein Freund dieser Form der ausschließenden Werbung. Ich hätte immer Sorge, dass das ganz schnell nach hinten losgeht. Allein, dass mein Chor vielleicht für wirklich gute Sänger auf einmal unattraktiv ist und ich dadurch gute Sänger verpasse.
Ich bin überzeugt, dass jede Frau, die ohne ihren/einen Mann in einem Chor singen will (ok, meistens will der Mann nicht...) einfach in den nächsten Chor gehen wird.
Das klappt also meiner Ansicht nach nur, wenn du in der Umgebung ein Monopol auf deine Chorform besitzt. Aber auch dann wird dir vielleicht **die** Sängerin entgehen...
Du kannst soo viel mit einer Änderung der Choraufstellung (s.a.) und kluger Programmauswahl bewirken, sodass die Balance nicht zu sehr leidet.
Diese Form der ausschließenden Werbung würde ich lassen, muss aber nochmals betonen, dass ich diese Werbeform nur immer wieder als Vorschlag höre, ihre Wirksamkeit aber nicht getestet habe und nicht testen werde. •

Frecher Hund
Eventuell hat ein Sänger dieses Buch gelesen und ist so frech dich darauf hinzuweisen, dass du ja nun ‚nur' eine Methode aus dem Buch anwendest (möchte dich also *klein machen*, weil es ja nicht deine Idee war) – dann frage ihn, ob dich das jetzt zu einem besseren oder schlechteren Chorleiter macht.
Die Antwort wird immer sein müssen, dass es dich **besser** macht. Denn Dirigieren ist weniger Persönlichkeit, als ganz viel Methode und heißt jeden Tag Neues zu lernen und sich verbessern zu wollen. Was gäbe es also Besseres als sich durch solch ein Buch, oder überhaupt, coachen zu lassen?
Ich will dich nicht zu bestimmten Methoden zwingen. Ich bin von einigen begründet überzeugt, aber am Ende musst **du** entscheiden was für **dich** der richtige Weg ist.
Das unterscheidet dieses Buch und meine Methode mit dir umzugehen von Lehrern.
Ich bringe dir nichts bei, was du nicht annehmen willst oder kannst.
Ich gehe nicht von **mir** aus, sondern von **dir**. Und wenn du sehenden Auges ins Verderben rennen willst, schlafe ich trotzdem gut, da ich dir vorher genug Auswege aufgezeigt habe. • (s.a. chorleiter-coaching.de)

Frei singen
Willst du, dass dein Chor ein schnelles oder sehr rhythmisches Stück freier singt, lass die Sänger beim Singen herumlaufen.
Das Stück muss von den Tönen grundsätzlich klar sein, sodass sich der Sänger darum keine Gedanken machen muss (und auch mal aus den Noten schauen kann, um niemanden anzurempeln) – es geht nun nur noch um die Leichtigkeit.
Einige Sänger finden es beim Singen toll andere anzuschauen und mit ihnen zu kommunizieren – das ist aber eine Minderheit, da Sänger gewohnt sind, den Dirigenten an, oder in einen Raum hinein zu singen.

Wenn du eine Gruppe sehr kommunikativer Menschen hast, kannst du sie kreuz und quer laufen lassen. Bei anderen Gruppen wird dies nur zu Hemmnis führen.
Sicherer ist es also, die Sänger im Gänsemarsch in einem großen Kreis gehen zu lassen, bei gutem Wetter auch draußen im Garten, etc. –
Es geht nur um das Gehen und die Bewegung beim Singen.
Vor allem in einer Generalprobe lohnt es sich, die Sänger im gesamten Konzertraum während des Singens herumlaufen zu lassen. Sie können damit den Raum akustisch spüren und ihre Körper lösen. *(s.a. Einsingen wird überbewertet (einerseits))*
Ich gehe hier von einem Chor aus, der seine Noten halten muss. Singt der Chor auswendig, kannst du fast alle Bewegungen, die den Singapparat nicht beeinträchtigen, in die Probe einfließen lassen.
Ich mache das viel zu wenig, da ich selbst recht bewegungsfaul bin. Wenn du aber ein Bewegungsfetischist bist, darf das dein Chor gerne mitmachen. •

Fremdbestimmung

Eines der größten Konfliktpotenziale im Chor entsteht durch das komplizierte Verhältnis zwischen Chorleiter und Sänger.
Sänger, die schon im Beruf unter Fremdbestimmung leiden, werden in einem Chor nicht glücklich. Sie wollen wenigstens ihre Freizeit selbstbestimmt ausfüllen. So haben sie sich zwar dafür entschieden in einem Chor zu singen, werden aber immer wieder versuchen aufzubegehren.
Natürlich gibt es auch die Masochisten, die nur unter Fremdbestimmung leben können. Aber die, die sich nicht arrangieren können/wollen werden irgendwann gehen.
Dies werden sie mit einem Knall tun.
Sei vorsichtig bei Sängern, die sich kleinen Regeln widersetzen. Das kann z.B. die Probe der Aufstellung vor dem Konzert sein, bei der sie auf einmal fehlen (weil sie das ja nicht brauchen und die Probe eh schon zu lange gedauert hat…).
Es sind diejenige, die sich über verschiedenste Kleinigkeiten beschweren – also nicht der Sänger, der nur immer wieder die Temperatur im Raum anmerkt oder die Größe der Noten („kann ich wieder nicht lesen") – sondern bei denen das Beschwerdeprogramm weit gestreut ist. Es sind auch Sänger, die deine Anweisungen unkommentiert nicht annehmen oder z.T. gar nicht wahrnehmen.
Mein schlimmster Fall war ein Sänger, der, ohne mich zu fragen, einen Arrangeur beauftragte ein Popstück für den Chor zu bearbeiten. Schlimmer noch: Ich hatte dem Sänger schon mehrfach mitgeteilt, dass ich kein Arrangement dieses Stückes singen wollen würde.
Er dachte tatsächlich, dass ich, wenn ich die Noten erst in der Hand hätte, nicht nein sagen könnte. Habe ich aber. Es ergab sich die katastrophale Situation, dass der 30-jährige Chorleiter dem 50-jährigen gestandenen Lehrer einen Einlauf verpassen musste.
Irgendwann projizieren diese Sänger dann ihre Probleme (meistens sind sie zu gestresst) auf den Chor: „Der Chor ist schuld, dass ich keine Zeit habe/genervt bin/meine Familie kaum noch sehe." Wenn man sie fragt, geben sie dann unumwunden zu, dass sie 50 Stunden in der Woche arbeiten – „aber der Chor und seine Leitung…"

Schließlich kommt der **Befreiungsschlag**, bei dem diese Sänger dann all ihren Frust rauslassen und sehr zerstörerisch sein können.
Sie wollen Kontrolle wiedererlangen und zerstören dabei das was ihnen eigentlich Freude gemacht hat. Aus ihrem Job kommen sie *vermeintlich* nicht heraus – im Chor sind sie ja freiwillig…
Erkenne solche **Bomber** frühzeitig und sorge für einen kontrollierten Abgang.
Grundregel: Wer in einem Chor mitsingt, muss sich der Gemeinschaft unterordnen. D.h. nicht, dass alles kritiklos geschluckt werden soll, aber hier hat die Masse recht. Das Individuum ist relativ unwichtig. Chorsingen ist eine geordnete Diktatur *(s.a.)*. •

Freud für Chorleiter

Sänger verhalten sich oft wie Kinder (auch im Gruppenzwang). Vor allem Pädagogen genießen es einmal auf der anderen Seite sein zu dürfen.
Man muss sie wieder in das Erwachsenen-ICH zurückführen, indem man sie daran erinnert, dass sie erwachsen **sind** („Ihr seid erwachsen und ihr schafft es noch weitere 5 Minuten ruhig und konzentriert zu sein").
Auf keinen Fall solltest du dieselbe Terminologie anwenden, die sie selbst im Unterricht anwenden – da sind sie überraschend taub („Seid doch still").
Besser: „Lasst uns noch den Rest der Probe konzentriert arbeiten".
Achte auf deine Aufforderungsart: Sie muss positiv sein. Spreche nicht die Probleme an („Redet nicht mehr mit eurem Nachbarn"/Seid nicht so unkonzentriert"/etc.). Gib klare Handlungsanweisungen. *(s.a. Positiv bleiben)*
Sinnvoll sind auch Aufgaben wie z.B. den eigenen Text stumm oder laut mitzusprechen, während eine andere Stimme probt.
Um die Aufmerksamkeit wieder zu fokussieren, kannst du auch das Probentempo erhöhen, also schnell zwischen den Stimmen zu wechseln:
Kleinteilig T1-5 S, A, SA, B, AB, T, ST – so müssen die Sänger wach sein, um schnell reagieren und der Probe folgen zu können. •
(s.a. Arbeitslautstärke; Kleinteiliges Proben; Konzentrationsstörender Seitenwechsel)

Freude vs. Spaß

Ich verwehre mich gegen die ‚Spaßkultur' im Chor. Die führt zu nichts.
Ich nutze das Wort **Freude** und skandiere bewusst:
„Bei mir macht das Singen keinen Spaß – aber Freude!"

Um diesen Satz für meine Sänger fassbar zu machen, muss ich die Terminologien definieren:
Spaß impliziert permanentes Entertainment. Einmal gemachte spaßige Handlungen werden bei der Wiederholung einen immer geringeren positiven Reiz auslösen.
Spaß ist Lust – und wenn die Lust vergeht, macht es auch keinen Spaß mehr.

Freude ist bewusst und nachhaltig, weil man sich für die Tätigkeit entschieden hat. *Freude ist rational.*

Meine **Grundregel** warum ich das Wort *Spaß* aus meinem Wortschatz in Bezug auf Chor gestrichen habe: Spaß ist ein Reiz, der immer stärker werden muss und endgültig enttäuschen wird.
Freude ist ein Zustand, der trotz schwankender positiver Reize über lange Zeit währt.
Singen soll eine befriedigende Tätigkeit sein. Singen soll eine erfüllende Tätigkeit sein.
Freude an etwas zu haben bedeutet, dass dir etwas Positives im Leben fehlt, wenn diese Tätigkeit (die dir Freude bereitet) nicht mehr da wäre. Das bedeutet nicht, dass diese Tätigkeit die ganze Zeit Spaß macht. Aber **sie wertet das Leben nachhaltig auf.**
Der Sänger merkt am besten, ob er Freude hat, wenn er sich eingestehen muss, dass ihm ohne den Chor etwas in seinem Leben fehlt.
Sänger müssen also auch mal eine Pause machen dürfen und sich eine Auszeit nehmen, um zu merken, dass ihnen etwas fehlt – oder eben nicht.
Die Sänger, die wiederkommen, bleiben.
Das Problem ist, dass im Laienchor – viel mehr als im Profichor – der Weg das Ziel ist. Wer aber am Weg keine Freude hat und nur auf die Konzerte hinsehnt, wird kein zufriedener Sänger sein.

Wir arbeiten im Laienbereich natürlich und klugerweise selten nach dem **Prinzip** „90% Transpiration und 10% Inspiration", aber 50/50 wird es mindestens sein **müssen**, will man seinen Chor entwickeln.
Das Ziel ist, beim Auftritt und in der Probe gleichermaßen Freude zu empfinden.
Freude entsteht durch Sicherheit – dann fühlt man sich erfolgreich.
Wenn du deinen Sängern in der Probe, im Auftritt und im Chorleben **Sicherheit** gibst werden sie Freude empfinden.
- Um Sicherheit zu erlangen muss geprobt werden.
- Der Chor und seine Sozialgemeinschaft müssen nach gewissen Regeln funktionieren.

Zwei Aussagen, die die meisten Sänger bejahen werden – auch wenn sie mal maulen – über die die wenigsten aber wirklich ehrlich nachgedacht haben. •

Freundlich
Mein Mantra: Die Mundstellung muss beim Singen dauerhaft die eines **feinen Lächelns** sein. Das Gesicht des Sängers muss offen und freundlich wirken. Die Augen strahlen. Zusammengefasst gebe ich meinen Sängern die Anweisung freundlich zu schauen.
Das hat zwei Effekte:
1. Die Vokale sind alle hell – die Intonation dadurch verbessert und der Klang freundlich. *(s.a. Telefongesicht)*

2. Diese Mundstellung erzeugt einen Ton, der sich nach 2-3 Metern mit dem des Nachbarn mischt.
Es wird nämlich ein breiter Schalltrichter erzeugt, der einen zu zentrierten Ton vermeidet.

Vor allem ausgebildete Sänger haben das Problem im Chor zu zentriert zu singen, da sie ja sonst allein einen Konzertraum füllen wollen oder sich gegen ein Orchester durchsetzen müssen – sich also **nicht** mischen sollen.
Bei solchen musst du sensibel deutlich machen, dass es eine **Solo**technik und eine **Chor**technik gibt. • *(s.a. Leuchtende Augen; Mundstellung (chorische))*

Frisch bleiben
Man muss sein Handwerk frisch halten und eingefahrene Abläufe neu bewerten.
1. Einsingen in verschiedenen Fassungen, um auch selbst Abwechslung zu spüren
2. zu den Komponisten lesen und dem Chor vermitteln
3. Dirigierkurse besuchen/Coaching
4. Bücher über Interpretationen lesen
5. Aufnahmen anderer Dirigenten anhören/Konzerte besuchen
6. sich in der Probe und Konzert filmen, um sich selbst von außen zu betrachten
7. Choraufstellung ändern
8. neue Probenmethoden üben
9. Programme anderer Chöre und Bibliotheken/Notenwebseiten nach Inspiration durchforsten • *(s.a. Betriebsblindheit; Kontrabass & Violine; Organisationsbetriebsblindheit)*

Fröhlicher Furz
„Aus einem verzagten Arsch kommt kein fröhlicher Furz." Martin Luther (1483 – 1546)

Angst, Misstrauen und Stress hemmen dich in der Chorprobe frei vor dem Chor zu agieren. Deinen Sängern geht es genauso. Nur wenn du sie positiv motivierst, wirst du einen engagierten und fröhlichen Chor haben, der gut singt. •

Der frühe Vogel darf hinten sitzen
Wenn du eine immer gleiche Bestuhlung deines Probenraumes hast (z.B. immer drei Reihen à 10 Stühle) kannst du die Sitzordnung jede Woche mischen, indem du die Vorgabe machst, dass die Sänger, die zuerst kommen, sich nach hinten setzen sollen.
Damit werden (je nach Sitzordnung) die Reihen nach vorne hin gefüllt.
So sorgst du dafür, dass der Chor bei einem kleineren Raum von dir möglichst weit weg sitzt und du damit eher einen Chorklang hörst.

Hast du genug Platz, kannst du auch die Vorgabe machen, dass die ersten sich in die erste Reihe setzen sollen. Das hat aber leider den Effekt, dass die, die eh engagiert sind, immer vorne sitzen und die, die ‚pünktlich' kommen hinten sitzen ‚dürfen'.
Sänger, die hinten sitzen bekommen leider wenig von den anderen mit. D.h. sie müssen ihre Stimme eher selbst lernen, anstatt mit anderen mitsingen zu können.
So kann sich sogar ein Teufelskreis ergeben: Sänger versteckt sich hinten, weil er sich unsicher ist – kann in der Probe nicht gut mitsingen, weil ihm starke Stimmen neben/hinter sich fehlen – wird immer schlechter vorbereitet – denkt er kann es gar nicht – sitzt wieder hinten, um sich zu verstecken – ...
Manche Sänger kann man aber über eine geregelte oder zufällige Organisation der Sitzordnung praktisch dazu zwingen (immer mal wieder) vorne zu sitzen und ihnen damit helfen. Ich finde diese Idee super, habe es leider noch nie geschafft, das konsequent umsetzen zu können. Vielleicht gelingt es dir ja. • *(s.a. Sitzordnungen: Eingefahrene aufbrechen)*

Führungssängerstandort

Führungssänger (K1 – *(s.a. Ausgleich; Sängerkategorien)*), die eigenständig eine Stimme halten können, musst du von weniger sicheren Sängern umringen, um sie als stabiles Element zu nutzen. Dies gilt für das letzte Drittel der Proben vor einem Konzert/Auftritt, wenn sich die Sitzordnung und damit das sozialakustische Umfeld festigen soll.
In der Probe solltest du die Sitzordnung aber immer wieder durchmischen, denn gute Sänger wollen auch mal neben anderen guten Sängern singen. Wenn du allerdings nicht aufpasst, kommt es zu einer 2-Klassen-Gesellschaft, in der sich die schwachen Sänger nach hinten verkrümeln und die starken Sänger bei dir vorne aktiv an der Probe teilnehmen. Nutze deshalb aktiv die Gaben der einzelnen Sänger aus, um das Gesamtniveau heben zu können. •

Fußballwirtschaft

Ich höre immer wieder zwei Definitionen für Chorleiter. Sie mögen in bestimmten Momenten stimmen, aber nicht so generalisierend, wie sie gerne genutzt werden.
Ein Chorleiter ist weder Manager eines Unternehmens, noch ein Äquivalent zu einem Fußballtrainer. Er steht in der Mitte. Er hat keine bezahlten Angestellten, denen gegenüber er bis zu einer Kündigung (die sogar existenzgefährdend sein kann) weisungsbefugt ist. Er muss seine Sänger ausschließlich durch seine Persönlichkeit, Begründungen und seine Vorschläge motivieren, sich für den Chor einzusetzen.
Das ist **Menschen**management aber nicht **Wirtschafts**management.
Er ist aber auch nicht der Fußballtrainer, da seine Sänger im Gegensatz zu den Spielern keine derartige Eigenverantwortung tragen dürfen.
„Schieße ich selbst aufs Tor oder gebe ich nochmal vorher den Ball ab?" ist eine eigenverantwortliche Entscheidung. Im Chor muss sich jeder Sänger nach klaren Regeln

organisieren und diesen unterordnen. Die Regeln gibt nicht nur der Dirigent vor, sondern auch die Noten und die Fähigkeit des gesamten Chores.

Beide Szenarien, die das Verhältnis zwischen Chor und Dirigent beschreiben sollen sind unvollständig. Man zieht einfach gerne Vergleiche hinzu, wenn man etwas Eigenständiges, aber doch Besonderes, erklären will („Krokodilfleisch schmeckt wie Hühnchen"). Das Leiten eines Laienchores ist solch eine eigenständige Tätigkeit.

Der Chorleiter ist ein Diktator *(s.a.)*, der in seinem Bereich herrschen darf wie er will. Er tut gut daran, dies nicht zu sehr zu zeigen.

Er hat keine physische oder fiskale Macht. Seine Macht und die Akzeptanz seiner Macht beruhen allein auf seinem Wissen und seiner tatsächlichen Führungsstärke. Seine Macht ist absolut direkt.

Ein Vergleich: Ein Journalist (der Chor) schreibt einen Bericht. Sein Redakteur (der Dirigent) sitzt am PC daneben – alles was der Journalist schreibt, erscheint auf dem Bildschirm des Redakteurs. Dieser greift alle paar Wörter ein und korrigiert ein gerade geschriebenes Wort. So funktioniert Dirigieren im Laienchor. Diese absolute Kontrolle muss zugelassen werden. Der Sänger muss vertrauen und der Chorleiter darf dieses Vertrauen nicht missbrauchen. •

G

G oder Ch

Ein „g" am Ende eines Wortes nach einem Vokal wird im Deutschen immer „ch" gesungen. Z.B. Köni*g*= Köni*ch*; ewi*g*=ewi*ch*.
Aber bei zusammengesetzten Worten muss man von Fall zu Fall unterscheiden: Königreich bleibt Königreich, da es durch den dem „g" folgenden klingenden Konsonanten singbar ist.
Ewigkeit wird zu Ewi*ch*keit, da sonst zwei nicht klingende (harte) Konsonanten hintereinanderstehen und den Singfluss stören (Ewig-keit).
Dies ist in der Sanglichkeit begründet und weniger eine Geschmacksfrage.
Auch wenn ich zwecks Textverständlichkeit für die Trennung der harten Konsonanten bin, folge ich bei zusammengesetzten Wörtern der oben beschriebenen Regel. •

Gähnen

Gähnen sollte von keinem Sänger unterdrückt werden. Das ist für viele eine Umstellung, da wir im normalen Leben Gähnen als etwas Unhöfliches empfinden.
Es ist allerdings sehr selten ein Zeichen für Langeweile.
Gähnen hat auch nichts mit der Sauerstoffversorgung zu tun. Selbst in einer mit CO^2 angereicherten Atmosphäre gähnt man nicht mehr als sonst. D.h. in einem Probenraum in dem lange nicht gelüftet wurde, wird nicht mehr gegähnt – nur langsamer gearbeitet.
(s.a. Luftaustausch)

Gähnen scheint eine Stimulation der **Wachsamkeit** zu sein. So gähnen z.B. Fallschirmspringer vor dem Sprung. Immer wenn Aufmerksamkeit gefordert ist, bzw. wenn sie droht nachzulassen, fängt man an zu gähnen. Die Rückkehr zur Aufmerksamkeit erreicht das Gehirn dabei durch einen *kühlenden Luftzug:* das Gähnen.
Obwohl die Wissenschaft sich immer noch nicht sicher ist warum wir gähnen oder warum es so ansteckend ist (ich wette mit dir, dass du beim Lesen dieses Artikels mind. ein Mal gähnst...), scheint diese Begründung der neuste Trend zu sein.
Grundsätzlich ist Gähnen aber auch einfach so für sich gesund, da bei herzhaftem Gähnen die Lungenflügel bis in die Tiefe geweitet werden, somit mehr Räume geschaffen werden, in die auch später hineingeatmet und damit **nachhaltig** mehr Sauerstoff geatmet werden kann.

Die Konsequenz für dich:
- Fördere Gähnen durch positives Bestärken und Einbau ins Einsingen.
- Wenn die Konzentration nachlässt, solltest du lüften und die Sänger etwas bewegen, aber lass sie auch herzhaft gähnen.
- In der Probe von Sängern angegähnt zu werden heißt nicht, dass du deinen Gegenüber langweilst (außer es ist zu demonstrativ), sondern das Gegenteil: Etwas ist anstrengend, aber das Gehirn des Sängers will mitmachen – will sich konzentrieren.

Wenn zu viele anfangen zu gähnen, solltest du eine Pause einlegen. Nicht weil die Sänger müde sind, aber weil sie einfach mit ihrer Konzentrationsfähigkeit und damit auch Aufnahmefähigkeit (nicht Bereitschaft!) hadern.

Mit Sicherheit gibt es mehrere Gründe fürs Gähnen – es machen ja sogar viele Tiere – es muss also einen fundamentalen evolutionären Vorteil haben.
Was auch immer die wahre Erklärung ist, die *Klimaanlagentheorie* passt mir in meine Probenarbeit und psychische Gesundheit am besten rein:
- Gähnen ist etwas Positives – ich muss mich also nicht angegriffen fühlen.
- Beobachte mal: Gähnen in einer Probe ist nicht ansteckend. Es passiert so gut wie nie, dass andere Sänger gähnen, wenn ein Sänger gähnt. Es geht wohl wirklich um die *individuelle* Kühlung des Hirns. •

Ganz geteilt
Pars pro toto – ein Teil steht für das Ganze.
Totum pro parte – das Ganze steht für den Teil.
Unser Gehirn will Muster erkennen, weil Muster und Stereotypen die Welt vereinfachen.
Dass das zu simpel und auch gefährlich ist, muss eigentlich nicht erwähnt werden.
Aber **jeder** fällt darauf rein.
Das *Pars-pro-toto*-Prinzip kann mich schon fast nicht mehr foppen: „Ein Brillenträger (Teil) gehört zu den klugen Menschen (**das Ganze**)."
Totum pro parte war für mich lange kein Begriff, bis ich auf ganz großer Linie daran gescheitert bin: „Erwachsene (das Ganze) verhalten/benehmen sich erwachsen."/ „Lehrer sind gelehrt."
Ich habe damit ein stereotypes Etikett und schreibe diese allgemeinen Eigenschaften jedem Angehörigen dieser Gruppe zu. Das führt zu Enttäuschungen und falschen Erwartungen.
Andersherum passiert mir das aber auch: Als Dirigent werden mir bestimmte Eigenschaften zugeschrieben und solche vorausgesetzt, die ich nicht erfüllen kann oder aus Prinzip nicht erfülle. • *(s.a. Acceptance Prophecy; Nerd)*

Geburtstagsliedstandard

Bei alteingesessenen Chören gibt es oft die Tradition, dass jedes Geburtstagskind sich sein Lieblingslied wünschen darf, das der Chor dann für es singt. In diesen Chören muss jeder Sänger zu jeder Probe eine dicke Liedermappe mit den 250 Liedern, die schon seit Jahrzehnten im Chor gesungen werden, mitschleppen.
Das ist das erste, was ich in neuen Chören abschaffe.
Bedenke, dass nur die Sänger, die schon lange (also **sehr** lange) mitsingen, diese Lieder singen können.
Du willst aber wachsen und neue Sänger gewinnen – diese stehen dann da und können dem Geburtstagskind nicht gratulieren, weil sie das Lied schlicht nicht kennen.
Das musst du dem Chor klar machen: „Ihr müsst euch öffnen, sonst singt ihr in dieser Besetzung mit denselben Sängern, bis ihr tot seid." *(s.a. Lachkampfverstand)*
Die Lösung: Der Chor sucht sich *sein* Geburtstagslied aus, welches auch ein Segenslied sein kann, das für das Geburtstagskind gesungen wird.
Oder das Geburtstagskind darf sich aus dem laufenden Programm etwas aussuchen.
So hat jeder immer die Noten dabei und neue Sänger finden sich schnell zurecht.
Bei großen Chören lasse ich 1x im Monat für die, die Geburtstag hatten das Chor-Geburtstagslied singen (für alle auf einmal).
Es gibt hier auch die Möglichkeit etwas individueller zu sein: Man singt für die, die in der vergangenen Woche runde oder 5er Geburtstage hatten und/oder die am Geburtstag zur Probe kommen.
Für die *Runden* sollte der Chor dann auch ein kleines Geschenk haben. •

Gedicht mit Tonzusatz

Mein Dirigierprofessor ging grundsätzlich von der Musik aus. Wenn er probte, war sein erster Weg auf Vokalise zu proben und den Text dann am Ende mit dazu zu nehmen.
Nicht dass ihm der Text unwichtig gewesen wäre, der Arbeitsablauf war aber ‚erst Noten – dann Text und Textverständnis'. So viel ich von ihm gelernt habe, und sei es nur die Arbeitsmoral eines Handwerkers *(s.a.)* und die fundamentale Ethik gegenüber dem Komponisten, hier widerspreche ich seiner Arbeitsweise.
99,9% aller Chorwerke beruhen auf einem vorgefertigten Text. D.h. der Komponist hat einen Text und sich zu diesem überlegt, wie er ihn vertonen könnte.
Deshalb stehen für mich **immer** der Text und sein Inhalt im Vordergrund.
Das wahrnehmbare und singbare *Wort-Ton-Verhältnis* entsteht im besten Falle dadurch, dass der Komponist eine Situation im Text oder ein Gefühl des Textes lautmalerisch wiedergibt. Dies herauszuarbeiten und dem Chor so zu vermitteln, dass er es **durch sein Singen** dem Zuhörer vermitteln kann, ist deine wichtigste Aufgabe.
Der Text, den der Chor singt, ist **das** Unterscheidungskriterium zwischen Chor und Orchester.

Ein Orchester kann nur lautmalerisch erzählen, der Chor addiert hier noch wörtlichen Inhalt. Wenn nun nicht auf die Aussprache und den Inhaltstransport geachtet wird, wird dem Publikum eine wichtige Komponente gestohlen.

Wenn der Chor selbst versteht, was er singt, kann er auch das Wort-Ton-Verhältnis besser verstehen und, selbst wenn es für einen Hörer inhaltlich nicht wahrnehmbar ist, energetisch anders singen.

Der Chor transportiert so auch einen Inhalt, der dem Zuhörer ohne Übersetzung und/oder Notentext verborgen bleibt.

Deshalb gibt es bei mir zu Noten in fremder Sprache möglichst auch die Übersetzung dazu, damit der Sänger sofort weiß, was er da eigentlich singt.

Diese Übersetzung bekommt auch das Publikum im Programmheft oder verbal in einer Ansage vor dem Lied.

Darüber hinaus gibt es sichtbare, aber nicht offensichtlich hörbare Vertonungen des Textes wie ein *Cruzifixus* von Bach mit reinkomponiertem Kreuz in der Partitur. Ein Kreuz, dass man nicht bewusst hört, aber der Sänger sieht.

Die Frage nach der Verständlichkeit und Hierarchie des Textes ist bei reinen Colla-Parte-Stücken (also Stücken in denen ein Orchester denselben Tonsatz spielt wie der Chor singt) am auffälligsten. Eines der bekanntesten Werke der Laienmusik mit diesem Prinzip ist die „Deutsche Messe" von Franz Schubert (1797 – 1828): Dort muss es das Ziel sein, dass Orchester und Chor eine **gleichberechtigte Klangmischung** ergeben. Wenn man mit großem Orchester arbeitet, ist dies verdammt schwer, aber genauso notwendig.

Der Text (auf dem das ganze Werk aufbaut und der ihm auch seinen Namen gibt und der bewusst liturgisch gedacht ist und somit absolut im Vordergrund steht) muss in jedem Fall vom Publikum verstanden werden.

In diesen Situationen ist **der Chor die Stimme des Orchesters**. Er liefert in der Klangmischung von Orchester und Chor die Konsonanten, die eine verständliche Sprache ausmachen. Das Orchester ist nur dazu da, dem Chor ein paar interessante andere Klangfarben zu liefern.

Dies gilt im Übrigen für **alle** liturgischen Texte (egal welcher Sprache), d.h. für **alle** Messen, Motetten, Passionen, Oratorien, Kantaten oder einfache Kirchenlieder.

Die Ausnahme bilden nur einige Komponisten, die die liturgischen Texte für großen Klangmalereien benutzt haben, einfach um mehrstimmig komponieren zu dürfen (z.B. aus der Epoche der franko-flämischen Musik). D.h. wir müssen darauf achten, dass der Text immer verständlich ist. Wenn der Zuhörer dem Text nicht folgen konnte, haben wir unseren Job als Anwalt des Komponisten nicht gemacht.

Chormusik ist um einiges komplexer als Instrumentalmusik, da wir neben der musikalischen Komponente (Melodie-/Phrasenführung, Intonation, Ausgewogenheit der Stimmen, etc.) noch die Komponente der Sprache haben, die vom Dirigenten gute Vorbereitung verlangt, da er den Chor nur so zur nötigen Ernsthaftigkeit erziehen kann. Dies passiert leider selten, da viele Chorleiter schon mit den Noten und ihrer Erarbeitung überfordert sind.

Der Trick ist aber, dass ein gut gesprochener Text hilft:
- Der Rhythmus wird durch gut gesprochene Konsonanten klarer und vom Sänger damit besser gelernt. Wenn der Chor nur nuschelt, wird er niemals pünktlich singen können.
- Die Intonation wird verbessert, da mit klaren Vokalen und Diphthonge ein einheitlicher Vokalklang erzeugt wird, der es den Sängern vereinfacht, sich im Tonraum zu orientieren.
- Wenn der Text gut gekonnt ist, wird der Sänger Kapazitäten für die Töne frei haben – oder anders:
  Grundregel: Gut gelernte Töne werden mit schlecht gelerntem Text niemals gut klingen – schlecht gelernte Tönen mit gut gelerntem Text um einiges besser.

Mein Weg ist das **Schubladendenken** *(s.a.)*:
- Gehe mit dem Chor zuerst den Text durch, kläre Aussprache und Länge der Vokale, weise auf Diphthonge hin und dunkle Vokale, die durch ein freundliches Gesicht bewusst aufgehellt werden müssen. *(s.a. Mundstellung (chorische))*
- Überzeuge deinen Chor, den Text zuhause zu üben – denn das kann jeder! Allein dieses zuhause Textlesen wird mindestens eine Schublade (Text) füllen.
  (s.a. Deutliches Sprechen ist deutliches Singen; Sprechender Melodieverlauf)
- Die Rhythmusschublade braucht ein wenig Notenlesekenntnis – aber bei guter Probe wird diese durch die Textkenntnis schon halb gefüllt sein und der Sänger kann den Rest zuhause machen.

Sich zuerst auf den Text zu konzentrieren und ihn mit dem ganzen Chor zu Beginn der Proben eines neuen Stückes durchzusprechen spart dir viel Zeit.
Oft bereitet nur die Kombination aus Melodie und Rhythmus (Text) die Schwierigkeiten – trenne sie – übe also zuerst den Text, dann die Töne, dann die Kombination, weil die beiden gefüllten Schubladen mit Text und Rhythmus dem Sänger die Freiheit geben, sich nun ganz auf die Tonschublade zu konzentrieren.
Der Text ist konkret – die Töne abstrakt. Sie müssen sich am Text *festkrallen* können.

In einem Strophenlied *(s.a.)* kannst du genauso verfahren – auch wenn meistens die erste Strophe den Duktus des Liedes vorgibt, kannst und solltest du dir zu jeder Strophe überlegen, wie du sie mit dem vorgegebenen Tonmaterial neu auslegen kannst. Es ist auch legitim das Tempo und die Dynamik zu ändern. Über die Atemsetzung betonst du das Wort nach einem Schnappatmer.

Wenn du jedes Chorstück wie ein *Gedicht mit Tonzusatz* behandelst, wirst du schneller und besser zum Ziel kommen. Weil Tonfolgen für einen Laienchor abstrakt sind, benötigen Musik/Noten zwar meist den größeren Probenaufwand, sind aber für die Qualität eines Stückes nur zu 49% entscheidend – zu 51% ist es der Text.
Ich bin kein Dogmatiker – ich ‚glaube' nicht, sondern die Erfahrung hat mir gezeigt, dass eine gute Textvorbereitung für den Chor und seinen Klang nur von Vorteil sind. •

Gegangen worden (heimlich)

Spielt sich ein Sänger auf/redet dir in der Probe dauernd dazwischen/verbessert dich (vermeintlich)/widerspricht dir durch seine Meinung/ergänzt dich, ohne abzuwarten, ob du das vielleicht noch sagen wirst/etc., kann man als Chorleiter schnell mal explodieren.
In der Bewertung musst du trotzdem vorsichtig sein: In jedem der genannten Fälle meint die Person, dass du dem Chor **Informationen vorenthältst**.
Diese Person ist entweder sehr engagiert und tritt mit dir in einen persönlichen Dialog, ohne zu sehen, dass sie nicht allein ist, oder sie hat keinen Respekt vor dir und muss ihrer Meinung nach den Chor vor dir ‚schützen'.
Im ersten Fall hast du einen sehr *direkten Draht* zu der Person und sie fühlt sich ganz persönlich von dir angesprochen. Du musst ihr freundlich und sensibel das von ihr nicht wahrgenommene Problem („du störst meinen Probenablauf") schildern.
Im zweiten Fall darfst du nicht zu blumig sein.
Sollte die Person offen den Konflikt suchen, versuche die Quelle des fehlenden Vertrauens zu finden und gehe darauf ein. Wenn du es richtig anstellst, kann diese Person zu einem sehr loyalen Sänger werden.
Wenn die Person aber einfach nur rumbölken will, sorge dafür, dass sie geht.
Tue dies direkt oder wie im Folgenden passiv aggressiv.
Der passive Weg ist hart und die Situation muss ständig neu bewertet werden. Heimlichkeit dauert seine Zeit. Wenn du Glück hast, hat der Sänger schon nach Kurzem verstanden, was in Ordnung ist und was nicht – ich hatte aber auch schon Sänger, die das nicht verstanden, und gegangen sind.

- Sei bei Unterbrechungen durch diese Person bewusst genervt, schau in die Luft oder andere Sänger an, aber nicht die unterbrechende Person.
- Biete ihr bei zu viel Frechheit an, doch mal die Probe selbst zu dirigieren.
- Frage nach jedem Satz von dir, ob die Person dazu noch etwas zu sagen hat.

Merke aber: Dein Ziel in den Proben ist, dass die Aktionen der Person nerven und du nur **reaktiv** wirkst. Wenn du also zu viele Aktionen selbst initiierst, kann sich die Stimmung gegen dich wenden.

- Suche dir intern Sänger, die dir gegenüber loyal sind und frage sie unschuldig, was denn das Problem von Sänger X ist. Frage das möglichst viele Sänger. Arbeite dich zu X-zugehörigen Sängern vor.
- Verweigere **nie** offen, aber durch Gesten und „gerade keine Zeit, können wir das später besprechen" jedes Gespräch mit X.
- Du willst ihn isolieren und ihm das Gefühl nehmen zur Gruppe zu gehören.
  Du willst ihm jetzt zeigen, dass du mehr Macht hast. Die nächste Mail an den Chor schreibst du beispielsweise nicht über den Verteiler, sondern an alle Mail-Adressen in BCC und ‚vergisst' seine. Am besten mit dem Hinweis auf einen früheren Probenbeginn in der nächsten Woche, sodass er zu spät kommt.
  Oder: Solltest du krank sein und die Probe ausfallen, wird er auch nicht informiert.

- Kurz bevor die Situation eskaliert wirst du auf einmal ganz freundlich zu ihm. Grüßt ihn vor der Probe. Fragst wie es geht. Schaust ihn während der Probe freundlich an. Lobst die Ecke in der er sitzt als heute besonders gut vorbereitet. Das Ziel ist nun, ihn wieder in die Gruppe zu integrieren. Aber **du** integrierst ihn, weil **du** es willst.

Ohne direkte Aussprache hast du ihm zwei Dinge gezeigt: Ich kann dich aus der Gruppe mobben, ohne dass andere es merken. Ich kann dich wieder in die Gruppe einladen.

Das alles ist das **Äußerste** was du tun solltest. Ich habe in meiner gesamten Chorleitertätigkeit nur 8 langjährige Chorsänger bitten müssen nicht wieder zu kommen. Alle anderen sind ‚freiwillig' gegangen. Meistens im Guten – selten im Schlechten. Letztere bin ich mit der beschriebenen Methode losgeworden.
Die im Guten gegangen sind, musste ich nur etwas überfordern und ein paar Mal persönlich darauf ansprechen. Die hatten dann gespürt, dass **dieser** Chor nicht (mehr) der Richtige für sie ist. Sie hegen keinen Groll, sondern sind in anderen Chören glücklich geworden.

Bevor du mich nun für einen Soziopathen hältst:
Mein Ziel ist Konflikte vom Chor **fern** zu halten.
Offen ausgetragene Kämpfe zwischen Chorleiter und Sänger sind immer schlecht.
Wenn zivilisiert geführte, klärende Gespräche nicht weiterhelfen, gibt es aber nur zwei Möglichkeiten: Eskalation oder passiv-aggressives Verhalten (ohne, dass der Rest des Chores zu offensichtlich etwas davon mitbekommt).
Der passive Weg hat bei mir **immer** zu einem (für den Chor) friedlichen Ende, oder auch einer guten Weiterführung der Zusammenarbeit, geführt.
Ich hoffe sehr für dich, dass du nie in die blöde Situation kommst, in der du die oben beschriebenen Methoden anwendenden solltest. • *(s.a. Austritt; Menschlichsein; Unersetzlich)*

Geh zur Quelle
Ich liebe einfache Lösungen.
Der einfachste Weg einem Problem auf den Grund zu gehen ist das Prinzip des **Geh zur Quelle** *(Genkin-butso)*.
Stelle dafür so häufig wie möglich die Frage „*warum?*".
Wenn du zu weit gehst kommst du irgendwann beim Urknall an.
Wenn du aber kurz davor aufhörst, wirst du auf dem Weg zum Urknall ein paar Momente und Dinge als Grund eines Übels finden, die **du** beeinflussen konntest und aus denen du nun lernen kannst. Es ist ein sehr machtvolles Reflexionsinstrument. •

Gehalt
Dein Gehalt muss immer von der Chorgröße, der Höhe der Mitgliedsbeiträge und der Menge der Auftritte, abhängen. So kann es sich durchaus lohnen ein Grundgehalt zu haben + einer Auftrittspauschale (meine liebste Wahl).
Sei nicht zu bescheiden. Du hast einen verantwortungsvollen Job und bindest dich über Jahre zum selben Gehalt.
In unserem Job ist es tatsächlich so, dass die Menschen bekommen, wofür sie bezahlen. Es passiert selten, dass es gute Dirigenten gibt, die ihre Arbeit verantwortungsvoll für ‚einen Appel und ein Ei' machen
Mein Richtwert für Anfänger: Grundgehalt mindestens 200€ pro Monat (inkl. Fahrt + Auftritte, nur außerhalb der Schulferien); bei Einzelabrechnung mindestens 50€ je Probe und 80€ je Auftritt. Alles darunter würde ich nicht als Gehalt bezeichnen, sondern „finanzielle Aufwandsentschädigung". Das ist im Prinzip ok – aber die terminologische Einordnung muss stimmen.
Grundsatzfrage: Wie viele Stunden wirst du arbeiten? – Hier berechnest du nie die Anfahrt und solltest mit Vorbereitung (+Probenzeit = doppelte Probenzeit) auf mindestens 20€ pro Stunde kommen. *(s.a. Probenvorbereitung: Faustregel)*
Erhöhe dein Grundgehalt durch die Integrierung der Fahrtkosten als Pauschale. Die Vorteile sind weniger Bürokratie und die Fahrtkosten können (wenn diese nicht extra im Vertrag, sondern nur mündlich im Grundgehalt festgelegt sind) von der Steuer als Kilometerpauschale abgesetzt werden. D.h.: Probe 80€, Fahrtkosten 10€ – dann können die 10€ nicht abgesetzt werden – besser: Probe: 90€ und beim Finanzamt, die für Freischaffende z.Zt. 0,30€ pro Kilometer hin und zurück angeben und damit absetzen.

Hast du schon einige Erfahrung halte ich in einem Laienchor mit 25-30 Mitgliedern, Proben außerhalb der Schulferien und ca. 9 Gottesdiensten, bzw. einem großen Konzert pro Jahr folgendes für eine faire Bezahlung: **durchbezahlt 350-450€** pro Monat.
Beim Kirchenchor wird häufig erwartet, dass darin alle Proben und Gottesdienste enthalten sind. Bei freien Chören dürfen dazu noch je Gottesdienst 100-150€, für einen Auftritt bis 45 Minuten 200-250€ und über 45 Minuten 300-400€ dazu kommen.
Möglich ist hier aber auch ein prozentualer Anteil an den Konzerteinnahmen (40-50%) **vor** Unkosten (Werbung, Raummiete, Orchester/Solohonorar), aber mindestens 100€.

Durchbezahlte Verträge haben den Vorteil, dass man auch mal krank sein darf.
Lass dich auf lange Sicht nicht auf einen Vertrag ein, der dir ein Honorar pro Probe garantiert. Das ist echt nur was für Berufsanfänger.
Dabei wirst du ausgenutzt: Bei Krankheit *(s.a. Husten, Schnupfen und singen)* oder Ferien wirst du nämlich nicht bezahlt (auch nicht bei ‚Corona-Ferien').
Sollte sich der Chor absolut nicht auf ein Durchbezahlen einlassen, oder es macht keinen Sinn (wie bei einem Projektchor), lasse dich nicht auf einen Preis unter 100€ pro 120 Minuten Probe ein. Eventuell wird man dann doch einsehen, dass ein durchbezahlter Dirigent mit 300€ im Monat günstiger ist – denn so hast du zwar ca. das gleiche Geld in der Tasche, aber **Planungssicherheit** – auch der Chor – was in jeder Verhandlung dein Killerargument sein sollte. • *(s.a. Chorbeiträge; Chorleitervertrag (-svorlage))*

Gehalt: eine Notwendigkeit

Ein Chorleiter sollte bezahlt werden.
Dies hat für den Chor und den Chorleiter gleichermaßen Vorteile

- Der Chorleiter hat auch an schlechten Tagen (schwerer Tag im normalen Job/Familie/schlecht geschlafen – also mental anderweitig okkupiert) ein Verantwortungsgefühl.
  Er hat nicht nur eine *weiche* Verantwortung (für die Sänger), sondern auch eine *harte* („ich werde dafür bezahlt").
  Es ist damit eine zweite Motivationsebene vorhanden – die im Laienchor nicht die vorrangige sein darf, aber existieren sollte.
- Der Chor kann als *Kunde* vom Chorleiter Engagement und Kenntnis fordern.
- Der Chorleiter kann gleichermaßen Vergleiche anstellen und sich dadurch schützen: Wenn der Chor nur für ein Auto mit 60PS bezahlt hat, kann er von ihm nicht fordern wie ein Auto mit 150PS zu beschleunigen.
  Deshalb sollten die Arbeitsvereinbarungen, bzw. Verträge recht detailliert sein und klar vereinbart werden, welche Leistungen mit einer monatlichen Pauschale abgedeckt sind und welche nicht (z.B. Fahrtkosten, Noten erstellen, Chorfahrten, etc.).
  Bei Kirchen ist es klug, eine mindeste und maximale Anzahl von Gottesdiensten, die im Jahr mit dem Chor gesungen werden sollen, vertraglich festzuhalten.
  Die Anzahl ist abhängig von der Leistungsfähigkeit des Chores. Sonst passiert es dir ganz schnell, dass du über den Vorwurf fehlenden Engagements erpresst wirst viel mehr Auftritte zu bestreiten als für den Chor gesund wären – wodurch du wiederum deiner Verantwortung nicht gerecht wirst.
  Verhältnismäßig muss auch die Verantwortung sein: Bekommst du beispielsweise 100€ pro Monat/25€ pro Probe und sollst nun mit deinem Chor und einem bezahlten Orchester eine Bachkantate proben und aufführen, ist dies nicht verhältnismäßig, da jeder Orchestermusiker mehr Geld bekommt als du – du aber die Verantwortung trägst.
  (s.a. Gehaltsverhandlung: „Verhältnismäßigkeit"; Instrumentalistenhonorar)
- Wenn deine Sänger einen monatlichen Beitrag bezahlen, fühlen sie sich nicht nur symbolisch dem Chor zugehörig, sondern *besitzen* auch einen Teil davon – sie sind echte Teilhaber wie Aktionäre in einem Unternehmen. Der Chor würde also nicht nur ohne ihre Stimmen nicht existieren, sondern auch nicht ohne ihr Geld. Damit gibt es auch für die Sänger eine zweite (nachrangige, aber nicht unwichtige) Motivationsebene.
  Nur bei Kirchenchören verwehre ich mich persönlich gegen eine finanzielle Beteiligung der Sänger, da ich einen Kirchenchor als soziale Gruppe innerhalb einer Kirchengemeinde verstehe. Wenn die Kirche nicht versteht, dass gut gesungene Musik zum Lobe Gottes unter qualifizierter Leitung für die Kirche wichtig ist, hat sie diese auch nicht verdient. • *(s.a. Chorbeiträge)*

Gehalt: Projektchor

Jeder Projektchor ist unterschiedlich. Einen fixen Betrag zu nennen ist unmöglich.
Mein Richtwert ist, dass du deine effektive Probenzeit x2 nimmst (Vorbereitungszeit!) und diese Stundenzahl mit jeweils mindestens 20€ berechnest. (s.a. *Vorbereitung ist Arbeitszeit*)
Beispiel: 2x Probe á 120 Minuten; 1x Samstagsprobe á 8 Stunden; Konzert inkl. Generalprobe: 5 Stunden = 17h x2 = 34 x 20€= 680€
Je nach Möglichkeiten des Chores gehst du in die Verhandlung mit 600€ oder 700€ – beides ist vertretbar – unter 500€ würde ich aber nur gehen, wenn ich sonst nichts zu tun habe oder mir das Projekt sehr am Herzen liegt.
Machst du ein Projekt mit einem Chor, bei dem du durchbezahlt wirst, bist du selber ‚schuld'... Wenn es vertraglich nicht anders vereinbart ist, darfst du niemals eine zusätzliche Rechnung stellen, da diese Mehrarbeit zu deinem normalen Job gehört.
Wenn du den Mehraufwand scheust, mach einfach keine Extraprojekte. Wenn du von außen dazu gedrängt wirst und dein Vertrag nichts über Projekte aussagt, dann kannst du von vorneherein die Mehrkosten vorrechnen und für das Projekt einen gesonderten Vertrag fordern.
Bedenke: Deine Zeit ist echte **Arbeitszeit**. Entweder sie wird dir bezahlt, oder du hast selbst Lust zu dem Projekt und seinem Mehraufwand. Spätere Beschwerden darüber sind unfair und vermiesen die Stimmung.
Dies alles gilt nur für Projekte, die Extraproben und Auftritte beinhalten.
Wenn du mit deinem Chor ein Projekt machst und andere Sänger einlädst, kannst du die Proben in normaler Länge am regulären Probentag abhalten und der Auftritt ist mit deinem normalen Gehalt abgedeckt. Nur die Organisation ist ein Mehraufwand, den du aber auch niemals extra berechnen darfst! •

Gehaltserhöhung

Ich erbete mir alle 5 Jahre eine Gehaltserhöhung. Diese ist bei mir bewusst nicht im Vertrag geregelt, da die Finanzlage eines Chores ein dynamisches System ist (s.u.).
Bei Verträgen mit der Kirche (festangestellt) ist diese Gehaltserhöhung im System drin – da musst du auch nicht nachfragen – halt zu Beginn gut verhandeln, damit deine Ausgangsposition besser ist.
Eine Gehaltserhöhung sollte um die 10% betragen, da sich sonst der emotionale Aufwand nicht lohnt. Bedenke, dass die Sänger und der Vorstand nicht darüber nachdenken wollen, dass du ein Honorar bekommst. Es ist auch in deinem Interesse, darüber so selten wie nur möglich zu sprechen und zu diskutieren – alle 5 Jahre – ok.
Als Freiberufler musst du dir deine Argumente vorher zurechtlegen:
Wenn dein Chor in den 5 Jahren...

- Mitgliederzuwachs verzeichnet hat (**somit mehr Einnahmen**)
- mehr Konzerte pro Jahr gibt (**somit mehr Einnahmen**)
- Kulturförderungen bekommen konnte (**somit mehr Einnahmen**)
- Etc. (**mehr Einnahmen...**)

...wären diese Mehreinnahmen ohne dich nicht möglich gewesen.

Wenn dein Chor keine Mehreinnahmen hat oder die Mehreinnahmen weit unter 10% liegen, solltest du Mehrleistungen anbieten.
Möglich wären z.B. Stimmproben *(s.a.)*. Du kannst auch darum bitten, dass die Konzerte oder Gottesdienste extra vergütet werden. Extraproben oder Probenwochenenden könnten nun bezahlt werden.
Dieses Thema solltest du während einer Vorstandssitzung ansprechen. Es ist dein gutes Recht. **Aber** lies genau: Ich schreibe nur von „bitten". Denn mehr solltest du nicht tun! Es ist einfach: Wenn der Chor genug Geld hat (die Mitgliedsbeiträge decken *mehr* als dein Gehalt) muss der Vorstand gute Argumente haben, dir kein höheres Gehalt zu geben.
Das einzige Argument, das manche Vorstände vorbringen ist, dass irgendein Chorverband Sätze festgelegt hat oder ein Kollege vom Nachbarchor weniger bekommt. So wird versucht einen *Industriestandard* zu erzeugen.
Das funktioniert nicht, da jeder Chor und jeder Chorleiter vollkommen unterschiedlich sind. Lass dich davon nicht einschüchtern. *(s.a. Gehaltsverhandlung: „Verhältnismäßigkeit")*
Ich würde mich **niemals** für 10€ mehr im Monat offen beim ganzen Chor beschweren oder großen Stress machen.
Ich habe eine **Grundregel:** Einem nackten Mann kannst du nicht in die Tasche greifen und ich werde es auch nicht versuchen – das gebietet die Fairness.
Hat der Mann aber einen Nerzmantel an, werde ich mir alle 5 Jahre davon ein Stückchen abschneiden.
Du musst einfach immer wieder fragen und deine rationalen Argumente vortragen – wenn es keine rationalen Gegenargumente gibt, wirst du erfolgreich sein. •

Gehaltsverhandlung (Neuer Chor)
Du kannst die Chance auf eine (für dich) erfolgreiche Gehaltsverhandlung durch deine Vorbereitung erhöhen: Informiere dich, was der Chor dir bezahlen **kann**.
Versuche herauszufinden, was dein Vorgänger bekam.
Informiere dich über den Chorbeitrag der Sänger und rechne dann hoch, was der Chor im Monat an Beiträgen einnimmt. Nur das kann dein Maximum sein – oder du planst eh den Beitrag zu erhöhen.
Wenn du schon einen Chor in vergleichbarer Größe hast, kannst du selbst gut einschätzen, was möglich ist. *(s.a. Chorbeiträge)*
Solltest du bei der Kirche angestellt werden, dann gibt es je nach Ausbildungsstand bestimmte Stundentarife – da kannst du dann nur über die von dir benötigte Stundenzahl verhandeln – habe also auch die im Kopf. Berechne nie die Anfahrtszeiten, aber mindestens die doppelte Stundenzahl deiner Probe (also bei 2 Stunden Probe 4 Stunden berechnen) – alles andere wäre Ausbeutung. *(s.a. Gehalt)*
Eventuell ist das alles nicht herauszufinden, bzw. gibt es gar keinen Chorbeitrag.
Du musst also vor dem Gespräch eine Maximal- und Minimalrechnung aufstellen: Was brauchst du mindestens, um diese Arbeit auch noch in **drei Jahren** machen zu wollen ohne dich ausgenutzt zu fühlen?

Dein Gehalt wird am Ende von vielen Faktoren abhängig sein: Deiner Ausbildung, Berufserfahrung, deinem Eindruck beim Vorstellungsgespräch/Vordirigieren, welche Vorteile sich der Chor von dir erhofft und vor allem, ob der Chor in dir eine Verbesserung zum Vorgänger sehen kann.

Es kann sein, dass die Sänger einen höheren Chorbeitrag zahlen müssen, um dich zu finanzieren und da solltest du überzeugende Argumente haben.

Deshalb ist deine Vorbereitung die ganze Miete: Wenn die Sänger merken, dass du sie und ihren Chor ernst nimmst, werden sie dich schnell respektieren.

(s.a. Bewerbungsgespräch: Checkliste)

Grundregel: Frage beim ersten Kontakt **niemals** wie viel Geld es gibt.
Bei engagierten Ehrenamtlichen hinterlässt so etwas absolut keinen guten Eindruck.
Sollte allerdings die Sprache darauf kommen, nenne deinen Preis und schiebe sofort nach: „Am Geld wird es nicht scheitern!". Du willst engagiert und zugänglich wirken.
Wenn du also nach einem Erstkontakt ein informelles Gespräch hast, informiere dich, sei interessiert, erzähle etwas von dir etc. und dann ganz am Schluss (wenn von der anderen Seite das Gehalt nicht angesprochen wurde) sagst du: „…wir müssen auch noch über das leidige Thema ‚Finanzen' sprechen. Wie viel könnten Sie pro Monat bezahlen?"
Jetzt kommt meist der Betrag, den der Vorgänger bekommen hat. Und nun hast du durch das Vorgespräch ja auch herausgefunden ob die dringendst einen neuen Chorleiter suchen oder noch 5 andere in petto haben. Danach richtet sich deine nächste Antwort.
(Wobei jeder halbwegs kluge Verhandlungsführer immer sagen wird, dass es noch andere Bewerber gibt/man Gespräche führt. Wenn aber z.B. nicht mal ein Probedirigieren angeboten wird, muss dir klar sein, dass es keine Mitbewerber gibt.)

Bist du nur einer von vielen Kandidaten, antwortest du schlicht, dass sich das ja ganz gut anhört. Du hast damit noch keinen Vertrag unterschrieben und wenn der Chor sich dann für dich entschieden hat, kennst du seine finanzielle Situation und kannst mit harten Zahlen argumentieren.

Hast du den Eindruck, dass der Chor dringend sucht, erklärst du, dass du es dafür (was geboten wird) wahrscheinlich nicht ganz machen könntest, aber nochmal alles durchrechnen musst, da du für dich selbst einen Mindeststundenlohn festgelegt hast.

Um die genauen Stunden die du benötigst zu schätzen, bräuchtest du noch ein wenig Planungszeit. Hier sagst du (wieder), dass es am Geld nicht scheitern darf und soll.

Bleibe bei deinen Aussagen wage. Da es deinen Gegenüber meist unangenehm ist über Finanzen zu sprechen, werden sie dich nicht weiter ausquetschen.

Aber selbst wenn: Lass dich **niemals** darauf ein, zuerst einen Betrag zu nennen, denn dann hast du verloren. Ich habe mal einen Chor geleitet bei dem ich das nicht beherzigt habe und dann einige Jahre im Verhältnis zu dem was dem Chor finanziell möglich gewesen wäre, unterbezahlt gewesen bin.

Als Eigenschutz bleibt dir immer noch ein **Killerargument**: Wenn von dir eine Zahl gefordert wird, sage, dass du die finanziellen Möglichkeiten des Chores nicht kennst (auch wenn du sie eventuell kennst) und es am Geld nicht scheitern soll. Deshalb möchtest du lieber hören, was aus Sicht des Chores möglich ist.

Die **beste Strategie** ist also, dein Minimum, für das du den Chor übernehmen würdest, zu kennen und erstmal zu fragen, wieviel der Chor zahlen kann.

Wenn es darauf eine klare Antwort gibt, scheint der Chor seine Finanzen im Griff zu haben und du kannst fragen, woraus sich diese Antwort zusammensetzt.

Lass es dir aber vor allem bei Rumgedrucke vorrechnen – es bringt schließlich nichts, Geld zu fordern, das nicht da ist.

Verkaufe dich nicht zu günstig, sondern gehe ein bisschen höher als das, was angeboten wird: Fordere bei vom Chor angebotenen 250€/Monat ruhig 300€.

Wenn das nicht fruchtet, biete Konzertbeteiligungen an (also die 250€ und 50% der Konzerteinnahmen vor Kosten), usw.

Grundregel: Gehaltsverhandlungen werden immer an den Schluss des Gespräches gelegt. Denn wenn du dich gut verkauft hast, werden die Preise höher sein und man wird dich eher gewinnen wollen.

Nenne nie deinen Preis, sondern nutze das Killerargument. •

(s.a. Bewerbungsgespräch:...; Gehaltsverhandlung: „Verhältnismäßigkeit")

Gehaltsverhandlung: „Verhältnismäßigkeit"

Wenn du in der Gehaltsverhandlung **deinen** Preis genannt hast, lasse auf ihn Bezug nehmend auch das Wort *verhältnismäßig* fallen. Sei dir bewusst, dass du eine **weiche** Ware verkaufst. Etwas das man nicht anfassen kann. Etwas das keinen Vergleichswert hat. Verhältnismäßigkeit ist in unserem Fall also ein schwammiger Begriff.

Ein Liter Kuh-Milch hat einen Preis, der anhand von festgelegten Parametern definiert ist: Produktionskosten, Ankauf, Steuer, Lager, etc. Außerdem kann der Preis eines Liters Milch in jedem Supermarkt verglichen werden. Je nach Marke schwankt er – aber am Ende ist die Milch immer weiß.

Chorleiter sind untereinander **nicht** vergleichbar. Es gibt wenige relativ klare Faktoren, anhand derer man die Qualität **erahnen** kann: Studium und Erfahrung.

Beides sagt leider wenig aus: Im Studium lernt man die Basics, aber nicht wie mit Menschen umgegangen werden muss. Wenn ein Studienabschluss 10 Jahre her ist und in der Zwischenzeit nie mit einem Chor gearbeitet wurde, verliert er meiner Meinung nach sogar jegliche Aussagefähigkeit.

Erfahrung muss definiert werden: Welche Form von Chor wurde geleitet, wie lange, etc. Somit läuft alles auf ein **Gefühl** hinaus: Was ist das verhältnismäßig korrekte Gehalt in Bezug auf die zu leistende Arbeit, Verantwortung und erwartbaren Qualitäten (kannst du z.B. Klavier spielen/kennst du dich mit Orchesterarbeit aus/kannst du alte Stimmen schulen/etc.)?

Mir ist es noch nie passiert, dass jemand dem Wort „verhältnismäßig" widersprochen hat. Der Nachteil deiner Arbeit (weiche Ware) ist hier der Vorteil: Dein Gegenüber kann keine **Fakten** nennen, die die Verhältnismäßigkeit widerlegen – du auch nicht – macht aber nichts, da du dem Gegenüber ja nur sagst, dass du **dich selbst** für so wertvoll hältst. Dadurch, dass du dieses Wort zuerst genutzt hast und damit sagst, dass du das Arbeit-Gehalt-Verhältnis ausbalanciert findest, ist dein Gegenüber in der Beweispflicht, wenn er dies nicht so sieht.

Er könnte natürlich fies sein und fragen: „Finden Sie das wirklich verhältnismäßig?" Das wäre aber ein sehr schlechtes Zeichen, da hier ein Konflikt provoziert wird. Dreh dann den Spieß einfach um und frage unbekümmert „Ja, warum nicht?". Du kannst natürlich auch noch von der Schwere der Arbeit, der Vorbereitung, etc. reden, aber warum? Man will dich oder eben nicht.

Ich bin mal gefragt worden, wie sich mein Monatsgehalt zusammensetzt – mein Gegenüber meinte wohl den Stundenlohn, Materialkosten, usw.

Ich habe nachher erfahren, dass er in der Personalabteilung einer Firma arbeitete und solche Gespräche also häufiger führte – aber eben mit Menschen, die für ihn ein Produkt (harte Ware) herstellen sollten.

Ich habe ihm geantwortet, dass dies ein Gehalt wäre, das ich in Bezug auf die zu erwartende Arbeit für verhältnismäßig halte. Da in meinem Beruf viel Unvorhergesehenes passiert, muss ich mich da auf meine Erfahrung verlassen, dass ich mit dem von mir angestrebten Gehalt auch die nächsten Jahre noch gerne und engagiert meine Arbeit machen werde.

Darauf konnte er nichts antworten und gab sich auch sofort zufrieden, da ihm das harte Produkt und somit eine Vergleichsgröße fehlte.

Es gibt nur zwei Gründe ein gewünschtes Gehalt nicht zu bekommen:
1. Der Chor hat nicht die nötigen Finanzmittel. Sollte der Vorstand hier aber nicht die Wahrheit gesagt und du unter Vortäuschung von Tatsachen dein Gehaltswunsch verringert haben, ist der Vertrag nichtig.
2. Mitbewerber (auf gleichem Niveau), die weniger nehmen: Da musst du dir tatsächlich einfallen lassen, warum du besser bist. Hier sind die weichen Faktoren entscheidender als das Hochschulstudium. Wenn du z.B. ein persönliches Verhältnis mit dem Vorgänger hast und/oder nahe am Chorprobenort wohnst und damit schon ein persönliches Verhältnis mit der Chorgemeinschaft hast.
Oder du trumpfst mit deiner Kirchenzugehörigkeit, deinem Familienmenschentum oder sonst etwas, das ‚sozial' ist.
Aber zeige vor allem (auch mit Tricks aus diesem Buch), dass du, mehr als alle deine Konkurrenten, die Sänger da abholen willst wo sie stehen und dann mit ihnen weitergehst. *(s.a. Bus; Versuchsjahr)*

Zusammenfassung: Die Faktoren Studium/Ausbildung und Erfahrung sind nicht zu unterschätzen, werden von Laien aber gerne überschätzt und sagen nichts über die Qualität der Probe aus. Diese Qualität ist aber das, was die Sänger bewerten und was schließlich zur Wahl des Chorleiters führt.

Ein Vorstand versucht nach harten Faktoren zu entscheiden – ein Chor wird immer nach weichen Faktoren entscheiden. D.h. es bringt dir beim Vorstand etwas, deine Erfahrung hochzuspielen. Vor dem Chor darfst du das einmal anklingen lassen, dann wollen die Sänger gefordert werden und sich gleichzeitig wohlfühlen, etwas lernen, aber sozial sein dürfen. • *(s.a. Chorleiterwahl und Probedirigieren)*

Gehirn

Unser Gehirn verbraucht ca. 20% unseres Atemsauerstoffs, obwohl es nur 2% des Körpergewichts ausmacht.
Der Energieumsatz eines erwachsenen Hirns beträgt rund 20 Watt.
Um diese Energie umzusetzen, benötigt das Gehirn einen permanenten Zufluss von Glucose, um *ATP (Adenosintriphosphat)* herstellen zu können.
Stoppt die Durchblutung führt der Sauerstoff- und Glucosemangel innerhalb von Sekunden zur Bewusstlosigkeit. •
[aus „Spektrum.de" URL: https://www.spektrum.de/lexikon/neurowissenschaft/gehirnstoffwechsel/4122# (Abgerufen: 18. Mai 2020)]

Gelb

Wenn du auf einem Plakat oder in einem Logo bunte Buchstaben/Schrift verwendest, nutze niemals Gelb.
Gelb ist nicht sichtbar. Der Kontrast zum Weiß des Papiers ist nicht groß genug.
Weiterhin haben sowohl Sonnenlicht, als auch künstliches Licht einen hohen Gelbanteil. Deshalb ist Gelb nur im kalten, künstlichen Licht gut sichtbar.
Wenn du Gelb verwenden willst, umrande die Buchstaben mit einer feinen schwarzen Linie (ist in jedem Schreibprogramm möglich und grundsätzlich zu empfehlen). •

Geld einsammeln in der Probe (spontan und auf soziale Weise)

Wenn du außerplanmäßig Geld vom Chor einsammelst (z.B. für ein Geschenk oder für die Kaffeekasse), können sich das manche Menschen nicht leisten.
Gebe einen Beutel herum – nicht einen offenen Korb – und lass jeden Sänger verdeckt reintun, was er geben kann. So müssen sich ärmere Sänger wegen der kleineren Beträge nicht schämen. Ähnlich wie beim Klingelbeutel oder bei Spenden für ein Konzert am Ausgang. Niemand soll gezwungen werden.
Sage es auch: „Einige können nichts geben, andere geben dafür mehr."
Das bringt meist mehr Geld als: „Jeder gibt 2€".

Spontanes Geldeinsammeln bringt aber noch ein anderes Problem mit sich: Einige haben in der Probe kein Geld dabei.
Da es sich um keine großen Summen handelt, biete an, dass diese Sänger auch einen **Schuldschein** reinlegen können. „Rita 1€", „Horst 2€".
Du legst das Geld dann aus und die Schuldner bringen dir das Geld in der nächsten Probe mit. Wenn du diese Aufgabe delegiert hast, muss dies natürlich diese Person machen.
Voraussetzung ist aber gegenseitiges Vertrauen:
1. dass du das Geld wirklich auslegst.
2. dass du das Geld wiederbekommst. •

Geld und Freundschaft
Bei Geld hört die Freundschaft auf. Sorge dafür, dass du pünktlich bezahlt wirst.
Ab und zu sind für ein Kirchenamt die ‚kleinen' Beträge von um die 100€ nicht der Rede wert und werden gerne mal vergessen oder übersehen. Hake da spätestens bei einer Woche Verzug deutlich nach und glaube nicht, dass das Geld schon irgendwann kommt. Gleiches bei Vereinen, etc.: Es ist deine **Arbeit** für die du pünktlich bezahlt werden musst. Du kannst ja auch nicht einfach mal eine halbe Stunde zu spät zur Probe kommen – obwohl das bei zu schlechter Zahlungsmoral, bzw. wenn du zu häufig nachhaken musst, ein sehr effektives Mittel ist, um dem, der das Geld überweisen sollte, klar zu machen, was Pünktlichkeit bedeutet…
Ich frage dann auch mal, ob ich die nächste Probe schlicht vergessen soll.

Verleihe niemals Geld **an** Sänger!
Das führt zu Abhängigkeiten und bei schlechter Zahlungsmoral zu sehr unschönen Szenen.

Leihe niemals Geld **von** Sängern!
Damit bist du in einer Abhängigkeit, die du niemals wieder los wirst. Versuch dann mal diesen Sänger (wenn du es eigentlich müsstest) aus dem Chor rauszubekommen (weil seine Stimme nicht mehr funktioniert oder aus anderem Grund). Oder noch schlimmer – er denkt dann ihr seid Freunde und benimmt sich in der Probe so… •

GEMA-Gebühren
Dein Beirat/Vorstand/die Kirchengemeinde/der Chor – alle **außer** dir – sind dafür verantwortlich, dass alle GEMA-Gebühren bezahlt werden und die Noten (wenn nicht gemeinfrei) gekauft, bzw. dir die Gelder dafür zur Verfügung gestellt werden.
Wenn der Chor sich weigert Noten zu kaufen (so wirst du bei einem Gospelchor bis zu 90% der Noten kaufen müssen), kannst du diese Musik eben nicht nutzen.
Copy kills Composer!
Es gibt Vorstände, die denken sie könnten dieses Geld sparen – du musst dich aber selbst schützen. Fordere dann auf einer Vollversammlung, dass die originalen Noten angeschafft werden, oder manches kann eben nicht gesungen werden.
Wenn deine Kirchengemeinde der Veranstalter von Konzerten, bzw. von Gottesdiensten ist, hat sie meist einen Vertrag mit der GEMA, der alles einschließt, was du so mit deinem Chor machst – da musst du dir also keine Gedanken machen. Auch wenn dein Chor Mitglied eines Chorverbandes *(s.a.)* ist, hat dieser meist einen Vertrag mit der GEMA für alle seine Mitglieder abgeschlossen. Du musst dann nur noch das Programm, Einnahmen und die Zuschauerzahl melden.
Du musst aber in **jedem** Fall urheberrechtlich geschützte Noten kaufen und darfst sie nicht einfach kopieren. • *(s.a. Urheberrecht)*

Gemeinsam spontan und alle kotzen
Manche Chorleiter gefallen sich darin ihre Proben ‚spontan' zu leiten. Bedenke doch bitte, dass du dann nicht allein, sondern jeder Sänger **mit dir** spontan sein muss. •

Gemeinschaftsboost
Wenn eine Stelle gar nicht funktioniert und die Sänger frustriert werden, lohnt es sich mehr als sonst ein **Wirgefühl** zu erzeugen, indem du sagst „Wir im … (z.B. Bass) üben das jetzt." oder in einer Stimmprobe: „Lasst uns das zusammen üben."
Auch ein eingeworfenes „Wir schaffen das zusammen!" schafft Sicherheit.
Du brauchst natürlich nicht üben, aber die Sänger brauchen diesen *Gemeinschaftsboost*.
Durch dieses eigentlich unwahre „wir" fühlen sich die Sänger nicht allein und durch die Gemeinschaft mit dir aufgehoben.
Dies ist ein kleiner, unscheinbarer Kommunikationstrick mit überraschend großer Wirkung.
Wirst du danach einen Sänger fragen, wird er nichts Besonderes wahrgenommen haben. In der Probe bekommst du dadurch aber noch zwei motivierte Durchgänge mehr von den Sängern, bevor sie abschlaffen. Versuch es. •

Gemütlicher Abend
Neben dem Überraschungsgemütlich *(s.a.)* und den Halbjahresabschlüssen mit Grillen oder Weihnachtsfeier mache ich mit manchen Chören gerne einen *gemütlichen Abend*.
Die erste Hälfte der Probenzeit wird geprobt – ab der zweiten Hälfte sitzt man gemütlich beieinander. Jeder hat etwas Fingerfood mitgebracht (auch du!) – am besten etwas Selbstgemachtes. Du kannst 2-3 leichte und spaßige Kanons singen lassen und vielleicht erzählt jemand eine Geschichte.
Ich habe diese halben Proben lange als Zeitverschwendung gesehen – **strategisch** nach Auftritten eingeplant sind sie aber toll! •

Generalprobe – siehe **Hauptprobe und Generalprobe**

Genesungswünsche
Wenn ein Sänger längere Zeit krank ist oder einen Angehörigen pflegen muss, sollte der Chor eine Karte mit Genesungswünschen schreiben, auf der alle Sänger unterschreiben. Dafür delegierst du einen Kartenbeauftragten, der schöne Karten aussucht und schreiben kann und einen sensiblen Überblick über die Sänger hat.
Strategisch ist es hier einen alteingesessenen Sänger zu beauftragen. •

Geräusch, Lärm und Aneignung
„Der eigene Hund macht keinen Lärm – er bellt nur."
Kurt Tucholsky (1890 – 1935)

Ob ein akustisches Ereignis als Geräusch oder sogar Lärm wahrgenommen wird, hat etwas damit zu tun, ob die Schallquelle mir gehört/ich sie mir angeeignet habe, oder ob sie mir von außen (der Hund des Nachbarn) aufgezwungen wird.
Das kann im Kino das knackende Popcorn sein, wo mich das eigene Kaugeräusch nicht stört, oder eben das moderne Musikwerk, bei dem ich den Aufbau und Sinn der akustischen Aktionen verstanden habe oder eben nicht, weil sie mir nicht oder doch nahegebracht wurden. •
(s.a. Erweiterte Tonsprache; Geste vs. Ton; Kunstbegriff; Misophonie; Muh; Spannend)

Gerüchte killen
Gerüchte kannst du, wenn du ein Arschloch bist, super nutzen, um andere Menschen zu zerstören.
Scherz beiseite: Gerüchte können dich eher zerstören als Dinge, die Du tatsächlich und in böser Absicht getan hast. Der Grund ist einfach: Du kannst nur etwas beweisen das existiert, nicht etwas das **nicht** existiert.
Ein (heute in Deutschland zum Glück) harmloses Beispiel wäre: Jemand streut das Gerücht, dass du homosexuell bist.
Wenn du dann zurzeit gerade Single bist, kannst du, wenn du deine Heterosexualität beweisen willst, keinen heterosexuellen Partner vorweisen. Wie willst du also das Gegenteil beweisen, denn von dem Gerüchtestreuer, der ja nur sagt „Ich habe gehört, dass..." wird kein Beweis gefordert.
Auch die Motive dahinter sind am Ende irrelevant, da das Gerücht in der Welt ist und damit in den Köpfen der Menschen. („Denke nicht an einen rosa Elefanten!")
Dagegen gerichtlich vorzugehen ist auch schwer, da der Gerüchtestreuer ja „nur gehört hat".
Du darfst Gerüchte nicht zu vehement bestreiten, da dies irrationaler Weise dazu führt, dass Menschen das Gerücht dann sogar noch eher glauben. Kämpfst du nicht stark genug, glauben es die Leute auch.

Du musst also die **Existenz** des Gerüchtes erstmal **akzeptieren**.
Manche lassen sich dann durch Tatsachen widerlegen – Gerüchte sexueller Natur, Meinungen und über Vorlieben im Allgemeinen aber fast gar nicht:
- „Der isst Tomaten sehr gerne." ist harmlos.
- „Er ist eigentlich ziemlich rechtsradikal." ist eine Katastrophe.

Wie will man hier das Gegenteil beweisen?
Die meiner Meinung nach einzige funktionierende Methode ein Gerücht loszuwerden ist das Gerücht im Keim zu ersticken und es dann **sachlich** zu ignorieren (so lange es nicht justitiabel ist), um ihm die Macht zu nehmen.

Auch wenn es dich maßlos ärgert wird ein emotionales Widersprechen die Sache verschlimmern. Sage schlicht: „Ich habe gehört, dass…, und wollte nur sagen, dass das nicht so ist. Ich weiß auch nicht wer so was über mich erzählt, aber wenn die Person damit glücklich wird – bitteschön."

Gerüchte sind nur dafür da dich zu ärgern und/oder dir zu schaden.
In dem Augenblick wo du dich augenscheinlich darüber **nicht** aufregst, es dir egal ist, und du selbst wenig aber sehr klar, deutlich und unaufgeregt dementierst (dafür evtl. deine Freunde umso lautstärker), hast du das Gerücht erfolgreich getötet.
Je mehr Heckmeck du machst, desto eher wird es dir schaden.

Wenn du dich aber wehren willst/musst, tue dies in **absoluter** Konsequenz.
Gehe vor Gericht und klage auf Unterlassung, bzw. auf Schadenersatz wegen Rufschädigung. Es gibt hier **keine** Grauzone. Im Zweifelsfall muss eben gerichtlich festgestellt werden, dass an dem Gerücht nichts dran ist. •
(s.a. Der gute Ruf; Schutzreflex)

Geschenke erhalten die Freundschaft
Schenke am Ende des Jahres dem Vorstand/Beirat vom Chor aus etwas – von dir ein persönliches Wort des Dankes und eine Kleinigkeit schadet auch nicht. Es reicht ein Blumenstrauß oder ein Restaurantgutschein. Die Geste zählt!
Es ist harte Arbeit, die der Vorstand macht und so fühlen sich deine verantwortlichen Mitarbeiter vom Dirigenten und Chor wahrgenommen und wertgeschätzt.
Immerhin machen sie die Arbeit, die du nicht machen willst.
Im Folgenden eine kleine und unvollständige Liste:
- Konzertorte organisieren
- Finanzen
- Probenraum organisieren
- Anwesenheitsliste führen
- Werbung
- Jahresversammlung
- Chorfahrten
- Außenwahrnehmung steuern (Presse/Website/Logo/Corporate Identity/etc.)
- sie müssen Entscheidungen von dir vor den Sängern vertreten
- sie sind die erste Verteidigungsfront und ein Puffer zwischen dir und ungefilterten Sängermeinungen

Wie in jedem Unternehmen wollen Mitarbeiter die Wertschätzung des Chefs erfahren. Das Paradox ist, dass **du** meistens der Angestellte bist und es sich trotzdem empfiehlt, einem Beiratsmitglied und anderen Verantwortlichen ab und zu ein kleines Geschenk zu geben und nicht von ihnen zu erwarten (weil du ja einen guten Job gemacht hast).

Noch wichtiger ist es aber mit **Dank** fast zu übertreiben (gefühlt) – immer wieder jedem zu danken.
Wenn jemand die Podeste aufgebaut hat, danken.
Wenn jemand Tee kocht, danken.
Tür aufgeschlossen? Danken.
E-Piano aufgestellt? Danken.
Etc.
Es tut nicht weh und die Sänger fühlen sich wohl, weil sie und ihr (individuelles) Engagement wahrgenommen werden.

Grundregel: Alle Menschen wollen in dem, was sie über die normalen Anforderungen hinaus erledigen, wahrgenommen werden. Egal wie du deine Rolle im Chor siehst – für die meisten bist du der Chef. Dank und Lob sind die größten Motivatoren, die du verteilen kannst. Sie nutzen sich, entgegen landläufiger Meinung, auch nicht ab. •
(s.a. Loben, loben, loben!; Relatives Loben)

Geschichtsunterricht
Da du wahrscheinlich Chöre leitest, deren Kultur/Vergangenheit, aber auch Verknüpfung im Dorf, du selbst nicht seit 20 Jahren verfolgst und du wahrscheinlich nicht mal im Dorf wohnst, ist der Austausch und die vertrauensvolle Rückmeldung durch deinen Vorstand/Beirat wichtig, damit du die Außenwirkung und Außenwahrnehmung deines Chores im näheren Umfeld einschätzen lernst:
- Welche Dorffeste muss man gemacht haben?
- Wann muss auf jeden Fall im Gottesdienst gesungen werden?
- Wie denken die Leute über den Chor?
- Gibt es Gerüchte?
- Wird es gern gesehen, wenn man mit anderen Gruppen zusammenarbeitet?
- Etc. •

Gesichter deuten
Sänger sehen beim Singen oft komisch aus oder schauen auch mal böse. Das hat nichts mit dir zu tun. Versuch einmal selbst beim Singen bewusst böse zu schauen, du wirst es kaum schaffen, ohne dich merkwürdig zu fühlen.
Wenn die konzentrierten Gesichter anfangen sollten dich zu irritieren, deutet das auf ein beginnendes Misstrauen gegenüber deinen Sängern hin. Ich rate dir sehr darauf zu achten, denn in dem Moment kannst du noch analysieren woher das kommen könnte.
Grundregel: Sänger schauen beim Singen niemals böse, weil sie böse sind. Um das zu schaffen musst du sie dermaßen verärgert haben, dass du den Anlass kennen würdest. •
(s.a. Augenblicke; Konzentrationsschnute)

Gesichtskommentare
Beobachte deine Sänger schon in der Probe: Wenn sie einen Fehler **machen**, neigen manche dazu Gesichtskommentare zu machen.
Wenn sie diese in der Probe machen, werden sie die auch im Konzert machen.
Mache sie darauf aufmerksam, sodass sie sich dessen bewusst werden.
Du darfst und sollst sogar Gesichtskommentare machen (dich sieht ja meistens kein Zuhörer), aber manche Sänger werden dich spiegeln. Achte darauf und sprich es an.
Du musst mit deinem Gesicht und den Händen mit dem Chor kommunizieren können, ohne Sorge haben zu müssen, dass dies durch einen Sänger ins Publikum gespiegelt wird. Das passiert vor allem mit Sängern, die sich selbst zu sehr als Individuum und nicht als Teil des Ganzen im Chor sehen und extrem auf dich fokussieren.
Versuche dann – wenn du den Chor z.B. mit Blicken auch mal grimmig anschaust, damit er wieder konzentrierter wird – bewusst nicht diese Person anzuschauen.
Dreh dich ganz leicht mit den Schultern (nicht mit den Füßen oder Kopf) von diesem Sänger weg.
Es ist zwar gut, dass ein Sänger sich auf dich fokussiert, aber es ist auch ein klarer Hinweis darauf, dass er nicht im Chorklang mitsingt – sondern nur mit dir. Er geht de facto eine monogame Bindung mit dir ein. Dein Interesse muss aber die Polygamie sein. •

Gesinnungsprüfung
Im Chor kann es keine Gesinnungsprüfung geben. Aber wenn jemand gegen die Werte des Chores **öffentlich** verstößt oder gegenteilig lebt, muss er entfernt werden.
Beachte: Jede Gruppe/Gemeinschaft hat Werte. •
(s.a. Politischer Humanismus; Verhaltenskodex; Wertegemeinschaft)

Geste vs. Ton
Moderne Vokalmusik lebt von der Energie mit der sie vorgetragen wird – seltener von den ‚richtigen' Tönen oder von Harmonien. Realistisch gesehen wird ein normaler Konzertbesucher die ganzen ellenlang einstudierten Feinheiten im Rhythmus und bis hin zur Mikrotonalität erarbeiteten Tonfolgen nicht hören und somit nicht wertschätzen.
Die Musik, die von mathematische Regeln geprägt ist (z.B. Zwölftonmusik), wird leider auch zu häufig genauso vorgetragen. Man bedenke aber, dass auch eine Fuge von J.S. Bach ‚nur' eine mathematische Spielerei ist.

Genau wie diese Bachfuge mit Gefühl gespielt wird, muss gerade die Neue Musik mit Gefühl musiziert werden, um vom Zuhörer akzeptiert werden zu können.
Das erreicht der Sänger nur, indem er das Risiko eingeht mit dem geübten Ton **daneben** zu liegen.

So lange die **Geste** wahrhaft, ehrlich und überzeugt ist („Der Ton **muss** an dieser Stelle so sein!"), wird der Zuhörer überzeugt werden können.

Einfach nur irgendwelche Töne korrekt runter zu rattern können auch Computerprogramme heute sehr gut. Dafür braucht es keinen Chor.

Wenn du solche Musik mit deinem Chor machen willst, musst du deine Sänger dort abholen, wo sie stehen. Deine größte Schwierigkeit wird sein, sie davon zu überzeugen, dass die überzeugt (nicht nur überzeugend!) vorgetragene Geste bei freitonaler oder auch nur grafisch notierter Musik wichtiger als der korrekte Ton ist. Wenn deine Sänger das aber verstanden haben und du ihnen im ersten Moment der Proben auch den Freiraum gelassen hast mal daneben zu liegen (aber in der Geste überzeugt), haben sie sich befreit. Du kannst nun zwanglos an den korrekten Tönen arbeiten, da die Sänger darauf vertrauen, dass es auch ok ist, wenn sie die Töne nicht perfekt treffen.

Wähle natürlich nur Stücke aus, die dein Chor meistern kann. Ganz toll für einen Einstieg sind grafische Stücke, da hier kein Ton korrekt sein muss, bzw. eben alle Töne korrekt sind und nur die Geste und Aktion zählt.

Nutze folgendes Bild: Sage den Sängern, dass sie an diese Tonsprache nicht gewöhnt sind. So fühlen sie sich erstmal verstanden.

Nun motiviere sie, das Risiko einzugehen zu investieren. Wie bei einer Wette: Investiere 5€. Du kannst gewinnen oder verlieren. Aber wenn du gar nichts riskierst, kannst du auch nichts gewinnen. In der Probe ist der Einsatz auch wirklich so gering, da sie einen sicheren Raum *(s.a.)* bietet. Das Bild funktioniert auch bei steifen Gospelchören.

Geht ein Risiko ein – diese Energie wird das Stück tragen. •

(s.a. Geräusch, Lärm und Aneignung; Erweiterte Tonsprache; Muh; Spannend)

Gesteuerte Motivation

Dein Job ist es eine Atmosphäre zu schaffen in der sich deine Sänger so sicher fühlen, dass sie Fehler machen können, ohne aus Ärger über sie unkonzentriert, oder aus Angst vor ihnen fest und/oder unsicher zu werden.

- Fehler **aus dem Moment heraus** sind gut.
- Fehler, die gemacht werden, weil jemand **frei** gesungen hat, sind gut.

Übertriebene Freiheit kann man ganz schnell in geordnete Bahnen lenken, indem man den Fehler konstruktiv korrigiert, d.h. sachlich und angebracht.

Durch emotionale oder tadelnde Kritik verschlossene und verängstigte Sänger wirst du niemals auf Befehl öffnen können.

Nur befreite Sänger werden einen offenen Klang erzeugen. *(s.a. Sicherer Raum)*

Gleiches gilt auch für Auftritte: Sänger wollen gut singen. Dieser Wille kann von dir gesteuert werden: Wollen sie die **Töne** perfekt singen (*intrinsische* Motivation), oder wollen sie zwar so gut es geht richtige Töne singen, aber im Schwerpunkt dem Publikum etwas **erzählen**/die Zuhörer mit ihrer Musik **berühren** (*extrinsische* Motivation)?

Letzteres funktioniert natürlich nur, wenn die Stücke vom Niveau passend, gut vorbereitet und geprobt sind (dein Job!).

Die Richtung der Motivation im Konzert kannst du steuern, indem du entweder noch auf die kleinsten Fehler eingehst und Perfektion, die du niemals erreichen wirst, forderst, oder indem du in den letzten Proben den Notenkenntnisstand akzeptierst und den Chor ins Singen bringst.

Der erste Weg wird dich und deinen Chor blockieren und dem Publikum keinen Mehrwert geben. Der zweite Weg wird das Publikum erfreuen und deinen Chor.

Ob **du** damit zufrieden bist, ist nicht deren Problem.

Grundregel: Sorge durch deine Probenarbeit dafür, dass die Sänger ihr Konzert extrinsisch motiviert singen können **dürfen**.

Dafür musst du sie vom Zwang befreien perfekt singen zu *müssen*.

Durch deine Stückauswahl kannst du steuern, wieviel Feinarbeit nötig ist und ab wann du nicht mehr auf diese Feinarbeit achten musst, weil sie schon gut genug geprobt wurde. Über einen sachlichen Umgang mit Fehlern legst du schon während der normalen Probenarbeit den Grundstein für einen im Auftritt befreiten Chor und Klang. •

(s.a. Dry und Wet; Einsingen vor einem Konzert; Motivatoren: intrinsisch und extrinsisch)

Gewalt

Physische Gewalt bedeutet immer, dass einem die Worte fehlen. Sie ist ein Ausdruck von Frust.

Sollte sich dir jemand mit unausweichlicher (z.B. durch Weglaufen) Gewalt nähern, krümme deinen Körper. Dies sorgt dafür, dass der Gegner dich nicht als physische Gefahr wahrnimmt, außerdem schützt du deinen Körper.

Gewalt ist unter zivilisierten Menschen in den meisten Fällen ein Ausdruck von **unkontrollierbarer Emotion.** Nur Psycho- oder Soziopathen, sowie Sadisten werden Gewalt aus anderen Motiven anwenden.

Bring diese Person zum Reden. Frage sie, warum sie das tut. Mit etwas Glück wirst du einen Dialog starten können.

Sag niemals etwas wie „Ich verstehe dich!" – das tust du nicht.

Nenne **äußere Tatsachen** wie: „Du bist frustriert." „Du bist wütend.", etc. – selbst wenn darauf mit „Nein!" geantwortet wird, hast du einen Dialog und den Beginn von Rationalisierung gestartet.

Emotionale Gewalttäter wollen, dass ihnen zugehört wird. Tu das. Schleim dich niemals ein. Sei ehrlich. Geh aber auch auf keine Diskussion ein.

Sag, dass du **Angst** hast. Für einen ‚normalen' Gewalttäter ist das Opfer entmenschlicht. Du musst in seinen Augen **menschlich werden.**

Grundsätzlich ist Weglaufen immer die beste Lösung, außer jemand anderes schwebt in Gefahr und du kannst helfen.

Merke: Jedes Mobiltelefon ermöglicht es dir Notrufe abzusetzen. Dafür muss nicht mal eine Simkarte eingelegt sein. Es ist auch egal, ob du das Handy entsperren kannst. Vom Startbildschirm aus kannst du 112 anrufen. Immer – sogar, wenn das Handy eigentlich keinen Empfang hat, da es dann automatisch das stärkste Netz auswählt (auch wenn es eigentlich nicht der reguläre Anbieter ist). •

Gewissenhafte Vorbereitung
Grundregel: Willst du gewissenhaft arbeiten – und das solltest du – brauchst du Zeit.
D.h. die Frage, ob dein Chor ein Stück singen kann oder nicht fängt nicht bei der Qualität deines Chores an, sondern bei **dir**.
Kannst **du** das Stück so vorbereiten, dass dein Chor es singen kann? •

Glänzend
„Ich kann aus Blei kein Gold machen, aber Blei so polieren, dass es glänzt als sei es Silber."
Darin liegt deine grundlegende Aufgabe. Vom Blei zu erwarten, dass es von selbst glänzt, ist Schwachsinn, aber leider von vielen Kollegen zu häufig *gelebter*.
Um Gold seinen Schein zu nehmen, musst du dich anstrengen.
Auflösung dieser Analogie: Einen vermeintlich schlechten Chor mit über Jahre verhunzten Stimmen wirst du niemals auf ein **objektiv**, sondern ‚nur' auf ein **subjektiv** hohes Niveau bringen. Gleichzeitig lassen zu viele Kollegen ihre Chöre zu schwere Stücke singen und sehen keinen Nutzen in fundierter chorischer Stimmbildung.
Ausschließlich durch gute Führung wirst du deinen Chor auf **seinem** Niveau glänzen lassen können. Vor einen tollen Chor mit ausgebildeten Stimmen wirst du einen Esel stellen können, und er wird noch gut klingen. •

Glauben ist nicht Wissen
Glauben ist nicht Wissen. Punkt.
Was hoch philosophisch für jede Religion gleich bedeutend ist und sich auch jeder fundamentalistische Gläubige jedweder Religion vor Augen führen sollte, gilt für uns auch im Kleinen: Viele Sänger **glauben** Dinge zu wissen.
Dein Job ist es ausschließlich **Wissen** zu verbreiten und von anderen anzunehmen.
Grundregel: Der Glaube anderer Menschen kann nicht deine Gewissheit sein.
Wenn in der Probe jemand etwas behauptet (Aussprache/Textfehler/Tonfehler in anderen Stimmen/Tatsachenbehauptungen/etc.), darfst du **niemals** darauf anspringen. Wenn die Person keine Beweise vorlegt, sich aber sehr sicher ist, dann schreibe dir das auf, und versichere, dass du dich über die Woche informieren und es in der nächsten Probe noch einmal ansprechen wirst.
Vermeintliche Tonfehler untersuchst du natürlich sofort – aber mit Vorsicht, wenn du sie nicht selbst wahrgenommen hast.
Beispiel: Liedtext „adoro te" (Ich bete dich an). Ausgesprochen wird es „ad-o-ro te". Gesungen wird es seit Jahrhunderten „a-do-ro te". Jedem klassischen Lateiner dreht sich dabei der Magen um und so hitzig ist dann auch die Debatte darum.
Aus Sicht des Lateiners ist die Aussprache ja auch verifiziert, aus Sicht des Sängers nicht. So muss geforscht werden und im „Handbuch der Lateinischen Aussprache" (s.a. *Literaturverzeichnis*) steht eindeutig und begründet „a-do-ro te".

Der lateinaffine Sänger hat aus der für diese Situation falschen Ecke argumentiert (sprachhistorischen). Ich bin in der Probe (aus der dieses Beispiel stammt) ehrlich gesagt darauf reingefallen und habe den ganzen Chor die Aussprache ändern lassen. Auch weil ich mich selbst an mein Latinum erinnert habe…
Erst in der nächsten Probe konnte ich das dann informiert korrigieren. •

Glissando

Einen Glissandoton lässt du im Normalfall eine Zählzeit auf dem Startton ruhen, um (nicht nur dem Zuhörer) harmonisch klar zu machen, von wo der Ton kommt. Genauso musst du den Zielton für eine Zählzeit stehen lassen.

notiert   *gesungen*

Ein Glissando ist fast immer eine **Geste**. Die Sänger verstehen ein abwärtsgerichtetes Glissando meist auch so und lassen es zu tief fallen. Aber sie gehen dabei häufig mit dem Kopf mit – d.h. alles Nachfolgende wird zu tief werden, wenn du nicht darauf achtest, dass der Chor entweder nach dem Glissando wieder aufrecht steht oder (besser) den Kopf gar nicht mitbewegt. *(s.a. Einsingen: Zwischenübung)*
Aufwärtsglissandi landen eigentlich immer zu tief. Der Sänger traut sich einfach nicht, ‚zu hoch' zu singen. Er bremst das Glissando vor dem Zielton ab (das, was er eigentlich beim Abwärtsglissando tun sollte…) und der Spitzenton wird nicht – oder nur gequetscht – erreicht. Nimm deinen Sängern hier die Angst und erlaube ihnen zuerst zu hoch zu landen. Dies in Verbindung mit einem lang ausgesungenen Zielton, damit alle hören und spüren können wo das Ziel sein soll, wird Sicherheit geben und die meisten Sänger so weit befreien, dass der Spitzenton die richtige Höhe bekommt. •

Glitzer

Evolutionär mögen Menschen das Glitzern von Schmuck, Edelsteinen, Kristall oder Pailletten an der Kleidung, weil es sie an lebensnotwendiges Wasser erinnert. •

Glottisschlag
Der Glottisschlag ist der Konsonant des Vokals.
Er entsteht durch die plötzliche, stimmlose Lösung eines Verschlusses der Stimmlippen in relativ entspanntem Zustand. Verhindert wird er durch das bewusste Vorsetzen eines „H" vor einem Vokal, da hierdurch die Stimmlippen geöffnet bleiben müssen. *(s.a. Stimme)*
Das ist wichtig, wenn Sänger in langen Tönen nachatmen *(s.a.)* und sich wieder in den Klang reinschleichen wollen.

Je höher deine Sänger singen, desto weniger werden sie einen Glottisschlag durchführen können und sollten dies auch nicht forcieren, da die Stimmlippen dort in einem sehr gespannten Zustand verharren. Fordern kannst du das nur von ausgebildeten Sängern, die bestimmte Techniken nutzen, um schnell zwischen glottisschlagermöglichenden Spannungszuständen und starker Anspannung zu wechseln.

In der Mittellage vermeiden manche Sänger den Glottisschlag, wenn sie sich unsicher fühlen, um nicht zu deutlich zu singen. Manche Sänger singen auch einfach nur weich. Schule deinen Chor darin, jedem Vokal in der Mittellage und Tiefe einen leichten Glottisschlag zu geben. Er sorgt für Textklarheit durch Kontur.

Es ist leichter zu sagen, wo du es **nicht** willst. Dies kann durch einen *gespiegelten* Akzent im Text über der Silbe angezeigt werden „<".

Einen Glottisschlag zeigst du durch einen senkrechten Strich über dem Vokal „|" an. •

Glücksbärchis

Man steht immer vor dem Problem alle glücklich machen zu wollen.

Deine Sänger fordern das unbewusst ein und sind sich der Heterogenität in einem Chor nicht bewusst. Was jeden einzelnen Sänger zufriedenstellt kann sich individuell **grundsätzlich** unterscheiden. Deshalb solltest du größere Entscheidungen als Kompromiss verkaufen und davon ausgehen, dass irgendjemandem deine Entscheidungen nicht passen werden. Das hört sich pessimistisch an, wenn du aber deutlich kommunizierst, dass dir das Vorhandensein einer Opposition bewusst ist und du das Zauberwort **Kompromiss** nutzt, werden dir deine Sänger eher folgen.

Beispielsweise eine Extraprobe am Freitag: Die Sänger kommen aus dem Beruf, wollen ins Wochenende – aber es ist eben ein guter Zeitpunkt für eine Generalprobe.

Oder Samstag 10-18 Uhr: Es ist der Tag, an dem man als Berufstätiger für die Woche einkauft, Wäsche wäscht, etc. Ein Probensamstag ist aber sinnvoll, wenn noch konzentriert das ganze Konzertprogramm geübt werden muss.

Schließlich der Sonntag 14-18 Uhr: Da will man sein Kaffeekränzchen halten oder abends grillen – es ist aber ein guter Tag für Extraproben zwischendurch.

Alles hat seine Vor- und Nachteile. Du kannst davon ausgehen, dass dir die Nachteile regelmäßig entgegengebracht werden. Du hast es mit vielen verschiedenen Menschen und Meinungen zu tun, die alle von dir fordern, glücklich gemacht zu werden.

Das geht schlicht nicht. Akzeptiere beides: Das Maulen einzelner Sänger – inklusive einer (notwendigen) Vorbereitung darauf – und die Auswegslosigkeit eine Entscheidung treffen zu müssen.

Es gab Zeiten, da habe ich bei jeder Probenplanänderung und bei jedem Stück, das ein Chor singen sollte, nur noch die maulende Meute gehört und fast meine Freude verloren. Ich musste schmerzlich lernen, sie als Teil des Berufes zu verstehen.

Ich musste verstehen, dass ich alles begründen muss, zu meiner Entscheidung stehen darf ohne geköpft zu werden, aber zuallererst eine Entscheidung treffen muss mit der **ich** zufrieden bin. Denn nur wenn ich zufrieden bin, werde ich meine Sänger von einer Entscheidung überzeugen können. •

Goldener Schnitt

Um den Goldenen Schnitt ranken sich mystische Geschichten und wunderbare Erzählungen. Als Goldener Schnitt (lateinisch *sectio aurea*, oder ‚noch besser' *proportio divina*) wird das Teilungsverhältnis einer Strecke oder anderen Größe bezeichnet, bei dem das Verhältnis des Ganzen zu seinem größeren Teil (auch Major genannt) dem Verhältnis des Major zum kleineren Teil (dem Minor) gleich ist.
Wenn du dich genauer in die mathematischen Wege und alles Drumrum einlesen willst empfehle ich dir den entsprechenden Wikipediaartikel.
Mich interessiert im Folgenden nur, dass der Majorteil 61,8% des Ganzen und der Minorteil entsprechend 38,2% des Ganzen beträgt.
Die Kenntnis des Goldenen Schnittes (ab jetzt „GS") ist in der mathematischen Literatur seit der Zeit der griechischen Antike (Euklid von Alexandria (3. Jh. v. Chr.)) nachgewiesen. Vereinzelt wurde er schon im Spätmittelalter (Campanus von Novara (1220 – 1296)), aber besonders in der Renaissance (Luca Pacioli (1445 – 1514), Johannes Kepler (1571 – 1630)) auch in philosophische und theologische Zusammenhänge gestellt.
Seit dem 19. Jahrhundert wurde er zunächst in der ästhetischen Theorie (Adolf Zeising (1810 – 1876)) und dann in künstlerischer, architektonischer und kunsthandwerklicher Praxis als ein ideales Prinzip ästhetischer Proportionierung bewertet. Die Nachweisbarkeit einer derart besonderen ästhetischen Wirkung ist in der Forschung allerdings umstritten, wie auch die Frage, ob der GS auch schon bei der Proportionierung von Kunst- und Bauwerken älterer Epochen eine Rolle gespielt hat.
Das Verhältnis des GS ist nicht nur in Mathematik, Kunst oder Architektur von Bedeutung, sondern findet sich auch in der Natur, beispielsweise bei der Anordnung von Blättern und in Blütenständen mancher Pflanzen wieder.

So sehr ich Mystik ablehne, umso mehr glaube ich, dass an dem GS tatsächlich etwas dran ist. Er scheint nicht nur in der Architektur, Natur und Malerei einen Sinn zu haben – sondern auch in der musikalischen Struktur. Weniger in der Harmonielehre (da macht er keinen Sinn) als mehr im Gesamtaufbau eines Stückes.
Und da fängt die spannende Detektivarbeit an. In mehr als zwei Drittel aller von mir untersuchten Stücke passiert zum Zeitpunkt des GS des Ablaufes (zeitlich oder auch nur in Takten) etwas Einmaliges und/oder Signifikantes im Stück.
Ich nehme zur Berechnung die Gesamttaktanzahl und multipliziere sie mit 0,618 (Prozentrechnung 6. Klasse…). Nun habe ich den GS der Takte. Dies funktioniert natürlich nur, wenn das Tempo und die Taktangabe im Stück durchgängig gleichbleiben. Gibt es Taktwechsel kannst du z.B. die Viertel zählen, bei Tempowechseln die tatsächlichen Takte, bzw. die Takte in ihrem Tempo in ein Verhältnis setzen.

Im Folgenden zeige ich dir das an den Stücken, die ich im Buch als Beispiele nutze. Die Stücke, die nicht aufgezählt werden haben an der GS-Stelle nichts wirklich Besonderes. Alle anderen schon und da fängt das spukhafte an: Ich glaube nicht, dass einer der Komponisten das bewusst gemacht hat. Von Béla Bartók (1881 – 1945) z.B. weiß man, dass er nach dem GS komponiert hat. Meine aufgeführten Stückchen wurden aber mit Sicherheit nicht damit im Blick geschrieben – dafür sind sie einfach zu unbedeutend.

Es **passiert** halt einfach und für einen Zufall passiert es zu häufig. Das sage ich auch deshalb, weil sich die angeführten Stücke in ihrer Struktur und Geste grundsätzlich unterscheiden und trotzdem immer dieselbe mathematische Stelle interessant ist.
Ich untersuche jedenfalls jedes Stück, das ich mit Chören probe auf den GS und bin immer wieder fasziniert, was sich zu dem Zeitpunkt abspielt.
Spannend ist es auch die Tempoänderung bei Zweier- und Dreier-Takten in Musik der Renaissance zu berechnen, in der immer wieder die Diskussion aufkommt, ob man den Dreier nun schneller oder langsamer singen soll. *(s.a. BpM; Perfectes Tempo; Tempoangaben)*

Im „Sleep fleshly Birth" bin ich zu dem Ergebnis gekommen, dass das Tempo erhöht werden kann, aber nicht muss, da beide Rechenwege (tempobereinigt oder einfach nur die Takte zählen) zum selben Ergebnis führen.
Im „Deutschen Magnificat" sieht es etwas anders aus.

Ich habe alle Stücke für ihren Zweck **im Buch** ausgewählt. Dass es bei fast allen mit dem GS so gut klappt, hat mich im Nachhinein auch überrascht. Das klappt nicht immer so deutlich, aber eben bei zwei Drittel aller Stücke finde ich etwas Signifikantes beim GS und habe dann wieder etwas Spannendes in der Probe zu berichten.

Beispiele, in denen einmalige Ereignisse im Moment des Goldener Schnittes passieren:
- „Von guten Mächten" im Chorsatz von Eberhard Auerswald (*1943)
  Wegen Taktwechseln werden die halben Noten gezählt.
  33 Halbe * 0,618 = Halbe 20,4. Die 20. Halbe ist der Spitzenton der Melodie.
- „Herr Christ, der einig Gotts Sohn" von Johann Sebastian Bach (1685 – 1750)
  14 Takte (inklusive Wiederholung) * 0,618 = Takt 8,7. In Takt 8 beginnt der zweite Teil (nach der Wiederholung).
- „Fußball-Report" von Heinz Benker (1921 – 2000)
  33 Takte * 0,618 = 20,4. In Takt 20 beginnt die lauteste Stelle mit Torjubel.
- „Locus Iste" von Anton Bruckner (1824 – 1896) *(s.a. Probendisposition)*
  48 Takte * 0,618 = 29,67 Takte. Takt 30 ist die Reprise des Anfangs.
- „Die Harmonie in der Ehe" von Joseph Haydn (1732 – 1809)
  213 Viertel * 0,618 = 131,634 = Takt 33. Takt 35 ist die Reprise des Anfangs.
- „Sleep fleshly birth" von Robert Ramsey (gest. 1644) (mit Wiederholung)
  - Halbe *tempobereinigt* (im Dreier zählt eine Halbe drei Halbe = einen Takt)
    299 * 0,618 = 185 = Beginn der Schlussphase „Rest in soft peace"
  - Halbe einfach gezählt
    321 * 0,618 = 198 = Beginn der Schlussphase „Rest in soft peace"

  D.h. in diesem Fall erreicht man mit beiden Tempoentscheidungen zum gleichen relativen Zeitpunkt den GS des Stückes.
- „Abendlied" von Josef Gabriel Rheinberger (1839 – 1901)
  49 Takte * 0,618 = 30,3. In Takt 28 beginnen Sopran 1/2 die Reprise und singen wie am Anfang. **Aber** erst in Takt 30 singen alle Frauenstimmen genau, und die Männer rhythmisch und textlich wie am Anfang, was somit die echte Reprise ist.

- „Heilig" aus der „Deutschen Messe" von Franz Schubert (1797 – 1828) (ohne Wiederholung) 32 Takte * 0,618 = Takt 19,8.
  Takt 19 ist der lauteste Takt im ganzen Stück.
- „Deutsches Magnificat" von Heinrich Schütz (1585 – 1672)
  > Halbe *tempobereinigt* (im Dreier zählt eine Halbe drei Viertel)
    356 * 0,618 = 220 = *exakter Textbeginn*: „Er denket der Barmherzigkeit"
  > Halbe einfach gezählt
    377 * 0,618 = 233 = in der Walachei… (irgendwo bei „Abraham")
- „Alleluia" von Randall Thompson (1899 – 1984)
  Tempobereinigte 300,5 Viertel * 0,618 = Takt 46.
  Einziger *subito* **pp** – *Takt*. Beginn des Übergangs zum schnellen Teil.
- „Der Käfer und die Blume" von Wenzel Heinrich Veit (1806 – 1864)
  64 Takte * 0,618 = Takt 39,6. In Takt 40 Wiederbeginn des Anfangsthemas. •

Good News

Hast du in den Nachrichten eine *gute Nachricht* gehört (Ozonloch wird kleiner/weniger Wohnungseinbrüche/Katzenvideos sind auch wissenschaftlich bewiesenermaßen süß/ egal was), lass es nebenbei in deine Probe einfließen.

Vor allem, wenn ihr eine schwere Stelle geschafft habt und gleich eine weitere kommt, sehnt sich das Gehirn der Sänger nach einer kurzen Entspannung. Diese kann eine echte Pause sein oder eben etwas Positives, das mit dem Hier-und-Jetzt der Probe nichts zu tun hat. •

Good to Great

Der beste Lehrer sind deine eigenen Fehler:
- wenn du sie analysierst
- wenn du sie akzeptierst
- wenn du die Stärke hast, sie zu zugeben
- wenn du dich nicht für sie schämst, sondern sie zu deiner Stärke machst
- fool me ones – shame on you, fool me twice – shame on me
- nur mit Fehlern bist du ein Mensch

Wir wachsen nur durch Erfahrung. Der Unterschied zwischen guten und sehr guten Leitern von Menschengruppen liegt darin, ob wir die Erfahrung, die wir sammeln praktisch umsetzen und für unser Fach nutzbar machen oder nicht.

Erfahrung können wir in unterschiedlichen Bereichen machen – deshalb lesen wir als Chorleiter literarisch breit gefächert und analysieren jeden Aspekt unseres Lebens. •

Gottesdienst: Ablaufplan

Du musst einen Gottesdienstablaufplan/Programmheft/etc. unbedingt an den Chor verteilen, bzw. per Mail verschicken.

Fordere den Ablaufplan vom Pastor/Veranstalter per Mail als Worddatei an.

Du bereitest diesen Plan auf, indem du im Gottesdienstablauf, bzw. im Programmheft eines Konzertes mit verschiedenen Chören oder anderen Programmpunkten, die Choreinsätze farblich markierst (z.B. in „Word" in roter Schrift).

Dieses Markieren ist allerdings nur ein Luxuszusatz. Überhaupt den Plan zu haben und nicht nur darauf warten zu müssen, wann der Chorleiter endlich aufsteht und es losgeht, ist für deinen Chor das Entscheidende. So gibt es keine Unsicherheit und die Sänger können schon kurz vorher ihre Noten bereithalten, ihre Jacke abgelegt oder Nase geputzt haben – der Chor wird nicht überrascht.

Es baut sich auch eine gewisse Spannung auf – eine Erwartungshaltung, die sehr gesund ist. Nichts ist schlimmer als ein Sänger, der in Gedanken versunken nicht merkt, dass der Chor jetzt dran ist oder die ganze Zeit in Habachtstellung verharrt, weil er den Zeitpunkt nicht verpassen will. •

Gottesdienst: Ablaufposition

Versuche deinen Chor im Gottesdienst nach Stellen singen zu lassen, an denen die Gemeinde stehen musste. So sind deine Sänger schon **aufgerichtet**.

Mögliche Stellen sind:

- am Anfang (statt Orgelvorspiel), da du so den Chor ganz entspannt und strukturiert schon 2 Minuten vor Beginn hinstellen kannst, um direkt nach Ende des Glockenläutens zu beginnen.
- nach dem Glaubensbekenntnis
- nach Lesung und/oder Evangelium
- nach dem Abendmahl
- nach „Vater unser"/Segen und anderen Gebeten, wobei hier je nach Gemeinde verschiedentlich bei diesen anderen Gebeten gestanden oder gesessen wird. •

Gottesdienst: ernsthafter Texttransport

Im Gottesdienst ist der Perfektionismus des Singens nicht entscheidend, sondern die Ernsthaftigkeit des Vortrages.

Das bedeutet aber auch, dass du als Chorleiter verstanden haben musst, dass diese Ernsthaftigkeit nur wahrgenommen wird, wenn der Chor gut singt.

Nur wenn der Chor den Text gut transportiert, also gut **zusammen** singt, wird der Gottesdienstbesucher diesen Chor als Mehrwert verstehen.

So brauchst du im Zweifelsfalle bloß zweistimmig zu singen. Auch wenn das nicht perfekt ist, erfüllt es seinen Zweck im Gottesdienst. • *(s.a. Gedicht mit Tonzusatz)*

Gottesdienst: Gemeindelieder
Fordere vom Pastor, den Ablaufplan des Gottesdienstes vor der letzten Probe des Chores zu bekommen (er soll ihn dir per Mail zuschicken).
So kannst du die Gemeindelieder mit deinem Chor einmal durchsingen und im Gottesdienst dem Gemeindegesang vorbereitet helfen. • *(s.a. Programmaufbau)*

Gottesdienst: gemeiner Gesang
Es heißt **Gemeinde**gesang nicht **gemeiner** Gesang. Wenn die Gemeinde singen soll, muss sie die Lieder können oder Gelegenheit haben sie zu lernen.
Mehr als die Hälfte der Gottesdienstbesucher singen nicht mit und alle fragen sich warum. Ich kann es dir sagen: **Weil es niemand mit ihnen geübt hat.**
Warum probt wohl ein Chor? – Damit er singen kann. Von der Gemeinde erwarten es alle irgendwie. Das ist ein **Anachronismus**: Früher haben die Kinder in der Schule das Gesangbuch auswendig gelernt. Frag mal deine älteren Chormitglieder...
Das heute zu erwarten zeugt von Blindheit. Ich habe da aber schon aufgegeben. Die Diskussion über die Gründe und Möglichkeiten ist mir einfach zu doof.
Dabei sind die Lösungen so einfach:

- Man *könnte* von unbekannteren Liedern (angekündigt) die erste Strophe zur Übung zwei Mal singen.
- Man *könnte* vor dem Gottesdienst mit der (wartenden) Gemeinde die Lieder einmal durchsingen (wenn dein Chor da ist, sogar den einbinden).
- Der Organist *könnte* sich seiner Rolle bewusst werden und die Gemeinde tatsächlich anleiten, im Vorspiel die Choralmelodie vorstellen und auf gute Atempausen achten (nicht zu experimentell oder leise spielen).
- Der Chor *könnte* vor der letzten Probe vor dem Gottesdienst den Ablaufplan mit allen Gemeindeliedern bekommen und *hätte* so die Möglichkeit in einer Probe die Lieder zu üben (und es dann auch getan...).
- Alle Akteure im Gottesdienst *könnten* wahrnehmen, dass Gemeindegesang wichtig ist.

Es muss ja nicht in Zustände wie in Gospelkirchen oder Freikirchen ausarten, aber es ist wie im Chor: Der Text steht im Vordergrund. Wenn jedoch die Töne schon Probleme machen, singt bestimmt keiner mit. •

Gottesdienst: Liedansage
Bitte darum, dass die Lieder des Chores im Gottesdienst angesagt werden oder auf einem Zettel gedruckt sind. Wenn der Pastor sich weigert (was echt passiert...), sage die Lieder einfach selbst an, nachdem der Chor sich aufgestellt hat.
Das sorgt für ein Wahrnehmen des Chores – sonst ist der halt einfach da und stört im Idealfall nicht – mit Titel wird das gesungene Lied aber konkret erfassbar und wichtiger.

Fremdsprachige Stücke müssen immer übersetzt werden – das kann auch auf extra Zetteln geschehen oder vor dem Lied angesagt werden.
Manche Gemeinden drucken zu besonderen Anlässen wie Konfirmation oder Weihnachten Ablaufzettel, damit auch die weniger geübten Gottesdienstbesucher der Liturgie folgen können. Nutze das aus!
Der Chor unterscheidet sich vom Instrumentalensemble durch seinen Text – also den konkreten Inhalt – diesen sollten die Zuhörer also auch verstehen. •

Gottesdienst: Liedermenge
Ich singe in keinem Gottesdienst weniger als drei Lieder. Für weniger lasse ich keinen Chor antreten. Manchen Pastoren ist ein Chor ein Dorn im Auge. Die wollen dann maximal zwei Lieder von dir, weil die Gemeinde auch singen soll, etc. Über diese Pastoren fallen mir justitiable Ausdrücke ein – aber gefasst und ruhig erkläre ich ihnen dann, dass sie in diesem Fall auf den Chor verzichten müssen.
Enthusiastische Pastoren wollen 4-5 Lieder. Wobei 4 Lieder ein echtes Maximum darstellt, da man dem Gemeindegesang tatsächlich Platz geben muss.
Mehr Lieder sind nur möglich, wenn explizit ein *Konzertgottesdienst* ankündigt ist, in dem der Chor die gesungene Liturgie übernimmt (z.B. Gloria, Credo, etc. aus Messen).
Ich singe mit meinen Kirchenchören drei Lieder pro Gottesdienst. Mit anderen Chören (z.B. Gospelchor, weil der Aufwand mit Instrumentalisten höher ist, oder Konzertchören, weil die gewohnt sind mehr zu singen) singe ich nicht weniger als 4 Lieder. • *(s.a. Programmaufbau)*

Gottesdienst: Liturgie als Einsingübung
In der Probe auf Intonation/Aussprache/helle Vokale/etc. eingeübte liturgische Gesänge („Allein Gott in der Höh sei Ehr"; „Christi, du Lamm Gottes", etc.) sind im Gottesdienst ‚kostenlose' Einsingübungen, bzw. Zwischenaufwärmphasen, weil sie dein Chor ‚vernünftig' singen kann.
Vermittle sie deinem Chor auch als solche, sodass die Sänger sich im Gottesdienst ordentlich hinsetzen/stellen und nicht nur einfach mitsingen. •

Gottesdienst: Probe vorher in der Kirche
Ich treffe mich mit meinen Chören vor dem Gottesdienst so, dass ich pro Lied 15 Minuten berechne. Singe ich also 3 Lieder und der Gottesdienst beginnt um 10:00 Uhr treffe ich mich um 09:15 Uhr. Nach dem Einsingen (ca. 10 Minuten) habe ich noch genug Zeit. Bei 4 Liedern entsprechend um 09:00 Uhr.
Wenn du weißt, welcher Organist an dem Sonntag spielt, frage ihn, wann er sich einspielen möchte – meist reichen den Organisten 20 Minuten vor dem Gottesdienst.

Sollten während eures Einsingens schon Gottesdienstbesucher kommen, nimm auf diese keine Rücksicht – die finden das eher spannend. Beachte aber, dass Sänger eventuell empfindlicher auf Kritik reagieren – sie befinden sich ja jetzt vor Publikum und nicht mehr im geschützten Raum einer Probe. Du musst also leiser und liebevoller kritisieren und dabei noch sachlicher bleiben als sonst. *(s.a. Sicherer Raum)*
Du solltest schon in der regulären Abendprobe vor dem Gottesdienst in der Kirche proben und dort den Auf- und Abgang üben (ja, jedes Mal, auch wenn es schon 100x gemacht wurde!) und natürlich die Aufstellung – dann gibt es am Sonntagmorgen keine Konflikte und ihr dürft euch ausschließlich aufs Singen konzentrieren.

Bist du selbst der Organist, solltest du wegen der Doppelbelastung deine Sachen schon vorher geübt haben. Der Chorklang darf nicht darunter leiden, dass du es nicht geschafft hast, am Tag vorher mal zu üben und nun die Zeit brauchst – dir also welche von der Chorprobe klauen musst.
Niemals darfst du aus Bequemlichkeit den Chor oben bei dir an der Orgel (meistens hinten auf der Empore) singen lassen.
Der Chor muss vorne im Altarraum **vor der Gemeinde** singen dürfen, sonst könnte man auch einfach eine CD abspielen. Nur weil in deiner Kirche vor 100 Jahren der Chor evtl. oben gesungen hat, ist dies kein Argument den Chor auch heute dort singen zu lassen.
Wir leben in einem Zeitalter der Show – und der Chor ist ein Showelement im Gottesdienst. D.h. du musst durch die Kirche laufen, um zu deinem Chor zu kommen und der Pastor muss seinen Gottesdienst so planen, dass du für deine Orgeleinsätze genug Zeit hast, wieder zur Orgel zu kommen. •

Grenzen definieren, akzeptieren und umwerfen
Wenn ich fordere, dass man als Chorleiter 100% aus seinem Chor herausholen soll, muss verstanden werden, dass 100% ein **relativer** Wert ist.
100% sind bei jedem Chor und jedem Stück anders.
100% sind darüber definiert, dass du qualitativ nicht mehr weiterkommst.
Wenn du gut geplant und deinen Chor gut eingeschätzt hast, werden die 100% objektiv gut klingen. Wenn nicht, dann nicht. Da kannst du dann aber auch nichts dran ändern.

Du sparst dir viel Stress, wenn du die Grenzen deines Chores akzeptierst und noch mehr, wenn du sie richtig einzuschätzen lernst, damit kennst, und damit **informiert** akzeptieren kannst. Du musst akzeptieren, dass einige Chöre selbst die leichtesten Lieder (noch) nicht gut singen – aber verhältnismäßig gut (für ihre Gesangstechnik/ihr Alter/die schlechte Chorleitung – also natürlich deines Vorgängers…).
Qualität ist sehr subjektiv: Wenn dein Chor 100% gegeben hat, ist das subjektiv für den Chor sehr gut gewesen und du kannst und musst zufrieden sein – objektiv wird sich die Qualität eventuell nicht mit einer CD-Aufnahme messen können.
So lange deine Sänger 100% ihrer Möglichkeiten abgerufen haben, sind sie zu loben.
Wie gut diese 100% klingen, liegt in **deiner** Verantwortung.

Du solltest natürlich in den Proben immer schauen, ob die Grenze nicht doch verschiebbar ist: Nehme dir dafür ein paar Takte eines Stückes und probe sie bis sie eigentlich perfekt klingen (so gut es eben geht).
Überprüfe dann, was davon in der nächsten Probe noch hängen geblieben ist. •
(s.a. Berliner Mauer)

Grenzwertig
Es gibt kein *„grenzwertig"*.
Entweder etwas ist über der Grenze oder eben nicht über der Grenze.
Grenzwertig ist Rumgejaule. Man will sich beschweren, bzw. etwas negativ einordnen, traut sich aber nicht.
Ich kriege Pickel, wenn mir jemand etwas als grenzwertig verkaufen will.
Einfacher wäre es doch, wenn gesagt würde: „Ich bin mir noch nicht sicher, ob ich das gut oder schlecht fand."
Grenzwertig bewertet, ohne offiziell zu bewerten. •

Grob nach Fein
Das Proben eines Stückes sollte methodisch von grob nach fein geplant werden. Es bringt dir nichts, wenn du von einem Lied die ersten 10 Takte perfekt geprobt hast, aber die restlichen 20 auf einem groben Stand verbleiben müssen, weil du keine Zeit mehr hast. Plane deine Proben so, dass du die Zeit hast, das ganze Stück **gleichmäßig** zu verbessern.
Je besser du deinen Chor einschätzen kannst, desto eher schaffst du es, ein ganzes Konzertprogramm so zu proben, dass alle Stücke gleichmäßig besser werden. Nur so haben sie beim Auftritt alle den gleichen Stand. *(s.a. Probenplan)*
Du musst unbedingt verstehen, dass es nichts bringt (außer verschwendeter Zeit), weit vor dem Auftritt an Feinheiten zu arbeiten. Konzentriere dich auf das Grundsätzliche: Töne, Text, Rhythmus, Dynamik, Atem. Der Chor muss ins Singen kommen.
Er soll natürlich nichts Falsches einüben, was du planmäßig später anders haben willst (d.h. z.B. besondere Phrasierungen oder Betonungen).
Allgemeine Phrasierungen, Intensität der Atmer, etc. kannst du im Laienchor erst sinnvoll üben, wenn der Chor die Grundsätzlichkeiten wie Töne und Text überwunden hat. Noch wichtiger: Diese Feinheiten sind schlicht schwer in die Noten einzutragen. Jeder kann ein Atemzeichen notieren, aber die Intensität... *(s.a. Pausenmusizieren)*
Feinheiten müssen sich über die geübte, praktische Umsetzung gemerkt werden. Da bringt es nichts 6 Wochen vor dem Auftritt das Stück konzertreif geprobt zu haben, um es dann 5 Wochen lang nicht zu singen. Du kannst von deinen Sängern nicht erwarten, dass sie das dann immer noch parat haben.

Sie müssen die Stücke frisch ‚erlebt' haben, um sie gut im Konzert vortragen zu können. Nur Profis können das Feingeprobte auch noch nach Wochen mit einer Ansingprobe wieder reproduzieren.

Dies ist einer der vielen Gründe, warum ich von einer Repertoirehaltung im Chor überhaupt nichts halte (vorausgesetzt er hat ein wenig Qualitätsanspruch).

Wie im Leistungssport ist das Ergebnis am besten, wenn ‚auf den Punkt' trainiert wurde (Wettbewerb oder im Chor eben der Auftritt).

Eine Ausnahme machen Etappenziele *(s.a.)*. Dort solltest du aber eh Stücke singen, die noch nachreifen *(s.a.)* dürfen, um dann mit neuem Schwung nochmal vor den Konzerten mit kleinteiliger Probenarbeit aufgefrischt zu werden. •

Grundstimmung

Nach verschiedenen Studien sind wir bis zu 31% klüger, wenn wir in einer positiven Grundstimmung sind.

Prozentzahlen hören sich immer toll an, sollen hier aber nicht vom Wesentlichen ablenken: Willst du in einer verfahrenen Situation etwas erreichen

- bau Stress ab
- benenne Probleme ehrlich
- biete konstruktive Lösungen an
- scherze ein wenig, ohne verzweifelt zu wirken.

Das schaffst du aber nur, wenn du die aktuelle Lage als solches akzeptierst – als etwas, das du in diesem Augenblick nicht ändern kannst.

Soll heißen – wenn du dich noch in der Generalprobe über die schrägen Töne aufregst, werden sie nicht besser. Akzeptiere ihre Existenz.

Wenn wir Dirigenten vor einem Konzert immer gestresster werden, werden wir auch häufig unfreundlich, weil nicht alles so funktioniert, wie es soll.

Akzeptiere die Situation. Erkläre, worauf die Sänger noch achten müssen, und geh dann mit einem Lächeln auf die Bühne und vor den Chor.

Diese positive Grundstimmung wird dafür sorgen, dass viel mehr von dem unbewusst umgesetzt wird, was du gesagt hast.

Meine Chöre sind im Konzert am besten, weil ich sie in eine positive Grundstimmung bringe. Das heißt nicht, dass ich alles einfach durchgehen lasse, sondern die Sänger durch positive und konstruktive Rationalisierung der Probleme öffne. *(s.a. Sicherer Raum)*

Zu viele Kollegen rufen Schuldgefühle oder Angst hervor („Wenn ihr nicht konzentriert seid, dann...!"/„Das könnt ihr so doch nicht anbieten...!"/und Schlimmeres)

Sorry: Vollidioten!

Warum nicht: „Das klappt gleich, das war in den Proben wirklich schön, weil ihr: aufeinander gehört habt/das F# von oben gesungen habt/etc."

Nutze positive Formulierungen, da sie eine direkte Handlungsanweisung sind.

Negativbeispiel zum F#: „Weil ihr den Ton nicht von unten hochgeschoben habt." •

(s.a. Eigene positive Änderungshinweise; Positiv bleiben)

Gummiband

Wenn dein Chor während des Konzertes sackt oder an Spannung verliert, gehe physisch einen Schritt zurück.

Bild: Du bist durch Gummibänder mit dem Chor verbunden. Dadurch, dass du einen Schritt zurück trittst, werden sie mehr gespannt. Spannenderweise spannt sich der Chor tatsächlich etwas mehr.

Willst du den Chor dagegen *freilaufen* lassen, also Kontrolle abgeben, gehe näher zum Chor – auch hier reicht ein Schritt.

Viele Dirigenten gehen auf den Chor zu/oder beugen sich vor, wenn sie Aufmerksamkeit und Spannung erreichen wollen. Mach genau das Gegenteil. • *(s.a. Lehnen)*

Gute Chöre

Ein guter Chor:

- singt Stücke, die ihn fordern, aber nicht überfordern
- ist eine soziale Gemeinschaft mit gemeinsamen Zielen und Werten
- hat ein Profil (Leitbild), durch das er eine wiedererkennbare Persönlichkeit bekommt
- hat einen bezahlten Chorleiter
- steht auf finanziell stabilen Beinen mit Rücklagen mindestens in Höhe von drei Monatsgehältern des Chorleiters
- hat einen Chorleiter, der verstanden hat, dass er jede Probe etwas Neues lernen darf und dies auch dankbar annimmt
- hat einen Chorleiter, der die Verantwortung für die musikalische Leitung übernimmt
- hat einen Chorleiter, der alles andere delegiert, aber die Kontrolle behält
- hat mindestens eine Jahresplanung (besser für zwei Jahre), sodass sich jeder Sänger auf die Stücke und Auftritte einstellen kann
- hat einen Beirat *(s.a.)* oder Vorstand
- sorgt sich um seine Außenwirkung und Werbung •

Der gute Ruf

Du hast nichts anderes als deinen guten Ruf. „Ist der Ruf erst ruiniert, lebt es sich recht ungeniert…" kann **keine** Maxime deines Handelns sein.

Wenn jemand unwahre Dinge über dich erzählt, stelle diese Person zuerst zur Rede. Vielleicht hat sie das ja von jemand anderem gehört.

Dann gehst du **sofort** zum Anwalt deines Vertrauens und lässt ihn einen Brief verfassen, in dem um Unterlassung gebeten wird. Du kannst dir Gerüchte nicht erlauben. Gerüchte gewinnen fast immer. *(s.a. Gerüchte killen; Schutzreflex)*

Da vorsichtig und mit „erstmal darüber reden" zu reagieren, kann dich deinen Job kosten. Natürlich werden hinter deinem Rücken Dinge über dich erzählt. Es werden Begebenheiten aufgebauscht („er hat gesagt..."). Das sind normale Abläufe.

Justitiabel wird es, wenn dir deine Arbeitsmoral abgesprochen wird („ist faul"), sexuelles unterstellt wird („hat die angefasst") und natürlich sonstige Unterstellungen justitiabler Handlungen („er ist Bankräuber").

Tu dir selbst den Gefallen und wehre dich vehement, wenn die Person mit dem Rumerzählen nicht aufhört. Wenn du die Person konfrontierst, tu dies bitte nur unter Zeugen. Nimm z.B. deinen Vorstandsvorsitzenden mit oder einen anderen Sänger deines Vertrauens. Solch ein Gespräch hat **keinen** klärenden Charakter. Wenn jemand Lügen über dich erzählt, gibt es dafür **keinen** akzeptablen Grund.

Du teilst der Person also nur mit, dass sie die unwahre Behauptung nicht wiederholen darf. Ansonsten wirst du rechtliche Schritte einleiten.

Dann kannst du gerne eine Entschuldigung annehmen – niemals eine Rechtfertigung. •

H

Hach, das Stück ist aber schwer…
Sänger, die meinen *Fishing-for-Compliments* wäre ein olympischer Sport und „hach, das Stück ist aber schwer – sag mir **bitte**, wenn ich falsch singe" kannst du humorvoll, aber bestimmt zurechtweisen.
„Du weißt, dass ich weiß, dass du weißt, dass du verhältnismäßig (oder echt) gut singst. Ich verstehe, dass du das gerne von mir öfter hören willst, aber keine Sorge, solange ich nichts Gegenteiliges sage, singst du toll und musst nicht mehr fragen." •

Hackentrick
Wenn du dich leicht auf die Hacken lehnst (also nach hinten) müssen die Bauchmuskeln diese Dysbalance ausgleichen, indem sie sich leicht anspannen – gleichzeitig stehst du aufrechter.
Wenn du die Knie nicht durchdrückst, hast du automatisch eine gesunde Grundspannung im Körper, die vor allem bei langen Passagen ohne Zwischenatmer hilft.
Muss dein Chor eine lange Phrase singen, kann diese Technik helfen noch ein paar Töne mehr auf einem Atem zu singen. •
(s.a. Bauchatmung vs. Brustkorbatmung; Deutliches Sprechen ist deutliches Singen; Stillgestanden!; Wippen)

Häppchenlernen
Musst du viel lernen oder vorbereiten, ist es wichtig dies in *Häppchen* zu tun.
Musst du z.B. ein ganzes Konzertprogramm oder die Partitur eines großen Werkes vorbereiten, gehe in 20-Minutenetappen vor. *(s.a. Aufmerksamkeitsspanne)*
Die Zeit misst du mit deinem Handywecker.
In diesen 20 Minuten lässt du dich nicht stören und konzentrierst dich ausnahmslos auf deine Arbeit. Dann machst du 5 Minuten Pause. Wieder 20 Minuten Arbeit, 5 Minuten Pause, usw. Nach 4 Arbeitseinheiten machst du 20 Minuten Pause und beginnst den Ablauf wieder von vorne.
Es geht wohlgemerkt um Arbeit, die eine hohe kognitive Leistung verlangt. Wenn du einfach nur ein bisschen Takte anmalen und Musikhören musst, ist das natürlich Quatsch.

Wenn du aber Atemzeichen einrichtest, Harmonieanalysen vornimmst oder schlicht auswendig lernst, solltest du nicht bis an die Kapazitätsgrenze deines Gehirns gehen müssen, sondern entspannt bleiben dürfen.
Diese Methode hilft dir auch, wenn du mal weniger Lust hast eine Aufgabe zu erledigen (z.B. deine Steuererklärung – nehme ich jetzt einfach mal an…).
Durch die Etappen bist du nicht von vorneherein blockiert, weil du ja nicht 8 Stunden Arbeit vor dir hast, sondern schon nach 20 Minuten die erste Pause.
Wichtig: Stelle dir unbedingt den Wecker – darüber hast du Kontrolle und bist durch die geringe verbleibende Zeit auf der Uhr motiviert. • *(s.a. Lernmusik)*

Halbe Sänger
Sänger, die nicht alle Stücke können, weil sie z.B. erst später in der Probenphase in den Chor eingetreten sind oder lange krank waren, sollten bei Konzerten nicht mitsingen.
Sie müssten ja sonst während des Konzertes auf- und abtreten, bzw. stumm im Chor stehen – beides sieht komisch aus.
Wenn der Chor aber immer wieder auf und abgeht (z.B. im Gottesdienst oder anderen kürzeren Auftritten), dann ist dies kein Problem und man sollte den Sänger so gut es geht integrieren, indem er mal mit auftritt und mal auf seinem Platz bleibt. Dies kannst du in den Proben vorbereiten und in der Reihenfolge der Stücke berücksichtigen. •

Haltung annehmen
Wenn du eine schlechte Körperhaltung hast, kannst du keine gute vom Chor erwarten.
Der Chor ist emotional und physisch ein Spiegel seines Chorleiters.
Ich bin ziemlich groß und habe mir eine relativ gebeugte Haltung angewöhnt.
Wenn ich sitze, sind die meisten Stühle einfach zu niedrig für mich.
Wenn ich stehe, verfalle ich regelmäßig in ein ‚IndieNotenstarren', was auch zu einer gebeugten Haltung führt.
Deshalb stelle ich den Notenständer so weit weg, dass ich gerade noch drankomme, um umzublättern. Ich stelle ihn hoch genug, sodass ich noch dirigieren kann, ohne dagegen zu stoßen, und kann mich damit aktiv aufrichten.
Nur damit darf ich das dann auch von meinen Sängern erwarten.

Merke: Wenn du von Natur aus einen krummen Rücken oder lahmen Arm hast, spielt das keine Rolle. Es geht um die Energie, die du versprühst – ob du also so aufrecht bist wie es dir möglich ist. Es geht um ein **innerliches** *Haltung annehmen*.
Physisch: In die Noten starren, Kurzatmigkeit, krummer Rücken oder eben wacher Blick, gesund und gerade stehend (nach deinen Möglichkeiten), die Noten sind nur Hilfe und nicht Stütze.
Psychisch/Verhalten: Demotiviert und griesgrämig oder eben diszipliniert, wach, fröhlich, engagiert, energetisch. •

Hand zum Gruß

Aus einem ersten Händeschütteln lässt sich viel ablesen. Das Folgende hört sich zwar wie Suppenküchenpsychologie an, stimmt aber nach meiner Erfahrung erschreckenderweise immer (alle Umgebungsfaktoren einbezogen).

Werden beide Hände in vertikaler Position mit den Daumen nach oben ineinander gelegt, signalisiert dies, dass sich beide Personen als gleichwertig betrachten.

Zeigt die Hand deines Gegenübers nach unten, will er der Dominante sein, dich zur Unterwürfigkeit zwingen und damit sprichwörtlich die **Oberhand** haben.

Evolutionär zeigt der Handschlag: „Schau, ich habe keine Waffe in meiner Hand." – Deshalb wird auch mit der *starken* (rechten) Hand eingeschlagen. Die dominante nach unten zeigende Hand zwingt den Gegenüber dabei aber seine verletzliche Handinnenfläche nach oben zeigen zu lassen, mit der Option selbst noch etwas im Ärmel/in der Hand versteckt zu halten.

In meiner Kindheit gab es diese kleinen Elektroschocker, die man in der Handinnenfläche verstecken und mit denen man seinen Gegenüber beim Händeschütteln erschrecken konnte. Das ging nur mit dieser Handreichungstechnik.

Willst du nicht der unterwürfige Part sein, gehe einen Schritt vor und beuge dich leicht nach vorne. So sind eure Hände gezwungenen Maßen zumindest gleichwertig.

Eleganter ist es aber die Hand *unterwürfig* zu geben, den Gegenüber damit augenscheinlich als dominant zu akzeptieren und sofort mit der zweiten Hand die Hand des Gegenübers zu umfassen. Das wirkt zuerst sehr herzlich. Bleiben wir allerdings bei dem Bild hast du seine dominante Hand damit unter Kontrolle und er könnte dir nicht mehr schaden (außer halt der Elektroschocker…aber welcher Neandertaler hatte den schon? Wegen Evolution und so…).

Ich spiele mit dieser Dominanz, weil ich als Chorleiter in einer *natürlichen dominanten Rolle* bin. Ich gebe **immer** die unterwürfige, also offene Hand und gehe so auch auf jeden zu. So signalisiere ich sofort, dass ich keine Gefahr darstelle. Da wir nicht mit Keulen, sondern mit Worten ‚kämpfen', kann mir dieser Handschlagseindruck relativ egal sein. Aber da die wenigsten darüber nachdenken, gibt er mir Informationen über meinen Gegenüber. • *(s.a. Offenheit versteckt die diktatorischen Züge)*

Handhaltung: Schlaghand – Ausdruckshand

Ich bin Rechtshänder, aber auch für Linkshänder gilt grundsätzlich: Die starke Hand ist die Schlaghand! Den Chor interessiert nicht, mit welcher Hand du den Takt schlägst – ihn interessiert nur, dass du ihn **gut** schlägst. *(s.a. Schlagpunkte; Ton angeben und Einsatz)*

Die Schlaghand gibt das Tempo vor. Der Schlag kann mit zunehmender Lautstärke größer und mit abnehmender kleiner werden. Aber er muss immer präzise bleiben.

Du kannst im Fortissimo einen schnellen Schlag **niemals** groß dirigieren. Manche Kollegen versuchen es und der Chor wird langsamer.

Ich habe einmal einen Kurs bei einem Dirigenten besucht, der meinte, dass man sich nur Dirigent nennen dürfe, wenn man eine Minute lang im Tempo Viertel=60 einen 4/4-Takt dirigieren und präzise das Tempo halten könne. Wohlgemerkt, ohne vorher

nachschauen zu dürfen wie schnell Tempo 60 eigentlich ist – das müsse man halt im Gefühl haben...
Auch mit 60er-Vorgabe ist das schwer, aber machbarer und erstrebenswert.
So streng darf man das im Laienbereich vielleicht nicht sehen, aber du musst schlicht verstehen, dass deine Hauptaufgabe im Laienchor die eines **Metronoms** ist.
Du bist zuerst und sehr lange hauptsächlich damit beschäftigt das Tempo zu halten.
Wenn du in deiner Tempovorstellung genauso ‚flexibel' bist wie die Chorsänger kannst du deinen Job nicht sinnvoll ausfüllen.
Was du also tatsächlich üben solltest und dir die Augen öffnen wird, ist das Tempo 60 (mit Metronomvorgabe) für eine Minute präzise durchzuhalten.

Die Handhaltung der Schlag- und Ausdruckshand sollte immer **offen** sein, d.h. die Finger sind nicht gestreckt, aber relativ gerade. Übertreibst du die gerade, flache Hand, sieht es aus, als wenn du deinem Chor Ohrfeigen verpassen willst – das ist schlecht.
Die Handflächen zeigen tendenziell nach oben – das trägt den Chor. Halte die Hände niemals wie ein verschrecktes Känguru abwärts hängend.
Der Daumen und Zeigefinger der Schlaghand kommen **nur** zusammen, um präziser sein zu können (wie ein „OK"- Zeichen) – nicht, dass du es dadurch zwangsläufig bist, aber es soll ein Signal für den Chor sein, dass etwas am Tempo nicht stimmt.
Achte darauf, dass du diese Geste wirklich nur als Signal nutzt – zu häufig fällt man darauf rein, dies zum Dauerzustand zu machen (weil präzise und so...) – dann ist es keine Geste mehr und du verlierst durch die geschlossene Handhaltung den tragenden Charakter den deine Hände eigentlich haben sollen.
Eine weitere wirkungsvolle Geste ist, die Ausdruckshand (Zeigefinger) auf die Schlaghand zeigen zu lassen und damit dem Chor zu signalisieren, dass sich bitte kurz nur auf das Tempo und Rhythmus konzentriert werden soll.
Beide Signale wirken nur, wenn du deinem Chor vorher erklärt hast, was sie bedeuten sollen und wenn du sie dosiert einsetzt.
Daumen an Zeigefinger ist subtil, auf die Schlaghand zeigen eher grob und überdeutlich.

Wenn die Ausdruckshand nicht gebraucht wird, lass sie an der Seite hängen oder *parke* sie vor dem Bauch auf E1 auf dem Bauchnabel. *(s.a. Dynamisch dirigieren)*
Letzteres signalisiert dem Chor auch unterbewusst *Bauchatmung*, weil der Fokus auf den Bauch gelegt ist.
Im Laienchor ist die Ausdruckshand meistens und zu meinem großen Bedauern für den Ausdruck nutzlos. Ein feines Piano darf ich selten führen.
Die Ausdruckshand hat aber trotzdem sehr differenzierte Aufgaben. Sie gibt Einsätze, und zeigt subtil oder gröber die Dynamik, indem sie groß wird oder dämpft.
An Stellen an denen eine Stimme Energie braucht, um eine Linie zu Ende zu führen, *trägst* du diese Stimme mit offener Handfläche und stützt aktiv den Chorklang.
Grundsätzlich ist weniger mehr. Dirigiere bitte nie den Schlag mit beiden Händen, wenn es nicht nötig ist – und mir fällt kein Moment ein, wo es nötig ist (außer du dirigierst **gleichzeitig zwei Chöre, die in verschiedenen Ecken des Raumes stehen).

Deine Hände haben differenzierte Aufgaben – sie sind **Werkzeuge** – und wie jeder Handwerker *(s.a.)* musst du den Umgang mit deinen Werkzeugen trainieren, um sie dann bewusst einsetzen zu können. *(s.a. Ballett tanzen; Technikübezeit)*
Jede Ebene und Geste hat einen Effekt – in **jedem** Chor.
Ich habe zu häufig gehört „der Chor singt doch eh nur irgendwie"/„sensibel ist ein Fremdwort"/„die schauen eh nicht raus"/…
Wenn dein Chor von der Umsetzung des Notenmaterials überfordert ist, kannst du keine Reaktionen auf deine angezeigten Dynamikhinweise erwarten. Aber wer hat dem Chor das ihn überforderndes Material ausgesucht? (…und wieder: **Du bist schuld!**)

Grundregeln: Mit der Ausdruckshand trägst und formst du den **Klang**.
Mit der Schlaghand kontrollierst du den Klang**körper** (also den Chor).
Mehr als die Hälfte der Zeit sind beide Aufgaben allein durch die Schlaghand ausführbar. Jeder Chor profitiert bei passender Programmauswahl von einer differenzierten Schlagtechnik. •

Handhaltung: Unabhängigkeit der Hände trainieren

Um gut dirigieren zu können, müssen deine Hände unabhängig voneinander unterschiedliche Bewegungen ausführen können. *(s.a. Wackeldackel)*
Es wird im Laienbereich niemals dazu kommen, dass du links einen Dreivierteltakt und rechts einen Vierviertel takt schlagen musst.

Du musst aber zwei Dinge können:
1. Eine Hand ruhig halten, während die andere den Takt schlägt – also nicht mit beiden Händen dasselbe machen.
2. Mit einer Hand den Takt schlagen (also **rhythmische** Bewegungen) und mit der anderen die Musik führen (also **weiche** und **fließende** Bewegungen).

Der erste Schritt ist das Bewusstsein dafür, diese Bewegungen auch in der Probe **üben** zu müssen. *(s.a. Technikübezeit)*
Der zweite Schritt ist zu klatschen.
Die Rhythmuspattern auf der nächsten Seite kannst du langsam oder schnell ausführen.
Oben ist die rechte Hand, unten die linke (wie am Klavier).
Klopfe dir auf die Schenkel oder einfach in die Luft.
Übe mit Metronom oder frei.
Bewege dabei immer nur deine Arme, halte deinen Oberkörper stabil und ruhig.
Klopfe **niemals** mit deinem Fuß mit.

Es sind nur ein paar Beispiele. Du brauchst dir aber auch keine neuen auszudenken:
Kaufe dir eine Schlagzeugschule und übe die Rhythmuspattern zu klopfen oder tatsächlich mit Sticks auf einem Übepad.
Nutze bei komplizierten Rhythmen das *Ta-ke, Ga-me-la, Da-le-pi-co-la* – System *(s.a.)*. •

276

Handinnenflächen vorne

Um einen aufrechten Stand zu erzwingen (lieb gesagt: zu ‚erleichtern'): Lasse deine Sänger die Arme hängen und die Handinnenflächen nach vorne drehen.
Normalerweise sind die Handinnenflächen bei hängenden Armen seitlich bis nach hinten gedreht. Über das Nach-vorne-Drehen lassen sich die Schultern leichter nach hinten schieben und somit der Stand aufrichten.
Eine tolle Übung, um zu zeigen wie zusammengesunken die meisten von uns stehen. •
(s.a. Bauchmittenatmung erzwingen)

Handtechnik

Musst du etwas vom Blatt singen oder etwas singen, das schwierig ist, dann nutze die *Handtechnik* und folge den Intervallen mit deiner Hand relativ zu einem Zentralpunkt.
Die Handbewegung ist dabei abhängig von der Größe des Intervalls und gibt die Notenbewegungen des Notentextes wieder.
Sie sorgt dafür, dass diese Bewegung deinem Gehirn noch eine Instanz zur Notenfolgenidentifikation bietet und den Notentext praktisch neben dem relativen Ton in eine konkrete Bewegung übersetzt, also von *abstrakt* (Terz rauf) in *konkret* (Hand hoch) umgewandelt wurde.
Es geht dabei nicht um eine absolute Unterteilung des Raumes, sondern um eine relative zum direkten vorherigen Intervall: Ein kleiner Tonsprung ist eine kleine Bewegung, ein großer Tonsprung eine große Bewegung in die Richtung des Intervalls.
Grundsätzlich gehst du dabei von einer Mittelposition aus, von der du hoch, aber auch tiefer gehen kannst.
Langfristig wirst du durch Übung den Raum automatisch konkret unterteilen, sodass eine Quinte immer denselben Weg hat.

Die Handtechnik hilft nach ein wenig Übung auch Sängern, wenn es z.B. um viele Sprünge nach einander geht: Terz rauf, Quarte runter (also: Hand etwas tiefer als den Anfangston fallen lassen) Quinte rauf (jetzt sind wir etwas höher, als die Terz war), etc.
Vor allem im Kinderchor und anderen, wo der Notentext für die Sänger wenig aussagekräftig ist, hilft solch ein konkretisierendes und verkörperlichendes System, das du im Einsingen bei den mehrstimmigen Übungen und im Call-and-Response *(s.a.)* mit deinem Chor trainieren kannst.
Wichtig: Halte die Handinnenfläche immer nach oben und fordere dies auch konsequent von deinen Sängern. Nur so werdet ihr den Klang tragen.
Die meisten Sänger werden mit der Handinnenfläche nach unten zeigen, da man so auch im normalen Leben ‚Stufen' anzeigt.
Wenn ich vom Blatt oder eine schwierige Passage singen muss, nutze ich diese Technik auch, aber nicht ganz so auffällig: Ich bewege nur den Zeigefinger meiner rechten Hand relativ zur Tonfortschreitung. Dies mache ich sogar, während ich den Takt schlage. Diese Konkretisierung hat meine Blattsingfehlerrate auf fast Null reduziert. • *(s.a. Notenlesen)*

Handwerker
Ein Dirigent ist ein Handwerker. So wie ein Tischler den Bau einer schönen und kunstvoll gestalteten Vitrine zuerst planen muss, muss auch der Dirigent sein Vorgehen mit dem ‚Material' Chor im Zusammenhang mit dem zu singenden Stück planen, um daraus nach bestimmten Mustern (Partitur) den Klang mit Hilfe seiner Werkzeuge (Methodik/Didaktik) zu formen und diesen als Ergebnis zu präsentieren.
Dieses Ergebnis kann man dann Kunst oder kunstvoll nennen.
Der Weg dahin ist Handwerk. • *(s.a. Taktstock)*

Handyakku
Ist dein Handyakku leer, lege dein Handy kurz auf eine warme Heizung oder in die Sonne. Die Wärme sorgt dafür, dass du im Notfall noch ein bisschen Handyzeit bekommst.
Warnung: Wenn du dein Handy zu heiß werden lässt, wird der Akku explodieren. Ich übernehme keine Verantwortung.
Dein Handy hat auch einen Stromsparmodus. Schalte diesen rechtzeitig an.
Ich habe immer einen externen Akku dabei, an den ich mein Handy anschließen kann („Powerbank"). So etwas gibt es für den Notfallzweck ab 10€.
Für den Zigarettenanzünder im Auto gibt es USB-Adapter an die du dein Handy anschließen kannst. • *(s.a. Apps)*

Handzeichen
Du kannst mit deinem Chor verabreden, dass Sänger, die mit dem Nachbarn etwas Stückrelevantes besprechen müssen (z.B. Atemzeichen), dies durch ein Handzeichen anzeigen und du in der Probe kurz innehältst, um ohne viel Heckmeck zu warten. •

Harald Schmidt (*1957)
„Es gibt keine Schlagfertigkeit, nur gute Vorbereitung."

Schlagfertige Menschen haben auf alles eine Antwort. Die schlechten sabbeln um des Rechthabens und Antwortens Willen. Die richtig guten haben sinnvolle Antworten und Anmerkungen. Um das zu können, brauchst du Wissen. Wissen erlangst du durch Vorbereitung. • *(s.a. Spontanität)*

Hauptprobe und Generalprobe
In der Haupt- und Generalprobe – also der vorletzten und letzten vollwertigen Probe vor einem Konzert, geht es allein darum, viel zu singen. *(s.a. Probenterminologien)*
Du musst in beiden Proben einen Durchlauf schaffen.

In der **Hauptprobe** beginnst du das Programm mit dem *letzten* Stück – probst das Programm also in umgekehrter Konzertreihenfolge – und fragst vor jedem Stück, ob es noch Stellen gibt, die geklärt werden müssen und klärst diese dann. Du solltest kein Stück unterbrechen, sondern **nach** dem jeweiligen Durchsingen kommentieren.
Nur Stellen, die wirklich schiefgelaufen sind, probst du. Alles andere wird nur benannt. Jeder Sänger soll sich während des Durchsingens selbst ein „X" an Stellen machen, bei denen er noch Probleme hat und sich diese zuhause anschauen.
Dies fördert die Eigenverantwortung – wer sich dem verweigert ist dann selbst schuld. Bedenke aber, dass einige nicht wissen wie sie sich die Sachen zuhause anschauen können. Erkläre es ihnen. Akzeptiere das Ergebnis.

Die **Generalprobe** ist nur noch für grundsätzliche Dinge da – alles was du an Feinheiten bis hier nicht hast herausarbeiten können, haben hier auch keinen Platz mehr.
Du singst nur einen Durchlauf in Konzertreihenfolge, kommentierst (wenn überhaupt) konsequent kurz und erinnerst an Grundsätzlichkeiten: Freundlich schauen, rausschauen, Atmung gehört zum Stück, lautes Sprechen mit leisem Singen, Zungenspitze an den unteren vorderen Schneidezähnen, freundlich schauen, Auftritt-Abtritt, Stellungswechsel, Artikulation, Zungenspitze an den vorderen Schneidezähnen, usw. usf. Nach diesem Durchlauf machst du eine kurze Pause und sammelst für dich deine Eindrücke. Dann setzt du dich mit dem Chor zusammen, gehst alle Stücke noch einmal durch und sagst, auf was geachtet werden muss. Es wird möglichst nichts mehr angesungen und wenn, dann vom Sitzplatz aus. Alles was dir jetzt nicht eingefallen ist, war nicht wichtig genug oder hat Platz in der Ansingprobe.

Dies ist einer der größten Unterschiede vom Laien- zum Profichor.
Beim Profichor wird erwartet, dass noch bis zur letzten Sekunde gefeilt wird.
Im Laienchor geht es hauptsächlich darum, die Sänger vor dem Konzert in ein befreites Singen zu bekommen und dies schaffst du nur durch positive Bestärkung dessen, was an Qualität **vorhanden ist**. •
(s.a. Cool bleiben; Deutliches Sprechen ist deutliches Singen; Einsingen vor einem Konzert)

Hausbau
Eine Partitur ist wie ein Haus, das bildlich vor den Augen und im Ohr des Dirigenten (ent-)steht. Wenn ein Stein fehlt oder brüchig ist (falscher Ton/Rhythmus/Dynamik/etc.) wird das Haus instabil und bricht bei zu vielen kaputten Steinen zusammen.
Um dir **dein** Haus zu bauen, musst du die zu probenden Stücke für dich selbst hörbar machen. Tu dies am Klavier oder durch das bewusste Hören von Aufnahmen in mindestens drei verschiedenen Interpretationen (denn sonst hast du das Haus eines anderen in dir aufgebaut…).
Am neutralsten ist ein PC-Programm, das dir die digitalen Noten vorspielen kann. Du musst dann einerseits nicht auf deine pianistischen Fähigkeiten setzen und andererseits

hat kein anderer Dirigent schon das Interpretieren übernommen. Es sind einfach die Töne in korrekter Reihenfolge.
Vielleicht bist du auch richtig gut und kannst über das einfache Lesen der Partitur schon den Gesamtklang hören.
Habe dabei aber keinen falschen Ehrgeiz: Nur die Einzelstimmen singen zu können, baut dir nicht ohne Weiteres einen Zusammenklang in deinem Kopf. Das müsstest du sehr gut trainieren (oder ein musikalisches Genie sein).
Dein Ziel ist, irgendwie das ganze Haus von außen gesehen zu haben (die Partitur) und nicht nur jeden Raum zu kennen (die Stimmen). Wenn es dann **dein** Haus ist, kannst du versuchen deine Vision mit dem Chor zu teilen. •

Haushaltsbuch fördert Glauben
Du musst an dich selbst ganz alleine glauben.
Im Normalfall kann ein Laiensänger die Chorlieder noch nicht singen, wenn die Probe beginnt. Der Sänger muss also daran glauben, dass du ihm das Stück beibringen wirst.
Du darfst in dieser Hinsicht keine Unsicherheit haben oder ausstrahlen.
Du musst selbst glauben, dass du das Stück vermitteln kannst und dass deine Fähigkeiten und Vorbereitungen ausreichen, um den Chor **durch dich** zu befähigen, das von dir ins Programm genommene Stück singen zu können.
Wenn du **das** ausstrahlst, wird auch ein Fehler oder eine Unsicherheit von dir das Grundvertrauen des Sängers in seinen Dirigenten nicht erschüttern.
Der Witz ist, dass einem guten Konzert/Auftritt bei guter Planung normalerweise nichts im Wege steht, d.h. der Sänger wird sein Vertrauen (normalerweise) als berechtigt verifiziert sehen.
Der Sänger hört ja nicht wie der Chor als Ganzes klingt – er weiß nur wie sicher **er** sich gefühlt hat und dies fließt am stärksten in seine Bewertung des Dirigenten ein: „Hat der da vorne es geschafft mich dazu zu bringen, dass ich mich im Konzert gut, also sicher gefühlt habe?"

Als Dirigent kann ich nur überzeugend an meine Fähigkeiten glauben, wenn ich sie mir bewusst mache – deshalb solltest du nach jeder Probe einige Minuten reflektieren, welche Probleme des Chores du gut gelöst hast und wo es bei dir gehakt hat. So wirst du immer souveräner, da du weißt, dass du dich z.B. auf deine Schlagfertigkeit, deine Ruhe, deine Kenntnisse im Partiturlesen oder in der Stimmbildung verlassen kannst.
Ohne die Reflexion (also Rationalisierung) werden deine Fähigkeiten immer nur Ahnungen/ein Gefühl (also Emotion) sein.
Stell dir das wie ein **Haushaltsbuch** vor: Wieviel Geld gibst du pro Jahr für Kleidung aus? Ohne Buchführung ist es nur eine Ahnung.
Das Buch, das du gerade in der Hand hältst, ist im Prinzip mein Haushaltsbuch: Meine Reflexion auf den Beruf *Chorleiter im Laienchor*.
Beruhigende **Grundregel:** Als Dirigent dürfen wir Fehler machen.

Die 1:10 Regel *(s.a.)* besagt, dass ein Fehler mit 10 Lösungen aufgewogen werden muss. Das ist während einer Probe ja auch locker möglich, da jede berechtigte Kritik („Sopran in T21 bitte etwas höher singen.") auf das Plus-Konto gehen.
So lange du langfristig unter dieser Quote bleibst, werden dir die Sänger vertrauen.
Gleichzeitig musst du dieses in dich gesetzte Vertrauen honorieren, indem du es als positives Selbstbewusstsein ausstrahlst.
Das kannst du nur, wenn du auch **für dich** die 1:10 Regel konstruktiv nutzt.
Wir sind darauf geeicht, unsere Fehler wahrzunehmen und alles was gut lief zu ignorieren (weil läuft ja…).
Nur wenn du dir selbst all die Dinge aufzählst, die du gut gemacht hast, wirst du innerlich den einen Fehler ausgleichen können und damit zu einer positiven Grundstimmung auch dir gegenüber gelangen können. •

Heiße Kartoffel

Die Anweisung an den Sänger, sich im Hals eine heiße Kartoffel vorzustellen oder ein Gähngefühl herzustellen, soll ihn dazu bringen, den Hals zu weiten und die Zunge auch im Rachen unten zu lassen. Erklärst du diese Technik zur generellen Technik für alle Sänger, ist der Effekt im Laienchor ein hauchiger/kehliger Klang.
Dieser entsteht durch einen zusätzlichen Resonanzraum, der in der Kehle gebildet und von Solisten gekonnt genutzt wird mehr Lautstärke zu erzeugen.
Deine Laiensänger können das nicht.
Besser ist es den Sänger dazu zu erziehen, die Zungenspitze an den unteren Schneidezähnen ‚festzutackern' und ein freundliches Gesicht zu machen. Dies führt auch zu einer freien Kehle, jedoch ohne den kehligen Klang. Die heiße Kartoffel wird von mir nur in der Küche verwendet. •
(s.a. Abstützen; Freundlich; Koronal; Mundstellung (chorische); Zungenspitze)

Heilig

Schließt du durch einen Diphthong *(s.a.)* wie z.B. bei dem Wort „Heilig" in Schuberts Deutscher Messe zu einem „i" wird der Chor das meistens zu früh und unregelmäßig machen. Schnell hört sich das dann wie ein vorbeifahrendes Auto auf der Autobahn an.
Es gibt aber einen Trick: Beim Schließen des „a" zum „l" entsteht ein „i".
Der Chor muss – überspitzt – nur „Hahlig" artikulieren und singt automatisch ein gutes „Heilig".
Dieser Trick funktioniert häufiger als du denkst (z.B. auch bei „häufig"…).
Oder wusstest du, dass *Brillant* ohne „i" nach den „ll" geschrieben aber „Brilliant" ausgesprochen wird? Wenn du vom „l" zum „a" öffnest, ergibt sich das „i" von allein.
Grundregel: Bei Diphthongen so spät wie möglich vom Anfangsvokal weggehen. Manchmal kann man den zweiten Vokal sogar vernachlässigen und direkt zum nächsten Konsonanten wechseln, weil dieser zweite Vokal **auf dem Weg** liegt. •

Heiserkeit
Heiserkeit ist keine Krankheit, sondern ein Symptom. Wir sind eigentlich in der Lage stundenlang zu sprechen oder zu singen, ohne heiser zu werden.
Schau dir kleine Kinder oder Säuglinge an, wie diese selbst nach langen Schreianfällen immer noch eine frische Stimme haben.
Heiserkeit hat immer etwas mit einer falschen Technik zu tun. Wirst du, oder werden deine Sänger nach einer Probe oder auch einem Probentag heiser, lohnt es sich also die eigene Technik zu überprüfen.
Meistens haben heisere Sänger das Gefühl zu leise zu sein und strengen sich extra an.
Für jeden (auch für dich) sind ein paar Stunden beim Logopäden *(s.a.)* oder Gesangslehrer sehr gesund. Spätestens wenn du selbst **regelmäßig** das Symptom *Heiserkeit* wahrnimmst, solltest du einen Termin machen.
Sporadisches Vorkommen von Heiserkeit kannst du in Zukunft durch eine bessere Sängerhaltung und gleichzeitiger innerer Entspannung *(s.a. Loslassen!)* kurieren.
Und: Lautstärke ist **keine** Technik! Kenne dein Maximum. • *(s.a. Husten, Schnupfen und singen)*

Helferliste
Vor Konzerten lässt du oder ein Delegierter eine Helferliste für Aufbau und Abbau erstellen. Es sollten immer mindestens 2 Personen sein, die dem Technikbeauftragten beim Auf- und Abbau der Podeste und Beleuchtung zur Hand gehen.
Eventuell müssen auch Stühle geräumt oder Programmhefte ausgeteilt werden.
Egal für welchen Anlass der Chor Helfer braucht: Mit Handzeichen funktioniert das selten, mit einer schriftlichen Liste immer (besser). •

Hemiole
Eine Hemiole (griechisch *anderthalb*) ist eine Sonderform der Synkope.
Dabei wird das **Betonungsschema** eines Taktes vorübergehend so aufgebrochen, dass es sich wie eine neue Taktart anfühlt. Durch Überbindung werden damit häufig zwei Dreiertakte zu einem großen Dreiertakt umgedeutet.
Sie finden sich aber in jedem *dreier*-Zusammenhang.

1. Zeile: die Überbindung bildet die Hemiole

2. Zeile: die Wirkung

Die Merkformel für eine Hemiole ist: **2x3 wird 3x2**.
Zählen kannst du obiges Beispiel: ga-me-la; gaga-meme-lala; ga-me-la
Genau wie bei der *proportio sesquialtera*. *(s.a. Perfectes Tempo; Ta-ke, Ga-me-la, Da-le-pi-co-la)*
Hemiolen werden dir selten in dieser so klaren übergebundenen Form unterkommen. Meistens spürst du sie bevor du sie siehst.

Beispiel: Altstimme, T175ff aus „Deutsches Magnificat" von Heinrich Schütz (1585 - 1672)

Hier müsstest du in 1 dirigieren, was theoretisch einen Schwerpunkt auf „zu" bedeuten würde. Die Hemiole sorgt aber für eine ausschließliche Betonung auf dem ersten „E"(-wigkeit) und damit der Eins der Hemiole.

Im Barock wird die Hemiole in einer Schlusskadenz häufig zur Verbreiterung, gleich einem reinkomponierten Ritardando, genutzt.
Ich markiere mir Hemiolen in meinen Noten durch eine große Klammer über der ersten Stimme (um sie nicht mit einer Mediante *(s.a.)* zu verwechseln) und dirigiere sie je nach Ausprägung auch als großen Dreier. Mein Schlag wird also *musikalisch,* anstatt sich an die Taktbezeichnung zu halten. Erkläre so etwas aber vorher deinen Sängern. •

Herdentrieb

Willst du etwas in deinem Chor durchsetzen wirst du auch jetzt schon ganz automatisch auf den *Herdentrieb* setzen (oder auf deine diktatorischen Fähigkeiten…).
Mit guten Argumenten und Überzeugungskraft durch deine Persönlichkeit wirst du einen Teil deines Chores z.B. von einem Konzertprogramm oder von der Notwendigkeit eines Probenwochenendes überzeugen.
Da dieser Teil überzeugt ist, werden die anderen, wenn sie keine handfesten Argumente haben (aber meistens selbst dann), auf diese Linie mit einschwenken.
Diesen Effekt kann man in allen Gruppen erkennen.
Du hast es im Chor sogar noch einfacher: Solange du das Gruppengefühl deines Chores stärkst, wird es für Gruppenmitglieder schwer sein sich gegen den (vermeintlichen) Willen aller zu stellen. *(s.a. Abilene-Paradox; Konformitätsdruck))*

Je isolierter, bzw. alternativlos eine Gruppe ist, desto mehr kannst du in dieser Gruppe durchsetzen.
Wenn dein Chor in seiner Form (z.B. Gospelchor) im Umkreis von 20 Kilometern keine Alternative/Konkurrenz hat, werden Sänger vor der Wahl stehen: Mitmachen oder **gar nicht** singen.

Bei ganz unpopulären Entscheidungen solltest du erst loyale Sänger persönlich auf deine Seite ziehen und im Gespräch mit diesen lernen, welche Argumente funktionieren und welche nicht, um dann das Plenum mit den funktionierenden zu überzeugen.
Langfristig reicht es einzelne starke Persönlichkeiten und den Vorstand überzeugt zu haben. Die Sänger folgen dann damit nicht nur dir, sondern auch diesen Leitfiguren.

Wie gesagt ist dieser Herdentrieb nur eine Beschreibung dessen, was täglich passiert und nichts Besonderes: Kein Sänger findet jedes Stück super, singt es aber ohne Murren mit, weil der Rest der Gruppe es singt.
Du kannst den Herdentrieb also zu deinen Zwecken ausnutzen.
Um langfristig erfolgreich zu sein, solltest du aber versuchen eine Mehrheit des Chores zu überzeugen und nicht nur strategisch wichtige Sänger. •

Herzschlag
Die Herzen von gemeinsam singenden Chorsängern schlagen synchron.
Da Singen eine Form des kontrollierten Atmens ist, hat es auf das vegetative Nervensystem ähnlich Auswirkungen wie Yoga.
Quelle: Björn Vickoff u.a. „Music structure determines heart rate variability of singer", in Frontiers in Psychology vom 09.07.2013

Hermann Scherchen (1891 – 1966)
„Ein Erbübel der deutschen Musiker: daß sie nicht genügend zu singen vermögen.
Oft wird uns ein Spiel serviert, das zwar alle möglichen Tugenden vereint (Exaktheit, Elastizität, Gleichmaß, Kraft usw.), bei dem wir aber die Seele der Musik vermissen, das Singen als die immanente Lebensregelung der Töne.
Das Singen ist die Lebensfunktion der Musik.
Fehlt sie, so verzerren sich ihre Gestalten, bewegen sich in sinnlos von außen bestimmtem Zeitmaß.
aus: „Lehrbuch des Dirigerens"

Singen als **das Menschliche** jeder musikalischen Tätigkeit.
Die Methode von Hermann Scherchen ohne Klavier zu proben nötigt dir mehr Vorbereitung ab, aber nicht mehr Probenzeit. Sie ist anstrengender, weil du nur mit deiner Stimme arbeitest. Das Ergebnis ist aber **immer** besser. • *(s.a. Literaturverzeichnis)*

Heterogenität blockiert
Nach einiger Probenzeit eines neuen Programmes wird das heterogene Gemisch **Chor** deutlich: Einige lernen schneller als andere. Hierdurch werden die Sänger unter Druck gesetzt, die ihre Noten noch nicht so gut können.
Wohlgemerkt gibt es immer auch ein paar Backpflaumen im Chor, die diese Heterogenität und ihren eigenen Anteil daran nicht wahrnehmen oder denen es egal ist. Die solltest du auf lange Sicht aus deinem Chor entfernen.
Ich spreche im Folgenden von denen, die *wollen* aber nicht so schnell *können* und die deine Hilfe annehmen. *(s.a. Sängerkategorien)*

Diese Sänger werden fest, verkrampfen und können die Töne dann erst recht nicht. Vor allem in der Höhe sind sie blockiert und schaffen keinen freien Ton mehr.
Hier gibt es mehrere Möglichkeiten die Sänger zu *befreien*, die ich auch kombiniere:
In der Lernphase in der die Heterogenität zum Vorschein kommt, muss das Ziel sein, den Sängern den Zwang zum richtigen Ton zu nehmen und damit eine sichere Umgebung zu schaffen, in der sie auch einen falschen Ton **frei** singen und dadurch auch korrigieren können.
Es sollte nicht passieren, dass man den Eindruck erweckt, dass richtige Töne nun auf einmal unwichtig werden, denn das würde die guten Sänger vor den Kopf stoßen.
D.h. wir machen das um die Ecke, indem du dich auf zwei andere Dinge konzentrierst und so den Fokus verschiebst: Das **Tempo** und den **Text**.

- **Tempo:** „Wir kleben gerade an den Tönen und verlieren dadurch Leichtigkeit. Singt jetzt einfach so wie ihr denkt, dass die Töne sein müssen. Mir ist es wichtiger, dass ihr euch auf die Linien konzentriert und dass die Töne einfach immer weiterfließen."
  Das musst du dann 2x so singen lassen und kannst dann wieder Töne reparieren. Die Sänger wollen dich ja zufriedenstellen und wenn sie dann fließend gesungen haben, hast du mal wieder einen Grund zu loben.
- **Text:** Der Text muss deutlicher werden: „Singt nur den Text. D.h. sprecht den Text und ‚aus Versehen' passieren dabei Töne. Konzentriert euch nur auf den Text" – auch hier 2x durchsingen und Texthinweise geben.
  Dies ist die effektivste Methode, um Sänger zu öffnen, da Text etwas Konkretes ist. D.h. jeder weiß wie man „konkret" ausspricht. Dadurch wird Sicherheit gewonnen.

Durch die fehlende bewusste Konzentration auf die Töne wird das Lernzentrum das Gelernte nun selbstständig abrufen müssen. Wenn du vorher gut geprobt hast, wird sich herausstellen, dass die meisten deiner Sänger, die die Töne noch nicht so gut können, durch die Verschiebung des Fokus auf einmal Töne singen können, die sie *vorher nicht kannten*.
Diese Methoden sind auch ein gutes Mittel, um mal zu schauen wie sicher die Stücke schon sind.
Allerdings wirst du auf diese Weise nicht mehr als einen eine Minute langen Abschnitt singen lassen können, ohne immer wieder den Hinweis auf ausnahmslose Konzentration auf Text oder Tempo zu geben, da sich das Bewusstsein immer wieder zur Kontrolle der Töne hinziehen lässt (Schlingel...).

Grundregel: Häufig kannst du eine Homogenität durch eine Verschiebung des Fokus erreichen: Wenn dir und dem Chor die Töne momentan egal sind, dafür aber der Text oder die musikalische Linie wichtig, *passieren* die Töne einfach.
Dies ist ein sehr machtvolles Probeninstrument. • *(s.a. Fokusshift)*

Hierarchien im Chor
Als Dirigent bist du zwar angestellt, aber in musikalischen Dingen weisungsbefugt.
Im Gegensatz zum Profibereich wird von dir – je nach Organisationsform deines Chores – auch sehr viel mehr erwartet.
Das ist der Zwiespalt im Laienbereich: Du bist eigentlich angestellt, bzw. wirst von denen bezahlt, denen du Weisungen gibst oder noch klarer: Du wirst bezahlt, **um** Weisungen zu geben.
Wenn du ihn hast: Der Beirat (s.a.), oder im Vereinsfalle der Vorstand, ist für das organisatorische Drumrum verantwortlich.
Neben den Vorsitzenden sollte dein Chor in jeglicher Rechtsform einen Schatzmeister haben.
Du und der *gewählte* Kreis von Verantwortlichen delegieren Aufgaben weiter an *Mitarbeiter* aus dem Chor.
Alle drei Monate sollte es ein Treffen der jeweiligen Delegierten und eines zwischen Dirigenten und den *Gewählten* geben, um sich zu besprechen. •

Hierarchiekonflikt
Konflikte mit Sängern dürfen deine Arbeit nicht belasten.
Auch wenn in der Chorprobe die Hierarchien eigentlich klar sind, haben Menschen, die außerhalb der Probe – im Beruf oder im Privaten – viel Verantwortung tragen, Probleme damit, diese Hierarchie anzuerkennen, wenn diese in ihren Grenzen nicht klar definiert ist.
Ich habe wenig Probleme mit Sängern. Wenn Konflikte auftreten, berühren sie aber vor allem die Anerkennung dieser Hierarchie.

Sänger können ab und zu nicht zwischen mir als Privatperson und dem Chorleiter differenzieren. Sie verstehen nicht, dass ich in der Person als *Chorleiter* über ihnen stehe, privat das aber nicht der Fall sein muss, da sie evtl. *gesellschaftlich* über mir stehen.
Stell dir vor, der Bürgermeister deines Ortes singt in deinem Chor. In der Probe (und nur da) bist du sein Chef.
Außerhalb der Probe hat er einen gesellschaftlich höheren Rang und darf ihn auch ausleben.
Wenn du aber darum bittest, dass dieser Bürgermeister sich bei dir abmeldet, wenn er nicht zur Probe kommen kann, muss er verstehen, dass du in diesem Moment **deine** Rolle ausleben **musst**, auch wenn sich das für ihn merkwürdig anfühlt.

Da ich ein sehr klares Rollenverständnis habe, habe ich wenig Konflikte, die mich emotional berühren. Die Sänger haben das Problem und müssen damit klarkommen.
Ich bin mir auch nicht zu schade, dem Bürgermeister das Mitsingen zu verbieten, wenn er zu häufig fehlt und nicht nacharbeitet.
Ich bin nie in meiner Ehre verletzt, da ich weiß, dass ich das letzte Wort habe.

Ich musste leider lernen, dass Menschen sich nur schwer ändern lassen.
D.h. wenn du ein Alphatier im Chor hast, das die Rollenverteilung nicht versteht und immer gegen dich arbeiten muss, einfach weil es **muss**, hat es keinen Sinn zu versuchen den Konflikt zu lösen.
Du hast ja kein Problem, da du per Definition über dieser Person stehst und **sie** damit halt nicht klarkommt:
- So lange du dem Großteil des Chores deine Handlungen erklären kannst, …
- So lange du für dich deine Aufgaben klar definiert hast, …
- So lange du rational auf alle dir entgegenkommenden Emotionen reagierst, …

wirst du keine dich tangierenden persönlichen Konflikte mit Sängern haben.

Einige werden ein Problem mit **dir** haben – **deren** Problem wirst du aber nicht lösen können.
Ich habe aufgehört mich um diese Problemsänger zu kümmern. Wenn mir etwas zugetragen wird („der findet das oder das schlecht") analysiere ich, ob auch andere so darüber denken könnten, bzw. ob eine Änderung meines Verhaltens vielleicht tatsächlich besser wäre.
Wenn ich für mich zu dem Schluss komme, dass
- eine Änderung nicht sinnvoll ist, bzw. ich meine Handlung gut begründen kann,
- dies ein singuläres und individuelles Problem eines Sängers ist,
- seine eventuell generelle Unzufriedenheit den Rest des Chores nicht tangiert,

versuche ich nicht mal mit diesem Sänger zu sprechen, da dies nicht zielführend ist.

Sollten mehrere dasselbe Problem haben, begründe ich mein Handeln nebenbei in einer Probe, ohne den Grund für die Rechtfertigung anzusprechen.
Sollte die Person recht haben, ändere ich mein Verhalten, ohne es mit dieser Person zu besprechen.
Sollte mich diese Person direkt ansprechen und mir ein Fehlverhalten vorwerfen, höre ich zu. Ich zeige Verständnis. Es tut mir ja auch wirklich leid, dass der Sänger sich so fühlt (sic!).
Ich versuche die Emotion zu rationalisieren, indem ich auf einer Sachebene mein Verhalten begründe. Da ich jede privaten Verbindungen mit Sängern vermeide, gelingt mir das auch recht gut. • *(s.a. Beziehungsglück = fehlende Objektivität)*

High-Maintenance-Sänger
Fordere einen Sänger, der schlecht singt, zur Mitarbeit auf, bevor du schwerwiegende Konsequenzen ziehst (ihn rausschmeißt).
Teile ihm mit, dass er die Töne nicht so gut trifft/eine raue Stimme hat/etc. – also *aus dem Chorklang heraussticht*.
Ein Zaubersatz ist: „Da müssen wir etwas tun!"

Er soll sich nun einen Gesangslehrer suchen – auch um physische Probleme auszuschließen (schlechter Stimmbandschluss, etc.). Denn ‚nur' besser singen zu können ist häufig kein Anreiz – der Verdacht, dass da etwas kaputt sein könnte, schon.
Bestehe hier auf Zwischenberichte darüber, was der Gesangslehrer/HNO gesagt hat.
Wenn allerdings das Gehör des Sängers nicht stimmt – also die Kontrollfunktion über die Stimmbänder – dann musst du diesen Sänger aus dem Chor komplementieren.
Diese Sänger wirst **du** niemals besser singen lassen. Sie könnten das richtige Singen lernen – aber nicht im Chor, da ihnen hier zu wenig Aufmerksamkeit geschenkt werden kann. Sie werden ein *High-Maintenance-Sänger*. Das sind Sänger, die mehr Aufmerksamkeit brauchen, als der Nutzen, den sie dem Chor bringen (soziale Komponenten mit einberechnet): Sie sind damit K4-Sänger. *(s.a. Ausgleich; Sängerkategorien)*
Einerseits, weil du sie die ganze Zeit korrigieren musst, bzw. wegen eines Sängers eine ganze Stimme immer und immer wieder eine Stelle singen lassen musst, andererseits, weil die anderen Sänger ungehalten werden und diesen Sänger immer mehr ablehnen.
„Lieber ein Ende mit Schrecken als ein Schrecken ohne Ende."
Das ist die beschissenste Situation für jeden Chorleiter und das schönzureden hat keinen Sinn, aber der Satz stimmt.
Bedenke: Du hast die Verantwortung für den **ganzen** Chor.
Wenn nur das Engagement nicht stimmt und keine physischen Probleme vorliegen – wenn dieser Sänger sich also als einziger nicht vorbereiten will, immer zu spät kommt, oder in den Proben stört, ist der schwarze Peter beim Sänger und der Rausschmiss sehr einfach. Hier kannst du dich auf dieses störende Verhalten berufen.

Interessanterweise ist schlechtes Singen des Nebensängers für viele Sänger kein großes Problem und rechtfertigt für sie noch keinen Rausschmiss – asoziales Verhalten schon.
Das ist aber einfach zu erklären: Die meisten Sänger haben selbst Angst, dass sie falsch singen, bzw. können ihre eigene Qualität nicht richtig einschätzen. So könnte es für sie gefährlich sein, einen Mitsänger zu kritisieren. Was ist, wenn der Dirigent sagt: „Wenn der geht, musst du aber auch gehen, weil…"?

Stimmliche Unzulänglichkeit ist für **dich** ein starkes Argument einen Chorsänger nicht mehr im Chor haben zu wollen. Um einen schönen Chorklang erreichen zu können müsste man diese Stimme irgendwie integrieren. Sie braucht dafür aber viel Aufmerksamkeit, die du dann anderen Sängern entziehst.
Wenn der Aufwand das Ergebnis nicht mehr rechtfertigt, muss solch ein Sänger gehen. Hier müssen alle Sänger vertrauen, dass du die richtige Entscheidung triffst. Wenn nur der Verdacht von Willkür aufkommt, haben alle Sänger Angst, dass sie die nächsten sind. Ich erkläre meinen Sängern regelmäßig, dass ich ihnen rechtzeitig und bevor es jemand anderes merkt sage, wenn sie es stimmlich nicht mehr schaffen den Chorklang zu unterstützen.
Du hast diese Verantwortung für deine Sänger. In dem Augenblick, in dem sich Mitsänger von einem (auch langjährigen) Sänger gestört fühlen, werden alle persönlichen Vorteile, die dieser Sänger hat, langsam relativiert, da er die Probe aufhält und stört.

Natürlich müssen in deiner Kosten-Nutzen-Analyse die sozialen Komponenten eine Rolle spielen. Zu viele Kollegen ruhen sich aber genau darauf aus: „Den kann ich nicht rauswerfen, der singt schon seit 30 Jahren mit."
Eigentlich haben sie aber Angst vor dem Konflikt.
Der Konflikt entsteht aber nur durch ein **Fehlen von kommunizierbaren Kriterien**.
Wenn dir und dem Chor klar ist, was ein Sänger, um erfolgreich mitsingen zu können, mindestens leisten muss (muss Noten lesen können/muss sich vorbereiten können/muss Deutsch sprechen können/muss einen Stimmumfang von einer Oktave haben/muss …) kannst du die Sänger darauf hinweisen, wenn sie, ohne eigene Mehrleistung, diesen Kriterien nicht mehr gerecht werden.

Wenn du eine (zumindest grobe) Vorstellung davon hast, wie dein Chorklang sich zusammensetzt oder zusammensetzen soll und was ein Sänger können **muss**, um dem Chorklang konstruktiv zu dienen, wirst du Argumente haben, Sänger rauszuwerfen.
Ohne Kriterien wirst du willkürlich und beliebig werden und aus Angst vor Konflikten Sänger nicht vor sich selbst schützen. •

Historische Notation

Dass Menschen schon immer Musik gemacht haben, wissen wir spätestens seit dem Fund einer Knochenflöte die ca. 43.000 Jahre alt ist.
Auch die griechischen Theaterstücke hatten einen gesungenen Chor. Leider können wir nichts davon reproduzieren, da Musik nicht schriftlich überliefert wurde.
Es wird zwar immer wieder versucht antike Musik auch anhand der überlieferten Instrumente zu rekonstruieren – **wissen** tun wir wenig.
Allerdings darf man nicht vergessen, dass auch wir keine Aufzeichnung von deutschen Volksliedern, die nur 1000 Jahre zurückliegen, besitzen, obwohl es eine funktionierende Notation gab, die „das Volk" aber nicht schreiben konnte. Somit wurde auch unsere Musik (ähnlich wie Märchen und Sagen) mündlich überlieferte.

In Ugarit, einem durch Keilschriften bezeugten Stadtstaat im Nordwesten des heutigen Syrien wurden Tontafeln mit hurritischen Hymnen gefunden, die die ältesten Musiknotationen der Welt darstellen, da ihnen in Buchstaben Anmerkungen zur Melodiefolge beigefügt sind. Sie stammen aus der Zeit um 1400 v.Chr.

[Seite „Ugarit". In: Wikipedia, Die freie Enzyklopädie. Bearbeitungsstand: 18. November 019, 13:39 UTC. URL:https://de.wikipedia.org/w/index.php?title=Ugarit&oldid=194156731 (Abgerufen: 10. Februar 2020, 16:08 UTC)]

Spannender ist die Seikilos-Stele, die im Zeitraum um 200 n.Chr. als Grabstein gefertigt wurde.
Hier wurde auch die Vorform einer musikalischen Notation gefunden. Es ist das wohl einzige vollständig erhaltene Musikstück der Antike. •

[Seite „Seikilos-Stele". In: Wikipedia, Die freie Enzyklopädie. Bearbeitungsstand: 23. Januar 2020, 20:19 UTC. URL: https://de.wikipedia.org/w/index.php?title=Seikilos-Stele&oldid=196110291 (Abgerufen: 11. April 2020, 09:35 UTC)]

Hoch die Wangen!

Schauen wir freundlich, heben wir die Wangen. Dadurch ist ein runder und damit dunkler Vokal fast unmöglich. Versuche es: Fixiere mit den Fingern beim Lächeln die Haut etwas unterhalb der Wangenknochen und spüre die relativ große Kraft, die du brauchst, um ein rundes „U" zu formen. •

Hoch hinaus, weil schon bekannt

Es ist gefährlich deine Sopräne darauf aufmerksam zu machen, dass da gleich ein hoher Ton kommt. Wenn sie denken: „Hoher Ton!", bekommen sie Angst, die Kehle wird eng und es entsteht ein Teufelskreis oder *Self-fulfilling-Prophecy*. Es bestätigt sich dann, dass sie diesen Ton nicht singen können.
Schon beim Einsingen merke ich, dass sich ab gewissen Höhen – wenn der Ton nicht mehr perfekt schön klingt – manche Sopräne ausklinken und auch den Kopf schütteln (heißt: „Ich kann nicht mehr.").
Dann stoppe ich und animiere alle zum Weitersingen („nochmal mit Energie"/„Mund auf"/etc.). Damit kommen die meisten Sopräne mindestens bis zum g'' (das nicht ‚schön' klingen muss) – damit habe ich einen **Beweis**...

Wenn nun im Stück nur ein *f"* vorkommt und einige sich vor dem „quietschigen Ton" fürchten, kann ich beweisen, dass alle den Ton schon im Einsingen lange hinter sich gelassen haben.

Das ist der erste Schritt. Darauf musst du sie zum Öffnen der Kehle animieren, indem sie die Zungenspitze an die unteren Schneidezähne, bei gleichzeitig freundlichem Gesicht, legen. *(s.a. Abstützen; Koronal; Mundstellung (chorische); Zungenspitze)*

Wenn alles nichts hilft und deine Sänger sich festsingen/verkrampfen, beginnst du die Stelle einen Ganzton tiefer und legst sie beiseite (übst etwas anderes).

Nach ein paar Minuten nimmst du die Stelle wieder, singst sie diesen Ganzton tiefer, dann einen Halbton höher, original und wenn du mutig bist (natürlich ohne Ankündigung) noch einen Halbton höher.

Du kannst den hohen Ton auch zuerst zu Übungszwecke über einen Dreiklang ansteuern und das nächste Mal diese Stelle auf Vokalise ins Einsingen einbauen. Usw.

Das wichtigste: Nimm deine Sänger ernst, wenn sie Sorgen haben, einen Ton nicht zu erreichen. **Sänger wollen gut singen**. Wenn du nicht darauf eingehst, werden sie irgendwann deinen Anspruch anzweifeln.

Zuerst wird es sich für dich so anfühlen, als würdest du sie quälen, um diese Stelle gut hinzubekommen und eventuell willst du sie dann schonen. Wenn du es aber klug anstellst werden sie zum Ziel kommen und ein Erfolgserlebnis haben.

Bleibe realistisch: Wenn du für einen Chor von unausgebildeten Stimmen ein Stück aussuchst, in dem der höchste Ton im Sopran ein *g"* ist, hast du selbst schuld. •
(s.a. Tonumfang)

Hoch tiefer, Tief höher

Schwierige hohe oder sehr tiefe Stellen übe zuerst oktaviert, bzw. um eine Quarte erhöht oder um eine Quinte erniedrigt in einer bequemen Mittellage, damit die Sänger ein Gefühl für die Tonfolge bekommen. Um effektiv zu proben, nutze diese drei Intervalle wie beschrieben, da sie als Teiltöne *(s.a.)* die originalen Töne beinhalten.

In den Extremlagen müssen Sänger andere Techniken anwenden als in einer angenehmen Lage. Deshalb kannst du so nicht Vokalreinheit, Artikulation, Dynamik oder Klang üben. Aber schwere Tonfolgen sind damit einfacher zu proben.

Wenn die Tonreihenfolge sicher ist, geht man in die Originalhöhe zurück und übt die Stelle nochmal, um die Schwierigkeiten, die die Höhe/Tiefe mit sich bringt, zu lösen.

Nutze die Schubladen *(s.a.)*: Text/Rhythmus/Töne in angenehmer Höhe und dann in originaler Tonhöhe.

Willst du, dass sich Soprane freisingen, kannst du eine Stelle kurzeitig auch nur um ein oder zwei Ganztöne tiefer singen lassen.

Im Tenor *(s.a.)* benötigst du diese Technik seltener, da dort die hohen Töne über die männliche Kopfstimme leichter und ohne große Anstrengung gesungen werden können. D.h. auch nach längerem Üben wird der Tenor nicht abgesungen sein, wenn er locker und luftig bleibt. • *(s.a. Extremlagenwechsel; Zu tief)*

Hobby
Hobby steht im Englischen auch für ein Spielzeug-*Steckenpferd*. •

Höchstleistungsmotivation
Wie vieles im Leben ist alles eine Frage der Motivation. Ein Chorleiter muss sich fragen: „Was kann ich jetzt tun oder sagen, um meinen Chor zu Höchstleistungen zu animieren?" Grundsätzlich ist Lob das Mittel der Wahl, sowie konstruktive und lösungsorientierte Kritik („mach das – dann klappts").
Deine Sänger wollen gut singen: Sie anzumachen bringt also nichts. Dein Job ist es, ihnen **Werkzeuge** in die Hand zu geben.
Einige faule Pflaumen gibt es immer – die wirst du im Laienchor auch nicht vom Gegenteil überzeugen können – sie dürfen nur die anderen nicht anstecken und bei zu extremer Faulheit müssen sie eben gehen.
Schaue auch langfristig: Was will der Chor/was ist sein Selbstbild und passt das was **du** willst und was **er** will zusammen? Wenn du also in eine falsche Richtung motivierst (übertrieben: Ein Gospelchor, von dem du verlangst ein klassisches Oratorium zu singen) wirst du keinen Erfolg haben. •

Hören-Sagen
Verlasse dich nicht auf *Hören-Sagen* wie: „Der ist mit dem Programm unzufrieden"/„Die mag dich nicht."/usw. Noch schlimmer sind verallgemeinernde Aussagen die mit „Die meisten Sänger…" oder „Der Chor…" (braucht eine Pause/fühlt sich überfordert/etc.) beginnen, da sie ohne offizielle Abstimmung nicht zu evaluieren sind und somit nur aus dem direkten Umfeld des skandierenden Sängers stammen.
In 99% der Fälle nutzen Sänger dieses rhetorische Mittel, um auf ihre eigenen Probleme hinzuweisen. Sie verallgemeinern also, da sie (unbewusst) nicht glauben, dass ihr persönliches Problem allein genug Gewicht hat, damit du etwas dagegen unternimmst.
Bevor du dir also zu viele Gedanken machst, frage diese Person erstmal aus.
Aber nicht: „Wer sagt das noch?", sondern: „Was würdest **du** vorschlagen?"
Wenn du solchen Sängern das Gefühl gibst, dass sie in den Lösungsprozess eingebunden werden – ihnen also zugehört wird – werden sie sich meist beruhigen.
Durch diesen rhetorischen Trick bringst du das Gespräch auf eine sachliche Ebene und kannst der Person eventuell auch erklären, warum du etwas so oder so machst.
Natürlich haben solche Gerüchte einen wahren Kern – sie sind sehr selten Erfindungen und die warnenden Sänger wollen meistens nur helfen – auch wenn sie das Problem häufig aufbauschen. Wenn du diesen Gerüchten aber glaubst, ohne sie nachzuprüfen, wirst du irgendwann paranoid.
Bleib also erstmal locker und hinterfrage die Motive des warnenden Sängers, hinterfrage die Tragweite des Berichteten und forsche dann nach – oder lass es sein. •

Hörprobe

Deinem Chor Audioaufnahmen einer Probe zur Verfügung zu stellen ist ohne pädagogische Einbettung und Begleitung eine dumme Idee.
In einem Laienchor können die wenigsten Sänger eine (immer sehr) ehrliche Aufnahme rationalisieren und hören selbst nur eine schlecht ausgesteuerte Aufnahme von einer Probe, in der nicht alles gut lief.
Das ist im Vergleich zu der CD-Aufnahme eines Profichores, den jeder in seiner Hörgewohnheit zu Rate zieht, ein sehr deprimierendes Erlebnis.
Besser ist es eine **Hörprobe** zu veranstalten.
D.h. du nimmst in der Probe ein Stück oder einen Ausschnitt aus einem Stück auf, hörst mit dem Chor direkt danach dieses Stück an und sprichst mit dem Chor darüber was noch zu verbessern ist. So erleben die Sänger was **du** hörst, aber auch wie du das Gehörte einordnest.

Der Aufbau ist *relativ* kostengünstig zu bewerkstelligen:
- ein USB-Mikrofon (besser ein Interface + Mikrofon) – Charakteristik: Niere. Auf keinen Fall nur ein Gesangsmikro (d.h. du brauchst ein Mikro, das Phantom Power braucht – oder eben USB, weil diese Mikros empfindlicher sind).
  Das bekommst du brauchbar für um die 200€.
- Mikrofonständer – 2 Meter hoch.
- Laptop mit einem Aufnahmeprogramm.
- Ein Aktivlautsprecher (also einer, der eine eigene Stromversorgung hat) und den du an deinen Laptop (oder das Interface) anschließen kannst. Auch hier wirst du ab 200€ für diesen Zweck fündig.
  Achte darauf, dass es ein Fullrange-Lautsprecher ist und schau auch mal bei erhältlichen Monitorboxen nach. *(s.a. E-Piano…)*
- Ein Lautsprecherständer wäre nicht schlecht, da du dann den Lautsprecher auf die Ohrenhöhe der Sänger stellen kannst. Ein Tisch reicht aber auch, wenn der Chor sitzt.

Stelle den Lautsprecher vom Chor relativ weit weg auf – wenn möglich in der Entfernung der Chorbreite (z.B. Chorbreite = 6m – Lautsprecher = 6m vom Chor entfernt) – damit alle Sänger ungefähr denselben Höreindruck haben.
Du musst bei diesem Vorhaben zwar ordentliches Equipment haben (je besser desto besser), aber keines, das CD-Qualität produziert – dafür wird dein Probenraum auch nicht die richtige Akustik haben.
Es lohnt sich, für dieses Vorhaben in einen großen Raum zu gehen. Vermeide aber unbedingt hallige Kirchen – das bringt dir auch wieder nichts, weil alles verschwimmt. Ein deutlicher Nachhall von maximal einer Sekunde ist das höchste der Gefühle. Klatsche dafür in die Hände und zähle wie lange das Echo hörbar ist.
Der Chor soll sich selbst hören und beurteilen können.
(s.a. Dry und Wet; Raummoden und Flatterecho; Wellenlängen und Frequenzen)

Da wir nur mit einem Lautsprecher arbeiten, brauchst du auch nur ein Mikrofon.
Willst du mit mehreren Lautsprechern arbeiten, kannst du Mikrofone als xy-Stereopaarung aufstellen – aber selbst dann reicht eigentlich ein Mikro. KISS! *(s.a.)*
Dieses Mikrofon stellst du im Abstand *halbe Chorbreite* auf. D.h. wenn dein Chor ca. 6 Meter breit steht, stellst du das Mikrofon 3 Meter von ihm entfernt mittig auf.
Der Grund ist einfach: Ein Mikrofon mit Nierencharakteristik nimmt ca. 90 Grad vor sich auf – das hast du damit abgedeckt.
Der Chor sollte bei diesen Aufnahmen stehen. Den Mikrofonständer musst du auf die 2 Meter hochschrauben, damit du auch die Sänger von hinten mit auf die Aufnahme bekommst.

Für eine Hörprobe brauchst du eine gute Vorbereitung – auch um selbst die geistige Kapazität zu haben, pädagogisch auf deinen Chor eingehen zu können.
Nutze ausschließlich ein Stück, das dem Chor **absolut geläufig** ist. Du willst am Klang arbeiten und deinen Sängern helfen ihre Rolle und ihr Zutun am Klang wahrzunehmen. Du musst dir die richtigen Stellen rausgesucht haben. Du darfst nicht einfach ein Stück durchsingen.
Du kannst vielleicht nachher sagen, was da nicht gut lief – die Sänger können nicht mehr als eine Minute erfassen und konstruktiv verarbeiten. Wenn du also ein ganzes Stück in solch einer Probe erarbeiten willst, teile es in Aufnahmehäppchen ein.

Du musst alles aufgebaut haben, bevor die Sänger kommen.
Du musst einen Soundcheck gemacht haben und dafür sorgen, dass alle Sänger etwas hören. Nimm dich dafür auf, indem du weiter hinten im Chor sitzt. Singe. Hör es dir von diesem Platz aus an und stelle **zuerst** die Empfindlichkeit des Mikros ein, erst dann die Lautstärke der Box, denn die fängt meist zuerst an zu rauschen.
Wenn du das erste Mal mit dem Chor aufnimmst, verkaufe ihm das auch als Test, denn du musst nun die endgültige Lautstärke festlegen.
Gleichzeitig musst du hören, ob der Chorklang sich mischt. Solltest du noch zu viele Einzelstimmen hören, stelle das Mikro etwas weiter vom Chor entfernt auf. Wenn aber genau das eines deiner Probleme ist binde den Chor in die Problemlösung mit ein (diese hörbaren Sänger weiter nach hinten setzen/Vokalreinheit/Dynamik klären/durch ein freundliches Gesicht einen weiten Schalltrichter erzeugen/etc.).

Ein idealer Ablauf wäre also: Lass eine Stelle singen und nimm sie dabei auf. Spiel sie dem Chor vor und lass die Sänger selbst Dirigent spielen – also sich selbst kritisieren, inkl. Verbesserungsvorschläge.
Fordere sie dazu auf, zu erklären, was sie gehört haben. Was war gut (zuerst das!!) und was verbesserungswürdig und wenn, wie man dies verbessern kann.
Gib selbst nur Hinweise, nicht die Lösungen vor (außer es kommt wirklich keiner selbst drauf). Honoriere überraschende Lösungswege. Sei selbstbewusst. Du bist immer noch der Dirigent, aber lass deinen Chor hier deine Rolle einnehmen. Gib ihm die Freiheit.

Eine Hörprobe lässt deine Sänger innerlich wachsen, da sie selbst über sich nachdenken. Sie ist schädlich bei Chören, die nur zum Spaß singen wollen. Diese müssten nun der ‚Wahrheit ins Ohr hören' und realisieren, dass sie mit der Attitüde „ich will Spaß, ich will Spaß" nicht gut klingen, aber dem Publikum genau das antun.

Ich behaupte jeder Chor kann gut klingen – es liegt immer an der Auswahl der Stücke, sowie am Chorleiter und seiner Motivation. Auch der kleine Dorfchor wird bei guter pädagogischer Einbindung von dieser Maßnahme profitieren.
Ich arbeite in der Hörprobe nach dem Prinzip: Der Sänger soll sich im **Chorklang** hören und nicht nur im Zusammenklang mit seinen Nachbarn (ähnlich wie Quartettsingen *(s.a.)*).
Er soll wahrnehmen, was einen Chorklang ausmacht. •

Homeoffice

Während der Corona-Krise habe ich festgestellt, dass *Homeoffice* für viele Menschen eine wahre Belastung ist. Ich musste auch feststellen, dass ich gar nichts anderes kenne.
Ich kenne nicht das Gefühl von der Arbeit zu kommen und die Arbeit dort zu lassen – also einfach zuhause zu sein.
Meine Arbeit ‚verfolgt' mich ständig.
Ich habe ein steuerlich absetzbares Arbeitszimmer.
Ich könnte mir aber auch nichts anderes vorstellen, denn mehr als die Hälfte meiner Arbeit geschieht im Homeoffice. •

Homogene Sozialgemeinschaft durch auswärtige Emotionalität

Kotze dich **niemals** bei Sängern aus. Besprech deine persönlichen Probleme nie mit Sängern. Du wirst sie dadurch auf einen Sockel erheben. Sie werden zu etwas Speziellem, weil sie dich privater kennen als andere. Selbst wenn sie **dir** Privates erzählen musst du diesen Informationsvorschuss nicht mit eigenen privaten Informationen honorieren.
Das führt sonst im Zweifelsfalle dazu, dass du erpressbar wirst. *(s.a. Intimwährung)*
Diese Sänger, die *mehr wissen* als andere, werden sich im Rudel aufspielen.

Das hört sich alles an, als wenn es eine Weltverschwörung gegen dich geben würde. Tut es nicht. Die Sänger können nicht anders. Sie werden sich, wenn sie sich dir näher fühlen, dir gegenüber anders verhalten als andere Sänger. Du würdest es in dieser Situation auch tun. Es ist reine Gruppenpsychologie.
So lange du jeden gleich behandelst und dein Auskotzen und andere Emotionalitäten außerhalb des Chores abhandelst, wird dein Chor eine homogene Sozialgemeinschaft sein dürfen. •

Honigkuchenpferd
Wenn du schlechte Laune hast, zwinge dich zu einem freundlichen Lächeln – das setzt Endorphine frei, die deine Laune verbessern.
Siehst du mich ohne offensichtlichen Grund (und sei es nur Höflichkeit) wie ein Honigkuchenpferd lächeln, solltest du aufpassen... • *(s.a. Facial-Feedback)*

Horch, es ruft vom Hause rein
Neue Sänger fühlen sich besser aufgenommen, wenn sie jemanden aus dem Chor kennen, weil sie als (noch) Gruppenaußenseiter sonst keinen Ansprechpartner haben.
Sie sehen den Chor im schlimmsten Fall wie ein Haus ohne Tür und müssen draußen stehen bleiben.
Umso wichtiger ist in der **On-Boarding-Phase** ein direkter Ansprechpartner und Begleiter aus dem Chor, der für den neuen Sänger verantwortlich ist.
Wenn der Neue sofort das Gefühl hat, dass es eine Tür zur Gruppe gibt, er selbst entscheiden kann, ob er ins Haus geht oder nicht, aber von drinnen schon persönlich eingeladen wird, wird er eher eintreten.
D.h. also auch, dass diese Ansprechperson nicht zu überfallend sein darf. Sie muss ein bisschen Fingerspitzengefühl haben. •
(s.a. Auswahlvorsingen/ Einzelvorsingen; Lachkampfverstand; On-Boarding-Package; Schnuppertage)

Horizont
Es ist ein weiter Weg die Kombination von Ton, Sprache, Aussprache und Inhalt so natürlich klingen zu lassen, dass es sich anhört, als hätte man sich darüber keine Gedanken gemacht. •

Horizontschauen
Wenn die Sänger zu tief in die Noten schauen sage ich häufig: „Schaut **5 Grad** über Horizont."
Mir hat diesen Tipp eine Gesangslehrerin gegeben, weil ich stark unter Lampenfieber *(s.a.)* litt. Der Sinn dahinter ist, dass man dem Publikum das Gefühl vermittelt, es anzuschauen, obwohl der Blick über es hinweg geht. Der Effekt durch einen Chor ist sogar noch krasser: Im Publikum fühlt sich so fast jeder angeschaut.
Lass deine Sänger (wenn sie nicht gerade auf dich schauen) knapp über die Köpfe der Zuschauer hinwegsehen, das sind die 5 Grad. Das Publikum bekommt das Gefühl vom Chor eingebunden zu sein und als schönen Nebeneffekt nehmen deine Sänger eine gesunde, aufrechte Haltung ein. • *(s.a. Notenhaltung im Konzert (Sänger))*

Huho
Wenn der Chor mit wenig Konsonanten singt, singen die Sänger eventuell stark durch die Nase.
Je weniger ein Sänger den Klang/Luft durch die Nase singt, desto klarer wird sein Klang. Sei aber vorsichtig, da Sänger, wenn du ihnen sagst, sie sollen nur durch den Mund singen, alle Resonanzräume/Nebenhöhlen zu machen und den bekannten *nasalen* Klang produzieren. Dieser wird witzigerweise durch ein komplettes Schließen der Nase erzeugt – ist also eigentlich nicht ‚nasal'...
Was wir vermeiden wollen ist z.B. „Gottes Segen": „Hodhdes Sehghen" oder statt „Udo" „Huho". Das passiert, wenn viel Luft durch die Nase fließt, sodass ein Glottisschlag/ eine Konsonantenformung im Mund keinen entscheidenden Effekt auf den Klang hat oder durch den geringen Druckaufbau im Mundraum keine Plosivlaute (ptkbdg) erzeugt werden können.
Versuche es ruhig: Sag deinen Sängern, sie sollen einmal nur durch den Mund singen. Du wirst hören, wie viel deutlicher die Artikulation ist.

Neben der *Nasalproblematik* ist es (je höher der zu singende Ton wird) immer schwieriger frei durch den Mund zu singen.
Weiterhin wird die Luftmenge, die nötig ist den Ton zu erzeugen, immer geringer, was ‚luftige' Konsonanten ohne gute Technik fast ausschließt.
Deshalb ist eine klare Artikulation in extremen Höhen im Laienchor kaum noch einzufordern und muss durch die Artikulation anderer Stimmen substituiert werden.
(s.a. Deutliches Sprechen ist deutliches Singen; Textbasierte Nachbarschaftshilfe zur Intonationsdrückvermeidung)

Diese Form des klaren Singens durch den Mund funktioniert am besten in der Mittellage und in der Bruststimme und ist da eine hocheffektive Methode deinen Chor zu Textverständlichkeit zu zwingen und hauchigen Sängern zu mehr Kern zu verhelfen. •

Humor ist, wenn man aus Mitleid lacht
Versuche nicht witzig zu sein!
Sei du selbst. Entweder du bist eine spontane Witzfigur oder eben nicht.
Humor ist sehr persönlich und wird im besten Fall akzeptiert. Wenn aber Sänger ihrem Dirigenten etwas Böses wollen, öffnest du ihnen damit Tür und Tor.
Wenn du also selbst etwas sehr witzig findest, solltest du das natürlich sagen dürfen, aber musst unbedingt die persönliche Note kommunizieren und nicht erwarten, dass alle das witzig finden („Das hat **mich** wirklich zum Lachen gebracht...").

Das schlimmste sind Scherze auf Kosten anderer – das kann man machen, wenn man unter Gleichgestellten ist, aber nicht in der Position des Oberen, sprich Dirigenten.
Auch wenn du denkst, dass du ein kumpeliger, humorvoller Typ bist – das hat in der Position des Dirigenten alles nichts zu suchen. • *(s.a. Witzigkeit kennt Grenzen)*

Husten, Schnupfen und singen

Bei trockenem Hustenreiz sollte man nicht singen (und kann es auch nur schlecht…). Muss man es doch, sollte man nur **durch die Nase** einatmen. Die Luft wird durch den vermehrten Kontakt mit Schleimhaut angefeuchtet und reizt die Stimmlippen nicht noch mehr.

Du solltest viel trinken und die ganze Zeit Bonbons lutschen (wenn nötig auch im Auftritt). GeloRevoice und andere schleimbildende Bonbons können sehr hilfreich sein. Bitte nimm keine Mentholbonbons – die trocknen noch mehr aus.

Zucker in zuckerhaltigen Bonbons macht den Mund (über den Umweg von Bakterien) sauer, Zuckerersatzstoffe können aber zu Durchfall führen.

Deshalb lutsche ich bis zur Probe oder dem Auftritt zuckerhaltige und erst in der Gesangssituation zuckerlose Bonbons.

Wenn alles nicht hilft, kann man sich vom Arzt einen Hustenstiller wie Codein verschreiben lassen. Alles andere ist (vor allem bei **trockenem** Husten) nett, aber wenn du wirklich singen musst, brauchst du etwas das garantiert wirkt.

Es gibt mit Sicherheit noch viele andere Mittel, aber ich nutze Codein, oder bei einem bronchialen Infekt einen Inhalator mit einem Bronchien erweiternden Mittel das auch die Stimmlippen abschwellen lässt.

Das ist alles verschreibungspflichtig und das absolut letzte Mittel!

Bei Schnupfen nutze ich ein *Kinder*-Nasenspray, schlicht weil es nicht so brennt und weil ich mehr davon benutzen kann, wodurch mehr zusätzliche Feuchtigkeit (Spray) in die Nase gespült wird.

Wenn der Husten schleimig ist, nutze ich ein Äquivalent zu ACC-Akut (dann aber kein Codein!).

Chlorhexamed bekämpft bei mir erfolgreich bakterielle Entzündungen im Hals.

Ich gurgle mit Salbei-Öl, wovon ich ein paar Tropfen in ein Glas Wasser gebe. Wenn dir auch sonst Salbei-Tee oder Salbeibonbons helfen – das Öl schmeckt zwar scheußlich, wirkt aber direkter und ist höher dosiert.

Alles oben Genannte kombiniere ich mit einem Ibuprofen.

Ich gebe hier ausdrücklich keine Empfehlung! Ich schreibe dir nur auf, was **mir** hilft. Ich nutze alle Mittel, die über Bonbons und Salbei-Öl hinausgehen, nur für Konzerte oder Generalproben und auch nur, wenn es wirklich nicht anders geht.

Wenn du aufgrund von Krankheit eine Probe nicht leiten kannst, sag sie ab!

Keine Probe ist es wert seine Gesundheit auf Spiel zu setzen oder verschreibungspflichtige Medikamente einzunehmen. •

(s.a. Krank oder nicht krank – das ist h…; Medikamente für Chorsänger)

Hygiene

Du hast vor jeder Probe jede Menge Hände geschüttelt (B.C. = Before Corona) und bist in der Probe angespuckt worden (wenn deine Sänger alle in deine Richtung ein starkes „T" sprechen hat dein Immunsystem ganz schön was zu tun).

Deshalb musst du dich schützen.

Ich habe **Arbeitskleidung** (leider nicht steuerlich absetzbar), d.h. ein Hemd oder Pullover, sowie eine Hose, welche ich nur zur Probe anziehe.

Normalerweise gehe ich kurz bevor die Probe losgeht ins Bad und wasche mir die Hände, da ich mir in der Probe garantiert mal ins Gesicht fassen werde.

Außerdem desinfiziere ich meine Hände mit einem medizinischen Handdesinfektionsmittel. Achte darauf, dass das Mittel gegen **alle** Viren wirkt. Wenn da als Werbung „gegen 99,9% aller Bakterien und spezielle Viren" wie beim Marktführer draufsteht, tötest du im schlimmsten Fall sogar deine natürliche Bakterienhilfsarmee auf der Haut und lässt den Viren freien Zugang – auch weil du dich ja nun sicher fühlst.

Grundregel: Kein Desinfektionsmittel aus dem Drogeriemarkt ist verlässlich viruzid. Wenn töten – dann alles.

Sowas bekommst du nur in der Apotheke/im Internet und musst danach fragen, da auch dort diese sinnlosen Marktführer rumstehen.

Das mag vielleicht etwas übertrieben wirken, aber spätestens seit dem Corona-Virus solltest auch du sensibilisiert sein.

Händewaschen schadet nicht – es hilft dir und anderen. Tu es einfach! •

I

Idiosynkrasie-Kredit

Dadurch, dass der Chorleiter in den Augen seiner Sänger in der Lage ist etwas zu tun, wozu sie selbst nicht in der Lage sind (mit Ausnahmen…), erlauben sie ihm gewisse ‚Schrulligkeiten'.

Du hast damit einen *Kredit* für neue/überraschende und zunächst unverständliche Verhaltensmuster, die von der Gruppennorm abweichen.

Das können positive sein (z.B. verrückte Kleidung), aber auch negative (z.B. auf einen Sänger aufgrund von Überlastung unwirsch reagieren).

Dieser Kredit wird leider viel zu viel und oft ausgegeben.

Manche Chorleiter erlauben sich Verhaltensmuster, die im normalen Umfeld/Leben als **Arschlochtum** bezeichnet werden würden und eben keine *Schrulligkeit* sind.

Die Chorleiterfähigkeit wird von vielen Sängern hoch geschätzt und wiegt auf einer Waage so viel, dass häufig auch extrem negative Verhaltensmuster auf der anderen Seite die Waage nicht umkippen lassen.

Erst nachdem ich von dem Idiosynkrasie-Kredit gelesen habe, habe ich verstanden, warum so viele Chöre sich mit diesen Doofis abgeben. Gleichzeitig frage ich mich seitdem, warum ich mir überhaupt so viel Mühe gebe… •

[Seite „Idiosynkrasiekredit". In: Wikipedia, Die freie Enzyklopädie. Bearbeitungsstand: 7. November 2019, 21:27 UTC. URL: https://de.wikipedia.org/w/index.php?title=Idiosynkrasiekredit&oldid=193853950 (Abgerufen: 6. Februar 2020, 14:27 UTC)]

Inegalität

Inegal (von *ungleich*) zu musizieren bedeutet, dass innerhalb einer Phrase mit vornehmlich schnellen Notenwerten nicht alle Notenwerte gleichlang gespielt werden, obwohl sie gleichlang notiert sind. Die Phrase bleibt dabei insgesamt genauso lang, als wenn alle Notenwerte gleichlang gespielt worden wären.

Meine Eselsbrücke ist: **innendrin egal**.

Eigentlich wirst du das bis zu einem gewissen Grad eh immer machen, da genau das lebendige Musik ausmacht.

Nur wenn du dich sklavisch einem Metronom unterordnest (oder dich selbst so aufführst) werden du oder dein Chor niemals automatisch und musikalisch *inegal* musizieren.

Das macht dein Chor nämlich fast automatisch, wenn er ein Stück schon sehr gut kann: Er setzt Schwerpunkte, die durch eine minimale Temporeduktion an Wichtigkeit gewinnen und ‚überrennt' unwichtigere Stellen. Er schafft dadurch einen Kontrast.

Versuche das folgende Beispiel jeweils drei Mal hintereinander mit Metronom und dann ganz frei mit bewussten Schwerpunkten zu singen.
Beim freien Singen wirst du zuerst fest werden und dich auf die Schwerpunkte setzen. Lerne nach den Schwerpunkten loszulassen.
Wenn du das schaffst, stoppe beide Arten zu singen mit einer Stoppuhr. Du wirst feststellen, dass du ca. die gleiche Zeit brauchst.

Beispiel: Kanon „Cantate Domino" von Dietrich Buxtehude (1637 – 1707)

In der Alten Musik und im Solobereich ist das inegale Musizieren Normalität.
Als im 17. Jahrhundert das Konzept des *Crescendo/Diminuendo* aufkam wurde dieses auch dafür genutzt, um minimale Temposchwankungen anzudeuten und die Inegalität damit etwas zu steuern.
In der deutschen Romantik haben Komponisten dies bewusst eingesetzt.

Beispiel: Sopran, T39ff aus „Locus Iste" von Anton Bruckner (1824 – 1896) *(s.a. Probendisposition)*

In T33 steht eine Diminuendogabel, in der Parallelstelle T37 nicht. Wenn T33 leicht ritardiert wird, klingt es fast wie eine Frage: „den der Herr gemacht hat?".
Wenn dann T37 im Tempo fest bleibt, ergibt sich nicht nur eine sehr musikalische, sondern auch inhaltliche Wendung. Dies ist kein Zufall, denn die Parallelstelle am Anfang ist genauso bezeichnet. Die Diminuendogabel wäre eigentlich auch nicht nötig gewesen, da jeder musikalische Sänger den Takt eh dynamisch abphrasiert hätte. Wer mir vorwirft, ich würde da zu viel reininterpretieren…beweise mir das Gegenteil…es ist einfach zu cool.

T40 steht ein Crescendo *(s.a.) ausgeschrieben.* Der mir gelehrte Weg ist, dass **nur** die Gabeln auch das Tempo anzeigen, der Text dagegen nur die Lautstärkenvergrößerung, bzw.

Verkleinerung meint. D.h. hast du Gabeln, folge ihnen im Tempo und Dynamik. Hast du Text, folge nur der Dynamikanweisung. Deshalb findest du in manchen Stücken romantischer Komponisten Dynamikgabeln **und** den äquivalenten Text.

Unabhängig davon, ob die Komponisten das nun alles wirklich so meinten: Ich nutze diese Regel in allen romantischen und spätromantischen **homophonen** Werken von Brahms, Bruckner, Mahler, Reger, etc. – schlicht, weil es funktioniert, wenn man es nicht übertreibt. Es macht die Musik lebendig und die Bewegung nach vorne oder zurück dem Chor **kommunizierbar**. Einfach: „Bei jeder Crescendogabel ein bisschen nach vorne, bei jeder Diminuendogabel ein bisschen zurückhalten."

Es ist kein echtes Ritardando oder Accelerando. Es ist (die Musik) **atmen**. •

Informierter Blutverlust

Gibt es böses Blut zwischen Chören der näheren, räumlichen Umgebung, lohnt sich eine lösende Zusammenarbeit: Man macht ein gemeinsames Konzert mit folgendem internen Buffet. Auch wenn einer der Dorfchöre einen neuen Chorleiter bekommt lohnt sich solch eine Maßnahme. Zwischen zwei Gruppen bestehen so lange Vorurteile, wie man sich nicht kennt. Dann kann man wenigstens informiert sagen: „Die mag ich nicht." •

(s.a. Konzert: gemeinsam mit anderen Chören)

Innerlich singen

Eine Übung, um die innere Ton-, Tempo und Melodievorstellung zu stärken:
Einen Abschnitt (z.B. Takt 12 – 16) singen.
Darin einen Takt (Takt 14) im Tempo innerlich(!) weitersingen – wieder einsetzen.

Beispiel: T12ff aus „Locus Iste" von Anton Bruckner (1824 - 1896) *(s.a. Probendisposition)*

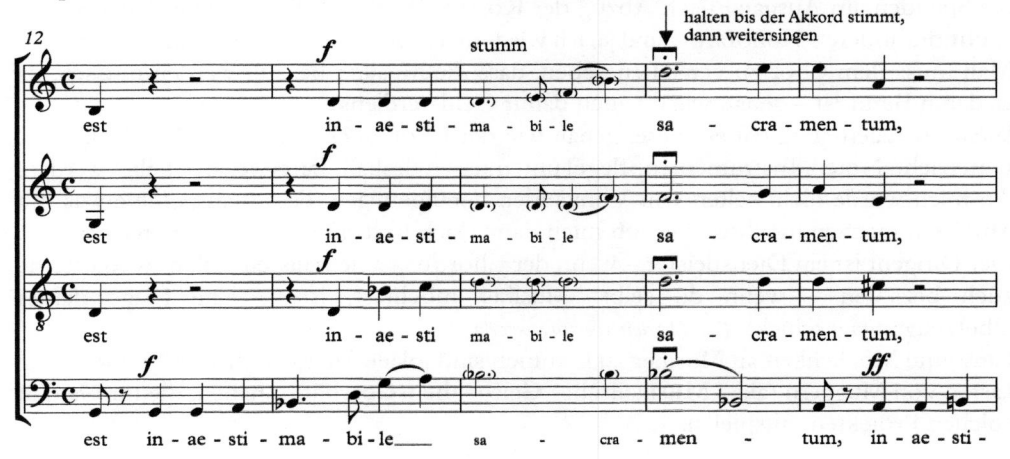

Führe deinen Chor an diese Übung heran: Zuerst eine einfache und einstimmige Melodie, dann einfache mehrstimmige Stellen, dann schwierige Stellen.
Häufig sind harmonisch schwierige Stellen schwer, da eine Stimme von den Tönen einer anderen abgelenkt wird. Hier fällt damit dieser Störfaktor zu Übungszwecken weg.
Lösungsweg: Singen – schwere Stelle vorstellen und innerlich bis zu einem Schlussakkord, bzw. einem Ruhe-/Zielakkord singen.
Auf Zeichen laut gesungen muss dieser Akkord stimmen. •

Instrumentalgruppen

Suche in der Umgebung deines Chores nach Instrumentalgruppen, die auch dankbar für eine interessante Zusammenarbeit sein könnten. So kann man gemeinsame Konzerte gestalten, in denen beide Gruppen solistisch auftreten und eben auch gemeinsam.
Auch Laiensolisten (gute!) sind dankbar für die Gelegenheit.
In allen Fällen musst du die Spenden am Ausgang nach Abzug der Kosten (Werbung, Raummiete, GEMA *(s.a.)*, **nicht** die Honorare für Chorleiter/andere Musiker/etc.) teilen.
Interessante/günstige Begleitinstrumente, die du in deiner Umgebung finden wirst: Klavier; Orgel; Akkordeon/Akkordeonorchester; Harfe; Gitarre/Gitarrenorchester; Streichquartett (auch colla parte); Posaunenchöre sind oft zu laut, aber in Kirchen naheliegend; Flötengruppen haben oft nicht die Tiefe (außer mit Bassflöten); Musikschulorchester.

Instrumentalistenhonorar (allgemein)

Wenn du oder der Chor ein Programm mit Orchestermusikern, Organist oder Solisten aufführen wollt, müssen diese immer aus der Chorkasse bezahlt werden, bzw. du teilst die Spenden am Ausgang nach Abzug der Kosten (Werbung, Raummiete, GEMA *(s.a.)*, **nicht** die anderen Honorare – und ja, ich wiederhole das zur Sicherheit einfach nochmal).
Man muss dem Chor zu verstehen geben, dass die Musiker bezahlt werden müssen, da es deren Beruf ist – genau wie du auch damit Geld verdienst.
Wenn es Laien sind, haben diese, genau wie der Chor, auch Kosten (z.B. Fahrtkosten, Unterricht, Noten, Instrumentenpflege) und müssen deshalb fairerweise beteiligt werden.
An mich wurde nicht selten von Vorständen herangetragen, dass man gerne etwas mit Musikern machen möchte, aber **ich** mich dann doch bitte an den Kosten beteiligen soll.
Der Dirigent ist ein Dienstleister – wenn der Chor Instrumentalisten will, muss dieser sie auch bezahlen – wenn du selbst Musiker möchtest, ist es eine Frage deines Überzeugungsgeschicks. *(s.a. Chorleitervertrag(-svorlage))*
Eine gute Möglichkeit an Musiker zu kommen sind lokale Musik**hoch**schulen, die häufig Listen von Muggern (aka „**Mu**sikalisches **Ge**legenheits**Ge**schäft") haben, die für Geld in solchen Projekten mitspielen.

Bei nicht zu schweren Werken ist mein Favorit als Pädagoge allerdings ein anderer Ansatz: Mit einer lokalen Musikschule Kontakt aufnehmen, die eventuell ein Orchester oder andere Ensembles hat, die gerne ein Projekt mitgestalten möchten.

Großartig ist, dass man damit engagierte, junge Menschen hat, die das nicht für Geld, sondern aus Freude an der Musik machen. Man gibt ihnen die Möglichkeit mit einem Chor zusammenzuarbeiten, was auch nicht alltäglich ist. Die Qualität ist evtl. geringer, muss sie aber nicht (kommt aufs Stück an).

Mir ist immer wichtiger, dass die Freude auf allen Seiten größer ist (außer bei den Sängern, die gerne elitär sind – das dann aber nicht bezahlen wollen), im Publikum sitzen gespannte Eltern, etc. Die Energie ist einfach eine andere. •

Instrumentalistenhonorar (professionell)

Möchtest du wissen, was du für professionelle Orchestermusiker bezahlen **musst** und allen anderen bezahlen **solltest** (mindestens), google *Honorarmindeststandards für freie Orchesterprojekte – Deutsche Orchestervereinigung*. Dort findest du die jährlichen Empfehlungen. Sie sind nach Probendauer/Anreise/Tagessätzen/Aufführung/etc. gestaffelt.

Es sind wohlgemerkt **Mindeststandards**. Du solltest die dort genannten Zahlen großzügig aufrunden, wenn du ordentliche Musiker haben willst. Ich habe auch noch nie erlebt, dass auf dem freien Markt derart krumme Sätze gezahlt wurden. Meistens dreht es sich bei professionelleren Ensembles um 350-500€ für ein Wochenende (Freitagabend – Sonntagabend inkl. Konzert, Freitagabend/Samstag Proben und Sonntag Anspielprobe) pro Orchestermusiker und je nach Aufwand. Hinzu kommen Unterkunft und Anreise.

Geld **sparen** kannst du durch eine kluge Probenplanung:
Hast du z.B. vor die Matthäus-Passion von Bach aufzuführen, hat das 1. Orchester viel mehr zu tun als das 2.. Somit kannst du den Probenplan so gestalten, dass Musiker des 2. Orchesters erst am Samstag und nicht schon am Freitag anreisen und nichts zu üben haben – du sie also fürs Nichtstun bezahlen müsstest.

Oder im „Gloria" von Antonio Vivaldi (1648 – 1741) haben Oboe und Trompete nur sporadisch etwas zu tun. So lässt du diese erst spät in der Probenphase dazustoßen, was auch das Honorar verringert.

Je heterogener die Besetzung von Stück zu Stück innerhalb eines Werkes ist, desto eher musst du strategisch proben und kannst einen Durchlauf erst in der Generalprobe oder sogar erst im Konzert verwirklichen.

Baue die Proben zeitlich von der kleinsten zur größten Besetzung auf. Profis sind das gewohnt und dann auch pünktlich spielbereit anwesend. •

Instrumente vs. Chor

Wenn dein Chor meist a-capella singt und nun auf einmal ein Programm mit Klavier/Orgel/Band/Ensemblebegleitung singt, werden manche Sänger in den Proben auf einmal unpräzise, da sie zu spät einatmen. *(s.a. Atemzeichen; Übe-Klang-Dateien)*
Die Sänger verlassen sich auf das Ensemble und singen *mit* statt aktiv selbst zu gestalten.
Das Instrumentarium soll die Sänger begleiten und nicht andersherum.
Deshalb musst du zwischendurch A-capella-Proben einstreuen.
Eine große Hilfe ist es hier den Fokus auf das zu legen, was das Instrument nicht bietet: den **Text** und damit einhergehend **bewusste Atmung**.
Wenn du in den A-capella-Proben neben den Tönen explizit auf die Textverständlichkeit pochst, hast du in der Tuttiprobe die Möglichkeit den Chor schnell zum selbstständigen Singen zu bringen, indem du Tutti spielen/singen lässt und dem Chor den Auftrag gibst, den **Text zu singen** und **pünktlich zu atmen**.
Hier können sie nirgends ‚mitmachen' und werden wieder eigenständig.
Wenn in den Proben wegen des dauernden Textprobens moniert wird, solltest du dies begründen: Die Instrumente haben ähnliche oder gleiche Töne wie der Chor, aber nur der Chor hat den Text.
Im Falle der Begleitung durch ein Soloinstrument musst du aufpassen, dass nicht auch **du** dich an das Instrument ‚hängst'. Du wirst nämlich Hemmungen haben deiner Rolle gerecht zu werden und dich komisch fühlen hier „Dirigent" zu sein.
Bis auf die Vor-/Zwischen- und Nachspiele ist der Dirigent aber auch für das Soloinstrument in Tempo und Dynamik verantwortlich – im Ensemblefall die ganze Zeit.
Im Gegensatz zu einem Orchester ist es ein Pianist/Organist/Solist allgemein aber nicht gewohnt nach Dirigent zu spielen und kocht meist sein eigenes Süppchen.
Wenn du als Begleitung vor dir ein Ensemble sitzen hast, gibt es keine Diskussion, dass du ihm den Einsatz gibst und es dirigierst – es wird von dir sogar gefordert. Einen Pianisten oder andere akkordische Begleiter (auch Gitarre/Akkordeon/etc.) musst du als Chorleiter aber genauso leiten wie ein ganzes Ensemble. Du musst die Aufmerksamkeit und ein dir Folgen einfordern, denn automatisch machen es die Wenigsten.
Grundregel: Es ist dein Job die Einzelgruppen zu einem Ganzen zusammenzufügen.
Das geht nur, wenn dir alle Gruppen (ob nun aus vielen oder Einzelpersonen bestehend) folgen. • *(s.a. Pianist und Organist sind nicht immer Mist aber manchmal; Solistenumgang)*

Instrumentenliebe

Übertragen ist dein Chor ein Instrument, auf dem du spielst. Du musst aber nicht nur wissen wie du auf dem Instrument spielst, sondern auch, wie du es zu behandeln hast.
Wenn du konstant in eine Flöte reinspuckst, bekommst du keinen schönen Ton (der ‚böse Dirigent').
Wenn du eine Geige aber so liebhast, dass du sie nicht mal anfasst, kommt aufgrund fehlender Übung auch kein anhörbares Ergebnis heraus (der ‚zu liebe Dirigent', der am liebsten seine Sänger die Probe leiten lassen würde).

Böse Anekdote: Es gibt viele s.g. „Liebhaber-Orchester", in denen die Musiker ihr Instrument so ‚liebhaben', dass sie es nur einmal pro Woche auspacken und der harschen Umwelt aussetzen…
Sein Instrument zu pflegen und gut zu spielen verlangt Technik, Übung und Liebe zum Instrument.
In diesem Buch lernst du, wie du mit deinem Instrument ordentlich umgehst. Und dieser Weg beginnt bei dir selbst! •

Interpretation

Als Dirigent bist du Anwalt *(s.a.)* des Komponisten und musst Sorge tragen, dass alles, was er in seiner Partitur vermerkt hat, auch umgesetzt wird. Alles was nicht vom Komponisten vermerkt wurde, läuft unter dem Oberbegriff *Interpretation* – für die bist du persönlich verantwortlich. Nur **dein** Wissen um die Epoche, den Komponisten und den Geschmack der Zeit sorgt dafür, dass du seine Musik interpretieren kannst.
Wenn es keine Metronomangaben gibt, ist das Tempo die offensichtlichste Interpretation, die von dir verlangt wird. *(s.a. Tempoangaben)*
Auch die Binnendynamik *(s.a.)* und Atemzeichen sind alles deins.
Was ist die korrekte Choraufstellung für das Stück? Welche Besetzung willst du? Wer soll in den 2. Sopran und möchtest/musst du die Tenöre durch Tenösen *(s.a.)* verstärken?
Wie soll **dein** Chorklang sein und passt er zu der Epoche aus der du singst?
Ein kleines Ensemble kann sich noch auf eine gemeinsame Interpretation einigen – bei größeren ist dies nicht mehr möglich, da es häufig auch um *informierten* Geschmack geht.
So formt ein Dirigent den Klangkörper und der Chor bekommt einen Wiedererkennungswert. Führungslose Ensembles klingen oft beliebig.
Auch im Laienbereich schaffen größere Solistenensembles zwar eine Gemeinsamkeit in Tempo und Dynamik – aber z.B. die Klangfarbe einzelner Sänger wird dort fast nie korrigiert, da dies ja die Kollegen machen müssten und dann eventuell vom viel zu hell singenden Tenor (dem sie dies vorsichtig mitgeteilt haben), bei nächster Gelegenheit eine Retourkutsche erfahren würden.
So braucht es hier eine externe Person, die den Klang formt, ohne dass die empfindlichen Sänger (nicht böse, sondern ernst gemeint!) Schaden an ihrem Selbstbewusstsein erleiden, bzw. die Gruppenstimmung flöten geht. •
(s.a. Dirigenten als bepulsende Kontrollinstanzen mit weitreichenden Befugnissen; Sinnhafte Existenz)

Intervallklammern

Bei Tonfolgen, die viele gleiche Intervalle und/oder viele Vorzeichen haben, wie Tonleitern oder auch einfach nur Tonfolgen mit viel Auf und Ab, kommt man mit den kleinen und großen Sekunden/Terzen etc. durcheinander, bzw. muss sich die genaue Abfolge gut merken.

Ich mache es mir da einfacher: Um diese zu markieren nutze ich für große Intervalle eine Klammer (große Terz/Sechste/Septime/etc.) und für die jeweils kleinen ein Dreieck:

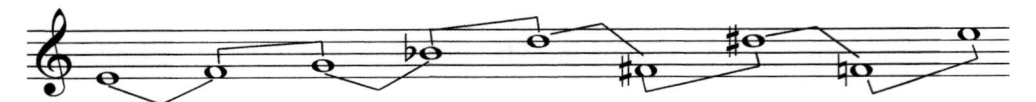

Auch bei größeren Intervallen wie Septimen kann es hilfreich sein, sich diese als groß oder klein zu markieren, sodass man beim schnellen Absingen erinnert wird.
Ich lasse dies meine Sänger an schweren Stellen in ihre Noten schreiben.
Das funktioniert auch mit Sängern, die keine Noten lesen können, da sie ja grundsätzlich sehen, ob eine Note hoch oder runter geht. Und so wissen sie, ob es ein eher **weiter** oder **enger** Tonschritt ist.
Die Kombination des Zeichens und der Terminologie „eng – weit" um Intervallunterschiede von Sekunden, Terzen und Septimen zu beschreiben sorgt für eine schnellere Umsetzung und richtigeres Singen.

So sieht das in den Noten aus:

Beachte, dass übermäßige oder verminderte Tonschritte wie hier von *gis'* zu *b'* immer als reine Intervalle zu kommunizieren sind. Solche Tonschritte sind ausschließlich in ihrem harmonischen Zusammenhang logisch. Für sich genommen muss der Sänger hier aber eine große Sekunde singen. Wenn deine Sänger das harmonische Verständnis nicht haben, kommst du nur über das klingende (für sich stehende) Intervall zum Ziel. Alles andere muss pädagogisch erarbeitet werden. •

Intimwährung

Intime Geheimnisse sind wie eine Währung.
Willst du etwas Intimes von deinem Gesprächspartner erfahren, lohnt es sich in ***Vorleistung*** zu gehen. Es muss nichts Großes sein.
Willst du z.B. etwas Genaueres über die Erkrankung eines Sängers erfahren, sprich davon, dass du siehst, dass es ihm nicht gut geht und dass dir das auch *weh tut*.
Das hat zwei Effekte: Einerseits ein kleines bisschen Mitleid, aber vor allem hast du etwas über deinen eigenen Gemütszustand mitgeteilt. Du bist in Vorleistung gegangen.
Das klingt sehr simpel, funktioniert aber.

Nichts anderes passiert in diesem Buch mit dir.
Ich teile dir meine private Meinung mit, teile Erfahrungen und auch Gefühle mit dir.
Ich tue dies alles, um dich zu **öffnen**.
Weil ich etwas von mir mitteile, wirst du meine Ratschläge leichter annehmen können, da ich in eine emotionale und damit verletzliche Vorleistung gegangen bin.
Nun wird es dir leichter fallen deine Verletzlichkeit zuzulassen und damit auch Änderungen. • *(s.a. Homogene Sozialgemeinschaft durch auswärtige Emotionalität; Neocortex; Psychische Probleme ansprechen; Target Group 90%)*

Intonationsgrundsätzlichkeiten
Um die Intonation zu verbessern, gehört neben dem Beherrschen der Technik, auch das Verständnis und Erkennen von Schwachstellen zu den Dingen, die du deinen Sängern beibringen musst. *(s.a. Zusammenfassung für gute Intonation)*
Ein paar Schwachstellen, die du grundsätzlich klären kannst, findest du im Folgenden.
Spitzentöne einer Phrase sind zu tief, weil das dorthin führende Intervall zu klein ist. Meine Theorie: Der Sänger antizipiert bereits die auf den Spitzenton folgende Abwärtslinie.
Beispiel: T92ff aus „Deutsches Magnificat" von Heinrich Schütz (1585 - 1672)

Hier schafft es mancher Chor innerhalb von 4 Takten einen Ganzton zu **verlieren**.
- Das „ö" spitzt den Mund und dunkelt ab.
- Die Spitzentöne werden häufig mit dem „-het" über ein Glissando *(s.a.)* verbunden, weil die Mundbewegung „ö" zu „e" dies begünstigt.
- Die Stelle liegt für keine Stimme in einer Extremlage (bei der man Schwierigkeiten erwarten würde), ist aber durch seine Vokale und den Aufbau sehr anfällig.
- Das Problem tritt weniger auf, wenn der Spitzenton auf einem **Taktschwerpunkt** liegt und mit Energie angesteuert wird. So muss hier der Alt verstehen, dass seine melodische Schwerpunktsetzung mit den Taktstrichen nichts zu tun haben darf.

Grundsätzlich lösbare Probleme bereiten in anderen Stücken die Klauseln *(s.a.)*.
Hier hilft nur die **Grundregel:** Schlusstöne brauchen Energie, was nicht mit einer Betonung gleichzusetzen ist.
Und: Abwärtsintervalle sind eng und müssen aufgefangen werden, Aufwärtsintervalle sind weit und brauchen Raum nach oben. *(s.a. Absturzversicherung; Vollbremsung)*

Durch das grundsätzliche Verstehen von problematischen Tonfolgen können deine Sänger sogar ohne Notenkenntnis Schwachstellen selbst identifizieren.
Willst du die Intonation in deinem Chor verbessern, sorge für guten Stand, die Zungenspitze muss an den vorderen Schneidezähnen liegen *(s.a. Abstützen; Koronal; Zungenspitze)*, freundliches Schauen sorgt für helle Vokale. Sorge für eine gesunde Grundspannung. *(s.a. Mundstellung (chorische))*
Übe Intervallsprünge mit verschiedenen Vokal-Konstellationen (aoa, aia, eie, iae, etc.), damit saubere Vokale zur Gewohnheit werden.
Vierstimmige Call-and-Response *(s.a.)* Übungen trainieren das relative Gehör.
Der Sopran braucht freie Höhen, der Bass leichte Tiefen. • *(s.a. Sand)*

Ist-Zustand
Ein Sänger will gut singen – du musst dich ständig fragen: „Wie kann ich ihm helfen?"
Grundregel: Wütend werden bringt nichts. Es ist nur ein Zeichen dafür, dass der Dirigent nicht mehr weiterweiß. Einige Sänger brauchen allerdings wie Kinder einen Theaterdonner, um aufzuwachen und sich mehr zu bemühen.

Merke: Jede Äußerung (Lob/Kritik/Wutausbruch) darf nur dem Ziel dienen, das Ergebnis der Chorübungen zu verbessern – persönliche Animositäten des Chorleiters haben in der Probe nichts verloren und sind ein Zeichen von Schwäche und Unfähigkeit. Der Dirigent muss das Negative seiner Menschlichkeit vor der Tür lassen und nur das Positive mit in die Probe bringen. Jedes Lob muss aus ganzem Herzen kommen.
Das Problem ist schlicht, dass Sänger sich, wie alle Menschen, in der Kritik zwar immer auf die Fehler konzentrieren, aber paradoxerweise viel besser durch positive Erfahrungen lernen: „Wenn ich das mache, klappt es/werde ich gelobt – also mache ich das wieder."
Selbst wenn dir die Sänger furchtbar auf die Nerven gehen, musst du davon ausgehen, dass sie das Beste geben, was sie im Augenblick geben **können** – es ist deine Aufgabe dieses *Beste* noch weiter zu verbessern und mehr aus ihnen herauszukitzeln.
Das kannst du nur und ausschließlich über positives Bestärken. Dafür musst du aber selbst eine positive Grundstimmung haben.
Das ist manchmal sehr schwer – **ich** bin aber z.B. vor Auftritten und Konzerten, selbst wenn ich weiß, dass sie nicht (relativ) perfekt werden, ruhig und lieb.

Das bekannte ‚Austicken' vor einem Konzert heißt, dass der Chorleiter seine Kontrolle nicht abgeben kann/nicht abgegeben hat und sich damit übermäßig mit dem **objektiven** Klangergebnis identifiziert.

Bis zu diesem Zeitpunkt kann er das vom Chor gesungene Stück jederzeit abbrechen und proben – im Konzert muss es einfach weitergehen.
Dies ist für ihn ein Kontrollverlust *(s.a.)*, der bei Dirigenten zu oft in Wutausbrüchen über Stellen, die nicht funktionieren, kulminiert.

Meine Lösung mit der ich seit Jahren gut zurechtkomme: Die Verantwortung schon mindestens 2 Proben vor dem Konzert an den Chor abzugeben:
„Ihr müsst singen – ich habe alles dafür getan, dass ihr es könnt – jetzt seid ihr dran."
Vor allem in Bezug auf die Anweisungen: Zuhause üben, freundlich schauen, Zungenspitze an untere Schneidezähne, gut Sprechen, rausschauen – also alles was nicht direkt mit deiner Probenarbeit zu tun hat (die dem Chor die Stücke beibringen soll), liegt nun offiziell in der Verantwortung des Chores – also bei jedem einzelnen Sänger.
So formuliere ich das mir und auch dem Chor.

Die Schwierigkeit: Du musst mindestens zwei Proben vor dem Konzert den **Ist-Zustand** akzeptieren. *(s.a. Hauptprobe und Generalprobe)*
Mehr ist nicht drin – jetzt kann es nur noch darum gehen, diese oben genannten Grundsätzlichkeiten zu lösen und den Chor ins Singen zu bringen.
Auch wenn der Gedanke zuerst merkwürdig ist und nicht in ein professionelles(!) Leistungsdenken passt – er befreit und du kannst dich nun auf deine Hauptaufgabe konzentrieren: Den Chor positiv aufs Konzert einzustimmen. Natürlich mit entsprechendem Fokus – aber nur die positive Grundeinstellung sorgt dafür, dass der Sänger weniger aufgeregt, mehr fokussiert und energieausstrahlend ist.
Das bekommt das Publikum mit. *(s.a. Lampenfieber; Target Group 90%; Tuut, tuut!)*
Ein rational begründet emotional entspannter Chorleiter ist besser und damit auch der Chor.
Die einfachste Lösung ist und bleibt aber, das für den Chor passende Programm auszusuchen. Dann musst du dich auch nicht zu sehr *zwingen*, einen Ist-Zustand zu akzeptieren. • *(s.a. Eh harmonisch; Überflüssig und stolz darauf)*

Ist-Zustand wahrnehmen
Willst du die Änderungen, die durch Maßnahmen (z.B. ÜbeMP3s) hervorgerufen werden wahrnehmen, bzw. dauern Maßnahmen länger als drei Monate (z.B. mehr oder weniger Proben bis zum ersten Auftritt, d.h. gestraffter oder entspannterer Probenplan), schreibe dir den **Ist-Zustand** auf.
So ist es schön, wenn man sehen kann, dass das Erlernen eines neuen Liedes vor einem Jahr drei Proben gedauert hat und jetzt nur noch zwei, oder die Sänger sich durch den gestrafften Probenplan besser vorbereiten oder bei längerer Vorbereitungszeit fröhlicher sind und gerne zur Probe kommen.
Wenn du Verschlechterungen wahrnimmst kannst du auch diese so nachweisen. •

It's li(v)(f)e
Du wirst **nie** eine CD-Aufnahmequalität im Konzert erreichen.
Dafür sind die Menschen zu menschlich – so gut dein Chor auch ist – *it's li(v)(f)e*.
Zu viele Kollegen erwarten leider diesen perfekten Klang ihrer Vorstellung und sind dann frustriert.
Resignation, eine *Scheißegal-Haltung* („Wird ja eh nicht besser."/„Warum sollte ich hier Energie verschwenden?") oder übergenaue, entmenschlichte und unverhältnismäßige Proben sind die Konsequenz.
Beide Extreme sind für den Chor schädlich und möglicherweise tödlich.
Dein Ziel kann nur 100% von dem sein, was **möglich** ist. Wenn du deine Kritiken und dein Lob danach ausrichtest, wird dein Chor zufrieden sein, da du ihn immer bis zum Limit bringst – aber immer zu einem, das er auch erfüllen kann. •
(s.a. Direkter und indirekter Klang (Schall); Grenzen definieren, akzeptieren und umwerfen; Hausbau)

J

Jeder Chor sackt

Der Grad des Sackens ist abhängig von der Fähigkeit einen guten Vokalausgleich zu machen, Diphthonge sauber zu verbinden, Phrasen bis zum Ende des Schlusstones mit Energie zu führen, Abwärtsintervalle zu halten und Aufwärtsintervalle von oben anzusingen (also nicht hoch zu schieben).

Sacken kann im Laienchor kein endgültig definierendes Qualitätskriterium sein.
So lange es keine Stellen gibt, an denen der Chor eine **Intonationsdelle** hat, sondern nur graduell sackt, fällt es dem normalen Zuhörer im Konzert nicht auf.
Bei einem Stück von 2-3 Minuten ist ein Halbton absolut akzeptabel.
Aufpassen muss man nur, dass am Ende eines Stückes jede Stimme noch singen kann, das Stück also nicht zu tief wird. Evtl. muss dann einen Ganzton höher begonnen werden. *(s.a. Sack-Rate in Noten)*
Bei der Suche nach Literatur für deinen Chor musst du dies bedenken, da ein Stück mit einem Ambitus von Sopran *g"* bis Bass *E* keinen Spielraum bietet, höher anzufangen oder zu sacken. *(s.a. Tonumfang)*

Ein **Vokalausgleich** *(s.a.)* ist schwer, weil er individuell unterschiedlich stark ausgeprägt werden muss. Als Dirigent kannst du aber nicht auf jeden Sänger stimmbildnerisch so einwirken, dass er den Vokalausgleich, bzw. andere individuelle stimmliche Probleme in notwendiger Weise vollständig korrigiert. Deshalb habe ich ein paar grundsätzliche Verhaltensweisen entwickelt, die von jedem Chor und Sänger anwendbar sind. Sie funktionieren in jedem Chor und ‚verbessern die Stimmung':

- Das Ziel ist die dunklen Vokale hell zu bekommen. Dies erreichst du durch ein freundliches Gesicht – Lächeln hilft viel! *(s.a. Mundstellung (chorische); Telefongesicht)*
- Die Zungenspitze liegt (und bleibt **immer**) an den unteren Schneidezähnen damit die Kehle frei bleibt. *(s.a. Abstützen; Koronal; Zungenspitze)*
- Diphthonge *(s.a.)* müssen auf dem Vokal gesungen werden, auf dem sie beginnen. Diesen Vokal muss der Chor so lange wie möglich beibehalten und das Beugen des Diphthong so spät wie möglich vollziehen.
Grundregel: Wir beginnen eine Silbe auf einem Vokal und halten diesen bis zum letzten möglichen Moment durch.
Jede Bewegung im Mund, die beim Sprechen notwendig ist, um ein Wort verständlich zu machen, wird beim Singen auf einen sehr kurzen Moment reduziert.

- Bläue den Sängern die Grundregel des korrekten Umganges mit einem Kochtopf voll heißer Suppe ein (Abwärtsintervalle eng, Aufwärtsintervalle weit).
  (s.a. Absturzversicherung; Dynamikänderung ohne Suppenverlust)
- Hohe Töne werden von oben gegriffen und nicht von unten hochgeschmiert (Eier oben aus dem Regal nehmen).
  Als Übung kannst du schwierige hohe Töne mit einem Halbton-Vorhalt von Oben ansingen lassen und damit eine Gegenbewegung zum Hochschmieren üben. *(s.a. Abgrundsgründe; Leitton (Strebeton) und Gleitton)*
- Einige Sänger bewegen ihren Kopf je nach Tonbewegung (Tonfolge abwärts und der Kopf geht runter, etc.). Dadurch bewegen sie die gespannten Stimmlippen minimal mit. Diese Bewegung müssen die Muskeln ausgleichen.
  Das Problem: Sie können ihre Spannung nur relativ zum **vorherigen** Ton einstellen. Wenn der nun die Tonhöhe 100 und der nächste die Tonhöhe 90 hat, dann wird die Spannung der Stimmlippen aufgrund der Spannung, die für die 100 nötig war, für die 90 eingestellt.
  Wenn aber der Kopf bei der tonalen Abwärtsbewegung physisch nach unten bewegt wird, sind die Stimmlippen beim nächsten Ton entspannter als eigentlich gewollt (hier z.B. bei 88).
  Nun denkt die Stimme aber, dass sie richtig singt – tut sie aber nicht.
  So kommt es dann auch, dass ein häufiges in die Noten rein- und rausschauen nicht förderlich für die Intonation sein kann. Lass deine Sänger deshalb aus Notenständern *(s.a.)* singen.
  Versuche folgendes: Singe einmal selbst einen höheren Ton und bewege deinen Kopf auf und ab – du wirst hören wie sich der Ton ohne dein Zutun verändert. Höre in einem zweiten Durchgang, wie du dies auch ausgleichen kannst. Es ist aber eine zusätzliche Arbeit, die deine Stimme leisten muss.
  Meine Lösung: Den Kopf **immer** 5 Grad über Horizont und Noten hoch und flach halten. *(s.a. Horizontschauen; Notenhaltung im Konzert (Sänger))*
- Die Bässe können helfen. Wenn sie ihre Töne klar singen (Zunge vorne und Kehlkopf oben) und ihre Töne gut setzen, passen sich die anderen Stimmen an.
- Wenn dein Sopran sackt, wird der Chor sacken – übe zuerst mit dem Sopran eine leichte Höhe zu erreichen und dein Chor wird seine Stimmung automatisch besser halten. *(s.a. Sand)*
- An tiefen Stellen den Kehlkopf oben lassen, da sonst eine weiche Bruststimme klingt, die den Ton massiv nach unten drückt – dies gilt vor allem für die Bässe, aber auch für den Alt.
- Jeder lange Ton (mehr als 3 Sekunden) braucht ein kleines, fast unhörbares Crescendo *(s.a.)*.
  Die Sänger werden den Ton sonst abphrasieren, d.h. über die Länge des Tones die Spannung fallen lassen und der Ton wird damit sacken. Über das Crescendo wird die Spannung gehalten und der Ton getragen. Da es sich um eine Gegenbewegung handelt, wird es keine Lautstärkenänderung geben.

- Das Einatmen/Pausen gehören zum Stück: So wie der Sänger einatmet, wird er auch weitersingen. Energisches Singen verlangt energisches Einatmen, leises Singen ein leichtes Einatmen.
  Diese Energie hat **nichts** mit der Luft**menge** zu tun!
  Jedes Einatmen muss als Initialbewegung für den folgenden Ton verstanden werden. Deshalb lasse ich meine Sänger immer im Tempo (z.B. Achtel oder Viertel) einatmen, damit sich der Puls nicht ändert und damit auch die Spannung gleichbleibt.
  Hast du mit Unpünktlichkeit zu kämpfen, sollten deine Sänger sich nicht fragen wann der **Ton** beginnt, sondern wann sie **einatmen** müssen.
  Üben deine Sänger mit Übe-Klang-Dateien *(s.a.)* müssen sie auch zuhause darauf achten! • *(s.a. Atem (…); Zusammenfassung für gute Intonation)*

Jon Postel (1943 – 1998)
„Sei liberal bei dem, was du akzeptierst – sei konservativ bei dem, was du sendest."

Jon Postel war ein Wegbereiter des Internets. Das Zitat wird auch als *Postel's Law* bezeichnet.
Dass dieses Gesetz für jede Kommunikation gilt, sollten wir uns hinter jedes Ohr zwei Mal schreiben – vor allem in unserem Beruf, in dem wir ständig vor einer heterogenen Menschenansammlung agieren.
Postel meint mit seinem Satz vor allem den richtigen Umgang mit der damals aufkommenden schnellen Kommunikation per E-Mail.
Wenn wir Menschen schriftlich in E-Mails kommunizieren, fehlt uns die evolutionär entwickelte Tonalität und damit ein sehr wichtiger Teil der (verbalen) Kommunikation. Wir können im besten Fall den Ton einer Aussage anhand seines Kontextes und unserer Erinnerung an den normalen Tongebrauch unseres Kommunikationspartners interpretieren. D.h. ein Satz kann, je nach **Verfassung des Empfängers**, unterschiedlich aufgefasst werden.
Die Problematik kennt jeder. E-Mails sind, wenn es um Menschenführung geht, einfach Mist. Emojis wurden erfunden, um wenigstens ein bisschen darauf hinzuweisen, wie der Autor einen Satz gemeint hat – aber selbst dann wird man gerne missverstanden.

Wir befinden uns in einer Umbruchzeit, in der Menschen älteren Semesters noch jedes Wort auf die Goldwaage legen und sich davon bei Animositäten auch nicht lösen (wollen). Das wirst du nicht ändern können.
Du wirst der schnellen schriftlichen Kommunikation unserer Zeit aber auch nicht ausweichen können. Die Vorteile sind einfach zu groß.
Du wirst weiter E-Mails, WhatsApp *(s.a.)*, usw. nutzen. Aber du kannst verhindern, dass du selbst in die Falle trittst:

- Lese E-Mails **immer** nochmal durch, bevor du sie versendest. **Immer!**
  (s.a. *Rezipientenabschluss; Schriftliche Schnellschüsse*)
- Wenn du den Empfänger nicht wirklich kennst, spare dir (deiner Meinung nach) humorvolle und ironische Äußerungen.
- Willst du verstanden werden, bleibe klar, kurz und strukturiert.
- Sei *konservativ*.
- Wenn du eine E-Mail bekommst, schließe **niemals** auf eine innere Verfassung des Verfassers, außer er schreibt sie dir direkt: „Ich bin sauer."
- Wenn du dir unsicher bist, sprich mit der Person persönlich (mindestens telefonisch). Leider ist so etwas heute schon fast ausgestorben.

Es ist zum Kotzen, aber einigen mental Unterversorgten schreibe ich schon keine Mail mehr, da sie mich immer missverstehen wollen. Ich kann daraus natürlich auch viel ableiten, aber schade ist es doch und manchmal eine echte Zeitverschwendung.

Merke: Viele Menschen sind für vermeintliche Untertöne zum Glück nicht mehr so empfänglich. Aber zu viele regen sich gerne und viel auf. Sei klüger. Verstehe, dass schriftliche Kommunikation missverständlich ist, weil ihr die **Untertöne fehlen**.

Grundregel aller (Fern-)Kommunikationsgrundregeln: Alle Untertöne, die du in einer schriftlichen Kommunikation erkennst, sind **deine** Untertöne.
Bist du dir unsicher sorge für echte Untertöne durch ein persönliches Gespräch.

Interessant ist wie du dieses Buch auffasst. Es strotzt ja nur so von ungehörten Untertönen. Es ist hochsubjektiv.
Alle Schimpfereien, Ironie und Anweisungen schreibe ich, als wenn ich sie dir persönlich **sagen** würde. Das Blöde ist nur: Wir kennen uns nicht.
Ich hoffe wir lernen uns mal persönlich kennen, damit du merkst, dass ich eigentlich ein ganz netter Kerl bin und nur dein Bestes im Sinn habe. (Hier könnte ein Lächel-Emoji hin, aber ich habe mir zu Beginn des Schreibens verboten Emojis zu nutzen, da sie die Verständlichkeit meistens nicht sonderlich erhöhen und ich mir dann auch noch darüber Gedanken machen müsste an welcher Stelle ich welchen Emoji, mit welchem Grad an Lächeln oder Zähne zeigen oder Tränen oder…) •

Juckt mich nicht

Nach meiner Erfahrung sind Menschen, die Sätze wie: „Das interessiert mich gar nicht!"/ „Ob die das mögen, ist mir egal!" sehr schnell und harsch sagen, trotz vermeintlich harter Schale, sehr verletzlich.
Ich ärgere mich regelmäßig **für** diese Menschen, wenn ich so etwas höre, weil es so leicht zu durchschauen ist. Diese Menschen wollen sehr deutlich machen, dass sie bestimmte Kritik oder Verhaltensweisen anderer Menschen nicht stört.
Dieses Verdeutlichen ist allerdings so undifferenziert, dass es nichts anderes als eine Schutzreaktion ist. Sie wollen sich nicht mit der Realität auseinandersetzen.

Zuletzt ist mir das aufgefallen, als in unserem lokalen Supermarkt eine Kassiererin eine Kundin darauf aufmerksam machen musste, dass aufgrund der Corona-Krise alle Kunden einen Einkaufswagen nutzen müssen. Dafür wurde sie von der Dame angeblafft. Als ich darauf fragte, ob sie (die Kassiererin) das nicht auch ärgern würde, schrie sie mich fast an: „Nein. Das juckt mich gar nicht!"
Wichtig: Es ist keine *beleidigte* Reaktion. Wenn dir so etwas unterkommt, musst du tatsächlich sensibel reagieren. Diese Personen haben eine Schutzmauer aufgebaut.
Bei Sängern passiert das vor allem nach Konzerten und nach Kritik von Schreiern (s.a.). Ich höre diese ‚Schutz-Sätze' und weiß, dass meine Sänger eigentlich verletzt sind.
Auch ich selbst muss mich immer wieder zur Ehrlichkeit zwingen. • (s.a. Target Group 90%)

Junge Sänger und ihre absolutistische Notwendigkeit
Willst du jüngere Sänger in deinen Kirchenchor bekommen, ändere seinen Namen – *Kirchenchor* ist uncool.
Das reicht nur leider nicht. Wie alle anderen Altersgruppen brauchen auch junge Leute eine eigene Gemeinschaft – diese finden sie oft nicht in den *klassischen* Laienchören.
Mit zunehmendem Alter relativiert sich Gemeinschaftsgefühl, das über das Alter definiert ist. Ein 40-Jähriger kann sich gut mit einem 55-Jährigen unterhalten – ein 20-Jähriger ungleich schwerer mit einem 35-Jährigen.
Junge Sänger und ihre Stimmen sind eine einfache Möglichkeit den Chorklang zu verbessern – einfach, weil diese Stimmen auf ein bisschen Training schnell reagieren und auch Stimmbildungsfehler verzeihen (noch…).
Die Stimme ist allerdings ein Muskel – das Alter somit kein Problem, wenn die Stimme gut ausgebildet wird.
Wenn ein Dirigent also bei den jungen Stimmen schludert, verbaut er ihnen die Zukunft, bzw. erschafft ein ellenlanges Self-fulfilling-Prophecy-Rad: In der Jugend schlecht ausgebildet – im Alter nur noch mit Kenntnis der Materie trainierbar.
Chöre sterben, weil der Dirigent nicht mit den alten Stimmen umgehen und auf sie eingehen kann.
In manchen Chören ist für die Sänger mit 60 Jahren Schluss. Das kann nur aus Inkompetenz oder Faulheit geschehen – nicht, weil die Qualität des Chores dadurch allgemeingültig verbessert wird.
Es ist ein Jugendwahn (s.a. Konzert: Jugendwahn) den ich krank finde, weil mir bisher noch niemand beweisen konnte, dass ein bestimmtes Lebensalter schlagartig zur Verschlechterung der Stimme führt. Das ist entmenschlichend.
Wie häufig hörst du (oder glaubst es selbst): „Wir brauchen junge Stimmen!"
Wenn dein Chor an Mitgliedermangel leidet, brauchst du Stimmen – aber nicht unbedingt junge – und das sage ich (verhältnismäßiger) Jungspund…
Ich habe herausgefunden, dass ich am liebsten Sänger ab 45 in meinen Chören aufnehme. Die sind erwachsen und bleiben meistens einige Jahrzehnte.
Und Sänger ab 60? – Waren noch nie ein Problem. (s.a. *Einstiegs- und Ausstiegsalter*)

Es gibt Momente im Leben, in denen Menschen einen Chor (Hobby und Gemeinschaft) suchen:
- Beginn eines Studiums (bleiben also nur kurz).
- Wenn die Kinder aus dem Haus sind, bzw. alt genug, dass man sie abends ohne Aufsicht alleine lassen kann (ab 40) – diese bleiben und man kann mit Stimmbildung viel formen und verbessern.
  Der Traumchorsänger, weil leistungsorientiert. Ist aber auch schwerer zu halten, weil er sich seine Freizeit neben Beruf *sinnvoll* aussucht.
- Beginn der Rente (ab 63) – diese Sänger suchen neue Aufgaben und Gemeinschaft – sind *ihren* Chören bis zum Tode treu. Wenn sie wirklich mit Anfang 60 dazu kommen, kann man noch Wunder bewirken – die *Lost Generation* *(s.a. Bindungsangst)* mit 70+ hat es da ungleich schwerer. •

K

Kacke am Dampfen
Du bist allein! Eine brutale Wahrheit, die du im Ernstfall zu spüren bekommen wirst. Am Ende bist nämlich **du** für den Chor verantwortlich.
Genau wie ein Fußballtrainer ja nicht Fußball spielt, aber bei wenig gewonnen Spielen seinen Posten räumen muss, obwohl auch er nur ein kleines Rädchen im Uhrwerk ist, wird dir im Chor kein Vorstand, Beirat oder Kirchenvorstand die Verantwortung abnehmen.
Auch wenn du delegierst, hast du **deine** Aufgaben delegiert – deshalb ist es wichtig die Personen, die delegierte Aufgaben erledigen sollen, auch machen zu lassen und ihnen zu vertrauen. In dem Augenblick, in dem du dich in deren Aufgaben (z.B. Plakatgestaltung) mehr als nur interessiert nachfragend einmischst, übernimmst du Verantwortung, die du nicht tragen kannst, da du im ganzen Prozess nicht eingebunden bist (hört sich erst paradox an – ist aber wichtig!). Nur so kannst du Verantwortung **abwälzen**.
Wenn du aber Verantwortung aus Faulheit abwälzt, ohne die Delegierten gut zu kennen – ohne also ein informiertes Vertrauen zu haben – wirst du dich später nicht herausreden können – Vertrauen muss begründbar sein.
Du hast Verantwortung für viele Menschen. Denn du hast nicht nur Verantwortung für ihre Freizeitgestaltung an einem Abend in der Woche, sondern auch für ihre persönliche Außenwirkung durch Konzerte vor Familie und Freunden, in denen diese die Qualität des Chores und seine Außenwirkung (Auftreten, Mitglieder, Dirigent, Programm, Leitbild, etc.) bewerten („Das war toll!" *oder* „Dem geht's wohl auch nicht gut, dass er bei sowas mitmacht – sieht der das nicht?").
Selbst wenn du viel delegiert hast – du bist in der Außenwahrnehmung das Aushängeschild des Chores. Erfolg ruht auf vielen Schultern – Misserfolg auf deinen.
Ob berechtigt oder nicht – wenn die *Kacke am Dampfen* ist, kannst du das ja mal versuchen auszudiskutieren... Also mach deinen Job! •

Käpt'n, mein Käpt'n
Die meisten Chöre haben ihren Chorleiter eine lange Zeit, und die meisten Sänger singen nur in einem Chor. Ihnen fehlt also die Vergleichsmöglichkeit und der Vorgänger des aktuellen Chorleiters ist auch schon lange vergessen.
In vielen Chören dirigiert deshalb **der beste Chorleiter der Welt**, bzw. die Sänger könnten sich nicht vorstellen, einen besseren oder anderen zu haben.

Deshalb fällt es vielen Dirigenten schwer öffentlich Unwissenheit einzugestehen oder öffentlich Fragen zu stellen (z.B. zur Aussprache). In ihren Augen geben sie sich die Blöße und können dieses Bild vom *unfehlbaren Besten* nicht aufrechterhalten.
Ganz schlimm wird es aber erst dann, wenn sie das tatsächlich glauben und nicht nur Angst davor haben.
Du wirst nur gesund und lange Laienchorleiter sein, wenn du verstehst, dass du fehlbar bist, dass das so sein darf, dass Respekt vor dir nicht durch Unfehlbarkeit, sondern vor allem durch deinen Umgang mit deiner Fehlbarkeit und der Fehlbarkeit Anderer entsteht. Wie du dein Schiff durch die Krisen steuerst – große (der Chor kann ein Stück vor dem Auftritt noch nicht – du übernimmst die Verantwortung und findest eine Lösung/aktuell Corona) wie auch kleine (jede Probe muss aufs Neue gut strukturiert sein und die Sänger mitnehmen) bildet die Grundlage für Respekt. • *(s.a. Konzert: gemeinsam mit anderen Chören)*

Kaffeewasserfuge
Für einige Hauptthemen instrumentaler Werke wurden Liedtexte hinzugedichtet.
Zum einen um sie lächerlich zu machen, zum anderen um sie besser unterrichten zu können. Es ist im Prinzip das Gegenteil der Vokalise *(s.a.)*.
Text konkretisiert Rhythmus und kann über seinen Satzbau die phraseninterne Grammatik lebendig machen. *(s.a. Solmisation; Ta-ke, Ga-me-la, Da-le-pi-co-la)*

Ein wunderbares Beispiel ist die Texturierung der Fuge g-moll, BWV 542 für Orgel:
Das Kaf-fee-was-ser kocht, das Kaf-fee-was-ser kocht,
dreh den Gas-hahn ab,
das Kaf-fee-was-ser kocht,
dreh den Gas-hahn ab,
das Kaf-fee-was-ser kocht,...

Kant'scher Imperativ
Du bist Vorbild. Was du von deinem Sänger willst, das mache ihm vor (und andersrum).
Der kategorische Imperativ: „*Handle nur nach derjenigen Maxime, durch die du zugleich wollen kannst, dass sie ein allgemeines Gesetz werde.*" Immanuel Kant (1724 – 1804)

Sei pünktlich, ordentlich, höflich, herzlich, human, ehrlich, offen, liebevoll, streng, hart arbeitend, usw. usf.
Wenn du ein Arsch bist, kannst du nicht erwarten, dass dich andere anders behandeln. •

Karaoke
Karaoke bedeutet im Japanischen wörtlich **leeres Orchester**. •

Kassenprüfung

Du darfst aus guten Gründen nichts mit dem Geld des Chores zu tun haben.
Dein Chor sollte **immer** einen Schatzmeister, bzw. zwei Paar Augen für die Finanzen haben.
Bei Geld hört die Freundschaft auf und *Gelegenheit macht Diebe* sind Floskeln mit einem ernstzunehmenden, weil wahren, Kern.
Eine Kassenprüfung muss jährlich (z.B. kurz vor einer Vollversammlung) gemacht werden. Die Rechtsform ist hier irrelevant: Tu es für dein gutes Gewissen.
Menschen wollen immer wissen, wo ihr Geld hingeht – und wenn es nur die Kaffeekasse des Kirchenchores ist.
Auch da wird einmal im Jahr von zwei Sängern, die mit der sonstigen organisatorischen Arbeit nichts zu tun haben, geschaut, ob alles noch da ist und wenn nicht, ob die Ausgaben gerechtfertigt waren und nachweisbar (Kassenbeleg) sind. •

Kaugummi

Wenn der Chor schleppt, alles zieht sich und man hat das Gefühl man rührt in Honig, entsteht dieser *Kaugummiklang* – vor und zurück, vor und zurück. Das liegt daran, dass die meisten Sänger ein etwas langsameres Tempo singen als du möchtest und vor allem Schlussnoten und Pausen verschleppen (also minimal verlängern, weil sie zu spät atmen). Das komische Gefühl und der Klang passieren, weil einige Sänger das Stück schon besser können und Kapazitäten frei haben, dir folgen zu können, aktiv und vorausschauend atmen, der Masse aber unterliegen. Dadurch sind einige Einsätze im Verhältnis zu den langsameren Sängern wiederum zu früh und Schlusstöne ausgedünnt – so entsteht dieser breiige Klang.
Wenn du diesen Klang wahrnimmst, heißt das nur, dass die meisten Sänger – aber eben nicht alle – noch mit anderen Dingen beschäftigt sind und keine Kapazität frei haben mit dir **gemeinsam** Musik zu machen. Sie sind vorsichtig und konzentrieren sich nur auf ihren Nachbarn. Vor allem Sängern die ‚falsch' mit den Übe-Klang-Dateien *(s.a.)* geübt haben passiert es dann, dass sie passiv mitsingen, spät atmen und sich ‚dranhängen'.

Es kann gut sein, dass dieses Phänomen auch in Generalproben in einem neuen Raum auftritt, wenn sich die Akustik zu der gewohnten stark unterscheidet. Das ist kein Grund zur Panik. Wenn es wieder auftritt, kannst du es dir und dem Chor erklären.
Du musst dich dabei vor allem um die Männerstimmen kümmern. Wenn die Männer breit singen, werden es die Frauenstimmen auch tun.
Wenn du es geschafft hast, dass die Männer leicht und klar klingen, werden die Frauenstimmen überhaupt erst leichter singen **können**.

Als Zwischenübung kannst du zuerst die Töne ohne Text auf einem scharfen Konsonant-Vokal („ta") üben, halbes Tempo, dann schneller. *(s.a. Dry und Wet)*

Die Zungenspitze bleibt dabei konsequent vorne an den unteren Schneidezähnen – das „t" wird also mit der Halbzunge erzeugt.
Sprecht darauf den Text zu(!) pointiert – übertreibt es also.
Dann lass es singen. So hast du den Fokus auf einen pünktlichen Ton-Silbenbeginn gelegt. Es wird zu viel sein, weil die Sänger nun die Vokale der Silben zu kurz singen werden (die sie vorher zu lange und breit gesungen haben). Mach das aber ein paar Male so und lass es dann einfach stehen. Erkläre aber auch, dass dies nur ein Übungszwischenstand ist und beim nächsten Mal wieder etwas weicher gesungen werden soll. Beim nächsten Übungsabend/Ansingprobe wird es sich normalisiert haben.

Vorsicht: Einige Sänger werden dich zu ernst nehmen und es auch dann noch so abgehackt und militärisch singen. Hier musst du die Situation sensibel erklären, da diese Sänger ja glauben etwas ‚besonders richtig' zu machen. •

Kaugummikauen hilft Stress abzubauen
Japanischen Forscher setzten Probanden 5 Minuten lang Lärm aus. Die einen durften, die anderen durften kein Kaugummi kauen. Die Kauer hatten eine nachweislich geringere Herzfrequenz, obwohl auch sie von dem Lärm sichtlich genervt waren. •
[D Ekuni et al.: Gum chewing modulates heart rate variability under noise stress. Acta Odontol Scan (2012) 70:491-496]

Kehlkopfstellung
Für eine schlank klingende Tiefe braucht es einen hohen Kehlkopf.
Das ist nicht die gesündeste und freieste Stimmtechnik, aber einfach umzusetzen und sehr machtvoll, wenn ein tiefer Ton über ein größeres Abwärtsintervall angesungen wird, um dann gleich wieder hoch zu springen. Hier vollziehen die meisten Sänger einen Registerwechsel *(s.a.)* in die tiefe Bruststimme mit tiefem Kehlkopf. Das sorgt ohne Ausgleich **immer** für einen zu tiefen und undefinierten Ton.
Durch den hoch gestellten Kehlkopf wird der untere Ton allein durch die hoch klingenden Obertöne (weil heller) definierter und somit für den Sänger kontrollierbarer. Der Kehlkopf wird automatisch nach unten geschoben, wenn der Mund sehr weit aufgemacht wird. So muss bei dieser Technik also darauf geachtet werden, dass der Mund maximal halb offen ist.
Das Runterdrücken des Kehlkopfes beim Singen kann von den Sängern auch mit einem Finger erspürt werden. *(s.a. Extremlagenwechsel; Registerwechsel vermeiden; Zu tief)*
Um in der Tiefe nicht zu tief zu sacken, hilft es außerdem einen leichten Unterbiss zu fordern, da der Sänger dann das Gefühl hat, nicht mehr runterdrücken zu **können**.

Eigentlich wollen wir aber über die Kehlkopfstellung nicht zu viel nachdenken lassen. Diese ergibt sich normalerweise ganz natürlich.

Nur wenn jemand immer mit sehr offenem und rundem Mund singt, zu sehr in die Noten starrt (also Kopf nach unten), die Zunge in den Hals rutschen lässt oder das berühmte und von mir verpönte *Gähngefühl* mit weitem tiefen Rachenraum anstrebt, wird der Kehlkopf dauerhaft nach unten gedrückt und ergibt den kehligen, dunklen Klang.

Wenn die Sänger einfach nur freundlich schauen, die Noten hoch genug halten (mit Notenständer singen lassen!) und somit die Kehle nicht eingeknickt ist, die Zungenspitze vorne liegt und dadurch die Zunge flach gehalten und schließlich noch gut artikuliert wird, darf der Kehlkopf ganz natürlich mal oben, mal unten sein – also frei.

Sänger werden in unteren Lagen den Kehlkopf nur runterdrücken, wenn sie lautstark sein, bzw. den *Bassklang* erzeugen wollen.

Eine lockere Tiefe wirst du nachhaltig also nur erreichen, wenn du deine Sänger zu einem schlankeren Klangideal erziehst. Sie müssen diese Schlankheit selbstständig erreichen **wollen**.

Bis dahin musst du sie dazu anhalten, sich auf den Text zu konzentrieren und den Klang *passieren* zu lassen.

Den Kehlkopf **aktiv** hoch oder tief zu stellen ist immer nur eine Technik, die einen **momentanen** Effekt haben soll. Wenn diese aktive Stellung zum Dauerzustand wird, wird der Sänger stimmliche Probleme bekommen.

Grundregel: Willst du einen tiefen Ton mit Kontur, musst du hohe Obertöne produzieren lassen. Dies geht durch das freundliche Gesicht, aber vor allem durch einen mindestens in der Mittellage belassenen Kehlkopf. •

(s.a. Abstützen; Koronal; Mundstellung (chorische); Zungenspitze)

Keine Kunst – kann aber auch nicht weg

Gute Probenvorbereitung und Recherche sind in erster Linie Handwerk *(s.a.)*.

Deine Aufgabe ist, dein ‚Material' (Chor) zu kennen und die ‚Bearbeitung' (Probe) so zu planen, dass ein Kunstwerk entsteht.

Wissen, wo Informationen stehen, geschickt googlen, die Partitur vorbereiten, den Chor einschätzen, strukturiert proben… – nichts davon ist *Kunst*. Alles davon ist erlernbar – ist Erfahrung.

Ein Chorleiter wird – wenn er sich konstant weiterbildet – wie ein Arzt – mit dem Alter immer besser. Er kann z.B. eine seltene Krankheit leichter entdecken.

Gerade, weil er bestimmte Dinge öfter gesehen hat, kann er aufgrund dieser Erfahrung jedes Mal besser reagieren. Wenn dieser Arzt allerdings nicht wach bleibt, wird er abstumpfen und nach 99 Erkältungen die eine tödliche Lungenentzündung nicht richtig diagnostizieren. *(s.a. Betriebsblindheit; Kontrabass & Violine; Organisationsbetriebsblindheit entgegenwirken)*

Es gibt zu viele ältere Dirigenten, die sich auf ihrem Wissen ausruhen und alles, was neu ist negieren, anstatt sich weiterzuentwickeln.

Man lernt nie aus, weil man es mit Menschen zu tun hat – aber auch das ist keine Kunst, sondern ein *soziales* Handwerk. •

Kinderchor: weibliche Begleitperson

In einem Kinder- oder Jugendchor musst du als männlicher Dirigent immer eine Sozialpädagogin oder andere **weibliche** Begleitperson (eventuell Pianistin) anwesend haben. **Niemals** darfst du zulassen, dass du mit weniger als 4 Kindern in einem Raum allein bist. Es gab einfach zu viele Vorfälle von sexuellem Missbrauch, sodass du als männlicher Chorleiter von Beginn an ein Stigma trägst.

Um dem entgegen zu wirken musst du dich selbst schützen. Kinder und Jugendliche könnten auch auf die Idee kommen dir eins auswischen zu wollen. Ein falscher Verdacht reicht, um deine Karriere zu beenden. Begründen solltest du diese zusätzliche Person ehrlich. Jeder vernünftige Arbeitgeber wird um die Problematik wissen.

Im Arbeitsvertrag musst du so weit gehen, das Recht zu haben eine Probe abzusagen, wenn diese oder auch nur irgendeine weibliche Begleitperson nicht anwesend ist.

Neben dieser Komponente ist eine weitere Person im Kinderchor aber nichtsdestotrotz notwendig: Was ist, wenn ein Kind zur Toilette muss (bei kleinen Kindern, die eventuell noch nicht alleine können) oder krank wird (ohnmächtig)? Dann kannst du deinen Chor ja nicht allein lassen, da du die Aufsichtspflicht hast. Du brauchst somit immer eine unterstützende Person (weiblich!). • *(s.a. Kinderchorgründung zur Nachwuchswerbung)*

Kinderchorgründung zur Nachwuchswerbung

Kinderchöre sollte es in jedem Dorf und jeder Grundschule geben, egal, welches Repertoire sie singen und egal, wie kompetent die Leitung ist. So lange Kinder zum Singen gebracht werden, ist solch ein Kinderchor wertvoll für unsere Gesellschaft.

In der Corona-Krise war ich sogar so verrückt mit meiner Frau zusammen einen Kinderchor zu gründen. Wir haben es auch bis auf den Beginn von 2021 geschafft durchgängig zu proben. Statt Auftritte haben wir für die Familien kleine Videos gedreht.

Ich höre aber auch immer wieder von Vorständen, dass man doch einen Kinderchor gründen müsse, um den Nachwuchs auszubilden. Das ist eine Gedankenwelt, die aus den Blasmusikvereinen stammt und dort auch funktioniert.

Einen Kinderchor als ergänzendes, mitgliederausbildendes und mitgliederwerbendes Angebot zu gründen, lohnt sich für einen Erwachsenenchor primär nicht weil er damit Kinder ausbildet, sondern weil die **Eltern** für den Erwachsenenchor interessiert werden. Die Kinder werden ja noch ein paar Jahre brauchen bis sie interessiert oder überhaupt fähig wären, in einem Erwachsenenchor mitzusingen. *(s.a. Einstiegs- und Ausstiegsalter)*

Wenn du in solch einem Kinderchor ordentlich arbeitest (Probenplan, Musiktheorie, aber auch Lieder, die den Kindern Freude machen – also pädagogisch), müssen sich die Eltern – über ihre Kinder – mit dir und dem Chor beschäftigen.

Die Kinder werden zuhause auch von den Proben und greifbaren Inhalten erzählen und die Eltern einbinden. So werden Eltern interessiert und informieren sich über deine anderen Angebote. Wenn du mit den Kindern ‚nur' singst, wird der Chor einfach eine Zeit, in der die Eltern ihre Kinder dort abgeben können. Das ist grundsätzlich nicht schlimm, widerspricht aber dem, was der Verein mit dem Kinderchor für sich bezweckt. Hier willst du eine **aktive** Beteiligung der Eltern. • *(s.a. Kinderchor: weibliche Begleitperson)*

Kirchenheizung

Wenn in einer Kirche geprobt wird, achte auf die Heizung: Kirchen sind **wegen der Orgel** meist auf konstante 16-18 Grad eingestellt und der Steinfußboden ist umso kälter. Auch ‚vergessen' Kirchen gerne mal, dass da eine Generalprobe oder überhaupt etwas terminiert war und schalten die Heizung aus.

Die Erfahrung zeigt, dass es sich lohnt, ein paar Tage vor einer terminierten Probe im Gemeindebüro nochmals anzurufen und zu bitten, dass die Heizung angestellt werden möge. Kuschelig warm wird es dann aber trotzdem nicht. (s.a. *Konditionenaufzählung ohne Beleidigung Fehlerfreier*)

Ich weise im Chor deshalb grundsätzlich auf die Notwendigkeit von **warmer Kleidung** und warmen Socken(!) hin.

Es muss das Zwiebelprinzip gelten – man **(auch du)** sollte sich also lieber **mehrere** Lagen dünnerer Kleidung anziehen als eine dicke Winterjacke.

Die einzige kuschelige ‚alte' Kirche (von 1800), die ich jemals erlebt habe, **war eine, die ein** eigenes Blockheizkraftwerk besitzt. Dieses besteht aus einem VW-Motor und **produziert den** Strom für den Kirchenkomplex. Als ‚Abfall' entsteht viel Wärme, die die Kirche permanent heizt und so dauerhafte mollige 20 Grad erlaubt. Damit ist dann auch der Steinfußboden warm (trotz fehlender Fußbodenheizung). •

Kirchenvorstände

Kirchenvorstände sind für dich gefährlich und selten hilfreich. Ausnahmen bestätigen auch in meiner Erfahrung die Regel. Im Idealfall lassen sie dich in Ruhe.

Die Art des Umganges mit dir ist immer auch eine Frage der Zusammensetzung.

Je nachdem wie diese ist, überwiegt das Verständnis für eine qualifizierte Chorleitung und ihre Kosten, oder der Gedanke, dass das Geld doch auch woanders gut zu gebrauchen wäre.

Allen Kirchenvorständen ist gemein, dass sie aus Ehrenamtlichen bestehen. Ehrenamtlich heißt ohne Gehalt.

Nun hat jemand, der für seine (auch stressige) Arbeit nicht bezahlt wird, darüber zu entscheiden, dass und wie **du** für deine Arbeit bezahlt wirst.

Je nach Verständnis für Chorarbeit fällt die Waage in die Richtung „Geld für *Tralala*" oder „für *Erwachsenenbildung*".

Meist gibt es keine grundsätzliche Feindschaft zum Chor. Es will also kein Kirchenvorstand grundsätzlich den Chor loswerden. (Du glaubst es nicht – ich habe es auch schon anders erlebt…)

Es muss Verständnis für deine Arbeit und die Notwendigkeit einer bezahlten und damit guten Arbeit geschaffen werden. Das kannst aber nur **du** machen.

Du solltest also alle 1-2 Jahre in einer Kirchenvorstandsitzung erklären, wie der Chor funktioniert, und was er macht. Du musst deine Arbeit und Arbeitsweise *erklären* und darlegen, was deine Qualifizierung aus dem Chor macht.
In kurz: Du musst dich vermeintlich **unersetzlich** *(s.a.)* machen.
Wenn ein Kirchenvorsteher auf die Idee kommen sollte, er könne statt deiner einfach einen Studenten aus dem ersten Semester für 100€ im Monat vor den Chor stellen und es würde qualitativ so weiter laufen, dann hast **du** etwas falsch gemacht.

Lerne aus meinen Fehlern!
Steige von deinem hohen Ross herunter. Es muss nicht jeder deine Arbeit verstehen, wenn er nicht unmittelbar im Chor davon profitiert.
Bei Chorvorständen wirst du dieses Problem nicht finden – weshalb ich auch sehr dafür plädiere, nur aktive Sänger als Vorstandsmitglieder zuzulassen. *(s.a. Aktive Verantwortliche)*

Was überraschend wenige wissen (scheinbar auch manche Kirchenvorstände…):
Der Kirchenvorstand ist der Chef des Pastors!
Hast du Probleme mit dem Pastor sind der Kirchenvorstand und sein Vorsitzender weisungsbefugt. •

KISS
KISS – **K**eep **i**t **s**imple, **s**tupid!
Das Mantra für jede Probe und Ansage: Versuche den einfachsten Lösungsweg mit den wenigsten Variablen und Gedankengängen zu finden. Egal was du sagst, machst, wie du probst – es ist das wichtigste Prinzip für die Arbeit mit Laien!

Nur ein paar Beispiele:
- Vor einem Konzert nur noch singen lassen, wenig proben und sich auf wesentliche Aussagen beschränken.
- In der Probenvorbereitung überlegen, wie du komplizierte Zusammenhänge im musikalischen Ablauf einfach erklären/proben/vermitteln/darstellen kannst.
- Komplizierte Intervalle (Tritonus/Septime/None) durch melodische Übungen zu dem Intervall/durch ein Zwischenintervall vereinfachen.
  (s.a. Bildliche Hilfen zum Harmonieverständnis)
- Benenne höchstens 2 Dinge, die der Chor verbessern soll. Wenn diese ein oder zwei Dinge funktionieren, benenne die nächsten.
- Kleinteilig proben *(s.a.)*.
- Akzeptiere deine Grenzen: Probe mit dem Chor nur Stücke, die **du** so gut vorbereiten kannst, dass dir eine konstruktive und *simple* Probe möglich ist. •
  (s.a. Stringente Proben sind des Leithammels Hörner)

Klappt schon… soll doch Spaß machen…

Je schwächer ein Chor ist, desto besser muss der Dirigent vorbereitet sein, wenn er gute Ergebnisse erreichen will.

Viele Chorleiter gehen zu ihrem überalterten *Spaßchor* hin und überlegen sich fünf Minuten vor der Probe was sie machen wollen. Das ist selten Resignation, eher Faulheit, meistens aber Verantwortungslosigkeit, gepaart mit Unwissen.

Oder vielleicht hast du (wie ich) im Studium von einem Professor (nicht meinem!) gehört, dass du dir einen Chor suchen sollst, um dich einfach mal „auszuprobieren" um danach mit den „guten" Chören zu arbeiten. Er meinte das genau so respektlos wie es sich anhört – das werde ich nie vergessen.

Ein schwacher Chor braucht **mehr** Strategien und Wissen, um besser zu werden als ein Chor von notenlesenden und am Klavier selbst übenden Sängern.

- Schwierigkeiten im Stück müssen – mit möglichen Lösungen – vor der Probe **antizipiert** werden.
- Mündlich Angesagtes muss von den Sängern konsequent in die eigenen Noten eintragen werden (Atem, Ton höher/tiefer, lächeln, Zungenspitze, langer Vokal, etc.) – traurigerweise erzählen gerade diese Sänger, die in der nächsten Probe alles vergessen haben, dass sie nichts aufschreiben müssen, weil sie das noch nie gemacht haben, es auch so geklappt hat und sie sich das ja eh merken. Man muss sie zwingen.
- Gut und geplant einzusingen ist der **Grundstock** einer Probe.
- Ein dauerndes Hinweisen auf die Grundsätzlichkeiten ist nervig, aber notwendig: Geradestehen, freundlich schauen, Zungenspitze vorne lassen.

Lasset mich predigen!

- Du hast eine Verantwortung für deine Sänger.
- Du wirst dafür bezahlt.
- Du hast den Anspruch relative 100% aus deinem Chor herauszuholen. Nicht mehr, aber auch nicht weniger.
- Wenn dein Arbeitgeber nicht versteht, dass ein schwacher Chor einen starken und angemessen bezahlten Chorleiter braucht, weil ein Chor nur so besser werden und überleben kann, hat dein Arbeitgeber dich nicht verdient. •

Klare Dirigierbewegungen

Dein Taktschlagen, musikalischer Ausdruck und Einsätze müssen so deutlich und klar von deinen sonstigen Körperbewegungen abgesetzt sein, dass der Chor sie versteht.

Im Chorleiten ist das zweigeteilt: Es gibt Dirigenten, die ohne jede große Bewegung nur durch Mikroexpressionen dirigieren können. Ich kann das nicht so gut, habe aber unter Chorleitern gesungen, die diese unglaubliche Macht über ihre Chöre haben und man einfach so singen muss, wie sie es wollen. Das ist die **metaphysische Ebene**.

Ich behaupte, dass man die nicht erlernen kann. Die hat etwas mit Persönlichkeit zu tun. Man kann sich ihr aber annähern, indem man eine sehr klare Vorstellung von dem Stück entwickelt hat und die tiefe innere Überzeugung, dass diese Vorstellung richtig ist und nur so umgesetzt werden soll. Dann überträgt sie sich.

Das was jeder lernen kann, ist das Verständnis dafür, dass jede Bewegung vor dem Chor einen Sinn haben muss. Das ist die **physische Ebene.**
Was sich zuerst einfach anhört, ist schwer umzusetzen. Jeder von uns hat Marotten, die wir kaum abstellen können, bzw. von denen wir selbst nichts wissen.
Viele Dirigenten nicken z.B. bei jeder „1" mit dem Kopf mit, weil sie die Armbewegung nicht vom Körper trennen. Diese Bewegung wird im schlimmsten Fall vom Chor übernommen (ein putziges Bild von einem Haufen pickender Tauben) – mach mal ein Video von dir beim Dirigieren und du wirst sehen…
Andere hüpfen vor dem Chor rum wie ein *Hamster auf LSD* und denken, dass sie dadurch ihre Bewegungsenergie auf den Gesang des Chores übertragen…
Ein Chor muss aber relativ stillstehen, bzw. niemals seine Atemsäule quetschen oder unnötig bewegen – das müssen deine Sänger von dir spiegeln *(s.a.)* können.
Dirigieren ist Kontrolle über den Klang**körper**, die Musik und eben Menschen.
Dass wir dafür viel Selbstkontrolle benötigen, ist selbstverständlich.
Deine unbewussten, unnötigen oder im schlimmsten Fall irritierenden Bewegungen kannst du durch ein Videofeedback *(s.a.)* aufdecken. •
(s.a. Dynamisch dirigieren; Handhaltung – Schlaghand – Ausdruckshand; Handinnenflächen vorne; Orchesterleiter vs. Chorleiters; Schlagpunkte; Stillgestanden!; Wackeldackel)

Klarsichthülle
Drucke deine eigenen Noten bei längeren Stücken doppelseitig aus.
Nutze **keine** Klarsichthüllen, da diese spiegeln und man im falschen Licht (**fast** immer) Teile der Noten nur schwer erkennen kann, d.h. immer im richtigen Winkel zum Licht bleiben muss.
Sänger haben manchmal Ordner, die aus Klarsichthüllen bestehen und dann regelmäßig ein Problem mit dem Licht.
Dass Sänger (und auch du) bei jeder notwendigen Eintragung das Notenblatt wieder aus der Folie friemeln müssen ist dir wahrscheinlich auch schon mal aufgefallen. Das sind die Momente, wo du liebevollen Psychoterror ausüben kannst, indem du auf den Zeitverlust hinweist.
Nach ein paar Monaten Stichelei hat kein Sänger mehr Klarsichthüllen.
Nutze 90g Papier, weil es bei doppelseitigem Druck nicht durchscheint und stabiler beim Blättern im Ordner ist. *(s.a. Noten als doppelseitige PDF)*
Hast du Sorge, dass die Noten bei stürmischem Blättern reißen, nutze Verstärkungsringe für die Löcher oder nehme die zu probenden Noten eben aus dem Ordner. •

Klatschchor

Willst du ein Stück singen, in dem der Chor klatschen soll, darf das Klatschen den Chor nicht übertönen und muss präzise sein. Ich lasse meistens Schnipsen.
Klatschen soll einem Stück eigentlich einen zusätzlichen Energieschub geben.

Klatschen funktioniert im Chor (wenn es nicht eine Geste sein soll) am besten, wenn du mit den Sängern folgendes übst:

- Klein, aber mit Energie zu klatschen. Klein, um keinen weiten Weg der Hände kontrollieren zu müssen und mit Energie, weil eine hohe Aufschlaggeschwindigkeit bei kleinem Weg zu einem hellen Klatschen führt. Ein langer Weg führt zu einem dumpferen Klang, da die Hände weniger gespannt sind und somit mehr Hohlraum bilden.
- Je länger der Weg, desto geringer ist die Präzision, weil mehr Muskeln kontrolliert werden müssen.
  Bei kleinem Weg (sieht aus wie ein Roboterklatschen) kann man klatschen, indem man nur wenige Muskeln benutzt und die Arme in Klatschposition belässt. So extrem will man das zwar auch nicht, aber fast – ohne dass es unnatürlich aussieht.
- Erst das Klatschen üben, dann den Text mit Energie sprechen lernen, dann beides zusammen und nur wenn das wirklich gut ist, Klatschen, Sprechen und Singen zusammensetzen.
  Wenn das gut ist, kannst du noch Bewegung reinbringen.

Du musst verstehen, dass deine Sänger nicht locker sind, sondern angespannte und manchmal sogar verängstigte Menschen, die sich sorgen unpräzise aus der Rolle zu fallen. Heißt: Nur wenn du sie an die Hand nimmst und mit ihnen das ungewohnte Abenteuer *Klatschen* langsam aufbauend betreibst, wirst du einen tollen *Klatschchor* haben. •

Klauseln

Klausel (lat./ital. clausula) bezeichnet in der abendländischen Musiktheorie seit dem 12. Jahrhundert eine formelhafte Wendung, die in mehrstimmiger Musik zur Artikulation eines Abschlusses verwendet wird.
Die Bezeichnung „Kadenz" kommt als *cadenza* oder *cadentia* vor allem in italienischen Quellen seit dem späten 15. Jahrhundert oft in gleicher Bedeutung vor.
Im heutigen Sprachgebrauch zielt **Klausel** insbesondere auf die Tonfolgen, die in den einzelnen Stimmen eines mehrstimmigen Satzes zur Schlussbildung beitragen, und **Kadenz** auf die Klangfortschreitung, die aus der Kombination mehrerer Klauseln besteht.

[Seite „Klausel (Schlusswendung)". In: Wikipedia, Die freie Enzyklopädie. Bearbeitungsstand: 16. Juli 2018, 09:14 UTC.
URL: https://de.wikipedia.org/w/index.php?title=Klausel_(Schlusswendung)&oldid=179197285 (Abgerufen: 2. Februar 2020, 10:55 UTC)]

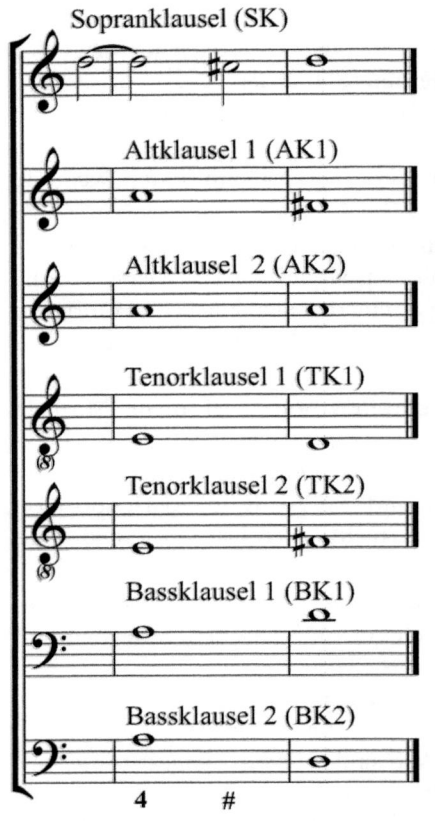

SK: Halbton abwärts groß ist richtig, da Vorhalt zur Durterz. Die Durterz wird damit tief. Sänger müssen zum abphrasierten Schlusston einen *großen* Halbton nach oben. Obwohl es derselbe Tonschritt wie vorher nach unten ist fühlt er sich größer an. Dies ist auch die Schwierigkeit. *(s.a. Cent)* Lösung: Den Weg zum Schlusston und ihn selbst mit Energie singen. Bild: Erst das Ende des Tones darf als Schluss gespürt werden, nicht schon der Anfang des Schlusstones. Bewusst heller Vokal. Aufwärtsintervall weit denken.

AK1: Da der Schlusston als Durterz tendenziell tiefer sein muss, ist die AK1 selten ein Problem.

AK2: Ist die Mediante *(s.a.)* der Schlusswendung. Ein abphrasierter Schlusston ohne Energie wird zu tief sein. Achte auf eine gute Energieführung und grundsätzlich die Vokalreinheit bei aufeinander folgenden gleichen Tönen.

TK1: Der Schlusston ist Grundton des Akkordes. Der Tenor muss einen echten Ganzton abwärts singen.
Je nach Tonlage kann der Hinweis „mit Energie in den Schlusston" in tiefer Lage dazu führen, dass der Ton erst recht nach unten gedrückt wird – in hoher Lage kann er zu hoch werden.
Als erster Hinweis ist das aber immer richtig, da an zu tiefen Schlusstönen meist die musikalische Abphrasierung schuld ist. Klappt das nicht, versuche das Gegenteil (also einen leichten/luftigen Ton).

TK2: Eigentlich problemlos, da wegen erwünschter tiefer Durterz ein enger Ganzton zu singen ist. Sonderfall im echten Tenor: wenn Schlusston mit zu viel Energie gesungen wird, kann der Ton schnell zu hell werden.

BK1: Aufwärtsquarte meist problemlos. Ausnahme im Bass bei Registerwechsel *(s.a.)* (z.B. Brust- zur Kopfstimme). Schlusston muss bewusst leicht gesungen werden, er wird sonst zu schwer und laut und damit tief. *(s.a. Dynamikausgleich)*

BK2: Schlusston oft zu tief, weil mit Energie und Gewicht gesungen. Typisches Bassproblem. Lösung: Schlusston mit tendenziell hochgestelltem Kehlkopf singen lassen um den Ton hell und klar zu bekommen. Bild: „Der Topf mit Suppe den wir hinstellen und nicht fallen lassen". *(s.a. Absturzversicherung; Kehlkopfstellung)*

Die jeweiligen Klauseln heißen nur so, weil sie meistens in den benannten Stimmen stattfinden. Sie können natürlich auch in anderen Stimmen vorkommen.
Die BK1/2 finden sich aber meistens in den tiefsten Stimmen einer Schlusswendung (nicht zwingend der Bass!).
Grundsätzlich solltest du deine Sänger auf die Schwierigkeiten dieser Tonfolgen hinweisen. Nach einiger Zeit werden sie diese auch selbstständig erkennen und damit lösen können. Du kannst sogar mal eine Übungseinheit mit diesen Standards machen.
Vor allem die Abphrasierung der Schlusstöne (die ja eigentlich ganz musikalisch ist), bereitet die größten Probleme. Den Schlusston trotzdem mit Spannung zu singen bedeutet nicht, dass er betont wird, sondern dass sein Anfang und der Weg dorthin mit Energie und Spannung geschieht, als wäre er **kein** Schlusston. Er wird dann erst beim Singen des Tones abphrasiert. •

Klavier in der Probe

Ich bin ein Anhänger von Hermann Scherchen (s.a.) (1891 – 1966) (s.a. Literaturverzeichnis)
Ich nutze das Klavier, wenn überhaupt, nur für das Einstudieren einstimmiger, schwerer Tonfolgen und um komplizierte Harmoniewechsel hörbar machen.
Alles andere demonstriere ich mit meiner eigenen Stimme. Sie genügt.
Ich kann so Konzertchöre, Gospelchöre und kleine Kirchenchöre leiten.
Ob die Sänger Noten lesen können oder nicht, ist irrelevant.
Ich kann bei Besuch eines Konzertes, einen Chor der ohne, von einem, der mit Klavier geübt hat, unterscheiden.
Letzterem fehlt im Konzert die akustische Orientierung. Die Sänger wirken im Laienbereich zum Teil wie verschreckte Hühner, die nicht mehr wissen wo sie hinrennen sollen. Sie wirken wie jemand, der aus einem dunklen Keller kommt und dann im Sonnenlicht geblendet vor sich hin stolpert.
Ohne das Klavier sind die Sänger gezwungen aufeinander zu hören, sich aufeinander zu verlassen und schlussendlich auch auf sich selbst zu verlassen.
Wenn sie dies in den Proben nicht trainiert haben, werden sie im Auftritt keine Chance haben. Das Klavier war ihr Fundament – jetzt versinken sie im Sand.

Ein Klavier kann ein **Werkzeug** sein. Für zu viele Kollegen ist es das einzige – aber es ist ein mächtiges Werkzeug. Nutze es klug.
Viele Chöre werden sich zuerst verloren fühlen, wenn du ihnen in der Probe das Klavier wegnimmst, aber dann im Auftritt auf einmal eine ungekannte Sicherheit spüren.
Ich habe mit dieser Aussage bisher **immer** Recht gehabt.
Ich habe **noch nie** ein Klavier **gebraucht**.
Der Anfang des Töneeinstudierens geht mit Klavier unbestritten zügiger, weshalb ich es da nutze, um schneller in ein Chorsingen zu kommen. Ich spiele aber maximal einstimmig die Noten der zu übenden Stimme mit (Werkzeug!).
Bei Chören in denen dieser Probenteil eh schnell geht, nutze ich niemals das Klavier – warum auch? Was bringt es dem Chor?

Zugegebenermaßen muss ich meine Stimme mit dem Klavier nicht so anstrengen und wenn du immer fröhlich den Chorsatz mitkloppst, freut sich der Chorsänger (erstmal), weil er ganz schnell und einfach mit einem Akkordinstrument mitsingen durfte… aber warum erlaubst du deinen Sängern nicht mit den anderen **Sängern** zusammen zu singen? Es ist doch eine **Chor**probe.
Das Klavier ist ein Werkzeug (hatte ich das schon gesagt?).
Chorleiter, die gedankenlos **jede** Probe vom Klavier aus proben sind entweder nicht gut ausgebildet (hey, dafür hast du ja nun dieses Buch…) oder schlicht faul.
Ich habe viele solche Kollegen getroffen. Letztere sind oft selbstgerecht und finden sich in ihrer Respektlosigkeit toll. Wenn du dich gerade angesprochen fühlst sei wenigstens ehrlich und stehe zu deiner Faulheit. Ist es aber Unwissenheit – ich helfe gern! •
(s.a. A-capella proben; Pianist und Organist; Wahrnehmungshierarchie)

Klein-Klein
Dirigieren im Laienchor ist deshalb so anstrengend, weil wir unser *Visier* herunterlassen müssen. Es wird erwartet, dass wir *echt* sind.
Wir sollen emotional sein. Wir sollen die Sänger mit auf eine Reise nehmen.
Gleichzeitig sollen wir extrem kontrolliert sein. Die Proben gut vorbereiten. Auf jeden Quatsch einfühlsam reagieren. Fehlerfrei sein.
Das ist unmöglich und sorgt für Konflikte. Aber das macht eben auch den Reiz dieses Berufes aus.
Wenn dir bewusst ist, dass du es mit einer heterogenen Menschengruppe zu tun hast, für die du die Verantwortung trägst, lernst du dich nicht im Klein-Klein zu verlieren und dieses deine Seele belasten zu lassen. Wenn es auch kein anderer tut, musst **du** langfristig denken. Das lerne ich gerade auf die harte Tour in der Corona-Krise, in der zu viele ‚Verantwortliche' Tatsachen schaffen wollen, die langfristig keinen Wert haben. •

Kleinteiliges Proben
Zu Beginn der Proben eines neuen Stückes probe ich **immer** kleinteilig. D.h. ich teile mir in meiner Probendisposition *(s.a.)* das Stück so auf, dass ich mit jeder Stimme maximal 2 Minuten arbeiten muss.
Ich probe retrosequenziell *(s.a.)*, um in Bekanntes hineinüben zu können und damit immer längere Passagen des Singens zu bekommen.
Es wird immer Sänger geben, die die Kleinteiligkeit nicht mögen – frage sie dann, ob sie lieber lange rumsitzen wollen, ohne gesungen zu haben.
Ich will lieber methodisch ein Stück in Häppchen kleinteilig erarbeiten, um es dann vom Chor im Verlauf der Probe immer mehr singen zu lassen. Der Anfang ist ja eh technisch – die Musik kann erst nach dem Töneproben kommen. Das funktioniert mit **jedem** Chor. Je schwächer er ist, desto mehr profitiert er von dieser Methode.

Um aber so kleinteilig arbeiten zu können, musst du deinen Chor dazu erziehen konzentriert dabeizubleiben.

Wenn du bisher nur in langen Abschnitten geprobt hast, haben sich deine Sänger angewöhnt abzuschalten, wenn eine andere Stimme probt. Du musst deinen Chor also vorwarnen, dass die Stimmwechsel nun relativ schnell passieren.

Erziehe deinen Chor langfristig, indem du grundsätzlich nicht auf den Letzten wartest:
- beim Probenbeginn (beginne immer pünktlich, zu spät kommende Sänger fallen dadurch auf, es entsteht Sozialdruck)
- beim Beginn eines Stückes (das sorgt dafür, dass die Sänger aufmerksam bleiben) – außer die Person **kann** nicht schneller (Alter, Behinderung etc.)
- in der Probe durch schnellen Stimmwechsel

Willst du zügig und ergebnisorientiert mit dem Chor arbeiten, darfst du deinen Sängern keine Zeit zum Ausruhen lassen. Sie müssen wach und bei dir sein.

Wenn du also mit einer Stimme probst, schließe an dieses sofort eine andere Stimme an: „Alt, bitte von derselben Stelle" – und los. Ergebnis: Meistens große Verwirrung („wo sind wir?").

Führe diese schnelle Probenmethode (heißt kleinteilig zu proben und dann schnell zwischen den Stimmen zu wechseln) ein, indem du den anderen Stimmen die Aufgabe gibst, der aktuell probenden Stimme zu folgen und die eigene im Kopf dazu zu denken. Mach das ein paar Wochen und der Chor gewöhnt sich an diese Probenmethode.

Wenn du das Tempo an **deine** Möglichkeiten und Fähigkeiten angepasst hast (und dann erst an die deines Chores!) fördert diese Art zu proben die Konzentration, sorgt dafür, dass die Proben meist sehr ruhig ablaufen und ist hocheffektiv, weil die Sänger die ganze Zeit das Stück üben.

Aber: Sie fordert von dir eine kleinteilige Probenvorbereitung. Du musst die Schwierigkeiten gut antizipieren können.

So zu proben bietet sich in jeder Probe an. Viele werden es toll finden – für einige ist es zu anstrengend. Du wirst ein Mittelmaß zwischen kleinteiligem Proben und Singen finden müssen.

Das Großartige: Wenn du **retrosequenziell** arbeitest, ergibt sich das Mittelmaß von ganz allein, da du immer längere Abschnitte singen lassen kannst. •

Knatsch

Ein Chor besteht aus Individuen, die auch mal *Knatsch* **untereinander** haben können.

Gehe niemals öffentlich auf die Probleme ein (außer sie werden von den Sängern selbst öffentlich gemacht), denn eigentlich haben zwei sich feindlich gesinnte Sänger dasselbe Ziel: im Chor gut zu singen. Ab und zu stimmt halt die Chemie nicht und dieses muss nicht öffentlich kommentiert werden.

Behandle alle deine Sänger zuerst wie Erwachsene, die ihre eigenen Probleme lösen können. Du bist also kein aktiver Schlichter und darfst dich erst in die Querelen einmischen, wenn sie den Chorfrieden stören, bzw. die Sänger selbst auf dich zukommen.

Du kannst aber einiges dafür tun, dass die Situation nicht eskaliert.
- Stelle die beiden Sänger in einer Konzertaufstellung entfernt voneinander auf.
- Wird im Streitfall hinter dem Rücken gesprochen/gelästert/Allianzen geschmiedet ist dies bis zu einem gewissen Punkt (gute Freunde werden angesprochen – hier muss der Sänger einfach mal seinen Dampf rauslassen) zu akzeptieren. Wenn unbeteiligte Sänger angesprochen werden („Sag mal was hältst du von dem…?") ist aber Feierabend. Suche dann das Gespräch mit den beiden Sängern und kommentiere die Situation danach eventuell auch öffentlich.
- Beobachte, ob sich Cliquen bilden. Wenn diese aktiv von den betroffenen Sängern gebildet werden, musst du einschreiten und den Konflikt nach einem persönlichen Gespräch öffentlich machen.
- So lange der Chorfrieden nicht in Gefahr ist, halte die Streithähne auseinander und informiere dich zwischendurch bei ihnen „Wie geht es dir?", „Ist alles in Ordnung?".
- Gehe nicht auf Gerüchte ein. Nur Tatsachen zählen und Informationen, die du aus **direkten** Gesprächen mit den Beteiligten gewonnen hast.
- Stelle das gemeinsame Ziel in den Vordergrund: „Wir sind ein Chor." „Das Singen."

Wenn Kampfhähne nicht zu bändigen sind, muss man sie loswerden. Hier kommt es drauf an, wer mehr Rückendeckung im Chor hat. Meistens müssen beide gehen.
Diese Maßnahme ist aber nur möglich/nötig, wenn die Situation den Chorfrieden nachhaltig stört.
Meistens reicht es schon den Konflikt nach einer Eskalation öffentlich zu machen und als Gefahr für den Chorfrieden **darzustellen**, um über die Sozialkontrolle Ruhe reinzubringen. •

Knick
Ungewolltes Vibrato *(s.a.)* entsteht durch Druck, den die Stimmbandmuskeln nicht mehr kontrollieren können.
Vor allem im Sopran und Tenor geschieht es, dass Sänger ab einer gewissen Höhe keinen geraden Ton mehr singen können, sondern mit einem mehr oder weniger starken Vibrato auffahren.
Je höher wir singen wollen, desto gespannter sind die Stimmlippen, um schnell gegeneinander schlagen und die Luft in Schwingungen versetzen zu können – beim a' sind es schon 440x pro Sekunde – dazu braucht man, je gespannter die Stimmlippen sind, einen höheren Luftdruck. *(s.a. Wellenlängen und Frequenzen)*
Analogie: Wenn man lange eine schwere Kiste tragen soll, dann wird bei uns ‚Normalstarken' das Muskelzittern beginnen.
Da die Muskeln die konstante Spannung nicht mehr aufrecht erhalten können, *knicken* sie kurz ein, um sich dann wieder zu spannen.

Genau das passiert in der Kehle: Die Muskeln, die die Stimmlippen spannen, können dem konstanten hohen Druck nicht standhalten – es entstehen Wellenbewegungen.

Auch wenn es mit Sicherheit noch andere medizinische Gründe gibt, warum ein Sänger **ungewollt** mit Vibrato singt, ist es immer ein Zeichen für ein ungesundes Singen und muss dem Sänger abtrainiert werden. Ein Zeichen für freies Singen ist es auf keinen Fall. Wenn man sich die Opernquartenschleudern anhört, die manche Sänger als Vorbild nehmen (kein Scherz!), haben die dieses Problem nur, weil sie überzeugt sind ausschließlich mit hohem Druck einen Raum akustisch füllen zu können (ob sie es sollten, oder man lieber die Polizei wegen Ruhestörung ruft…).

Chorsänger müssen sich so schnell es geht untereinander akustisch mischen. Singt jemand mit Vibrato wird er aus dem Chorklang **immer** herausstechen. •

Knigge

Auch Adolph Freiherr von Knigge (1752-1796) – also **der** Knigge – hat Dirigenten in seinem „Über den Umgang mit Menschen" (1788) die richtige Haltung gegenüber Künstlern erklären wollen: *„Wer Schauspieler und Tonkünstler unter seiner Aufsicht und Direktion hat, dem rate ich sich gleich anfangs auf einen gewissen Fuß mit ihnen zu setzen, wenn man nicht von ihrem Eigensinne und ihren Grillen abhängen will."*

Er selbst hielt von diesen Künstlern nicht sehr viel. Maler, Schauspieler, Tänzer, Komponisten und Musiker sind für ihn alle gleich. Sie sind *„wohl keine gefährlichen, aber desto eitlere und oft sehr zudringliche und unsichere Leute."* Und meistens betrunken…

Denn viele Sänger lieben seiner Meinung nach *„das Wohlleben"* und nicht den Ernst.

Wolle man sich mit ihnen gut stellen, müsse man sich *„ihre Kunst, aber auch ihren Unsinn anhören"*. Das muss man heute auch: Sich um die Meckerei, das Halbwissen und die persönlichen Probleme kümmern, damit dann Kunst entstehen darf.

Dann fordert Knigge noch, sich bei jedem Geldgeber einzuschleimen. Naja…

Eine aktuell gültige Definition finden wir aber auch: Wenn du Charakter hast, sollst du dich der *„Lobhudelei"* enthalten und *„kluge Kritik"* üben.

Freiherr von Knigge hat selbst komponiert und eine Übersetzung des Librettos von Mozarts „Hochzeit des Figaro" angefertigt, die auch dem ersten Notendruck der Oper beigefügt wurde.

Ein Arbeitstitel für dieses Buch war „Knigge für Chorleiter". •

Körperverhältnis

Der Sänger hat im Gegensatz zum Instrumentalisten ‚nur' seinen Körper und meist kein gutes Verhältnis zu ihm. Der Hinweis: „Sing höher!" hilft ihm nichts. Dein Job ist herauszufinden, warum er zu tief singt und dann den Hinweis zu geben, was er mit seinem Körper anders machen muss. Je geschulter ein Chor ist, desto seltener musst du das machen. Diese Arbeitsweise gilt für **jeden** Chor. • *(s.a. Wegkorrektur)*

Kollektiver Ordnungsruf

Sag zu Sängern nicht: „Du musst... (üben/pünktlich sein)", sondern: „Ich weiß, dass dir der Chor wichtig ist. Deshalb bitte ich dich... (zu üben/pünktlich zu sein)".
So bist nicht mehr **du** der ‚Bittsteller', bzw. das befehlende Organ, sondern das **Kollektiv** („der Chor"). • *(s.a. Arbeitslautstärke; Freud für Chorleiter; Konzentrationsstörender Seitenwechsel)*

Kommentarwahnsinn

Es ist nicht leicht, aber du solltest jeden noch so nervenden (stück- oder chorbezogenen) Kommentar aus dem Chor als Indiz nehmen, dass der kommentierende Sänger etwas am Chor **verbessern** will. Mir wollte in all den Jahren 2x jemand durch seine Kommentare schaden. Über deren Sinn oder Unsinn lässt sich aber natürlich streiten.
Im schlimmsten Fall handelt es sich nur um Interesse, eventuell Dummheit oder Wichtigtuerei, aber eben immer um Liebe zum Chor.
Oft sind Kommentare aus dem Chor auch ein Indiz für Versäumnisse von **dir**.
Musst du etwas noch deutlicher erklären, ist etwas an der Sozialdynamik im Chor schief oder muss am Verhältnis Chor-Dirigent etwas justiert werden?
Sänger wollen immer helfen – manchmal zu viel.
Wenn es zu viel wird, kannst du mit solchen Personen persönlich sprechen, ihnen deine Sicht der Dinge mitteilen und sie in ihren Sorgen und Wünschen ernst nehmen, sonst sind sie berechtigter Weise beleidigt. Erkläre ihnen, warum du etwas auf die eine oder andere Weise tust.
Wenn jemand ständig **stört** (also nichts sagt, was die Probe und ihren Fluss weiterbringt oder überhaupt das Stück) musst du öffentlich deutlich sagen, dass du die Hinweise schätzt, aber diese im Augenblick den Probenfluss *unterbrechen* (**nicht** *stören*!) und ihr beide die Angelegenheit gerne nach der Probe kurz durchsprechen könnt. •

Kommunikationsregel

Hör auf zu reden – fang an zu kommunizieren.
- Reden kannst du auch mit einer Wand.
  Kommunizieren kannst du nur mit einem lebenden Gegenüber.
- Reden setzt kein Zuhören voraus.
  Kommunizieren setzt gegenseitiges Zuhören voraus.
- Reden ist einseitig.
  Kommunizieren erwartet Antworten.
- Reden kann niveaulos sein.
  Kommunizieren kannst du nur auf einem gemeinsamen Niveau. •

Kommunismus!

Das Ziel des Chorleiters muss sein 100% von dem zu erreichen, was der Chor als Ganzes erreichen kann. Nicht was ein Individuum schafft, sondern der ganze Chor.
Mich wird nie interessieren, ob ein Sänger sich durch gute Leistung im Chor hervorhebt. Mich interessiert nur, ob ich diese Leistung für den ganzen Chor nutzen kann.
Wenn dieser Sänger sich diesem Prinzip nicht unterwirft und sich selbst auf einen Sockel gestellt sehen will, muss er gehen und kann allein Chor singen.
Ein guter, aber *sich selbst* herausstellender Sänger in einem sonst homogenen Chor kann den Chorklang und innere Sozialdynamik sogar zerstören.
Ein guter Sänger der Kategorie 1 kann 3-4 Sänger der Kategorie 2 anführen oder einen Sänger der Kategorie 3 kompensieren. *(s.a. Ausgleich; Sängerkategorien)*
Aber nur wenn er seine Qualitäten dem Chorzweck unterwirft. (Politisch weniger aufgeladen: ...für den Chorzweck **einsetzt**.) •

Kompetenz trumpft Alter

Ich habe relativ früh begonnen Chöre zu leiten und bin auch jetzt immer noch einer der Jüngsten im Raum. So musste ich mir schon bald Gedanken machen, wie ich eine Probe und das Sozialsystem Chor unter einen Hut bekomme, obwohl ich das niemals *altersgerecht* gestalten könnte.
Über die Zeit habe ich einen Grundsatz erkannt, der eine Grundlage für dieses Buch ist: *Kompetenz trumpft Alter*. D.h. man wird auch als junger Dirigent als Respektsperson akzeptiert, wenn man fachlich mehr weiß als die Sänger.
Sänger haben meist mehr Lebenserfahrung und natürlich auch mehr **Chor**erfahrung – stehst du noch am Anfang, sei vorsichtig bei Ansagen, die nicht die Chorleitung betreffen (Organisationsabläufe, Finanzierung, Werbung, etc.).
Grundsätzlich gilt aber eh: Von dem Wissen der Erfahrenen musst du aktiv profitieren wollen – dazu musst du zuhören und vor allem ehrlich sein, wenn du bestimmte Dinge noch nicht gemacht/organisiert hast. Dadurch lernst du, und mit Hilfe anderer wird das Vorhaben erfolgreich durchgeführt. Durch den Erfolg steigt wiederum die Akzeptanz und der Respekt vor dir als Chorleiter. Nichts wäre schlimmer als aus Unwissenheit (weil man zu stolz ist) ein Projekt in den Sand zu setzen.
Manchmal hat man auch weniger nette Menschen unter sich, die diese Bitte um Hilfe als Schwäche deuten – so lange du aber in **deinem** Fach kompetent bist, ist alles ok, denn die wenigsten könnten einen Chor leiten. Sie haben nur Einzelkompetenzen (z.B. ein Grafiker, der das Plakat schöner gestalten kann als du, oder der Eingeborene, der besser weiß, wann im Jahr im Dorf ein Konzert Sinn macht).
Du brauchst dich natürlich nicht durch Sätze wie „In diesem Chor haben wir das immer schon gemacht." von deinen Ideen abbringen lassen, wenn du ihre Durchführung begründen kannst. „Schon immer" ist wie „ich mag das so" kein sachliches Argument.
Im Laienchor musst du trotzdem sensibel sein und deine Sänger dort abholen wo sie stehen. Wenn sie etwas „schon immer" gemacht haben, solltest du sie bitten die Änderung wenigstens einmal zu versuchen. Zum Alten zurück könne man ja immer.

Eine **Kompetenzwirkung** erreicht man, indem man seine Entscheidungen grundsätzlich begründen kann. Über diese Gründe kann auch wiederum diskutiert werden. Wenn also ein Sänger gegen eine deiner Entscheidungen/Vorschläge ist, begründest du diese und kannst darüber mit dem Sänger in einen sachlichen Dialog treten.
Ein „Das mag ich halt so!" von dir ist keine Begründung und schließt das Dialogfenster. Gehst du auf eine Diskussion ein, darfst du diese niemals verteidigend und rechtfertigend (emotional) führen (selbst wenn es sich manchmal so anfühlt).
Auch der Sänger will nur das Beste für den Chor (in 99,9% der Fälle) und du kannst dich glücklich schätzen, dass mit **dir** in einen Dialog eingetreten wird und das nicht hinter deinem Rücken geschieht.
Merke: Dirigieren ist zum größten Teil verbale und nonverbale **Kommunikation** – je professioneller ein Chor ist, desto eher läuft die Kommunikation nonverbal ab.
Ein semiprofessioneller Chor möchte viel erklärt bekommen (Begründungen) und einem absoluten Laienchor müssen neben den Begründungen auch die technischen Anweisungen erklärt werden. *(s.a. Körperverhältnis)*
Es kann und darf durchaus sein, dass du in einer Diskussion über deine Begründungen umgestimmt wirst, weil ein Sänger ein besseres Argument hat.
Diesen Dialog wirst du mit Sängern jeden Alters erreichen, wenn du kompetent bist und zeigst, dass zuerst **alle** Meinungen (inkl. deiner) **gleichwertig** sind. Sie müssen halt mit Argumenten unterfüttert werden.
Keiner fordert von dir Kompetenz auf dem Gebiet der Maschinenschlosserei. Du musst nur als Chorleiter und in der Menschenführung kompetent sein – das ist komplex genug.
Beispiel: Ein Sänger kam auf mich zu und wünschte sich forderndere Körperübungen vor dem Einsingen – da musste ich antworten, dass einige Gebrechliche im Chor dies nicht stemmen können. Er meinte, dass die Berufstätigen diese Körperbewegung nach dem Arbeitstag bräuchten, um anzukommen. Das war ein logisches Argument und ich nutze seitdem Übungen aus „Antiaging für die Stimme" *(s.a. Literaturverzeichnis)* die zum großen Teil auch von älteren Sängern geleistet werden können.
So bin ich auf den Sänger und seinen aus seiner Erfahrung und Kompetenz erwachsenen Wunsch eingegangen, ohne die Probleme anderer außer Acht zu lassen. Seitdem profitieren alle davon. •

Kompetenz und Macht im Laienchor

Als Dirigent hast du Entscheidungsgewalt – also Macht – und musst diese auch ausüben. Die Sänger akzeptieren dies und fordern es auch ein, wenn sie das Gefühl haben, dass du sie zu einem guten Ergebnis führen wirst. Als Dirigent musst du Lust auf diese Entscheidungsgewalt haben. So lange diese sich auf deinen Job beschränkt, ist sie sogar lebensnotwendig. Ein Chorleiter der schwach ist, bzw. jede Entscheidung delegieren will, wird von Sängern, die eine starke Persönlichkeit haben, ganz automatisch dominiert werden.

Reale Beispiele aus dem Leben (kein Scherz...):
- **Ein** Sänger hat keine Lust aufs Einsingen – der Dirigent lässt es.
- **Ein** Sänger will die Ansingprobe vor einem Auftritt zu einer bestimmten Zeit – der Dirigent folgt brav.
- Ein Sänger kommentiert die Qualität anderer Stimmen in der Probe – der Dirigent stimmt unreflektiert zu.

Wohlgemerkt handelt es sich immer nur um einen oder zwei Sänger, die die Schwäche des Dirigenten ausnutzen und dominant auftreten.

Diese Sänger werden dir also sogar bei Dingen reinreden, die direkt mit deiner Kompetenz zu tun haben und nicht mit allgemeinen Abläufen.

Die Beispiele sollen dir zeigen: Obwohl du die Kompetenz hast, bzw. sogar mehr als andere, musst du diese Kompetenz nach außen vertreten und dir dieser Kompetenz **öffentlich** bewusst sein.

Bis hierhin würde dein Verhalten für einen **Profichor** genügen.

Im **Laienchor** hast du nun noch eine Aufgabe, die die Sache ungleich schwerer macht und in keinem mir bekannten Kurs oder Studium gelehrt wird, aber für deine Arbeit existenziell ist: Du musst Selbstvertrauen und Selbstbewusstsein zeigen können, indem du dich aus dem Chor heraus **beraten** lässt. *(s.a. Selbstbewusstsein)*

Beispiel: Ein Stück in schwedischer Sprache – ein Sänger kann Schwedisch – man bittet ihn den Text und seine Aussprache mit dem Chor einzustudieren.

Drei Dinge passieren:
1. Man hat für das Stück die richtige Aussprache *(s.a.)*.
2. Der Chor hat das Gefühl, dass man alle Ressourcen nutzt.
3. Man behält seine **Macht**, da man durch ein vorheriges Durchsprechen des Textes mit dem Sänger, den Text *schneller* gelernt hat als die Gruppe.
   Man hat damit den notwendigen Wissensvorsprung, um die Macht zu erhalten.

Merke: Solange du grundsätzlich in der Probe mehr weißt als der Chor, behältst du deine Macht und der Chor wird dir folgen.

Kannst du dein Wissen allerdings nicht vermitteln/
hast du keins und versuchst dies zu überspielen ohne Hilfe in Anspruch zu nehmen/
kannst du nicht mal zeigen, dass du Wissen und Kompetenz besitzt,
wirst du untergehen.

Natürlich gibt es genug Dirigenten, die vor Inkompetenz strahlen, aber nur durch ihre charmante Persönlichkeit (meistens ist dort Zuckerbrot und Peitsche gepaart) eine Gruppe leiten können. Das wird kurzfristig auch gut gehen. – Ich empfehle eindeutig die Kompetenznummer, wenn es um die nachhaltige Leitung eines Laienchores geht.

Laien brauchen eine *kompetente* Kompetenz ausstrahlende Führung. •

Konditionenaufzählung ohne Beleidigung Fehlerfreier
Lass dir die Konditionen des Auftrittsortes und alles Abgesprochene **schriftlich** von dort bestätigen. Hier reicht auch eine Mail.

Vor allem Kirchen ändern bei langer Vorlaufzeit irgendwann die Konditionen und auf einmal soll man eine Reinigungsgebühr zahlen oder von den zugesicherten Podesten war nie die Rede.

Um dich also abzusichern zählst du alle Konditionen (Preis und was der Chor dafür bekommt) in einer Mail an den verantwortlichen Gesprächspartner des Veranstaltungsortes auf. Diese Aufzählung begründest du damit, dass du das einfach nochmal für **dich** bestätigt haben möchtest, damit **du** weißt, um was du **dich** persönlich noch kümmern musst.

Durch diesen Trick bekommst du deine Bestätigung, ohne fehlendes Vertrauen zu demonstrieren. **Du** willst ja **dich** nochmal kontrollieren.

Kirchen, bzw. Veranstalter sind nämlich **immer** der Überzeugung perfekt zu sein und fühlen sich verletzt, wenn man ihnen etwas unterstellen will (selbst wenn es in der Vergangenheit vorkam).

Dieser Mailaustausch und die Bestätigung der Konditionen sind rechtlich verbindlich. Verträge dürfen formfrei sein, soweit keine besondere Form vorgeschrieben ist. Das bedeutet, sie können auch per E-Mail abgeschlossen werden.

Mails sind grundsätzlich rechtsverbindlich, da in den Metadaten Informationen wie Absender, Uhrzeit und IP-Adressen nicht veränderlich gespeichert sind.

Der einzige Weg aus der Nummer rauszukommen ist, dass der Kirchenvorstand der kommunizierenden Person nachträglich das Recht abspricht für die Kirchengemeinde gesprochen zu haben. Dasselbe gilt auch bei anderen Veranstaltern.

Das ist mir allerdings noch nicht vorgekommen…aber ich bin ja noch jung… •

Konformitätsdruck
Wenn du **keine** gesunde Diskussionskultur etabliert hast, bildet sich ein *Konformitätsdruck*. Deine Sänger müssen grundsätzlich das Gefühl haben, dass nicht alles kleingeredet und ausdiskutiert wird, sie aber Dinge, die ihnen wichtig sind, an- und aussprechen dürfen.

Haben sie Angst, werden deine Sänger beobachten, was die vorherrschende Meinung ist und stimmen bei offener Abstimmung dafür oder unterstützen diese sogar lautstark.

Wenn sie in Opposition stehen, werden sie schweigen. Im schlimmsten Fall hast du eine Schweigespirale, die zu der schweigenden Mehrheit *(s.a.)* führt. Sie ist im Gegensatz zum Abilene-Paradox *(s.a.)* nicht aus einem Missverständnis heraus entstanden, sondern aus Angst vor der Isolation, bzw. dem Ausschluss aus der Gruppe, wenn dem vermeintlichen Gruppenwillen nicht gehorcht und damit kritisch gegenübergestanden wird.

Dem kannst du nur durch das öffentliche und unterstützende Zulassen von unterschiedlichen Meinungen, sowie geheimen Abstimmungen *(s.a.)* begegnen. •

(s.a. Tendenziöse Fragestellung)

Konsequent

Sei *konsequent* in allem was du tust.

Das hört sich an als würde man in den Krieg ziehen, aber Sänger wollen **einen Leiter**, der von sich selbst überzeugt ist und dadurch **Ruhe** ausstrahlt. Sie brauchen **einen Leiter**, dem sie zutrauen, dass er in dieser einen Sache schlicht mehr weiß als sie und **sie zu einem guten Ergebnis führt**.

Das tust du nur, wenn du konsequent deinen Weg verfolgst, weil du dir **sicher bist**, dass er der richtige ist und du dich nicht beirren lässt.

Gleichzeitig musst du dir im Laienchor deines grundlegenden **Wissens- und Könnensvorsprungs** so sicher sein, dass du auch Ratschläge von außen **annehmen und reflektieren kannst**. *(s.a. Kompetenz und Macht im Laienchor; Selbstbewusstsein)*

Bist du dir unsicher, wirst du in Aktionismus verfallen und schneller als **vielleicht nötig**, auf andere hören. Dadurch wirst du beliebig und ein schlechter Leiter.

Wenn du dich wiederum für allwissend hältst, wirst du jeden Ratschlag/Einwand in den Wind schlagen, weil er deine Autorität untergräbt…

Konsequent sein heißt **berechenbar** sein. *(s.a. Meinungsänderung)*

In unserem Fall reicht das nicht – wir müssen unsere Konsequenz auch begründen können.

Mit gutem Fundament und Sicherheit hast du die Kraft dir Zeit zu lassen, Einwände zu bedenken und dann eine begründete Entscheidung zu fällen.

Unter diesen Umständen wird der vorschlagende/kritisierende Sänger auch bei einer Ablehnung seines Vorschlages/seiner Kritik zumindest *akzeptieren* was du **sagst**.

Und wenn du den Vorschlag/die Kritik begründet annimmst, wirst du **als kluger Leiter** angesehen, da du auf deine Sänger hörst und nicht beliebig bist. •

Konsonanten (aspirierte)

Anders als im Italienischen brauchen deutsche Konsonanten Luft.

Was zuerst logisch wirkt, wird im Singen häufig nicht bedacht.

Eine lange Phrase, in der viele Konsonanten vorkommen, muss mit Zwischenatmern gesungen werden, da die Produktion dieser Konsonanten Luft ‚klaut'.

Dieselbe Linie melismatisch (also auf einem Vokal) gesungen, kann dann teils doppelt so lang sein und ohne Schnappatmer gesungen werden.

Dieses Wissen muss in deine Atemzeichensetzung einfließen. *(s.a. Pausenmusizieren)*

Wenn du es nicht tust, werden die Sänger versuchen, die Linie ohne Zwischenatmer zu singen und fest und verbissen sein. Die Konsonanten werden immer undeutlicher und darunter leidet die Aussprache und Pünktlichkeit.

Sorge für beatmete Konsonanten und du wirst einen frei singenden Chor haben.

In der Probe musst du darauf achten konsonantenreiche Linien nicht zu viel auf Vokalise zu üben. Die Sänger müssen auch das **Atmen** üben. Auf Vokalise *(s.a.)* ist ein häufiges Atmen nicht nötig und die meisten Sänger werden nach einiger Zeit *vergessen* an den eingetragenen Stellen zu atmen, bzw. sie werden überatmen. •

(s.a. Spuckende Italiener gibt's nicht, das machen nur Deutsche; Schlussdefinition über schnappende Aspiration)

Konsonantenshifting

Zwei aufeinander folgende harte Konsonanten müssen für die Textverständlichkeit **immer** getrennt werden. *(s.a. Deutliches Sprechen ist deutliches Singen; G oder Ch; Mondegreen)*
Die Forderung danach kann kontrovers diskutiert werden – im Italienischen werden gleiche (harte) Konsonanten z.B. nicht getrennt.
Im Deutschen und Englischen bin ich aber der festen Überzeugung, dass der Text und seine korrekte und saubere Aussprache über der Singbarkeit stehen.
Dazu gehört ein guter Wort- und Silbenanfang, sowie Schluss.

Beispiel „Zahnweh", Op. 55 Nr. 2 von Robert Schumann (1810 – 1856):

[Notenbeispiel Sopran: „mein Ohr durch-dröh-net oh-ne Rast, oh-ne Rast dein Mar-ter-stich, dein Mar-ter-stich; du bist der Ner-ven Pein und Last: Fluch ü-ber dich, Fluch"]

Takt 5: „mein **O**hr durch-dröh-net oh-ne…".
Der Glottisschlag *(s.a.)* ist der Konsonant eines gut artikulierten Vokals (sowas gibt es im Italienischen auch nicht – da ist alles wie Olivenöl…).
Ein Chor ohne Ausbildung wird singen: „mei-nOhr durch-dröh-ne-toh-ne…" – das „o" braucht für eine saubere Artikulation aber diesen Glottisschlag.
Dieser kann nur durch ein **geschehenes** Absprechen des „n" und des „t" geschehen.
Der Schlusskonsonant verschiebt sich sonst zum Anfang der folgenden Silbe. Es geschieht ein *Konsonantenshifting*.

Takt 9: „…du bist der Nerven…" wird „…du biss-ter Nerven…".
Durch ein ‚Schnalzen' der Zunge müssen „t" und „d" voneinander getrennt werden.

Ich bin ein Textfetischist. Wenn auch nur ein Zuhörer nach einem Konzert eines von mir geleiteten Chores sagen würde, er hätte den Text nicht verstanden, wäre das ein herber Schlag für mich.
99% aller Chormusik basiert auf einem gegebenen Text. Der Komponist hat sich gefragt, wie er den vorliegenden Text vertonen könnte.
Dem werde ich ewig versuchen Rechnung zu tragen und bekomme Pickel, wenn ich in einem Auftritt anderer Chöre nicht mal weiß, in welcher Sprache sie singen.

Auch wenn es meistens stört und zu vermeiden ist, hat das Konsonantenshifting nicht nur schlechte Seiten. Du kannst es ab und zu auch nutzen.
Dies ist mir beim Proben des Popsongs „Perfekte Welle" der Band „Juli" aufgefallen.
Die Textzeile „Das ist die perfekte Welle…" ist eine Katastrophe.
Sie ist verdammt schnell und hat viele Konsonanten – aber wenig Vokalklang:

„Das ist die..." Versuch das drei Mal schnell hintereinander zu sagen...
Viele Sänger wollen hier ‚singen' (diese Schlingel...) – also sich selbst hören.
Das braucht aber zu viel Zeit. Sie singen dann die Vokale aus und haben keine Zeit mehr die Konsonanten unterzubringen. So nuschelt der Chor.
Mein erster Lösungsweg ist ein forciertes Konsonantenshifting gewesen:
„Da sis ti..." Vor allem geht es um das „a" des „Das" oder nun „Da", das nun ausgesungen werden kann. Einige Sänger konnten den Text gut sprechen und haben das dann pünktlich gemacht – den anderen gab ich das Konsonantenshifting als Möglichkeit und schon haben wir nicht mehr geschleppt.
Auch den Barabbas-Effekt *(s.a.)* habe ich ausprobiert: Die meisten sollten „Da itti" singen und nur einzelne: „Das ist die".
Das war in diesem Fall nicht so wirkungsvoll wie das Konsonantenshifting mit dem der Chor dann auch aufgetreten ist. • *(s.a. Leise oder Laut – ich verstehe jedes Wort; Rufen)*

Konstanzen

Markiere dir in harmonisch schweren Stücken 3 Dinge:
1. Medianten *(s.a.)*, die die Akkordfolgen verbinden, durch eine rechteckige Klammer.
2. Primen, Oktaven und Quinten innerhalb eines Akkordes in unterschiedlichen Stimmen.
   Sie sind die stabilen, konsonanten Klänge, die du zuerst ausstimmen musst und in die alle anderen Stimmen ihre Töne einpassen müssen.
   Die Primen/Oktaven umkreise ich, die Quinten bekommen ein Dreieck um den Notenkopf. Beides in blauer Farbe.
3. Systemrelevante Dissonanzen.
   Also Dissonanzen, die nicht nur dissonant klingen, sondern eine Akkordfortschreitung bewirken. Dazu gehören alle Vorhalte. Diese Dissonanzen müssen sauber erklingen und gut geübt werden.
   Alle anderen Dissonanzen sind auch wichtig, aber *passieren* halt und können, wenn sie zu schwer sind, vereinfacht werden.
   Ich markiere mir die systemrelevanten Dissonanzen mit einem roten Quadrat um den Notenkopf.

Arbeite so oft es geht mit Farben. Sie müssen nicht knallig sein. Du musst mit deinem System in der Probe halt schnell klarkommen. Es soll eine Hilfe sein.
Die Markierungen sind Ordnungsbringer im Chaos der Harmonien.
So behältst du immer den Überblick und weißt sofort, welche Stimmen/Töne zuerst sicher geprobt werden müssen (die *Konstanzen*), bevor alles andere dazukommen kann. •
(s.a. Akkord intonieren; Tonartenverlauf)

Konsumkritik
Menschen werden in unserer Zeit immer mehr zu Konsumenten.
Man muss ihnen klarmachen, dass Chorsingen auch Eigenleistung erfordert.
Du darfst diese Entwicklung aber nicht ausblenden und musst ihr bis zu einem gewissen Maße Rechnung tragen. So wird eine Chorprobe zum *Happening* und du musst die Sänger arbeiten lassen, ohne dass sie es merken.
Lob, Anerkennung, stabile Strukturen/Abläufe und Gruppengefühl sorgen für eine Umgebung in der Engagement geweckt wird und der Sänger auf einmal *selbst auf die Idee kommt* zu üben und in den Proben konzentriert zu arbeiten. •

Kontakt, aber zwanglos
Wenn ein neuer Sänger nach seiner Schnupperprobe auch noch ein zweites Mal kommen möchte, lass dir auf jeden Fall seine Kontaktdaten geben. Es kann ja sein, dass das nächste Mal die Probe ausfallen muss und du ihn dann benachrichtigen müsstest.
Mir ist das zwar erst einmal passiert – seitdem mache ich das aber (oder lasse es machen). Manche Menschen haben aus datenschutzrechtlichen Gründen ein Problem damit ihre Kontaktdaten zu nennen. Erfrage deshalb nur eine Mailadresse oder Handynummer.
Sollte die Person sich per Mail angekündigt haben, musst du nichts erfragen.
Es ist wichtig, dass du über dein On-Boarding *(s.a.)* Lust auf den Chor machst, ohne Zwang auszuüben. •

Kontrabass & Violine
Wenn du dich fragst wie häufig du einen Kurs besuchen, ein Coaching buchen oder einfach mal einen Kollegen deinen Chor für einen Abend leiten lassen solltest, vergleiche ich mich selbst mit einem Auto. Einem älteren Auto. Ich muss alle zwei Jahre zum TÜV.
Alle zwei Jahre einen Input von außen zu bekommen – sei es passiv durch Beobachtung oder aktiv – gibt dir neue Impulse und eine Kontrolle, ob du auf dem richtigen Weg bist. Das reicht, wenn du in der Zwischenzeit wach bleibst, dich ab und zu mit Kamera oder Ton aufnimmst und deine Arbeit reflektierst.
(s.a. Betriebsblindheit; Organisationsbetriebsblindheit entgegenwirken)
Sobald du verstanden hast, dass du eine große Verantwortung trägst, wirst du sie nach deinem besten Wissen tragen. Auch ich muss mich an müden Tagen daran erinnern, dass da ein ganzer Haufen Menschen kommt, um 2 Stunden **mit mir** zu verbringen. Die kommen, weil **ich** da bin. Weil **ich** mit ihnen Musik mache.
Dann bekomme ich diese Energie und Freude. Ich habe einen der besten Jobs der Welt: Ich darf mit Menschen **Musik** machen.
Und das unterscheidet den Laienchorleiter vom Dirigenten des Profichors.
In diese harsche Aussage lasse ich mir auch nicht reinreden.

Das kann nur jemand beurteilen, der tatsächlich mit Liebe und Engagement einen Laienchor geleitet hat.

Wenn der Chor das Instrument des Dirigenten ist, dann ist der Laienchor eine zerbrechliche Violine, der Profichor ein Kontrabass. Beide können je nach Spielweise gut klingen – der Kontrabass verzeiht nur viel mehr Fehler.

Wo bei der Violine die Differenz zwischen einem hörbar sauberen und falschen Ton in der ersten Lage bei einem halben Millimeter liegt, ist es beim Kontrabass ein halber Zentimeter.

Ein Profichor wird **immer** gut singen – egal, was für ein Depp, ein Arschloch oder junger Gott vor ihm steht.

Der Profichor würde vom jungen Gott natürlich profitieren, aber er kann auch ohne gut singen. *Menscheln* ist nicht erwünscht. Dafür werden die Sänger nicht bezahlt.

Der Laienchor reagiert durch seine Menschlichkeit und seine freiwilligen Mitglieder ganz anders: Es besteht ein **Vertrauensverhältnis** zwischen Sänger und Chorleiter das es in dieser Form nirgends gibt.

Nur wenn man dieses Vertrauen wertschätzt, seiner Verantwortung für die Menschen nachgeht und sie liebt, kann man Laienchorleiter sein.

Ich wette mit dir, dass du diese Analogie bis jetzt (und vielleicht immer noch) umgedreht hättest. Es ist natürlich so, dass der Profichor sensibler auf deine musikalischen Wünsche reagieren **kann**. Kontrabassspielen ist ja auch nicht einfach mal so gemacht – es geht aber darum, wie sensibel du sein **musst**, um einen guten Klang zu erreichen. •

Kontrast-Effekt

Willst du bei einem Chorwettbewerb erfolgreicher sein oder auch nur in einem Konzert mit vielen Chören in der Gunst der Zuschauer steigen, solltest du versuchen immer **nach** einem *schlechteren* Chor dranzukommen. Der Kontrast sorgt dafür, dass die Leistung deines Chores besser bewertet wird.

Andersrum funktioniert das auch: Möchtest du, dass ein Chor schlecht dasteht und glaubst, dass deiner überzeugender/besser ist, solltest du direkt **vor** diesem Chor singen.

Um dem *Kontrast-Effekt* aber einen liebevolleren und praktischen Sinn zu geben: Wenn du ein Konzertprogramm zusammenstellst, in dem andere Chöre vorkommen, musst du aufpassen, dass du mit einem guten Chor **endest** und nicht beginnst. Das wäre sonst schlicht unfair.

Die Versuchung ist groß furios zu starten – bei den Zuschauern bildet sich dadurch aber eine Erwartungshaltung, die dann nicht erfüllt wird.

Beachte auch, dass der qualitativ beste Chor nicht der beste Chor für das Publikum sein muss. Eventuell wäre der *Showchor* ein passenderer Schluss, statt dem feinen Konzertchor, der zwar sauberer singt, aber nicht so viel Stimmung rüberbringt. Gerade deshalb solltest du darauf achten nur gleichwertige Chöre in einem Konzert singen zu lassen. Dann hast du zumindest das Problem der Konkurrenz nicht. • *(s.a. Konzert: gemeinsam mit anderen Chören)*

Kontrollsystem als Korrektiv
Du bist kein Genie – hältst dich hoffentlich auch für keins.
Du hast Verantwortung und musst dieser nach bestem Wissen und Gewissen nachgehen. Manchmal läuft es sehr gut und du spürst, dass du super bist; manchmal läuft es schlecht und du versuchst deine Fehler zu kaschieren, damit du deinen Status und Ruf nicht verlierst. Du beginnst eventuell deine Macht zu missbrauchen. Du vergisst deine Verantwortung. Du wirst egozentrisch. Versuchst das sogar mit der Verantwortung zu rechtfertigen: „Wenn nicht ich – wer dann?"
Um das zu verhindern musst du dir ein *Kontrollsystem* aufbauen. Dieses System dient dir als *Korrektiv*. Es lässt nicht zu, dass du deine Macht missbrauchst, aber hält dich auch bei Misserfolgen davon ab zu schlecht von dir selbst zu denken.
Es hält dich auf dem **Boden der Tatsachen**.
Der Begriff *Boden der Tatsachen* wird häufig mit Überheblichkeit und Arroganz verbunden. In unserem Fall soll uns solch ein Korrektiv auch zeigen, dass etwas gar nicht so schlimm war, wie wir es uns denken. Ein Fehler in der Probe wird vom Chor eventuell gar nicht wahrgenommen – so hast du vertrauensvolle Ansprechpartner, mit denen du dich über deinen Eindruck austauschen kannst und eventuell korrigiert wirst.
Dieses System sind dein Vorstand/Beirat und einzelne Sänger, zu denen du Vertrauen hast. Nutze sie als Ansprechpartner und schaffe das Vertrauen, dass du bei Kritik von deren Seite nicht gleich ausrastest, sondern diese annimmst. Nur dann werden Menschen auch auf dich zukommen und dich korrigieren.
Verstehe, dass die Installation eines solchen Korrektivs sicherstellt, dass du deiner Verantwortung nachkommst.
Du wirst glauben, dass die Kritik nervt – warte mal, was passiert, wenn sie nicht mehr kommt und wo du dann landest… •

Kontrollverlust
Deine Angst vor dem Delegieren (s.a.) ist eine Angst vor dem *Kontrollverlust*.
Aber alle Kollegen, die ich kenne, die nicht zumindest unkritische Abläufe wie Auf- und Abbau bei Konzerten oder das Pflegen der Website oder der Mitgliederlisten oder. . . delegieren, hören wegen Überlastung auf und geben dann auch noch allen anderen die Schuld. Wirklich: Ich habe noch **keinen** getroffen, der danach nicht die Schuld auf den Chor geschoben hat („Der macht soo viel Arbeit!"). Anstatt einmal zu sehen, dass ein Großteil der Arbeit von den Chorsängern erledigt werden könnte. Man muss da halt einfach mal mit dem Chor darüber reden!
Und natürlich werden sich zuerst nicht die passendsten Delegierten melden. Solch ein Prozess braucht Zeit und man muss ihn begleiten (aber eben nur begleiten und nicht wieder an sich reißen).
Merke: Du hast es mit Erwachsenen zu tun, die alle Verantwortung in ihrem Leben für Kinder, Haus, Beruf übernommen haben – da sollten die es schaffen vor der Probe ein paar Stühle zu stellen, Podeste aufzubauen oder ein Programmheft zu gestalten… •

Konzentrationsschnute

Um helle Obertöne bei sonst dunklen Vokalen und damit einen hellen Chorklang zu erzeugen, fordere ich von meinen Chören ein freundliches Gesicht. Dieses freundliche Gesicht verschwindet in der Probe ständig und die Sänger bekommen ihre *Konzentrationsschnute*.

Die Schwerkraft tut uns allen nicht gut – auch nicht unseren Mundwinkeln. Lächeln ist ein aktiver Prozess, der gesteuert werden muss. Ich kenne niemanden, der ein ruhendes Lächelgesicht hat. *Entspannt* sieht jeder von uns unfreundlich aus. *(s.a. Resting smiling face)*

Ist der Sänger nun mit den Tönen und Text ge- oder sogar überfordert, vergisst er freundlich zu schauen.

Das freundliche Gesicht ist ein Teil der **Gesangstechnik** und wichtig für eine gute Intonation. *(s.a. Mundstellung (chorische))*

Deshalb muss ich – wenn ich nachhaltig sein will – nicht nur im Auftritt, sondern auch in der Probe auf einen freundlichen Chor pochen. In der Probe keine Freundlichkeit einzufordern, aber im Konzert zu erwarten, ist blauäugig.

Langfristig wirst du jede Probe 10x zum Lächeln auffordern. Ich habe ein Repertoire von verschiedensten Begründungen, warum ein freundliches Gesicht hilft – und sei es nur eine vermehrte Serotoninausschüttung. *(s.a. Facial-Feedback)*

Im besten Falle manifestiert sich ein freundlicher Gesichtsausdruck.

Beobachte auch, ob **du** bei Konzentration lächelst – wenn nicht – wie sollen dich die Sänger spiegeln?

Ich habe selbst in den blödesten Situationen ein Lächeln auf den Lippen.

Akzeptiere deine Konzentration. Dein Gesichtsausdruck hat nichts mit deinem Innenleben zu tun. Und wenn deine Sänger zynisch lächelnd denken: „Was für ein Arsch da vorne!"

Ich bin nach manchen Proben untröstlich und fühle mich soo schuldig, weil ich die armen Sänger wieder zum Lächeln **zwingen** musste. Die armen Menschen... •

Konzentrationsstörender Seitenwechsel

Wenn einige Sänger während der Probe viel reden und damit eine ungesunde Grundlautstärke herrscht, solltest du dir das uneffektive „es ist zu laut", „seid doch bitte einmal still", etc. sparen. Das bringt nichts. Sänger sind im Chor wie Schüler in der dritten Klasse.

Vor allem Pädagogen (und Dirigenten - ich spreche aus eigener Erfahrung als Chorsänger) sind durch den *Seitenwechsel* die Schlimmsten. Man musste den ganzen Tag kontrollieren, nun darf man mal selbst (verbotenerweise - uiuiuiui) unkontrolliert sein.

Diese Gruppe bekommst du nur still, indem du Sozialdruck aufbaust.

„Ihr stört eure Mitsänger in ihrer Konzentration". Sie sollen also keine Verantwortung für dich als Dirigenten und deine Probe spüren, sondern für die Sänger, die neben ihnen sitzen. Das klappt immer. • *(s.a. Arbeitslautstärke; Freud für Chorleiter; Kollektiver Ordnungsruf)*

Konzert: Ansagen

Mache im Konzert nur wenige Ansagen – alles Wichtige kommt in die Begrüßung: Interessantes zum Chor, Programm (Grundsätzliches), Spenden, Dank an den Veranstalter, etc. *(s.a. Austrittsteigerung durch Verhärtung weicher Ware)*

Singst du ein kleinteiliges Programm mit vielen unterschiedlichen Stücken, solltest du zwischendurch nur Besonderheiten direkt zu den Stücken erzählen – und das auch nur in Liederblöcken á 3-4 Lieder.

Tu dir und dem Publikum den Gefallen und mache **keine** Ansagen nach jedem Stück – das nervt – die Leute sind nicht für den Alleinunterhalter *Dirigent* gekommen.

Du hast nur **eine** Funktion: Das Konzert zum Erfolg zu führen. Dafür hast du vorab die Proben geleitet und dem Chor die Stücke bei- und nahegebracht. Im Konzert gibst du Töne und Einsätze und bist, wenn es nötig ist, der verbale Mittler zwischen dem Chor, seinem Gesang und dem Publikum. Du kannst bei belanglosen Stücken eine witzige Anekdote bringen, bei ernsten Stücken den Ernst verdeutlichen. Aber nie um des Redens Willen. Frage dich, was dem Zuschauer wichtig sein könnte, um das folgende Lied noch besser aufnehmen/verstehen zu können. Das Publikum ist für kleine Zwischenansagen dankbar, in denen es etwas zu den Stücken **lernt**.

Sagst du in einem Konzert zwischen den Liedblöcken die nächsten Stücke an, sage wirklich **alle** Stücke an. Es passiert, dass Zuschauer sonst denken, dass du ein Lied vergessen hast, wenn es dann doch gesungen wird.

Mikrofon: Nutze, wenn möglich in einer Kirche die Hausanlage (wenn nötig – in kleinen Kirchen unnötig), aber nur, wenn du nicht für zwei Sätze 10 Meter zum Mikro rennen musst (z.B. zur Kanzel).

Manche Kirchen haben Funkmikrofone, die intern an und aus gehen. Sie reagieren, wenn in sie hineingesprochen wird. Leider hast du dann schon einen halben Satz gesprochen, bevor du verstärkt wirst.

Einmal hat sich das Mikro an meine Sprechlautstärke ‚angepasst'. Wurde ich lauter wurde die Verstärkung weniger – wurde ich leiser, wurde sie wieder mehr und plötzliche Lautstärkenveränderungen endeten in Übersteuerungen. Da redete der Pastor wohl sehr monoton – anders kann ich mir eine solche Einstellung nicht erklären.

Machst du Ansagen und willst verstanden werden, mach vorher einen **Soundcheck!**

Ach, weil es so schön war: Wenn du irgendetwas mit Verstärkeranlagen machst, mach einen **Soundcheck!!**

Vielleicht mit drei Ausrufezeichen? **Soundcheck!!!**

Und bitte nicht nur „1,2,3, Test, Test, passt schon." – Sprich etwas aus deiner Begrüßung und lass das von einer Vertrauensperson bewerten.

Um einen immer gleichen Abstand zwischen Mund und Mikro zu gewährleisten stütze es am Kinn ab. *(s.a. Ansprache; Mikrofonhaltung)*

Wenn die Technik dich behindert, sprich laut und langsam ohne Mikro. Oder investiere in einen Aktivlautsprecher (Monitor) und ein Mikro (mit an-aus Schalter) ab insgesamt 200€. Stell diesen vor dich hin um dich leicht(!) zu verstärken. Das ist die beste Methode, wenn die Hausanlage Mist ist. • *(s.a. Solistenverstärkung)*

Konzert: Applausordnung
<u>Mit Orchester</u>
5 Minuten vor dem offiziellen Beginn des Konzertes sitzt das Orchester und stimmt die Instrumente.
Wenn das Orchester fertig gestimmt hat, tritt der Chor auf.
Eventuell folgt der Dirigent dem Chor direkt oder hat seinen eigenen Auftritt.
Das Orchester steht für ihn auf. Der Dirigent gibt dem Konzertmeister stellvertretend für das Orchester und den Chor die Hand und verbeugt sich vor dem Publikum.
Das Orchester setzt sich.
Am Schluss eines großen Werkes verbeugt sich der Dirigent niemals zuerst, sondern zeigt bei Einsetzen des Schlussapplauses dem Orchester, es möge aufstehen (eventuell auch dem Chor, wenn er nicht schon steht). Er gibt dem Konzertmeister wieder die Hand, dreht sich um und verbeugt sich erst dann vor dem Publikum.
Das weitere Aufstehen-Hinsetzen-Ballett kontrolliert meistens der Konzertmeister. Das ist aber eine Sache, die unbedingt vor dem Konzert abgesprochen werden muss.
Es gibt zugegebenermaßen Dirigenten, die sich selbst sehr in den Vordergrund stellen müssen – ich bin da eher ein Freund der Demut *(s.a.)*, da ich ohne die Musiker dieses Konzert nicht hätte machen können. Außerdem kommt es bei den Musikern gut an, wenn der Dirigent sich dessen offensichtlich bewusst zeigt und die Musiker in den Vordergrund stellt (ohne affektiert zu wirken).
Und keine Sorge: Für das Publikum ist der Dirigent immer noch der große Boss und verantwortlich für das fantastische Konzert – dafür muss man sich nicht *als erster* verbeugen…

Wenn es Blumen gibt und es ein größeres Orchester ist, gibt der männliche Dirigent seine Blumen der weiblichen Konzertmeisterin oder Stimmführerin der 2. Geige oder wer da weibliches gerade vorne sitzt. Er kann sie auch aufteilen.
Das macht immer einen guten Eindruck, wenn es nicht affektiert wirkt und man sich sympathisch ist – wenn man dieser Person diese Blumen also wirklich gönnt und es nicht die ist, die dir in den Proben absichtlich das Leben schwer gemacht hat. So ist dies auch der Moment ein Zeichen setzen zu können. Alles muss natürlich wirken.
Eine weibliche Dirigentin sollte dies unterlassen, da es in unserer patriarchalischen Gesellschaft immer noch merkwürdig aussieht, wenn Frauen in der Öffentlichkeit Männern (oder noch ‚schlimmer') Frauen Blumen weitergeben – das gibt nur Gerede.
Aber hey – es ist deine Außenwirkung und leider leben wir immer noch in einer Zeit, in der zwar alle im Lippenbekenntnis… – wenn es dann aber passiert… (oh, ich Zyniker…).
Zwischendurch geht der Dirigent zur Seite ab. Gibt es keine Hinterbühne stellt er sich neben das Orchester, zeigt auf es und applaudiert mit. Kommt wieder auf die Bühne, kann auch Stimmgruppen aus dem Orchester/dem Chor aufstehen lassen, etc.
Wenn es Zeit ist zu gehen gibst du dem Konzertmeister ein Zeichen, dass du jetzt nicht wieder auf die Bühne kommen wirst und gehst.

Das alles musst du mit dem Orchester und Chor **vorher** absprechen.
Es lohnt sich sehr eine Applausordnung einzuüben.

In eingespielten Chören und Orchestern, die du schon lange leitest, muss diese vielleicht nur noch in neuen Konzerträumen besprochen oder geübt werden. Für alle bekannten Räume gibt es bestimmte Standards, die sich mit der Zeit entwickelt haben. Bedenke hier aber die neuen Sänger, die dort noch nicht gesungen haben. Die brauchen dann doch die praktische Übung, um den Ablauf zu lernen.

Musizierst du mit einem Chor oder Orchester nur projektweise oder erst seit kurzem, **musst** du die Applausordnung in jedem Fall besprechen. Ich würde sie (selbst wenn du genervten Gegenwind bekommst) auch mindestens in einem Schnelldurchlauf einmal aktiv üben.

Ohne Orchester (a-capella, oder ein paar Soloinstrumente, z.B. Streichquartett)
Der Chor tritt auf und du folgst direkt hinter dem letzten Sänger/Instrumentalisten.
Begleitinstrumente treten in dieser Form immer **mit** dem Chor auf.
Während der Chor sich noch positioniert, kannst du dich kurz stellvertretend für den Chor zum Publikum verbeugen.
Sollte der Anfangsapplaus schon abgeebbt sein wenn du die Bühne betrittst, sei ein Teil des Chores. Erspare dir die Peinlichkeit, dich noch unbedingt verbeugen zu müssen.
Singst du ohne Instrumentalisten, fang einfach mit dem ersten Stück an, ohne dich nochmal verstohlen zum Publikum zu wenden.
Richtig peinlich wird es, wenn nur ein paar diesen applaussuchenden Blick mitbekommen und von den 100 Zuschauern 4 nochmal anfangen zu klatschen...
Jedes Mal, wenn ich sowas sehe...aaargh...

Eventuell müssen die Instrumentalisten noch stimmen. In dieser Zeit stehst du versunken in die Partitur schauend – du kannst dabei auch darüber nachdenken, welche Sorte Eiscreme du nach dem Konzert bei deinem Lieblingsitaliener essen willst, solange du von vorne Ruhe ausstrahlst und damit den Musikern den nötigen Raum gibst.
Unterlasse in diesem Moment jegliche Kommunikation mit dem Chor. Auch wenn es nicht immer alle verstehen (solche Leute gibt es...): Alle Beteiligten **wollen** gestimmte Instrumente hören. Hetz sie nicht.

Bei Zwischenapplaus musst du dich **vor** dem Konzert entschieden haben nach welchen Stücken du dich umdrehen willst. Nach jedem kleinen Volkslied wirkt das affig. Es muss passen. *(s.a. Konzert: Zwischenapplaus)*
Die Musiker lässt du auf jeden Fall nach Beendigung eines ganzen Werkes aufstehen.
Bei Einsetzen des Schlussapplauses stellst du dich **sofort** neben den Chor und verbeugst dich. **Niemals** bleibst du frontal vor dem Chor stehen. Stell dich an die Seite!
Hast du Musiker, zeigst du ihnen zuerst, dass sie sich hinstellen sollen und gehst dann zur Seite ab. **Alle** sind nun **eins**.
Zeige dann auf den Chor (Musiker) und lasse ihn sich verbeugen.
Grundregel: Der Dirigent geht auf die von ihm aus gesehene rechte Seite, zeigt mit dem *linken* Arm auf den Chor um ihn zu würdigen und applaudiert ihm auch zu – zeigt er mit dem *rechten* Arm auf den Chor, ist das das Zeichen für den Chor, sich nun zu verbeugen.

Merke: Es ist relativ unwichtig, *wie lange* sich die Sänger verbeugen. Man kann sie gerne langsam „Einundzwanzig" denken lassen. Viel wichtiger ist aber, dass alle Sänger wissen, *wann* sie sich verbeugen sollen. Es sieht wie eine verschreckte Horde Flamingos aus, wenn so etwas nicht geübt wurde. Kopf rauf, runter, rauf, runter...

Ein Chorleiter muss für mich immer so wirken, als wenn er sich nicht so ernst/wichtig nimmt – das macht sympathisch
Man merkt – ich hasse Dirigenten, die beim Schlussapplaus vergessen, dass zum Konzert ein paar mehr Menschen dazu gehören als sie selbst. • *(s.a. Motivatoren: intrinsisch und extrinsisch)*

Konzert: Aufnahmen
Willst du eine Videoaufnahme von dir machen, kannst du dir einen einfachen Camcorder zulegen oder sogar ein (altes) Handy nutzen.
Für eine repräsentative Aufnahme (und sei es nur zu Dokumentationszwecken für den Chor) hat das alles allerdings im niedrigeren Preissegment keine gute Qualität bei schlechtem (Bühnen-)Licht.
Besser sind natürlich Camcorder im oberen Preissegment. Hier wirst du ab 1500€ fündig. Ab und zu findest du gebrauchte Modelle um 500€. Wohlgemerkt geht es um die Fähigkeit auch bei schwachem Licht gute Videoaufnahmen zu machen.

Für den Ton würde ich **immer** einen externen Recorder nutzen.
Es gibt für diesen Zweck absolut annehmbare Handheldrecorder ab 150€. Am besten mit *Mitte-Seite*-Aufnahmemöglichkeit, weil du es nachher besser nachbearbeiten kannst.
Für den Schnitt kannst du kostenlose Programme nutzen. Gekaufte sind wirklich(!) praktischer und umfangreicher. Dass du dich in Computerprogramme einarbeiten musst, steht außer Frage. Hier bietet es sich an, zu delegieren.
Selbiges gilt für den Videoschnitt und Umwandlung. Dafür solltest du unbedingt ein kommerzielles Programm nutzen (ca. 60€) und einen entsprechend leistungsstarken Rechner besitzen (oder dein Delegierter).
Willst du die Aufnahmen mit deinen Sängern teilen, kannst du sie bei **YouTube** hochladen. Wenn du deinen Account verifizierst, kannst du auch Videos hochladen, die länger als 15 Minuten sind. Teile das Video im Chor über einen *privaten Link* – d.h. die Videos sind nicht gelistet und nur der, der diesen Link besitzt, kann auf das Video zugreifen. Schalte in jedem Fall die Kommentarfunktion aus!
Derzeit brauchst du für solch eine privat geteilte Aufnahme keine DSGVO-Einverständniserklärung, solange du nicht auf einzelne Sänger reinzoomen lässt, sondern einfach nur die gesamte *öffentliche* Veranstaltung dokumentiert wird.
Willst du ein Video auf deine eigene Website einbinden, achte unbedingt darauf, dass alle Musik urheberrechtsfrei ist. Und in diesem Fall ist es eine *öffentliche* Präsentation, für die du eventuell das Einverständnis deiner Sänger einholen musst, da ja jeder dieses Video sehen kann. Dies ist aber abhängig von eurer chorinternen DSGVO-Vereinbarung. •
(s.a. Tonaufnahmen lügen lassen)

Konzert: Beleuchtung

Die Lampen/Beleuchtung sind nicht in jeder Kirche für einen Chor ideal.

Schaffe dir 2 LED-Scheinwerfersysteme mit je drei- bis vier Scheinwerfern an einer Stange an, die du links und rechts vom Chor aufstellen kannst. Diese leuchten die Decke an und beleuchten den Chor somit indirekt.

Der große Vorteil von LEDs ist, dass sie nicht heiß werden und das manchmal etwas marode Stromnetz von Kirchen nicht überlasten – also wirklich an jede Steckdose können: Wo du vorher 1000 Watt gezogen hast, bist du nun bei 100 Watt.

LEDstrahler kannst du mehrfarbig leuchtend bekommen, sodass du durch die Farbmischung die Wärme des weißen Lichtes steuern kannst. Bitte kaufe dir **keine** Baustrahler. Das Licht ist zu weiß.

Achte immer darauf, dass das System *warmweißes* Licht (um die 3500 Kelvin) produzieren kann.

Wie bei der Tontechnik musst du das Licht an die Größe deines Chores anpassen. Eventuell brauchst du auch drei Systeme. Ein Zuviel an indirektem Licht gibt es eigentlich nicht.

Wenn du dir aus Kostengründen nicht ausreichend helle Beleuchtung anschaffen kannst, solltest du abwarten, bis du es kannst, sonst kaufst du 2x. *(s.a. Verstärkertechnikanschaffung)*

Das Schöne ist, dass du (wenn die elektrische Steuerung nicht versagt) an der LED an sich dein Chorleben lang Freude haben wirst. Gib also bitte pro System mindestens 300€ aus. Es lohnt sich.

Wählt im Chor einen Technikbeauftragten, der für den Transport und Aufbau zuständig ist und sich selbst Helfer sucht. •

Konzert: besonders sein

Bei rhythmischer Ungenauigkeit im Chor während eines Konzertes/Auftrittes willst du das Problem natürlich lösen.

Da du nicht einfach abbrechen kannst, musst du die Aufmerksamkeit deiner Sänger ganz auf dich ziehen, damit sie auf dich achten und dir folgen.

Und dabei passiert der größte Fehler: Man wird in seinen Dirigierbewegungen sehr groß und fest – man möchte etwas *erzwingen* und das überträgt sich.

Um Aufmerksamkeit zu bekommen, mache etwas *Besonderes* – etwas das den Fokus der Sänger auf das lenkt, was in diesem Moment wichtig ist. Etwas, was du sonst nicht machst: Zeige mit der *Ausdruckshand* auf die *Schlaghand*.

Um den Schlag präziser schlagen zu können werde **kleiner** und dirigiere bewusst sehr locker auf den Punkt, d.h. führe nicht die Musik, sondern sei nun ganz **Metronom**.

Das verlangt Disziplin, denn diese kontrollierte Handlung widerspricht dem Instinkt.

Verstehe, dass du Kontrolle nur erlangst, indem du deine Aufgabe 100% erfüllst.

In diesem Fall muss dein Chor den Puls und Takt perfekt verstehen können. •

(s.a. Dynamisch dirigieren; Gummiband; Haltung annehmen; Klare Dirigierbewegungen; Lehnen; Leuchtende Augen; Orchesterleiter vs. Chorleiter; Schlagpunkte; Wackeldackel)

Konzert: da capo
Wo ich das Wiederholen eines Stückes des regulären Konzertprogrammes zum Zwecke der Zugabe *(s.a.)* ablehne, finde ich es **fahrlässig**, Stücke, die das Publikum ungewohnt findet oder die eine gewichtige Aussage haben, **nicht** im Verlauf des Programmes (mit ein paar Pufferstücken dazwischen und einer Erklärung) zu wiederholen.
Das sorgt einerseits dafür, dass das Publikum das Stück ernstnimmt und – im Falle von Neuer Musik *(s.a.)* – seinen ersten Schock überwunden hat und sich nun auf den Inhalt einlassen kann. Das macht allerdings nur Sinn, wenn das eine Stück ‚aus dem Rahmen fällt' – musikalisch und/oder inhaltlich. Besteht das Konzert dagegen nur aus Werken von Schönberg und Lachenmann…

Konzert: Einführung
Ich bin grundsätzlich kein Freund des reinen Schmuckausführens mancher Konzertgänger und zwinge mein Publikum auch mal den Hintergrund von der Musik zu erfahren, die es nun hören wird. *(s.a. Programmaufbau)*
D.h. ich mache in der Begrüßung eine kurze Konzerteinführung und verlasse mich nicht darauf, dass das Programmheft gelesen wurde.
Willst du hochtrabender sein, kannst du allerdings auch eine gesonderte Einführung anbieten, die maximal 30 Minuten dauert und eine Stunde vor Konzertbeginn in einem separaten Raum stattfindet.
Tu dir selbst den Gefallen das nicht im Konzertraum zu tun, außer du kannst ihn für diese Zeit *abschließen*.
Ob du diese Einführung selbst machst oder in wissenschaftliche Hände legst, ist für den Zweck irrelevant, da zu solchen Einführungen tatsächlich interessiertes Publikum kommt, das nicht den Showeffekt sucht, sondern etwas über die Musik erfahren will.
Es sollte in jedem Fall nur ein Vortrag ohne anschließende Fragestunde sein, da dies sonst zu lange dauert. Wenn du solch eine Einführung anbietest, sparst du sie dir im Konzert. - Ok, ich nicht, weil…aber so bin halt ich. •

Konzert: Eintritt
Ich will im Laienbereich Eintrittsgeld unter allen Umständen vermeiden. Punkt.
Eintritt lässt den Saal leerer sein, als er sein muss.
Vor allem in Kirchen kotzt es mich an, wenn zum 85. Weihnachtsoratorium geladen wird und der Eintritt hoch ist.
Ist ein Chor ein echtes Wirtschaftsunternehmen und muss seine Sänger und die Verwaltung bezahlen, ist Eintritt nötig und gerechtfertigt.
Eintritt als Qualitätsmerkmal hat sich zum Glück langsam abgenutzt. Aber manche Menschen denken leider immer noch, dass kein, oder geringer Eintritt auch schlechte Qualität bedeuten.

Dann müsste man aber auch einen hohen Eintritt verlangen: im Laienbereich **mindestens** 15€/7€ ermäßigt (Kinder, und mit Ausweis: Schwerbehinderte).
Der *Seniorenrabatt* wie im ÖVP macht im Konzertbetrieb wenig Sinn...
Ein Eintritt ist nur gerechtfertigt, wenn ein *teures Projekt* zu bezahlen ist.
Aber auch hier gibt es bessere Möglichkeiten. *(s.a. Platonische Teilhaber und Taktkäufer)*
Vielleicht bin ich einfach ein sozialer Depp: Ich möchte – so lange es finanzierbar ist – meine Musik **allen** Menschen zur Verfügung stellen können – nicht nur denen, die es sich leisten können und auf keinen Fall denen, die an der Höhe des Eintritts die Wertigkeit eines Vortrages festmachen. Ich kann mittlerweile differenzieren, ob ein Laienchor Eintritt **fiskal** oder **ideell** benötigt. Letztere Chöre sind verachtenswert. Erstere sollten überlegen, ob sie nicht anders zu Geld kommen könnten. •
(s.a. Austrittsteigerung durch Verhärtung weicher Ware)

Konzert: elektrische Verstärkung des Chores

Einen Chor zu verstärken, soll den Klang verbessern.
Dafür musst du vieles *richtig* machen.
Erstelle zuerst einen Aufbauplan mit Zeitplan, Technik und einer Auflistung der Verantwortlichen und ihrer Aufgaben. Wenn du selbst keine Ahnung hast, frag jemanden der Ahnung hat. Jeder Raum ist anders – du musst echt wissen was du tust.
Bedenke: Wenn du einen Chor verstärkst, dann kommt hauptsächlich der elektrisch verstärkte Klang beim Zuhörer an. Wenn du das schlecht aufbaust, kannst du vorher so toll wie du willst am Klang gearbeitet haben – das klingt dann komisch.

Ich habe mal an einem Konzert vieler Chöre mit einem meiner Chöre teilgenommen. Dieses fand in einer Schulaula statt. Alle anderen Chöre sangen Gospel und Pop, d.h. diese Stücke hatten wenig Dynamikänderungen. Mein Chor sang „4 Lieder, Op.100" von Felix Mendelssohn Bartholdy (1809 - 1847). Da gibt es viel Dynamik.
Was ich nicht wusste, war, dass das Konzert über die Hausanlage (Lautsprecher, die für Sprachausgabe optimiert sind) verstärkt wurde. Es gab auch keinen Soundcheck.
Der ‚Tonmeister' *(s.a.)* (es war der dortiger Hausmeister) regelte bei unserem Auftritt alle leisen Stellen laut und wenn dann ein Akzent oder subito Forte kam, gab es Rückkopplung bzw. die lauten Stellen waren übersteuert – dafür die leisen dann nicht mehr hörbar. Es war lächerlich.
Ich lache immer noch, wenn ich an den armen Menschen da oben im ‚Regieraum' denke, wie er verzweifelt versuchte klassische Chormusik ihrer Dynamik zu berauben.
Die Geschichte zeigt: Technik ist das eine – man muss sie aber bedienen können.

Wenn du mit Begleitung singst – ob Band, Klavier oder klassischem Ensemble – dein Ziel muss sein: **Chor mit Begleitung** nicht die **Begleitung mit Chor**.
Das passiert häufig, wenn der Chor keine eigenen Lautsprecher (Monitore) hat, über die er die Begleitung hören kann. So wird dann die Begleitung nur über die Hauptlautsprecher (oder Lautsprecher vom E-Piano) rausgeschickt – die stehen meist aber in Richtung des Publikums, müssen also entsprechend laut eingestellt werden, damit der Chor (während er singt) auch noch etwas von der Begleitung mitbekommt.

Hast du keine separat steuerbaren Monitore, solltest du die Lautsprecher, aus denen die Begleitung kommt, **hinter** den Chor stellen – so wird die Begleitung mit dem unverstärkten Chorklang gemischt. *(s.a. E-Piano im Konzert)*
Wenn der Chor auch verstärkt ist, kommt man aber an separaten Monitoren nicht vorbei. Wenn du deinen Chor mit Chormikrofonen (overhead) verstärkst, lohnt es sich je Frauenstimme 2 und je Männerstimme 1 gute(n) Sänger mit Solomikrofon zu verstärken. Diese Soloklänge werden nur ganz leicht in den Tuttiklang gemischt, sind vom Publikum nicht bewusst wahrnehmbar, geben dem Klang dadurch aber mehr Prägnanz.
Soundcheck is key – Kirche a bitch.
Im Normalfall wirst du es nicht schaffen, dass die hintersten Sitzbänke noch ‚voll im Klang' sitzen. *(s.a. Dry und Wet; Raummoden und Flatterecho; Wellenlängen und Frequenzen)*
Mein Ziel bei einer elektrischen Verstärkung ist es, den Raum zu **erweitern**: Wenn der Chor ohne Verstärkung 10m weit gut zu hören ist, will ich, dass er mit Verstärkung z.B. 20m weit trägt (oder wie es der Raum halt hergibt). Dies aber dreidimensional: D.h. je weiter der Zuhörer räumlich vom Chor weg sitzt, desto leiser wird der Chor klingen.
Alles andere braucht eine ausgeklügelte Technik. Du darfst z.B. nicht die Verzögerung im Raum und durch die Technik/Kabellänge vergessen. Die musst du berechnen, damit sich nicht ein merkwürdiger Echoklang ergibt. Dafür gibt es dann auch kleine Geräte (Delay Line Controller), die das für dich machen – du musst nicht mal rechnen – nur die Kabellänge eingeben.

Für uns *Normalos* gibt es vier einfache **Grundregeln**:
1. Wenn du keine Ahnung hast: Frage jemanden.
2. Stelle für das Publikum vorne und seitlich vom Chor möglichst große Lautsprecher mit viel Kraft auf, die einen großen Abstrahlwinkel haben.
   Dann musst du diese nicht so laut drehen. Sie sind damit nicht voll ausgereizt und dem Publikum vorne wehen die Toupets nicht vom Kopf.
   Je kleiner diese Boxen sind, desto konzentrierter ist der Schalldruck vor ihnen. Du wirst hören: „Wir brauchen doch nicht so große/starke/laute/etc.".
   Doch. Brauchst du. Ein Seitenabstrahlwinkel von mehr als 90° muss sein und kein Tieftöner unter 12 Zoll. Kleine Boxen heißen nicht umsonst „Brüllwürfel". Für mich steht die Größe des Abstrahlwinkels noch über der Klangqualität!
3. Gönne deinem Chor mindestens 3 (und gerne mehr!) Monitorboxen, auf denen die Begleitinstrumente für den Chor erklingen.
   Hast du diese nicht, kannst du deinen Chor nicht verstärken. Stelle dann die „großen" Boxen **hinter** den Chor um eine gute Klangmischung *Instrumente – Chor* zu erreichen.
   Steht dein Chor sehr tief (mehr als 4 Reihen) ist es auch vorteilhaft Monitore **hinter** den Chor zu stellen. Dann müssen die vorderen nicht so laut gedreht werden, damit die hinteren Sänger auch noch etwas von der Begleitung mitbekommen. Vor allem in Kirchen mit mehr als einer Sekunde Nachhall ist solch eine Maßnahme lebensrettend.
4. Wenn du keine Ahnung hast: Frage jemanden! •
   (s.a. Solistenverstärkung; Verstärkertechnikanschaffung)

Konzert: Gästebuch
Manche Chöre legen bei Konzerten ein Gästebuch aus. Das ist zwar nicht schädlich, aber einen echten Mehrwert habe ich daraus noch nicht ziehen können.
Der Informationsgehalt beschränkt sich meistens auf „War ein tolles Konzert."/„Vielen Dank."/„Wir kommen gerne wieder."
Ich habe, soweit ich mich erinnere, nur einmal einen kritischen Kommentar gelesen und einen Liedwunsch erhalten. •

Konzert: Geldmenschenstandort
Die Personen, die nach einem Konzert mit dem Spendenkorb am Ausgang stehen, müssen auch wirklich am Ausgang stehen (du glaubst es nicht...).
Sie dürfen nicht am Ende der Kirchenbankreihen oder draußen vor der Tür stehen.
Sie müssen sofort sichtbar und so strategisch positioniert sein, dass sich wirklich niemand dran vorbeischleichen kann.
Besucher suchen selten den Ort an dem sie ihr Geld loswerden können.
Es gibt eine klare **Standorterwartung**.
Alle Ausgänge müssen **doppelt** belegt werden (links-rechts die Zuschauer flankieren).
Es lohnt sich dort Personen hinzustellen, die im Konzert auffällig waren: Solisten und Sänger aus der ersten Reihe – also solche, die die Besucher als aktive Konzertakteure wahrgenommen haben und die die Gäste mit netten Worten verabschieden können.
So gibt der Besucher nämlich nicht nur einem **Korb** Geld, sondern ganz physisch **dem Chor** und fühlt sich damit verpflichteter zu geben. •
(s.a. Austrittsteigerung durch Verhärtung weicher Ware; Konzert: Eintritt)

Konzert: gemeinsam dort und hier
Singst du ein Projekt mit einem Chor aus einem Umkreis von bis zu 30-40 Kilometern in Kooperation, **musst** du dieses Projekt in beiden Orten aufführen.
Dies gilt dann, wenn du für dieses Projekt mehr als ein viertel Jahr **ausschließlich** proben musst.
Da die Sänger grundsätzlich für *ihr* Publikum singen wollen und dir ein großes Projekt Presse und Aufmerksamkeit bringt (aber nur wenn es regional einen Effekt, also eine Aufführung hat), musst du es *zuhause* aufführen.
Sollte dies nicht möglich sein, aber ein Teil des Chores bei einem Projekt mitsingen wollen das außerhalb angeboten wird, kannst du immer Extraproben für diesen Teil anbieten.
Ich sage solche zeitaufwändigen Projekte grundsätzlich nur zu, wenn sie auch lokal stattfinden und damit in jedem Fall *unser* Publikum zu hören bekommt. •

Konzert: gemeinsam mit anderen Chören
Die Organisation muss mindestens 2 Jahre im Voraus starten.
Zuerst (wirklich!) klärst du den Konzertort. Da du eine große Kirche/Raum benötigst sind diese auf so lange Vorlaufzeiten meistens eingestellt. Wenn nicht – geh woanders hin (und sag ihnen warum und dass das in heutiger Zeit von schlechter interner Planung zeugt).
Chöre sollten im Konzert den anderen Chören zuhören können, d.h. der **Konzertraum** muss den Platz hergeben, neben den Chören auch genug Zuschauer zu beherbergen.
Der Konzertort muss behindertengerecht sein.
Es sollte zumindest ein gutes Klavier, besser einen Flügel geben – wenn es gar nicht anders geht, ein sehr gutes E-Piano – alles darunter macht keinen guten Eindruck. Für konzertante Werke ist das aber denkbar ungeeignet.
Wenn du natürlich von vorneherein ein reines A-capella-Konzert planst, musst du das den eingeladenen Chören auch mitteilen.

Wenn der Raum und das Datum feststehen, lädst du mindestens 1½ Jahre vorher deine Lieblingschöre ein – von denen wahrscheinlich mindestens einer keine Zeit haben wird – und dann andere passende Chöre aus der Umgebung.

Stelle das Konzert unter ein **grobes Thema** (Frühling, Sommer, Herbst, Winter, Liebe, Frieden, Weihnachten, etc.) und bitte die Chöre zu diesen Themen ein Programm zu singen.
Den konkreten Titel des Konzertes kannst du später festlegen.
Wenn du diese Vorgabe nicht machst, musst du damit leben, dass es ein *programmloses* Konzert wird – also jeder Chor das singt, was er eh gerade einstudiert.

Die eingeladenen Chöre sollten ein in etwa gleiches Niveau haben, um Konkurrenzgedanken, bzw. kleines Selbstbewusstsein und dadurch schlechte Leistung zu verhindern (also keinen Konzertchor mit dem Chor ‚Halbe Lunge' mischen).
Es dürfen (sollten) Chöre unterschiedlicher Formationen präsentiert werden – z.B. ein klassischer Konzertchor, ein Kammerchor und ein Gospelchor.
Ähnliche Chöre mit vergleichbarem Programm im selben Konzert sind langweilig und nur im Fall eines Choraustausches *(s.a.)* zu rechtfertigen, da hier meist die Gemeinsamkeiten der beiden Chöre im Vordergrund stehen (z.B. zwei Gospelchöre).

Mach den Chören eine Zeitvorgabe wie lange der **Auftritt** jedes einzelnen Chores sein darf: z.B. 20 Minuten.
Bedenke dabei auch den Auf- und Abgang und den Applaus und kommuniziere folgende **Faustregel**: Auftritt: 1 Minute. Abgang: 2 Minuten. Zwischen den Stücken jeweils 1 Minute.
Will der Chor also 20 Minuten Auftritt erreichen und 5 Lieder singen, darf die reine **Musikdauer** nur 13 Minuten betragen.
Du kannst in diesem Fall aber auch einfach darum bitten, dass die reine Musikdauer 15 Minuten nicht überschreiten soll. Das ist der einfachste Weg.

Als weiteres Kontrollinstrument lässt du dir von den Chören schreiben, wie lange deren einzelne Stücke dauern.

Die meisten Kollegen denken – obwohl du eine Zeitvorgabe machst – nicht genau über die Länge nach, sondern ‚spüren' die Länge wohl durch kosmische Schwingungen... So sind sie aber gezwungen sich durch Minutenangaben zu verpflichten. Ja - ich hasse zu lange Konzerte! *(s.a. Konzert: Länge; Programmaufbau)*

Wem das zu harsch klingt: Wie häufig wurden aus den gefühlten 20 Minuten Programmzusammenstellung eine halbe Stunde (und es war auch schon mehr...)?

Ich denke mir diesen Mist ja nicht aus. Ich meine: Wozu gibt es denn diese Vorgaben? Man muss doch nur einmal das Lied, das man singen will, durchsingen und vor Start auf die Uhr geschaut haben. Jedes Handy hat eine Stoppuhr.

Aber du musst ja nicht mal singen lassen. Du kannst dir am Schreibtisch dein gewünschtes Tempo vorstellen. Dann schaust du auf einem Metronom wie viele Viertel du pro Minute singen kannst (also Schläge pro Minute) und zählst ab.

Z.B. „Locus Iste" von Anton Bruckner (1824 - 1896):
- 48 Takte á 4 Viertel = 192 Viertel im Stück.
- Viertel = 100 = 100 Viertel pro Minute.
- Das Stück dauert also ca. 2 Minuten. *(s.a. Probendisposition)*

Die **Konzertreihenfolge** zu unterbrechen indem der eine Chor 2 Stücke singt, dann der andere, dann der dritte und dann geht es wieder von vorne los, macht nur bei sehr kurzen Wegen vom Sitzplatz der Chöre bis zur Bühne und einem gutgeprobten Auftrittsmanagement Sinn, da sonst das Auf- und Abgehen mehr Zeit kostet als das Singen. Ich würde ab 3 Chören jeden Chor sein Programm abliefern und dann den nächsten singen lassen.

Bei nur zwei Chören macht es aber Sinn mindestens einen Wechsel zu machen, d.h. Chor 1, Chor 2, Chor 1, Chor 2 und dazwischen eventuell eine Pause.

Auf keinen Fall Chor 1 – Pause – Chor 2. Im Laienbereich hat Chor 1 nämlich seine Fans und die gehen dann.

Grundregel: Lasse den gastgebenden Chor zum Schluss singen. Der Heimvorteil sorgt dafür, dass das Publikum das Konzert bis zum Schluss anhört.

Das **Programm** muss bis 2 Wochen vor dem Konzert von den Chören übermittelt worden sein und kann dann auch nicht mehr geändert werden.

Weniger als 2 Wochen macht keinen Sinn, da du ja das Programmheft layouten und drucken lassen musst.

Mehr Zeit (z.T. zwei Monate vor Konzert) ist im Laienbereich schwierig, da es immer noch zu viele unorganisierte Kollegen gibt, die keinen Überblick darüber haben, ob ihr Chor das Stück auf Punkt im Konzert überhaupt singen können wird. Sie würden also ein Programm geschickt haben, aber im Konzert dann ansagen müssen, dass dies und jenes Lied ersetzt worden ist (das passiert in **jedem** Rudelkonzert).

Du brauchst außerdem einen Text über den Chor und Kontaktdaten, die auch ins Programmheft gehören, damit interessierte Sänger den Chor kontaktieren können.

Die Reihenfolge der Stücke wird von den einzelnen Chorleitern selbst festgelegt und ich würde denen da auch nicht reinreden

Pass auf, dass es keine Dopplungen im Programm gibt (mir noch nie passiert, aber…). Sei da einfach kommunikativ: Wenn du das Programm eines Chores bekommen hast, leite es an die anderen Chöre weiter.

Ein **gemeinsames Lied** muss sein(!), sollte aber wegen der geringen gemeinsamen Probenzeit ein Konzertkanon werden. Damit kann man einen großen gemischten Chor S-A-T-B aufstellen oder bei Platzmangel auf der Bühne die Chöre von ihren Plätzen aus jeweils als eine Kanonstimme singen lassen. *(s.a. Alle zusammen!)*
Der Leiter des gemeinsamen Liedes muss vorab festgelegt werden und sollte der Chorleiter des gastgebenden Chores sein.
Wenn es keinen gastgebenden Chor gibt (z.B. ein vom Chorverband/Kirche/etc. organisiertes Konzert) sollte die Leitung der Chorleiter des letzten auftretenden Chores übernehmen, da für den Zuschauer der *Pissingcontest* der Dirigenten nicht interessant und eh jeder Dirigent gleichwertig ist. D.h. er fragt sich, warum nicht der letzte Dirigent nun das gemeinsamen Stückes leitet und ist irritiert.
Ich habe schon die witzigsten E-Mailketten mit Kollegen gehabt, wo wir alle das Schlusslied dirigieren wollten, es aber keiner offen zugeben konnte.
Einmal waren es alles männliche Dirigenten und nur ein weiblicher – da war die Entscheidung überraschend einstimmig, dass es die Dirigentin machen sollte…

Es müssen **Aufenthaltsräume** organisiert werden. Diese müssen abschließbar sein und der Gastchorleiter/Vorstand/etc. bekommt den Schlüssel zu der Tür, damit die Sänger ihre Wertsachen dort deponieren können. Im Idealfall sind die Räume so groß, dass die Chöre sich in ihrem Raum einsingen können.
Diese Räume müssen behindertengerecht sein. Wenn Räume nicht behindertengerecht sind, musst du bei den Chören nachfragen, ob das in Ordnung ist.
Du brauchst viele Toiletten, da es viele Sänger gibt – frage ggf. bei in der Nähe gelegenen Restaurants, ob dortige WCs mitgenutzt werden dürfen – dies kannst du dann auch gern in den Chören bewerben und sie auf die Möglichkeit aufmerksam machen, dass sie dort einen guten Kaffee trinken können.
Wenn es für über 100 Sänger **je Geschlecht** weniger als 4 abschließbare WCs (und zusätzlich Pissoirs) gibt, würde ich mir einen anderen Konzertort suchen.
Der gastgebende Chor muss in den Aufenthaltsräumen Wasserflaschen (still und mit Kohlensäure), Gläser oder Becher in ausreichender Menge, sowie Obst, Kekse und Süßigkeiten bereitstellen. Er tut dies am besten ohne Ankündigung und mit einem freundlichen Zettel („Wir freuen uns, dass ihr da seid, bitte bedient euch!") – das kostet die Chorkasse 50€, macht aber einen ungeheuer positiven Eindruck.

Besorge dir die Handynummer der anderen Chorleiter, damit du Organisatorisches im Notfall schnell umdisponieren kannst („Ihr probt doch nicht im Gemeindehaus, sondern in der Kirche.").
Besser ist es aber, wenn ankommende Chöre durch Vertreter des gastgebenden Chores begrüßt werden. Die Gastchöre bekommen dafür vorab Kontaktdaten von ihrem

persönlichen Ansprechpartner, der ihnen vor Ort die Schlüssel gibt, die Räumlichkeiten zeigt und sie grundsätzlich an die Hand nimmt.
Diese Ansprechpartner können Sänger des gastgebenden Chores sein – besser sind aber Freunde/Verwandte, die während der gesamten Zeit beim Chor bleiben können (und nicht selbst proben müssen). Sie sollen sich einfach mit in den Probenraum setzen und sind ausschließlich für *ihren* Chor zuständig.
Merke: Du bist Gastgeber. Du hast dir ausgesucht andere Chöre einzuladen.
Du willst als Gastchor auch gut behandelt werden? Dann gibt es keine Ausrede.
Sorge für gute Organisation und zuvorkommende Behandlung.

Niemals darfst du ein **gemeinsames Einsingen** *(s.a.)* zulassen.
Irgendeiner wird auf die Idee kommen! Irgendjemand wird es total gruppenverbindend und schnuffig finden – so gemeinsam und ach…
Jeder Chor hat aber seine eigenen Rituale und Einsingmethoden! Es ist mir **noch nie** passiert, dass bei dieser Gelegenheit ein Sänger aus einem anderen Chor zu mir kam und mein Einsingen toll fand. **Bedenke:** Der eigene Chorleiter ist immer der beste der Welt! Andersherum war es auch immer so, dass Sänger zu mir kamen und nach dem Einsingen anderer meinten, dass man das auch hätte lassen können, weil sie ja nicht eingesungen seien und das was ich mache wäre um Längen besser… Alles Quark, aber ein Zeichen für den Konkurrenzgedanken zwischen Chören und ihre Identifikation mit dem eigenen.
Jedem Chor muss also Zeit gegeben werden: Mindestens 30 Minuten Einsingen in einem eigenen Raum und dann noch 20 Minuten im Konzertraum (sie müssen dort nicht alles nochmal durchsingen). Die gemeinsame Kanonprobe dauert 20 Minuten und 30 Minuten vor Konzertbeginn müssen die Zuschauer eingelassen werden.

Meine **Timeline** bei 3 Chören (inklusive jeweils 5 Minuten Chorwechsel):
19:30 Konzert, 19:00 Einlass, 18:30 Kanonprobe, 18:05 Chor 3; 17:40 Chor 2; 17:15 Chor 1 und davor können die Chöre machen, was sie wollen. Es sollte also ab 16:00 Uhr jemand mit Schlüsselgewalt vor Ort sein (oder eben der persönliche Ansprechpartner) und dieses auch so an die anderen Chöre kommuniziert werden.

Die **Spenden** am Ende des Konzertes gehen zugunsten des gastgebenden Chores, da er auch die Raummiete, GEMA, etc. aufbringt.

Zu **Beginn** des Konzertes begrüßt ein Vertreter des gastgebenden Chores/Verbandes die Zuschauer und offiziell auch die Chöre.
Hier sollte auch Platz sein, die Chöre einzeln kurz vorzustellen.

Nach dem Konzert solltest du für einen gemeinsamen Umtrunk sorgen.
Dieser braucht nicht groß zu sein. Es lohnt sich aber ein paar Flaschen Sekt und O-Saft, sowie ein paar Kekse/Snacks/Fingerfood in einem passenden Raum anzubieten, da diese Events natürlich auch dazu dienen sollen andere Sänger und Chöre kennen zu lernen. Vor dem Konzert sind alle auf sich fokussiert – danach werden es aber die meisten wertschätzen, wenn sie noch eingeladen werden. •

Konzert: gemeinsam unter einem Dirigenten
Vermeide es, gemeinsame Konzerte mit Chören, die du alle leitest, zu geben (d.h. **du** dirigierst mindestens zwei Chöre in einem Konzert).
Diese unterschiedlichen Chöre haben ihre Verbindung untereinander meistens nur über dich als Dirigenten. Das sorgt **immer** für ungesundes Konkurrenzdenken. Du bist schließlich **deren** Chorleiter.
Jedem Chor ist eigentlich klar, dass du nicht exklusiv für ihn existierst, aber die meisten Sänger haben eine rosa Brille auf. Ein gemeinsames Projekt mit einem deiner anderen Chöre stellt sie dann vor vollendete Tatsachen.
Wie weit das gehen kann, musste ich in der Corona-Krise feststellen: Einem kompletten Vorstand war nicht klar, dass ich das Krisenmanagement von noch fünf Chören zu leiten hatte. Das war kein böser Wille oder unfreundliches Besitzdenken – als Chorleiter war ich halt nur für sie zuständig. Die Existenz anderer Gruppen war ausgeblendet.

Relativ problemlos ist ein gemeinsames Singen nur, wenn die Chöre **sehr unterschiedliche** Profile haben/Programme singen: Ein Gospelchor und ein kleiner Kammerchor/ein Erwachsenenchor und Kinderchor – also Chöre die dem Zuschauer wenig Vergleichsmöglichkeiten bieten (auf die Frage: „Welchen Chor fandest du besser?" nur geantwortet werden kann „Weiß ich nicht. Die waren ja so verschieden.")

Mach dir bitte nichts vor: Es wird **immer** Konkurrenzdenken geben und ich habe es selbst mit Engelszungen nicht geschafft dieses Denken aus allen Köpfen zu verbannen. Um zu entscheiden, musst du eine rationale Kosten-Nutzen-Analyse machen, darfst die Kosten aber nicht unterschätzen. • *(s.a. Projektweise Chorzusammenlegung)*

Konzert: heißer Tag
Trinke 10 Minuten vor Beginn des Konzertes 0,5 Liter stilles Wasser. Bei Beginn des Konzertes ist das Wasser nicht mehr vollständig im Magen – belastet dort nicht, aber auch noch nicht durch die Nieren in der Blase – du musst also nicht pinkeln.
Während des Konzertes, in dem dein Adrenalinspiegel und die Konzentration den Harndrang vergessen lassen, hat dein Körper damit fürs Erste genug Flüssigkeit.
Dieses **Vortrinken** lohnt sich auch bei moderaten Temperaturen, wenn du während eines Konzertes einen trockenen Mund bekommst.
Wenn du Sitzpausen hast (z.B. in einem Konzertgottesdienst oder wenn andere Chöre singen), habe an deinem Sitz befeuchtete und dann tiefgefrorene Waschlappen in einer Kühltasche dabei. Diese kannst du dir in den Nacken legen und damit dein Gesicht abwischen.
Wenn du keine Pause hast, solltest du schon vor dem Konzert unter deinem schwarzen Hemd/Bluse ein schwarzes T-Shirt anziehen, das du in der Nierenregion befeuchtet hast. Das Gegenteil eines Nieren*wärmers*. Tu dies bitte **niemals** in einem Auftritt, in dem du viel herumsitzt. Das kann dann wiederum in einer Nierenentzündung enden.

Dusche möglichst kurz vor dem Auftritt lange lauwarm, bzw. lege dich in eine Badewanne mit lauwarmem Wasser. So kannst du deine Körperkerntemperatur senken und fängst erst später an, unter der Hitze zu leiden.
Deine Körpertemperatur liegt bei ca. 36°C. Wenn das Wasser 30° hat, wird es dich abkühlen, weil noch viel Blut dicht unter der Haut fließt.
Ist das Wasser viel kälter, wird dein Körper die Adern in den oberen Hautschichten verengen und dadurch das Blut aus den Extremitäten heraus in die Körpermitte ziehen, um nicht zu sehr auszukühlen. Es ist dann nicht mehr so sehr mit dem kühlen Wasser in Kontakt.
Paradoxerweise sorgt also wärmeres Wasser für den langfristigeren Abkühleffekt. •

Konzert: intimer Raum
Sage nicht: „Der Konzertraum ist *klein*.", sondern: „Der Konzertraum ist *intim*."
Denn das ist er. Der Effekt hat nichts mit der Chorgröße zu tun, sondern mit der Akustik. Je kleiner ein Raum ist, desto direkter ist der Klang, desto weniger hilft die Raumakustik, desto mehr muss ein Chor homogen singen – auch ein quantitativ großer.
Klein ist abwertend und verleitet ob der geringen, erwartbaren Zuschauerzahl zu Schludrigkeit. **Intim** fordert heraus, und so sollte es sich auch anfühlen. • *(s.a. Zuhörermenge)*

Konzert: Jugendwahn
Der *Gesellschaft für Konsumforschung* zufolge bleibt das Verhältnis der Menge an Konzerten der U- und E-Musik zwischen 2008 und 2018 relativ gleich.
Auch das Altersverhältnis ändert sich nicht (und das schon seit hunderten von Jahren): Das Publikum der U-Musik ist relativ jung – das der E-Musik relativ alt.
Wir lernen daraus:
1. Klassik ist nicht tot – auch wenn der Jugendwahn einem das erzählen will.
2. Präsentieren wir klassische Musik, ist unsere Zielgruppe 60+.
   Alles Unken und anderweitiges Lamentieren („Wir müssen mehr Jugend in unsere Konzerte locken!!") ist nutzlos.
3. Da das schon lange Zeit so geht, bedeutet das, dass die, die vor 40 Jahren nur zu dem „stumpfen Rock" und so „abgehangen" haben, nun auch Klassik hören.

Ergo: Die Jugend will nicht – lass sie in Ruhe – die kommt, wenn sie älter ist.

Verstehe mich da aber nicht falsch: Natürlich muss man Konzerte für Kinder und Jugendliche machen, um sie an die Klassik heranzuführen.
Auch ein paar ‚populistische' Programme (durchaus in seiner negativen Konnotation gemeint) schaden nicht, um den elitären Ballast abzustreifen.
Aber der Jugendwahn, der manche dogmatisch befällt, ist kontraproduktiv, weil er das ‚natürliche' Alter der Konzertgänger außer Acht lässt. •

Konzert: Konzentrationsphase
Vor Beginn eines jeden Stückes im Konzert/Auftritt musst du die erste Partiturseite im Kopf durchgehen. Das ist deine *Konzentrationsphase*. Die haben der Chor und das Stück verdient. Habe keine Angst vor einer zu langen Pause – es kommt einem auf der Bühne immer alles sehr lang vor – hat man aber mal den Videobeweis, ist man überrascht, wie schnell man eigentlich durch das Konzert galoppiert ist. •

Konzert: Länge
Ein Konzert darf die Aufmerksamkeitsspanne seines Publikums nur fordern – nicht überfordern. *(zur Längenberechnung s.a. Konzert: gemeinsam mit anderen Chören)*
Willst du ein langes Konzert präsentieren (80 Minuten Musik – heißt mindestens 90 Minuten Konzertlänge), musst du nach 50-60 Minuten eine Pause machen.
Ist dein Konzert bis 80 Minuten lang (ca. 65 Minuten reine Musik), solltest du einen kleinen Redebeitrag oder bewusst leichte Musik an den Anfang des letzten Drittels legen. Das wäre in etwa der *Goldene Schnitt* (s.a.).

- Überspannst du die Aufmerksamkeitsspanne des Publikums, ist das für mich fehlender Respekt gegenüber dem Publikum, das sich nicht mehr auf die letzten Stücke konzentrieren kann und sie damit nicht genießen darf. *(s.a. Programmaufbau)*
- Es ist für mich fehlender Respekt deinen Sängern gegenüber, die viel geübt haben, damit das Konzert von Anfang bis Schluss gut wird.
- Es ist schließlich fehlender Respekt den Stücken gegenüber – es ist ja nicht so, dass du wie bei einer Feier zuerst den guten Wein und dann, wenn keiner mehr genießen kann, den schlechten Wein servierst…

Du solltest **alle** Stücke mit Stolz *(s.a.)* präsentieren.
Jedes Stück hat einen Komponisten (dessen Anwalt *(s.a.)* du bist) Schweiß und Mühe gekostet. Jedes Stück ist es also wert mit wachem Geist angehört zu werden.
Wenn das Publikum dies aber nicht mehr kann (und auch ich bekomme nach einer Stunde Hummeln im Hintern), kannst du dir zwar für dein langes Konzert selbst auf die Schultern klopfen – schön war das aber nicht. • *(s.a. Programmaufbau)*

Konzert: Plakat
Für Konzertplakate gibt es ein paar Regeln, die du beachten solltest:
- Schaffe dir eine Corporate Identity indem du immer dasselbe Grundlayout nutzt: Dein Logo, Titel, Mitwirkende, Ort, die Grundfarben, etc. müssen immer am selben Platz sein, sodass Menschen, die eines deiner Konzerte besucht haben auch bei späteren Konzertwerbungsmaßnahmen schon von weitem erkennen, dass es ein Plakat von deinem Chor ist.
- Ein Plakat ist ein **Informationswerkzeug**. Künstlerisches hin oder her: Du willst Menschen über das Wer, Was, Wo und Wann informieren. Schnörkelei oder fehlender Kontrast (dunkle Schrift auf dunklem Hintergrund) sorgen dafür, dass ein Passant nach diesen Informationen suchen muss. *(s.a. Gelb)*

- Das Plakat muss in Handzettelgröße (DinA6) gut lesbar sein.
- Das Plakat ist (mit Anpassungen) auch das Deckblatt deines Programmheftes.
- Schreibe **immer** die Adresse des Konzertortes auf das Plakat.
- Wenn der Eintritt frei ist, musst du vermerken, dass um Spenden gebeten wird. Es gibt tatsächlich Besucher, die sich am Ausgang sonst bedrängt fühlen, weil der Eintritt doch als frei beworben wurde und nun soll man doch etwas geben...
- Hast du eine Einlasszeit (z.B. eine Stunde vor Konzertbeginn) schreibe sie auch aufs Plakat, damit du in der Ansingprobe keine unliebsamen Zuhörer hast.
- Frage die Verantwortlichen an den Konzertorten wie viele, und in welcher Größe, sie die Plakate haben wollen.
- Geschäfte hängen lieber DinA4 Plakate auf. Du brauchst trotzdem einige in DinA3.
- Womit du nicht sparen solltest, sind Handzettel. Der preisliche Unterschied zwischen 500 und 1000 Stück ist lächerlich.
Ich nutze übriggebliebene Handzettel als Notizzettel.
- Nutze deine Sänger, um die Plakate und Handzettel überall zu verteilen. Jedes Geschäft im Umkreis muss dein Plakat hängen haben. Lohnen tut sich das aber erst drei Wochen vor dem Konzert, davor blocken die meisten Geschäfte ab.
Sinnvoll ist es eine Werberegion in Bezirke aufzuteilen.
Wenn sich dann ein Sänger einem Bezirk zugeteilt hat (es kann auch nur eine Straße sein), fühlt er sich sehr **konkret** verantwortlich, da er diese Verantwortung innerlich niemand anderem übertragen kann.
Drucke einfach eine Karte aus GoogleMaps aus und markiere die Bezirke. Nummeriere sie und mach eine Liste. Lege diese bei einer Probe aus. So behältst du den Überblick. Dies ist eine der machtvollsten Werbestrategien.
- Planst du ein Konzert in einer Kirche, geh in dein örtliches Kirchenamt.
Dort hat jede Kirchengemeinde einen Briefkasten. Werfe einfach in jeden ein Plakat, ein paar Flyer und einen freundlichen Zettel, mit der Bitte um Aushang.
- Bei 20 DinA3 Plakaten, 100 DinA4 Plakaten und 1000 DinA6 Flyern jeweils in 135g Papier/Hochglanzdruck, bist du bei Onlinedruckereien bei ca. 50€.
Dafür musst du nicht mal 10 spendende Zuschauer ins Konzert gelockt haben...
Ich verstehe nicht, warum noch so viele Chöre offline drucken, indem sie in den lokalen Copyshop gehen. Ich bin zwar total dafür, lokale Geschäfte zu unterstützen, aber die Preisunterschiede zum Onlinedruck sind oft gewaltig!

Merke: Es kann nur jemand zu deinem Konzert kommen, der davon weiß.
Plakatiere alles, was nicht bei drei auf den Bäumen ist und dann noch die Bäume.
Dein Plakat wird für Handzettel und Programmheft genutzt.
Du willst Informationen transportieren. Also Informationen zu deinem Chor – nicht über deine kunstvollen Designfähigkeiten und 1000 Schriftarten, die dein PC hergibt.
Es gibt Plakate, da hat der ‚Künstler' vor lauter Kunst vergessen den Ort des Konzertes aufs Plakat zu schreiben...
KISS! • *(s.a. Gelb; KISS; Konzert: Werbung)*

Konzert: Planungsliste

Mach dir eine Liste und behalte den Überblick *(s.a. Aufgabenliste; Konzertort: Merkblatt)*:

	Was?	Wann?	Wer?
Terminplanung	Absprache mit Pastoren/Verantwortlichen		
	Kontakt zum Kirchenbüro/Veranstaltungsbüro (Termine, Ansprechpartner...)		
Planungssitzung	Besonderheiten der Konzerte (Benefiz...?)		
	Konzertortbesichtigung: Beleuchtung, Podeste für Chor und Solisten (notwendig?)		
	Ideen/Gedanken: Programmheft/Plakat/Ablauf		
Planungstreffen	Aufgabenverteilung	12 Wochen vorher	
Plakat	Entwurf	8 Wochen vorher	
	Drucklegung	5 Wochen vorher	
	X in A3, X in A4, X in A6		
	Verteilerliste mit Bezirken	6 Wochen vorher	
Programmheft	Anzeigenakquise	6 Wochen vorher	
	Texte, Kommentare		
	Layout	kurz vor Druck	
	Druck	bis zu 2 Wochen vorher	
Pressearbeit	Gemeindebriefe	entsprechend der Erscheinungstermine	
	Homepage	wenn Termine bekannt	
	Facebook/Social Media	wenn bekannt und 2 Wochen vorher	
	Kirchengemeinden: Mitteilung zum Abkündigen	4 Wochen vorher	
	Zeitungen	Kontaktaufnahme 4 Wochen vorher	
	Lokalradio	2 Wochen vorher	
	evtl. Einladung an Sponsoren		
zum Konzert	Kontakt zum Ansprechpartner (Termine, Schlüssel)/Begrüßung?	2 Wochen vorher	
	Auf-/Abbau (wer? wann?)		
	Bestuhlung aufbauen/anpassen Plätze für Rollstuhlfahrende reservieren Platz für Technik einplanen		
	Transport		
	Podeste: fotografieren/Standort		
	Beleuchtung		
	Schlüssel		
	Geschenke		

Konzert: Publikumsplatzierung (strategische)

Meist wird dein Konzert nicht ausverkauft sein. Nutze dies, um die Zuschauer etwas von deinem Chor **fernzuhalten**.

Blockiere dafür die erste und eventuell auch zweite Reihe in einer Kirche, da sich der Chor mit zunehmender Entfernung akustisch besser mischt.

Wenn die Kirche sehr groß ist, kannst du auch hintere Bänke und Seitenschiffe sperren. Ist es dir möglich die Bestuhlung zu steuern, baue die erste Reihe vor dem Chor ab oder etwas weiter weg auf.

Du willst damit zwei Dinge erreichen:

1. In deinem Publikum soll sich ein Gruppengefühl einstellen, das für eine Gruppendynamik sorgt.
   Das ist gut für den Chor, da es mehr Applaus gibt und gut für die Zuschauer, weil sie sich nicht allein fühlen.
   Es klingt komisch, ist aber so, da Zuhörer in ein Konzert mit der Erwartung reingehen, anonym in der *Masse* das Konzert erleben zu dürfen. Diese Möglichkeit musst du ihnen bieten.
   Die, die in der *ersten Reihe* sitzen wollen, können dies ja tun.
2. Dein Chor soll auf einen eng besetzten Zuschauerraum schauen dürfen.
   Ich habe schon das Pech gehabt vor 200 Zuschauern ein Konzert zu dirigieren – leider in einem Konzertraum mit 1000 Plätzen – das sieht ohne Reihensperrung einfach leer aus und demotiviert sowohl Publikum als auch den Chor.

Du musst eine *Öffnungsstrategie* haben – also welche Bänke du zuerst öffnen möchtest, sollte der Zuschauerraum voller werden, als du erwartet hast.

Sperre bitte nie mit einem Band oder ähnlichem ab. Nutze *Reihe bitte freihalten*-Schilder. In einem Theater solltest du nichts absperren. In echten Konzerträumen sind Menschen stolz darauf, in der ersten Reihe sitzen zu können.

Dein Ziel ist immer, dass schon in der ersten Reihe (wo immer sie dann ist) ein gemischter Chorklang ankommt.

Insgesamt solltest du die ersten Zuschauer frühestens in der Entfernung einer Chorbreite sitzen haben. D.h. wenn der Chor 6 Meter breit steht, sollte die erste Reihe ca. 6 Meter von der ersten Chorreihe entfernt sein, wobei du am besten auf halber Chorbreite stehst. Wenn die Zuschauer sehr nah an dem Chor sitzen *müssen*, solltest du, um dieses Verhältnis zu erreichen, darüber nachdenken den Chor in z.B. 4 statt 3 Reihen aufzustellen, um seine Breite zu reduzieren.

Jede Aufstellempfehlung ist natürlich immer im Konzertraum auszuprobieren! •
(s.a. Choraufstellung; Dry und Wet; Entfernung; Reihe freihalten)

Konzert: Stehordnung

Spätestens ab dem letzten Viertel der Proben musst du in der Konzertstehordnung proben (in der in den Proben dann auch gesessen wird). *(s.a. Konzertprobenstehen)*
Wenn du gemischt singen lässt und deine Sänger das nicht gewohnt sind, solltest du damit auch schon früher beginnen.
Nur so können die Sänger sich an ihr direktes akustisches Umfeld gewöhnen und du hast noch die Chance die Aufstellung zu ändern.
Singst du in verschiedenen Aufstellungen solltest du, um dir Umstellzeiten zu sparen, deine Proben so planen, dass du nur eine Aufstellungsart pro Abend nutzen musst.
Ab dem ersten Durchlauf gehört das Üben eines geordneten Aufstellungswechsels dazu. Die Zeit musst du dir nehmen. • *(s.a. Choraufstellung)*

Konzert: Werbung

Nur Plakate aufhängen zu lassen **reicht** häufig, da deine Sänger durch Mund-zu-Mund-Propaganda und Flyer viel erreichen können.
Vor allem solltest du genug Plakate zur Verfügung stellen und den Werbebereich in Bezirke aufteilen, für die deine Sänger dann jeweils verantwortlich sind. *(s.a. Konzert: Plakat)*
Darüber hinaus gibt es aber noch viele weitere Möglichkeiten auf deine Konzerte und den Chor aufmerksam zu machen. *(s.a. Mitmachaktion)*

- Konzert in der Kirche: Erinnere freundlich daran, dass dein Konzert in den Abkündigungen im Gottesdienst vorkommen sollte und schreibe benachbarte Kirchengemeinden mit der Bitte an, das Konzert auch bei ihnen abzukündigen. Schreibe rechtzeitig einen Artikel für den Gemeindebrief. Frage lange vorher nach einer Deadline und sei 3 Wochen früher mit dem Artikel fertig.
  Ab und zu gibt es Layoutvorlagen und Wortbegrenzungen – frage danach.
  Manche Kirchen haben interne Mailverteiler oder sogar WhatsApp-Gruppen – bitte darum hier beworben zu werden und schreibe Vorlagen.
- Bist du Mitglied eines Chorverbandes, wird der Chorverband deine Konzerte in seinen Medien veröffentlichen (wenn du ihm mitteilst, dass du das wünschst).
- Jede Stadt hat einen eigenen Veranstaltungskalender auf seiner Website und auch gedruckt.
  Kümmere dich rechtzeitig darum, in diesen aufgenommen zu werden und frage den örtlichen Kulturbeauftragten, was es noch für regionale Möglichkeiten gibt.
- Stellst du den Chor, Chorleiter oder ein Konzertprogramm in der Zeitung, dem Gemeindebrief oder anderen Medien vor, tue dies möglichst in Form eines Interviews. Dieses kann auch gestellt – also editiert sein. Leser sind interessierter einer *Konversation* beizuwohnen (also voyeuristisch), als einen einfachen Fließtext mit Fakten zu lesen. Ein Interview hat also immer noch einen weiteren Faktor, der dazu führt, dass die Informationen, die man weitergeben will, auch wirklich gelesen werden. So kann eine Konzertankündigung z.B. ein Gespräch darüber enthalten, warum der Chorleiter gerade diese Stücke ausgewählt hat.

- Einen Text für Medien erstellst du am besten selbst. Editieren können die Redakteure immer.
Leider ist das Geld nicht da, jedem kleinen Chor einen Journalisten nachzuschicken, der eine Homestory entwirft. Nimm den Zeitungen diese Arbeit also ab. Lade trotzdem zu einer der letzten Proben einen Journalisten der örtlichen Tageszeitung ein. Wenn er nicht kann, schicke ihm mit ganz viel Schmalz eine vorgeschriebene Konzertankündigung und lade ihn zum Konzert ein. *(s.a. Presseartikel)*
- Wenn du Fotos veröffentlichen willst, müssen sie gut sein.
Die Grundregel ist: Besser kein Foto als ein schlechtes. *(s.a. Fotos)*
Machst du eine Werbekampagne in den Medien, nutze immer **dasselbe** Foto. So schaffst du einen Wiedererkennungseffekt.
In der nächsten Kampagne sollte es natürlich ein neues Foto sein.
- Es gibt fast überall Lokalradios. Diese suchen immer wieder relevante Themen. Versuche einen Interviewtermin zu bekommen, bzw. dort eine Konzertankündigung zu erreichen. Dadurch kommst du auch auf deren Website und die Lokalradios laufen häufig in Ladengeschäften der Region.
- Sende deinen Sängern eine vorgeschriebene Werbemail mit Logo und Plakat. Damit können sie die Konzertinfos einfacher an Freunde und Verwandte weiterschicken. Achte auf eine reduzierte Dateigröße des Plakates. Es reicht meist eine Höhe von 1000 Pixeln.
- Ist dein Chor in den Sozialen Medien unterwegs, erstelle dort rechtzeitig einen Veranstaltungshinweis und lade alle Freunde ein. *(s.a. Social Media)*
- Bereits feststehende zukünftige Konzerte (und wenn es nur die Daten sind) solltest du schon ins Programmheft des aktuellen Konzertes eintragen und im Konzert darauf hinweisen.
- Auf der Chorwebsite kannst du einen Newsletter anbieten, sodass interessierte Zuhörer sich dafür anmelden können und automatisch über Neuigkeiten informiert werden.
- Die Daten auf deinen Webseiten (Chor und persönlich) müssen aktuell sein.
- Nutze deine E-Mail-Signatur *(s.a.)* •

Konzert: Wiederbeginn
Das Publikum verzeiht viel – bei schlechtem Beginn eines Stückes im Konzert solltest du abwinken, die Töne neu geben und einfach wieder von vorne beginnen.
Tue dies mit konzentriertem Blick und übe so etwas vorher auch mit dem Chor, damit er nicht verwirrt ist.
Er muss das Vertrauen haben, dass der Abbruch nötig war und du helfen wirst, dass es nicht nochmal vorkommen muss. Das haben der Chor und das Stück verdient. •

Konzert: Wiedereinsetzen

Wenn in einem Konzert/Auftritt ein Stück auseinanderzubrechen droht, konzentriere dich auf die Melodie.

Die Melodie hat **immer** recht, denn sie ist das, was der Zuhörer eventuell kennt und primär wahrnimmt. Die musst du irgendwie zum Ende durchschleppen – sing bei ihr eventuell sogar mit.

Unterschätze nicht die **Un**musikalität der Zuhörer. Viele merken nur die Unsicherheit des Chores – also eine wackelige Energie. Wenn du die Melodie mit Elan und positiver Energie weitertreibst, wird sich das auf den Chor übertragen.

Wenn nur eine Unterstimme rausgeflogen ist, zeige auf sie, damit die Sänger merken, dass du nun ganz bei ihnen bist. Singe dann die Stimme rein.

Singe als Mann bitte nicht eine Frauenstimme mit, außer deine Kopfstimme ist in dem Moment weich genug. Da darfst du nur stumm mitsprechen.

Als Frau kannst du durchaus eine Männerstimme mitsingen. Dies fällt weniger auf, da eine einzelne Frauenstimme sich mit dem Klang einer Männerstimme eher mischt als andersrum.

Bei einem Strophenlied *(s.a.)* wird die verlorene Stimme bei der nächsten Strophe mit großer Sicherheit wieder einsetzen können – sei aber auch hier ganz bei ihr.

Sollte der ganze Chor zusammengebrochen sein, gib zwischen den Strophen kurz die Töne neu. **Aber** anhand des letzten Tones des Soprans. **Niemals** darfst du mitten im Stück den ‚richtigen' Ton von der Stimmgabel angeben.

Wenn der Chor bis hierhin einen Ganzton gesackt ist, musst du diesen tieferen Ton übernehmen!! Der korrekte Ton würde das relative tonale System des Chores nur verwirren, da den Sängern ihre eigene Tonhöhe nicht bewusst ist.

Bleibe dabei ruhig und sachlich. Die Sänger sind verängstigt und brauchen Führung.

Du kannst natürlich auch entscheiden nach der Strophe das Stück ganz abzuwinken. Das wird der Zuhörer aber merken, da der Chor Gesichtskommentare *(s.a.)* machen wird und das Letzte was er hörte eben Mist war.

Wenn du noch eine Strophe dranhängst und die relativ gut läuft, wird der Zuhörer in den meisten Fällen nicht gemerkt haben, dass da was schieflief.

Wenn ein Stück (nicht Strophenlied *(s.a.)*) schon in den Proben nur mit Glück durchgesungen werden kann, kannst du es nicht im Konzert singen.

Musst du es doch, solltest du mit dem Chor Stellen vereinbaren, an denen eventuell wieder eingesetzt werden kann. Diese Stellen benennst du mit Zahlen (also nicht Takte, sondern 1, 2, 3, ...) und musst so bei Zusammenbruch nur eine Zahl reinrufen, die Töne relativ zum Sopran/zur höchsten Stimme angeben und weitersingen. *(s.a. Verflixte Stelle)*

Natürlich musst du **nach** der Zusammenbruchstelle beginnen.

Der Witz ist, dass die Sänger durch solche eingetragenen Etappen das Gefühl haben, nicht mehr gezwungen zu sein, das Stück perfekt von vorne bis hinten zu singen, dadurch ruhiger werden und das Stück dann zu 99% klappt.

Am Ende steht und fällt die Qualität dieser Methode aber mit dir.
Schärfe deinem Chor ein, keine Gesichtskommentare zu geben – manche Sänger fangen tatsächlich an hysterisch zu lachen, weil ihnen ein Abbruch peinlich ist.
Mache deinem Chor klar, dass jeder Kommentar nur dazu beiträgt, dass auch wirklich der letzte merkt, dass diese Pause nicht zum Stück gehört.

Sollte der GAU unvorhergesehen eintreten, beginne beim **nächsten** Tuttieinsatz oder wenn dann das Stück praktisch vorbei wäre, eben einen vor diesem letzten.
Sabbel **niemals** eine Entschuldigung ins Publikum. Wenn du etwas erklären willst (willst du nicht), tu es selbstbewusst und mit klarer Stimme.
GAU-Lösung:
- Winke ab.
- Pause, in der der Chor sich sammeln kann und auf dich schaut. *(s.a. Emotion)*
- Stelle klar und deutlich benennen. Flüstern hilft hier niemandem.
- 2 Sekunden Pause. Wenn die Stelle nicht verabredet wurde 7 Sekunden. Zähle diese Zeit innerlich, um nicht zu schnell weiterzugehen. Vergewissere dich niemals, ob alle die Stelle haben. Das sorgt nur für Unruhe.
- Töne geben.
- Einsatz.

Du musst die ganze Zeit neutral und konzentriert schauen. Niemals lächeln oder grimmig blicken – der Chor wird ein Spiegel von dir sein. Strahle Ruhe aus – die Sänger brauchen eine starke und klare Führung, die sie in der Konzentration hält. „Stay in the zone!" •

Konzert: Zeitungskritik
Hast du das Glück eine differenzierte Zeitungskritik zu bekommen – also eine, die über eine reine Existenzbeschreibung des Konzertes hinausgeht – sei **stolz** *(s.a.)* darauf!
Selbst wenn sie ‚negativ' ausfällt.
Im Laienbereich bedeutet das nämlich, dass eine Zeitung dich und deinen Chor für wichtig genug erachtet, einen spezialisierten Redakteur für eigene kreative Ergüsse zu bezahlen.
Wenn dir nicht passt was da geschrieben wurde, kannst du ja immer noch einen Leserbrief schreiben – zuerst solltest du dir aber auf die Schulter klopfen!
Auf reine Onlinekritik brauchst du zurzeit noch nicht viel zu geben.
Zumindest im Klassikbereich hat sich da bis jetzt keine ernstzunehmende Kritikszene etabliert – hier sind es nur ‚Einzelmeinungen'.

Die besten Kritiken, die ich jemals gelesen habe, bekam Florence F. Jenkins (1868 - 1944):
„Sie hat sich nicht von den Absichten des Komponisten einschüchtern lassen."
Oder: „Man muss die Noten schon sehr genau kennen, um sie so gekonnt zu verfehlen."
Oder: „Sie beherrscht die Kunst, den Werken zusätzliche Würze durch das Hinzufügen von Viertelnoten zu geben, die sie wahlweise ober- oder unterhalb der Originaltöne ansiedelt." •

Konzert: Zwischenapplaus

Gibt es im Konzert zwischen den Stücken Applaus, drehst du dich zum Publikum, verbeugst dich kurz und nickst freundlich dankend.

Bei mehrsätzigen Werken ist es unüblich Zwischenapplaus anzunehmen (oder zu geben). Singst du viele kurze Stücke hintereinander, drehe dich nur alle 3-4 Stücke um und überlege dir vor dem Konzert, nach welchen du dies tun willst. Sich nach jedem kurzen Liedsatz umzudrehen wirkt komisch.

Nehme den Applaus aber trotzdem an: Wenn das Lied zu Ende ist, wartest du mit dem Umblättern zum neuen Stück kurz und schaust in den Chor, denn der Applaus ist schließlich auch für deine Sänger. Auch sie müssen also freundlich ins Publikum schauen. Dies ist der Moment, den Dank der Zuhörer für die schöne Musik anzunehmen und nicht die Zeit in den Noten zu blättern oder mit dem Nachbarn etwas zu besprechen.

Sollte nun ein Positionswechsel in der Choraufstellung kommen, geschieht dieser auch erst bei Abebben des Applauses auf Zeichen des Dirigenten – aber warte hier wiederum nicht bis auch der letzte aufgehört hat zu klatschen – das hemmt das Publikum beim nächsten Mal. Alles soll ein **organischer Prozess** sein. • *(s.a. Programmaufbau)*

Konzert- und Probenpartitur

Wenn du in der Probe viel in die Partitur reinschreiben musstest (und das meistens nicht allzu ordentlich), lohnt es sich eine Partitur für die Konzerte zu erstellen in der alle für diesen Zweck relevanten Dinge stehen (wichtige Einsätze, Taktwechsel, plötzliche Dynamikänderungen). •

Konzertbesuche

Fahr mal mit deinem Chor zu einer Kulturveranstaltung, in ein Konzerthaus mit Führung oder ein besonderes OpenAir-Konzert.

Natürlich müssen sich die Kosten im Rahmen halten, aber so etwas macht Spaß und schweißt die Gruppe zusammen. Eventuell gibt es ja auch ein Konzert, in dem ein Stück gesungen wird, das dein Chor gerade probt oder das sich mit der Thematik eines der nächsten Konzertprogramme beschäftigt. • *(s.a. Tagesausflüge)*

Konzertkanon

Singst du einen Konzertkanon solltest du alle Chorstimmen gleichmäßig auf die Kanonstimmen verteilen, sodass in jeder ein ausgewogener Klang herrscht.

Es singen ja eh alle dasselbe. Aber je nach Tonhöhe ist eine Stelle für die tiefen Stimmen besser zu singen und andere Stellen für die hohen Stimmen.

Wenn du nur wenige Männer hast (also nur ein oder zwei pro Kanonstimme), werden diese in dieser Stimme akustisch zu Solisten. Dann sammelst du sie lieber in einer Kanonstimme und lässt sie *leicht* singen.
Es lohnt sich mit den Stimmbesetzungen herumzuprobieren – der Probeaufwand hält sich bei einem Kanon schließlich in Grenzen.
Nach Chorstimmen sortiert einen Konzertkanon zu singen ist in den seltensten Fällen eine kluge Idee. • *(s.a. Total einfach)*

Konzertort: Merkblatt

Singst du immer wieder in denselben Konzertorten (z.B. bestimmten Kirchen/dem Rathaussaal/Dorfgemeinschaftshaus), schreibe dir am PC erweiterbare Merkblätter und erstelle Ordner, in denen du Fotos vom Konzertraum sammelst.
Am besten nutzt du eine Exceltabelle oder eine Tabelle in einer querformatigen Worddatei.
Diese Form kannst du auch für Anfragen an einen neuen Konzertort nutzen, bzw. dir schon deine Mindestkriterien vorab notieren (z.B. 4 WCs, Raum für 150 Zuschauer, maximal 150€ Raummiete, Aufenthaltsraum, etc.).

Auf das Merkblatt gehören
- Name; Adresse; ein Ansprechpartner; Telefon/E-Mail
- Chorstandort im Konzert
  - Bühnengröße (Platz für den Chor) – welche anderen Möglichkeiten für besondere Aufstellungen gibt es? *(s.a. Bühnengrößenberechnung)*
  - Notwendigkeit von Podesten?
  - Beleuchtung: Qualität? Eigene notwendig?
  - Klavier/Flügel/Orgel vorhanden? Standort? Nutzbar? Kosten?
  - Räume für den Chor/Toiletten (mindestens eine pro 10 Sänger!)
  - allgemeiner Stellplan

- Zuschauerraum
  - Raumgröße (Zuschauer)
  - Bestuhlung verschiebbar/anpassbar? (z.B. eine Bank herausnehmbar)
  - allgemeiner Bestuhlungsplan
  - Toiletten für Zuschauer? – Konzertpause möglich?
  - evtl. Möglichkeit Getränke/Snacks in einer Pause zu verkaufen?

- Auflistung pro Auftritt
  - Datum
  - Auftrittsanlass (Konzerttitel oder „Hochzeit xy")
  - Raumkosten zu dem Zeitpunkt
  - Sängeranzahl

- Bestuhlung/Choraufstellung
- Zuschaueranzahl neben Einnahmen (Schnitt pro Zuschauer)
- Werbung: Wie viele Plakate/Flyer wurden angefragt und aufgehängt; war man im Gemeindebrief/Veranstaltungskalender/Presse
- Kommentare zu Akustik, Stehmöglichkeiten, Temperatur
- Umgang mit dem Chor, wird sich an Absprachen gehalten und will man da nochmal singen? •

Konzertkleidung: Chor
Ich bin ein überzeugter Vertreter der **neutralen Uniformität**.

Weiß kann niemals uniform sein, da sich je nach Schnitt Schatten auf der Kleidung bilden, bzw. die wenigsten Chöre ihren Sängerinnen dieselben Blusen vorschreiben. So ist dann zwar die Grundfarbe weiß, aber eine Uniform ergibt sich dadurch nicht. Selbst bei gleich geschnittenen Blusen/Hemden gibt es bei unterschiedlichem Licht verschiedene Schatten – eine Einheit ist niemals herzustellen.
Weiß kann auch deshalb keine neutrale Farbe sein, weil sie das auf sie scheinende Licht abhängig vom Stoff immer anders reflektiert.
Mal ist das eine Weiß knallig weiß und das Weiß des Nebensängers gelbstichig.

Schwarz ist die uniforme Farbe schlechthin.
Nur ganz schwarze Kleidung sorgt im Chor für wahre Uniformität – da kann der Schnitt noch so unterschiedlich sein, nach ein paar Metern verschwimmen die Muster und Formen und der Chor sieht in jedem Licht **uniform** aus.
Schwarz lenkt dadurch am wenigsten vom Gesang ab.
Lockerer bietet sich eine *Blue Jeans* mit schwarzem Oberteil an.

Bunt wird immer beliebig aussehen und niemals uniform (auch die feine Sonntagskleidung nicht!). Selbst ein Sommerkonzert ist bei mir schwarz.

Wenn ein Chor (wie bei mir) ganz in schwarz auftritt, wird einem ab und zu vorgeworfen man sehe aus, als würde man auf einer Beerdigung singen.
Schwarze Kleidung wurde früher bei Totenfeiern zur **Tarnung** vor dem Geist des Toten getragen. Auch der Chor will uniform *getarnt* sein: Das Individuum soll hinter den Gesang zurücktreten und nicht durch auffällige Kleidung davon ablenken.
Schwarz kann durch Farbakzente/Accessoires aufgebrochen werden: sei es ein farbiger Schal oder themenbezogene Anstecker/Anhänger. *(s.a. Schal)*
Damit darf Konzertkleidung dann – meiner Meinung nach – auch gerne themenbezogen sein: z.B. in einem Frühlingskonzert mit angesteckten Blumen, oder einem Weihnachtskonzert mit angestecktem Weihnachtsaccessoire – aber niemals in bunter Kleidung.

Männer tun sich leider am schwersten damit, ein schwarzes Hemd zum Sakko anzuziehen – lass auf keinen Fall ein weißes Hemd zu, wenn alle anderen schwarz tragen.
Genauso schlimm sind Krawatten. Es geht eigentlich nur eine schwarze, die aber für viele die *Beerdigungskrawatte* darstellt.
Ermutige deine Sänger ohne Krawatte aufzutreten. So bleibt der Hals frei.

Schwarz hat also sehr viele Vorteile im Laienchor:
- Es sieht immer uniform aus.
- Die Sängerinnen müssen sich nicht sorgen, ob sie alle die gleiche Bluse haben.
- Der Gesang steht im Vordergrund.

Das **Killerargument** jeder Farbendiskussion habe ich mir für den Schluss aufgespart: Ich zwinge den Chor interessanterweise eben **nicht** in eine **Uniform** – er wirkt aber doch uniform – den Vorteil wirst du bei extremen Temperaturen erleben:
Im Hochsommer an einem *warmen* Konzertort wäre es Quatsch Kurzärmeligkeit zu verbieten – hat der Chor eine echte Uniform (gleiche Blusen/Hemden) bleibt ihm nichts anders übrig. Ist schwarz deine Farbe, kann jeder anziehen was er will.
Singst du in einer *kalten* Kirche, können die Sänger sogar schwarze Wintermäntel anbehalten (wenn alles darunter auch schwarz ist), da dies nach 5 Metern kein Zuschauer mehr wahrnehmen wird. Oder hat dein Chor wechselnde Outfits für jedes Wetter…?

Da deine Sänger stabil stehen sollen, bitte sie auf Schuhe mit hohen Absätzen zu verzichten, da diese außerdem auf einem harten Fußboden klackern.
Genauso bitte keine Gummisohlen – die quietschen auf manchen Steinfußböden.
Im Gegensatz zu dir bewegen sich die Sänger ja nicht so sehr und können gerne **Schmuck** tragen – aber natürlich nur dezent. •

Konzertkleidung: Dirigent

Als Chorleiter hast du in deiner Kleiderwahl ein paar mehr Freiheiten als der Chor.
Im Prinzip kannst du dich anziehen wie du willst – hier nur ein paar **Grundregeln**:
Zuerst und für alle Kleidung gilt: Sie darf dich nicht in der Ausübung deiner Aufgabe behindern, sie muss dich im besten Fall unterstützen.
- Deine Kleidung sollte dezent sein, um nicht vom Chor abzulenken.
- Keine schweren Ketten, baumelnde Ohrringe und kein Schlüsselbund in der Hosentasche (ja…ehrlich…war ein spaßiges Klingelkonzert - und der Dirigent war so fokussiert, dass er es nicht gemerkt hat).
- Kein Handy in der Tasche und nimm deine Uhr ab, auf die du im schlimmsten Fall im Konzert draufschaust (ich denke mir diesen Mist wirklich nicht aus!).

- Im besten Fall ist dein Chor schwarz angezogen – du auch und verschwimmst damit vor dem Chor und fällst nicht weiter auf (ein zugegebenermaßen schlechter Hinweis für Narzissten…).
- Deine Kleidung muss dir Bewegungsfreiheit bieten. Die Ärmel von Hemd/Bluse sollten also länger als normal und der Rücken breiter geschnitten sein, damit nichts spannt.
- Die Arme, bzw. Hände müssen frei sichtbar sein (keine wallenden Ärmel/Tüten aus denen die Hände rausschauen – sondern möglichst eng anliegend).
- Das Dekolleté sollte geschlossen sein (es ist unnötig, dass den Chor entweder eine Arschritze deiner zusammengequetschten Busen oder ein behaartes Wiesel in Form deiner Brustbehaarung anstarrt…sorry – zu häufig…).
- Wenn nötig trage einen Sport-BH.
- Freier Hals – kein Schal oder Rollkragen, da der Hals zum Singapparat gehört.
- Keine Stöckelschuhe (Stolpergefahr!). Du brauchst einen stabilen Stand – du willst ja auch nicht, dass dein Chor auf den Zehenspitzen singt.
- Gummisohlen quietschen auf manchen Böden – trage Schuhe mit Ledersohlen.
- Frei schwingende lange Haare mögen zwar auf einem Death-Metal-Konzert eine tolle Show abgeben, aber wir haben hier einen Job zu erfüllen – deshalb: Haare so zusammenbinden, dass sie nicht ablenken oder dauernd ins Gesicht fallen könnten, wo sie dann theatralisch… usw. usf. • *(s.a. Asexualität; Probenkleidung: Dirigent)*

Konzertprogramm erstellen

- Abschreiben, abschreiben, abschreiben und Bibliotheken online/offline nach interessanten Stücken durchwühlen. Du kannst offensichtlich nur die Stücke in deine Programme einarbeiten, **die du kennst**.
  Auf www.cpdl.org kannst du auch nach bestimmten Besetzungen suchen.
- Ein Grundthema erfinden (Winter/Sommer/Weihnachten/Liebe/Volkslied zur Zeit des 30-jährigen Krieges) oder einen inhaltsschwangeren Titel (z.B. „frei!") Erst dann die Stücke zu dem Thema suchen.
- Suche zu viele Stücke, sodass du eine Auswahl hast.
- Findest du nicht genug, lass deinen Chor partizipieren: Deine Sänger sollen sich Stücke zu dem Thema suchen, die sie gerne singen würden – ohne Garantie, dass sie auch im Programm auftauchen.
- Im letzten Schritt die Stücke in eine sinnvolle Reihenfolge sortieren, bzw. auch aussortieren. • *(s.a. Programmsortierung am PC)*

Konzertprobenstehen

Manche Dirigenten lassen ihre Sänger die letzten Proben vor einem Konzert nur im Stehen proben. Das finde ich unsozial. Es wirkt auf mich wie ein bewusstes Aussortieren von Älteren. Die Theorie dahinter ist, dass Sänger nur im Stehen perfekt singen können. Dass Laiensänger sich aber schon nach einer halben Stunde Stehen in eine Schonhaltung begeben haben, merken diese Kollegen nicht. Es wird auch nicht darauf geachtet, dass sich die Sänger mal bewegen, oder aus ihrer Erstarrung gelöst werden.
Es wird wieder einmal davon ausgegangen, dass jeder Sänger im Laienchor selbstverantwortliche Profiambitionen hat. **Hat er nicht.**
Bei mir stehen die Sänger ausschließlich für die Durchläufe.
Wenn sie sitzen, weise ich auf eine gute Sängerhaltung hin – aber nur wenn gesungen wird – was hat mich sonst die Sitzhaltung meiner Sänger zu interessieren...?
In seltenen Ausnahmen, in denen z.B. mit einem Orchester geprobt wird, der Chor im für ihn viel zu kleinen Altarraum zusammengepfercht stehen muss und garantiert keine Stühle für ihn aufgestellt werden können, muss es halt mal sein.
Dies wird aber angekündigt und ich achte darauf, dass die Sänger zwischendurch nur wenig tatenlos rumstehen.
Wenn ich also mit dem Ensemble zwischendurch länger proben muss, schicke ich den Chor auch mal in eine verfrühte Pause, bzw. plane diese ein.
Wenn ich Sänger habe, die nicht lange stehen können, sorge ich dafür, dass sie in der ersten Reihe platziert sind und sich dort (wenn nötig) auf einen bereitgestellten Stuhl setzen können (auch im Konzert!). •

Konzertregeln

In manchen Chören gibt es gutgemeinte Verhaltensregeln vor einem Konzert.
Meine Erfahrung: Zu viele Regeln **schaden**.
Beide Maßnahmen (katholisches Stiefmütterheim und Vogelfreiheit) haben das erklärte Ziel, dass der Sänger 100% geben kann.
Ich bin im Laienchor davon überzeugt, dass meine Sänger vor einem Auftritt ihrer **Heterogenität** frönen dürfen müssen, um dann beim Auftritt befreit ein Teil des Ganzen sein zu können.
Wenn also jemand vor dem Auftritt ein Stück Schokolade braucht, kann man darauf hinweisen, dass das die Stimme verschleimen lässt, aber wenn er es braucht und danach entspannt und glücklich singt, soll er es doch machen.
Manche müssen viel reden, andere schweigen. Die einen brauchen einen Tee, die anderen einen Kaffee. Die einen wollen spazieren, die anderen sitzen.
Es sind **Rituale**, die den Sänger erden und beruhigen. Es können auch paradoxe Dinge sein, und so wird für manche der Früchtetee zum Talisman.
Ich respektiere das, entmündige niemanden und weise nur auf eventuelle Risiken hin.
So ist lautes sich Unterhalten eben nicht förderlich, aber vielleicht stressabbauend.
Nur bei Alkohol vor dem Konzert bin ich absolut intolerant. • *(s.a. Alkohol vor einem Konzert)*

Konzerttitelfindung

- Arbeitstitel/Thema finden
- alle Stücke im eigenen Portfolio zu dem Thema durchforsten (unsortierte Vorauswahl)
- Welche Geschichte möchte ich erzählen, bzw. was kann dieses oder jenes Stück zum Thema inhaltlich beitragen?
- anhand der Geschichte die Lieder nach ihrem Inhalt sortieren
- (und/oder) die Lieder anhand von Tempo/Abwechslung sortieren (z.B. schnell, schnell, langsam, schnell, langsam, langsam, etc.)

Jetzt erst den **endgültigen** Titel suchen, der das Programm wie ein warmer Mantel umhüllt. Er muss sich für dich richtig anfühlen. Das darf auch emotional entschieden werden. Es ist einer der wenigen Momente, wo ich mir auch selbst erlaube, *das richtige Gefühl* zu haben. Es kann sogar schlicht der Titel eines Liedes aus dem Programm sein – allerdings bekommt dieses dann einen besonderen Stellenwert im Konzert. •

Koronal

Wenn wir sprechen, werden die Konsonanten N, L, S, ß, T, D und Tz *koronal-dentalalveolar* gebildet. D.h. von der *Krone* (lat. corona) der Zunge *(s.a.)* – also der Zungenspitze – die sich dabei hinter den **oberen** Schneidezähnen befindet.

Diese Konsonanten sind aber genauso gut mit der Zungenspitze an den **unteren** Schneidezähnen artikulierbar.

Nutze dafür die Mittelzunge, während die Zungenspitze an den unteren Schneidezähnen verankert bleibt. Zugegebenermaßen ist die Artikulation etwas weniger klar, aber für Chorgesangzwecke überwiegt der Nutzen der untenliegenden Zunge.

Nur Laute die „sch"-ähnlich sind und damit *koronal-alveolar* (Zungenspitze am Zahndamm), sind nicht anders zu artikulieren. Worte wie **Sch**ule, **Tsch**echien, Garage und **Dsch**ungel. Hier musst du deine Sänger erziehen, schnell wieder mit der Zungenspitze nach vorne und unten zu kommen. • *(s.a. Deutliches Sprechen ist deutliches Singen)*

Korruption

Auch wenn es bei dir (hoffentlich) nie um Geld gehen wird: Du wirst durch deine **Position** korrumpierbar. Allein durch sie wirst du in die Situation kommen, dich z.B. zwischen zwei Solisten entscheiden zu müssen. Du wirst versucht sein die Person zu wählen, die dir näher steht. Wenn es um einen externe Stimmprobenleiter geht, wirst du genauso verfahren: Du wirst die Person nehmen, die du gerne um dich hast.

Im schlimmsten Fall wirst du auch so bei Delegierten entscheiden. Wenn das Ergebnis dann nicht gut ist und dieses Ergebnis das Resultat **deiner** Personalwahl war, wirst du als korrumpierbar wahrgenommen. So lange deine Wahl aber begründet ist und du dies auch offen tust, wirst du solche Bauchlandungen überleben.

Merke: Im Laienbereich ist ein Argument wie: „Der ist zwar nicht so gut, aber wir arbeiten sehr gut zusammen." durchaus legitim.
So lange du deine (auch emotionalen) Motive rational vorträgst, bist du meistens auf der sicheren Seite. D.h. bevor du irgendein Scheinargument vorschiebst, sei lieber ehrlich. Wenn du aber echte Sachargumente hast, ist das natürlich **immer** besser. •

Krächz

Wenn eine Stimmgruppe groß ist, kann man manchmal *den einen* störenden Sänger nicht identifizieren. Mir geht es vor allem bei neuen Chören so, weil ich die Einzelstimmen noch nicht gut genug kenne.
Sänger dürfen natürlich niemals merken, dass du jemanden suchst, sonst gibt es Denunziationen und das willst du nicht!
Du musst also Strategien nutzen, um den Chorklang für **deine Ohren** auszudünnen.
Mein Favorit ist es die Stimmen anders zu setzen – also die 3. Reihe in die erste oder mit der Abzählmethode. So kannst du dich auf die Sänger der ersten Reihe konzentrieren und hörst immer wieder andere. *(s.a. Sitzordnungen: Eingefahrene aufbrechen)*
Es kann sein, dass Sänger denken, sie müssten im Konzert lauter singen, um ihren schwächeren Nachbarn den Ton vorzusingen – diese findest du bei genauem Hören und eben einem Durchmischen auch in der Probe. Es sind die, die in einer neuen Situation die *akustische Verantwortung* übernehmen. Sie sind also eher zu laut und wollen den neuen Klangraum um sich herum anführen, ohne sich erstmal einzuhören. •

Krank oder nicht krank – das ist h...

Geht es dir schlecht, du denkst, du könntest proben, es könnte aber auch sein, dass du nach 30 Minuten die Probe wegen eines Hustenanfalls, schwerem Durchfall oder anderen Unpässlichkeiten beenden müsstest, gibt es zwei Möglichkeiten:

- Sag die Probe von vorneherein ab. Tu dies, wenn einige Sänger (nicht nur einer) einen Anfahrtsweg von mehr als 15 Minuten haben.
  Tu dies auf jeden Fall (egal was für ein wichtiges Konzert ansteht), wenn du eine ansteckende Krankheit hast (Magen-Darm/Streptokokken/etc.) – das wäre sonst eine echte Sauerei von dir! *(s.a. Husten, Schnupfen und singen)*
- Mach die Probe, wenn es ein Dorfchor ist und die Leute im schlimmsten Fall über die Straße müssten, um von der verkürzten Probe wieder auf ihr Sofa zurück zu kommen.
  Wenn du weißt, dass dein Chor eh eher für das soziale Miteinander zusammenkommt, kannst du auch im Fall 1 die Probe wagen.

Dann können die Sänger den Rest der Zeit (ohne dich) mit Klönen und Beisammensitzen verbringen. Bist du der einzige mit einem Schlüssel zum Probenraum, kannst du diesen einer Vertrauensperson über die Woche mitgeben.

Für Chorsänger muss die angebotene Probenzeit mindestens **Zweidrittel** der regulären Probenzeit entsprechen, damit sie nicht ungehalten werden (das werden sie wenn sie dich nur als Dirigent, aber nicht als Mensch sehen, der auch mal krank sein darf). •

Krankgeschriebene Sänger

Auch ärztlich krankgeschriebene Sänger dürfen zum Chor. Sie dürfen ihr Haus verlassen.
Grundregel: Alles, was der Genesung förderlich oder zumindest nicht hinderlich ist, ist erlaubt. Im Zweifel lässt man sich das vom Arzt quittieren und ist auf der sicheren Seite.
So darf ein Sportlehrer, der sich den Fuß gebrochen hat, nicht zur Arbeit, aber natürlich zum Chor, da er mit gebrochenem Fuß seinen Unterricht nicht sinnvoll gestalten, aber im Chor singen kann.
Selbiges gilt für Burnout oder Depressionen und die meisten anderen psychischen Erkrankungen.
Sollte dieser Lehrer allerdings an einer Stimmbandentzündung leiden, dann kann er natürlich weder unterrichten, noch singen. Sollte er dann fröhlich singend im Chorkonzert erwischt werden, hat er berechtigterweise ein juristisches Problem. •

Kreatives Klauen

Kreativität braucht Freiraum. Im Stress entstehen keine guten Konzertprogramme – plane deshalb weit voraus, um ein Programm nicht im Stress erstellen zu müssen.
Lasse dich von Konzertprogrammen anderer Chöre inspirieren und bitte auch Sänger die Programme von Konzerten, die sie besucht haben, mitzubringen.
Besser gut geklaut als schlecht ausgedacht heißt aber auch, die fremden Programme an die Fähigkeiten und Wünsche deines Chores anzupassen.
Merke: Du kannst nur die Stücke singen lassen, die/von denen du gehört hast. •

Kreatives Vergessen

Nach dem Hirnforscher Prof. Ernst Pöppel (*1940) ist eine der wichtigsten Funktionen des Gehirns das *kreative Vergessen*.
Das Gehirn unterscheidet langfristig in wichtige und unwichtige Informationen.
Kurzfristig übersehen wir z.B. wie gut es uns geht, weil wir ja mit den aktuellen Problemen umgehen müssen.
Langfristig war früher alles toll, weil wir sonst verrückt werden würden.

Für dich heißt diese Tatsache, dass **deine** Informationen vom Hirn deiner Sänger nicht als Informationsmüll aussortiert werden dürfen. Also musst du sie interessant gestalten. Dazu musst du kein Clown werden oder besonders lustig oder was weiß ich.
Du musst deinen Sängern nur den **Sinn** deiner Informationen vermitteln.
Sie müssen verstehen, **warum** sie etwas lernen sollen. Dann wird die Information auf einmal wichtig.
Wenn sie etwas nur tun sollen, weil du es sagst, wird das nicht nachhaltig sein.
Wie häufig habe ich schon gehört: „Dein Vorgänger wollte das so." Dann frage ich: „Warum?" und bekomme keine Antwort.
Das Schöne ist, dass ich gerade deshalb diesen Vorgängerwillen sehr leicht brechen kann. Wenn ich nämlich meine Information begründe, bekommt sie einen Sinn für den Sänger. Die Umsetzung wird eine logische Konsequenz und wahrscheinlich auch noch den übernächsten Nachfolger überleben.

Nichts anderes versuche ich hier in diesem Buch. Alles was ich dir an Handlungs- und Änderungvorschlägen mache, versuche ich dir zu begründen. Nur dann wirst du sie behalten, annehmen und anwenden können. •

Krempenbreite
Warum trägt man einen Hut? Er schützt vor Kälte, der Sonne und dem Regen.
Aber warum hat er dann keine Krempe, die einen Meter breit ist und aus Metall oder Holz besteht? Er würde drücken und unbequem sein.
In seiner Originalgröße schützt er, aber gibt seinem Träger die Möglichkeit rauszuschauen und die Probleme/Elemente zu erkennen. Weil der Träger **nicht** rundum geschützt ist, kann er sie am eigenen Körper erfahren.
Führer (von Staatenführer bis hin zum Gruppenleiter) die zu überbordend werden, werden über kurz oder lang unangenehm. Sie müssen die richtige Mischung aus Schutz und Freiheit bieten. Dazu gehört auch, dass der Hutträger an den Schultern etwas nass wird.
So lange die Krempenbreite genau **definiert** ist, kann der Träger sich evtl. eine Regenjacke anziehen. Wichtig ist also nur die **Definition** der Verantwortlichkeiten: „Das machst **du** – darum kümmere **ich** mich." • *(s.a. Meinungsänderung)*

Kreuzchen
Sänger sollten sich in einer Durchlaufprobe mit Bleistift in ihre Noten eintragen, welche Stellen für sie noch besonders schwer waren und die sie sich selbst noch anschauen müssen, bzw. in der Probe nochmal wiederholen wollen.
Das funktioniert nach einer Einführung auch bei absoluten Laienchören.

Du musst aber wirklich auf die Wünsche der Sänger nach Wiederholungsstellen eingehen. Wenn du es tust, sorgt diese Maßnahme dafür, dass du etwas von der Verantwortung für den Erfolg des Konzertes an deine Sänger abgeben kannst. Dies stärkt die Moral.
Außerdem probst du damit selektierter und kaizengetreu kundenorientiert.
Mindestens in den Durchlaufproben vor Auftritten ist diese Maßnahme notwendig, da du nur so wirklich durchsingen kannst und die Sänger sich trotzdem (ohne die Probe unterbrechen zu müssen) ihre Problemstellen merken und später besprechen können. •

Kritik am Chorleiter/ der Probe/ Methode/ Auswahl der Stücke/ etc.

... hat in den seltensten Fällen persönlich mit dir zu tun. Es ist aber schwer diese zu häufig emotional und unsachlich vorgetragene Kritik zu abstrahieren, denn viel von unserer Art den Chor zu leiten, liegt in unsere Persönlichkeit – wir fühlen uns also persönlich angegriffen.
Wir können vor einem Chor nicht schauspielern (unabhängig davon, dass wir natürlich eine *öffentliche* Persönlichkeit haben, mit der wir nicht im Privatleben auftreten (sollten)) – ergo lassen wir unsere Schutzschilde herab und werden verletzlich. Dass wir dann nicht verbal zurückschlagen dürfen, ist eine der schmerzhaften Prüfungen, die uns leider zu häufig erwarten.

Wir müssen ständig auf einer *Erwachsenen*-Ebene kommunizieren. Es wird erwartet, dass wir selbst auf die blödeste Kritik noch mit Verständnis reagieren.
Wir müssen uns aber auch vor Augen führen, dass es für viele Sänger eine große Überwindung kostet, den Chorleiter zu kritisieren. Ab und zu staut es sich, läuft über und passiert dann eben zu emotional.
Meistens kritisieren die Sänger ja auch nur, weil sie etwas an dem verbessern wollen, was ihnen am Herzen liegt: dem Chor.
Als Dirigent wirst du eher als Institution angesehen, seltener als Person mit menschlichen Gefühlen (klingt doof, ist aber so).
Eine ruhige und verständnisvolle Reaktion auf den emotionalen Sänger kann zu großer Loyalität führen – dabei muss und darf man seinen eigenen Standpunkt nicht verlieren, ihn aber eventuell erklären – der Sänger spricht vielleicht sogar einen interessanten Punkt an und man kann darüber nachdenken, etwas zu ändern.

Bedenke, dass der Sänger die Situation genauso wenig will wie du – wenn du ihn dort durch Sachlichkeit und Ruhe herausführst, fühlt er sich bei dir wohl und aufgehoben, unabhängig davon, ob du ihm schließlich recht gibst oder nicht.
Nutze Sätze wie: „Es tut mir leid, dass du dich so fühlst." „Du warst nicht persönlich gemeint." „Ich werde darüber nachdenken". Damit gibst du ihm nicht sofort Recht, zeigst aber Verständnis und nimmst seine Kritik an.

Bei falsch verstandenen Sätzen in der Probe, musst du darauf hinweisen, dass du in einer Probe z.T. 2 Stunden lang **frei** und **reaktiv** redest – da kann auch etwas Blödes und Unbedachtes bei herauskommen.
Dadurch hast du dem Sänger zwar auch recht gegeben, aber gleichzeitig die Situation entschärft.
Keiner wird behaupten, dass nicht auch ihm bei der Menge an Gesagtem das ein oder andere verbale Malheur geschehen würde.

Dein Sänger muss darauf vertrauen können, dass du ihn verstanden hast und seine Gefühle nachvollziehst – wieder unabhängig davon, ob du ihm recht gibst oder nicht.
Im schlimmsten Fall kannst du ja mal anmerken, dass du als Chorleiter auch nur ein Mensch bist... • *(s.a. Titelkampf)*

Kritik: sachlich – Lob: persönlich
Lob und Kritik sind dein tägliches Brot. Dafür wirst du bezahlt. Das erwarten die Sänger von dir. Es gibt eine **Grundregel** für Lob und Kritik: Negative Kritik ist unpersönlich – Lob persönlich.
Wir dürfen niemals sagen: „Das habt **ihr** zu hoch gesungen."
Wir müssen die **Sache** kritisieren, also z.b.: „Das F# war zu hoch." Sonst werden die Sänger langfristig das Gefühl haben, dass sie *generell* schlecht singen. *(s.a. 1:10 Regel)*
Das Lob dagegen muss und darf immer generalisierend persönlich sein.
Also nicht nur loben, dass das F# jetzt sauber war (was natürlich ein wichtiger Teil der Information ist), sondern auch sagen: „Das habt **ihr** gut gesungen."
So wertest du deine Sänger auf.
Negative Kritik gibt es genug. Nutze jeden Moment, der dir zum Lob bleibt.
Diese Methode schwächt in der Wahrnehmung der Sänger den negativen emotionalen Eindruck der Kritik (nicht die Sache) und stärkt das Lob.
Es sind diese Tricks, die dich als Chorleiter erfolgreich und sympathisch machen. •
(s.a. 1:10 Regel; Loben, loben, loben!; Relatives Loben; Überschwänglich loben)

Kündigung
Wenn du kündigen willst, hast du immer noch eine Verantwortung für den Chor.
Sollte dir gekündigt **werden**, lasse ich dir das offen.
Bei **eigener** Kündigung kenne ich keinen Spaß.
Der Grund ist irrelevant (plötzliche Krankheit oder eigener Todesfall ausgenommen). Ob dir da eine Nase nicht mehr passt, du zu alt bist, ein anderer Chor dich abgeworben hat oder du deinen Hauptberuf gewechselt hast und nun am Probentag nicht mehr proben kannst oder wegziehen willst: Nichts passiert so plötzlich, als dass du ohne zeitliche Vorwarnung gehen musst. *(s.a. Trennungsdrohung)*

Ehrlich: Sogar Gefängnisaufenthalte sind in unserem Land nur bei Schwerverbrechen und Zwangseinweisungen zeitlich eng fixiert (hätte ich auch nicht gedacht...).

Du hast bei deinem Amtsantritt die Verantwortung für das soziale System *Chor* übernommen. Dieses System vertraut dir. Und selbst wenn du dich schlecht behandelt fühlst, haben da bei genauer Betrachtung immer nur einzelne Schuld dran.

Kündige und helfe dann aktiv mit, einen Nachfolger zu suchen.

Hilf dem Chor, indem du ein Gremium gründest das sich mit der Nachfolgersuche befasst. Hilf die Kandidaten zu bewerten: Deine Maxime muss sein, dass du den Chor in mindestens genauso guten Händen hinterlassen willst, wie du ihn in deinen Händen hattest.

Bedenke: Wenn du dich nach deiner Kündigung wie ein Arsch verhältst, wird sich das unter Chören rumsprechen („der hat uns einfach allein gelassen").

Wenn du aber aktiv für einen sauberen Übergang sorgst – oder es zumindest anbietest – eventuell sogar die Gespräche mit den Kandidaten und dem Gremium/Vorstand begleitest, wird man sich trotz aller Unstimmigkeiten gerne und lange an dich erinnern, und dir mindestens nichts vorwerfen können. • *(s.a. Chorleiterwahl und Probedirigieren)*

Kündigung (innerliche)

Hast du innerlich schon gekündigt?

Mal keine Lust zu haben, ist kein Zeichen dafür. Da kannst du schauspielern.

Wenn dieses Gefühl der Schwere und Lustlosigkeit aber anhält, solltest du dir Gedanken machen, ob dieser Chor noch das Richtige für dich ist.

Analysiere zuerst woran es liegt. Häufig ist es Misstrauen den Sängern oder den Verantwortlichen gegenüber. Oder der Anfahrtsweg. Oder bist du unterfordert/überfordert?

Im Zweifelsfalle lohnt es sich die Probleme mit einer Vertrauensperson aus dem Chor oder dem Vorstand/Beirat zu besprechen.

Das was **mir** aber am meisten hilft und auch ein Grund für das Forum www.chorleiter-stammtisch.org ist: Suche dir einen Kollegen, mit dem du mal ganz gehörig ablästern kannst. Das Forum ist anonym. Wenn du also keinen persönlichen Ansprechpartner hast – nimm einen anonymen Kollegen.

Du musst da nicht allein durch.

Es hilft schon ungemein zu erfahren, dass es anderen auch so geht.

Bedenke: Viele Probleme sind essenzieller Bestandteil der Laienchorleitung.

Es gibt aber auch prozedurale Lösungen:

- Hast du keine Lust ein ausgiebiges Einsingen zu machen? Erstelle dir unterschiedliche Einsingprogramme, die du rotieren kannst – so ist es nicht immer dasselbe. *(s.a. Einsingen...)*
- Nerven die Sänger dich mit ihren persönlichen Problemen? Akzeptiere, dass das Teil des Geschäftes ist und rationalisiere es dadurch.

- Vereinbare mit dir, Problemchen sofort und jetzt zu lösen/zu besprechen und sie ansonsten nicht mehr zu beachten. So nimmst du sie nicht mit nachhause.
- Du bist in Gedanken immer beim Chor und kannst nicht abschalten? Mache einen bestimmten Tag (vornehmlich den Probentag) zum Tag für diesen einen Chor: Da beantwortest du alle Korrespondenz (die nicht dringend war), bereitest die Proben vor, suchst nach Programmen, etc. – so kannst du an den anderen Tagen deinen Kopf vom Chor befreien, weil du ja den einen Tag hast.
Bist du am Probentag bei deinem Tagesjob solltest du trotzdem einen Tag in der Woche für die Chorarbeit reservieren und möglichst nicht davon abweichen.
Da wir Gewohnheitstiere sind, wirst du dich bald daran gewöhnt haben und nur noch an diesem einen Tag für den Chor arbeiten. •

Künstlersozialkasse

Bist du hauptsächlich als Künstler/Verleger (in welcher Form auch immer) selbstständig, kannst du dich in Deutschland über die *Künstlersozialkasse* sozialversichern. Sie tritt gegenüber der Renten-, Kranken- und Pflegekasse in einem Sonderstatus als *Arbeitgeber* auf und bezahlt den Arbeitgeberanteil. •

Kundenorientierte Ansagen (Neuer Chor)

Deine Sänger sind **Kunden**. Du musst ihre Bedürfnisse kennen, um deine Ware (dich/dein Programm/deine Art zu arbeiten) verkaufen zu können.
Welche Erwartungshaltung hat der Chor dir gegenüber?
Beispiel: Ein Chor aus versierten Chorsängern braucht keine Erklärung für das Zeichen für *forte*. Ein anderer benötigt diese Erklärung eventuell doch.
Wo es beim ersten Chor nur um ein Zuviel an Erklärung gehen würde, wenn du es erklärst, wirst du beim zweiten Chor deine Sänger *klein gemacht* haben, wenn du es nicht erklärst, da du Wissen vorausgesetzt hast, das nicht vorhanden ist.
Bei einem dir unbekannten Chor (und auch bei großer Fluktuation von Chorsängern) fragst du schlicht: „Weiß jeder was *forte* bedeutet (oder das Zeichen)?" Wenn nur Rumgedruckse kommt, gehst du darauf nicht weiter ein, sondern sagst schlicht: „Das ist doch kein Problem: (es folgt die Erklärung…)."
Damit weißt du, dass du unauffällig alle Zeichen in den Noten erklären musst – vom Akzent bis zum Dynamikzeichen – und das, ohne arrogant zu wirken. Dies tust du durch einen kleinen Trick, den du aber verstehen musst, da du ihn sonst nicht anwenden wirst:
Normalerweise wirst **du** sagen: „…die *forte*-Stelle – also die laute Stelle…"
Ich sage: „…die laute Stelle – also die *forte* Stelle…".
Wir beide erklären. Du erklärst aus **deiner** Sicht, da du weißt was *forte* bedeutet und es dann für den Chor übersetzt.

Ich erkläre aus **Chorsicht**, weil der Chor weiß, was *laut* bedeutet und ich ihm **das** übersetze.

So haben wir beide das Wort *forte* im Zusammenhang erklärt und übersetzt. Du oberlehrerhaft und ich nett. Ich habe das Wort einfach nur anklingen lassen. Langfristig wird es sich aber festsetzen.

Du wirst immer Sänger haben, die mehr wissen als die anderen. Du musst auch nicht 5x erklären, was ein Akzent ist. Du musst aber immer wieder den Raum spüren, ob die Terminologien noch parat sind.

Merke: Deine Sänger wollen gut singen – wenn sie aber nicht wissen, was du von ihnen willst, können sie es nicht umsetzen. Wenn du auf Nachfragen konstruktiv reagierst, wird sich auch niemand schämen, nach der Bedeutung des Buchstaben *p* unter den Noten zu fragen. **Du** nutzt diese Terminologien beruflich – deine Sänger werden bestimmte Wörter oder Zeichen einmal im Jahr sehen.

Nehme dies auch schon in deiner Probenvorbereitung wahr: Wenn dein Chor normalerweise einfache Choräle ohne Dynamikbezeichnungen singt, dann ist die eine Crescendogabel in einem romantischen Chorlied für einige Sänger schlicht ein unbekanntes Zeichen.

Ein guter Weg Vorkenntnisse in einem neuen Chor zu erfahren ist, in die Noten des letzten Jahres des Chores zu schauen. Wenn dort nur Kirchenlieder ohne Bezeichnungen zu finden sind, kannst du das Wissen um diese Zeichen auch nicht voraussetzen. Noch besser informiert bist du, wenn du in die Mappe von einzelnen Sängern schauen darfst – dann weißt du auch, wie es um die Reinschreibdisziplin steht. •

Kundenstopper

Gönne dir für um die 80€ einen s.g. *Kundenstopper*.

Das ist ein zweiseitiger Aufsteller, in den du Plakate bis DinA2 einsetzen kannst (es gibt auch größere, aber für unsere Zwecke reicht diese Größe).

Diesen stellst du am Konzerttag vor die Kirche/Konzertraum, um Passanten damit tatsächlich etwas in den Weg zu stellen, das sie beachten müssen.

Dort klemmst du auf beiden Seiten dein Plakat in DinA3-Größe und einen roten Zettel mit „heute!" oder Ähnlichem rein.

Achte darauf, dass der Aufsteller wetterfest (wasserdicht) und schwer ist, damit du auch bei Nieselregen und etwas Wind keine Sorge haben musst, dass er die unbeaufsichtigte Zeit der Ansingprobe nicht überlebt.

Allein deshalb ist solch ein Aufsteller viel effektiver als ein Rollup-Banner, der beim leisesten Windstoß der Kirchturmspitze „Guten Tag!" sagt.

Dass du so nicht nur dein Logo, sondern eben alle anderen Konzertinfos weitergibst, ist da noch ein netter Bonus.

Mir ist es zwar noch nicht untergekommen, dass so etwas geklaut wird – je nach Umgebung kannst du dir aber noch eine dünne Metallkette oder ein Fahrradschloss anschaffen, mit dem du den Aufsteller an etwas festbinden kannst. •

Kunstbegriff
Wenn es Kunst ist, dann ist es nicht für die Menge.
Und wenn es für die Menge ist, dann ist es keine Kunst.
Arnold Schönberg (1874 - 1951)

Was ist dein Ziel? Meines ist Unterhaltung und gleichzeitig mein Publikum, sowie meine Sänger zu fordern. Dazu gehört auch mal Unpopuläres zu präsentieren.
Aber: Alles was ich tue hat eine Intention. Wenn ich es nicht schaffe meine Intention zu kommunizieren, führe ich sie *ad absurdum*. Ich gehe also das Risiko ein, dass die „Menge" mit mir nicht einer Meinung ist – ich sorge aber immer dafür, dass sie dies begründet sein darf. Unpopularität um der Unpopularität wegen zu fordern und zu präsentieren (Schockaufführungen) oder Populäres (Populismus) um des Erfolges wegen zu verbreiten oder von der Gegenseite grundsätzlich zu verteufeln ist alles keine Kunst.
Sein Publikum zu kennen, es dort abzuholen, wo es steht, dann auch an Ungewohntes heranzuführen und zu einer bewussten Auseinandersetzung damit zu bringen **ist** Kunst. Das muss man nämlich können. • *(s.a. Bus; Erweiterte Tonsprache; Geste vs. Ton; Konzert: Da capo; Muh; Spannend, interessant und die kleine Schwester; Versuchsjahr)*

Kurzatmigkeit etablieren
Sänger dürfen niemals bis zum letzten Quäntchen Luft singen müssen!
Wenn du lange Linien forderst kann es sein, dass einige Sänger den letzten Rest Luft rausdrücken und damit auch den Klang und die Intonation verschlechtern.
Etabliere **chorisches Atmen**. Ich sage immer: *„Ihr dürft atmen, wo ihr wollt – nur nicht da, wo ihr wollt."* D.h. es kann theoretisch nach jeder Note in einer Phrase geatmet werden. Aber in jeder Phrase gibt es Stellen, an denen der Sänger lieber atmet als an anderen. Dies kann bei einem Komma im Text sein oder nach einem Grundton, etc.
Erziehe deine Sänger, bei langen Phrasen selbstständig in die Noten zu notieren, wann sie wo atmen wollen. Dann trainieren sie diese *Kurzatmigkeit* an ungewohnten Stellen schon früh in der Probe. • *(s.a. Atmungsorganisation; Atemoffenbarung; Chorisches Atmen)*

Kurzfristig – Langfristig
Willst du als Dirigent und Gruppenleiter nur kurzfristig (z.B. als Leiter eines Projektes) akzeptiert werden, musst du dich als solch einer sehen.
So wie du dich siehst, so wirst du von anderen gesehen. Es macht dann durchaus Sinn mit viel außenwirksamem Selbstbewusstsein und offensichtlich starker Persönlichkeit aufzutreten – ob du sie nun hast oder nicht.
Willst du langfristiger in dieser Position verbleiben, musst du dich zusätzlich *akzeptieren*. Du siehst dich als Dirigent – das ist die Voraussetzung – finde nun deine Stärken und Schwächen, die **jeder** sieht, arbeite daran, aber versuche nicht sie zu verstecken, sondern gehe mit ihnen um. • *(s.a. Charakter vs. Persönlichkeit; Persönlichkeitsprofil vs. Chorprofil)*

L

Laaangsaaam
Ein kleiner Chor (bis 20 Personen) kann sich schnell aufeinander einstimmen (klanglich/Intonation), indem du ihn zu Beginn der Probe Lieder, die er kann, sehr langsam singen lässt. Eventuell sogar nur auf den Vokalen des Textes. *(s.a. Vokalsingen)*
Die Sänger versuchen automatisch sich in den Klang einzupassen.
Bei guten Chören lohnt sich diese Methode immer (unabhängig von der Größe).
Wenn deine Sänger grundsätzlich gut vorbereitet sind, kann ein sehr langsamer Durchlauf auch der Einstieg in ein neues Stück sein.
Wenn die Sänger den Sinn dahinter allerdings nicht spüren, werden sie die langen Töne ohne Energie singen und die Intonation leidet mehr darunter als es ihr hilft.
Achte vor allem auf Vokalreinheit und spät schließende Diphthonge. •

Lachen
Gelöstes/offenes/herzhaftes Lachen ist gesund, weil die druckvollen Atemstöße die Luft auch in die letzten Kapillare der Lunge schieben und damit auch längerfristig zu einer besseren Sauerstoffversorgung führen.
Wenn dein Chor müde ist und nach einem langen Probentag im Sitzen einen Boost braucht, lass ihn lachen. *(s.a. Einsingen: Zwischenübung)*
Bitte nicht, weil etwas witzig sein soll. Erkläre ihm, was erreicht werden kann. Am besten gibst du deinen Sängern das Bild des lachenden Weihnachtsmanns – also ein tiefes herzhaftes Lachen, das den Bauch weitet. Dadurch hast du eine Handlungsanweisung vermittelt, mit der jeder etwas anfangen kann. *(s.a. Bildliche Handlungsanweisung)*
Nach ein paar Sekunden wird dieses erste gespielte Lachen anstecken und helfen natürlicher zu lachen.
Schlussendlich macht Lachen von sich aus glücklich, weil dabei Serotonin (Glückshormon) ausgeschüttet wird. Selbst wenn man eigentlich traurig ist, macht einen das eigene Lächeln/Lachen glücklicher. *(s.a. Facial-Feedback)*
Ich entschuldige mich auch regelmäßig bei meinen Sängern, dass ich sie beim Singen zum freundlichen Lächeln zwinge und sie allein dadurch (nach eigener Aussage) glücklicher aus der Probe gehen als sie gekommen sind. So oft wie ich sie zum Lächeln auffordern muss, kann es ja nur eine reine Folter sein... •

Lachen (nicht)
Es gibt Momente die nur für dich witzig sind, und wenn du lachen würdest wäre dein Gegenüber beleidigt. Du willst also verhindern, dass du lachen musst.
Folgenden Trick habe ich von Max Raabe (*1962) abgeschaut, der wohl ein sehr humorvoller Mensch ist, aber in seiner Bühnenperson immer ein ernstes Gesicht wahren will: Hebe einen Mundwinkel zu einem minimalen Lächeln und ziehe Luft hindurch ein (nicht atmen, sondern nur kurz), sodass ein schnalzendes Geräusch passiert.
Das verhindert tatsächlich jeden Lachzwang. •

Lachkampfverstand
„Jedes Problem durchläuft drei Stufen: Erst wird es verlacht, dann bekämpft und schließlich gilt es als selbstverständlich." Artur Schopenhauer (1788–1860)

Beispiel: Ein Chor hat für seine Geburtstagskinder immer aus dem großen Repertoire gesungen (also auch Lieder, die vor 10 Jahren das letzte Mal gesungen wurden) – du möchtest nun einführen, dass das nur mit Liedern des aktuellen Programms gemacht wird, damit neue Sänger mitsingen können und sich nicht ausgeschlossen fühlen.

<u>Verlachen</u>: „Das ist doch kein Problem – das haben wir schon immer so gemacht, außerdem singt doch eh kein neuer Sänger mit."
<u>Bekämpfen</u>: „Wir verlieren unsere Identität/Tradition/alten liebgewonnenen Lieder und wenn da jemand nicht mitsingen kann, ist das ja vor allem die Schuld des Chorleiters, da der diese (200!) Lieder nicht mit uns übt."
Nachdem sich dann neue Sänger beschwert haben, bzw. beim Singen nutzlos daneben stehen, reift das Bewusstsein bei den Alteingesessenen, dass es doch ganz gut wäre, wenn die mitsingen und dadurch gratulieren können.
<u>Selbstverständlichkeit</u>: „Jetzt können wir die neuen Sänger mitnehmen und sie fühlen sich der Gemeinschaft zugehörig!" (Ach nee – habe ich das nicht gesagt…?) •

Lächelbeweis
Glaubt dir immer noch keiner, dass ein freundliches Gesicht zu einem helleren Klang führt, kannst du dies beweisen: Schnalze mit der Zunge oder klopfe dir auf die hohle Wange. Wenn du dabei den Mundraum von „U" nach „E" öffnest und schließt wird der Ton rauf und runter gehen.
Singst du diesen Wechsel von dunkel zum Lächeln langsam, kannst du auch hören, wie sich die Obertöne von tief nach hoch bewegen. • *(s.a. Mundstellung (chorische))*

Laie vs. Profi
Eine etwas überspitzte Gegenüberstellung:
- breite Mundstellung (Tonstreuung) vs. runde Mundstellung (Tonzentrierung)
- Ton soll breit tragen vs. Ton soll weit tragen
- Kein Vibrato vs. Vibrato
- Ton soll hell, freundlich und unspezifisch sein vs. Ton soll Charakter haben
- Auf die Zeichen des Dirigenten reagieren vs. eigenständig gestalten
- Nur einer unter vielen vs. Starallüren
- Kann auch mal mit kratzigem Hals singen vs. kann nur top fit singen und hat immer Stimmproblemchen, bzw. fühlt sich genötigt darauf hinzuweisen, dass es „heute nicht so gut geht, aber ich gebe mein bestes..." •

Laienchordefinition
Ich habe keine Definition verschiedener Chorformen über ihre Funktion hinaus gefunden (Oratorienchor/Kirchenchor/Gospelchor/etc.).
Es geht mir dabei vor allem um die Qualitätsabstufungen eines Laienchores.
Laie kommt aus dem Griechischen für *zum Volk gehörig*. Es ist jemand, der auf einem bestimmten Gebiet keine **Fach**kenntnisse hat. Er hat es nicht studiert und wird für sein Tun meistens nicht bezahlt. Und da hört die Differenzierung eines Laienchores auch auf.

Mein **Grundproblem**: Der Volksliedchor Hinterwulchingen von 1897 kann zum Schluchzen schön „Ännchen von Tharau" dahinzaubern – oder eben so schlecht sein, dass man sich die Hand vor den Mund hält, weil man in einem Konzert den vortragenden Chor, ob seiner akustischen Umwelt verpestenden Würgelaute vielleicht besser nicht anschreien sollte.
Es ist weder am Titel noch an der Zustandsbeschreibung feststellbar, ob man ein Konzert ohne Dauerschaden verlässt.

Wenn aus Laien bestehend, sind der schlechteste kleine Krächzchor und der wunderbar rein schwelgende Konzertchor beide **per Definition** Laienchöre.
Es regt mich immer tierisch auf, wenn ich manche verkappten Opernchöre erleben muss, in denen am besten noch der Tenor in der letzten Reihe in der Aufführung Kaugummi kaut (sic!), der Chor nur aus *wolltegernabernichtsdrausgeworden*-Opernsängern besteht und keiner etwas von reinem Klang durch mal **kein** Vibrato im Ambitus eines Wienersängerknaben gehört hat.
Und das sind die Profis. Wenn sie nicht anders können – ok, aber die zeigen in diesen Fällen einfach nicht was sie **könnten**. Wenn es aber auch nicht eingefordert wird...
Meine Chöre präsentieren im Konzert 90 – 95% ihres Könnens und meistens klingt es objektiv gut. Leider vergleichen sich meine Laien mit diesen Profis und fühlen sich sogar noch unterlegen. Ich werde aber niemals Respekt vor Menschen haben können, die nicht zumindest **versuchen** gut in ihrem Beruf zu sein.

Auch im Profibereich steht und fällt alles mit der Leitung (nicht nur Dirigent) und es gibt einfach wunderbare Profichöre, bei denen der Wille zur anwaltlichen Tätigkeit vorhanden ist und objektiv um so viel besser wahrgenommen wird, als es jeder Laienchor könnte. Aber es ist leider auch Fakt, dass die Umstände in schlechten Profichören alle Freude an der Musik aus den Sängern lutschen können und der präsentierte Gesang ein Ergebnis von Frustration ist.

Unabhängig von der Organisationsstruktur bleibe ich bei meinem Credo: **Jeder** Sänger **will** gut singen. Nur die Umstände hindern ihn daran.

Und so werde ich **immer** ein überzeugter Laienchorleiter sein und bleiben. Ich will Musik mit Menschen machen, die 100% geben **wollen**. Und wenn die 100% nicht der Schlusschor aus Mahlers 2. Sinfonie ist, soll mir das recht sein.

„Es ist ein Ros entsprungen" schön vorgetragen ist scheinbar sogar für Profis eine riesige Herausforderung... Kein Wunder, wenn man sein scheiß Vibrato nicht unter Kontrolle hat... (Ich werde das nie verstehen. Es gibt für die Nutzung von Vibrato im Chorklang einfach keine schlüssige Begründung.) *(s.a. Knick; Vibrato)*

Der einzige Unterschied zwischen Laien und Profis: Die einen werden bezahlt, die anderen nicht. Über die Qualität sagt das leider nichts aus.

In kurz: Es gibt keine weitere Abstufung im Bereich Laienchor als eben „Laienchor".

Der Grund ist einfach: Qualität ist relativ. Der Zuschauer, Sänger und Dirigent, bewerten Qualität unterschiedlich. Du verkaufst *weiche* Ware. Sie ist eben nicht klar definierbar. Der Wert schwankt von Person zu Person (Kunde zu Kunde).

Somit habe ich **keine** terminologische Beschreibung, die grundsätzlich die Qualität definiert. Man muss sich jeden Chor anhören und selbst beurteilen.

Worauf ich hinaus will: Der Laienchor braucht kein geringes Selbstbewusstsein gegenüber Profis oder anderen Chören mit großem Namen zu haben. Er muss sich selbst *direkt* vergleichen, wenn er seine Qualität beurteilen können will.

Wenn er 100% seiner Möglichkeiten präsentiert, wird es für 90% der Zuhörer gut klingen. Alle Namen sind Zustandsbeschreibungen: Profichor/Schlosschor/Kneipenchor/Kinderchor/usw. usf. • *(s.a. Grenzen definieren, akzeptieren und umwerfen; Target Group 90%)*

Laienchorleiterdasein als Zwischenstation zu Höherem

Ich habe mich früh im Studium für das Leiten von Laienensembles entschieden, dort meine Seminare daraufhin ausgewählt und seitdem hauptsächlich Laienchöre geleitet.

Würdest du aber nicht doch viel lieber professionelle Ensembles leiten?

Diese Frage ist nicht so klug oder gar ‚entlarvend', wie sie auf den ersten Blick scheint, denn **natürlich** würde ich ab und zu gerne in der ‚professionellen' Liga spielen und keine Laienchöre leiten.

Den Grund dafür kennt aber jeder, der im höheren Management arbeitet: Über alles den Überblick zu behalten und viele verschiedene Menschen organisieren zu müssen ist anstrengend und komplex. Man sehnt sich auch mal nach Einfachheit, ohne viel Macht im Wesentlichen (hier: Kontrolle über die Musik) einzubüßen.

Überspitzt gesagt kommt der Dirigent in eine Orchesterprobe des Rundfunkorchesters rein, die Musiker sitzen, die Instrumente sind gestimmt, das Licht ist gut, die Noten sind eingerichtet und geübt. Er hebt den Taktstock und kann Musik dirigieren.

Dass das der Blick durch eine rosa Brille ist, ist die eine Sache, die andere ist aber, dass ich in solch einer Berufsbeschreibung **ausschließlich** Verantwortung für die Musik habe und mich ansonsten (rosa Brille!) um nichts kümmern muss.

Ach, wäre das toll! Man ist von all dem Ballast befreit, da den andere erledigen, bzw. in Proben die Noten (und das Einpauken dieser) nicht im Vordergrund stehen.

Aber: Diese Freiheit kommt mit Einschränkungen. Ich bin in diesem Moment eben **nur** für die Musik zuständig und **darf** mich um nichts anderes kümmern.

Ich kann nichts anderes beeinflussen. Das geht so weit, dass du als Dirigent z.T. weder das Programm noch die Solisten bestimmen darfst. Du wirst fürs ‚Dasein' bezahlt.

Neben dieser Unfreiheit steht auch das (für mich) große Verbot des **Menschseins**.

Einfaches Beispiel: Ein Mensch hat mal einen schlechten Tag. Im heutigen Musikbetrieb wird aber permanente Höchstleistung erwartet.

Nicht, dass ich diese Höchstleistungen nicht **von mir** erwarten würde, aber meine Erwartungshaltung meinen Sängern und Musikern gegenüber ist differenzierter.

Ich habe mal eine Uraufführung (freitonal) dirigiert. In der ersten Probe spielte der Klarinettist die ersten Takte einen Ganzton zu tief. Ich brach ab, sprach ihn aber nicht an, sondern begann nochmals von vorne, da es ein schweres Stück war und ich eine zweite Chance geben wollte. Nach den ersten zwei Tönen brach der anwesende Komponist die Sache ab und stellte fest, dass er dem Klarinettisten Noten in C statt in Bb gegeben hatte – dieser also richtig falsch gespielt hatte. Noch nach der Aufführung wurde mir von Orchestermusikern vorgehalten, warum ich die Töne der Klarinette nicht sofort untersucht hätte.

Verstehe das nicht falsch: Die Musiker hatten recht! Im Profibetrieb hast du keine Zeit für zweite Chancen, Pädagogik oder meine proklamierte Wegkorrektur *(s.a.)*.

Der Umgang ist natürlich im besten Falle freundlich und höflich, aber am Ende sind alle Beteiligten ersetzbare Rädchen in einem Uhrwerk. Für jeden Platz in der zweiten Geige eines Kleinstadtbühnenorchesters bewerben sich 2000 Instrumentalisten.

So habe ich als Laienchorleiter zwar viele administrative und pädagogische Aufgaben, bin aber mein eigener Herr, darf Mensch sein, Menschlichsein zulassen und darüber Musik.

Profi- und Laienbereich sind zwei Welten, die im Idealfall das gleiche Produkt herstellen. Der Weg dahin ist aber grundverschieden und darf es auch sein.

Aus dem Grund ist es auch so wichtig, dass ein Laienchor von einem in Laienchorleitung geschulten Pädagogen angeleitet wird.

Im Augenblick könnte ich mir also nicht vorstellen den Laienbereich zu verlassen. Er schenkt mir zu viele, mir wichtige, Freiheiten und Möglichkeiten. •

Laminiergerät

Schaffe dir ein Laminiergerät an. Damit kannst du wichtige Dokumente oder Aushänge haltbarer machen. •

Lampenfieber

Lampenfieber ist gut. Es fokussiert und konzentriert alle Energie auf den ‚einen Moment'.

Zu viel ist schlecht, da es dich und deine Sänger über alles nachdenken lässt – nur nicht über das was zählt. *(s.a. Vorhersehbarkeit herstellen; Wahrnehmungshierarchie)*

Meist wurzelt die Bühnenangst in sehr individuellen und nachhaltigen negativen Erfahrungen. Also einer Emotion. Es gibt verschiedene Wege diese Emotionen zu rationalisieren. *(s.a. Das Ergebnis steht fest; Horizontschauen; Ist-Zustand; Wolf im Wald)*

Nachdem ich aber gelesen hatte, dass Bühnenmusiker im Konzert weniger Kohlenstoffdioxid pro Atemzug ausstoßen als unter Normalbedingungen – vor Publikum also hyperventilieren – fiel mir das auch bei mir auf. Ohne tiefenpsychologisch nach den individuellen Ursachen jedes einzelnen Sängers zu suchen, ist der Trick also seine **Atmung unter Kontrolle** zu bekommen.

Wenn du deinen Sängern helfen willst lässt du im Konzert zuerst ein Lied singen, das die Atmung beruhigt:

- Es muss ein möglichst gleichmäßiges Atmen ermöglichen. *(s.a. Herzschlag)*
- Es sollte homophon sein, damit der ganze Chor an derselben Stelle atmet.
- Es braucht eine gleichmäßige mittlere Lautstärke.

Du musst nicht lange suchen: Das bekommst du alles mit einem einfachen **Liedsatz**.

In ihm können sich deine Sänger an die Konzertsituation gewöhnen, sich im Chorklang finden, ihre Atmung beruhigen, sich **erden** und damit **ankommen**.

Erkläre deinen Sängern den Sinn des Liedes (neben seinem Inhalt…). Weise sie darauf hin, dass sie (noch bewusster als sonst) in den Bauch atmen müssen, da sonst einige in eine flache Brustkorbatmung geraten und da nicht wieder rauskommen.

Als Dirigenten hilft uns das alles wiederum nicht so viel, da wir ja nicht mitsingen und damit keine offiziell vom Stück vorgegebenen Atmer haben, über die wir nicht nachdenken müssen. D.h. wir können atmen, wo und wie wir wollen. Damit hyperventilieren wir meistens.

Aber auch wir können uns mit dem ersten Stück helfen: Atme bewusst **im Puls** des Liedes. Das musst du vorher üben und für dich festlegen. Evtl. musst du es dir sogar in die Noten schreiben.

Dein Ausatmer muss immer länger als dein Einatmer sein:

- Im Dreiertakt: Einatmer auf der Drei und Ausatmer auf der Eins und Zwei.
- Ein Vierertakt sollte etwas zügiger sein, damit der Ausatmer auf der Eins, Zwei und Drei nicht zu lange dauern muss.
- Ein Zweiertakt ist für ein erstes Stück vollkommen ungeeignet. *(s.a. Schlag)*

Wichtig: Übe deinen Atemrhythmus nicht am Schreibtisch. Dort wirst du hyperventilieren (weil du dich physisch nicht bewegst), den Atemzyklus vergrößern und im Auftritt nach Luft ringen. Lege deine Atmung im Durchlauf der Hauptprobe fest. •
(s.a. Planung und Ausführung sind deckungsgleich; Tuut, tuut!)

Langfristiger Probenplan (s.a.)

Hochorganisiert zu sein hat den Vorteil, in der Zwischenzeit nicht über den Chor akut und dringend nachdenken zu müssen, sondern sich mit den Folgeterminen und deren Organisation Zeit lassen zu können und es somit ordentlich zu machen.

So hast du den Freiraum Spezielles zu planen und gute Konzerträume (die häufig 1-2 Jahre im Voraus gebucht werden müssen) zu buchen. Spontan wirst du genug sein müssen – das Gerüst sollte anhand des Probenplanes stehen.

Einen Probenplan für Kirchenchöre erstellst du ca. ein halbes Jahr vor dem Folgejahr für das ganze Folgejahr. Manche Pastoren weigern sich so lange im Voraus ihre Gottesdienste mit einem Chor zu verplanen (also zu ‚belasten'!?). Insistiere heftig und frage, ob denn ein Chor bei einem Gottesdienst stören würde.

Standardtermine wie Adventskonzerte (die meistens immer am selben Adventssonntag stattfinden) oder Erntedank, Ostern, etc. wo der Chor eh immer singt – also *traditionell* seinen Einsatz hat, schreibe schon für die nächsten zwei Folgejahre an den Schluss des Probenplanes. *(s.a. Traditionsauftritte etablieren)*

Konzertchöre brauchen einen Probenplan mit Chorwochenenden und Konzerten zwei Jahre im Voraus, damit jeder seinen Urlaub danach planen und die Konzerträume organisiert werden können. Auch hier sollte man alle festen Termine, aber für drei Jahre im Voraus, am Schluss eintragen. Ein detaillierter Plan kommt dann, wenn das Folgeprogramm steht.

Viele Sänger nutzen schon digitale Kalender, in die das eingetragen werden kann. Du kannst für diese .ics-Dateien zur Verfügung stellen. Aber auch analoge Kalender haben am Schluss immer eine Übersicht für die nächsten zwei Jahre. Es gibt also keine Ausrede für Sänger, wenn sie sich das nicht eintragen – und ich habe schon viele gehört… •

Langweilig!

Sei ein langweiliger Chorleiter!

Ich bin stolz darauf mich einen der langweiligsten Chorleiter der Welt zu schimpfen.

- Alles ist geplant und dem Chor mitgeteilt.
- Bei mir gibt es kurz vor dem Konzert kein neues Stück.
- Zusatzproben stehen mind. ein halbes Jahr vorher fest, da ich meinen Chor und die Schwierigkeit der Stücke einschätzen kann.
- Die meisten Stücke, die ich mit einem Chor singe, sind weder zu schwer noch zu leicht.
- Abläufe sind möglichst standardisiert (z.B. die Konzertplanung).
- Ein Großteil meiner Handlungen und Reaktionen ist vorhersehbar.

Langweilig zu sein ist natürlich eine provokante Forderung, aber es sollte eben keine ‚spannenden Momente' geben, die von **dir** ausgehen. *(s.a. Gemeinsam spontan und alle kotzen)*

Unser Job besteht in der Probe meist daraus, dass wir darauf reagieren, was uns angeboten wird (an Tönen, Kommentaren, örtlichen Gegebenheiten, etc.), d.h. es gibt

genug Überraschungen und es tut also auch **dir** gut, ein fertig geplantes Gerüst zu haben, auf das du dich verlassen kannst.
Dazu gehören neben dem Probenplan auch eine Probendisposition *(s.a.)*, Delegierte und ein funktionierender Beirat/Vorstand die ihre Arbeit zuverlässig machen.
Sei durchgeplant. Spannung gibt es genug: Du arbeitest mit Menschen. •

Lass die mal machen
Lass deinen Chor auch mal ganze Stücke ohne Dirigat singen, damit er eine Eigendynamik entwickelt. Wenn ein Stück musikalisch nicht so klappt wie du willst (Dynamik/Tempo/Phrasierung), setz dich einfach hin und höre zu. Oft arbeitest du in dem Augenblick nämlich gegen den Chor, der vielleicht eine andere Vorstellung hat.
Wenn er dir nun vorgesungen hat, wie **er** es gerne hätte, kannst du herausfinden warum der Chor so singt und technische Wege finden ihm deine Vorstellung schmackhaft zu machen.
So paradox es sich anhört, aber ein Chor entwickelt in manchen Stücken eine Eigendynamik, die **du** durch deine gute Probenarbeit hervorgerufen hast. Der Chor kennt das Stück nun und atmet als Gruppe gemeinsam, sodass du nicht mehr benötigt wirst. Wenn du in diesem Moment deinen Interpretationsstempel nicht aktiv aufdrückst und damit ‚aufzwingst', entwickelt sich eine **Chorinterpretation**.
Ich finde die **immer** toll – auch wenn sie vielleicht nicht durchgängig dem entspricht was ich will, ist sie ein Zeichen für einen funktionierenden Chor, dessen Mitglieder gemeinsam Musik machen.
Das passiert unabhängig vom Chorniveau! • *(s.a. Eh harmonisch)*

Laut
Die Britin Jill Drake stieß im Oktober 2000 bei einem Weltrekordversuch mit 129 Dezibel den lautesten jemals gemessenen Schrei aus.
Dies entspricht der Lautstärke eines startenden Flugzeuges. Sie ist Hilfslehrerin. •

Lautschrift
Drucke dir aus Wikipedia die Liste des *Internationalen Phonetischen Alphabets* („IPA-Zeichen") aus oder nutze es online, da du hier auf jedes Zeichen klicken kannst und so Zusatzinformationen bekommst. Es ist eine Sammlung von Zeichen, mit deren Hilfe alle menschlichen Laute nahezu genau beschrieben und notiert werden können. Damit kannst du Aussprachen (auch für dich) genau definieren, da jeder Laut ein eigenes Zeichen hat. Vor allem wenn du fremdsprachige Texte singen lässt, ist es unglaublich hilfreich, dir die Aussprache selbst als Kurzschrift in deine Noten zu schreiben. • *(s.a. Muh)*

Lautstärke

Die Stimmlippen von alten Stimmen und solchen, die lange nicht trainiert wurden, schaffen es nicht immer dem Luftdruck, der von den Lungen kommt, standzuhalten. Wenn unzureichend trainierte Sänger fortgeschritteneren Alters laut singen wollen, überschlagen sich ihre Stimmen oder entwickeln ein starkes Vibrato. *(s.a. Knick; Vibrato)*
Einen ‚alten' Chor kann man nur über den Text und gute Artikulation laut singen lassen – alles andere ist Schreien/Brüllen.
Grundregel: Nur so laut singen lassen, wie die Sänger den Text, die Konsonanten und Endsilben kontrollieren können. So lange du von deinem Chor keinen zu lauten Klang forderst, wird er ihn auch nicht versuchen zu erfüllen.
Du willst aber natürlich trotzdem einen spannungsvollen Klangkörper. Dies löst du durch die Fokussierung auf den Text, seine Spannungslinien und seine Aussprache.
Wenn die Sänger bei lächelnder Mundstellung und Zungenspitze an den unteren Schneidezähnen nun ‚nur noch' gut artikulieren wollen, brauchen sie einen lockeren Kiefer. Diesen werden sie nur erreichen, wenn sie sich beim Singen nicht anstrengen. Sie werden automatisch (wenn du Lautstärke einforderst) so laut singen wie sie es können – also genauso wie es für sie und ihre Stimme gut ist.
Lautstärke entsteht zuerst über Kontrast – d.h. wenn dein Chor nicht mehr die Dezibelröhre sein kann – trainiere ein sauberes Piano über saubere Artikulation.
Durch das Gegenüberstellen von einem sauberen leisen Klang und einem präzisen lauteren wird dieser **hörpsychologisch** lauter klingen.
Leisesingen löse ich immer über den Text – Lautsingen auch, da ein präzise singender (sprechender) Chor immer lauter wirkt. • *(s.a. Deutliches Sprechen ist deutliches Singen; Leise oder Laut – ich verstehe jedes Wort; Rufen; Silbenbetonungen wider die Natur)*

Lautstärkenverdopplung

Man könnte denken, dass eine Verdopplung der Sängeranzahl mit einer Verdopplung der vom Zuhörer wahrgenommenen Lautheit des Chores einhergeht.
Dem ist nicht so. Tatsächlich musst du 10-mal so viele Sänger haben, um einen Chor für den Zuschauer psychoakustisch doppelt so laut klingen zu lassen.
Dass ein Chor von 10 Sängern und einer von 100 gänzlich unterschiedlich klingen, soll hier keine Rolle spielen.
Worum es mir geht, ist, dass du beim Stimmverhältnis sehr viel Spielraum hast: Ob du nämlich drei Bässe oder vier hast, spielt eine kleinere Rolle als du vielleicht denkst. Auch ob du 15 oder 18 Soprane gegenüber 13 oder 15 Alti hast.
Spannend ist aber auch, dass **ein** gut ausgebildeter Tenor (also solistisch singend) hörbar gegen den Klang eines 30 Sänger starken Chores bestehen kann, weil er sich nicht mit einer anderen Stimme mischt. Wenn du diesem Tenor nun zwei weitere Tenöre an die Seite stellst, wird der Tenor weniger wahrnehmbar, weil sein scharfer Soloklang durch die zwei anderen Tenöre aufgeweicht wird.
Grundregel: Lautheit und Wahrnehmbarkeit haben zuerst nichts mit der Dezibel-Zahl zu tun, sondern mit der **Präsentation**.

Ich habe mal bei einer DVD-Produktion in einem Orchester als Stimmführer der 2. Geige mitgespielt. Da wir nie die Melodie hatten, sagte ich noch zu dem Regisseur spaßeshalber, er möge uns als Supporting-Group doch auch mal in Nahaufnahme zeigen. Er lehnte dies aus einem einfachen Grund ab: Der Zuschauer hört nur die Instrumente, die er auch sieht. D.h. der Regisseur kann, wenn z.B. Violinen und Flöte unisono spielen dafür sorgen, dass der Zuhörer die Flöte wahrnimmt oder nicht, indem er sie zeigt oder nicht. Sie ist in beiden Fällen gleichlaut, wird aber nicht wahrgenommen oder eben doch.

„Ich **glaube** nur was ich sehe!" wird „Ich **höre** nur was ich sehe!" Seitdem schaue ich Konzerte im Fernsehen ganz anders – vor allem Stücke, bei denen ich die Partitur kenne und sehe wie ein Regisseur das Klangbild des Dirigenten fördern oder auch zerstören kann.

Du kannst diesen Effekt für dich nutzen.

Hast du wenige Männer, verstecke sie nicht hinter den Frauenstimmen, sondern stelle sie in die Mitte zwischen die Frauenstimmen in die erste Reihe. Sie werden nicht lauter singen, aber vom Publikum eher wahrgenommen.

Hast du zu laute Sänger, *verstecke* sie weiter hinten. Sie werden einerseits gedämpft, andererseits sind sie tatsächlich weniger wahrnehmbar. • *(s.a. Choraufstellung)*

Learning-by-doing

Alles was du ansagst, muss der Chor praktisch erfahren.

Je nach Fähigkeit des Chores kannst du mehr oder weniger ansagen. So oder so sollten es aber nicht mehr als drei Dinge sein, die sich eine Stimme merken muss.

Auch sollten nicht mehr als 2 Minuten zwischen Ansage und praktischer Umsetzung vergehen, da sonst der Kurzzeitgedächtnisspeicher wieder langsam gelöscht, bzw. durch neue Eindrücke überschrieben wird.

Und natürlich sollten deine Sänger sich das meiste in die Noten schreiben.

Grundregel: Lieber eine Stelle einmal mehr singen lassen, als zu viele Verbesserungen auf einmal vornehmen. Kläre also eine Sache nach der anderen, indem du deine Sänger singen lässt und sie die Problemlösung so spüren dürfen. Gehe dann erst zum nächsten Problem. Es passiert oft, dass der Chor sich nach einer Ansage so auf die Umsetzung konzentriert, dass auf einmal andere Fehler entstehen, die vorher nicht da, oder schon gelöst worden waren. Das ist aber ok und wird sich bei nochmaligem Durchsingen lösen. Stresse dich deswegen nicht. •

Lebensweise

Wenn du etwas grundsätzlich nicht machen willst (etwas, das deinem normalen Naturell nicht entspricht – Party gehen, Drogen nehmen, etc.), du den Gegenüber aber nicht beleidigen willst, oder ihm das Gefühl geben möchtest, dass du ihn verurteilst, sondern so akzeptierst wie **er** ist, dann sag: „Vielleicht in einem anderen Leben."

Damit machst du klar, dass du das nicht machen willst, da es nicht in **deine** Welt passt, aber der andere das gerne machen kann, wenn er will. • *(s.a. Nicht meins...)*

Lebenszeichen
Es bringt alles nichts, wenn keiner weiß, dass du existierst und was du machst.
Bau dir für den Chor eine Website mit aussagekräftiger Domain. Sie kann auch ganz einfach mit Baukastensystem gebaut sein und kostet bei einigen Anbietern nichts.
Du musst nur die Termine immer aktuell halten. Ansonsten reicht ein Foto und ein kleiner Text: Wer man ist, wann man probt, was das Programm (also Profil) ist (Volkslieder, Gospel, klassisch, etc.) *(s.a. Leitbild)* und ob man noch Sänger sucht.
Ab einer Sängeranzahl von 25 darf man diese Menge reinschreiben, ansonsten sieht es klein aus – ab 22 darf man sich das zurechtlügen. Um genau zu sein fängt ein „Chor" bei 9 Sängern an. Alles darunter ist ein Oktett/Septett/et.
Beachte die Notwendigkeit einer DSGVO-Einverständniserklärung, falls Sängerfotos auf der Website sein sollen.
Drucke dem Chor Visitenkarten *(s.a.)*. Animiere deine Sänger aktiv zum Chor einzuladen und von ihm zu erzählen.
Du musst jemanden im Chor für die Presse- und Öffentlichkeitsarbeit **engagieren** (egal wie groß oder ambitioniert der Chor ist) um die Lokalzeitung mit Ankündigungen/Kritiken für Auftritte und Zwischenberichten über den Chor (Vorstandswahl/Versammlungen/Ausflüge/etc.) zu versorgen.
Mach den Chor über Social Media *(s.a.)* bekannt, bzw. delegiere diese Aufgabe.
Tritt in einen Chorverband ein, um bei Verbandskonzerten mitmachen zu können.

Es bringt alles nichts, wenn keiner weiß, dass du existierst und was du machst.

Ein Plakat und Flyer machen darauf aufmerksam, dass du ein Konzert gibst, sie informieren auch über den Chor an sich.
Als Kirchenchor kannst du über den Schaukasten der Kirche zu Proben einladen und musst auch im Wochenplan im Gemeindebrief stehen.
Als Verein gibt es in manchen Dörfern den „Tag der Vereine", an dem du dich präsentieren kannst. Lass den Chor beim örtlichen Schützenfest mitmachen, etc.
Nur zu singen und darüber bekannt zu werden reicht nicht. Du musst auch zwischen den Auftritten die Welt darüber informieren, dass du existierst.
Du kannst der tollste Chor der Welt sein – es bringt alles nichts, wenn keiner weiß, dass du existierst und was du machst. •

Leere Blätter
Habe in deiner Chormappe/deinem Ordner ein paar leere Blätter eingeheftet auf die du Notizen machen kannst oder deine Probendisposition schreibst.
Ich nutze dafür immer *Schmierblätter*, heißt Blätter, deren Rückseite frei ist, die Vorderseite aber alte Noten oder sonstige Ausdrucke sind.
So ein bisschen was für den Umweltschutz… (wenn ich schon auf 90g-Papier drucke) •

Lehnen

Passiert im Konzert etwas Unerwartetes/eine Stimme macht Fehler/der Chor wird unrhythmisch/etc. – alles was man wieder geraderücken kann, wenn die Sänger auf den Dirigenten schauen – lehnen sich viele Chorleiter nach vorne.
Man will damit physisch näher am Problem sein.
Das ist vergleichbar mit dem *Sich-näher-zu-jemandem-Hinbeugen*, wenn man ihm etwas zuflüstern will. Die Bewegung ist instinktiv.
Du musst diesem Drang widerstehen und das genaue Gegenteil tun: Lehne dich zurück!
Dadurch wirkst du aufgerichteter, bewegst dich vom Chor weg und ziehst tatsächlich mehr Aufmerksamkeit auf dich, weil es eine Handlung ist, die der Chor nicht erwartet.
Es erzeugt ein Gefühl, als würde man den Chor an einem Gummiband zu sich ziehen.
Möchte man ein Problem lösen, darf man nicht nur mit der ersten Reihe kommunizieren, sondern muss **von allen** gesehen werden, muss also in den weiteren Blickwinkel der Sänger kommen.
Auch beim Dirigieren von leisen Stellen sacken die meisten von uns zusammen – das Gegenteil muss passieren. Die Sänger brauchen gerade im Piano eine aufrechte Haltung und Spannung, die sie spiegeln können. • (s.a. *Dynamisch dirigieren; Gummiband; Haltung annehmen; Klare Dirigierbewegungen; Schlagpunkte; Spieglein, Spieglein vorn am Pult; Wackeldackel*)

Leidenschaft: meine und deine

Ich habe eine ungeheure Leidenschaft für Musik, für das Chorleiten, für Menschen, für Kommunikation und dafür zu helfen (deshalb auch dieses Buch).
Leidenschaft heißt, dass ich unglaublich neugierig bin.
Ich möchte diese Welten, die sich mir auftun, erforschen, in ihnen leben – sie erleben.
Leidenschaft bedeutet aber auch, dass ich bereit bin dafür Opfer zu bringen.
Ich habe den Luxus, dass Geld für mich nicht im Vordergrund stehen muss.
Ich habe den Luxus, eine tolle Familie zu haben, die meine Leidenschaft unterstützt.
Ab und an leide ich auch für meine Leidenschaft.
Dies kann ich psychisch gesund nur überstehen, wenn ich verstehe, dass **meine** Leidenschaft nicht die Leidenschaft **anderer** sein muss.
Ich finde es unglaublich spannend, den Lebenslauf eines Komponisten zu durchforschen, nach der richtigen Aussprache zu suchen, darum zu ringen, ob der Schlussakkord Dur oder Moll ist oder ob überhaupt eine Terz vorhanden sein muss (Alte Musik).
Dieses muss nicht für den Chor von Interesse sein. Er findet eine öffentliche Diskussion darüber eventuell sogar störend. Hier bleibt mir nichts anderes übrig als mich zu fragen: *Welche Informationen sind für **diesen** Chor wichtig?*
Für jeden Chor wird ein kurzer Lebenslauf des Komponisten und Textdichters interessant sein und je nach Wissensstand können auch noch Hinweise auf interessante Akkorde dazukommen. Aber was bringt es deinen Sängern, die keine Noten lesen können, zu wissen, dass der Schlussakkord über einen Dominantseptakkord angesteuert wurde, in dem noch ein verzögerter Quartvorhalt drin ist?

Wenn du deinem Chor diese Informationen geben möchtest, weil **du** sie spannend findest, dann musst du sie auch **wissensstandgerecht** transportieren.
Du möchtest ja nicht nur dich selbst reden hören, sondern möchtest, dass dein Anliegen verstanden wird. In diesem Fall wäre das z.B. relativ einfach, da Vorhaltsakkorde nicht gelesen werden müssen – sie sind akustisch am Klavier einfach darstellbar.
Das schlimmste was du tun kannst ist, dich bei fehlender Neugierde des Chores beleidigt zu fühlen. Versuche deine Informationen wissensstandgerecht zu vermitteln.
Dies bedeutet aber auch, manche Informationen schlicht auszulassen, da sie in dem vorhandenen Wissensstand nicht verständlich zu machen sind und ihnen damit die Faszination abhandenkommt. • *(s.a. Abstraktes in Konkretes; Kommunkationsregeln)*

Leise oder Laut – ich verstehe jedes Wort
Grundregel: Die Aktivität des Mundes (deutliches Sprechen) ist unabhängig von der Lautstärke des Tones (Luftdruck).
Zur Veranschaulichung kannst du mit deinem Chor tatsächlich mal *Stille Post* spielen.
Du denkst dir ein Wort aus, flüsterst es dem ersten Sänger ins Ohr, der flüstert es dem zweiten ins Ohr, usw., bis der letzte Sänger das Wort, das er verstanden hat, ausspricht.
Es wird meistens ein ganz anderes sein, als das mit dem gestartet wurde.
Was die Sänger aber instinktiv machen: Sie artikulieren sehr deutlich, obwohl sie flüstern. Dies passiert auch beim Singen.
Bedenke bei solch einem Spiel, dass das einigen Menschen unangenehm sein könnte!
Zur Demonstration lässt du (ob mit vorher gespieltem Spiel oder nicht) den Chor den vorliegenden Liedtext genauso deutlich **flüstern**.

Als Schlagsatz in der Probe ist folgender wirkungsvoll: „Leise singen – laut sprechen!"
Die Reihenfolge in dem Satz ist wichtig! Du wirst versucht sein erst das zu nennen, was **dir** wichtig ist (das laute Sprechen). Sage dies zum Schluss, da es für den **Chor** wichtig sein soll. Versuche es selbst: Die eine Form verschließt, die andere öffnet. •
(s.a. Deutliches Sprechen ist deutliches Singen; Rufen; Silbenbetonungen wider die Natur)

Leiseatmer
Wer leise singen will, muss leise einatmen und braucht weniger Luft.
Aber leise einzuatmen braucht mehr Kontrolle als kräftiges Einatmen.
Man bekommt somit schnell zu viel Luft in die Lungen – erzeugt einen Überdruck – und kann dann nicht mehr leise bzw. weich singend einsetzen. Deshalb muss gerade ein leise singender Sänger über seine Körperhaltung eine gesunde Stabilisierungsspannung aufbauen und beibehalten. •
(s.a. Bauchatmung vs. Brustkorbatmung; Hackentrick; Loslassen!; Schubladendenken; Stillgestanden!; Wippen)

Leitbild

Dein Chor muss eine definierte und kommunizierbare **Identität** und damit ein Profil besitzen. Du willst deinen Sängern ein geschlossenes und intaktes **Denkgebäude** bieten. Sie sollen dieses Gebäude betreten und sich darin entfalten können. Es muss ein sicherer, geschlossener Raum sein. Dieses Profil kannst du nur mit deinen Sängern gemeinsam entwickeln. Sie müssen sich damit identifizieren können. *(s.a. Selbstbewusstsein des Chores)*
Im Leitbild wird grundsätzlich festgelegt, welche musikalische Richtung der Chor singt, was seine Aufgaben sind und was ihn auszeichnet.
Mir kommt es immer komisch vor, wenn mir ein Chorsänger nicht in 1-2 Sätzen erklären kann, wofür sein Chor steht und was seine Außenwirkung ist.
Auch dafür ist ein Profil da – komplexe Zusammenhänge zusammenzufassen.
Im Folgenden gebe ich dir ein paar grundsätzliche Fragen an die Hand, die du deinem Chor stellen solltest. Nehme dir eine ganze Probe Zeit und sammele Antworten. Alle Antworten sind korrekt. Zuhause wirst du diese aufbereiten und ausformulieren.
In der nächsten Probe präsentierst du ein erstes ausformuliertes Profil, welches du ausgedruckt an alle Sänger verteilst. Dann kann darüber diskutiert werden.
Achte niemals auf die Schreier, sondern stimme im Zweifel ab!
Begebe dich nie auf eine Seite, sondern argumentiere immer sachlich. Das ist zwar auch dein Chor – du bist aber Dienstleister an deinen Sängern.
Merke: Die Diskussion findet erst in der zweiten Sitzung statt. Nur bei klaren Kontroversen, die es im Normalfall nicht gibt, kannst du auch schon in der ersten Sitzung eine Diskussion aufkommen lassen (Oratorienchor oder Gospelchor…?).
Kommuniziere diese Regelung klar. Es geht darum, dass jeder Sänger in der ersten Sitzung gehört werden darf und nicht einem Abilene-Paradox *(s.a.)* unterliegt.
Wenn du Zweifel hast ob dies funktioniert, kannst du die Fragen auch ausdrucken, verteilen und darum bitten, dass sie schriftlich beantwortet werden.
Denke dir weitere Fragen aus. Das sind die Grundfragen, die ich grundsätzlich gerne beantwortet haben möchte.

Keine festgelegte Reihenfolge:
- Was macht diesen Chor speziell?
- Was macht dieser Chor anders als andere?
- Was ist die Außenwahrnehmung, wie sehen Zuschauer, Freunde, Verwandte den Chor und wie würden sie ihn beschreiben?
- Wie ist deine Wahrnehmung vom Chor?
- Was ist das Programm des Chores?
- Beschreibe deinen Chor in einem Satz.
- Wo willst du mit deinem Chor in 3 Jahren sein?
Was soll er bis dahin erreicht haben? Was soll er bis dahin gesungen haben? Was soll sich bis dahin geändert haben? Was soll bis dahin bestehen bleiben?
- Warum ist dir dieser Chor wichtig?

- Wie kannst du diesen Chor jemandem beschreiben, der ihn noch nicht gehört hat/ein neuer Sänger werden will/wenn du jemanden auf ein Konzert aufmerksam machen willst?
- Wofür ist der Chor bekannt und wofür soll er bekannt sein?
- Was sind die Stärken – was kann der Chor richtig gut?
- …

Sänger haben die Tendenz ihrem Chor eine Persönlichkeit zu geben.
Eine Persönlichkeit, die sie nett finden, oder die sie auch beleidigen kann.
Denjenigen, die wegbleiben oder die zweifeln muss man zeigen, dass ein Chor eine **Sache** ist. Eine Sache **für** sie. Eine Sache, die von ihnen **mitgestaltet** wird. Das ist **ihr** Chor. •

Leitton (Strebeton) und Gleitton

Leitton und Gleitton sind instabile **Vorhalte** – sie wollen also irgendwohin.

Ein *Leitton* ist ein Ton, der nach oben strebt (ein *Strebeton*).
So ist z.B. die große Terz eines Dominantakkordes der Leitton zum Grundton der Tonika.

Ein *Gleitton* kommt sehr häufig vor. Dieser Ton ist im Akkord instabil und *gleitet* nach unten.
Er bildet (in vollständigen Akkorden) eine Dissonanz zu anderen akkordeigenen Tönen:
Die Septime eines Dominantseptakkordes gleitet zur Terz des Folgeakkordes.
Ein Quartvorhalt gleitet zur Terz.

Standardmäßig werden Leit- und Gleitton unter dem Oberbegriff „Leitton" zusammengefasst.
Diese differenzierten Terminologien sind also kein Standard, erlauben dem Laien aber durch *beschreibende* Differenzierung zu spüren, wohin der „Leitton" will. •

Lerngeschwindigkeit von neuronalen Netzwerken

Nach Untersuchungen einer Arbeitsgruppe um Robert C. Wilson von der University of Arizona hat die Lerngeschwindigkeit von neuronalen Netzwerken ihr Maximum, wenn das System Aufgaben bekommt, die es zu einer Fehlerquote von 15% provoziert.
D.h. die Aufgaben sind so leicht, dass sie zu 85% *sofort* gelöst werden und 15% eine *Wiederholung* der Aufgabe erfordern.
Sind die Aufgaben **sofort** zu 100% lösbar, wird das Netzwerk langfristig ineffektiver, bis es die Rate *15 zu 85* wieder erreicht.

Gleiches gilt bei Aufgaben, die das Netzwerk zu mehr Wiederholungen zwingt, wobei hier langfristig sogar immer mehr Fehler passieren.

Ob das nun für den Chor 1 zu 1 übertragbar ist, ist fraglich. Die 85%-Regel hilft mir aber sehr meine **Probendispositionen** zu schreiben und meinen Sängern die richtigen Aufgaben in lösbaren Häppchen vorzulegen.

Es stimmt, dass du deine Sänger nicht *unterfordern* darfst: Wenn du also 10x eine Melodie vorsingst, bevor deine Sänger auch mal singen dürfen oder wenn du zu leichte Stücke auswählst – wenn also die Herausforderung fehlt – werden die Sänger ihre Konzentration und Arbeitsweise *anpassen* und werden lethargisch.

Sie brauchen die Herausforderung, dass du ihnen eine Tonfolge nur 2x vorsingst und sie diese dann schon nachsingen sollen und dir dafür konzentriert zuhören müssen. Sie müssen weiterhin beim Singen noch einen Fehler gemacht haben und diesen korrigieren wollen und dürfen.

Gleiches gilt für zu schwere Stücke, bzw. zu wenig Vorsingen. Wenn beim ersten und auch weiteren Durchsingen die Fehlerquote der Sänger sehr hoch ist, werden sie demotiviert.

Für die Demotivation durch zu leichte Stücke ist die Lösung einfach. Hast du aber mal ein zu schweres erwischt, kommt hier der Hammertrick, der eine Lehre aus oben genanntem neuronalen Netzwerk ist: Du kannst durch Proben in *kleinen Abschnitten* die **tatsächliche** Fehlerquote drastisch senken. *(s.a. Kleinteiliges Proben)*

Je kleiner der Abschnitt und kürzer die Abschnittprobenzeit, desto einfacher wird eine Tonfolge für den Sänger reproduzierbar, desto weniger Fehler werden gemacht und diese wiederum schneller korrigiert. Außerdem können auch schwächere Sänger ihr Kurzzeitgedächtnis noch nutzen und aus der Erinnerung singen.

Probst du retrosequenziell *(s.a.)* wird der Teil aktiven ‚gekonnten' Singens immer größer und damit auch die gefühlte **relative** Fehlerquote gesenkt.

Grundsätzlich beginnt die Beobachtung aus der wissenschaftlichen Ecke aber erst bei einem Chor interessant zu werden, dessen Sänger sich stark in ihren Fähigkeiten unterscheiden. Du musst deinen guten Sängern Aufgaben geben, die sie herausfordern und darfst die schwächeren nicht überfordern. Das verlangt Planung.

Die meisten Chöre sind recht homogen, sodass du deine Sänger schon über eine Anpassung deiner **Erwartungshaltung** glücklich machen kannst.
(s.a. Ausgleich; Sängerkategorien)

Wenn eine Stelle mir nach dreimaligem Üben nicht gut genug ist, gehe ich weiter und probe eine andere Stelle, außer ich merke, dass die Sänger diese Stelle noch besser singen *wollen*.

Wenn die Sänger die Stelle für gut genug halten, wird ein weiteres Drängen auf Verbesserung demotivieren. Ich kann diese Stelle zu einem späteren Zeitpunkt wiederholen. •

Lernmusik

Viele Streamingdienste bieten Playlists wie „Maximale Konzentration" oder „Jazz for Study" an, mit deren Musikauswahl man besser lernen können soll.
Der Professor für Neuropsychologie an der Universität Zürich Lutz Jäncke (*1957) rät stark davon ab **mit** Musik zu lernen.
Musik kann allerdings dabei helfen Gelerntes besser zu behalten.
Seine Methode: Eine halbe Stunde lang konzentriert in einem stillen Raum lernen. Danach für eine Viertelstunde nichts tun und sich ausruhen. Wenn man dabei Musik hört, die besonders starke Gefühle oder Erinnerungen in einem auslösen, ist das Gedächtnis danach 10 – 20% besser, als wenn man normal gelernt hätte.
Durch die Musik schüttet das Gehirn bestimmte Hormone und Transmitter aus. Diese beschleunigen den Konsolidierungsprozess, mit dem vorher im Kurzzeitgedächtnis gespeicherte Informationen in das Langzeitgedächtnis eingefügt werden. So bleibt das Gelernte besser hängen.
Es gibt also nicht **die** *Lernmusik*, nur **deine** persönliche. • *(s.a. Häppchenlernen)*

Leseblätter

Muss einer meiner Chöre auswendig singen, habe ich mir angewöhnt *Leseblätter* zu erstellen. Darauf ist der Liedtext auch mit Hinweisen (Refrain/Wiederholung/etc.) geschrieben.
Der Text wird immer auf zwei hochkant aufgestellte und mit Tesafilm zusammengeklebte DinA3 Blätter gedruckt und auf 3-4 Notenständer vor den Chor gestellt.
Selbst wenn der Text nicht lang genug ist, um auf zwei Blätter zu passen, nutze ich zwei, da ich dann unten einen größeren Rand lassen kann.
Als Schriftart musst du eine **Serifen**schrift wählen, da diese dem Auge hilft, in der Zeile zu bleiben. Der Text sollte so groß notiert sein, dass eine Liedzeile eine Textzeile ausfüllt.
Im Gospel (und da nutze ich die Leseblätter am meisten) gibt es häufig Wechsel zwischen Männern und Frauen. Der Text der Frauenstimmen wird in tiefem rot und der der Männer in blau notiert. Umrande den Text dann fein mit einer schwarzen Linie, um den Kontrast zu erhöhen (geht ganz einfach in Word).
Solotext schreibe ich in grün und etwas kleiner.
Um die Zettel vor dem Publikum zu verdecken, habe ich dicken schwarzen Karton in DinA2 (quer) hinter die Lesezettel gestellt. So stützt du sie ab und kannst auch einen günstigen Metallnotenständer nutzen. Gleichzeitig halten die Pappen, in der Mitte zur Mappe gefaltet, die Zettel zwischen den Konzerten sortiert zusammen.
In Konzerten brauchst du pro Notenständer eine Person, die sich für die Texte verantwortlich fühlt, im Konzert umblättert und vorher für eine korrekte Sortierung sorgt.
Die Texte schicke ich schon einige Zeit vor den Konzerten an die Sänger. Viele basteln sich ihre eigenen Lesezettel, mit denen sie auswendig lernen und die ihnen im Konzert

als Spickzettel dienen. Meine einzige Vorgabe ist hier, dass sie auf einen schwarzen Karton geklebt sein müssen, sodass es nicht allzu offensichtlich ist.
Die großen Lesezettel dienen vor allem der ersten und zweiten Reihe als Stütze, da diese keine eigenen Lesezettel nutzen dürfen.

Wohlgemerkt sollen diese Texte nur eine Hilfe sein und den Sängern Sicherheit **vermitteln**. Die Texte werden erst in der Generalprobe hingestellt und ich bitte auch darum, dass die Hinterbänkler erst dann ihre eigenen Lesekarten nutzen. Ohne Noten zu singen soll schließlich ein befreites Singgefühl erzeugen.
Biete ich die Zettel zu früh an werden die Sänger sich davon nicht lösen.
Wenn die Zettel aber gut strukturiert sind, werden die Sänger nur im Notfall draufschauen und sonst frei singen können. • *(s.a. Auswendig singen; Text statt Noten)*

Leuchtende Augen
Dein ganzer Körper und alle Bewegungen dienen nur dazu vom Chor gespiegelt und dann sinnvoll in Musik umgesetzt zu werden. Deine Augen gehören auch dazu.
Du darfst nicht feurig dirigieren oder schmachtend vor dem Chor langkriechen wie es beides mit einem Orchester möglich ist. *(s.a. Orchesterleiter vs. Chorleiter)*
Du darfst trotzdem Ausdruck zeigen und fordern. Tu dies mit deinen Augen.
Deine Augen sind ein machtvolles Instrument Emotion zu zeigen.
Sie haben primär nichts mit dem Singapparat zu tun, dürfen deshalb auch mal aufgerissen, geschlossen, blinzelnd, wirr, böse oder liebevoll schauen.
Was du aber vor allem zeigen und im Chor erreichen willst, sind *leuchtende Augen*.
Diese *wachen* Augen, die einen lebendigen und in sich ruhenden Chor ausmachen.
Das alles hört sich metaphysisch an. Am Ende sind es Mikroexpressionen.
Ein Chor und Chorleiter, die die Freiheit haben aus den Noten zu schauen und mit dem Gegenüber zu **kommunizieren**, werden sich nicht mehr nur mit den Noten beschäftigen müssen. Sie haben den Freiraum nuancierter zu musizieren.
Die Sänger schauen auf den Chorleiter, um auf ihn fein reagieren zu können – es ist ein *interessierter* und *gespannter* Blick. Sie können den ganzen Körper des Chorleiters wahrnehmen und seinen Bewegungen folgen.
Dies im Gegensatz zu einem konzentrierten Blick in die Noten oder einem verwirrten und verängstigten Blick, weil der Sänger die Noten noch nicht kann oder du ihm im Konzert seinen, ihn stabilisierenden Klavierboden unter den Füßen weggezogen hast.
So wirst du ebenso bei auswendig singenden Chören nicht immer leuchtende Augen sehen können, da auch hier einige Sänger noch zu sehr auf ihre Nachbarn hören müssen und an den Lippen des Chorleiters hängen. Damit scheinen sie dann vermeintlich dem Dirigenten zu folgen – sind aber nur auf einen Aspekt fokussiert: seine Lippen – und haben weder die Kapazität noch Wahrnehmungsfähigkeit den anderen feineren Bewegungen zu folgen. •
(s.a. Dynamisch dirigieren; Gummiband; Haltung annehmen; Klare Dirigierbewegungen; Lehnen; Leuchtende Augen; Schlagpunkte; Spieglein, Spieglein vorn am Pult; Wackeldackel)

Lieber Gott im Bergbau

Ich saß mal in einer Orchesterprobe und ein Gastdirigent sollte die 7. Sinfonie von Anton Bruckner dirigieren. Sein erster Satz war „Glauben Sie an Gott? Wenn Sie Bruckner spielen, müssen Sie an Gott glauben!". Unabhängig davon, dass so etwas zu sagen ein absolutes NoGo ist, tangiert es eine interessante andere Frage von Chorsängern in einem weltlichen Chor: „Warum müssen wir immer diese **christlichen** Stücke singen?" Der Dirigent hatte im Orchester mit dem Satz verloren – er wurde von keinem Instrumentalisten mehr respektiert. Er hätte sagen müssen: „Wenn Sie Bruckner *verstehen* wollen, müssen Sie alles von seinem Glauben her interpretieren." Ob das stimmt, ist eine andere Frage, es ist aber näher an der Wahrheit, als seine gemachte Aussage.

Wie hat der Komponist gedacht, gefühlt, gelebt? Warum hat er (unter Prämisse dieser Umstände) sein Stück so komponiert?

Wenn ich meine Musiker so denken lasse, sind die vielen christlichen Stücke auch kein Problem mehr, mit deren Inhalt überraschend viele Menschen ein Problem haben.

Was sie aber zu ihrem eigenen Leidwesen nicht bedenken ist, dass es schlicht einen recht begrenzten Themenschatz für Chorstücke gibt: ab 1750: Natur, Liebe, Seefahrt, Krieg und Kameradschaft. Davor und danach: Christliche Themen.

Wobei auch in der Liebe, Natur, Seefahrt, Bergbau, Politik immer wieder der *Liebe Gott* vorkommt. Durch die zunehmende Entfremdung der Menschen zu ihrer Kirche (oder andersrum...?) ist diese Problematik in den letzten Jahren immer konkreter geworden, sodass ich mir argumentatorische Lösungen parat legen musste.

Will man also konsequent ‚unreligiös' sein, hat man sein Repertoire schnell ausgeschöpft und die Epoche des Barock und davor kann man im Chor damit eigentlich gleich knicken. Wenn ich also meinen Sängern ein Stück nahebringe, erkläre ich ihnen das Stück nie so, dass sie das Gefühl haben sie müssten an den **Inhalt** glauben, oder die Aussage darin teilen. Ich interpretiere es konsequent vom Komponisten und Textdichter aus: „Warum hat **er** das so geschrieben?"

Dann sind die Sänger echte Anwälte des Komponisten: Sie teilen vielleicht seine Auffassung nicht, aber sie erfüllen sein Anliegen nach bestem Wissen und Können. •

Lieblingsliederliste (Neuer Chor)

In der ersten Probe bei Übernahme eines Chores musst du eine leere Tabelle mitbringen, in die Sänger ihre persönlichen Lieblingslieder, die der Chor bisher gesungen hat, eintragen können. Jeder darf 1-2 Lieder eintragen, aber ohne in die Notenmappe zu schauen (gerne darf aber nach dem Titel gefragt werden), sodass keine Diskussionen aufkommen oder nostalgisch gewählt wird (vor 10 Jahren das letzte Mal gesungen...).

Dadurch zeigst du Interesse an dem Chor. Vor allem gibst du den Sängern damit aber die Versicherung, dass unter neuer Leitung nicht alles anders wird.

Bedenke, dass ein neuer Dirigent immer auch Sorgen mit sich bringt, da im Laienchor die Sänger sehr auf **ihren** (alten) Dirigenten fixiert sind. Durch die Liste signalisierst du Kontinuität – welche Lieder du dann tatsächlich singst, bleibt dir überlassen, aber dieser erste Eindruck ist sehr nachhaltig. • *(s.a. Nostalgie: restaurierende vs. reflektierende)*

Liedsatzanalyse zur Probenzeitnutzungsoptimierung
Viele Stücke und vor allem Lieder sind strukturiert aufgebaut.
Man hat klare Teile A,(A),B,C,... – beim einfachen Liedsatz sogar nur A,(A),B.
Teil A kommt meistens zwei Mal vor, wobei er sich melodisch wiederholt, aber der gesungene Text ein anderer ist.
Wenn du ein Lied oder auch andere Stücke analysierst, wirst du feststellen, dass diese Wiederholung von gleichen Teilen häufig ist.
Probe also intensiv einen A Teil, dann hast du den zweiten praktisch schon in der Tasche.
Analysiere aber die kleinen Unterschiede, die meistens irgendwie da sind (Bass geht am Ende der Phrase z.B. auf den Grundton eine Quinte runter, statt eine Quarte rauf).
In vielen Chören musst du auf solche Änderungen (ohne sie extra zu proben) nur hinweisen und sie werden klappen. •

Literaturverzeichnis (s.a. Apps; Websites von Interesse)
„Ich weiß nicht alles, aber ich weiß, wo ich nachschauen muss." (unvollständig, aber brauchbar...)

<u>für deine Sänger</u>
- Andreas Lamken
  Chorwissen für die Hosentasche
  Prospect Studio-Label-Verlag, ISMN: 9790501715428
- ➢ Wenn deine Sänger grundsätzlich wissen wollen, was sie in den Noten lesen könnten, ist dieses Büchlein perfekt. *(s.a. Notenlesen)*

<u>Wörterbücher</u>
- Roberto Braccini
  Praktisches Wörterbuch der Musik: Italienisch-Englisch-Deutsch-Französisch
  Schott, ISBN: 978-3254082794
- ➢ Findest du natürlich auch im Internet…

- Vera Scherr
  Handbuch der lateinischen Aussprache: Aufführungspraxis Vokalmusik. Klassisch - Italienisch - Deutsch – Französisch
  Bärenreiter, ISBN 978-3761822142
- ➢ **Der** Standard. Kaufe dir dieses Buch (außer du singst wirklich nur deutsch)!
  Es gibt tatsächlich noch Kollegen, die nach Veröffentlichung dieses Buches semiprofessionelle CD-Aufnahmen mit Musik von französischen, romantischen Komponisten machen und den Chor das Latein eines Requiems dort italienisiert sprechen lassen. Bei einem reinen Konzertprogramm – ok – aber bei etwas so Dauerhaften wie einer Tonaufnahme? Wie soll man solche Leute ernst nehmen?

- David Crystal
  The Oxford Dictionary of Original Shakespearean Pronunciation
  mit exklusivem Zugang zu einer Website, auf der jedes Wort korrekt vorgesprochen wird.
  Oxford University Press, ISBN 978-0199668427
  ➢ Wenn du englische Musik aus der Zeit um 1600 singen willst, lohnt es sich hier reinzuschauen.

Akustik
  ➢ Donald E. Hall
  Musikalische Akustik – Ein Handbuch
  Schott, ISBN 978-3795787370
  ➢ Nicht unbedingt leichte Kost und mit 500 Seiten auch nicht handlich. Aber ein Buch, das wirklich alle für *praktische* Musiker relevanten akustischen Ereignisse (Raumklang, Schallerzeugung, Klangbestandteile, Gehör, etc.) physikalisch aufbereitet und erklärt. Für mich kein Buch das von unsereins durchgelesen oder durchgearbeitet werden muss, aber für konkrete Fragen mindestens so gut wie Wikipedia ist.

Musiktheorie
- **Musiktheorie für Dummies** (mit CD) - oder Ähnliches…
  Wiley-VCH, ISBN 978-3527708703
  ➢ Wenn du wirklich bei „0" anfängst, tu es auch und lerne befreit – für alle Fortgeschrittenen, die nun folgenden Bücher. Es bringt halt nichts, wenn du wegen der Trockenheit der Materie oder weil du dir die Tonbeispiele nicht am Klavier hörbar machen kannst, nach kurzer Zeit keinen Bock mehr hast und lieber nichts lernst.

- Thomas Krämer
  Harmonielehre im Selbststudium
  Breitkopf & Härtel, ISBN 978-3765102615
  ➢ Da steht alles drin. Pädagogisch aufbereitet und praktisch.

- Diether de la Motte
  Harmonielehre
  Bärenreiter, ISBN 978-3761821152
  ➢ Ein Standardwerk. Nicht unbedingt für den Anfänger, kann aber als Schlusspunkt dieser drei Lehrbücher genutzt werden

Blattsingen (pädagogisch aufgebaut)
- Lars Edlund
  Modus Vetus (Blattsingen in Dur und Moll)
  Chester Music, ISBN 978-9185662098

- Lars Edlund
  Modus Novus (freitonales Blattsingen)
  Chester Music, ISBN 978-9185662081

Nachschlagewerke
- Clive Brown
  Classical and Romantic Performing Practice 1750-1900
  Oxford University Press, U.S.A., ISBN 978-0195166651
  > Ein Standardwerk mit Vorwort von Roger Norrington.
  > In Englisch, nicht chorspezifisch, aber mit viel notwendigem Wissen für die lange vernachlässigte historische Aufführungspraxis der klassischen und romantischen Musik. Da war nämlich (auch) nicht alles so, wie wir uns das heute so zurechtmusizieren…

- Charles Rosen
  Der klassische Stil. Haydn, Mozart, Beethoven
  Bärenreiter, ISBN 978-3761812358
  > Spezifisch zu den Komponisten. Nicht chorspezifisch, aber spannend.

- Sunzi
  Die Kunst des Krieges
  > Nicht so bescheuert wie es sich zuerst anhört.

Dirigierschulen
- Martin Behrmann
  Chorleitung Band 1 – Probentechnik
  Carus Verlag, ISBN 978-3775108768
  > Leider ist Martin Behrmann vor Fertigstellung des Band 2 gestorben.
  > Das Buch ist auch leider nur noch gebraucht zu bekommen (Verlage und ihre Auflagen…zum Kotzen). Wenn du es bekommen kannst, kaufe es dir!

- Simon Halsey
  Chorleitung: Vom Konzept zum Konzert
  Schott, ISBN 978-3795707552
  > Simon Halsey und Schott sind der Grund, warum dieses Buch, das du in den Händen hältst, überhaupt existiert.

Man kann Simon Halsey eigentlich keinen Vorwurf machen. Sein Buch ist toll geschrieben, kurzweilig, mit vielen, sehr praktischen Hinweisen. Mehr als die Hälfte davon aber leider für 99% aller Laienchöre, die ich kenne, nutzlos.

Seine Tipps zur Partiturvorbereitung befassen sich mit dem Schlusschor aus Mahlers *2. Sinfonie* (hey, will ich auch mal dirigieren - werde ich aber mit großer Wahrscheinlichkeit niemals), Brahms *Deutschem Requiem* (dito, aber wahrscheinlicher), und dann auch Mendelssohns *Abschied vom Walde* – ok.

Er versucht ein Buch zu schreiben, das aus seiner Sicht mit dem Chorleiter spricht (ähnlich wie ich mit dir), aber auf einem Niveau, das einfach kein *normaler* Chor hat. Oder hast du schon mal mit allen deinen Sängern einzeln „Feedbackgespräche" gemacht? So wie man das als Chef einer Firma mit seinen Angestellten machen muss? – Er wünscht sich das flächendeckend für Chöre.

Leider ist er an der **Realität** vorbeigeschrappt.

Zur Ehrenrettung des Konzeptes veröffentlicht Schott das Buch aber auch in der Reihe „Master Classes". Dafür sind einige Tipps dann aber wieder zu laienhaft. Aaargh…

Das war der Startpunkt für mich, ein Buch zu schreiben, das echte Laiendirigenten nutzen können und echten Laienchören etwas bringt. So wie ich es im Coaching mache.

Meine Tipps konsequent angewendet, werden die Qualität (auch Lebensqualität deiner Sänger!) in ungeahnte Höhen treiben. Einfach weil sie aus dem echten Leben erwachsen und keine Tipps für Wolkenkuckucksheimchöre sind.

- Hermann Scherchen
  Lehrbuch des Dirigierens
  Schott, ISBN 978-3795727819
  ➢ Die Bibel. Wenn du wissen willst, was meiner Meinung nach einen Dirigenten ausmacht, musst du dieses Buch lesen.
  Wäre ich Orchesterleiter müsste ich nicht mein Buch geschrieben haben – im Scherchen steht alles drin! (und es ist kürzer…)
  Das Kapitel „Der Gesang als Grundgesetz aller Musikdarstellung" ist die Grundlage meiner gesamten Chorleitungsphilosophie.
  Wenn Scherchen hier begründet Orchesterdirigenten auffordert zu singen, statt das Klavier zu nutzen, warum sollte dann ein Chorleiter das Klavier überhaupt anfassen **dürfen**?
  Das Buch ist sehr kurzweilig geschrieben. Es beschreibt jeden Aspekt knapp, aber leider nur für den Orchesterleiter. Trotzdem ein **Muss** für dich!

- Axel Christian Schullz
  Handbuch der Gospelchorleitung
  GNGP-Verlag, ISBN 978-3980979009
  ➢ Ein wirklich praktisches Buch, das auch Tipps für den Laienchor gibt.

- Martin Wolschke
  Elementare Dirigierlehre
  Schott, ISBN 978-3795710156
  ➢ Mein erstes Dirigierlehrbuch – hat deshalb sentimentalen Wert…
  Grundsätzliche Dirigierbewegungen in allen Situationen – nicht chorspezifisch, aber aufgrund seiner Einseitigkeit eine gute Ergänzung zu meinem Buch.

Orchester

- Peter Jost
  Instrumentation – Geschichte und Wandel des Orchesterklanges
  Bärenreiter, ISBN 978-3761817193
  ➢ Bist du mal mit einem Orchester konfrontiert kann es nicht schaden dieses Buch gelesen zu haben. Es ist knapp gefasst, aber allumfassend.

- Alfredo Casella, Virgilio Mortari
  Die Technik des modernen Orchesters
  Ricordi, ISBN 978-3938809402
  ➢ Für mich **das** Standardwerk der Instrumentenkunde.
  Alle Instrumente, die Fähigkeiten, Umfang, etc. erklärt.
  Besser und konsequenter als Wikipedia, weil die Artikel standardisiert und damit übersichtlicher sind. Wikipedia ist dafür natürlich umfangreicher.
  Es gibt von Hector Berlioz (1803 – 1869) auch eine (Standard-) Instrumentenkunde. Wenn du seine Musik verstehen willst, kannst du diese nutzen – außerdem gibt es sie kostenlos (legal!) im Internet.
  Ich finde meinen „CasellaMortari" inhaltlich zugänglicher.

- Alfred Pfortner
  Aus der Praxis für die Praxis: Ein Ratgeber und Nachschlagewerk für Leiter von Schul- und Jugendorchestern sowie für das Klassenmusizieren
  Joh. Siebenhühner Musikverlag, ISBN 978-3927547087
  ➢ Sehr übersichtlich wird jedes Instrument vorgestellt. Der kleine Bruder des „CasellaMortari". Das Buch ist leider vergriffen, aber gebraucht zu bekommen. Ich habe bisher kein anderes Buch dieser Art gefunden, das mir als Chorleiter knapp nahebringt, auf was ich z.B. bei einem Kontrabass oder Horn zu achten habe. Da kann man auch kurz vor der Probe mal reinschauen. Du solltest eben doch zumindest wissen, was die leeren Seiten eines Cellos sind… oder nutze die Wikipedia-App *(s.a.)*.

Stimmbildung

- Elisabeth Bengtson-Opitz
  Anti-Aging für die Stimme:
  Ein Gesangs-Handbuch für gesunde und glockenreine Stimmen
  Timon Verlag,
  ISBN Band 1: 978-3938335208, ISBN Band 2: 978-3938335215
  > **Die** Offenbarung und ein **Must-Have**! Nicht alle Übungen sind für den Chor gut, da es im Buch um den Soloklang geht. Ich habe mir daraus ein *Workout* zusammengestellt, das ich mit meinen Chören eigentlich jede Woche mache.
  > Diese Bücher haben meine persönliche Meinung über „*ab 60 musst du dir einen anderen Chor suchen*"-Chorleiter maßgeblich geformt…

- Paul Lohmann
  Stimmfehler – Stimmberatung: Erkennen und Behandlung der Sängerfehler in Frage und Antwort
  Schott, ISBN 978-3795706555
  > Nicht alles darin ist für den Chor anwendbar, gibt dir aber einen guten Überblick über die Stimme und ihre Probleme. Vor allem das Frage-Antwort-Konzept finde ich sehr ansprechend.

- Russell Robinson & Jay Althouse
  Das große Buch der Chor Warm-Ups
  Alfred, ISBN 3-933136-22-9
  > Wenn ich mehrstimmige Übungen suche, brauche ich kein anderes Buch mehr. Hier ist für Kinderchor, Erwachsenenchor, Kirchenchor, gleiche Stimmen, zwei-, drei-, vierstimmig alles dabei. Kauf es dir und sei glücklich.

Intonation

- Herbert Kelletat
  Zur musikalischen Temperatur (Band 1-3)
  Merseburger Berlin,
  ISBN Band 1 (J.S. Bach und seine Zeit): 978-3875371567,
  ISBN Band 2 (Wiener Klassik): 978-3875371871
  ISBN Band 3 (Franz Schubert): 978-3875372397
  > Vor allem Band 1 musst du dir irgendwie beschaffen. Leider sind alle Bände nur gebraucht zu bekommen (Verlage und ihre Auflagen… grrrr).
  > Wenn du es noch nicht wusstest (und glaube mir, du weißt noch sehr wenig!), dann wirst du spätestens nach der Lektüre dieser wunderbaren Bücher verstehen, dass es Schwachsinn ist, einen Chor auf ein für ein Tasteninstrument erfundenes System einzustimmen. Außerdem wirst du verstehen, was der Begriff Intonation bedeutet.

Allgemeinbildung

- Ernst Klee
  Kulturlexikon zum Dritten Reich
  Wer war was vor und nach 1945
  Fischer, ISBN 978-3596171538
  > ‚Zu viel' Überraschendes…

- Hans Rosling
  Factfulness
  Ullstein Berlin, ISBN 978-3548060415
  > Meine Bibel der Rationalität. Wenn dir mal wieder all die uninformierten Unkenrufer den letzten Nerv rauben, ist dieses Buch ein starker Scheinwerfer auf den gesunden Menschenverstand. Ein Plädoyer für weniger Herdentrieb *(s.a.)* und mehr Gehirn.
  > Hans Rosling verzichtet auf Meinungen. Das Buch ist eine Katharsis.
  > Wir leben in einer Zeit, in der nur schlechte Nachrichten verkaufswürdige Nachrichten sind. Dieses Buch zeigt rational und wissenschaftlich wie gut es uns tatsächlich geht und wo wir wirklich noch Verbesserungen anstreben müssen.

- Rainer Schmitz & Benno Ure
  Wie Mozart in die Kugel kam
  Pantheon Verlag, ISBN 978-3570553718
  > **Alles** zur Klassischen Musik, was anekdotisch und faktisch zu finden ist.
  > Viele Literaturverweise und Quellenangaben.
  > 1168 Seiten. Etwas kürzer als die Bibel, aber genauso eng beschrieben.

- Rainer Schmitz
  Was geschah mit Schillers Schädel? –
  Alles was Sie über Literatur nicht wissen.
  Eichborn Berlin, ISBN 978-3821857756
  > **Alles** zur Literatur, was anekdotisch und faktisch zu finden ist.
  > Viele Literaturverweise und Quellenangaben.
  > 1828 Seiten. Länger als die Bibel und genauso eng beschrieben.

- Dietrich Schwanitz
  Bildung
  Goldmann Verlag, ISBN 978-3442151479
  > Schon ein bisschen in die Jahre gekommen (von 2002), aber für einen Überblick über ‚alles davor' kein schlechter Anfang.

Hast **du** tolle Literaturtipps? Schreibe mir: kontakt.p.lehmann@gmail.com •

Loben, loben, loben!

Ab und zu musst du deine Sänger überzeugen ihr Verhalten zu ändern (üben/Ton höher singen als es sich gut anfühlt, obwohl es dann richtig ist/lächeln/geradestehen/etc.).

Menschen ändern ein Grundverhalten selten durch Einsicht: „Ich habe verstanden, dass gerade zu sitzen mich besser singen lässt."
Sie ändern ein Grundverhalten nur aufgrund von Emotionen, bzw. bleiben sogar einfach beim schlechten Verhalten: „Krumm sitzen ist halt bequemer."
Willst du deine Sänger ändern, kannst du ihnen Angst machen (ähm…) oder sie durch positive Emotionen zur Handlungsänderung bewegen, was im Laienchor die einzige **nachhaltige** Herangehendweise ist.
Diese Emotionen werden erzeugt durch: Erfolge im Konzert/Lob von Verwandten und Freunden/Lob vom Dirigenten/freundliche Worte/Freude am Singen/hervorgehobene Erfolgserlebnisse, weil der Ton nun singbar ist, bzw. gut klingt/usw. usf.
Wenn der Sänger merkt, dass er durch die Verhaltensänderung positive Erlebnisse **für sich** (intrinsisch) erzeugen kann, wird er sein altes Grundverhalten hinterfragen.
So wirst auch **du** Erfolg haben. *(s.a. Motivatoren: intrinsisch und extrinsisch)*

Jeder Kritik musst du ein Lob voranstellen.
Mit der Zeit wissen das die Sänger zwar und kontern jedes Lob mit einem „aber…" – witzigerweise darfst du dieses Lob trotzdem nicht wegrationalisieren, so lange es wirklich etwas zu loben gibt.
Merke: Dein Job ist es zu kritisieren, um das Ergebnis zu verbessern. Die positive Grundstimmung, die ein der Kritik vorangestelltes Lob erzeugt, lässt deine Sänger die folgende Kritik besser aufnehmen und Verbesserungshinweise konstruktiv umsetzen.

Dein Lob muss **realistisch** sein. Denn auch diese Form der Kritik ist eine Rückmeldung über das, was gerade erklungen ist.
Dabei ist es aber irrelevant wie unbedeutend dein Lob ist – es muss vorhanden sein: „Das war ein toller Schlussakkord" (und in Gedanken: „Davor war alles scheiße…").
Die Sänger haben hier meistens gemerkt, dass vor dem Schlussakkord nicht alles super war, aber bekommen durch deine realistische positive Kritik des (einzig) Guten das Gefühl, dass nicht Hopfen und Malz verloren ist – *lets get to work*!
Suche diese positiv zu bewertenden Momente und benenne sie **immer**!

Meine Chöre wissen, dass sie jedem Lob von mir vertrauen können. Ich schränke das Lob aber auch ab und zu ein und lobe relativ zum Probenstand. Du wirst nämlich ganz schnell Probleme bekommen, wenn du nur perfekt gesungene Stellen/Stücke lobst, da du dann verständlicherweise verdammt **wenig** loben kannst. *(s.a. Relatives Loben)*
Um relativ loben zu können musst du dir vor der Probe ein Lernziel definieren und bei Erreichen von diesem anfangen zu loben bis dir die Worte fehlen.
Denn in dem Augenblick, in dem du dein Lob eingeschränkt hast („ich wollte es heute schaffen, dass wir dieses Stück ‚irgendwie' bis zum Schluss ohne Unterbrechung singen können"), werden die Sänger dein überschwängliches Lob auf das Erreichen dieses

Etappenzieles *(s.a.)* beziehen und somit für authentisch halten. – Gleichzeitig ruhen sie sich nicht auf diesem Lob aus, sondern wollen auch dein nächstes Etappenziel erreichen.
Grundregel: Probe in Etappen und sorge dafür, dass du das Erreichen von Etappen stark lobst. Du kannst natürlich auch vorher ankündigen, was du heute erreichen willst – das solltest du aber nur tun, wenn du deinen Chor gut kennst.
Sollte der Chor deine eigentlich gesteckte Etappe nicht erreichen (und du hast ihnen das Ziel nicht genannt) bist du gut beraten, dir in dem Augenblick eine Etappe auszudenken, die nun erreicht wurde – damit du etwas zu loben hast. • *(s.a. Kritik: sachlich – Lob: persönlich)*

Logopäden

Logopäden sind die Rettung für dich und jeden deiner Sänger, wenn Probleme mit der Stimme auftreten.
Ich warne dich aber eindringlich: Es gibt eine sehr große qualitative Streuung. Wenn du einen guten Logopäden gefunden hast, klammere dich an ihn und lass ihn nie wieder los.
Mein Lieblingsnegativbeispiel: Einem Sänger, der immer heiser war, verbot der Logopäde das Singen einmal pro Woche im Chor. Das würde zu sehr anstrengen…
Der Sänger ist Lehrer. …also das eine Mal in der Woche…aber das dauernde Schreien in der Schule…hä?!
Ist „Logopäde" eigentlich ein geschützter Begriff oder darf sich jeder so nennen?
Scherz beiseite: Wenn ein Arzt oder sonst wer einem deiner Sänger das Laiensingen verbietet ohne auch ein **Sprechverbot** auszusprechen, ist da was faul und auch so zu benennen! • *(s.a. Heiserkeit)*

Lohnende Probe

Das Rezept für eine gute Probe: Die Mischung machts.
Der Sänger will unterhalten werden, seine Aufmerksamkeit soll *sich lohnen.*
Deshalb probe ich kleinteilig und verschiedene Stücke in einer Probe.
Das Einsingen *(s.a.)* variiert zurzeit in einem 12 Wochen Loop (nach zwölf Wochen gibt es dasselbe Einsingen).
Programmatisch versuche ich Abwechslung reinzubringen und nicht immer dieselben alten Lieder zu singen.

Funfact: Es gibt eine Formel für den perfekten Spielfilm:
Die Regisseurin und Professorin an der Universität London, Sue Clayton, analysierte für ihre Erfolgsformel die in Großbritannien beliebtesten Filme.
Diese haben durchschnittlich folgende vordergründigen Komponenten: 31% Action, 17% Comedy, 13% Gut gegen Böse, 10% Spezialeffekte, 10% Handlung, 8% Musik.
Und jetzt kommst du. •
[aus „imdb." URL: https://www.imdb.com/name/nm0165785/bio?ref_=nm_ov_bio_sm (Abgerufen: 01.02.2021, 10:02 UTC)]

Loslassen!

„Entspannen" als Anweisung funktioniert nicht, weil jede Entspannung physisch eine Gegenspannung zur Folge hat. So hat fast jeder Muskel im Körper einen Gegenpart, der sich anspannt, wenn der andere sich entspannt (Agonist und Antagonist).

Besser ist das Wort *loslassen*. *(s.a. Bauchatmung vs. Brustkorbatmung; Hackentrick; Stillgestanden!; Wippen)* Deine Sänger müssen grundsätzlich eine gesunde Grundspannung aufweisen – die **Stabilisierungsspannung**. *(s.a. Deutliches Sprechen ist deutliches Singen)*

Das was ein zu viel an Spannung ist, hat meistens etwas mit einer **geistigen** Anspannung zu tun, die sich psychosomatisch manifestiert.

Hat es bei dir mal geklappt, wenn jemand dir gesagt hat: „Entspanne dich!"?

Bei mir führt das eher zu der Gegenreaktion, bzw. ich höre sogar auf zu atmen.

Loslassen bedeutet auch **geschehen lassen**.

Die Ansage „beim Singen loslassen" erzeugt ein Gefühl und befreit den Sänger effektiver von seiner physischen und psychischen Spannung als ein „entspannt singen!". •

Lost Generation

Mit Aufkommen des IPhones 2007 – also des sinnvoll zu nutzenden mobilen Internets – begann ein Abschwung der Mitgliederzahlen von Chören.

Menschen, die bisher mit 60 in die Chöre kamen (ca. Rentenbeginn), weil sie neue Aufgaben und auch Gemeinschaft suchten, entdeckten das Internet.

Chöre als Sozialgemeinschaft wurden immer weniger notwendig.

Chöre, die dies als Außenbild hatten (eingeschworene Gemeinschaft/Kirche/Vereinsmeierei) hatten auf einmal Mitgliederrückgang. Nicht wenige Chöre starben.

Chöre, die zielorientiert und sinnbehaftet waren, bzw. ‚hip', wie die zu der Zeit aus dem Boden schießenden Gospelchöre, erfreuten sich steigender Mitgliedszahlen.

D.h. die objektive Anzahl sangeswilliger Menschen ging nicht zurück – sie orientierten sich nur um.

Ich kann nur für mich sprechen, aber die Sänger, die einen Chor jetzt als soziale Gemeinschaft oder als sängerische Herausforderung suchen und ihrer Meinung nach ‚alt genug' sind, sind statt 60 Jahre nun 70 Jahre alt.

Diese Stimmen, vor allem, wenn sie in Gospelchören (zu häufig ohne Stimmbildung, sondern Schreierei gegen das Klavier) oder Männergesangsvereinen gesungen haben, sind versaut und fast nicht mehr zu reparieren.

‚Alte Stimmen', die mit 60 in einen Chor kommen sind noch sehr gut formbar.

10 Jahre später ist das fast nicht mehr lösbar.

Es ist die *Lost Generation*.

Das Gute ist: Nachdem das Internet nun Normalität geworden ist und viele Menschen spüren, dass es Sozialkontakte nicht ersetzen kann, gewinnen Chöre wieder an Mitgliedern. Allerdings nur solche, die sinnbehaftet sind. •

(s.a. Leitbild; Selbstbewusstsein des Chores)

Loyalität
Ich habe einen großen Fehler. Es ist ein Makel, den ich nicht loswerde.
Man kann mich mit drei Sachen ärgern: Man wirft mir fehlendes Engagement vor (...ohne Worte...), man wirft mir vor diesen Job nur wegen des Geldes zu machen (ich habe noch nie meinen Stundenlohn korrekt ausgerechnet) und man wirft mir vor, nicht im Team arbeiten zu wollen (ja, äh, lies dieses Buch – sind aber wohl auch nur Lippenbekenntnisse...). Nach solchen Vorwürfen (deren Anzahl ich an einer Hand abzählen kann) bin ich sehr verärgert, aber verstehe die andere Seite, sodass ich empathisch *(s.a.)* helfen kann, das Missverständnis auszuräumen.
Mein großer Fehler ist, dass du mich mit **einer** Sache verletzen kannst – nur mit einer – alles andere kann wieder ausgebügelt werden – hier bin ich nachtragend und verzeihe nie. Das ist leider kein Scherz.
Ich bin so gut, weil ich absolut **loyal** bin und mir auf Gutdeutsch für Andere *den Arsch aufreiße*. Ich setze mich für jeden meiner Sänger und Chöre ein und kämpfe für sie.
Ich bin mit mir erst zufrieden, wenn ich 100% **meiner** Möglichkeiten für den Chor ausgeschöpft habe. Ich bin selbstlos.
Das wird leider auch ausgenutzt. Wenn ich herausbekomme, dass du hinter meinem Rücken über mich redest, um mir zu **schaden**, helfe dir Gott!
Wenn mir gegenüber jemand nicht loyal ist, obwohl ich in der Vergangenheit zu ihm stand, fühle ich mich schwer angegriffen. Ob nun vom Arbeitgeber, Sänger oder sonst wem.
Ich habe scheinbar innerlich eine Waage und gehe in Vorleistung. Ich erwarte nie eine Rückzahlung, aber **wenn** ich sie brauche, erwarte ich, dass mein Gegenüber sich erinnert.
Loyalität baut auf Vertrauen – und ich bin konsequent vertrauensselig.
Wenn man mich also loswerden und eine weitere Zusammenarbeit vermeiden will, muss man mich nur verraten – da bin ich dann auch konsequent.
Zwei Mal habe ich einen Chor aus diesem Grund gekündigt (und die Verantwortlichen waren nie die Chorsänger...). •

Luft zur Kopfstimme
Vor allem aus Männergesangsvereinen kennt man die überzentrierten, harten und vibratolastigen (ein Zeichen für nicht kontrollierbaren Druck und garantierte, spätere Stimmprobleme) **Tenöre** *(s.a.)*, da diese sich (vermeintlich) immer gegen die anderen Männer durchsetzen müssen. *(s.a. Knick; Vibrato)*
Hier hilft: Sie sollen *loslassen (s.a.)*, den Mund aufmachen, die Zungenspitze vorne lassen und freundlich schauen.
Vor allem Männerstimmen, aber auch uneigentliche Sopräne werden, je höher sie singen, mehr Druck aufbauen „weil das ja hoch ist!". Dadurch pressen sie und steuern den Ton von unten an, werden ihn also niemals sauber erreichen.

Vermittle ihnen, dass sie, je höher sie singen, **weniger** Druck aufbauen müssen, damit mehr Luft über die Stimmlippen ziehen kann und die Kopfstimme (s.a. *Stimme*) aktiviert wird. Das hilft auch Alti, die hoch singen müssen, und natürlich dem Bass.
Mancher Tenor hätte solche Anweisungen tatsächlich aber nicht nötig, **wenn er einfach mal den Mund aufmachen** würde. Da hat man das Gefühl die würden die ganze Zeit mit gebremstem Schaum singen und sich zurückhalten – in Wirklichkeit drücken die dermaßen gegen ihren Singapparat, dass es aussieht als würden sie…
Das ist auf Dauer nicht gesund und muss vom verantwortungsbewussten Chorleiter unterbunden werden (…liebe Männerchor-Leiter!…).
Ich weiß nicht warum ich bei diesen Tenören immer an einen Toilettengang denke. Freundlichere Analogien wären z.B. Bankdrücken im Fitnessstudio oder der kraftvolle Akt des Schraubverschlussöffnens eines Sauregurkenglases – am Ende kommen die Sänger aber selbst immer auf das Bild der Verstopfung zurück – ich kann es ja nicht ändern. •

Luftaustausch

Die normale Luft auf Meereshöhe hat eine Sauerstoffkonzentration von 21% und eine Kohlenstoffdioxidkonzentration von 0,04%.
Das wären deine Ausgangswerte bei Beginn einer Probe in einem normalen abgeschlossenen Probenraum (z.B. Gemeindehaus oder Klassenraum).
Dein Problem im Verlauf der Probe ist **nicht** die Reduktion des Sauerstoffes.
Die Ansage: „Macht bitte die Fenster auf und lasst Sauerstoff rein." ist irreführend.
Es ist die Erhöhung der **CO_2-Konzentration** in der Raumluft, die deine Sänger müde macht.
Untersuchungen zur Raumluft von Klassenräumen zeigen je nach Studie eine Verzehnfachung der CO_2-Konzentration im Zeitraum einer Schulstunde (45-Minuten).
Wie hoch der Wert tatsächlich ist, muss uns aber nicht interessieren – wir müssen um die Auswirkung und Konsequenzen wissen:
1. Wir schmeißen mit dem Fensteröffnen CO_2 raus – Sauerstoff ist noch genug vorhanden.
2. Wir sollten spätestens nach einer Stunde lüften, um weiter sinnvoll zu arbeiten.
3. CO_2 ist **schwerer** als Luft – lüfte mit offener Tür und stoßartig (Fenster ganz auf – nicht nur auf kipp, sodass ein echter Zug entsteht).

Während „Corona" habe ich darüber nachgedacht mir einen CO_2-Sensor anzuschaffen, der mir sagt, wann ich lüften soll.
Ich habe es dann nicht getan, denn die, die sich so ein (teures) Gerät angeschafft hatten kamen – nach Aussage von Nutzern in verschiedenen Foren – zu dem Ergebnis, dass die Werte, wie oben beschrieben, derart schnell in die Höhe schnellten, dass (diese Werte als Indikator für die Raumluftqualität genommen) eigentlich nur bei offenem Fenster geprobt werden konnte. •

Luxus
Im dreistimmigen Chor sind die Männer meist zu laut.
Du solltest sie positiv darin bestätigen leiser zu singen: Sie haben nun den *Luxus* weich und locker singen zu dürfen – mit viel **Liebe** zur eigenen Stimme. • *(s.a. Choraufstellung)*

M

Mäkelei mit Begründung
Deine Delegierten werden dir die vorläufigen Ergebnisse ihrer Arbeit zeigen und sei es nur ein Plakatentwurf.
Sei besser als so viele andere Menschen heute: Mäkel nicht nur, sondern mach konstruktive Änderungsvorschläge.
Wenn du es nicht besser weißt, halt die Klappe (sorry…aber, ehrlich!).
Ein „Ich mag es nicht!" musst du aus deinem Wortschatz streichen, wenn nicht ein „denn" und ein (auch auszudiskutierender) Lösungsansatz folgen.
Gut finden darfst du alles ohne Begründung. •

Maluma und Takete
Jeweils 2 Wörter passen zu einer Form. Teile sie auf.

- Maluma
- Takete
- Buba
- Kiki

Zwischen 90% und 98% von Probanden teilen der runden und der eckigen Form das ‚korrekte' Wort zu.
Es scheint eine intuitive, emotionale Verbindung zwischen Sprache und Formen zu geben. Schon die beschreibenden Worte entsprechen dem: kantig – rund.

[Seite „Anmutung". In: Wikipedia, Die freie Enzyklopädie. Bearbeitungsstand: 30. Juni 2019, 08:29 UTC. URL: https://de.wikipedia.org/w/index.php?title=Anmutung&oldid=189986000 (Abgerufen: 8. Februar 2020, 14:18 UTC)]

Marlboro, Aldi, Lidl, ING-Diba, Haribo, BMW, Audi, Amazon (weich im englischen), Google, Apple, Samsung, usw. usf. sind Marken, die einen weichen Körper haben wollen.
Willst du also einen erfolgreichen Markennamen kreieren, scheint es klug zu sein ihn weich zu gestalten. Selbiges gilt für deine Konzerttitel und Chornamen.
Willst du auffallen und ‚anecken', gestalte ihn hart. •

Mannschaft vs. Einzelkämpfer
Fußballanalogie: Mannschaft A und B. A ist gut, B ist schlechter.
B wird A bei besserer Organisation, mit System und verteilten Aufgaben schlagen können, wenn B also eine Mannschaft, und A eher eine Ansammlung von Einzelkämpfern ist.
Diese Analogie ist auf verschiedene Aspekte anwendbar:
- Ein Chorklang wird nur gut sein, wenn er ausgewogen ist, wenn also die sehr starken Stimmen sich dem Klang unterordnen und ihn unterstützen wollen.
- Wenn man ‚Solisten' im Chor hat, wird der Chorklang nie homogen werden.
- Das Sozialsystem funktioniert nur, wenn starke und schwächere Sänger zusammenarbeiten und sich gegenseitig unterstützen.
- Ein Chorleiter mit echten Delegierten und einem unterstützenden Team wird den Chor besser organisieren als ein Dirigent, der alles allein machen will.

Dein Ziel muss sein aus dem Chor 100% seiner Möglichkeiten herauszuholen.
Einzelleistungen abzurufen sind 50%
Diese Einzelleistungen zu einer Mannschaftsleistung zu verbinden sind weitere 50%. •

Mantra
Hope for the best – prepare for the worst.
Mein Corona-Mantra. Zu viel vorbereiten, auf die Gefahr hin es nicht machen zu dürfen. Hände in den Schoß legen ist echt nicht mein Ding. • *(s.a. Wahlspruch)*

Mario Vargas Llosa (*1936)
„Das Leben ist ein Sturm aus Scheiße und die Kunst der einzige Regenschirm dagegen." •

Marke B
Hohe Qualität ist dadurch definiert, dass alle zu singenden Stücke so gesungen werden, dass sie das Publikum ansprechen und berühren.
Der **Schwierigkeitsgrad** ist irrelevant.
Oder: Niemals *was?* – nur *wie?* • *(s.a. Einseitig vs. Zweiseitig)*

Masochisten
Manchmal habe ich das Gefühl einige Sänger sind Masochisten. Was die sich zum Teil von Dirigenten gefallen lassen, ist erschreckend.
Da frage ich mich ab und zu, warum ich mir so viel Mühe gebe nett zu sein… •

Massage
Die Massage für die Stimmlippen: Singe in einen Schlauch oder dicken Strohhalm, der in einer Wasserflasche mit Wasser steckt, sodass Blasen entstehen.
Durch den wechselnden leichten Druck wird der Gesangsapparat durchgewabert. •

Match your energy
Wie ein Pferd auf seinen Reiter, reagiert ein Chor auf deine Stimmung/Energie.
Wenn du mit innerer Spannung und Freude arbeitest, wird dein Chor dich energetisch spiegeln (s.a.).
D.h. es geht nicht darum, dass du wie ein Hamster auf LSD vor deinem Chor rumhopsen sollst, sondern mit welcher **Einstellung** du in der Probe agierst.
Wenn du also das Gefühl hast, dein Chor würde in dieser Probe irgendwie abgeschlafft sein, schau auch mal, wie es dir geht.
War dein Tag lang?/Bist du müde?/Ist dein Probentempo heute langsamer als sonst?/ Bist du schlecht vorbereitet?/Bist du unsicher?/etc.
Analysiere auch mal wie eine Probe läuft, wenn es dir gut geht. •

Maxime deines Handelns
Du wirst niemals alle Menschen in deinem Umfeld zufrieden stellen.
Deine Maxime kann nur sein, nach bestem Wissen und Gewissen gehandelt zu haben. Wenn du dich angestrengt hast und es nicht besser wusstest, kannst du dich über gemachte Fehler kurz ärgern und darfst dann aus ihnen für die Zukunft lernen. Vorwerfen (lassen) musst du dir nichts. •

Mediante
Medianten sind Verbindungstöne zwischen zwei Akkorden.
Ich zeige sie (wenn nicht so eindeutig wie im folgenden Beispiel) durch **Klammern** an.
Wenn du Intonation probst, sind das die Töne, an denen sich die anderen Stimmen anzupassen haben.
Grundregel: Das Tonmaterial, das vom alten Akkord bleibt, ist die Richtschnur für den Folgeakkord. Und dies unabhängig davon, was die Aufgabe des alten Tons im neuen Akkord ist.
Medianten sorgen damit im Allgemeinen für einen ruhigen Harmonieverlauf.
Um im Laienchor aber zweckmäßig zu sein, gelten für uns nur **gleiche** Töne als Medianten – keine Oktaven oder Töne die sich (trotz gleichem Akkord) unverbunden – also überlagernd – in einer anderen Stimme fortsetzen.

In T7 des folgenden Beispiels ist die Verbindung B-T mediantisch, weil der Tenor das *a* vom Bass überlagernd übernehmen kann und damit genau sein wird. Würde der Bass nur eine Viertel singen (wie der Alt) und die beiden *a* damit nacheinander in verschiedenen Stimmen gesungen werden, wäre es (für uns) keine sinnvolle mediantische Verbindung.
Am Anfang liegt die Mediante im Alt. In Takt 5 denkt man nun, man hätte keine Mediante mehr – hat man aber (harmonisch) im Tenor von T4 bis T9, obwohl er eine eigenständige Stimme singt.
Es passiert wirklich selten, dass es keine Mediantenverbindungen gibt. Gute Komponisten versuchen bei Akkordfortschreitungen gleiche Töne in derselben Stimme zu belassen. Wenn dies nicht passiert, hat der Komponist dafür einen Grund, oder schlicht am Klavier komponiert und keine Ahnung von Chor (kein Scherz!).
Schütz hat hier alle Akkordwechsel durch Medianten verbunden – nur die zwei Silben „er-hebt" konsequent nicht – Mic drop. Wie cool ist das bitteschön?
Er könnte die Medianten beibehalten, aber da es keine gibt, kann der Tenor sein freistehendes „-hebt" intonieren wie er will (theoretisch).
Schütz zeigt so die den Herrn erhebenden Stufen auch visuell an.
Gute Komponisten zu analysieren macht einfach Spaß.

Beispiel: T1ff aus „Deutsches Magnificat" von Heinrich Schütz (1585 - 1672) •

Mediation

Wenn das Verhältnis zwischen Chor und Chorleiter und/oder Vorstand nicht mehr so ist wie es sein sollte, kannst du einen Mediator einschalten, der beide Seiten versteht und zwischen ihnen vermitteln kann.

Das Ziel ist gemeinsam die Emotionen zu reduzieren und die Diskussionen gesteuert zu versachlichen.

Ich biete dir und deinem Chor solch eine Mediation an.

Durch meine hauptberufliche Chorleitertätigkeit im Laienbereich, als Coach für Chorleiter und als aktiver Chorsänger habe ich viele auftretende Spannungsfelder erleben müssen/ dürfen, sowie auch deren Lösung. Hierdurch bin ich qualifiziert beiden Seiten die Motive des anderen aufzuzeigen und zu vermitteln.

Einen ersten Schritt, in welchem **du** die andere Seite und deinen Aufgabenbereich besser verstehen lernst, machst du durch das Lesen dieses Buches. Vielleicht kannst du allein dadurch schon viele Konflikte lösen und in Zukunft gar nicht aufkommen lassen.

Für alle weiteren Fälle und Probleme ist Mediation ein Hilfsmittel.

Sie setzt allerdings die Mitarbeit und grundsätzliche Zustimmung aller Beteiligten voraus. Niemand kann dazu gezwungen werden.

Mit dem Mediator wird eine dritte, unabhängige Partei hinzugezogen, um sachlich, kompetent und unvoreingenommen zu vermitteln. Die Umsetzung der Empfehlungen liegt bei den direkt Beteiligten und dem Chor. Ein Erfolg ist also nur über eine gemeinsame Arbeit zu erreichen und kann nicht garantiert werden.

Eventuell muss meine Empfehlung sogar sein, dass sich der Chor von einem Verantwortlichen – eventuell sogar von dir – trennen muss. Dies ist aber immer der letzte Schritt.

Weitere Informationen findest du unter www.chor-mediation.de oder kontaktiere mich unter kontakt.p.lehmann@gmail.com. •

Medikamente für Chorsänger
Du darfst keinem Sänger Medikamente geben!

Auch wenn dich jemand nur um ein Ibuprofen bittet, darfst du es ihm nicht geben.

In 99,99% der Fälle ist das eigentlich kein Problem, bis man auf den einen Deppen trifft, der dich bei Nebenwirkungen verklagt: Du hättest ihn ja darauf hinweisen müssen.

Mach dir einfach nicht den Stress. Es laufen genug Idioten rum, die die Schuld bei dir suchen. Du musst das ja dann nicht auch noch herausfordern.

Nicht jeder wird diese Sorge verstehen. Deshalb ist die einfachste Lösung für dieses Dilemma, dass du schlicht keine Medikamente dabei hast und wenn, muss es keiner wissen. • *(s.a. Erste Hilfe; Husten, Schnupfen und singen)*

Mein Chorklang
Ich präferiere:
- Einen schlanken Chorklang ohne Vibrato.
- Keinen statischen und grundsätzlich hohen oder tiefen Kehlkopf, sondern einen flexiblen und freien.
- Einen hohen Resonanzraum durch eine flache Zunge, nicht durch ein *Gähngefühl*.
- Einen weiten – also breiten – Schalltrichter auch bei dunklen Vokalen, durch ein grundsätzlich freundliches Gesicht, der den Schall sehr schnell streut. Dies ist vielleicht der größte Unterschied zum Sologesang.
- Der Text steht für mich über allem und muss immer verständlich sein.

Mein Chorklang soll ehrlich und freundlich sein – das erreiche ich mit jedem Chor.
Wie soll **dein** Chor klingen? • *(s.a. Mundstellung (chorische))*

Meine Zeit
Hat einer deiner Sänger zuhause Probleme, muntere ihn auf.
Mach ihm klar, dass das hier beim Singen **seine** Zeit ist, die **er** braucht, um Abstand von zuhause zu gewinnen. Bei längerfristigen Problemen wirst du diesen Sänger sonst verlieren.
Menschen neigen leider dazu irgendwann die eigenen Bedürfnisse (z.B. Chorgesang) zugunsten der Probleme anderer (Familie/Beruf/Hund/usw.) hinten anzustellen. •

Meinungsänderung
Wenn sich die Fakten ändern, ändere ich meine Meinung.
John Maynard Keynes (1883 – 1946)

Du musst deine Meinungen und Entscheidungen begründet und überzeugt vertreten.
Es kann sich aber im Verlauf der Zeit die Faktenlage ändern, auf die du deine Meinung und Entscheidung berufst.
So lange du dies als einzige dauerhaft Tatsache akzeptierst und kommunizierst, wirst du deine Meinung auch ändern können und dich von anderen, trotz deiner **aktuell** meinungsstarken Vertretung einer Seite, überzeugen lassen können und dürfen.
Zu viele Gruppenleiter meinen auf einer Meinung bestehen bleiben zu müssen, selbst wenn sich die Faktenlage geändert hat, weil sie ein Abweichen von einem gefassten Beschluss als Schwäche interpretieren. Sie haben Angst davor, dass man ihnen nachher vorwirft, sie hätten sich ja geirrt.
Solange sie aber nachweisen können, dass sie zu **dem Zeitpunkt** nach dann herrschender Faktenlage entschieden haben, ist ihnen nichts vorzuwerfen (auch nicht von ihnen selbst). •

Meinungsbild

Willst du eine ehrliche Meinung von deinen Sängern, dann mache eine anonyme Umfrage mit Zetteln, die am Ende der Probe in eine Box getan werden und die du dann auswerten kannst. Bei sensiblen Themen, oder wenn es im schlimmsten Fall sogar um dich persönlich geht, solltest du die Auswertung natürlich zwei anderen Personen überlassen. Vor allem bei Geldfragen ist dies die sicherste Methode ein ehrliches Stimmungsbild zu bekommen (Chorbeitrag *(s.a.)*, Kosten für eine Chorreise – also was jemand bereit ist zu zahlen/was individuell möglich ist).

Es ist **die** Methode für alle Themen, bei denen Sänger sich mit ihrer Meinung oder durch Offenlegen ihrer Verhältnisse bloßstellen könnten (wenn sie z.B. etwas nicht bezahlen können oder nur anonym Kritik äußern würden).

Reales Beispiel: Eine Chorfahrt wird mindestens 300€ pro Person kosten – dies ist ein Fakt – eine Diskussion darüber zu führen ist müßig.

In der Organisationgruppe entbrannte eine hitzige Diskussion darüber, wie viele Sänger sich das leisten können und/oder wollen. Da man ja im Normalfall die finanziellen Verhältnisse seiner Sänger nicht im Detail kennt, war es eine Diskussion der Gefühle („ich glaube, das kann/will sich nur die Hälfte leisten") und Vermutungen.

Das Grundproblem jeder Chorbeitragsbemessung und Eintrittspreiserhebung: „Chor" ist eine **weiche Ware**, die mit harter Währung bezahlt werden soll.

Der Wert ist also hochindividuell. *(s.a. Austrittsteigerung durch Verhärtung weicher Ware)*

So haben wir den Chor gefragt: Wer kann **mehr** als 300€ zahlen und wenn ja, wieviel? – für wen ist das schon **zu viel**? – die Chorkasse kann bei ein paar Sängern aushelfen.

Ergebnis: Der Durchschnitt der Sänger war bereit 400€ zu zahlen. Es gab drei, die nur 150€ zahlen konnten. Die Chorfahrt fand also statt und diejenigen, die es finanziell nicht tragen konnten, sollten den Schatzmeister vertraulich ansprechen und es wurde unbürokratisch unter die Arme gegriffen.

Voraussetzung für Kostenübernahmen sind natürlich Rücklagen – die aber eh gebildet sein müssen (und weit über dem Satz von drei Chorleitermonatsgehältern), sonst solltest du eine Chorfahrt gar nicht in Betracht ziehen.

Diese Methode ein Stimmungsbild zu bekommen ist sehr effektiv, wenn du eine klare Faktenlage hast und nun ehrliche Meinungen brauchst. Sie empfiehlt sich auch dringend bei Ausschluss von Sängern oder Chorleiter: Es ist etwas vorgefallen – die Gruppe soll entscheiden ohne individuelle Repressalien befürchten zu müssen. •

Meinungsfreiheit – also meine ist deine – ohne dass du es merkst

Willst du jemanden zu einer Einstellungsänderung bewegen, wird er sich in seiner (Meinungs-) Freiheit bedroht sehen. Dies ist eine *emotionale* Reaktion.

Wenn ein Sänger Stücke von Hugo Distler (1908 – 1942) nicht singen will, weil dieser mit den Nazis kooperiert hat, wirst du ihm dieses Gefühl des Ekels vor der Person nicht wegkommandieren können. Wenn du ihn nun noch *zwingst* das zu singen („Entweder du

singst alles mit oder du singst in diesem Konzert nicht mit!"), ist das zwar formal korrekt, aber für jeden so fühlenden Menschen eine Freiheitsberaubung.
Dein Weg muss also sein, deine Sänger so zu überzeugen, dass sie *glauben*, dass sie eine Wahl haben. Das ist relativ einfach.
1. <u>Zeige Verständnis</u>: „Ja, Distler hätte den Mist lassen sollen."
2. <u>Zeige die andere Seite:</u> „Das was wir singen, hat damit nichts zu tun – es sind nur alte Kirchenlieder, wozu er einen neuen Chorsatz geschrieben hat."
3. <u>Gewichte übertreiben</u>: „Es wäre schade, wenn du dir wegen dieser Stücke den Spaß am Singen verderben lassen würdest." – Er findet ja das Singen nicht grundsätzlich doof – halt nur das Singen dieser Stücke und wird nun also verneinen und abwiegeln.
4. <u>Werde alternativlos</u>: „In dieses Konzert passen diese Stücke und die Sätze sind gut gemacht." – Das zeigt, dass du von deiner Position nicht abweichen wirst.
5. Schließlich: <u>Biete den Mittelweg</u>, der dir nicht wehtut: „Im Programmheft schreiben wir explizit rein, dass Hugo Distler für die Nazis gearbeitet hat."

So hast du ihn nicht um seine Einstellung gebracht und sorgst gleichzeitig dafür, dass seine Einstellung deinen Weg nicht blockiert.
Grundregel: Die Meinungsfreiheit ist ein hohes Gut und muss aufs schärfste verteidigt werden. **Aber:** Die Meinung Einzelner darf niemals zum Diktat für alle anderen werden. Dies gilt allerdings im Umkehrschluss auch für dich! Wenn du längere Zeit gegen die Meinung des Chores arbeitest und dies nicht messerscharf begründen kannst, wodurch du zumindest eine Form von Akzeptanz erreichen würdest, werden die Sänger gehen. •
(s.a. Abilene-Paradox; Falsche Mädchen)

Meinungspluralität im Vorstand/ Beirat
Du musst verstehen, dass es sich lohnt, Menschen mit starker eigener Meinung in deinen Vorstand zu bekommen – aber nur so lange die Spielregeln klar sind:
Das Hauptziel ist ein funktionierender Chor – **alles** und **alle** werden ihm untergeordnet.
- Du bist für die Musik verantwortlich.
- Wenn jemand aus der Gruppe verantwortlich ist, ist er es auch (z.B. Schatzmeister für die Finanzen) – im Guten wie im Schlechten.
- Diskussionen finden nur auf der Sachebene statt.
- Wenn jemand denkt, dass eine bestimmte Handlungsweise für den Chor gut wäre, muss er das belegen.
  Erfahrungen aus anderen Situationen (Transferleistung *(s.a.)*) zählen natürlich. So ist z.B. bei der Stückauswahl im Vornherein nicht zu belegen, dass die Stücke für den Chor singbar sind, bzw. den meisten gefallen. Da zählt die Erfahrung und das Wissen.
- Meinungen, die angeblich im Chor herrschen, oder Finanzierungsmöglichkeiten von Vorhaben, sind zu belegen.

Starke Meinungen erlauben gleichzeitige *Meinungspluralität* nur, wenn die Stärke ausgeglichen ist. Ein überstarker Meinungsvertreter wird die anderen sonst unterbuttern. Hier kommst du ins Spiel: Du musst den Ausgleich schaffen. Du musst dafür sorgen, dass im Vorstand jeder seine klaren Aufgaben hat und Meinungen, die es zu diskutieren gibt, ausgeglichen diskutiert werden.

Häufig halte ich mich aus Vorstandsdiskussionen komplett heraus oder nehme mich zurück, wenn es eine Pattsituation gibt.

Ich werde im Vorstand trotzdem immer das Großmaul dem grauen Mäuschen vorziehen. Schlicht, weil ich das Großmaul, wenn es Fehler macht, auch zur Rechenschaft ziehen kann, ohne dass es mir leidtut.

Habe ich mehrere starke Persönlichkeiten im Beirat/Vorstand werden diese sich ausgleichen und wenn fair diskutiert wird, den Chor auf ein höheres Level hieven können.

Das Level an Meinungspluralität kannst du steuern. Ein einfaches: „Was denkst du darüber?" erfüllt oft den Zweck. •

Meinungspluralität verteidigen

Findest du die politische oder soziale Grundhaltung eines Sängers nicht gut, kannst du ihn mobben bis er geht (nein, **mach das nicht!**) oder versuchen ihn zu verstehen.

Du darfst eigenständige Person sein und auch so auftreten, musst dich aber als Leiter einer heterogenen Gruppe von Menschen, die sich deiner Gruppe zugehörig fühlen, mehr zurückhalten als du es im privaten Umfeld eventuell tun würdest.

Du musst das Grundrecht auf freie Meinungsäußerung verteidigen.

Dein einziger Grund jemanden der Gruppe zu verweisen ist, wenn dieser Mensch in seiner Art und/oder seinem nach Außen getragenen Denken der Grundhaltung und dem Werteverständnis der Gruppe widerspricht (und wenn er nicht singen kann).

Du musst mit dieser Person sprechen. Der einfachste Weg einen Dialog zu beginnen, ist die Frage: „Wie kommst du zu dieser Meinung?" So zeigt sich schnell, ob die Person zum Dialog bereit ist und auch selbst andere Meinungen zulassen kann oder nicht. •

(s.a. Politischer Humanismus; Verhaltenskodex; Wertegemeinschaft)

Melismen strukturieren

Melismatische Stellen (viele Töne auf einem Vokal) musst du, mehr als syllabische (ein Ton pro Silbe), für deine Sänger in wichtige und unwichtige Töne unterteilen.

Wo geht die Phrase hin? Welche Artikulation, also welche **Grammatik**, liegt vor?

Was sind die Zieltöne? Welche Sprünge müssen geführt werden und welche *passieren* einfach?

Die meisten Sänger können eine lange Strecke von Tönen, die nicht über den Text strukturiert ist, nicht überblicken und singen dann jeden Ton gleich wichtig. *(s.a. Inegalität)*

Unmusikalität ist das eine, das andere wird ein Pünktlichkeitsproblem.

Da alle Töne gleich sind und keine Konsonanten, sondern nur *weiche* Töne das verbindende akustische Signal sind, ist das eigene Singen jedes einzelnen Sängers lauter in seinem Kopf, als das Singen des Nachbarn.

Selbst wenn die Sänger zusammen singen wollen, können sie es nicht, außer sie schauen ganz genau auf den Dirigenten.

Wenn aber Zieltöne und Phrasierungen und dadurch Betonungen vereinbart sind, bekommt die Stelle eine kleinteilige Struktur mit akustischen Zwischensignalen.

Sie kann nun besser zusammen gesungen werden und klingt als toller Nebeneffekt auch noch musikalischer.

Grundregel: Melismen brauchen **Wortschwerpunktsubstitute** aus der Musik heraus.

Im langsamen Tempo braucht es davon mehr, im schnellen weniger. Am einfachsten kann man der Binnendynamik *(s.a.)* folgen und die Taktschwerpunkte ausnutzen.

Im folgenden Beispiel habe ich nur die Zieltöne markiert. Wenn du ganz genau sein willst schreibe die Dynamikverläufe wie im Punkt *Binnendynamik* hin (nein, mach es nicht!).

Beispiel: T1ff aus dem Kanon „Cantate Domino" von Dietrich Buxtehude (1637 - 1707) •

Mensch einmalig
Auf „*Mensch*" reimt sich **kein** deutsches Wort. •

Menschlichsein
Deine Sänger werden dich ab und zu enttäuschen und ärgern. Meistens musst du das für die *Sache* vergessen. Es bringt nichts, sich über einen Sänger zu ärgern, wenn du seine Motivation nicht kennst und/oder seine Unflätigkeit oder Inkompetenz nicht gegen deine **Person**, sondern gegen deine **Position** (Dirigent) gerichtet war.

Meistens ist es also für den Chor und den Ablauf irrelevant – hier musst du deine Emotionen unterdrücken.

Es gibt aber Menschen, die einen so ärgern oder so respektlos sind, dass sie einem die Freude an der Chorarbeit vermiesen. Wenn du also nur noch darüber nachdenkst „scheiße, heute ist der auch wieder da", dann musst du ihn rigoros loswerden.

Denn mit einem trübsinnigen Chorleiter geht die *Sache* den Bach runter.

Bis zu diesem ‚Loswerden' musst du Deeskalationsschritte versuchen: Du willst einen öffentlichen Konflikt unbedingt vermeiden. Deshalb solltest du mit der Person sprechen und ihr mitteilen, wie du dich fühlst. Wenn du richtig gut bist, dann bist du in deiner Chorleiterpersönlichkeit und teilst dem Sänger mit, dass du merkst, dass **er** sich nicht so wohlfühlt, und ob du ihm helfen kannst, dass sich das ändert.

Wenn dies verneint wird, hilft nur die brutale Ehrlichkeit ihm zu sagen, dass eine Zusammenarbeit unter diesen Umständen nicht mehr möglich ist. Schiebe dem sofort die Frage nach, was der Sänger für Vorschläge hat, damit die Situation sich wieder entspannt. Schlage selbst nichts vor! So komisch es klingt: Durch deine Position als Chorleiter und Verantwortlicher für die Gruppe bist du verpflichtet hier egozentrisch zu denken: **Du** hast kein Problem – das hat **er**. Wenn er also noch weiter mitsingen will, muss er auch zur Lösung beitragen.

Meistens stellt sich bald heraus, dass es sich mal wieder um eine Projektion außerchorischer Probleme handelt, die der Sänger mit in die Probe bringt.
Hier solltest du sofort in eine verständnisvolle Rolle fallen und so von deiner Seite ein vertrauensvolles Verhältnis anbieten (natürlich nur durch die Handlung – nicht, indem du es tatsächlich anbietest). *(s.a. Fremdbestimmung)*
Wenn es aber hart auf hart kommt, bedenke, dass du als Dirigent dem Chor immer wichtiger sein wirst als ein einzelner Sänger. Du musst die Eskalation allerdings vor dem Chor vertreten können (nicht nur „der hat mich doof angeschaut…").
Eigene Fehler darfst du nicht beschönigen – nur erklären und eventuelle Missverständnisse aus der Welt räumen.
Gleichzeitig musst du darauf pochen, dass dein **Menschlichsein** niemals ein respektloses Verhalten dir gegenüber rechtfertigt – oder einfacher: Sänger möchten bei eigenen Fehlern ja auch nicht angeschnauzt werden.
Wenn der Konflikt also öffentlich wird, musst du dem Chor klarmachen, dass du genauso ein Mensch mit Emotionen und eben auch Grenzen bist.
Das ist ein **Killerargument**, denn dagegen kann ein Sänger erstmal nichts sagen.
Wenn doch, spricht er dir das Menschsein ab.

Selbst wenn der eine oder andere deine Reaktion übertrieben finden sollte, kann er gegen dein **Gefühl** nichts sagen, da **er** bei solchen Gefühlen gleichermaßen mit Respekt behandelt werden will.

Du sitzt zwar am längeren Hebel, aber einem öffentlich ausgetragenen Konflikt müssen Überlegungen vorangehen:
- Was für Konsequenzen wird dieser Schritt für mich und den Chor haben?
- Habe ich gute Argumente?
- Welche Macht hat der Sänger – werden andere mit ihm austreten?
- Hat der Sänger Verbindungen zum Pastor/Kirchenvorstand/Chorvorstand?
- Wieviel Energie werden dich die Folgegespräche kosten?
- Kannst du den E-Mailverteiler *(s.a.)* für einige Zeit blockieren, sodass der Sänger keine zu einfache Möglichkeit hat, sich an den ganzen Chor zu wenden?

Nachdem du all das hinterfragt hast, wirst du ganz schnell herausfinden, ob der Konflikt diese Menge an Energie wirklich wert ist, bzw. ob das Vermeiden des Konfliktes nicht doch weniger Energie kostet. Zwinge dich deine Emotion zu rationalisieren.

Wenn du danach immer noch meinst, dass es sich lohnt, dann ist es immer besser einen Dauerkonflikt zu beenden, indem einer (also der Sänger) geht.
Das ist damit auch gut zu begründen. Wenn du deinen Vorstand vorher informiert hast, ihm die Situation schilderst und auf deine Seite bekommst, kann der Rest des Chores deine Entscheidung gut mittragen und du kommst aus der Sache relativ einfach raus.

Hast du die Probleme mit einem Vorstandsmitglied gilt im Übrigen dasselbe: Versuche den Konflikt zu lösen. Klappt das nicht, musst du den Rest des Vorstandes einschalten und dann den Chor.
Ich habe leider auch schon erlebt, dass Kollegen sich in solchen Situationen den Hass des ganzen Chores auf sich gezogen haben, weil sie dachten, dass sie unersetzliche Diktatoren sein können.
Du **bist** schwer zu ersetzen. Handle in solchen Situationen trotzdem immer im Konsens mit deinem Vorstand/dem Rest des Vorstandes und sorge dafür, dass du verstanden wirst. Alles andere saugt mehr Energie als ein Dauerkonflikt mit einem Sänger. •
(s.a. Gegangen worden (heimlich))

Mentales Üben
Sportler und Instrumentalisten üben häufig mental. Dabei geht es um das Trainieren von Muskelbewegungen, ohne sie tatsächlich auszuführen. Man stellt sie sich einfach nur vor. So kann ein Pianist ein Klavierstück nur durch Betrachten der Noten üben, da das innere Ohr und die Vorstellung zu spielen minimale Muskelkontraktionen hervorrufen.
Da physisches Singen Mikromuskelkontraktionen zur Kontrolle der Stimmbänder erfordert, kann ein Sänger mit guter Vorstellungskraft stumm/mental Singen üben. Er muss dafür kein absolutes Gehör besitzen, aber den (ungefähren) Anfangston haben, indem er ihn z.B. von einer Stimmgabel *(s.a.)*/App *(s.a.)*/dem Klavier abnimmt. Nur deshalb funktioniert das Vorsingen und Nachsingen im Chor. *(s.a. Prozedurales Gehör)*
Das bedeutet auch, dass eine Übe-Klang-Datei *(s.a.)* vom Sänger zuhause nicht unbedingt konsequent mitgesungen werden muss. Das wäre zwar besser und bringt mehr. Bei Sängern, die gerne und schon länger im Chor singen, wird aber der gesamte Gesangsapparat immer ganz leicht und minimal (stumm) mitsingen.
Wenn es nur um das Kurzzeitgedächtnis gehen würde (was es bei untrainierten Sängern tut), dann würde eine Chorprobe extrem mühsam sein, was du an neuen und unerfahrenen Sängern in der Chorprobe selbst immer wieder erleben kannst. Deren Muskeln haben noch nicht die Erfahrung, die es braucht, um *stumm* mitzumachen.
Auch du kannst so üben: Nicht nur die Stimmen singen zu können, sondern auch die Dirigierbewegungen. *(s.a. Schlagpunkte)*
Dazu setzt du dich (auch im Zug/Bus/Flugzeug) gerade hin, machst die Augen zu, stellst dir die Musik vor, siehst dich selbst vor deinem inneren Auge und lässt deine Bewegungen die Musik anleiten.
Zuhause/nichtöffentlich ist das ‚echte' Üben natürlich zu präferieren. • *(s.a. Ballett tanzen)*

Messa di voce (im Chor)

Den Begriff *Messa di voce* („die Stimme setzen", vom italienischen *mettere*) hat wahrscheinlich jeder schonmal gehört.
Man singt dabei auf einem langen Ton ein auch extremes Crescendo, entwickelt ihn damit, und singt ungefähr zur Hälfte des Tones wieder ein Decrescendo.
Diese Verzierung kann sehr kunstvoll von Solisten umgesetzt werden.
Im Laienchor ist sie vor allem für Synkopen interessant und soll dort auch lange nicht so extrem angewendet werden, wie Solisten die Freiheit haben.
Eine Synkope will – je nach Geschmack und Epoche – ihren Höhepunkt auf der schweren Zählzeit haben. Dies ermöglicht das Messa di voce und wird eigentlich von keinem Komponisten in die Noten eingetragen. Das Wissen darum wird vorausgesetzt.
Im Laienchor solltest du deine Sänger aber darauf hinweisen und sie die Gabeln in die Noten eintragen lassen.

Es ist zugegebenermaßen nur ein kümmerlicher Rest der Kunst, die ein Messa di voce im Sologesang bedeuten kann.
Es ist ein Begriff, der im Chorgesang zum Synonym für ein Auf- und Abschwellen mit der Synkopenmitte als Höhepunkt wurde, um dieser Gewicht zu geben.
Es ist eine für jeden halbwegs geschulten Laienchor leicht umsetzbare Singweise, die viel Lebendigkeit in Synkopen bringt, anstatt sie einfach flach dahinkriechen zu lassen. •

Methodisches Kaffeesatzlesen

Wenn du dir unsicher bist, ob du eine Handlung ausführen solltest, kannst du methodisch in die Zukunft schauen.
Dies solltest du mal ausführlich schriftlich, mal im Kopf machen.
Es ist anwendbar bei der Unsicherheit ein bestimmtes Stück singen zu lassen/ Solistenauswahl/Chorübernahme/Choraufgabe, etc. – also Dingen, die nicht so leicht und ohne Gesichtsverlust rückgängig zu machen sind:

- Was kann passieren, wenn du falsch liegst?
- Wen tangiert deine Entscheidung?
- Welche Konsequenzen erwarten dich, dein Umfeld und deinen Chor?
- Welche Vorteile gibt es?
- Wie wiegen sich Vorteile und Nachteile, bzw. Risiken gegenseitig auf?
- Mit wem kannst du dich (auch im Vertrauen) beraten?
- Was sagt dein Bauchgefühl? • *(s.a. Bauchgefühl; Entscheidungshilfen)*

Mezzo
Mezzo heißt *halb*. **mf** = halbes Forte; **mp** = halbes Piano.
Mezzosopran = nicht so hoch wie ein Sopran, aber nicht so tief wie ein Alt. •

Michelangelo
Einer Erzählung nach arbeitete Michelangelo di Lodovico Buonarroti Simoni (1475 – 1564) – oder einfach *Michelangelo* – an dem Gesicht der Statue eines alten lachenden Fauns.
In warmen Ländern wie Italien waren die Werkstätten der Künstler zur Straße hin offen und so kam ein Passant vorbei, der nach einer Weile des Zuschauens meinte, dass solch einem alten Faun doch ein paar Zähne fehlen müssten. Darauf nahm Michelangelo einen Hammer und schlug dem Faun ein paar Zähne aus.

Als Dirigent hast du zwar das Wissen und den Plan und solltest nicht bei jedem Einwand eines Sängers in Aktionismus verfallen, aber bei begründeten Einwänden (der Faun ist alt – deshalb ist ein strahlendes Gebiss unrealistisch), solltest du den Rat oder Einfall übernehmen. Interessanterweise nehmen viele Kollegen (sich auf ihrer Rolle und ihrem Wissen ausruhend) nicht einen einzigen Ratschlag von der ‚gemeinen' Sängerschar an. Aber wenn du keinen Rat deiner Sänger auf seinen Wert hin überprüfst, handelst du fahrlässig. Du wirst durch die Ratschläge besser und vor allem bleibst du glaubwürdig. Ein Chor verzeiht viel, aber keine offensichtlich falsch liegenden Diktatoren *(s.a.)*.
Wir nehmen Ratschläge nicht an, weil wir Angst haben unser Gesicht zu verlieren. Michelangelo bleibt immer noch der große Künstler, denn keiner kann die Statue so formen wie er. Er ist **alternativlos** – genau wie es im Augenblick keine Alternative zu **dir** als Chorleiter gibt. Solange du grundsätzlich von der Sache mehr verstehst und mehr weißt als deine Sänger, wirst du sie auch leiten können und dürfen.
Es geht aber auch ins andere Extrem: Wenn jeder Einwand von Sängern **ohne** kritische Analyse auf die Goldwaage gelegt und ihm gefolgt wird. *(s.a. Kompetenz und Macht im Laienchor)*
In dieser Geschichte würde einem weiteren Passanten evtl. die Nase nicht passen. Seine Begründung wäre aber nur sein **Geschmack** und Michelangelos Reaktion entsprechend abweisend. Bei manchen anderen Künstlern wäre vor lauter ‚Korrekturen' am Ende keine Nase übrig. •

Mieskuoro Huutajat
Mieskuoro Huutajat *(Die Rufer)* ist ein finnischer Männerchor, mit der Besonderheit, dass die Mitglieder nicht im klassischen Sinne singen, sondern überwiegend rufen, schreien, brüllen oder laut sprechen.
Die Darbietungen der *Huutajat* sind sehr rhythmisch und leben von Akzenten und Betonungen. Es finden dabei Requisiten wie Megaphone, Banner und Ofenrohre Verwendung.

Schau dir ihre Videos auf YouTube an. Diese Truppe von blonden Nordmännern ist absolut archaisch. Man muss dafür nicht mal die (wirklich gut artikulierten aber finnischen) Texte verstehen. Es ist pure Emotion, die schon nach einer Minute gefangen nimmt.
Vielleicht inspiriert dich das dazu auch mal mit deinem Chor ein Sprechstück zu versuchen. Ein sehr beliebtes ist z.B. „Fußball-Report" von Heinz Benker (1921 – 2000). Damit kann jeder etwas anfangen (und den anderen macht es einfach Spaß). •

Mikrofonhaltung

Soll ein ungeübter Laie ein Mikrofon halten, endet das meist in einem Chaos. Das Mikro wird weiter oder näher (als im Soundcheck geprobt) vor dem Mund gehalten, was in falscher Lautstärke und im schlimmsten Fall zu den bekannten ‚Pop'geräuschen führt. Diese, wie auch die überbetonten S-Laute, kann man mit einem Schaumstoffüberzug etwas dämpfen.
Einfacher geht es aber so wie auf dem Foto: Stütze den Mikrofonkopf auf deinem Kinn ab, sodass der Schall aus deinem Mund frei darüber kann. Das Mikrofon ist also **nicht** direkt **vor** deinem Mund. In dieser Position verbleibt es für die gesamte Zeit der Nutzung und bewegt sich mit deinem Kinn mit. Du sprichst/singst damit immer im selben Abstand – also bleibt auch die Lautstärke gleich.
Dein Atem geht über das Mikro weg, sodass keine übertriebenen Plosiv- und S-Laute geschehen können.
Diese Haltung ist ideal für Sänger, die nicht täglich mit dem Mikrofon arbeiten. Sie fühlen sich zuerst vielleicht nicht frei – wenn sie aber schön singen, und das wegen ihrer *Freiheit in der Mikrofonhaltung* nicht beim Publikum ankommt, ist das bescheuert.
Bei jeder Ansprache mit Mikro und auch wenn ich Solo singe, halte ich das Mikrofon so, denn dann muss ich mir darüber keine Gedanken machen.
Wichtig ist, das Mikrofon nicht zu fest an das Kinn zu pressen, sondern mit den Mundbewegungen mitgehen zu lassen.
Für Mikrofonprofis ist diese Haltung natürlich nichts, da diese mit der Entfernung des Mikrofons spielen können (z.B. wenn sie bei der Melodie des Chores mitsingen, somit nicht absolut solistisch sind und dann das Mikrofon etwas weiter weg halten, um es dann bei den echten Soloparts wieder näher zu halten – ...wer das kann muss auch keinen Hinweis dafür erhalten wie er sein Mikrofon halten muss...).
Und: Egal, was du im Fernsehen siehst, lass bitte keinen Sänger mit einem Mikrofonständer singen. Das ist noch schwieriger, da hier nicht die relativ feinmotorische Hand die Entfernung zwischen Mund und Mikro steuert, sondern der ganze Oberkörper. Lass das bitte die Profis machen und investiere die gesparten 30€ für den Mikrofonständer lieber in ein besseres Gesangsmikro (ab 80€). •

Minimalismus

Dirigiere immer mal wieder mit absolut sparsamen und kleinen Bewegungen. Nach kurzer Irritation werden die Sänger besser rausschauen. Es ist wie beim leisen Sprechen – man hört besser zu. Du solltest solch eine Maßnahme nicht kommentieren oder ankündigen. Lass sie einfach ein Teil deines Repertoires werden. •

Minimalrechung vs. Maximalrechnung

Willst du die Kosten eines Projektes berechnen, musst aber mit ungefähren Preisen arbeiten (Musiker X kostet pro Probe ca. Y€/das Mikrofon kostet im Augenblick Z€), kennst dein Budget, aber auch wie viel gut situierte Chöre für solch ein Projekt ausgegeben haben (Maximalrechnung), dann wirst du im Vergleich versuchen Kosten zu sparen.
Grundregel: Beginne nicht mit einer Minimalrechnung, sondern gehe von dem absoluten Maximum aus, dass du finanzieren **könntest** und mache dann Abstriche.

Beispiel Verstärkungstechnik:
- Du kannst in deinem Fall mit Förderung durch Sponsoren und Chormitglieder 5000€ ausgeben.
- Wenn du es ganz billig machst, müsstest du nur 1500€ ausgeben.
- Ein gut situierter Chor hat 10000€ ausgegeben.

Wenn du beim genannten Minimum von 1500€ anfängst, werden dir nicht alle **zusätzlichen Kosten** einfallen und du wirst von unvorhergesehenen Kostenfaktoren überrascht sein.
Jedem von uns ist es schon passiert, dass der Veranstaltungsraum auf einmal teurer wurde/du vergessen hast, die Getränke die du deinem Chor spendieren wolltest, in die Kalkulation mit reinzunehmen/die Technik ist nicht mehr zum Preis von vor einem Jahr zu haben/ein Solist wird krank und du musst einen teureren Ersatz auftreiben/usw. usf. Wenn du dich fragst warum im öffentlichen Bauwesen die Straße/Brücke oder der Flughafen auf einmal so viel teurer werden – das ist der Grund: eine unrealistische Minimalrechnung.
Dreh es um: Wenn du oben bei 5000€ anfängst, fallen dir anfangs nicht alle **unnötigen Ausgaben** ein und du wirst überraschender Weise am Ende weniger Geld ausgeben müssen, da dir auf dem Weg neue Einsparungsmöglichkeiten einfallen werden.
In unserem Fall gibt es evtl. ein Paketangebot eines Händlers.
Frage **niemals**: „Was bekomme ich für 1500€ und was brauche ich unbedingt noch mehr?" **Frage**: „Was bekomme ich für 5000€ und wo gibt es dabei Einsparpotenzial?"

Wenn du dir Technik anschaffen willst, oder ein Konzert mit Orchester planst, musst du mit Sicherheit Anträge und Finanzierungspläne schreiben. Um Gelder eher bewilligt zu bekommen ist es sehr verlockend dort eine niedrige Zahl anzugeben. Tue dies **niemals**.

Beantrage lieber zu viel Geld und zahle welches zurück bzw. bekomme den Antrag nicht genehmigt, als dass du später nicht weißt, wie du dein Projekt finanziert bekommst.

Um deine Berechnung inhaltlich zu rationalisieren und zu begründen hilft dir ein Vergleich mit anderen. Vor allem hilft ein Vergleich mit **Besseren**, da jeder vergleichenden Einsparung ein Gedankengang vorausgehen muss.
Rechne also, wenn möglich: Was haben **die** für 10.000€ bekommen und was muss **ich** davon haben, bzw. warum kostet das so viel und gibt es das nicht günstiger?
Dein Ziel ist es diese (für dich) utopische Rechnung von 10.000€ auf deine Maximalrechnung von 5000€ runter zu stutzen.
Vielleicht haben anderen die besonders namhafte Chormikrofone gekauft – gibt es vergleichbare NoNames? Eventuell wurde der Konzertmeister vom eingekauften Orchester extra bezahlt, damit er die Stimmen einrichtet – kannst du das eventuell selbst machen? Nutzen die ein digitales Mischpult – reicht mir ein analoges? Usw. usf. •

Mischen

In besseren Chören kannst du ab der Hälfte der Proben vor Konzerten die Sänger **angekündigt** gemischt setzen. Du musst dabei nicht zu genau sein. Sage einfach nur, dass keine gleichen Stimmen nebeneinandersitzen sollen. Eventuell musst du seltene Sänger (also meistens die Männerstimmen) strategisch selbst im Raum verteilen.
Hast du das Glück einen recht ausgeglichenen Chor zu leiten, kannst du auch einfach S-B-A-T-S-B-A-T- etc. setzen. *(s.a. Choraufstellung)*
Wenn du deine Sänger ärgern willst, oder so stressen, dass sie garantiert mit dem häuslichen Üben anfangen, kannst du diese Maßnahme auch unangekündigt machen.
Ich präferiere das Ankündigen, da dies zur persönlichen Vorbereitung ‚animiert'.

Viele Sänger lieben es gemischt zu proben, andere verlassen deshalb den Chor.
Der Sinn hinter der Übung ist, dass sie dem Sänger zeigt, wo er sich **zu sehr** auf seine Nachbarn verlässt, bzw. wo er noch unsicher ist und welche Stellen er nochmal selbst anschauen muss. An diesen sollte er sich auch ein Kreuzchen machen. *(s.a. Kreuzchen)*
Eine erste Probe in dieser Sitzordnung ist meistens Chaos – die zweite wird besser.
Wenn der Sänger sich darauf einlässt, gibt ihm diese Übung am Ende Sicherheit.
Durch den **Motivationsschub** wird er sich besser vorbereiten und ist in solch einer Probe fokussierter.
Es bleiben ihm aber schließlich nur zwei Möglichkeiten: Er kann sich komplett verweigern oder versuchen mitzusingen. Wenn du aber in den vorherigen Proben das Fundament gut gelegt hast, wird ein Sänger auch meist richtig singen und dies nun auch selbst feststellen können.
Pädagogisch verpackt und vorbereitet fördert gemischt zu proben die Harmonie. Die Sänger nehmen andere Chor- und Sängerstimmen ganz neu wahr, was sich nachher in der endgültigen Choraufstellung fortsetzt. Deine Sänger sind de facto gezwungen kammermusikalisch zu musizieren.

Je häufiger du angekündigt gemischt probst und dies einen positiven *Aha-Moment* erzeugt, desto stressfreier und effektiver wird diese Maßnahme für deinen Chor.
Sei in diesen Proben sehr deutlich mit deinen Ansagen. Die Sänger haben ja nun nicht mehr einen Sänger der eigenen Stimme neben sich, den sie bei stimmspezifischen Ansagen fragen könnten, wenn sie etwas nicht verstanden haben.
Probe sehr kleinteilig oder lass viel singen.
Bedenke: Normalerweise können deine Sänger, wenn eine andere Stimme probt, etwas entspannen. Wenn sie wieder drankommen, merken sie das über den Impuls, der von dem Rest ihrer Stimme ausgeht. In dieser Sitzordnung müssen sie die ganze Zeit aufpassen, ob sie nicht doch gleich dran sind – das strengt Laien, die das nicht gewohnt sind und die nicht bei anderen Stimmen mitlesen (weil sie keine Noten lesen können!) sehr an.
Ich habe einige Zeit manche Stücke auch im Konzert gemischt stehend singen lassen.
Die Idee ist eigentlich gut: Die Sänger sind eigenständiger und du erreichst sehr einfach einen Chorklang. Mit der Zeit bin ich davon wieder abgekommen und stelle meine Chöre lieber in klassische Chorauftstellungen auf (mit sehr wenigen begründeten Ausnahmen).
Ich glaube, ich möchte die Richtungen klarer hören. Bei polyphonen Sätzen ist das logisch, aber auch bei homophonen Liedsätzen wird der Klang klarer und feiner, obwohl ich gerade auch bei solchen Sätzen den Klang eines gemischt stehenden Chores liebe. Diese werden dann nicht einfach abgesungen, sondern bekommen eine eigene Energie über die im Chor herrschende Kammermusikalität, da jede Begleitstimme irgendwo neben oder hinter sich eine Melodiestimme hat, die sie direkt begleiten kann.
Trau dich auch mal deine schwächeren Chöre gemischt zu stellen: Nur mit einem Lied, dass die Sänger aber eigentlich auswendig können und nur zum einmaligen Durchsingen. Wenn es nicht in negativen Stress ausartet, werden sie das lieben. Es gibt ihnen einen akustischen **Perspektivwechsel.** • *(s.a. Differenzielles Lernen)*

Misophonie

Misophonie ist eine psychische Störung, bei der die Geräusche anderer Menschen (z.B. Schmatzen, Schlucken, Atmen, etc.) den Betroffenen stark irritieren können – bis hin zu Wutanfällen. Ich kann z.B. Trink- und Essgeräusche nicht ausstehen. •

Misstrauen

Welche Einsamkeit ist größer als die des Misstrauens?
Wenn du deinem Arbeitgeber oder schlimmer deinen Sängern nicht mehr vertraust (in persönlichen Dingen: „Die haben mich nicht mehr lieb!") ohne dies mit Tatsachen untermauern zu können, bist du sehr einsam, was zu negativen Reaktionen führen kann. Hast du nur einen Anflug solch eines Misstrauens, musst du es **dir selbst** durch Tatsachen belegen. Meistens wirst du es widerlegen können.
Ich habe zu viele Kollegen gesehen, die klinisch paranoide Züge aufweisen und nicht mehr als Chorleiter arbeiten können. • *(s.a. Gesichter deuten)*

Mitklatschen

Warum klatschen Zuschauer in Gospelkonzerten bei manchen Liedern mit und bei anderen nicht? Sie klatschen nur mit, wenn die Musik und Rhythmus im Vordergrund stehen. Wenn sie sich die Musik anhören und den Text verstehen wollen, werden sie nicht mitklatschen.

Grundregel: Willst du dein Publikum zum Mitklatschen animieren, muss es trotz des Lärms (Klatschen) hören und antizipieren und eventuell sogar mitsingen können.

Das, was du akustisch anbietest, muss also schlicht laut genug (akustisch) **oder** die Lieder müssen bekannt sein (**psycho**akustisch laut genug).

Wenn die Zuhörer nicht mitklatschen ist das also nicht unbedingt ein schlechtes Zeichen – es bedeutet, dass zugehört wird.

Willst du aber nicht nur ein Konzert singen, sondern Partizipation deiner Zuhörer, musst du entweder die Lautstärke erhöhen oder Standardlieder einbauen, von denen du weißt, dass das Publikum sie kennt.

Dramaturgisch passen solche Lieder in einem ‚normalen' Konzert am besten an folgende Stellen: Eins als zweites Lied, eins in der Mitte, eins relativ zum Schluss (es muss nicht das letzte sein – je nachdem was du erreichen willst/was deine Aussage sein soll) und eins als Zugabe.

Ich habe festgestellt, dass ich da leider sehr schlecht drin bin, da für mich der rote Faden immer an erster Stelle steht – wenn dann solch ein Standard zufällig mit dabei ist – toll, aber... da kann ich noch besser werden. •

Mitmachaktion

Eine gute Werbung sind geplante Mitmachaktionen, in denen das Publikum eingebunden werden kann (wenn es will). *(s.a. Konzert: Werbung)*

Dein Publikum im Konzert **un**angekündigt einbinden kannst du immer durch Kanons/ Rhythmusklatschen/Geräuschkulisse in einem szenischen Stück/usw.

Denk dir was aus – es darf auch albern sein, aber **nie** bemüht wirken.

Das Ziel ist, dein Publikum emotional zu **aktivieren**. Du gibst ihm Aufgaben die lösbar sind, zu deren Partizipation es sich aber entscheiden darf.

- Die wenigsten wissen, dass das bekannte Lied „Happy Birthday" tatsächlich eine amtliche Komposition der Schwestern Mildred und Patty Hill ist und erst 2015 gemeinfrei wurde. Es gibt zu dem bekannten Liedteil auch einen B-Teil. Man kann das Lied gut im Konzert singen. Was spricht also dagegen ins Publikum zu fragen, wer heute Geburtstag hat. – Wenn niemand – dann in der letzten Woche. Man fragt nach dem Namen und der Chor baut diesen in das Lied ein. Durch die Wiederholung des A-Teils hast du auch die Möglichkeit einen zweiten Namen einzubinden. Und wenn 5 Leute Geburtstag haben, wiederholst du es 5x (das ist dann eben das Risiko...).
- Du kannst einen symbolischen Eintritt in Form von Naturalien annehmen, die der lokalen „Tafel" gespendet werden.

- Ich habe mal „Poème Symphonique" für 100 Metronome von György Ligeti (1923 – 2006) in einem Konzert, das sich mit *Freiheit* beschäftigte, aufgeführt.
  Das Publikum wurde eingeladen ihre eigenen mechanischen Metronome mitzubringen. Diese wurden am Eingang mit einem leicht entfernbaren Zettel namentlich beschriftet und in einem Nebenraum (während des Konzertes) leerlaufen gelassen (um gleiche Startbedingungen zu haben).
  Da das Stück in unserem Konzert am Ende aufgeführt wurde, deshalb angepasst werden musste und nur 10 Minuten dauern sollte, wurden die Metronome alle auf Tempo 120 gestellt und der Schlüssel 2x gedreht.
  Die Chorsänger starteten dann auf mein Zeichen die Metronome.
- Die A-capella-Gruppe „MAYBEBOB" hat einen *Konzertflashmob* gemacht.
  Jeder Konzertbesucher war eingeladen auf deren Website Noten nebst Übe-Datei zu einem Stück runterzuladen und in der eigenen Stimme zu üben.
  Als dieses Stück (ohne Erklärung) im Konzert gesungen wurde, sollte dann jeder, der es konnte, aufstehen und mit seiner Stimme in einem vierstimmigen Chor mitsingen und damit alle Nichteingeweihten überraschen.

Bei guter medialer Präsenz ist dies alles in jedem Chorkonzert ohne weiteres möglich und erweitert die klassische Kanonsingerei mit dem Publikum zu einem Event. •

Mitsprechen

Viele Dirigenten haben es sich angewöhnt im Konzert, aber auch in der Probe, bei homophonen Stücken den gesungenen Text mitzusprechen.
Dirigieren an sich bedeutet ja erstmal nur ein *‚in der Luft Herumrühren'* und Hoffen, dass diese visuellen Signale im Chor ankommen, wo sie dann (im **Idealfall**) sinnvoll umgesetzt werden.
Als Chorleiter hast du keinen **un**mittelbaren Kontakt und Verbindung zum gesungenen Stück, sondern nur einen **mittelbaren** durch die Sänger.
Das Mitsprechen ist die unmittelbarste Verbindung, die du zum Stück haben darfst – du darfst nicht mitsingen – aber eben *stumm singen*.
Je mehr die Sänger auf die nonverbalen Zeichen reagieren und du das Gefühl bekommst, dass das, was die Sänger machen, deiner Vorstellung entspricht, desto mehr wird das Mittelbare unmittelbar, weil du das Gefühl bekommst, dass der Chor dein *Instrument* wird. So lange du es also hinterfragst und nicht einfach machst, ist das stumme Mitsprechen des Liedtextes zwar legitim aber für den Chor nicht notwendig.

Der einzige Moment, in dem das Mitsprechen den Sängern hilft, ist beim auswendigen Singen *(s.a.)*. Es ist auch dort kein Allheilmittel. Bei auswendig gesungenen Stücken, fokussieren Sänger sich automatisch mehr auf den Chorleiter. Dort spreche ich zwar grundsätzlich mit, unterlasse das in der Probe aber immer wieder, um zu kontrollieren, welche Stellen auch ohne mich laufen würden.

Dies funktioniert effektiv nur bei homophonen Stücken oder wenn vorab klar vereinbart ist, welche Stimme der Dirigent jetzt mitspricht.
Der grundsätzliche Nachteil ist aber, dass deine Sänger dann nicht ins Publikum schauen, sondern gebannt auf deinen Dirigentenmund starren. Das darf also nur das Sicherheitsnetz für die Sänger sein, die sich ohne Noten nackt fühlen.

Glaube bitte nicht, dass es dem Chor in jedem Fall hilft, diese, neben dem Taktschlag, zweite visuelle Information zu bekommen.
Denn: Den Taktpuls zu sehen und den Ausdruck der Ausdruckshand zu singen, sind einfache Anweisungen und ohne Denkleistung umsetzbar.
Lippenlesen ist dagegen ein komplexer Vorgang, der im Sänger Verarbeitungszeit braucht.
Wenn du glaubst damit präziser sein zu können, versuche es mal mit und ohne und höre genau hin. Da ist es erfolgreicher den Text gemeinsam nochmal gut zu sprechen und zu lernen.
Dein Wunsch nach unmittelbarem Kontakt zum Stück und darüber Kontrolle über die Sänger, ist verständlich. Traue dich es nicht zu tun und du wirst deinen Chor viel wacher führen können.
Erlaube dir, deinem Chor auch einfach einmal **zuzuhören**. Lerne ihm zu vertrauen und spüre die Macht deiner Hände (so Star Wars und so…). • *(s.a. Dynamisch dirigieren; Handhaltung – Schlaghand – Ausdruckshand; Leuchtende Augen; Schlagpunkte; Wackeldackel)*

Mitteltönig mittelprächtig und etwas Polemik
Manche Chorleiter, die sich mit *Alter Musik* beschäftigen, müssen sich auch mit historischen Klavier- und Orgelstimmungen auseinandersetzen. Die bekannteste ist wohl die s.g. *mitteltönige* Stimmung.
Es ist sehr schwer ohne Stimmgerät ein Tasteninstrument gleichschwebend zu stimmen (wie Klaviere heute gestimmt sind), außerdem wollte man damals die gängigen Tonarten rein klingend haben, also ohne Schwebungen. Mitteltönig über C: C-Dur klingt rein – Fis-Dur furchtbar. *(s.a. Cent; Literaturverzeichnis; Tonartencharakteristik)*

Es lohnt sich, sich mit der reinen Stimmung und dem *Pythagoräischen Komma* zu beschäftigen, denn ein Chor ist eines der ganz wenigen ‚Instrumente', das konsequent rein spielen kann.
Und so wurde es auch **immer** schon gemacht (…versucht…).
Es gibt keine mir bekannte Überlieferung darüber, dass sich ein mehrstimmig, a-capella singender Chor jemals an eine Behelfsstimmung wie die mitteltönige halten sollte (wenn ich mich irre, bitte ich um eine Mail!).
Es gibt aber immer wieder Kollegen, die meinen einen Chor auf eine historische Stimmung trimmen zu müssen.

Diese Personen kommen meistens vom Tasteninstrument, musizieren selbst aber keine historische Aufführungspraxis in Instrumentalensembles. Sie haben nur von der alten Stimmung gelesen und wollen nun supi toll sein.

Wenn sie selbst musizieren würden, würden sie merken, dass sie im Basso Continuo an einem **historisch gestimmten** Tasteninstrument ab und zu die Terz (auch andere Töne) weglassen müssen, weil die in der Stimmung und gerade zu spielenden Tonart evtl. grausig klingt.

Nun würde man in demselben Harmonieverlauf im A-capella-Chor den Akkord mit dieser (auf dem Tasteninstrument schräg klingenden) Terz singen lassen, da man dort ja nicht an eine Grundstimmung gebunden ist und die Terz verhältnismäßig rein intonieren **kann**.

Was wollen solche ‚Alte-Musik-Profis' denn nun tun? Oh ja: Sie lassen die Terz tatsächlich verquer singen und erklären dem Chor, dass das vom Komponisten dann eine Aussage ist (ich wünschte ich würde das nur einmal erlebt haben oder mir ausdenken).

Vielleicht hänge ich mich auch zu weit aus dem Fenster, aber hä?

Come on – so doof kann doch keiner sein.

Da haben also kluge Menschen jahrhundertelang verzweifelt nach Stimmungen für Tasteninstrumente gesucht, die die meisten Tonarten wirklich rein klingen lassen…

D.h. die Zielrichtung war immer schon klar: reiner Klang.

Ein Chor kann das!

Was die Kollegen privat machen geht mich ja nichts an und mit Sicherheit ist auch schon in grauer Vorzeit irgendein Komponist irgendwann einmal auf die Idee gekommen den reinen Klang eines Chores durch eine aufgesetzte Stimmung zu verfremden – aber daraus im Laienchor eine Schule zu machen und sich darauf auch noch etwas einzubilden…

Das ist Volksverdummung auf hohem Niveau.

Abgeschwächt ist dann die Fassung: Wir singen in mitteltönig, aber in der Tonart, die vorgezeichnet ist (also nicht von C-Dur ausgehend, sondern dann z.B. von D-Dur).

Warum dann überhaupt??

Aber ich lasse mich gerne belehren. Bitte nicht durch *Gefühle*. Oder: „Macht man so." Oder: „Habe ich so gelernt." Nur durch harte Fakten und Logik. Hat je ein historischer Komponist gefordert, dass seine Musik mitteltönig gesungen werden soll?

Dazu folgende Nachbemerkungen: Mir ist klar, dass Mitteltönigkeit nahe an der reinen Stimmung ist – aber eben nicht ganz – es ist ein **System** und abhängig von der Ausgangstonart, auf der das System aufbaut.

Mir ist auch klar, dass man kein Stück immer rein singen kann und sollte, da man dann im schlimmsten Fall steigt oder sackt. (s.a. *Mediante*)

Mir ist auch klar, dass man ganz automatisch eine Mischung aus reiner Stimmung (z.B. für Schlussakkorde) und einer *ausgleichenden* singt. D.h. aber: Alle von der reinen Stimmung abweichenden Intonationen sind am Stück und Harmonieverlauf festgemacht, bzw. mit ihm begründbar und damit **relativ**.

Mir konnte noch kein Mensch nachweisen, dass ein System, das explizit für die Stimmung von Tasteninstrumenten vorgeschrieben ist, einem Laienchor auch nur **einen** Vorteil bringt.

Stimmung ist (im Chor) **dynamisch.** •

Mondegreen

Die Schriftstellerin Sylvia Wright hörte in einer Ballade statt „And laid him on the Green" immer „And Lady Mondegreen" und schrieb darüber einen Aufsatz der dazu führte, dass sich solche inhaltlichen Missverständnisse als *Mondegreens* etabliert haben.

Diese wollen wir natürlich auf jeden Fall verhindern. Wenn du dich aber auch nur ein bisschen an mein Credo der Konsonantentrennung hältst, sollte das kein Problem sein. Mondegreens geschehen offensichtlich, wenn wir Worte zu sehr verbinden oder Schluss- und Anfangskonsonanten nicht trennen.

Die **Grundregel** (egal in welchem musikalischen Genre): Silben müssen beendet werden. Erst dann kannst du mit der nächsten starten. Wenn dir der Inhalt deines Textes egal ist, brauchst du das natürlich nicht machen.

In diesem Zusammenhang: Im italienisierten Latein und auch im Italienischen wird alles verbunden. Es geht hier tatsächlich nur um die Sanglichkeit. Diese *Italienische Schule* gehört sich aber im Deutschen und Englischen einfach nicht (und meiner Meinung nach in keiner anderen Sprache, wenn du willst, dass der Inhalt verstanden wird). •

(s.a. Leise oder Laut – ich verstehe jedes Wort; Konsonantenshifting; Rufen)

Monotone Tonfolge in die Hölle

Beim Singen von vielen gleichen Tönen nacheinander muss sich der Sänger bewusst sein, dass die Töne einerseits durch verschieden Vokale eine unterschiedliche Tonhöhe erhalten (Lösung: Vokalausgleich *(s.a.)* – oder einfach freundlich gucken), andererseits die Spannung (meistens unbewusst) stetig abnimmt.

Um dem entgegenzuwirken, muss er nicht nur dem Text folgen, sondern vor allem bei jedem Ton denken er würde eine große Treppe/Leiter hochsteigen – dadurch baut er innerlich Spannung auf.

Ist die Linie in einer mittleren Dynamik lohnt es sich auch, die Sänger ein Crescendo *denken* aber nicht *singen* zu lassen. Dies sorgt genauso für einen Spannungsanstieg.

In leiser Grunddynamik wird diese Maßnahme zu einem hörbaren Crescendo führen – ist hier aber noch wirksamer. In lauter Grundlautstärke kann es dabei passieren, dass die Sänger fest werden. Die Leiter oder Treppe ist das erste Bild – das Crescendo über die gleichen Töne das zweite. • *(s.a. Crescendo auf langer Linie)*

Motivatoren: intrinsisch und extrinsisch

Ich stelle in keinem meiner Konzerte Solisten und andere Verantwortliche (z.B. Band, Instrumentalisten, etc.) extra vor. Sie stehen im Programmheft, mehr nicht.

Das ist kein Versehen, sondern ein sehr wichtiges Prinzip:

Alle Beteiligten sind verantwortlich für den Erfolg.

Ohne Solist oder Instrumentalist würde ein Konzert nicht funktionieren.

Auch nicht ohne dich. Und was ist mit den Personen, die das Programmheft/Plakat gestaltet haben? Die den Probenraum und Konzertraum organisiert haben? Die die Noten bestellt und verteilt haben? Die die Finanzen betreuen? Usw. usf…

Ohne diese Personen hätte das Konzert auch kein Erfolg oder wäre sogar unmöglich. Diese Personen werden in Konzerten nie vorgestellt.
Ich habe immer das Gefühl diese Vorstellung von öffentlich sichtbaren Personen in Konzerten, wie auch der obligatorische Blumenstrauß für mich und Solisten sind nur Teil der Show und für das Publikum. Ich mag das nicht.
Ich möchte nur Verantwortliche um mich haben, die **intrinsisch** (durch die Sache selbst) motiviert sind. Weil sie es wollen (auch für den Chor). Weil sie gerne designen. Weil sie gerne Solo singen. Weil sie gerne ihr Instrument spielen.
Wenn du öffentlich wirksame Herausstellungen betreibst, wirst du deinen Chor langfristig zweiteilen. Die einen Verantwortlichen, die *intrinsisch* motiviert sind und die anderen, die *extrinsisch* motiviert sind (durch Lob, Ansehen, Geld – also Belohnungen).
Du bist der einzige Verantwortliche, der **auch** extrinsisch motiviert sein darf.
Deshalb gibt es bei mir auch **niemals** bezahlte Aushilfen. Eher singe ich ein Stück nicht, denn dies sorgt sonst im Chor für eine definitive Zweiklassengesellschaft.
Ich habe oft genug Aushilfe gesungen, um zu wissen, wie sich das im Chor anfühlt.
Wenn du Aushilfen brauchst, singt dein Chor die falschen Stücke (**du bist schuld!**).
Wohlgemerkt geht es nicht um ein „hast du gut gemacht". Man darf und muss gute Leistungen anerkennen.
Es geht grundsätzlich darum – auch *öffentlich* – verständlich zu machen, dass die Handlung jedes Verantwortlichen (jedes Rädchen in einem Uhrwerk) dafür sorgt, dass sich Erfolg einstellt (= die Uhr läuft).
In der Praxis ist diese **Zweiklassengesellschaft** die Norm, wird jedoch nur selten als negativ wahrgenommen. Aber nachdem ich in einigen Chören konsequent versucht habe die extrinsischen Motivatoren zu eliminieren (auch selbst im Konzert keinen Blumenstrauß oder die Flasche Wein bekomme) haben ich und auch die Chöre erst gemerkt wie wichtig die für einige waren und wie das Fehlen dieser dafür gesorgt hat, dass einige sich schlicht nicht eingebracht haben.
In dem Augenblick, wo alle verstanden haben, dass sie **alle** zum Gelingen gleichermaßen beitragen (können), ist das Problem der internen Stellenbesetzung leichter zu lösen, weil viel mehr Sänger auch kleine Aufgaben und Verantwortungen übernehmen.
Ganz rund wird es hier natürlich auch nie laufen – du hast es ja mit Menschen zu tun – die Dynamik ist aber eine positivere.
Denn das weitere Problem der extrinsischen Motivation liegt in ihrer **Unersättlichkeit**. Wir brauchen immer mehr. Sie ist nur „ein Kick für den Augenblick". Und vergiss dann mal in einem Konzert einen der Bandmitglieder zu erwähnen... oh, oh.
Das Gefühl kennt aber jeder, der nicht den perfekten Arbeitgeber hat: Dein Anfangsgehalt findest du toll. Nach einigen Jahren fühlst du dich unterbezahlt. Wenn dein Arbeitgeber es nicht schafft, dich intrinsisch zu motivieren, wirst du entweder immer mehr Gehalt fordern oder kündigen. Der Grund ist einfach: Wenn die Sache selbst dir den Sinn vermittelt, wirst du sie als sinnvoll erachten. *(s.a. Freude vs. Spaß; Leitbild)*
Wenn nun alle nur durch die Sinnhaftigkeit der Sache motiviert sind, ist alles in Ordnung. Wenn aber zwei von fünf Personen für die Sache bezahlt werden, werden die anderen drei auf die extrinsische Motivation gieren. Es gibt Neid und Kündigung.
Dies ist ein Grund dafür, warum du nur selten auf dein Gehalt hinweisen solltest. •

Muh

Bei besonderen Klängen (z.B. gackern wie ein Huhn/bellen/pfeifen/schreien/etc.) musst du vor der Probe bei dir selbst ausprobieren, wie du einen für dich zufriedenstellenden Klang produzieren kannst.

Jeder Sänger hat eine andere Vorstellung z.B. vom *Rauschen des Windes in den Baumwipfeln*. Du kannst also nicht verlangen: „Gackert mal wie ein Huhn." und dann erwarten, dass das ein einheitlicher Klang-Hühnerstall wird. Um Einheit herzustellen, musst du technische Anweisungen geben können.

- Huhn: Zungenspitze oben an den harten Gaumen legen, hintere Zunge bleibt so weit es geht unten, um einen tiefen Hohlraum im Rachen zu bilden, auf „Book" glucken und beim „b" die Wangen aufblasen.
- Kuh: Zunge unten, Zungenspitze an den unteren Schneidezähnen, Kehle *gähnig*. Mit offenem *Muh* beginnen, in ein offenes *oh* münden lassen und viel Luft über die Stimmlippen schieben (mit Druck), sodass die Stimme höher wird und überschlägt.
- Wind: Wind *pfeifft* um Ecken und in Ritzen. Wind ohne Widerstand ‚klingt' nicht und ein „schhhh" ist noch nie Wind gewesen. Er muss also mit halbgeöffnetem Mund sehr rauschhaft gepfiffen werden. Wenn der Chor dann auf Zeichen des Dirigenten die Tonhöhe ändert ist das unglaublich wirkungsvoll.

Je besser du deine eigene Mundstellung analysiert und den Klang/das Geräusch rationalisiert hast (eventuell mit der Kontrolle durch ein Aufnahmegerät), desto besser wird das Ergebnis im Chor. Ähnlich gehst du beim Erlernen der Aussprache einer dir fremden Sprache vor. *(s.a. Lautschrift)*

Du hast damit eine klare Klangvorstellung für einen Klang gewonnen, den du von einem Chor sonst nicht hörst und dir für die Entwicklung dieser Vorstellung Zeit gelassen.

Nur durch solch eine Analyse kannst du deinen Sängern **prozedural** erklären, was sie technisch machen müssen, um zu diesem Ergebnis zu kommen, da du ja jeden Schritt und jede Mundstellung als technische Anweisung beschreiben kannst.

Es geht bei den meisten Lauten dieser Art um Individualität und den Effekt, d.h. der Sänger muss auch mal übertreiben, was auf Kosten der Intonation geht, aber den Effekt dadurch auch verstärken kann.

Bei grafisch notierten Stücken, in denen jeder Laut nicht nur ein Effekt, sondern *ernst gemeint* ist, sollte dagegen präzise ‚gesungen' werden.

Ob nun präzise und ernst oder präzise und übertrieben: In jedem Fall muss der Sänger aus sich herausgehen und seine Komfortzone verlassen.

Da es zum Teil Geräusche sind, die der normale Mensch als unhöflich empfindet, werden die Sänger zuerst gehemmt sein. Aber auch der Zuhörer wird diese Musik als komisch empfinden.

Wenn der Chor nun halbherzig singt, wird das Stück vom Publikum nicht verstanden.

Grundregel: Chormusik, die auf Geräuschen basiert (auf fixen Tonhöhen oder nicht) lebt von der Energie des Vortragenden.

Sie ist dann überzeugend, wenn der Chor aus einer Komfortzone heraustritt, in die der Zuhörer nie treten würde (wer würde sonst vor einem großen Publikum laut muhen?).
Den Chor bringe ich dazu, indem ich die Emotion (peinliche/komische Geräusche) rationalisiere (klare Anweisung wie das Geräusch zu erzeugen ist, wann geatmet wird, Dynamik, Tonlänge, Gesichtsausdruck mit Ernst oder Humor). *(s.a. Sicherer Raum)*
Speziell mit Tiergeräuschen haben mir in letzter Zeit zwei Lieder Spaß gemacht: „Rinderwahn" von Max Raabe (*1962), arr. Carsten Gerlitz (*1966) und „Capricciata et Contrappunto bestiale" von Adriano Banchieri (1568 – 1634).
Einer der coolsten Funde, die ich gemacht habe, stammt von dem Erfinder einer „Sprechmaschine", die durch Konstruktionen von Blasebälgen, tonerzeugenden Zungenpfeifen und Klappen, die wie die Lippen des Mundes öffnen und schließen, einfache Sätze ‚sprechen' konnte. Das ganze durch 13 Tasten gesteuert.
Wolfgang von Kempelen (1734 - 1804), der auch die berühmten Schachmaschine erfand, hat wirklich jeden Laut und seine Produktion analysiert und beschrieben.
Das gibt's heute auch – aber das war 1791!
Suche im Internet nach: „Wolfgangs von Kempelen k. k. wirklichen Hofraths Mechanismus der menschlichen Sprache nebst der Beschreibung seiner sprechenden Maschine". •
(s.a. Erweiterte Tonsprache; Geräusch; Geste vs. Ton; Lärm und Aneignung; Spannend)

Muh Kuh
Das was einem am nächsten ist, sieht man nicht, bzw. auf der anderen Seite des Zauns ist das Gras immer grüner. – Was für Kühe gilt, gilt auch für Sänger.
Deine Sänger vergleichen ihren aktuellen Chor immer mit dem, was andere machen oder was sie in anderen Chören erlebt haben.
Die meisten können diese Erfahrungen differenzieren: Wer ist der andere Dirigent? Was sind die Abläufe im anderen Chor? Welches Profil hat der andere Chor?
Aber auch: Was sind die Gemeinsamkeiten – was wünsche ich mir hier in diesem Chor?
Diese **differenzierten** Kommentare sind großartige Quellen der Inspiration!
Höre darauf, ohne eine Umsetzung zu versprechen.
Bei Konflikten passiert es aber leider auch, dass sich manche Sänger nur an die positiven Dinge eines Chores, in dem sie vor Jahren gesungen haben, erinnern, und diese mit aktuellen negativen Erfahrungen vergleichen. *(s.a. Kreatives Vergessen)*
Grauenvoll sind die Sänger, die nur von anderen Chören „gehört" haben.
Wenn es ganz schlimm kommt, war es „früher besser" und „bei keinem anderen Chor passiert so etwas".
Man sollte auf solche Einwände eingehen, da sie emotional und nicht rational und somit auch nur schwer mit Argumenten zu zerstreuen sind.
Es fällt mir allerdings sehr schwer solche Äußerungen **ernst** zu nehmen. Wir müssen aber verstehen, dass solchen Sängern halt etwas wichtig ist, auf das **du** gerne verzichten kannst…
Leider können sie nicht sehen, was für tolle Sachen der **aktuelle** Chor macht.
Ich hatte schon Sänger, die im Frust in einen anderen Chor gewechselt sind und dann auf einmal wieder da waren, da die Realität nicht mit der Vorstellung mithalten konnte. •

Mundstellung (chorische)

Häufig wird in der Stimmbildung das Bild der *heißen Kartoffel* und des *Gähngefühls* beim Singen – also einer tiefen, weiten Kehle – genutzt.

Ich habe mich schon lange von diesem Bild verabschiedet. Es sorgt zu **regelmäßig** für schlechtsitzende Kehlen und einen hohlen, unfreundlichen Klang. *(s.a. Mein Chorklang)*

Mein Ideal ist der helle, freundliche Klang.

Die Sänger sollen einen mittig sitzenden Kehlkopf haben dürfen, der nicht durch übermäßige Mundöffnung nach unten gedrückt wird.

Die Zungenspitze verankert sich an den unteren Schneidezähnen *(s.a. Abstützen; Koronal; Zungenspitze)*, um unter allen Umständen den oberen Rachenraum frei zu geben, da beim Laien die Zunge irgendwann *nach hinten rutscht* und so den Resonanzraum ausfüllt.

Leider wird häufig die Solistentechnik des **zentrierten** Tones gelehrt. Hier ist der Mund eher spitz, sodass der Ton konzentriert in das Publikum geschickt wird. Das ist großartig, wenn man als Solist einen ganzen Saal beschallen oder in der Oper über ein Orchester im Graben singen muss.

Ich möchte einen **breiten Schalltrichter**, der durch ein freundliches Gesicht entsteht, dessen Klang vor allem die hohen Obertöne aktivert, die die Intonation nicht stören. Die breite Schallstreuung sorgt dafür, dass sich der Chorklang sehr früh mischt.

Wo also bei der zentrierten, runden Mundstellung viele Einzelstimmen zu hören sind und entweder die Größe des Chores oder der Raumklang für einen homogenen Chorklang sorgen müssen, sorgt die weite Mundstellung dafür, dass auch in relativ trockener Umgebung mit einem Chor von 20 Sängern dieser homogene Chorklang entsteht. *(s.a. Cent; Obertöne, Partialtöne, Teiltöne; Vokalverbindung und Schwa)*

Außerdem sieht es besser aus, wenn der ganze Chor lächelt. Nicht wie die Grinsekatze, sondern ganz entspannt und einfach freundlich – mit einer leichten Spannung in den Wangen. *(s.a. Hoch die Wangen!)*

Grundregel: Lächeln ist eine Technik.

Wenn ich mit meiner Aufforderung zum *freundlichen Gesicht* auf Widerstand stoße, sage ich immer, dass man als Sänger auch zynisch lächeln darf („wat'n Arsch da vorne...") – so lange man lächelt. • *(s.a. Konzentrationsschnute)*

Muskelgedächtnis

Singen bedeutet **permanente Kommunikation** zwischen Ohr und Stimme.

Nur ganz wenige Sänger können ohne Referenzton einen bestimmten Ton singen und haben das *absolute Gehör*. *(s.a. Prozedurales Gehör)*

D.h. normalerweise singen wir einen Ton und im Bruchteil einer Sekunde hat das Gehirn den Vergleich mit dem Referenzton (z.B. Nebensänger/Klavier/etc.) hergestellt und den die Stimmlippen kontrollierenden Muskeln den Befehl zur Korrektur gegeben.

Das Gehör hört diesen nun produzierten Ton und nach Interpretation dieser Information und der Interpretation des Abstandes zwischen dem vorherigen und jetzigen

Ton gibt das Gehirn wieder korrigierende Befehle an die Muskeln, die die Spannung der Stimmlippen neu korrigieren. *(s.a. Jeder Chor sackt)*

Dies passiert beim geschulten Sänger permanent. Der ungeschulte Sänger fängt an zu singen und singt und singt und singt einfach ohne Gegenkontrolle. – Das zu ändern ist deine Aufgabe. Dieser Teil des Gehirns kann trainiert werden, sodass Aufmerksamkeit fokussiert und die Interpretationszeit immer geringer wird.

Gleichzeitig können die Stimmbandmuskeln ein grobes *Muskelgedächtnis* für eine bestimmte Spannung entwickeln. D.h. wenn der Chor zu sehr sackt, kommt es zuerst bei den Tenören vor, dass sie ihre Töne nicht mehr finden, obwohl sie eine Stelle gut singen konnten. Schlicht, weil die Muskeln an dieser Stelle gelernt hatten, in welchem zum notierten und gehörten Ton relativen Spannungszustand sie sein müssten und nun durch die abnormale Entspannung irritiert sind. Da wird dann häufig relativ zum Chor zu hoch aber relativ zur originalen Stimmung korrekt gesungen.

Wenn du mit einem Chor ein Stück in einer bestimmten Tonart geprobt hast, darfst du nicht kurz vor dem Auftritt einen Halbton hoch oder runter gehen. Es kann bei gutem Studium sein, dass der Chor in der neuen, den Muskeln unbekannten Tonart, unsauber singt, oder sogar in die alte Tonart steigt oder fällt.

Ich kann z.B. relativ genau den Kammerton *a* singen, ohne eine Stimmgabel zu nutzen. Es ist mal ein *g* oder ein *h* aber in diesem Sekundraum ist mein relatives Gehör geschult, weil meine Stimmlippen wissen wie angespannt sie sein müssen. Nach Ferien – also ohne Training – vergrößert sich dieser Sekundraum auf eine große Terz.

Diesen Ton relativ gut zu treffen hat natürlich viel damit zu tun, dass ich immer das *a* von der Stimmgabel höre und meine Kehle sich somit sehr häufig darauf eingestellt hat. So reicht also schon die Vorstellung, bei etwas Training, um die Kehle (ohne Ansingen) in den richtigen Ton stellen zu können und sofort loszusingen. *(s.a. Mentales Üben)*

Im Einsingen nutze ich nie eine Stimmgabel, da ich relativ genau weiß, in welcher Tonhöhenregion ich beginnen muss. •

(s.a. Nostalgie: restaurierende vs. reflektierende; Relatives Tongedächtnis)

Muskeltraining

Die Stimme ist ein Muskel – kann also trainiert werden. *(s.a. Jeder Chor sackt)*

Jemand der nicht singen kann, hat keine Kontrolle über die Feinmotorik der Muskelbewegung seines Stimmapparates in Zusammenarbeit mit der Kontrolle durch das Gehör und der daraus resultierenden Korrektur der Muskelbewegung. *(s.a. Nackiger Sänger)* Auch das kann man trainieren: „Bei dieser Muskelstellung kommt dieser Ton." – das ist das relative Gehör. *(s.a. Relatives Tongedächtnis)*

Sänger machen das eigentlich die ganze Zeit. Umso wichtiger ist deshalb eine gesunde Körperhaltung beim Singen und vor allem immer dieselbe – z.B. 5 Grad über Horizont zu schauen *(s.a. Horizontschauen)*, denn jede Änderung der Köperhaltung muss eine Korrektur im Stimmapparat zur Folge haben, also ausgeglichen werden.

Deshalb sollten Sänger in der Probe mit einem Notenständer *(s.a.)* singen (ca. 15€), so kommen sie nicht in die Versuchung in sich zusammen zu fallen. •

Muster abrufen

Überlege dir nach jeder Probe, was du das nächste Mal besser machen willst und auch, was du heute gut gemacht hast und damit beibehalten willst.

So wirst du Schritt für Schritt deine Art zu proben entwickeln, die nicht nur *passiert*, sondern reflektiert *gelernte Muster* abruft.

Spontan musst du oft genug sein – da ist es doch toll, wenn man auf einige Situationen bewusst reagieren kann. •

Muzak

Muzak ist ein Wortneuschöpfung und aus dem Markennamen eines amerikanischen Unternehmens für die Herstellung und Verbreitung von Gebrauchsmusik in den allgemeinen Sprachgebrauch übergegangen.

Muzak ist der Oberbegriff für alle Kaufhaus-/Fahrstuhl-/Restaurant-/etc. Hintergrundmusik. Sie ist möglichst unauffällig, kann uns aber sogar in unseren Kaufentscheidungen beeinflussen.

Historisch gibt es die s.g. Tafelmusik, die höhere Persönlichkeiten beim Essen unterhalten, aber nicht stören sollte.

In meiner Schulzeit hatten ein Freund (Pianist) und ich (an der Violine) in unserer Heimatstadt als *Duo Giocoso* das Monopol auf solch ein Hintergrundgedudel. Wir spielten auf Geburtstagsfeiern, Hochzeiten, Jubiläen – immer als festliche Hintergrundmusik zum Essen – als glorifizierter CD-Spieler.

Unsere Instrumentallehrer waren davon nicht sehr angetan, da wir die einfachsten und simpelsten Stücke nutzten, diese ohne jeden Anspruch einfach nur runterspielten und uns damit – für unsere Verhältnisse – goldene Nasen verdienten. Wir machten aber (aus der jugendlichen Faulheit geboren) genau das Richtige: Alle Extreme wurden vermieden.

Muzak *dudelt* vor sich hin und ist permanent existent.

Muzak bedeutet heute einen Ausverkauf von Musik. Musik hat keinen Wert mehr.

Wir glauben Musik umsonst und einfach überall zu bekommen. Bei kostenlosen Streamingplattformen bezahlen wir z.B. halt ein bisschen dadurch, dass wir zwischen den Stücken Werbung hören.

Die GEMA hat nach jahrelangem Zerren und Zetern zumindest einen Rahmenvertrag mit YouTube ausgehandelt.

Den hat sie zwar auch mit der Kirche schon länger, aber wie viele Stücke und deren Komponisten hast du nach einem Gottesdienst schonmal melden müssen?

Ich in über 20 Jahren aktiver Kirchenmusikertätigkeit **1x (ein Mal!)**.

D.h. die GEMA weiß nicht genau, welcher Komponist aus welcher Ausgabe, wann, wieviel und ob überhaupt gespielt wurde.

Genau dasselbe Problem gibt es bei Noten – wir bezahlen nicht gerne dafür.

Für uns Chorleiter bedeutet Muzak aber vor allem, dass **allein** die Art der Musik als Werbung für Konzerte und Werbung für Sänger nicht mehr reicht.
Musik an sich hat derart an Wert verloren, dass sie für die Bewertung eines Chores nur noch eine untergeordnete Rolle spielt. Wichtiger sind die weichen Faktoren: Wie der Sänger sich im Chor, und wie der Zuhörer sich im Konzert fühlt.

Wenn du meinst, dass ich übertreibe: Frage mal Sänger, die bei einem Projekt mitsingen, in dem ein bestimmtes Stück geprobt wird, warum sie gerade dort mitsingen.
Zuerst geht es um das Stück – wenn du aber tiefer gräbst, wirst du feststellen, dass es meistens um ein *Happening* und um das Erlebnis geht. Weniger um die Musik.
Ist in deinem Kirchenchor jeder Sänger nur dort, um zur Ehre Gottes zu singen, oder wie hoch wird hier die Sozialgemeinschaft gewertet?

Das ist alles nicht zu verhindern.
Es ist der natürliche Lauf der Dinge (ohne ihn gutheißen zu wollen!).
Durch dieses Wissen lässt sich aber tendenzieller werben.
Stelle egal wo (Werbung für Sänger oder für Konzertbesucher) das **Erlebnis** in den Vordergrund, ohne die Schönheit der Musik zu verstecken.
Die, die wegen der Musik mitsingen/kommen wollen, werden es eh tun. Die anderen bekommst du dann aber auch. •

My home is my castle
Du solltest deine Sänger nur bedingt an deinem Privatleben teilhaben lassen.
In dem Augenblick, wo du Sänger zu dir nachhause einlädst, wirst du sie **in ihren Augen** an deinem Leben teilhaben lassen.
Bedenke immer, dass du eventuell genau diesen eingeladenen Sänger irgendwann einmal rausschmeißen musst.
Deine Aufgabe ist es den Chor als Ganzes zu sehen – da stören Freundschaften, die nicht ehrlich sind. Du bist sonst eine Respektsperson, die einem Sänger den Blick hinter den Vorhang (deine Chorleiterpersönlichkeit) gewährt. Für ihn wird das meistens eine gewichtigere Handlung sein als für dich.
Diese Sänger werden im schlimmsten Fall beginnen sich anzubiedern und von den anderen Sängern neidisch beäugt, da diese sich selbst vielleicht Nähe zu dir wünschen.
Wenn der dir zugeneigte Sänger dann auch noch gut singt und du ihm vielleicht sogar ein Solo gibst, werden die anderen Sänger nicht differenzieren können: Hat der das nun bekommen, weil er befreundet ist oder weil er gut ist – allein der Verdacht der Vetternwirtschaft wird viel schlechte Laune erzeugen. *(s.a. Korruption)*
Grundregel: Suche dir deine Freunde außerhalb des Chores oder nur solche, denen du die Wahrheiten ins Gesicht sagen kannst ohne dass es weh tut, und denen du dies auch offen kommuniziert hast. •

Mystische eierlegende Wollmilchsau

Die Mystifizierung des Dirigenten ist eine Katastrophe, da er nicht als Mensch mit all seinen Fehlern und Marotten gesehen wird, sondern als **allwissendes Führungsdings**. Er wird versachlicht. Er wird, wie im Fußball der Trainer, für die meisten Dinge verantwortlich gemacht, die in seinem Chor schieflaufen.

Das stimmt so lange, wie er sich so aufführt, und nach außen hin alle Verantwortung tragen will. Es stimmt dann nicht mehr, wenn er seinen Plan offenlegt, den Sängern klar sagt, was sie für die Erfüllung dieses Plans zu leisten haben (Anwesenheit, Menge und Art des Übens, etc.) und wenn er ein Programm auswählt, das im Schwierigkeitsgrad dem bereits erfolgreich absolvierten gleichgesetzt ist. Für alles andere kann er nichts und muss darauf genauso reagieren dürfen, wie jeder Sänger auch.

Vom Chorleiter wird erwartet die emotional *eierlegende Wollmilchsau* zu sein.

Er soll gewissenhaft führen, rational auf irrationale Wünsche reagieren, mitreißen und begeistern, selbst nie Schwäche zeigen, aber Verständnis für die kleinsten Pupsprobleme der Sänger zeigen.

Sorry, **aber:** Ein Dirigent ist ein Mensch und keine Sache.

Er hat die Aufgabe einen spezifischen und chorbezogenen Wissensvorsprung zu haben. Da er in seinem Job nie auslernen wird, muss er die Gelegenheit bekommen, sich diesen Wissensvorsprung kontinuierlich zu erarbeiten.

Dazu gehört nicht nur Wissen in Bezug auf das Programm, sondern auch Wissen um die Methodik und Didaktik. Er wird immer auf das reagieren müssen, was der Chor ihm anbietet.

Dirigieren ist ein Handwerk *(s.a.)*, das von einem Menschen ausgeübt wird.

Dirigieren ist kein Zustand. • *(s.a. Eierlegende Wollmilchsau nach Kundenwunsch)*

N

Nachatmen

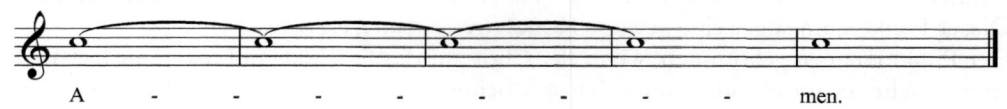

[musical notation: "A — men."]

Gibt es einen sehr langen Ton, den die Sänger nicht auf einem Atem singen können, hast du zwei Möglichkeiten:

1. Du teilst den Ton auf und lässt die ganze Stimme an einer Stelle atmen:

[musical notation: "A — men."]

2. Du teilst wie im chorischen Atmen *(s.a.)* die Stimme auf und zählst sinnvoll ab. D.h. der erste darf nicht zu früh und der letzte nicht zu spät mit dem Atmen beginnen müssen:

[musical notation with numbered breaths 1. 2. 3. 4. 5.: "A — men."]

Egal in welchem Zusammenhang müssen alle Nachatmer *(s.a.)* unhörbar sein.
Ich präferiere eindeutig die 2. Lösung unter Berücksichtigung von zwei **Grundregeln:**
Jeder Sänger darf so häufig nachatmen wie er will (auch wenn er zur ersten Gruppe gehört). So nimmst du viel psychischen Druck weg, der sonst zu einem Überatmen führt, da Sänger evtl. Angst haben die Stelle trotz des Zwischenatmers nicht zu schaffen.
Dadurch wird die zweite **Grundregel** erst umsetzbar:
Wenig Luft = wenig Druck = kein Glottisschlag *(s.a.)* beim Wiedereinsetzen.
Um den Glottisschlag zu verhindern und ein Einschleichen des Tones zu ermöglichen muss die Kehle offen sein. Hier hilft es den fortzuführenden Vokal mit einem „H" davor anzusingen – dadurch ist die Kehle automatisch geöffnet und der Ton kann (wenig Druck vorausgesetzt) mit einem weichen Ansatz und ohne einschleichendes Glissando gesungen werden.
Das „H" ist **immer** nur ein Hilfsmittel und darf nur gedacht werden. Es muss stumm bleiben. •

Nachfühlen

Willst du wirklich wissen, wie ein Sänger eine Situation fand (Konzert/Probe/Chorfahrt/ etc.) frage nicht „Wie war es?", sondern „Wie hast du dich gefühlt?" – du bekommst eine viel detailliertere Antwort. •

Nachreifen

Manche Stücke müssen *nachreifen*. Das bedeutet, dass sie bis zu einem gewissen technischen Punkt geprobt wurden und dann einige Wochen nicht mehr geprobt werden. Dieser Punkt kann sogar eine gewisse Konzertreife sein. *(s.a. Etappenziele)*
Der Punkt dazu ist gekommen, wenn der Chor auf das Stück keine Lust mehr hat, weil an ihm sehr technisch oder lange Zeit gearbeitet wurde, ohne dass mit dem Stück ein emotionales Singen möglich war. Sänger werden dann innerlich fest und ein weiteres Proben wird das Stück nicht verbessern.
Nach ein paar Wochen Pause kann der Chor die meisten **technischen** Dinge noch abrufen, hat nun aber die innere Freiheit wiedergefunden sich dem Stück auch **emotional** nochmals zu widmen und es zu Ende zu proben.
Jeder Instrumentalist kennt diese Problematik mit technisch anspruchsvollen Stücken. Im Chor ist es nicht anders. Wenn du deinen Chor kennst, kannst du diese Stücke strategisch in deinem Probenplan verteilen. • *(s.a. Programmplanung (strategische))*

Nackiger Sänger

Viele Menschen trauen sich nicht zu singen. Es wurde ihnen in ihrem Leben abtrainiert. Sie haben ihr Selbstvertrauen verloren. Schau dir Kinder an: Die singen vollkommen ungezwungen, bis sie immer wieder ‚geschuscht' werden.
Menschen, die dir sagen, dass sie nicht singen können, haben gelernt, dass sie mit dieser Aussage um das Singen herumkommen. Ich kann mich an **8 (acht!)** Menschen erinnern, die mir in 16 Jahren untergekommen sind und wirklich nicht singen konnten.
Das nennt man **Amusie** und ist in den meisten Fällen durch Hirnläsionen nach Schlaganfällen verursacht, kann aber auch angeboren sein.
In letzteren Fällen ist sie genetisch mitbedingt und ist eine Teilleistungsschwäche, d. h. insbesondere die Tonhöhenwahrnehmung ist eingeschränkt und nicht die Rhythmuswahrnehmung.
Etwa **4%** der Menschen leiden an einer angeborenen Form der Amusie.
Nach einem Schlaganfall leiden ca. 70% der Betroffenen an einem Defizit im musikalischen Bereich, allerdings wird diesem Umstand weder diagnostisch noch therapeutisch Rechnung getragen, da die Problematik meist hinter anderen, schwereren Leiden zurücksteht und den Betroffenen nicht sofort auffällt.
Amusischen Menschen hilft die Handtechnik zur Visualisierung, und damit Konkretisierung. *(s.a. Handtechnik; Muskeltraining)*

[Seite „Amusie". In: Wikipedia, Die freie Enzyklopädie. Bearbeitungsstand: 6. Oktober 2020, 19:19 UTC. URL: https://de.wikipedia.org/w/index.php?title=Amusie&oldid=204323046 (Abgerufen: 31. Dezember 2020, 20:15 UTC)]

Die meisten Sänger denken also nur, dass sie nicht singen können und **dein Job** ist es herauszufinden, warum ein Sänger so denkt und die einfachste Methode **das** zu tun, ist zu fragen, warum **er** das denkt.

Unabhängig davon, was du dann hörst – in 99% der Fälle ist der Grund, warum Menschen nicht singen wollen einfach: Sie fühlen sich dadurch **verletzlich**. Denn wie ein Instrument muss man auch die Stimme trainieren. Wenn die Stimme nicht trainiert ist, klingt sie am Anfang noch nicht großartig.

Da sie aber kein externes Instrument ist, sondern ein internes mit dem Körper verbundenes, fühlen sich diese Menschen beim Singen nackt und bloßgestellt. Da reicht schon ein doofer Kommentar von den Eltern oder den Lehrern und das Kind und vor allem junge Erwachsene hören auf zu singen.

Deshalb baue ich so grundsätzlich auf die Bildung durch Kinderchöre (s.a.) und später auf das Vertrauensverhältnis Sänger-Dirigent. Wenn du es schaffst, dass Sänger, die ja „nicht singen können", einerseits das Vertrauen zu dir haben nicht bloßgestellt zu werden und andererseits das Vertrauen haben, dass sie sich auch erst einmal ausprobieren dürfen, wirst du sie zu dir hinziehen können.

Wenn du zu früh zu viel von ihnen willst, werden sie weglaufen. (s.a. *Kontrabass & Violine*)

Wenn du diesen Beruf schon länger machst, wirst du ein Gespür dafür entwickeln, wann du neue Sänger direkt ansprechen darfst und welchen du noch mehr Zeit geben musst.

Ich versuche einfach sehr viel mit den neuen Sängern zu kommunizieren (s.a.). Ich setze sie in die erste Reihe und helfe ihnen entweder schon in der Probe (also öffentlich), was ich aber immer mit ihnen vorher abgesprochen habe, oder auch nach der Probe.

Wenn ich Potenzial sehe, aber die Menschen sich seelisch erst noch einfinden müssen, bedanke ich mich einfach nur bei ihnen und freue mich darauf, sie in der nächsten Probe begrüßen zu dürfen.

Es passiert natürlich, dass ein Sänger nicht *gut genug* für einen Chor ist. Will ich einen Sänger also nicht in meinem Chor, nutze ich dieses Wissen auch dazu, **dass er nicht** wiederkommt. Ich spreche ihn also in der Probe und danach an – immer hilfsbereit, um nachher nicht als der ‚Böse' dazustehen. Er wird dann überfordert sein und nicht wiederkommen, ohne dass **ich** einen persönlichen Schaden davontrage. •

Namen lernen

Solange deine Sänger in einem neuen Chor oder Projekt noch Namensschilder (s.a.) tragen, begrüße jeden Sänger so oft es geht mit Namen.

Auch in der Zukunft kannst du einfach bei jeder Handschlagbegrüßung den Namen verwenden.

Dies ist die einzige Strategie, um Namen zu lernen, die bei mir effektiv war.

Zwischenkontrollen kannst du mit den Namenslisten machen, indem du dir zu jedem Namen den Sänger vorstellst. Wenn dir das Gesicht nicht einfällt, kannst du in der nächsten Probe unauffällig nachforschen.

Ich wünschte ich hätte diesen Tipp von Anfang angehabt. Zwischenzeitlich hatte ich ca. 150 Sänger unter mir.

Natürlich gibt es Kollegen, die Chöre haben, wo allein in einem Chor schon 100 Sänger mitsingen. Da wird aber keiner erwarten, dass du dir alle Namen merkst.
Bei mir waren die zwischenzeitlich auf 6 verschiedene Chöre verteilt und damit keine *anonymen* Massenchöre. Bei 30 Sängern im Chor wird von dir einfach erwartet, dass du die Namen kennst... aber trotz ehrlichem Bemühen kenne ich von einigen bis heute die Stimme besser als den Namen. • *(s.a. Dunbar-Zahl)*

Namensschilder
Bei Projektchören *(s.a.)* solltest du immer für ausreichend Namensschilder sorgen (gibt's im 50er Pack für um die 10€).
Zu Beginn des Projektes legst du die Schilder nebst einem Stift am Eingang bereit und lässt jeden Ankömmling sein eigenes Schild ausfüllen und anstecken.
Durch Namensschilder förderst du die Kommunikation unter den Sängern, die sich nicht kennen, bzw. machst sie in manchen Fällen erst möglich. •

Nasenzyklus
Ungefähr 80% aller Menschen atmen hauptsächlich nur durch ein Nasenloch.
Die Nasenlöcher wechseln sich in regelmäßigen Abständen alle 1-10 Stunden ab, indem sich bei einer Seite die Schleimhäute verdicken und somit weniger Luft durchlassen.
Wo uns der Wechselzeitraum nicht interessiert, ist die Information wichtig, denn die meisten Sänger haben eben nicht mal beide kleinen Nasenlöcher zum Atmen – es ist sogar nur eins.
Konsequenz: Durch die Nase einatmen dauert lange! Sorge deshalb dafür, dass jeder deiner Sänger durch den Mund einatmet.
Es gibt immer wieder Sänger, die in Pausen und bei Atemzeichen konsequent durch die Nase einatmen und zu lange brauchen (von den Geräuschen ganz zu schweigen...). •

Negative Anweisungen
Jede negative Anweisung erfordert eine kognitive Zusatzleistung: „Nicht sacken..."
Der Sänger muss deine Aussage damit gedanklich umdrehen: nicht sacken = ich sacke. Dann muss er eigenständig über Lösungswege nachdenken und den Ton hochhalten/freundlich/gestützt/etc. singen.
Sag es positiv und lass eine Handlungsanweisung folgen: „Ihr sackt. Macht das folgende: Ton hochhalten/singt freundlich/etc. So entfällt die Zusatzleistung und der Sänger hat kognitive Ressourcen frei, da er einfach nur deiner Handlungsanweisung folgen muss.
Ein sehr bekanntes Beispiel dafür ist: „Denke nicht an einen rosa Elefanten!" •
(s.a. Abstraktes in Konkretes; Bildliche Handlungsanweisung; Eigene positive Änderungshinweise; Positiv bleiben)

Neid

Neid ist dein Feind.
Neid ist selbstzerstörerisch.
Spürst du Neid, musst du dieses Gefühl im Keim ersticken.

Neid entsteht durch Vergleich. Es ist **eigentlich** gut sich zu vergleichen, da man nur durch diesen Vergleich lernt. Was macht der, was ich nicht mache? Was finde ich gut daran, was er macht? Was nicht?

Neid ist absolut **sinnlos**. Wenn dein Gegenüber etwas bekommt oder kann, weil er Glück gehabt/den Intellekt/Körper hat, kannst du das niemals erreichen.
Der Vergleich ist nicht zielführend.
Wenn dein Gegenüber aber etwas bekommt oder kann, weil er sich sehr angestrengt hat, dann kannst du das auch erreichen.
Wenn du es also nicht erreichst, liegt es nicht am Gegenüber, sondern an **dir**.

Neid entsteht nur, wenn du davon ausgehst, dass dein Gegenüber das, was er kann oder hat, ungerechtfertigterweise bekommen hat und du die Frage stellst: „Warum ich nicht?". Du kannst natürlich das Leben von anderen Menschen als Maßstab für dein eigenes nehmen, als Maßstab für deine Ethik und deine Arbeitsmoral, als Maßstab dafür, was du für ein Mensch sein möchtest. Ob das am Ende so gesund ist, ist eine andere Frage.

Ich bin ein großer Freund davon von anderen Menschen zu lernen und sich mit diesen Menschen zu vergleichen – aber rational: Nur wenn du klar analysierst, was dein Gegenüber anders macht als du, und dann bewertest, ob dieses *Anders* für dich vielleicht der bessere Weg wäre, dann bringt es dir etwas.
Wenn du aber **Situationen**, in denen dein Gegenüber ist, zum Maßstab nimmst – seinen Reichtum/seine große Familie/sein Haus/sein Auto/sein Boot – dann wirst du im Neid enden, da du den **Weg**, den dein Gegenüber gegangen ist, verkennst.
Entweder er hat im Lotto gewonnen – da ist es wahrscheinlicher, dass du vom Blitz erschlagen wirst, als dass dir das auch passiert – oder er hat auf bestimmte Art und Weise hart gearbeitet und da auch Glück gehabt.

Du kannst dir nur den *Hart-arbeiten*-Teil als Maßstab nehmen.
Du kannst darauf hoffen, dass du auch Glück hast, aber Glück kann kein Maßstab sein. Wenn du das verstanden hast, kannst du vieles akzeptieren, was deinem Gegenüber an guten und schlechten Dingen passiert, und gleichzeitig viel von ihm lernen.
Grundregel: Der Maßstab ist nicht die **Situation**, sondern der **Mensch**. •
(s.a. Zufriedenheit vs. Neid)

Neocortex

Wie bestimmte Gerüche können auch bestimmte Melodien und Lieder Erinnerungen bei Demenzkranken triggern.

Die Langzeiterinnerung an Musik liegt nach einer Untersuchung verschiedener Universitäten aus dem Jahr 2015 in einem Bereich des Neocortex, der für komplexe Bewegungen und die Bewertung von Erwartungen zuständig ist.

Denn selbst wenn der Hippocampus als Teil des Temporallappens (der für die Speicherung von autobiografischen Erinnerungen und Faktenwissen zuständig ist) zerstört ist, können Menschen mit diesem Leiden noch Instrumente spielen und von früher bekannte Lieder singen. Der Neocortex ist bei Alzheimer und Altersdemenz häufig am wenigsten angegriffen. So erklärt es sich, dass Demenzkranke im Anfangsstadium einen Namen vergessen, aber komplexe Handlungen ausüben können, wozu Schuhe zubinden, aber auch ein ganzes Lied mit 5 Strophen zu singen oder ein Instrument zu spielen gehören. Da mit den Liedern/bestimmten Stücken meist Erinnerungen verbunden sind, können sich Alzheimerpatienten dann auch an bestimmte Gegebenheiten erinnern, die mit diesen zusammenhängen.

[Quelle: Seite „Warum hält die Musik Alzheimer stand?". In: Spektrum.de.
URL: https://www.spektrum.de/news/gedaechtnis-warum-musik-alzheimer-standhaelt/1395128 (Abgerufen: 2. Februar 2020)]

Dieses Triggern kann Chorsängern ohne Erkrankung auch geschehen. Vor allem Sänger älteren Datums werden bei bestimmten Liedern (auch Kirchenliedern) sentimental.
Lass das zu. Lass diesen Menschen (kurz) seine Geschichte zu dem Lied erzählen.
In dem Augenblick passieren zwei tolle Dinge:
1. Der Sänger fühlt sich enger an die Gruppe gebunden, weil er etwas sehr Persönliches geteilt hat. *(s.a. Intimwährung)*
2. Der Rest des Chores bekommt einen weiteren Zugang zu dem Stück und kann sich eventuell sogar besser mit ihm identifizieren.

Willst du diesen Moment künstlich erzeugen, bzw. zeigen, dass du emotionales Teilen akzeptierst, frage, bevor du ein (neues) Stück zu proben beginnst, ob dieses schon jemand gesungen hat, und wenn, in welchem Zusammenhang.
Ich tue dies **immer**. •

Nerd

Ein Laienchorleiter ist Dienstleister. Dies beinhaltet: Pädagoge, Diktator (**es darf nur keiner wissen**), Sozialarbeiter, Psychiater und (auch) musikalischer Leiter.
Die Schwierigkeit ist, dass du meist der einzige bist, der das beruflich macht – für die Sänger ist der Chor Freizeit. Du bist also für deren Freizeitgestaltung verantwortlich.
So wird eventuell auch mal versucht mit dir private Verbindungen zu knüpfen.
Du musst aber Berufliches von Privatem trennen (und ich wiederhole es, weil du es wahrscheinlich immer noch nicht wahrhaben willst...).
Du befindest dich in der Probe in der Ausübung deines Berufes – aber leider, wenn alle anderen frei haben.

Du übst einen sehr speziellen Beruf aus, der viele spezielle Fachkenntnisse erfordert. Da einige Sänger dermaßen in ihrem Freizeitrausch sind, können sie im Extremfall nicht differenzieren, dass du nur hier und jetzt sehr kompetent bist (ich will dir nicht zu nahe treten…).
Ein Extremfall war, dass mich eine Sängerin angerufen hat, um zu fragen, was die Telefonvorwahl von Australien ist. Sie dachte ernsthaft, dass ich das weiß.
Weniger extrem sind Fragen zum politischen Geschehen, der Umwelt, oder Baurecht – Themen, die mit Chorleitung nicht allzu viel zu tun haben.
Diese Problematik wird nur auftreten, wenn du in deinen Proben sehr eloquent und *wissend* daherkommst und deine Sänger gleichzeitig eher zum Vergnügen singen – dein Wissen für sie damit eher verschroben wirkt, wie der *Nerd* in jeder schlechten Krimiserie. Das ist ein Zeichen dafür, dass du deine Sänger nicht da abholst, wo sie stehen. Du versuchst ihnen Informationen zu geben, die sie nicht haben wollen oder nicht verstehen können.
Da trifft dich das *Pars-pro-toto*-Prinzip: „Der weiß hier alles, also auch sonst."
Du wirkst unglaublich schlau, aber machst eigentlich nicht deinen Job – nämlich zu **unterrichten**. Das tust du nämlich nur, wenn du deine ‚Schüler' wissensstandgerecht behandelst. • *(s.a. Bus; Ganz geteilt; Kundenorientierte Ansagen (Neuer Chor))*

Netzwerkwissen

Da Fachwissen alles trumpft, solltest du dir – wenn du dir unsicher bist – Hilfe von Kollegen suchen. Baue dir dafür ein Netzwerk auf.
Wenn du z.B. ein größeres oder schwereres Werk aufführen willst, kannst du in die Runde fragen, wer das schon mal gemacht hat. Eventuell bekommst du eine schon eingerichtete Partitur oder zumindest Tipps, wo unvorhersehbare Schwierigkeiten waren und andere Hinweise, von denen du profitieren kannst. Mein Forum www.chorleiterstammtisch.org soll dir solch ein (anonymes) Netzwerk bieten. •

Neue Musik

Der Musikkritiker und Publizist Paul Bekker (1882 – 1937) prägte durch einen (auch so genannten) Vortrag von 1919 den Begriff *Neue Musik*.
Seitdem wird der Begriff **abgrenzend** genutzt.
Was wenige wissen (und was dann wieder Spaß macht, weil Geschichte sich doch wiederholt) ist, dass es den Begriff schon Mal gab: *Ars Nova* – eine Epoche beginnend 1322 mit einer abgrenzenden Abhandlung von Philippe de Vitry (1291 – 1361) in Frankreich, welche die *Ars Antiqua* ablöste und zu einem allgemeinen Begriff für die Entwicklung der Mehrstimmigkeit in Europa wurde. (Die Urheberschaft ist - wie immer mit solch einem Zeitabstand - ein Streitpunkt.)
Das erste einschneidende Werk dieser Epoche ist die „Messe de Nostre Dame" von Guillaume de Machaut (1305 – 1377). •

Neues begründen vs. autokratischer Tagträumerei
Alles was ein Dirigent an für den Chor *Neuem* machen will, muss begründet werden. Emotionen („ich will das so/es gefällt mir") zählen nicht.
Willst du deinen Chor z.B. ein grafisches Stück singen lassen, muss es zum Programm passen – dann folgen die Sänger dir auch. D.h. alles was du im Chor und im Ablauf vom normalen und gewohnten änderst, **musst** du erklären – du wirst ja deine Gründe haben, aber der Chor fragt sich, warum man das nun ändern soll.
Es werden auch *nach* einer Begründung immer noch Mitglieder etwas gegen Änderungen haben, aber sie werden sie leichter akzeptieren, wenn sie wissen, dass du deine Gründe hast. Einfach nur ändern und meinen, dass das alle akzeptieren müssen nur weil **du** das sagst, ist *autokratische Tagträumerei*. •

Newsletter: interner
Manche Chöre erstellen interne Newsletter mit Probenfotos, internen Berichten von Probenfreizeiten und Konzerten, sowie dem sozialen Leben (Geburtstagen/Todesanzeigen/Familienzuwachs/Hochzeit/etc.).
Das macht meiner Meinung nach nur unter einer Prämisse Sinn: Dein Chor hat viele passive Mitglieder *(s.a.)*.
Diese wissen ja nicht, was sich im Chorleben zuträgt und werden so mit eingebunden.
Es gibt ihnen ein Gefühl der Zugehörigkeit und nicht nur das einer *cash cow* durch die passiven Mitgliedsbeiträge.
Wenn diese Prämisse nicht gegeben ist, kann das Soziale auch während der Probe geklärt und gefeiert werden.
Bedenke: Das muss alles erstellt und geschrieben werden. Es muss DSGVO-konform sein. Und: Wenn du einmal damit angefangen hast, wirst du nicht wieder aufhören dürfen! Überlege dir sehr gut ob sich der Aufwand lohnt. •

Nicht meins…
Gefällt uns etwas nicht oder können wir eine Handlung unseres Gegenübers nicht nachvollziehen (Rauchen/Veganer/Alkohol/Obsessionen jeder Art), verfallen viele von uns in eine wertende Haltung. Es sind meist besondere Handlungen, die nicht ‚normal' sind und wo das Werten ziemlich leichtfällt.
Mir gefällt diese Arroganz nicht. Ich gehe einen anderen Weg.
So lange mein Gegenüber mich nicht von seinem Weg überzeugen will (ich soll nun auch Veganer werden…) ist das **sein** Weg und damit ein aus seiner Sicht wertvoller und berechtigter Weg. Er wird nun auch meinen akzeptieren müssen.
Mit der Feststellung: „Das ist nicht meins." – habe ich seine Haltung nicht kritisiert, aber meine deutlich gemacht. Ich habe nicht behauptet seine Haltung wäre merkwürdig oder

allgemeingültig bescheuert. Ich habe ihn in seiner Persönlichkeit akzeptiert und verlange diese Haltung nun auch von ihm.
Der Satz ist eine Feststellung: *Seins ist nicht meins.*
Danach darf interessiert nachgefragt werden. Wenn beide im ersten Austausch respektvoll agieren, funktioniert die zwischenmenschliche Beziehung in dem Moment nach dem Prinzip „Leben und Leben lassen".
Du hast es mit vielen verschiedenen Menschen zu tun. Einige Kollegen werden beliebig und wollen es allen recht machen – das klappt nicht.
Sei du selbst: Habe deine Vorlieben und Abneigungen und respektiere gleichzeitig deine Mitmenschen in ihrer wunderbaren Einzigartigkeit. • *(s.a. Empöörend!; Lebensweise)*

Nichtwissen macht glücklich
Die ganzen Orga-Probleme vor einem Konzert oder Probe interessieren den größten Teil der Sänger nicht und müssen ihn auch nicht interessieren.
Es ist wichtig ab und zu (z.B. in einer Vollversammlung) deutlich zu machen welche Stolpersteine im Weg standen und wie sie erfolgreich weggeräumt wurden.
Es ist aber überlebenswichtig den Chor damit im Tagesgeschäft nicht zu belasten.
Dafür gibt es dich und die anderen Verantwortlichen. Deshalb haben Verantwortliche, die sich dauernd beschweren auch keinen Platz in dieser Riege.
Sie sind dafür da Probleme zu lösen, nicht zu produzieren.
Sollten sich aber *Sänger* dauernd beschweren und selbst nichts zu Lösungen beitragen, darf auch mal auf den Tisch gehauen und die Stolpersteinaufzählung zeitlich vorgezogen werden.
Grundregel: Probleme werden von den (gewählten) Verantwortlichen gelöst.
In dieser Gruppe müssen und sollen Probleme besprochen werden.
Der Chor braucht davon zuerst nichts zu erfahren.
Verantwortliche, die Probleme beheulen ohne sie lösen zu wollen sind unverantwortlich, disqualifizieren sich damit selbst und sind auszutauschen. •

Nokia
Der weltberühmte Nokia-Klingelton stammt von Francisco Tárrega (1852-1909) aus der 1902 geschriebenen Solo-Gitarrenkomposition *Gran Vals* (T13-16).
Ein wirklich sehr hörenswertes kleines Stückchen! •

Niesen (nicht)
Willst du einen Niesreiz lindern und damit ein Niesen verhindern, drücke mit einem gestreckten Zeigefinger von unten an die Nasenwurzel. •

Nostalgie: restaurierende vs. reflektierende
Restaurierende Nostalgie
„Das haben wir schon immer so gemacht und wollen es deshalb beibehalten."
„Beim Vorgänger war es so und deshalb gut."
Also: Früher war alles besser und Neues kann nur schlechter sein. Deshalb versuchen wir es gar nicht, bzw. ändern sogar Neues zugunsten des Alten.

Reflektierende Nostalgie
„Früher war es schön, aber so wie es damals war, können wir es teilweise nun aus verschiedenen Gründen nicht mehr machen." – Z.B., weil der neue Chorleiter ein anderer Mensch ist.

Dein Ziel muss sein, deine Sänger zur **rationalen** Nostalgie – der *reflektierenden* zu bringen. Nostalgie wirst du nie verhindern und der Vergleich zum Vorgänger wird mit Sicherheit auch mal negativ für dich ausfallen. Aber der Chor hat nun dich und **nur** dich. Akzeptiere die Nostalgie als Teil der Verarbeitung der Trennung vom Alten/Liebgewonnenen und begründe jede Änderung eines gelernten und liebgewonnenen Ablaufs. Einige Sänger werden darauf immer noch emotional reagieren, die Änderung so aber leichter akzeptieren können. Manche Sänger müssen den Chor eben verlassen.
(s.a. Traditionelles Liedgut bewahren; Traditionen)
Nostalgie setzt sich zum Teil bis in vollkommen verrückte Auswüchse fort: Ich probe mit einem Chor seit Wochen ein Lied und die Intonation wollte nicht besser werden. Der höchste Ton war ein e'' – eigentlich kein Problem für den Sopran – aber es wurde nur hochgedrückt und der Chor sackte und alles *bäh*.
Irgendwann dämmerte es mir: Ich hatte eine eigene Notenausgabe erstellt – mit Pausen statt Atemzeichen, etc. und die originale Tonart von F-Dur auf G-Dur erhöht, weil ein e'' ja nun wirklich kein Problem sein sollte und das Stück dadurch frischer klang – also in meinem Kopf. Aber praktisch...
Mehr als die Hälfte der Sänger hatten dieses Chorlied seit Jahrzehnten in F-Dur gesungen. Kaum stimmte ich es in F-Dur an, stimmt alles: Sauber, lockere Höhen, guter Text.
Da war der Gesangsapparat *nostalgisch* und erinnerte sich daran, was für eine Spannung er aufbauen musste, um sauber zu singen – zu mehr (um höher zu kommen) war er nicht zu überreden. Ich hatte mir dann die Mühe gespart und bin bei F-Dur geblieben.
(s.a. Muskelgedächtnis; Muskeltraining; Relatives Tongedächtnis)

Die Floskel „Man muss mit der Zeit gehen, sonst geht man mit der Zeit." hat einen wahren Kern – sich aber gegen identifikationserzeugende Wurzeln zu stemmen ist unklug. Manche Dinge muss man für den Augenblick so stehen lassen und darf sie mit der Zeit ändern. • *(s.a. Regelunterwerfung)*

Noten als doppelseitige PDF
Noten für ein Konzert, das aus vielen Einzelstücken besteht (also kein zusammenhängendes Werk, das als Notenausgabe erwerbbar ist) sollten von dir in eine PDF-Datei sortiert werden, die dann von den Sängern doppelseitig ausgedruckt werden kann.
Der Vorteil ist, dass alle Sänger zur gleichen Zeit blättern, alle Noten immer in der richtigen Reihenfolge eingeheftet werden können und immer alle Sänger alle zurzeit notwendigen Noten dabei haben.
Um das zu erreichen müssen an einigen Stellen **Leerseiten** eingefügt werden.
Die Investition in ein vernünftiges PDF-Programm lohnt sich – es muss ja nicht unbedingt der Marktführer sein...

Denke beim Erstellen von solchen Sammelnoten an das Urheberrecht.
Freie Noten gibt es genug, und freie Stücke eh (der Komponist muss in Deutschland dafür 70 Jahre tot sein) – aber das Verlagsrecht ist noch ein anderes.
D.h. man kann nicht einfach einen Bachchoral aus der neuen Bachausgabe kopieren und an den Chor verteilen, da der Verlag das Recht an diesem Druck hat – aber nicht unbedingt an dem Inhalt.
Deshalb schreibe ich (oder fleißige Helfer aus dem Chor) die Noten ab (nicht aus den modernen Ausgaben – da diese zum Teil wissenschaftlich und geschützt sind) und erstelle damit eine eigene Ausgabe.
Da für die Erstellung von Übe-Klang-Dateien *(s.a.)* das Schreiben der Noten eh notwendig ist, fehlt dort eigentlich nur noch der Text und ein bisschen Layout. Es ist also nur wenig mehr Arbeit.

Bei unfreien Stücken ist das Recht klar. Man muss auf jeden Fall immer gekaufte Noten in Chorstärke bei einem Auftritt dabeihaben.
Manche Komponisten/Verlage bieten ihre Noten aber auch als ausdruckbare PDF an, die z.B. durch eine Fußzeile personalisiert ist („Eine Aufführung dieser Ausgabe ist nur rechtens, wenn sie von Chor xy erfolgt.") und in Chorstärke ausgedruckt werden darf.

Egal was du ‚gehört' hast: Es ist geltendes Recht, dass Noten **Gebrauchsgegenstände** sind. D.h. in diese müssen die Eintragungen der Sänger erfolgen und aus ihnen muss gesungen werden.
Zum Leidwesen der Verlage ist die Norm allerdings, dass die Noten gekauft werden, aus Kopien gesungen wird und die Originalnoten zwar zu jedem Konzert mitgeschleppt werden, aber dann wieder bis zum nächsten Einsatz im Schrank verstauben.
Das ist strenggenommen strafbar.
Bedenke: Ohne Urheber und Verlage hättest du überhaupt keine Noten aus denen du singen könntest. Sei also bitte fair und kaufe sie, oder nutze freie Ausgaben. •
(s.a. Atemzeichen; Druckservice; GEMA; Notenkauf; Notenschreibprogramme; Seitenzahlen; Urheberrecht)

Noten verbrennen

Besteht die Gefahr, dass dein Chor aufgelöst wird, weil eine Gruppe (z.B. ein Kirchenvorstand oder die Kommune) den Wert nicht mehr sieht, dann organisiere einen Protest.
Einen Protest wirst du nur mit dieser „Sache" Chorauflösung wahrscheinlich nicht mal in die Lokalnachrichten bringen.
Organisiere deshalb etwas, das drastisch ist, ohne jemanden direkt anzugreifen – d.h. keine Kampagnen **gegen** jemanden.
Du willst eine **positive** Kampagne führen, die aufweckt.
Du könntest z.B. am Abend der Abstimmung über die Zukunft deines Chores zum *„Noten verbrennen"* einladen. Mit Marshmallows und Würstchen.
Eine Aktion, wo die Noten des Fundusses verbrannt werden, sollte die Auflösung tatsächlich beschlossen werden, da dann die Noten ja nicht mehr gebraucht werden.
Das ist sehr nah an dem konnotativ aufgeladenen Thema „Bücherverbrennung" und sorgt damit für Gesprächsstoff.
Sollte dann die Abstimmung zugunsten des Chores ausfallen, kann man diese Verbrennungsfeier in eine Freudenfeier umwandeln (und für das Feuer normales Holz verwenden). •

Notenarchiv

Ich habe ein großes Notenarchiv an bereits eingerichteten Noten. D.h. wenn ich ein Stück mit einem Chor gesungen habe, archiviere ich meine eingerichtete Partitur.
Dies tue ich digital – ich scanne sie also (farbig) als PDF ein. So kann ich immer wieder darauf zugreifen und sie nie verlieren. Die Datei benenne ich hinter dem Namen mit „(bez.)". Ich drucke sie aber im Wiederholungsfalle nicht einfach aus, sondern richte mir eine Partitur neu ein – das ist meistens sauberer.
So verfahre ich auch mit Noten, die mir Sänger zur Ansicht geben oder die ich sonst wie finde. Ich digitalisiere sie mir zur privaten Verwendung, wenn das Urheberrecht es zulässt. Über eine Scansoftware mit Texterkennung wird dann sogar der Liedtext erkannt und ich kann in dem Ordner mit den Noten nach einem Schlagwort suchen (z.B. „Wasser") und alle Noten, in denen im Dateititel und im Text das Wort vorkommt werden mir angezeigt.
Bei mehrsilbigen Worten klappt das nicht immer, da diese ja in den Noten getrennt werden – ich suche dann nach „Lie – be" oder auch nur „Lie".
Alle meine archivierten Noten benenne ich nach demselben System:
Titel – Besetzung – Komponist:
Deutsches Magnificat – SATB – H. Schütz
Cantate Domino – Kanon á 3 – D. Buxtehude
Deutsche Messe – SATB+Instr. – F. Schubert (bez.) •

Notenhaltung im Konzert (Sänger)

Im Konzert müssen deine Sänger die Noten hoch und flach halten, um gleichzeitig Noten und Dirigierbewegungen sehen zu können.

Die meisten Sänger kennen die Noten gut genug wenn sie im Konzert singen, und müssen nicht dauernd reinschauen.

Paradoxerweise führt aber genau das zu einer schlechten Sängerhaltung.

Sie halten die Noten nämlich weiter unten – weil sie sie ja selten brauchen – und bewegen ihren Kopf immer wieder runter und rauf. Dadurch verändern sie die Spannung der Stimmbänder und diese Änderung muss dann ausgeglichen werden.

Durch das **konstante** Hochhalten der Noten können deine Sänger, ohne den Kopf nach unten bewegen zu müssen, nur über ihre Augenbewegungen die Noten erfassen.

Das musst du auch den besseren Sängern vermitteln: Die Noten hoch zu halten sorgt dafür, dass sie besser singen können.

Wir wollen in unseren Sängern eine stabile und gleichbleibende Luftsäule erzeugen.

Das schaffen wir im Konzert mit dieser Notenhaltung, denn je weniger Bewegungen ausgeglichen werden müssen, desto stabiler ist der Klang. Deine Sänger sollen natürlich nicht stocksteif stehen – aber alles was unmittelbar zum Singapparat gehört, sollte ruhig bleiben dürfen. • *(s.a. Horizontschauen; Notenständer)*

Notenkauf

Urheberrechtlich geschützte Noten müssen gekauft werden und dürfen nicht kopiert werden. Etwas sparen kannst du, indem du den Komponisten direkt fragst, ob du Noten von ihm kaufen kannst – meistens hat er aber keine Möglichkeit dir die Noten günstiger zu verkaufen, da er vertraglich an einen Verlag gebunden ist.

Eventuell gibt es Noten von deiner gewünschten Ausgabe digital als PDF deren Aufführungsrecht aber chorgebunden ist und die dann der Chor für sich so häufig wie er will ausdrucken darf.

Manche Stücke hast du vielleicht in Sammelbänden gefunden – schau, ob es die auch als Einzelausgabe gibt.

Einige Chorverbände bieten Mitgliedern Rabatte für Notenkäufe über den Verband an.

Solltest du ein Stück von einem vor mehr als 70 Jahren verstorbenen Komponisten singen wollen, kannst du die aktuelle wissenschaftliche Ausgabe nutzen.

Ich schaue aber immer erst auf *imslp.org* und *cpdl.org*, bzw. erstelle meine eigene Ausgabe aus diesen Noten. • *(s.a. Noten als doppelseitige PDF; Urheberrecht; Websites von Interesse)*

Notenlesen

In der Corona-Krise konnte ich keine sinnvollen Proben online geben. Im zweiten Shut-Down gab ich dann online Notenlese-Kurse für meine Chorsänger. Manche Sänger wollten allerdings keine Noten lesen lernen, oder meinten, sie „könnten das ja schon"... Da bringt das dann auch nichts. Noten lesen zu lernen ist nicht schwer, man muss seinen Sängern aber den Nutzen vermitteln. Das wird eine meiner Aufgaben für die nächsten Monate... • *(s.a. Bildliche Hilfen zum Harmonieverständnis; Handtechnik; Literaturverzeichnis; Vorzeichen)*

Notenschreibprogramme – siehe Übe-Klang-Dateien

Notenständer: Chorleiter

Dein Chor braucht einen speziellen Notenständer für dich.
Wenn er sich einen anschafft, sollte dieser überaus stabil sein. Am besten schafft ihr euch einen Orchesternotenständer an, der unter der Notenauflage noch eine Leiste hat auf der du deine Stifte ablegen kannst. Das zahlt sich echt aus.
Er sollte keine Holzauflage haben, da solche Notenständer wiederum sehr schwer sind. Es gibt gute, leichte, aber stabile um die 70€. Wer billig kauft, kauft zwei Mal. •

Notenständer: Sänger

Lasse deine Sänger in der Probe aus Notenständern singen. Bei einem Chor, der in einer Reihe/oder maximal zwei Reihen singt, sollten sie dies auch im Konzert (voller Länge – kein kleiner Auftritt) tun.
Diese Maßnahme ist niveauunabhängig wirksam: Im kleinen Kirchenchor, wie im Konzertchor. Die ‚kleinen Sängerlein' im Kirchenchor werden sich eventuell komisch fühlen – animiere sie dazu, wenigstens in der Probe einen Notenständer zu nutzen.
Die guten Gründe sind einfach zu überzeugend:
- Sänger halten in der Probe die Noten gern weiter unten (weil sie ja so schwer sind und eine gesunde Sängerhaltung für den Laien halt anstrengend ist...) – dies passiert vor allem in der Anfangsphase eines Stückes, weil da aus Unsicherheit der Kopf nach unten gehalten wird, um die Kehle zu schützen (evolutionär ein Schutz gegen einen Angriff vom Säbelzahntiger) – dadurch wird der Ton um fast ½ Ton tiefer als wenn der Kopf gerade gelassen wird (probiers mal selbst aus). Durch einen in ausreichender Höhe eingestellten Notenständer wird der Sänger gezwungen seine Kehle frei und den Kopf gerade zu halten – auch die gerade Sängerhaltung im Sitzen ist damit nicht mehr so schwer.
- Mit dem Notenständer gibt es nun endlich eine Ablage für einen Stift.
- Notenständer gibt es schon ab 15€ aufwärts und können im Chorsatz gekauft werden. •

Notfallplan

Wenn etwas schiefläuft, ist deine erste Amtshandlung die Situation zu akzeptieren.
Alle laufen rum wie kopflose Hühner – du musst dich in dich kehren.
Du wirst zuerst überfordert sein – akzeptiere dies als Teil des Lösungsprozesses.
Wenn sich dieses Gefühl lichtet, gehe methodisch vor: Analysiere die Situation und nötige Konsequenzen. Strahle Sicherheit aus. Selbst wenn du noch keine Lösung hast, wirst du eine finden. Im schlimmsten Fall wird es ein Kompromiss.
Jeder von uns ist schon (un-)bewusst durch die 7 Phasen der Trauer gegangen:
Leugnen. Wut. Schuldgefühle. Desorganisation. Feilschen, verhandeln und hadern mit Gott. Depression. Angst. Akzeptanz.
Wo sie im normalen Leben häufig für eine gesunde Trauerbewältigung sinnvoll sind, gehen viele auch in zeitsensitiven Situationen öffentlich durch diese Schritte.
Wenn du dir aber angewöhnst die **Emotion** auf später zu verschieben und sofort in die 7. Phase eintrittst, wirst du **konstruktiv**:
Es ist passiert (Akzeptanz). – Was jetzt (konstruktiv)?
Ich wirke in solchen Situationen auf manche Menschen kalt und berechnend – aber das habe ich mir auch hart antrainiert. Geschieht etwas, bin ich derjenige, der handelt und später seinen nervlichen Zusammenbruch erlebt (ich bin offensichtlich kein Psychopath…).
Beispiel: Ein wichtiger Sänger wird vor dem Konzert krank. Ob du davon sogar erst am Abend des Konzertes erfährst, ist nur für die **planbaren** Schritte relevant (z.B. ob du noch eine Aushilfe engagieren kannst) – nicht für deinen Gemütszustand!
Akzeptanz: Wenn ein wichtiger Sänger krank ist und nicht im Konzert singen kann, wird das Konzert so gut klappen, wie es kann (100% Regel). *(s.a. Grenzen)*
Wege zur Lösung/Kompromiss: Sicherheit ausstrahlen, um den anderen Sängern Sicherheit zu geben, die sie vorher vielleicht durch den einen Sänger bekommen haben (vor allem in den Männerstimmen passiert das regelmäßig).
Wage keine Experimente: Singe nur Einstudiertes und nehme wackelige Stücke konsequent aus dem Programm (1-2 können im Konzert problemlos mit Sängerkrankheiten begründet werden).
Nimm dir mehr Zeit für die Ansingprobe und lass den Chor (wenn möglich) etwas früher kommen als vereinbart. Übe nochmals alle prozeduralen Abläufe genau.
Grundregel: Läuft etwas schief sorgen sich deine Sänger. Das ist der Moment in dem sie von dir Führung verlangen. Gib sie ihnen. Ob du alles richtig machst wird die Zeit zeigen. Alles, was du in dem Augenblick zur Krisenbewältigung machst ist aber **alternativlos**. Du hast keine Zeit zu diskutieren. Deine Erfahrung und dein Wissen werden dich leiten. Nur wenn du das glaubst, wirst du die Ruhe ausstrahlen, die der Chor von dir braucht. Alles was du tust wird die Situation verbessern.
Lerne aus der Corona-Krise: Politiker haben nicht alles richtig gemacht – **mussten** schnell entscheiden und haben vielleicht auch mal über die Strenge geschlagen.
Die Länder die unter der Krise zusammengebrochen sind, wurden von Politikern gelenkt, die alles ‚richtig' machen wollten, die Situation verlacht und/oder Fakten negiert haben.
Wenn du deine Situation realistisch, unter Berücksichtigung der dir in dem Zeitrahmen zur Verfügung stehenden Fakten analysiert hast, kannst du sie akzeptieren.
Dann handle. •

O

Obertöne, Partialtöne, Teiltöne

Ein Klang besteht immer aus vielen Teiltönen. Auch ein überraschend großer Geräuschanteil ist mit dabei. Das kannst du selber mit einer App testen, die Tonspektren darstellen kann. Es ist faszinierend.

Für das Chorsingen ist es wichtig, in allen Vokalen hohe Teiltöne zum Klingen zu bringen und die dumpfen und tiefen damit zu überlagern. So wird der Klang hell, klar, freundlich und im Laienchor auch sauberer. Das Thema ist hochkomplex. Du kannst natürlich auch ohne das ganze Hintergrundwissen einen hellen Chorklang erzielen, indem du die Sänger freundlich schauen und die Zungenspitze an die unteren Schneidezähne setzen lässt.

Lese in jedem Fall einmal den Wikipediaartikel „Obertöne". Tu es!

Einfach gesagt: Je dunkler ein Vokal geformt wird, desto tiefer ist der hauptsächlich klingende Partialton neben dem klingenden Hauptton. Wenn diese Partialtöne so tief sind, dass sie gehört werden können, werden sie immer noch um 1-2 Oktaven über dem Hauptton erklingen.

Schau dir im folgenden Beispiel die mitklingenden Teiltöne eines F im Bass an:

Die Pfeile verstehst du durch den Artikel „Cent" in diesem Buch.

Wie du selbst weißt, ist es verdammt schwer eine Gruppe von 3 Sopränen ein f'' sauber singen zu lassen, weil die Frequenz des hauptsächlich klingenden Tones so hoch ist, dass es harte Überlagerungen gibt. Es klingt also immer etwas unsauber.

Dasselbe passiert mit den dunklen Vokalen und ihren hohen Partialtönen (hier wäre das f'' nur der 8.). Da die Töne niemals perfekt sauber sind, *beißen* sich die Partialtöne.

So klingt ein gesungenes F der Bässe auf dem Vokal „a" sauber, da er hohe Teiltöne aktiviert. Auf einem dunkel artikulierten Vokal „u" wird der Ton auf einmal unsauber, da dieser sogar den 2. Teilton aktiviert. Das liegt an dem Beißwettbewerb im Obertonraum, weil durch den dunklen Vokal die tieferen Partialtöne zum Klingen gebracht werden.

Ist der Vokal hell artikuliert, klingen der Hauptton und die höheren Partialtöne.

Lese darüber, damit du die Theorie dahinter verstehst. Praktisch musst du deinen Chor zum Freundlichsein zwingen – aber dann hast du nun wenigsten **noch eine** Begründung dafür, warum du ihn so quälst... • *(s.a. Cent; Orchesterarbeit; Vokalverbindung und Schwa)*

OCEAN

Willst du mehr über dich selbst erfahren, beschäftige dich mit dem **Fünf-Faktoren-Modell** oder englisch OCEAN-Model (nach den entsprechenden Anfangsbuchstaben Openness, Conscientiousness, Extraversion, Agreeableness und Neuroticism).
Ihm zufolge existieren fünf Hauptdimensionen der Persönlichkeit:
1. Offenheit für Erfahrungen (Aufgeschlossenheit)
2. Gewissenhaftigkeit (Bewusstheit, aber auch Perfektionismus)
3. Extraversion (Geselligkeit)
4. Verträglichkeit (Rücksichtnahme, Kooperationsbereitschaft, Empathie)
5. Neurotizismus (emotionale Labilität und Verletzlichkeit)

Der für mich perfekte Laienchorleiter:
- Er muss wissen, dass er in jeder Probe Neues erfahren wird und er muss dies auch wollen.
- Er muss gewissenhaft arbeiten, aber der Perfektionismus muss relativiert sein (100% Qualität in **diesem** Chor).
- Er muss akzeptieren, dass er selbst Fehler machen wird und diese auch bei anderen zulassen.
- Er muss sich unter Menschen wohlfühlen, da er ständig berufsbedingt mit Menschengruppen zu tun hat. Er braucht aber kein Smalltalkkönig sein und jede Gruppenaktion mitmachen wollen.
- Er muss empathisch sein, darf aber nie das Wohl des Einzelnen über das des Chores stellen. Es ist nur die Frage, wie er mit dem Einzelnen umgeht.
- Er muss berechenbar sein, denn wahre Durchlässigkeit und damit Verletzlichkeit kann nur geschehen, wenn Vertrauen herrscht. *(s.a. Meinungsänderung)*
Vertrauen kann nur entstehen, wenn Reaktionen des Gegenübers vorhersehbar sind.
- Er muss sich selbst eine emotionale Schutzmauer aufgebaut haben, da er es mit meinungsstarken Menschen zu tun hat, die er nur kurz (einmal pro Woche) sieht und deren Lebensweg er nicht genug kennt, als dass er alle Reaktionen berechnen und somit korrekt einordnen kann.
- Er darf keine echte Vertrautheit aufbauen, muss aber durch seine eigene Berechenbarkeit absolut vertrauenswürdig sein.
- Er hat seine private und seine Chorleiterpersönlichkeit.

Viele Chorleiter geben auf, weil sie zu viel Vertrauen und Verletzlichkeit geschenkt haben und unweigerlich verletzt wurden – andere verhärten und verlieren ihre Empathie.
Schütze dich, indem du schlicht wenig Privates preisgibst.
So baust du automatisch eine Kunstfigur auf, der diese privaten Angriffsflächen fehlen.
Das ist deine **Chorleiterpersönlichkeit**. •
(s.a. Charakter vs. Persönlichkeit; Persönlichkeitsprofil vs. Chorprofil)

Öffentliche Chorprobe

Möchtest du dich interessant machen, kannst du zu einer *öffentlichen Chorprobe* einladen. Diese muss natürlich in einem Raum stattfinden in dem Zuschauer sitzen können – also einer Kirche oder einem großen Saal, in dem explizit Platz für Publikum ist.
In der Probe sollte realistisch geprobt werden. Zu Beginn und zur Einstimmung wird (nach dem Einsingen) ein Stück aus dem letzten Programm vorgetragen. Dann wird den Zuhörern erklärt, was und warum geprobt wird (für welches Konzert).
Die Noten für das dort geprobte Stück und der aktuelle Probenplan werden schon am Eingang ausgeteilt. Es wird auch eingeladen mitzusingen. D.h. wer will, kann sich sogar in den Chor setzen, wofür Stühle bereitstehen müssen.
Wichtig: Beachte das Urheberrecht! Du darfst nicht aus deinen Originalnoten für die Zuschauer kopieren! Probe gemeinfreie Stücke aus selbsterstelltem Notenmaterial oder von Notenvorlagen, deren Verlagsrecht abgelaufen ist. *(s.a. Notenkauf; Urheberrecht)*

Du solltest zwei Stücke proben. Eines soll in der Probe nur teilweise fertig geprobt werden. Das andere muss so leicht sein, dass du es singfertig bekommst.
Du fängst mit dem Bruchstück an und beendest die Probe mit dem Vortragsstück.
Strategisch am klügsten setzt man solch eine offene Probe ganz an den Beginn einer Probenphase, sodass interessierte Sänger noch mit einsteigen können.
Zu der Probe wird in den Konzerten und in der Presse eingeladen. • *(s.a. Zum Mitnehmen)*

Offenes Singen

Ein *Offenes Singen* anzubieten heißt eigentlich nur, dass du Menschen der Umgebung einlädst, sich zu einem bestimmten Zeitpunkt, an einem bestimmten Ort zu versammeln und ohne weitere Voraussetzungen gemeinsam zu singen.
Dies kann regelmäßig geschehen oder ein spezielles Event mit deinem Chor sein.
Eine Instrumentalbegleitung (z.B. Gitarre oder E-Piano *(s.a.)*) ist hilfreich und sehr zu empfehlen, wenn du allein oder nur mit einer kleinen Gruppe als ‚Vorsänger' agierst.
Es gilt dieselbe Regel wie beim Mitklatschen *(s.a.)*: Die Zuschauer/Mitsänger werden nur aktiv, wenn die Geräusche, die sie selbst produzieren (in diesem Fall ihr eigener Gesang) nicht das übertönen, was von vorne kommt. So solltest du mit der Vorsängergruppe die Lieder, die du in diesem Offenen Singen singen willst, auch gut geprobt haben.
Je größer diese Gruppe ist, desto eher brauchst du keine Instrumentalbegleitung.
Singe bekanntere aber auch unbekanntere Lieder, die immer eine einfache Melodie haben sollten und der Jahreszeit angepasst sind.
Wenn du Noten austeilst, musst du das Urheberrecht *(s.a.)* beachten!
Kanons lassen sich meistens leicht realisieren. Auch Quodlibets *(s.a.)* können Spaß machen. Wenn du anderweitige Mehrstimmigkeit anbieten willst, solltest du es im Normalfall bei Männer-Frauenstimme belassen. Dreistimmigkeit müsstest du zu lange proben. *(s.a. Quodlibet; Total einfach; Zum Mitnehmen)*

Am Ende soll solch ein Offenes Singen Spaß machen. Es sollte möglichst alles sofort funktionieren. Es lohnt sich also z.B. die Melodie, bzw. 1. Strophe mehrmals zu wiederholen, sodass alle die Töne gelernt haben.
Erwarte nicht, dass solch ein Singen dafür sorgt, dass du viele neue Chormitglieder bekommst – dafür solltest du besser eine öffentliche Chorprobe *(s.a.)* anbieten.

Eine Kombination (d.h. du *probst* im offenen Singen) wäre eine Vortäuschung falscher Tatsachen: Machst du ein Offenes Singen mit Weihnachtsliedern, dann mach auch ein Offenes Singen mit Weihnachtsliedern und lade alle, die nun Blut geleckt haben, ein, zur Chorprobe zu kommen.
Dies ist **nicht** der Platz zu zeigen, wie toll du proben kannst.
Hier sollst du Entertainer sein. •

Offenheit versteckt die diktatorischen Züge
Schon bei der Begrüßung zeigt sich der Charakter des Gegenübers (und deiner).
Der Ursprung des Händeschüttelns kommt aus den Urzeiten. Man will zeigen, dass man keine Waffe in der Hand hält. *(s.a. Hand zum Gruß)*
Beim Händeschütteln kannst du mit einer nach oben oder nach unten zeigenden Handfläche auf die Hand deines Gegenübers zugehen.
Zeigt die Handinnenfläche eher nach oben, ist sie einladend – du hast nichts zu verstecken/willst nichts unterdrücken.
Zeigt sie nach unten, will sie Dominanz suggerieren. Diese Hand zwingt deinen Gegenüber in eine offene Handhaltung und lässt deine Motive im Dunkeln.
Als Dirigent solltest du Offenheit zeigen.
Deine Dominanz entsteht durch deine Kompetenz. Das andere haben wir nicht nötig.
Hier zeigt sich das Paradox des Berufes: Du solltest im Umgang niemals deine Position (Diktator *(s.a.)*) zur Schau stellen – du musst sie sogar verstecken, um sie effektiv ausüben zu können.
Beobachte das nächste Mal wohin deine Handinnenfläche zeigt, bzw. wie eine Hand dir entgegenkommt.
Ich bin von Natur aus eher dominant und musste mir angewöhnen meinen Mitmenschen mit offener Hand entgegen zu treten. Seitdem fällt mir auch auf, wie viele Menschen einen dominanten Charakter haben und wie gut die Handstellung dies anzeigt.
Es gibt sehr wenige (wie mich und jetzt dich), die aktiv die Handfläche nach oben und damit Offenheit suggerieren. Selbst zuerst sehr zugängliche Menschen offenbaren damit ihren Charakter und ich lag damit bisher noch nie bewusst falsch.
Vorsicht: Wenn du schon offensiv mit der offenen Hand auf deinen Gegenüber zugehst, zwingst du ihn natürlich in die dominante Haltung.
Beim Erstkontakt (wenn du bewusst beobachten willst) empfiehlt es sich also den anderen die Hand zuerst ausstrecken zu lassen. •

Ohrenfinger

Wenn du in der Probe eine Stelle vorsingen willst, nenne zuerst die Stimme und dann erst die Stelle („Tenor, Takt 15-21"). Zeige auf dein Ohr und sage „Hören".
Wenn du fertig bist zeige auf den Chor/die Stimme und sage „Singen".
Es werden, wenn du diese Methode einführst, zuerst immer noch einige bei deinem Singen mitsummen – insistiere, dass du *allein* vorsingst und dann erst die Sänger.
Das Mitsingen ist kraftlos und meist falsch, weil die Sänger dabei versuchen auf dich zu hören. *(s.a. Mitklatschen)*
Du glaubst nicht wieviel Probenzeit du sparst, wenn du eine klare Reihenfolge etablierst und diese auch visuell kommunizierst. • *(s.a. Taktansage; Taktzahlen (fehlende))*

Ohrenputzer

Höre dir ab und zu gute Vokalensembles an (live oder auf CD), um dein Gehör darin zu schulen, was ein sauber klingender Chorklang ist.
Nutze dafür keine großen Chöre, denn die werden meist mit sehr viel Hall aufgenommen. Außerdem ist in der Profiwelt das Thema Vibrato ein immer noch nicht allumfassend thematisiertes, d.h. in den großen Chören gibt es zu viele Quartenschleudern, als dass sie sauber klingen könnten.
Sehr gut für diesen Zweck geeignet sind Spezialensembles für die Alte Musik (Tallis Scholars, Hilliard Ensemble, etc.), da diese auf reine Intonation geschult sind.
Da du in deiner Arbeit eher selten mit dieser reinen Intonation zu tun hast, braucht dein Gehör immer wieder eine **Idealvorstellung**, um saubere Klänge ausstimmen und auch einfordern zu können.
Oder anders: Du kannst nur fordern was du kennst/hörst. • *(s.a. Mediante)*

Ole

O - le, o - le, o - le, o - le.

Stadiongesang hat einen sehr typischen Klang. Sein Problem: Kein *i*-**Anteil** im Ton.
Der Ton ist sehr kehlig, weil es dem Sänger hier nur um Lautstärke und Gruppenzugehörigkeit geht. Durch den dunklen Kehlklang vermischt sich der Klang der Stimmen recht schnell und das Individuum wird aufgelöst.
Das *i* gibt dem Klang im normalen Singen seine Kontur. Für das *i* braucht es einen leicht gespannten Gaumen – also ein freundliches Gesicht und die Zunge an den unteren Schneidezähnen. *(s.a. Abstützen; Koronal; Mundstellung (chorische); Zungenspitze)*
Die erwünschte Mischung des Klanges entsteht durch den weiten Schalltrichter des freundlichen Gesichts. Im Stadion sind die Gesänge Kampfgesänge – sie werden eher selten mit einem freundlichen Gesicht präsentiert. • *(s.a. SCHLAND)*

On-Boarding-Package

Interessierte Sänger integrierst du am schnellsten, indem du ihnen schon in der ersten Probe Noten zur Verfügung stellst (und seien es Leihnoten).

Ein neuer Sänger, der nach seiner Schnupperprobe wiederkommen will, bekommt eine Willkommensmappe mit einem Willkommensbrief, in dem alle Modalitäten des Chores erklärt sind, eventuell die Vereinssatzung, eine DSGVO-Einverständniserklärung *(s.a.)*, Profil/Leitbild, Probenplan und Namensschild.

Das sollte auch passieren, wenn er sich noch nicht 100% sicher ist.

Er hat seinen ersten Schritt in den Chor getan und kommt *an Bord*.

Lass einen Sänger aus dem Chor zum offiziellen Ansprechpartner für interessierte neue Sänger wählen. So sind die Informationen und Willkommensmappen immer aktuell und ordentlich geführt, da sich jemand verantwortlich fühlt. *(s.a. Horch, es ruft vom Hause rein)*

Er muss feinfühlig sein und darf nicht zu viel aber auch nicht zu wenig machen. Das *On-Boarding* sollte von der ersten Sekunde an, in der ein interessierter Sänger den Raum betritt, so positiv wie möglich gestaltet sein.

Aber eben speziell für **ihn**. Das braucht etwas Fingerspitzengefühl.

Noch bevor der Interessent darüber entschieden hat, ob er überhaupt mitsingen will, musst du ihm von der sozialen Seite alle Gründe gegeben haben dabei bleiben zu wollen.

Setze den Aspiranten in die erste Reihe, denn da kann ihm am besten von **dir** geholfen werden. Außerdem kann er sich nicht verstecken, singt im Chorklang und hat immer Sichtkontakt zu dir.

Es lohnt sich dafür auch mal die Sitzordnung zu ändern. Wenn z.B. deine Männer immer hinten sitzen, solltest du (wenn der Interessent eine Männerstimme ist) die betroffene Stimmgruppe nun zwischen Sopran und Alt, in der Mitte des Chores, platzieren.

Stelle dem Kandidaten 1-2 erfahrene und gute Sänger zur Seite, die neben ihm sitzen und ihm helfen können.

Viele Chöre sind bei den Willkommensriten sparsam, da sie Interessenten erstmal kennenlernen und evtl. auch etwas exklusiv wirken wollen.

Es ist aber ganz einfach: Wenn die Person nicht singen kann, kannst du ihr das immer noch sagen. Wenn sie aber singen kann, musst du ihr von Anfang an allen Grund geben bei dir zu bleiben. • *(s.a. Auswahlvorsingen/ Einzelvorsingen; Schnuppertage)*

OpenAir unterm Dach

Singst du OpenAir, solltest du immer für eine Überdachung für den Chor sorgen, außer, du hast einen alternativen Konzertraum, bzw. die Möglichkeit das Konzert bei Regen abzusagen. Ohne Dach wären schon ein paar Regentropfen zu viel für die Noten (wenn sie nicht laminiert oder in Klarsichthüllen *(s.a.)* sind…).

Auch eventuelle Verstärkertechnik oder Begleitinstrumente (und sei es ‚nur' eine Gitarre) sind nicht für ihre Regenfestigkeit bekannt.

Ein paar Tröpfchen sind aber nicht zu viel für die Zuschauer, die kein Verständnis hätten, wenn das Konzert wegen ein bisschen Regen abgesagt würde.

Nicht zu unterschätzen ist auch die Sonne, die blendet, für heiße Köpfe sorgt oder wenn du mit Instrumentalisten spielst, deren Instrumente sogar beschädigen kann.
Auch wenn es sonst wegen dem Blenden nicht gut ist: Dirigierst du draußen, sortiere deine Noten in Folien und hefte sie ein. So kann der Wind sie nicht wegwehen.
Grundregel: OpenAir ist fürs Publikum – der Chor braucht immer ein Dach oder eine Ausweichmöglichkeit. •

Optimiere deine Chororganisation

Delegiere. Es ist schwer Verantwortung abzugeben, aber sehr notwendig.
Ideal ist ein Beirat/Vorstand, der wiederum eigenverantwortlich Aufgaben delegiert.
Terminiere alle 3 Monate eine Sitzung mit deinen Delegierten, um Probleme/Aufgaben zu besprechen, die insgesamt nicht mehr als 60 Minuten nach einer Probe dauern sollte. Plane diese Sitzung nicht vor der Probe, damit ihr nicht in Zeitdruck geratet.
Du weißt, dass alles gut läuft, wenn diese verantwortlichen Personen sich auch außerhalb dieser Termine ohne dich treffen.
Dies muss man aushalten können: Es wird etwas über den Chor besprochen, ohne dass du direkt darin involviert wirst. So lange aber klar ist, dass alle musikalischen Dinge bei dir liegen, wirst du durch selbstorganisierende Delegierte stark entlastet.
Nur mit deiner Zustimmung darf geplant werden: Probenplan, Choraufstellung, Einsingzeiten, Programm, Konzertorte, Eintritt, wie viele Konzerte und wann (es kann nicht einfach ein Auftritt ohne Rücksprache mit dir festgelegt werden – das ‚nette' Argument dafür ist natürlich, dass du erstmal schauen musst, ob du überhaupt Zeit hast).
In diesen Themenbereichen haben die Sänger meist einfach nicht den Überblick und müssen ihn auch nicht haben, denn dafür haben sie **dich** ja eingekauft… •
(s.a. Delegieren…; Programmkommission. Oder: Die dümmste Idee der Welt)

Orchesterarbeit

Arbeitest du mit einem klassischen Orchester, lies dich bitte vorher ein, wie du mit einem Orchester umgehen musst. Es gibt dafür genug Bücher und Kurse. Tu dir selbst und den Musikern den Gefallen.
Suche dir zuallererst einen guten *Konzertmeister*. Er ist das Bindeglied zwischen dir und dem Orchester. Er soll die Striche für die Streicher machen und dir im Zweifelsfalle auch bei der Erstellung des Probenplans behilflich sein.
Jedes Ensemble und Orchester hat seinen regulären Leiter. Habe keine Scheu dich mit diesem zu besprechen. Eine Ausnahme bilden die *Muggenorchester*, die für einen bestimmten Zweck (dein Projekt) zusammengestellt werden.
Ich wollte dir eigentlich noch genauer aufschreiben wie ein Orchester funktioniert – das wurde aber zu umfangreich. Dafür gibt es dutzende Bücher – zuallererst empfehle ich dir H. Scherchens Dirigierschule. *(s.a. Literaturverzeichnis)*
Was nirgends steht, aber dein Überleben sichern wird, ist, dass du die hohen Streicher

(1. und 2. Geige) entweder einfach (also insgesamt ein Streichquartett, evtl. zusätzlich mit Kontrabass) oder mit mindestens drei Instrumentalisten je Violinenstimme besetzen musst. Zwei hohe Streicher werden sich genau wie zwei hohe Singstimmen im Laienbereich **niemals** mischen können. *(s.a. Obertöne)*

Grundregel: Wenn du keine Ahnung hast, frage **vor** der Probe. Wenn du in der Probe etwas nicht weißt, tu nicht so als ob, sondern wende dich vertrauensvoll an den Konzertmeister. Du musst nicht von allem im Orchester Ahnung haben.

Du bist sonst **Chor**leiter. Sei jetzt **musikalischer** Leiter.

Erkläre den Musikern was für einen **Klang** du haben möchtest. Es ist dann ihre Aufgabe sich zu überlegen, wie sie diesen Klang produzieren können. Sei bei dieser Forderung respektvoll und nett zu deinen Musikern und sie werden alles dafür tun, deine Klangwünsche umzusetzen.

Arbeitest du mit Laien ist das natürlich nicht so einfach. Hier brauchst du unbedingt einen *Übersetzer*, der deine Wünsche technisch vermittelt: Möchtest du z.B. einen weichen Klang, sagt er den Streichern sie mögen bitte auf einer tieferen Seite in Lagen spielen und/oder nah am Griffbrett streichen.

Im Idealfall kann das der Konzertmeister leisten – im Fall eines Musikschulorchesters ein Instrumentallehrer oder eben der originale Leiter.

Zeige dem Orchester immer, dass du dich freust mit ihm zu arbeiten. Sei dankbar und demütig *(s.a.)*. Aber vermittle deine musikalische Vorstellung, ohne beliebig zu sein. •

Orchesterleiter vs. Chorleiter

Wir haben sogenannte Spiegelneuronen im Gehirn.

Das simple Beispiel ist: Wenn ich will, dass der Chor Freude ausstrahlt, muss ich ihm das vormachen. Das ist einfach zu erzeugen und dabei helfen diese Neuronen.

Problematisch ist, dass Sänger auch bei lauten und massiven Stellen immer locker, aber interessiert gespannt singen müssen, um einen freien Gesangsapparat beizubehalten.

Das unterscheidet den *Chorleiter* fundamental vom *Orchesterleiter* und sorgt für die bekannten Konflikte in jedem Laienchor, der mal unter einem ausgebildeten Orchesterleiter singen sollte („Ich kann unter **dem** nicht singen!").

Ein Orchesterleiter wird bei einer lauten Stelle immer mit der Energie dirigieren, die er **hören** will. Ein Chorleiter muss wegen der speziellen Verbindung zwischen Dirigent und Sänger immer so dirigieren, wie der Sänger **singen** soll.

D.h. bei lauten Stellen muss er zwar signifikant größer dirigieren als bei einer Pianostelle, aber immer befreit und locker bleiben.

Unbestritten profitiert ein Orchester auch sehr von dieser lockeren und trotzdem aufrechten Art! Aber: Der Orchesterleiter **darf** sich bei einer Pianostelle zusammenkrümmen, um sich kleiner zu machen, weil er ja nun einen *kleinen* Klang hören will, ohne die Musiker zu sehr zu beeinträchtigen. Er dirigiert den **Klang**

Der Chorleiter **muss** aufrecht stehen bleiben, denn der Sänger kann mit eingeklemmtem Zwerchfell kein spannungsvolles Piano singen. Du dirigierst den Klang**körper**. •

(s.a. Dynamisch dirigieren; Gummiband; Haltung annehmen; Klare Dirigierbewegungen; Lehnen; Leuchtende Augen; Schlagpunkte; Spieglein, Spieglein vorn am Pult; Wackeldackel)

Ordnung

Ein Dirigent kreiert Ordnung.

Wenn ein Stück fast fertig ist, nutze ich das Bild: „Da müssen wir nochmal mit dem Kamm durch und dann ist das fertig."

Proben sind *organisiertes Chaos* – in den Köpfen der Sänger und in der Musik.

Je mehr du probst, desto mehr Ordnung wird erschaffen. Je organisierter deine Arbeit ist, desto schneller wird diese Ordnung kreiert.

Ich bin davon überzeugt, dass ein Dirigent im Laienchor nur so viel Ordnung schaffen kann, wie er selbst in seiner Vorbereitung und Arbeitsweise hat.

Bist du chaotisch, wirst du niemals die Ordnung erreichen, die du erreichen könntest.

Zu viele Chöre akzeptieren solch eine Arbeitsweise und glauben tatsächlich, dass sie nicht besser singen können.

Deine Ordnung, langfristige Planung und saubere Vorbereitung der Proben sind die Grundlage dafür, dass deine Sänger 100% **ihrer** Leistung abrufen können.

Singt ein Chor objektiv schlecht liegt es in 90% der Fälle daran, dass der Chorleiter die Sänger nur 50% ihres Potenzials ausschöpfen lässt. Ja, **du** bist schuld! •

Organisationsbetriebsblindheit entgegenwirken

Organisationen, wie ein durch einen Verein, bzw. die Kirche geordneter Chor, neigen irgendwann zur Betriebsblindheit.

Die Abläufe „waren schon immer so" und das Publikum hat sich an den Chor gewöhnt und kommt treu. Es gibt wenig bis keine Probleme und so macht man einfach weiter.

Wenn man dann merkt, dass etwas nicht stimmt (die Sänger werden immer älter, es kommen keine neuen nach und das Publikum lobt auch nicht mehr wie früher) ist es höchste Zeit sich externe Hilfe zu holen.

Das kann ein einmaliges Coaching sein, ein neuer Vorstand oder ein neuer Chorleiter. Alle diese Maßnahmen werden den Chor zwingen, die Situation des Chores zu überdenken und Maßnahmen zu ergreifen.

Ich wünschte es wäre möglich meine Chöre wenigstens alle zwei Jahre von einem anderen Chorleiter für eine Probe dirigieren zu lassen. Sei es über Stimmproben oder gemeinsame Projekte oder einfach einen Nachmittag mit einem anderen Chorleiter als *Happening*. Bei einigen Chören gelingt mir das zumindest teilweise.

Der Chor, inklusive dir, wird dann wacher. Er vergleicht und bewertet seine Situation – und das ist gut so!

Ein *Stehenbleiben* ist mit einer solchen Maßnahme fast nicht möglich.

Und auch ich lerne jedes Mal etwas Neues. Es sind praktisch Fortbildungen, die mir der Chor bezahlt, die nicht nur direkt mir (wie eine echte Fortbildung) zugutekommen, sondern auch dem Chor. • (s.a. *Betriebsblindheit; Kontrabass & Violine*)

Oxytozin

Oxytozin ist ein Hormon, das bei vermehrter Ausschüttung ein Indiz für größeres Wohlbefinden ist.

Man weist es über eine Speichelprobe nach: Wenn die Konzentration nach einer Handlung im A-B Vergleich gestiegen ist, deutet das darauf hin, dass diese Handlung für den Probanden stresslindernd war und insgesamt als *schön* wahrgenommen wurde.

Der Mensch ist ein soziales Tier.

Wenn ein Chor sich ‚nur' für ein gemütliches Beisammensein trifft (z.B. gemütlicher Abend statt Probe) und die Sänger also nur miteinander **sprechen**, haben seine Sänger einen geringeren Oxytozinkonzentrationsanstieg, als wenn sie gemeinsam **singen**.

Singen in der Gruppe macht nachweislich glücklicher als **Sprechen** in der Gruppe.

Genauso ist es mit Gruppen, deren Mitglieder sich noch nicht kennen: Dafür gibt es diese grauenvollen „Eisbrecher-Spiele" auf Seminaren, die zum sich gegenseitig Kennenlernen animieren sollen.

Nach einer Studie der University of Oxford von 2015 hat das **Singen** mit einer Gruppe einen größeren Eisbrecher-Effekt als alles andere. *(s.a. Nackiger Sänger)*

Nimm dir also für dein nächstes Seminar ein paar Kanons mit. • *(s.a. Total einfach)*

[aus „Spektrum.de" URL: https://www.spektrum.de/frage/macht-singen-gluecklich/1630772# (Abgerufen: 18. März 2019)]

P

Parodie

Als Komponieren noch ein Handwerk war, Komponisten bei Fürsten, Königen, etc. angestellt waren und das Konzept des Urheberrechts noch nicht bekannt war, kopierten Komponisten von Kollegen, wo es nur ging.
Allerdings wurde dieses Kopieren als Verehrung verstanden. So ging es dann auch darum, eine fremdverschuldete Melodie möglichst kunstvoll in seinem eigenen Werk zu verarbeiten.
Das nennt sich *Parodie*. Heute ist eine Parodie veräppelnd – damals würdigend.
Das **Parodieverfahren** war vor allem in der Barockzeit Normalität.
Auch die romantischen Komponisten kannten das noch.
Spätestens mit Beginn des 20. Jahrhunderts wurde das Kopieren/Parodieren gefährlich(er), da Komponisten schon länger nicht mehr per Auftrag komponierten, sondern auch *privat* und von dem Druck in Verlagen, sowie vom Spielen ihrer Stücke leben mussten.

1902 trat im damaligen Deutschland das *„Gesetz betreffend das Urheberrecht an Werken der Literatur und Tonkunst"* in Kraft, das besagt, dass es zur öffentlichen Aufführung eines musikalischen Werkes der Genehmigung eines jeden Autors bedarf.
1903 gab es die ersten Verwertungsgesellschaften – also de facto Inkassounternehmen für Urheber – die bekannteste heute: die GEMA (aber nicht die einzige, auch wenn die GEMA zum Synonym wurde).
Dafür verantwortlich war vor allem Richard Strauss (1864 – 1949).
Aber schon ab 1851 gab es auch in Frankreich solch eine Verwertungsgesellschaft.
Und damit war die Parodie gestorben.

Nach der Epoche der Neuen Musik befinden wir uns aber im Augenblick in der Epoche der *Postmoderne* (was soll danach noch kommen...?).
Heute komponieren viele Komponisten zwar immer noch mit neuen Tonsprachen, aber harmonischer (sie wollen nun Musik machen, die andere Menschen kaufen und nicht nur Organisationen zur Förderung Neuer Musik).
Und so ist die Parodie ein Zeichen für *postmoderne Musik* geworden. Es werden Werke oder Melodien historischer Komponisten in ein neues Gewand gekleidet.
So hat sogar die Popmusik Beethoven, Bach und Mozart entdeckt. •

Pastoren

Es gibt gute und schlechte. Es gibt aber drei **Grundregeln** im Umgang mit allen:
1. Man muss sie ‚nerven' – und das ist nur **nett** gemeint!
   Pastoren sind von Menschen umgeben, die sie mit ihren persönlichen Problemen bombardieren. Wenn man also selbst kein ‚Problem' ist, wird man leicht übersehen oder vergessen.
   Sei also nicht beleidigt, wenn du nicht die Aufmerksamkeit bekommst, die du dir wünschst. Brauchst du sie, musst du sie einfordern.
2. Ermutige Pastoren unbekannte Gemeindelieder zu singen, wenn dein Chor im Gottesdienst dabei ist.
   Der Chor kann die Gemeinde von seinem Platz aus unterstützen. Es lohnt sich auch die 1. Strophe 2x singen zu lassen (vom Pastor angesagt).
3. Mache deinem Pastor klar, dass du nur mit einer langfristigen Planung arbeiten kannst und spontane Aktionen nicht möglich und nötig sind (Beerdigungen ausgenommen, aber jede Hochzeit wird mit mehr als 3 Wochen Vorlauf organisiert).

Wenn er Letzteres nicht verstehen will, muss er eben lernen (d.h. der Chor singt zur Hälfte der gewünschten Termine, die nur drei Wochen vorher angekündigt werden, **nicht** – weil du nicht kannst oder der Chor nicht singfähig ist oder kein Programm möglich ist). Es wird für mich auf ewig ein Rätsel sein, warum manche Pastoren einfordern, dass der Chor doch „irgendwas" singen kann und sich dann wundern, wenn **Kirchenchor** zum Schimpfwort mutiert ist. • *(s.a. Traditionsauftritte etablieren)*

Pausenmusizieren

Jedes Atemzeichen/jede geatmete Pause/jede Pause, also jeder Moment, in dem eine Stimme nicht singt, gehört zur Musik. Echte **Stille** ist im ‚normalen Leben' ein Moment größter Intimität und heute allgemein etwas Besonderes.
Ein Extrem ist z.B. das Stück *4'33* von John Cage (1912 – 1992). Dies ist entgegen landläufiger Meinung kein Jux, sondern Aleatorik: Musik entsteht durch die Geräusche *(s.a. im Index)* des Publikums in der vorbestimmten Zeit „4 Minuten und 33 Sekunden".
Nur wenn deine Sänger verstehen, dass ihre **Stille** mit Energie gefüllt werden muss, indem sie die Musik weiterdenken, kann der Chor gut klingen. •

Pausensklave

Braucht/Möchte dein Chor in der Probe eine Pause, lasse dich in keinem Fall auf eine feste Zeit ein (Pause um 20:00 Uhr).
Eine Pause muss immer **relativ** zum Probenzustand gemacht werden.
Wenn die Sänger noch nicht (oder sehr) müde sind, oder du nur noch ein paar Takte proben musst (oder das Stück eigentlich fertig ist), sollte eine Pause auch mal 10 Minuten später (oder früher) stattfinden dürfen.

Was sich logisch anhört, ist scheinbar für einige ‚Preußen' nicht wahrnehmbar, bzw. schauen im Profibereich die Gewerkschaften da drauf.

Aber auch dort setzt sich glücklicherweise (langsam) die musikalischere Herangehensweise durch, für einen Pausenbeginn **Zeiträume** zu vereinbaren.

Wenn also die Probe von 19:30 – 21:30 Uhr stattfindet, vereinbare ich, dass die Pause zwischen 20:20 und 20:40 **beginnt** und dann seine xy Minuten dauert. *(s.a. Probenlänge)*

Pausensnack

In vielen Gemeindehäusern darf man die Küche mitbenutzen.

Toll ist es, wenn sich Verantwortliche finden, die vor der Probe, für die Probenpause, für den ganzen Chor Tee kochen (keinen Früchtetee, da der sauer ist und die Schleimhäute angreift) oder sonstige Erfrischungen bereitstellen.

Gerne darf dafür auch eine Kaffeekasse aufgestellt werden. Verkneife dir aber Festpreise (Tasse Tee = 50cent). Das wirkt kleinkariert und eine freiwillige Spende bringt mehr ein. Animiere deine Sänger in der Pause (auch am Abend) noch einen Apfel, saure Gurken, oder eine Banane zu essen und vor allem viel zu trinken.

Sie arbeiten geistig (deshalb etwas Kleines essen) und benutzen ihre Schleimhäute, die dabei austrocknen (deshalb trinken). *(s.a. Trinken)*

An langen Probentagen sollte in den Pausen ein Mitbringbuffet aufgebaut werden.

Das geht eigentlich auch immer ohne Liste – mir ist es zumindest nie passiert, dass da auf einmal 10 Kartoffelsalate standen. Und wenn – sie sind alle unterschiedlich gemacht. So sparst du dir langwierige Planungen. Sage nur, dass jeder sich einen Teller und Besteck selbst mitbringen soll.

Für eine Kaffeepause gibt es immer Freiwillige, die Kuchen backen. Das kann per Handzeichen organisiert werden.

Wenn es keine Teeküche mit großer Kaffeemaschine gibt, ist es am effektivsten, wenn sich jeder seine Getränke selbst mitbringt, da bei ‚kommunalen' Thermoskannen immer zu wenig Kaffee, Tee oder Milch da ist. •

Passive Mitglieder

Sänger oder auch nur Unterstützer, die im Verein und damit ideell im Chor Mitglied sind aber nicht aktiv singen, sind *passive Mitglieder*.

Sie zahlen einen (meistens) reduzierten Mitgliedsbeitrag und werden (meistens) nicht zu Vollversammlungen eingeladen – sind also nicht stimmberechtigt.

Es gibt Chöre, die aus 20 aktiven und 100 passiven Mitgliedern bestehen.

Passive Mitglieder sind treue Konzertgäste und ideelle, aber eben auch fiskale Unterstützer. Sie müssen bei Laune gehalten werden.

Wirkungsvoll sind interne Newsletter *(s.a.)*, mindestens aber (postalische) Einladungen zu den Konzerten. •

Perfectes Tempo

Wenn du *Alte Musik* singen lässt, wirst du dich irgendwann mit dem *perfecten Tempo* und dem Konzept der *proportio sesquialtera* beschäftigen müssen.

Im Laufe des 14. und 15. Jahrhunderts haben sich die Zweier- und Dreierteilungen der Taktwerte ausgebildet.

Ausgangspunkt für alle folgenden Notenwerte ist die *longa*. Sie steht für einen Takt und ist mit unserer heutigen *Ganzen* äquivalent.

Die *longa* wird von zwei oder drei *brevis*-Noten unterteilt.

Diese können wiederum durch jeweils zwei oder drei *semibrevis* und diese wiederum jeweils durch zwei oder drei *minima* unterteilt werden.

Die **dreizeitige** Teilung symbolisiert die Heilige Dreieinigkeit und wird deshalb als *tempus perfectum* bezeichnet.

Die **Zweiteilung** ist nicht ‚perfekt' und wird deshalb *tempus imperfectum* genannt.

In moderner Notation ist *tempus perfectum* ein Dreiertakt und *tempus imperfectum* ein Zweier.

Das Metrum ist jeweils eine Zweier- oder Dreier-Einheit.

Mathematisch wird so der **Nenner** eines Bruchs definiert.

Wie dieses Grundmetrum des Taktes weiter aufgeschlüsselt wird, wird durch die Bezeichnung *prolatio...* definiert.

Prolatio perfecta ist immer ein Dreiertakt, *prolatio imperfecta* ist immer ein ganzer oder halber Takt. Mathematisch wird damit der **Zähler** eines Bruchs definiert.

So ergeben sich folgende Taktartendefinitionen:
1. *tempus imperfectum, prolatio imperfecta* = 2x2 = Zweier-Takt
2. *tempus imperfectum, prolatio perfecta* = 2x3 = Sechsertakt
3. *tempus perfectum, prolatio imperfecta* = 3x2 = Dreiertakt
4. *tempus perfectum, prolatio perfecta* = 3x3 = Neunertakt

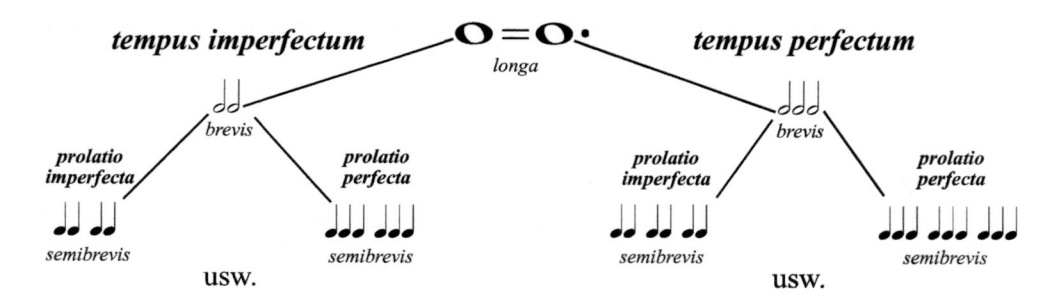

Alles passiert immer in der Gesamtdauer einer *longa*.

Wenn sich das Metrum innerhalb eines Stückes ändert, bleibt also die **Dauer** der *longa* gleich – also der **Puls**.

In moderner Notation würde man in einem Wechsel zwischen Zweier und Dreier, den Dreier als Triole und andersherum den Zweier als Duole notieren.

Und damit landet man bei der **proportio sesquialtera** (=anderthalb), die uns in vielen Stücken vor dem Barockzeitalter begegnet.

Ich lasse in der folgenden Beschreibung den eigentlich wichtigen Teil der Mensuralnotation und der Symbole, die Tempowechsel anzeigen (Kreis, Halbkreis, etc.), aus, da sich diese über die Jahrhunderte auch geändert haben.

Wenn du genau wissen willst, wie die *proportio sesquialtera* in einem dir vorliegenden Stück umgesetzt werden soll, lese zur Mensuralnotation und schau in die Handschriften, was dir die Symbole als Verhältnismäßigkeit zeigen.

Ich zeige dir hier die für einen nichtspezialisierten Laienchor wichtigen Grundsätze:
- In einem Stück der Renaissance, das mit einem Dreier vorgezeichnet ist, werden die Zweier-Teile duolisch umgesetzt (kommt sehr selten vor!).
- In einem vorgezeichneten Zweier werden die Dreier entweder einfach triolisch (drei Töne auf zwei Grundschläge =*anderthalb*) oder doppelt triolisch (drei Töne auf einen Grundschlag) umgesetzt.
- Das Tempo des Grundschlages ändert sich nie.

Damit wirst du jeden normalen Zuhörer zufriedenstellen und dem Wunsch der Komponisten, wie auch dem Geschmack der Zeit in 99% der Fälle genüge getan haben.

Grundregel: Eine Änderung des Metrums bedeutet in der Renaissance meistens eine Änderung des Tempos der Töne. Halbe Noten einfach weiter halbe Noten sein zu lassen ist selten eine Option. *(s.a. BpM; Goldener Schnitt; Tempoangaben)*

In der *proportio sesquialtera* wird eine bestehende Zweierzählung durch die Erweiterung um eine Note in eine Dreierzählung umgewandelt. Weil beide Zählungen einem Grundschlag zugeordnet sind, wird das Tempo der Ausführung der Noten um ein Drittel schneller und zurück um ein Drittel langsamer.

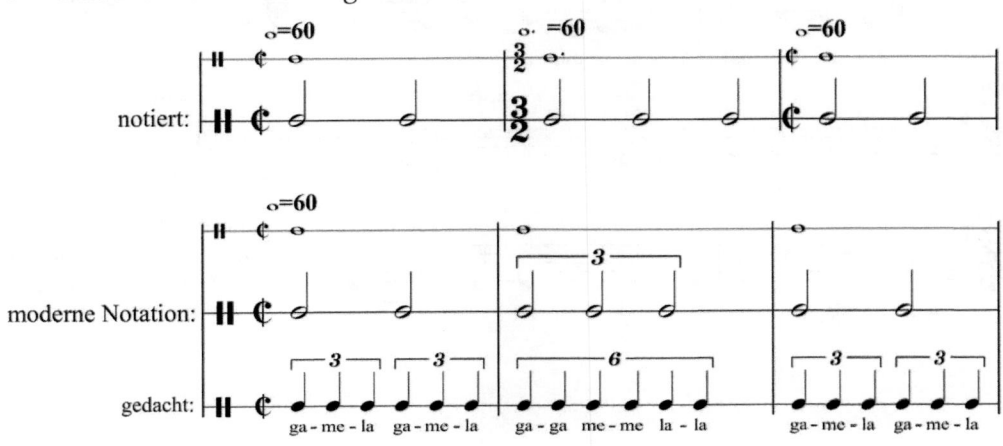

Diese Umsetzung ist absolut legitim, aber für einen Laienchor schwerer umzusetzen, da der Grundschlag im 3/2-Takt *anderthalb* Noten umfasst.

Zählen kannst du obiges Beispiel: *ga-me-la ga-me-la; gaga-meme-lala; ga-me-la ga-me-la*, wobei jede Silbe einer (Triolen-)Viertel entspricht und gleichschnell bleibt.

Im Zweiertakt geschehen also zwei Vierteltriolen, im Dreier verkürzt sich die Länge der Halben um ein Drittel, das Tempo der vorherigen Vierteltriolen aber nicht, sodass du nun zwei von diesen pro Halbe sprechen kannst. *(s.a. Ta-ke, Ga-me-la, Da-le-pi-co-la)*

Ich bevorzuge im Laienchor die einfacher umzusetzende und auch absolut legitime doppelte Geschwindigkeit, in der in den Grundschlag drei Noten eingepasst werden.
Es muss dabei nicht wie im Folgenden ein ganzer Takt sein.
Das Prinzip ist schlicht: Statt 3 in 2 (wie oben) – **3 in 1**.

Beispiel: Altstimme, T172ff aus „Deutsches Magnificat" von Heinrich Schütz (1585 – 1672) •

Perfekt

Fehler sind die wichtigste Währung deines persönlichen Lerngeschäftes. Erst wenn du verstanden hast, dass deine Fehler zwar Fehler und diese grundsätzlich zu vermeiden sind, aber auf ihrer Reflexion deine Entwicklung und damit Zukunft aufbaut, wirst du besser.

Die meisten von uns möchten gerne groß, großartig, fantastisch, supi dupi werden und sein (oder zumindest so wirken). Die wenigsten würden öffentlich skandieren, dass ihnen unperfekt gut genug ist. Ich tue das.

Das große Problem das ich mit dem „THINK BIG!" von Motivationstrainern habe, ist, dass es gezwungenermaßen **unglücklich** macht und dann dafür sorgt, dass man noch mehr Selbsthilfebücher kauft.

Natürlich sollst du in deinem Leben versuchen besser zu werden, aber dafür sind die Fehler da, deren Reflexion und das daraus Lernen. Im Kleinen (z.B. in der Probe) und im Großen (z.B. Konzert) musst du lernen zufrieden zu sein.

Ein Streben nach Perfektion wird dich zu einem schlechten Chorleiter machen.
So verrückt es auch klingt: Du wirst im Laienchor ein besserer Chorleiter, wenn du deine Ziele mit dem Chor nicht zu hoch steckst. Das bedeutet schlicht und ergreifend die Qualität deines Chores realistisch einzuschätzen.

Mit den meisten Chören kannst du ganz, ganz einfache Lieder singen und sie werden immer noch nicht „CD-Aufnahmen"-perfekt klingen. Das liegt schlicht an dem Stimmenmaterial, welches dir im Chor zu Verfügung steht.

Perfekt ist in der Musik und im Laienbereich immer relativ. So platt und abgegriffen das klingt, ist es für dich überlebenswichtig zu verstehen, dass es wahr ist.

(s.a. Grenzen definieren, akzeptieren und umwerfen)

Dein Perfekt definiert sich anders als das deiner Sänger, deines Publikums, deines Vorstandes, deiner Lehrer und deiner Kollegen.

Für welches Perfekt willst du dich also entscheiden?

Ich entscheide mich **immer** für das Perfekt des spezifischen Chores als Ganzes.

Wenn der Chor im Kollektiv, also in der Verschmelzung aller Einzelleistungen der Sänger und dadurch auch im Ausgleich von sehr guten Leistungen und schlechtem Gesang, nach bestem Wissen und Gewissen seine Möglichkeiten ausschöpft – auch durch meine Anleitung – dann hat er **für sich** perfekt gesungen.

Das bin nur ich – du entscheidest dich natürlich für **dein** Perfekt.
Dein Perfekt wird mit Sicherheit sachlicher sein als das der Chorsänger.
Du wirst erst später zufrieden sein als sie (bin ich auch…aber…).
Aber ist das dann das **richtige** Perfekt?
Du könntest ja mal das Perfekt des Publikums nehmen: Das Publikum möchte unterhalten werden, d.h. du kannst ein Konzert dann nur noch populistisch (im negativen wie positiven Wortsinne) gestalten.

Aber für welchen Teil des Publikums willst du die Musik machen? Für die Familie, die alles toll findet? Für die Audiophilen, die jeden Fehler hören? Für die, die am meisten Geld haben und dem Chor viel spenden, um bestimmte Werke zu hören?

Perfekt für deine Kollegen? Je nach Neidstatus fast nicht zu erreichen.
Meine Meinung: Ein kleiner Kirchenchor, der stolz darauf ist „Es ist ein Ros entsprungen" dieses Jahr auch vierstimmig zu singen und es lässt sich gut anhören, singt vom Level des Abrufens seiner Möglichkeiten genauso gut wie ein Konzertchor mit „Elias" von Mendelssohn, das groß und überwältigend und evtl. emotional mitreißender klingt.
„Think **(relativ)** big!"
Die Maßstäbe für dein Perfekt müssen immer neu justiert werden.
Sei deshalb zuerst einmal perfekt für deinen Chor.
Jeder Chor ist unterschiedlich, also ist jedes Perfekt auch unterschiedlich.
Dein persönliches Perfekt darf nicht zählen. Es muss eine Mischung aus objektiv gut gesungener Musik (gute Intonation, Textverständlichkeit und Lebendigkeit) sowie den weichen Faktoren (dass der Chor und seine Sänger glücklich und zufrieden proben) sein. Das ist der große Unterschied zwischen Laienchor und Profi: Im Laienchor ist auch der Weg das Ziel.
Selbst wenn du einen sehr ambitionierten Chor hast, darfst du diese weichen Faktoren nie aus den Augen lassen, da sie den Liebhabern der Musik auch wichtig sind.
Nur zu proben, um ein Konzert zu gestalten, das objektiv nach harten Faktoren so perfekt wie möglich sein muss, wird dir deinen Laienchor zerstören.
Bedenke meine 90%-Regel. • *(s.a. Target Group 90%)*

Persönlichkeit (gekaufte)
Sänger kaufen mit ihrem Chorbeitrag oder schlicht mit ihrer Entscheidung für einen bestimmten Chor, auch die Persönlichkeit des Chorleiters.
Im Profibereich hat der Dirigent eine Funktion und soll funktionieren.
Im Laienbereich darf und soll er auch ein Mensch sein. •
(s.a. Charakter vs. Persönlichkeit; Persönlichkeitsprofil vs. Chorprofil)

Persönlichkeitsprofil vs. Chorprofil
Ein Dirigent muss zuallererst authentisch sein – mit allen seinen Stärken und Schwächen. Letztere zu überspielen wird niemals möglich sein, da eine Probe nur gut sein kann, wenn sie vom Chorleiter intensiv geführt wird. Dadurch wird er sich im Zweifelsfalle auch mal *verplappern* – z.B. eine Unwissenheit dilettantisch zu überspielen versuchen – und meist hat man eher die Akademiker im Chor unter sich – die sind nicht blöd…
Man sollte also mit der Einstellung reingehen: „Ihr habt mich gewählt, ich bin ein Mensch, ich mache Fehler, aber ich bin in dem was ich mache, grundsätzlich gut. Deshalb bin ich es wert diese Position innezuhaben." *(s.a. Apfelbaum)*
Es ist unstritten, dass wir vor dem Chor eine *entwickelte* Persönlichkeit haben. Diese ist (hoffentlich) selbstsicherer, charmanter und wortgewandter (also *charmant* extrovertierter) als unsere *alltägliche* Persönlichkeit.

Unsere Aufgabe ist **Vermittlung**.
Um dieser Aufgabe gerecht zu werden, müssen wir unsere Art (Wortschatz, Tempo, Anspruch, soziales Miteinander) an das Publikum (den Chor) anpassen.
Wenn deine Sänger nur von einem hochgeistigen Dirigent die Anweisungen annehmen, musst du dich fragen, ob du das authentisch leisten kannst.
Ist das in deinem *Persönlichkeitsprofilrepertoire* enthalten?
Wenn nicht, wirst du diese Sänger niemals erreichen und damit kein gutes Ergebnis.
Selbiges gilt für Chöre, die verstockt auf einem Dirigenten beharren, der sie mit dem Klavier begleitet und bei dem sie eigentlich nur mitsingen müssen. – Wenn du ein *Arbeiter* bist und die Sänger zu einem Verständnis für die Musik erziehen willst, ist auch dies ein Persönlichkeitsprofil, das sich nur schwer ablegen lässt und hier nicht gut ankommt.
Zwar kannst du durch Allgemeinbildung und Wortgewandtheit viel kaschieren – gänzlich verdrehen wirst du dich nicht. *(s.a. Supermans Großvater)*
Ich werde niemals einen Chor nur mit dem Klavier leiten (können).
Selbst einen Gospelchor leite ich a-capella und lade dann kurz vor den Konzerten oder einem Auftritt den Pianisten/die Band dazu ein.
So etwas ist zwar eine Umstellung für den Chor, aber machbar.
Einen *Spaßchor*, wie es viele Gospelchöre sind, würde ich nie dauerhaft leiten **können**.
Du musst vom ersten Vorstellungsgespräch an sehr ehrlich erklären, was **du** bietest.
Nur dann kannst du bei Unstimmigkeiten darauf verweisen. • *(s.a. Charakter vs. Persönlichkeit; Eierlegende Wollmilchsau nach Kundenwunsch; Freude vs. Spaß; Mystische eierlegende Wollmilchsau)*

Pest und Cholera
Dumme Menschen sind gefährlicher als *böse* Menschen.
Will dir jemand etwas Böses – will dir also jemand schaden – wird er planen müssen.
Planung kann durchkreuzt werden, bzw. du wirst davon erfahren.
Ist jemand dumm, macht er Fehler, die du nicht vorhersehen konntest.
Ich habe häufig den Fehler gemacht, die Bösen/Unsympathen abzulehnen. Das ist im ersten Moment ja auch einfach – weil böse und so...
Mit denen kann man aber reden und mit ihnen umgehen – sie sind **berechenbar**.
Die Dummen, die einem gar nichts Böses wollen, werden zu häufig geschont. Sie verbrauchen viel Energie, weil du ihnen die Sachen drei Mal erklärst und vieles nachkontrollieren musst.
Hast du für eine Aufgabe nur die Wahl zwischen einem *sympathischen Deppen* und einem *konsequenten Arsch* nimm letzteren.
Es hört sich zuerst an wie „Pest oder Cholera" – ist es aber nicht. Alles, was du an Verhaltensweisen berechnen kannst, ist besser als Unberechenbarkeit. •

Pfeiffe mit drei f
Auf Fingern zu pfeifen, ist genau wie mit dem Taktstock auf das Dirigierpult zu klopfen, ein absolutes **NoGo**.
Ersteres triggert Tinnitus und gehört sich einfach nicht in einer Gruppe, die darauf aus ist gut zu klingen und gut aufeinander zu hören.
Zweiteres deklassiert dich zum Flachpfeifenmöchtegerndirigenten vor **jedem** (semi)professionellen Orchestermusiker. •

Pianist und Organist sind nicht immer Mist aber manchmal
Ich habe sehr gute Erfahrungen mit begleitenden Pianisten und Organisten gemacht – und katastrophale.
Egal in welcher Situation du dich befindest, gelten folgende **Grundregeln:** Wirst du durch einen akkordischen Instrumentalisten begleitet, musst du mit ihm mindestens einmal, für Tempo und Interpretation, *an seinem Instrument* durchs Programm gehen. Lass dich nicht auf die beliebte Ausrede ein: „Das habe ich noch nicht fertig geübt." – das ist irrelevant. Es muss noch nicht alles perfekt sitzen.
Ihr müsst euch auf eine Interpretation einigen. Jawohl: **einigen**.
Organisten und klassische Pianisten im Konzert zu dirigieren ist ohne Absprachen fast unmöglich. Anders ist es bei z.B. Jazz-Pianisten oder solchen, die gelernt haben nach Akkorden zu spielen. Sie sind im reaktiven Ensemblespiel geübter und dadurch durchlässiger und wacher.
Die *Klassiker* sind hauptsächlich solistisch ausgebildet und haben im Studium nie gelernt, nach einem von außen **visuell** (nicht Metronom) vorgegebenen Tempo zu spielen.
Sie sind sie darauf geschult, ihr eigenes Tempo und ihre Interpretation zu spielen und sich als Organist auch nicht von einer lahmend singenden Gemeinde irritieren zu lassen – es sind halt Solisten.
Selbst in der Kammermusik (Klavierquartett, oder als Begleiter von Solisten) wird eher akustisch reagiert. Der Pianist schaut ja nicht auf die Finger des Geigers, um sich zu orientieren wie schnell er spielt – er hört darauf oder es ist verabredet worden.
Im Chor wird es nun speziell. Der Chor ist je nach Aufstellung mal weiter weg oder näher am Instrumentalisten dran – je nach Akustik dauert es also, bis der Klang beim Pianisten/Organisten ankommt. Ein akustisches Begleiten funktioniert nur im äußersten Glücksfall und sollte niemals in Erwägung gezogen werden.
Wenn ihr euch gut abgesprochen habt, kann ein Konzert so trotzdem gut funktionieren. Das Problem beginnt, wenn du das Tempo ändern willst (ein wenig schneller oder langsamer). Das kommt ja in den bestgeprobtesten Auftritten vor...
Der Chor soll also auf dein **visuelles** Signal reagieren.
Da das Klavier, die Orgel oder jedes andere Tasteninstrument akustisch immer sehr dominant sein wird, ist es aber sehr mächtig und wird den Chor anleiten.
D.h. der Chor wird erst auf das visuelle Signal vom Dirigenten reagieren, wenn es auch der **Instrumentalist** tut.

Selbst bei sonst a-capella geschulten Sängern ist jedes Instrument (auch Ensemble) nach 1-2 Proben (abhängig von der Akustik) der Leithammel – nicht mehr du.

Im Grundprinzip ist es leider so, dass du hauptsächlich die *Begleitung* dirigieren musst, da erst dann der Chor mitmachen wird.

Mach dir nichts vor: Hier gibt es kein *Henne-und-Ei* Problem. Wenn du dich nicht mit dem Soloinstrumentalisten geeinigt hast, kannst du so sehr Henne sein wie du willst – spätestens im Konzert bist du ein gut angezogenes Hühnerei.

Die akustischen Probleme habe ich im Artikel „E-Piano" beschrieben: Wenn ein Chor dem Klavier folgt, gibt es Chaos.
Mache es dir deshalb einfach und sprich alles mit dem Instrumentalisten ab: Fermaten, Rubato, wo gibt der Dirigent einen Einsatz, Atemzeichen und fordere ihn immer wieder auf rauszuschauen. Wenn eure Kommunikation funktioniert, wirst du keine Probleme haben.

Vor- und Zwischenspiele von Stücken werden nie dirigiert – das sieht lächerlich aus. Auch gibst du dafür keinen Einsatz oder schlimmer: zählst vor.

Du gibst ein Zeichen, dass es losgehen kann (es muss eindeutig sein – also z.B. in die Augen blicken und Nicken) – sonst könnte zu früh begonnen werden.

Das Einzige, was du machen darfst, ist klein den Takt **mit**schlagen, damit die Sänger die Takte bis zu ihrem Einsatz mitzählen können.

In den Noten der Sänger würde ich bei selbsterstellten Ausgaben einen Klavierauszug von Vor- und Zwischenspielen in Stichnoten notieren, damit der Chor mitlesen und sich vorbereiten kann.

Bei fortgeschritteneren Chören hilft das Wissen, welchen Akkord das Instrument/Ensemble vor dem Choreinsatz spielt – also wo die Sänger ihren Ton herbekommen. •

Plan B, ruhiger Geistesblitz oder Aktionismus

Planst du z.B. ein OpenAir-Konzert *(s.a.)*, wäre es dumm nicht einen Plan B für einen Regentag zu haben. Grundsätzlich muss ein Scheitern immer einkalkuliert werden, sodass man weiß, was zu tun ist, sollte der Fall eintreten.

Ein Plan B gehört zum Grundrepertoire.

Die Spreu vom Weizen trennt sich, wenn wir davon ausgehen, dass ein Fall eintritt, den du nicht vorhergesehen hast. Und das passiert auf die eine oder andere Art **immer**.

Häufig kannst du darauf vertrauen, dass du ähnliche Situationen schon gemeistert hast.

Hast du das nicht, kommt der erste Stolperstein: Sei nicht zu schüchtern, in solchen Situationen um Rat zu fragen.

Wenn du z.B. deinen Chor elektrisch verstärkst, musst du jemanden vor Ort haben der (auch wenn du die Technik grundsätzlich selbst bedienen kannst) bei Fehlfunktion qualifiziert ist, das Problem zeitnah zu lösen. *(s.a. Mantra)*

Der nächste Stolperstein ist, dass du dich bei Problemen nicht traust **Bedenkzeit** zu erbeten und den Chor sogar in eine kurze Pause schickst.

Das schlimmste was man tun kann, wenn ein unvorhergesehenes Problem auftritt, ist Aktionismus zu betreiben, d.h. einfach etwas zu tun, was sich im Augenblick richtig anfühlt, weil man glaubt **jetzt** etwas tun zu **müssen**. Das ist in den seltensten Fällen richtig – meistens hat man mehr Zeit als man gerade fühlt.

Wenn eine Stelle partout nicht klappen will, aber das Konzert vor der Tür steht, lass den Chor 5 Minuten Pause machen und denke darüber nach, wie du die Stelle jetzt vereinfachen kannst. *(s.a. Verflixte Stelle)*

Erlaube dir Ruhe und Besonnenheit und wenn du die nicht hast, dann schaffe dir Umstände, die dich in diesen seelischen Zustand bringen. Mit der Zeit wirst du lernen was dich in diesen **rationalen** Zustand versetzt.

Ich setzte mich z.B. bei oben genannter Situation (so selten sie auch vorkommt) hin, betrachte die Stelle mit bewusst leerem Kopf und warte auf eine Eingebung. Ich lasse mein Unterbewusstsein kurz arbeiten – dann kommt meist auch der *Geistesblitz*, den ich dann methodisch verarbeite.

Wenn ich mir diese Ruhe nicht geben würde, würde ich nur aktionistisch irgendetwas mit dem Chor rumprobieren und die Sänger dadurch noch mehr verwirren.

Schlimmer: Ich würde ihnen, die nach Führung suchen, ein diffuses Führungsbild geben. Nach meinem Geistesblitz kann ich ihnen aber einen Plan präsentieren, der nun verfolgt wird und die Sänger beruhigt. Ob es die beste Maßnahme ist, wird sich erst später herausstellen und ist hier und jetzt irrelevant. Ich habe aber Sicherheit durch Planbarkeit gewonnen. *(s.a. Notfallplan)*

Passiert etwas im Konzert – technische Probleme oder du musst ein Stück abbrechen – hast du unglaublich viel Zeit dieses Problem zu lösen: ganze 7 Sekunden, wenn man Kommunikationsratgebern glauben will.

Wenn du dich in solchen Situationen nur auf die Problem**lösung** fokussierst und das Problem ausblendest (klingt paradox) wirst du schneller zur Lösung gelangen. Sonst musst du den ersten Schock (Mikrofon funktioniert nicht/Chor musste abbrechen) inhaltlich verarbeiten. Wenn du die Situation aber bewusst als Tatsache erfasst und dich sofort fragst „was nun?", wird dir eher die Lösung oder eine Person, die du um Hilfe bitten kannst, in den Sinn kommen, als wenn dein Fokus auf der Tatsache liegt.

Frage also nicht: „Warum?", sondern: „Was nun?". Zwinge dich zum Pragmatismus! •

Planlos

Für einen Chor solltest du mindestens einen 2-Jahresplan haben.

Für dein persönliches chorbezogenes Leben bringt es aber wenig, weiter als zwei Jahre zu planen. Du weißt schlicht nicht, was passieren wird.

Verabschiede dich als Chorleiter somit von einem klassischen 5-Jahresplan.

Im Laienbereich kannst du nicht von einer Chorstelle leben. Du musst also viele verschiedene Chöre leiten, andere Standbeine aufbauen oder einen Hauptberuf ausüben. Die Chöre müssen in deinem näheren Umfeld sein. Somit ist die Auswahl beschränkt.

Du musst eventuell auch nehmen, was gerade da ist. Du weißt also nicht, ob dein nächster Chor ein Konzertchor, Männergesangsverein oder Gospelchor sein wird.

Du kannst nur planen, dass du dich **weiterbilden** willst.

Da du aber niemals auslernen wirst, wird es dich auch hier nicht glücklich machen, Etappenziele zu formulieren (D-Prüfung, C-Prüfung, Studium, etc.).
Diese Etappen werden dich beruflich nicht automatisch weiterbringen. Du wirst nicht auf einmal *andere* Chöre leiten. Du wirst deine aktuellen Chöre höchstens *besser* leiten.
Der große Vorteil des Laienchorleitens ist, dass du niemals arbeitslos sein wirst.
Du wirst mal einen Chor verlieren – dann kommt ein neuer dazu.
Das ist aber auch ein Fluch – dein Weg ist **schicksalhaft** vorbestimmt – zumindest könntest du so negativ denken. Ich bin einfach ziemlich entspannt. Ich weiß, es kommt etwas Interessantes auf mich zu. Du kannst versuchen aktiv für dich zu werben (ebay/Job-Portale/manche Chorverbände). Das ist zwar ein öffentliches, aber nur passives *Existieren*. Die Welt weiß damit halt, dass du da bist.
Du kannst dich nicht aktiv bei Chören, die bereits einen Chorleiter haben, bewerben.
Ich muss dazu gestehen, dass ich das tatsächlich ein Mal erfolgreich getan habe. Da hat mich allerdings die Art der Chorleitung meines Vorgängers so geärgert, dass ich den Chor von ihm *befreien* wollte. Das ist tierisch stressig und nicht zu empfehlen.
Du musst also permanent Jobbörsen der Landeskirchen und Chorverbände scannen, ob ein Chor einen Chorleiter sucht.
Ich habe allerdings **alle** meine bisherigen Chöre durch mein Netzwerk bekommen: Indem mir Sänger/Bekannte gesagt haben, dass da eine Stelle frei ist.
D.h. nach meiner Erfahrung ist es am sinnvollsten, deinen aktuellen Sängern mitzuteilen, dass du einen weiteren Chor suchst. So lange du nicht verzweifelt wirkst und/oder deinen aktuellen Chor ersetzen willst, werden sie dir dabei auch helfen wollen. •

Planung und Ausführung sind deckungsgleich

Du willst erreichen, dass deine Sänger vor einem Auftritt eine gesunde Grundspannung haben. Viele haben aber Angst, sind vor und in dem Auftritt ungesund nervös und verspannt.
Der **Grundgedanke** muss aber sein können: Es ist alles vorbereitet – Planung und Ausführung sind durch die Proben *deckungsgleich* geworden.
Beim Sänger überdeckt die Emotion die Ratio, also musst du mit ihm seine Emotion rationalisieren: „Wir haben uns lange vorbereitet. Es sind viele Menschen da, die sich auf uns freuen." Heißt: Niemals verdrängen, was offensichtlich ist (Menschen sind da und wollen mich/den Chor hören), sondern die Realität mit guten, aber auch realistischen Aussagen erklären: „Sie freuen sich auf uns und wir haben lange geprobt – sind also gut vorbereitet".
Genau wie solche positiven Rationalisierungen deinen Sängern helfen, werden sie auch dir helfen. Wenn ich vor eine neue Gruppe trete, sage ich mir: „Ich bin hervorragend vorbereitet. Ich bin für die unbekannt. Ich weiß, dass ich sie durch meine Art und meine Vorbereitung bald auf meiner Seite haben werde.
Was ich zu sagen habe ist wichtig. Was ich zu sagen habe wird ihnen helfen."
Einfache und simple Sätze. Das **KISS** – Prinzip *(s.a.)*. •
(s.a. Das Ergebnis steht fest; Lampenfieber; Sicherer Raum; Tuut, tuut!; Vorhersehbarkeit herstellen)

Platonische Teilhaber und Taktkäufer

Dein Chor kann immer Geld sammeln, wenn es einen konkreten Anlass gibt und kann dies auch unabhängig von Konzerten tun.
Die effektivste Methode bei größeren Beträgen ist, spendenwillige Menschen zu *platonischen Teilhabern* zu machen.

Will dein Chor ein Klavier kaufen und es kostet 5000€, bastele ein Plakat mit einem Klavier als Strichzeichnung oder im Internet eine eigene Website. Online kann sogar mit einem Spendenbutton von „PayPal" gesammelt werden.
Nun *‚verkaufst'* du jede der 88 Tasten für 50€. So hat jeder *Käufer* einen konkreten Anteil an dem Klavier. Dann bekommt diese Person noch eine Bestätigungsurkunde, dass sie das *C* gekauft hat und auf dem Plakat und online kann das *C* ausgemalt und/oder benannt werden. – Wenn der Spender möchte kann sein Name dort erscheinen.
Allein durch diese öffentlich wirksame Maßnahme wirst du bei Geschäften und Banken erfolgreich anfragen können, ob diese z.B. eine ganze Oktave kaufen.
Ein gemeinnütziger Verein oder die Kirchengemeinde kann hier (im Gegensatz zu normaler Werbung) Spendenbescheinigungen ausstellen.
Schließlich veranstaltest du ein Konzert mit diesem Klavier und deinem Chor und lädst dazu alle Spender ein.

Genauso können Kirchen zur Orgelfinanzierung Spendenaufrufe starten (z.B. eine Orgelpfeife für 100€ und natürlich alles andere, was sich teilen und benennen lässt: Pedale, Tasten, Registerzüge, Motoren, etc.)
Große Werke lassen sich in Takte aufteilen und diese Takte dann verkaufen.
Ein Chor hat mal das Weihnachtsoratorium für 5€ pro Takt verkauft.
Die Sponsoren bekamen ab einem Takt eine Postkarte mit deren Takt aufgeklebt zugesendet. Bei 2 Takten gab es eine Freikarte in unterster Kategorie, mit 3 Takten eine Freikarte in mittlerer Kategorie, ab 4 Takten in der besten Kategorie.
Wenn es mehrere Aufführungen gibt, sollten *Taktkäufer* natürlich einen Wunschtag für ihre Freikarte angeben können.
Grundregel: Alles was sich aufteilen lässt, kannst du gegen Spende ‚verkaufen'. •

Platzhirsche (Neuer Chor)

Lass die Platzhirsche in deinem neuen Chor da sitzen, wo sie sind und bringe ihnen, bis du die Verhältnisse kennst, erstmal den Respekt entgegen, den sie meinen verdient zu haben.
Es kann sein, dass einer dieser Hirsche (ob männlich oder weiblich) den Chor zusammenhält oder anderweitig Macht hat – dann brauchst du ihn.
Wenn du analysiert hast, wo die Macht dieser nervigen Menschen ist, kannst du ihnen diese Stück für Stück wegnehmen. Indem z.B. **du** ab jetzt die Termine mit Kirchen machst oder die Sänger sich nun bei **dir** abmelden müssen.

Wichtig ist nur, dass du immer unschuldige Argumente vorbringst, warum das nun geschehen soll. Du darfst ausschließlich mit dem Wohl des Chores argumentieren – niemals mit deinem.

Bei obengenannten Beispielen also: „Ich muss die Termine machen, weil es ja doof für den Chor wäre, wenn ich an einem der ausgemachten Termine nicht kann. Ich bin halt nicht wie mein Vorgänger im Ruhestand und muss deshalb meine Termine gut planen." Oder: „Ihr müsst bei mir absagen, da ich meine Probe immer gut durchplane und deshalb wissen muss, ob z.B. der ganze Tenor fehlt – dann muss ich die Probe anders planen, damit sie für euch effektiver ist." Etc. •

Podeste

Viele größere Chöre schaffen sich eigene Podeste an, um in fremden Kirchen und anderen Konzertorten flexibler sein zu können. Das ist sehr klug.
Die Standardmaße sind 2x1 Meter. Die Füße können meist ausgetauscht werden.
Bis zu einer Höhe von 30cm ist dies auch kein Problem. Alle Podeste die höher sind benötigen arbeitsschutzrechtlich ein Geländer (nach meinem aktuellen Wissensstand!).
Wenn du die in den meisten Kirchen vorhandenen Treppenstufen zum Altar nutzt und oben eine Reihe Podeste hinstellst, sollte das meistens ausreichen den Chor stufenweise zu erhöhen und so jeden Sänger sichtbar zu machen.

Ich empfehle dir Podeste mit je 2 Meter Länge zu kaufen, **aber** die Tiefe auf 50cm zu beschränken. Der Platz ist ausreichend zum Stehen (aber nicht, um einen Stuhl darauf zu stellen) und der Transport gestaltet sich sehr viel einfacher, weil Podeste mit diesen Maßen weniger Gewicht haben und auch in normale Autos passen.

Wenn du schon dabei bist, bestelle dir auch ein Dirigierpodest in der Größe 1x1 Meter. Ist es kleiner, musst du ein Geländer draninstallieren.
Aus eigener Erfahrung empfehle ich dir aber dringendst: Nutze **niemals** eines das kleiner ist als 1x1 Meter – ob mit Geländer oder ohne. Ich bin da zwar noch nie runtergefallen, aber die Angst davor blockiert im Konzert deine Bewegungsfreiheit.
Du wirst nicht immer ein Podest für dich benötigen, aber wenn der Chor relativ flach steht, du nicht wie ich 1,90 hoch bist und dann auch noch tief dirigieren willst, lohnt sich solch ein Podest. Dann kann dich wirklich jeder sehen!
Manchmal lege ich es einfach ohne Füße auf den Boden. Die 10cm Erhöhung machen schon einen großen Unterschied.

Bedenke: Es ist nicht wie beim Fotografieren (wenn du die Kamera (die **Sänger**) siehst, sieht dich die Kamera…): Die Sänger müssen nicht deine Augen, sondern deine Hände, bzw. deinen ganzen Oberkörper sehen können. Wenn sie also anmerken, dich nicht sehen zu können, meinen sie nicht dein Gesicht. • *(s.a. Choraufstellung)*

Politischer Humanismus

Manche Vereine wollen bewusst unpolitisch sein.
Sie wollen offen für alle Menschen, jeden Glaubens und jeder politischen Richtung sein. Das ist lobenswert, wird aber von Rechts- und Linksradikalen ausgenutzt.
Wenn ein Chor nun in seiner Satzung diese Offenheit festgelegt hat, kann er einen Radikalen schlecht aus seinem Chor entfernen.
Ich bin aber überzeugt: Einen *neutralen* Chor gibt es nicht.
Auch wenn es dir vielleicht nicht gefällt und so mancher Musiker das Gegenteil behauptet: Rational gesehen ist Musik – und vor allem Chormusik – immer politisch und das nicht unbedingt nur durch die Aussage des Textes!
Gesang hat durch sich selbst eine **humanistische** Aussage. Denn jeder Mensch versteht Gesang und jeder Mensch singt. D.h. nur durch die Tatsache, dass du singst, bzw. singen lässt, bist du Humanist.
Hör mal auf militärische und rechts- oder linksradikale Musik. Sie ist immer hart und laut. Sie will keine Information transportieren – sie will Emotionen wecken oder hat einen Zweck (gemeinsam marschieren). Sie will damit auf perfide Weise **entmenschlichen**.
Das Äquivalent ist sehr schöne Musik, die Menschen zum Weinen bringt – die berührt. Diese Musik entmenschlicht uns auf eine schöne Art und Weise – sie lässt uns unseren Kopf ausschalten – aber sie wird uns nie dazu bringen uns darüber zu freuen, dass mal wieder ein paar Migranten auf dem Mittelmeer gestorben sind. Dies ist nur möglich, wenn wir diese Menschen in uns („geistig') entmenschlichen und sie damit eine entbehrbare **Sache** werden.
Der Satz „Wo man singt, da lass dich nieder – böse Menschen haben keine Lieder." ist zumindest in groben Zügen wahr.
Bedenke: Auch ein „guter Mensch" zu sein ist eine Haltung – ist also politisch.
Selbst wenn du es also nicht in deiner Vereinssatzung stehen hast, hast du dich durch den Gesang für einen politischen Humanismus entschieden. Sorry. •
(s.a. Verhaltenskodex; Wertegemeinschaft)

Polyphoner Pauseneinsatz

Setzt eine Stimme im polyphonen Chorsatz nach einer Pause (in der andere Stimmen singen) falsch ein, lass sie eine der anderen Stimmen (während diese singt) mitsprechen.
Viele Sänger, die einen homophonen Satz gewohnt sind, sind davon überfordert zu warten (pausieren), während eine andere Stimme singt.
Sie sind es gewohnt *mit den anderen* **zusammen** zu singen. Das Problem findest du so ähnlich auch im Kanonsingen mit unerfahrenen Sängern. *(s.a. Total einfach)*
Ein weiterer Fehler besteht im polyphonen Satz darin, dass die Sänger versuchen, pünktlich zu **singen** – sie müssen aber pünktlich und richtig **einatmen**.
Nur wenn richtig geatmet wird, kann pünktlich gesungen werden.
Es ist aber schon so für viele schwierig, diese Pause auszuzählen, weil viel anderes um sie herum passiert, das Aufmerksamkeit frisst. *(s.a. Wahrnehmungshierarchie)*

Anstatt nun dagegen zu arbeiten, kanalisiere und nutze diese Aufmerksamkeit, indem du deine Sänger nicht zählen lässt (und damit die Pause unterteilst), sondern ihnen die Pause durch eine andere Stimme **strukturierst** und damit konkret/real zählbar machst.
Sie spüren dann: „In diesem Zeitraum passiert das…"

Beispiel: T12ff aus „Locus Iste" von Anton Bruckner (1824 – 1896) *(s.a. Probendisposition)*

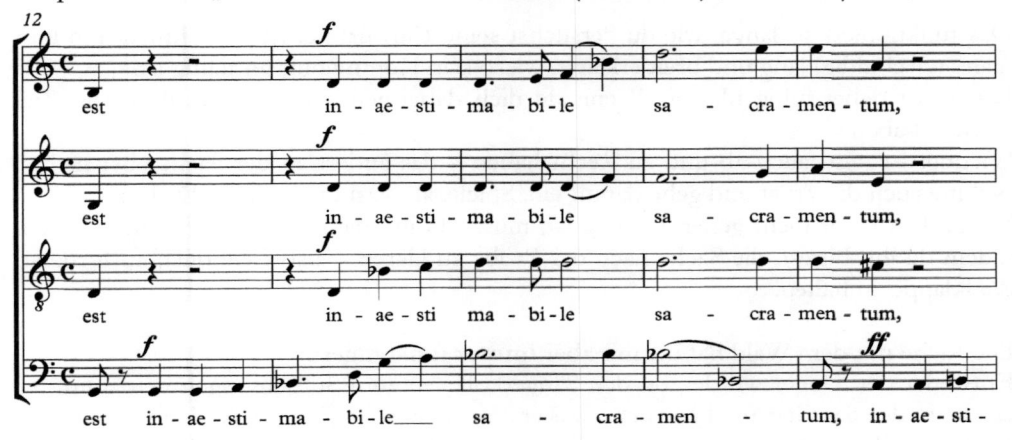

Während der Bass singt, lässt du SAT den Text des Basses T12f mitsprechen. Das „ma" lässt du sie dabei **einatmend** sprechen und ihren Text dann normal weitersprechen. Damit hast du das „ma" des Basses mit der Aktion **Einatmen** verbunden.
Dann lässt du SAT den Text des Basses wieder laut mitsprechen, dann aber beim „ma" stumm einatmen und korrekt weitersingen.
Im dritten Durchgang wird stumm mitgesprochen und normal weitergesungen.
Diese Übung kannst du auf **alle** polyphonen Stellen anwenden. Sie ist sehr wirkungsvoll.
Deine Sänger müssen lernen, dass ein pünktlicher Ton einen pünktlichen Einatmer voraussetzt. • *(s.a. Atemoffenbarung; Übe-Klang-Dateien)*

Popanz im Waldesecho

Jeder Mensch – auch wenn er noch so selbstsicher, mutig und laut auftritt, hat am Abend Angst, wenn er alleine ist.
Soll heißen: Ein solcher Mensch möchte niemals gegen die Gruppe arbeiten, sondern einen Teil der Gruppe von **seiner** Meinung überzeugen, um im Prinzip eine eigene Sozialgemeinschaft zu gründen (und sei es nur für einen Moment).
Wenn du solch einen Popanz, der dich als Führungsperson nicht respektiert, in deinem Chor hast, kannst du ihn nur eine kurze Zeit ignorieren.
Danach wirst du ihn zerstören müssen.
Entweder dadurch, dass du ihn rausschmeißt, oder (besser…) indem du **jeden** seiner Einwürfe kommentierst und eventuell sogar ins Lächerliche ziehst. Ich nenne das:
„*Wie es in den Wald rein ruft, so schallt es heraus – und* ***ich*** *bin der Wald!"* *(s.a. Waldecho)*

Dadurch gibst du seinen Einwürfen viel Gewicht – wenn du sie dann aber entkräftest, werden sie für den Chor nur nervig, da er ja der Initiator ist. D.h. wenn er die Klappe halten würde, müsstest du ja nicht drauf eingehen (denn keiner wird von dir verlangen nicht auf die Einwürfe einzugehen).
So baut sich ein Sozialdruck auf, der sich gegen den Popanz richtet.

Das funktioniert so lange, wie du versuchst seine Einwürfe ernst zu nehmen und ihm (ganz unschuldig) lang und breit erklärst, wieso sein Kommentar unrichtig ist.
Du musst dabei ruhig bleiben. Wenn du dich dabei genervt zeigst, wird er sein Ziel erreicht haben.
Wichtig: Er wird auch ab und zu Recht haben – das ändert an der Sache aber nichts. Nehme auch das ernst und gehe darauf ein. Spiele, als seist du in einem Dialog.
Wenn dein Chor nicht genervt genug ist, musst du ihn dann eben verstummen lassen, indem du ihn bittest, die Sache nach der Probe zu klären – also freundlich aufforderst, die Klappe zu halten.

Die Sache mit dem Wald hat bei mir aber **immer** funktioniert.
Entweder der Sänger wurde von den Sängerkollegen zum Stillschweigen verdammt (er erreichte also das Gegenteil von dem, was er erreichen wollte), er verstand mein Anliegen, oder ist selbst gegangen, weil er eben seinen „Meister" gefunden hatte (nicht meine Worte…). • *(s.a. Gegangen worden (heimlich))*

Popularmusik (Pop)
Grundregel: Popularmusik will unterhalten.
Sie klingt im Chor nie *bemüht* oder *schwierig*. Sie ist für den Zuhörer nur dann befriedigend, wenn sie ‚*easy*' wirkt. Ähnlich wie Mozart.
- Popularmusik kennt keine Crescendos – Decrescendos auf einem Ton wie ein Messa di voce *(s.a.)* (außer es ist explizit eingetragen).
  Der Ton beginnt und wird dann leiser – ähnlich einem angeschlagenen und verklingenden Klavierton (es kommt wahrscheinlich auch daher).
  Wenn überhaupt, wird bei langen Tönen nach dem Decrescendo mit einem Crescendo zum nächsten Ton geführt – was eher einem *umgedrehten* Messa di voce entspricht.
- Ähnlich wie ein verständlich singender klassischer Chor, achtet die Popmusik auf Konsonantenpünktlichkeit und die Kürze der Diphthonge.
- Im Englischen gibt es hier ein paar besondere Regeln: Weiche Schlusskonsonanten „d" und „t" wie im Italienischen: Bed (Bett) – ein deutscher Chor singt meist „bat" (wie Fledermaus).
  Ausführungshilfe: „bed(e)" – nach dem „d" wird der Mund sofort geöffnet. Unbedingte Vermeidung eines aspirierten „t".

Ähnlich bei allen anderen scharfen Konsonanten: das K wird verschluckt „ba(ck) to ba(ck)"; „p" wird eher „b": „jump" = „jumb". Der Schlusskonsonant wird zwar nachlässig behandelt – ist aber trotzdem pünktlich.
Diese Aussprache ist (wie in der italienisierten lateinischen Aussprache) nur eine Ästhetikfrage und keine festgeschriebene Regel.
Soll dein Chor aber *natürlich* klingen, solltest du dich daran halten. •
Die einzigen Pop-Arrangements für Chor, die ich uneingeschränkt empfehlen kann, stammen von Oliver Gies (*1973). Schau mal in seinen „Hofladen". Ansonsten empfehle ich dir dringendst Bearbeitungen auf Schwierigkeitsgrad (Machbarkeit) und Umsetzung (ist das Lied noch erkennbar) hin zu überprüfen. Es kursieren Sachen...

Position im Probenraum

Setze deinen Chor so, dass eine eventuelle Fensterfront des Raumes im Rücken oder seitlich des Chores liegt. Der Chor singt sonst gegen eine glatte Oberfläche, was akustisch sehr ungünstig ist.
Scheint die Sonne könntest du durch das Gegenlicht für die Sänger nur noch ein Schattenumriss sein und deine Mimik und Gesten wären nicht mehr sichtbar.
Weiterhin lenkt das Geschehen von draußen von der Probe ab und stört die Fokussierung.
Idealerweise sollte der Chor mit dem Rücken zur Wand sitzen (aber auch nicht direkt daran!) und so weit es geht in den Raum **hinein** singen, um unerwünschtes Echo zu mindern. Nur so kannst du dich außerdem auch mal vom Chor entfernen, um noch mehr vom Gesamtklang wahrnehmen zu können.
Grundregel: Der Chor sollte in einen Raum hinein singen dürfen, der **hinter dir** (mindestens) eine Tiefe der halben Breite des Chores hat. • *(s.a. Entfernung; Probenraum)*

Positiv bleiben

Es ist nur eine kleine Änderung in deiner Sprache und Wortwahl aber mit einer exorbitanten Wirkung: **Stelle positive Forderungen.** *(s.a. Grundstimmung)*
Lies dieses Buch – du wirst fast nur solche finden:
„In T31 etwas *leiser*..." – nicht „in T31 *nicht so laut*..."
Hörpsychologisch wird das komplexe *nicht* nicht wahrgenommen, sondern nur der einfache Teil der Aussage, der eine **Handlungsanweisung** ist: *„Laut!"*
Grundregel: Vermeide negierende Aussagen. Formuliere Handlungsanweisungen.
Willst du schneller Ergebnisse erzielen, formuliere genau, was die Sänger tun sollen:
Sie sollen leiser singen. – Der komplexe Gedankengang muss bei **dir** erfolgen.
Zu häufig passiert es, dass wir nur eine Problembeschreibung tätigen und unbewusst davon ausgehen, dass die Sänger diese als Handlungsanweisung verstehen.
Im normalen Leben funktioniert das meist problemlos, da wir im Einzelgespräch Missverständnisse leicht ausräumen können.

Wenn du es mit einer Gruppe zu tun hast, musst du so deutlich wie möglich sein.
(Und hier hätte ich auch schreiben können: „Wenn du mit einer Gruppe zu tun hast darfst du nicht zu komplex sein.")
Es gilt das KISS-Prinzip *(s.a.)*. Dafür musst du aber die Signifikanz einer positiven Handlungsanweisung verstanden haben. •
(s.a. Eigene positive Änderungshinweise; Negative Anweisungen)

Positiv dann Negativ

Wenn du jemandem oder deinem Chor etwas ‚verkaufen' willst (z.B. warum ein Stück gesungen werden soll), dann fange immer mit der positiven Beschreibung der Sache an. Beginnst du negativ, wird dieses Negative alles andere überschatten.
Beginnst du positiv, ist dies auch die Grundstimmung, in der das Negative eingebettet und damit relativiert wird. Das ist eines der machtvollsten Überzeugungsinstrumente.
Sprich dir folgendes kleines Beispiel vor und spüre den Unterschied:
„Das Stück ist sehr schwer zu singen – aber auch sehr schön."
„Das Stück ist sehr schön – aber auch sehr schwer zu singen." •

Presseartikel

Printmedien sind leider am Aussterben, aber noch nicht so tot, wie manch einer uns vermitteln will. Es gibt immer noch die Tageszeitung.
Für unsere Zwecke sind aber vor allem die Werbezeitungen mit Nachrichtenbeilage (oder andersrum) wichtig, die in jeden Haushalt kostenlos verteilt werden. Die Journalisten dort schreiben zwar auch gerne und gut, freuen sich aber immer über einen vorgeschriebenen Text, den sie ein wenig anpassen können. Eher selten werden sie persönlich einem Konzert beiwohnen (können). Nichtsdestotrotz ist es nicht immer einfach, in die Zeitung zu kommen. Es gibt wohl doch noch genug ‚wichtigere' Nachrichten als dich und deinen Chor. Darüber entscheiden aber die Redakteure. *(s.a. Konzert: Werbung)*
Wenn du also einen Presseartikel vorschreibst (Konzert/Projekt/etc.) und ihn und ein aussagekräftiges Foto (mit Quellennachweis) an die Presse zur Veröffentlichung schickst, kommt es dort gut an, wenn du ein bisschen schleimst:
- Bedanke dich für die letzte Veröffentlichung.
- Sage wie viele neue Sänger und Sponsoren der Chor seitdem bekommen hat.
- Sprich von den tollen Besucherzahlen der letzten Konzerte.

Journalisten wollen wahrnehmen (wie wir alle), dass sie und ihre Arbeit einen Effekt haben. Auch wenn du etwas übertreibst. Ich habe noch keinen Journalisten getroffen (oder er hat es mir boshaft verschwiegen), der eine Konzertankündigung nicht hat drucken lassen wollen, weil „der Chor ja beim letzten Mal schon so viele Zuschauer hatte". So blöd es klingt, aber der kleine unschuldige Hinweis hilft: „Die zahlreichen Zuschauer vom letzten Konzert freuen sich mit Sicherheit darüber, von Ihnen auf unser nächstes Konzert hingewiesen zu werden." •

Probe ordentlich!

Niemanden interessiert es in der Probe, ob du krank bist oder unter anderen Unpässlichkeiten leidest. Wenn du probst, dann probe ordentlich.

Ein dauerndes Rumlamentieren während der Probe ist nicht das, wofür die Sänger gekommen sind. Dann bleib lieber zuhause.

Du darfst gerne am Anfang erklären, dass du heute z.B. einen leichten grippalen Infekt hast, deshalb keine Hände schüttelst und die Stimme etwas angeschlagen ist. Fertig.

Wie du dann probst, ist deine Sache (also doch mehr mit dem Klavier mitspielen oder einen Durchlauf machen, damit du deine Stimme nicht so anstrengen musst).

Es wird immer einen Weg geben, eine Probe erfolgreich zu gestalten.

Die Sänger kommen nicht für eine halbe Probe. Dies kannst du nur dann machen, wenn die Sänger z.B. nur aus einem Dorf kommen und der Anfahrtsweg nicht zu weit ist.

Wenn es aber Sänger gibt, die mehr als 20 Minuten zu dir und deiner Probe fahren, solltest du, wenn du die Probe machst, diese auch ganz und ordentlich machen. •

(s.a. Husten, Schnupfen und singen; Krank oder nicht krank – das ist h...)

Probe nach einem Konzert

Erwarte in der Probe nach einem Konzert keine vorbereiteten Stücke – auch wenn du es dir wünschst. Die Noten für das kommende Programm sollten alle (ausgedruckt) vorliegen – mehr nicht.

Plane eine lockere Ansingprobe ohne Druck, um alle neuen Stücke einmal kennenzulernen und stelle die kommenden Stücke vor.

Bring auch ein Abspielgerät mit, um mit dem Chor gemeinsam vorauszuhören, was euch erwarten wird.

Weise auf Schwierigkeiten und Geschichten rund um die Kompositionen hin.

Mache Lust auf das Kommende, um mit dem gerade gesungenen Programm abschließen zu können.

Wenn du ein leichtes Stück im neuen Programm hast, kannst du es vom Blatt proben. Tue dies aber erst nach der Vorstellung des Programmes. •

Das Proben einfacher Chorlieder

Proben von einfachen Chorliedern (homophon, Melodie im Sopran):
- Alle singen die Melodie ganz (alle sollen die Melodie gelernt haben, damit sie diese auch begleiten können). *(s.a. Bewusstes Begleiten)*
- Lied, aufgeteilt in seine Teile (ABC), retrosequenziell proben (CBA).
- Stimmenreihenfolge: (alle) S; B; SB; A; AB; T; AT; ATB; Tutti.
  S+B gehören meist zusammen, A+T bilden die Mittelstimme und ATB ohne Melodie müssen sich mal gemeinsam als Begleitstimmen wahrgenommen haben.
- Ganz einfache Lieder folgendermaßen proben: (alle) S; B; SB; A; T; AT; Tutti. •

Proben im Sommer im Freien (Hitze)

Der normale Probenraum wird im Sommer häufig zu heiß.
Eventuell kann in einer Kirche geprobt werden. Ein Neubau würde aber nicht kühl sein, eine alte Kirche mit dicken Mauern ist einige Grad kühler als der normale Probenraum und wird vor allem nicht so schnell stickig (außer es liegt Moder in der Luft…).
Auf Kirchenbänken sitzt und singt es sich meist schlecht – eventuell hat die Kirche genug Stühle, die man in den Altarraum stellen kann (der Aufwand lohnt sich wirklich!).

Draußen zu proben ist absolut legitim, da im Hochsommer auch die Lichtverhältnisse stimmen. Sonst lohnt es sich, die Probe eine halbe bis ganze Stunde früher beginnen zu lassen, wenn absehbar eine Hitzewelle (oder Corona) herrscht. Bleibst du im Frühjahr/Herbst bei der originalen Zeit, könnte es sonst passieren, dass deine Sänger zum Ende der Probe ihre Noten nicht mehr lesen können.
Du brauchst natürlich einen ruhigen Garten/große Terrasse, was aber vor allem auf dem Dorf im Pfarrgarten/um die Kirche herum leicht zu finden ist.
Auch solltest du schauen, dass du keine direkten Nachbarn hast, die sich gestört fühlen könnten (ja, Chorgesang kann auch als Lärmbelästigung wahrgenommen werden…).
Vorsicht: Ein Teich oder Wäldchen neben dem Probenort sorgt meistens für Mücken. Ein Busch/Baum mit Blüten oder Früchten lockt Wespen an.
Suche dir **vor** der Probe diesen neuen Probenort aus. Du weißt selbst wie warm es an dem Tag ist und ob draußen zu proben Sinn machen würde. Komm also eine Viertelstunde früher, damit keine Probenzeit zwecks Ortssuche draufgeht.

Setze die Sänger nicht in Choraufstellung (s.a.), sondern möglichst in einem ¾-Kreis. Zweireihig, maximal dreireihig, auf Lücke: Sopran – Männer – Alt.
Du stelltest dich in die Öffnung gegenüber den Männern. So bildest du zumindest ein bisschen Raumklang **für dich**. Wenn die Sänger in Reihen sitzen würden, würde dir durch die fehlende Raumakustik die Kommunikation und das Hören erschwert. Durch den Kreis kannst du aber zu Stimmen hingehen und dich für einen Tuttiklang auch **in** den Kreis stellen. So bist du sehr flexibel.

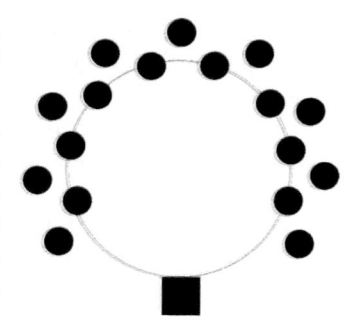

<u>Vorteile des Draußensingens:</u>
- Deine Sänger haben ein längeres Durchhaltevermögen durch die geringere Temperatur.
- Deine Sänger verlassen die Routine (immer der gleiche Raum/Position des Chorleiters/Art die Lieder singen).
- Keine Raumakustik. D.h. der Sänger fühlt sich allein und muss sich viel mehr auf sich selbst verlassen.
Ein Zusammensingen wird nur über ein *aus den Noten schauen* möglich, sowie über gute Artikulation akustisch vereinfacht und diese damit geübt.

- Die Probe ist zuerst etwas anstrengender, wenn du mit der Problematik aber einfühlsam umgehst und die Sänger nicht allein lässt, wird die Probe effektiver.
- Du hast immer die gleiche Menge Sauerstoff/CO^2. *(s.a. Luftaustausch)*
- Ein Ortswechsel lenkt zwar zuerst ab, sorgt in der Folge aber für eine höhere Konzentration. *(s.a. Differenzielles Lernen)*

Die Nachteile:
- Das Zusammensingen wird aufgrund des Fehlens von Reflexionsschall erschwert. Deine Sänger hören also nur die Sänger, die neben ihnen stehen oder die sie (von hinten) direkt ansingen. Ein wenig kannst du das durch den ¾-Kreis lösen, da er zumindest einen minimalen Raumklang suggeriert.
- Deine Sänger fangen häufig an zu laut zu singen, da sie es nicht gewohnt sind ins Leere zu singen und überhaupt kein akustisches Feedback zu bekommen.
- Die Windrichtung hat einen großen Einfluss darauf, wie gut du die Sänger, bzw. sie dich hören. Unterschätze das nicht und setze den Chor bei konstanter Windrichtung so, dass du den Wind im Rücken hast und damit deine Ansagen zu den Sängern getragen werden.
- Ohne Raumklang lässt sich nur schwer an einem *Chorklang* arbeiten.
- Dynamische Differenzierungen sind nur mühsam zu proben.

Vermittle dem Chor die Probleme und auch die Vorteile, die sich durch das Singen im Freien ergeben, sodass sie wach sich selbst zuhören und spüren, ob sie sich zu sehr anstrengen. Draußen zu singen kann bei guter Anleitung zu mehr Selbsterfahrung führen. Eine Generalprobe sollte nicht draußen stattfinden. Auch Dynamik lässt sich in diesem ungewohnten ‚Raum' nur sehr schlecht proben. Dafür umso besser Textverständlichkeit und Intonation (obwohl das auch nerven kann, weil mühsam).
Wenn ich es also drinnen aufgrund der Temperaturen nicht mehr aushalte, kein kühlerer Raum zur Verfügung steht und ich die Selbstständigkeit der Sänger trainieren will, ist Draußensingen eine tolle Möglichkeit.
Wenn du demnächst ein OpenAir Konzert geben musst, solltest du die Problematik ernst nehmen und schon vorab so viel wie möglich draußen proben, da dort manche Stücke überhaupt nicht präsentierbar sind und andere ganz anders zu singen sind als drinnen. •
(s.a. Direkter und indirekter Klang (Schall); OpenAir unterm Dach)

Proben mit dem Publikum im Blick
1961 wurde im Museum of Modern Art das Bild „Le Bateau" von Henri Matisse (1869 – 1954) 47 Tage lang ausgestellt, bis auffiel, dass es verkehrtherum hing.
Ist das Kunst oder kann das weg?
Alle paar Jahre hört man davon, dass eine Reinigungskraft, in irgendeinem Museum auf der Welt, ein Kunstwerk für Müll hält und wegschmeißt oder wegwischt.

Moderne Musik – also freitonale und/oder auf einem Klang-/Geräuscheffekt basierende – muss für 99% der Zuhörer wirklich nur **mit Überzeugung** gesungen werden, um zu überzeugen.

Ob man jeden Rhythmus perfekt gesungen hat ist irrelevant, solange die vom Komponisten gewollte Aussage stimmt.

Keiner hört (meiner Erfahrung nach zu häufig auch nicht der Komponist) jede Feinheit, spürt aber, ob der Chor sich mit dem Stück wohlfühlt, oder ob er Angst hat und nur auf Perfektionismus aus ist (den nur 1% des Publikums interessiert).

Grundregel: Wenn du solche Musik machen willst (**was sehr zu begrüßen ist**), dann erarbeite das Stück für das Publikum, das es hören wird.

Singe kein Stück, das du aus dieser Perspektive nicht im Sinne des Komponisten singen kannst (also zu schwer und nicht zu kaschieren). Überlasse diese Musik den Profis und Spezialisten – dafür sind sie da.

Eine CD-Aufnahme ist allerdings auf jedem Niveau immer etwas anderes: Hier muss der Chor alles gut können – den Ausdruck **und** die perfekte Umsetzung der Partitur.

Wo im Livekonzert bei solcher Musik für das Publikum vor allem der Ausdruck und die Aussage zählt, fehlt bei der Aufnahme diese Energie, und die tongetreue Umsetzung des Notenmaterials tritt in den Vordergrund. •

(s.a. Erweiterte Tonsprache; Geräusch, Geste vs. Ton; Lärm und Aneignung; Muh; Spannend)

Probenbesuche (gegenseitige)

Wenn du mit Nachbarchören nicht in Konkurrenz lebst, solltest du über gegenseitige Probenbesuche nachdenken.

Vor allem vor gemeinsamen Konzerten macht das Sinn und den Sängern auch viel Spaß. Z.B. nach folgendem Schema: Chor 1 probt (an seinem Probentag) dienstags mit Chor 2 unter Leitung von Dirigent 1 und am Donnerstag (Probentag von Chor 2) andersherum. Wenn ein Konkurrenzdruck auch um Sänger herrscht – z.B. wegen ähnlichem Leitbild – solltest du das nicht tun. Dann kannst du aber auch keine gemeinsamen Konzerte geben. Erfahrungsgemäß werden solche Chöre eh ‚vereint' (also einer stirbt...). •

Probendisposition

Eine Probendisposition ist wie ein Spickzettel für den Ablauf deiner Probe.

Du überlegst dir vorher, wie du ein Stück proben willst und notierst dir das in Kurzschrift.

Diese Disposition muss *pessimistisch* sein, d.h. die Strecken, die auf einmal geprobt werden, sind recht kleinteilig. Wenn es gut läuft und der Chor gut vorbereitet ist, können Strecken spontan zusammengefügt werden. *(s.a. Kleinteiliges Proben)*

Plane deine Proben **zeitlich** durch. Stücke, die du das erste Mal probst, solltest du in einer Probe ganz durcharbeiten, damit der Chor sie einmal kennenlernt.
Wie oberflächlich das geschieht, hängt von der von dir gemachten Zeitvorgabe, der Länge des Stückes und der Fähigkeit des Chores (und dir) ab.
Das oberflächliche Durcharbeiten sorgt dafür, dass der Chor einen Überblick bekommt, aber auch du – vor allem darüber, wo evtl. versteckte Schwierigkeiten sind.
Hast du ein Stück schon einmal so geprobt/mit dem Chor kennengelernt, kannst du in der nächsten Probe schwierige Stellen genauer angehen.
Die folgende Probendisposition behandelt das erste Proben des Stückes. In einer zweiten Probe würde man sich wahrscheinlich T20ff genauer anschauen.
Es ist wichtig, Schwierigkeiten zu antizipieren und sich selbst einen Erwartungshorizont zu setzen. Wenn deine Erwartungen erfüllt sind, kannst du zum nächsten von dir geplanten Abschnitt weitergehen.
D.h. deine Antizipation entscheidet über die Probenplanung. Um deine Proben also zeitlich durchplanen zu können, musst du dir vorher überlegen, was du an diesem Tag mit welchem Stück erreichen willst.

Grobe Vorgabe: Eine Probe sollte nach dem Einsingen mit einer oberflächlichen Probe beginnen (neues Stück) und schließen (bekanntes Stück – durchsingen).
Die detaillierte Probe eines Stückes kommt immer in die Mitte der Probenzeit. Das oberflächliche Proben zu Beginn kann auch einfach die Wiederholung eines schon geprobten Stückes sein, um es in Erinnerung zu rufen (wie der Schluss). Dadurch beginnt die Probe mit der Fortsetzung des Einsingens und endet mit einem Erfolgserlebnis.

Um das sinnvoll gestalten zu können musst du deinen Chor kennen.
Du musst die schlichte Frage: „Was kann ich erwarten?" beantworten können.

- Wie gut sind die Sänger (normalerweise) vorbereitet?
- Wenn ein Stück schon geprobt wurde: Wie viel ist davon in der nächsten Probe noch parat und kann vorausgesetzt werden?
- Schreiben die Sänger selbstständig mit oder müssen sie immer wieder darauf hingewiesen werden?
- Wissen die Sänger überhaupt, wie sie bestimmte Ansagen eintragen können?
- Usw. usf.

Aber selbst, wenn ich keine dieser Fragen definitiv beantworten kann, kann ich eine Probendisposition schreiben. Ich muss dafür das Niveau des Chores nur ungefähr kennen und werde vorbereitet in eine Probe kommen können.
Ich muss dafür aber eine **Grundregel** befolgen: Passe deine Erwartung an die Gegebenheiten an und probe detailliert, mit der Möglichkeit oberflächlich zu bleiben, in einem vorher festgelegten Zeitrahmen.
Die unten beschriebene Beispieldisposition könnte auf Chöre jeden Niveaus angewendet werden. Bei allen werde ich ca. 45 Minuten brauchen.

Das Ergebnis wird bei den einen sein, dass wir durchsingen, ich drei Mal neue Töne geben müssen, aber der Chor das Stück kennengelernt hat.
Bei anderen könnte man nach der Probe das Stück im Konzert singen.
Bei beiden Chören werde ich nach der Probe überschwänglich loben, da sich meine Erwartungshaltung angepasst hat.
Langfristig sinnvoll proben wirst du nur, wenn du deinen Chor einschätzen kannst und damit deine Probe und deine Erwartungshaltung in Balance bringst.
Das ist die Voraussetzung jeder guten Programmplanung *(s.a.)*.
Die Voraussetzung jeder gut geplanten Probe ist also auch folgende **Grundregel:** Deine Proben müssen anhand eines **Zeitplanes** gestaltet werden. **Nicht** ergebnisorientiert. D.h. du musst mit deinem Chor ein bestimmtes Kontingent an Noten in einer bestimmten Zeit schaffen. Wie sich das Ganze dann anhört, ist nicht das entscheidende Kriterium. Das hört sich zuerst paradox an, aber je besser du deinen Chor kennst, desto besser wird das Ergebnis trotz dieser wichtigen Prämisse klingen.
In einem Satz: Welcher Zeitraum? – Was will ich darin schaffen? – Auf das Angebotene in der Probe reagieren.
Deine Probendisposition definiert dir also die zu probenden Töne pro Zeiteinheit.
Bedenke, welche Umstände du ändern kannst und welche nicht: Die Minute hat 60 Sekunden und eine Sekunde ist das 9192631770-fache der Periodendauer der Strahlung von Cäsium 133. Deine Probe dauert eine definierte Zeit.
Du entscheidest wie du diese Zeit füllst und schaffst es im Idealfall, die Möglichkeiten deines Chores und deine Erwartungshaltung in diesen Zeitraum einzupassen.
Erwarte für eine Probe eher weniger als du evtl. erreichen könntest und stecke die verbleibende Zeit lieber in detailliertere Proben. *(s.a. Zeitersparnis durch kleine Änderungen)*
Nur wenn deine Erwartungshaltung und das mögliche Ergebnis deckungsgleich sind, werden dein Chor und du zufrieden aus der Probe gehen.

Beispiel: „Locus Iste" von Anton Bruckner (1824 – 1896)
Die Noten gibt es bei *imslp.org*. Dort findest du auch Handschriften und Stimmensätze. Alles sehr spannend!
Ich probe retrosequenziell und erkläre zuerst den Text, bzw. habe in die Noten die Übersetzung eingetragen.
- T44-S (Schluss).
  Töne proben (Ablauf): T, S, TS, A, B, AB, Tutti
  Erklärung: Der Tenor hat am wenigsten Tonbewegung und beginnt auf demselben Ton wie der Sopran – deshalb werden beide Stimmen aufeinander folgend geprobt und singen dann zweistimmig.
  Bass und Alt enden gemeinsam auf dem Grundton.
- T40-44.
  Töne proben (Ablauf): S, B, SB, A, BA, T, AT, Tutti
  Erklärung: Sopran zuerst, da er mit seiner aufsteigenden Linie und einem leichten Crescendo die Spannungslinie führt.
  Dies hilft dem Bass bei seinem Oktavsprung und Chromatik. Alt und Bass ergeben in T40 eine fortlaufende Vierteleinheit und enden in einer Quinte.

Klüger wäre es eigentlich den Tenor mit dem Bass proben zu lassen, da er genau wie der Sopran eine aufsteigende Linie hat und so dem Alt helfen kann, bevor dieser seine Stimme probt. Dies ist aber nur bei einem sicheren Tenor sinnvoll. So folgt er hier zur Sicherheit also dem Alt.

- T30-40.

  Alle sprechen Bass. Bass probt seine Töne. Bass singt, andere Stimmen sprechen ihre Stimmen und üben das pünktliche Einatmen.

  Töne proben (Ablauf): T, A, TA, S, AS, SAT. Tutti bis zum Schluss singen, evtl. Anschlüsse klären.

  Erklärung: Alle Stimmen müssen auf den Bass warten. *(s.a. Polyphoner Pauseneinsatz)* Da sie in der Pause evtl. zu früh weitersingen, weil sie auf dem „a" einatmen, und dann auf der Eins singen wollen, müssen sie den Bass gesprochen haben, um ihn im Singen wahrnehmen zu können.

  Das pünktliche Einatmen wird geübt, da hier nicht geklärt werden muss, wann der Ton beginnt, sondern wann der richtige Zeitpunkt für den Initialatmer ist.

  Den Tenor probe ich zuerst, um dann den Alt daraufzusetzen. Beide zusammen ergeben das harmonische Bett für den Sopran.

  Den Sopran probe ich hier aus zwei Gründen zuletzt: Einerseits singt er in Dissonanzen zum Tenor, somit ist ein Zusammenproben mühsam.

  Aber vor allem singt er z.T. im Oktavabstand zum Alt in extremer Lage und braucht dafür schon in der Probe eine Stütze von den anderen Stimmen, um sich nicht festzusingen.

- T20-30 (Anschluss!).

  Töne proben (Ablauf): Tenor probt Töne, S/A sprechen eigene Stimme mit.
  A, AT, S, AS, ST, SAT

  Erklärung: Sopran und Alt lernen ihre Stimme durch das Sprechen kennen und vor allem, dass sie **nach** dem Tenor einsetzen. Tenor lernt, wo Halbtöne und Ganztöne sind und was ein *getragener Topf Suppe* ist *(s.a. Absturzversicherung)*.

  T20 auf T22 ist für den Alt einfacher als für den Sopran, da er nur einen Ganzton abwärts denken muss und der Ton auch keine Dissonanz zum *c'* des Tenors ist. Der Sopran hat es dreifach schwer, da er eine Quarte abwärts denken, in einem Tritonus verharren und dann noch in eine Dissonanz mit dem Alt einsetzen muss. Deshalb wird sehr kleinteilig geprobt.

  Alt und Sopran müssen ihren Ton schon in der Pause in T20 ansingen können. Sich den Ton im Verhältnis zum Tenor zu suchen ist Quatsch. Wenn du das ein paar Male geübt hast und die Frauenstimmen auch in ihrer jeweiligen Probe mit dem Tenor (während der Tenor singt) in T20 ihren Ton ansummen lässt, werden sie diesen leichter im Muskelgedächtnis verankern. Am Ende ist diese vermeintlich schwere Stelle auch mit schwächeren Chören problemlos.

  Das Wichtigste: Der Alt muss sich seines Tones sicher sein – auch im Zusammenhang mit dem Tenor. Nur dann kann der Sopran sich bewusst drauflegen, weil er auch in der Dissonanz ein stabiles Bett unter sich spürt (obwohl ich es hier eher als Brett bezeichnen würde).

Es gibt keine mir bekannte tolle Eselsbrücke für die S/A Töne. Am effektivsten ist es hier tatsächlich, diese durch strategisches und häufiges Wiederholen in unterschiedlichen Klangumgebungen (mit anderen Stimmen) zu üben.
- T10-20.
  Alle sprechen Bass. Bass probt seine Töne. Bass singt, die anderen Stimmen sprechen ihre Stimmen und üben das pünktliche Einatmen. Achte auf einen leichten Bass.
  Töne proben (Ablauf): T, A, TA, S, AS, SAT, Tutti bis zum Schluss singen, evtl. Anschlüsse klären.
  Erklärung: ähnlich wie T30ff
- T1ff gleicht bis auf T10 T30ff. Weise darauf hin und singe dann nochmals durch.

Du solltest dieses Stück unabhängig vom Chor innerhalb von 45 Minuten schaffen.
Jeder Chor, dem du dieses Stück **zutraust**, wird es in dem Zeitraum schaffen das Lied einmal durchzusingen.
Nur T21 könnte ein Stolperstein sein, an dem du beim Durchsingen nach den 45 Minuten im Zweifelsfalle einmal neue Töne geben kannst. Selbst wenn du drei Mal neu ansetzen musst...
Merke: Es zählt nur, dass du das Stück in 45 Minuten durchgearbeitet hast.
So paradox es sich anhört: Es zählt nicht die Qualität.
Je besser du deinen Chor kennst, desto eher wird das, was du erreichst, auch das, was du erreichen **willst**. D.h. wenn du dir unsicher bist, plane natürlich lieber nur die erste Hälfte des Stückes ein, um nicht in Stress zu geraten.
Umgekehrt genauso: In der ersten Probe eines Stückes die letzten 10 Takte perfekt geprobt zu haben ist genauso **nutzlos**. Du musst den Sängern einen Überblick verschaffen, ohne in die Gefahr zu kommen dich an einer Stelle festzubeißen.
Kenne also dein Zeitlimit und versuche es einzuhalten.
Geh im Zweifelsfalle weiter, auch wenn etwas noch nicht funktioniert. Das klärst du in der nächsten Probe, in der du **informiert** genauer arbeiten kannst, weil du weißt, welche Stellen nicht so einfach von der Hand gehen.

Mein Mantra durch dieses ganze Buch hindurch ist, dich davon zu überzeugen, dass es sich lohnt, **kleinteilig** zu proben. Das bedeutet ein Stück auseinandergenommen zu haben, um es mit dem Chor häppchenweise proben zu können.
- Probe kleinteilig, um effektiver relativ zu deinem Zeitplan proben zu können.
- Probe kleinteilig, aber nicht pedantisch.
- Probe kleinteilig, um zu entlasten.
- Probe kleinteilig, um die Spannung aufrecht zu erhalten.
- Probe kleinteilig, um die Wartezeit der einzelnen Stimmen zu reduzieren.
- Probe kleinteilig, um differenzierter proben zu können.

Das kannst du aber nur durch eine Probendisposition.
Oder versuch mal so wie oben beschrieben ad hoc zu proben...ich mein ich kanns nicht...vielleicht bist du einfach besser als ich...

Ich schreibe mir **immer** eine Probendisposition und die sieht dann so aus:

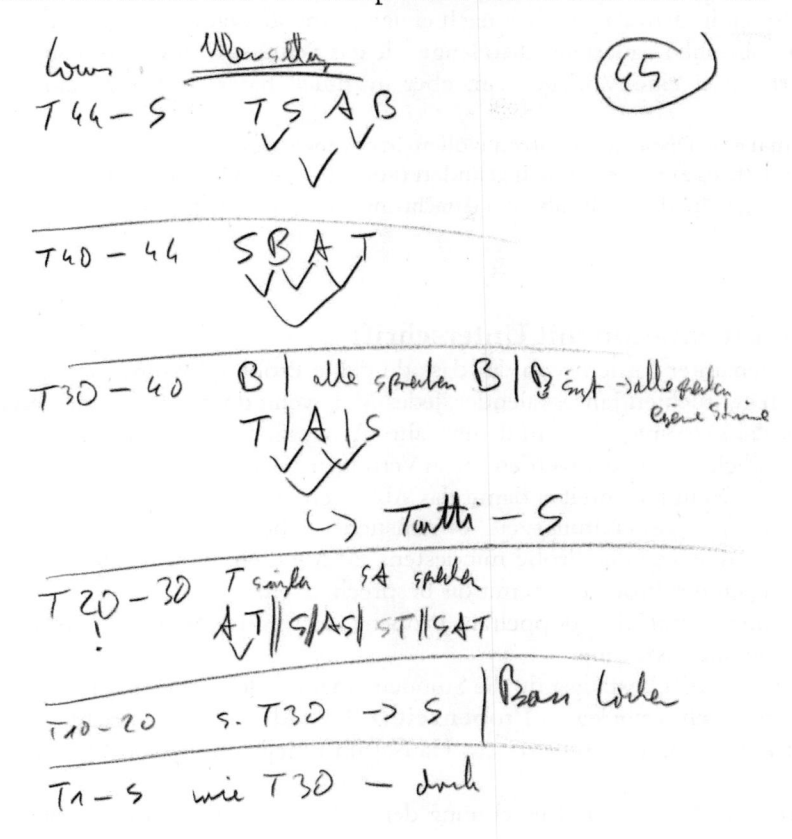

[handschriftliche Probendisposition-Skizze:]

- T44–S ... T S A B (45)
- T40–44 ... S B A T
- T30–40 ... B | alle sprechen B | B singt – alle achten eigene Stimme
  T | A | S
  ↳ Tutti – S
- T20–30 ... T singen SA spielen
  A T || S | AS | ST || SAT
- T10–20 ... S. T30 → S | Bass Loch
- T1–S ... wie T30 – durch

Ich habe mir Gedanken gemacht – die Disposition muss also nur wie ein Spickzettel aussehen, weil sie einer ist.
Markiere dir in deiner Partitur mit Bleistift die einzelnen Abschnitte.
So findest du sie schneller wieder. •

Probendispositionen: Recycelte

Du solltest dir für jede Probe eine neue Probendisposition schreiben.
Ich habe lange versucht alte Probendispositionen zu recyceln, was aber zu häufig in Chaos endete.
Zum einen stimmt eine alte Disposition unter Umständen nicht mit dem aktuellen Wissens- und Könnensstand des Chores überein, was dazu führt, dass du unnötige oder falsche Schritte gehst. Das führt dazu, dass du improvisieren musst, was so eine Probendisposition ja verhindern soll.
Zum anderen musst du diese alte Disposition in deiner Vorbereitung nachvollziehen.

Du kannst nicht einfach in eine Probe gehen, die Disposition dabeihaben und erwarten, dass du das Stück in dem Augenblick nach einigen Monaten einfach so proben kannst. Dieses Nachvollziehen dauert genauso lange wie das Schreiben einer Disposition.
Die alte darf gerne eine Vorlage sein, aber eventuell hat sich sogar deine Technik geändert.
Ich habe z.B mal eine Disposition nutzen wollen, in der mein normales Probensystem noch ein altes war. Ich hatte es zwischenzeitlich geändert (von Abfolge SATB zu SBAT).
Ohne Anpassung wäre die Probe also ein Anachronismus gewesen. •

Probendokumentation mit Unterschrift

Manche Kirchenämter fordern von dir, dass du deine Proben dokumentierst, indem du z.B. auf einem gedruckten Jahreskalender, jedes Mal, wenn du probst, unterschreibst.
Tu das **niemals**! Dies spiegelt nicht deine wahre Arbeitszeit wider. Diese Unterschriften können gegen dich verwendet werden (mein Vertrauen in Kirchenämter…).
Sei dir bewusst: Du unterschreibst damit das Ableisten bestimmter Stunden.
Aber: Du hast ja Vorbereitungszeit, Notensuche, Übe-Klang-Dateien zu erstellen, Sitzungen, du musst vor der Probe mindestens 20 Minuten da sein und eventuell will noch jemand nach der Probe etwas mit dir besprechen, etc.
Ich rechne immer mit der doppelten Probenzeit, wenn ich meinen Stundenlohn zumindest ungefähr ausrechne.
Mit deiner Unterschrift bestätigst du die Stundenannahme des Kirchenamtes, die aber so nur deiner vertraglich festgelegten **Probenzeit** (z.B. 90 Minuten) entspricht.
Glaube mir: Irgendwann kommt da ein Hansel und meint, dass dein Stundenlohn zu hoch ist.
Wenn jemand mit dir über die Berechnung deines Stundenlohnes diskutieren will, frag diese Person mal, was passieren würde, wenn du deine Proben nicht vorbereitest und dich von nun an weigerst, vor oder nach der Probe mit einem Sänger zu sprechen, etc.
Wenn du vertraglich nicht dazu verpflichtet bist, unterschreibe nichts.
Man will dich kontrollieren. Man erhebt Daten über dich.
Mein Killerargument, mit dem ich aus diesem Datensammeln rauskomme: Wenn ich **nicht** probe, merkt man das. • *(s.a. Vorbereitung ist Arbeitszeit)*

Probeneintrittskarte

Leitest du einen *Spaßchor*, also einen Chor, bei dem die Gemeinschaft vor dem Singen steht, ist es schwierig einen Monatsbeitrag zu fordern, da viele Sänger nach Lust und Laune zur Probe (also zum „Singen") kommen. Du musst trotzdem bezahlt werden.
Mein Favorit und absolute Empfehlung ist es (wie im Schwimmbad) 10er Karten zu verkaufen. Z.B. á 3€ oder weniger.
D.h. die Sänger zahlen wirklich nur für die Proben, in denen sie anwesend sind – gehen aber in Vorleistung.

Du solltest echte Karten verkaufen, die abgegeben werden müssen, oder Stempelkarten. In beiden Fällen können die Sänger sehen, wie viele Proben sie noch übrighaben. Umständlicher ist eine Anwesenheitsliste, die in der Mitte der Probe **öffentlich** vor der Pause abgefragt wird.

Leider vergessen (ja, ohne bösen Hintergedanken) einige Sänger eben doch mal sich in eine Anwesenheitsliste einzutragen und wenn du es nur für dich machst (im Geheimen) kann es im Nachhinein zu Diskussionen kommen.

Bei einer Liste musst du selbst die Übersicht behalten und bei (imaginären) 10er-Karten nach 8x die Sänger vorwarnen.

Eintritt pro Probe (vor der Probe) wie an einer Kinokasse zu nehmen, nimmt für den Sänger den Zauber, da er jede Probe aufs Neue entscheiden muss, ob die *weiche* Ware die du mit deiner Probe verkaufst, *harte* Währung wert ist. • *(s.a. Gehalt: eine Notwendigkeit)*

Probenkleidung: Dirigent

Du wirst 2 Stunden lang angeschaut. Achte deshalb auf ein gepflegtes Äußeres.

Auch im Sommer musst du eine lange Hose, bzw. ein kniebedeckendes Kleid und feste Schuhe anziehen. Auch wenn du jung und hip sein willst, hat es kein Chor verdient auf deine nackten Beine und Flipflops oder Sandalen starren zu müssen.

Es gibt luftige geschlossene Schuhe und deine langen Hosen/Kleider müssen ja nicht aus Bärenfell geschnitten, sondern dürfen genauso luftig sein – aber eben blickdicht.

Wir müssen respektable Persönlichkeiten sein – auch wenn das nicht jedem gefallen mag: Wir werden, mehr als uns lieb ist, nach unserem Äußeren beurteilt.

Wenn ich als Gruppenleiter aussehe, als ob ich es nicht erwarten kann, dass die Probe vorbei ist, damit ich auf die nächste Beachparty gehen kann, wird es sehr schwer die Sänger davon zu überzeugen, trotz der Temperaturen die volle Probenlänge durchzuhalten.

Gleiches gilt für halb offene Hemden oder Kleider mit Spagettiträgern:

Alles was Schambehaarung zeigen *könnte* (auch wenn deine Achseln rasiert und dein Brustkorb glatt ist) gehört bedeckt.

D.h. Schultern/Achseln bedeckt und bis zum Hals geschlossenes T-Shirt/Hemd.

Als Leitfaden kann dir der Dresscode der katholischen Kirche für Kirchenbesuche in Rom gelten (sic!).

Ob du es magst oder nicht: Du willst professionell wirken und so wahrgenommen werden. Ziehe dich entsprechend an – leger, aber gut – keine Kleidung die schrill, provozierend oder sexualisierend ist.

Es gibt einen guten Grund, warum viele Dirigenten ein Hemd über einem T-Shirt zur Jeans anziehen: Auch mit offenem Kragen und hochgekrempelten Ärmeln *(s.a.)* sieht es immer gut angezogen aus. In großer Hitze darf es auch mal nur ein schwarzes T-Shirt sein – achte hier darauf, dass du eines mit Überlänge anziehst, damit dein Bauch beim Dirigieren oder bei den Körperübungen bedeckt bleibt.

Weiß lässt zu viel durchscheinen, andere Farben zeigen Schweißflecken.

Nutze ein alufreies Deo, damit sich keine Flecken im Achselbereich deiner Kleidung bilden (die weiß auf schwarz oder gelblich auf weiß scheinen).

Ansonsten gilt dasselbe wie bei der Konzertkleidung *(s.a.)*: Sie muss zweckmäßig sein und darf nicht stören.
In der Probe darf die Kleidung im Bauchraum lockerer sein, um Lunge und Zwerchfell Platz zu lassen den Bauchraum ausfüllen zu können.
Wir arbeiten mit dem Bauch – viele Menschen spannen den Bauch aber an, um schlanker zu wirken. Das sorgt für Kurzatmigkeit. Falsche Eitelkeit stört beim Singen! D.h. Bauchzeigen ist erlaubt und erwünscht. • *(s.a. Asexualität; Konzertkleidung: Dirigent)*

Probenlänge

- Kirchenchor: 90 Minuten. Beginn 19:00 Uhr, spätestens 19:30 Uhr. Evtl. kurze Pause, die nicht wegen Ermüdung notwendig wäre, da eh viel mit Einzelstimmen geprobt wird. Wenn, ist sie sozial zu sehen, damit man noch kurz *schnacken* kann.
- Konzertchor: 120 Minuten. Beginn 20:00 Uhr, wenn davor noch Stimmbildung erfolgen soll, sonst 19:30 Uhr. Früher machen viele Berufstätige nicht mit.
  10 Minuten Pause zur Mitte der Probe.
- Seniorenchor/Kinderchor/Chor ohne Auftrittsziel: 60 Minuten Probenzeit und evtl. gemütliches Beisammensein danach. Kann vormittags (Senioren), nachmittags (Kinder) oder auch später abends (Kneipenchor) stattfinden.

Sorge dafür, dass der Probenraum (mit Ankündigung) mindestens 15 Minuten vor Probenbeginn geöffnet ist, damit sich die Sänger vor der Probe treffen und Kontakte pflegen können. •

Probenplan

Den meisten schwächelnden Chören und Dirigenten fehlt Struktur.
Bereits ein strukturierter Probenplan kann die Qualität objektiv mindestens um 20% steigern – allein, weil die Sänger wissen, was in der nächsten Probe gesungen wird und weil sie langfristig planen können (weniger Ausfälle bei Sonderproben (Probensamstage) und vor allem Auftritten). *(s.a. Zeitersparnis durch kleine Änderungen)*
Ein Probenplan ist hoch individuell. Ich zeige dir nur ein paar Grundsätzlichkeiten im Aufbau. Wie häufig und wann du welches Stück probst, ist natürlich situationsabhängig. Einen Leitfaden gibt dir der Punkt *Probendisposition (s.a.)*.

Wenn du die Schwierigkeit der Stücke für deinen Chor relativ gut einschätzen kannst, lohnt es sich eine ungefähre Stundenanzahl an Probenzeit pro Stück zu berechnen und damit die dir verfügbare gesamte Probenzeit für ein Projekt oder bis zum Auftritt aufzuteilen.

Beispiel: 6 Proben á 2h (inkl. 30 Minuten Einsingen/Pause) = 9h effektive Gesamtprobenzeit für 4 Stücke.
- Benötigte Zeiten: Stück 1: 2h; S2: 3h; S3: 3h; S4: 1h
- Probe 1: S2 (1h); S3 (1/2h)
- Probe 2: S3 (1h); S2 (1/2h)
- Probe 3: S1 (1/2h); S2 (1/2); S3 (1/2)
- Probe 4: S1 (1/2h); S2 (1/2); S3 (1/2)
- Probe 5: S1 (1/2h); S2 (1/4h); S3 (1/4h), S4 (1/2h)
- Probe 6: S1 (1/2h); S2 (1/4h); S3 (1/4h), S4 (1/2h)

Grundregel: Schwere Stücke zuerst. Grob proben, sodass sie durchgesungen werden können. Damit können sie mit jeder Probe wachsen. • *(s.a. Grob nach Fein)*

Nachdem ich alle Stücke eines Konzertes einmal durchgearbeitet habe, **schiebe ich bei Konzertchören immer eine Durchlaufprobe ein**, die meistens totales Chaos ist, aber den Sängern und dir zeigt, wo noch Arbeit versteckt ist. Sie gibt euch allen einen Gesamteindruck über den Konzertablauf und wie sich das anfühlt. Dies ist auch der Moment, dem Chor den roten Faden (wenn existent) genau zu erklären.
Ich schreibe zu jeder Probe, welche Stücke geprobt werden.
Wenn ich über einen längeren Zeitraum ein ganzes Konzertprogramm probe, schreibe ich am Schluss des Probenplans alle Stücke auf und nummeriere sie durch. Neben die Proben schreibe ich dann nicht die Stücknamen, sondern nur die Zahlen („1,4,7"). Dies spart Schreibarbeit beim Probenplanerstellen.

Probenplan 2020 – 2021.3
[Jede Änderung bekommt eine fortlaufende Zahl. Ändert sich die Jahreszahl beginnt die fortlaufende Zahl wieder von vorne. Jede Änderung im neuen Probenplan im Vergleich zum alten – wenn es sich nicht um eine Weiterführung (z.B. das nächste Jahr) handelt – markiere ich mit einem roten Eintrag.
So wird jedem der eingeschobene Probensamstag oder Gottesdienst, der nun neu ist, sichtbar.
Veraltete Termine werden durchgestrichen. Viele Sänger übertragen sich die Termine in ihren Terminkalender und müssen so nicht immer wieder aufs Neue vergleichen.]
vom 18.03.2020
(alle vorherigen Probenpläne verlieren ihre Gültigkeit)
[damit ist die Aktualität nochmals geklärt]

Die Proben finden jeden *[Wochentag]* von *[…]* Uhr bis *[…]* in *[Ort]* statt.
[evtl.: Die Stimmproben finden von *[…]* Uhr bis *[…]* Uhr statt.]
Änderungen bleiben vorbehalten.

[Der Probenplan hat dann folgendes Schema.]

[Datum] *[Stimmprobe: …(Stimmgruppe)]*
       Probe: *[Stücke]*

[Datum]   [Stimmprobe: …(Stimmgruppe)]
            Probe: [Stücke]

[Datum]   **Singen im Gottesdienst** [Ort]
            Einsingen: [Uhrzeit]
            [schreibe hier nicht den Beginn des Auftrittes, sondern nur die Uhrzeit, zu der die Sänger da sein sollen]
            [evtl.: Programm]

[Datum]   [Stimmprobe: …(Stimmgruppe)]
            Probe: [Stücke]

********** [(z.B.) Sommerferien] ********

[Datum]   [Stimmprobe: …(Stimmgruppe)]
            Probe: [Stücke]

~~[Datum]   Probensamstag von […] bis […]~~
            ~~[evtl. Ort]~~

[Datum]   **Konzert** [Ort mit Adresse]
            Einsingen: [Uhrzeit]
            [schreibe hier nicht den Beginn des Auftrittes, sondern nur die Uhrzeit, zu der die Sänger da sein sollen]
            [evtl.: Programm]

[usw.]

2021
[Datum der ersten Probe nach den Weihnachtsferien]

[Schließlich der Ausblick auf die eh feststehenden Termine, für die Zeit, in der du keine detaillierten Proben mehr schreiben willst/ kannst. (s.a. Traditionsauftritte etablieren)]

Feste Gottesdienste 10:00 Uhr/Auftritte 2021 (unter Vorbehalt):
04.04.   Osternacht (06:00 Uhr)
05.04.   Ostermontag
02.05.   Kantate
12.09.   Kirchenjubiläumsgottesdienst
21.11.   Totensonntag
05.12.   Adventskonzert (17:00 Uhr)
24.12.   Weihnachtsgottesdienst (23:00 Uhr)

[An den Schluss kommen deine Kontaktdaten.]

Chorleiter
[Name, Adresse, Handynummer, E-Mail-Adresse und evtl. Website] •

Probenraum

Man kann sich seinen Probenraum leider selten aussuchen. Er sollte aber – mit maximal einer sehr niedrigen Stufe, bzw. einer Rampe bis zum Raum – auf jeden Fall **gehbehindertengerecht** sein. Ist er nur durch eine Treppe erreichbar, muss es einen Fahrstuhl geben. Selbst wenn du z.Zt. keine gebrechlichen Sänger hast, kann sich ja immer mal einer ein Bein brechen, bzw. ist dein Chor damit automatisch für jeden Gehbehinderten ausgeschlossen. Das ist heutzutage nicht mehr denkbar.

Auch wenn die Auswahl der Räume gering ist kann man vieles durch die Sitzordnung und Position des Chores kompensieren.
Viel **Licht** ist das Wichtigste.
Der Chor sollte maximal vier Reihen tief sein (sonst musst du schreien, bzw. die energetische Verbindung zwischen Dirigent und Sänger ist gestört) – besser sind nur drei Reihen im Halbkreis angeordnet, sodass jeder Sänger geradeaus auf dich schauen kann.
Breche durch Sitzordnungsänderungen verkrustete Sitzordnungen auf („Ich kann aber nur neben Sänger XY singen…"). *(s.a. Sitzordnungen: Eingefahrene aufbrechen)*
Der Chor sollte **in** einen Raum singen – also die Wand im Rücken haben.
Sorge möglichst dafür, dass **hinter dir** der größte Raum ist.
Es darf auch keine Fensterfront hinter dir sein, da das sichtbare Außenleben deine Sänger ablenkt, Glas den Schall ungünstig reflektiert und tagsüber das helle Tageslicht in deinem Rücken durch den Kontrast dafür sorgt, dass du im schlimmsten Fall nur eine Schattenpuppe bist. • *(s.a. Position im Probenraum)*

Probentag (ganzer)

Bei einem langen Probentag (z.B. Probensamstag, aber auch Probenwochenende) lohnt es sich einen anderen Probenort zu organisieren – am besten einen der Konzertorte oder schlicht ein anderes Gemeindehaus/Dorfgemeinschaftshaus/etc.
Ein Ortswechsel steigert die Konzentration und Fokussierung. *(s.a. Differenzielles Lernen)*

Du brauchst Zwischenetappen, auf die sich alle Sänger freuen. Dies ist meistens das Essen. Wenn du also *zuhause* probst, sorge für ein reichhaltiges Mitbringbuffet.
Nicht nur Fingerfood, sondern Salate, eventuell sogar eine Suppe. Nur das Besteck und Teller sollte jeder selbst mitbringen (nach Ankündigung was gebraucht wird).
Du kannst (je nach Chor) eine Mitbringliste erstellen, sodass nicht 5 Kartoffelsalate gemacht werden – das ist mir aber noch nie passiert. *(s.a. Pausensnack)*
Nachmittags sollte es Kaffee und Kuchen geben.

Es gibt in jedem Chor eine Diskussion über den korrekten Probentag am Wochenende. Samstags (z.B. 09:30-18:00 Uhr) ist für Berufstätige eher schlecht, da sie am Samstag einkaufen, Wäsche waschen oder im Baumarkt etwas für den Garten einkaufen wollen. Hast du viele Berufstätige ist ein Sonntagnachmittag von 14:00-18:00 Uhr besser.
(s.a. Glücksbärchis)

Ältere Leute (Rentner) wollen samstags den Probentag haben. Sonntags ist für Kirche und den Nachmittagskaffee reserviert.
Damit du es dir nicht mit der Kirche verscherzt, solltest du die Probe sonntags wirklich erst um 14:00 Uhr starten. Plane eine lange Pause mit Kaffee und Kuchen ein.

Ich plane bei Konzertchören (wenn kein ganzes Probenwochenende geplant ist) einen Probensamstag ein, **nachdem** ich alle Stücke einmal durchgeprobt habe. So habe ich genug Zeit alle Stücke eines Konzertprogrammes auf einmal durchzuarbeiten.
An diesem Tag gibt es keinen Durchlauf – den mache ich in der Probe nach dem Probensamstag – dann hat sich alles gesetzt.
Später in der Probenphase gibt es einen Probensonntag kurz vor den Konzerten – am besten in einem der Konzerträume – um Abläufe zu üben und viel zu singen.
So sind alle gleich glücklich/unglücklich.
Wenn ich nur einen Probentag für ein Projekt einplanen kann, nutze ich **immer** den Probensamstag, da ich damit schlicht mehr Zeit zur Verfügung habe.

Bei Kirchenchören hat es sich bewährt eine Extraprobe auf den Samstagvormittag vor dem Auftrittsgottesdienst zu legen. Da reichen meist auch 09:30-12:00 Uhr zu planen und du bist um spätestens 11:30 fertig…

Auch wenn ein Probensamstag konstitutionell lang wird, musst du mit allen Mitteln versuchen dein Probenziel zu erreichen.
Die Sänger werden irgendwann anfangen zu murren – motiviere sie dann. Dass **du** müde wirst ist keine Ausrede schlecht zu proben oder die Probe früher zu beenden.
Versuche das kleinteilige Üben an den Anfang der Probe zu setzen und zum Schluss, wenn die Konzentration nachlässt, größere Abschnitte zu proben.
Du solltest auch nicht konzertchronologisch proben. Setze die schweren Stücke an den Anfang, um am Ende des Tages die leichten *singen* zu dürfen.
Du musst dir einen (pessimistischen) Erwartungshorizont für solch einen Tag schaffen (was will ich erreichen?) und dieses Ziel immer vor Augen haben.
Wenn du es erreicht hast, kannst du dich im Anbetracht der verbleibenden Zeit entscheiden, ob du noch mehr fordern oder die Probe tatsächlich früher beenden willst.
Ich habe bei einem Probentag von 10-18 Uhr **immer** das Ziel um 17:00 Uhr fertig zu sein (und meine Probe daraufhin konzipiert – also Ablauf und Länge der Probe der einzelnen Stücke). So habe ich noch Puffer für Unvorhergesehenes und kann die Sänger eventuell auch früher nachhause schicken, was sie nach solch einem Tag dankbar annehmen. Erstelle dir also eine Probendisposition *(s.a.)* die bis 17:00 Uhr geplant ist.
So wirst du nicht gestresst, weil du dir mit einem Stück eventuell auch etwas mehr Zeit lassen darfst. *(s.a. Chorleitervertrag(-svorlage) – §3.3)*
Am Ende sind alle glücklich: Der Chorleiter, weil er seine Ziele erreicht hat und die Sänger, weil sie deshalb einen zufriedenen Dirigenten erlebt haben, der am Ende der Probe nicht noch gestresst auf die Tube drücken wollte.
Du kannst relativ loben und deinen Sängern eine positive Grundstimmung vermitteln. Sie merken damit, dass der Tag erfolgreich war. • *(s.a. Probenzeiten; Relatives Loben)*

Probentagswahl

Hast du die Wahl oder gründest du einen neuen Chor, ist vor allem in ländlicher Region die Wahl des Probentages von entscheidender Bedeutung für den Erfolg deines Chores. Grundsätzlich sind alle Tage außer *Freitag bis Sonntag* möglich. Diese solltest du für Sonderproben freihalten.
Außerdem sind Sänger der arbeitenden Bevölkerung ganz froh, wenn Wochenende ist. Aber auch Eltern werden mit ihren Kindern gerne mal in ein langes Wochenende fahren. Für eine regelmäßige Probenbeteiligung sind das also schlechte Tage.
Montag bis Donnerstag finden in der Umgebung immer auch noch andere Aktivitäten statt. Du solltest also dringendst schauen, was für Angebote in deinem Einzugsgebiet für deine Zielgruppe an welchem Wochentag stattfinden.
So sollte man natürlich keinen Probentag auf den Tag legen, an dem ein anderer Chor probt. Ein Instrumentalensemble (Spielmannszug/Posaunenchor/Orchester/etc.) ist als Konkurrent nicht ideal, aber vertretbarer.
Du wirst immer Kompromisse machen müssen, aber vermeide sie so gut es geht.
Freue dich auch nicht zu früh, wenn ein Tag/Abend ganz frei ist: Forsche, woran das liegen könnte. •

Probenterminologien

- Hauptprobe: vorletzte Probe vor dem Konzert
- Generalprobe: letzte (ganze) Probe vor dem Konzert
- Ansingprobe: Probe im Konzertraum direkt vor dem Konzert •

Probenvorbereitung: Faustregel

Ich habe festgestellt, dass über das Jahr gerechnet meine addierte Vorbereitungszeit (Probenplan, Proben, Noten, Programm, Management) insgesamt mit der aktiven Zeit (Proben & Konzerte) deckungsgleich sein muss, um ohne Stress meinen Chor managen zu können. Dieses gefühlsmäßig notwendige Verhältnis änderte sich sogar während Corona nicht.
Wenn ich mit einem Chor z.B. 60 Einsätze im Jahr habe und jeder Einsatz im Schnitt 2 Stunden dauert (90 Minuten Probe, vorher/nachher 15 Minuten da sein und ein paar kleine Auftritte á 3 Stunden) brauche ich auch ungefähr 120 Stunden Vorbereitungszeit/Zeit für den Chor im Jahr. Das sind etwas über **zwei Stunden pro Woche**.
Wenn ich ein Jahresprogramm erstelle, konzentriert sich ein großer Teil dieser Zeit auf ca. eine Woche. Dafür habe ich jede Woche vor der Probe nur eine halbe Stunde Vorbereitungszeit nötig, um eine Probendisposition zu schreiben.
Wenn ich dann vor den Konzerten schlicht keine Probenvorbereitungszeit mehr brauche, nutze ich die Zeit wiederum, um die Noten für das nächste Projekt einzurichten.

In den Ferien lohnt es sich, die normalen Probenzeiten zuhause am Schreibtisch zu verbringen, da du so deine Routine beibehältst und die Vorbereitung **terminiert** ist.
Die Fahrzeit zum Probenort gehört **nicht** zur berechneten Arbeitszeit. Ich habe mir aber angewöhnt keine Chöre zu übernehmen, in denen die Fahrzeit die Probenzeit übersteigt – der Hin- und Rückweg darf also bei 90 Minuten proben jeweils 45 Minuten nicht übersteigen.
Mit der **Faustregel** *2x Probenzeit = Arbeitszeit* (Probe + Vorbereitung) kannst du bei Übernahme eines neuen Chores abschätzen, ob du diesen noch in dein Arbeitsleben integrieren kannst oder nicht. Mit weniger darfst du auf **keinen Fall** rechnen.
Habe das auch bei der Gehaltsverhandlung im Blick: Wenn du einen bestimmten Stundenlohn anpeilst, darfst du nie nur die reine Probenzeit berechnen, sondern musst diese verdoppeln. • *(s.a. Probendokumentation mit Unterschrift; Vorbereitung ist Arbeitszeit)*

Probenzeiten

Plane Probenzeiträume lieber großzügig. Die Sänger freuen sich, wenn sie etwas früher fertig sind (z.B. an Probensamstagen), bzw. du einfach ein Lied nochmal singen lassen kannst, wenn es auch noch nicht der Letzte richtig gesungen hat.
Wenn die Zeit ausreicht, sodass **du** entspannt bist, ohne Spannung und Konzentration zu verlieren, hast du das perfekte Probentempo gefunden.
Wöchentliche Proben kannst du auf 90 Minuten vereinbaren und dir vertraglich die Option zusichern lassen sie auf 120 Minuten auszuweiten. So hast du Flexibilität.
Die Sänger wissen also, dass sie für ihr Geld mindestens 90 Minuten Probe bekommen – können sich aber auch nicht beschweren, wenn du mal mehr Zeit brauchst – so sind alle glücklich. •

Programmabfolge: oberthemabezogen

Ein Konzert braucht immer ein Thema/eine Aussage.
Du denkst, dass es reicht, auf das Plakat zu schreiben *Chor XY singt folgende Stücke…*?
Dann kommen nur die, die eh immer in deine Konzerte kommen.
Du willst aber auch neue Konzertbesucher anlocken.
Dazu musst du die **weichen Faktoren** bedenken.
Menschen gehen heute selten nur ins Konzert weil sie ein bestimmtes Stück hören wollen. Auch Weihnachten geht kaum jemand ins Weihnachtsoratorium, um das Weihnachtsoratorium zu hören. Oder in die Johannes-Passion, weil es eben die Johannes-Passion ist – aber zur Markus-Passion wäre man nicht hingegangen…
Menschen gehen heute ins Konzert, weil es ein Event ist, ein social Happening, weil man das so macht, weil man seinen Freunden/Verwandten beim Singen zuhört, die Realität vergessen darf, weil man seine Perlen oder den guten Anzug spazieren tragen möchte.

Die *weichen Faktoren* sind also der **Raum** (Kirche/Saal) und der **Zusammenhang**: Konzertreihe, Benefizkonzert, Jubiläum, kirchliche Feste, Familie/Freunde, etc., oder eben ein Thema, das interessiert, aber nicht abstößt.
Politische Themen sind nicht gefragt und wenn, nur unter einem humanitären Deckmantel (Benefiz).
Wenn du politische Aussagen/Lieder in dein Programm packen willst (ja, gerne!) und möchtest, dass die Besucher sie annehmen, müssen diese zwischen positiven Aussagen (Liedern) gesungen werden: Ein lustiges/leichtes Lied, das auflockert aber nicht zum Nachdenken anregt – so ist der Kopf der Besucher leer – dann das politische Lied/die Aussage (in Landessprache) – dann ein ruhiges/schönes Lied in einer Sprache, die die Zuschauer nicht verstehen, damit sie über den Text des vorherigen Liedes nachdenken können, sich aber nicht genötigt fühlen.
Du solltest niemals ein Konzert unter einem unverfänglichen Thema ankündigen und die Zuhörer dann mit politischen Aussagen bombardieren.
Wenn du zu Umweltschutz/Flüchtlingskrise/Meerschweinchenversammlungsverbot/ etc. ein themenbezogenes Konzert machen willst, musst du es vorher so ankündigen.
Jeder Konzerttitel schafft Erwartungshaltungen. Erfülle sie und du bist der Held.
Denke dir also zuerst das Oberthema für ein Konzert aus und suche dann die Stücke dazu.
Der Inhalt interessiert im Laienbereich leider selten – die Packung muss stimmen. •

Programmatische Rechtfertigung

Sollten Sänger ein Stück kategorisch ablehnen, musst du ihre Gründe in Erfahrung bringen. Wenn diese analysiert sind, kannst du sie, wenn sie rational sind, eventuell entkräften (Stück passt nach Meinung der Sänger inhaltlich nicht zum Anlass/es ist zu schwer/etc.).
Sollten die Gründe allerdings emotional sein, hast du wenig Chancen (erinnert an verstorbenen Verwandten/Glaubensgründe/sexuelle Anspielungen). *(s.a. Falsche Mädchen)*

Du musst tunlichst vermeiden gegen deinen Chor zu kämpfen und ein Stück durchzudrücken. Es wird im Konzert einfach nicht gut klingen.
Natürlich gibt es immer Sänger, die ein Stück mal nicht mögen – von denen ist hier nicht die Rede. Sondern von der zum Glück sehr seltenen Situation, dass mehr als ein Drittel des Chores ein von dir ausgesuchtes Lied nicht singen will.
Im Normalfall solltest du die Auswahl eines Liedes begründen können. Es muss also mindestens zum Programm und Anlass passen.
Ich habe mal mit einem Gospelchor ein Gospeladventskonzert mit „Es ist ein Ros entsprungen" begonnen – einfach weil es eines der ersten Gospellieder ist (Gospel = good spell = die gute Nachricht).
Die letzten Zweifler habe ich überzeugt, indem ich versprach dem Publikum zu erklären, dass vor diesem Lied Chorgesang auf Latein, und meistens dafür da war, Gott zu loben. Dieses Lied

will nun in der Muttersprache des Komponisten und explizit durch einen Chorsatz – also konzertant – die gute Nachricht verbreiten.
Mit dieser Begründung sangen die meisten Sänger dieses für sie viel zu klassische Lied mit Freude. Sie hatten verstanden, warum das Lied in das Konzert passte.
Wenn das nicht reicht, und eben emotionale Gründe für die Ablehnung im Vordergrund stehen, solltest du dir ganz scharf überlegen was du tun willst.
Bedenke: Du produzierst in diesem Beruf nicht nur ein Produkt, sondern eine Emotion.
Im Profibereich probt und konzertiert man Stücke, obwohl man sie vielleicht nicht mag, aber der Auftraggeber sie von dir verlangt. Dafür wirst du bezahlt. Der Auftraggeber möchte ein Publikum zufriedenstellen. Du bist nicht das Publikum.

Im Laienbereich ist es deine Aufgabe auch von den Ausführenden eine positive Reaktion auf die Stückauswahl zu bekommen – sie sind deine **internen** Kunden. *(s.a. Vorwort/Kaizen)* Du bist sogar darauf angewiesen: Wenn den Sängern deine Auswahl nicht passt, werden sie irgendwann gehen. Die, die bleiben und nicht mit Freude *(s.a.)* singen, werden keinen gut klingenden Chor ergeben, der die **externen** Kunden (Publikum) zufriedenstellt.

Ein Produkt ist greifbar – eine Emotion abstrakt und von individuellen Bedürfnissen und Erlebnissen und daraus resultierenden Erwartungen abhängig.
Deshalb ist ein Leitbild *(s.a.)* so wichtig. Es sorgt für eine weitere Rechtfertigungsinstanz. Leider aus der Praxis ein einfaches Beispiel: Beschwert sich doch ein Sänger bei mir, wir würden zu viele Glaubenslieder singen. Ob wir nicht auch mal was anderes singen könnten. Da musste ich mich darauf berufen, dass dies halt ein Kirchenchor wäre… •

Programmaufbau
<u>Kirche</u>
Gottesdienstthemen wie Weihnachten, Ostern, Erntedank, etc., passende Lesungen, Psalmen und auch manche Predigttexte, sind für die jeweiligen Sonntage vorgeschrieben. Dazu kannst du programmatische Lieder finden und dem Pastor mindestens eine Woche vorher mitteilen. Es kann sonst passieren, dass er gerade eines deiner Vortragslieder mit der Gemeinde singen will.
Möchtest du ein Stück, das eigentlich liturgisch ist, singen (z.B. ein „Pater Noster", „Gloria", „Sanctus" oder „Allein Gott in der Höh") musst du dies mit dem Pastor unbedingt absprechen und nicht böse sein, wenn ihm das nicht gefällt.
Genauso wie du es nicht magst, wenn man **dir** in deine Programmatik reinredet, wollen Pastoren genauso wenig, dass man ihren Ablauf stört. Das passiert nicht so häufig – wenn doch, biete an, solch ein Stück zu Beginn oder am Schluss des Gottesdienstes zu singen. Erkläre deutlich, dass es sich dabei um ein Vortragsstück handelt. Begründe dies mit dem Komponisten oder der Sprache. Wenn z.B. ein „Pater Noster" in einer evangelischen Kirche in lateinischer Sprache gesungen wird, zählt es für die meisten nicht als liturgisches „Vater unser" und ist damit problemlos. (Wobei sich mir die Problematik eines 2x gebeteten „Vater unsers" bis heute nicht erschlossen hat…)

Singe im normalen Gottesdienst mindestens 3 Lieder, maximal 4 – bei weniger fühlen die Sänger sich nicht gebraucht, bei mehr ist in der Liturgie kein Platz mehr für den Gemeindegesang.
Bei Austeilung des Abendmahls können je nach Besuchermenge 1-2 Lieder gesungen werden (ruhig – z.B. aus Taizé – repetitiv). Sprich dich dafür mit dem Organisten ab.
Lasse den Pastor die Reihenfolge und den Zeitpunkt der Lieder festlegen.
Änderungen kannst du natürlich immer erbeten – aber es ist **sein** Gottesdienst.
(s.a. Gottesdienst:...)

Konzert
Wenn die reine Musik 55-60 Minuten dauert, brauchst du keine Pause. Das Konzert dauert dann insgesamt um die 70 Minuten. *(s.a. Konzert: Länge)*
Mach eine Pause also nur, wenn etwas verkauft werden kann, oder zwei große Werke nacheinander gesungen werden.
Eine Pause braucht **Logistik**: mindestens genügend WCs (nicht nur eins im Gemeindehaus...) und evtl. Getränke. Sie muss für den Zuhörer einen Sinn haben (Bruch im Programm/Umbau/Länge des Konzertes/soziale Kontakte), sonst wird ‚Pause' als künstliche Verlängerung des Konzertes wahrgenommen und reißt Zuhörer aus ihrer Ruhe und Konzentration – also dem Erlebnis.
Wenn die reine Musik 60 Minuten übersteigt, solltest du aber eine Pause machen und brauchst **Logistik** (wirklich! Lass dir da nicht reinreden! Zu wenige Toiletten sind s...).
Besser sind (meiner Meinung nach) Konzerte aus einem Guss, die keine Pause brauchen. Sie lassen die Zuhörer zufrieden, weil genug Musik mit rotem Faden und Spannungsbogen geboten wird, aber nicht zu viel, sodass sie noch hungrig bleiben.
Für mich war ein Konzert erfolgreich, wenn die Zuhörer denken: „Och schade, dass es schon vorbei ist – aber es war toll." *(zur Längenberechnung s.a. Konzert: gemeinsam mit anderen Chören)*

Konzertablauf
Auftritt – ein Lied singen – Begrüßung – bei Einzelliedern alle drei bis vier Lieder die nächsten Lieder anmoderieren. Wenn ein großes Werk gesungen wird, begrüßt du vor dem ersten Stück. *(s.a. Konzert: Ansagen)*
Bei einem großen Werk lohnt es sich eine Einführung *(s.a. Konzert: Einführung)* anzubieten. Diese sollte ca. eine Stunde vor Konzertbeginn in einem anderen Raum als dem Konzertraum (Größe beachten!) stattfinden und maximal 30 Minuten dauern. Sie kann vom Dirigenten, einem Sänger oder Externen gestaltet werden. Sie muss fundiert sein und Lust auf das Konzert machen. Hier geht es um die Geschichte und um Besonderheiten in der Partitur und natürlich den Komponisten.
Eine Zugabe *(s.a.)* darf nur in Ausnahmefällen aus dem bereits Gesungenen kommen – besser ist ein mitreißendes neues Stück, das die Zuhörer vor der Spendensammlung am Ausgang auflockert und gute Laune verbreitet – dabei kann der Chor auch aus dem Konzertraum ausziehen.
Wenn man grundsätzlich eine Zugabe macht, wissen die regelmäßigen Zuhörer dies und applaudieren am Schluss so lange bis die Zugabe kommt – so kann der Applaus damit künstlich etwas verlängert werden und gibt den Sängern ein gutes Gefühl. • *(s.a. Konzert:...)*

Programmgestaltung

Wenn du Menschen in deine Konzerte locken willst, dann vergiss nicht, dass sie zu dir kommen, um ihre Probleme zu vergessen.

Mache dich bekannt dafür, dass du ein gutes Programm ablieferst, bei dem sich die Zuschauer fallen lassen können. Hier kannst du immer noch politische Aussagen, etc. einfügen. Es darf nur niemals **wehtun**.

Wenn du aber ein Benefizkonzert für z.B. die Flüchtlingshilfe gibst, darf es oder muss es sogar politisch sein, damit du deine Glaubwürdigkeit behältst.

Ansonsten ist ein Konzert immer dafür da, dass der Zuhörer seinen Alltag für eine Stunde vergessen/verdrängen darf.

Du musst die **Erwartungshaltung** deiner Zuhörer bedienen.

Wenn du das schaffst, wirst du Erfolg haben. •

Programmplanung (strategische)

Arbeite möglichst immer nur auf das kommende Ereignis (Gottesdienst/Konzert/Auftritt) hin.

Probe zwischendurch keine unnötigen *Überraschungsstücke*, nur weil du oder der Chor darauf gerade Lust habt.

Wenn du einen Konzertchor leitest und ein Konzertprogramm einstudierst, aber weißt, dass du zwischendurch noch ein-zwei Auftritte (z.B. Gottesdienst) hast, singe in diesen kleinen Auftritten Stücke aus dem großen Konzertprogramm, bzw. plane solche Stücke auch in dein Konzertprogramm (wenn irgend möglich) ein.

Das spart Arbeit und sorgt dafür, dass die Konzertstücke schon einmal gesungen wurden, bzw. schon in der Anfangsphase der Probenarbeit erarbeitet werden mussten.

Wähle hier auch nicht unbedingt die einfachsten Lieder aus, sondern die, die auch Zeit zum *Setzen* gebrauchen können: einstudieren – singen – liegenlassen – wieder auffrischen. Die Sänger werden viel mehr Freude an ihnen haben. *(s.a. Etappenziele; Nachreifen; Recycling)*

Mit einem Kirchenchor, der ca. 8-12 Auftritte pro Jahr hat, kannst du solche Stücke auch vorproben.

Wenn du das Programm für ein ganzes Jahr kennst, singe Stücke, die im übernächsten Gottesdienst drankommen in einer Probe schon mal grob an, sodass jeder Sänger seine Stimme gehört und gesehen hat. Es geht nicht darum, das Lied schon aufführungsreif zu proben.

Grobes Vorproben ist die wirkungsvollste Probenmethode, um Kirchenchöre gut singen zu lassen.

Dafür musst du aber vorgeplant haben… •

Probenprogrammgestaltung (abwechslungsreiche)

Probe mehr als nur ein Stück pro Probe. Meine Probengrundregel über eine längere Probenzeit (mehrere Wochen) lautet: von **grob** nach **fein** *(s.a.)*.
D.h. erst probe ich die Stücke sehr oberflächlich, um dann in den Folgeproben (z.T. auch nur einzelne Stellen) immer genauer zu erarbeiten und über eine **Transferleistung** *(s.a.)* andere Stellen zu verbessern.
So wachsen die Stücke von Probe zu Probe.

Den Ablauf dieser Proben plane ich grob in einem Probenplan *(s.a.)* vor.
Er ist durchlässig genug, um noch flexibel auf aktuelle Erfordernisse reagieren zu können. Im Idealfall sind meine Chöre zum Auftritt – wie ein Sportler zur Olympiade – *auf den Punkt* vorbereitet.

Manche Sänger sind unzufrieden mit dieser Methode, da sie gerne ein Stück in einer Probe ‚fertig' bekommen wollen. Sie vergessen nur, dass sie das Stück und seine herausgearbeiteten Feinheiten bis zum Auftritt wieder vergessen haben werden.
Außerdem bedenken diese Sänger nicht, dass sie ja auch mal krank sein könnten – also der Probe fernbleiben. Das passiert im Laienchor schließlich ständig.
So musst du das Proben der Stücke verteilen und jedes Stück auch mehrfach proben, damit jeder Sänger ähnliche Informationen bekommt (deshalb solltest du auch die Hintergründe und Geschichte eines Stückes mehr als einmal erzählen).

Der folgende Ablauf für die ungefähr gleichschweren Chorlieder (max. 2 Minuten Dauer) A, B & C, kann natürlich nur sehr grob sein, da jeder Probenablauf von den Stücken und dem Chor abhängt. Ich nutze diese Methode aber immer im Kirchenchor als Vorbereitung auf den nächsten Gottesdienst.
Zu beachten ist eben nur, dass die Stücke ABC **immer** drankommen:

- Probe 1: ABC.
  Bei jedem Stück mindestens bei der ersten Hälfte die Töne üben und Grundsätzlichkeiten (z.B. Atemzeichen) eintragen lassen.
- Probe 2: ABC.
  Nun die 2. Hälfte Töne; die 1. Hälfte zur Erinnerung und ohne drängende Erwartungshaltung durchsingen.
- Probe 3: ABC.
  Alles durchsingen und Feinheiten klären (Dynamik, Zusammensingen, Text, etc.) aber immer im Blick, alle Stücke zu proben.
- Probe 4: ABC.
  Einmal durchsingen, aber dann schwerpunktmäßig proben: z.B. Stück B, Takt 5-12 sehr sauber, langsam, genau, weil diese Intonationsarbeit auch andere Stellen verbessern wird.
- Probe 5: ABC.
  Viel singen und auf die grundsätzlichen Feinheiten achten.
- Auftritt •

Programmheft

Nur wenige Chöre machen sich die Mühe, ein ansprechendes Programmheft zu gestalten. Ich finde das schade.

Wenn keiner aus dem Chor dazu Lust hat, bzw. keiner die Fähigkeiten besitzt, solch ein umfangreiches Heft zu layouten, solltest du es bei einem Programmzettel – der aber auch ansprechend gelayoutet sein sollte – belassen und das Konzert moderieren.

Bitte lass solch einen Zettel sauber und in Farbe, oder besser Hochglanzpapier im Copyshop oder online drucken. Schlechte Kopien sind eine verabscheuungswürdige Respektlosigkeit.

Manche Chöre scheuen allerdings schlicht die Kosten. Wenn du ein Programmheft aber online drucken lässt (z.B. DinA5, 16 Seiten) dann kostet dich ein Heft bei 100 Stück nur 0,50€/Stück (ca. 50€ Gesamtkosten) und bei 1000 Stück nur 0,15€/Stück (ca. 150€ Gesamtkosten). Dazwischen staffeln sich die Stückkosten.

Das Programmheft ist eine Visitenkarte des Chores und nicht nur ein reines Informationstransportiergerät. Die Qualität eines professionellen Drucks lohnt sich.

Achte darauf, dass deine Druckdaten (auch die der Werbeanzeigenkunden) eine Auflösung von mind. 300dpi haben, da sonst das Ergebnis pixelig wird.

Gehen wir von realistischen 300 nötigen Programmheften aus, liegen die Gesamtkosten bei ca. 130€. Die bekommst du sehr leicht durch Werbung wieder rein.

Du fragst lokale Läden, Banken, Apotheken, etc. und eventuell sind Ladenbesitzer im Chor, die den Chor durch kleine Werbeanzeigen sponsern.

Nenne die Anzahl der Programmhefte, die erwartete Zuschauerzahl und von welcher Qualität das Heft sein wird.

Wenn du Werbekunden anwerben willst, musst du in jedem Fall farbig drucken können und kannst da eben auch gleich professionell drucken lassen.

Preise für Werbeanzeigen: z.B. bei 300 Programmheften: 100€ für eine ganze Seite, 50€ für die halbe Seite, 20€ für eine kleine Anzeige.

Ich würde auf jeden Fall in anderen Chören, die so etwas schon machen, nachfragen, was in deiner Gegend möglich ist!

Auf die Werbekunden gehst du explizit als *Sponsoren* zu. D.h. sie werden durch die Werbung mit den Werbekosten aufgerechnet nicht unbedingt Gewinn machen.

Merke: Man kann dafür keine Spendenbescheinigung ausstellen, da es sich um eine Dienstleistung handelt (=Geld für gedruckte Werbeanzeige), die das Geschäft aber als Werbungskosten von der Steuer absetzen kann.

Einen Ausweg gibt es, indem ein Geschäft den gemeinnützigen Verein *(s.a.)* oder Kirchenchor sponsort und ihm am Ende des Programmheftes, oder auch auf den Plakaten (mit Namensnennung und Logo) gedankt wird.

Druckst du Liedtexte und Fotos ab, denke an das Urheberrecht *(s.a.)*. Du darfst nicht einfach den Text eines modernen Textdichters (z.B. von einem Popsong) übersetzen und in deinem Programmheft veröffentlichen. Frage aber beim Urheber nach – normalerweise ist das dann kein Problem und du schreibst unter den Text/das Bild: „Abdruck mit freundlicher Genehmigung von …"

Die Übersetzung von fremdsprachigen Texten brauchst du in jedem Fall.
Der Text und sein Inhalt sind das, was einen Chor von einem Instrumentalensemble unterscheidet.
Bei 99% aller Lieder war zuerst der Text da und dann erst die Musik.
Der Text hat also – auch in Verbindung mit der Musik – eine vorherrschende Bedeutung, die dem Publikum ohne Inhaltsangabe abhandenkommt.
Solltest du die Übersetzung (auch evtl. selbsterstellte) nicht abdrucken **dürfen**, lese sie vor Singen des Stückes vor. *(s.a. Gedicht mit Tonzusatz)*

Erstellst du ein ausführliches Programmheft mit Werkbeschreibung und Biografie des Komponisten, denke an dein Publikum. Werden deine Leser etwas vom Orgelpunkt mitbekommen oder überhaupt wissen, was ein Neapolitaner ist?
Einige Fachbegriffe darfst du gerne erklären. Die meisten kannst du weglassen, weil sie nur dich interessieren.
Als Richtschnur sollte dir dein Chor dienen. Alles was du deinem Chor über das Stück erzählst, sollte auch im Programmheft vorkommen. Willst du etwas Theoretisches erklären, tue dies anhand von Notenbeispielen (Urheberrecht!).
Das Wichtigste wird aber zu häufig vergessen: das **Triviale**.
Egal ob Profi oder mitgeschleppte, lieber Fußball guckende Ehefrau: Alle lieben ein wenig Klatsch und Tratsch über die heute zu hörenden Komponisten und Stücke. Welche Intrigen, Feinde und Lebenswirren gab es. Intime Geheimnisse?
Die Mischung machts. Nur Werkbeschreibung oder nur Triviales ist falsch. Geschmacklosigkeiten natürlich auch.

Ich lasse im Gospelchor, aber auch ab und zu in Konzertchören, Sänger die Stücke mit eigenen Worten beschreiben und auch kommentieren. Was bedeutet es **ihnen**?
Alles darf geschrieben werden: Von „mag ich nicht" bis „hat mich berührt", „das habe ich in mehreren Chören gesungen", „das erinnert mich an meinen Großvater".
Dies individualisiert den Chor, der ja sonst als Gruppe auftritt – es ist eine persönliche Note.

Die meisten Programmhefte sind (wenn Werkbeschreibung und Biografie dabei sind) trocken. Sie sind für die Profis geschrieben.
Ein gelockertes Programmheft überrascht und öffnet manchen unwilligen Konzertbesucher für das, was er gleich hören wird/muss.
Solltest du das noch mit einer lockeren Werkeinführung zu Beginn/während des Konzertes paaren, hast du manchen neuen, treuen Konzertbesucher gewonnen.

Wenn das Programmheft fertig ist, musst du es als PDF an deinen Chor schicken und auch im Konzert genug Programme für den Chor bereit haben.
Sind die Programmhefte kostenpflichtig, muss jeder aktive Sänger/Orchestermusiker eines kostenlos bekommen.
Im Laienbereich sind kostenpflichtige Programmhefte aber eigentlich ein **NoGo** und auch echt nicht notwendig. • *(s.a. Zum Mitnehmen)*

Programmkommission. Oder: die dümmste Idee der Welt

Es ist immer eine gute Idee seine Sänger zu bitten, so viele Liedvorschläge wie möglich zu machen („Wenn ihr ein tolles Chorlied kennt das ihr mal singen wollt…").
Tue dies immer unter der Prämisse, dass es natürlich nur gesungen werden kann, wenn es in einen Programmablauf passt. Jeder Chorleiter kann vom Werkeverzeichnis langgedienter Sänger profitieren, denn du kannst natürlich nur das singen lassen, was **du** kennst.
Ich habe auf dem PC für jeden Chor einen Ordner, in dem ich diese Wünsche sammle und den ich bei Erstellung eines Programmes zuerst nach passenden Liedern durchsuche.

Alle paar Jahre ist es auch toll seinem Chor ein Thema vorzugeben (Liebe/Tanz/Freude/Oper/etc.) – also etwas das nicht zwingend einen roten Faden erfordert – damit er das Programm mitgestalten kann.

Manche Sänger sind allerdings der Meinung der Chor sollte an der Programmgestaltung **immer** teilhaben – es gibt sogar „Komitees zur Programmgestaltung".
Wenn du das zulässt, hast du den Titel Chor**leiter** nicht verdient und gibst ihn bitte bei der nächsten psychiatrischen Annahmestelle wieder ab.
Kein Sänger hat die Fähigkeit Schwierigkeitsgrad, roten Faden (eine Geschichte erzählen), Besetzung und Konzertlänge so zu überschauen, wie der Chorleiter.
Lässt du dir diese Aufgabe aus der Hand nehmen, bist du nicht mehr der Gestalter, sondern ein Erfüllungsgehilfe für ein Chorkomitee, in dem es mit Sicherheit auch keine Demokratie gibt, sondern 1-2 Sänger die ‚viel Ahnung' haben (also laut sind) und ohne Problem die anderen Mitglieder überzeugen.

Nachdem mal wieder in einer Vollversammlung solch eine Programmkommission gefordert wurde, habe ich mal nachgefragt:
1. Es hatte keiner ein fundamentales Problem mit meiner Programmauswahl.
2. Es wollten drei nur einfach mal mitbestimmen. *(s.a. Schreier)*
3. Ich habe nach der Befähigung bezüglich oben genannter Kriterien gefragt und habe die dümmste Antwort bekommen, die so vor Respektlosigkeit für meine Arbeit strotzte, dass ich mich wortlos hingesetzt habe: Natürlich hätte ja keiner den Überblick und die Fähigkeiten wie ich. So solle ich doch bitte drei Konzertprogramme erstellen und der Kommission vortragen, damit diese dann entscheiden könne…
Im Normalfall brauche ich 4 – 8 Wochen, um ein sinnvolles Konzertprogramm aus 12-15 Lieder zusammenzustellen und rotze das nicht einfach aus mir raus.

Den Kampf für das eigene Programm muss man durchstehen – man sollte sein Programm allerdings erklären können.
Manche Lieder werden vom Chor erstmal abgelehnt und brauchen Zeit zu wachsen. Wenn du aber glaubst mit deiner Auswahl alle zufrieden stellen zu können, lass diesen Job sein. • *(s.a. Programmatische Rechtfertigung)*

Programmkontrolle

Nicht alles kannst du delegieren. Für vieles musst du allein die Verantwortung tragen. Aber auch hier ist es lohnend, sich die Perspektiven anderer zu holen.
Stell dein Programm fürs nächste Konzert erst einmal deinem Vorstand oder einer ausgewählten Gruppe Sänger vor.
Hör dir an, was sie (ohne jedes Stück genau analysiert haben zu können) für einen Eindruck haben. Fehlt etwas? Was finden sie sehr gut? Fällt ein Stück besonders auf? Welche Fragen ergeben sich? Haben sie überhaupt eine Meinung?
Entscheiden musst **du** – aber es hilft dir bewusster zu entscheiden. •

Programmsortierung am PC

Wenn du deine Notendateien/Ordner am PC für ein Konzertprogramm sortierst – also deine Vorauswahl das erste Mal in Konzertreihenfolge bringst und die einzelnen Dateien über die Dateinamen nummerierst, damit sie in der richtigen Reihenfolge sind – dann nummeriere sie in 5er Schritten: statt 1-Lied 1; 2-Lied 2; 3-Lied 3
besser 5-Lied 1; 10-Lied 2; 15-Lied 3; 20-Lied 4; 25-Lied 5.
Dann kannst du später ein Stück schneller umnummerieren: 5,10,12,15,25 (Stück 12 war vorher 20). Auch das Hinzufügen eines Stückes wird so einfacher.
Sonst musst du immer alles neu nummerieren.
Wenn du dir deiner Reihenfolge sicher bist, solltest du sie für alle Mitarbeitenden natürlich verständlich nummerieren. •

Projektchor

Dass du einen Projektchor besser als alle anderen Chöre vorbereiten musst, versteht sich fast von selbst. Du kannst dich schlicht nicht darauf verlassen, dass es Strukturen gibt, die dir Arbeit abnehmen.
Allein die Informationen: Du musst explizit veröffentlichen, wann der Chor beginnt und was gesungen wird. Du musst den Probenplan detailliert schreiben – obwohl du eventuell nicht mal die Qualitäten der Sänger kennst, die du durch deine Projekteinladung einsammelst.
Dass du ÜbeMP3s und/oder mindestens Noten zur Verfügung stellst, ist selbstverständlich. Die Noten solltest du als eigene Ausgabe erstellen, da du dann schon alle Atemzeichen (als Pausen) und sonstige Angaben reinschreiben kannst.
Kannst (Darfst) du keine eigene Ausgabe erstellen musst du unbedingt kommunizieren, aus welcher Ausgabe gesungen wird. Lerne aus meinen Fehlern: Bestehe darauf, dass alle Sänger aus derselben Ausgabe singen, selbst wenn Sänger noch Noten „von früher" zuhause liegen haben. Jeder Verlag hat in *seiner* Ausgabe Besonderheiten. Allein, dass bei manchen der Auftakt als eigenständiger Takt gezählt wird und bei anderen nicht, ist für die Probenkommunikation eine Katastrophe, wenn du beides in einem Chor hast.

Brauchst du ein Ensemble, musst du dieses mindestens 1 ½ Jahre vorher anwerben. Auch deinen lokalen Posaunenchor darfst du nicht erst fragen, wenn die Anmeldungen schon raus sind.

Die Frage, die dich beschäftigen muss, ist: Was muss ich **garantiert** haben, bevor ich mit dem Projekt an die Öffentlichkeit gehe und für Sänger öffne. Dazu gehören **nicht** das Plakat und die Flyer, aber der Konzertort und der Probenraum müssen **in jedem Fall** sicher gebucht und kommunizierbar sein. *(s.a. Konzert: gemeinsam mit anderen Chören)*
Du musst die Partitur noch nicht eingerichtet, aber die Notenausgabe und MP3s erstellt und versandbereit haben, sodass angemeldete Sänger diese sofort bekommen können. Organisiere solch einen Projektchor also frühzeitig und klug.

Werbe Sänger spätestens ein halbes Jahr vor Beginn der Proben.
Nutze dafür alle dir zur Verfügung stehenden Mittel: Gemeindebrief (auch von Nachbargemeinden), lokale Presse, Flyer (die deine Chorsänger verteilen können) und deine Webseiten.

Willst du die Sänger, die gar nicht singen können oder keine Chorerfahrung haben zumindest ein bisschen aussortieren, gleichzeitig aber auch nicht zu elitär daherkommen, gibt es einen wunderbaren Trick: Alle Sänger müssen sich für solche Projekte **schriftlich** anmelden. Das müssen sie, da du ihre Daten verwendest. Deshalb musst du dir das Einverständnis zur Nutzung dieser Daten und das Anerkennen der Teilnahmebedingungen schriftlich bestätigen lassen.
Nach einer kurzen Projektbeschreibung, also der Beantwortung der Fragen *was, wer, wann, wo* und ob die Teilnahme etwas kostet, fragst du die Daten so ab:

Name
E-Mail-Adresse (für Noten und Übe-Musikdateien)
Telefonnummer
Anschrift (nur notwendig, wenn das Notenmaterial und Übe-CD per Post zukommen sollen)

Datenschutz
Die personenbezogenen Daten, die Sie uns im Rahmen dieser Anmeldung zur Verfügung stellen werden nur für die Bearbeitung Ihrer Anmeldung und Teilnahme verwendet.
Die Weitergabe an Dritte findet nicht statt.
Mit Ihrer Anmeldung stimmen Sie dieser Speicherung und Nutzung Ihrer Daten zu.

Teilnahmebedingungen
Mit Ihrer Unterschrift bestätigen Sie, dass Ihnen die Teilnahmebedingungen bekannt sind und Sie diese anerkennen.

Datum, Ort
Unterschrift

Der Trick ist nach dem Namen zwei mögliche Sätze einzufügen, die unschuldiger nicht sein könnten, aber die Aspiranten gut durchsieben:
Stimmlage: Fragst du das ab, muss ein sich anmeldender Sänger wissen, welche Stimmlage er hat. Der Grund für deine Abfrage ist einfach: Du musst ja die ÜbeMP3s zuschicken.
Hast du schlechte Erfahrungen gemacht und es melden sich irgendwelche Sänger auf Verdacht als Sopran an, du merkst aber nach einer Probe, dass die noch nie gesungen haben und eigentlich Alt sind, ist das in diesem Projekt nur noch schwerlich zu reparieren. Du kannst beim nächsten diese Stimmlagenanmeldung aber etwas verschärfen: Dafür lässt du die Stimmlage genau wie oben definieren, schreibst aber in der Projektbeschreibung unter *wer?*: „Eingeladen sind alle Sängerinnen und Sänger mit Chorerfahrung, die bereit sind sich zuhause mit Hilfe von Übe-Klang-Dateien auf die jeweiligen Proben vorzubereiten."
Dadurch wirst du einige abschrecken, solltest aber alle **deine** Chorsänger, die das schon gewohnt sind, im Boot halten können.

Hast du die Planung eines Projektes abgeschlossen und auch schon Sänger geworben, merkst aber, dass es nicht läuft/nicht genug Anmeldungen reinkommen/die Besetzung nicht stimmig sein wird/etc., musst du klug genug sein, das Projekt aufgeben zu können. Im Zweifelsfalle kannst du es verschieben. Besser ein Ende mit Schrecken als ein Schrecken ohne Ende. Letzteres macht dich unglaubwürdig.
Wenn du allerdings einfach nur absagst, werden dir die angeworbenen Sänger fürs nächste Mal nicht mehr vertrauen. In jedem Fall brauchst du also eine Begründung.
Bleibe dabei ehrlich, aber rational: „Es war eine schwere Entscheidung, aber das Klügste ist, das Projekt zu verschieben, damit wir das Stück auf dem Niveau singen können, das es und ihr verdient. Vielen Dank für euer Interesse und ich hoffe ihr meldet euch für das nächste Mal auch an… Ich werde euch darüber informieren. Solltet ihr keine weiteren E-Mails von mir erhalten wollen, bitte ich um eine kurze Rückmeldung, sodass ich euch aus dem Verteiler nehmen kann."
Dieser letzte Satz ist aber eigentlich nicht mehr rechtens, da sich für Newsletter (und nichts anderes machst du dann) bewusst angemeldet werden muss.
Wenn du sicher gehen willst, schreibe lieber: „Wenn ich euch darüber informieren darf, wann das nächste Projekt stattfindet, antwortet mir bitte kurz auf diese E-Mail."
Aber das Recht ändert sich eh ständig – Google ist dein bester Freund! •
(s.a. DSGVO; Probentag; Projektteilnehmeradressensammlung zwecks Werbung)

Projektchorwerbung

Wenn ein Projektchor in einer Kirchengemeinde regelmäßig stattfindet (z.B. 4x im Jahr), muss immer ein Text im Gemeindebrief mit Programm, Anlass und Einladung an alle die mitsingen wollen, erscheinen. Am Sonntag vor der ersten Probe muss dies auch in die Abkündigungen.
Bei einem weltlichen Projektchor bleiben nur die normalen Pressewege, Flyer, Plakate und natürlich die eigene Website. •

Projektteilnehmeradressensammlung zwecks Werbung

Willst du Projektchorteilnehmer wieder einladen, musst du sie um Erlaubnis bitten. Die Daten, die du bei Projektanmeldung gesammelt hast, musst du wegschmeißen und vergessen. (Wirklich!)
Ich gebe am Ende eines Projektes auf einem Klemmbrett eine Liste im Chor herum:

Ich möchte bis auf Widerruf gerne über von Philip Lehmann geleitete Chorprojekte in [...] und Umgebung informiert werden.

Name	E-Mail	(oder!) Telefon	Unterschrift

In eine E-Mail, mit der ich dann für ein Projekt werbe, setze ich folgenden Fußtext:
*Du hast diese E-Mail bekommen, weil du dich dafür angemeldet hast.
Solltest du in Zukunft keine Informationen zu Projekten von Philip Lehmann bekommen wollen, antworte bitte kurz mit einer Abmeldung auf diese Mail.*

Damit bist du (z.Zt.) auf der sicheren Seite (aber: Google ist dein bester Freund!). Es geht darum, dass sich Menschen aktiv und bewusst für solche Kontaktaufnahmen entschieden haben müssen und du dies auch nachweisen kannst.
Wichtig: Wenn du die Personen nicht einzeln anschreibst, sondern eine Sammelmail an viele Personen schickst, schreibe die Adressen in die Zeile **BCC** („Blind Carbon Copy"). Damit können die Empfänger nicht sehen, wer die Mail sonst noch bekommen hat.
Das mag hier nicht so dramatisch wirken. Ich habe aber vor DSGVO-Zeiten mal eine Mail meines Hausarztes mit der Information, dass er eine neue Telefonnummer hat, bekommen. Da waren über 100 fremde Adressen für mich einsehbar und ich wusste somit, wer Patient bei diesem Arzt ist und andersrum. •

Projektweise Chorzusammenlegung

Wenn du zwei oder mehr deiner eigenen Chöre für ein Projekt verbinden möchtest, musst du verschiedene Dinge bedenken.
Da diese Chöre ja wahrscheinlich verschiedene Probentage haben, musst du dir für dich selbst deinen **Hauptchor** aussuchen (den besseren) – ohne den anderen merken zu lassen, dass er der unwichtigere ist – und dann den Tag von diesem Chor für die gemeinsamen Proben nutzen.
Diese Herangehensweise würde ich dir aber **niemals** empfehlen.
Besser ist es in beiden Chören parallel dasselbe Programm einzustudieren und die Chöre dann über 1-2 gemeinsame Probenwochenenden zu einem großen Chor zu verbinden.
Bedenke: Deine Sänger werden sehr schnell merken, welcher Chor der bessere ist und warum du willst, dass möglichst viele aus diesem Chor bei dem Projekt mitsingen. Sie sind hochgradig sensibel, wenn es darum geht, dich mit einem anderen Chor zu teilen. Da werden sofort Vergleiche angestellt.

Um dem in den Proben entgegen zu wirken, sorge dafür, dass die Sänger der Chöre sich untereinander gemischt in den Stimmen setzen.

Lasse alle Sänger **neutrale** Namensschilder tragen, damit eine Chorzugehörigkeit nicht sofort spezifiziert ist.

Tu **alles** dafür, dass die Chöre zusammenarbeiten.

Das Schlimmste das dir passieren kann, ist, dass die Sänger untereinander nicht sozialisieren, darüber eine Konkurrenz aufbauen und du am Ende von *beiden* Chören gefragt wirst, warum du denn den anderen überhaupt leitest.

Ein Chor darf nie das Gefühl haben, nur *mit dabei* sitzen zu dürfen und der bessere nicht das Gefühl haben nur Helfer des schwächeren zu sein.

Beides sorgt für schlechte Stimmung, da es Minderwertigkeitskomplexe einerseits und Arroganz andererseits schafft.

Chöre sind meist unterschiedlich gut und sei es nur, dass ein Gospelchor eben nicht gewohnt ist eine Bachkantate zu singen und der Oratorienchor noch nie auswendig gesungen hat.

Deine Aufgabe und Ziel in der Stückauswahl und Vorbereitung der einzelnen Chöre muss sein **einen** Chor zu formen.

Deine Chöre haben meistens unterschiedliche Ausrichtungen/Profile – die Sänger haben sich schließlich für den einen oder anderen Chor auch wegen seines Profils entschieden. Wenn du z.B. einen Kirchenchor mit einem Konzertchor oder mit einem Gospelchor paaren willst, musst du dies gut begründen.

Kein Gospelchor wird freiwillig eine klassische Messe einstudieren – die Sänger wollen ja Gospel singen.

Leichter ist es einen Konzertchor mit etwas offenerem Programmprofil ein Projekt lang Gospel (z.B. eine Gospelmesse/Musical/etc.) singen zu lassen, da die Sänger wissen, dass sie bald wieder etwas anderes singen werden.

Wieder anders ist da ein Oratorienchor, der auch ein sehr klares Programmprofil hat.

Es muss also für alle Profile etwas dabei sein, sonst kann die Sache ziemlich nach hinten los gehen. Du hast zwar eine gewisse Macht deine Sänger auch in ungewünschte Programme zu zwingen, aber am Ende bist du ein Dienstleister und musst dich fragen, ob es das Theater wirklich wert ist.

Im Zweifelsfalle kannst du deinen Chören das von dir gewünschte Projekt vorstellen und sie dann anonym abstimmen lassen. Du willst hier eine wirklich ehrliche Antwort ohne ‚Fraktionszwang'. *(s.a. Abstimmen; Meinungsbild; Tendenziöse Fragestellung)*

Das ist alles nur sehr schwer zu bewerkstelligen und ich bin ehrlichgesagt ein absoluter Gegner von erzwungenen Chorzusammenlegungen. Das liegt aber auch daran, dass ich versuche meine Chöre mit einem klaren eigenen Profil auszustatten.

Meine Lösung ist deshalb einen Chor, zu dessen Profil das Programm am besten passt, als **Basis**chor auszuwählen und (nur) dieses Konzertprogramm (einmalig) zu einem **für alle offenen Projektchor** *(s.a.)* zu erklären. So machst du dich in der Umgebung bekannt, deine anderen Sänger können mitmachen wenn sie wollen, oder es eben lassen. •

Prostitution. Oder: Extraveranstaltung für schnöden Mammon
Viele Chöre prostituieren sich. Ich sage das deshalb so hart, da Auftritte bei Hochzeiten, Geburtstagen, Firmenevents oder Stadtjubiläen häufig außerplanmäßig und spontan in den Konzertkalender aufgenommen werden.
Manche Chöre bieten dafür auch ein Repertoire an. *(s.a. Repertoirepflege)*
Diese Geschäftätigkeit reduziert damit zwangsläufig die Qualität und ich behaupte fest, dass 99% aller Chöre, die dieser Geldeinnahmequelle nachgehen, dies nur auf Bestreben des Vorstandes und Chorleiters tun und nicht, weil die **Sänger** das wollen.

Ich glaube, dass die Sänger bereit wären mehr Chorbeitrag zu zahlen, wenn sie nicht mehr auf solchen Muggenveranstaltungen (aka „**Mu**sikalisches **Ge**legenheits**Ge**schäft"), zu denen sie keinen persönlichen Bezug haben, auftreten müssten.

Hinterfrage den Zweck deiner Extraveranstaltung:
- Ist es das Geld oder ist es etwas Persönliches, zu dem die Sänger Bezug haben (Hochzeit eines Chormitgliedes/runder Geburtstag/etc.)?
- Trägt dies der ganze Chor? Wirst du dort also mit einem ganzen Chor singen können, oder nur mit einer Handvoll Sänger?
- Jeder öffentliche Auftritt ist ein Spiegel deines Chores: Wird er die Stücke auf seinem normalen Niveau singen können?
- Unterbricht die Geldveranstaltung signifikant die Probenfolge? Müssen eventuell sogar neue Stücke einstudiert werden, die in folgenden Konzerten nicht genutzt werden können?

Persönliche Veranstaltungen für Chorsänger sollten immer gemacht werden (Hochzeiten/Beerdigungen/80. Geburtstag mit Ständchen/etc.). Darüber sollte auch keine Diskussion entbrennen, denn das kann ja jedes Chormitglied vom Chor erbeten. Allerdings sollte das Programm für solch einen Anlass aus den letzten Programmen zusammengestellt sein, damit sich der Probenaufwand in Grenzen hält – dies ist ja von aktiven Sängern leicht zu überschauen.
Wenn es also persönlich wird, kann solch eine Extraveranstaltung den Zusammenhalt des Chores stärken.
Wenn es nur um das Geld geht, braucht es mehr Überzeugungskraft, denn der Laiensänger ist ja kein Mugger, hat selbst keinen direkten finanziellen Vorteil und eventuell nicht mal Freude an so etwas.

Als Kirchenchor musst du dich grundsätzlich dagegen verwehren, außerhalb der Kirche zu singen, bzw. tu dir selbst den Gefallen deinen Arbeitgeber um Erlaubnis zu bitten.
Du bist ein Sprachrohr der Kirchengemeinde und wirst von ihr bezahlt. Wenn du dann eine Mugge im örtlichen Gasthof mit dem Kirchenchor singst, solltest du das vorher abklären.
Ein Kirchenchor ist in dieser Hinsicht aber eh spezieller: Er wird eventuell gefragt bei einer (goldenen) Hochzeit oder Beerdigung eines Gemeindemitgliedes zu singen. In

solchen Fällen muss (und darf) erfragt werden wie aktiv diese Menschen in der Gemeinde sind/waren. Manchmal sind es nämlich nur Lokalgrößen, die durch die Anwesenheit des (kostenlosen) Chores ihr Image aufpolieren wollen und ansonsten der Kirche fern bleiben. Hier kann es auch im Chor zu bösem Blut kommen, wenn sich dann die Sänger zu solchen Zwecken missbraucht fühlen (hört sich weit hergeholt an - passiert aber tatsächlich häufig). • *(s.a. Motivatoren: intrinsisch und extrinsisch)*

Prozedurales Gehör

Das *absolute Gehör* ist für einen Laienchorleiter die Hölle – zumindest hat mir das der einzige absolut hörende Chorleiter, den ich kenne, gesagt.
Ein absolutes Gehör hat jemand, der 70% bis 100% von Tonhöhen benennen kann.
Wenn der Chor sackt, merke ich das (wenn es keine Intonationsdellen gibt) manchmal bis zu einem Ganzton nicht – einfach, weil der Chor in sich sauber singt (sinkt - haha).
Dieser absolut hörende Chorleiter hört das aber sofort, wenn er den angebotenen Chorklang mit der Partitur (und den dort absolut notierten Tonhöhen) vergleicht.
Seine Lösung: Er probt grundsätzlich nur in kleinen Abschnitten und dirigiert den Durchlauf ohne Noten. Er verschiebt seinen Fokus weg vom Notenmaterial und dirigiert bewusst die Musik/die Linien.
Ich habe bisher noch keinen Sänger in einem meiner Chöre gehabt, der bewusst ein *absolutes* Gehör hat. Ich habe aber viele Sänger, die ein sehr gutes *relatives* Gehör haben.
Sie können zwar nicht die Tonhöhen benennen, merken aber wenn der Chor sackt, und können von Noten ziemlich genau die Tonhöhen singen (d.h. ein a' ist auch ca. ein a').
Dieses *relative* Gehör ist eigentlich ein Muskelgedächtnis in Kombination mit einem guten Gehör. Der Körper hat sich gemerkt wie er die Muskeln einstellen muss, um den notierten Ton ziemlich genau zu singen.
Je nach Tagesverfassung und genereller Körperhaltung (stehen, sitzen) kann das aber nur ungefähr passieren. Dann korrigiert das Gehör, um den vorgestellten Ton zu erreichen.
Dieses *relative* Gehör solltest du mit deinem Chor trainieren.
Ich würde dabei aber niemals auf die Fähigkeit ein a' singen zu können, bauen, sondern darauf, dass die Tonhöhe keinen Unterschied zum Ergebnis macht.
Trainiere also das **prozedurale** Gehör.
Nimm dafür eine vierstimmige Übung und singe sie in weit voneinander entfernten Tonarten. Beginne in C-Dur und lass die Übung dann in Fis-Dur singen.
Das musikalische Gehirn deiner Sänger erkennt die **Struktur** eines Stückes (also die Tonfolge und Rhythmus) und kann dieses System nach etwas Training auf jeder beliebigen Tonhöhe wiederholen. Deine Sänger sind damit nicht von einer absoluten Tonhöhe abhängig, sondern von dem Zusammenhang, in dem die Töne stehen.
Indem du dieses *prozedurale* Gehör förderst, förderst du natürlich auch das *relative* Gehör. Der Sänger hört und vergleicht seinen Ton relativ zu dem seines Nachbarn und kann, weil er unterbewusst oder auch bewusst die Struktur verstanden hat, relativ zu seinen Mitsängern singen, ohne seinem Muskelgedächtnis sklavisch zu unterliegen. •
(s.a. Muskeltraining; Relatives Tongedächtnis)

Psychische Probleme ansprechen

Du bist für manche Sänger eine Vertrauensperson. Sie besprechen mit dir auch intime Dinge, obwohl du weder die Qualifikation noch eventuell das Interesse daran hast.

Wenn jemand auf dich zukommt und mit dir über Intimitäten oder seine klinisch-psychischen Probleme spricht, musst du sehr sensibel sein.

Grundregel: Betroffene sprechen **niemals** *aus Versehen* über solche Dinge. Deshalb sind in diesem Augenblick interessierte und respektvolle Nachfragen erlaubt und auch erwünscht.

Bedanke dich für das Vertrauen, das dir entgegengebracht wird und äußere deine Gefühle ehrlich – wenn du also mit einem Thema nicht konfrontiert werden willst, musst und darfst du dies auch genauso kommunizieren, ohne aber den Menschen oder die Problematik generalisiert zu bewerten.

Kommuniziere ausschließlich mit *Ich*-Botschaften. Mache keinen größeren Deal aus der Sache als dein Gegenüber. **Du** musst keine Intimitäten von dir preisgeben. •

(s.a. *Depressive erkennen und zumindest ein bisschen helfen; Ganz geteilt; Intimwährung; Nerd*)

PTK und Schnappatmer

Die Konsonanten- und Atemübung jedes Einsingens.

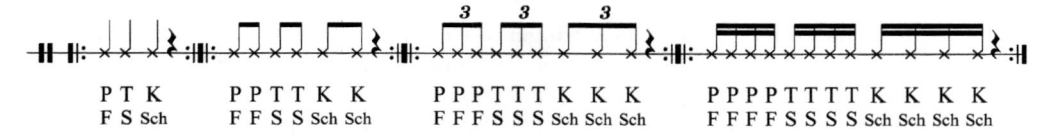

P T K	P P T T K K	P P P T T T K K K	P P P P T T T T K K K K
F S Sch	F F S S Sch Sch	F F F S S S Sch Sch Sch	F F F F S S S S Sch Sch Sch Sch

<u>Ablauf:</u>
4-5x Viertel, dann auf Ansage genauso lang „Achtel", „Triolen", „Sechzehntel".
Egal, ob im Chor alle verstehen, was Triolen sind – nach einer Erklärung und ein paar Durchläufen wissen alle Sänger, was sie nach Ansage dieses Wortes tun sollen.
Du könntest die Triolen auch Heinz-Hermann nennen, das ist irrelevant. (Gerne darfst du das aber pädagogisch eingebettet haben…)
Die Ansagen des neuen Rhythmusses rufst du rein – es dürfen keine Pausen entstehen.

Die Konsonanten sind stimmlos und sehr trocken.
Du kannst „PTK" auch durch „FSSch" ersetzen, die Übung durch Zusammenfassen verlängern („PTKFSSch"/"FSSchPTK) oder erschweren („PFTSKSch"/"FPSTSchK"). Du kannst fürs Rhythmusgefühl von den Sechzehnteln wieder auf die Triolen wechseln, dann wieder zurück, etc. Die meisten Sänger spüren Triolen als etwas Schleppendes und die Sechzehntel als treibend. Zeige ihnen so, dass der Unterschied marginal ist.

Hast du einen neuen Sänger, kannst du an seinem Verhalten und Umgang mit der Übung schnell feststellen, wie schnell er Rhythmen reproduzieren kann, wie seine Atmung ist und, ob er chorerfahren ist. All das nur, indem du ihm (aus den Augenwinkeln) beim Sprechen und Atmen zuschaust. (s.a. *Auswahlvorsingen/Einzelvorsingen; Schnuppertage*)

Das „K"/„Sch" fängt spätestens ab dem Triolenteil an zu treiben, da hier mehr Töne pro Zeit passieren, viele Sänger den Atem nicht dosiert haben und nun die letzte Luft heraus pressen. Wenn sie vorher sparen, werden sie auch den letzten Konsonanten noch entspannt sprechen können.

Übe ein gemeinsames Atmen auf der Viertelpause. Dieser Einatmer muss das vorwegnehmen was gleich kommt. Übe es leise und laut – der Atmer muss sich anpassen. Übe den Zeitpunkt des Einatmers – auf einer Viertel, Achtel oder sogar Triole (wobei das nur im langsamen Tempo funktionieren wird).
Der Atmer geschieht immer **passiv**. *(s.a. Aktive und passive Atmung)*

Es gibt Sänger, die beim Einatmen den Bauch einziehen und beim Ausatmen loslassen. Die Gründe für diese *Drehung* der Abläufe sind sehr individuell. Hier ist der Moment zu korrigieren und bewusst zu machen. *(s.a. Bauchatmung erzwingen)*

Wenn der Chor die Übung kann, übst du die ultimative Atemkontrolle: **nicht** zu atmen. Der Einatmer wird nach einiger Zeit sehr *musikalisch*. Er ist wie ein Einsatz, den sich die Sänger selbst geben.
Wenn sie also rhythmisch im Tempo einatmen können, nimmst du ihnen das nun weg und übst den echten **Schnappatmer**: Der Chor soll nach dem letzten Konsonanten, direkt zu **Beginn** der Pause, den Bauch fallen lassen. Dadurch ist das Zwerchfell *(s.a.)* nach unten gezogen worden, Luft eingeströmt und der Sänger muss, um nach der Pause weitermachen zu können nicht mehr einatmen. Er hat ja nun Luft.
Das Atmen wird also zeitlich vorgezogen.
Fast alle Sänger werden zuerst trotzdem wie zuvor Einatmen. Dieser Einatmer ist ein Automatismus, der schwer abzustellen ist. Es ist eine Kopfsache. Wenn du aber insistierst, werden immer mehr Sänger schaffen ihren Bauch sofort loszulassen und in dieser Viertelpause verharren. Der Zwischenatmer gab dieser Pause vorher eine Struktur. Da diese nun fehlt, werden einige Sänger zu früh einsetzen. Es wird etwas Zeit brauchen, aber ist sehr effektiv. Alle werden es nie schaffen…
Du darfst in dieser Übung natürlich auch nicht zwischenatmen, sondern schlägst nur deinen lockeren 4/4tel-Schlag. •

Pünktlichkeit
Pünktlichkeit ist eine Tugend: Man hat sie oder man hat sie nicht.
Ich bin noch **nie** durch eigenes Verschulden zu spät zu einer Probe gekommen.
Ich habe immer einen Zug früher genommen, ganz selten hat auch das nicht gereicht.
Seit ich auf dem Land wohne und nun mit dem Auto fahren muss, bin ich nie wieder zu spät gekommen.
Ich habe dafür aber ein paar **Grundregeln**, die sich bis in mein Privatleben gemogelt haben, weshalb ich immer mindestens 10 Minuten zu früh bin und wahnsinnig werde, wenn ich mal aus Versehen *pünktlich* bin.

- Niemanden interessiert, warum du zu spät kommst. Sei pünktlich.
- Ich komme mindestens 15 Minuten vor der Probe an. Wenn du weiter weg wohnst, plane 20 Minuten vorher anzukommen, um einen eventuellen Stau zu kompensieren.
- Durch das frühere Kommen kannst du notwendige und organisierende Gespräche führen. Wenn die Probe beginnen soll, verschiebe Gespräche auf die Zeit nach der Probe.
- Ich beginne immer zur angegebenen Zeit. Wenn du pünktlich anfängst, werden die Sänger auch pünktlich kommen. Wenn du immer mal wieder 5-10 Minuten später anfängst, weil es noch Wichtiges zu klären gab, werden die Sänger (die ja dann unbeteiligt warten müssen) mit der Zeit auch immer später kommen. Ausnahmen sind nur Spaßchöre, in denen das Soziale im Vordergrund steht.
- Ich spüre aber auch den Raum. Wenn ich merke, dass es im Chor heute vermehrt Gesprächsbedarf gibt, dann gebe ich den Sängern doch die 5 Minuten, stehe aber vorne und warte bis sich der Moment ergibt, in dem ich das Gefühl habe nun anfangen zu können. •

Pünktlichkeitserziehungsmethode
Erziehe deine Sänger zu Pünktlichkeit.
Die wirksamste Methode ist, ohne Rücksicht auf Zuspätkommende selbst pünktlich zu beginnen. •

Punktuelle Genauigkeit
Probe immer wieder einzelne Stellen sehr genau auf Ton, Intonation, Text, Rhythmus, Dynamik, etc. Dadurch trainierst du dich selbst und dein eigenes genaues Arbeiten.
Du trainierst aber auch deinen Chor darin, auf Genauigkeit zu achten.
Über die Transferleistung *(s.a.)* wird dieses punktuelle und genaue Arbeiten auch andere Stellen befruchten.
Diese Maßnahme musst du in **jedem** Chor jedweden Niveaus immer mal wieder anwenden – und sei es eben nur für deine eigene Ausbildung. •

Q

Qualifiziertenverteidigung
Ein zunehmendes Problem unserer Zeit ist, dass sich zu viele beschweren, aber keiner mehr etwas tun will. Dies bedingt sich auch gegenseitig: Jedes kleine Malheur, jeder kleine Fehler vom Dirigenten, aber auch vom Vorstand wird laut kritisiert. Diese Kritiker können oder wollen es aber auch nicht besser machen (oder überhaupt).
Solche übermäßig lautstarke Kritik sorgt dann dafür, dass sich die meisten Qualifizierten aus Ehrenämtern und Vorstandsarbeit raushalten.
Du bekommst dann oft nur die in den Vorstand, die unqualifiziert sind, Kritik an ihnen dann gerechtfertigt ist und somit ein Teufelskreis entsteht.
Die, die bleiben und nicht gleich weglaufen sind meist tendenziell psychopatisch oder inkompetente Großmäuler an denen jede Kritik abprallt. Noch schlimmer sind jene, die sich über ihre Aufgaben im Chor unersetzlich *(s.a.)* machen wollen.
Wenn du es also geschafft hast qualifizierte Menschen für die Vorstandsarbeit zu gewinnen, verteidige sie bis aufs Messer. Unfähige und dumme Kritiker gibt es zuhauf. Davon einen vor den Kopf zu stoßen tut keinem leid und weh.
Einen deiner qualifizierten Mitarbeiter zu verlieren ist eine Katastrophe! •

Qualitative Wahrnehmungsverzerrung
Der **Halo-Effekt**: Bastle dir einen Heiligenschein.
[siehe: Schaller, Beat: Die Macht der Psyche. Herbig, 2002, S. 48-51]
Durch die Über- oder Unterbetonung einzelner Merkmale und Verhaltensweisen, kannst du eine *qualitative Wahrnehmungsverzerrung* erreichen.
Die Chorkleidung, die Organisation des Auftrittes, die Werbung, das Programmheft, das gemeinsame Beginnen im Konzert, Umblätterlautstärke, die Choreografie im Allgemeinen, das Verbeugen, Lächeln, das augenscheinliche Verhalten der Sänger im Konzert und damit **alles**, was nicht Singen ist, wird die Beurteilung des Singens beeinflussen. Je nachdem, worauf das Publikum Wert legt, kann ein Konzert dadurch großartig oder katastrophal werden. – Und da hat der Chor noch nicht mal gesungen.
Deshalb betreiben viele Chöre eine regelrechte *Augenwischerei*.
Natürlich gehören gewisse Verhaltensweisen zu einem Konzert, aber sie sollen immer dem Gesang dienen. So ist z.B. ein *auf Zeichen* Öffnen der Noten Augenwischerei.
Es soll Uniformität zeigen. Wenn ich sowas in einem Konzert sehe, gehe ich.
Ich kriege sonst Pickel. •

Quartettsingen
Wenn du genug Männerstimmen hast und dein Chor ambitioniert ist, kannst du deine Sänger bei gutem Wetter in einer Probe mal in Quartetten nach draußen schicken, um selbsttätig zu proben.
In jedem Quartett dürfen die Stimmen maximal doppelt besetzt sein.
Die Sänger lernen viel über Probenarbeit und eigenverantwortliches Singen.
In jedem Quartett muss mindestens ein Sänger sein, der die Töne angeben, Noten lesen und helfen kann.
Du willst damit aber Eigenverantwortlichkeit fördern. Das Proben muss trotzdem eine Gemeinschaftsleistung sein und so gleichberechtigt wie möglich geschehen.
Auch in der Tuttiprobe solltest du deine Sänger (wenn dein Chor gut genug ist) immer mal wieder gemischt setzen. Verteile sie am besten in Quartetten im Raum. •
(s.a. Choraufstellung)

Quelle?
Wenn du etwas, das nicht allgemein bekannt ist, behauptest, solltest du immer **zwei** Quellen haben (und bei Wikipedia auch die Quellenangaben studieren!).
Beispiel: Mein Sohn kommt vom Kindergarten.
„Jonas sagt, ein Papagei kann nicht fliegen, aber ich sage, ein Papagei kann fliegen."
Beide haben recht, denn in ihrem dreijährigen Leben haben die beiden jeweils einen Papagei gesehen.
Mein Sohn einen, der fliegt und Jonas einen, der nicht flog.
Informationen sind alles und *eine* Quelle ist **nichts**. • *(s.a. Supermans Großvater; Wikipedia)*

Quelle allen Übels
Als Laie singt man im Chor zu seiner **eigenen** Freude – man ist also **egozentrisch**.
Der Dirigent muss seine Arbeit aber zum Wohle des **ganzen** Chores machen – er muss im Sinne **des Ganzen** egozentrisch sein und handeln.
Schert einer der Sänger aus – und sei es nur durch einen falschen Ton – ist es die Aufgabe des Dirigenten, diesen Sänger wieder ‚einzufangen' und ihm zu vermitteln, was er anders zu machen hat, um wieder dem Ganzen dienen zu können.
Diese Diskrepanz der Motivation ist die Quelle von 90% aller Konflikte, die ich mit Sängern habe (oder sie mit mir).
Der Teil und das Ganze… •

Quintenzirkel – siehe Vorzeichen

Quodlibet

Ein *Quodlibet* (lat. *wie es beliebt*) ist eine Form des mehrstimmigen Gesangs, in dem mehrere – eigentlich nicht miteinander zusammenhängende – Melodien, auch mit unterschiedlichem Text, gleichzeitig gesungen werden. *(s.a. Cantus firmus)*

So etwas wurde z.B. anekdotisch von der Bachfamilie bei Familientreffen als Wettstreit gesungen (welche Familie schafft es, die andere mit ihrem Gesang rauszubringen).

Als echte Kunstform setzte sich das Quodlibet nie durch – es war immer ein **musikalischer Spaß**.

Für uns sind die Quodlibets, die keine Kakophonie ergeben wollen, sondern komponiert, oder aus verschiedenen Volksliedern zusammengestellt wurden, interessant.

Das folgende ist eine der bekanntesten Zusammenstellungen. Es gibt einige (nicht viele) andere, aber die Volksliednummer macht Spaß, weil die Lieder eben bekannt und eigentlich zusammenhanglos sind. Wenn du es verschärfen willst, kannst du es sogar im Kanon singen.

Ob die Lieder im Beispiel noch politisch korrekt sind, musst du selbst bewerten... •

R

Rapportierende Delegierte sind doof
Du willst Delegierte mit Verantwortung und nicht nur zum Rapport.
Deine Delegierten müssen frei denken und verantwortungsvoll handeln können. Das tun sie nicht von allein. Du kannst solch ein Verhalten fördern, indem du sie zur Kritik ermunterst und indem du dich zurückhältst, sie ihre eigenen Fehler machen lässt und diese konstruktiv mit ihnen verarbeitest. • *(s.a. Delegieren)*

Rauchen
Ich habe 18 Jahre geraucht und rauche nicht mehr, seit ich 34 bin.
Die spaßigen Sätze gingen von „St. Intonatius ein Rauchopfer darbringen." bis „Die Stimme teeren, damit der Ton nachher besser rutscht."
Rauchen ist eine Katastrophe für die Stimme. Wie Alkoholmissbrauch trocknet es die Stimmlippen aus. Es räuchert sie im wahrsten Sinne des Wortes und sorgt dafür, dass sie langfristig spröde werden. Das Ergebnis ist die bekannte raue Raucherstimme.
Lass es einfach sein und animiere deine Sänger zum Aufhören. •

Raummoden und Flatterecho
Wie der Raum dir hilft kannst du auf eine spannende Weise erleben.
Überraschend viele Kirchen sind so gebaut, dass ihre Abmessungen bestimmte Tonarten (deren Grundton) verstärken: durch **Raummoden**.
Vereinfacht gesagt bedeutet Raummode, dass die Wellenlänge *(s.a.)* eines Tones genau in die Breite oder Länge eines Raumes passt. Du kannst sogar selbst bis zu einem gewissen Maß berechnen, auf welcher Frequenz und deren Vielfachen *deine* Kirche schwingt.
Wenn du beim Duschen mal gesungen hast, wirst du wohl gemerkt haben, dass bestimmte Töne in der Duschkabine, bzw. jedem kleinen (gekachelten) Raum mit glatten Wänden, sehr viel lauter klingen als andere. Dasselbe passiert im größeren Maßstab (d.h. hier mit weniger Effekt) in jedem Raum mit rechteckiger Grundfläche.
Es gibt im Internet dutzende Seiten, die es dir ermöglichen mit den Maßen eines Raumes die darin klingenden Raummoden zu berechnen. Es spielen natürlich noch einige andere Faktoren hinein, aber miss doch mal nach.
Eine Tabelle zur Berechnung findest du im Artikel *Wellenlängen und Frequenzen*.

Viele Kirchen verstärken die Tonarten F, G oder C (…wenige Vorzeichen). Ich mache mir einen Spaß daraus, Kirchen, in denen ich unterwegs bin, mit einem Lasermessgerät auszumessen und komme eigentlich immer zu demselben Ergebnis. Erwarte aber nicht zu viel. Das ist mehr eine rechnerische Spielerei von mir.
Und das ist auch wirklich die einzige coole Sache an Raummoden.
Meistens sind sie dafür verantwortlich, dass ein Raum **schlecht** klingt.
Vor allem Räume, die den Grundriss eines Schuhkartons haben – ein Rechteck mit glatten Seitenwänden, an denen der Schall ungehindert wie ein Pingpong-Ball hin und her schwingen kann – versauen dir den Klang.
Dann kommt es zu dem gefürchteten **Flatterecho**. Hier ist eine Schallwelle auf einer bestimmten ‚passenden' Frequenz zwischen den Wänden *gefangen* bis sie ihre Energie verliert. Es ist wie in der Badewanne, wenn du eine Welle erzeugst und die von einer Seite zur anderen schwappt – nur halt mehrere 100 Male pro Sekunde. Wenn du in solch einem Raum klatschst, ergibt das tatsächlich ein flatterhaftes Geräusch.
‚Gute' Räume erzeugen deshalb viel **indirekten** Schall. (s.a. *Direkter und indirekter Schall*)
Sie können zwar den Grundriss eines Schuhkartons haben, die Wände sind aber unregelmäßig (es reicht leider nicht ein Rauputz oder offene Klinker) und streuen den ankommenden Schall in andere Richtungen (wie im Billiard eine Kugel über Bande gespielt wird). Auch diese Räume haben in den ganz tiefen Frequenzen verstärkende Raummoden. Ihr Effekt ist aber nicht so ausgeprägt und nur dann hilfreich, wenn du verstehst sie zu nutzen. •

Rechnung: Frist
Schreibe in deine Rechnungen, dass der Betrag innerhalb von 10 Tagen überwiesen werden muss. Dann hast du ein Druckmittel, solltest du mal nachfragen müssen… •

Rechnung: Umsatzsteuer
Rechnungen wirst du wahrscheinlich mit dem Zusatz „nach §19 UstG wird keine Umsatzsteuer berechnet" oder ähnlich versenden.
Damit darfst du aber aktuell nur 22.000€ im Jahr verdienen.
Schickst du eine Rechnung an eine von der Umsatzsteuer befreite Einrichtung (z.B. wenn dein Chor ein gemeinnütziger Verein ist oder die Kirche – wobei das aktuell wieder in der Schwebe ist…) und musst selbst keine Umsatzsteuer abführen, so musst du das hier **nicht** machen. Du kannst eine einfache Abrechnung ohne jeden Zusatz schicken.
Einfacher ist es aber, dich in Deutschland für deine Arbeit als Dirigent generell von der Umsatzsteuerpflicht nach §4 Nr. 20 a) Umsatzsteuergesetz (UStG) befreien zu lassen.
Dazu weist du deinem zuständigen Kultusministerium deine künstlerische Tätigkeit nach.
In allen Fällen zur aktuellen Rechtslage ist aber Google dein bester Freund! Ich weiß von nichts und übernehme keinerlei Verantwortung für etwaige Steuernachzahlungsforderungen deines Finanzamtes. •

Rechnungsvorlage
[Dein Name und deine Adresse.]
Steuernummer *[…]*
Rechnungsnummer: *[…]*
[Ort und Datum]
[Adresse des Rechnungsempfängers]

Rechnung
Für die Chorleitung des Chores *[…]* stelle ich für *[den Zeitraum/ Zusatzprobe(n)/ Konzert(e) am […]* (je) *[…]*€ in Rechnung und bitte um Überweisung der gesamt *[…]*€ innerhalb von 10 Tagen ab Rechnungsstellung auf folgendes Konto:
IBAN: *[…]*

[Wenn du keine Umsatzsteuer ausweisen musst und eh unter 22.000€ (Stand 2021) bleibst, solltest du grundsätzlich folgenden Passus einfügen: „Gemäß §19 UStG enthält der Rechnungsbetrag keine Umsatzsteuer."]

Vielen Dank.
[händische Unterschrift und vollständiger Name] •

Recycling
Wenn dein Chor ein großes Konzert im Jahr hat und einige kleine Auftritte dazwischen (z.B. Gottesdienste), dann wähle dein Programm für die kleinen Auftritte so, dass du die Lieder im großen Konzert wiederverwenden kannst. So sind die Lieder schon eingeübt und du sparst Probenzeit. Auch sind sie damit einmal in einem Auftritt gesungen, d.h. in diesem Auftrittsprozess im Sänger verarbeitet worden.
Vor allem die Sänger freuen sich, wenn sie die Lieder nochmal singen und eventuell Schwächen verbessern können, bzw. weil es sich einfach gut anhört.
Die Stücke haben sich *gesetzt* und können nach dem Auftritt, in der Vorbereitung zum großen Konzert, tiefgründiger erarbeitet werden – deshalb lasse ich in diesen kleinen Auftritten meist die schweren Stücke singen.
Der Nebeneffekt ist, dass du auch den Sängern, die eigentlich nur Konzerte singen wollen, diese vermeintlich kleinen Auftritte schmackhaft machen kannst.

Merke: Jede öffentliche Präsentation baut an deiner Außenwahrnehmung.
Die kleineren Auftritte müssen auch gut sein – mit Blick auf diese kannst du aber gezielter die schweren Stücke proben.

Umgekehrt: Nutze Stücke aus dem letzten großen Konzertprogramm für kleine folgende Auftritte. Das bringt dir eine gute Auftrittsqualität, wenn die Zeit nicht reicht, um neue Stücke zu erarbeiten. Wähle dein Konzertprogramm daraufhin aus.
Nur ein langfristiger Probenplan *(s.a.)* kann dir diesen Vorteil verschaffen.
Optimiere also deine Probenzeit: Hole das Beste aus der verfügbaren Probenzeit heraus, indem du klug recycelst. • *(s.a. Etappenziele; Nachreifen; Programmplanung (strategische))*

Redebedarf

Viele Chorleiter haben ein Problem mit zu vielen Diskussionen während der Probe.
Sie lassen diese zu, weil sie demokratisch und menschlich sein wollen.
Die Themen drehen sich um die Stückauswahl, das Wetter, die Notenausgabe, Aussprache, persönliche Probleme und Umstände jedweder Form.
Die Probe ist aber zum Singen da.
Meistens starten solche Diskussionen durch die Probleme Einzelner. Es sind auch z.T. einzelnen Sänger, die einfach immer ungefiltert ihre Meinung sagen müssen.
Ich kann dir nur raten, sie zu bitten nach der Probe zu dir zu kommen, damit das Problem besprochen werden kann. Bei diesen Dauerheulern wird diese Maßnahme bald dazu führen, dass sie weniger Diskussionen anstoßen, da sie nun nicht emotional *im Moment* reden dürfen und das Problem meistens nach der Probe nicht mehr vorhanden ist. Außerdem müssen sie dann ja länger bleiben und wollen eigentlich nachhause…
Die anderen Sänger sind zum Singen gekommen und werden es dir danken.

Du musst aber den *Raum spüren*: Eventuell ist das angesprochene Problem doch mal eines, das auch andere Sänger belastet, oder im Moment Sinn ergibt (z.B. ein falscher Ton in den Noten).
D.h. in der Probe jeden Kommentar grundsätzlich zu unterbinden ist einer der größten Fehler, den du in der Laienchorarbeit begehen kannst.
Du musst das differenzierter tun.
Ausspracheprobleme bei fremdsprachigen Stücken sind ein sehr beliebtes Diskussionsthema. Du musst erspüren, ob eine Diskussion hilfreich ist oder nicht. Diese Diskussion muss aber immer moderiert und die Argumente müssen von dir geordnet werden. Am Ende ist es als Leiter deine Aufgabe die endgültige Entscheidung zu treffen und diese auch zu begründen. *(s.a. Aussprache: DIE korrekte; Literaturverzeichnis)*

„**Ich** fühle das so." ist kein Argument für einen Dirigenten.
Die Sänger haben aber meist nur das Argument: „**Ich** mag das (nicht)." – also ein emotionales. Dem musst du mit Fakten antworten können. Wenn du das in dem Moment nicht kannst, ist es am einfachsten das Problem auf die nächste Probe zu verschieben („Ich verstehe das Problem, lasst mich in der Woche darüber nachdenken"). Dann fütterst du deinen Willen mit Fakten oder kommst vielleicht auch zu dem Schluss, dass die Sänger Recht haben. In beiden Fällen wahrst du dein Gesicht und befriedigst die Sänger, weil du sie ernst genommen hast.
Argumente müssen immer fachlich und sachlich ausgetauscht werden: Tonartübergang/Wort-Ton-Verhältnis/roter Faden im Programm/Dynamik/Aussprache/Atmung/etc.
Wenn deine Proben permanent aus Diskussionen bestehen, dann bist nur du schuld daran. Wenn du aber, wie manche Kollegen, jede Diskussion diktatorisch abschmetterst, wirst du auch keinen Erfolg haben.
Ich lasse wahrscheinlich etwas mehr Diskussionen zu als notwendig. Ich bin aber auch selbst vor dem Chor recht kommunikativ. Das färbt ab. Wenn es notwendig ist, kann ich auch stringent proben, möchte aber, dass meine Sänger sich in der Probe (nach bestimmten Regeln) immer trauen dürfen, Fragen zu stellen.

Deine Sänger wollen, dass ihre Probleme, Sorgen und Nöte ernst genommen werden. Gibst du ihnen dieses Gefühl, werden sie deinen Willen – wenn du ihn mit Fakten fütterst – eher akzeptieren. Dirigieren ist eine **versteckte** Diktatur *(s.a.)*.

Dein erster Satz gegenüber einem Sänger muss also konnotativ wiedergeben: „Ich verstehe dich!" und dann: „Lass uns schauen wie wir dieses Problem für dich verkleinern können."

Diskussionen/Kommentare grundsätzlich zu unterbinden, kann auch noch ein weiteres Problem erzeugen: Solche ‚Meckereien' sind oft ein Indikator für engagierte Sänger, die sich Gedanken über den Chor machen, aber meist nicht das nötige Wissen und die nötige Weitsicht haben. Sie machen sich Sorgen um den Chor. Dies musst du wahrnehmen und honorieren. Du musst auf diese Menschen angemessen reagieren.
D.h. aber auch: Wenn du ein Arschloch vor dir hast, das dir nur schaden will und du merkst, dass es dem ganzen Chor auf die Nerven geht (du hast diesen also auf deiner Seite), dann vernichte diesen Sänger mit Argumenten und mach ihn klein, denn er will mit dir nichts anderes machen. *(s.a. Waldecho)*
Dieses gefährliche Spiel solltest du nur spielen, wenn du deiner Sache absolut sicher bist. Auch hier darfst du nur fachlich argumentieren und durch diese fachliche Überlegenheit zeigen, wer der Chef im Ring ist.
Persönliche Angriffe wird dir niemand verzeihen und du wirst sehr schnell merken wie die Sänger wieder die Seiten wechseln.
Dich darf ein Sänger dagegen meistens persönlich angreifen, ohne dass andere Sänger da großartig negativ drauf reagieren (sorry... ist so).

Grundregel: Diskussionen/Kommentare gehören zum Laienchor dazu. Sie sind ein Zeichen für engagierte Sänger. Du darfst ausschließlich sachlich reagieren. Deine Reaktion muss angemessen und der *Raumtemperatur* entsprechend ausfallen. Privatgespräche musst du während der Probe unterbinden, genauso wie die *Filterlosen*. •
(s.a. Arbeitslautstärke; Freud für Chorleiter; Konzentrationsstörender Seitenwechsel)

Regelunterwerfung
Georg C. Homans (1919-1989) zufolge, kann ein Gruppenleiter seinen Einfluss nur dann nachhaltig vergrößern, wenn er sich den Regeln der Gruppe strenger unterwirft als die anderen Gruppenmitglieder. Er ist also paradoxerweise weniger frei.
Das stimmt im Grundsatz auch (s.u.).
Einfaches Beispiel: Willst du verlangen können, dass Sänger pünktlich sind, sei es auch. Willst du verlangen können, dass sie vorbereitet sind, sei es auch.
Für uns hat dieses Wissen aber noch einen anderen Effekt: Wenn du Gruppenleiter sein willst, aber die Gruppe und ihre Regeln nicht selbst gegründet hast (also neuer Leiter eines bestehenden Chores wirst) hat diese Gruppe schon Regeln aufgestellt. Wenn du als neuer Leiter akzeptiert werden willst, musst du dich erstmal diesen dir fremden Regeln

unterwerfen, um *akzeptiert* zu werden und im Folgenden diese Regeln auch *ändern* zu dürfen.
Wir sollten in unserem Fall aber nicht den Einfluss der **Persönlichkeit** übersehen.
Manche Menschen werden trotz ihrer Regelverstöße nur aufgrund ihrer Persönlichkeit oder ihres Standes als Gruppenleiter akzeptiert.
D.h. du kannst dir einen *weichen Übergang* sparen, wenn du sehr charismatisch bist – ob du es solltest ist individuell zu bewerten. Ich habe Kollegen mit ihrem Charisma obsiegen und fallen gesehen.
Ich bleibe bei meinem Credo: Wenn du die Menschen dort abholst wo sie stehen, kannst du auch mit ihnen zusammen weiterfahren. Eventuell ist dein Bus *(s.a.)* **(Charisma)** so großartig, dass sie hinter dir herrennen, aber… • *(s.a. Versuchsjahr)*

Register

Wenn du etwas über die Register der Stimme lernen willst (Pfeifregister, Strohbass, Bruststimme, Falsett, etc.) – und das solltest du dringend – dann lese bitte den hervorragenden Wikipediaartikel über „Gesangsregister". Ich würde ihn fast wörtlich hier hineinkopieren – es würden dir aber die Verlinkungen zu Spezialseiten, die Quellen und Animationsbeispiele der Stimmlippen fehlen.
Wenn dich also einmal ein Sänger gefragt hat, was denn eine *Kopfstimme* (gibt es nicht! - auch wenn ich den Begriff sehr häufig nutze) sein soll und du keine Antwort hattest, wäre nun die Gelegenheit… •

Registerwechsel vermeiden

Bei Sprüngen von oben nach unten und wieder hoch, muss der Sänger im oberen Register bleiben, da sonst der Ton heruntergedrückt und damit zu tief wird. Außerdem fehlt ihm Flexibilität und die Tonwechsel werden zu langsam.
Vor allem Bässe haben damit ein Problem, weil sie einen tiefen Ton gerne *bassig und massig* singen wollen. Wenn es aber nur ein oder zwei Töne in der tiefen Lage sind, ist es von Vorteil eine leichte Tiefe anzustreben.
Selbst wenn der untere Ton aufgefangen würde, ist meist der hohe Ton (hier das „-men") – der kurz darauf wieder mit einer Mittellage des Kehlkopfes gesungen werden müsste – zu tief, weil der Wechsel nicht, oder zu spät (also einen Ton danach, weil der Sänger jetzt erst gemerkt hat, dass er das ja eigentlich machen müsste…) gemacht wird. Ist dieser hohe Ton wie im Beispiel allerdings der Schlusston, ist das halt richtig doof.
Das Runterdrücken des Kehlkopfes beim Singen kann von den Sängern auch mit einem Finger erspürt werden. *(s.a. Kehlkopfstellung)*

Das **Langsamerwerden** geschieht durch die zusätzliche Arbeit, die der Sänger mit seinem Kehlkopf machen muss.

Wenn ein Bass sehr tief singen will, lässt er seinen Kehlkopf sacken und weitet seine Kehle – bei einem Sprung sollte er dagegen den Kehlkopf oben lassen.

Die Bassstimme ist häufig die einzige, die nicht linear singt, da ihre Aufgabe nicht durch andere Stimmen ersetzt werden kann.

Ein Basston ist ein Basston und hat eine **Funktion**.

Alt und Tenor, sowie Alt und Sopran können extreme Töne (hohe/tiefe) **austauschen**, womit weniger extreme Sprünge in einer Stimme passieren. Genau das tun gute Komponisten, um einen homogenen Chorsatz zu erreichen.

Im Bass geht das nur begrenzt.

Der Chorbass aus „Herr Christ, der einig Gotts Sohn" von Johann Sebastian Bach (1685 – 1750) ist mit einem dauernden Registerwechsel nicht präzise singbar.

Der Bass muss mit seinem Kehlkopf so oft es geht in einer lockeren Mittellage verweilen, auch wenn es den tiefen Tönen dadurch an ‚Wumms' mangelt. •

(s.a. Dynamikausgleich; Extremlagenwechsel; Zu tief)

Reihe freihalten

Schreibe dir deine eigene Vorlage „Reihe bitte freihalten" die du bei Bedarf ausdrucken und mitnehmen kannst. Nützlich in Kirchen, die du nicht kennst, bzw. wo der Ansprechpartner nicht vor Ort ist, du aber z.B. die erste Reihe freihalten möchtest. Im Idealfall laminierst du dir einige solche Zettel und kannst sie dann wiederverwenden. •

Relatives Loben

Sänger haben leider die Tendenz ein Lob („das war toll") als **absolut** wahrzunehmen: Die gerade gesungene Stelle war also toll und man kann sie im Konzert singen.

Da das meist nicht so ist, wird auch weniger gelobt, bzw. wenn gelobt wird, kommt das Kontra vom Chor, der ja merkt, dass das noch nicht konzertreif war.

D.h. einem Lob (wenn es nicht konkret eingeschränkt wird) folgt dann eine Diskussion. Um beide Szenarien zu vermeiden ist meine Lösung, dass ich immer **relativ** lobe.

Ich gehe mit einer Erwartungshaltung in die Probe, was der Chor heute schaffen und was die Probe für ein Ergebnis haben soll.
Wenn dieses erreicht oder sogar übertroffen wird, dann lobe ich überschwänglich.
Im selben Zuge erkläre ich immer wieder dieses relative Loben („Ziel erreicht") und wenn ein Lied aufführungsreif ist, kommuniziere ich dies auch.
Im Prinzip schaffst du wie im Bergsteigen Etappenziele *(s.a.)*. Wenn die Etappe geschafft ist darf man sich mal auf die Schulter klopfen. Den Berg hat man da noch nicht bezwungen – bei korrekter Kommunikation ist das dann aber auch jedem klar

Ich denke immer, dass ich genug lobe – tue **ich** nicht und tust **du** auch nicht!
Lob ist dein machtvollstes Motivationsinstrument. Wenn du bewusst relativ lobst, kommt es dir und dem Chor auch nicht komisch vor. •
(s.a. 1:10 Regel; Kritik: sachlich – Lob: persönlich; Loben; Überschwänglich loben; Zielvereinbarung)

Relatives Tongedächtnis

Wenn du ein Stück im Konzert/Auftritt tiefer oder höher singen möchtest als es in den Noten steht, kannst du es in den Proben trotzdem in der originalen Tonhöhe proben, um nicht andauernd im Kopf um einen Halbton/Ganzton transponieren *(s.a.)* zu müssen.

Mindestens drei Mal vor dem Auftritt musst du dieses Stück aber in der von dir angestrebten Tonart mit dem Chor gesungen haben, ohne bis zum Auftritt die alte Tonart wieder zu nutzen.
Das hat nichts mit den Tonarten an sich zu tun – Des-Dur ist nicht schwerer als D-Dur zu singen – nur auf dem Klavier ist es schwerer zu spielen.
Deine Sänger haben aber ein *relatives Tongedächtnis* einerseits im Gehör, aber vor allem in den Muskeln, die die Tonhöhen kontrollieren.
Die Muskeln merken sich nach einiger Zeit, welchen Spannungszustand sie an bestimmten Stellen im Stück haben müssen (leider nicht durchgängig – schön wärs…).
Der Chor muss sich in der neuen Tonart/Muskelspannung einfinden. Es ist also nicht so sehr ein Problem des Hörens, sondern des Muskelgedächtnisse *(s.a.)*.
Eine Ausnahme machen Stücke mit sehr extremen Tonhöhen in einer Stimme. Wenn der Sopran schon im Original bis zum *g"* singen muss, du das Stück aber einen Ganzton höher singen willst, ist es ratsam die Noten neu zu schreiben und gleich in dieser höheren Tonart zu proben, da Extreme geprobt werden müssen.

Alle Stücke, die im ‚stressfreien' Tonumfang *(s.a.)* deines Chores liegen, können ohne Probleme einen halben Ton höher oder tiefer gesungen werden (mit der oben beschriebenen Vorgehensweise). •
(s.a. Mitteltönig mittelprächtig und etwas Polemik; Sack-Rate in Noten; Tonartencharakteristik)

Repertoirepflege

Sich ein Repertoire aufzubauen und bestimmte Stücke ad hoc singen zu können macht nur Sinn, wenn man weiß, wofür man diese Stücke brauchen könnte. Wenn ein Chor z.B. regelmäßig auf Hochzeiten singt, ist es so möglich dem Brautpaar 10 *Hochzeitsstücke* vorzuschlagen. *(s.a. Prostitution. Oder: Extraveranstaltung für schnöden Mammon)*
Viele Chöre stellen auf ihrer Website **ihr** Repertoire vor, das dann aus mehr als 50 Stücken besteht. Ich kenne nur leider keinen Laienchor, der diese Stücke dann mit z.T. nur einer Probe, sofort wieder auf objektiv anhörbarem Niveau singen kann.
Man bedenke nur einmal die Fluktuation der Sänger in jedem Laienchor.
Es wird häufig von Chören gefordert: „Singt doch mal was!" wenn sie z.B. für ihre Jahresabschlussfeier in einem Restaurant sitzen – die wenigsten Chöre können das dann auch **gut** machen.
Die Methode ein Repertoire ohne Zweck (oder nur dafür, eventuell einmal im Jahr irgendwo ad hoc singen zu können) aufzubauen, ist **niemals** zielführend.
Willst du so etwas durchziehen, müssen deine Sänger immer viele Noten mitschleppen und die Probe wird beliebig, da du, wenn es ganz schlimm kommt, nur ein paar Wochen vorher weißt, was dein Chor beim nächsten gebuchten Event singen soll.
Selbst dann können die Stücke aus Zeitgründen meistens nicht sauber geprobt werden, da man ja auch sonst noch für reguläre Auftritte zu proben hat.
Ich habe mich sehr früh gegen solch eine Repertoirepraxis entschieden, weil sie für den Chor einfach zu viele Nachteile bringt.
Ich bin dann auch gerne bereit, bei dem einen Mal im Jahr, an dem ad hoc etwas gewünscht wird, zu vertreten, dass wir nichts haben (außer eventuell etwas aus dem letzten Programm).
Wenn diese Praxis im Chor auf Widerstand stößt, kannst du 1-2 Lieder auszuwählen, die jeder Sänger ad hoc können und deren Noten auch jeder immer dabeihaben muss.
Gut sind ein Geburtstagslied (neben „Viel Glück und viel Segen"…) und ein Segenslied, das wahlweise auf Beerdigung, Taufe oder Hochzeit gesungen werden kann.
Diese Lieder probst du auch alle paar Wochen am besten auf Auswendigkeit hin (und wirst sehen, wie schnell da keiner mehr Lust drauf hat…). •

Ressourcen

Erkundige dich bei deinen Chorsängern, welche Berufe sie haben. Hast du einen Webdesigner unter ihnen – warum ihn nicht bitten, die Chorwebsite zu gestalten?
Hast du einen Bankangestellten oder Buchhalter, frag ihn, ob er die Kasse übernimmt.
Hast du einen Werbetexter, oder Bibliothekar, oder Getränkemarktleiter (für die gemütlichen Abende…), usw.? Du hast ungeahnte Ressourcen in deinem Chor.
Achte aber darauf, diese Personen privat und nicht vor der Gruppe auf diese Möglichkeiten anzusprechen. Manche wollen bewusst im Chor nichts mit ihrem Beruf zu tun haben. Chorsingen ist ihr Hobby.
Sage ihnen also, dass du sie als Ressource für den Chor brauchen würdest, sie aber auch ‚nur' als Chorsänger genauso wertvoll sind und bleiben. •

Resting smiling face
Kaum jemand hat im Ruhezustand ein lächelndes oder überhaupt freundliches Gesicht. Die Schwerkraft zieht alle Weichteile unseres Gesichtes nach unten, sodass die Mundwinkel hängen. So schauen wir immer ein wenig traurig oder ernst.
Lächeln bedeutet, dass die Mundwinkel leicht nach oben gezogen sind und die Wangen höher stehen.
Lächeln ist ein **aktiver** Prozess, der im Chorsingen zur Technik werden muss.
Vorsicht: Niemals geht es um ein breites Grinsen, aber immer um ein freundliches Gesicht.
„Lächeln" oder „Freude am Singen" animiert ab und zu zum Grimasseschneiden.
Ich versuche meinen Sängern eine **sichtbare Freundlichkeit** anzuerziehen. •
(s.a. Hoch die Wangen!; Konzentrationsschnute; Mundstellung (chorische))

Retroaktive Hemmung
Willst du etwas Gelerntes besser behalten, dann lerne es vor dem Schlafengehen.
Lernst du etwas einige Stunden davor, wirst du Erfahrungen machen, die dein Gehirn verarbeiten muss. Das nennt sich *retroaktive Hemmung*.
Gehst du nach dem Lernen aber gleich schlafen, wirst du nach acht Stunden bis zu 6x mehr Gelerntes behalten haben und danach reproduzieren können als nach acht Stunden im Wachzustand.
Es bringt also nichts Noten oder anderes was gelernt werden soll unterm Kopfkissen zu lassen wenn man schläft – es bringt aber ganz viel es im Bett gelernt zu haben. •
[siehe: Schaller, Beat: Die Macht der Psyche. Herbig, 2002, S. 24]

Retrosequenzielles Üben
Retrosequenzielles Üben ist meine **Wunderwaffe**.
Ich hatte schon lange auf diese Art mit Chören geübt, musste aber eine Quizsendung im Fernsehen schauen, um zu lernen, dass die Methode (oder nach Aussage einiger Sänger „der Wahnsinn") einen Namen hat.
Im Prinzip geht es darum, dass du mit deinem Chor in etwas Bekanntes hineinübst.
Dafür unterteilst du ein Chorstück in Abschnitte (Probendisposition! *(s.a.)*) und beginnst die Probe damit, den **letzten** Abschnitt zu üben.
Danach den vorletzten.
Wenn der funktioniert, singst du in den Schluss hinein – verbindest also die beiden Abschnitte miteinander.
Dann probst du den Abschnitt davor und singst wieder bis zum Ende.
Dann den Abschnitt davor und nun eventuell nicht ganz bis zum Ende, sondern nur bis zum Übergang zum vorletzten Abschnitt. Usw. usf.
Dein Chor lernt damit auch die Übergänge zwischen den Abschnitten konsequenter, als wenn du vorne anfangen würdest, und singt immer in etwas **Bekanntes** hinein. Nur so

hast du die Möglichkeit in der Probe einen guten Ausgleich von *genauem Arbeiten* und *Singen* zu ermöglichen, da der Anteil des *Singens mit einem **definierten** Ende* immer größer wird.

Fängst du vorne an, endest du nie in einem echten Schluss, sondern immer mittendrin – also am Schluss des Gelernten. Die Retrosequenz gibt dem Gehirn aber eine Perspektive. Es weiß wie lang ein Abschnitt/das Stück noch ist, weil der bekannte Teil das Ziel ist. Das reduziert Stress. *(s.a. Kleinteiliges Proben)*

Wenn deine Sänger die Stücke der Probe zuhause vorbereiten sollen, werden sie meistens vorne anfangen und den Schluss vernachlässigen. Durch diese Probenmethode wirst du das kompensieren. Animiere deine Sänger aber auch hier dazu, hinten anzufangen zu üben. *(s.a. Übe-Klang-Dateien)*

Manche Sänger mögen diese Methode nicht so sehr, weil sie gegen die Gewohnheit geht. Man fängt Stücke ja eigentlich vorne an. Aber gerade dieses **Zerstückeln** sorgt dafür, dass das Lied **rationaler** geprobt wird.

Der Chor lernt ein Stück viel schneller und genauer, wenn du retrosequenziell übst und kommt am Ende schneller in ein echtes Singen (also das was deine Sänger ja wollen!). Sogar auswendig zu lernen funktioniert mit der Methode am besten.

Sie ist ein Zaubermittel, verlangt von dir aber eine gute Vorbereitung der Probe.

Auch im Kleinen nutze ich das retrosequenzielle Üben. Normalerweise proben wir schwierige Stellen von vorne – ich probe schwierige Stellen von hinten und arbeite mich nach vorne vor. •

Beispiel: T20ff aus „Zahnweh", Op. 55 Nr. 2 von Robert Schumann (1810 - 1856)

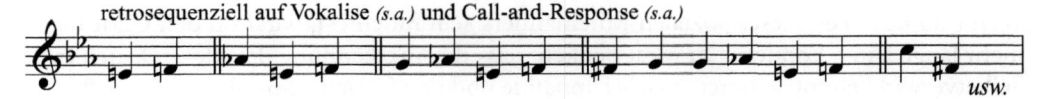

Sopran, original

du a - ber fügst zu Höl - len - pein noch Spot - tes Schmerz,....

retrosequenziell auf Vokalise *(s.a.)* und Call-and-Response *(s.a.)*

usw.

Return of Investment

Das Engagement von Sängern, aber auch von dir, wird so lange hoch sein, wie das *Return of Investment* stimmt.

Unbewusst stellt sich immer die Frage: „Wieviel Energie stecke ich rein – wieviel Energie bekomme ich zurück?" Das klingt metaphysischer als es ist.

Spannenderweise werden nämlich nicht nur im Laienbereich, sondern auch in bezahlter Arbeit, die weichen Faktoren in der Beurteilung des *Return* höher gewichtet als das Geld.

Für den Sänger also allemal, denn du kannst als *Return* zu verstehende weiche Faktoren nur begrenzt durch Herstellung von Umständen erreichen (guter Probenraum, Programm gut ausgewählt, gemütliche Abende im Probenplan verankern, etc.). Das wäre nur die Schaffung eines Umfeldes in dem **Andere** zufrieden sind. Diese Umstände sind harte Faktoren, die weiche Faktoren nur begünstigen, aber nicht garantieren.

Deine Bezahlung ist für dich ein harter Faktor, der dich einseitig motiviert. Er wird dich motivieren mit deinem Chor zu arbeiten. Aber ist dein Gehalt wirklich so hoch, dass es von dir als ‚emotionaler Schadensersatz' gespürt wird? Ist deine Energiewaage damit ausgeglichen?

Die für den Sänger und auch dich entscheidenden weichen Faktoren sind kombiniert:
- Anerkennung (selbst und durch andere)
- Erfolg (ein Abrufen von 100% der Leistung war im Konzert/Auftritt möglich)
- soziale Kontakte
- Selbstverwirklichung (auch Selbstwertsteigerung)
- insgesamt Empathie (als Mensch wahrgenommen zu werden)

Selbst wenn du alle harten Faktoren bedienst und dadurch auch weiche Faktoren (wie z.B. Erfolg) durch gute Proben und soziale Kontakte förderst, wird ein Sänger deine eventuell fehlende Empathie durch kleine Vorfälle bemerken und sehr hoch werten (z.B. dass du keine Zeit für ein Gespräch nach der Probe hast und er das Gefühl bekommt, dass sein Anliegen dir unwichtig ist).
Für den Sänger sind diese weichen Faktoren wichtiger als er zugeben will und sie gelten in **jedem** Laienchor, **jedweden** Niveaus und Profils. Nur die Gewichtungsreihenfolge wird sich unterscheiden.
Ein Chor, in dem z.B. nur auf die Qualität des Singens geachtet, aber kein Wert auf das soziale Miteinander gelegt wird, wird langfristig sterben. Du wirst immer mindestens ein Konzertabschlussessen oder eine Weihnachtsfeier anbieten müssen.
Wenn du kein Teil dieses sozialen Miteinanders sein möchtest, wirst du den Chor nicht mehr lange leiten können. Du wirst denken, dass du Anerkennung, Erfolg und auch evtl. Selbstverwirklichung geboten hast – Empathie und den Chor als Sozialgemeinschaft hast du dabei vernachlässigt.

Den Grad deines *Return of Investment* kannst du anhand deiner Mitgliederentwicklung ablesen. Du wirst einen Laienchor niemals über Jahre leiten können, wenn du die weichen Faktoren und damit die **menschliche Komponente** außer Acht lässt.

Grundregel: Der Sänger *investiert* in seinen Chor Zeit und auch Arbeit.
Er möchte dafür etwas zurückbekommen, was ich allgemein mit **Freude** beschreibe. •
(s.a. Freude vs. Spaß; Motivatoren: intrinsisch und extrinsisch)

Rezipientenabschluss

Schreibst du eine wichtige E-Mail, schreibe sie zu Ende und füge **dann erst** den Empfänger hinzu. So kommst du nicht in Gefahr, die Mail aus Versehen **wegzuschicken**. Der größte Vorteil ist aber, dass der Vorgang des Empfängerhinzufügens ein Gefühl der Sicherheit oder Unsicherheit triggert.
Wenn du dich nach Hinzufügen noch unsicher fühlst, wirst du die Mail nochmals durchlesen.
Dieser Kontrollmoment fehlt, wenn du den Empfänger schon eingefügt hast, bevor der Inhalt, den du per Mail transportieren willst, durch die Verschriftlichung konkret geworden ist. • *(s.a. Jon Postel; Schriftliche Schnellschüsse)*

Robert Irvine (*1965)

„You run on specials without beeing special!"
Manche Chöre versuchen zu überleben, indem sie ständig Projekte anbieten. Sie bieten also Besonderes an, ohne besonders zu **sein**.
Da hat sich irgendwo der Gedanke oder die einmalige Erfahrung festgesetzt, dass man Sänger über Projekte gewinnt.
Wenn sich aber der Rest nicht von anderen Chören unterscheidet, also etwas Besonderes ist, wird kein Sänger seinen alten Chor dafür verlassen.

„When some big mouth like me tells you, you suck, it doesn't mean that you have sucked for the last 15 or 20 years – it means, when it startet to go bad, you didn't make good and smart decissions – for what ever reasons."
Du hast wie alle Dirigenten mal ‚klein' angefangen, hast viel gelernt und dein Gelerntes angewendet.
Wenn man lange in diesem Beruf ist, kommt aber der Punkt, an dem man im Laienbereich schon vieles gesehen hat, Lösungen in Transferleistung auf andere Situationen überträgt und auch Programme wiederholt – einfach, weil eine Weiterentwicklung vermeintlich nicht möglich ist.
Man wird behäbiger – nicht, weil man schlechter wird oder sich sogar bewusst auf Erfolg ausruht – man wird behäbig, weil es einfach gut läuft.
Man wird betriebsblind *(s.a.)*.
Aber dann kommt der Punkt, wo dieses Verhalten nicht mehr ausreicht.
Wenn dir also jemand (wie ich) nach vielen Jahren aktiver Chorleitertätigkeit sagt, dass deine Art einen Chor zu leiten nicht richtig ist, heißt das nicht, dass das schon immer so war – es ist eine Zustandsbeschreibung: **Jetzt** ist es **nicht mehr** richtig und ausreichend.
Die Spreu vom Weizen trennt sich im Erkennen und Akzeptieren dieser Tatsache und dem Willen etwas zu ändern.

„Chaos is a sign of bad leadership"
Yep. •

Roger Willemsen (1955 – 2016)
„Ich möchte Menschen glücklicher zurücklassen als ich sie vorgefunden habe."

Das sollte auch dein Ziel sein.
Allerdings ist dein Beruf auch darüber definiert, langfristig zu denken.
Es geht nicht nur um die eine Probe aus der die Sänger glücklicher rausgehen.
Manchmal musst du Sänger aus dem Chor werfen oder mit ihnen hart ins Gericht gehen.
Manchmal musst du in einer Probe sehr fein und genau arbeiten und damit deine Sänger nerven. *(s.a. Quelle allen Übels)*
Wenn sie am Schluss im Auftritt aber dadurch zufriedener und glücklicher sind als sie es ohne diese Maßnahmen – die kein Dauerzustand sein dürfen – wären, und das Publikum das auch honoriert, hast du das Ziel von Roger Willemsen auch als Chorleiter erreicht. •

Rosenbedachung
„Sei am Tage mit Lust bei den Geschäften, aber mache nur solche, daß du des Nachts ruhig schlafen kannst." Thomas Mann (1875 – 1955)

Für mich heißt dieser Satz schon lange, dass ich alles so gut geplant haben muss (Proben, Konzerte, Probenzeit, Noten, etc.), dass ich in meiner Funktion als Chorleiter nicht in Stress gerate.
Das haben viele Kollegen noch nicht kapiert und ich bekomme regelmäßig von anderen zu hören: „Philip, du planst ja immer so weit im Voraus!" –
Als wäre das etwas Erwähnenswertes...
Am Ende sind alle Sänger eben darauf angewiesen, dass ich sie mit Ruhe und Gewissenhaftigkeit leiten kann. Das kann ich nur, wenn ich alle vorhersehbaren Dinge frühzeitig erledige. Unvorhersehbarkeiten gibt es genug.

Erstelle dir einen Zeitplan! Verschaffe dir einen Überblick über die zu erledigenden Aufgaben. Das größte Problem sind die vielen kleinen Dinge, die deine Aufmerksamkeit fressen und gleichzeitig im Kopf schwirren.
Wenn du sie alle zu Papier bringst, sind sie sortiert, du kannst keine mehr vergessen, sie sind terminiert und vor allem wirst du sehen, dass der Zeitaufwand nicht so groß ist, wie du ihn spürst. *(s.a. Aufgabenliste)*
Wenn dir Projekte schlaflose Nächte hervorrufen (eine ist natürlich mal drin...), schau, ob du Aufgaben delegieren kannst und ob der Zeitplan noch stimmt.

Solltest du über fehlgeleitete Probenarbeit ein Konzert nur mit Mühe erreichen, denke ruhig frühzeitig über eine Verschiebung nach – wenn allerdings die Plakate schon gedruckt sind und die Presse informiert ist, versuche unter allen Umständen das Konzert zu singen – eventuell indem du ein Stück rausschmeißt, oder die Verstärkungstechnik, die von dir organisiert werden muss, abspeckst, etc. •

Rote Nase ausmahlen
Das Lied „Rudolph the Red Nosed Reindeer" und alle nachfolgenden Geschichten basieren auf einem Malbuch der US-Kaufhauskette *Montgomery Ward* von 1939. •

Rufen
Lautheit (also lautes Singen) wird im Laienchor meistens über die Kraft der Stimme gelöst. D.h. wenn der Sänger ein *forte* sieht, fängt er an zu drücken.
Beim *Brüllen* leidet die (Aus-)Sprache, weil man sich mehr auf die Lautstärke seiner Stimme konzentriert.
Beim *Schreien* hat man die Kontrolle über seine Artikulation gänzlich verloren. Hier zählen nur noch Lautstärke und Emotion.
Wenn man allerdings **Informationen** insistierend weitergeben möchte, wird man laut, aber artikuliert sprechen. Man spricht kontrollierter, da der Fokus auf dem **Inhalt** liegt.

Um sich lautstark verständlich zu machen, muss man also eine gute Balance zwischen Lautstärke und Kontrolle finden. Diese Balance ist bei jedem verschieden.
Ich persönlich kann ohne Probleme einen 100-Personen-Chor leiten, ohne meine Stimme (gefühlt) stark anzustrengen, schlicht weil ich eine starke und trainierte Stimme habe. D.h. ich kann eine hohe Dezibel-Zahl erreichen und gleichzeitig kontrolliert sprechen/singen. Andere können das nicht und werden beim Versuch so lautstark zu sein, *schreien* müssen.

Das Zauberwort für alle Laienchöre ist deshalb: **rufen**.
Wenn ich rufe, will ich verstanden werden. Jeder kann sich vorstellen, wie er einem Bekannten über die vielbefahrene Straße einen Gruß zuruft.
Bei solch einem Bild kann der Sänger ansetzen: Der Inhalt steht über allem.
Jeder Sänger muss selbst überprüfen, bis zu welcher Stärke er noch Kontrolle über seine Konsonanten und die Länge der Vokale/Klinger hat. Er braucht noch das Gefühl einer **Leichtigkeit der Aussprache**.
Du musst als Dirigent (nachdem die Töne relativ klar sind) beim Einüben lauter Dynamik deinen Fokus auf den Text/Inhalt/Aussprache legen.
Ein Chor wird einerseits durch die Stärke der Stimmen lautstark (und die individuelle Kontrolle), aber die hilft dir nichts, wenn sie unpräzise sind.
Wirklich lautstark wird ein Chor erst durch seine **Präzision der Sprache**, damit des Rhythmusses und des gemeinsamen Singens, wodurch er wie **ein** Organismus klingt.

Lautstärke entsteht durch Kontrast. Kann der Chor nicht so laut, lass ihn vor den lauten Stellen bewusst etwas leiser singen. Dann wirkt die laute Stelle durch den Dynamikkontrast lauter.
Sind deine Sänger keine Stimmkünstler (mehr), lass sie gut artikulieren und der Chor wird hörpsychologisch lauter, da er in der Wahrnehmungshierarchie *(s.a.)* der Zuhörer steigt. •
(s.a. Deutliches Sprechen ist deutliches Singen; Lautstärke; Leise oder Laut – ich verstehe jedes Wort; Silbenbetonungen wider die Natur)

Ruhe erzeugen
Aus dem Kindergarten kennt man den *Schweigefuchs* oder das *Kaninchen* – aber das darf man nun auch nicht mehr zeigen, weil es wohl das Erkennungssymbol irgendeiner türkischen Separatistengruppe ist... Ich bin froh nicht über den Sinn und Unsinn solcher Verbote nachdenken zu müssen, da solch ein Zeichen im Chor infantil wirkt.
Wenn du sprichst (d.h. du *hattest* die Aufmerksamkeit bei dir), sich aber ein paar Hintergrundgespräche bilden, die du unterbinden willst, spreche immer leiser bis hin zum Flüstern. Selbst wenn dir keiner zuhört, werden die Sänger bei ihren Gesprächen immer leiser. Du wirst kopiert.
Irgendwann merken alle, dass da irgendwas im Busch ist und werden wieder aufmerksam. Sollte das noch nicht genug Aufmerksamkeit bringen, kannst du plötzlich laut werden. Das schreckt jeden auf und ist durch den Schockmoment viel effektiver als ein dauerndes Ermahnen.
Das solltest du nicht zu häufig anwenden – nur wenn du die Schnauze echt voll hast.
Spätestens nach dem dritten Mal werden die Sänger aber schon auf eine Reduktion deiner Sprechlautstärke aufmerksam reagieren.
Willst du die Aufmerksamkeit auf dich ziehen, darfst du niemals pfeifen.
Ich mache nur ein leises „sch" und die ersten zwei Reihen bekommen das mit. Die Ruhe dieser ersten Reihen setzt sich fort.
So lange du dabei vorne ruhig stehst und *bereit zum Anfangen* aussiehst, werden nach 30 Sekunden alle Sänger auf dich achten. (s.a. *Pfeiffe mit drei f*)
Zu Beginn der Probe kannst du in die Menge auch einfach ein „Guten Abend!" rufen und zum Aufstehen auffordern – d.h. Einsingen (s.a.). •

Run for Cover
Wenn man im Verlauf der Probe merkt, dass man sich ‚verrennt', man diffus wird oder beliebig probt, aber auch wenn man vom Blatt proben muss oder es einem schlicht schlecht geht (Kopfschmerzen und dadurch nicht ganz klar bei Gedanken), sich also verloren fühlt, sollte man sich in eine Arbeitsweise ‚flüchten', die wieder Struktur und Sicherheit in einem selbst schafft: *Run for Cover*.
Dieses Schlagwort stammt vom Regisseur Alfred Hitchcock (1899 – 1980).
Wenn er sich im Drehbuchschreiben oder Regie führen ‚verrannt' hatte, griff er auf erprobte Wendungen oder Effekte zurück, um die Handlung geordnet zu einem Ergebnis zu führen.
Damit du damit erfolgreich bist, musst du zuerst dein **Handwerk** (s.a.) beherrschen.
Dann erprobst du dir Probenabläufe, die allumfassend – also bei den meisten Stücken, die du probst – funktionieren. Du bildest für dich kaizengetreu **Standards**.
Natürlich schreibst du dir immer eine Probendisposition (s.a.), die skizziert in welchen Taktabständen und mit welcher Stimmenfolge du die Probe leiten willst.
Du kannst von der Disposition abweichen, aber sie ist deine Probengrundlage und das normale *Cover* in jeder Probe, wenn du mal nicht weiterweißt.

Für die seltenen Fälle, in denen ich ein Stück nicht gut vorbereiten kann, den Chor in meiner Probendisposition überschätzt habe, oder in denen ich sogar gänzlich vom Blatt proben muss, habe ich mein persönliches *Run for Cover* für eine Stimmenabfolge beim Proben verinnerlicht, die ich extrem kleinteilig (auch nur 1-2 Takte) anwende.
„S (wenn die Melodie im Sopran liegt, üben alle Stimmen den Sopran, sonst fange ich mit der Stimme an, in der die Melodie liegt und lasse diese tutti singen), B, SB, A, T, AT, ATB, SATB".
Dadurch habe ich alle Stimmen einmal allein und einmal mit einer anderen Stimme zusammen singen lassen und kann noch alle falschen Töne hören, bzw. überblicken.
Mache beim einfachen vierstimmigen Satz (wenn sinnvoll) nicht den Fehler, die beiden Männerstimmen (meist klein besetzt) zusammen üben zu lassen (auch wenn das bei mancher Musik sinnvoll wäre). Du musst diesen Stimmen zu sehr helfen.
Da ist es zwar auch stressig die oberste und unterste Linie für SB zu verfolgen – aber eine Männerstimme ohne starken Gegenpart (Frauenstimme) stresst mehr – du willst ja Struktur und Ruhe in dich bringen.

Wenn du dagegen starke Männerstimmen hast, gehe von oben nach unten vor: „S (wenn Melodie im Sopran, üben alle Stimmen die Melodie), A, SA, T, AT, B, TB, ATB, SATB".

Selbst wenn es 6 Stimmen oder mehr sind, weiche ich nicht von dem Grundprinzip ab, jede Einzelstimme einmal gehört zu haben. Bei mehr Stimmen wird es zwar immer schwieriger zwei in der Partitur weit voneinander notierte Stimmen sinnvoll überblicken zu können, ich paare trotzdem immer starke mit schwach besetzten Stimmen (z.B. S1, B, S1B, A, T, AT, S2, S2A).

Merke: *Run for Cover* ist keine Probenmethode!
Dieses System wie oben beschrieben funktioniert und ich nutze es auch häufig in den Proben – dann ist es allerdings kein *Cover*, sondern *Methode* und ich habe die Flexibilität davon abzuweichen, bzw. nutze das System begründet. D.h. gehe **immer** vorbereitet in deine Proben. Es sind einfach zu viele Variablen vorhanden, die nicht vorhersagbar sind: Wie ist der Raum heute? Eventuell ist die Heizung kaputt?
Oder das Wetter ist sehr warm und/oder sehr feucht (Stimmen werden weicher)?
Sind die Führungsstimmen fit? Haben einige Sänger einen schlechten Tag?
Sind die Sänger vorbereitet? Wie wird ein neues Programm angenommen? Usw. usf.
Was kann ich erwarten? Solche Faktoren kann der Dirigent nur minimal vorbereiten. Er kann nur auf seine Erfahrung bauen und darauf vertrauen, auf alles Unvorhergesehene angemessen reagieren zu können. (s.a. nur beispielhaft für viele Probleme die durch Erfahrung antizipierbar sind: *Weiche Stimmen*)

Der erste Schritt ist also, alle für dich vorhersehbaren Probleme aus dem Weg zu schaffen: Du musst Tempo, Aussprache, Geschichte des Stückes/Komponist, Übersetzung für dich geklärt haben. Du musst das Stück analysiert haben (eventuell sogar mit den Akkordverläufen). Bei schwierigeren Stücken sind die Intervalle zu markieren,

Aufgaben der Stimmen (Melodie/folgt der Melodie im Terzabstand/kanonisch/grundtönig/etc.). Schwierige und leichte Stellen sind zu markieren.
Zum Schluss: Schreibe **immer** eine Probendisposition, an die du dich dranhängen kann.

Nur wenn du weißt, dass du dich auf deine Vorbereitung verlassen kannst, hast du den Frieden, dich um alles andere zu kümmern, was sonst so schief läuft, denn das wird von dir erwartet (auch wenn viele Dinge delegiert sein mögen).
Jede Probe, in der du kein spontanes *Run for Cover*-Manöver leisten musst, ist eine erfolgreiche gewesen. •

S

Sack-Rate in Noten
Wenn du die *Sack-Rate* deines Chores kennst, im Konzert/Auftritt ein Stück eh z.B. einen Ganzton höher als notiert singen lassen würdest, im Voraus ÜbeMP3s und vor allem eine eigene Notenausgabe erstellst, dann notiere die doch gleich einen Ganzton höher (also ein Stück in G-Dur dann in A-Dur).
Wenn du nur die MP3s erhöhst, teile deinem Chor mit, in welcher Tonart das Stück gesungen wird, da einige mit MP3 und andere selbst am Klavier üben und dann verwirrt sind. So irritierst du nicht das relative Gehör deiner Sänger, sondern schulst es.
Grundregel: Wenn möglich, solltest du Noten-/Tonmaterial in der Tonart, in der du ein Stück aufführen willst, an den Chor verteilen und in dieser Schlusstonart proben. •
(s.a. Muskelgedächtnis; Relatives Tongedächtnis)

Sacken
Ein sauber singender Chor wird in Dur-Stücken aufgrund der reinen Intervalle (tiefe Durterz und Medianten *(s.a.)*, etc.) meist sacken. Das ist auch nicht allzu schlimm.
Einen Laienchor darauf zu trimmen **grundsätzlich** nicht mehr zu sacken, ist nicht der Mühe wert, solange die Grundstimmung bestehen bleibt, der Chor also nur graduell und gemeinsam sackt. Wenn es aber hörbare *Dellen* gibt, also Stellen, an denen der Chor hörbar sackt, müssen diese in der Probe untersucht und analysiert werden, da es für sie einen technischen Grund gibt. *(s.a. Aufphrasieren und Abphrasieren)*
Dellen zu vermeiden ist die eine Sache, die andere ist, dass alle Stimmen noch ihre Töne in der Tiefe gut erreichen können müssen (erster Leidtragender ist meistens der Bass).
Im Zweifelsfalle beginne ich gefährliche Stücke eben einen Halbton höher.
Das Schöne und Schlechte zugleich ist, dass der Chor relativ hört – nur deshalb kann er rein singen (ohne Klavier üben!). Weil er keinen anderer Referenzton als seinen eben gesungenen oder den seiner ‚relativ' richtig singenden Mitsänger hat, wird er die Stimmung nur über eine sehr saubere Technik halten können.
Da du deine Sänger meist nur für ca. 2 Stunden in der Woche siehst, wirst du ihnen niemals eine perfekte Sängertechnik beibringen können. Arbeite deshalb vor allem daran, dass sie gut aufeinander hören und sauber **miteinander** singen.
Nur Stücke mit Dellen und zu großer Sack-Rate bis hin zur Unsingbarkeit für einzelne Stimmen sind es wert untersucht zu werden (dies schreibend, komme ich mir fast blasphemisch vor).

Nimm solche Stücke in der Probe einmal auf (Handy reicht), um sie in Ruhe anzuhören und die Gründe für das Sacken zu analysieren – das ist ein echter Ohrenöffner.

Ich kann nicht verstehen, warum Sänger zu häufig nach einem sauber und spannungsvoll gesungenen Konzert niedergeschlagen sind, weil sie in einigen Stücken um einen Ganzton gesackt sind. Für wen singen wir denn? Ich singe für ein Publikum, das nicht aus Absoluthörern besteht. Ich singe für ein Publikum, das hört, ob der Chor **in sich** stimmt und **Musik** mit Energie vorgetragen wird.

Meine **Grundregeln**: Bei einem kurzen Stück ist ein Halbton zu sacken in Ordnung. Bei einem mittellangen Stück ein Ganzton und wenn es die Bässe nicht zu sehr stört, ist sogar mal eine kleine Terz drin – es darf einfach den Gesamteindruck nicht stören.

Wenn ich die Sack-Rate vorher kenne und trotz **verhältnismäßiger** Mühe nicht reduzieren kann, beginne ich im Zweifelsfalle eben höher.

Sich davon aber die Laune verderben zu lassen... •

(s.a. Intonationsgrundsätzlichkeiten; Jeder Chor sackt; Sack-Rate in Noten; u.v.m.)

Sänger! Such!

Sänger, die sich über die Programmauswahl beschweren, kannst du ruhig mal ein Lied für ein kommendes Programm suchen und anbieten lassen.

Die wenigsten werden sich wirklich einbringen. Doch wenn sie es tun, hast du im besten Fall einen guten Programmpunkt gefunden oder kannst gegen das Lied argumentieren. All die Dinge, die wir bei der Programmauswahl beachten müssen (Stimmumfang, Anlass, Schwierigkeitsgrade, etc.), sind bei kaum einem Chorsänger parat.

Die meisten werden mit einem schönen Lied ankommen, zu dem sie dann im schlimmsten Fall nicht mal einen Chorsatz haben und von dir verlangen, dass du einen findest. Im besten Fall haben sie einen zu schweren Satz mitgebracht.

Ab und zu passt es – das ist aber zu häufig Zufall. •

(s.a. Programmkommission. Oder: Die dümmste Idee der Welt)

Sängerdirigenten

Hast du einen ambitionierten Chor mit sehr wachen, engagierten und hochwertigen Sängern, kannst du die erste Probe nach einem Konzert so gestalten, dass sich Sänger melden können und jeweils eines der Stücke aus dem Konzert dirigieren dürfen.

Dies steigert die Moral und keiner wird danach deinen Job übernehmen wollen, aber alle werden Verständnis gewinnen.

Wenn du dies noch locker mit Tee und Keksen gestaltest, wird sich auch keiner, der es nicht so toll kann, schlecht fühlen, bzw. überambitionierte, die auf einmal proben wollen, werden nicht zu ernst genommen.

Die lockere Atmosphäre, dein *Zurücktreten* von deiner Position und eine pädagogische Unterstützung steigern den Respekt vor dir. •

Sängerkategorien

Wenn ein Sänger dich anspricht und etwas über seine sängerische Qualität wissen will (zu laut/leise, raue/feine Stimme, sauber/schief, etc.), sabbel nicht rum, sondern sag die Wahrheit. Wenn du es weißt, sag es freundlich, aber sachlich korrekt und ohne Übertreibung. Das ist dein Job.
Wenn du nicht weißt, wie dieser Sänger singt, sag ihm das auch und biete gleichzeitig an, darauf zu achten (er soll z.B. einige Proben vorne sitzen).

Um dir zu helfen deinen Chor und seine Zusammensetzung – auch in Hinblick auf die Stückauswahl – besser einzuschätzen, kannst du Sänger für dich in vier **relative** Kategorien unterteilen.
Kategorie 1: Führungsstimme – kann andere zum Richtigsingen anleiten, bzw. andere hängen sich an diesen Sänger dran. Fühlt sich evtl. unterfordert.
Kategorie 2: Kann ohne Führungsstimme auch im mehrstimmigen Zusammenhang richtig singen, lässt sich aber von falsch singenden Stimmkollegen irritieren.
Kategorie 3: Braucht eine Führungsstimme neben sich – kann sich sonst nicht gegen die anderen Stimmen durchsetzen (singt z.B. plötzlich die Melodie mit, weil diese in einem Augenblick präsenter ist als die eigene Stimme) – kann die eigene Stimme ansonsten aber singen.
Kategorie 4: Kann grundsätzlich nicht oder nicht in **diesem** Chor singen.

Grundregel: Die Einordnung in Kategorien ist **relativ** zum **spezifischen Anspruch** des Chores, in dem die Sänger singen: Der K1-Sänger eines Chores wird in einem mit sehr viel höherem Anspruch auf einmal ein K3-Sänger sein.
In jedem meiner Chöre ist die Mischung der Sänger trotz unterschiedlichem Anspruch gleich. Ich kann das steuern, denn **ich** wähle die Stücke aus, die der Chor singen soll.
Hier liegt eine der vielen Todsünden *(s.a.)* eines Chorleiters: Zu viele Kollegen richten ihr Programm auf die wenigen(!) K3- und K4-Sänger aus, weil sie ‚sozial' sein wollen.
Mein Ziel ist, mein Programm so auszuwählen, dass mein Chor zu 70% aus K2-Sängern besteht. Ich habe ein paar aus K1, denen ich versuche Aufgaben zu geben.
Ein paar K3 sind kompensierbar und im liebsten Wortsinne *Sozialfälle*.
Ich habe in keinem meiner Chöre K4-Sänger. Nicht weil ich ein asoziales Arschloch sein will – sondern im Gegenteil: Weil ich ein Programm für die Mehrheit im Chor erstelle und nicht für High-Maintenance-Sänger *(s.a.)*.
Ein Chor ist eine **Sozialgemeinschaft mit einem Ziel**.
Wenn dein Ziel nur das soziale Treffen ist und der Gesang absolute Nebensache, kann jeder mitmachen. Auch hier bist du gut beraten, das Programm für **diesen Zweck** so auszuwählen, dass du mindestens 70% K2-Sänger hast.
Wenn dein Chor Auftritte plant, hast du eine Verantwortung für deine Sänger und für dein Publikum und musst somit nicht nur die relative, sondern auch objektive Qualität deiner Sängerzusammensetzung steigern.
Versuche aber auch hier – für diesen Zweck – 70% K2-Sänger zu haben. *(s.a. Ausgleich)*
Sei dir gegenüber ehrlich! **Jeder** Kollege, der mir sagte er könne doch den Sänger, der den Chorklang unkompensierbar verschlechtert, nicht rausschmeißen, weil „der doch so

lange schon mitsingt"/„da doch dann auch andere gehen werden"/„das doch sein liebstes Hobby ist"/etc. hat nach einem Gespräch zugeben müssen, dass er es sich einfach nicht traut und diesem wirklich unbestritten beschissensten Teil unseres Jobs aus dem Weg gehen will.

Ich habe **noch nie** einen Chor getroffen, der untergegangen ist, weil schlecht singende Sänger (echte K4) aufgefordert wurden zu gehen und dann das Programm vom Schwierigkeitsgrad auf ein 15-70-15-Verhältnis eingestellt werden konnte. Ich kenne aber allein im Umkreis von 10 Kilometern vor meiner Haustür zwei Chöre, die nicht mehr existieren, weil das nicht passiert ist.

Deine Schwäche und vermeintliches Sozialverhalten werden deinen Chor zerstören. Dann hat **keiner** mehr einen Chor – **das** ist asozial.

Auf diesen Logiktwist hat mir aber tatsächlich mal ein schwacher Kollege geantwortet: „Dann ist das halt so." Er ließ seinen Chor sterben, weil er sich nicht traute ihn gut singen zu lassen. Ich war nach dem Gespräch wirklich traurig. Der Chor existierte in 2020 noch – der Chorleiter wurde aber nicht mehr bezahlt, weil sich das die paar verbleibenden Mitglieder nicht leisten konnten. Alle anderen Sänger waren abgewandert oder hatten aufgehört zu singen. Corona war nun der letzte Tropfen... Ich bin ob solcher Verantwortungslosigkeit fassungslos und kann nur immer wieder appellieren: Ein Chor sollte einige K1 haben, kann aber auch bloß aus K2 bestehen. Man sollte aufpassen, möglichst wenig K3 zu haben und diese im Zweifelsfalle strategisch setzen: Z.B. die K3-Altistin weit vom Sopran entfernt (eben nicht am Übergang zwischen beiden Stimmen) und neben eine K1.

Hast du eine K4 – schau woran es liegt, versuche auszubilden und zu helfen – kannst du ihr Problem nicht beheben: Ein Ende mit Schrecken ist besser als ein Schrecken ohne Ende. Je kleiner der Chor ist, desto weniger will man jemanden bitten nicht mehr zu kommen, aber je kleiner der Chor ist, desto weniger ist diese K4 kompensierbar.

Deine Aufgabe ist es **sozialverträglich** einen guten Chorklang zu ermöglichen.

Deshalb musst du abwägen: Kann du das Programm sozialverträglich vereinfachen, ohne deine K1- und K2-Sänger zu **unter**fordern?

Hat diese K4 noch andere Qualitäten (Teekocher/Stuhlaufbauer/Stimmungskanone)? Aber vor allem (wirklich **vor allem**): Ist dieser Sänger kompensierbar?

Ansonsten: *Ein Ende mit Schrecken ist besser als ein Schrecken ohne Ende.* • (s.a. *Schwache Sänger*)

Sahara in der Kehle

Habe im Konzert immer ein Glas Wasser in Reichweite, denn um Töne angeben zu können, brauchst du eine feuchte Kehle.

Da du aber während des Konzertes im Idealfall nicht singst, ist dies der einzige Zeitpunkt, in dem deine Stimme perfekt funktionieren muss, ohne vorher angewärmt worden zu sein. Wenn du dann auch mal energisch mitatmest und mitsprichst, aber eben nur *heiße Luft*, kann es sein, dass die Kehle so trocken ist, dass du nach so einem *Heißeluftgeatme* eben keinen Ton mehr rauskriegst. Das passiert nicht häufig, aber wenn man merkt, dass einem die Kehle das Lebensgefühl in der Sahara nahebringen will, ist man dankbar, dass man doch ein Glas Wasser da stehen hat. •

Sand

In einer Analogie lernen wir, dass man sein Haus auf ein stabiles Fundament bauen soll. Also nicht auf *Sand*, sondern auf *Stein*. In der **Chorintonation** ist das nicht zwingend so. Wenn du im Laienchor versuchst die Chorintonation ausschließlich auf dem Fundament aufzubauen (alle orientieren sich am Bass), wirst du scheitern.
Wenn nämlich dein Sopran von oben *drückt*, kann der Bass da nicht gegenhalten – er wird nachgeben und der ganze Chor wird sacken.
Es gibt das böse Bild: „Der Fisch beginnt vom Kopf her zu stinken." *(s.a.)*
Netter formuliert ist der Sopran ein Puppenspieler, der die anderen Stimmen an Fäden hochhält und damit stabilisiert.
Anschaulicher ist aber: Dein Chor ist ein Haus. Der Bass ist das Fundament, Alt und Tenor die Zwischengeschosse und der Sopran das Dach (je nach Situation ist die entsprechend höchste Stimme das Dach). Dein Fundament kann aus Sand sein. Du kannst dein Haus auf Sand bauen. Das Haus wird stabil stehen. – So lange das **Dach** dicht ist. Lässt das Dach Regen durch, wird das Haus im Schlamm versinken.
Trainiere also deinen Sopran die Stimmung zu halten und dein Chor wird es auch tun.
In der Harmonielehre lernen wir Akkorde vom Bass aus zu denken. Beim Töneangeben sollten wir vom Bass, bzw. Grundton aus beginnen. *(s.a. Ton angeben und Einsatz)*
Grundregel: Willst du, dass dein Chor nicht sackt, dichte zuerst das Dach ab – das Fundament wird sich stabilisieren.
Ist dein Fundament aus Stein ‚darf' das Dach lecken – im Idealfall hast du aber ein Haus mit dichtem Dach auf festem Grund. Eines von beidem brauchst du mindestens. •

Sandwichposition in Extrema

Das einzige Mal, wo ich auf eine Transponieranweisung bei einem a-capella Stück gestoßen bin, ist „Komm, o komm, Geselle mein" von Adam de la Hale (1237 – 1287), im Satz von Paul Dehne (1884 – 1964).
Es ist in G-Dur notiert, soll aber in As-Dur gesungen werden.
Die Ausgabe zeugt von großem Verständnis für das Chorsingen.
Es ist für einen Chor irrelevant, in welcher Tonart er singt, also welche *Frequenz* der Startton hat, da der Chor immer versuchen wird, rein zu singen. D.h. jede Tonart klingt erst einmal relativ gleich. Begrenzt wird dies nur durch die Randlagen. Also, ob ich mit dem Sopran z.B. über ein *f"* gehe oder mit dem Bass unter ein *G*. *(s.a. Tonumfang)*
Ob die Mittelstimmen als *sprechende* Stimmen *(s.a. Choraufstellung)* in Extreme kommen ist überraschend irrelevant, solange sie keine Melodietöne haben (also hörpsychologisch wichtige) und solange sie zwischen einer hohen Stimme (z.B. Sopran) und einer tiefen Stimme (z.B. Bass) liegen – in der *Sandwichposition*.
Im Fall des Beispielstückes würde die Erhöhung um einen halben Ton beides nicht bewirken oder verhindern. Für den normalen Zuhörer wäre somit kein Unterschied zwischen G-Dur oder As-Dur hörbar. Durch die leichte Erhöhung der Stimmung wird dieses Lied in dem vorliegenden Satz im Chor nur ein bisschen frischer klingen. •
(s.a. Tonartencharakteristik)

Sauer
Du darfst dir keine negativen Gefühlsausbrüche erlauben.
Ein Theaterdonner ist mal ok und vielleicht sogar notwendig, aber nur, wenn du deine Worte unter Kontrolle hast und niemanden persönlich angreifst. Wenn es doch passiert, musst du dich dafür entschuldigen.
Fakt ist, dass Sänger uns im Chorzusammenhang niemals als vollwertige Menschen achten werden, sondern als Personen, die einen Job zu machen haben.
Aber nur um es klar zu stellen: Das ist auch richtig so!
Wir sind da, um zu dienen (Komponisten, Zuschauern, Sängern) – dafür werden wir bezahlt. Wir sind nicht zum Menscheln da, sondern um zielgerichtet und durchdacht eine heterogene Sozialgemeinschaft zum Singen zu bringen und dies in jeder Form möglichst harmonisch. Ein negativer Gefühlsausbruch ist ein Zeichen dafür, dass du von der Erfüllung dieses Zieles überfordert bist.
Wenn du dich also nicht mehr unter Kontrolle hast, ist das nicht die Schuld der Sänger, sondern deine eigene. Du forderst offensichtlich Dinge von deinem Chor, die du ihm nicht beibringen kannst.

- Bist du sauer, weil der Chor ein Stück nicht kann? –
  Nicht seine Schuld – hättest du vorher wissen können.
- Bist du sauer, dass dein Chor nicht ordentlich vorbereitet ist? –
  Selber schuld – hättest du vorher wissen können.
- Bist du sauer, dass die Probe unruhig und chaotisch abläuft? –
  Selber schuld – das ist deine Probe…
- Bist du sauer, weil dein Chor sich dir gegenüber respektlos verhält? –
  Selber schuld, weil … – warum sollte er sonst auch seinen Respekt verlieren…

Das ist alles nicht schwer, wenn du dir deiner Rolle bewusst bist. Mich wirst du nur in einem Fall sauer machen und unverzeihlich verletzen können. • *(s.a. Loyalität)*

Schaffender Künstler vs. notarielle Pflichten
Ein Dirigent ist in seiner Vorbereitung ein Handwerker *(s.a.)*, der durch sie seine Kunst auf einem handwerklichen Fundament aufbaut.
Er nutzt dazu seine Kenntnisse der Harmonielehre, Partiturvorbereitung und erlangt Hintergrundwissen.
Nur durch diese handwerklichen Kenntnisse ist er in der Lage, seine künstlerischen Entscheidungen sachlich zu rechtfertigen und kann die Stellen ausweisen, an denen er unabhängig künstlerisch interpretiert.
Der Dirigent ist der *Notar* des Komponisten und hat sich dessen Willen unterzuordnen. Er verwaltet dessen Nachlass. Nur wo der Komponist seinen Willen nicht deutlich gemacht hat und keine Überlieferung zu historischen Gepflogenheiten in Erfahrung zu bringen sind, darf der Dirigent eigenständig *schaffender* Künstler sein. •

Schal

Trage während Probe/Auftritt/Konzert keinen Schal oder Rollkragen. *(s.a. Asexualität)*
Du musst deinen Hals freihalten. Nur so zeigst du den gesamten Singapparat.
Außerdem verschließt ein Schal dich und wirkt unterbewusst wie ein Schild.
Das kommt aus der Steinzeit, da die Kehle der empfindlichste Teil unseres Körpers ist, den wir vor Raubtieren schützen müssen. Die meisten Raubtiere versuchen evolutionsbedingt (also sinnvollerweise) ihr Opfer durch den *Kehlbiss* schnell zu töten.
Wenn du gerne einen Schal oder Rollkragen trägst und dich eventuell sogar nackt fühlst wenn du es nicht tust, ist Angst und Schutzbedürftigkeit der Hauptgrund (und nicht die Angst vor Krankheit…) – frage dich hier, warum du diese Gefühle hast. (Dies schreibend hinterfrage ich gerade meine Entscheidung einen langen Vollbart mein Eigen zu nennen.)
Ohne Schal zu singen wirkt offener und befreit. Dies ist mein Hauptgrund, warum ich es nicht mag, wenn Chöre mit bunten (obwohl die Farbe nicht das Problem ist) Schals singen – diese Chöre wirken verschlossener. Dasselbe gilt für Krawatten.
Wenn du krank bist, solltest du natürlich einen Schal tragen. Aber ist das Kratzen im Hals wirklich da oder doch eher psychosomatisch…? •

Scham

Wenn du dich über einen gemachten Fehler ärgerst, mache dir klar, wie viele Menschen das eigentlich wirklich interessiert. Es sind sehr wenige. Die meisten werden einen Fehler in der nächsten Probe vergessen oder ihn sogar niemals wahrgenommen haben.
Es ist deshalb wirklich verwunderlich, als wie gewichtig man eigene Fehler wahrnimmt. Du selbst solltest dich tatsächlich ärgern und aus den gemachten lernen, um sie nicht zu wiederholen, aber du brauchst dich nie für sie zu schämen. *(s.a. Apfelbaum)*
Überlege, wie du reagieren würdest, wenn ein Dirigent dir als Sänger gegenüber diesen Fehler gemacht hätte. Würdest du ihm den vergeben? Würdest du ihn wichtig nehmen? Dann stelle dir vor, wie wenig dem ungeübten Sänger, der dich sonst sehr schätzt, dieser Fehler wichtig ist. Die Dinge, wegen denen du dich schämst, sind für andere so unwichtig, dass es sich nicht lohnt, Energie ins Schämen zu legen.
Über die 1:10 Regel *(s.a.)* weißt du, dass du dich auch an die vielen guten Lösungswege in der Probe erinnern solltest, damit in dir ein Fehler nicht mehr so schwer wiegt. •

Schatzmeister

Auch wenn es nervt: Du **willst** einen Schatzmeister, der dir zuerst widerspricht, alles hinterfragt und jeden Euro 2x umdreht. Nur dann kannst du sicher sein, dass dein Chor finanziell auf sicheren Beinen steht.
Ein Schatzmeister, der ohne Diskussion „ja" sagt, ist sehr gefährlich.
Ich spreche nicht von 50€ für die Getränke bei der Weihnachtsfeier, sondern über die Frage, ob man sich z.B. für das nächste Projekt Instrumentalisten leistet, ein Konzert in der Kirche mit Nutzungsgebühr gibt oder ob du eine Gehaltserhöhung bekommst.
Sein Job ist es, alles erstmal durchzurechnen.

Außer er ist ein Rechengenie, braucht er dafür immer ein paar Minuten, nachdem du ihm alle Fakten präsentiert hast. Er darf nie träumen.
Er muss **informiert** Entscheidungen treffen. Du musst tatsächlich nur aufpassen, dass er nicht aus persönlichen Motiven („**Ich** will das nicht.") nein sagt. Sein Argument muss immer sein: Kann der Chor sich leisten – kann er sich nicht leisten.
Du darfst träumen – das ist sogar dein Job. Wenn ihr gut zusammenarbeitet, wirst du das Wolkenkuckucksheim bauen, er dich wieder auf den Boden der Tatsachen bringen und dann mit dir versuchen, deine Idee in der Realität zu realisieren. Darüber entstehen fantastische Projekte. *(s.a. Minimalrechnung vs. Maximalrechnung)*
Hast du solch einen Schatzmeister, pflege ihn. •

Scheitern
Konzerte scheitern immer nur daran, dass der Dirigent zu viel will und/oder die Konzerte zu lang sind (fürs Publikum, bzw. für die Kondition des Chores).
Selbst ein ‚schlechter' Chor kann hervorragende Konzerte singen, wenn die Vorbereitung stimmt und der Schwierigkeitsgrad des zu singenden Materials an die Möglichkeiten des Chores angepasst ist. *(s.a. Konzert: Länge)*
Merke: Der wichtigste Job des Chorleiters ist es, seinen Chor richtig einzuschätzen und dabei ehrlich zu sein – sonst erliegen beide seinen Wunschfantasien! •

Schläfer
Der Begriff *Schläfer* kommt aus der Terrorismusbekämpfung und definiert Menschen, die sich in eine Gesellschaft eingeschlichen haben, dort normal leben, einem Beruf nachgehen Steuern zahlen und eine Familie haben. Auf Kommando wachen diese Schläfer auf und terrorisieren.
Es gibt auch solche Sänger. Allerdings ist das keine böse Absicht. Es sind die Sänger, die im Chor total unauffällig sind, ordentlich singen und gut in der Gemeinschaft angekommen sind. Aufwachen tun sie im Konzert: Dann werden sie fest, verkrampfen vor Nervosität und können nichts davon reproduzieren, was man vorher geübt hat. Wenn sie nun einfach nur stumm dastehen würden – ok. Schläfer krakeelen aber laut vor sich hin und merken nicht, dass das alles Mist ist was sie singen.
Sie haben keinen Kontakt mehr nach vorne und reagieren nicht auf Ellenbogenstöße des Nachbarn – weil ihnen nicht bewusst ist, dass sie falsch singen.
Ich hatte bisher zwei so krasse Fälle. Der eine wurde in Auftritten plötzlich zum Knödeltenor und der andere sang konsequent eine Quarte zu hoch.
Ersteren konnte ich nicht retten. Den zweiten konnte ich über die Zeit so entspannen, dass sein zweiter Auftritt mit dem Chor reibungslos über die Bühne ging.
Regelrecht normal sind dagegen hypernervöse Sänger, für die ein Auftritt Folter ist.
Sie singen nicht so massiv schlecht, aber reproduzieren auch nicht das Gelernte.

Nachdem ich solche (im Idealfall schon in der Probe) erkannt habe, stelle ich resolute Sänger neben sie, damit diese mit ihrem Selbstbewusstsein stabilisierend wirken.
Ich spreche viel mit ihnen, da ihnen häufig einfach nicht klar ist, dass sie ein kleiner Schläfer sind. All das passiert mit viel Liebe und Geduld, aber auch mit klaren Worten und Ehrlichkeit. Diese Sänger müssen mir vertrauen, damit sie meine Hilfe wahrnehmen und annehmen können.
Endgültig kann ich diese Menschen aber nur entspannen, indem ich sie gut und organisiert vorbereite. • (s.a. *Das Ergebnis steht fest – mit dir oder ohne dich; Lampenfieber; Planung und Ausführung sind deckungsgleich; Tuut, tuut!; Vorhersehbarkeit herstellen; Wolf im Wald*)

Schlaganweisungen

Am Anfang einer Partitur oder auch bei Taktwechseln schreibe ich mir (wenn es nicht total klar ist) darüber, wie ich die Taktangabe dirigieren will.
Diese Zeichen sorgen dafür, dass ich im Konzert, zu Beginn eines Stückes, nicht darüber nachdenken muss und auch während eines Stückes unmissverständlich weiß, wann und wie ein Taktwechsel zu erfolgen hat.
Bei unregelmäßigen Takten wie einem Fünfer kann der Takt normalerweise in mehrere Schwerpunkte unterteilt werden. Dies musst du vorab für dich geklärt haben.
Du kannst es damit, für dich sofort erfassbar, über die Noten schreiben.

Beim Dreieck ist die 1 oben, die 2 links, die 3 rechts.
Beim Viereck ist die 1 oben links, 2 UL, 3 UR, 4 OR. •

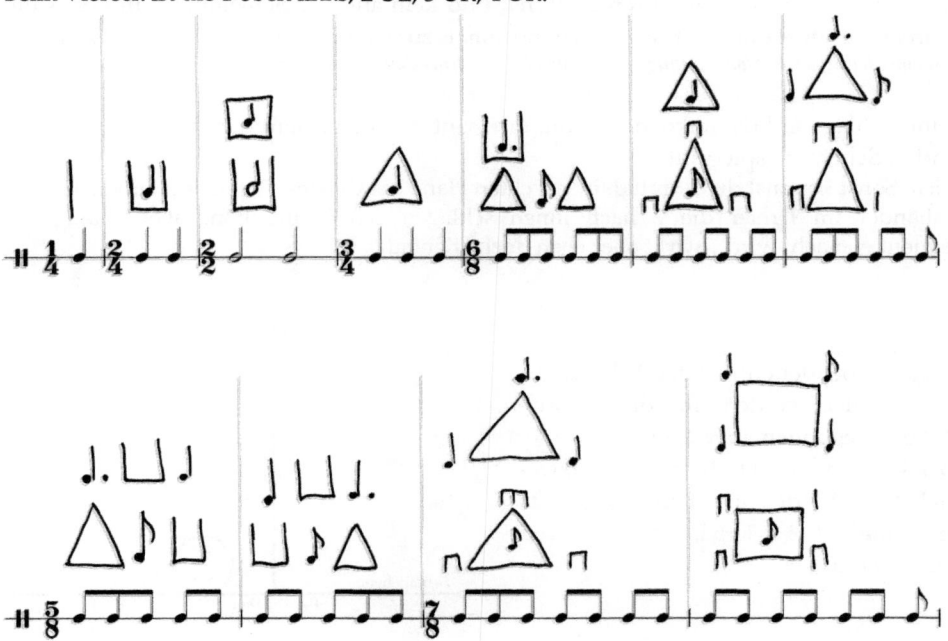

Schlagpunkte

Nun gehört die korrekte Schlagbewegung eigentlich zum Handwerkzeugs eines jeden Dirigenten und ich setze sie auch bei dir voraus, aber ich komme einfach nicht mit den in Dirigierbüchern so gerne verwendeten Schlangenlinienbildchen klar.

Als ausführender Musiker ist es mir nämlich egal **wie** du von Schlagpunkt 1 zu Schlagpunkt 2 kommst, solange die Schlagpunkte im Raum klar definiert und vor allem räumlich getrennt sind.

Deshalb werde ich auch nie verstehen, woher die Lehrmeinung einiger kommt, den letzten Schlag eines Systems (z.B. die 4) auf denselben räumlichen Punkt zu setzen wie die 1.

Einen gleichen Schlagpunkt bekommen wirklich nur unterteilte Schläge: Wenn z.B. ein Dreihalbetakt so langsam ist, dass der Weg zwischen zwei Schlagpunkten an der Undefinierbarkeit kratzt, darfst du dort keinen Sechsvierteltakt dirigieren, da dieser einen anderen Taktschwerpunkt suggerieren würde. Du schlägst stattdessen auf jedem Schlagpunkt der 1, 2 und 3 jeweils noch eine „und" und zählst auch: „1 und, 2 und, 3 und". *(s.a. Schlaganweisungen)*

Die Schlangenlinien vermitteln einem Laien außerdem ein ‚schnörkeliges' Dirigieren, wo es aber (auch im kriechensten Legato) ausschließlich auf den ‚Punkt' als zeitliche Definition der Länge zwischen zwei Pulsen des zugrundeliegenden Metrums ankommt.

Ich meine das wirklich ernst: Ob du zwischen der 1 und der 2 eine Pirouette drehst, ist dem ernsthaften Musiker egal, solange du ihm bei der 2 wieder eine klare visuelle Information gibst: den **zeitlich** und **räumlich** definierten Schlagpunkt.

So ist es auch egal, ob die 2 bei dir auf der Höhe deines Ohres geschlagen wird – solange sie immer in dieser Richtung ihren Platz hat und kein anderer Schlagpunkt in der Nähe den seinen. **Sei berechenbar** und (um es nochmals zu schreiben) achte auf deine Drei *(s.a.)*.
(s.a. Dynamisch dirigieren; Handhaltung – Schlaghand – Ausdruckshand; Leuchtende Augen; Wackeldackel)

Ist deine Schlaghand die linke, musst du, um ‚saubere' Informationen zu vermitteln, die folgenden Schemata spiegeln!
Wirklich! Sonst kommst du dir mit deiner rechten Hand ins Gehege! Ich habe aber auch schon Rechtshänder im Dreier die 2 nach innen schlagen sehen…unschön…aber solange es konsequent gemacht wird…wirkt aber eben doch laienhaft.

Einteiliger Takt

Alle Takte, bei denen nur der Taktbeginn markiert wird, werden nur durch Auf- und Abbewegungen angezeigt.
Dabei kann man zwischen *geraden* (zwei Achtel, zwei Viertel, usw.) und *ungeraden* (drei Achtel, drei Viertel, usw.) Takten differenzieren.

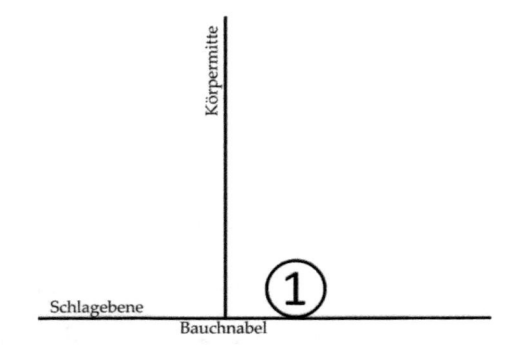

Zweiteiliger Takt
Hierunter fallen sämtliche Taktarten, die zwei Hauptzeiten haben, wobei die 2 **immer** etwas höher und leichter geschlagen wird, denn sogar im Radetzky-Marsch ist die 2 leichter als die 1.

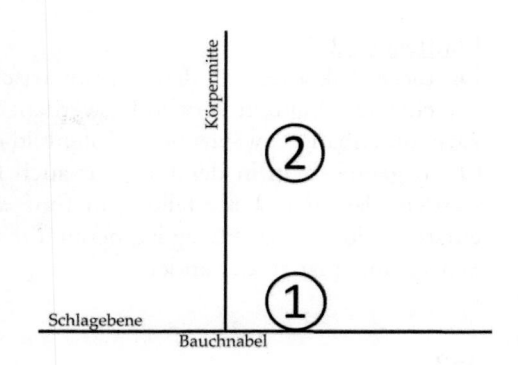

Dreiteiliger Takt
Alle dreiteiligen Takte, deren Zählzeiten zeitlich so weit voneinander entfernt sind, dass sie einzeln markiert werden sollten.
Merke: Die 2 liegt weiter seitlich als du denkst und die 3 wird **immer** höher als die 1 geschlagen.

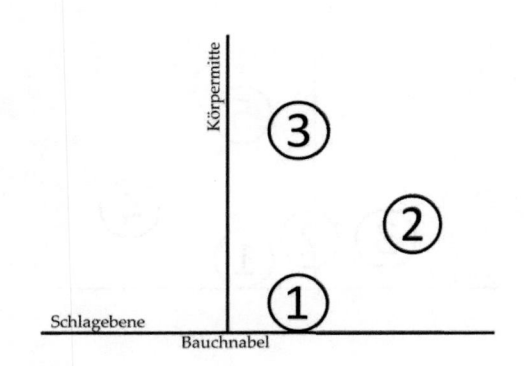

Vierteiliger Takt
Alle vierteiligen Takte, deren Zählzeiten zeitlich so weit voneinander entfernt sind, dass sie einzeln markiert werden sollten.
Merke: Die 3 liegt weiter seitlich als du denkst; die 2 und 3 liegen auf einer Ebene und **immer** höher als die 1.

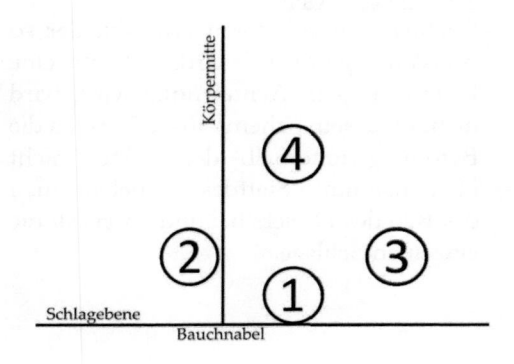

Fünfteiliger Takt

Da diese Taktarten zu den asymmetrischen gehören, müssen, je nach Fall, zwei verschiedene Figuren verwendet werden. Welche von beiden zutrifft, muss aus dem Zusammenhang bzw. aus dem Notenbild entschieden werden.

Oft begegnet man in der Literatur auch fünfteiligen Takten, die so schnell gespielt werden, dass eine Unterteilung in fünf einzelne Schläge nicht sinnvoll ist. Da der entstehende Takt zweiteilig ist, benutzt man das entsprechende Schlagbild, wobei ein Schlag länger ist als der andere.

3+2

Dieser Takt hat die längere ‚Hälfte' zu Beginn. Die Zwischenbetonung liegt auf der vierten Zählzeit.

2+3

Dieser Takt hat die kürzere ‚Hälfte' zu Beginn. Die Zwischenbetonung liegt auf der dritten Zählzeit.

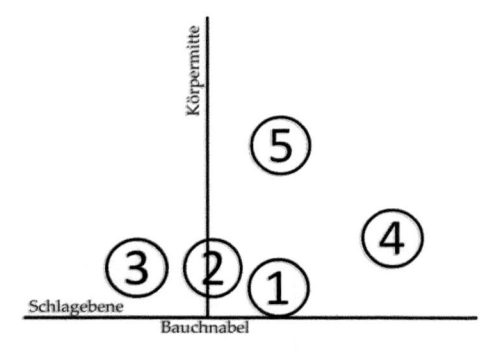

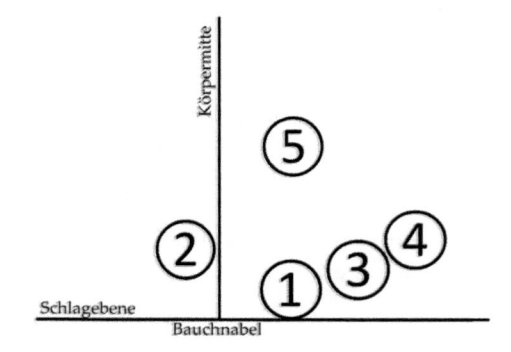

Sechsteiliger Takt

Wichtig: Ein z.B. Dreivierteltakt, der so langsam gespielt wird, dass eine Unterteilung in Achtel nötig wird, wird nicht in diesem Schema ausgeführt, da die Betonung innerhalb des Taktes nicht übereinstimmt. Stattdessen behält man das Bild des Dreiers bei und unterteilt die einzelnen Schläge.

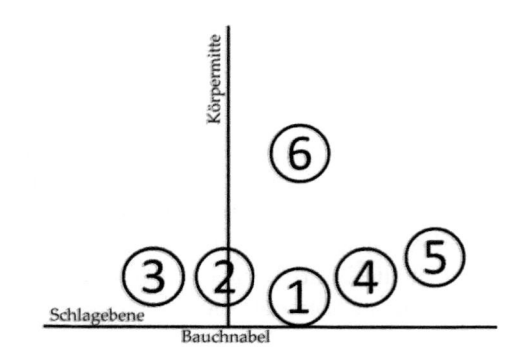

Eine weiterführende Schlagpunktdifferenzierung macht nur sehr selten Sinn, weil halt irgendwann vor deinem Körper kein visuell identifizierbarer Punkt mehr frei ist. D.h. die Schlagpunkte brauchen zur individuellen Identifizierung schlicht eine gewisse räumlich Trennung, die ein z.B. siebenteiliger Takt einfach nicht mehr gewährleisten kann. Deshalb werden weitergehende Takte meist in einem der obenliegenden Schemata ‚untergebracht':

Siebenteilige Takte
Diese Takte lassen sich in den meisten Fällen in drei Untergruppen teilen (2+2+3, 2+3+2, 3+2+2), die sich am dreiteiligen Takt orientieren. Auch hier erschließt sich die Form aus Zusammenhang und Notenbild.

Achtteilige Takte
Handelt es sich nicht um den „quadratischen" Spezialfall 2+2+2+2, der natürlich als vierteiliger Schlag ausgeführt wird, benutzt man auch hier den Dreiteiligen. Mögliche Gruppierungen sind 2+3+3, 3+2+3, 3+3+2.

Neunteilige Takte
Der Normalfall ist hier 3+3+3, also dreiteilig oder als Zusammenfassung als schlichter Dreiertakt. Vierteilige Möglichkeiten sind 2+2+2+3, 2+2+3+2, 2+3+2+2, 3+2+2+2.

Diese Systematik ist unbegrenzt erweiterbar. •

Seite „Schlagfigur". In: Wikipedia, Die freie Enzyklopädie. Bearbeitungsstand: 9. Juli 2020, 21:26 UTC.
URL: https://de.wikipedia.org/w/index.php?title=Schlagfigur&oldid=201733550 (Abgerufen: 19. März 2021, 14:21 UTC)
Einer der ganz wenigen Artikel, bei denen ich nicht mit allem einverstanden bin, was dort steht. Das ist kein Vorwurf, denn wenn man sich die Quellenlage anschaut, weiß man woher die Dirigierzeichen und Hinweise kommen (s.a. meinen Artikel über Wikipedia und dem Navigationsgerätvergleich…).
Verstehe diesen Zitatverweis deshalb mehr als (notwendigen) rechtlichen, denn als inhaltlichen Hinweis.

SCHLAND

(Deut) SCHLAN(D), (Deut) SCHLAN(D) (Deut) SCHLAN(D), (Deut) SCHLAN(D).

Bei Fußballländerspielen hört man die *Schland*-Gesänge.
Ihnen fehlt der Anfangskonsonant „D". Ohne ihn ist auch das „eu" nicht mehr identifizierbar und man hört nur ein „o(i)-schlan", wobei das „i" nur durch den Mundschluss zum „sch" ‚passiert'. *(s.a. Heilig)*
Der Konsonant wird zwar gesungen, aber zu weich und zu klingend. *(s.a. Dry und Wet)*

Grundregel: Du kannst mit der Mitte eines Wortes eher schludern als mit dem Anfang. Wenn der Anfang präzise ist, wird der Zuhörer das Wort verstehen, auch wenn der Rest genuschelt ist. *(s.a. Wortrezeption)*
Jeder Zuhörer würde *Deutschland* verstehen, selbst wenn der Chor nur „Deutschlan" singt, weil er das Wort kennt und hörpsychologisch vervollständigt.

Deshalb verschwinden in der Probe Schlusskonsonanten auch so sträflich aus unserer chorleitenden Wahrnehmung.

Gut artikulierte Schlusskonsonanten sorgen aber genau wie Anfangskonsonanten für Pünktlichkeit und eine saubere Atemführung.

Im Auftritt ist es dann halt auch einfach schön, wenn Zuhörer Wörter hörpsychologisch nicht ergänzen müssen... • *(s.a. Ole; Schlussdefinition über schnappende Aspiration)*

Schlange stehen

Ab und zu wirst du hören, dass ältere Sänger aus dem Chor austreten, weil sie Platz für jüngere machen wollen.

Das ist sehr ehrenvoll und eine tolle Ausrede – solange tatsächlich jüngere für den Platz im Chor Schlange stehen.

Es ist dämlich so etwas zu behaupten, wenn durch den Weggang des Sängers eine Lücke entsteht, die nicht gefüllt werden kann. Dann ist es nur eine faule Ausrede und Selbstberuhigung: Man habe ja mit dem Weggang sogar etwas Gutes für den Chor getan (weil **alte Stimme** weg und damit Chorklang besser oder anderer **Quatsch**).

Das musst du den Sängern, die dir mit dieser Begründung kommen, klar machen. Die meisten meinen es nämlich tatsächlich gut und glauben, dass sie jemand anderem den Platz streitig machen.

Ich weiß nicht warum. Es sind selten die Sänger, die wirklich „alte" Stimmen haben. Vielleicht standen die Sänger früher wirklich Schlange? • *(s.a. Dreck)*

Schlüssel

Du musst dir in jedem Fall einen Schlüssel für den Probenraum erbeten.

Das Öffnen und Schließen des Probenraumes ist eines der Dinge, die du natürlich in verantwortungsvolle Hände delegieren kannst, aber für das du die Verantwortung niemals ganz aus den Händen geben darfst.

Ich stand zu Beginn meiner Karriere zu häufig vor verschlossenen Probenräumen, weil der Schlüsselverantwortliche krank war und die Schlüsselweitergabe nicht organisiert hat.

Nicht zu unterschätzen ist auch der Eindruck: Ein Schlüssel symbolisiert **Macht**. Ihn haben nur wenige Personen.

Gehörst du zu den wenigen, wirst du in der Außenwirkung deiner Rolle gerecht.

Stehst du aber wie alle anderen Sänger vor dem verschlossenen Gemeindehaus und wartest auf den (natürlich pünktlich) kommenden Schlüsselwart, ist dies eine Diskrepanz zu der Rolle, die du in der Probe einnimmst.

D.h. selbst wenn du nur 3x im Jahr die Tür aufmachst: Du solltest es dann auch können. Erkundige dich, ob in deiner Haftpflichtversicherung berufliche Schlüssel mit abgedeckt sind. Bei Verlust kann es sonst sehr teuer werden. •

Schlussdefinition über schnappende Aspiration

Im Laienchor muss das Ende eines Tones definiert werden.
Deshalb notiere ich – wenn möglich – die Atemzeichen als Pausen, um *auf die Pause* absprechen zu können. *(s.a. Pausenmusizieren)*

Ab und zu gibt es aber keinen definierten Schluss eines Wortes. Dieser ist nur dann definiert, wenn eine Silbe auf eine Pause mit einem harten Konsonanten (ktpgbd) endet. – Hier ist für jeden Sänger klar, wann der Ton zu Ende sein muss.

Bei korrekter Ausführung ist auch das Ende eines Diphthong *(s.a.)* durch die späte Beugung definiert, sollte aber von dir angezeigt, bzw. in den Proben definiert werden.

In allen anderen Fällen muss das Beenden des Tones durch den Dirigenten angezeigt werden.

Es passiert ab und zu, dass ein Ton in einer kurzen Pause endet (Atemzeichen), das Wort aber kein Ende definiert hat:
Beispiel: T26 aus „Zahnweh", Op. 55 Nr. 2 von Robert Schumann (1810 - 1856)

Hier gilt folgende Technik, die auch geübt werden muss:
Endet ein Ton in einer kurzen Pause (nach der gleich weiter gesungen wird) ohne eine Schlussaktion, die aus dem Text kommt, ist der **Einatmer** in der Pause die Zielaktion. Dies ist der Fall:
- auf einem Vokal (a,e,i,o,u,ä,ö,ü)
- auf einem schließenden Schlusskonsonant (m,n,v,x,s,f,l,w,r,z)

Wenn das Ende des Tones nicht definiert, das Tempo für ein Abwinken des Chorleiters aber zu schnell ist, substituiert ein in der Pause durchgeführter Schnappatmer den notwendigen Schlusskonsonanten.
So hat der Sänger ein Ziel, das er ansteuern kann und der Chor endet gemeinsam – singt somit auch gemeinsam weiter.
Ohne dieses Ziel werden einzelne Sänger den Ton zu lange halten und dann zu spät weitersingen. •

Schnappatmung - siehe **Aktive und passive Atmung**

Schnarrendes Geräusch
Ein andauerndes schnarrendes Geräusch beim Singen kann beim Sänger auf einen schlechten Stimmbandschluss hinweisen. Der sollte zum HNO. •

Schneller macht Langsam schön
Willst du bei einem langsamen Stück die Töne proben, erhöhe das Grundtempo (Viertel=40 wird z.B. Viertel=60), um Zeit zu sparen und die Tonfolgen/musikalischen Linien für die Sänger plastischer zu machen. Eine langsame Tonfolge sorgt sonst zu Beginn der Proben dafür, dass die Sänger nur einen Ton nach dem anderen singen und im Prinzip jedes Wort (musikalische Linie) ohne Energie buchstabieren.
Wird das Tempo erhöht, lernen und singen sie eine für sie erfassbare Tonfolge – damit eine Phrase – und verstehen den musikalischen Zusammenhang der Töne.
Du verschaffst ihnen so einen Überblick und eine Zusammenfassung.
Wenn du das Tempo dann wieder reduzierst, können die Töne besser **vorgehört** werden und es kann auch im Langsamen Musik geschehen.

Auch Stücke im ‚normalen' Tempo profitieren von dieser Methode: Wenn der Chor müde ist. Er muss dann nämlich bei einer Tempoverschärfung seine Energie steigern. Die Tonfolgen werden interessanterweise sicherer, weil die Sänger keine Zeit haben darüber nachzudenken, sondern einfach das *abspulen* müssen, was sie an Tonfolgen gelernt haben.
Grundsätzlich kannst du eine Tempoverschärfung auch nutzen, wenn du Zeit sparen und wirklich nur Töne abklopfen willst (mache ich nur spontan mal wenn es passt, würde es aber nie zur Normalität werden lassen). •

Schnellredner
Willst du überzeugen, rede schnell. Menschen erliegen der Fehlwahrnehmung, dass die Redegeschwindigkeit (Form) Rückschlüsse auf den Gehalt (Inhalt) zulässt.
[siehe: Schaller, Beat: Die Macht der Psyche. Herbig, 2002, S. 46-48]
Bevor du das Reden aber nun zum Sport erhebst: Denke an deine älteren Sänger.
Du willst, dass sie auch in den hinteren Reihen verstehen, was du sagst.
Außerdem geht es ja nicht um Augenwischerei, sondern um den tatsächlichen **Transport von Inhalt**. Deine Sänger bewerten diesen ja nicht, sondern müssen ihn umsetzen.
Ich bin von Natur aus ein Schnellredner und ärgere mich immer wieder maßlos über mich, wenn da ein Sänger, der weiter hinten sitzt, nach einer Ansage von mir nachfragen muss, schlicht weil ich akustisch nicht zu verstehen war – meine Schuld, muss ich dran arbeiten.

Vielleicht ist es eine Überinterpretation, aber ich beobachte diese Fehlwahrnehmung (Inhalt ist bei erhöhter Geschwindigkeit überzeugender) auch beim Tempo von Stücken im Konzert. Dort sind sie häufig etwas schneller als in der Probe.

Manche Zuhörer finden es auch einfach toll, brillante, schnelle Stücke von Chören zu hören, die einen nur staunen lassen. Vor allem bei Wettbewerben *(s.a.)* hört man das.

Ich bleibe bei meinem Credo: Chormusik transportiert Inhalt. Wenn der Text nicht verständlich ist oder zugunsten der musikalischen Brillanz in den Hintergrund gedrängt wird, werde ich der Kunstform **Chor** nicht gerecht. •

Schnuppertage

Ich halte nichts von *Schnuppertagen* oder speziellen *Sammelschnupperproben* für interessierte neue Sänger, die ein Chor 1-2 Male im Jahr anbietet.

Im Laienchor macht es mehr Sinn immer offen für neue Sänger zu sein und diese, wenn sie anfragen, gleich zu den jeweils nächsten Proben zum Schnuppern einzuladen.

Der Vorteil ist, dass du es nicht mit 10, sondern nur mit ein oder maximal zwei neuen Sängern auf einmal zu tun hast. Damit musst du also auch kein Vorsingen machen, sondern kannst sie in der Probe testen. *(s.a. Auswahlvorsingen/ Einzelvorsingen; PTK)*

Im Laienchor zählt für den Aspiranten nicht nur die reine Probenarbeit, sondern auch das Leben des Chores. So ist eine echte Probe viel aussagekräftiger als eine, in der nicht wirklich geprobt wird, weil die Hälfte des Chores aus Kandidaten besteht.

Wenn du ein gutes On-Boarding-Package *(s.a.)* hast, in dem alle Informationen zum Chor zum Nachlesen gesammelt sind, gibt es auch wenig Fragen.

Wenn die Sänger sich zur Mitte eines Projektes entscheiden mitzusingen, kannst du ihnen je nach Fähigkeit die Chance geben, aufzuholen. Besser ist es aber (auch für die Moral der anderen), wenn du mit dieser Person abklärst, dass sie bis einige Proben vor den Konzerten mitsingen soll, um im Chor anzukommen und die anderen Sänger kennenzulernen – eventuell auch die eigene Stimme, etc. – dann aber 4-5 Proben vor den Konzerten aussteigt, um danach wieder frisch mitzumachen.

Mach diesem neuen Sänger auch klar, dass er sich in diesen Proben (wenn die anderen die Stücke schon können) vom Probentempo durchaus überfahren fühlen kann und ihn das nicht entmutigen sollte. •

Schreier

Die Unzufriedenen *schreien*. Sie verbalisieren ihren Unmut öffentlich und man kommt in die Versuchung auf diese zu hören.

Sie sind einerseits akustisch durchsetzungsfähig, andererseits durch ihre Wortwahl und Deutlichkeit einschüchternd und wirken von der Richtigkeit ihrer Aussage absolut überzeugt. In jeder Vollversammlung gibt es jemanden, der seine Meinung emotional vertritt. Zufriedene melden sich leider sehr selten so konsequent.

Im Zweifelsfall muss man (wenn der Schreier vor dem Chor agitiert) die Argumente des Schreiers vor dem Chor rational abwiegen und im Zweifelsfalle per Handzeichen, ohne weitere Diskussion, abstimmen lassen. Ein Schreier argumentiert emotional**isierend** – du musst eine aufkommende Diskussion also wieder zur Sachebene (zurück-)führen.
Normalerweise beschweren sich Sänger **reaktiv**: Sie erfahren eine Sache (z.B. wir singen im nächsten Programm 8 Lieder von Max Reger (1873 – 1916)) und reagieren auf diese Tatsache je nach Konstitution positiv („Mal schauen, wie das wird.") oder negativ („8 Stücke von Max Reger? – Das ist zu viel.").
Der Witz ist nun, dass man als Organisator (Beirat, Vorstand, aber auch Dirigent) denken würde, dass diese Menschen ihre Meinung begründen können – können sie nicht.
Keiner der Negierenden wird sagen: „Ich kann die Tonsprache Max Regers – vor allem der frühen Werke – nicht leiden." Die haben zu 99% keine Ahnung. Sie müssen ihren Senf dazugeben und am Ende stellt sich raus, dass es nur die hohe Zahl 8 war (man hätte also bei 8 Liedern von Brahms dieselbe Reaktion bekommen).
Genauso darfst du die positive Reaktion auf ein Stück oder eine Chorfahrt, etc., nicht überbewerten, so lange sie nicht auf Fakten gründet – also informiert ist.
Denn es passiert natürlich auch, dass sich jemand emotional **für** etwas von dir Vorgeschlagenem einsetzt. Wer von uns würde da nicht drauf reinfallen?
Du musst höllisch aufpassen **Schreier**, **reaktive** Kritiker und **differenzierte** Kritiker (also informierte) auseinander zu halten! *(s.a. Target Group 90%)*
Nur letztere dürfen in deine weiteren Überlegungen einfließen und eventuell sogar Änderungen in deinem Programm oder Ablauf hervorrufen – alles andere wäre reiner Aktionismus auf deiner Seite, der zu nichts führt.
Du musst für alle deine Entscheidungen Gründe haben und diese auch kommunizieren **können** (wenn du musst). – Das wird die Schreier nicht aufhalten, da sie nur emotional argumentieren – aber es gibt den Differenzierten eine Möglichkeit mit dir in einen Dialog zu treten, dich zu bestärken oder eventuell argumentativ umzustimmen.
Grundregel: „Ich will das so!" ist kein Argument, das du von Sängern annehmen musst – erwarte auch nicht, dass sie es von dir akzeptieren (außer bei musikalischen Fragen, bei denen es um Geschmack geht). •

Schriftliche Schnellschüsse

Willst du deutlich werden oder *die Wahrheit* sagen? Bist du wütend, verletzt oder beleidigt? Egal was, oder in welchem Zusammenhang: **Jede** durch eine negative Emotion initiierte Kommunikation darf von dir **ausschließlich** mündlich erfolgen.
Willst du jemanden anschreien? Tu es.
Willst du jemandem die Leviten lesen? Tu es.
Willst du jemandem ehrlich deine Meinung sagen? Tu es.
Tue es persönlich. Über das Telefon oder persönlich im Gespräch. **Niemals** schriftlich.
Schriftlich wirst du **immer** missverstanden werden.
Wir leben in einer Zeit der schnellen Kommunikation. Wie viele Politiker mussten ihren Hut nehmen, weil sie sich in irgendeiner Twitternachricht vor 2 Jahren falsch ausgedrückt

haben? Lass die Finge davon. ‚Zu positiv' darfst du natürlich immer sein – im schlimmsten Fall wirst du nicht mehr ernst genomen.

Mündliches kannst du im Nachhinein immer beschönigen, vor allem wenn es unter 4 Augen gesagt wurde. Achte aber darauf, dass du nicht mit einem offensichtlichen Feind allein bist, bzw. achte darauf, ob dein Gegenüber dich provozieren will – du könntest aufgenommen werden. Obwohl solche Aufnahmen vor Gericht keine Beweiskraft haben, könnten sie bei Veröffentlichung deinen Ruf beschädigen.

Ich ziehe mich bei Konflikten lieber etwas zurück. Ich weiß um meine Macht und spiele sie nicht offensichtlich aus. Ich weiß, dass ich am längeren Hebel sitze. Dieses Wissen gibt mir Ruhe und Kraft und vor allem **Geduld**.

Du wirst mich im privaten Gespräch fluchen und schimpfen hören mit Ausdrucksweisen, die absolut nicht zitierfähig sind.

Schwarz auf Weiß kannst du mir nichts nachweisen. Ich habe nie mit dir gesprochen. Warum denkst du dir aus, dass ich so etwas über diese Person sagen würde?

Ich rede hinterm Rücken und schmiede Allianzen – das ist überlebenswichtig.

Du wirst aber niemals eine E-Mail oder einen Chat-Verlauf von mir finden, der das beweisen wird. Ich werde immer alles glaubhaft abstreiten können.

Alles andere ist in dieser Welt, in der nichts mehr vergessen wird, weil es irgendwo auf einem Server gespeichert wird, tödlich.

Grundregel: Lese E-Mails drei Mal durch, bevor du sie schickst.

Bist du emotional warte einen Tag mit dem Schreiben, bzw. schreibe, um dir die Wut von der Seele zu nehmen, lass aber das Adressfeld frei.

Du wirst die Mail am nächsten Tag garantiert umschreiben.

Auch wenn es sich konfrontativer anfühlt und heute ja schon fast out ist: Rede mit den Menschen und frage dich bei deiner Kommunikation, wie weit du gehen willst und was dir am Ende nachzuweisen ist. • *(s.a. Jon Postel; Rezipientenabschluss)*

Der Schritt nach vorne (Neuer Chor)

Jeder neue Chor, den du übernimmst, sollte ein Schritt nach vorne sein.

Die Arbeit sollte besser bezahlt sein.

Der Chor sollte neue Möglichkeiten für dich schaffen und eine andere Struktur haben (Frauenchor/Männerchor/mit Orchester/ein kleiner Kammerchor/Kinderchor/etc.), damit du in der Woche bei jeder Probe etwas Interessantes und Neues erlebst.

Wenn du z.B. einen Kirchenchor hast und als nächstes wieder einen Kirchenchor mit gleichen Voraussetzungen übernimmst, wirst du sehr schnell mit beiden dasselbe Programm machen, sie vergleichen und schließlich frustriert sein – schlicht, weil es langweilig wird.

Nach Lektüre dieses Buches wirst du (berechtigter Weise) denken, dass du durch die schon gemachten Erfahrungen deine Anfängerfehler nicht machen wirst…aber mein Tipp ist: Suche die Herausforderung – es wird dir zwar ein wenig mehr Arbeit machen, aber diese Arbeit ist interessanter. •

Schubladendenken

Du musst in deinen Proben vier Schubladen füllen – und alle sind gleichwertig und möglichst einzeln zu füllen:
1. Sprache
2. Rhythmus
3. Ton
4. Dynamik

3. und 4. sind **abstrakt**: 3. ist nur mit absolutem Gehör oder in Referenz mit einem Instrument oder Vorsänger/Dirigent klar definierbar.
4. kann nur im Zusammenhang definiert werden: Was ist das Lauteste/Leiseste im Stück und welche Abstufungen dazwischen sind beschrieben? – Gibt es z.B. nur *forte* und *piano* oder auch Zwischenstufen?
1. und 2. sind **konkret** und absolut und damit für den Sänger am einfachsten (auch zuhause) zu lernen.
Wenn du versuchst alle Schubladen gleichzeitig zu füllen – d.h. eine schwere Stelle auf Text und Rhythmus vorsingst und erwartest, dass die Sänger das nachhaltig nachsingen – wirst du ein gutes Ergebnis erst später erreichen, als wenn du dir (vermeintlich) die Zeit nimmst, solche Stellen auseinander zu nehmen.

Der Weg zu schweren Stellen ist:
1. Text gleichmäßig, ohne Rhythmus sprechen, um ein Sprachgefühl zu bekommen und den Text/Inhalt zu verstehen.
   Achte auf gute Anfangs- und Schlusskonsonanten.
2. Im Rhythmus sprechen (monoton und langsam, wiederholend dem Originaltempo annähern).
   Achte auf die Länge der Vokale und schließenden Konsonanten – häufig wird hier „S" am Schluss von Silben in die Länge gezogen und Diphthonge zu früh gebeugt, da den Sängern die Länge der Silben noch nicht klar ist und diese Art zu sprechen unnatürlich vorkommt (was sie ist!). Dies ist ein rationalisierender Zwischenschritt, der über das Ungewohnte (im Rhythmus **sprechen**) das Gewohnte (im Rhythmus **singen**) bewusst macht. Hier ist also der Moment, die Aussprache in Verbindung mit dem Rhythmus zu perfektionieren.
3. Im Rhythmus sprechen, aber dem Tonverlauf folgen (geht die Tonfolge rauf geht auch die Stimme hoch, geht sie runter, geht auch die Stimme runter).
   So führt man ohne große kognitive Leistung die notwendige Aussprachentechnikanpassung an die Tonhöhe ein. *(s.a. Sprechender Melodieverlauf)*
4. Tonfolgen lernen auf Ma oder Sü – am besten retrosequenziell *(s.a.)*.
5. Alles auf Text in einem gesunden *mf* singen, denn die Sänger dürfen auf keinen Fall in einem eventuell vorgeschriebenen *piano* vorsichtig oder unartikuliert in einem *ff* singen. Sie sollen hier ein Selbstbewusstsein für ihre Tonkenntnis entwickeln und ohne dynamische Extreme garantierte Kontrolle über ihre Stimme behalten.
6. So singen wie notiert und auf dynamische Hürden achten.

Das wirkt zuerst wie ein langer Weg, klärt schwierige Stellen aber nachhaltig, da alle Schubladen **nacheinander** gefüllt wurden.

Vermittle den Sängern dieses Schubladendenken auch für das häusliche Üben. Es bringt ihnen nichts, sofort mit Text die Töne zu üben – da lieber auf „Ma" oder „Me" mit der Übe-Klang-Datei *(s.a.)* mitsingen, dann den Text mitsprechen, dann alles zusammen.

Merke: Hier ist *Schubladendenken* mal eine gute Sache.

In der normalen Probe gehe ich immer vom Text aus und fülle damit zwei Schubladen auf einmal: Text und Rhythmus.

In den meisten Liedern, auch wenn sie polyphon sind, sind die Silben syllabisch (eine Silbe pro Ton) und nicht melismatisch (eine Silbe auf vielen Tönen). So ist der Sprachrhythmus auch gleichzeitig der Singrhythmus.

Melismen strukturierst du durch ein wiederholtes Ansprechen des Vokals mit vorgesetztem „h": „A-ha-ha-ha-men". So wird später nicht gesungen, es konkretisiert deinen Sängern aber den Rhythmus des späteren Tonverlaufes. *(s.a. Melismen strukturieren)*

Es lohnt sich auch bei einfachen Liedern erst einmal gemeinsam (jede Stimme in der eigenen) das Stück durchzulesen, nachdem man einmal die Melodie gesungen hat.

Text ist etwas Konkretes, während die Töne für Sänger ohne absolutes Gehör nicht greifbar sind. *(s.a. Prozedurales Gehör)*

So können sie über das Füllen der zwei Schubladen *Text* und *Rhythmus* einen Überblick über das Stück bekommen und die Grundlage für das Füllen der dritten und vierten Schublade schaffen. Das Gehirn muss damit immer nur eine bis zwei Sachen lernen und nicht alles auf einmal verarbeiten.

Auch ohne Übe-Dateien oder Notenkenntnis kann jeder Sänger zuhause den Text üben. Mit etwas Vorbereitung durch eine Probe kann er auch üben diesen im Rhythmus zu sprechen. Das klappt in **jedem** Chor!

Grundregel: Je besser du diese Maßnahme und ihre Varianten in deiner Probenvorbereitung planst und je kleinteiliger du sie gestaltest, desto effektiver ist sie und **spart Zeit**! • *(s.a. Deutliches Sprechen ist deutliches Singen)*

Schulferien

Manche Chöre proben auch in den Schulferien. Ich tue dies grundsätzlich nicht.

Bedenke einfach deine eigene Kraft. Ich komme nach Ferien immer gestärkt und mit (neuer) Freude in die Proben und kann wieder ganz für meine Sänger da sein. Bei diesem sozialen Job tut es gut, regelmäßig einen Abstand zu gewinnen. So ist es auch klug nach einem anstrengenden Konzertwochenende die Probe ausfallen zu lassen, bevor man mit einem neuen Programm beginnt.

Ausnahmen bilden Ostern und der Ewigkeitssonntag. Da ich mit einem Chor in der Osternacht singe, brauche ich (nachdem die Lieder vorher schon einstudiert wurden) eine Probe vor der Osternacht, um sie nach ein, oder wenn Ostern ganz am Ende der Ferien liegt, sogar nach zwei Wochen Pause gut singen zu können.

Dasselbe gilt für den Ewigkeitssonntag, der in den meisten Jahren direkt nach den Herbstferien kommt.
In beiden Fällen betrifft dies aber immer nur **einen** Chor.
Selbst wenn es dir nicht wichtig ist – in den Sommer- und Weihnachtsferien würde ich die Proben immer ausfallen lassen. Das ist die Zeit, in der die meisten Menschen wegfahren und nach der du meistens keine Konzerte oder Auftritte hast.
Oster- und Herbstferien durchzuproben ist vertretbar, aber nicht immer nötig. •

Schulterzucker

Einige Sänger bewegen, wenn sie einatmen, die Schultern nach oben. Diese Sänger atmen primär durch die Weitung des Brustkorbes, statt einer Weitung des Bauchraumes.
Das Bewegen des Rippenkorbes nutzt viele verschiedene Muskeln und ist so komplex wie langsam.
Das größte Problem ist aber, dass der Druck zum Singen so nicht primär vom Zwerchfell *(s.a.)* gesteuert wird, sondern über ein Zusammenpressen des Brustkorbes.
Diese Sänger haben wenig, bis keine Kontrolle über ihren Atem.
Beim Einsingen kannst du solche Kandidaten sehr leicht erkennen (es sind eben die Schulterzucker).
Das Problem haben vor allem Menschen, die etwas verkniffen sind, bzw. im wahrsten Sinne *den Bauch einziehen* (ob bewusst oder unbewusst).
Du wirst ihnen das nur schwer abgewöhnen können, da sie im normalen Leben immer so atmen. Du musst es aber wahrnehmen und sensibel damit umgehen. Es bringt nichts, ihnen zu sagen, dass sie die Schultern hängen lassen sollen – das ist nur der Indikator.
Du musst mit ihnen (also dem ganzen Chor) bewusst Übungen zur Nutzung des Bauchraumes machen.
Am effektivsten ist es, die Schnappatmung *(s.a.)* zu üben: Indem aktiv der Bauch losgelassen wird, plumpsen die Eingeweide nach unten, das Zwerchfell wird mitgezogen und damit Luft in die Lungen gesogen.
Das sorgt für ein erlebtes Bewusstsein des eigenen Bauches. *(s.a. PTK)*
Oder du machst es wie ich und ‚präsentierst' deinen eigenen Bauch, für den du schließlich *hart gearbeitet* hast und den du nun auch nutzen **darfst**.
Indem du den Bauch, den manche lieber verstecken würden zeigst, und ihm über die Begründung der besseren Gesangstechnik eine Selbstverständlichkeit gibst, wirst du manche Sänger befreien können. Sie fangen an sich selbst zu erlauben loszulassen.
Dies geschieht aber nur, wenn du bewusst asexuell und *natürlich* kokettierst. Penetranz erzeugt das Gegenteil. Du willst Normalität erreichen – nicht Fremdscham.
Grundregel: Um ein Problem zu lösen, musst du die Ursache kennen. Eine reine Problembeschreibung nützt Laiensängern nichts. • *(s.a. Bauchatmung vs. Brustkorbatmung)*

Schuss nach oben
Bei Abwärtsintervallen muss der untere Ton abgefangen, bzw. abgebremst werden.
Neben dem Gebrauch von hellen Vokalen, muss der Sänger auch in einem Register bleiben, da sonst der Ton nach unten gedrückt wird. *(s.a. Registerwechsel vermeiden)*
Häufig wird aber der tiefste Ton einer Phrase entspannt, bzw. der höchste Ton einer Phrase von unten anvisiert und dieser zu tief, da man den nächsten tieferen Ton schon antizipiert.
Dies sind zwei **grundlegende** Fehler, die fast jeder Sänger macht.
Nach unten muss also abgefedert, nach oben übers Ziel hinausgeschossen und zuerst ein vielleicht zu hoher Ton erreicht werden. Dies ist leichter zu korrigieren als das was eh alle machen (nämlich das Gegenteil). • *(s.a. Absturzversicherung)*

Schutzreflex
Manche Sänger suchen Dinge am Chorleiter, die sie komisch oder merkwürdig finden können. Das ist ein Schutzreflex, da sie vom Dirigenten ‚rumkommandiert' werden und Wege suchen, wie sie damit umgehen können.
Also nehmen sie Marotten oder Verhaltensweisen, die sie verurteilen können, eher wahr als andere Sänger, um sich in diesem Punkt dem Chorleiter überlegen fühlen zu können. Das ist **keine** bewusste Entscheidung. Bist du Arbeitnehmer, denk mal darüber nach, wie häufig du in der Woche über deinen Chef lästerst (je nach Studie soll es sich um ca. 4 Stunden pro Woche handeln…). Das wirst du also akzeptieren müssen.
Was du nicht akzeptieren musst, ist die schlimmste Form des Verurteilens: Einen gesagten Satz in einen anderen Kontext zu bringen, bzw. bewusst falsch zu verstehen, um dann gegen dich zu intrigieren („hast du gehört, was er gesagt hat").
Darauf musst du mit einem ernsten Gespräch reagieren, aber wegen der wahrscheinlich *unbewussten* Bösartigkeit immer verständnisvoll („Du fühlst, dass ich dich ungerecht behandelt habe, wie kann ich dir helfen, dass das nicht mehr so ist? etc.").
Sonst wirst du diesen Sänger, der sich ertappt fühlen wird, schnell verlieren.
Wie würdest du dich in seiner Situation fühlen? • *(s.a. Gerüchte killen; Der gute Ruf)*

Schwache Sänger
Auch wenn es dir schwerfällt: *Lieber ein Ende mit Schrecken als ein Schrecken ohne Ende.*
K4-Sänger mitzuschleifen, kostet sehr viel Kraft.
Ein Mitschleifen ärgert die Guten (die dann gehen). *(s.a. Sängerkategorien)*
Sogar ganze Stimmgruppen wenden sich gegen einen Sänger.
In einem Chor musste ich eine K4-Altistin bitten den Chor zu verlassen, weil sich alle anderen Altistinnen beim Singen (unbewusst) physisch von ihr wegdrehten, um den falschen Tönen zu ‚entkommen'. Es ging so weit, dass sie wie ausgestoßen wirkte. Davor musste ich diese Sängerin schützen.
Keiner nahm das wahr, bis ich es (auf Nachfrage) ansprach.

Analysiere wie die sozialen Verbindungen sind – wird es bei Weggehen eines Sängers andere geben, die auch gehen? Wenn ein Sänger z.B. immer die Stühle für den Chor vor der Probe aufbaut und nicht zu sehr stört – also stimmlich kompensierbar ist – hat er einen Wert für den Chor als Gemeinschaft.
Stören ist aber durch das definiert, was **insgesamt** vorne beim Dirigenten ankommt. Es kann also auch sein, dass ein Sänger nur *leise* falsch singt, damit aber seine drei Nachbarn stört und der Klang dadurch verwaschen wird – der Sänger also **indirekt** stört. •

Schwaches Geschlecht
Frauenstimmen sind empfänglicher für Stimmbildung als Männerstimmen.
Vor allem Sopräne hadern oft mit ihrer Stimme und wollen besser werden.
Je mehr ein Sänger **offen** mit seiner Stimme hadert, desto leichter findest du den korrekten Ansatzpunkt, um so weit helfen zu können, dass Vertrauen wächst.
Viele Männer „können das alles" oder „singen schon seit 20 Jahren so".
Sie sind sensibler und haben größere Angst davor ihr Gesicht zu verlieren – sie sind halt das schwache Geschlecht… •

Schwangere Chorleitung
Schwanger kannst und solltest du, solange es geht, Proben leiten.
Der Chor wird akzeptieren, wenn du gegen Ende der Schwangerschaft Proben spontan kürzen oder ausfallen lassen musst.
Bedenke aber deine Verantwortung für den Chor, der auf verlässliche und regelmäßige Probenarbeit angewiesen ist und ein Recht darauf hat.
Du solltest sehr früh entscheiden, wie lange du nach der Entbindung pausieren willst.
Am sichersten ist es, einen Zeitraum festzulegen. Z.B. 6 Wochen vor der errechneten Entbindung und 3 Monate nach der Geburt.
Für diesen Zeitraum suchst du einen adäquaten Ersatz. Dieser wird nicht leicht zu finden sein – plane deshalb früh und lieber etwas zu viel Zeit für die Suche ein. So bist du für alle Eventualitäten gewappnet. Unvorhergesehenes wird eh passieren. •

Schweigende Mehrheit
Denke an die schweigende Mehrheit!
Wir machen uns häufig einen Kopf um Dinge, über die sich **einer** beschwert, wobei er damit meist ziemlich allein ist.
Die meisten Sänger loben nicht, beschweren sich aber auch nicht. Im schlimmsten Fall stimmen sie mit ihren Füßen ab (gehen also einfach) – weil sie die Konfrontation scheuen oder einen ungesunden Respekt vor dir haben.

Wenn du im Zweifel bist, wie signifikant ein Problem für den ganzen Chor ist (z.B. ein Stück – ob die Sänger es singen wollen oder nicht), solltest du schlicht anonym abstimmen lassen. Am einfachsten ist es, kleine Papierabschnitte herumgehen zu lassen und jeder schreibt auf sein Papier „ja" oder „nein".
Dann gibst du einen Briefumschlag oder ‚Hut' zum Einsammeln rum und wertest aus. – So hast du dein Stimmungsbild, das danach auch kommuniziert wird und an dessen Votum du dich halten musst.
Eine Abstimmung über Handzeichen (somit ein öffentliches *Outen*) wird immer verfälscht sein, denn es gibt zu viele, die sich der Mehrheit anpassen wollen – außerdem führt so etwas zu Diskussionen. •
(s.a. Abstimmen; Konformitätsdruck; Meinungsbild; Tendenziöse Fragestellung)

Schwerelos
Der Instrumentalsong „*Weightless*" wurde von der britischen Band *Marconi Union* 2011 in Kooperation mit der *British Academy of Sound Therapy* geschrieben und senkt den Blutdruck des Hörers. Er reduziert innere Unruhe und Nervosität nachweislich um 65%.
Gibt's auf YouTube auch als 10-Stunden-Fassung. •

Scrollen und Swipen
Mit Aufkommen von DinA4 großen Tablets begannen in meinen Chören einige Sänger nicht mehr aus Papiernoten, sondern mit Bildschirm zu singen.
Eigentlich toll: Man hat immer alle Noten dabei, man kann Notizen eintragen und löschen und es gibt sogar spezielle Apps, die die Noten vorspielen. Man kann damit also üben.
Es hat sich aber nicht durchgesetzt. Seit ein paar Jahren nutzt keiner mehr so etwas in den Chorproben. Alle sind wieder ‚Old School' mit Papier und Bleistift.
Es ist wie mit Büchern. Man könnte eine Million Bücher auf einem Tablet haben und lesen, trotzdem lesen Menschen ‚echte' Bücher. Ich gehöre auch zu diesen Menschen. Das Papier macht mir den **Inhalt greifbar**. •

Seele streicheln
Kaum ein Sänger wird bei einer Handschlagsbegrüßung fragen wie es dir geht, obwohl **du** regelmäßig fragst. Dies ist kein fehlender Respekt, sondern ein Zeichen **für** Respekt und eine gesunde Distanz.
Als Dirigent wirst du als Institution gesehen, die eine Aufgabe hat.
So hart es klingt, aber es interessiert niemanden wie es dir geht, denn auch wenn es dir schlecht geht, hast du im Zweifelsfalle die Aufgabe eine ordentliche Probe abzuliefern. Frage dich auch, ob es den Chor überhaupt etwas angeht – denn wenn du rumjaulst, es

dir schlecht geht und du deshalb eine schlechte Probe machst, was bringt es den Sängern dann zu der Probe zu kommen?
Wenn du eine Probe machst, dann mach sie ordentlich oder sag sie ab.
Worauf dann die nächste Missverständnismöglichkeit folgt: Bist du krank, kannst du die Besserungswünsche, die du per Mail/WhatsApp/etc. bekommst, an einer Hand abzählen. Dies ist wieder das Zeichen für die gesunde Distanz.
Auch wenn du (hoffentlich) jedem deiner absagenden Chorsänger eine gute Besserung wünschst, fühlen sich nur Sänger, die ein näheres Verhältnis zu dir haben, verpflichtet dir auch eine zu wünschen. *(s.a. Absagen; Viel Kraft)*
Für alle anderen fällt halt einfach nur die Probe (die ‚Sache') aus…
Vielleicht hast du ja ein sehr freundschaftliches Verhältnis zu allen deinen Sängern – für mich war es schwer zu akzeptieren, dass meine Arbeitsweise diese Distanz der Sänger zu mir (was nicht gleichbedeutend mit Abneigung ist) erst hervorgerufen hat, und dass diese Distanz im normalen Tagesgeschäft sehr richtig und wichtig ist.
Wenn man krank ist, möchte die Seele halt auch gestreichelt, und man von allen geliebt werden. Aber alles geht eben nicht. •

Selbstanalyse
Eine Selbstanalyse sollte immer schriftlich erfolgen.
Was habe ich gut gemacht (Lösungswege für Probleme im Chor/Verhalten/etc.)?
Wo war ich nicht souverän genug und wie kann ich das verbessern?
Das Niederschreiben macht die Punkte konkret. Du kannst sie dir merken und musst nicht dauernd darüber grübeln. •

Selbstbewusstsein und Selbstvertrauen
Selbstbewusst **sein** bedeutet genau zu wissen, was man kann und was nicht.
Darin liegt eine Ruhe und Kraft.
Wenn du weißt, was du kannst, wirst du dich nicht in dem beweisen müssen, was du nicht kannst, um vermeintlich dein Gesicht zu wahren. Du wirst Aufforderungen dazu ablehnen können und dich fortbilden.
Gleichzeitig wirst du das, was du kannst, überzeugt vertreten. *(s.a. Apfelbaum)*
Wir streben ein Selbst**bewusstsein** an, da uns das *fundiert* arbeiten und auftreten lässt.
Selbst**vertrauen** kann man ohne Selbstbewusstsein haben. Menschen mit Selbstvertrauen sprechen wir heute aber umgangssprachlich ‚Selbstbewusstsein' zu.
Sie haben ein Vertrauen in ihr eigenes Verhalten, ihre Wirkung auf andere und besitzen situative Reaktionsfähigkeit. *(s.a. Titelkampf)*
Ich möchte erreichen, dass du durch dieses Buch und durch Reflexion deiner Arbeit Selbstbewusstsein und **daraus** Selbstvertrauen schöpfst. Dann ist dieses Vertrauen, das du in dich selbst hast, fundiert und evaluiert. Nur so wirst du andere davon überzeugen, dass sie dir vertrauen können und du wirst dir sicher sein, dass du ihr Vertrauen nicht missbrauchst. • *(s.a. Selbstwirksamkeitserwartung)*

Selbstbewusstsein des Chores

Ein Chor muss ein Ziel haben. Das ist von vitaler Bedeutung für seine Entwicklung.
Der Sänger will aktiv am Chor teilhaben und sich mit ihm identifizieren.
Eine Identifikation wird aber nur über ein Leitbild *(s.a.)* oder eine Zielvereinbarung *(s.a.)* erreicht. Der Sänger muss wissen

- wofür sein Chor steht – wer er also ist (Kirchenchor/Gospelchor/Konzertchor/Oratorienchor/Kantorei/Kneipenchor/etc.)
- was seine Aufgaben sind (im GD singen/einmal im Jahr ein Konzert veranstalten/eine Chorfahrt machen/kann für private Feiern gemietet werden/will einfach nur so singen/Sänger ausbilden/…)
- welches Repertoire grundsätzlich gesungen wird (deutschsprachiges Kirchenlied/Gospel/Oratorien/…)
- wer mitsingen kann (Frauenchor/Männerchor/Kinderchor/gemischter Chor/…/Altersgruppen/sollten Noten lesen können/brauchen keine Noten lesen können/sollten Chorerfahrung haben/…)

Dieses Leitbild gibt dem Chor eine kommunizierbare Identität und kann somit für Werbezwecke genutzt werden.
Es gibt dem Chor sein Selbst**bewusstsein** im eigentlichen Wortsinne. •

Selbstbewusstseinsbereitende Vorbereitung

Ich habe viele Strategien ausprobiert, um selbstbewusst in eine Probe gehen zu können. Es gibt aber nur zwei (und eine Warnung…) die wirklich funktionieren:
1. Du musst vorbereitet sein. D.h. deine Probe ist geplant *(s.a. Probendisposition)*:
    - Du weißt wie du die Stücke proben willst.
    - Du hast dir genug vorgenommen, um deine Sänger angemessen zu fordern.
    - Du kennst die Partitur.
    - Du kennst dein Ziel für die Probe.
    - Du steckst das Ziel nicht zu hoch (lass dich ruhig positiv überraschen…).
2. Du gehst davon aus, dass du deinem Plan kaum folgen kannst. D.h. du musst jederzeit bereit sein deinen Plan über Bord werfen zu können, um auf das zu reagieren, was in der Probe passiert. Dies ist recht einfach, da du die zu probenden Stücke kennst, weist wie sie klingen sollen und warum du sie so haben willst – so kannst du auf alle Fragen entspannt reagieren.
Im schlimmsten Fall hast du dein *Run for Cover (s.a.)*.
3. Gehst du davon aus, dass dir die Menschen in deinem Chor stumm folgen und alles so klappt wie du es dir vorstellst, bist du verloren.

Selbstbewusstsein heißt sich seiner selbst *bewusst* zu sein. Es ist nicht das konnotative erhobene Haupt und allwissendes in der Gegend Rumlaufen, sondern schlicht zu wissen was man kann und was nicht.

Ich denke mir das Bild eines Binnenschiffers auf der Leine (Elbe, Rhein oder was da gerade vor deiner Haustür an lokalpatriotisch wichtigen Flüssen rumgeistert): Er muss wissen wo die Fahrrinne ist und muss darin bleiben. Die Fahrrinne ist dein *Selbst*. Ist der Kapitän sich dieser Fahrrinne nicht bewusst, wird er früher oder später auflaufen.

Wenn du aber genau weißt was dein Boot kann (z.B. welchen Tiefgang es hat), wirst du im Bereich deiner Möglichkeiten auf dem Fluss lange und sicher fahren können. Du wirst ohne Probleme Hindernissen ausweichen können und am Ziel ankommen.

Grundregel: Bereite deine Probe gut vor und sei offen für das, was in der Probe passiert. Wenn du dir deiner Fähigkeiten bewusst bist, kannst du die Probe im Bereich deiner Möglichkeiten (Fahrrinne) steuern.

Im Großen bedeutet dies, nur Projekte/Chöre anzunehmen, die du auch leiten kannst. Generell nutze ich das Wort „selbstbewusst" nur noch in seinem Wortsinn.

Ich will selbstbewusst sein. Denn nur wenn ich mir meines „Selbst" bewusst bin, kann ich andere Menschen auf eine realistische Fahrt mitnehmen. •

Selbstbewusstseinsbildung (Sänger)

Laienchorsänger beziehen ihr Selbst**bewusstsein** von anderen: „Singe ich schön?", „Singe ich zu laut/leise?", „Singe ich richtig/falsch?".

Sie werden sich und ihrer eigenen Stimme erst über die **Konfrontation mit anderen** (auch im *zusammen Singen*) bewusst.

Wenn du es schaffst deinen Sängern über dein Proben ein realistisches und rationales Selbstbewusstsein zu vermitteln, das auch die Wichtigkeit, bzw. Unwichtigkeit ihrer Rolle im Chor definiert, werden deine Sänger nicht mehr von Außenmeinungen (außerhalb des Chores) abhängig sein.

Das bedeutet nicht, dass sie Kritik von Freunden oder Verwandten kalt lassen wird, aber sie werden sie realistisch einordnen können: Lob und sachliche Kritik annehmen (auch von dir) – Sabbelei und Schreier *(s.a.)* vergessen. • *(s.a. Target Group 90%)*

Selbstorganisierendes Leistungssystem

Ein Chor ist ein soziales Leistungssystem, das diktatorisch geleitet wird. D.h. die Besseren helfen den Schlechteren, wobei die Voraussetzung dafür von der Leitung des Chores geschaffen wird.

Wenn du grundsätzlich niemanden einzeln und öffentlich für die Missstände in einer Stimme verantwortlich machst, sondern immer die ganze Gruppe ansprichst (...es war also nicht Sabrina, die im Alt gerade zu tief gesungen hat, sondern der Alt als Ganzes...), dann können die Sänger sich sicher fühlen und eine Gruppenmentalität aufbauen, in der auch mal der Nachbar der Sabrina sagt, dass sie gerade zu tief singt – das System wird also bis zu einem gewissen Grad selbstorganisierend.

Das bedeutet aber natürlich trotzdem, dass, sollte es nicht besser werden, du nach der Probe Sabrina auffordern musst, sich besser vorzubereiten, etc. Wenn du dich nur auf die Selbstorganisation verlässt, kann es sogar passieren, dass Sänger meinen, du hättest nicht gehört, wer es war. *(s.a. Krächz)*

Wenn du allerdings unsere Sabrina in der Probe sofort und direkt für den Missstand verantwortlich machst, kommst du in dem Augenblick vielleicht schneller zum Ziel, sorgst aber bei den anderen Sängern dafür, dass sie nun Sorge haben die nächsten zu sein. Sie werden sich mehr anstrengen, aber gestresster werden. Sie werden nicht mehr als Gruppe zusammenarbeiten und du hast am Ende einen zerrissenen Chor.

Ich löse das so, dass ich neue Sänger immer frage, ob es ihnen recht ist wenn ich sie persönlich in der Probe anspreche, oder ob wir das lieber nach der Probe klären sollen. Wenn es recht ist, tue ich das sehr sensibel und nur im Notfall (wenn der Sänger z.B. nach mehrmaligem Wiederholen für einen Missstand verantwortlich ist).

Ich tue dies auch, wenn er seiner eigenen Stimme schadet, und/oder eine Stelle einfach technisch falsch singt. Ich sage dem Chor dann, dass wir ein Einverständnis darüber haben, dass ich etwas zu dem Sänger sagen darf.

Wenn der Sänger es nicht möchte, dass ich ihn während der Probe persönlich korrigiere, muss er sich auch darauf verlassen können, dass ich erst nach der Probe zu ihm komme. Im Zweifelsfall muss man eben eine Pause einlegen. •

Selbstzweifel

Selbstzweifel sind das gesündeste, aber auch schmerzhafteste Element der Selbstoptimierung.

Manchmal kommt man nachhause und schluchzt einem einzigen Fehler nach, der in einer 90 Minuten langen Probe passiert ist.

Frage dich, warum dieser Fehler passiert ist, wie er vermeidbar gewesen wäre und wie er nicht wieder vorkommen wird.

Realisiere, dass du in diesem Beruf leider fast nur durch Fehler und ihre konstruktive Aufarbeitung besser werden kannst.

Denke aber auch darüber nach, was gut gelaufen ist und wo du Lösungen für Probleme gefunden hast – dies kann dich bestärken, dass du auf einem richtigen Weg bist.

Auch daraus lernst du. Wenn du aus dem Moment heraus einen guten Lösungsweg erfunden hast, schreibe ihn dir auf – ein Teil solch einer Aufarbeitung ist das Buch, das du gerade in den Händen hältst. • *(s.a. 1:10 Regel)*

Seitenwechselstressreduktion
Schreibe dir bei Seitenwechseln (**umblättern**) nach dem letzten Ton den Anschlusston auf, dann kannst du in der Probe ohne Stress vorsingen und umblättern.
Dasselbe gilt auch für deine Sänger. Lass sie die Anschlusssilbe und (wenn sie nach Noten singen können – also dem Notenverlauf folgen) die Anschlussnote der Folgeseite in die Noten eintragen, wo es nötig erscheint. •

Seitenzahlen einfügen
Wenn du Stücke mit mehreren Seiten (ab 2 Seiten!) an den Chor verteilst, mache dir die Mühe und schreibe auf jede Seite den Titel des Werkes und die Seitenzahl.
Einige Sänger sind notorisch unordentlich und so finden sie das Stück und die Seitenreihenfolge auch im schlimmsten Notenchaos wieder.
Das kannst du handschriftlich tun, oder besser in einer fertigen PDF einfügen. Es gibt genug kostenlose PDF-Programme, die diese Funktion anbieten. •
(s.a. Noten als doppelseitige PDF)

Selbstmitleid
Ich habe aufgehört *Selbstmitleid* zu praktizieren.
Der entscheidende Grund ist, dass ich verstanden habe, dass eine Situation sich nur lösen lässt, wenn man sie akzeptiert.
Ein anderer ist, dass jedes Mitleid auch etwas mit Verachtung zu tun hat.
In Selbstmitleid zu versinken bedeutet sich selbst zu verachten.
Ich bin da deshalb so harsch, da ich zu viele Kollegen und auch Sänger sehe, die über die Mitleidsschiene aus Situationen herauskommen wollen:

- Kollegen, die schlecht vorbereitet in die Probe kommen und dann „ach die Arbeit" rufen. Sie hätten andere Stücke auswählen sollen, die sie auch vorbereiten können, oder langfristiger planen müssen und die Proben schon einige Zeit vorher vorbereiten sollen.
- Die Kollegen, die es nicht schaffen schlechte Sänger rauszuschmeißen: Sie versinken in Selbstmitleid und belassen die Situation wie sie ist, weil sie ja „nicht stark genug sind" oder dem „Chorfrieden nicht schaden" wollen (was in den seltensten Fällen der wahre Grund ist – sei ehrlich!).
- Kollegen, die nach einer Probe weinen, weil sie ein Sänger angemacht hat, anstatt dem Sänger zu parieren.
- Die Sänger, die meinen, es wäre heute in der Probe viel besser gelaufen, wenn das Einsingen länger oder anders gewesen wäre – aber selbst vorbereitet sein? – nein...

Vom Rumjaulen hat noch kein Chor besser gesungen... •

Selbstwirksamkeitserwartung

Je länger du Chöre leitest, in diesem Bereich Erfahrungen gemacht und Fortbildungen (welcher Form auch immer) besucht hast, desto mehr wird deine *Selbstwirksamkeitserwartung* zunehmen.

D.h. die Überzeugung, durch die von dir erworbenen Kompetenzen und Erfahrungen, auch in schwierigen Situationen, wie erwünscht und ruhig handeln zu können.

Oder einfach: Du kannst dich immer mehr auf dich verlassen und durch dein erworbenes Selbstbewusstsein ein echtes Selbstvertrauen entwickeln.

Dies geschieht leider nur durch das erfolgreiche Meistern von blöden Situationen und ein Studium (welcher Form auch immer), um fachliche Kompetenz (unser **Fundament**) zu erlangen.

Wenn du aber an dem Punkt angekommen bist, kannst du in fast jede Situation gehen und wissen, dass du sie meistern wirst – vielleicht nicht perfekt, aber zufriedenstellend, weil du auf alle dir dargebotenen Gegebenheiten angemessen reagieren können wirst.

Dieses Wissen macht ruhig – du musst es dir aber auch bewusst erarbeiten. Nehme wahr, wenn du souverän reagierst oder Situationen schon mal gelöst hast und nun ohne langes Rumprobieren eine Lösung anbieten kannst. • *(s.a. Selbstbewusstsein)*

SEPA Lastschrift

Ist dein Chor ein Verein, sollte er die Mitgliedsbeiträge der Sänger per SEPA Lastschrift einziehen. Die Beiträge kommen pünktlich und man muss niemanden ermahnen.

Zuerst ist das eine ganze Menge Papierkram, aber die Regelmäßigkeit und vor allem sozialer Stress, der **nicht** entsteht, da kein Sänger ‚vergessen' kann zu überweisen, überwiegt alles.

Wenn dein Chor die Chorbeiträge per Lastschrift von den Konten der Sänger abbucht, sollte der Kassenwart dem Chor eine Woche vorher eine Erinnerungsmail schicken.

Es gibt genug Menschen, die ein Konto ohne Dispo haben und diese müssen dafür sorgen, dass ihr Konto gedeckt ist. •

Sexistische/ chauvinistische und abwertende Kommentare

Meist werden solche Kommentare aus einer dummen Laune heraus getätigt und sind nicht verletzend gemeint.

Meist kommen sie von Männern älteren Datums, die es nicht gewohnt sind, sich von einer Frau sagen zu lassen, was sie machen sollen. Solche Kommentare sind häufig eine Schutzreaktion.

Sie werden zum Glück immer seltener, da Sänger sich nicht (mehr) die Blöße geben wollen, gegen solche verbalen Entgleisungen sensibilisiert sind, anders sozialisiert sind und/oder eher gehen, bevor sie den *Kampf gegen das schwache Geschlecht (s.a.)* aufnehmen.

Wir leben nun in einer Zeit, in der solch ein Verhalten nicht mehr hingenommen werden muss und von dir auch nicht hingenommen werden **darf** – weder dir, noch jemand anderem gegenüber.

Du solltest aber, wie bei allen Kommentaren, die dich persönlich betreffen, situationsbedingt reagieren: Wenn so etwas öffentlich passiert (in der Probe oder in einem lauten Gespräch, so dass du das mitbekommst) **musst** du öffentlich klarmachen, dass das nicht in Ordnung war. Unter 4 Augen sowieso.

Wenn der Kommentar einfach doof war und der Sänger sich entschuldigt, musst du selbst schauen, wie weit du die Rüge gehen lassen willst – leider kann das deutliche Rügen einer ‚scherzhaft' sexistischen Äußerung in manchen Chören sogar negative Auswirkungen für dich haben, da ältere Semester diese Form der intersexuellen ‚Kommunikation' für normal halten (es tut mir Leid, aber das ist die traurige Wahrheit).

Wenn diese Art aber eine **Grundhaltung** ist, muss dieser Sänger aus dem Chor entfernt werden. Da bin ich absolut rigoros.

Grundregel: Eine Haltung, die respektlos oder verachtend gegenüber bestimmten Gruppen ist (Frauen/Männern/sexuelle Identifikation/Religionen/Ethnien/etc.), qualifiziert immer für eine sofortige Kündigung bzw. den Rausschmiss.

Als die Flüchtlingskrise aktuell war, hatte ich eine Sängerin, die selbst nach dem 2. Weltkrieg Flüchtling war, aber gegen Menschen, die zu uns nach Deutschland kommen wollten, klare Abwehrreaktionen zeigte.

Ihrer Meinung nach waren das alles Wirtschaftsflüchtlinge (ok, wenn dir Assad deinen Laden weggebombt hat, läufts halt mit dem Geldverdienen tatsächlich nicht mehr so…).

Die meisten wären ja auch Verbrecher. Und ihr hätte damals auch keiner geholfen.

Das sind einfach Äußerungen wo ich nicht an mich halten kann, weil sie vor Blödheit strotzen. Das sage ich dann solchen Personen auch ins Gesicht und füttere dies z.B. mit einer schnell aufgerufenen Kriminalstatistik des Bundesinnenministeriums, nach der die Sachlage etwas anders aussieht.

Mit einem leicht anwendbaren Trick sorge ich grundsätzlich dafür, dass solche Menschen ganz schnell zurückrudern: Ich übertreibe selbst und spreche das aus, was sie nicht mal zu denken wagen, was aber **Konsequenz ihrer Gedankenwelt** wäre.

Ich frage z.B. ob sie sich darüber freuen würden, wenn möglichst viele Flüchtlinge auf dem Mittelmeer ersaufen müssten?

Man könnte ja die Lager in Griechenland (in 2020) einfach bombardieren – dann würde man wenigstens mal klare Signale senden.

Oder wie wäre es, wenn man allen Afrikaner die Pimmel abschneidet, damit die nicht so viele Kinder produzieren können? Dieser unmögliche Vorschlag wurde mir tatsächlich wortwörtlich von meinem Postboten gemacht - er war dann nicht mehr lange mein Postbote. Als Schockbeispiel auf das jeder sofort „NEIN" schreien muss, übernehme ich es gerne, um konsequent Paroli bieten zu können. Meistens kommen diese Leute aus dem Gedankenkreis: „Das darf man doch wohl noch sagen…" – naja und dann sag **ich** halt mal was. Diese Sänger sind dann sehr schnell nicht mehr da. *(s.a. Popanz im Waldesecho)*

Auch wenn sich das hart anhört: Da bin ich einfach zu menschlich, als dass ich für solch unmenschliche Gedanken Geduld habe. •

(s.a. Politischer Humanismus; Verhaltenskodex; Wertegemeinschaft)

Sexuelle Belästigung

Es passiert vor allem weiblichen Kollegen, dass ihnen ein Sänger ‚zu nahe kommt'.
Bei weiblichen Kollegen hat ein ‚Anhimmeln' meist etwas mit Macht zu tun. D.h. ein männlicher Sänger findet es attraktiv, eine starke Frau vor sich stehen zu haben.
So paradox es klingt: Manche männlichen Kollegen fühlen sich sogar geschmeichelt, wenn sie von Sängerinnen angehimmelt werden. *(s.a. Verhaltenskodex)*
Wo ich unschuldige Gefühle nicht verteufeln werde, kann unerwiderte Liebe aber ganz schnell in Hass umschlagen.
Im Folgenden geht es also um den „Schritt zu weit", dessen Grenze du aber ganz allein für dich definieren und im Zweifelsfalle nach Außen kommunizieren musst.

Was die Motivation ist, und ob männlich oder weiblich: Stoppt ein Sänger seine Avancen nach einmaligem Zurückweisen nicht, entsteht eine gefährliche Situation und muss auch so behandelt werden.
Niemals darfst du mit dieser anhimmelnden Person allein und ohne Zeugen umgehen. Wenn du aus Versehen allein sein solltest (Person kommt sehr früh zur Probe), dann verlasse unter einem Vorwand den Raum und gehe z.B. zur Toilette, da diese (außer bei gleichgeschlechtlichem Anhimmeln) der einzige **sichere** Raum vor dem anderen Geschlecht ist.
Diese Verhaltensweise ist vor allem männlichen Kollegen unter allen Umständen anzuraten, um keine Chance eines Anfangsverdachtes zuzulassen!

Grundregel 1: Bist du zu dritt, gibt es mindestens einen Zeugen.
Sollte sich kein Zeuge finden und der Situation nicht ausgewichen werden können, nehme jede Konversation mit deinem Handy (eventuell heimlich) auf.
Jedes Smartphone hat eine Aufnahmefunktion. Die habe ich als Shortcut und muss also nur den Startbildschirm öffnen und einen Knopf drücken.
Viele Handys haben eine Schnellfunktion, um die Kamera auszulösen und damit Schnappschüsse zu machen. Bei mir muss ich zwei Mal den *leiser*-Schalter drücken. Dadurch hast du erstmal nur ein Foto gemacht, aber die Kamera ist an und du kannst schnell auf Video umschalten, das ja auch Ton aufnimmt. In schlimmen Situationen wirkt dies auch abschreckend.
Bei etwaigen juristischen Vorwürfen ist solch eine Aufnahme zwar nicht immer zu gebrauchen, aber das interessiert uns hier nicht – es ist unser Ruf.
D.h. wenn es blöd kommt, wird es heutzutage in dem Vorwurf der sexuellen Belästigung enden. Mit Aufnahmen könntest du zeigen, wie das Verhältnis wirklich ist. Solch eine Belästigungsbegegnung kann schließlich nur ohne Zeugen stattgefunden haben und wenn dieses Treffen aufgenommen wurde, kannst du im Nachhinein zumindest vor deinem Umfeld nachweisen, dass dort nichts passiert ist.
Juristisch wäre eine heimliche Aufnahme nicht zu verwenden, aber eine Klage wegen der heimlichen Aufnahme würde ich jedem unbegründeten Verdacht vorziehen. Selbst wenn du für so etwas verurteilt würdest, würde es dich nicht an der Ausübung deines Berufes hindern. Jeder kleine Hinweis eines Belästigungsverdachtes schon.

Grundsätzlich solltest du einem Sänger, der mehr von dir will, ein telefonisches Gespräch, bzw. ein Gespräch in einem belebten Café anbieten und vorher auf jeden Fall vertraulich deinen Vorstand oder Arbeitgeber informieren. Weise hier darauf hin, dass du das zuerst selbst lösen möchtest, denn *vorführen* muss man den Sänger wegen seiner Gefühle ja auch nicht.

Sollte dieses Gespräch nicht fruchten, **musst** du diesen Sänger aus dem Chor entfernen. Zuerst teilst du ihm mit, dass du eine gute Zusammenarbeit unter diesen Umständen nicht mehr für möglich hältst. Will er das dann immer noch nicht verstehen, musst du deinen Vorstand, bzw. Arbeitgeber einschalten und die Sache öffentlich machen. Unterschätze dieses Problem nicht!

Grundregel 2: Alles was über eine Schwärmerei für dich hinausgeht hat das Potenzial deine Karriere und dich zu zerstören! • *(s.a. Kinderchor)*

Sichere Informationen

Gib dem Chor immer alle gesicherten Informationen die du hast (Probenort/Konzertort/Zeit/Stücke/etc.).

Versprich niemals etwas, dessen du dir nicht sicher bist. Unvorhersehbare Änderungen passieren genug, aber wenn sich die Sänger einen Samstag für den Probensamstag freihalten, dann sollte er auch stattfinden.

Die einzigen zwei Gründe ihn nicht stattfinden zu lassen sind: Dirigent ist krank oder „wir brauchen ihn nicht, weil wir schon total toll singen".

Ist z.B. auf einmal der Probenraum belegt, findet man immer einen Ersatzraum.

Bist du dir unsicher, willst aber etwas mitteilen, tue dies und sei vage: „**Wahrscheinlich** 15:00 Uhr.", „**Vielleicht** in der Kirche.", etc. •

Sicherer Raum

Wir brauchen für diesen Job Herzblut (Emotion). Aber um nicht kaputt zu gehen, müssen wir bestimmte Abläufe, Verhaltensweisen und Methoden rationalisieren.

Emotionen sind wichtig, um Musik machen zu können, aber vor allem soll der **Sänger** emotionalisiert sein dürfen und können. Dies kann er am besten in einem *sicheren und strukturierten Raum*, den **du** schaffen musst.

So paradox es klingt: Je rationaler und berechenbarer du auf Umstände und Emotionen anderer reagierst, desto emotionaler kann ein Sänger in deinem Chor sein.

Wenn er die Grenzen kennt und weiß, was (immer) erlaubt oder unerwünscht ist, wird er befreit sein.

Du wirst diese Grenzen durch dein Verhalten definieren müssen. Alles was du nicht willst, musst du rügen (zu spät kommen/Privatgespräche/usw.) – und zwar immer.

Alles was du erlaubst (Zwischenfragen ohne Handzeichen/Töne mit ansumm, wenn du sie gibst/mit Überzeugung gesungene falsche Töne, die dann leichter korrigiert werden können/usw.) musst du auch erlauben, wenn du mal im Stress bist oder schlechte Laune hast.

Der Trick ist: Wenn du deine Grenzen rational beschreiben kannst, wirst du sie auch vor dem Chor einhalten können. Dieser sichere Raum, den du den Sängern schaffst, schützt also auch dich vor ungewollter Emotionalität.

Mir hat da die Gedankenwelt des *Kaizen* geholfen.

Die **Hauptgrundregel** aller **Grundregeln** für alle Zeiten (und zweiter Untertitel dieses Buches) ist: Rationalisiere alle kontrollierbaren Emotionen, damit ein sicherer Raum entsteht, der freie Emotionen zulässt.

Oder einfacher: sei **berechenbar**. • *(s.a. Meinungsänderung)*

Silbenbetonungen wider die Natur

Um eine Silbe zu betonen, muss die Silbe **davor** leichter genommen werden.

Betonung geschieht durch Kontrast. *(s.a. Akzente)*

Steht kein Akzent in den Noten und willst du einfach nur einem Wort oder einer Silbe mehr Gewicht geben, darf diese gewichtige Stelle trotzdem nicht lauter als die Grundlautstärke sein. Der Kontrast geschieht durch eine leichte Zurücknahme der Dynamik der Silbe **vor** der gewichtigen.

Das hört sich total kompliziert an und du fragst dich, wo das Notenbeispiel bleibt?

In **jedem** Takt geschieht nichts anderes. In einem 4/4 ist die 1 und 3 minimal lauter als die 2 und 4. In einem 3/4 wird die 1 stärker sein als die 2 und 3.

Der Unterschied zum echten Akzent ist, dass die im Takt minimal lauteren Noten die Grundlautstärke definieren. Ein Akzent ist aber *lauter* als die Grundlautstärke.

Willst du ohne einen Akzent gegen ein Taktschwerpunktsystem betonen, musst du den Kontrast künstlich erzeugen.

Eine Silbe unbetont zu singen ist ein **aktiver** Vorgang – du kannst nicht einfach *loslassen*, da du dann Spannungsprobleme bekommst und damit Probleme mit dem Timing und der Intonation. So etwas begegnet dir regelmäßig bei Schlusstönen, die losgelassen werden und ‚im Boden' versinken.

Lasse deinen Chor an solchen Stellen den leiseren Ton durch ein sehr kurzes Diminuendo erreichen, damit keine Delle in der Dynamik entsteht. Wenn er sich das und darauf ein kleines Crescendo reinschreibt entsteht der gewünschte Effekt ohne Spannungsabfall, da alles zielgerichtet geschieht.

In extremer Form siehst du das im Dynamikausgleich *(s.a.)*, bei Synkopen *(s.a.)* oder Hemiolen *(s.a.)*.

Am sichersten ist aber die **Schnappermethode**: Lass die Sänger den Mund an der gewichtigeren Silbe einfach mehr öffnen. So kommt mehr Klang aus dem Mund.

Einen Akzent produzierst du durch eine Zwerchfellaktion. Hier nimmst du einfach etwas Dämmmaterial (Mund/Lippen/Zähne) aus dem Weg. Erkläre dem Chor nicht zu viel, warum du das willst, da die Sänger sonst gerne bewusst laut singen. •

(s.a. Aufreißen oder zu lassen)

Singende Revolution

Als *Singende Revolution* wird die Periode der nationalen Bewegungen im Baltikum 1987 bis 1991 und des gewaltlosen Kampfes um die Wiedererlangung der staatlichen Unabhängigkeit bezeichnet.

In der Sowjetunion war es streng verboten, Lieder zu singen, in denen die Vaterlandsliebe einem anderen Vaterland galt als dem offiziellen, vermeintlich ‚einzigen' übernationalen Vaterland, nämlich der Sowjetunion.

Zu diesen verpönten patriotischen Liedern gehörten die Hymnen der seit dem Zweiten Weltkrieg von der UdSSR gewaltsam inkorporierten baltischen Staaten: Wer sie zu singen wagte, dem drohten harte Sanktionen, die vom Verlust der Arbeitsstelle bis zur Deportation nach Sibirien reichten.

Während der Perestroika (1988 – 1991) sang man aber bei nationalen Versammlungen und friedlichen Demonstrationen.

Hunderttausende Menschen versammelten sich auf öffentlichen Plätzen und in Stadien, um ihre Bestrebungen zu verkünden und ihre Meinung über die sowjetische Okkupation und Annexion zu äußern. Man sang insbesondere traditionelle Volkslieder, die das Volk ideell und emotional vereinigten und somit von der gemeinsamen kulturellen Erfahrung und Vergangenheit zeugten.

Um für die Unabhängigkeit der Baltischen Staaten zu demonstrieren, bildeten am 23. August 1989, genau 50 Jahre nach dem Hitler-Stalin-Pakt, rund zwei Millionen Menschen den Baltischen Weg, eine Menschenkette über eine Länge von 600 Kilometern, von Tallinn über Riga nach Vilnius.

Volkslieder werden auch heute in den baltischen Staaten an staatlichen Gedenktagen in überlieferter bzw. ‚moderner' Fassung (z. B. mit bekannten Rockbands) auf den Bühnen der Großstädte gesungen. • (s.a. Traditionelles Liedgut bewahren)

[Seite „Singende Revolution". In: Wikipedia, Die freie Enzyklopädie. Bearbeitungsstand: 3. Mai 2020, 23:12 UTC.
URL: https://de.wikipedia.org/w/index.php?title=Singende_Revolution&oldid=199592021 (Abgerufen: 12. Mai 2020, 10:58 UTC)]

Single out

Selbst wenn du einige tolle Sänger in deinem Chor hast, die signifikant besser sind als der Rest, darfst du diese nicht anders behandeln als alle anderen Sänger.

Widerstehe der Versuchung aus ihnen z.B. einen eigenen kleinen Chor zu basteln, der im schlimmsten Fall sogar im selben Konzert auftritt wie der *große*.

Andere Sänger fühlen sich berechtigter Weise benachteiligt.

Noch schlimmer: Du hast auf einmal deine *Lieblinge* – bist also öffentlich parteiisch.

Ich kenne **keinen** Laienchor, in dem so etwas langfristig funktioniert hat.

Damit zerstörst du das System des gegenseitigen Vertrauens, in dem den schwachen Sängern geholfen wird und alle für den **einen** Chor gemeinsam einstehen.

Hast du einen besseren Chor, dann kannst du einzelnen Sängern diesen Chor empfehlen – also im Prinzip bei dir selbst abwerben.

Dass das alles saumäßig gefährlich ist, sollte auch dir klar sein, weil es ein *single out* ist und von anderen Sängern negativ wahrgenommen wird.

Schlechteren Sängern, die nicht mehr mitkommen, solltest du dagegen einen weniger anspruchsvollen Chor empfehlen – das wird nicht negativ wahrgenommen, da das Weggehen eines schwächeren Sängers den Gesamtklang der verbleibenden Sänger anhebt und ihnen zu verstehen gibt, dass sie (alle!) zur ‚Elitetruppe' gehören.

Die guten werden mit solch einem *single out* (sie sollen in einen anderen Chor) von dir auf einen Sockel gehoben. Dies schwächt den Zusammenhalt, denn innerlich wollen viele auf diesem *deinem* Sockel stehen.

Ein *single out* hat immer eine Außenwirkung, deren Vor- und Nachteile du bedenken musst – meistens überwiegen die Nachteile.

Sänger wissen, dass du eventuell einen anderen Chor leitest und sind dort natürlich eingeladen mitzusingen. Vor allem zu Projekten solltest du immer eine Rundmail schreiben und dies anbieten. *(s.a. Projektweise Chorzusammenlegung)*

In der Corona-Krise wurde es zeitweise erlaubt mit 6 Sängern im Gottesdienst vorne zu singen – konzertant, bzw. um Gemeindegesang zu unterstützen/zu substituieren.

So wurde dies auch von manchen Kirchenchören gefordert.

Ich kenne einige, in denen die Leiter dann die Sänger, die eine Stimme auch eigenständig halten konnten, baten in solch einem Minichor zu singen.

Viele dieser Kollegen haben dafür nun vom Rest des Chores ganz gehörig eine hinter die Ohren bekommen. Der Rest fühlte sich nämlich benachteiligt.

Ich hatte mich bis zum Schluss jeder Anfrage verweigert. Ich machte den Pastoren aber den Vorschlag, dass **sie** bitteschön die Sänger aussuchen sollten – ich würde dann gerne da mitmachen – **ich** würde in keinem Fall Sänger ‚auswählen'.

Auch den Vorschlag, dass man doch rotieren könnte, musste ich ablehnen, da in den fraglichen Chören schlicht nicht genug Sänger waren, um eigenständig eine Stimme zu halten.

Von einigen Chören wurde erfolgreich einstimmig singend – mit der Orgel als Begleitung – Gemeindegesang substituiert. Hier war das Rotationssystem kein Problem. Leider kam das für mich aus verschiedenen Gründen nicht in Frage.

Ich habe also nie so gesungen. •

Sinnhafte Existenz

Was ist der Sinn eines Dirigenten? *(s.a. Dirigenten als bepulsende Kontrollinstanzen…)*

In jeder Gruppe, ob sozial oder musikalisch, gibt es Führungspersonen und solche die folgen. Der Mensch ist ein Herdentier.

Selbst Streichquartette und andere Solistenensembles haben Dirigenten – mal ist es grundsätzlich die 1. Geige, aber meist die Stimme, die gerade die Melodie spielt/singt und der die anderen Stimmen durch die **musikalische Hierarchie** untergeordnet sind.

Diese Führungsstimmen sind **relativ** zum musikalischen Material und von *einer höheren Macht* (dem Komponisten) vorgeben.

Bis zu einer Chorstärke von 8-10 Sängern braucht ein Chor kein Frontaldirigat, da noch ein gemeinsames Atmen (mit Impuls von einem Sänger) möglich ist.

Die Proben funktionieren aber hier ebenfalls nicht demokratisch, denn Musikalität und Geschmack sind keine klaren Parameter. Auch im kleinen Chor wird es 10 verschiedene Meinungen geben, wo sich dann doch eine Führungsperson durchsetzen wird und im schlimmsten Fall Animositäten entstehen (Cliquenbildung).

Ein größeres Problem ist in einem Laienensemble aber die Intonation – hier braucht es schlicht Fachkenntnis und soziale Akzeptanz.

Wenn man einem Sänger sagt, er soll einen bestimmten Ton höher oder tiefer singen, weil der sonst falsch klingt, sagt man zwei Dinge:

1. „**Du** hast **deine** Stimme **nicht** unter Kontrolle."

    Der Sänger meint evtl. er hätte richtig gesungen. Da er aber keine Referenz hat, muss er diese Aussage glauben. – Er muss dem Kritiker (dir) also vertrauen und die Fähigkeit zusprechen kritisieren zu können, da es ja keine Aufnahme gibt, über die man diskutieren könnte.

    Hat er dieses Vertrauen nicht, bzw. spricht er dem Kritiker die Fähigkeit ab, wird er blockieren.

    Erklärung: Wenn ein Pianist eine falsche Taste gedrückt hat, ist dies sichtbar und hörbar. Wenn ein Sänger einen falschen Ton singt, ist das (wenn er selbst sehr laut singt) sogar nur von *anderen* hörbar, da er selbst die Referenztöne (Mitsänger) nicht wahrnimmt.

2. Chorsingen ist eine Form von Rudelbildung.

    Als Sänger gehöre ich der Gruppe an und sorge in ihr mit meinem Singen für **Harmonie**. Wenn mir nun jemand sagt, ich würde falsch singen, fühle ich mich als Sänger ausgestoßen und werde gegen diesen Ausstoß rebellieren.

Es braucht also jemanden, der von der Gruppe als der Oberkritiker mit dem letzten Wort akzeptiert ist und das pädagogische Geschick besitzt dieses in ihn gesetzte Vertrauen zu erfüllen, damit die Gruppe nicht bald vor die Hunde geht.

Im Konzert ist bei diesen kleinen Ensembles – nach guter Probenarbeit – ein Frontaldirigat meistens unnötig.

Große Chöre brauchen einen Dirigenten auch im Konzert, da jemand für die **Organisation** durch visuelle Signale verantwortlich sein muss.

Alles was im kleinen Chor noch über Gehör und eventuell eine Halbkreisstellung (also auf Sicht) funktioniert, klappt schon nicht mehr, wenn der Chor zwei- oder dreireihig stehen muss – die Sänger somit nicht auf Sicht **miteinander** kommunizieren können.

Dafür ist dann der Dirigent da: Er schlägt einen Puls, an den die Sänger ihr inneres Metronom angleichen.

Er gibt Einsätze, damit eine Stimme gemeinsam beginnt.

Er definiert das momentan passendste Tempo und die Dynamik im Verhältnis zum Raum. Je schlechter die Akustik im Konzertraum (vor allem viel Hall), desto wichtiger ist er.

Und selbst wenn alles Technische klar ist, muss ein Dirigent schließlich die Energie des Stückes (den Charakter) anleiten – seine Energie geht auf den Chor über (etwas metaphysisch, aber anders kann ich es mir auch nicht erklären…). •

(s.a. Match your energy; Stimmungsmacher)

Sitzordnungen: Eingefahrene aufbrechen

Manche Sänger beanspruchen einen bestimmten Platz in der Chorausstellung nur für sich. Dies lasse ich in keinem meiner Chöre zu. Das schließt neue Sänger aus und führt zu asozialen Gruppenbildungen.

Weiterhin hat jede Sängerposition im Chor ihre Spezialitäten: Vorne hört man alle anderen Sänger und singt mehr **im** Chor (weshalb ich die schwächeren Sänger nach vorne setze, welche sich meistens hinten verstecken und da auch nicht besser werden).

Hinten fühlt man sich eventuell auch mal allein und muss relativ **selbstständig** arbeiten. Willst du eine eingefahrene Sitzordnung aufbrechen, nutze folgende effektive Abzählmethode, die du gegen den Gewohnheitseffekt auch mal verkehrtherum starten kannst: Wenn dein Chor in z.B. 3 Reihen sitzt, zähle im Sopran jeden Sänger ab: 1-2-3, 1-2-3. Jeder Sänger mit der 1 setzt sich dann in die erste Reihe, mit der 2 in die zweite, mit der drei in die dritte Reihe. Selbiges tust du mit dem Alt.

So sitzen die Sänger, die immer **zusammen** sitzen zumindest nicht mehr **nebeneinander**. Wenn du viele Männer hast, kannst du es dort auch tun. Männer haben aber erfahrungsgemäß weniger Rottenbildung in ihrer Stimmgruppe. Dort solltest du es direkt ansprechen, wenn du nicht mehr möchtest, dass zwei Sänger nebeneinander sitzen, oder ein starker Sänger neben einen bestimmten anderen soll. •

(s.a. Der frühe Vogel darf hinten sitzen; Probenraum)

Social Media

Facebook gewinnt mehr Einfluss bei den ‚Älteren'. Jüngere sind da schon nicht mehr – bei denen ist Snapchat und Instagram gerade aktuell (und morgen nicht mehr...).

Diese Plattformen für den Chor zu nutzen ist sehr anstrengend. Ihr Ziel ist es die Nutzer zur **permanenten Interaktion** zu zwingen. D.h. du musst wirklich jede Probe kommentieren und Fotos veröffentlichen. Willst du dagegen nur einmal auf deine Konzerte aufmerksam machen, wirst du im Wust der Nachrichten untergehen.

Du brauchst dringend einen Beauftragten aus dem Chor mit der Fähigkeit gut zu schreiben und gute Fotos mit dem Handy zu machen.

Du brauchst ein Einverständnis nach der DSGVO *(s.a.)*: Die Sänger müssen damit einverstanden sein, dass ihre Gesichter dort sichtbar sind, da eine Probe nicht als öffentliche Veranstaltung gilt. • *(s.a. Twitter)*

Sockelstellung

Du darfst niemals einen einzelnen Sänger herausheben, wenn er als einziger eine Stelle gut gesungen hat („**du** hast das toll gemacht") – das stellt diesen Sänger auf einen Sockel – also alle anderen nicht.

Das sorgt bei zu häufiger Wiederholung für Unmut, da die anderen Sänger sich ja anstrengen und nicht böswillig schlechter singen als der Klassenprimus.

Noch schlimmer ist es, den einzigen falsch singenden Sänger vor dem Chor zu outen. •

Solistenpersönlichkeit und Sumpfterrinen

Im Laienchor ist die gesangliche Qualität eines Solisten für das Publikum nicht das Entscheidende. Es gilt dasselbe wie im Chor: Die Energie **muss** stimmen. Die Töne **sollten** stimmen. Ein Solist kann so sauber singen wie er will, wenn er wie ein graues Mäuschen vorne steht, wird ein Großteil des Publikums diese Qualität nicht zu würdigen wissen. Er muss Persönlichkeit haben, sonst wird's peinlich.

Status zählt nicht und du musst Möchtegernsolisten auch vor sich selbst schützen. So ist der Status *Frau des Pastors* oder *langjähriges und verdientes Chormitglied* kein Auswahlkriterium. Selbst wenn sie denken, dass sie toll singen können und du vielleicht sogar Druck ‚von oben' bekommst, ist es dein (undankbarer) Job, ihnen das mit Liebe und Verständnis auszureden.

Einen großen Streit darüber musst du allerdings nicht vom Zaun brechen. Wenn so eine Sumpfterrine unbedingt singen will – bitte schön. Der Möchtegernsolist wird aber die, vor Verzweiflung geschlossenen Augen (weil man sich ja die Ohren nicht zuhalten darf), als verträumt lauschendes Publikum interpretieren.

Spätestens, wenn Chorsänger auf dich zukommen und fragen, was das soll, hast du aber Futter um dich gegen ‚die da oben' zu wehren.

Scherz beiseite: „die da oben" gibt es nicht! **Du** bist für den musikalischen Ablauf verantwortlich. Wenn dir das jemand wegnehmen will, darfst du sehr deutlich werden.

Dies ist ein riesiger Unterschied zum Operndirigent. Der kann sich das, was da oben auf der Bühne so tut, als würde es singen, niemals aussuchen. Meistens hat er Glück – denn es gibt tatsächlich sehr viele, sehr gut Sänger, aber manchmal eben doch nicht. So jemanden darf der Dirigent dann nicht aussortieren. Er ist dort auch nur ein kleines Rädchen im Uhrwerk.

Du wiederum kannst die Verantwortung niemals abgeben. Du **bist** verantwortlich.

Hilf dir selbst und mache eine Kosten-Nutzen-Analyse: Lohnt es sich diese Person singen zu lassen? Auch wenn du es nachher vor Chor und Publikum rechtfertigen musst? Oder kannst du es dir erlauben, diese Person (mit allen Konsequenzen) nicht singen zu lassen? (Überraschung: Ja kannst du!) •

Solistensuche

Aus dem Chor heraus einen Solisten auszusuchen ist unglaublich schwierig, da es leider zu viele überzeug**te** (nicht unbedingt überzeug**ende**) Solisten gibt.

Ab und zu sind Sänger sogar so frech und fordern ein Solo ein. Dem begegnest du, indem du im Zweifelsfall einfach ein offenes Vorsingen einschiebst – d.h. die ‚Stelle' wird für alle Sänger im Chor ausgeschrieben.

Wenn du solch einen Schritt gehen willst, musst du vorher deutlich machen, dass eine Entscheidung für oder gegen nichts mit den Sängern persönlich zu tun hat.

Je professioneller der Laienchor ist, desto weniger tritt dieses Problem auf, da dort selbstredend die Masse der überzeug**enden** Solisten zunimmt.

Eine Grundvoraussetzung muss trotzdem **jeder** Solist mitbringen: Er muss **von sich selbst** überzeugt sein. Ein Solist braucht nicht unbedingt eine extrovertierte Persönlichkeit haben, er muss seine Aufgabe aber ausfüllen wollen, weil er davon überzeugt ist, sie ausfüllen zu können. Das schafft eine ruhige Energie, die sich nicht wie Fähnchen im Wind dreht. Wenn diese Persönlichkeitsstruktur mit sängerischer Qualität und Bühnenlust gepaart ist hast du deinen Traumsolisten mit ‚Persönlichkeit'.

Ich versuche jedoch grundsätzlich und konsequent, Stücke mit Solisten zu vermeiden. Wenn man mit Solisten singen will, muss man 100% hinter seiner Entscheidung stehen. Hast du dich für einen Solisten entschieden, hast **du** dich für ihn entschieden. Du darfst dich nie bedrängen lassen. Wenn dein Solist mehr als einen Fehler macht, kannst du mit ihm vertrauensvoll sprechen und du wirst glauben müssen, dass er das mit Hilfe noch besser machen wird. Du musst den Solisten immer in seinem Selbst**vertrauen** stärken – dies steht über allem. Du wirst deine Entscheidung gegen jede eifersüchtige Anfeindung im Chor verteidigen müssen.
Wenn ein Solist also nicht der absolute Überflieger ist und von einem Teil des Chores eher abgelehnt wird, wirst du durch solche Maßnahmen automatisch als parteiisch wahrgenommen, ohne dem Chor offen erklären zu können: „Ja, er ist nicht ganz so toll, aber er lernt ja noch, wir arbeiten hart daran und im schlimmsten Fall frage ich ihn halt nicht wieder…". Dies kann zu Missgunst und im schlimmsten Fall zu Trennungen führen, denn manche Sänger denken eben **sie** hätten das Solo selbst besser gesungen und fühlen sich übergangen.

Vielleicht hast du aber auch einfach Glück und bekommst über deine eigene Auswahl oder über ‚Freiwillige' einen von allen akzeptierten Solisten, der auch noch gut ist.
Wenn der gut ist: hurra! Wenn es andere, bessere gibt, wirst du mit diesem von dir gewählten leider erstmal leben müssen.
Es gibt auch Stücke, die dieser Solist „schon immer" gesungen hat. Hier hatte ich meistens Glück und dann andere, ‚deren' Stücke dann eben nie wieder im Programm stattfanden (und **stattfinden werden** bis der ‚Solist' weg ist…).

Dies ist wirklich ein Thema, das ich immer versucht habe zu umschiffen.
Im Gospelchor ist es schwierig. Hier bin ich dazu übergegangen, Stücke mit Solisten für Tuttichor umzuschreiben und habe in einem Gospelkonzert maximal drei Solostücke.

Merke: Ein guter Chorsänger muss kein guter Solist sein (ist ja auch nicht sein Job…). Wenn nichts Gutes dabei ist oder man Ärger aus dem Weg gehen will, kann man Solistengruppen von 4 Sängern zusammenstellen – man braucht mindestens 3 Sänger, um einen halbwegs homogenen Klang zu erreichen – den 4. braucht man, um einen eventuellen Krankheitsfall zu kompensieren. (s.a. *Obertöne, Partialtöne, Teiltöne; Orchesterarbeit*)
Am friedvollsten ist es, sich einen externen Solisten zu suchen, da der, auch wenn er vom Chor nicht akzeptiert wird, im Zweifelsfalle nach dem Konzertprogramm wieder geht und keiner im Chor sich auf die Füße getreten fühlen muss. Allerdings kostet er Geld und sparen sollte man da eher nicht. •

Solistenumgang

„Wenn einer singt, bestimmt er. Wenn mehr als einer singt, bestimme ich."
Herbert v. Karajan (1908 – 1989)

Im Umgang mit Solisten darfst du nur in eine *gleichberechtigte* Diskussion eintreten.
Du bist der **Chor**leiter. Nicht der **Solisten**leiter. Du kannst zwar Dinge vorschlagen, aber musst dem Solisten den Raum geben, diesen Vorschlag auch ablehnen zu dürfen.
Ein Vorschlag muss **immer** mit sachlichen Argumenten gefüttert werden. Wenn du das nicht kannst, lass es sein. Ein Solist steht auf der Bühne allein und muss nicht nur die Musik, sondern auch sich selbst präsentieren. Dafür benötigt er Selbstvertrauen und Authentizität. Ihm dies zu geben, ist dein erstes und einziges Ziel. Alles, was du zum Solisten sagst und wie du ihn anleitest, muss auf ihn abgestimmt sein.
Wenn mir mal etwas unsachlicher Weise nicht gefällt, bitte ich den Solisten die Stelle nur „für mich" einmal so „auszuprobieren", wie ich sie mir vorstelle. Das passiert aber wirklich nur alle Jubeljahre. Meistens kann ich das, was ich will, mit Hilfe der Noten begründen. In allem anderen hat der Solist recht – dafür habe ich ihn ja auch ausgesucht. Niemals darfst du: „Ich fände es **so** aber schöner." sagen. Das was *gefällt* ist persönlicher Geschmack. **Deiner** zählt da einfach nicht.
Ich sage das deshalb so deutlich, da Laiensolisten sofort auf deine Linie aufspringen werden und du das nicht merken wirst. Es wird sich für dich wie ein Konsens anfühlen – ist es aber nicht.
Auch wenn ein Solist bezahlt wird, ist er nicht deine Bauchrednerpuppe. Du hast ihn (hoffentlich) für seine Stimme, Persönlichkeit und Performance gebucht. Dann halte dich auch hier zurück.
Grundregel: Mache im Umgang mit Solisten ausschließlich sachliche Anmerkungen. Dein Ziel muss sein, den Solisten im Konzert als eigenständige Persönlichkeit präsentieren zu können. •

Solistenverstärkung

Solisten können leise mit einem Lautsprecher (aktiv. D.h. Mikro anschließen – anschalten – Ton kommt raus) verstärkt werden, um ihnen mehr Durchsetzungskraft zu geben.
Den Lautsprecher stellst du ihnen einfach zu Füßen, dann kommt der Klang für den Zuhörer aus dieser Richtung.

Niemals darfst du über eine Kirchenlautsprecheranlage Gesang verstärken, da die Lautsprecher von Profifirmen für Sprache, in dem fast unmöglich auszusteuernden Kirchenraum konzipiert und eingestellt wurden.
Wenn die Anlage digital ist (ein Zeichen ist z.B., dass der Küster die Anlage mit einem Tablet bedient) kann es sein, dass sie eine Gesangs- oder Musikeinstellung hat, mit der man es ausprobieren kann. **Kann!**

Eigentlich ist es aber Quatsch. Du musst bedenken, dass ein unverstärkter Chor den Solisten **begleiten** soll – je weiter ein Zuschauer vom Chor entfernt sitzt, desto leiser wird der Chor sein.

Der Solist wird über die Hausanlage noch bis in den letzten Winkel gut zu hören sein – das ist ja auch die Aufgabe der Anlage. Sie hat über den gesamten Kirchenraum verteilte Lautsprecher, da man den Pastor ja überall gleich gut hören soll.

Wenn man einen Solisten oder auch ein Klavier darüber verstärkt, wird **dieser** verstärkte Klang für die vom unverstärkten Chor weiter weg sitzenden Zuhörer mit Sicherheit im Verhältnis zur Chorlautstärke zu laut sein.

Über eine Verstärkerbox vorne lässt sich das Problem gut lösen, da der Klang des Solos damit auch nur von Vorne kommt.

Das Ziel ist eine Ausgewogenheit für **alle** Zuhörer. Die Mischung muss überall dieselbe sein. Und wenn ein Zuschauer weiter weg sitzt, dann ist der Gesamtklang eben leiser. •

(s.a. E-Piano im Konzert; Konzert: elektrische Verstärkung des Chores)

Solmisation

Ich halte nichts von *Solmisation* (Wikipedia), weil ein deutscher Laienchor damit nichts anfangen kann. Der Deutsche denkt in Tonhöhen und Tonnamen.

Solmisation gibt den Tonhöhen aber einen **relativen** neuen Namen – sie ist eine Mischung – weder Fisch noch Fleisch.

Wenn überhaupt nutze ich die Handtechnik *(s.a.)*. Sie ist **konsequent relativ** und denkt nur in Tonstufen, ohne sie zu benennen – dafür habe ich ja Notennamen…

Neue Namen für Töne zu erfinden und zu unterrichten, ist in einem deutschen Chor, in dem häufig nicht mal die ‚normalen' Tonnamen gelesen/identifiziert werden können, Zeitverschwendung. Die Handtechnik kann jeder lernen – sogar Kinderchöre. •

Soziale Regelmäßigkeiten

…die gepflegt werden sollten:

- Konzertchor: Weihnachtsfeier, Sommergrillen, gemeinsames Essen als Abschluss nach einem Konzertprogramm, 2x im Jahr ein Überraschungsgemütlich *(s.a.)*.
- Kirchenchöre, oder andere mit Programmen, die aus nicht mehr als 5 Liedern bestehen, bzw. mit mehr als 4 Konzertprogrammen im Jahr:
  Weihnachtsfeier, Sommergrillen, gemeinsames Essen nach einem echten Konzert und einen gemütlichen Abend (d.h. die erste Hälfte der Probe proben, dann noch mit Fingerfood beisammensitzen) nach jedem 2. GD/Auftritt, bzw. wie der Chor es wünscht.
  Ich hatte mal einen Kirchenchor, der das Gemütliche einmal pro Monat forderte. Ein anderer fand das komisch und wollte sich nur 2x im Jahr so gemütlich sehen.
  Alles eine Frage der Traditionen. •

Soziales Faulenzen

Ab einer Stimmenstärke von ca. 6 Sängern fangen Sänger an in der *Masse unterzugehen*. Sie fangen an sich akustisch und visuell verstecken zu können.

Das ist kein bewusster Vorgang. Unbewusst wird der **Wert der Eigenleistung** relativiert. Auch objektiv ist er relativ geringer – oder hart gesagt: Ob der Sänger da ist oder nicht hat für den Chor bei 8 Sängern pro Stimme eine signifikant geringere Bedeutung als bei nur 3 Sängern. Auch die Qualität und der Grad der Vorbereitung relativieren sich so.

Dieser Vorgang nennt sich *Soziales Faulenzen* oder der *Trittbrettfahrer-Effekt*: „Die anderen machen das schon." *(s.a. Lautstärkenverdopplung)*

Du hast mit Sicherheit schon den Satz gehört: „Wenn ich beim Auftritt fehle, macht das doch nichts, es sind doch genug andere da." (Vor allem von älteren Sängern, die sich ihrer eigenen Qualität nicht mehr bewusst sind). Das ist ein subjektiver Eindruck, dem du mit Rationalität nicht begegnen kannst. Er hat etwas mit Motivation zu tun: Wie wichtig fühlt sich eine Person in der Gruppe noch und welchen Einfluss kann sie ihrem Eindruck nach auf diese Gruppe ausüben?

Nun könnte man denken, dass das kein großes Problem ist. Wenn es nur um den Chor als Ganzes geht, bzw. die einfache Chorprobe, hat das auch tatsächlich wenig Effekt. Wenn es aber um den Grad der individuellen Vorbereitung, das Engagement in der Probe die Anweisungen des Chorleiters umzusetzen und die wache Energie, die jede Probe und jedes Konzert mit Leben füllt, geht, hat dieses *Soziale Faulenzen* einen immensen Effekt. Wenn der einzelne nicht das konkrete Gefühl hat, dass seine **individuelle** Aufmerksamkeit einen **Mehrwert** für den Chor darstellt, läuft dir die Probe aus dem Ruder und ein Konzert ist langweilig.

Dem kannst du begegnen, indem du deinen Chor drastisch verkleinerst und damit die individuelle Verantwortung für das Gelingen eines Liedes erhöhst (so würde objektiv geändert, wie sich der Sänger fühlen muss – nämlich tatsächlich verantwortlicher).

Oder du freust dich, dass dein Chor wächst und änderst einfach immer mal wieder die Sitzordnung (Abzählen/hintere Reihe nach vorne/etc.) – ja, es ist so einfach!

So wird zwar die objektive Verantwortung für das Gelingen nicht reduziert, aber das subjektive Verantwortungsgefühl gesteigert, da ein neuer Nachbar dazu anspornt, besser zu singen. Manche meiner Sänger haben auch Angst in der ersten Reihe zu sitzen, weil sie tatsächlich annehmen, dass ich sie in der zweiten oder dritten nicht höre...

Wenn die Sänger sich nicht sicher sein können, dass du sie in der nächsten Probe wieder umsetzt, werden sie sich auch besser vorbereiten. • *(s.a. Sitzordnungen: Eingefahrene aufbrechen)*

Spannend, interessant und die kleine Schwester

Singst du ein modernes Stück, dessen Tonsprache das Publikum nicht gewohnt ist, wird es zwei Reaktionen geben: Das Publikum verschließt sich (doof/langweilig/warum singen die sowas?) oder es wird sich öffnen (interessant/schauen wir mal, was das wird/ spannend/toll). Du willst dein Publikum natürlich **öffnen**.

Das klappt aber nur unter einer Bedingung: Dein Chor muss das Stück absolut ernsthaft singen. Das heißt nicht, dass ihr nicht lächeln dürft. Deine Sänger müssen das Stück nur **verstanden haben** und es **präsentieren wollen**. Dann stimmt die Energie.
Wenn ein Sänger vor Peinlichkeit lacht oder der Chor ohne Energie singt, verschließt sich der Zuschauer. Hat er aber den Eindruck „Die meinen das tatsächlich ernst!", wird er (wenn er nicht eine grundsätzliche Aversion hegt) offen an das präsentierte Stück rangehen. Im schlimmsten Fall sagt er danach, dass ihm das nicht gefallen hat. Das ist ok, hat aber mit der Performance des Chores nichts zu tun.
Unter Profis gibt es den wahren Satz: „*Interessant...* ist die kleine Schwester von *scheiße...*".
Interessant bedeutet, dass der Zuschauer mit dem Stück nichts anfangen kann, es aber nicht sagen will. „**Spannend...**" ist das was **ich** erreichen will.
Die meisten modernen Musiken kann man nicht als *schön* bezeichnen – langweilig sind sie aber auch nicht. Wenn ein Chor es also durch seine Energie geschafft hat den unerfahrenen Zuhörer energetisch im Stück zu halten, ohne dass er mit seinen Gedanken abschweift, dann habe ich einen großen Erfolg erzielt. Er wurde nämlich unterhalten – er weiß nicht wie und warum, aber es war „spannend" = emotional. „Interessant" ist intellektuell. • *(s.a. Erweiterte Tonsprache; Geste vs. Ton; Geräusch; Lärm und Aneignung; Muh)*

Spannungslösende Gefühlsbeschreibung
Wenn es in der Probe nicht wirklich vorangeht und der Chor sich an einer Stelle festgesungen hat, bringt es nichts zu schimpfen (außer du über dich selbst...).
Du kannst davon ausgehen, dass alle ihr Bestes geben wollen – auch ein zwischenzeitliches Lachen, obwohl die Situation eigentlich frustrierend ist, ist meist nur ein Zeichen von sich lösender Anspannung und **nie** provokativ gemeint.
Seufze lieber einmal und stelle öffentlich fest: „Das ist echt eine schwere Stelle."
Indem du die Gefühle der Sänger beschreibst (schwere Stelle/viel Text zu lernen/klingt komisch/etc.) entspannst du sie, da sie nun wissen, dass ihre Gefühle berechtigt sind.
So kann sich der Fokus wieder auf die Lösung des Problems richten.
Grundregel: Akzeptiere die Existenz eines Problems auch **öffentlich**, um es lösen zu können. •

Speicheldrüsen
Unsere Speicheldrüsen produzieren sehr differenzierten Speichel.
Uns interessiert hier natürlich hauptsächlich die befeuchtende Eigenschaft und das partielle Ausbleiben dieser.
Wenn man nervös ist kann es sein, dass man einen trockenen Mund bekommt. Normalerweise kein Problem – wenn gleich ein Konzert ansteht, in dem wir singen müssen, ist das aber doof. *(s.a. Sahara)*
Ich habe z.B. immer nach dem ersten Stück einen trockenen Mund und muss etwas trinken. Wenn ich kein Wasser in Griffweite habe, behelfe ich mir mit Tricks.

Dazu ist es gut zu wissen, wo die drei großen Speicheldrüsen sitzen:

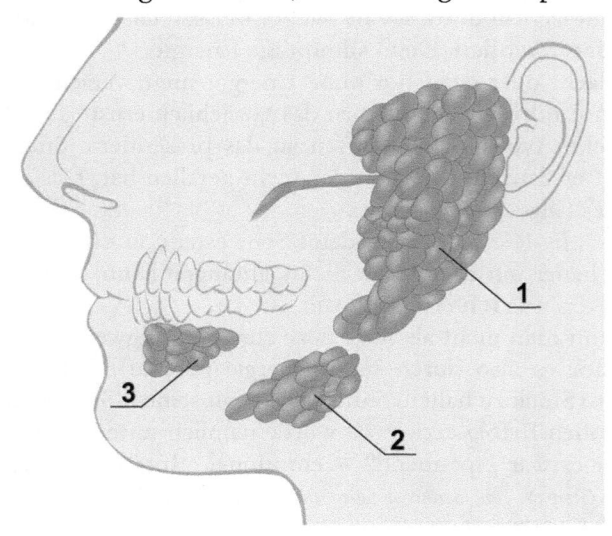

1. Ohrspeicheldrüse
2. Unterkieferspeicheldrüse
3. Unterzungenspeicheldrüse

[Bildquelle: Goran tek-en, CC BY-SA 4.0, https://commons.wikimedia.org/w/index.php?curid=89130643]

Die Ohrspeicheldrüse aktivierst du durch leichte Massage der Kiefergelenksknochen. Zusätzlich sorgt kräftiges Zubeißen und Loslassen dafür, dass die Drüsen aktiviert und etwas ausgepresst werden, was gleichzeitig die Unterkieferspeicheldrüse anregt.
Aber unsere *Notfallspeicheldrüse* ist die **Unterzungenspeicheldrüse**.
Ihr Ausgang liegt direkt unter dem Zungenansatz rechts und links am Zungenbändchen. Diesen teilt sie sich mit der Unterkieferspeicheldrüse.
Du kannst sie durch kräftigen Druck mit einem Finger auf den weichen Raum hinter dem Kinn ausdrücken.
Das geht ziemlich schnell und ist eine unschuldige Bewegung von zwei Sekunden.
Am effektivsten ist es aber, sich schlicht etwas kräftiger auf die Zungenspitze zu beißen. Danach hast du den Mund wieder voller Wasser. •

Spezialisten

Manche Dirigenten spezialisieren sich (z.B. auf eine Sprache/den Barock/die Moderne/ auf eine bestimmte Chorform und leiten nur Gospelchöre/Kantoreien/Soloensembles/ a-capella Chöre/etc.).
Im Profibereich werden solche Spezialisten von Opernhäusern oder Konzertchören gebucht.
Als Laienchorleiter kannst du dich nur schwerlich spezialisieren, da du nicht weißt, welcher Chor dir als nächstes angeboten wird.

Du musst aber auch kein Experte sein. Du musst interessiert bleiben neue Wege zu gehen. Wenn dir also ein Männerchor angeboten wird, du aber noch nie einen geleitet hast, lies dich in die Materie ein und lerne die Technik.
Worin sich alle Chöre gleichen ist, dass du mit Menschen interagierst. D.h. dein einziges allumfassendes Ziel kann nur sein **Experte in Menschenführung** zu werden. Das ist auch das einzige, das du wirklich ausschließlich über die Praxis lernen kannst.
Dieses Buch gibt dir zwar Techniken und Hinweise an die Hand, aber wann welche Technik die richtige ist musst du in dem Moment selbst entscheiden und zu spüren lernen. • *(s.a. Planlos)*

Spieglein, Spieglein vorn am Pult
Willst du, dass deine Sänger beim Singen eine gesunde Körperhaltung annehmen, musst du dich selbst beobachten. Der Chor ist ein Spiegel seines Chorleiters.
Wenn du zusammengesunken in den Noten vergraben dirigierst, kannst du von deinem Chor schlecht fordern aufrecht und strahlend zu singen.
Das **Schlimmste**, das du tun kannst ist „Klang" zu dirigieren. Z.B. bei einer *subito-piano*-Stelle ganz klein zu werden und dich zusammenzukrümmen. Das macht dann auch der Chor. Das Gegenteil musst du machen – also aufrecht stehen und eben nur klein dirigieren. Leises Singen verlangt viel mehr Kontrolle und Spannung vom Chor, als einfach nur laut zu singen. Wenn du deinem Chor also zeigst, dass er bei *piano* alle Spannung fallen lassen soll, wird das ein Desaster. Was du machen kannst: Gehe bei aufrechtem Oberkörper etwas in die Knie. Das sorgt beim Chor sogar für noch mehr Spannung.
Oder vielleicht bist du der **Show**-Dirigent? Bei *forte*-Stellen vollkommen fest, mit Verstopfunglösendemkrampfgesicht und auf letztem Atem vor dem Chor hechelnd einen lauten Klang fordernd, anstatt mit großer, aber tiefer und entspannter Geste das *Forte* anzuzeigen, sodass der Chor auch mit einem vollen Klang singen kann.
Oder forderst du wie ein *Hamster auf LSD* bei wilden Stellen mehr Einsatz vom Chor?

Für mich zählt immer das, was klanglich aus dem Chor kommt.
Willst du einen bestimmten Klang und muss der Chor dafür eine bestimmte Haltung einnehmen, muss er sich in dir spiegeln können.
Schnelle Stellen, an denen einige Sänger überfordert sind, brauchen ein klares Dirigat – leise, wie auch laute Stellen, eine gesunde Körperspannung.
Das ist einer der Gründe, warum Orchesterdirigenten im Normalfall keinen Chor leiten können. Im Orchester darf der Dirigent viel eher die Musik mit verzerrtem Gesicht ausdrücken und beinahe sterbend schluchzen. Machst du das als Chorleiter, hast du überhaupt nicht verstanden, was eigentlich deine Aufgabe ist: Deine Sänger dazu zu bringen, dass **sie** gut klingen. Leite also den Klang**körper**.
Als Hampelmann mit schauspielerischen Fähigkeiten, der zur Selbstdarstellung die musikalische Emotion im Ausdruckstanz darstellt, klappt das einfach nicht. •
(s.a. Dynamisch dirigieren; Gummiband; Haltung annehmen; Klare Dirigierbewegungen; Lehnen; Leuchtende Augen; Orchesterleiter vs. Chorleiter; Schlagpunkte; Wackeldackel)

Spontanität führt nach Rom – aber nur mit Landkarte
Spontanität führt zu unbesonnenen Handlungen.
Natürlich besteht unser Job in der Probe aus spontanen Reaktionen auf das, was uns der Chor anbietet. Die Qualität dieser Reaktionen ist aber maßgeblich von unseren gelernten Abläufen/Lösungen – also auch Erfahrungen – abhängig. *(s.a. Harald Schmidt)*
Je länger du diesen Job machst, desto häufiger wiederholen sich Probleme und somit auch die Lösungen. *(s.a. Titelkampf)*
Umso wichtiger ist es also, sich Lösungen für neue Probleme zu merken: Du musst nach einer Probe reflektieren was geklappt hat und warum.
Wir fokussieren uns zu gerne auf das, was **nicht** funktioniert hat – das ist auch wichtig und muss hinterfragt werden – aber nur wenn du zusätzlich realisierst wann du einen Lösungsweg richtig gegangen bist, wirst du besser.
Ich habe damit begonnen und das Ergebnis ist ein dickes Buch…

Wenn du vor einem Problem stehst, solltest du verschiedene Lösungswege ausprobieren, oder sogar welche im Moment erfinden.
Beispiel: Der Sopran singt den höchsten Ton einer Phrase zu tief –
1. Darauf hinweisen, Körperhaltung korrigieren.
   Klappt? Super. – Klappt nicht? Siehe Punkt 2:
2. Zunge an untere Schneidezähne, Mund auf, Energie auf den Ton **nach** dem höchsten Ton legen (dann wird der oberste nicht so gedrückt). Vokal?
   Klappt? Super. – Klappt nicht? Siehe Punkt 3:
3. Auf Vokalise einen Ganzton tiefer singen lassen, um die Blockade zu lösen.
   Klappt? Super. – Klappt nicht? Siehe Punkt 4:
4. Diese Blockade ist zurzeit nicht lösbar. Weiteres Proben würde die Sänger verkrampfen lassen. Andere Stelle proben und später wieder zurückkehren.

Grundregel: Viele Wege führen nach Rom. Du darfst und musst verschiedene Wege ausprobieren. Deine Erfahrung ist deine Landkarte. •

Sprache der Musik
Bis in das 18. Jahrhundert war Vokalmusik die *höherwertige* Musik.
Das liegt vornehmlich an der starken Bindung von ‚kunstvoller' Musik und der Kirche. Volksmusik zählte nicht und Gott kann man halt nur mit Text loben.
Dann begann sich die Instrumentalmusik zu emanzipieren. Das konnte sie aber nur, da Musik nun generell als **Sprache** verstanden wurde.
- Johann Mattheson (1681 – 1764) schrieb 1739 zum ersten Mal von der „Klangrede" in seinem auch heute noch lesenswerten, aber etwas anstrengendem „Der vollkommene Capellmeister".
- Johann Nicolaus Forkel (1749 – 1818) nennt es 1788 „Tonsprache" in seiner „Allgemeinen Geschichte der Musik".

- Carl Philipp Emanuel Bach (1714 – 1788) sieht in seinen Kompositionen ein „redendes Prinzip".

Diese drei Herren meinen diese Definition *Musik=Sprache* ernst.
Sie erkennen, dass musikalische Werke eine eigene Grammatik haben. *(s.a. Kaffeewasserfuge)*
Mattheson lässt seine Klangrede, gleich der Abfolge einer antiken Rede, in sechs Teile gliedern.
Bach war im regen Kontakt mit Dichtern, ohne selbst mit *Worten* zu dichten.
Forkel wählt in der Einleitung zu seiner „Allgemeinen Geschichte der Musik" die 1 zu 1 Übertragung: „Aus den einfachen Sprachlauten werden Silben und Wörter zusammengesetzt, wodurch man Sachen nebst ihren Eigenschaften und Beziehungen bezeichnen kann; aus einzelnen Tönen teils auf ähnliche teils auf verschiedene Art etwas, was für die Bezeichnung einer Empfindung nebst ihren Eigenschaften und Beziehungen das nämliche ist."
Anekdotisch antwortete Joseph Haydn (1732 – 1809) vor seiner Reise nach London auf den Einwand er können doch die englische Sprache nicht: „Meine Sprache versteht man durch die ganze Welt".
Das bekannteste Zitat: „Die Musik ist eine Sprache, die die ganze Welt versteht" stammt aus einem Übersetzungsfehler in Kombination mit einem verkürzten Zitat: „Music is the universal language of mankind – poetry their universal pastime and delight."
Was der amerikanische Autor Henry Wadsworth Longfellow (1807 – 1882) **1835** damit sagen wollte ist: Musik ist die universelle Sprache der Menschheit – Dichtung/Literatur ihr universeller Zeitvertreib und ihr Vergnügen. Er verteilt damit die künstlerischen Aufgaben: Musik ist (ernste) Sprache – Literatur darf spielen.

Im Chor haben wir die Verantwortung **zwei Grammatiken** zu verbinden: Text und Musik. Bei den guten Komponisten werden diese deckungsgleich sein.
Trotzdem ist in fast allen Fällen der (echte) Text vor dem Notentext da gewesen und somit unsere Richtschnur für die ***Gesamtgrammatik*** **der Musiksprache**. •
(s.a. Erweiterte Tonsprache; Geste vs. Ton; Geräusch; Lärm und Aneignung; Muh; Strophenliedern gerecht werden)

Sprechender Melodieverlauf

Lasse deinen Chor den Text eines Liedes immer dem Tonverlauf folgend sprechen: Wenn die Tonfolge hoch geht, müssen die Sänger mit der Stimme folgen, ohne genau die Töne treffen zu wollen. Hat die Tonfolge Sprünge, muss auch im Sprechen gesprungen und dieses dabei übertrieben werden.
Jeder Sänger, der **sehen** kann, wird dies umsetzen können, da er dem Tonverlauf ungefähr folgen kann (*schwarze Punkte* raufund runter).
Das Hauptproblem: Lässt du deine Sänger einen Text sprechen, will niemand zu laut sein. Du wirst auch die Erfahrung gemacht haben, dass deine Sänger dann eher in einer tiefen und murmeligen Lage sprechen.
Der Text muss aber unbedingt mit den vorgeschriebenen Atemzeichen und in der ungefähren Tonlage gesprochen werden, in der er nachher gesungen wird. Sonst bringt

das Sprechen des Textes zur Übung des Rhythmus nichts, da der Sänger die Zwerchfellspannung und Energie, die er nachher beim Singen braucht, üben soll und nicht nur Mundbewegungen.

Sollte diese Kombination für deinen Chor zuerst zu viel sein und du möchtest nur den Text/Rhythmus üben, lass deinen Chor in **höherer Lage** sprechen.

Das höhere Sprechen zwingt zu einer besseren Artikulation und Flexibilität, weil hohes Sprechen eine höhere Grundspannung erfordert (wie nachher auch das Singen).

Weise deine Sänger immer wieder darauf hin, so zu **atmen** wie sie es auch beim Singen tun werden. Nur gutes Atmen sorgt für gutes Singen! •

(s.a. Deutliches Sprechen ist deutliches Singen; Schubladendenken; Übe-Klang-Dateien)

Spuckende Italiener gibt's nicht, das machen nur Deutsche

Harte Konsonanten sind im Italienischen nie aspiriert. *(s.a. Konsonanten (aspirierte))*

Im Deutschen werden die Konsonanten mit der Lungenluft und dem Lungenluftdruck erzeugt. Damit deine Sänger beim „t" nicht *transpirieren* („ein Italiener spuckt nicht"), lass sie die Plosivlaute, KTP und ihre weichen Formen nur mit der Luft des Mundraumes und dem Druck, der im Mundraum erzeugt wird, singen/sprechen.

Du wirst deinen Sängern – so wie ich es auch lange getan habe – sagen, dass sie z.B. ein „t" eher wie ein „d" sprechen sollen.

Der Kausalzusammenhang ist aber falsch: Nicht, um ein „t" weich zu sprechen, werden die Konsonanten nicht aspiriert, sondern **weil** die Konsonanten nicht aspiriert werden, sind sie weich.

Bringe deinen Sängern bei, den Druck anders aufzubauen und ein „t" wird immer noch von einem „d" zu unterscheiden sein (aber eben nicht atmend gespuckt).

Wie auch immer: Wir müssen verhindern, dass die Plosivlaute einen scharfen Schnalzer bekommen. Für den deutschen Chor bedeutet dies zuerst sogar ein Gefühl, als solle er schlechter artikulieren (was er dann auch tatsächlich tut!).

Wenn du deinen Sängern die geänderte Form des Druckaufbaus beibringst, wird dies aber eine kontrollierbare Aktion, die wieder für ein artikulierendes Gefühl sorgt – nur anders... •

Stapediusreflex

Mit *Stapediusreflex* (auch Akustischer Reflex oder Mittelohrreflex) bezeichnet man eine unwillkürliche Reaktion *(Reflex)* innerhalb der Gehörknöchelchen im Mittelohr, der das Innenohr vor Schäden durch lauten Schalldruckpegel schützt.

Bei ausgelöstem Reflex wird die akustomechanische Ankopplung des Trommelfells an das Innenohr herabgesetzt, es wird nicht mehr der gesamte Schalldruck an das Innenohr übertragen, sondern ein Teil wird am Trommelfell reflektiert.

Hierdurch kann sich das Gehör in gewissen Grenzen vor einer Schädigung durch zu hohe Schallpegel schützen.

Ein nur auf einem Ohr gegebener Schallreiz löst den Reflex bei beiden Ohren aus.
Der Stapediusreflex setzt bei Schallpegeln von 70 bis 95 Dezibel ein (Stapediusreflexschwelle) und ist etwa 50ms nach Einsatz des Schalls wirksam.
Mercedes Benz nutzt bei einer als *Pre-Safe* bezeichneten Technik den Reflex, indem kurz vor einem Unfall durch ein Geräusch der Reflex ausgelöst wird. Das **reflexauslösende** Geräusch soll dabei deutlich leiser als das Geräusch des Unfallgeschehens **sein** und somit das Innenohr vor letzterem schützen. •

[Seite „Stapediusreflex". In: Wikipedia, Die freie Enzyklopädie. Bearbeitungsstand: 10. Juni 2019, 19:08 UTC.
URL: https://de.wikipedia.org/w/index.php?title=Stapediusreflex&oldid=189433088 (Abgerufen: 11. April 2020, 09:23 UTC)]

Stasi

Als die Menschen während der Corona-Krise ihrer Masken immer überdrüssiger wurden, musste man sie davon überzeugen Abstand zu halten und eben Masken zu tragen.
Man wurde auch aufgerufen einander zu kontrollieren.
Ich hatte mehr Erfolg mit der Bitte „aufeinander aufzupassen".
Nicht Misstrauen, sondern gegenseitiger Schutz als Handlungsbegründung. •

Stecher

Hast du in einer Stimme einen sehr starken Sänger, der sich dem Chorklang nicht unterordnen kann (**nicht** „will"), dann nutze diese Person: Sag ihr deutlich, dass sie aus dem Chorklang heraussticht, aber das **dann** gut ist, wenn sie ihre Stimme gut kann. Sie soll hinten stehen und den anderen helfen. Pass nur auf, dass sie nicht noch extra lauter singt, weil sie nun Verantwortung hat…
Meistens hat solch ein Herausstechen etwas mit falscher Druckdosierung und Angespanntheit zu tun, eventuell auch mit einer rauen Stimme.
Versuche diese Person zum Loslassen *(s.a.)* zu bringen (physisch, wie psychisch).
Eventuell ist es also gerade falsch, sie nach hinten zu setzen – vielleicht muss sie von einem falschen Verantwortungsgefühl erlöst werden.
Am Ende zählt aber (leider) der Chorklang und wenn diese Person nur heraussticht, ohne ein Mehrwert zu sein, muss sie den Chor verlassen. •

Steuer (absetzen von)

Was kann ich von der Steuer absetzen?
1. Dieses Buch.
2. Alles was dir im Entferntesten hilft Geld zu verdienen (bis hin zum Bleistift).
3. Konzertkleidung nur, wenn sie mit einem Logo oder deinem Namen bestickt ist und damit für einen offensichtlichen Zweck gemacht ist und nicht zur Hochzeit deines besten Freundes getragen werden kann. •

Stillgestanden!

Lasse deine Sänger grundsätzlich ihre Beine/Knie leicht anwinkeln – sie dürfen nicht *strammstehen*. Bei durchgedrückten Beinen kann der Oberkörper sonst auf der Hüfte ‚ruhen', **ohne** minimale Körperschwankungen ausgleichen zu müssen. Dies führt zu einer spannungslosen Haltung.

Mit leichter Anwinkelung muss der Körper Schwankungen ausgleichen und die Bauchmuskeln sind leicht angespannt – man hat also eine gewisse Grundspannung – die Stabilisierungsspannung.

(s.a. *Bauchatmung vs. Brustkorbatmung; Deutliches Sprechen ist deutliches Singen; Hackentrick; Wippen*)

Man ist außerdem **flexibler**. Das ist zwar fürs Singen nicht so wichtig (außer du machst Actionsingen), es gibt dir aber die Möglichkeit den Effekt, den Strammstehen und Anwinkeln haben, zu demonstrieren. Fordere einen eher frechen Sänger mit wenig Hemmnis auf, dich zu schupsen.

Einmal, wenn du strammstehst – Vorsicht! – das kann dich echt umhauen und ist deshalb umso wirkungsvoller!

Das zweite Mal winkelst du die Beine an und kannst so mit dem Schupsen flexibel mitgehen (nicht ausweichen) und bleibst damit stehen.

Pass bei dem Experiment auf, dass du hinter dir genug Platz hast. Ich bin dabei schon mal in ein Schlagzeug gefallen. •

Stimmbruch

Im Stimmbruch wachsen die Stimmlippen und verdicken sich. Dadurch wird – bei Jungen mehr, bei Mädchen weniger – die Stimme tiefer und *reifer*.

Sie verändert sich in diesem Maße im Leben des Menschen nicht wieder.

Im Alter kann es nur noch vorkommen, dass die Muskeln, die die Stimmlippen spannen sollen, nicht genügend trainiert sind/sich nicht mehr genügend trainieren lassen, um genug Spannung für hohe Töne aufzubauen. Und natürlich können Stimmerkrankungen die Stimme verändern.

Nach dem Stimmbruch sind die Stimmlippen bei Jungen doppelt so lang wie vorher.

Da sich das System erst etablieren muss, gibt es das bekannte Überschlagen der Stimme – den *Stimmbruch* – der alle Jungen überfällt. Die Stimmlippen passen dann noch nicht ideal zueinander und schließen nicht richtig, bzw. lassen sich noch nicht wieder korrekt kontrollieren.

Am Ende ist die Stimme des Mannes um ca. eine Oktave tiefer als vor dem Stimmbruch. Die Stimmlippen von Mädchen werden auch größer und dicker, aber in viel geringerem Maße, sodass ein *Stimmbruch*, wenn überhaupt sehr gering ausfällt.

Eine Frauenstimme wird darüber nur wenig tiefer als sie vor dem Stimmbruch war. •

Stimme

Die Lauterzeugung im Menschen ist ein hochkomplexes Thema.
Darüber sind berechtigter Weise dicke Bücher geschrieben worden.
Hier ein Bild der Stimmritze und Stimmbänder:

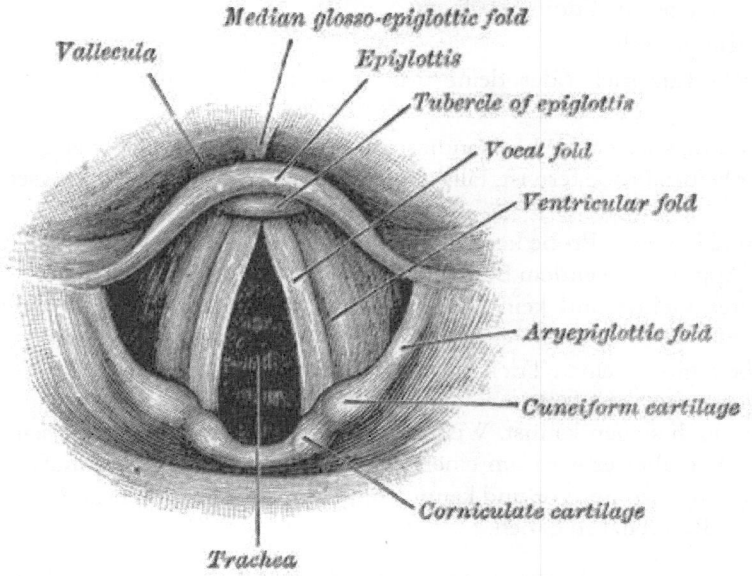

[Bildquelle: Henry Vandyke Carter - Henry Gray (1918) Anatomy of the Human Body Tafel 956, Gemeinfrei, https://commons.wikimedia.org/w/index.php?curid=244424]

Lese Wikipedia zu folgenden Themen – die nur eine Auswahl darstellen können – und du kommst der menschlichen Klangerzeugung näher: Menschliche Stimme, Zwerchfell, Gesangsregister, Formant, Sängerformant, Obertöne, usw.
Folge dort den internen Links zu weiteren Seiten.
Nehme dir einfach mal einen Nachmittag Zeit und lerne das Instrument deiner Sänger (und auch von dir) näher kennen. Ich glaube jeder Geiger weiß mehr über den Aufbau seiner Geige als wir Sänger über den Aufbau unserer Stimme. Ändere das. •

Stimmgabel und Alternativen

Alles außer einer Stimmgabel sieht im Konzert unprofessionell aus.
Das Benutzen einer Stimmgabel kann **jeder** lernen, wenn er ein bisschen in Intervallen denken kann (wie es ein Chorleiter können sollte).
Eine Stimmgabel gibt dir den Referenzton a', von dem aus du jeden Ton *errechnen* kannst.
Man muss mit der Stimmgabel trainieren und man wird auch mal Fehler machen.
Man muss eben **lernen** in Intervallen zu denken. (s.a. *Stimmgabelübungen*)
Nutze eine Stimmgabel mit 440 Hz oder besser 442 Hz *(Hertz - s.a. Wellenlängen und Frequenzen)*, da man damit dann auch mit Orchester arbeiten kann.

Orchester stimmen heute normalerweise auf Kammerton 442 Hz, um etwas brillanter zu klingen. In der Alten Musik, wenn auf historischen Instrumenten gespielt wird, hat sich dagegen 415 Hz durchgesetzt. Hier macht das auch Sinn, da die historischen (oder historisierten) Instrumente die höhere Stimmung zum Teil nicht vertragen.
Schaffe dir mindestens drei gleiche Stimmgabeln an:
- Eine für den Schreibtisch.
- Eine für deinen Rucksack oder deine Tasche – die du immer zur Probe mitnimmst.
- Eine Notfallstimmgabel für deine Handtasche/Auto/Fahrradtasche – also an einem Ort, der keiner Probe fern ist, falls du deine andere Stimmgabel vergessen habe solltest.

Ich habe bisher nur einmal in einer Probe keine Stimmgabel dabeigehabt (und noch kein Smartphone mit einer App *(s.a.)*) – seitdem besitze ich 6 an verschiedenen Orten...
Wenn du kein absolutes Gehör und kein Klavier (App) da hast, brauchst du eine Stimmgabel.
Sollten alle Stricke reißen, gibt es einen Trick, mit dem du einen Anfangston zumindest ungefähr (je nach Tagesverfassung) errechnen kannst: Dafür musst du wissen, was der **tiefste** Ton ist, den du noch singen kannst. Wenn du gestresst bist wird er höher sein, weil du eher fest sein wirst, aber er wird um einen Ganzton korrekt sein. Mein tiefster Ton ist z.B. ein *Es*. Das singe ich mir vor und kann damit dann ungefähr Töne angeben, sollte ich keinen anderen Referenzton haben. •

Stimmgabelsänger

Ich kenne keinen Laienchor, in dem die Sänger sich ihre Töne vor Beginn eines Stückes selbst von der Stimmgabel holen (können). Es gibt ihn bestimmt – ich kenne keinen, der nicht zum größten Teil aus Berufsmusikern besteht.
Wenn es wirklich möglich wäre, würde ich das **immer** fördern und fordern.
Im Normalfall ist diese Forderung aber nicht zielführend.
Deine Sänger müssen dabei ja nicht nur Noten lesen können, sie müssen Intervalle sauber **denken** können. Sie dürfen innerlich keine Tonschritte vom *a'* zum Zielton singen müssen oder ähnliche Hilfen brauchen.
Es müsste trainiert werden – genau wie du es trainieren musst.
Aber selbst, wenn du einen Chor aus Chorleitern leitest, profitiert dieser davon, einen Ton für jeweils seine Stimme zu bekommen.
Der Grund ist einfach: Jeder macht mal Fehler und nur so haben garantiert alle denselben Anfangston, weil er von nur einer Quelle kommt: **dir**.
Im Solistenensemble ist es üblich sich selbst den Anfangston zu holen.
Alle anderen Chöre profitieren nur beim Singen von sehr modernen Stücken davon, wenn sich jeder Sänger den eigenen Ton holen kann. In solchen müssen die Sänger auch innerhalb des Stückes, während andere Stimmen singen, einen Ton von der Stimmgabel nehmen, da im Stück häufig keine Referenztöne zu identifizieren sind. •

Stimmgabelübungen

Als ich meine Wege zu Chören noch im Zug zurückzulegen hatte, habe ich mir folgende Stimmgabelübungen für die Fahrt geschrieben.
Heutzutage kommt man in die Versuchung Gehörbildung ausschließlich mit Apps *(s.a.)* oder dem PC zu üben – wir arbeiten aber **analog** (Ton von der Stimmgabel).
Vor allem gibt es keine Programme, die dich zwingen weiter als **ein** Intervall zu denken. Dies tust du hiermit und trainierst so deine innere Vorstellungskraft.
Du kannst dir natürlich eigene, einfachere schreiben, die folgenden Anwendungsgrundprinzipien sollten aber gleich sein:

- Nutze die Übungen auch rückwärts.
- Willst du sie singen kannst du in den Extremen oktavieren oder **(besser)** dir den Zielton denken und wieder singen, wenn du kannst.
- Sage dir die Tonnamen vor und mache einen Unterschied zwischen übermäßiger Quarte und verminderter Quinte.
- Im Idealfall sind Anfangs- und Endton gleich. •

➢ 2-↑ 2+↓ 3-↑ 3+↑ 4↑ 4+↓ 5↑ 6-↓ 6+↑ 7-↓ 7+↑ 8↓ 9-↑ 9+↓ 6+↑ 2+↑

➢ 3+↓ 4↑ 6-↑ 7+↓ 2+↑ 3-↑ 9+↓ 3-↑ 5+↓ 3-↑ 2+↑ 2-↓ 7+↑ 5↓ 4↓

➢ 2-↓ 2+↑ 3-↓ 3+↑ 4↓ 4+↑ 5↓ 6-↑ 6+↓ 7-↑ 7+↓ 8↑ 9-↓ 9+↑ 5-↓

➢ 2+↓ 7-↑ 5↓ 2-↑ 4+↑ 3+↓ 9-↑ 7+↓ 4+↓ 2-↑ 3+↑ 6+↓ 6-↑ 4↓

➢ 9+↑ 9-↓ 8↑ 7+↓ 7-↑ 6+↓ 6-↑ 5↓ 5-↑ 4↓ 3+↑ 3-↓ 2+↑ 2-↓ 4↑

➢ 7+↑ 5↓ 2+↑ 6+↓ 9+↑ 4+↓ 4↓ 3-↓ 2+↓ 6-↑ 6+↑ 9-↓ 5-↑ 7+↓ 4+↑

➢ 3+↓ 5↓ 4+↑ 6-↑ 4+↓ 5↑ 6+↓ 6-↑ 3-↓ 2+↑ 7-↓ 9+↑ 2+↓ 8↓ 5↑

➢ 2-↓ 9+↑ 2+↓ 9-↑ 3-↓ 8↑ 3+↓ 7+↑ 4↓ 7-↑ 4+↓ 6+↑ 5↓ 6-↑

➢ 9-↑ 4+↓ 5-↓ 6+↑ 6-↓ 4↑ 3+↑ 5↑ 3+↓ 9+↓ 6-↑ 2-↑ 7+↓ 8↑

➢ 2-↑ 9+↓ 2+↑ 9-↓ 3-↑ 8↓ 3+↑ 7+↓ 4↑ 7-↓ 4+↑ 6+↓ 5↑ 6-↓ 3-↓ 3+↑ 4+↑

➢ 4↑ 5↓ 2+↑ 6-↓ 3+↓ 9-↑ 8↓ 9+↑ 6+↓ 5↑ 2+↑ 6-↓ 3-↓ 7+↑ 6+↓ 4+↑

➢ 7+↓ 5-↓ 4+↑ 2+↑ 3-↓ 9+↓ 8↑ 7+↓ 6+↑ 3+↓ 6-↑ 7-↓ 9-↑ 2+↓

➢ 5-↓ 6+↑ 4+↑ 6-↓ 3+↑ 2-↑ 6+↓ 9-↑ 5↓ 7+↓ 6-↑ 6-↑ 5-↓ 2+↓

Stimmproben

Wenn Geld da ist, lohnt es sich 45 Minuten vor der Tuttiprobe eine Stimmprobe zu machen, in der einerseits stimmspezifische Stimmbildung gemacht wird, aber auch Zeit sein soll, schwere Stellen aus dem aktuellen Programm zu üben.

Du kannst das *outsourcen* – ich würde es aber immer selbst machen, da du dann die volle Kontrolle hast.

In diesen Stimmproben geht es auch darum, dass sich die Sänger untereinander **stimmlich** – also akustisch – kennenlernen.

Achte deshalb darauf, dass sie sich immer in unterschiedlichen Konstellationen und möglichst in einer Reihe in einen Halbkreis setzen.

Ich mache gerne zwei- oder dreistimmige kurze Übungen für gleiche Stimmen und zähle ab 1,2,3,1,2,3, etc. So muss jeder Sänger der Stimmgruppe seine Stimme halten – also fast solistisch singen. Das Ziel ist ein kammermusikalisches Zusammensingen mit den direkten Nachbarn. *(s.a. Einsingen; Literaturverzeichnis)*

Sehr gut sind auch kurze Kanons, die bestimmte technische Aspekte trainieren (Schnappatmung/Intonation/Melismen/Aussprache/Rhythmus/etc.).

Für einige ist das stressig – für andere der größte Spaß. Finde den Kompromiss.

Machst du solch eine Stimmprobe vor der Tuttiprobe, plane 5 oder besser 10 Minuten Pause zwischen beiden Proben ein.

Ideal wäre: 19:00-19:45 Uhr Stimmprobe und 20:00-22:00 Uhr Probe.

So kannst du ohne Stress die beiden Proben voneinander trennen, es können Stühle geräumt werden und die anderen Sänger dürfen ankommen. •

Stimmprobenleiter (extern) – siehe Aushilfe

Stimmungsmacher

Was macht ein Dirigent im Konzert?

Im Gegensatz zum Sänger ist er ja (im **Idealfall**) nie akustisch wahrzunehmen.

Er ist vielmehr ein *Stimmungsmacher*, der seinen Chor dazu animiert, gut zu singen.

Schafft er das nicht, ist dies für den Zuhörer bei gut geprobten Stücken weniger zu hören, als mehr zu **spüren**: Es ergibt sich so ein kribbeliges Gefühl. Es passieren kleine Unachtsamkeitsfehler, die Präzision leidet und die Sänger werden angespannt, weil auch sie merken, dass irgendetwas nicht stimmt.

Dein Job im Konzert ist es, den Chor sicher und erfolgreich hindurch zu leiten.

Wenn du so gut geprobt hast, dass er nicht mal mehr Einsätze braucht, dann sei einfach mit deinen Sängern in der Musik und erlebe sie mit ihnen.

Deine Stimmung wird sich übertragen. • *(s.a. ¡Ándale!)*

Stolz

Sei stolz auf das, was du tust.

So lange du auf deine Sänger/Delegierten hörst, mit ihnen im Dialog bleibst und deinen Stolz inhaltlich begründen kannst, wirst du nicht arrogant erscheinen.

Arroganz bedeutet, dass du dich einerseits für besser und wichtiger hältst (berechtigt oder nicht) und dies andererseits andere spüren lässt.

Stolz ist **überlebensnotwendig**, um den eigenen positiven Wert wahrzunehmen.

Stolz ist **immer** positiv.

Richtig angewandt sorgt er sogar dafür, dass man die Freiheit besitzt auf andere zu hören, da der Eigenwert definiert**er** ist. • *(s.a. Selbstbewusstsein)*

Stringente Proben sind des Leithammels Hörner

Wähle dein Programm und deine Stücke so aus, dass du in der Probe weißt, was du tust. Sänger lieben Dirigenten, die in der Probe stringent vorwärts gehen und sie dabei an die Hand nehmen.

Sänger sind Herdentiere. Wenn sie einen starken Chef haben, folgen sie diesem auch.

Ob er heute den einfachen Weg (einfache Lieder) nehmen will oder den schwierigen – beides ist ihnen recht. So lange er gewissenhaft und selbstbewusst vorneweg geht, werden sie ihm folgen.

Übertragen heißt das: Wenn du weißt, dass du gerade wenig Vorbereitungszeit hast, dann suche eben leichtere Stücke aus. Dein Chor verdient einen Leiter, der weiß was er will und das dann auch konstruktiv fordern kann. •

Strophenliedern gerecht werden

99,9% (diese Zahl ist nicht wissenschaftlich) aller Chormusik wurde auf einen existierenden Text geschrieben. D.h. zuerst war der Text – dann kam ein Komponist und hat sich überlegt, wie er diesen Text musikalisch umsetzen kann.

Grundsätzlich werden die Betonungen und Schwerpunkte in der Musik also über den **Text** festgelegt und unterscheiden sich – bei korrekter Ausführung – eventuell sogar von Strophe zu Strophe.

Es gibt in jedem Text wichtige und unwichtige Silben. Sprich dir also einen Liedtext, ohne Noten, wie ein Gedicht vor und spüre, welche Silben **dir** wichtig sind.

Unterstreiche sie. Nun schau, wie der Komponist die Melodie phrasiert hat.

Passt das oder ist da etwas komisch? Wenn ja – warum ist dem Komponisten diese Verdrehung der Schwerpunkte, etc. wichtig gewesen.

Vor allem bei Strophenliedern kannst du das Lied für den Zuhörer spannend gestalten, indem du dem Sprachmelodieverlauf der weiteren Strophen folgst und damit die Schwerpunkte in der Musik eventuell sogar verschiebst. Zumindest die Atmung kann in jeder Strophe an den Text angepasst werden. *(s.a. Sprache der Musik)*
Ich kenne viele Sänger, die nichts mehr verabscheuen als Strophenlieder – mit der differenzierten Auslegung bekomme ich sie zumindest ein wenig auf meine Seite.

Das Lied „Von guten Mächten" im Satz von Eberhard Auerswald (*1943) vertont ein 7-strophiges Gedicht von Dietrich Bonhoeffer (1906 – 1945).
Wenn ich das Lied singen lasse, müssen es für mich alle 7 Strophen sein – der Mann hatte schließlich was zu sagen. Und gerade hier lohnt es sich, durch in den Text eingetragene Atemzeichen, jede Strophe unterschiedlich zu gestalten. *(s.a. Pausenmusizieren)*
Jedes Wort nach einem Atmer bekommt automatisch mehr Aufmerksamkeit.
Wenn ich das Lied mit einem Chor das erste Mal mache, kommt meistens ein Sänger auf mich zu und fragt, ob wir denn nicht auch mal eine Strophe leiser oder lauter singen sollten, um etwas Abwechslung reinzubringen.
Das ist die legitime und simple Form der Strophendifferenzierung, wie sie überall praktiziert wird. Legitim ist es aber auch, das Tempo zu verändern, wenn es dann dem Duktus der Strophe besser entspricht.
Ein tolles Beispiel dafür ist die Motette Op.74,2 „O Heiland, reiß die Himmel auf" von Johannes Brahms (1833 – 1897). Dort hat er jede Strophe (bei gleichbleibender Melodie) nach ihrem Inhalt anders vertont.

Ich kann Sängern aber meistens beweisen, dass Tempo, Dynamik und Gestus nicht notwendigerweise festgelegt werden müssen.
Allein durch die unterschiedliche Betonungssetzung und verschiedenen Atmer bleibt der Chor wach und transportiert den Text und seinen Inhalt. *(s.a. Silbenbetonungen wider die Natur)*
Wenn er die eingetragenen Zeichen umsetzt, kann er nicht anders.
Er wird dadurch automatisch an den dunklen Stellen leise und den hellen und irritierenden, lauter singen.
Sogar das Tempo wird sich bei eindrücklichen Texten von Strophe zu Strophe ändern.
Lass deinen Chor mal machen… *(s.a. Eh harmonisch; Lass die mal machen)*

Wenn du es schaffst, dass deine Sänger den konkreten Text und das Erzählen selbst als den Urgrund für die in dem Moment gesungene Musik verstehen, wird nicht mehr die konstante Wiedergabe der Musik (die ja im Strophenlied immer gleichbleibt), sondern die korrekte emotionale Textwiedergabe im Vordergrund stehen.
Kann der Chor die strophenweise verschiedenen Atmer und damit Textschwerpunkte allerdings nicht konsequent umsetzen, wird das Bonhoeffer-Lied tatsächlich ein Leierkasten.
Versuch es aber mal – und sei es erstmal mit einem einfachen Choral! •
(s.a. Botanisches Gemetzel mit geschriener Begründung)

Strophenlied mal anders

Jeder halbwegs bekannte Text eines Strophenliedes ist mehrfach vertont worden.
Meistens haben sich von den 10 – 100 Vertonungen nur eine Melodie und/oder ein Chorsatz durchgesetzt. Willst du dein Programm spannender gestalten, stelle neben die bekannte Vertonung auch unbekannte.
Du kannst so auch ein titelgebendes Stück häufig wiederholen (und damit die Aussage festigen) ohne dein Publikum zu langweilen (z.B. „Verleih uns Frieden").
Willst du einem Stück im Konzert nicht so viel Raum geben, kannst du aber auch einfach jede Strophe – durch die unterschiedlichen Kompositionen – anders gestalten. Da ist halt der Aufwand für ‚ein Lied' größer.
Dieses Prinzip kannst du auf jedes festgelegte Textsystem anwenden. Es ist z.B. sehr faszinierend Vertonungen des Messtextes (Kyrie, Gloria, etc.) aus verschiedenen Epochen zusammenzustellen und so eine besondere konzertante Messe aufzuführen. •

Struktursklave

Diese Übung zeigt, wie schwer es ist Konzepte und Strukturen zu löschen, bzw. zu umgehen.
Lässt du die Übung mit der großen 10 singen, wird sie jeder Chor sofort nachsingen können. Ersetzt du die 10 aber durch die 11, ist sie ohne Üben nur schwer singbar.
Aufwärts klappts vielleicht noch, aber abwärts stocke auch ich ohne Übung von der 8 zur 5, also zur zweiten Quarte – vor allem, wenn ich die beiden Übungen hintereinander singe. Ich will nach der 8 eine Terz abwärts singen.
Da merke ich richtig, wie mein Gehirn ein paar Millisekunden braucht, um von dem gelernten Standardpfad abzuweichen und die Information *Quarte abwärts* aus einer anderen Hirnecke zu kramen. Sehr cool. *(s.a. Flicklaute)*

Es gibt im klassischen vierstimmigen Chorrepertoire kaum Stücke, in denen zwei Quarten aufwärts oder abwärts nacheinander gesungen werden müssen. Höchstens vom Bass – aber sehr selten.
Der Grund ist einfach: Das klassische Repertoire pflegt einen homogenen Chorsatz.
Zwei Quarten nacheinander **rennen** durch 2/3 des Ambitus einer Stimme. *(s.a. Tonumfang)*
Wenn überhaupt, hat man in der Melodie einen aufsteigenden Dreiklang.
In den Mittelstimmen ist **ein** Quartsprung allein schon viel.
Quintensprünge im Alt oder Tenor sind eigentlich nicht vorhanden.
Zwei Quarten nacheinander würden uns also nicht nur vom Dreiklang wegführen, sondern auch noch den Chorsatz *verschmutzen*. Deshalb macht das kein Komponist.

Wir sind also schlicht an das Dreiklangmodell gewöhnt. Ohne das zugrundeliegende System (2 Quarten) verstanden zu haben, wird der Chor das nicht gut singen können.
Grundregel: Funktioniert etwas partout nicht, versuche deinem Chor die Struktur zu erklären. Selbst wenn sie keine Noten lesen können, solltest du ihnen den Vergleich „weiter/enger als…" am Klavier hörbar machen.
Ich nutze (ohne Klavier) auch sehr erfolgreich die Handtechnik (s.a.). •

Stumme Einheit
Der Chor muss auf dem letzten Schlag deines Vorzählens einatmen.
Das kann auch auf einem Teilschlag passieren. Er soll den Einatmer dadurch von Beginn an rhythmisch einbinden und damit das Stück schon *stumm* gemeinsam beginnen.
Im Idealfall passiert das auf deinem Einsatzschlag. • (s.a. Ton angeben und Einsatz)

Suggestion durch Lebenserfahrung
Wenn du als Chorleiter kein Leben hast (Freunde treffen, Einkaufen, Familie, Probleme, Freude, Hobbies, Religion, Reisen, Tagesgeschehen/Nachrichten, etc.), kannst du aus dem Leben gegriffene/vom Leben inspirierte Lieder nicht für den Chor einordnen.
Du kannst auch keine lebensnahen Bilder entwickeln: „Lasst den Ton wie ein Stück Schokolade auf der Zunge schmelzen…"
Wenn du etwas selbst gemacht hast und es dir vorstellen kannst, reicht deine Suggestion, um dem Chor das Gefühl zu geben. • (s.a. Abstraktes in Konkretes; Bildliche Handlungsanweisung)

Summen
Summen ist ein Klang, der nur durch die Nase klingt. Der Mund ist also geschlossen.
Ohne Tricks wirst du im Laienchor ein Summen nur in der Mittellage sauber hinbekommen. Ist das Summen ein vorgeschriebener Teil des Stückes, musst du einen Text erfinden, der die Spannungslinien aufrecht hält, die Melodie führt und die Tonfolgen rhythmisiert. (s.a. *Kaffeewasserfuge; Ta-ke, Ga-me-la, Da-le-pi-co-la*)
Diesen Text sollen die Sänger beim Summen mitdenken. Sie dürfen dabei leicht die Zunge bewegen, um das gedankliche Sprechen zu unterstützen.
Häufig ist das Summen aber auch die künstliche Verlängerung eines Stückes. So summt man ein Stück vor Beginn der ersten Strophe einmal durch oder setzt das Summen an den Schluss als Abgesang. Ab und zu ist es auch sehr spannend zwischen zwei Strophen eine Summstrophe einzubauen. D.h. in den meisten Fällen in denen wir im Laienchor den Chor summen lassen, **gibt es** originalen Text, den der Sänger mitdenken kann.
Da die meisten Sänger beim Summen alle Resonanzräume im Mund schließen, müssen sie, wenn das Stück nicht in der Mittellage liegt, in der Höhe und Tiefe beginnen zu

drücken. Wenn sie nicht drücken, wird der Ton unweigerlich zu tief und die Intonation ist im Keller. Dass „Drücken" niemals gut sein kann, muss auch den erfahrensten Sängern immer wieder erklärt werden.
Es ist möglich, sehr frei in der Höhe und Tiefe zu summen – das erfordert nur etwas mehr Disziplin. Wenn dein Chor das Folgende nicht umsetzen kann, tu dir selbst den Gefallen und lass das Summen. Es ist eine nette Idee, aber…:
Der Druck passiert meistens, wenn die Sänger geschlossene **Lippen** mit einem geschlossenen **Kiefer** gleichsetzen.
Fordere sie auf, die Zähne bewusst locker zu lassen und auseinander zu nehmen, als wenn sie auf Vokalise „aahh" singen wollten. Sie **müssen** dabei die Zungenspitze (trotz ‚Text') an den unteren Schneidezähnen belassen, da die Zunge sonst unweigerlich in den Schlund stürzt und zum Drücken zwingt. *(s.a. Abstützen; Koronal; Zungenspitze)*
Ein freundliches Gesicht sorgt auch hier dafür, dass der Kehlklang minimiert wird.
Das kognitive Problem ist: vorne geschlossen (Lippen) – hinten offen (Zähne).

Willst du eine Stimme akustisch etwas hervorheben, ohne dass sie extra lauter singen muss, kannst du dieser Stimme erlauben den Mund minimal zu öffnen. So kommt auch ein wenig Schall aus dem Mund und nicht nur aus der Nase, behält aber den charakteristischen Klang.
Soll das Summen insgesamt lauter sein, lass dies den ganzen Chor tun. Dies kann auch eine Vorübung für das geschlossene Singen sein, da die Sänger zuerst noch Lippen **und** Zähne auseinanderlassen dürfen und lernen, trotz später geschlossener Lippen, den Resonanzraum im Mund offen zu halten.

Zu häufig wird das Summen stiefmütterlich behandelt: „Summt mal – das müssen wir ja nicht noch extra proben." Für solch eine Einstellung sind die technischen Anforderungen zu groß. Summen kann also nur dann ein schöner Abschluss eines rührenden Liedes werden, wenn es mit demselben Respekt geprobt wird wie das Lied an sich. •

Supermans Großvater
Sei so gut informiert wie es nur geht. Wissen ist das Fundament dafür, unangreifbar zu sein. Wissen sorgt dafür, ein besserer Anwalt für den Komponisten zu sein (sein zu können). **Don't guess** muss dein Mantra sein. Behaupte niemals etwas, das du nicht belegen kannst. Erfinde niemals Geschichten, denn von den Menschen vor dir wird einer dabei sein, der merkt, dass du Quatsch erzählst („Vivaldi war der Großvater von Superman"). Wenn du etwas nicht weißt, aber glaubst, dann erzähle es auch nur so („Ich habe mal gehört, dass Vivaldi der Großvater von Superman ist.").
Eine allumfassende Allgemeinbildung hilft dir einen heterogenen Haufen wie einen Chor zu leiten. Du hast Klempner, Lehrer, Anwälte, Ärzte, Hausfrauen, Rentner als Sänger, und mit allen solltest du dich grundsätzlich über ihr Leben und ihren Beruf unterhalten können. Nur dann fühlen sie sich angenommen. Wenn du aber keine Ahnung hast, dann lass dir von ihnen erzählen was sie machen, denn jeder redet gerne über sich selbst. •

Synkopen spüren

Synkopen kannst du leicht verkörperlichen: Lass deine Sänger die linke Hand flach mit etwa 20cm Abstand vor den Brustkorb halten. Die rechte Hand wird zwischen der linken Hand und Brustkorb gehalten. Nun klatscht die rechte Hand abwechselnd auf den Brustkorb und dann mit dem Handrücken auf die linke Hand.
(Bei Linkshändern das Ganze evtl. andersherum.)

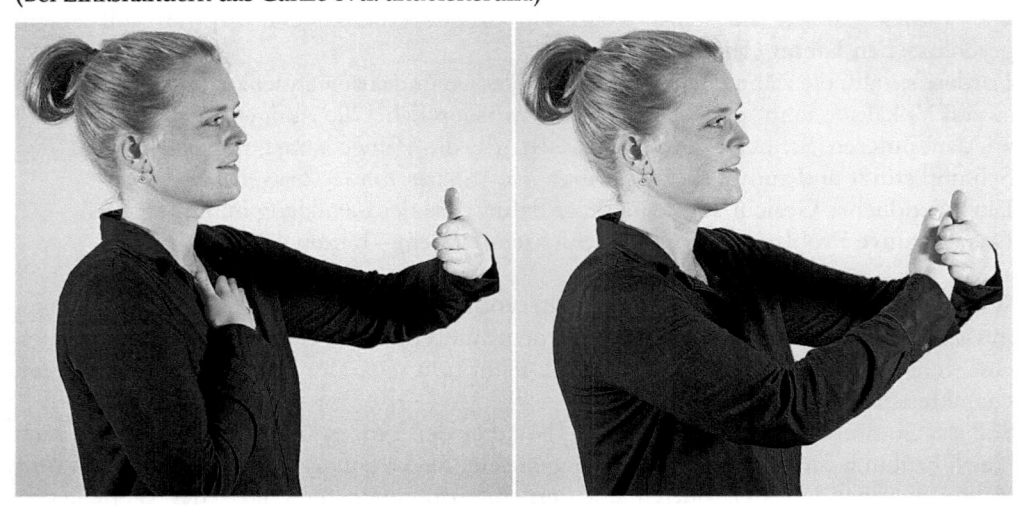

So ergeben sich ein dumpfer und ein heller Klang. Der dumpfe (Brustkorb (BK)) ist die **Vollzeit**, der helle (Handrücken (HR)) die **und** (also Synkope).

Mit diesem Klatschen kannst du deinen Chor synkopisch sprechen und dann auch singen lassen. Deine Sänger bekommen ein Gefühl für den Sprachrhythmus.

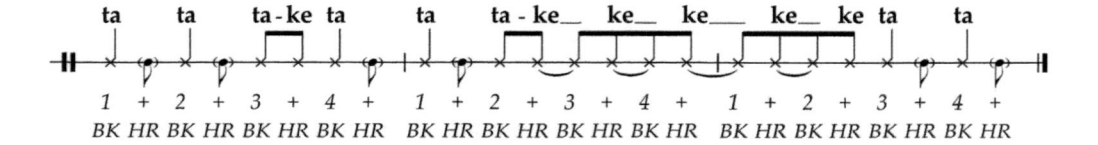

Das größte Problem bei Synkopen ist, dass sich auf dem Ton der Synkope meist nicht genug Zeit gelassen wird. D.h. Synkopen fangen an zu rennen.
Das liegt daran, dass die Sänger eine Synkope als etwas Undefiniertes spüren – sie fliegen über die bekannten Schwerpunkte hinweg und fallen nach vorne.
Durch das Klatschen bekommen sie eine Definition der Abläufe und der Gewichtungen. Die wenigsten können während des Singens (und Sprechens) die Zählzeiten im Kopf unterteilen. So ist diese Kopfarbeit verkörperlicht und das Abstrakte konkretisiert. •
(s.a. Handtechnik; Ta-ke, Ga-me-la, Da-le-pi-co-la)

T

Tagesausflüge

Organisiere (delegieren!) Tagesausflüge für den Chor. Manche Chöre brauchen diese sozialen Ausgleiche, damit sie in der Probe gut proben können.
Andere sind eher zielgerichtet und die Chorgemeinschaft wird nicht *privat* ausgelebt, sondern ist zweckmäßig für den gemeinsamen Gesang.
Aber auch hier sind Aktionen ohne Gesang hilfreich, denn wir singen besser mit Menschen, die wir auch persönlich kennen. Es ist die Möglichkeit, die Mitsänger in anderen Zusammenhängen kennen zu lernen. *(s.a. Konzertbesuche)*
Es muss ja nicht mal weit sein oder einen ganzen Tag dauern: Biete eine Fahrradtour an, oder eine kleine Wanderung. Das Ziel sollte immer ein Gasthaus oder Café sein, damit alle, die nicht gut zu Fuß sind, dort mit dem Chor zusammentreffen können. •

Ta-ke, Ga-me-la, Da-le-pi-co-la

Hinter diesen obskuren Wörtern verbirgt sich ein machtvolles System, mit dem man schwierige Rhythmen besser erfassen und wiedergeben kann, da sie Abstraktes konkretisieren. Das System ermöglicht dir den Grundpuls abhängig vom Rhythmus zu unterteilen, sodass der gesungene Text/die Töne einfach in dieses System eingepasst werden können. *(s.a. Kaffeewasserfuge; Handhaltung: ...; Summen)*
Das Prinzip ist, dass die Vollzeit einer Rhythmuseinheit immer die erste Silbe ist: In einer Zweiereinheit das *ta*, Dreiereinheit das *ga*, Fünfereinheit das *da*.
Je nach rhythmischer Umgebung können die Silben verdoppelt werden (z.B. *ta-ke-ke* (Dreier); *ga-ga-me-me-la-la* (Sechser)).
Aus drei Systemen für Zweier, Dreier und Fünfer lassen sich durch Kombination alle anderen Rhythmusarten herstellen: *ta-ke-da-le-pi-co-la/ da-le-pi-co-la-ta-ke/ ta-ke-ta-ke-ke-ta-ke* sind z.B. drei Siebenerkombinationen mit unterschiedlichen Schwerpunkten.
Vor allem Pausen auszuzählen macht es einfacher.
Das einzige, das zu beachten ist, ist dass das System **relativ** ist. D.h. eine Halbe Note, gefolgt von zwei Vierteln, ist *ta, ta-ke*.
Ich nutze im Zweierzusammenhang **immer** *ta, ta-ke* und gebe hier ausschließlich den Triolen das Wort *ga-me-la*. D.h. in einem Dreivierteltakt werden die drei Viertel *ta-ke-ke* gesprochen und **nicht** *ga-me-la*, da jede Viertel in zwei Achtel unterteilt werden kann (und meistens wird), es sich also dort um einen Zweierzusammenhang handelt.

Diese Form der **inneren** Zweier-Dreier-Differenzierung machte eine übergeordnete Differenzierung (*ta-ke-ke* und *ta-ke*) nötig, wie du schon in der ersten Zeile des folgenden Beispiels siehst. Würdest du die duolischen Grundviertel mit *ga-me-la* bezeichnen, wäre der dritte Takt des Dreivierteltaktes nicht differenzierbar. *(s.a. BpM; Perfectes Tempo)*

[Notenbeispiel]

Es gibt auch Systeme die die Noten akustisch unterteilen (z.B. die Ganze Note ist *tao* und wird auch *ta-o* gesprochen). Das ist das eigentlich bessere System, da es einen bei langen Tönen nicht hängen lässt wie ein langes *taaaaa*. Es ist aber nur für Instrumentalisten langfristig sinnvoll. Im Kopf kannst du eine lange Note immer unterteilen (eine Halbe z.B. in *ta-ke*) aber gesungen wird sie nur auf einem Vokal.
Wenn du dir angewöhnen würdest einen schwierigen Rhythmus unterteilt, z.B. auf *ta-o*, zu singen, würdest du nicht trainieren, dir diese Unterteilung nur **vorzustellen**.
Du kannst im Stück ja auch nicht normale Silben auf einem langen Ton unterteilen.

Glaub mir, als jemandem der wirklich kompliziertes Zeug gesungen und *durchgetickert* hat: Du willst deine innere Vorstellung trainieren.
Unterschätze die Macht eines solchen Systems nicht! Auch Laiensängern hilft es, an schwierigen Stellen den Rhythmus zu rationalisieren und damit zu konkretisieren. •
(s.a. Synkopen spüren)

Taktansage

Bevor du eine Stelle, von der losgesungen werden soll, ansagst, nenne zuerst **wer** singen soll. – Wenn du z.B. mit Sopran und Bass eine Stelle geübt hast und nun der Alt singen soll, kannst du davon ausgehen, dass die Hälfte der Sänger nicht darauf achtet, dass du eine Stelle nennst.

Wenn du aber „Jetzt **der Alt** von Takt 45." Sagst, statt „Takt 45, der Alt.", werden mehr Sänger die Taktangabe wahrgenommen haben, weil sie als erstes direkt angesprochen wurden und dann aufmerksam die Information aufnehmen konnten.

Grundregel: Erst **wer**, dann **was**. • *(s.a. Ohrenfinger; Taktzahlen)*

Taktstock

Probst/konzertierst du mit einem Kammerorchester, dirigiere **ohne** Taktstock.
Wenn man nicht darin geübt ist, fühlt er sich wie ein Fremdkörper an und man kann nicht 100% geben.

Die früheste verbriefte Nutzung eines Taktstocks geht spannenderweise auf eine Frau zurück: Die Nonne (und Komponistin) Vittoria Raffaella Aleotti (1575 – 1646) dirigierte Ende des 16. Jahrhunderts in Ferrara (Italien) mit einem „polierten Stab" (d.h. nicht nur irgendein Stock, sondern ein für diese Nutzung hergestellter Gegenstand).

Der Stock wurde für Dirigenten erfunden, damit der Taktschlag auch weiter hinten im **großen** Orchester gesehen werden kann.

Du wirst als Chorleiter nie einen Stock brauchen, weil jeder Chorleiter bei Stücken mit Chor und Orchester die Tendenz hat den Chor zu dirigieren – seine Aufmerksamkeit also auf diesen fokussiert – genau wie jeder Orchesterleiter die Tendenz hat den Chor zu vernachlässigen.

Das ist das große Problem und der Grund, warum Orchester nie glücklich sind mit einem Chorleiter zusammenzuarbeiten und Laienchöre tatsächlich nicht unter Laienorchesterleitern (dazu gehören auch die meisten Posaunenchorleiter) singen **können**. Die Chorleiter vernachlässigen das Orchester und beim Orchesterleiter wird der Chor fest. *(s.a. Orchesterleiter vs. Chorleiter)*

Eine Ausnahme von meinem begründeten Stockverbot sind Stücke in denen der Chor eine untergeordnete Rolle spielt oder das Orchester sehr groß ist (z.B. 9. Sinfonie von L.v. Beethoven oder Messen von A. Bruckner, etc.).

Als Faustregel kann dir gelten, dass du jedes *klassisch* besetzte Orchester ohne Stock dirigieren darfst und solltest – d.h. alles vor der Romantik (Ausnahmen bestätigen die Regel...). Damals wurden die Orchester auch noch zum großen Teil vom Konzertmeister geleitet. Einen Dirigenten an sich gab es nicht und wenn, hatte er einen Stock, der auf ein Pult wie ein Metronom geschlagen wurde. Der Dirigent war also hörbar. Irgendwann wurden die Orchester für solch eine Führung zu groß und der Stock als Sichthilfe ‚erfunden'. Wenn du also mehr als ein doppelt besetztes Holz hast, kann sich ein Stock lohnen.

Ich dirigiere alles ohne Stock – hatte dafür aber auch den richtigen Lehrer und zugegebenermaßen noch kein 100-Personen Orchester vor mir...

Musst du also ein größeres Werk aufführen, suche dir bitte, *bitte*, **bitte** einen Lehrer, der dir beibringt mit dem Stock umzugehen. Es ist sonst eine Qual für die Musiker.

Auch wenn ich Konzertbesucher bin, tun sie mir immer leid, weil sie so angsterfüllt auf ihren Konzertmeister starren, um dann von ihm angeleitet zu werden.

Lass dich auch nicht verleiten den Stock zu mystifizieren. Es gibt sogar ein Buch, in dem Dirigenten über ihre Liebe und Hass zu *ihrem* Stock erzählen – oder besser ihrem „Instrument". Ein Hoch auf die Werbetextabteilung. Würg. – Aber sehr lesenswert.

[siehe: Roelcke, Eckhard: Der Taktstock. Dirigenten erzählen von ihrem Instrument. Zsolnay, Wien 2000]

Ein Stock ist `ne Sache – ein Werkzeug. *(s.a. Handwerker)*
Evaluiere, ob das Werkzeug hilft oder nutzlos ist, bzw. sogar zerstört. Heißt: Schuster bleib bei deinen Leisten – wenn du nicht mit dem Stock umgehen kannst – er also keine Hilfe ist (was er ja sein soll) – lass ihn sein und dirigiere ordentlich mit den Händen. Damit können Instrumentalisten viel mehr anfangen als mit diesem Eisgepicke. •

Taktzahlen (fehlende)

Wenn du keine Taktzahlen in den Noten hast, solltest du vor dem Kopieren und Austeilen der Noten Taktzahlen in die Noten eintragen – das macht die Kommunikation in der Probe um vieles einfacher.

Sollte es keine Taktzahlen geben (es gibt immer noch Verlage, die die Taktzahlen weglassen, weil ein Stück nur auf einer Seite steht oder aus anderen Gründen, die ich nicht verstehe) kommuniziere immer die ganze Position: „Sopran, Seite 2, 2. Akkolade *(s.a.)*, dritter Takt, zweiter Ton." Wenn du dir angewöhnst, immer die ganze Position zu nennen, wirst du dir viele Nachfragen von unaufmerksamen Sängern ersparen können.

Grundregel: Erst **wer**, dann **was** und dann – wie beim Proben – von grob (Seite) nach fein (Takt oder sogar Ton). • *(s.a. Ohrenfinger; Taktansage)*

Target Group 90%

80% der Zuhörer werden ein Konzert gut finden, wenn es im Ablauf keine offensichtlichen Probleme gab.

Die Gründe sind kombiniert und einzeln wahr:
1. Sie können keine oder kaum falsche von richtigen Tönen unterscheiden.
   D.h. nicht nur, dass sie sie nicht benennen, sondern auch schlicht nicht wahrnehmen können.
2. Sie gehen in das Konzert, um genießen zu können/Verwandten oder Freunden beim Musizieren zuzuhören/einen schönen Abend zu verbringen/einen Benefizgrund zu unterstützen/etc. – d.h. sie gehen mit einer grundsätzlich **positiven Grundstimmung** ins Konzert.

3. Sie haben keine Erwartungshaltung, die nicht erfüllt werden kann.
   So lange die **Energie** stimmt und der Chor die Lieder halbwegs **verständlich** zu Ende singt, ist alles in Ordnung und die Menschen sind zufrieden.

D.h. also **nicht**, dass 80% der Konzertbesucher unmusikalisch wären. – Ihre **Erwartungshaltung** ist aber (schon) durch einen geregelten Konzertablauf befriedigt, da für sie primär die äußeren Umstände zählen.

Weitere **10%** des normalen Laienchorkonzertpublikums ist anspruchsvoll, fokussiert auf die Qualität des Vortrages, hört die Fehler und kann sie z.T. auch benennen.
Aber es kann vor allem **differenzieren**.
Diese 10% erwarten von einem Adventskonzert in der Dorfkirche, mit allen Chören des Dorfes, keine Qualität wie von einem Rundfunkchor. D.h. solange ihre differenzierte Erwartungshaltung erfüllt wird, werden auch sie zufrieden nachhause gehen.
Für dieses Publikum ist die Außenwahrnehmung der Chöre entscheidend. Wenn du hohen Eintritt nimmst, großspurige Werbung machst und in der Presse von der hervorragenden Qualität redest, werden diese 10% diese auch erwarten und die Erfüllung der Versprechen beurteilen können.
Diese 10% sind deine Target Group. Dein Ziel ist es, diese 10% zufriedenzustellen.
Wenn dein kommuniziertes Außenbild mit der tatsächlichen Qualität deckungsgleich ist, wirst du hier erfolgreich sein.
Diese Zuhörer merken, wenn der Chor 100% seines Potenzials abgerufen hat und honorieren es auch entsprechend. Sie sind in jedem Fall kritisch, wenn dem nicht so ist. Deren Kritik ist von Sängern/anderen Konzertbesuchern und Dirigent nachvollziehbar.
Diese Kritiker wollen auch ins Gespräch kommen und sind eine wunderbare Quelle für Reflexion und somit konstruktive Verbesserung.

Die **letzten 10%** unterteile ich in zwei Gruppen und habe mich schon vor Jahren verabschiedet sie glücklich machen zu wollen (selbst mit Profimusikern).
Die vorletzten **5%** sind geschulte Musiker, die jeden Pups hören, sich dadurch ein ganzes Konzert aber nicht unbedingt kaputt machen lassen.
Das Problem: Leider gehen diese Menschen in jedes Konzert mit der unbewussten Erwartung, dass es wie zuhause auf CD klingen muss. Sie sind häufig keine Profis oder ernsthaft ausübende, praktische Musiker. Die meisten Profis gehören zu den ersteren 10%, da sie differenzieren können.
Diese 5% sind zwar als wertvolle Konzertbesucher nicht verloren, man muss ihnen aber im Vorfeld noch genauer erklären, was sie in diesem Konzert erwartet, sodass sie sich (wenn sie denn nun hingehen) nicht schlecht fühlen.

Diese Menschen sind *nicht* böse – aber sie können ihr geschultes Gehör einfach nicht abschalten und sind gefoltert.
Und ich fühle sehr mit ihnen, da ich auch so einer bin (vielleicht berufsbedingt…).
Kritik von diesen 5% ist von keiner anderen Gruppe nachvollziehbar, da sie immer abgehoben und meistens nicht angemessen ist. Sie ist nie böse gemeint. Sie ist konstruktiv. Aber das was gefordert wird, ist meistens nicht umsetzbar.

Diese Kritiker rauben viel Energie, da deine Sänger (die die Stücke ja gut kennen) gerne auf diese Kritiken anspringen und dann von sich selbst, wie auch vom Chor, diesen unrealistischen Idealzustand einfordern.

Ich begegne dem immer mit drastischer Wahrheit: Wenn der Chor Schütz mitteltönig singen soll, dann muss er von nun an alle zwei Tage proben. 30% der Sänger können nicht mehr mitsingen und wir machen halbjährlich Einzelvorsingen, um die individuelle Qualität zu beurteilen. Nur dann können das Proben und die Chorzusammenstellung so effektiv sein, dass der Chor das erreicht, was gefordert wird.

Ich übertreibe da auch nicht. Alles was **realistisch** machbar ist und eingefordert wird, ist konstruktive Kritik – alles Hypothetische nicht. *(s.a. Wettbewerbe)*

95% der Zuhörer sind also ‚in Ordnung' bis wundervoll.

Die **letzten 5%** aber sind die **Zerstörer.**
Sie hören einen Fehler und damit ist das ganze Konzert schlecht gewesen.
Das sind auch die, die am lautesten ihre Meinung vertreten.
Es sind ekelhafte Wichtigtuer und Schreier *(s.a.)*, die ich verabscheue.
Ihr Problem ist, dass sie schon mit einer negativen Grundhaltung ins Konzert gehen.
Wenn dann *der eine Fehler* kommt, ist diese Haltung bestätigt und fertig.
Das sind meistens ehemalige Chormitglieder, die nicht im Guten gegangen sind oder Verwandte, die sich aufspielen wollen.
Es sind *selbsternannte* Profis, die zeigen müssen, dass sie etwas gehört haben. (**Merke:** Wenn ein Profi nicht konstruktiv kritisieren kann, hält er den Mund oder lobt nur!)
Du musst deine Sänger vor diesen Deppen schützen!
Du musst deinem Chor beibringen, gute (nicht zwingend positive) von schlechter Kritik zu unterscheiden.

Es gibt zum Glück klare Hinweise, ob die Kritik konstruktiv gemeint ist oder nur zerstören will: „Im 2. Stück war der Sopran zu tief und hat den Chor in der Intonation nach unten gedrückt…"
Einer ernstzunehmenden Kritik folgt immer eine positive Einschätzung: „…aber da hat er sich dann gefangen und schön leicht zu Ende gesungen." So würde ein echter Profi der vorletzten 10% kritisieren. Seine Kritik will helfen und ist differenziert.
Vom falschen ‚Profi' ist er zu unterscheiden, indem er, wenn er diesen positiven Anschlussteil nicht sagen könnte (weil der Sopran z.B. einfach schlecht weitergesungen hat), auch den negativen nicht gesagt, bzw. einen konstruktiven Tipp abgegeben hätte.
Der Schreier hätte nur den ersten Teil genannt und sich damit aufgespielt.
Ein Zerstörer und Wichtigtuer ist immer **generalisierend**: „Der Sopran war zu tief." – also immer?? Dieser Hampelmann will damit zeigen, dass er **etwas** gehört hat und sich damit aufspielen. Ihm fehlt aber die Fähigkeit zu sagen wo und wann.
Der destruktive Kritiker hat ein Problem: Er will sich nicht bloßstellen…
Man stelle sich vor, er würde auf einen Sänger zugehen, ihn und das Konzert überschwänglich loben und der Sänger würde ihm danach aufzählen, was alles schiefgelaufen ist und der Kritiker eben **nicht** gehört hat.

So generalisiert er eine Sache, **die** er gehört hat (Sopran zu tief). Diese bestätigt seine negative Grundeinstellung und er kann sich vor dem Chor *wissend* darstellen.

Ich habe noch nie gehört, dass ein Sopran immer zu tief war. Aber es kam tatsächlich mal ein Vorgänger von mir, der den dort konzertierenden Chor einige Jahre geleitet hatte nach einem Auftritt zu mir und erklärte mir, dass der Sopran ja noch viel Arbeit vor sich hätte.

Nun war ich ja auch im Konzert…oder nicht?

War ich taub?

Die Selbstzweifel nagten…

Zum Glück hatte ich eine Aufnahme vom Konzert gemacht und konnte die Kritik nicht nachvollziehen – ich hatte diesen Arsch wegen seiner (ehemaligen) Position zu ernst genommen.

Es ist mir passiert und ich bin da schon eher robust…

Dies passiert jedem unbedarften Sänger natürlich umso einfacher.

Warum ist der destruktive Kritiker aber ein **Zerstörer**?

Wie im oberen Beispiel hat die Sopranistin, die die generalisierende Kritik „zu tief" hört, mit Sicherheit eine Stelle im Kopf, an der sie tatsächlich zu tief gesungen hat. Oder wo sie unpünktlich war. Oder wo sie unkonzentriert war. Oder wo sie einen Einsatzton falsch gesungen hat. Oder…

Somit geht sie mit einem unguten Gefühl nachhause. D.h. der Gram über **eine** Stelle überlagert das berechtigt positive Gefühl, das das Konzert hervorrufen sollte.

Leider kommen diese Sänger nicht zuerst zu dir, sodass du sie beschwichtigen kannst. Die unterhalten sich erst mit anderen Sängern und schon hast du einen Shitstorm am Laufen. **Das** ist das (meistens unbewusste) Ziel dieser destruktiven und undifferenzierten kleinen Möchtegerne. *(s.a. 1:10 Regel)*

Ein Sänger reagiert sehr empfindlich auf die Kritik von ehemaligen Sängern.

Ehemalige kommen recht regelmäßig zu Konzerten und du tust gut daran, nach einem Konzert Sänger von dir zu fragen, was der eine oder andere Ehemalige gesagt hat.

- Du kannst dann in der Zukunft einschätzen, wer wie kritisiert.
- Du kannst differenzierte Kritik annehmen (was immer gut ankommt).
- Du kannst zerstörerische Kritik aufarbeiten, bevor sie zum Lauffeuer wird.

Weil Sänger, im Unterschied zu Instrumentalisten, abhängiger von einer äußeren Beurteilung sind, um ihre Qualität selbst zu beurteilen (weil sie eben nicht *wissen*, ob der Ton falsch war – im Gegensatz zum Pianisten, der *weiß* wenn er die falsche Taste gedrückt hat), können Zerstörer wirklich zerstören.

Ich musste einmal vor dem letzten Konzert einer Konzertreihe einem Chor 20 Minuten lang diesen Unterschied zwischen der Qualität der Kritiker erklären, weil einige Sänger, nach einem Überfluss von zerstörerischen Kommentaren, die Nacht nicht schlafen konnten.

Ich hätte das Konzert sonst nicht machen können. Der Chor war eingeschüchtert. Er musste erst verstehen, dass man nur für 90% der Menschen sinnvoll Musik machen kann und 80% grundsätzlich glücklich nachhause gehen.

Seit dieser Erfahrung sage ich bei jedem meiner Chöre immer mal wieder, dass ich Musik ‚nur' für 90% der Konzertbesucher mache. Das beruhigt die Sänger ungemein.

Andersherum muss auch Aufklärungsarbeit geleistet werden.
- 80% der Besucher fanden das Konzert gut.
- 10% der Besucher fanden das Konzert gut, auch wenn falsche Töne dabei waren, aber der Chor sein Bestes gegeben hat.

D.h. wenn ein Besucher auf einen eventuell mit sich selbst unzufriedenen Sänger zugeht und ihm zu dem gelungenen Konzert gratuliert, muss der Sänger dieses Kompliment auch annehmen (können). Du musst deinen Sängern also beibringen, **sich selbst** zu erlauben, Komplimente anzunehmen.

Mach deinen Sängern bewusst, dass Komplimente den Lobenden angreifbar machen, da er ja nicht die Fehler gehört hat, bzw. für sich anders gewichtet (**deshalb kann der destruktive Kritiker auch nicht loben**).

Mach deinen Sängern bewusst, dass ein Chor auf **jedem** Niveau mit seiner Musik vor allem Emotionen weckt und bei 80% der Menschen diese Emotionen durch die Energie und Ausstrahlung des Chores passieren – nicht primär durch die richtigen Töne.

Die Töne müssen nur *richtig genug* sein, damit sie den Flow und das Zusammensingen nicht stören.

Ein „vielen Dank für das tolle Konzert" sagt nur jemand, der von der Musik berührt wurde – und eben dieser Enthusiasmus macht angreifbar.

Er hätte auch reserviert sagen können: „Es war ein schönes Konzert".

Die Antwort muss also immer sein: „Vielen Dank für das Kompliment! Ich freue mich, dass Ihnen/dir das Konzert gefallen hat."

Auch bei den *hörenden* 10% kommt ein Lob nur ehrlich – und sei es, dass sie honorieren wollen, dass der Chor 100% gegeben hat.

Lob ist immer subjektiv. Ein **Lob hat immer recht** (auch wenn das Konzert grottig war).

Grundregel 1: *Konstruktive* und damit ernstzunehmende Kritik will dem **Chor/Sänger** helfen. *Destruktive* Kritik will dem **Kritiker** helfen.
Grundregel 2: Lob macht den Lobenden angreifbar, ist also immer ernst zu nehmen, weil es eine nicht diskutierbare Meinung darstellt.
Grundregel 3: Spreche dem Zuhörer niemals durch unverhältnismäßige Eigenkritik die Kompetenz ab sein **subjektives** Konzert**erlebnis** zu bewerten.

Die oben genannten Prozentzahlen sind natürlich fiktiv, aber nach meiner Erfahrung nicht unrealistisch. Sie sind abhängig von dem Chor/Ensemble, mit dem du gerade auftrittst: Wenn du auf dem Schützenfest mit der Blaskapelle abends um 23 Uhr im Bierzelt spielst, ist 100% der Leute die Qualität egal, solange die Stimmung (Energie) stimmt (dies geschrieben, ohne jemandem zu nahe treten zu wollen und ohne so etwas schon mal gemacht zu haben…).

Ich nutze diese Zahlen, da über die Verhältnismäßigkeit der Prozentzahlen die Balance der Kritiker für dich (ja, auch für dich!) und deine Sänger leichter zu erfassen ist, als wenn du „nur ein kleiner Teil…" oder „der größte Teil der Besucher…" sagst.

Die Teilung wird konkret und damit auch emotional erfassbar. • *(s.a. Selbstbewusstsein)*

Teachingmoment

Sänger wollen keinen Stress.

Stress entsteht im Chor und beim Repertoirelernen, wenn der Sänger unvorhergesehen in eine Situation gerät, die er nicht mehr kontrollieren kann.

Deshalb ist es so wichtig, deinen Chor einschätzen zu können und vorbereitet zu sein. Nur so kannst du mit offenen Karten spielen: Wenn das folgende Programm schwer wird, musst du dies immer wieder betonen und Lösungen anbieten.

Der Stress reduziert sich, wenn deine Sänger sich an die Hand genommen und durch deine Weisungen aufgehoben fühlen.

Bevor wir ein neues Stück proben, sage ich meinen Chören immer, was ich von ihnen erwarte. Es kann sein, dass sie zuhause nur den Text lernen müssen – die Töne in der Probe, oder alles, oder den Text auch im Rhythmus sprechen können sollen, etc.

Damit kommt der Chor zum Ziel und alle sind glücklich.

Ich rühme mich einer der **langweiligsten Chorleiter der Welt** zu sein, da es bei mir kaum Überraschungen gibt. *(s.a. Langweilig!)*

Wenn Sänger meinen Hinweisen allerdings nicht folgen und im Konzert gestresst sind, weil ich und der Rest des Chores nicht auf sie *warten* konnten, kann dies für sie auch ein wertvoller *teaching moment* sein... Solch ein Moment kann aber nur entstehen, wenn klar ist, dass der Sänger diesen Stress hätte vermeiden können.

Für uns Dirigenten gilt dasselbe: Jedes Mal, wenn ich in einer Probe oder im Konzert in Stress gerate, frage ich mich hinterher, warum das passiert ist.

Meistens finde ich dann einen Grund, der bei **mir** liegt.

Es sind eben nicht die äußeren Umstände, denen wir so gerne die Schuld geben.

Ich habe mir zu wenig Zeit gelassen. **Ich** habe ein zu schweres Stück machen wollen. **Ich** wollte zu viel und konnte deshalb die äußeren und unberechenbaren Umstände, die **immer** auftreten, nicht bewältigen.

Stress ist eine **momentane** Überforderung durch unvorhergesehene Umstände.

Ich habe durch viele *teaching moments* gelernt diese unvorhergesehenen Momente einzuplanen. Im schlimmsten Fall funktioniert dann etwas ‚zu gut', weil ich vorsichtig war und Probenzeit übrig hatte. •

Teamloyalität durch Verteidigung

Glaube an dein Team von Delegierten und/oder Vorstand/Beirat – verteidige es mit allen Mitteln – denn als Individuum bist du nichts.

Das Team für deine Wege und deine Gedanken zu begeistern ist immer der erste Schritt. Wenn du das schaffst, kannst du auch den Chor begeistern, bzw. hast bei kontroversen Themen loyale Mitstreiter, die dich unterstützen.

Wenn du diese Mitstreiter nicht überzeugen kannst, gehe einen anderen Weg – niemals gegen dein Team, denn du bist alleine nichts.

Wird dein Team angegriffen, weil es etwas versäumt, oder einen Fehler gemacht hat, verteidige es bis zu dem Punkt, an dem du den Chor als Ganzes gegen dich/euch hast, dann müsst ihr umschwenken – dies wird aber sehr selten passieren.
Normalerweise sind Beschwerden von einzelnen Sängern lautstark, aber keine Meinung des Chores als Ganzes.
Jedes Verteidigen (auch wenn es dich eigentlich nicht tangiert oder du eventuell sogar gegenteiliger Meinung bist, was du aber von Fall zu Fall abwägen musst) wird das Team loyaler machen und du brauchst früher oder später ein loyales Team hinter dir, wenn **du** angegriffen wirst. •

Technikübezeit
Weil deine Sänger zu Beginn der Probe eines neuen Stückes noch sehr auf ihre Noten fixiert sind, ist hier Zeit deine Dirigiertechnik zu üben, weil ja eh keiner hinschaut.
Nutze diese wertvolle Zeit!
Ich habe in diesen Momenten lange nur lustlos in der Gegend rumgezuckt, bis ich diese Momente, in denen der Fokus nicht auf mir liegt, als Chance verstanden habe.
Du kannst üben das Handgelenk flexibel zu führen, die linke und rechte Hand unabhängig voneinander zu bewegen oder dich auch auf deine Ausdruckshand konzentrieren, indem du ausnahmsweise deine Schlaghand ruhen lässt.
Das kannst du natürlich nur machen, wenn du die Partitur so weit kennst, dass du beim Üben deiner Technik auch auf das Singen des Chores achten und dieses korrigieren kannst. •

Telefongesicht
Ein sehr anschauliches Beispiel für das *freundliche Gesicht:* Telefonieren.
Man hört sofort, ob jemand am Telefon freundlich guckt oder nicht. Dass eine helle Stimme ein freundliches Gesicht bedeutet, muss sich evolutionär entwickelt haben.
Dunkle Stimmen sind immer bedrohlich und ernst.
Wir müssen das Gesicht unseres Gesprächspartners also nicht sehen, um Rückschlüsse auf seine Stimmung machen zu können.
Schlagsatz: **Ein freundliches Gesicht macht gute Stimmung** (weil fröhlich und die Intonation ist besser…).
Drehe dich mal zu Demonstrationszwecken vom Chor weg und sage einen Satz mit freundlichem und dunklem Gesicht. **Jeder** wird den Unterschied hören. *(s.a. Freundlich)*
Ein Sänger muss seinen Klang**körper** nutzen und dazu gehört neben einer gesunden Körperhaltung eben auch ein freundliches Gesicht. Das hat mit seiner Grundstimmung oder der des Stückes nichts zu tun – es ist eine Technik. • *(s.a. Mundstellung (chorische))*

Telefonkette

Auch in unseren modernen Zeiten mit E-Mail und WhatsApp *(s.a.)*, etc. gibt es Chöre bei denen eine Telefonkette sehr sinnvoll ist. Man muss sie nur gut organisieren.
Das Prinzip ist einfach: Die Kette beginnt (im Normalfall) mit dir.
Ich finde eine zweigeteilte Kette besser als eine einfache – aber bei nur 10 Sängern kann sie auch einfach gestaltet sein.

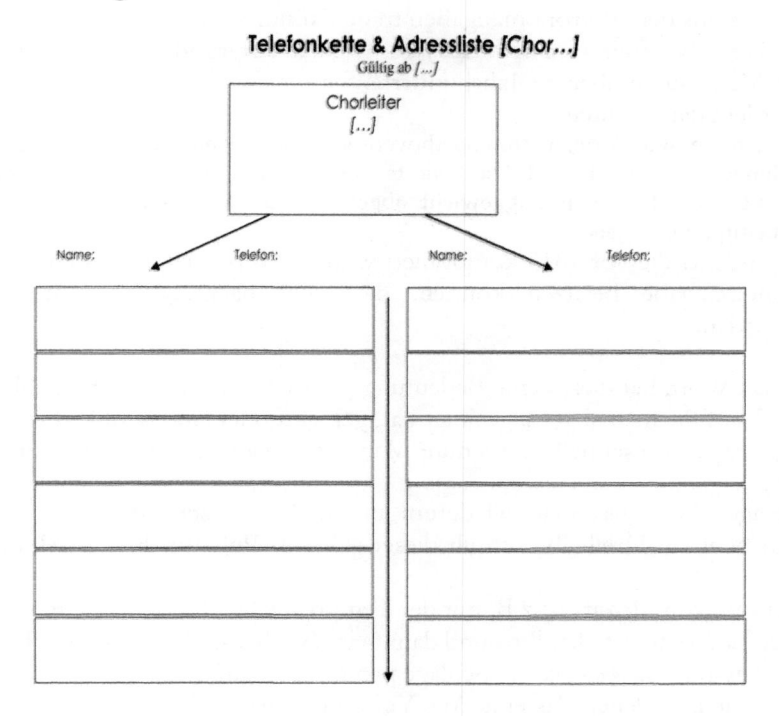

Telefonkette & Adressliste [Chor...]
Gültig ab [...]

Chorleiter [...]

Name:	Telefon:	Name:	Telefon:

Ablauf: Du rufst die beiden ersten der Kette an und teilst ihnen deine Nachricht mit. Diese rufen den Nächsten an, usw.
Wenn einer (S1) in der Kette seinen nächsten nicht gleich erreicht, ruft er den nächsten der Kette an bis er jemanden erreicht hat, der dann die Kette weiterführt.
S1 ist nun für alle nächsten auf der Liste, die er nicht erreicht hat, verantwortlich. Das können ein Sänger oder auch mal drei sein.
Die Telefonkette wird nicht alphabetisch sortiert, sondern nach Eintritt. D.h. jeder neue Sänger kommt an den Schluss der Kette. So müssen sich die Kettenglieder nur an einen neuen Anrufpartner gewöhnen, wenn ein Sänger austritt.

Schreibe unter die Kette immer eine Bedienungsanleitung:
Die Telefonkette dient zur schnellen Verbreitung von Informationen (z.B. Probenausfall) an alle Mitglieder des Chores. Wenn du angerufen wirst, rufe bitte die Person an, die unter deinem Namen steht. Sollte sich dort niemand melden, rufe die Person darunter an (usw.), bis du jemanden persönlich erreichst. Bei den Nicht-Erreichten versuchst du es später wieder, bis du jemanden erreichst. •

Tempoangaben

Meistens hast du keine Tempoangaben in Form einer **Metronomangabe** (auch M.M. = *Mälzels Metronom* nach dem Erfinder Johann Nepomuk Mälzel (1772 – 1838)), sondern ein (italienisches) **Wort** (z.B. *Allegro* oder *Lebendig*) oder sogar gar nichts außer der stückeigenen **Taktangabe**.

Wenn wir wenigstens den Metronomangaben trauen könnten…
Aber selbst diese variieren in ihrer Aussage – auch aufgrund der unregelmäßigen Bauweise der Metronome über die Jahrhunderte. Stammt sie vom Komponisten, sollte man sich trotzdem daran halten.
Wobei man sich immer wunderte, warum Beethovens vorgeschriebene Metronomangaben (für unseren Geschmack) zu schnell sind. Die neueste Theorie ist, dass er die Metronomangabe unter und nicht über dem Schwunggewicht abgelesen hat. Mälzel hat scheinbar keine Bedienungsanleitung mitgegeben…
Beachte, dass Stücke, die vor 1815 komponiert wurden (also auch **alle** Bach-Werke…) keine Metronomangabe besitzen können, die nicht nachträglich vom Verleger eingetragen wurden.

Hat man nur ein Wort, hat dieses eine Bedeutung. Je nach Zeit ist damit tatsächlich eine Metronomzahl, auf die man sich ca. geeinigt hat, gemeint oder ein Gefühl.
Andante heißt *gehen*…Wie schnell ist das nun? Man hat sich auf ca. 70 Schläge (Pulse) pro Minute geeinigt.
Was für Schläge? Da muss man wiederum in die Noten schauen. Steht dort ein Dreivierteltakt oder ein Dreihalbetakt gilt dieser gehende Puls für die Viertel, bzw. für die Halbe.
Das „Ave Verum" von Mozart ist z.B. mit der Tempoangabe *Adagio* bezeichnet.
Der Puls (oder *Tactus* s.u.) ist *Alla Breve* und damit ein Zweihalbetakt und **kein** Vierviertel. Also zielt das Tempo (*Adagio* = ca. 60 Schläge pro Minute) auf die Halben.
Es gibt Aufnahmen, in denen das eine Ave Verum doppelt so lang ist wie das andere. Einmal sind die Viertel, einmal die Halben mit 60 gezählt worden.
In anderen Fällen ist dies durchaus diskutabel, denn es kann auch mal sein, dass der Komponist mit diesem italienischen Wort tatsächlich das Tempo und mit der Taktbezeichnung den Puls meinte – sich diese aber widersprechen.

Das Wort Takt kommt von **Tactus** – die Berührung oder der Stoß.
Um gemeinsam im Tempo zu bleiben, haben sich Mönche zu Beginn der Entwicklung von Chorgesang auf die Schulter geklopft, um zusammen zu singen. Nach einer langen Entwicklungszeit haben wir dann unser Metrum und unseren Takt bekommen.
Wenn du Musik machst, hast du immer noch Rudimente davon.
So kannst du bei älterer Musik davon ausgehen, dass die vorgezeichnete Taktart auch den Grundpuls wiedergibt, und zwar in etwa im Tempo eines **Ruhepulses** (60–70 Schläge pro Minute).
Das gilt z.B. für fast jeden Choral im Gesangbuch. Wenn ein Dreivierteltakt vorgezeichnet ist, dann dauert eine Viertel ca. eine Sekunde. *(s.a. BpM; Perfectes Tempo)*

Hast du ein italienisches Wort über den Noten stehen, bezieht es sich entweder auf die Erhöhung oder Verlangsamung dieses Pulses (des *auf die Schulterklopfens*) oder will einen Hinweis darauf geben, wie die Musik sein soll (*Allegro* = munter, fröhlich).
Es ist dein Job darüber **informiert** zu entscheiden. Unterschätze ihn nicht!
Von dir wird ab und zu echte Detektivarbeit verlangt, denn neben interpretatorischen Entscheidungen wie beim „Ave Verum", wird die Sache noch dadurch erschwert, dass die Taktvorgaben über die Zeit gerne nach Geschmack verändert wurden.
So hat z.B. die „Mondscheinsonate" Op. 27,1 von Ludwig v. Beethoven (1770 – 1827) im ersten Satz „Alla Breve" vorgezeichnet und ein *Adagio sostenuto* als Tempobezeichnung. Spielt man das Stück so wie man 99% der Musik in solch einem Falle interpretieren sollte, dann ist das kein ruhiger Teich mehr, sondern die stürmische See. Ein Takt dauert also statt den heute ‚normalen' 4 Sekunden nur 2. Und wenn du sie spielen kannst, versuche es mal – es klingt nicht so falsch wie es zuerst scheint.
Hier haben spätere Herausgeber in ihrer romantischen Tradition gedacht, dass das ja nun widersprüchlich wäre – ein offensichtlich langsames Tempo und dann diese Taktbezeichnung – und haben den „Alla Breve"-Strich weggelassen – so wurde daraus ein ruhiges Stück Schluchzmusik.
Ich bin von der schnellen Variante überzeugt – liege vielleicht falsch – aber sie ist so wahnsinnig, dass sie ‚Beethoven' sein könnte, wenn sie mit Ernst gespielt wird.

Ähnliches im „Requiem" Op. 45 von Johannes Brahms (1833 – 1897).
Der erste Satz ist mit „Ziemlich langsam und mit Ausdruck" überschrieben.
In der Stichvorlage – also dem handschriftlichen Manuskript, das Brahms dem Verlag zur Vervielfältigung gab – gibt es noch die Metronomangabe „M.M. Viertel = 80".
Dies wurde in der ersten Ausgabe auch so übernommen.
Das ist für die empfindliche Romantikerseele nun aber in Verbindung mit der verbalisierten Tempobeschreibung relativ schnell (Brahms war im Herzen eben doch ein Klassiker…). Und so ist diese Metronomangabe schon eine Ausgabe weiter per Herausgeberentscheid verschwunden und nur noch der Text als Tempoindikator stehen gelassen worden.
Das Ergebnis: Die Hälfte der mir bekannten Aufnahmen schmalzen sich mit Tempo um die 55 durch diesen ersten Satz als gäbe es kein Morgen mehr. Die Dirigenten (und auch wirklich renommierte) haben sich nicht die Mühe gemacht, einmal einen Blick in die Erstausgabe oder auch in die seit langem online existierende Handschrift zu werfen.
Oder schlimmer: Sie haben den Komponistenwillen zugunsten des Schmalzes ignoriert.

Grundregel 1: Metronomangabe vorhanden und nachweislich vom Komponisten heißt: So genau wie möglich befolgen. Im Zweifelsfalle muss man Detektiv spielen.
Grundregel 2: Italienisches Wort: Mit Taktangabe und einer ungefähren Metronomangabe kombinieren, wie sie auf jedem mechanischen Metronom ablesbar ist. Diese lässt einem einen gewissen interpretatorischen Spielraum.
Grundregel 3: Nur Taktvorgabe: ca. Tempo 60-70 pro Taktschlag/musikalischem Puls.
Grundregel 4: Tempobeschreibung wie bei Brahms (romantische Gefühlsbeschreibung) aber (definitiv) keine Metronomangabe? Interpretiere! •

Tempomachen von Anfang an

Die Proben eines Konzertchores (also mit insgesamt mindestens 3 Monaten Probenphase zwischen zwei Auftritten) direkt vor einem Konzert sind meistens sehr intensiv. Eventuell klappt noch nicht alles so, wie du es dir vorstellst und es kommen neue Elemente (Konzertraumakustik, etc.) dazu.

Ich versuche, die Anfangszeit einer Probenphase mindestens genauso intensiv zu gestalten, indem ich pro Probe viele Stücke probe, bzw. zur Vorbereitung aufgebe und das Tempo auch durch kleinteilig strukturierte Proben hoch halte.

Insgesamt passe ich den Druck an das an, was am Schluss auf den Chor zukommen wird.

Einerseits werden die Stücke dadurch schon am Anfang gut vorbereitet, aber vor allem fühlt sich für den Sänger der Druck vor dem Konzert nicht *besonders* an.

Er fühlt sich dann weniger gestresst.

Natürlich müssen die Proben am Anfang Freude bereiten und sind dazu da die Stücke kennenzulernen. Ich habe aber leider die Erfahrung machen müssen, dass eine lange Probenzeit (6 Monate und mehr) ohne tempomachende Strukturen wie Zwischenziele (Gottesdienst/kleine Auftritte mit Teilen aus dem Programm), Stimmbildung und vielen Stücken pro Probe und somit auch einem strukturierten Probenplan, die Qualität **nicht** verbessert. Der *entspannte* Zeitraum ist einfach zu groß.

Den Druck musst du an deinen Chor anpassen – einige werden meckern, einige sogar aufhören, aber wenn du den Mittelwert gefunden hast, in dem deine Sänger zu *machbarem* Engagement angespornt werden, wirst du einen qualitativen Quantensprung erleben. Diesen Mittelwert zu finden, braucht viel Zeit (mindestens 4 Projekte). Du wirst schon merken, wenn es zu viel wird. • (*s.a. Lerngeschwindigkeit von neuronalen Netzwerken*)

Tendenziöse Fragestellung

Lässt du deinen Chor über etwas Tendenziöses (also in welche Richtung der Chor tendiert, aber auch entweder-oder) abstimmen und willst ein bestimmtes Ergebnis, dann stelle die Frage so, dass die Sänger zur Erreichung deines Zwecks **passiv** bleiben dürfen. D.h. **deine** Antwort muss die sein, zu der man sich **nicht** melden muss.

Situation 1: Du willst, dass ein Werk X gesungen wird. Du hast kurz vor der Abstimmung deine Gründe dafür dargelegt.
Zielerreichende Frage: „Wer ist *dagegen* Werk X zu singen?"
Situation 2: Du willst, dass Werk X **nicht** gesungen wird. Du hast kurz vor der Abstimmung deine Gründe gegen das Stück dargelegt.
Zielerreichende Frage: „Wer ist *dafür* Werk X zu singen?"
In beiden Fällen müssen sich die, die **gegen** deine Meinung sind melden und damit aktiv werden.

Durch diese tendenziöse Fragestellung musst du nicht mal extrem eindeutig für eine Seite sein – es reicht, dass du **tendenziell** dagegen oder dafür bist. Du kannst also nach Außen mit einer leichten Tendenz fast neutral wirken.

So lange du die Sänger, die **gegen** deine Meinung sind, zwingst aktiv zu werden, indem sie den Arm heben müssen, wirst du die Abstimmung meistens gewinnen.

Diese Fragetechnik funktioniert auch im Zweiergespräch. Menschen sind Herdentiere und wollen Teil der Gruppe sein.

So lange du deine Fragen so stellst, dass dein Gegenüber „ja" sagen darf, wird er dies eher tun. „Nein" erzeugt einen Konflikt.

Dies funktioniert am besten und unauffälligsten, wenn du als Führungsperson anerkannt bist. • *(s.a. Abstimmen; Konformitätsdruck; Meinungsbild)*

Tennessee Williams' Secret to Happiness

Du suchst (wie wohl alle Menschen) Glück und Zufriedenheit.

Wie du es in deinem Leben anstellst, weiß ich nicht – in der Chorleitung kannst du mit Tennessee Williams (1911 – 1983) gehen: Sein Schlüssel zum Glück ist Gefühllosigkeit, bzw. **Unempfindlichkeit**. („What's the secret to happiness? – Insensitivity.")

Du musst dich jeden Tag wieder entscheiden, ob du empathisch sein willst, oder ob dich die Probleme, Wünsche und Gefühle deiner Sänger überhaupt interessieren.

Beide Seiten im Extremen ausgeführt, machen dich und deinen Chor kaputt.

Der berühmte Mittelweg ist zu wissen, wann du sensibel und individuell auf deine Sänger eingehen musst, wann der Chor als Ganzes im Vordergrund steht und wann du dich selbst schützen musst und dir alles auch mal scheißegal sein muss (nicht nur darf!). •

Tenösen

Tenösen sind für manche Chöre die Rettung des vierstimmigen Satzes und ich bin von ihrem Nutzen mehr als überzeugt! Man darf trotzdem nicht jede tiefe Altistin fragen, ob sie im Tenor singen will. Es braucht dafür den echten Willen.

In jedem Fall muss eine Tenöse in der Tiefe sehr locker bis zum *f* kommen.

Mir ist es mal passiert, dass eine Altistin immer ca. eine Quinte zu tief gesungen hat, bis ich sie bat es doch mal im Tenor zu versuchen. Da blühte sie total auf.

Wenn dir also Tenöre fehlen, lohnt es sich im Alt zu fragen, ob jemand bereit wäre auszuhelfen.

Eine Tenorstimmgruppe nur aus Tenösen zu bilden, ist allerdings nicht sinnvoll. Ein männlicher Tenor entspricht im Chorklang akustisch drei Tenösen.

Der Grund ist einfach: Die tiefen (und damit eher weichen) weiblichen Stimmen mischen sich zu sehr mit den Stimmen der (echten) Frauenstimmen. Eine hohe männliche Stimme ist sehr prägnant.

Wichtig: Eine Altistin, die vom Alt in den Tenor wechselt, muss sich an die andere Tonangabe gewöhnen. Wo sie vorher der Frauenstimme folgte, bzw. von der Männerstimme nach oben oktavieren konnte, muss sie nun von einer Chorleiterin nach unten oktavieren, bzw. von einem Chorleiter den Ton direkt übernehmen. •

(s.a. Ton angeben und Einsatz)

Tenor

Ein Tenor singt in der Höhe immer in der Kopfstimme *(s.a. Stimme)*, auch wenn er es nicht weiß. Aber vor allem Tenöre aus Männerchören strengen sich furchtbar an durchsetzungsfähig zu sein (sie sind dort ja schließlich für die Melodie zuständig).
Viele machen also den Fehler den Druck ungesund zu erhöhen (aber klar, wenn man lauter singen will, muss man etwas mehr Druck/Energie in die Stimme legen).
Der angestrengte Blick und das unerwünschte Vibrato passieren, da der Sänger sehr viel Luftdruck ausübt (wie in einer geschüttelten Cola-Flasche), den er irgendwie zurückhalten muss. *(s.a. Knick; Vibrato)*
Also macht er den Hals eng, die Stimmlippen müssen bis auf das Zerreißen gespannt sein und er macht den Mund nicht auf. Aber so hat er das Gefühl, dass er etwas für die Lautstärke *tut*, sieht aber nur verklemmt aus (was er de facto auch ist).
Das ist nicht nur ungesund, sondern sorgt meist auch für ein unschönes Vibrato.
Tenöre im gemischten Chor müssen sich angewöhnen loszulassen und mit etwas mehr Luft, also weicher zu singen.
Die Durchsetzungskraft ('Schärfe') der Stimme dürfen sie nur durch das freundliche Singen erreichen. *(s.a. Mundstellung (chorische))*

Ein gesund singender Tenor kann sein Vibrato kontrollieren, da die Stimmlippen dem Druck ohne Probleme standhalten können. Er kann laut (auch) mit einem offenen Mund singen und seine Miene ist entspannt.
Vor allem das unkontrollierbare Vibrato ist **der** Indikator für den Chorleiter, dass dem Tenor geholfen werden muss (bei Sopränen genauso!).
Viele Tenöre haben den Anspruch ihre Bruststimme so hoch wie möglich zu prügeln und sehen dabei aus, als wenn sie auf dem Klo eine große Verstopfung loswerden wollen. Dies kann viele Erkrankungen nach sich ziehen. Von der Stimmbandfehlstellung bis hin zu Knoten auf den Stimmlippen (im Prinzip Hornhaut wegen Überlastung).
Wir haben die Verantwortung unsere, durch falsche Technik *eingeklemmten* Sänger zu öffnen, damit sie stimmgesund bleiben:

- **Mund auf**. Die Sänger denken nach so einer Ansage, dass sie den Mund schon aufhaben – haben sie meist nicht. Sie brauchen deine Rückmeldung.
  Lass sie zuerst den Mund öffnen und dann singen. Grundsätzlich musst du sie (wie alle Stimmen) dazu bringen, je höher sie singen, den Mund weiter zu öffnen und dann auch die Vokalreinheit aufzugeben.
  (s.a. Textbasierte Nachbarschaftshilfe zur Intonationsdrückvermeidung)
- Je weiter der Mund auf ist, desto wichtiger ist es, die Zunge an den unteren Schneidezähnen zu belassen, damit die Kehle frei bleibt und nicht von der Zunge blockiert wird.
- Freundlich schauen. Dies sorgt durch den helleren Klang dafür, dass sie *bekannte* Tonfärbungen ihrer vormals gepressten Töne wiederfinden.
- Mit Text: Zuerst sehr luftig und locker singen (fast abgehackt), dann immer melodischer und zentrierter.

- Willst du sehr effektiv sein, lässt du die Tenöre herumlaufen. Dadurch können sie nicht zu fest werden. Eventuell haben sie dadurch ihren Atem nicht ganz unter Kontrolle, was sich im Stehen aber wieder legen wird.

Das Ziel ist der Lerneffekt, dass man als Tenor mit offenem und freiem Hals hoch und kräftig singen kann.
Auch die Angst, nicht durchdringend genug zu sein, kann man den Tenören nehmen. Die männliche Tenorstimme ist selbst in der weichen Kopfstimme immer schärfer und durchdringender als eine Frauenstimme – nur deshalb können wir unsere gemischten Chöre auch mit so wenigen Männern singen lassen.
Sing ein Stück und lasse deine Tenöre dann reihum einmal zuhören wie gut die Kollegen durchkommen, achte hierbei aber darauf, dass sie eben locker singen. Die eigene Hörerfahrung ist viel wirksamer als der Glaube an das, was der Chorleiter behauptet.
Vorsicht: Irrigerweise werden hier Sänger, die noch nie, oder erst seit Kurzem im gemischten Chor singen, enttäuscht sein, da sie ‚ihren Tenor' ja nicht so laut hören.
Mache ihnen bewusst, dass das **gut** ist, da alle Stimmen die Melodie **gleichwertig** begleiten sollen. Wenn man den Tenor dominanter als die Melodie (z.B. Sopran) wahrnehmen würde, wäre das falsch (**das muss man manchen Tenören wirklich sagen...**).
Lasse bei solch einem Einwand eine Stelle ohne und dann mit Tenorstimme singen, um zu demonstrieren, dass dem vierstimmigen Satz ohne Tenor – auch wenn er nicht dominant ist – etwas Entscheidendes fehlt. •

Text statt Noten
Luciano Pavarotti (1935 – 2007) sang meistens auswendig und probte Konzerte nicht mit Noten, sondern mit Zetteln auf denen groß gedruckt der Text stand, in den er sich dann seine Notizen machte. Daher kam auch das Gerücht auf, er könne keine Noten lesen.
Ein Funfact für deinen Gospelchor, wenn er von Texttafeln abliest. • *(s.a. Leseblätter)*

Textbasierte Nachbarschaftshilfe zur Intonationsdrückvermeidung
Sopräne und Tenöre brauchen eine leichte Höhe. Ab d'' im Sopran und d' im Tenor muss begonnen werden die **Vokalreinheit aufzugeben**, um die Kehle frei zu bekommen.
Je mehr der Sänger versucht in einer extremen Höhenlage gut zu artikulieren, desto mehr wird die Kehle geschlossen und dadurch der Ton – ohne Ausgleich – zu tief.
Das ist ein riesiges Problem, da es viel Selbstdisziplin der Sänger verlangt.
Grundregel: Je höher man singt, desto weiter muss der Mund geöffnet werden.
Der Sopran, Alt oder Bass haben damit weniger ein Problem, wenn man sie drauf hingewiesen hat (und es bei jeder Gelegenheit wieder tut...).
Diese Stimmen wollen einfach gut artikulieren, weil das ja auch meistens richtig und gewollt ist – aber eben in gut singbaren Lagen.

In diesen Fällen bringe ich ihnen das Bild von der **Sozialgemeinschaft**:
In 99% der Fälle, in denen eine Stimme in einer hohen Extremlage singen muss, singt eine tiefere Stimme homophon denselben Text.
Diese zweite Stimme gibt etwas von ihrer Textverständlichkeit ab. So wird der Zuhörer den Text also gut verstehen können.
Tenöre sind leider schwieriger zu überzeugen. Vor allem wenn sie aus einem Männergesangsverein kommen wird gedrückt und gepresst als wäre das Kind schon halb durch den Geburtskanal. Und das immer mit *halbgeschlossenem* Mund. Selbst Engelszungen bringen manche Tenöre nicht dazu, auf das Geknödel zu verzichten.
Ich mache dann konsequent Übungen. Es braucht viel Liebe und Geduld. • *(s.a. Tenöre)*

Th

Die korrekte Aussprache des englischen „th" ist der Weizen, der dich und deinen Chor von der Spreu trennt. Ich glaube, dass auch dir bewusst ist, dass ein englisches „th" nicht wie ein „s" klingen darf – es aber dauernd tut.
Korrekt ist der Klang weich, wenn aber auch nur ein oder zwei Sänger inkorrekt ein „s" sprechen, haben wir einen verhärmten Barabbas-Effekt *(s.a.)*.
Ich stand lange rätselnd vor dieser Problematik und keiner konnte mir helfen.
Dann habe ich analysiert, was ich im Mund bei der korrekten Aussprache des „th" mache. Wie bei den Tiergeräuschen *(s.a. Muh)* muss ich die Erzeugung eines dem Sänger ungewohnten Klanges rational erklären können: Dem „th" folgt immer ein Vokal, oder nichts, wenn es am Ende des Wortes steht. Ein Vokal ist ein klingender Laut für dessen Erzeugung die Zunge unten sein muss. Das „th" erzeugst du, indem du die Zungenspitze **unter** die oberen Schneidezähne legst (also minimal die Zunge rausstreckst), mit der Produktion des Tones beginnst und die Zungenspitze von den Schneidezähnen zur Vokalerzeugung löst. Diese Lösung von den Zähnen und die Öffnung des Mundraumes geschieht auch am Ende einer Silbe/eines Wortes.
Diese Beschreibung hilft dir natürlich noch nicht, wenn du nicht weißt, was deine Sänger falsch machen: Für das ‚deutsche' „th" – also ein stimmhaftes oder sogar stimmloses „s", heben die Sänger die Zungenspitze zwar auch – aber nicht weit genug.
Sie antizipieren die Öffnung des Mundraumes zum Vokal/Wortende und schließen den Mundraum mit der Zunge nicht genug – die Zunge bleibt also fälschlicherweise **hinter** den oberen Schneidezähnen.
Mit oberer Erklärung können bis auf ein-zwei ‚Legastheniker' alle ihr „th" gut singen.
Für diese Ausfälle gibt es aber noch eine Lösung, die denselben Klang produziert: Lass sie das „th" als stimmhaftes „w" sprechen – das klingt immer noch besser und unauffälliger als das leidige „s" oder „f", das sie sonst produzieren.
Es ist wirklich einfach zu lösen und für **jeden** Chor machbar.
Aufgrund des Barabbas-Effektes musst du dir aber vorher im Klaren sein, dass du jeden faulen Apfel ins Gebet nehmen musst. Wenn du dich nicht traust (also deinen Job nicht machst!), dem **einen**, der es immer noch nicht kapiert hat, das stimmhafte „w" aufzudrücken, dann spare dir die Mühe und singe einfach nicht englisch. •

The oder The
Artikel im Englischen: *the(„e")* oder *the(„i")*?
Vor einem Konsonanten immer *the(„e")* (the music).
Vor einem Vokal immer *the(„i")* (the analysis).
Aber: Vor einem Wort mit „h" musst du entscheiden, ob dieses „h" hörbar ist oder nicht: *The(„e")* halleluja/house aber *the(„i")* hour/honor – denn diese beiden letzten Worte kommen aus dem Französischen und das „h" ist stumm – somit wird der Vokal als erster Laut hörbar und damit regelbestimmend. •

Theaterdonner
Auch ein *Theaterdonner* trifft meist die falschen (die, die da sind/sich bemühen/etc.).
Außerdem ist es den Schuldigen meist nicht bewusst, dass sie etwas falsch machen.
So gibt es in jedem Chor jemanden, der immer zu spät kommt. Da kann man noch so viel auf den Chor einreden und nur diese Person meinen – sie wird es nicht wahrnehmen, da ihr einfach nicht bewusst ist, dass sie etwas falsch macht (auch wenn die Probe immer schon angefangen hat, wenn sie kommt…) – klingt bekloppt, aber man hat es ja mit Menschen zu tun.
Da helfen nur Einzelgespräche: „Du warst nun öfters zu spät – woran liegt es?"/„Ich habe das Gefühl, dass du dich besser vorbereiten müsstest."/„Du hast nun öfters gefehlt – woran liegt es?" Und immer danach: **„Wie kann ich dir helfen das zu verbessern?"**
Diese Frage sorgt dafür, dass ein Sänger sich nicht angegriffen fühlt, sondern spürt, dass der Dirigent sich um ihn kümmert, und er ihm wichtig ist. *(s.a. Zauberfrage)*
Sie sorgt außerdem für ein gewisses *Schuldgefühl* gegenüber dem Dirigenten und insgesamt für ein Hinterfragen der eigenen Situation. Du kannst damit viel leichter die Gründe für das Fehlverhalten erfahren, weil keine Abwehrhaltung entsteht.

Grundregel: Faktische Tatsachen müssen benannt werden (eben das Zuspätkommen).
Vermutete Tatsachen wie die fehlende heimische Vorbereitung, die nicht zu beweisen ist (weil der Dirigent ja nicht zuhause beim Sänger auf dem Schoß sitzt), brauchen immer den Einleitungssatz „Ich habe das Gefühl, dass…"
Der Sänger könnte zwar behaupten viel zu üben, aber das „Gefühl" des Dirigenten wird er nicht negieren können – höchstens vorgeben „Dein Gefühl trügt…".
Dadurch ist aber die Tür zu Gesprächen geöffnet worden. •

Tierische Musikgeschmäcker
Dass Kühe bei Beschallung mit Musik von Mozart mehr Milch geben ist bekannt.
Aber auch Fische (in der vorliegenden Studie waren es Koi-Karpfen) haben bestimmte Musikgeschmäcker und können verschiedene Musikstile unterscheiden. •
[siehe: Benecke, Mark: Warum man Spaghetti nicht durch zwei teilen kann. Lübbe, 2009, S. 41-49]

Titelkampf

Als Dirigent lernt man in jeder Probe etwas Neues. Man lernt nie aus…
Wenn man sich darauf einlässt, kann das ein schöner Teil dieses Berufes sein. Aber leider lernt man meistens nur durch **Fehler** – d.h. man macht etwas falsch und durch Reflexion wird man korrigieren.
Ein guter Dirigent akzeptiert seine Fehler als Tatsache und als unvermeidlich, um dann daran zu arbeiten. Er versteht sie als Teil seiner Persönlichkeit. Dass wir aber auch aus den positiven Handlungen lernen sollten, hast du hoffentlich nach Lektüre dieses Buches langsam verstanden.
Ein guter Dirigent agiert vor dem Chor mit Hilfe einer Kombination von **Wissen** und **Persönlichkeit**.
Gerade in unserem Job der direkten Führung („ich sage dir – du machst") ist ein Titel (Professor, Doktor…), ein Abschluss, ein Studium oder auch wie jemand den Job bekommen hat, **langfristig** irrelevant.
Nach einiger Zeit zählt für den Sänger nur noch die Art der direkten Kommunikation, sodass ein „die Frau Professor hat gesagt" nicht mehr relevant ist (oder „ich habe das studiert").
Wenn deine Art der Menschenführung Mist ist, wirst du dich nicht hinter einem Titel verstecken können. Das ist im Laien- wie im Profibereich gleich. Im Profibereich entscheiden zum Leidwesen der Sänger selten aktive Musiker über den *Chef*.
Im Laienbereich sind die Sänger zu ihrem Glück nicht angestellt und gehen, wenn sie sich nicht wohlfühlen.

Meiner Meinung nach kannst du nur **Wissen** studieren (z.B. Harmonielehre, Instrumentalspiel, Singen, Kommunikationstheorien, Organisation) und dir so ein fachliches Fundament schaffen.
Das Dirigieren von (Laien-) Chören wirst du hauptsächlich durch **Erfahrung** lernen.
Nur die Persönlichkeit, die bereit ist gemachte Erfahrungen (positive, wie negative) rational zu reflektieren, wird ihr Wissen hier effektiv nutzen können.
Erfahrung führt dann zu einer auf den Laienchor spezialisierten Pädagogik, die ihre eigenen Regeln und Lehrwege hat (…dazu gibt es Bücher wie **dieses hier**, in dem viele Fehler und ihre Lösungen schon von jemand anderem für dich gemacht/erdacht wurden…).

Deine Pädagogik ruht immer auf einem Fundament, wird aber im Moment und **reaktiv** geschehen. Je mehr reflektierte Erfahrung du besitzt, desto effektiver werden deine pädagogischen Reaktionen auf das, was dir in der Probe geschieht.
Jeder Dirigent ist anders und keiner erstmal im Vergleich per se *besser*. Es gibt kein Zeitstoppen wie beim 100-Meterlauf. Es gibt die erfahreneren Dirigenten und solche, die noch lernen müssen. *(s.a. Bewerbung…)*
Aber auch hier musst du differenzieren: Ein erfahrener Dirigent ist nur der, der **reflektiert**. Ich habe schon einige Dirigenten erlebt, die diesen Job über 30 Jahre machen und in ihrer sozialen und/oder fachlichen Entwicklung auf dem Entwicklungsstand eines Orang-Utans stehen geblieben sind (Kleinkind, 3 Jahre). Meistens mit einer unmöglichen Arroganz gepaart. Leider kommen die damit häufig durch.

Bist du noch jung, werden dich erfahrene Sänger natürlich mit Chorleiter-Highlights ihrer langen Sängerkarriere vergleichen.
Da gibt es aber nur eine Frage: Was hat der Dirigent damals besser gemacht?
Dann lerne davon und implementiere das eine oder andere in deine Arbeit.
Bedenke: Die Sänger haben zurzeit keinen anderen Chorleiter.
Du darfst und musst noch lernen und das wird sich **niemals** ändern.
Selbst wenn du über 70 Jahre alt bist und seit 50 Jahren Chöre leitest: Die Erfahrung, die du in der morgen von dir geleiteten Probe sammeln wirst, wird **auch dir** immer noch zu mehr *Standardsituationen* verhelfen, die du später auf andere Momente übertragen kannst. *Fertig* bist du nie, da du nicht mit programmierten Maschinen, sondern mit Menschen arbeitest. • *(für Verweise siehe „Titelkampf" im Index)*

Todesfall im Chor

Bisher sind mir nur zwei aktive Sänger verstorben. – Ich habe Glück gehabt.
Was also tun, wenn ein Sänger stirbt?
Jeder Chor ist verschieden und im schlimmsten Fall ist das für einige Sänger so, als ob sie ein Familienmitglied verloren haben. Im Normalfall kennen sich die Sänger auch viel länger als du sie. Sei deshalb sensibel.
Manche Sänger erfahren von dem Tod auch erst am Probenabend und sind schockiert. Dem Chor musst du in dieser ersten Probe nach der Todesnachricht Zeit geben über die Situation und den Menschen zu reden – es wird dir niemand verzeihen, wenn du einfach so zur Tagesordnung übergehst.
Glaube nicht, dass du wegen deiner Position unbedingt die Trauerarbeit anleiten musst. Lass hier die Sänger den Schlussstrich ziehen – **du** darfst auf keinen Fall **den Beginn** der Probe einläuten, selbst wenn ein wenig Stille herrscht.
Du darfst auch auf keinen Fall die Probe absagen. Wer emotional nicht in der Lage ist zu kommen, kommt nicht – die anderen müssen die Gelegenheit haben in der sozialen Gemeinschaft zu trauern.

Organisiere, dass der Chor in dem öffentlichen Gottesdienst singt, in dem der Name des Verstorbenen verlesen wird. Vielleicht hatte er ein Lieblingslied?
Du kannst dich auch (ganz vorsichtig und nur wenn der Chor das wirklich gutheißt) bei der Familie für einen musikalischen Beitrag auf der Beerdigung anbieten. Suche dafür im Zweifelsfall den Kontakt zu den Angehörigen über Chorsänger.
Dränge dich nie auf. Der Chor hat im Namens-Gottesdienst die Chance zu singen und Abschied zu nehmen.

Während Corona verstarb eine Sängerin einer meiner Chöre. Da wir nicht im Gottesdienst singen konnten, nahm ich nacheinander jeden Sänger einzeln mit Ton und Video auf, um alle Sänger – zu einem virtuellen Chor zusammengefügt – im Gottesdienst „Du meine Seele singe" singen zu lassen. 30 Stunden Arbeit, die sich gelohnt hatten. •

Todsünden eines Chorleiters

- Unvorbereitet in die Probe kommen.
- Seine Chorsänger immer **alle** Noten mitschleppen lassen, weil der Chorleiter zu unorganisiert ist die nächsten Auftritte inhaltlich zu planen.
- Den Chor inhaltlich, strukturell und terminologisch nicht da abholen, wo er steht.
- *Spontanität* als erstrebenswertes Merkmal einer Probe pflegen, anstatt so viel wie möglich zu planen.
- Ein klares Profil verhindern, anstatt dem Chor über die Stückauswahl – damit einem programmatischen Rahmen – und über einen klaren Anspruch ein nach außen kommunizierbares Leitbild *(s.a.)* zu geben. *(s.a. Selbstbewusstsein des Chores)*
- Seinen Chor qualitativ falsch fordern. D.h. entweder ein Programm nur für K1-Sänger oder nur für K3-Sänger zu erstellen, anstatt für die breite Mitte der (relativen) K2-Sänger. *(s.a. Sängerkategorien)*
- Aus Angst vor Konflikt K-4 Sänger im Chor halten.
- Sich selbst und die verfügbare Vorbereitungszeit falsch einschätzen (meist überschätzen).
- Ton vor Text priorisieren.
- Stimmen lange untätig rumsitzen lassen *(s.a. Untätige Stimmen)*. •

Töten oder Vollgas (nicht nur *Neuer Chor*)

Liegt ein Chor unter deiner langjährigen Leitung oder bei Neuübernahme im Sterben, gibt es zwei Möglichkeiten: **Töten oder Vollgas**.
Ein Chor stirbt aus drei Gründen:
1. Schlechte Chorleitung = geminderte Qualität im Vortrag = Demotivation
2. Kein Interesse in der Bevölkerung, bzw. in einer Kirchengemeinde
3. Mitgliedermangel

Punkt 1 und 2 bewirken Punkt 3.
Wenn du dieses Buch liest wirst du Punkt 1 schonmal verbessern wollen, das fällt also als Grund raus. Somit musst du Punkt 2 angehen.
Grundregel: Du kannst auch mit 10 Sängern gute Auftritte präsentieren.
Das sind deine Ansatzpunkte:
- Plane Konzerte/Auftritte im Gottesdienst/in der Öffentlichkeit.
- Das Programm muss so leicht sein, dass du garantiert gut klingende Auftritte präsentieren kannst.
- Gebe dem Chor bewusst einen langfristigen Probenplan (mindestens 1 Jahr) damit die Sänger sehen, dass du es ernst mit ihnen meinst und Zukunft in diesem Chor siehst.
- Teile der Presse mit, dass du den Chor übernommen hast und wo die Reise nun hingehen soll.

- Stelle dich im Gemeindebrief/Presse im Interview-Stil vor, weil es viel interessanter als nur „hallo ich bin... und leite hier den Chor" ist und damit den Voyeurismus befriedigt (also gelesen wird).
- Entwickle mit den Sängern ein kommunizierbares Profil *(s.a.)*: Was wollen wir? Wer sind wir? Für wen machen wir das?
  Entwerfe im Zweifelsfalle ein Logo und eine Webseite, eventuell tut ein Namenswechsel gut (das Wort „Kirchenchor" ist tot, lieber den Namen der Kirche+Chor – z.B. „St. Lucia-Chor", oder etwas Kreativeres).
- Erstelle ein Chor-Visitenkarte *(s.a.)* um die Sängerwerbung zu vereinfachen.
- Verteile Plakate mit dem Chorlogo und einer *Corporate Identity*, auf denen die nächsten Auftritte (auch Gottesdienst) verzeichnet sind.
- Plane möglichst bald ein Projekt zu dem interessierte Sänger eingeladen werden nur projektweise mitzusingen (z.B. „Deutsche Messe" von Schubert oder Taizé-Andachten) – das sorgt wieder für Presse und es bleibt der eine oder andere Sänger dabei.

Dein Ziel muss also sein, dem Chor eine (neue) Identität zu geben.
Nur mit einer Identität und einem zugehörigen klaren Profil wird der Chor für andere (wieder) interessant.

Die **Außenwahrnehmung** muss sich verbessern:
- „Chor klingt schlecht" in „kann man sich anhören".
- „Chorleiter ist eine Backpflaume" in „das schaue ich mir mal an".
- „Chor? Welcher Chor?" in „Habe ich schon gehört."

Alles Unken darfst du nicht kleinreden – meist ist das Selbstbewusstsein solcher langsam sterbenden Chöre stark angeschlagen und nur schwer wieder aufzubauen.
Der Neustart beginnt mit dir!
Entweder als *neuer* Chorleiter oder weil *du* endlich aufgewacht bist.
Aber **bedenke:** Der Chor lag nicht umsonst im Sterben.
Die Sänger waren vielleicht unengagiert und gemütlich?
Vielleicht war dein Vorgänger inkompetent und hat die Sänger verängstigt?
Vielleicht war der ehemalige oder (schlimmer und von mir leidvoll am eigenen Leib erfahren) **aktuelle** Beirat/Vorstand durch unkluges Management für den Niedergang verantwortlich...?

Die meisten Chormitglieder werden dir bei solch einem Vollgas also misstrauen oder sogar Angst bekommen.
Sie bekommen eventuell auch Angst, dass nun Liebgewonnenes verloren geht, aber auch, dass sie das nicht alles schaffen werden.
Du musst viel reden und Geduld haben, denn ein weicher Übergang alla „ich hole euch da ab wo ihr seid" wird das in solch einem Fall nicht sein können.
Dein Killerargument: Das **Ergebnis** muss gut klingen.
Wenn der Chor Vollgas gibt, dies aber z.B. mit dem Singen ‚großer Werke' gleichsetzt und somit die Qualität hörbar auf der Strecke bleibt, wird er verlieren.

Andersrum wird es gemacht.
Riskiere deshalb ‚leere' Proben, in denen du die zu übenden Stücke nur wiederholst, weil sie *zu einfach* sind. Das ist weniger stressig und du kannst den Freiraum ideal für Stimmbildung und Gespräche nutzen, um deinen neuen Chor kennenzulernen, bzw. deinen alten Chor *neu* kennenzulernen.
Den Sängern wird garantiert nicht langweilig und eine Sorge vor fehlendem Anspruch reduziert sich, wenn sie merken, dass sich mit dir etwas bewegt und ihr Chor nicht ein Zombie bleibt, sondern ein lebendiges Wesen wird. •

Ton angeben und Einsatz

Zum Töne angeben nutze ich als Laut ein offenes „no", da es nicht aufdringlich, aber klar ist. Es kann aber, wenn die Zungenspitze nicht vorne ist, zu tiefe Töne produzieren. Wahlweise nutze ich auch die Anfangssilbe des Liedtextes.
Ob du weiblich oder männlich bist, spielt beim Töneangeben und deren Reihenfolge keine Rolle.

Folgenden C-Dur Akkord sollst du angeben:	Als Mann gibst du die Töne klingend so an:	Als Frau gibst du die Töne klingend so an:

Frau und Mann müssen auf **ihrer** Tonhöhe (also um eine Oktave versetzt) dieselbe Energie aufwenden, um ihre Stimmlippen anzuregen. Deshalb kann ein Mann ein *c* angeben und eine Frauenstimme wird das *c'* singen. Genauso andersherum eine Frau singt ein *c'* und der Mann das *c*. Nur bei einem (auch geschlechtlichen) Dirigentenwechsel, kann es anfangs zu Irritationen kommen.

Grundsätzlich gebe ich die Töne im Chor von unten nach oben an.
Mit dieser **Grundregel** muss ich beim Ansingen nicht die Stimmennamen nennen („Alt, Sopran, Bass und jetzt der Ton für den Tenor.").
Ausnahmen sage ich vorher an und lasse sie von den Sängern in die Noten schreiben.
So gibt es im Auftritt keine Missverständnisse. Das mache ich bei **jedem** Chor.
Die Richtung von unten nach oben hat einen gewichtigen Grund:
Du fängst damit in 99,9% der Fälle mit dem Grundton an (Bass), auf dem alle anderen Töne des Akkordes aufgebaut sind und in dessen Verhältnis sie klingen sollen.
Deshalb darfst du auch **niemals** mit dem Sopranton beginnen.

Wir denken und hören Akkorde immer von unten. Wenn du die Töne nun von oben angibst, wird der Akkord im schlimmsten Fall zu *weit*, weil du nach unten *fällst*.
Ich verstehe bis heute nicht, warum so viele Chorleiter diese blöde Angewohnheit haben. Vielleicht liegt es daran, dass sie sich an dem Melodieton festhalten?

Eine andere Möglichkeit, die ich in der Probe oder in den sehr seltenen Fällen praktiziere, in denen ein Anfangsakkord mal nicht grundständig ist, also der Grundton in der tiefsten Stimme liegt oder eine Dissonanz vorkommt: **von einfach bis komplex.**

Z.B. ein Dominantseptakkord:
Töne angeben: Grundton (**Bass, Sopran 1**), Quinte (**Sopran 2**), Terz (**Alt**), Septime (**Tenor**).
Du gehst also von konsonant (Oktave, Quinte), zu ambivalent (Terz), zu dissonant (Septime).

Das ist ungleich schwieriger für den Dirigenten und muss geübt werden.
In diesem Fall wäre ein Töneangeben von unten nach oben für den Chor schwierig zu intonieren, vor allem wenn die Sänger ihren Ton nicht direkt ansumen *(s.a.)*.
Nach dem Grundton käme gleich eine Septime und dann die Terz (also auch noch ein Tritonus zur Septime), bevor überhaupt ein stabiles Gerüst durch die Quinte von Bass/Sopran 1 und Sopran 2 hergestellt wurde.
Hier ist eine komplexe Tonangabenreihenfolge also sinnvoll. Sie muss aber vor der Probe von dir – und vor dem Auftritt von den Sängern – in die Noten eingetragen und geübt werden, damit jedem die Reihenfolge klar ist.
In der Probe benennst du die Stimme deren Ton du angibst. Im Konzert/Auftritt tust du dies niemals. Du **zeigst** während des Töneangebens auf die Stimme. Erziehe deine Sänger dazu, auch ein schnelles Töneangeben wahrzunehmen, wobei das Wissen um die genaue Reihenfolge entscheidend ist.
Wie häufig habe ich schon erlebt, dass Chorleiter sich, nach der Tonangabe für eine Stimme, bei dieser für 5 Sekunden versichern, dass alle den Ton haben und dann erst den nächsten Ton angeben. Das erzieht zur Faulheit. Wer den Ton nicht hat, kann sich kurz melden und bekommt ihn (kommentarlos!) nochmal *(s.u.)*. *(s.a. Anfangston atmen)*
Bitte, bitte singe nicht auf die Stimmennamen an! Das musst du bei klarer Absprache nicht mal bei einem 12-stimmigen Stück machen – ganz zu schweigen von einem vierstimmigen…

Viele Chöre summen den gegebenen Ton/Akkord an. Meistens nachdem alle Töne gegeben worden sind, auf Zeichen und „la" oder so – das ist ok. Ein Chor darf allerdings niemals auf „m" ansummen, da dies die Intonation tödlich verfälscht. *(s.a. Summen)*
Im Idealfall antwortet er auf dein „no" mit einem „no".
Summt ein Sänger leise an, der erste Ton ist aber ein Fortissimo, kann das Ansummen kontraproduktiv sein. Hier wäre es besser die Sänger würden sich den Ton nur vorstellen und dann einfach lossingen, da die Kehle sonst auf eine andere Anfangsenergie eingestellt ist.

Für dich als Chorleiter ist das Ansingen des Chores **kein** definitives Kontrollinstrument für die Qualität des Anfangsakkordes. Der Vokal sowie die Dynamik sind anders und keiner deiner Sänger will zu laut sein – damit fehlt auch die Energie.
Die Intonation wird also nicht perfekt sein und daran rumzudoktern bringt überhaupt nichts. Du kannst nur absolute Ausreißer korrigieren. Wenn man also ansingen lassen will, muss einem klar sein, dass man dies nur für den **Chor** macht.
Ich habe schon die gruseligsten Ansummakkorde durchgehen lassen, weil ich wusste, dass der Anfangsakkord im Stück sauber sein wird. Die Kehle der Sänger stellt sich nämlich damit auf die **ungefähre** Tonhöhe ein. Der Anfangston wird dann zu Beginn des Stückes mit Energie gesungen und stimmen.

Ich lasse meine Sänger nicht nach dem Tönegeben den Akkord nochmals ansummen, sondern während des Tönegebens ihren Ton schon mitsummen (wenn der Akkord nicht zu kompliziert ist).
Die Präferenz sollte aber darauf liegen, mit dem Chor zu trainieren die korrekte Kehlstellung grundsätzlich **stumm** zu erreichen.
Man kann die Sänger erziehen, indem man mit ihnen übt, sich den Ton vorzustellen – dies braucht Zeit und manchmal viel Übung, aber es lohnt sich und ist mit jedem Chor machbar.
Das Ansingen stärkt nur das Sicherheitsgefühl der Sänger und öffnet ihre Kehlen. Man kann sie – um Letzteres zu erreichen – als Vorübung auch stumm ansingen lassen (wie ein Flüstern) – in jedem Fall sollten sie bei der Vorstellung des Tones die Kehle auf den ersten Vokal einstellen.
Bei einigen Chören habe ich das Ansingen komplett abgeschafft – aber es machen halt noch sehr viele Dirigenten, weshalb es Sängern sehr schwer abzugewöhnen ist.
Es macht auch nicht so viel kaputt wie man denken würde, aber helfen (was auch wiederum viele denken...) tut es auch nicht.

Im Konzert/Auftritt schaust du nach dem Töneangeben in den Chor und versicherst dich, dass alle ihren Ton haben. Folgende Ansage hilft: „Wenn jemand im Konzert seinen Ton nicht hat, bitte klein melden – ich gebe die Töne dann nochmal. Wir haben schließlich so lange geprobt – dann sollte es an einem falschen Anfangston nicht scheitern!" Sollte das passieren, gibst du die Töne für **alle** Stimmen nochmals in korrekter Reihenfolge an, und den, der anfragenden Stimme etwas deutlicher, damit keine Verwirrung aufkommt.
Erziehe deine Sänger dazu, nun für 5 Sekunden die ersten Töne des Stückes in ihrer Vorstellung zu singen – ohne den Mund zu bewegen. Auch sie brauchen eine Konzentrationsphase *(s.a. Konzert: Konzentrationsphase)*. Dabei darfst du niemals schon Dirigierbewegungen machen, sondern musst dem Chor Zeit lassen. Dann gibst du den Einsatz.
Dem Chor vorab die ersten drei Takte stumm vorzusprechen und das Tempo anzuzeigen, etc. hat in meiner Erfahrung niemals einen Mehrwert gehabt – trotzdem machen es viele Dirigenten.

Die tiefenpsychologische Begründung dafür ist, dass sie Angst davor haben die Kontrolle abzugeben und darüber versuchen, sie noch ein bisschen zu behalten. In dem Augenblick, in dem der Chor lossingt, können sie nichts mehr ändern.
Mir passiert das nur noch, wenn ich dem Chor nicht zutraue, dass er gleich gut singen wird. Es ist grauenvoll: Meine Unsicherheit überträgt sich dann und die *Self-fulfilling-Prophecy* hat zugeschlagen.
Im Normalfall solltest du die Stückanfänge im Einsingen (s.a.) nochmals gut geprobt haben – diese also kein Problem darstellen.

Dein **Einsatz** muss einfach aber effektiv sein: Hebe deine Hände und öffne sie als Zeichen, dass es jetzt losgeht.
Spielst du mit Orchester, musst du hier kurz innehalten, da für ein Orchester das Händeheben das Zeichen dafür ist die Instrumente zu heben. Gib ihnen also eine Chance.
Ich habe spaßige Konzerte mit nervösen Dirigenten erlebt, in denen ich meine Bratsche noch nicht am Kinn, der Chor aber schon einen Takt gesungen hatte.

Du gibst im Tempobereich von „Schlag = 40 bis 120" **zwei** Schläge vor – nicht mehr und nicht weniger: Einen **Vorbereitungsschlag** mit der *Schlaghand* und den **Einsatz** mit *beiden Händen* (also auch der Ausdruckshand, weil es sich ja um einen Einsatz handelt). Dies passiert konzentriert, offen und klar – auch in einem Dreier-/Siebener-/Fünfer- oder Dreizehnertakt.
Es geht darum das Tempo zu klären (was sich vom Eingeübten nicht unterscheiden sollte) und einen gemeinsamen Einatmer auf dem Einsatz zu ermöglichen.
Wenn der Grundschlag im Stück langsamer als 40 ist solltest du ihn unterteilen. Schnellere als 120 wird er unpräzise – vereinige ihn hier (4/4 wird 2/2).
Wenn du das etablierst, wird dir der Chor regelmäßig präzise Einsätze vorsingen.
Grundregel: Je berechenbarer du bist, desto einfacher kann der Sänger zur richtigen Zeit atmen (dementsprechend pünktlich einsetzen) und damit pünktlich singen.
(s.a. Stumme Einheit)

Zusammenfassung:
- Einfache, grundständige Akkorde (tiefste Stimme hat Grundton) immer von unten nach oben angeben (unabhängig von der Stimmenanzahl).
- Komplexe Akkorde (tiefste Stimme hat nicht den Grundton/es ist noch ein dissonanter Ton mit dabei) von einfach nach komplex angeben: Grundton, Oktave, Quinte, Terz, Septime, None, etc. des Akkordes (unabhängig von der Stimmenanzahl).
- Trainiere mit deinen Sängern ohne eigenes Ansummen lossingen zu können.
- Vor dem Einsatz bereiten die Sänger sich auf den Anfang vor.
- Dein Einsatz muss unabhängig vom Stil und Tempo standardisiert sein (Vorbereitungsschlag und Einsatzschlag). •

Ton folgt Text

Grundregel: Der Ton folgt dem Text. Wenn der Chor den greifbaren Text gelernt hat (und damit auch den Rhythmus), kann der Ton einfach *passieren*. Der Ton und die Tonfolgen werden viel schneller gelernt, da das zu singende schon strukturiert ist.
Bild: Das Wort nimmt *seinen* Ton huckepack. •
(s.a. Abstraktes in Konkretes; Deutliches Sprechen ist deutliches Singen; Schubladendenken)

Tonartencharakteristik

Tonartencharakteristiken haben nur für wenige Komponisten, aber für manche ausführende Musiker eine Mystik, die nahe an Religiosität vorbeischrappt.
Z.B. soll D-Dur für Freude, Fest und Heldentum stehen; F-Dur für die Hirten – das berühmteste Beispiel ist hier die Sinfonie Nr. 6 in F-Dur, op. 68 („Pastorale") von Ludwig v. Beethoven (1770 – 1827).

Interpretationen von Tonarten stehen im Chorgesang aber nicht so sehr im Vordergrund wie sie es im Instrumentalbereich tun. Dies hat zum einen etwas mit den Klavierstimmungssystemen zu tun, zum anderen mit den instrumentenspezifischen Ambitusgrenzen und demgegenüber dem großen, relativen Ambitus der Randlagen im Chor.
So ist eine Geige in der Tiefe auf das *g* beschränkt. Punkt. Tiefer kann eine Geige (ohne vorgeschriebene Scordatura) nicht spielen.
Ein Komponist muss sich bei der Komposition einer Violinsonate also bewusst sein, dass er in der Tonart F-Dur niemals ein *f* (d.h. eine leere Seite) spielen lassen kann. Er wird also gezwungen sein G-Dur zu verwenden, wenn er diesen tiefsten Grundton nutzen möchte. *(siehe dazu auch „Grundregel 1")*

Im Gesang gibt es diese Einschränkung (im Ambitus einer Terz) **nicht**.
Bei Sängern gibt es **ideale** Extremtöne. Ein Sopran sollte im Laienchor nur bis zum *f'* in die Tiefe singen müssen, er **kann** aber auch bis zum *d'* singen. *(s.a. Tonumfang)*
Somit sind im Chor keine Tonarten ausgeschlossen – ergo auch keine Tonarten **erzwungen**. *(s.a. Sandwichposition in Extrema)*
Aus diesem Grund wirst du in der klassischen Literatur nur wenige a-capella Chorwerke finden, die mehr als drei Vorzeichen haben. Schlicht, weil es das Lesen erschwert und keinen Mehrwert darstellt (E-Dur und F-Dur sind klanglich gleich).
Nur in spätromantischen Werken gibt es (selten) auch im A-capella-Chor viele Vorzeichen, die aber meistens durch Modulationen zustande kommen, und natürlich bei instrumental begleiteten Stücken, wo der Chor evtl. nicht im Vordergrund steht, oder ein bestimmter Orchesterklang nur durch viele Vorzeichen erzeugt werden kann.

Da Tasteninstrumente in Ermangelung eines Stimmgerätes bis ins 20. Jahrhundert nicht gleichschwebend gestimmt werden konnten, mussten Stimmwege erdacht werden, die über relative Tonabstände jeden Ton der Oktave verhältnismäßig rein stimmen konnten.

Willst du also dein Klavier mitteltönig über c' stimmen, wie es *damals* gemacht wurde (ohne Stimmgerät!) geht das so: Man stimme die ersten vier Schritte des Quintenzirkels (c'-g'-d'-a') über c' so, dass die Quinten so sehr verkleinert und die Quarten ebenso zu groß sind, dass die Terz c'-e' rein oder höchstens etwas größer als rein ist (d.h. um das Viertel des [pythagoreischen] Kommas zu kleine Quinten).
Nun stimme man die Terzen g'-h' aufwärts, g'-es' abwärts, d'-fis' aufwärts, d'-b abwärts
(+ Oktave b-b' aufwärts), a'-f' abwärts (+ Oktave a'-a abwärts), a-cis' aufwärts, e'-gis aufwärts.
Nicht einfach, aber jahrhundertelang Standard…

Im Folgenden die von Andreas Werckmeister (1645 – 1706) erdachte und heute gerne verwendete „Werckmeister III":
Man stimme die ersten vier Schritte des Quintenzirkels (c'-g'-d'-a') über c' so, wie in der mitteltönigen Stimmung.
Die Quarte a'-e' soll rein gestimmt werden.
Man prüfe, ob die Terz c'-e' nicht viel größer sei als die in der Mitteltönigkeit *(man braucht also ein 2. Klavier…?)*.
Die Quinte e'-h' soll rein gestimmt werden.
Man prüfe, dass die Terz g'-h' sauber genug klingt *(also ungefähr – passt schon…)*.
Die Quarte h'-fis' soll um ein Viertelkomma zu hoch gestimmt werden.
Die restlichen Quinten fis'-cis'-gis'-dis'-b'-f'-c' stimme man nun rein.
Nutzt man heute – man hat ja ein Stimmgerät…der Sinn hat sich mir nie erschlossen.

Die meisten Stimmanweisungen sind theoretische Wege der gleichschwebenden Stimmung nahezukommen, und damit der Möglichkeit alle Tonarten gleichgut spielen zu können.
Die **einzige** praktische Stimmanweisung ist meiner Meinung nach die von Johann Philipp Kirnberger (1721 – 1783), und hier die s.g. „Kirnberger II", die sich nach Herbert Kelletat (1907 – 2007) *„…von den unzähligen Temperaturen, die im 18. Jahrhundert „ausgegrübelt" wurden, durchgesetzt hat; sie blieb bis über die Mitte des nächsten Jahrhunderts aktuell und hätte um ein Haar die gleich-schwebende Temperatur wieder verdrängt."* (s.a. Literaturverzeichnis)

Sie ist selbst von Laien mit etwas Übung ohne Probleme anwendbar. Der Grund ist einfach: Es gibt nur einen Ton, der ‚ungefähr' passen muss und keine „Viertelkommata". Mein Beispiel zur praktischen Anwendung ist der Dorfschullehrer, der sein in der zugigen Dorfschule stehendes Klavier regelmäßig ohne großen Aufwand selbst stimmen musste:
Man stimme von c' aus reine Quinten und Quarten (immer unter Zuhilfenahme der Unter- oder Oberoktave): c'-g'-d'; c'-f'-b'-es'-as'-des'.
Die Terz c'-e' stimme man rein.
Nun stimme man die Quinte e'-h' und die Quarte h'-fis' rein.
Das übrig gebliebene a' passe man nun so in d' und e' ein, dass es bei beiden Intervallen gleichermaßen zu eng ist.
Fertig. Das wars. Ich habe gefühlte 100x selbst einen Hammerflügel damit gestimmt.
Wenn es um Stimmungssysteme und die Epoche der Klassik geht und wie z.B. Schubert oder Beethoven ihre Musik gehört haben, bin ich dogmatisch, weil dieses Stimmungssystem pragmatisch war und sich deshalb durchsetzte. Es ist nicht das am besten klingendste, aber das beste. Wird mich auch keiner umstimmen. Lies **Herbert Kelletat**.

So hatte also jede Tonart unterschiedliche Halbtonabstände in seiner Stammtonleiter und damit tatsächlich einen eigenen Charakter. **Aber:** Abhängig vom **im Moment der Nutzung** vorliegenden Stimmungssystem des Tasteninstrumentes.
Hat der Komponist seine Tonarteninterpretation auf Es-Dur in *Werckmeister III* gegründet und wird das Stück nun aber auf einem in *Kirnberger II* gestimmten Tasteninstrument vorgetragen, klingen die Tonarten, aufgrund der anders kombinierten Tonabstände innerhalb der Stammtonreihe, unterschiedlich.
Dort also eine Grundsätzlichkeit zu suchen ist (begründet) Quark. Vor allem wenn man heute mit gleichschwebend gestimmten Tasteninstrumenten musiziert.

Ein Chor wird immer möglichst ‚rein' singen und ist keinem Stimmungssystem unterworfen. Somit klingt jede Tonart (Extremlagenklänge außer Acht gelassen) zuerst einmal gleich. *(s.a. Cent; Mitteltönig mittelprächtig und etwas Polemik)*

Grundregel 1: Ob du ein Stück in D-Dur oder Des-Dur singst, ändert nichts Grundlegendes an dem Duktus des Stückes und vermittelt dem Zuhörer auch kein voneinander unterscheidbares Gefühl. Im Instrumentalbereich kann dieser Unterschied aber – je nach Stimmung der Instrumente – einen großen Effekt haben: 5 *b* werden im Streicherapparat, durch die erzwungene vermehrte Nutzung von tiefer liegenden Seiten, zu einem dunkleren Klang führen – D-Dur einen helleren Klang ermöglichen.
Manche Instrumente (wie historische, ventillose Blasinstrumente) sind in bestimmten Tonarten nicht spielbar. So bekamen einige Tonarten, durch darin gestimmte Instrumente und **deren** Verwendung, ihre Konnotation.
Z.B. werden in „D" bestimmte Barocktrompeten gestimmt, die von Komponisten für festliche Ouvertüren eingesetzt wurden.
Nach damaliger Überzeugung wurden in „F" Hirtenflöten gestimmt („Pastorale").
Ob nun alle solche Instrumente immer in der Tonart gestimmt wurden oder doch auch Hirtenflöten in „C" im Umlauf waren – egal – die Tonarten bekamen dadurch ihren **konnotativen** Charakter.
Auf den Sinn und Unsinn in Hinblick auf regional unterschiedliche Kammertöne will ich hier gar nicht eingehen. Lese (musst du nicht...) dazu das Buch „A History of Performing Pitch: The Story of 'A'" von Bruce Haynes (1942 - 2011). 628 Seiten alle Kammertöne (also alle a') und ihre echte Hertz-Zahl je nach Ort und Epoche.
Grundregel 2: Wenn ein Komponist eine bestimmte Tonart vorschreibt, hat das hochindividuelle Gründe. Du musst einfach wissen, dass sich die konnotative Bedeutung vom Lehrbuch über Tonartencharakteristik, Wohnort, Jahrzehnt (nicht Jahrhundert!) und Komponist z.T. grundlegend unterscheidet.
Grundregel 3 (als Conclusio aus 2): **Die** Tonartencharakteristik gibt es nicht.
In manchen Fällen ist das Wissen um die Tonartencharakteristik aber ein wertvolles **Interpretationsinstrument**, um dem Willen des Komponisten näher zu kommen.
Da man im Instrumentalbereich keinen ‚Inhalt' hatte (also Text), hat man versucht der abstrakten Musik über ihre Vorzeichen diesen Inhalt zu geben und sie damit konkret (erklärbar) zu machen. *(s.a. Sprache der Musik)*
Solche Versuche sind sogar schon aus dem antiken Griechenland überliefert. •

Tonartenverlauf

Bist du im Erfassen von Harmonieverläufen einer Partitur nicht schnell (genug), kann es dir helfen einen groben Tonartenverlauf unter die Noten zu schreiben.
Es ist dabei nicht wichtig jede Bewegung innerhalb zu verzeichnen (Vorhalte, Durchgänge, etc.) – das wäre eine echte Analyse. (Wobei eine Analyse übungsweise immer mal wieder vorzunehmen dir grundsätzlich helfen kann, schneller zu werden…)

Beispiel: T1ff aus „Locus Iste" von Anton Bruckner (1824 – 1896) *(s.a. Probendisposition)*

In diesem Beispiel ist der erste Akkord in T2 eigentlich *a-moll* aber in einem *C-Dur* Zusammenhang. Das *a'* des Soprans ist also wie in T3 nur ein Durchgangston/Vorhalt. T4 beginnt mit einem Quartvorhalt, der Zielakkord ist aber *d-moll* somit auch der Zusammenhang.
T5 wird das *d-moll D-Dur*. So bekommst du die Information, dass die Wiederholung des Anfangsthemas akkordisch einen Ganzton höher stattfindet. Es ist eine Akkordrückung. T6 beginnt eine zweitaktige Strecke im Harmonieraum von *G-Dur* auch wenn T7 kein *G* im Bass hat. Die Basstöne sind sonst alles Durchgangstöne und der Harmonieverlauf mündet in *C-Dur* in T8, auch wenn dort noch ein Quart-Nonen-Vorhalt wartet.

Du willst mit dieser Methode nur wissen, in welchem **harmonischen Raum** du dich befindest. Damit kannst du die Töne der Sänger schneller einschätzen (z.B. grundständiger Bass oder nicht?).
In der klassischen Literatur lohnt es sich meistens dem Bassverlauf zu folgen, da dieser ein guter Indikator für den harmonischen Raum ist. – Aber eben nicht immer. •
(s.a. Konstanzen)

Tonaufnahmen lügen lassen
Tonaufnahmen sind immer sehr ehrlich – sie sind eine Dokumentation.

Deine Sänger haben ihr Konzert bestimmt mit einem guten Gefühl verlassen – sie sind mit sich zufrieden und haben positive Rückmeldungen von ihren Verwandten und Freunden bekommen.
Du bist nett gewesen und hast von dem Konzert eine Video- und auch Tonaufnahme gemacht. Und gerade dadurch bekommt das positive Gefühl der Sänger einen fahlen Beigeschmack, weil sie alle Fehler hören, die im **Live**zusammenhang keine Rolle spielten. Diese Differenzierung ist leider nur den wenigsten Laiensängern möglich.

Ich habe meine Konzerte einige Zeit mit großem Aufwand aufgenommen.
Mitte-Seite mit AKG 414 usw. Ich merkte, dass das nicht zielführend ist.
So komisch es sich anhört: Wenn du eine Konzertaufnahme nur zu Dokumentationszwecken machst, ist es (anders als man denkt) in diesem Zusammenhang wichtig **keine** *perfekte* Aufnahme zu produzieren.
Was du willst, ist einen Chorklang, der mit Software bearbeitbar ist und *laienhaft* klingt.
Ich nutze den Zoom H2, mit dem du auch *Mitte-Seite*-Aufnahmen machen kannst, die in der Nachbearbeitung noch gut zu formen sind.
Über das *Mitte-Seite*-Verfahren kannst du den Klang und vor allem die Stereobreite nach der Aufnahme einfacher verbessern, als wenn du z.B. im xy-Verfahren Stereo aufnimmst (man kann die beiden Formate softwareseitig umrechnen, aber warum es nicht gleich richtig machen…?).

Stelle das Gerät niemals nahe an den Chor – nimm für diesen Fall die Breite des Chores und stelle das Gerät genau so weit weg auf (Chorbreite z.B. 7m: Stelle das Gerät mittig vor den Chor 7m entfernt ca. 2,50 m hoch).
Die Abstandsvorgabe ist raumabhängig. Deine Ohren können den Ort für das Mikrofon am besten beurteilen. Stelle dich dafür an die von dir ausgesuchte Stelle, halte dir ein Ohr zu und richte das andere auf den Chor. Damit hast du den Monoklang, der von deinem Chor kommt. Je trockener die Raumakustik, desto weiter stellst du das Gerät vom Chor auf. Gehe etwas zurück, wenn noch zu viele Einzelstimmen wahrnehmbar sind. Im Gegensatz zur Hörprobe *(s.a.)* soll der Klang verschwimmen.

Dein Ziel ist die **ehrliche** Aufnahme für den Sänger **unehrlich** zu machen, bzw. das zu spiegeln, was tatsächlich beim Zuhörer ankommt.
Das Wichtigste dabei ist der Raumklang, der eine Aufnahme charakteristisch macht, den Gesamtklang rundet und von dem du in der Nachbearbeitung auch noch etwas Künstlichen dazu mischen kannst.

Eine professionelle Aufnahme hat Raum/Tiefe und hört sich gleichzeitig direkt an, da neben den Raummikrophonen viele Mikrophone nah am Chor stehen und damit – sich sonst im Raum verstreuende – tiefe Stimmanteile und auch feine Geräusche aufgenommen werden.

Das Geheimnis liegt dann in der Nachbearbeitung und Mischung dieser ganzen verschiedenen Klangkomponenten, die zwar gleichzeitig aufgenommen wurden, aber aus ganz verschiedenen Raumelementen und Richtungen stammen.
Achte mal drauf: Professionelle Aufnahmen haben ‚Luft' und gleichzeitig ‚Knack'.
Dieser Knack sind deutliche Konsonanten.
Je näher du mit deinen Mikros am Chor bist, desto differenzierbarer werden Konsonanten und Einzelstimmen, die im Laienbereich vor allem in der Live-Situation unpräzise sein werden.
Bleibt aber Raum zwischen Chor und Mikro lässt du die Aufnahme ‚lügen', weil der Raumklang fehlende individuelle Präzision relativiert – man hört nur noch die **Chorpräzision**: die Mischung.

Was du erreicht hast, ist, dass viele der kleinen unpräzisen Momente durch den Raumklang verschwimmen und sich falsche Töne über die Entfernung verlieren.
Die Aufnahme klingt nun ‚laienhaft', weil ihr der ‚Profiknack' und eine satte Tiefe fehlen. Deine Aufnahme wird somit einerseits durch eine angepasste Erwartungshaltung nicht so hoch gewertet („klingt nicht wie eine CD-Aufnahme") und der Chor wirkt paradoxerweise besser, da sein Klang nicht so sehr durch unpräzise Kkkknnaacckkk-Konsonanten mit Maschinengewehr-Plosivlauten und Einzelstimmen abgewertet wird.

Stelle in der Nachbearbeitung deinen Equalizer auf folgende Frequenzen ein, um das Klangbild zu runden:
1. Tieffrequentes Material entfernen – Hochpassfilter ab 80 Hz
2. Mehr Wärme – breite Anhebung um 150 Hz
3. Mehr Definition – um 450 Hz schmal absenken; bei 800 Hz liegt der ‚nasale' Bereich – hier (wenn nötig) auch schmal absenken
4. Durchsetzend – zwischen 3 und 5 kHz breit anheben, um der menschlichen Stimme mehr Durchsetzungskraft zu geben.
5. Zischlaute entfernen – bei 7 kHz schmal absenken, um den „ssss" Einhalt zu gebieten.
6. Lange habe ich Tiefpassfilter ab ca. 10 kHz angewendet – aber grade in unserer laienhaften Aufnahme (die trotzdem gut klingen soll) nimmt dieser der Aufnahme die Luft und engt den Klang ein.

Um wieviel die Anhebung oder Absenkung stattfinden muss, musst du anhand der Aufnahme selbst hören.

Wichtig: Mische Klänge **niemals** ausschließlich über Kopfhörer ab. Höre deine Aufnahme mit guten Lautsprechern an und korrigiere damit.

Grundregel: So lange du deine Aufnahmen (öffentlich kommuniziert) „zu Dokumentationszwecken" machst, wird dir jeder deine (mühsam erarbeitete) laienhafte Aufnahme ‚verzeihen' – obwohl man dir eigentlich dankbar sein müsste…•
(s.a. Konzert: Aufnahmen)

Tonmeister

Wenn du eine Anlage nicht selbst aussteuern willst, bzw. im Konzert verschiedene Einstellungen notwendig sind (neben Solomikrofon an und aus), solltest du dir einen ‚Tonmeister' leisten. Tonmeister in Anführungsstrichen, da es natürlich kein Meister sein muss, aber ein bezahlter Mensch, der sich für die Aussteuerung verantwortlich fühlt. Nutze hier immer einen **bezahlten** Menschen, da der Freund eines Freundes am Konzertwochenende doch mal keine Zeit haben könnte und du dann jemanden da hinsetzen musst, der keine Ahnung hat.
Ein so kritischer Job, der schließlich dafür sorgt, dass dein Chor im Konzert gut – oder **überhaupt** – klingt, sollte nicht mit jemandem besetzt werden, der dies nur aus Freundschaft tut. Freundschaft verpflichtet zwar, ist aber auch zerbrechlich.
Bei Geld hört die Freundschaft auf und du kannst ganz andere Qualitäten fordern.

Dieser Tonmeister sollte jede Probe, die im Konzertraum mit Verstärkung stattfindet, begleiten.
Die Preise differieren derart, dass ich keine Aussage über sie treffen kann – es geht von 100€ für das Wochenende bis zu 1000€ für den Nachmittag – auch abhängig davon, wieviel eigenes Equipment von dieser Person mitgebracht werden muss.
Der Preis sagt natürlich auch etwas über die Erfahrung und Qualifikation der Person aus – das für dich entscheidende ist aber **absolute Zuverlässigkeit.**
Wenn diese Person noch nicht allzu erfahren ist, ist das somit kein Ausschlusskriterium. Alles hängt davon ab, was du machen willst. Willst du eine hallige Kirche mit einer Rockband und Chor beschallen, sollte die verantwortliche Person verdammt nochmal richtig viel Ahnung von Akustik haben (und du ein Budget von 50.000€).
Je trockener und kleiner der Raum ist, desto unkritischer wird diese Personalie und es reichen ‚gewisse' Kenntnisse im Tontechnikbereich. Diese Person soll dir halt die Arbeit abnehmen können.
Grundregel: Kritische Positionen **niemals** mit Freunden, Sängern oder ‚Freiwilligen' besetzen.
Besetze sie nur mit dir selbst (da das Konzert ja nur stattfindet, wenn du selbst da bist) oder mit bezahlten Helfern (die natürlich auch Freunde sein dürfen), da man hiermit eine Geschäftsbeziehung eingeht. • *(s.a. Motivatoren: intrinsisch und extrinsisch)*

Tonsprache

Als *Tonsprache*, *Tonalsprache* oder *tonale Sprache* bezeichnet man eine Sprache, bei der mit einer Änderung der Tonhöhe oder des Tonverlaufs in einer Silbe in der Regel auch eine Änderung der Bedeutung des entsprechenden Wortes (bzw. Morphems) einhergeht.
Tonsprachen sind die häufigsten aller heute weltweit gesprochenen Sprachen, umfassen allerdings nicht die Mehrheit aller Sprecher.
Die wohl bekannteste Tonsprache ist Chinesisch, wie auch viele andere asiatische Sprachen (siehe Beispiel).

In tonalen Sprachen gehört der Ton fest zum Wort (bzw. Morphem). Es gibt Wörter ganz unterschiedlicher inhaltlicher Bedeutung, die sich klanglich nur durch den Tonverlauf oder die Tonhöhe unterscheiden (Homophone). Je nach Sprache spielt der Ton auch in der Grammatik eine mehr oder weniger große Rolle.

[Seite „Tonsprache". In: Wikipedia, Die freie Enzyklopädie. Bearbeitungsstand: 31. Dezember 2017, 08:09 UTC. URL: https://de.wikipedia.org/w/index.php?title=Tonsprache&oldid=172438692 (Abgerufen: 12. Mai 2020, 12:51 UTC)]

Beispiel: **Die Geschichte des Shi, der Löwen isst** (chinesisch 施氏食獅史, Pinyin Shī Shì shí shī shǐ) ist ein berühmtes Beispiel von Zhào Yuánrèn (1892–1982) für Homophone. Es ist in klassischem Chinesisch geschrieben und besteht aus 96 Zeichen, die alle die Lesung *shi* in verschiedenen Tönen im Hochchinesischen haben.

Durch Veränderungen der Aussprache im Chinesischen hat sich eine hohe Anzahl von Homophonen entwickelt, sodass der Text komplett unverständlich wird, falls er ausgesprochen oder romanisiert wird. •

Chinesisch	**Deutsch**
《施氏食獅史》	„Die Geschichte des Shi, der Löwen isst"
石室詩士施氏，嗜獅，誓食十獅。 氏時時適市視獅。 十時，適十獅適市。 是時，適施氏適市。 氏視是十獅，恃矢勢，使是十獅逝世。 氏拾是十獅屍，適石室。 石室濕，氏使侍拭石室。 石室拭，氏始試食是十獅。 食時，始識是十獅，實十石獅屍。 試釋是事。	Steinhöhlendichter Shi, süchtig nach Löwen, schwört, zehn Löwen zu essen. Oft geht er auf den Markt, um Löwen zu sichten. Um zehn Uhr passieren gerade zehn Löwen den Markt. Zu dieser Zeit passiert auch Shi gerade den Markt. Er sieht die zehn Löwen, kraft seiner Pfeile schickt er die zehn Löwen in den Tod. Er bringt die zehn Löwenleichen zur Steinhöhle. Die Steinhöhle ist feucht. Er befiehlt seinem Diener, diese abzutrocknen. Nachdem die Steinhöhle abgetrocknet worden ist, versucht er, die zehn Löwen zu essen. Beim Essen merkt er, dass diese zehn Löwen eigentlich zehn Steinlöwenleichen sind. Versuche dies zu erklären.
<u>romanisiert</u> „Shī Shì shí shī shǐ" Shíshì shīshì Shī Shì, shì shī, shì shí shí shī. Shì shíshí shì shì shì shī. Shí shí, shì shí shī shì shì. Shì shí, shì Shī Shì shì shì. Shì shì shì shí shī, shì shǐ shì, shǐ shì shí shī shìshì. Shì shí shì shí shī shī, shì shíshì. Shíshì shī, Shì shǐ shì shì shíshì. Shíshì shì, Shì shǐ shì shí shì shí shī. Shí shí, shǐ shí shì shí shī, shí shí shí shī shī. Shì shì shì shì.	

[Seite „Löwenessender Dichter in der Steinhöhle". In: Wikipedia, Die freie Enzyklopädie. Bearbeitungsstand: 5. September 2019, 01:50 UTC. URL: https://de.wikipedia.org/w/index.php?title=L%C3%B6wenessender_Dichter_in_der_Steinh%C3%B6hle&oldid=191985954 (Abgerufen: 10. November 2020, 08:59 UTC)]

Tonumfang

Den Tonumfang/Stimmumfang einer Stimme zu kennen, ist der Grundstock jedes Chorleiters.
Er ist nicht nur wichtig, wenn man ein Stück doch mal höher angeben will.
Er beschreibt die Höhen und Tiefen, die mit normaler Chorstimmbildung dem Großteil der Sänger keine Probleme bereiten sollten.
Weiter in die Höhe oder Tiefe schaffen nur noch Einzelne zu singen und dabei locker zu bleiben. Alle anderen müssen technische Tricks anwenden.

Leitest du einen Chor mit sehr alten und/oder unausgebildeten Stimmen oder einen *Spaßchor*, ist der Stimmumfang nach oben **und** unten reduziert.
Vor allem die Tiefe wird häufig als Schwierigkeit übersehen und auch im Einsingen nur stiefmütterlich behandelt. *(s.a. Dynamikausgleich)*

Willst du dir und dem Chor Stress ersparen, rechne vom *normalen* Stimmumfang oben und unten jeweils ca. einen Ganzton weg (die Töne in Klammern).
Stücke mit solch einem Umfang lassen dir Raum um zu sacken *(s.a.)*, oder das Stück höher zu beginnen. *(s.a. Transponieren = Retter in der Not)*
Ein stressfreier Ambitus im Lied ermöglicht Flexibilität.

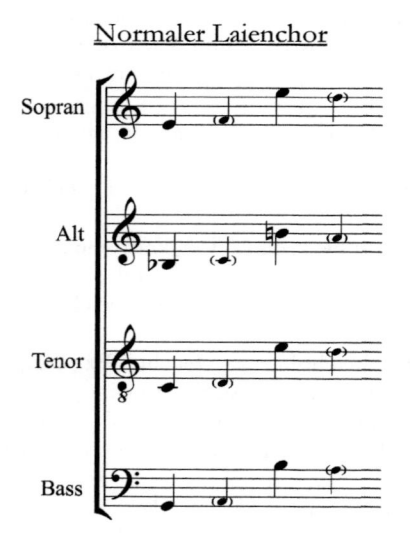

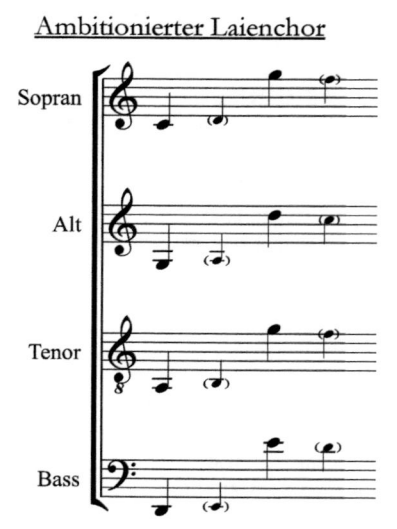

Die Zwischenstimmen wie Mezzosopran und Bariton liegen im Umfang zwischen dem Sopran und Alt, bzw. Tenor und Bass. Wobei es dem Mezzosopran (2. Sopran) tendenziell an Höhe und dem Bariton (1. Bass) an Tiefe fehlt. •

Too much Information!
Zu viele Ansagen auf einmal können nie zu einem befriedigenden Ergebnis führen.
Je nach Leistungsfähigkeit deines Chores wirst du (obwohl es erstmal wie Zeitverschwendung anmutet) Zeit durch wiederholtes Singen einer Stelle – unter verschiedenen Zielvorgaben und dann in Kombination – gewinnen, da eine Stückelung der Vorgaben die Erfüllung erst ermöglicht.
Gebe also eine oder maximal zwei Vorgaben: Die Sänger sollen (nachdem die Töne eigentlich geklärt sind) z.B. auf Dynamik achten. Lass die Stelle singen. Selbst wenn da jetzt Töne wieder falsch waren, aber die Dynamikvorgaben ordentlich umgesetzt wurden, war die Stelle ein Erfolg.
Jetzt reparierst du die verunglückten Töne. Sing nochmal. Nun sollen Töne **und** Dynamik klappen.
Jetzt legst du den Fokus auf den Text, der gut gesprochen gesungen werden soll. Eventuell klappt es nun komplett. Wenn nur der Text gut war, aber die Dynamik dafür wieder nicht, war es trotzdem ein Erfolg.
Nun kannst du alle Komponenten nochmals ansagen, singst nochmal und kannst erwarten, dass alles in Kombination klappt.
Schubladendenken (s.a.) ist hier gut: Je nach Leistungsfähigkeit können die Sänger mal zwei oder nur eine Schublade füllen. Wenn das Gehirn sehr mit dem Text beschäftigt ist (weil du ihm die Aufgabe gegeben hast, sich damit zu beschäftigen), reichen eventuell die Ressourcen nicht mehr auch die Dynamik zu beachten.
Wenn dann aber alle Schubladen (eventuell eben separat) gefüllt sind, kann das Gehirn die Schubladen verknüpfen. •
(s.a. Kleinteiliges Proben; Sprechender Melodieverlauf; Wahrnehmungshierarchie)

Total einfach
Was machen wir, wenn wir mit einer Gruppe schnell eine Mehrstimmigkeit erreichen wollen? Wir singen Kanons.
Jeder der das mal mit Kindern oder unerfahrenen Sängern versucht hat, wird frustriert sein, denn so einfach ist das eben doch nicht.
Was wir erfahrenen Sänger vergessen, ist die **persönliche Gewichtung** von Ton und Text. Ein unerfahrener Sänger wird immer auf den **Text** achten. Der steht für ihn im absoluten Fokus seiner Aufmerksamkeit – genauso bei Kindern. Und davon lassen sich alle ablenken.
Wenn du versuchst einen Kanon zu singen, geht das einstimmig gut.
Normalerweise wirst du dann, um die 2. Stimme einzuführen, den Chor die 1. Stimme singen lassen und selbst die 2. singen.
Je nachdem wie du vorher geprobt hast und ob die Sänger sich ganz auf deine Stimme und Führung verlassen, sind sie nun verwirrt. Sie werden dann bei **dir** mitsingen.
Das passiert je nach Chorgröße mehr oder weniger. Auch gibt es vielleicht Führungsstimmen im Chor, die sich nicht von dir irritieren lassen und an die sich die anderen dranhängen können.

Ist deine Stimme aber die einzige Führung gewesen, sind die Sänger darauf geeicht dir zu folgen, wie ein Chor, der sonst nur mit Klavier probt und nun im Konzert ohne singen soll... *(s.a. A-capella proben; Wahrnehmungshierarchie)*

Normalerweise bricht in solch einem Fall alles zusammen und du fragst dich, wieso diese einfache Sache ‚Kanon' nicht funktioniert.

Mir ist das schon dutzende Male passiert – von den verzweifelten Großmüttern, die mit ihren Enkeln Kanon singen wollten, ganz zu schweigen (sic!).

Die Erleuchtung kam, als ich die Frage der Gewichtung kennengelernt habe: **Töne** sind **relativ** – **Text** ist **konkret**, Töne weich und Text über Konsonanten deutlich.

Versierte Chorsänger verbinden Text und Töne. Wenn sie die Kanonmelodie singen und eine andere Stimme einsetzt, werden sie von deren Text nicht irritiert, weil sie einen Anker in der Kombination Text+Töne haben.

Unerfahrene Sänger singen (hier im negativen Sinne) Text.

Willst du sie nun vorsichtig in die Mehrstimmigkeit der *Töne* durch einen Kanon einführen, nehmen sie diese nicht wahr, sondern nur z.B. den Text „Bruder Jakob, Bruder Jakob ...".

Der Text steht in ihrer Wahrnehmung so hoch oben, dass sie bei diesem Kanon schon nach den ersten zwei Worten bei dir mitsingen und ihr in einer brüderlichen Dauerschleife seid (probier's mal ist – ist witzig).

Eine Mehrstimmigkeit der Töne ist harmonisch – eine Mehrstimmigkeit im Text ist im normalen Leben Quatsch, weil es ein Durcheinander bedeutet. Aber gerade **das** forderst du durch den Kanon von dem unerfahrenen Sänger. Du willst, dass ihr gleichzeitig **sprecht** – aber verschiedene Wörter – das kann der nicht.

Du hörst Töne – **er** hört Kauderwelsch.

Willst du also mit unerfahrenen Sängern einen Kanon üben gibt es drei Möglichkeiten, mit denen ich gute Erfahrung gemacht habe:

1. Wenn du als 2. Stimme einsetzt, tu dies auf Vokalise *(s.a.)*.

    Wenn du keinen Text singst, können die Sänger der 1. Stimme sich auf ihren Text konzentrieren. Im Prinzip ist dies Schubladendenken *(s.a.)*. Zuerst wird die Schublade der 1. Stimme mit der Melodie und Text gefüllt, dann kommt eine Schublade mit den Tönen der 2. Stimme und schließlich die Schublade, wo die 2. Stimme auch Text singt.

2. Setze mit der 2. Stimme **angekündigt** nicht beim 2. Kanoneinsatz, sondern erst beim 3. ein. So hat die 1. Stimme Zeit sich in ihrer Stimme zu festigen.

    Das ist meine Lösung, wenn ich die 2. Stimme nicht allein singe, sondern mit anderen zusammen. Als Kombination mit 1. ist dies am wirkungsvollsten.

3. Trenne die Stimmen räumlich, damit sich auch bei wenigen Sängern eine Gruppendynamik entwickeln kann und die Stimmen sich nicht gegenseitig ablenken.

Keine Sorge: Wenn du pro Stimme mehr als 10 Sänger hast, wird diese Problematik nicht auftreten, da sich dann in jeder Stimme automatisch eine Gruppendynamik entwickelt, deine Stimme als Führungsstimme akustisch untergeht und sich ganz natürlich Führungsstimmen bilden.

Kanonsingen im Gottesdienst usw. war noch nie ein Problem und wird es mit einer strategischen Herangehensweise auch nie sein – vor allem, wenn du deine Chorsänger klug im Raum verteilst. Die Masse macht's. *(s.a. Alle zusammen!)*

Mein Tipp: Willst du Mehrstimmigkeit effektiv einführen, singe keinen Kanon, sondern ein bekanntes Lied und dazu eine **einfache homophone zweite Stimme**.
Meistens braucht diese zweite Stimme nur aus wenigen verschiedenen Tönen bestehen. Diese Stimme ist auch von absoluten Laien gut zu erlernen.
Ich mache das im Kinderchor, wie auch im Gefängnis mit Strafgefangenen (und nein: Chorsingen ist keine unmenschliche Behandlung Schutzbefohlener).
Die Handtechnik *(s.a.)* ist in jedem Fall eine große Hilfe.
Merke: Es geht dabei nicht um die hohe Kunstfertigkeit, sondern darum eine für die Gruppe praktische Mehrstimmigkeit zu ermöglichen und damit **Chor**gesang.
Versuche es mal. •

Beispiel: „Oh du fröhliche"

Traditionelles Liedgut bewahren

Das Singen alter Melodien und Lieder ist wichtig. Ich sage das ohne Nostalgie *(s.a.)* – dafür bin ich zu jung. Ich sage das aus **Überlebenstrieb**.
(Volks-) Lieder erzählen uns, wo wir musikalisch und gesellschaftlich herkommen.
Dazu gehören auch Choräle aus Gesangbüchern. Von **allem** gibt es moderne Chorsätze, bzw. Sätze von bekannten Komponisten (wenn man eine Rechtfertigung braucht).
Wenn wir diese Lieder nicht weitergeben, sind sie für die nächste Generation verloren.
Der Drang (vor allem in der Kirche) Pop und ‚Das neue Kirchenlied' zu forcieren, bzw. ausschließlich die großen Werke wie Oratorien und Passionen – oder noch schlimmer ‚Neue Musik' – finanziell zu fördern ist mir zu einseitig und gefährlich.
(Wer mir da widerspricht: Ich habe lange einen Kirchenchor geleitet, der mit 400€ im Jahr vom Landeskirchenamt gefördert wurde. Wenige Kilometer weiter bekam ein Kantor für seine Projekte pro Jahr bis zu 30.000€, um sich ein Orchester einkaufen zu können.
Ein anderer meiner Kirchenchöre bekam nichts und musste gänzlich aus Gemeindemitteln finanziert werden – nicht, dass die 400€ pro Jahr im anderen Chor respektvoll gewesen wären.)

Wer, wenn nicht wir, hat die Verantwortung unser deutschsprachiges Liedgut zu pflegen und diesen Part nicht Rechtsradikalen zu überlassen?

Dies ist immer und ohne weiteres möglich (und sei es nur eines zwischendurch) ohne den Verdacht zu erregen, man möchte seinen Chor nun in eine Volksliedtruppe oder ‚Kirchenchor' umwandeln. •

Traditionen

Traditionen aufrecht zu erhalten ist grundsätzlich gut, da sie den Zusammenhalt im Chor fördern – vor allem wenn sie **chorspezifisch** sind (*unser* Geburtstagslied). Du musst sie halt mittragen können: Geburtstagslieder/Grillen im Sommer/Spieleabende, etc.
Suche dir auf jeden Fall jemanden, der diese Aktivitäten anleitet, damit du sie (als von außerhalb kommender) nicht forcieren musst, bzw. mitgemacht wird, weil **du** es sagst.
Wenn du niemanden findest, waren diese Aktivitäten vielleicht nicht so wichtig…
Hat man z.B. seit Jahrzehnten beim Schützenfest oder in der Morgenandacht an Ostern gesungen, was den Sängern nach ihrem Lippenbekenntnis ganz wichtig ist? – Aber wenn ihr dann singen sollt, hat auf einmal der halbe Chor etwas Besseres zu tun…?

Traditionen sind liebgewonnene Aktivitäten in der Vorstellung – sie sind Nostalgie von meist älteren Sängern. *(s.a. Nostalgie: restaurierende vs. reflektierende)*
Wenn es hart auf hart kommt, zählt leider nicht unbedingt die Begeisterung mit der die Sänger von diesen Aktivitäten erzählen, sondern vor allem die **Teilnehmerzahl**.
Begeisterung kannst und darfst du nicht bewerten („dazu hat doch keiner Lust") – du kannst öffentlich nur offensichtliche Dinge feststellen („wir sind im Prinzip nicht singfähig") und musst daraus Konsequenzen ziehen. •

Traditionsauftritte etablieren

Vor allem ein Kirchenchor hat viele traditionelle Termine, an denen er jedes Jahr im Gottesdienst singen soll (Konfirmation, Konfirmationsjubiläum, Erntedank, Ewigkeitssonntag, Advent, Ostern, Kantate, etc.). Diese Termine stehen also theoretisch für die nächsten 100 Jahre fest.

Wenn dein Pastor dir keine langfristigen Gottesdiensttermine geben ‚kann', hast du schon einige feststehende Termine, von denen du auch die Daten in den nächsten Jahren kennst und musst ihm dann weniger aus den Rippen leiern.

Du solltest solche Traditionstermine über die Jahre etablieren, indem du dir einfach jedes Jahr wünschst dort zu singen. Allein mit den oben genannten hast du 7 realistische Termine im Jahr, um die du bei Pastoren nicht betteln musst, da sie ja jedes Jahr stattfinden. Nur die Konfirmationsgottesdiensttermine variieren eventuell. •

Transferleistung

Hast du ein Problem an einer Stelle im Stück gelöst (z.B. eine Textstelle, die den Mund zusammenzieht) und kommt eine ähnliche Stelle später im Stück wieder vor, wird diese schneller gelöst werden, da die Grundproblematik (Mund muss geöffnet werden) schon angesprochen wurde.

Bildlich gesprochen, wird die Methode zur Lösung des Problems transferiert.

Das funktioniert aber nur unter zwei Bedingungen:
1. Du musst wissen, dass in dem Stück Probleme ähnlicher Natur mehrfach auftreten und deinen Chor darauf hinweisen (meine Sänger kennen das Wort „Transferleistung" schon).
2. Du musst das Problem zwar einerseits speziell lösen (z.B. das Wort „und" muss freundlicher gesprochen werden), aber auch generalisierend ansprechen („freundlicher Text"), um die Grundlage für die Transferleistung zu schaffen. •

Transponieren = Retter in der Not

Wenn dein Chor zu viel sackt, beginne ein Stück einen Ton höher, damit der Bass auch am Schluss noch seine Töne bekommt.

Wenn ein Stück für deinen Chor zu hoch ist (z.B. der Sopran bis g'' geht, aber das nicht wirklich schön klingt): Stimme tiefer an, damit Sopran oder Tenor sich nicht quälen müssen. Achte dann darauf, wie tief der Bass nun runter muss – evtl. müssen hier Basstöne nach oben oktaviert werden. Solange es keine Stimmkreuzung mit dem Tenor und zu wilde Sprünge gibt, ist dies auch kein Problem, **absolut legitim** und relativ leicht umzusetzen.

Pass also nur auf, dass du nichts verschlimmbesserst wenn du transponierst, und so das Stück für eine andere Stimme evtl. unsingbar wird. Ansonsten wirken ein Halb- oder Ganzton rauf oder runter oft wahre Wunder. • *(s.a. Sack-Rate in Noten; Tonumfang)*

Trennungsdrohung

Wenn es hart auf hart kommt, kannst du den Chor darauf hinweisen, dass du abwählbar bist. Wenn Sänger das Gefühl bekommen, dass der Dirigent sich den Chor ausgesucht hat, verstummen die meisten Kritiker, denn die Aussicht, auf einmal ohne Chorleiter dazustehen, ist erschreckend.
Dies ist die **allerletzte Karte**, die du ziehen darfst.
Wenn du das mehrmals machst, verfällst du in eine Opferrolle: „Wenn ihr mich nicht mehr lieb habt, dann kann ich ja gehen..."
Besser: „Wenn ihr so sehr mit meinen Entscheidungen (also nicht nur mit einer) unzufrieden seid, müssen wir unsere weitere Zusammenarbeit überdenken."

Meist sind es ein paar Schreier *(s.a.)*, die dir das Leben schwer machen und eine große schweigende Mehrheit *(s.a.)*, die du **aufwecken** musst.
Nach solch einem Satz werden sich deine Unterstützer melden. Nur so kann es eine echte Diskussion geben und es wird sich herausstellen, ob wirklich *alle* ein Problem mit dir haben.

Es ist schwer einen neuen Dirigenten zu finden und sich an ihn zu gewöhnen – deshalb lassen manche Vorstände einen Chor lieber sterben (d.h. die Sänger wandern ab) als den Chorleiter rauszuschmeißen (ach, würde ich dafür jedes Mal 1€ bekommen, ich wäre schon längst...).
D.h. dein Job ist erstmal sicher, aber ohne Sänger bist du halt auch nix.
Du bist **Dienstleister** und kannst nur bis zu einem gewissen Maß gegen deine Sänger arbeiten.
Vielleicht haben die Sänger ja auch recht und du musst deine Verhaltensweisen evaluieren?

Manchmal ist es aber tatsächlich besser, dass man sich wirklich trennt – dies immer mit einer Übergangszeit, bis der Chor einen neuen Chorleiter gefunden hat.
Wechsel geschehen häufig. So einer wird dein Profil nicht ankratzen und du wirst ja in der Umgebung noch andere Chöre leiten (wollen). *(s.a. Kündigung)*
Dein Profil definieren wird nur **wie** du die Situation löst und ob du professionell und rational handelst. •

Treuer Tannenbaum

Das bekannte säkulare Weihnachtslied „O Tannenbaum" war eigentlich kein Weihnachtslied, sondern ein Liebeslied, das von einer untreuen Frau erzählt.
Die Umdichtung geschah erst 1824 in einem Schulliederbuch.
Die erste Strophe wurde beibehalten, allerdings ursprünglich mit dem Text „wie **treu** sind deine Blätter". •

[Tobias Widmaier: O Tannenbaum (2007). In: Populäre und traditionelle Lieder. Historisch-kritisches Liederlexikon. URL: http://www.liederlexikon.de/lieder/o_tannenbaum/]

Treuhand
Der Dirigent ist der Anwalt des Komponisten. Dieser ist tot oder abwesend.
Wie ein Treuhänder hat er nach bestem Wissen und Gewissen den Nachlass (hier die Komposition) zu verwalten.
Er muss sich bemühen wahrhaftig zu sein. Er muss genau arbeiten, vorbereitet sein und sich selbst unterordnen (kein „ich hätte das aber gerne *forte* obwohl dort *piano* vom Komponisten eingetragen wurde"), denn nur so kommt er der Wahrheit (Wille des Komponisten) nahe. •

Trinken
Deine Sänger müssen trinken, um ihre Stimme feucht zu halten.
Animiere sie dazu in der Probe **Wasser** zu trinken.
Säfte säuern, weil der Zucker im Mund von Bakterien in Säure umgewandelt wird.
Wasser mit Kohlensäure empfiehlt sich geräuschbedingt auch nicht (und ich meine nicht nur das Öffnen der Flasche…).
Einfaches Leitungswasser oder Kräuter-Tee sind das Beste.

Ich fordere meine Sänger immer auf, **im Konzert** Wasser auf die Bühne mitzunehmen.
Das ist meine Philosophie der 100%. *(s.a. Grenzen definieren, akzeptieren und umwerfen)*
Warum soll ich vorher gut geprobt haben, um dann all dies zu sabotieren, weil die Sänger vor Aufregung an einer trockenen Kehle leiden? *(s.a. Sahara in der Kehle)*
Die Sänger dürfen sich eine verschließbare 0,5 Liter *Kunststoff*-Flasche mit stillem Wasser mitnehmen. Mir ist relativ egal, ob da Firmennamen drauf sind – manche Sänger nehmen die ab – ok. Ich bin da ergebnisorientiert, und wenn an einem heißen Tag vor Konzertbeginn die Bühne voller Flaschen steht, ist mir das lieber, als nachher ein Konzert mit lauter leeren Flaschen zu singen (haha).
Wenn du cool sein willst, lässt du *Chorflaschen* mit eurem Logo herstellen.
In einem meiner Chöre hat eine handwerklich begabte Sängerin einheitliche Überzieher für die Konzertflaschen genäht, sodass nun jeder seine eigene gekaufte Flasche dabeihaben kann.
Wenn dich die Flaschen also tatsächlich stören, gibt es Möglichkeiten sie zu verstecken.
Wasser auf der Bühne zu verbieten ist meiner Meinung nach dumm und genauso eine Augenwischerei wie ein gemeinsames Notenöffnen. • *(s.a. Qualitative Wahrnehmungsverzerrung)*

Trockner Kot
Sachliche Kritik – positive, wie negative – verpflichtet dich und gibt dir die Chance dein Denken und Handeln zu überprüfen.
Unsachliche Kritik lass mit Johann Wolfgang v. Goethe (1749 – 1832) *„wie Wirbelwind und trocknen Kot sich dreh`n und stäuben…"* • *(s.a. Apfelbaum)*

Tür offenlassen
Suchst du zurzeit nur Bässe/Tenöre/2. Sopräne/etc. dann werbe dafür **nicht** *ausschließend* (in der Presse, auf deiner Website, im Programmheft, etc.) durch folgenden Wortlaut: „Wir suchen zurzeit vor allem …"
So hast du die Information in die Welt getragen, aber anderen Stimmen nicht die Tür vor der Nase zugeschlagen.
Je kleiner dein Chor ist, desto mehr musst du auf ein Stimmgleichgewicht achten.
Wenn er nur aus 12 Personen besteht (4S, 4A, 2T, 2B), dann ist ein zusätzlicher Bass eine große Verstärkung. Wenn er aus 40 Personen besteht und davon 6 Bässe sind, fällt der zusätzliche Bass weniger auf. *(s.a. Lautstärkenverdopplung)*
Je kleiner du bist, desto spezifischer musst du suchen (eventuell sogar nach einem 2. Alt), damit du keine Probleme in der Stimmbalance bekommst. •

Tugenden: Ihre Wahrnehmung und Beibehaltung
Die Abstürze der Boeing 737MAX 2018/2019 haben grundlegende Managementprobleme offengelegt, die uns sogar in der Chorarbeit und Chororganisation tangieren: Wenn ein Unternehmen den Ruf hat, dass die Ingenieure und Verantwortlichen sauber arbeiten, kommt man in die Versuchung das als *gegeben* hinzunehmen und die Qualität erzeugenden **Strukturen** zu vernachlässigen, bzw. sogar abzubauen.
Wenn von falscher Seite Druck aufgebaut wird (Aktionäre/Vorstände, die keine Ahnung haben), vernachlässigt man seine **Qualität erhaltenden Arbeitsabläufe**.
Man macht also gezwungenermaßen Fehler und stürzt schließlich ab.
In meiner weiteren Umgebung gibt es einen Chor, der schon seit 30 Jahren vom selben Chorleiter geleitet wird. Der Chor hat einen hochtrabenden Namen und war wohl mal richtig gut. Der Chorleiter ruht sich leider zu sehr aus und die Qualität ist im Keller. Trotzdem wird dieser Chor noch zu öffentlichen Veranstaltungen als Aushängeschild eingeladen und beworben.
Er lebt von dem, was er mal war, er hat aber seine Qualität erhaltenden Strukturen komplett aufgegeben. Er ist halt gut, weil er mal gut war. *(s.a. Tunnelblick)*
Bei einem Chor nur ein Problem für meine Ohren – bei Flugzeugen eine Katastrophe.

In anderer Form erlebe ich das Problem vornehmlich in Kirchen. Steht bei gut funktionierenden Chören ein Chorleiterwechsel an, kann es passieren, dass Kirchenvorstände auf die Idee kommen den günstigen Studenten als Nachfolger zu wählen, weil ja alles super funktioniert.
Dieser hat aber weder die Erfahrung noch das Können die Strukturen, durch die der Vorgänger die bestehende Qualität erhalten hat, weiterzuführen, bzw. sensibel zu modernisieren. (Da hilft auch keine C-Prüfung! *(s.a. Untätige Stimmen)*)
Viele Chöre klingen (für ihre Verhältnisse) sehr gut. Dies jedoch nur durch konsequente, vorausschauende und pädagogische Probenarbeit. Wenn man nicht aufpasst, denken viele Beteiligte, dass der Chor **immer** gut klingt. Auf einmal werden spontane Termine

mit nur einer Probe für ein schweres Stück angenommen, die Extraprobe passt nun doch nicht mehr in den privaten Terminplan und die Aussage: „Das Stück wollten wir doch immer mal singen!" wird zur unreflektierten Handlungsanweisung.

Dies alles soll **Kaizen** verhindern: Wenn man analysiert hat, warum man gut ist, müssen verbessernde Abläufe trotzdem immer wieder optimiert und an die sich ändernde Umwelt und Realitäten angepasst werden. Gleichzeitig muss man diese **Strukturen** als erhaltungswürdigende **Tugenden** verstehen und nicht nur das *Ergebnis dieser Tugenden*.

Auch deshalb ist es wichtig in jeder Vorstandssitzung zu besprechen was man gut gemacht hat. Hier muss man – genau wie in der Analyse von Fehlern – erkennen **warum** man das gut gemacht hat.

Wie ist man z.B. dazu gekommen Übe-Klang-Dateien *(s.a.)* einzusetzen? – Über solch eine Frage ergibt sich eine Kette von Begebenheiten und Argumenten für diese Maßnahme. Durch eine Analyse dieser Kette kann man wiederum Optimierungsmomente feststellen, aus denen man für das nächste Mal lernen kann.

So wurde eventuell gegen die MP3s lange argumentiert („die nutzt doch eh keiner"), anstatt es einfach mal auszuprobieren, da der Aufwand nicht groß ist.

Ich führe diese Übe-Klang-Dateien z.B. bei einem schweren Stück ein, in dem den Sängern der Mehrwert schnell deutlich wird. Zuerst als CD – dann auch als MP3.

Mit der gemachten Erfahrung implementiert man also ab jetzt Prozeduren früher als bisher, die auch in anderen Chören funktionieren – die im eigenen Chor bisher aber nicht die Norm waren – und *probiert es einfach mal aus*.

Obwohl man sich etwas in diesem Chor nicht vorstellen konnte, hat man damit über den Versuch eine informierte Entscheidung treffen können. Hat man seine Antwort gefunden, sollte man bei ihr bleiben, aber immer wieder evaluieren, ob sie immer noch die beste Antwort ist.

Darüber hat man seine **Tugend** wahrgenommen und bewahrt – aber ohne stehen zu bleiben (negativer Extremfall: „Wir haben das schon immer so gemacht." …30 Jahre…). •

Tunnelblick

Langjährige Chorleiter bekommen einen *Tunnelblick*.

Sie arbeiten immer nach derselben Methode, weil die funktioniert (hat), sehen dabei aber nicht, dass sich ihr Chor/die Welt/die Umgebung weiterentwickelt.

Ähnlich geht es auch Sängern, die lange Jahre den gleichen Chorleiter haben.

Sie können sich keine andere Methode vorstellen und werden eine eingeschworene Gemeinschaft in *ihrem* Chor. Wenn dann neue Sänger dazukommen, fühlen sich diese nicht in der Gemeinschaft angenommen.

Solche Chöre gehen unter und wissen nicht warum. Dem wirkt nur ein Öffnen entgegen. Sie brauchen Impulse von außen. Diese Impulse müssen ihnen aber aufgezwungen werden. Das können in der Kirche der Pastor und Kirchenvorstand tun – im Verein ein neuer Vorstand. Am besten ist ein Coaching und Kurse für den Chorleiter, um den Blick auf Neues zu zwingen. • *(s.a. Betriebsblindheit; chorleiter-coaching; Kontrabass & Violine; Organisationsbetriebsblindheit entgegenwirken; Robert Irvine)*

Tuut, tuut!

Ein Konzert ist für mich eine Dampflock, die unaufhaltsam weiterfährt.
So halte ich meine Nervosität und den Fluchtreflex unter Kontrolle.
Ich kann von diesem fahrenden Zug nicht abspringen. Wenn z.B. das Orgelvorspiel im Gottesdienst beginnt, fährt die Bahn los. Der Weg ist vorgezeichnet und jeder Moment durch den Ablaufplan organisiert und bis ins Kleinste terminiert.
Ich kann (muss) mich wie im Zug einfach zurücklehnen und **geschehen lassen**.
Bei ordentlicher Vorbereitung passiert im Konzert das meiste automatisch.
Allem Unvorhergesehenem bist du in der Situation *ausgeliefert* und kannst/musst es also akzeptieren. Diese Unausweichlichkeit gepaart mit dem Wissen, dass das was der Chor anbietet, 100% **sind**, lässt mich Konzerte genießen. • *(s.a. Das Ergebnis steht fest – mit dir oder ohne dich; Lampenfieber; Planung und Ausführung sind deckungsgleich; Vorhersehbarkeit herstellen; Wolf im Wald)*

Twitter

Machst du mit deinem Chor eine (politische) Aktion und bekommst einen Twitter-Shitstorm ab, kannst du dich ruhig zurücklehnen. Schon um die 1000 deutsche Nutzer schaffen es vernetzt den deutschen Twitter-Trend anzuführen.
Im Gegensatz zu z.B. den USA ist Twitter in Deutschland (Stand 2020) eigentlich nicht in Gebrauch. Somit wird jede Einzelaktion in diesem Netzwerk **relativ** wichtig.
Alle Journalisten, die auf Twitterreaktionen als Stimmungsbild der Bevölkerung setzen, leben in einer Blase. Lass dich davon nicht einfangen.
Eine Blase kann dir aber auch im Chor passieren, wenn du nur auf ein paar Menschen und deren Meinung hörst. Wenn jemand aus deinem Umfeld mit einer starken Meinung und vor allem dem Trigger „das denken viele" kommt, pass auf und verhindere Aktionismus!
Im Umkehrschluss lohnt es sich zurzeit nicht auf Twitter aktiv zu sein. Schaden tut es aber auch nicht sich solch einen Account zu holen. Den Nutzen für einen deutschen Laienchor habe ich allerdings noch nicht entdecken können. • *(s.a. Social Media)*

U

Übe-Klang-Dateien

Elektronische Übe-Dateien sind für eine effektive Probenarbeit unerlässlich und heute sehr einfach herzustellen.

Dazu musst du ein Notenschreibprogramm nutzen, mit dem du die Noten auch hörbar machen kannst. Am besten ist eines mit einer eigenen Klangbibliothek, sodass du nicht nur die *midi*-Klänge verwenden musst, die meistens sehr unmusikalisch sind.

Ich nutze *Sibelius*, es gibt auch noch *Finale* und *Capella*. Alle anderen Programme kenne ich nicht und kann sie somit nicht bewerten.

Außer Konkurrenz läuft *Musescore*, da es kostenlos ist.

Ich stelle meinen Sängern die Noten auch als .midi- und .mxl-Dateien zur Verfügung. Mit *Musescore* können sie diese öffnen und abspielen. So können sie das Tempo ändern, die anderen Stimmen mal lauter oder leiser dazuhören und vor allem punktuell Stellen auswählen, die sie üben wollen (s.u.). Zum Notenschreiben habe ich *Musescore* noch nie genutzt und kann es somit nicht bewerten.

Capella ist mir zu sehr auf gute Laune getrimmt. Ich habe damit mal angefangen und kann auch sofort identifizieren, ob Noten mit *Capella* oder mit einem anderen Programm geschrieben wurden. Ich mag das Layout nicht. Die Klänge finde ich im Vergleich nicht so schön und die ganze Arbeitsweise sagt mir einfach nicht zu. *Capella* war mal sehr günstig – das ist es nicht mehr. Die Firma will professioneller wirken als früher und ist es mit Sicherheit auch – wird aber von mir nie wieder genutzt werden. Das Ergebnis entspricht nicht **meinen** Erwartungen.

Finale und *Sibelius* geben sich in der Professionalität nichts. Sie sind vergleichbar. Ich habe mich damals für *Sibelius* entschieden, weil mir die Arbeitsweise und das Layout gefielen – das ist aber Geschmackssache.

Alle drei Firmen bieten kostenlose Miniversionen an, mit denen deine Sänger die Partituren abspielen, aber nicht bearbeiten können und außerdem s.g. EDU-Lizenzen. D.h. Lizenzen für Lehrer (nicht nur für Musik!) und Instrumentallehrer, die massiv vergünstigt sind. Frag mal im Chor, ob einer deiner Sänger (wenn er Lehrer ist) bereit wäre, den Chor das Programm in seinem Namen kaufen zu lassen.

Sollten in deinem Chor mehrere Personen an den Noten arbeiten wollen, musst du darauf achten, dass alle **dasselbe** Programm besitzen, da die einzelnen Formate, in denen die Programme die zu bearbeitenden Noten abspeichern, untereinander **nicht** kompatibel sind. Jedes der oben genannten Programm hat immer mind. zwei Einzelplatzlizenzen (gedacht für Laptop und PC). So können also mit einer Lizenz auf jeden Fall zwei Personen an verschiedenen Orten arbeiten.

Die Übe-Klang-Dateien (oder ÜbeMp3s) sollen dem Sänger einen Eindruck vom Stück geben. Diesen bekommt er in der *Tutti-Datei*. Hier sind alle Stimmen gleichlaut und möglichst mit einem Chorklang hörbar gemacht – so kann der Sänger auch die Ton**länge** wahrnehmen.

Wenn du für alle Stimmen nur einen Klavierklang nutzt, werden die Töne angeschlagen und verklingen – das Ende eines langen Tones ist damit also nicht definiert.

Neben der Tutti-Datei erstellst du für jede Stimme auch eine *Stimmen-Datei*. Hier ist die jeweilige Stimme deutlich gemacht.

Ich ergänze dafür zur Partitur eine Klavierstimme. In diese kopiere ich z.B. den Alt für die Alt-Klang-Datei.

Der Tuttichor wird in seiner Lautstärke auf die Hälfte verringert und das Soloklavier bleibt in der normalen Lautstärke. So hast du für den Sänger zwar seine Stimme hervorgehoben, aber lässt ihm noch den harmonischen Hintergrund, sowie die Tonlängen.

Die Chorstimmen verteile ich im Panorama von links nach rechts, um sie akustisch zu trennen. Das Klavier bleibt zentral.

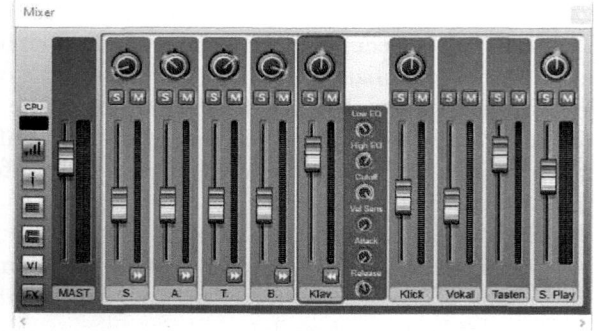

Eine genaue Balance musst du von Stück zu Stück finden. Ich nutze diese Mischung, da sie einem Probenklang am nächsten kommt – Chor+Klavier.

In allen Fällen lasse ich einen Takt lang den Anfangston im Grundpuls erklingen (als gebrochenen Akkord oder in der Stimmen-Datei als Einzelton) und bei sehr langsamen und sehr schnellen Stücken die ganze Zeit leise einen Metronomklick im Hintergrund mitlaufen.

Gibt es erste und zweite Klammern oder Anderes im Ablauf, musst du solches hörbar machen. D.h. deine Übe-Datei muss dem **originalen Verlauf** des Stückes folgen.

Singst du ein Lied mit vielen Strophen musst du die Datei alle Strophen abspielen lassen. Achte hier darauf, dass in manchen Strophen Töne zusammengezogen (zwei Achtel werden zur Viertel) oder getrennt werden, da die Silbenanzahl unterschiedlich ist. Dies musst du in jedem Fall hörbar machen. Evtl. musst du ohne Wiederholungszeichen arbeiten und in den Noten für diesen Zweck das Stück komplett ausschreiben (also bei drei Strophen alle drei ausschreiben, um die Tonlängenänderungen notieren zu können). Dies ist aber durch ein einfaches *copy-paste* zu lösen.

Achte auf eine natürliche Pause zwischen zwei Strophen, wie du es auch beim Singen machen würdest. Evtl. musst du also an den Schluss (vor dem Wiederholungszeichen) eine Pause/einen Leertakt einfügen.

Genauso müssen Fermaten *(s.a.)* und Tempowechsel genau definiert und an deine Interpretation angepasst werden.

Du musst unbedingt alle Dynamikzeichen des Stückes löschen oder von der Wiedergabe ausschließen, da diese sonst mit abgespielt werden, was mehr verwirrt als hilft.

Die Atemzeichen musst du durch Pausen hörbar machen, sodass das Atmen geübt wird, denn noch wichtiger als in der Probe ist es hier, dass deine Sänger auf ein **aktives** Einatmen achten. Das ist das was der Datei am offensichtlichsten fehlt: Ein Initialimpuls durch den Dirigenten und/oder die Stimmgruppe/den Chor.

Wenn deine Sänger zuhause ‚passiv' atmen, werden sie erst auf dem ersten akustischen Signal (dem Ton) einatmen und damit zu spät singen. Schlimmstenfalls trainieren sie das und singen auch in der Probe so. Dann sind die Töne sicher, aber schleppend. Das wieder rauszutrainieren ist echt nervig.

Um das Stück und sein Tempo für den Sänger antizipierbar zu machen, ist der Metronomklick hilfreich, und der eine Leertakt mit Anfangston zu Beginn sehr wichtig.

(s.a. Atemzeichen als Pause; Pausenmusizieren; Schlussdefinition über schnappende Aspiration)

Achten deine Sänger auf ein pünktliches Einsetzen des Tones durch aktives Einatmen ist diese Methode unschlagbar. Das gilt natürlich auch, wenn deine Sänger damit nur den Text und Rhythmus üben.

Wichtig: Deine Sänger sollten diese Dateien zuhause mit Kopfhörern hören, damit sie die Musik auch laut drehen können. Sonst säuseln sie nur mit. Sie müssen selbstbewusst mitsingen können, ohne dass ihre eigene Stimme den Außenklang übertönt. Damit das funktioniert, muss die Musik wirklich laut sein!

Ich gebe bei schwierigen oder schnellen Stücken eine Datei mit dem originalen Tempo, aber auch eine mit langsamem Übetempo weiter, damit meine Sänger den Tönen/Text sinnvoll folgen können. Die Erfahrung zeigt, dass sonst zu viele von ihnen – weil sie durch das hohe Tempo überlastet werden – zu früh aufgeben und gerade beim schweren Stück das so wichtige häusliche Üben sein lassen. Es gibt auch Abspielprogramme die, ohne die Tonhöhe zu ändern, den Sängern ermöglichen das Tempo der MP3 zu verlangsamen. Der Klang leidet dabei aber doch sehr.

Am besten ist es tatsächlich, wenn deine Sänger ein Programm wie z.B. *Musescore* nutzen, um die Übe-Datei an ihre Bedürfnisse anzupassen.

Lange Stücke sollten sich deine Sänger (oder du für sie, indem du Zeiten vorgibst) in Abschnitte unterteilen, die ca. 1 Minute dauern.
Diese Abschnitte werden mit Taktzahl und Minuten/Sekunden der MP3 benannt und können so immer wieder neu von dort gestartet werden.
Am besten üben deine Sänger dann in Abschnitten retrosequenziell *(s.a.)*
Bei Strophenliedern beginnen sie mit der letzten Strophe, singen darauf die vorletzte-letzte; vorvorletzte-vorletzte; usw. – und üben damit immer in etwas Bekanntes hinein.
Müssen Sänger auswendig lernen ist das die effektivste Methode. Einfach immer wieder vorne anzufangen und zu glauben, dass auch die dritte Strophe noch ins Langzeitgedächtnis vordringt, ist…

Wenn du beginnst solche Dateien zu benutzen, nimm dir eine Probe lang Zeit, um dem Chor zu zeigen, wie damit geübt werden kann, dass es sich lohnt retrosequenziell zu proben und wie du die einzelnen Schubladen füllen kannst.
Benutze dafür einen Laptop (+ evtl. Beamer) und einen größeren Lautsprecher, mit dem du den Raum ordentlich beschallen kannst.
Die Sänger müssen erleben können, wie sie auch ohne deine Anleitung mit der Übe-Datei mitsingen können. Dafür muss das in dem Raum schlicht laut genug sein.

Den folgenden Weg musst du deinem Chor vermitteln. Anders zu üben überfordert das Gehirn. Chorsänger haben nämlich die Tendenz das zu machen, was sie machen wollen: **singen** (diese Schlingel). Text ist konkret – Töne abstrakt. Lerne das Konkrete, um das Abstrakte daran anzuhängen.
Zu viele Sänger singen einfach nur mit der Klang-Datei mit und beschweren sich hinterher, wie viel Arbeit das doch ist, oder dass es nichts bringt.
Wenn sie aber etwas strategisch an die Sache rangehen, müssen sie wirklich nur (von mir proklamierte) 30 Minuten pro Woche für ihren Chor investieren.
Wie immer ist Schubladendenken *(s.a.)* hier mal etwas Gutes. Text – Rhythmus – Töne (Dynamik in der Probe). Der Text übt gleichzeitig den Rhythmus – damit sind zwei Schubladen gefüllt.

- Lange Stücke aufteilen und retrosequenziell üben.
- Zuerst mitsprechen. Dabei freundliches Gesicht üben und dem Tonverlauf nur ungefähr folgen. Das Gehirn muss sich ganz auf den Text (dadurch Rhythmus) konzentrieren dürfen. Die Atmer müssen pünktlich sein! Den hören sie nicht – deshalb muss er selbstständig passieren – das ist die große Schwierigkeit.
Während des Mitsprechens werden unbewusst auch die Töne geübt! (Dies ist ein Killerargument für alle, denen diese Übemethode „zu lange" dauert. - Man könnte ja nachhaltig sein…)
- Dann Töne evtl. auf „Na" oder gleich mit Text.

Ich nutze diese Dateien (evtl. als Audio-CDs) sogar im Kirchenchor mit 80-Jährigen. Mein Credo ist: „Ihr sollt die Stücke *kennen* – nicht *können*." Das beruhigt Sänger ungemein. Du musst eine Zielvereinbarung treffen – und wenn sie nur lautet, dass du erwartest, dass jeder einmal in der Woche da reingehört hat.

Erwarte wiederum nicht zu viel: Ein Laie kann die Stücke zuhause so gut üben wie er will und sogar ‚solistisch' fast auswendig singen können – er wird, im Gegensatz zum Profi, in der Probe vom ihn umgebenden Chorklang irritiert sein. Egal was er macht – er wird nicht so gut sein wie zuhause. Das führt auch zu Frustration, die du wahrnehmen und auffangen musst.

Folgendes ist in der Probe für den Sänger neu (im Vergleich zum heimischen Üben):
- Andere Sänger können vielleicht ihre Stimme nicht so gut und bringen ihn raus – er hat zuhause nicht *gegen* jemanden singen müssen.
- Das Einfinden in die Harmonien, die die anderen Stimmen durch ihre Töne beitragen, irritiert, weil diese direkter sind – ich empfehle deshalb immer auch mal mit der Tutti-Datei zu üben.
- Ein Gruppengefühl durch gemeinsames Atmen, etc. ist neu – wird aber zumindest durch die, durch Pausen hörbar gemachten Atemzeichen, vorgefühlt und geübt.
- Die Probensituation ist mit sehr vielen neuen Eindrücken überfrachtet und die Ressourcen im Gehirn des Sängers werden so überlastet, dass er das was er vorher gelernt hat, für diese Situation *neu* lernen muss – das schadet aber nicht. (s.a. *Differenzielles Lernen*)

Was bringt es also:
- Mentale Vorbereitung auf die Probe: „Das singen wir heute."
- Der Ablauf wird gelernt (Segno Zeichen, 1./2. Klammer, etc).
- Schwierige Tonsprünge werden vorgehört und in der Probe schneller gelöst – vor allem wenn du in einer früheren Probe darauf hingewiesen hast.
- Rhythmen werden über die Sprache erkannt und geübt.
- Atmen wird aktiv.
- In der Woche findet eine Identifikation mit dem Chor statt (und sei es eben, dass da nur mal reingehört wurde – dann hat der Sänger das Stück aber auch schon mal wahrgenommen und fühlt sich in der Probe eher ‚zuhause').

Ich verschicke die Übe-Dateien meist per Mail. Dafür erstelle ich MP3s mit einer Qualität von 128kbit. Das genügt und lässt die Dateigröße klein genug.
E-Mailanhänge dürfen normalerweise nicht mehr als 20mb groß sein, auch wenn einige Anbieter es zulassen. Willst du ein Jahresprogramm an deinen Kirchenchor versenden, wird es da schon eng. Versende dann nach Stimmen getrennt (eine Mail mit allen Dateien z.B. für den Bass, inkl. der Tutti-Dateien).
Besser geht es über einen internen Bereich auf der Website des Chores.
Wenn dies nicht möglich ist, kannst du die Noten und ÜbeMP3s über z.B. Dropbox/ Googledrive/Onedrive/Magentacloud/etc. durch einen Link verteilen, über den die Sänger dann einen .zip Ordner herunterladen können.
Außerdem erstelle ich .midi- und .mxl-Dateien für alle, die die Noten in einem eigenen Notenschreibprogramm öffnen und abspielen lassen wollen.

Manche Sänger haben noch kein E-Mail oder überhaupt einen Computer. Die Zahl dieser Sänger nimmt jedoch rapide ab. Trotzdem kannst du den Service anbieten, dass Audio-CDs aus den ÜbeMP3s gebrannt werden. Meine heftigste Empfehlung ist dies zu delegieren.
Der delegierte Sänger legt dann eine Liste aus und verlangt danach angemessene 5€ dafür. Das funktioniert bei einem Konzertchor sehr gut, weshalb auch das Recycling *(s.a.)* von Liedern für kleine Auftritte so klug ist.
Im Kirchenchor funktioniert das leider weniger gut, da zu häufig von Gottesdienst zu Gottesdienst gearbeitet wird/werden muss. Wenn der Kirchenchor aber wie ein Konzertchor behandelt wird – man für die folgenden 6 Gottesdienste also jeweils 3 Lieder sucht und diese gebündelt an den Chor gibt – hat man fast eine Konzertlänge an Liedern und kann auch die Erstellung von CDs rechtfertigen.
Sorry – aber das ist der korrekte Weg: Langfristig planen, langfristig planen, langfr…
Und es macht nicht mal mehr Mühe – halt nur **ein** Mal mehr…

Zusammenfassung

Die Klangdatei ist keine Aufnahme. Sie soll dem Sänger ermöglichen zuhause seine **Töne** mit dem **Rhythmus** (Text) zu üben und einen Eindruck vom harmonischen Gerüst zu bekommen. Dafür muss sie eine konstante Lautstärke haben, auf die der Sänger sich verlassen und bei der er mitsingen kann.
Das Tempo und Atempausen müssen antizipierbar sein (durch Leertakt zu Beginn, Metronomklick und echte Pausen), damit der Sänger aktiv atmen kann.
Tonlängen und harmonisches Gerüst werden durch eine unterschiedliche Instrumentierung hörbar und differenzierbar.
Die Datei folgt dem Ablauf des Stückes, der damit geübt werden kann (vor allem für Gospelchöre zum Auswendiglernen *(s.a.)* ein nicht zu unterschätzender Vorteil!) und differenziert in Strophenliedern unterschiedliche Silbenverteilungen.
Am effektivsten wird retrosequenziell in Abschnitten geübt.

Ich übe übrigens auch mit diesen Dateien. Ich übe **nie** mit dem Klavier und empfehle es auch keinem meiner Sänger, die das könnten.
Der Grund ist (wie immer) sehr einfach: Meine Finger **warten** auf mich.
Wenn ich mit der Datei mitsinge, merke ich sehr schnell, welche Stellen ich noch nicht kann, weil der virtuelle Chor auf einmal schneller ist als ich.
Das hört sich zuerst wie ein untriftiger Grund an – wenn du aber mal vergleichst, wie nachhaltig ein Üben mit der einen oder anderen Methode ist, wirst du feststellen, dass ich recht habe. Deine Finger lassen zu sehr imaginäre Flicklaute *(s.a.)* (stockende Momente) zu.
Versuche es mal.
Dass du über die Datei auch im Tutti-Klang und mit einer hervorgehobenen Stimme, oder dem Chorklang ohne die Stimme, die du gerade probst, üben kannst, ist natürlich auch gut für dich. Theoriebegleitendes Klavierspiel („TBK") war zwar niemals sinnlos, aber in unserem Fall ist die digitale Methode effektiver. •

Übeanweisungen
Üben ist ein ausgelutschtes Schlagwort.
Willst du, dass deine Sänger zuhause üben, gebe ihnen klare Arbeitsanweisungen: „Zuhause 2x den Text mit der MP3 laut mitsprechen. Dabei auf eine aktive Atmung und den richtigen Sprech-/Singrhythmus achten. Dann singen: erst auf ‚Ma' dann auf Text."
Nur so kannst du das Schubladendenken *(s.a.)* aktiv steuern. *(s.a. Sprechender Melodieverlauf)*
Bedenke, dass deine Sänger das nicht beruflich machen.
Solche klaren Übeanweisungen reduzieren die sonst notwendige kognitive Eigenleistung des Sängers. Er muss sich den Weg, der für **dich** vielleicht offensichtlich ist, nicht erst noch selbst erklären.
Für manche sind diese Übewege sogar gänzlich unbekannt. Solche Sänger werden dann einfach nicht, oder nur sehr uneffektiv üben. • *(s.a. Positiv bleiben; Wegkorrektur)*

Überflüssig und stolz darauf!
Der beste Dirigent ist der, der im Konzert nicht mehr benötigt wird.
Ich will tatsächlich **nutzlos** werden.
Wenn ich im Konzert nur noch *Ballett* tanze, habe ich meinen Job gemacht.
Ich habe den Chor in den Proben so gut vorbereitet, dass er im Konzert ohne meinen Impuls von vorne nicht nur funktionieren, sondern allein musizieren kann.
Ich bin noch für die Anfangstöne und eine Grundorganisation notwendig (Auftakt, Grundschlag und Energie).
Die Einsätze, Dynamik und korrektes Atmen kann der Chor selbst. Nur das allgemeine Zusammensingen läuft über die *Zentrale* Dirigent.
Im Idealfall kann ich den Chor aber auch *loslassen* und ihn freilaufen lassen, weil alles so läuft wie geprobt. Ich darf zuhören und in Einheit mit dem Chor Musik erleben.

Als Laienchorleiter muss und **darf** man in Einzelfällen sogar ein *Chortempo* akzeptieren, das im Ernstfall etwas langsamer oder schneller als das geprobte Tempo ist.
Wenn ein Dirigent in der Probe ausschließlich darauf achtet, dass sein Chor nur ihm folgt, kann der Chor ohne Dirigent nicht singen (wie ein Chor, der dauernd vom Klavier begleitet wird).
Man muss sich entscheiden inwieweit man gegen seinen Chor kämpfen will oder ihn als zwar untergeordneten, aber relevanten musikalischen Partner versteht.

Die erste und wichtigste Maßnahme, um dem Chor diese Verantwortung zu geben, ist **ohne Klavier** zu proben. Die Sänger sind dadurch gezwungen aufeinander zu hören.
Als nächstes sollte man sich in den letzten Proben vor einem Auftritt nach Tonangabe und Einsatz selbst ins Publikum setzen und den Chor einfach singen und sich selbst organisieren lassen – dadurch lernst du auch, wo du als organisatorisches Zentralorgan noch wirklich nötig bist. • *(s.a. Eh harmonisch; Lass die mal machen)*

Überraschungsgemütlich
2-3x im Jahr kann die Probe, nach Rücksprache mit dir, halbiert werden.
Der Beirat/Vorstand organisiert Knabbereien und etwas zu trinken und die Sänger setzen sich für eine Stunde zusammen und sind einfach mal sozial.
Dieses *Gemütlich* wird nicht angekündigt, sondern ist eine gute Methode die Stimmung in einer anstrengenden Probenphase zu heben, weil in solch einer Zeit das soziale Element *Chor* zu kurz kommt. • *(s.a. Oxytozin)*

Überschätzung
Es kommt in den besten Familien vor: Man hat sich oder den Chor überschätzt.
Was mache ich, wenn ein Stück trotz intensivem Üben nicht funktioniert (also wirklich nicht! – es geht hier um den **einen** Fall alle drei Jahre!)?

Zuallererst schaue ich, ob ich das zu schwere Stück **vereinfachen** kann.
Eventuell geht es ja auch nur um eine bestimmte Stelle. Vielleicht lässt sich diese ja auch gefahrlos überspringen.
Ist das nicht möglich, gebe ich explizite Übeanleitungen für zuhause.
Beachte: Ich tue dies erst, **nachdem** ich ausgeschlossen habe, die Stelle entschärfen zu können. Denn die ungeplante Konzentration von Aufmerksamkeit auf nur eine Stelle, klaut den Sängern Übelust und Ressourcen für andere Stücke.
Du denkst das sollte eigentlich deine erste Maßnahme sein? – Normalerweise ja, das ist hier aber anders. Es ist **deine** Schuld – warum sollen die Sänger darunter leiden?

Im schlimmsten Fall werfe ich das Stück aus dem Programm: Lieber ein Ende mit Schrecken als einen Schrecken ohne Ende. Und ich nehme die Schuld auf mich!
Wenn die Sänger alles gemacht haben was ich wollte (sich nach ihren Möglichkeiten vorbereiten, in Probe anwesend sein, etc.), ist ihnen nichts vorzuwerfen.
Ich habe mich einfach verschätzt – das kann passieren.
Es wird sich normalerweise Widerstand regen und du kannst anbieten für dieses Stück eine Extraprobe an einem Samstag zu machen. Wenn der Chor dies annimmt – toll!
Deine Sänger dazu zwingen kannst du nicht.
Wenn **du** es nicht schaffst, sie korrekt einzuschätzen… Entweder es sind alle in einem Boot oder du kannst nicht losfahren.

Und nur um es zum Ende des Buches nochmal deutlich geschrieben zu haben: Fast alle Schimpfereien, die du in diesem Buch liest und die du auf dich beziehen könntest, waren auch mal auf mich gerichtet.
Hier: **Ich** habe meinen Chor schon zu häufig überschätzt und ich werde es auch wieder tun…nur die Intervalle, in denen das passiert, werden mit der Zeit länger. •
(s.a. Plan B, ruhiger Geistesblitz oder Aktionismus; Verflixte Stelle)

Überschwänglich Loben

Beim Proben willst du mit jedem Durchsingen eine Verbesserung erreichen.
Wenn diese Verbesserung erreicht ist, solltest du durchaus mal überschwänglich loben.
Auch nach Jahren wird bei den meisten Chören von einigen Sänger Widerspruch kommen, da die gerade gesungene Stelle ja noch nicht perfekt war.
Und dann kannst du einen wunderbaren Kniff anwenden, wie jeder Sänger dieses aufbauende Lob **annehmen** kann: Erkläre, dass der Auftritt noch nicht morgen ist, aber das Probenziel wie ein *Etappenziel* erreicht ist und das wirklich gut war.
Ein besseres Ergebnis wolltest du heute **nicht** erreichen.
Wenn das tatsächlich so ist, kannst du sogar noch eine Schippe draufgelegen und sagen, dass deine Erwartungen für diese Probe übertroffen wurden und dieses Lied im Auftritt fantastisch klingen wird. So hat jeder Sänger das Gefühl, dass er heute nicht hätte besser singen können. Das stärkt das Selbstvertrauen und motiviert.
Mach das jede Probe mindestens einmal! Natürlich wird der Widerspruch mit der Zeit weniger, weil die Sänger gelernt haben, was du meinst – aber nur weil die Reaktion kleiner ausfällt, darfst du auf keinen Fall stoppen. • *(s.a. Loben, loben, loben!; Relatives Loben)*

Überspielen

Wenn du in deiner Probe einen offensichtlichen Fehler von dir überspielst und der Chor das merkt, wird das das Vertrauen der Sänger in dich nachhaltig stören.
Nur wenn du ehrlich bist und deine Fehler (ohne großes Tamtam) zugibst, werden sie alle deine anderen Aussagen für ehrlich halten.
Es manifestiert sich der Gedanke: „Der Dirigent ist ehrlich – er sagt, wenn er sich geirrt hat – also muss das, was er jetzt gesagt hat, stimmen."
Du kannst und darfst Fehler machen! *(s.a. 1:10 Regel)*
Das verhindert natürlich nicht, dass die Sänger immer wieder nach Beweisen für deine Aussagen fragen. Aber wenn du fundiert arbeitest, wirst du auf diese Fragen immer eine Antwort haben. •

Überzeugendes Runter

Willst du mit einer Aussage überzeugen, werde am Ende des Satzes mit der Stimme *tiefer*.
Jeder Satz kann zu einer Frage umformuliert werden, indem du am Ende mit der Stimme nach oben gehst (wie z.B. genau dieser Satz auf einmal eine Frage werden würde…).
Wenn die Grammatik es nicht eindeutig hergibt – ein Satz also tatsächlich **keine** Frage sein soll – du aber trotzdem mit der Stimme hochgehst oder auch nur gleich bleibst, suggeriert dies einem Gesprächspartner, dass du dir deiner Aussage nicht sicher bist.
Gehst du aber bewusst mit der Stimme nach unten (es reicht auch ein wenig), wirkst du überzeugt, selbst wenn du es nicht sein solltest. Versuche es und nehme wahr, ob und wie häufig du eben nicht mit der Stimme nach unten gehst und damit alle deine eigenen Aussagen augenscheinlich hinterfragst. • *(s.a. Fragezeichen)*

Umstände und Erwartungen

Chorleitung bedeutet seinen Sängern durch verbale und nonverbale Mittel mitzuteilen, was du von ihnen erwartest und die Umstände zu schaffen, dass sie deine Erwartungen erfüllen wollen und können. •

Unbehagliche Situationen rationalisieren und meistern

Es kann vorkommen, dass du in eine Situation kommst, die dir nicht behagt oder von der du dich überfordert fühlst.

Eventuell kommst du unplanmäßig unvorbereitet in eine Probe, weil du eventuell für einen Kollegen einspringst und dir die falschen Stücke genannt wurden.

Oder es kommen auf einmal 5 neue Sänger in deine Probe, die du nun alle irgendwie einbinden musst, bzw. du willst ihnen beweisen wie toll du bist.

Vielleicht fühlst du dich nicht gut – hast eventuell Kopfschmerzen oder Schnupfen, aber wolltest die Probe nicht absagen. Die Heizung funktioniert nicht/der Sänger in der ersten Reihe hat furchtbaren Mundgeruch/es gab einen Todesfall *(s.a.)* – irrelevant, was es ist: Du musst dich der Situation **bewusst** stellen. Du wirst zuerst eine Emotion bekommen (Angst/Freude/Spannung/angespornt sein/etc.), die du sofort rationalisieren musst.

Emotion führt zu **Aktionismus** – damit **Planlosigkeit** und **Blackout**.

Nimm dir lieber die Zeit zu verstehen, was die Schwierigkeiten in dieser Probe sein werden. Ziehe dich im Zweifelsfalle kurz aufs Klo zurück, um deine Gedanken zu sortieren. Dann gehe langsam und gewissenhaft vor. Vertraue deinem *Run for Cover (s.a.)*. Lasse Stellen lieber einmal ‚zu viel' singen, bis **du** sie vollständig analysiert hast. Hilf deinem Chor eine ihn betreffende Situation zu rationalisieren.

Niemals darfst du rumjaulen. *Vom Rumjaulen hat noch kein Chor besser gesungen.* (…auf den Satz bin ich immer noch ein kleines bisschen stolz…) *(s.a. Selbstmitleid)*

Mache dir bewusst, dass **jede** Probe, methodisch gesteuert, nur eine Reaktion (aus der Situation entstehend) auf das ist, was der Chor dir anbietet. – Und heute geht das also gewissenhafter und langsamer vor sich als sonst… *(s.a. Titelkampf)*

Diese unbehagliche Situation wird dir (hoffentlich) nicht häufig passieren. Wenn du da aber rational ran gehst, könnte es – wenn nur du betroffen bist – durch die Gewissenhaftigkeit eine sehr gute Probe für den Chor werden und er merkt nicht mal, was eigentlich los ist. Wirklich! •

Unersetzlich

Manche Vorstandsmitglieder/Sänger/Delegierte installieren sich in die *Unersetzbarkeit*. Dies musst du rechtzeitig erkennen und unterbinden.

Wenn die Person, die die Übe-Klang-Dateien erstellt/die Plakate designed/die Website programmiert ein Programm nutzen will, das entweder sehr teuer oder hochprofessionell ist – **du** das niemals nutzen können wirst und auch Vorlagen in ein anderes Programm nicht importierbar sind, wird diese Person unersetzlich.

Unabhängig davon, dass du sie dann nie wieder loswirst – dein Argument muss sein, dass **ihr** dann niemals jemand helfen können wird. Oder was passiert, wenn die Person mal krank wird…?

Dies sind Helfer, die man in ihrem Eifer einfach auf das Niveau des Chores zurückbringen muss. Sie sind engagiert und werden, wenn du ehrlich mit ihnen umgehst, deinen Einwand (auch den der Unersetzbarkeit) verstehen.

Lass sie selbst zur Lösung beitragen, indem sie noch 1-2 weitere Sänger trainieren oder andere Vorschläge machen, wie sie ihre Unersetzbarkeit reduzieren.

Es gibt andere Personen, die zwar nicht spezialisiert sind, aber sehr viel Kleinarbeit erledigen, somit ein *Mädchen für Alles* sind und dadurch unersetzlich **wirken**.

Diese Personen erledigen Aufgaben, die **jeder** erledigen könnte.

Häufig sind es Personen, die sonst nicht viel können oder sich so sehen (Minderwertigkeitskomplexe) und ihre Existenzberechtigung im Chor/Vorstand über Dienstleistungen definieren.

Wenn du sie kritisierst, wirst du sie persönlich angreifen. Sie haben Angst. Denn Kritik an ihren *Handlungen* ist eine Kritik an ihrem *Wert* für die Sozialgemeinschaft.

Noch schlimmer wird es, wenn Personen **sich selbst** für unersetzlich halten.

Dies sind sehr **gefährliche** Menschen, die Chöre zerstören können und die du durch kluges Delegieren unbedingt verhindern oder, wenn es dafür zu spät ist, loswerden musst! Durch ihre permanente organisatorische Präsenz (und sie achten darauf, dass es jeder mitbekommt) machen sie auch auf andere den Eindruck unersetzlich zu sein.

Sie erzeugen das Gefühl: „Wie soll das ohne XY nur weitergehen?" und: „Ohne XY bricht alles zusammen!" – Tut es meistens nicht.

Der einzige Weg diese Menschen aus dem Chor zu bekommen ist, **anderen** zu beweisen, dass das Leben auch ohne diese Person weitergehen kann.

Ich habe diese Situation erst zwei Mal erleben müssen und folgender Weg ist zum Kotzen, aber war in beiden Fällen der für alle (anderen) sauberste und stressfreieste Weg:

1. Du musst der Person konsequent, aber freundlich und höflich **widersprechen**.
   - Meetings werden ab jetzt nach **deinen** Wünschen terminiert.
   - Geht es in öffentlichen Gesprächen (z.B. im Vorstand) um Meinungen, hast du von nun an **begründet** (auch fadenscheinig) eine andere Meinung.
   - Du lässt diese Person ab und zu nicht aussprechen *(s.a. Unterbrechen)*.

2. Nimm der Person direkt und indirekt Aufgaben weg.
   - Findest du das nächste designte Plakat nicht gut und bekommst als Antwort: „Mach es doch selber!" Antwort: „Ok. Mache ich."
   - **Du** willst jetzt die Anwesenheitsliste führen, um einen direkten Überblick zu bekommen. **Du** willst jetzt die Website pflegen. **Du** willst jetzt E-Mails an den Chor schreiben. Usw. usf.

Du musst bei jeder organisatorischen Ablehnung der Person (sie will nicht noch mehr Konzerträume anfragen/nicht den einen Fehler in den von ihr erstellten Noten korrigieren/etc.) einspringen und es selber machen.
Nutze **jede** Gelegenheit ihre Aufgaben zu übernehmen, zu erweitern und dann auch an jemand anderes zu delegieren.
Damit dezimierst du diese Person und da sie ihre Existenzberechtigung darüber schwinden sieht, wird sie irrational reagieren. In dem Augenblick tust du beleidigt und erklärst einen Vertrauensbruch. Du bist ja auch nur ein Mensch... *(s.a. Menschlichsein)*
Es klingt grausam, aber nur so kannst du die Person vor dem Chor unmöglich machen. Sie wird langfristig gehen müssen, ohne dass du Schaden nimmst.
In meinen Fällen ist es aber gut ausgegangen. Diese Maßnahmen haben für eine Reflexion gesorgt und klärende Gespräche die Wogen geglättet. •

Untätige Stimme: Die Todsünde *(s.a.)*
Die Sänger sind in deine Probe gekommen, um zu singen.
Ich habe schon ‚Kollegen' kennenlernen dürfen, die stolz darauf waren nur mit einer Stimme in einer Tuttiprobe so genau gearbeitet zu haben, dass die anderen Stimmen über 20 Minuten untätig rumsitzen mussten. Pfui! Inkompetent! Nestbeschmutzer!
Du darfst keine Stimme länger als 4-5 Minuten ohne Aufgabe in der Probe sitzen lassen! Das ist der Moment in dem ich mich bei der Stimme sogar entschuldige.

Es gibt so viele Wege diesen Punkt zu vermeiden:
- Eine realistische Probendisposition *(s.a.)* schreiben, damit du kleinteilig *(s.a.)* und organisiert proben kannst.
- Ein klarer Erwartungshorizont pro Durchgang durch die Probendisposition (also, was der Chor erreichen soll).
- Stimmen die eigene Stimme mitsprechen lassen, während du mit einer anderen die Töne probst.
- Kleinteiliger proben.
- Lass alle Stimmen die zurzeit probende Stimme mitproben, wenn es unerwartet länger dauert. *(s.a. Alle Eins; Bewusstes Begleiten)*
- Bekannte Stellen wiederholen, wenn sich eine Stimme festgefahren hat, damit man zwischendurch mit allen etwas gesungen hat und die Sänger sich wieder lockern können.
- Kleinteilige Probe.
- Probe retrosequenziell *(s.a.)* um in Bekanntes hinein zu proben und damit mehr singen lassen zu können.
- Wisse vorher, was du in der Probe erreichen willst. Wenn du es erreicht hast, gehe zur nächsten Stimme bzw. Stelle. Erwarte eher wenig und sei lieber positiv überrascht.
- Bevor ich es vergesse: **retrosequenziell kleinteilig proben!**

- Wenn eine Stimme es gerade nicht gebacken kriegt: Weitermachen und später wieder dahin zurückkommen.
- **Retrosequenziell kleinteilig proben!**
- Und schreib dir eine verdammte Probendisposition.
- Ehrlich.

Zu meinem großen Erschrecken musste ich hören, dass in manchen Dirigierkursen gelehrt wird, dass man die Stimmen, mit denen man eine Stelle fertig geprobt hat, ihre eigene Stimme leise zur probenden Stimme dazu singen lassen soll.
Nur damit ich das richtig verstehe: Es gibt Dirigierlehrer, die sogar C-Prüfungen abnehmen dürfen, die als die methodische Offenbarung im Laienchor lehren, dass die Laiensänger, mit denen ich gerade eine Stelle in einer gesunden Lautstärke, nach ihren bescheidenen Möglichkeiten auf Intonation und Spannung eingeübt habe, diese nun leise singen lassen soll? Haben die keinen Chor?
So etwas unsäglich Bescheuertes habe ich vorher noch **nie** gehört.

Ich kenne keinen Laienchor – sogar der gehobenen Mittelklasse – in dem das funktioniert. Schlicht, weil die Sänger eine gerade geübte Stelle noch nicht gut genug können, um der lauten, probenden Stimme zu lauschen (was sie gezwungener Maßen machen), und sich gleichzeitig nicht auf die eigenen Töne konzentrieren, den Text, die nötige Körperspannung und Energie beibehalten können, wie gerade geprobt. Und ich sag es nochmal: Das Ganze soll ja **leise** funktionieren...
D.h. dann kann die eine Stimme das jetzt gut singen, die anderen haben zwar nicht untätig rumgesessen, aber ihre Stimme verlernt. Tolle Idee! Wer das unterrichtet AAARGH!
Das erste Mal habe ich das sogar in einem eher kleinen Kirchenchor gesehen. Ich habe es für eine verirrte Ausnahme gehalten – nein. Wäre ja zu schön. Es war gelernte Methode.

Ein Paradebeispiel dafür, warum echte Laienchorleiter nur von echten und vor allem **praktizierenden** Laienchorleitern unterrichtet werden sollten, aber nicht von Dirigenten, die den ‚Brot und Butter' Laienbereich lange hinter sich gelassen haben und nun nur noch Landesjugendchöre oder große Kantoreien dirigieren. Mensch, das kann doch nicht funktionieren. Einen Laienchor muss man pädagogisch führen.

Grundregeln: Bereite deine Probe über eine Probendisposition kleinteilig vor. Tue dies unabhängig vom Niveau des Chores! (Ich mache das im kleinen Kirchenchor.)
Definiere einen eher pessimistischen Erwartungshorizont.
Wenn es mal mit einer Stimme länger dauert, entschuldige dich bei den anderen – es ist wichtig, dass die merken, dass du es merkst.
Wenn es sich dann nicht bald löst, gehe weiter, bzw. lass den Chor diese Stimme mitproben oder eine andere Stelle tutti singen.
Es ist doch nicht schwer... •

Unterbrechen

Wir sind es gewohnt bestimmte Gesprächsgepflogenheiten zu befolgen.
Eine der wichtigsten: Wir lassen jemanden **aussprechen**.
Wenn du aber an einen Gesprächspartner gerätst, der dich oder andere konsequent nicht aussprechen lässt, kannst du dich darüber beschweren, oder den Spieß einfach umdrehen und anfangen zu reden, während der andere noch redet.
Nicht ausreden zu lassen bedeutet, dass das was mein Gegenüber sagt, mir weniger wichtig ist, als das, was **ich** sage. Der Unterbrecher will eine **Hierarchie** etablieren.
Wenn du dich darüber beschwerst, meckerst du nur rum, ohne die Hierarchie zu ändern. Indem du ihn auch unterbrichst und dies tust, als wäre es das Normalste der Welt, hältst du ihm einen Spiegel vor. Wenn er sich beschwert, hat **er** verloren.
Beschwert er sich nicht, sondern redet einfach weiter, weil er nicht mal gemerkt hat, dass er unterbrochen wurde, leidet er an einer Wahrnehmungsstörung. Rede dann auch einfach weiter.
Ich habe mal mit solch einem Hansel 24 Sekunden gleichzeitig geredet (ich habe es gestoppt, weil ich es wissen wollte).
Ok – muss man durchhalten können. Wer aber zuerst aufgibt, zieht den Schwanz ein.
Oder anders: Unterbrechen ist ein *Pissingcontest*.
Bedenke hier deine Position. Du sitzt eigentlich immer am längeren Hebel.
Du kannst dir Zeit lassen. Du kannst andere aussprechen lassen. Du hast es nicht nötig, andere zu unterbrechen. Du kannst dich aber dafür **entscheiden**, es zu tun.
Manche Menschen sind einfach unhöfliche Hampelmänner, die auch mal ihre eigene Medizin schlucken müssen... •

Urheberrecht
Grundsätzliches zu urheberrechtlich geschützten Werken in Deutschland
(nach meinem besten Wissen und Gewissen):

- Du darfst **nichts** kopieren/scannen/fotografieren/abschreiben/weiterverteilen.
- Du musst **immer** genug originales Notenmaterial für **alle** Chorsänger des Chores im Konzert vorliegen haben.
- Wenn ihr nicht auswendig singt, **muss** jeder Sänger aus originalen Noten singen. Du darfst nicht mal *Umblätterkopien* machen!
- Für legale Kopien benötigst du die Einwilligung des Rechteinhabers.

Dies gilt in Deutschland für deutsche als auch für nichtdeutsche Urheber gleichermaßen.

Noten sind im Jahr 2020 in Deutschland *gemeinfrei*, wenn der Komponist mehr als 70 Jahre tot ist. Sie dürfen dann beliebig kopiert werden. Aber nur der **Inhalt**.

- Du darfst keine Neuauflagen oder spezielle neue Ausgaben eines historischen Werkes von einem Verlag mit Arrangeur/Herausgeber (wie z.B. aus der neuen Bachausgabe) für deinen Chor kopieren. Der Verlag hat sein eigenes

Verlagsurheberrecht und hat im Normalfall wissenschaftlich **gearbeitet**, um historisch korrektes Notenmaterial zu erstellen.
Du würdest Früchte von Bäumen ernten, die du nicht gepflanzt hast.
- Es gilt das Todesdatum des Herausgebers, der in eigentlich allen Notenausgaben irgendwo vermerkt ist und dann im Normalfall 70 Jahre.

Grundregel: Es gibt immer **zwei** Urheber des Inhaltes: Komponist und Herausgeber. Beide müssen eine von Land zu Land unterschiedliche, gesetzlich festgelegte Zeit tot sein, damit du die Noten und den Noten**druck** kopieren darfst.

- Du darfst in deine Notenausgabe z.B. einzelne Noten der Folgeseite **handschriftlich** abschreiben, um nicht blättern zu müssen. Ein Abschreiben mit einem Notenschreibprogramm ist bei urheberrechtlich geschützten Werken nicht erlaubt.
- Du darfst nicht aus wissenschaftlichen oder irgendeiner anderen Ausgabe abschreiben solange ein Verlag noch Rechte daran hat.
- Du darfst Noten vom Nachbarchor **leihen**. Das darf aber nicht bezahlt werden. D.h. eine offizielle Vermietung von urheberrechtlich geschützten Werken ist nur mit Genehmigung des Verlages erlaubt.
- Vergriffene Werke, von denen du seit mehr als zwei Jahren keine Noten mehr im Buchhandel, sondern nur noch im Antiquariat (und somit wahrscheinlich nicht mehr in Chorstärke) kaufen kannst, darfst du kopieren.
Der Fall, dass ein Werk aber noch nicht gemeinfrei und trotzdem vergriffen ist, ist selten. Lass dir das in jedem Fall vom Urheber, bzw. seinen **Erben und** dem ursprünglichen Verlag schriftlich bestätigen.
- Sollte die Aufführung mit dem käuflichen Notenmaterial nicht möglich sein, darf man ein sogenanntes **Spezialarrangement** erstellen und aufführen. Dieses darf aber weder weitergegeben noch verkauft werden. Dies ist z.B. der Fall, wenn es nur einen Klavierauszug gibt, aus dem ein Chor oder ein Orchester aber nicht singen bzw. spielen kann und keine praktische Ausgabe existiert, bzw. kein Stimmmaterial, wie bei vielen populären Werken der 1920er Jahre.
Auch Poparrangements sind damit erstellbar und aufführbar. Sie dürfen dann aber im Normalfall nicht ohne Genehmigung weiterverbreitet werden.
- Wenn du einen guten Grund hast (z.B. wegen OpenAir *(s.a.)* müssen die Notenblätter einzeln in Folie sein) kann es sein, dass du vom Rechteinhaber (Verlag/Urheber – wobei der Verlag dein erster Ansprechpartner sein sollte) die Erlaubnis zur Kopie bekommst.

Meine **Grundregel** ist: Frag mal nach! Aber lass dir **alles**, was dir erlaubt wird, **schriftlich** bestätigen! *(s.a. Konditionenaufzählung ohne Beleidigung Fehlerfreier)*

Bereits 1897 beklagten sich Musikverlage in der New York Times über „Musikpiraten", die raubkopierte Notenblätter aus Kanada in die USA schmuggelten.
Sei fair! Ohne Komponisten/Arrangeure/Herausgeber hättest du keine Noten.

Ich verkaufe meine eigenen Arrangements (einfache-klavierbegleitung.de) online in digitaler Form zum Ausdrucken und bekomme jede Woche mindestens eine Anfrage, ob ich jemandem nicht das eine oder andere Stück schenken könnte. Musik ist wertlos geworden. *(s.a. Muzak)*

Entgegen landläufiger Meinung sind die meisten Komponisten (ich auch nicht) gar nicht in der GEMA *(s.a. Parodie)*, weil sich das für sie schlicht nicht lohnt.
Die GEMA ist ein Inkassounternehmen das Gewinn erwirtschaften will. So muss jeder Urheber eine Jahresgebühr entrichten, damit die GEMA ihn als Kunden annimmt. Diese Gebühr ist so hoch, dass sich das für die meisten Urheber einfach nicht lohnt.
Ihre einzige kleine Belohnung sind die paar Cent, die sie beim Verkauf ihrer Noten bekommen.
Copy kills Composer. •

Ursachenforschung
Um deine Arbeitsweise zu überprüfen kannst du die folgenden an das Ishikawa-Diagramm (dein Freund, der Google...) angelehnten Stichwörter nach dem Ursache-Wirkungs-Prinzip nutzen:

- *Mensch* – wie sind deine Sänger menschlich drauf – geht es ihnen gut?
- *Maschine* – wie sind ihre Stimmen und wie ist die Zusammensetzung der Stimmen (qualitativ heterogen oder homogen)?
- *Material* – wie gut ist der Probenraum, Konzertraum, das Notenmaterial, die Konzertkleidung, das Programmheft, die Werbung, die Website, usw.?
- *Methode* – ist deine Probenarbeit und Stückauswahl für diesen Chor angemessen?
- *Milieu/Mitwelt* (Umwelt) – wie wird der Chor von außen wahrgenommen? Hat er ein Profil/Leitbild, das erkennbar ist? Tragen Familienmitglieder der Sänger diese Freizeitbeschäftigung mit? Warum kommen Konzertbesucher ins Konzert? Wie ist die Konkurrenz – und ist sie tatsächlich welche?
- *Management* – wie werden die von dir delegierten Aufgaben erledigt? Was kannst du tun, damit sie effektiver erledigt werden? Wie forderst du Qualität ein, ohne die freiwilligen Helfer zu verschrecken?
- *Messbarkeit* – konzentrierst du dich zuerst auf die Abläufe, deren Optimierung merkliche Verbesserungen im Ablauf darstellen? Forderst du von deinen Sängern zuerst das, was den externen Kunden zufrieden stellen wird?
Oder verrennst du dich in Nebensächlichkeiten, die **dir** wichtig sind, aber keinen messbaren Vorteil für den Chor, bzw. für die Zuhörer haben? •
(s.a. Target Group 90%)

Urtext

Den *Urtext* gibt es nicht.
Kaum ein Komponist hat von einem Werk nur **eine** gültige Fassung geschrieben.
Wenn du also unbedingt aus einer s.g. Urtextausgabe singen lassen willst, habe im Hinterkopf, dass das eigentlich nur eine Werbeaussage ist.
Urtext bedeutet in seinem Wortsinne, dass es sich um den **ursprünglichsten** Notentext handeln soll. Dies ist meistens nicht so.
Was Urtextausgaben, wie auch jede wissenschaftliche Ausgabe, aber versuchen, ist den ursprünglichen *Willen* des Komponisten zu **er**gründen und wissenschaftlich zu **be**gründen.
Ich mache es so: Gibt es von einem Stück mehrere Ausgaben die einen **Editionsbericht** haben, in dem der Herausgeber erklärt, welche Quellen er wie und warum genutzt hat, lese ich mir diesen durch.
Wenn ich die Auswahl habe, fallen Noten ohne Editionsbericht dabei also schon grundsätzlich weg.
Sind die Quellen und wissenschaftlichen Rückschlüsse der Editionen vergleichbar, nehme ich die Noten, die für den Chor am angenehmsten gedruckt sind.

Bei Noten der ‚Alten Musik' solltest du grundsätzlich nur auf die neuesten und wissenschaftlichen Ausgaben zurückgreifen.
Nicht nur, dass sich Wissen immer weiterentwickelt – es existiert leider auch das **Herausgeberproblem**... *(s.a. Tempoangaben)*
Vor der Barockzeit gab es sehr spannende harmonische Verläufe, die aber nur spärlich oder (aus heutiger Sicht) falsch notiert wurden.
Die damaligen ausführenden Musiker wussten, wann was zu welcher Zeit erklingen musste, oder die Noten bildeten sogar nur ein Grundgerüst, das verziert und auf dem improvisiert wurde.
Es gab Zeiten, in denen im Schlussakkord nie eine Terz vorhanden war, weil diese als dissonant empfunden wurde. Oder (obwohl das Stück in Moll erklang) der Schlussakkord **immer** eine Dur-Terz enthielt (...weil die moll-Terz dissonant empfunden wurde). Diese aber nicht notiert wurde – es stand die moll-Terz da und diese wurde Dur musiziert.
Oder durch Klauseln *(s.a.)* festgelegte Tonfolgen waren bekannt und wurden nicht durch (für uns notwendige) Vorzeichen konkretisiert.
Außerdem waren dissonante Momente, Querstände oder Stimmkreuzungen nicht unüblich, da in manchen Epochen **linear** gedacht wurde.
So kamen auch mal gleichzeitig z.B. C und C# vor, weil es in der jeweiligen Linie gerade Sinn machte. Für den heutigen vertikal denkenden Partiturleser nicht auszudenken.
Dass es damals nur Stimmbücher und keine Partituren mit übereinanderstehenden Stimmen gab, mag durchaus an dieser Denk- und Komponierweise mitschuldig sein.
Solche ‚Verwirrungen' sind in vielen der freien und online verfügbaren Editionen an einen romantischen Geschmack angeglichen. Das ging noch bis in die 1990er so.
Manche dieser Ausgaben nennen sich dann z.B. „Praktische Ausgabe".

Praktisch sind sie für mich nur dann, wenn die Zusätze des Herausgebers z.B. durch einen Kursivdruck gekennzeichnet und im Idealfall in einem Editionsbericht begründet sind.

Manche Ausgaben schreiben auch ein Vorzeichen *über* eine Note (also kein notiertes *Cis*, sondern ein *C* und darüber ein # notiert).

So kann klar differenziert werden: Alles was **in** den Noten steht stammt vom Komponisten, alles was **über** einer Note steht, vom Herausgeber.

Grundregel: Im Normalfall ist es praktisch, *freie* Noten zu nutzen und daraus mit einem Notenschreibprogramm eine eigene Ausgabe mit Pausen statt Atemzeichen, eigener Dynamik, etc. zu erstellen.

Du kannst sie so immer weiter verbessern und an die Situation/den Chor anpassen.

Bei gekauften Noten bist du an das Layout gebunden.

Am Ende musst du dir die Kosten-Nutzen-Frage stellen: Bei speziellen und/oder großen Werken würde ich immer auf die wissenschaftliche Ausgabe zurückgreifen.

Beim einfachen Choralsatz hat aber eine selbsterstellte Ausgabe einen Mehrwert. •

V

Veranschaulichen durch Vereinfachen
Schwierige Tonfolgen kannst du zur Veranschaulichung vereinfachen.

Beispiel: Leittönigkeit ab T26 aus „Zahnweh", Op. 55 Nr. 2 von Robert Schumann (1810 – 1856)

Der Sänger soll spüren was das **Gerüst** ist (= es ist relativ einfach) und welche interessanten Dinge der Komponist dann hinzugefügt hat.
Lasse so etwas retrosequenziell *(s.a.)* Call-and-Response *(s.a.)* singen und beginne mit der vereinfachten Melodie.
Wenn dein Chor ein wenig Noten lesen kann, kannst du ihm erklären, was er gerade gesungen hat und warum. Aber auch ohne Erklärung klappt die Stelle danach viel besser, weil die Gehirne deiner Sänger das Grundkonzept/die Struktur der Stelle verarbeitet und (in diesem Fall) die Zieltöne der Leittöne als stabile Leitersprossen wahrgenommen haben. •

Verantwortung abgeben
Manche Sänger wollen Verantwortung tragen. Lass sie.
Übergebe ihnen aber nicht sofort wichtige Aufgaben ohne zu kontrollieren.
Einige Ehrenamtliche wollen Aufgaben übernehmen, zu denen sie nicht fähig sind.
Einige, weil sie helfen wollen (das **Amt** übernehmen), andere, weil sie die **Ehre** wollen.
In beiden Fällen überschätzen sie evtl. ihre Fähigkeiten, bzw. ihren Lernwillen.
Wenn jemand z.B. die ÜbeMP3s für dich erstellen will, muss die Qualität stimmen. Sie sind schließlich ein essenzieller Teil der Probenarbeit. Wenn dieser Person aber nicht klar

ist, dass sie sich dafür in ein komplexes Computerprogramm einarbeiten muss, kann das Ergebnis nicht gut werden.

Wenn du Vertrauen in die Fähigkeiten und den Arbeitswillen gefasst hast, musst du nicht mehr durchgehend kontrollieren, bzw. es wäre sogar schädlich.

Du teilst damit die Verantwortung – musst dies aber auch so kommunizieren.

Niemals nur sagen: „Du machst das schon gut – ich brauch das nicht kontrollieren."

Sondern: „Ich habe Vertrauen gefasst, dass du das gut machen wirst. Ich übergebe dir hiermit die Verantwortung. Wenn du Fragen hast, frage bitte."

Wenn etwas schief geht, liegt die Verantwortung nicht bei dir. Ist alles gut, kannst du dir aber auch höchstens auf die Schulter klopfen, dass du der richtigen **Person** die Aufgabe und die Verantwortung gegeben hast. • *(s.a. Delegieren)*

Verbale Einwegkommunikation

Neben den **non**verbalen Anweisungen, die du deinem Chor während des Dirigierens gibst, ist auch das verbale Proben im Laienchor augenscheinlich eine *Einwegkommunikation:* Du erzählst dem Chor etwas, weist auf Fehler hin, lobst, tadelst.

In Wirklichkeit entsteht aber ein Dialog: **verbal** (Dirigent) zu **non**verbal (Reaktionen des Chores, bzw. wie er singt). *(s.a. Titelkampf)*

Damit nun aber auch der **Chor** das Gefühl hat Teil eines Dialoges zu sein, musst du den Chor und seine Reaktionen/Wünsche lesen können.

Einfaches Beispiel: Der Chor soll ein Stück nach einiger Zeit, in der es nicht gesungen wurde, auffrischen. Das Lied wurde schon von allen Sängern im Konzert gesungen und sollte keine großen Probleme bereiten – so dein Gedanke und deine Erwartungshaltung, wenn du den Chor (verbal) aufforderst das Stück einmal durch zu singen.

In diesem Beispiel klingt das Stück nun aber kraftlos und etwas unpräzise. Die Sänger starren in die Noten. Der Chor sagt dir damit: „Ich kann das nicht mehr so gut. Ich fühle mich unsicher. Hilf mir."

Die Reaktion eines Dirigenten, dessen Erwartung nicht erfüllt wurde, ist meistens:

„Das haben wir doch schon gesungen..." („...aha, das weiß ich auch...").

„Singen wir es nochmal." („...ok, aber ab der 2. Seite bin ich mir nicht sicher...").

Das Ergebnis wird nun zwar etwas besser sein, aber nicht, weil du gut probst, sondern weil dein Chor bei der Wiederholung sich natürlich an einige Dinge wieder erinnert.

Das kannst du jetzt noch zwei Male machen, dann läuft das Stück wieder irgendwie.

Besser ist: Du gehst solch ein Stück **niemals** mit der Erwartung an, dass es funktioniert, und *einfach so* gut klingen wird.

Ein Chor wird über einen längeren Zeitraum **Grundsätzlichkeiten** behalten, aber **niemals** Feinheiten.

Du merkst dir also beim Durchsingen die gröbsten Schnitzer und übst diese sofort, ohne nochmals durchzusingen. Das sind die Stellen, die einen Augenblick Aufmerksamkeit benötigen und die deine Sänger verunsichern.

Am zeitsparendsten ist folgender Ablauf, um ein Stück aufzufrischen:
Lasse das Stück einmal durchsingen, damit der Chor sich daran erinnert. Erkläre dies dem Chor vorher auch so. Wenn der Sänger sich dann unwohl fühlt, akzeptiert er dieses Gefühl, weil er deine (verbal kommunizierte) Erwartungshaltung kennt.
Meistens klappt das Stück nur aufgrund dieser entspannenden Ansage schon besser als ohne und alle sind positiv überrascht. Das ist besser als andersherum.
In jedem Fall arbeitest du an den gröberen Fehlern nach dem Prinzip des *retrosequenziellen Übens (s.a.)*. Jede Stelle lässt du nach der Fehlerkorrektur zweistimmig (im vierstimmigen Satz SB/AT) durchsingen.
So hat auch **dein** Gehirn Ressourcen frei, beide Stimmen zu kontrollieren und Hinweise zu geben. Außerdem muss der Sänger nicht im Chorklang singen, sondern kann sich nur auf seine Stimme konzentrieren.
So fühlt sich der Sänger (in diesem Beispiel) verstanden.
Er hat eine passende Reaktion auf seine nonverbale Reaktion (auf seine Frage/seinen Wunsch) bekommen. Nach ein paar Minuten sind der Chor und du glücklich, dass das Stück wieder aufgefrischt ist.

Gegenbeispiel: Sollte dein Chor in dieser Situation wider Erwarten voller Selbstbewusstsein singen, es aber grausig klingen, musst du genau erklären, warum du nun genauer proben willst. Der Chor denkt ja, dass er das Stück gut gesungen hat.
Dies passiert leider sehr häufig, wenn ein anspruchsvollerer Dirigent bei einem Chor aushilft oder ihn übernimmt. Der Vorgänger sagt dem Chor wie toll er ist, aber der Kollege hätte da noch ein paar Vorschläge... Wenn der Chor nun mit Verbesserungen bombardiert wird, obwohl er gefühlt keine bräuchte, geht das genauso in die Hose.
Lerne deinen Chor zu lesen.
Ich fordere meine Chöre allerdings auch immer zur verbalen Kommunikation auf.
Das führt zwar ab und zu zu ‚zu vielen' Äußerungen in der Probe, aber ich will, dass sich ein Sänger lieber häufiger meldet und mir seine Probleme schildert, als dass er sich irgendwann lautstark und übertrieben (weil das Fass übergelaufen ist...) beschwert oder frustriert geht.
Grundregel: Dein Chor spricht mit dir. Alles, was er dir in der Probe anbietet und was eine Reaktion von dir einfordert, ist nonverbale Kommunikation. Nehme es als solche wahr und du wirst viel feinfühliger und angemessener agieren, reagieren und dadurch proben können. • *(s.a. Kommunikationsregel)*

Verbalisierung

Wir sind es gewohnt uns zu beschweren. Wir sind es gewohnt über Situationen, Menschen oder Dinge zu fluchen. Wir sagen uns, wie schwer das Leben doch ist.
Wir **verbalisieren** so unsere **Probleme** und **konkretisieren** sie damit.
Sie bekommen eine unvorhergesehene Wichtigkeit mit unglaublich starkem Effekt auf unsere Stimmung. Uns geht es dann richtig schlecht. Manche Menschen kommen über ihre negativen Verbalisierungen in einen Strudel, der bis in eine depressive Episode führt.

Wir verbalisieren nie: „Mir geht es sehr gut."/„Ich bin gesund."/„Das Wetter ist schön."/„Ich bin toll."/„Ich habe eine schöne Nase."/„Es ist Frieden."/„Ich mag die meisten meiner Mitmenschen."/usw.

Wenn wir jemanden dies sagen hören, denken wir unweigerlich an Blumenkinder und krankhaft glückliche Menschen.

Wir verbalisieren nur das Gegenteil: „Ich bin krank."/„Das Wetter ist schlecht."/„Ich bin hässlich."/„Ich habe viele Fehler gemacht."/„In Syrien sterben Kinder."/„Mein Nachbar ist ein Arsch."

Lerne, dass es sehr wichtig ist auch die guten Dinge zu verbalisieren, dadurch zu konkretisieren und ihnen mindestens so viel Wichtigkeit **in dir** einzuräumen, wie du es mit den negativen tust. Und zwar **laut**.

Du kannst dir die guten Dinge auch im abgeschlossenen Zimmer, wo dich niemand hört, vorsprechen. Überlege aktiv, welche guten Dinge dir heute passiert sind.

Sagst du dir eine negative Sache antworte ihr mit einer guten.

Wir sind häufig sehr einseitig. Eine krumme Nase lässt uns die schönen Haare vergessen. Ein misslungenes Lied zerstört uns den Gesamteindruck vom Konzert. Wir sind selektiv im *Pars-pro-toto*-Prinzip gefangen. *(s.a. Ganz geteilt)*

Grundregel: Verbalisiere deine Gedanken zweiseitig – denn es gibt immer zwei Seiten zu einer Situation. • *(s.a. 1:10 Regel; Literaturverzeichnis: Factfulness)*

Verein: Gemeinnützigkeit

Mit deinem Chor einen gemeinnützigen Verein zu gründen, hat vor allem steuerliche und andere finanzielle Vorteile.

Um nur einige aufzuzählen: Ihr seid von der Umsatzsteuerpflicht befreit; für Spenden dürft ihr Spendenbescheinigungen ausstellen, womit der Spender seine Spende von der Steuer absetzen kann; in vielen Städten/Gemeinden gibt es Förderungen für gemeinnützige Kulturvereine und ihr könnt bei Förderprogrammen wie z.B. dem „Bildungsspender" oder „AmazonSmile" mitmachen.

Die Gründung ist etwas kompliziert und der Chor muss sich mit seinem Vorstand an bestimmte Regeln halten (Buchführung, Vollversammlungen, Fristen, etc.).

Sollte dein Chor kein Verein sein und zu keiner Kirche gehören, sollte er kräftig darüber nachdenken ein gemeinnütziger Verein zu werden. Über die Gründungsmodalitäten und vor allem die **aktuellen** rechtlichen Rahmenbedingungen kann man wieder ein ganzes Buch schreiben. Google ist dein bester Freund.

Ich bin der Meinung, dass eine Gründung nur Vorteile bringt (engagierte Vorstandskandidaten vorausgesetzt).

Sollte ein Verein nicht in Frage kommen, empfehle ich dir ab 20 (aktiven) Chormitgliedern einen Beirat *(s.a.)* zu gründen, der dir Arbeit abnehmen kann und Verantwortung übernimmt. •

Verflixte Stelle
Manchmal klappt in einem Stück alles bis auf eine Stelle. Wenn diese mit allen Tricks nicht zum guten Klingen zu überreden ist, gibt es drei Möglichkeiten:
1. Wenn sie kurz ist und nur unsauber/unpräzise/etc. klingt, danach aber alles wieder gut klingt (die Sänger also nicht aus dem Konzept gebracht werden) – dann **lass die Stelle wie sie** ist und investiere deine Energie und Zeit in andere Stellen.
Kosten-Nutzen-Analyse: Stelle? Mist. Stück? Läuft. Interessierts jemanden? **5%**.
2. **Vereinfache** die Stelle (mein Favorit).
Eventuell liegt es an einem schweren Rhythmus oder einem Intervall, wo man die Stelle mit einer kleinen rhythmischen Verschiebung oder Tonänderung so vereinfachen kann, dass im besten Fall nicht mal das Grundprinzip der Stelle zerstört wird (z.B. *keine* Synkope oder statt einem Septimsprung nur eine Quinte, bzw. ein Zwischenintervall einfügen: statt 1-7 lieber 1-5-7).
3. Wenn alles nichts hilft, kann man die Stelle auch weglassen, indem man sie, wie eine Filmszene, **rausschneidet**. Dazu suchst du dir vor und nach der Stelle Punkte, an denen Harmonie und Textverlauf zueinander passen.
Das geht am besten, wenn der Text für das Publikum fremd ist – im Lateinischen z.B. wird das kaum einer merken. Bei deutschen (landessprachlichen) Texten ist es schwieriger – da musst du eventuell den Text ein wenig umarbeiten und für Strophenlieder *(s.a.)* ist diese Maßnahme natürlich denkbar ungeeignet.
Das Schwierigere ist aber, den musikalischen Fluss so wieder herzustellen, dass kein Bruch passiert. Wenn der Zuhörer schon nicht den Textbruch wahrgenommen hat – eine komische harmonische Wendung, bzw. den Bruch im Fluss des Stückes wird er wahrnehmen. Hier musst du ausprobieren, was am besten funktioniert.
Am einfachsten ist es von einem Abschluss zu einem neuen Anfang zu springen – also einen ganzen Abschnitt auszulassen. Das muss dann auch wieder harmonisch passen oder passend gemacht werden (also ein paar Töne an der Anschlussstelle ändern).
Und schließlich musst du das Ganze viel mit deinem Chor üben.

Grundregel: Du musst deinem Chor diese Misere positiv verkaufen.
Deine Sänger wollen ihr Bestes geben – du sagst ihnen nun damit, dass sie das nicht können.
Am Ende hast **du** das Stück ausgesucht und die Fähigkeit deines Chores überschätzt. Du kannst ihm da keinen Vorwurf machen.
Akzeptiere die Situation und löse sie. Dein Chor bezahlt dich nicht dafür, dass du ihm für etwas in den Hintern trittst, für das er nichts kann, und es bringt ihm auch nichts, wenn du wie ein kopfloses Hühnchen rumläufst.
Musst du eine Stelle in der Probe lösen, mache eine Pause.
Evaluiere die drei vorgeschlagenen Wege. Suche dir einen aus. Probe ihn. Fertig. •
(s.a. Target Group 90%; Überschätzung)

Vergleichen

Willst du zwei Notenfassungen vergleichen/korrigieren, lege die Vorlage auf die rechte Seite und die zu korrigierende Fassung auf die linke. Das fühlt sich im ersten Moment sehr umständlich an – soll es aber auch sein.
Wir lesen germanische/romanische Sprachen und Noten von links nach rechts. Unser Gehirn hat sich dadurch angewöhnt hier viele Dinge zu ‚überlesen'. Das ist im normalen Leben auch richtig und wichtig. *(s.a. Wortrezeption)*
Vergleichst du zwei Notenblätter, wirst du deine Augen mit dieser Methode zuerst nach rechts bewegen, und dann, um auf das linke Blatt zu kommen, nochmals von rechts nach links übers rechte Blatt streifen müssen – und genau da fallen dir noch andere Dinge auf, die du zuerst überlesen hast, weil du nun keinen Inhalt, sondern Formen wahrnimmst. Versuche es mal. Es klappt wirklich besser.
Ich habe diesen Trick in einer Survival-Show gelernt. Der Überlebenskünstler suchte nach jagdbarem Wild am Horizont und erklärte, warum er von rechts nach links suchte und nicht andersrum.
Willst du etwas abschreiben, lege die Vorlage nach links, da du so in Leserichtung – und damit flüssig – abschreiben kannst.

Vergleichsverbalisierung und Lösungsweg

Jede Probe muss geplant sein, aber jede Probe ist gleichzeitig eine permanente Reaktion auf das, was einem angeboten wird („T21 bitte jetzt leiser als ihr gerade gesungen habt, T22 war gut"). *(s.a. Titelkampf)*
Eine Probe ist ein *verbalisierter Vergleich* zu deiner Idealvorstellung des Stückes.
Bis zu diesem Punkt sind Laien- und Profibereich gleich, da es sich in der Probe um eine Situationsbeschreibung und -bewertung handelt.
Der Laienchorleiter muss zu diesem Vergleich aber noch einen Hinweis verbalisieren, **wie** der Chor mit einer Modifikation seines Singens dieser Vorstellung näherkommen kann.
Das musst du lernen. Du musst vor allem lernen, sensibel zu spüren, an welcher Stelle deine Sänger welche Lösungswege brauchen. •

Verhaltenskodex

Aus dem Verhaltenskodex gegen sexuelle Übergriffe und Machtmissbrauch, den der Deutsche Bühnenverein bei seiner Jahrestagung 2018 in Lübeck beschlossen hat:
„Als Theater und Orchester haben wir gemeinsame Werte. Wir zeigen Haltung und ermutigen uns gegenseitig, jede Form von Übergriff oder Diskriminierung zu unterbinden."
Aber nur **du** kannst das vorleben: Wenn du etwas siehst, sag was.
Nur wenn du **offen intolerant** gegenüber chauvinistischen, rassistischen und übergriffigen Äußerungen und Handlungen bist, werden andere sich trauen sich auch dagegen zu stellen, weil der Gruppenleiter es ihnen vorlebt. •

Versicherungen
Ein Verein sollte eine Vereinshaftpflichtversicherung besitzen. Es gibt auch Vereins- bzw. Gruppen-Unfallversicherungen und natürlich die Rechtsschutzversicherung.
Im Prinzip kann sich dein Chor (wie du selbst) versichern bis zum Überlaufen.
Was davon sinnvoll ist mag ich nicht bewerten. •

Verständlichkeit
Ein Chor unterscheidet sich vom Instrumentalensembles vor allem durch das Vorhandensein eines singbaren Textes und somit einer weiteren musikalischen Ebene. Deshalb ist im Laienchor die Arbeit an der **Aussprache** eine der wichtigsten Probenaufgaben.
Jedes Chorkonzert wird durch gute Aussprache aufgewertet. Egal wie die Intonation ist – wenn der Zuhörer versteht worum es im Lied geht, wird er schlechte Intonation als weniger störend wahrnehmen, da seine Wahrnehmung dem **Konkreten** (Text) folgt.
99,9% aller Chormusik hat die Entstehungsreihenfolge: Text – Musik.
D.h. zuerst war der Text da und dann kam der Komponist und fragte sich wie er diesen Text vertonen könnte – somit ist Chormusik immer auf den Text bezogen und nur selten andersherum. *(s.a. Strophenliedern gerecht werden)*
Ein verständlich gesprochener Text ist über klar formulierte Anfangs- und Schlusskonsonanten (dazu gehört auch ein Glottisschlag *(s.a.)* bei einem Vokal) und ein gemeinsames Einatmen *(so wie ich einatme, so werde ich singen)* definiert.
Durch gute Artikulation verbessert sich die Pünktlichkeit der Töne, da die Tonlänge zwar abstrakt, die Textlänge aber konkret ist und im Sprachalltag geübt wird.
Textpünktlichkeit und Gemeinsamkeit der Sänger werden durch klare Konsonanten einfacher, da sie sich so gegenseitig akustische Signale geben.
Mit Plosivlaut, bzw. Glottisschlag wird ein Druck aufgebaut, der dann auch die Stimmbänder schneller zum Schwingen bringen kann. Ein Tonbeginn auf einem Vokal ohne Glottisschlag hat keinen Vorpressdruck, damit eine längere Einschwingphase und lässt sich erst verhältnismäßig spät definiert wahrnehmen. •
(s.a. Deutliches Sprechen ist deutliches Singen; Dry und Wet)

Verstärkertechnikanschaffung
Willst du deinen Chor elektrisch verstärken, gibt es ein paar Regeln zu beachten.
Verstärkungstechnik oder Lichttechnik solltest du nur **mit** jemandem leihen, der sie auch bedienen kann (also Maschine **und** Mensch). Leihe sie dir nicht von verschiedenen Quellen zusammen („Ich habe da noch ein Mischpult im Keller…").
Brauchst du diese Verstärkung regelmäßig, solltest du dir die Technik dafür kaufen.
Du kannst nach eingehender Prüfung gebrauchte Technik kaufen – bedenke aber, dass es darauf dann keine Garantie gibt.

Gib zudem viel mehr Geld für gute **Lautsprecher** aus, als du eigentlich willst.
Ein gutes Mikro wird auf schlechten Lautsprechern niemals gut klingen.
Ein schlechtes Mikro wird von guten Lautsprechern zumindest ausgereizt.

Kaufe nicht irgendetwas für viel Geld zusammen, weil du mal gehört hast… und dieser tolle Chor hat das doch auch… *(s.a. Minimalrechnung vs. Maximalrechnung)*
Überlege dir vorher ganz genau welchen Raum du zu welchem Zweck beschallen willst. Dann suche dir einen kompetenten Partner. Im schlimmsten Fall rufst du bei Thomann in der PA-Abteilung an und fragst um Rat. *(s.a. Websites)*
Für eine volle Ausstattung solltest du nicht unter 5000€ anfangen.
Bedenke: Hallige Kirchen auszusteuern ist die Höchststrafe für jeden Tontechniker *(s.a.)*.
Mein Traum: Jeder Sänger hat ein eigenes Mikro in der Hand (oder ein Headset) und kann einzeln ausgesteuert werden. *(s.a. Konzert: elektrische Verstärkung des Chores; Solistenverstärkung)*

Heutzutage sind alle voll auf dem Digitaltrip, d.h. Digitalmischpult, Funkmikros, etc. Wenn du die Technik aber nur vier Mal im Jahr nutzen willst, rate ich dir **dringend** zur analogen Technik: D.h. das Mischpult hat nur Schieberegler und keinen zu programmierbaren PC drin, die Mikros sind kabelgebunden, etc.
Der Grund ist einfach: Digital ist kompliziert – Analog einfach.
Schau dir deinen PC an: Wenn da etwas nicht funktioniert, gibt es 100 Möglichkeiten woran es liegen kann.
Bei analoger Technik gibt es vereinfacht gesagt drei Möglichkeiten: Gerät kaputt, falsch verkabelt oder Kabel kaputt (und Stromkabel nicht in der Steckdose…).
Wenn du dich also nicht jede Woche mit dem System auseinandersetzen kannst/musst, ist es fast unmöglich nach drei Monaten Pause eine digitale Anlage ohne das Handbuch wieder in Gang zu setzen, bzw. Fehler auszuschließen.
Analog kannst du es sofort wieder in Gang bringen – Voraussetzung ist eine gute Beschriftung der Kabel (Mik 1 und dann im Mischpult auch Mik 1, etc.). •

Versuchsjahr

Hol die Leute da ab, wo sie stehen (Wissen/Können/Erwartungen). Wenn du sie dort nicht abholst, darfst du auch nicht sauer sein, wenn sie nicht bei dir mitfahren (können). Wenn du sie aber mitnimmst, kannst du sie nahezu überall hinfahren (eine ruppige Fahrweise ausgeschlossen). *(s.a. Bus)*
Natürlich ist selbst bei der sensibelsten Fahrweise für einige irgendwo auf der Strecke Endstation (sie sind überfordert).
Du musst somit für jeden Chor eine eigene Endstation definieren, die dem Großteil deiner *Fahrgäste* zusagt (Zielvorgabe). D.h. was ist mit diesem Chor machbar?
Einige werden vorher aussteigen – das ist ok und vielleicht sogar nötig. Aber wo liegt die Endstation für die **meisten** Sänger? *(s.a. Ausgleich; Sängerkategorien)*
Die Station **davor** ist dein Ziel. Dann werden sie gefordert aber nicht überfordert.

Wenn ich einen Chor übernehme, schaue ich mir an, was er die letzten zwei Jahre gesungen hat, übe die ersten Proben zu leichte, zu schwierige und (wahrscheinlich) passende Stücke ein und bekomme so ein Gefühl dafür, was möglich ist.
Ich sage auch offen, dass das erste Jahr ein **Versuchsjahr** sein wird.
Nach diesem Jahr und permanenter Analyse kann ich meistens schon ein Jahresprogramm austeilen (z.B. für jeden Gottesdienst). •

Vertrag – siehe **Chorleitervertrag(-svorlage)**

Vertrauensbildende Maßnahmen (Neuer Chor)

Sänger wollen wissen, wie sie besser singen können. Wenn du einen neuen Chor übernimmst, ist dein größtes As im Ärmel Tipps für die Stimme zu haben.
Wikipediawissen über die Stücke oder Musiktheorie ist zwar sehr wichtig, aber nicht überzeugend genug, da das die Sänger selbst nachlesen könnten.
Singen ist hochindividuell und sehr körperlich – es ist **intim**. *(s.a. Nackiger Sänger)*
Du schaffst am schnellsten ein Vertrauensverhältnis, wenn du einen Tipp gibst und die Sänger merken, dass sie dadurch besser/leichter singen können.
Deine Sänger merken also: **der Neue hat recht**!
Wie immer hilft es viel zu loben, da dies eine positive Grundstimmung hervorruft.
Es muss aber in jedem Fall differenziert sein. *(s.a. Relatives Loben)*
Übernimmst du einen Chor, der schon lange von einem Dirigenten geleitet wurde, wirst du merken, dass die Sänger sich bestimmte Abläufe angeeignet haben, die sich durch dich nur schwer wieder ändern lassen (Pausen/welche Stücke/Einsingen/Kommunikation mit dem Dirigenten – mal jovial, mal gar nicht/etc.).
Vor allem bei älteren Semestern wirst du dann eine fast kleinbürgerliche **Aversion** gegen Neues und Verfeinerungen erleben. Diese solltest du zuerst akzeptieren
Nach einige Monaten der Zusammenarbeit, in denen keine Experimente gewagt werden sollten, da alles auf Erfolgserlebnisse getrimmt sein muss, beginnt der Chor dir zu vertrauen und wird sich an dich gewöhnen, was mit der Zeit kleine und größere Änderungen möglich macht. *(s.a. Lachkampfverstand; Nostalgie: restaurierende vs. reflektierende)*
Vertrauen baust du gerade in dieser Zeit ausschließlich über ehrlich positive Erlebnisse auf. Die erreichst du in Proben, in denen der Sänger das Gefühl hat etwas zu lernen, Freude am Singen bekommt und schließlich durch gute Auftritte mit guten Kritiken von Familienmitgliedern und Freunden der Sänger.

Grundregel: Versuche in der Anfangszeit möglichst **widerstandsarme** Proben zu gestalten. Ein Sänger soll in der Probe so viel „ja" sagen können wie nur möglich.
Deshalb darfst du im ersten Jahr auch niemals Lieder des alten Chorleiters singen lassen, außer du willst sie genauso singen wie *der Chor das schon immer gesungen hat.* Dadurch gewinnst du aber nicht an Profil.

Eine Lieblingsliederliste *(s.a.)* ist eine gute Lösung deinen (neuen) Sängern die Angst zu nehmen, dass sie ihre Traditionen verlieren. Auch wenn diese Maßnahme nur die Stücke betrifft, zeigt sie dein Verständnis für die Problematik *(pars pro toto)*.

Meine **Hauptvertrauensbildendemaßnahme** ist aber für immer und ewig, verhältnismäßig *einfache* Stücke zu proben, an denen du die Stimmen deiner Sänger weiterbilden kannst und die damit in zweifacher Hinsicht schnelle Erfolgserlebnisse erzielen (Sänger lernt **und** Sänger singt).

Dieses Grundprinzip ist unabhängig vom Niveau – nur das Niveau der Stücke unterscheidet sich natürlich.

Sollten deine Sänger sich sorgen, weil sie nun für einige Zeit doch eher einfache Stücke singen, erkläre ihnen deine Herangehensweise. Wenn es ihnen um ihre Außenwirkung geht, muss ich leider sagen, dass Zuhörer in den meisten Fällen nicht differenzieren können wie schwer ein Lied war, sondern nur spüren, dass der Chor sehr sicher und präzise gesungen hat (weil die gesungenen Lieder relativ zum Chorniveau *leicht* waren).

Jedes Mal, wenn ich einen Chor neu übernommen habe, war die Kritik nach dem ersten Auftritt: „Der Chor hörte sich professioneller an (als früher unter dem vorherigen Chorleiter)."

Ich habe den Chor aber einfach nur bewusst *unterfordert*, um positive Resonanzen zu provozieren die Vertrauen fördern, sodass ich früher schwierigere Stücke gut singen lassen kann, weil der Chor mir folgt. I'm a sneaky little bastard... •

Vibrato

Manche Sänger (vor allem Sopranistinnen und einige Tenöre) singen, wenn sie neu in einen Chor kommen, zuerst mit Vibrato. Dies liegt an einem Überdruck.

Die Stimmlippen beben, da sie einem Druck standhalten müssen, dem sie nicht gewachsen sind.

Praktisch spüren kannst du das, indem du in jeder Hand am ausgestreckten Arm eine 2-Liter Flasche Wasser hältst. Irgendwann werden deine Muskeln anfangen zu zittern. Physisch ist es zwar nicht direkt dasselbe, aber das Bild ist für den Sänger sehr anschaulich. *(s.a. Knick)*

Es kann aber auch sein, dass sie das Vibrato *bewusst* einsetzen. Diese Sänger rechtfertigen ihr Vibrato damit, dass der Klang ja ‚leben' muss.

Im Chor ist solch ein Klang störend, weil er sich nicht mehr mit den anderen Sängern mischt und damit die Intonation verwässert.

Der **Chor**klang lebt durch die Stimmenmischung, nicht durch Individualleistungen.

Diese Sänger haben meistens schlicht das Gefühl ohne Vibrato zu *dünn* zu klingen.

Sie haben das Gefühl ohne Energie zu singen, singen aber im Resultat mit zu viel Druck.

Sie haben das Gefühl, dass ihr Klang nicht weit trägt – ok – das soll er aber auch nicht: Er soll sich möglichst bald mit den anderen Sängern zum Chorklang mischen.

Grundregel: Im Sologesang darf Vibrato genutzt werden, im Chor **niemals**! •

Videofeedback

Auch wenn es schmerzhaft sein kann sich das anzuschauen: Es lohnt sich sehr, sich selbst mit einer Videokamera während der Probe aufzunehmen. *(s.a. chorleiter-coaching.de)*
Schreibe eine Liste: Was findest du verbesserungswürdig? Hast du z.B. Marotten und sagst alle paar Minuten denselben Satz? Ist deine Körperhaltung der Grund, warum der ganze Chor zusammensackt? Bist du zu schnell/wartest du zu lange? Wie ist der Schlag und ist ihm gut zu folgen? Verstehen die Sänger dich auch in der letzten Reihe und wie deutlich sprichst du? Etc. Vor allem aber: Schreibe auf, was du **gut** gemacht hast!
Wenn du das noch nicht häufig gemacht hast, kann es weh tun sich selbst zu sehen und zu kritisieren. Es ist aber sehr hilfreich, wenn man sachlich an die Sache ran geht.
Denke immer daran: Die Sänger sitzen da, ‚obwohl' du so bist und so redest. •

Viel Kraft

Geht es einem Sänger oder einem Verwandten eines Sängers, um den er sich kümmern muss, sehr schlecht (Krankenhaus/Pflege/etc.), wünsche ihm nicht nur „gute Besserung", sondern auch „viel Kraft". Diese Kraft wird er brauchen – dein Wünschen zeigt Empathie und Verständnis für die Situation.
Es baut auf und stellt eine Verbindung her. •

Viele Grüße!

Wenn Sänger sich bei dir schriftlich per Mail/WhatsApp/SMS/etc. von der Probe abmelden, antworte **immer**. Je nach Grund mit „Gute Besserung", „Gute Erholung" oder einfach „Schade, dass du nicht dabei bist. Bis nächste Woche!", um jedem seine individuelle Aufmerksamkeit zu schenken.
Es ist wichtig, dass der Sänger vom Dirigenten als **Individuum** erkannt wird.
Grundsätzlich solltest du davon ausgehen, dass die Sänger gute Gründe haben nicht zur Probe zu erscheinen, auch wenn dir kein Grund mitgeteilt wird.
Du wirst recht bald merken, ob das nur eine *null Bock* Mentalität ist (also negativ).
Mit der Anwesenheitsliste *(s.a.)* kannst du überprüfen, ob jemand sehr häufig fehlt und dann diese Person individuell ansprechen. •

Vier-Seiten-Modell

Das *Vier-Seiten-Modell* von Friedemann Schulz von Thun (*1944) ist ein Modell der Kommunikationspsychologie, mit dem eine Nachricht unter vier Aspekten oder Ebenen beschrieben wird: Sachinhalt, Selbstoffenbarung, Beziehung und Appell.
Diese Ebenen werden auch als „vier Seiten einer Nachricht" bezeichnet. Das Modell dient zur Beschreibung von Kommunikation, die durch Missverständnisse gestört ist.
Das übergeordnete Ziel besteht darin, zu beobachten, zu beschreiben und zu modellieren, wie zwei Menschen sich durch ihre Kommunikation zueinander in Beziehung setzen.

Diese Ebenen, die in jeder deiner Aussagen in der Probe enthalten sind, werden bewertet:

Sachaspekt
- Die beschriebene Sache („Sachinhalt", „Worüber ich informiere.").
- Auf der Sachebene vermittelt der Sprecher Daten, Fakten und Sachverhalte. Aufgaben des Sprechers sind Klarheit und Verständlichkeit im Ausdruck.
- Mit dem „Sach-Ohr" prüft der Hörer die Nachricht mit den Kriterien der Wahrheit (wahr/unwahr), der Relevanz (sachlich von Belang/belanglos) und der Hinlänglichkeit (ausreichend/ergänzungsbedürftig).
  In einem eingespielten Team verläuft dies meist problemlos.
- Im Chor ist dies deine Kritik am Gesungenen oder Faktenwissen zum Stück.
- Wenn der Chor Vertrauen zu dir hat, wird er das Gesagte annehmen, bzw. nicht allzu sehr hinterfragen.

Selbstaussage
- Dasjenige, was anhand der Nachricht über den Sprecher deutlich wird („Selbstoffenbarung", „Was ich von mir selbst kundgebe.").
- Jede Äußerung bewirkt eine nur teilweise bewusste und beabsichtigte Selbstdarstellung und zugleich eine unbewusste, unfreiwillige Selbstenthüllung. Jede Nachricht kann somit zu Deutungen über die Persönlichkeit des Sprechers verwendet werden.
- Das „Selbstoffenbarungs-Ohr" des Hörers lauscht darauf, was in der Nachricht über den Sprecher enthalten ist (Ich-Botschaften).
- Demgegenüber bezeichnet „Selbstenthüllung" die verbale Kommunikation von persönlichen und vertraulichen Gedanken, Gefühlen oder Informationen; der Sachinhalt bezieht sich dabei auf die eigene Person.
- Im Chor wirst du in deiner Chorpersönlichkeit auftreten. Alles was du sagst oder tust, wird die Persönlichkeitsstruktur dieser Persönlichkeit festigen oder stören.
  (s.a. Charakter vs. Persönlichkeit; Persönlichkeitsprofil vs. Chorprofil)

Beziehungsaspekt
- Was an der Art der Nachricht über die Beziehung offenbart wird („Beziehung", „Was ich von dir halte oder wie wir zueinanderstehen.").
- Auf der Beziehungsebene kommt zum Ausdruck, wie Sprecher und Hörer sich zueinander verhalten und wie sie sich einschätzen.
- Der Sprecher kann – durch die Art der Formulierung, seine Körpersprache, Tonfall und anderes – Wertschätzung, Respekt, Wohlwollen, Gleichgültigkeit, Verachtung in Bezug auf den Anderen zeigen.
- Abhängig davon, was der Hörer im „Beziehungs-Ohr" wahrnimmt, fühlt er sich entweder akzeptiert oder herabgesetzt, respektiert oder bevormundet.
- Simpel: Versuchst du dem Chor zu helfen oder beschimpfst du ihn.
  Allerdings können auch gut gemeinte Worte vom ‚unpassenden' Empfänger negativ interpretiert werden.

Appell
- Dasjenige, zu dem der Empfänger veranlasst werden soll („Appell", „Wozu ich dich veranlassen möchte.").
- Wer sich äußert, will in der Regel etwas bewirken. Mit dem Appell will der Sprecher den Hörer veranlassen, etwas zu tun oder zu unterlassen.
- Der Versuch, Einfluss zu nehmen, kann offen oder verdeckt sein.
  Offen sind Bitten und Aufforderungen.
  Verdeckte Veranlassungen werden als Manipulation bezeichnet.
- Auf dem „Appell-Ohr" fragt sich der Hörer: „Was soll ich jetzt denken, machen oder fühlen?"
- Unser Job besteht aus dem Äußern von Kritik. Im Laienchor müssen wir aber immer eine Lösung parat haben. Wenn du nicht verstehst, was das „Appell-Ohr" deines Chores hören muss, um deinen Wunsch nach Verbesserung umsetzen zu können, wirst du keinen Erfolg haben.

Störungen, Missverständnisse, ineffektives Proben und Konflikte kommen zustande, wenn Sender und Empfänger die vier Ebenen unterschiedlich deuten und gewichten.
Du kannst nie wirklich sicher sein, ob das, was du aussendest, das ist, was beim Empfänger tatsächlich ankommt.
Deshalb musst du dich für deine Sänger und ihren Hintergrund interessieren. Nur wenn du weißt, welche Worte und Methoden du wählen musst, wirst du effektiv proben können. Alle wirst du nie erreichen und je nach Stimmung auch mal jemanden vor den Kopf stoßen.
So lange du aber möglichst viel auf einer, auf deine Sänger angepassten, Sachebene rational – und wenn emotional, dann nur mit „Ich"-Botschaften – kommunizierst, wirst du die meisten deiner Sänger so erreichen, dass Aussage und Aussagenbewertung deckungsgleich sind. •

[Seite „Vier-Seiten-Modell". In: Wikipedia, Die freie Enzyklopädie. Bearbeitungsstand: 11. Dezember 2019, 14:16 UTC. URL: https://de.wikipedia.org/w/index.php?title=Vier-Seiten-Modell&oldid=194821111 (Abgerufen: 5. Februar 2020, 11:13 UTC)]

Visitenkarten

Die effektivste Methode Sänger zu werben ist die persönliche Ansprache.
Gib deinen Sängern Visitenkarten des Chores mit Logo, Website, Probenzeit und Ansprechpartner mit, sodass sie diese im Portemonnaie haben und bei Bedarf weitergeben können.
Das sieht viel einladender aus, als ein einfacher *Zettel* und lässt sich auch sehr günstig bei Onlinedruckereien bestellen (250 Stück ca. 10€).
Auf den Webseiten der meisten Anbieter gibt es auch ein einfaches Layout-Tool, mit dem du die Visitenkarten direkt designen kannst. •

Vokal
Es gibt helle und dunkle Vokale.
Allen gemein ist, dass wir im Chorgesang die Zungenspitze an den unteren Schneidezähnen belassen *(s.a. Abstützen; Koronal; Zungenspitze)* und auch die dunklen Vokale durch ein freundliches Gesicht aufhellen (**sollten**).
Wie schon bei anderen stimmrelevanten Dingen verweise ich dich auf einen wirklich guten Wikipediaartikel. In diesem Fall den über den „Vokal".
Ich will dir nicht nur einen groben Überblick geben – die notwendige Genauigkeit würde aber den Rahmen dieses Buches sprengen. Oder: Warum soll ich das Rad neu erfinden, wenn es jemand anderes schon besser gemacht hat? •
(s.a. Cent; Mundstellung (chorische); Obertöne, Partialtöne, Teiltöne; Vokalverbindung und Schwa)

Vokalausgleich
Jeder Vokal macht einen Ton höher oder tiefer.
Grundsätzlich lassen dunkle Vokale (O,U) tiefe Obertöne und helle Vokale (A,E,I) hohe Obertöne klingen. *(s.a. Cent; Obertöne, Partialtöne, Teiltöne; Vokalverbindung und Schwa)*

Der Grad der **intonatorischen** Erhöhung oder Erniedrigung eines Tones ist von vielen, bei jedem Sänger unterschiedlich ausgeprägten, Faktoren abhängig: Sitz der Zunge, Druck, Ausprägung der Vokalformung mit den Lippen, Kieferstellung, Körperhaltung, Tonhöhe, etc.
Wenn der Sänger im Gefühl hat, um wieviel der eine Vokal **seinen** Ton verändert, kann er dies ausgleichen, damit den Ton entsprechend höher oder tiefer singen und so den *Vokal ausgleichen*.
Dieser Ausgleich findet auf jeder Tonhöhe und je Mund verschieden statt. Es reicht nicht nur die generellen Faktoren zu kennen. Sie müssen von jedem Sänger auf jeder Tonhöhe selbst definiert werden. Ein *Vokalausgleich* ist also absolut **indivduell**.
Da diese individuelle Schulung im Laienchor von dir nicht zu leisten ist – vor allem, weil die Kontrolle des Vokalausgleiches nicht einmal, sondern permanent geschehen muss – habe ich Grundregeln für meine Sänger gefunden, mit denen ich die besten Ergebnisse erziele, die aber auch nur ein Kompromiss sein können.
Meine Sänger kennen beide Punkte auswendig, weil ich sie in jeder Probe 10x wiederhole (nicht ganz freiwillig...) *(s.a. Konzentrationsschnute)*:
1. Ein freundliches Gesicht.
    Das sorgt für helle Vokale und einen breiten Schalltrichter, der den Klang in die Breite streut und so den Chorklang schneller mischt.
2. Die Zungenspitze an die unteren Schneidezähne legen.
    Das geht nur bei „sch" nicht – sonst immer. Dadurch kann die Zunge nicht in den Rachen rutschen, der obere Resonanzraum ist frei und es passiert ein *offener Klang*. • *(s.a. Abstützen; Koronal; Mundstellung (chorische); Zungenspitze)*

Vokalise

Als *Vokalise* bezeichnet man ein Musikstück, das nur auf Vokalen, also auch nicht auf Solmisationssilben *(s.a.)* gesungen wird. Häufig ist dies eine Studiertechnik, um Töne im Chor zu lernen. *(s.a. Vokalsingen)*

Seit Mitte des 18. Jahrhunderts gibt es komponierte mehrstimmige Vokalisen und ebenso Vokalisen für eine Solostimme, die vorwiegend für pädagogische Zwecke des Gesangsunterrichts (Tonbildung, etc.) entwickelt wurden. *(s.a. Kaffeewasserfuge)*

So veröffentlichte z.B. Jean-Antoine Bérard (1710 – 1772) **1755** in seinem Gesangslehrbuch „L'Art du chant" eine Auswahl von Liedern von Komponisten wie Jean-Baptiste Lully (1632 – 1687) und Jean-Philippe Rameau (1683 – 1764), allerdings ohne die zugehörigen Worte oder Liedtexte. Er hatte diese Lieder allein aufgrund ihres Wertes als Übungsstücke für seinen Gesangskurs ausgewählt.

Eine parallele, aber eng auf die Vokalise bezogene Entwicklung vollzog sich im frühen 19. Jahrhundert: Felix Mendelssohn Bartholdy (1809 – 1847) begründete um 1828 die Musikgattung der *Lieder ohne Worte*, bei der ein Instrument (beispielsweise das Klavier) den Part der liedhaften Singstimme übernimmt.

Aus diesen Ansätzen heraus etablierte sich die Vokalise und das Lied ohne Worte als eigenständige instrumentale und vokale Musikgattung und Kunstform.

Aufgrund von Zensur *(s.a.)* oder Selbstzensur kann es vorkommen, dass Lieder mit einem eigentlichen Text nur als Vokalise veröffentlicht werden.

Zum Internet-Phänomen wurde so im Jahr 2010 Eduard Chils (1934 – 2012) *Trololo-Lied* (google mal...). – Eine vokalisierte Interpretation von Arkadi Ostrowskis Я очень рад, ведь я, наконец, возвращаюсь домой (auf Deutsch etwa „Ich bin sehr glücklich, weil ich endlich wieder zuhause bin"), die bereits 1976 publiziert worden war. Das Lied sollte ursprünglich von einem Cowboy handeln, der nachhause zurückkehrt; da dies jedoch in der Sowjetunion zu *amerikanisch* war, wurde es nur als Vokalise aufgenommen. •

[Seite „Vokalise". In: Wikipedia, Die freie Enzyklopädie. Bearbeitungsstand: 22. März 2020, 08:46 UTC.
URL: https://de.wikipedia.org/w/index.php?title=Vokalise&oldid=197989708 (Abgerufen: 18. Mai 2020, 10:02 UTC)]

Vokalreinheit

Vokalreinheit bedeutet, dass alle Sänger in einer Silbe einen gleich klingenden Vokal singen und so die gleichen Teiltöne aktivieren (z.B. „von" – alle singen ein gleich geformtes und klingendes offenes „o").

Natürlich werden sich die Vokalfarben minimal voneinander unterscheiden. Je näher die Sänger aber hörbar beieinander sind, desto besser werden Intonation und Chorklang.

Im Normalfall hat sich noch keiner deiner Sänger über diese Problematik Gedanken gemacht. Deshalb musst du sie dafür immer wieder sensibilisieren. Dies erreichst du im Laienchor am schnellsten über das Vokalsingen *(s.a.)*, oder durch das explizite Proben eines bestimmten Vokals in einem Wort.

Am besten machst du solche Übungen in einer Stimmprobe.

Beispiel: Das „e" aus dem Wort „Meer".
Du singst auf einem Ton in der Mittellage vor, wie du dir das „e" vorstellst.
Der erste Sänger beginnt auf dein Zeichen hin auf deinem Ton dieses „e" zu singen und versucht deine Vokalfärbung zu imitieren.
Ist der Vokal angeglichen, singt der erste Sänger immer weiter und es folgt auf Zeichen der zweite Sänger und versucht dasselbe.
In dem Augenblick hörst du auf zu singen, um besser hören zu können (kündige das aber vorher an, da die Sänger sonst aufhören werden zu singen).
Wenn du zufrieden bist kommt der dritte Sänger dazu, usw.
Es darf so häufig nachgeatmet werden wie man muss. Achte darauf, dass kein Sänger anfängt zu drücken.
Es geht darum, am Ende allen Sängern die gleiche Vokalfärbung abgerungen zu haben und die Stimmen so gut es geht in einem ‚Chorvokal' **verschmelzen** zu lassen. Es soll kein *Solist* mehr mit besonders dunklem oder hellem Vokalklang hervorstechen.

Deine Aufgabe ist es zu hören und die Sänger mit Hilfen wie „heller/dunkler/weiter vorne/hinten/freundlicher" zu unterstützen. *(s.a. Mundstellung (chorische))*
Du willst mit dieser Übung das Gehör deiner Sänger schulen, damit sie dieses Hören auch im normalen Singen anwenden können. Lass sie sich also zuerst selbst finden.
Gib jedem Sänger, wenn er dran ist, (angekündigt und begründet) 10 Sekunden Suchzeit, bevor du helfend eingreifst. •

Vokalsingen
Lass Liedtext bei schlechter Intonation nur auf den reinen Vokalen, bzw. Anfangsvokalen von Diphthongen singen.
Zuerst in den Einzelstimmen, dann auch tutti.
Die Vokale müssen entsprechend ihrer Position im Wort geformt werden.
So ist im folgenden Beispiel das „e" von „iste" kein helles „e".
(Meiner Meinung nach ist es auch nicht der „Lokus" - also mit langem und runden „o" - sondern wird mit einem offenen „o" gesungen.)
Vor dem Singen muss also eine Analyse erfolgen, damit du die genauen Vokalfärbungen kommunizieren kannst.
Durch dieses Singen gibt es wegen der fehlenden Konsonanten kaum Bewegung im Mund, die die Intonation und das Hören stören können.
So kannst du auch differenzieren, was schlicht falsch gesungen und was durch Mundbewegung falsch wird.
Diese Übung sensibilisiert wache Sänger ungemein für Vokalreinheit. Anderen Sängern muss man den Nutzen sensibel nahe bringen... • *(s.a. Vokalise; Vokalverbindung und Schwa)*

Beispiel: T1ff aus „Locus Iste" von Anton Bruckner (1824 – 1896) *(s.a. Probendisposition)*

[Notenbeispiel für S, A, T, B mit den Vokalen: o – u – i – e – a – e – o – a – u – e]

Vokalverbindung und Schwa

Alle Vokale kannst du ineinander übergehen lassen. Nebenstehendes Schema zeigt dir die nächsten Verwandten:

Alle zwischen den klaren Vokalen liegenden Laute sind ein **Schwa** oder auch *mittlerer Zentralvokal*.

Wenn du in deinem Mund z.B. langsam von einem „a" zum offenen „ä" wanderst, wirst du einen Zwischenlaut entdecken.

Das ist der Schwa-Laut.

Er kommt in unserer Sprache viel vor.

Jedes Mal, wenn du in einem Wort den Vokal nicht klar definieren kannst, ist es das Schwa. Z.B. das Schluss-„e" von „viele".

Es ist kein „e" aber auch kein „ä" – es ist das Schwa.

Wanderst du auf einem gesund klingend gesungenen Ton in deiner Mittellage durch die Vokale, wirst du auch die Obertöne wahrnehmen und wie sie bei dunklen Vokalen nach unten und hellen Vokalen nach oben wandern. •

(s.a. Cent; Obertöne, Partialtöne, Teiltöne; Vokale)

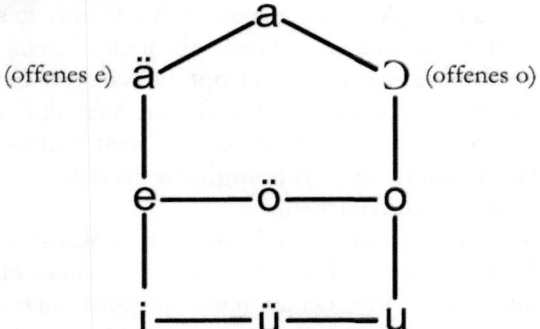

Vollbremsung

Manche Sopräne haben Angst vor hohen Spitzentönen und bremsen energetisch genau **vor** diesem Ton ab, weil sie den hohen Ton nicht laut singen wollen (…weil ja garantiert schief…). Man kann das nicht nur hören, sondern sogar sehen: Sie schließen oben den Mund (eine unbewusste Reaktion: „Ich will nicht, dass der Ton raus kann."), sie verkrampfen – die Kehle schließt sich und/oder sie schauen zu Boden – entspannen damit **passiv** die Stimmlippen, sodass diese aktiv **noch mehr** gespannt werden müssen (was halt irgendwann nicht mehr geht).
Dies ist ein Teufelskreis, denn mit wenig Energie und einem vorsichtigen Singen wird ein hoher Ton niemals gut klingen – das bestätigt also den Grund für die Angst und führt zu der Überzeugung, dass man das nicht singen kann.
Es gilt auch hier die 1:10 Regel *(s.a.)*: Einmal den hohen Ton nicht erwischt, muss mit 10 guten Erlebnissen ausgeglichen werden, um ein positives Körpergefühl (wieder) herzustellen.
Lösung: Zuallererst muss die Probe vom Sänger als sicherer Raum verstanden werden, in dem falsche Töne **erlaubt** und unter Umständen auch **erwünscht** sind.
Ich versuche meinen Sängern zu vermitteln, dass mir ein falscher Ton aus einem Überschwang an Energie und eventuell auch Überschätzung keine Sorgen bereitet, da man diesen Überschwang an Energie leicht eindämmen kann. Schlimm sind nur die falschen Töne, die aus einer Energielosigkeit oder Angst heraus entstehen.
Sänger reagieren gut auf den Hinweis, dass ich nur dann helfen kann, wenn ich auch etwas höre. Wenn ein Sänger im Verhältnis zu seinem Umfeld sehr leise singt, werde ich nicht wahrnehmen können, ob noch Unsicherheit herrscht und im schlimmsten Fall glauben, dass eine Stelle klappt. Durch diese Erklärung fordere ich solche Sänger heraus, das Risiko einzugehen auch (für ihre Verhältnisse) zu laut, bzw. falsch zu singen und biete ihnen damit das rechtfertigende Narrativ: „Das wolltest du doch so…!"
Wenn damit das **psychologische Bett** gemacht ist, versucht man die Spitzentöne über Übungen zu erreichen.
Man kann die betreffende Stelle auf Vokalise *(s.a.)* z.B. ins Einsingen einbauen und tiefer beginnen, um sich dann hoch zu arbeiten. Hier sollte man es auch übertreiben und mindestens einen Ganzton über der Zieltonart des Stückes singen lassen, um dann, wenn die Sänger schon stöhnen, sagen zu können, dass es ja im Original viel tiefer ist.
Und schließlich die **Haltung** (persönliche wie körperliche): Sie muss die hohe Stelle vorbereiten und annehmen.
Lass die Sänger mit offenen Armen singen *(s.a. Handinnenflächen vorne)*, der Kopf steht 5 Grad über Horizont *(s.a.)* und mit Energie (die auch von dir kommt) wird dann mit Freude hoch in die **Luft** gesungen. Das Bild ist wichtig: Deine Sänger haben beim Hochsingen bis jetzt das Gefühl mit dem Kopf an eine Holzdecke zu stoßen. Du musst ihnen ein Gefühl von endlosem Himmel geben. Bedenke, dass die Sänger dich und deine Haltung spiegeln – wenn du willst, dass sie gerade stehen, solltest du dies auch tun.
(s.a. Dynamisch dirigieren; Gummiband; Haltung annehmen; Klare Dirigierbewegungen; Lehnen; Leuchtende Augen; Schlagpunkte; Spieglein, Spieglein vorn am Pult; Wackeldackel)
Dann lässt du sie noch freundlich gucken, die Zungenspitze an die unteren Schneidezähne verankern und den Mund aufmachen. • *(s.a. Abstützen; Koronal; Zungenspitze)*

Vollversammlung

Unabhängig von der Rechtsform solltest du einmal im Jahr eine Vollversammlung abhalten. Diese wird vom Beirat/Vorstand geleitet.
Im Vereinsfall muss dieser offiziell einladen und Fristen beachten.
Hier wird das vergangene Jahr besprochen: Was lief gut – was darf verbessert werden? Die Mitgliederentwicklung, eine Übersicht über die Finanzen und ein Ausblick auf das kommende Jahr.
Dies ist auch das Forum, in dem Chorsänger offizielle Dinge ansprechen können.
Ich versuche während des Jahres (nicht immer erfolgreich) ein Klima zu schaffen, in welchem Sänger nicht auf solch eine Gelegenheit warten, um ihre Probleme anzusprechen, sondern auch zwischenzeitlich das Vertrauen haben, zu mir oder einem Vorstandsmitglied zu gehen und sich auszusprechen.
Das gibt sonst einfach blutige Szenen, wenn ein Sänger seinen angestauten Frust in so einer Vollversammlung ablädt (und ich habe wahre Gemetzel erlebt...).
Hast du einen Chor der keinen Beirat (s.a.) hat, solltest du dir trotzdem einmal im Jahr in einer Probe ein paar Minuten Zeit nehmen und das Jahr zusammenfassen. Idealerweise kündigst du dies im Probenplan an. Ich mache das aber eher einfach immer mal wieder zwischendurch, bzw. nach Abschluss von Projekten.
Beachte, wenn du einen Vorstand hast, unbedingt die **Hierarchie**.
In einem gemeinnützigen Verein wirst du der einzige *Angestellte* sein und darfst somit nicht Mitglied im Verein sein. Du hast in diesen Vollversammlungen kein Stimmrecht.
Auch sonst musst du deinem Beirat in solchen Dingen den Vortritt lassen.
Erzähle also nicht in der Probe vor der Vollversammlung etwas über die Finanzentwicklung. Nach Konzerten lasse ich z.B. grundsätzlich den Schatzmeister den eingenommenen Betrag verkünden.
Es sind diese kleinen Dinge, die Positionen festigen oder zerstören können. •

Vom Blatt singen

Als Chorleiter ist es nötig, gut vom Blatt singen zu können.
Ich nutze dafür die Handtechnik (s.a.), aber ohne Übung klappt das alles nicht.
Der erste Schritt für dich muss sein, **Intervalle** perfekt singen zu können. Nutze dafür die Stimmgabelübungen (s.a.) und eine Übungs-App (s.a.).
Weiterhin musst du Intervalle in den Noten schnell identifizieren können. Nicht nur wissen, dass das die Töne *C* und *E* sind, sondern auch, dass diese eine große Terz trennt.
Der beste Zeitpunkt solch ein Selbststudium zu betreiben, ist zu Beginn eines neuen Programms, wenn du die Noten sowieso üben musst.
Singe beim heimischen Einstudieren bewusst laut die eine oder andere Stimme vom Blatt ohne Hilfen, wie du es im schlimmsten Fall auch mal vor dem Chor machen musst.
Gleiches gilt auch für deinen Chor.
Hast du einen **homogen ambitionierten** Chor, kannst du natürlich die tollsten Vomblattsingübungen nutzen. *(s.a. Literaturverzeichnis)*

Oder du lässt zu Beginn eines neuen Programms den ganzen Chor einstimmig die eine oder andere Begleitstimme vom Blatt singen. Eventuell sogar im Bassschlüssel.
Ich empfehle dir für diesen Zweck grundsätzlich die Altstimme zu nutzen:
- Sie ist tief genug – kann aber auch nach oben transponiert werden.
- Sie steht im Violinschlüssel, den jeder ambitionierte Sänger lesen kann.
- Sie ist eine Begleitstimme und hat damit interessantere Tonsprünge, bzw. keine zu melodischen.
- Willst du das Stück zweistimmig vom Blatt singen lassen, lässt du die Männer die Altstimme und die Frauen die Sopranstimme (Melodie) singen und hast damit mit den Männerstimmen (nachdem alle die Altstimme singen können) noch zwei stimmspezifische Optionen fürs Blattsingen frei.

Die Reihenfolge und Besetzung sind natürlich vom Stück abhängig.
Ich kann es aber gar nicht genug betonen: Dein Chor muss das **wollen! Alle Sänger!**
Willst nur **du** das und willst den Weg gehen, musst du deinen Chor schulen.
Du musst ihm die Theorie, Notenlesen *(s.a.)*, etc. auf hohem Niveau beibringen.
Dann geht das. Wenn du nach dieser unbeliebten Maßnahme noch einen Chor hast…
Was aber **jeder** Chorsänger können sollte und im Zuge der Handtechnik lernen kann, ist wahrzunehmen, ob eine Tonfolge rauf oder runter geht, und ob die Tonabstände jeweils größer oder kleiner sind (d.h. die Bewegungsrichtung und Abstände der kleinen schwarzen Punkte).
Ob das eine große oder kleine Terz ist, interessiert den Sänger im praktischen Choralltag herzlich wenig und muss es auch nicht, da die Harmonien meist klar sind.
Wir verhaspeln uns preußisch im „Blattsingen" als eine hohe Kunst – ein „ganz oder gar nicht" – und übersehen leider, dass es einen sehr sinnvollen Mittelweg gibt, den du deinen Sängern aber auch beibringen musst! •

Vorbereitung ist Arbeitszeit

Wenn du einen Chor nebenberuflich leitest und tagsüber deinem *echten* Beruf nachgehst, wirst du deine Chorproben nur bei guter Organisation gut vorbereiten können.
Mein Tipp: Immer am selben Tag, zur selben Zeit deinen Chor vorbereiten – dann fühlt es sich an, wie zur Arbeit zu gehen. Im Idealfall machst du das an dem Tag, an dem der Chor stattfindet, dann sind die von dir geübten Stücke und die Probendisposition am Abend noch frisch und parat.
Es geht natürlich jeder andere Zeitpunkt – es sollte aber halt immer derselbe sein.
Wenn dein Chor sich nicht verbessert, schau was **du** falsch machst.
Oft sind die Stücke, die du mit dem Chor singen willst, gar nicht zu schwer für den *Chor*, sondern zu schwer für *dich*. Wenn du keine Zeit hast eine gute Probendisposition zu schreiben, d.h. dir Gedanken über Probleme und Lösungswege zu machen, dann musst du das alles ad hoc in der Probe tun, was selten zu einem guten Ergebnis führt.
Suche also Stücke aus, die nicht zuerst der **Chor** gerne singen *würde* und gut singen *könnte*, sondern die **du** gut vorbereiten kannst. • *(s.a. Probenvorbereitung: Faustregel)*

Vorgeschlagene vergütete Zusatzarbeit zur fiskalen Geilmachung
Möchtest du mehr Konzerte oder einen zusätzlichen Probentag machen (im Falle, dass dir beides extra vergütet wird), kann es sein, dass dir fiskale Motive vorgeworfen werden. Selbst wenn die nicht ganz ernst gemeint sein sollten, musst du dich vehement dagegen wehren.
Du musst für jeden Zusatz an Proben/Konzerte Gründe vorbringen. Evtl. sind die nur für dich schlüssig, aber du wirst ja dafür bezahlt den Überblick zu haben.
Solltest du dich nicht genug dagegen wehren, wird jede weitere Zusatzprobe, etc. immer ein Geschmäckle bekommen („Der macht das ja nur, um sein Geld zu verdienen...").
Mich persönlich verletzt solch ein Vorwurf (den ich auch erst 4 Male über die Hinterhand mitbekommen habe), da alle meine Entscheidungen nur dem Chor dienen und ich noch nie eine konsequente Analyse meines Stundenlohnes gemacht habe. •

Vorhersehbarkeit herstellen
Stress entsteht durch Angst vor dem **Unvorhersehbaren**. So entsteht auch die ungesunde Aufregung von dir oder Sängern vor einem Konzert.
Es gibt sehr viele komplexe Variablen im Chor und Auftritt. Dein Job ist es, so viele Abläufe wie möglich zu klären, zu automatisieren und damit für den Sänger vorhersehbar zu machen.
Der Sänger (und du) muss sich an Abläufen festhalten können.
Dazu gehört nicht nur ein sauberes Auf- und Abgehen oder Verbeugen.
Übe auch die Stellungswechsel schon im Probenraum. Mach bekannte Einsingübungen. Probe die Generalprobe (wenn möglich) im Konzertraum. Usw.
Wir verlieren uns vor Auftritten leider zu häufig in Details und vergessen, dass kurz vor dem Auftritt vor allem die *großen* Dinge die Situation verbessern.
Das Licht? Sicht auf den Dirigenten? Wie hören sich die Sänger gegenseitig? Gibt es eine positive Grundstimmung? Konzentration? Lebendigkeit/Freude?
Die Ablenkung durch **situative Ereignisse** ist groß genug.
Die, die du vorhersehen kannst, musst du vorab lösen oder den Chor darauf vorbereiten.
Z.B. allein dadurch, dass du mehrmals in Proben vor einem Konzert darauf hinweist, dass der Hall in der großen Konzertkirche das Zusammensingen sehr erschweren wird, wird in den Sängern dann vor Ort eine Bestätigungsreaktion hervorgerufen („Ja, ist schon echt hallig hier...").
Wenn du dann einmal draußen geprobt hast (also ohne Akustik, sodass ein Zusammensingen erschwert war) und die Hauptprobe in der Kirche machst, wird diese Erschwernis für den Sänger kein Stress, sondern nur eine Herausforderung.
Um das zu erreichen musst du dir vorher Gedanken machen, was für deinen Chor die **Stressauslöser** sein könnten.
Hier hilft dir deine Erfahrung und ein bisschen logisches Nachdenken. •
(s.a. Differenzielles Lernen; Einsingen:...; Lampenfieber; Planung und Ausführung sind deckungsgleich; Wahrnehmungshierarchie)

Vorspiel
Lässt du Chorlieder colla parte begleiten (Instrumentalisten spielen in den Stimmen verteilt dasselbe, das der Chor singt), weil es keine eigenständigen Orchesterstimmen gibt, gönne dir trotzdem den Luxus eines *Vorspiels*.
Das ist ganz einfach aus den letzten Takten (2. Hälfte des B-Teils oder ganzer C-Teil) zu machen, die einfach dem Choreinsatz vorangestellt werden.
Das funktioniert bei **allen** Liedern, hört sich immer ganz toll an, ist aber echt simpel. •

Vorurteilsfreiheit
Ein Dirigent muss unter allen Umständen vorurteilsfrei sein – darf dann aber seine Meinung haben.
Man hat mit zu vielen unterschiedlichen Menschen zu tun, als dass man **Stereotypen** glauben darf.
Auch wenn andere Sänger etwas über einen neuen Sänger erzählen („Ah ja, der kommt immer zu spät/der stinkt/ist ein Arsch") musst du jeden Sänger erstmal selbst kennen lernen und so nehmen wie er ist.
Alle verbindet das Ziel *Chor* (Gemeinschaft, Proben, Konzerte).
Nur jemand der sich diesem Ziel nicht unterordnet/unterordnen **kann**, muss überdacht werden: Er stinkt – keiner kann neben ihm sitzen – muss man drüber reden...
Wen **du** magst oder nicht, spielt für den Chor keine Rolle.
Im schlimmsten Fall siehst du diese Person nur einmal pro Woche und musst mit ihr ja kein Bier trinken gehen wollen.
Deshalb mache ich auch nie ein Vorsingen im klassischen Sinne, denn für mich ist nicht wichtig, wie die Stimme des Sängers allein klingt oder wie er sich **mir** gegenüber verhält. Mir ist wichtig, dass der Sänger mit seiner Stimme in den Chorklang passt und in der Sozialgemeinschaft mitwirken kann.
Alles andere habe **ich nicht** zu bewerten. •
(s.a. Auswahlvorsingen/ Einzelvorsingen; Schnuppertage)

Vorzeichen
Vorzeichen der Tonarten merke ich mir durch den **Quintenzirkel** und zwei Merksätze:
Dur **#**: **G**eh **D**u **A**lter **E**sel **H**eute **FIS**chen.
Dur **b**: **F**rische **B**rötchen **ES**sen **AS**sessoren **DES GES**etzes.

Die Vorzeichen der Molltonarten finde ich über die Parallele eine kleine Terz tiefer von der Durtonart: C-Dur = gleiche Vorzeichen wie a-moll und andersrum.
Dies ist für mich einfacher, als wirklich krumme Merksätze für Moll zu lernen.

Terminologische Einordnung: **Vorzeichen** stehen vorne in der Notenzeile.
Versetzungszeichen (umgangssprachlich auch Vorzeichen) stehen vor einer Note und gelten nur für diese Note und alle gleichen Noten im Takt, bzw. bis zu einem Auflösungszeichen – je nachdem was zuerst kommt. •

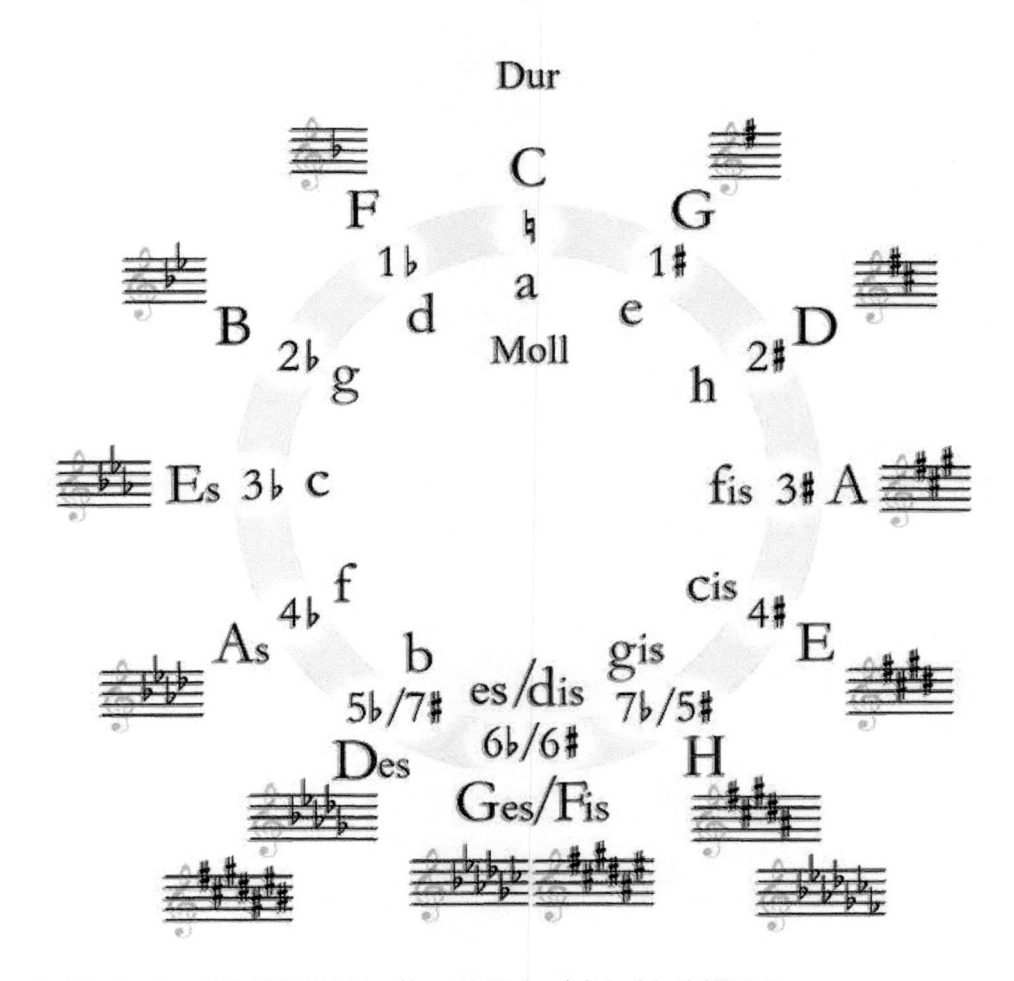

[Bildquelle: Jpascher - Eigenes Werk, CC BY-SA 3.0, https://commons.wikimedia.org/w/index.php?curid=25711332]

W

Wackeldackel

Sehr viele Laiendirigenten bewegen bei jedem Schwerpunkt oder Auftakt ihren Kopf mit. Sie tun dies sogar manchmal bewusst, weil sie glauben, so dem Schlag mehr Nachdruck zu verleihen und/oder ohne Wackeldackelkopf steif zu wirken, da ja „nur die Arme" dirigieren.
Anderen passiert dies unbewusst, da sie den Schlag *(s.a.)* aus der Schulter führen und dabei minimal verkrampfen.
Grundregel: Deine Schultern sind locker und gelöst – dirigieren tust du mit den Unterarmen und Händen. Deine Schultern *halten* die Arme.
Beobachte dich! Ein anderer Grund (oder auch in Kombination mit dem Vorherigen) für ein Mitwackeln liegt darin, dass der Schlagpunkt *(s.a.)* im Ellenbogen sitzt.
Der Schlagpunkt muss korrekterweise vorne in der Hand liegen. Da gibt es auch keine Diskussion – alles andere ist einfach falsch.

Es gibt Dirigenten, die sogar **zwei** Schlagpunkte haben und nur der arme Musiker merkt es…: Einen korrekten auf der Zeit (der Ellenbogen) und einen falschen (mit der Hand). Diese Dirigenten drücken den Ellenbogen nach unten, weil sie mal gehört haben, dass man den Arm fallen lassen soll. Dann fällt die Hand hinterher – aber eben ein bisschen später – sie ist passiv – der Ellenbogen aktiv und somit der vom Dirigenten gefühlte Schlagpunkt. Nach sowas zu musizieren ist nervig.
Stell dir die Ebenen *(s.a. Dynamisch dirigieren)* vor und lass deine Hand wie ein Flummi von der Schlagebene wegspringen – das ist dein Schlagpunkt.
Behalte dabei die geöffnete Handhaltung *(s.a.)* bei. •

Wahlspruch

Mein Wahlspruch stammt von meinem Großvater: *„Ordentlich wollen wirs machen und wenn sie uns dann auch nicht wiedernehmen."*
Er war Elektrotechniker und hat sich nicht auf „Pfusch" eingelassen.
Selbst wenn der Kunde das ‚schnell, schnell' und nach dem Motto „Passt schon!" haben wollte, hat mein Großvater die Arbeit trotzdem ordentlich erledigt und dann von diesen Kunden auch mal keine Aufträge mehr bekommen.

Von ihm stammt auch ein zweiter Spruch: *„Bleib klein, ehrlich und zahlungsfähig."*
- Klein: Du musst das, was du machst, organisierst oder planst, überschauen können. Es bedeutet nicht, dass du deine Grenzen nicht ausloten oder generell wachsen sollst. Du darfst es aber nur so schnell machen, dass du in allen Eventualitäten einen klaren Kopf behalten kannst.
- Ehrlich: ‚Weiße Lügen' – ok. Jemanden persönlich oder finanziell (beruflich) betrügen wird dir langfristig Probleme bereiten.
- Zahlungsfähig: Gib nur Geld aus das du schon in der Tasche hast und nicht welches das du ‚mit Sicherheit' demnächst bekommst. Überschulde dich nicht. Sei in Gelddingen konservativ.

Der zweite Spruch hält mich davon ab ‚zu schnell' zu sein und alles was ich tue auf seine Machbarkeit (durch mich) zu überprüfen.
Der erste Spruch lässt mich 100% erreichen. *(s.a. Mantra)*

Wahrheit sagen
Hast du gelogen, überlege zuerst, ob dir jemand das Gegenteil, bzw. die Wahrheit beweisen könnte, oder wie hoch die Wahrscheinlichkeit ist, dass sich die belogene Person und die wahrheitswissende treffen werden und darüber sprechen könnten.
Je spektakulärer deine Lüge, desto wahrscheinlicher ist ein Gespräch darüber („Ich bin Jumbojetpilot und dirigiere nur, weil ich jetzt unter Flugangst leide…").
Sollte es möglich sein, dass irgendwann die Wahrheit herauskommt sag die Wahrheit. Irgendwie: „Da habe ich ein wenig übertrieben."/„Wenn ich darüber nachdenke stimmt das doch nicht."/„Da hat mir aber die Erinnerung einen Streich gespielt."/Usw.
Nichts ist schlimmer, als wenn die Wahrheit später ans Licht kommt – am besten noch ohne dein Wissen – und du für alle (aber hinter deinem Rücken) als Lügner dastehst.
Bei kleineren Lügen oder Übertreibungen (du hast z.B. einen Namen vergessen, tust aber so als würdest du ihn kennen) kannst du dich immer noch rausreden, bzw. dich geirrt haben („Du bist nicht Sabine? Oh, das ist mir aber peinlich!")
Meistens lügen wir aber aus **Höflichkeit**. Das sind die s.g. *white lies* die niemandem wehtun, sondern eher schützen sollen („Wie findest du meinen neuen Haarschnitt? – Der hat 200€ gekostet und ist doch jeden Cent wert, oder?")
Wir versuchen uns in einer Gruppe beliebt zu machen, indem wir ihre **Grundprinzipien** gutheißen. Nicht alle…und nicht immer dieselben… Da du irgendwann den Überblick verlierst, was du denn nun *offiziell* bei dem einen Sänger gut findest und bei dem anderen nicht, sag einfach immer die Wahrheit. Bleib höflich, aber sag die Wahrheit.
„Kennst du diesen Chor?" „Nein. Schick mir bitte einen YouTube-Link."
„Magst du das Essen?" „Das ist nicht ganz mein Geschmack."
„Singe ich gut?" „Du bist ein Chorsänger und im besten Sinne unauffällig."
Wir lügen meistens, um uns selbst vor Konflikten mit anderen zu schützen. In deiner Position ist Vertrauen eine starke Währung. Sei lieber einmal zu ehrlich, als dass du beim Lügen erwischt wirst und alle deine (wahren) Aussagen auf den Prüfstand kommen. •

Wahrheitseffekt
Der *Wahrheitseffekt* beschreibt ein Phänomen der kognitiven Psychologie.
Aussagen, die zuvor bereits gehört oder gelesen wurden, wird ein größerer Wahrheitsgehalt zugesprochen als solchen, die erstmals gehört werden.
Der Wahrheitseffekt beruht auf Prozessen des impliziten Gedächtnisses: Der eigentliche Gedächtnisinhalt (hier: die Aussage) kann nicht bewusst erinnert werden, führt jedoch dazu, dass sein Wahrheitsgehalt höher beurteilt wird. D.h. tatsächlich: Je häufiger eine Aussage wiederholt wird, desto eher wird sie als ‚wahr' angenommen.
[Seite „Wahrheitseffekt und Wahrheitsurteile". In: Wikipedia, Die freie Enzyklopädie. Bearbeitungsstand: 22. Dezember 2019, 20:50 UTC. URL: https://de.wikipedia.org/w/index.php?title=Wahrheitseffekt_und_Wahrheitsurteile&oldid=195147705 (Abgerufen: 11. Mai 2020, 18:01 UTC)]

Nur deshalb können Populisten mit irrsinnigen Aussagen Erfolg haben. Sie wiederholen sie so häufig, dass sie für einige Menschen ‚wahr' werden.
Ein wahrer Schlagsatz, den du nutzen kannst, um die Massivität von manchen Werbemaßnahmen zu verstehen, oder um häufig gehörte Aussagen zu hinterfragen:
Credebility comes through visibility.
Je sichtbarer du bist, desto glaubwürdiger wirst du. •

Wahrnehmung und Aufarbeitung
Nehme deine Fehler war und akzeptiere, dass du sie gemacht hast.
Nur durch diesen ersten Schritt *(Wahrnehmung)* kann die Reflexion *(Aufarbeitung)* erfolgen, dann die Erkenntnis zur Lösung, ihre Umsetzung und schließlich die Vermeidung der Wiederholung. •

Wahrnehmungshierarchie
Der Mensch kann nur eine begrenzte Anzahl an gleichzeitigen Eindrücken verarbeiten. Du solltest in Proben nicht mehr als ein bis zwei Ansagen pro Durchgang machen („das f# höher, punktierter Rhythmus in T25 zackiger"), da schon eine dritte („Schlusston leiser") meistens nicht mehr umgesetzt werden kann. Deshalb ist das Schubladendenken *(s.a.)* in der Chorprobe so wirkungsvoll. Diese Vorgabe ist natürlich abhängig vom Ausbildungsstand des Chores (nicht *Schulbildung...*). *(s.a. Too much Information!)*
Stress reduziert die Wahrnehmungskapazität. Gestresste Sänger singen schlechte Konzerte. Sie achten nicht mehr auf den Dirigenten und ihre Mitsänger, sondern starren aus Unsicherheit nur noch in die Noten und verkrampfen geistig wie physisch.
Deshalb musst du Abläufe trainieren, die Sicherheit geben und automatisieren.
Wenn du in der Probe auf die Aussprache und das Hören auf den Nachbarn Wert legst, wird dies auch im Konzert in der *Wahrnehmungshierarchie* weiter oben stehen.
Wenn du aber alle Proben mit dem Klavier begleitet hast, die Sänger also auf diese Hilfe geeicht sind, müssen sie im a-capella-Auftritt mit vielen neuen Wahrnehmungen (z.B. den auf einmal wahrgenommenen Mitsängern) klarkommen.
Das würde sie schon in einer normalen Probe überlasten/überfordern.

Für ein Flucht- und Herdentier (wie es der Mensch ist) stehen diese neuen Eindrücke hierarchisch an oberster Wahrnehmungsstelle. Er muss sich in der neuen (sozialen) Situation zurechtfinden. D.h. **alles was neu ist, ist wichtig.**

Du kannst den Stress vor einem Auftritt reduzieren, indem du selbst entspannt bist und damit als Leitperson deiner ‚Herde' zeigst, dass sie nichts zu befürchten hat.
Weiterhin musst du neue Eindrücke (von denen es ja eh genug gibt) so sehr vermeiden wie nur möglich, um die Wahrnehmungshierarchie zu deinen Gunsten zu drehen:

- Mache dafür mindestens die Generalprobe im Konzertraum.
- Lasse in den Proben vor dem Konzert viel durchsingen. Unterbreche wenig und bespreche Fehler erst nach dem Durchsingen, damit die Sänger die Stücke als Ganzes wahrnehmen.
- Lege besonderen Wert auf eine pünktliche Artikulation, denn klare Konsonanten fördern das Zusammensingen.
- Fasse mindestens drei Proben vor dem Konzert das Klavier in der Probe nicht mehr an (natürlich nur bei a-capella Stücken!), bzw. probe am besten ganz und grundsätzlich und für immer a-capella.
- Bleibe selbst demonstrativ gelassen, dirigiere aber mit interessierter Spannung und Freude und lasse deine Sänger bewusst einfach singen.
- Weise nur noch auf Grundsätzlichkeiten hin (freundlich, Zungenspitze, Text). •

(s.a. *Deutliches Sprechen ist deutliches Singen; Einsingen: …; Lampenfieber; Vorhersehbarkeit herstellen*)

Waldecho

Dirigent sein wird dann anstrengend, wenn man es für eine positive Resonanz tut.
Jeder Mensch will geliebt werden – in seiner Tätigkeit hat der Dirigent aber nicht nur eine Verantwortung für sich, sondern für das zu singende Stück und den ganzen Chor.
Dass der Chor besser singt, wenn die Grundstimmung im Chor gut ist, steht außer Frage. Die verzweifelte Suche nach Harmonie, die manche Chorleiter an den Tag legen und es eben allen Recht machen wollen, wird den Chor aber am Ende schlechter machen.
Deine **Grundaufgabe** ist im Großen, wie auch im Kleinen, auf Missstände, die den Chor von guten Leistungen abhalten, hinzuweisen. Nichts anderes ist *Proben*.
Diese Aufgabe erfüllst du klar und ohne überbordende Emotionen. Du sagst was du denkst, ohne um den heißen Brei herum zu reden (aus Angst jemanden zu verletzen oder zu irritieren).
Du musst eine heterogene Gruppe von Menschen mit den unterschiedlichsten Lebenswegen zu einer homogenen Gruppe **Chorsänger** formen.

Eine Situation, die mir jedes Jahr passiert: Ein Sänger unterbricht die Probe immer wieder mit eigenen Kommentaren zur Qualität („Das war noch nicht gut!" etc.).
Wenn er auch nach einem freundlichen Gespräch mit der Bitte, die Kommentare zu unterlassen, diese nicht unterlässt, musst du abwägen was seine Motive sind.

Ist der einfach impulsiv oder will er sich aufspielen?
Im ersten Fall musst du es so lange ertragen, wie der Chor es erträgt, und dann den Sänger bitten zu gehen.
Im zweiten Fall musst du nur darauf warten, dass er eine positive Äußerung bringt – entweder indem er dich unterbricht oder etwas sagt, bevor du das Gesungene kommentiert hast (…also deinen Job gemacht hast):
S/A singen, du sagst: „Das war ok, aber…", er unterbricht: „Also ich fand das toll!".
Deine Antwort: „Deshalb sitzt du auch **dort** und ich **hier**."
Damit hast du die Hierarchie augenblicklich wieder hergestellt.
Das funktioniert super und hat eine langfristige Wirkung!
Diese Situation findet in Chören statt, die du neu übernommen hast, und deren Sänger eine eher ‚kuschelige' Chorleitung gewohnt sind. Wenn du dann tatsächlich probst (und damit natürlich auch verhältnismäßig viel kritisierst), wollen diese Sänger – fast nostalgisch *(s.a.)* – ein Lob auf ‚altem Niveau'.
Jemand der dich aber bei der Erfüllung deiner Grundaufgabe behindert – also das Gesungene zu bewerten und Hinweise zur Verbesserung zu geben – muss gestoppt werden.
Dies ist ein Beispiel von vielen, in denen du das Wohl des Chores über das individuelle Wohl (also nicht von dir angeplaumt zu werden und dann eventuell beleidigt sein, aus dem Chor austreten, traurig und wütend sein, etc.) des Einzelnen stellen musst.
Wenn/Da du als Dirigent immer respektvoll mit deinen Sängern umgehst, kannst du solch ein Verhalten auch von ihnen erwarten. Wenn ein Sänger diese Schwelle überschreitet, merkst du, dass etwas faul ist und solltest es mit ihm klären.

Grundregel 1: Du hast es mit unterschiedlichsten Charakteren zu tun, die du nur **ein Mal** pro Woche siehst. Du kannst also nur auf ihre *unmittelbaren* und *augenscheinlichen* Verhaltensweisen reagieren. Du weißt nicht, wie es ihnen in der Woche ergangen ist und warum sie heute gute oder schlechte Laune haben.
Aber: Selbst schlechte Laune erlaubt es nicht, ein grundsätzlich respektvolles Miteinander – den **Sozialvertrag** der geschlossen wurde – zu brechen.

Ich habe für mich folgenden **Grundsatz** entwickelt:
*„Wie es in den Wald rein ruft, so schallt es hinaus – und **ich** bin der Wald."*
D.h. ich bin höflich und freundlich – so wie **ich** gerne behandelt werden möchte.
Wenn jemand davon abweicht, bekommt er die passende Reaktion.
Das kommuniziere ich auch regelmäßig. Ich reagiere, ohne zu eskalieren.
Wie im obigen Beispiel: Kurze knappe Antwort auf einen frechen Satz und von dort sofort weiter mit der Probe machen. Nichts erklären.
Nun bin ich sehr schlagfertig – du musst vielleicht nach der Probe öfter das persönliche Gespräch suchen. Bei mir sind solche Hampelmänner immer von selbst gegangen, weil es ihnen einfach zu blöd wurde. *(s.a. Harald Schmidt)*
Mit einigen habe ich dafür weiterhin spaßige Wortgefechte in der Probe, die im gegenseitigen Respekt ausgetragen werden, da die schlicht verstanden haben, dass ich als Wald nur **Echo** und nie **Rufer** bin – die Provokation also **niemals** von mir ausgeht.
Diese Menschen haben das halt nötig und das ist im Einvernehmen dann auch ok so.

Grundregel 2: Du darfst mutig sein! Wenn jemand respektlos ist und es bewusst bleibt, darf der gerne den Chor verlassen oder lebt damit, dass er *passende* Antworten auf sein Verhalten bekommt.

Irgendwann wird dir nichts anderes übrigbleiben, als auf solch eine Person öffentlich zu reagieren. Wenn du dir augenscheinlich alles gefallen lässt oder ignorierst, könnten die anderen Sänger dich für einen Fußabtreter halten.

Grundregel 3: Jede deiner Äußerungen muss eine gesellschaftlich akzeptierte Reaktion sein. Eine Eskalation des Konfliktes durch sich überschlagende Reaktionen wird immer dir angekreidet, da du in der Machtposition bist. Sei maximal ein Echo. •

Wann fahren wir los?

Wir unterschätzen leicht, wie genau wir für uns selbstverständliche Dinge noch einfacher erklären müssen:

Kind: Wann fahren wir los?
Elter: Wenn der große Zeiger auf der 12 steht.
(Schon eine ziemlich kindgerechte Erklärung.)
Kind: Wo ist die 12 auf der Uhr?
(Berechtigte Frage bei einer Uhr ohne Ziffern und nur Strichen.) •

Warum? vs. Wozu?

Warum? – also: Welcher *Grund*? Ist eine wenig zielführende Frage, da sie häufig emotional beantwortet wird.

Wozu? – also: Welcher *Nutzen*? Wird eher sachlich beantwortet, da diese Frage einen Zweck als Antwort sucht. •

Website

Meiner Meinung nach braucht nicht jeder Dirigent eine eigene Website.
Diese musst du sonst pflegen.
Wenn du also nur im Nebenberuf Chöre leitest und mit den 1-2 Chören absolut ausgelastet bist, brauchst du diese Eigenwerbung nicht.
Dass ein Chor eine Website braucht und diese aktuell halten muss, um in unserer digitalen Welt nicht unterzugehen, versteht sich von selbst (delegieren!).
Da reicht es auch vollkommen, wenn du als Dirigent mit kleinem Lebenslauf, sowie aktuellem und ansprechendem Foto auf der Website des Chores erscheinst und darüber Werbung für dich machen kannst.
Willst du allerdings mehr, lohnt sich die Mühe eine eigene Website zu erstellen.
Diese ist aber noch mehr als eine E-Mail-Signatur *(s.a.)* deine Visitenkarte. Pflege sie! •

Websites von Interesse (vollkommen unvollständig)

Über allem: wikipedia.de – achte vor allem auf die Quellenangaben – dort findest du oft tolles Material zum Weiterlesen.

Noten

- allthemusic.info – alle möglichen Melodien innerhalb einer Oktave (68,7 Milliarden)
- bach-digital.de – das Ziel dieses Projektes ist ALLES von und über Johann Sebastian Bach, seine Söhne Carl Philipp Emanuel, Wilhelm Friedemann, Johann Christoph Friedrich und Johann Christian und anderer Komponisten der Bachfamilie zu digitalisieren und der Nachwelt zu erhalten.
Hier gibt es digitalisierte Manuskripte, Erstausgaben und Triviales in Hülle und Fülle und ist noch lange nicht vollständig.
- bruckner-online.at – digitalisierte Erstausgaben und Forschung
- cipoo.net – einfach vierstimmige geistliche und (vornehmlich britische) traditionelle Chor- und Volkslieder in *public domain* mit PDF und (meistens auch) midi
- cpdl.org – knapp 35.000 gemeinfreie Chornoten, nach Besetzung durchsuchbar
- dme.mozarteum.at/DME/nma/ – die Neue Mozart Ausgabe online frei verfügbar, aber nicht kommerziell zu nutzen
- embassysingers.de/scores/ – erprobte und auch unbekannte Chorwerke – eine erlesene Auswahl, die aber zum großen Teil gut singbar ist
- einfache-klavierbegleitung.de – Werbung in eigener Sache…sorry
- hymnary.org – christliche Gesänge. Sehr cool: Du kannst Töne einer Tonfolge eingeben und dir werden alle Lieder, die diese Tonfolge haben, angezeigt
- imslp.org – über 500.000 gemeinfreie Noten
- ingeb.org – ca. 29.000 Volksliedtexte und z.T. auch Melodien
- josquin.stanford.edu – Sammlung polyphoner Musik von 1420-1520 inkl. Analysen und Hörbeispielen
- liederlexikon.de – ca. 300 deutschsprachige (Volks-)Lieder historisch und „kritisch" besprochen und kommentiert (ohne Noten)
- midicoral.com – Midi-Dateien zu vielen großen Werken inklusive der Chorstimmen als Auszug, sodass schnell Übe-Dateien erstellt werden können
- nkoda.com – die digitalisierte Notensammlung des Ricordi-Verlages
- oldmusicproject.com – irische Musik und englische Madrigale
- rism.info – das Ziel ist länderübergreifend schriftliche Quellen von Musik zu dokumentieren – hier findest du also wo etwas publiziert wurde und ob und in welcher Bibliothek es noch zu finden ist
- schubert-online.at – digitalisierte Manuskripte, Erstausgaben und Triviales
- serpentpublications.org/drupal7/ – Musik der Renaissance.
Wahlspruch: „Play music the way the Elizabethans did."

Bücher/Noten (gebraucht)
- zvab.com – gehört laut Wikipedia zwar zu Amazon (wo es auch viele gebrauchte Bücher gibt), ist aber ein Marktplatz auf dem ausschließlich professionelle Antiquariate Bücher, Noten und sonstige Schriften anbieten dürfen.
  Wenn du ein vergriffenes Werk hier nicht findest, wirst du es schwer haben es sonst wo zu finden.

Akustik
- sengpielaudio.com – **alles** zur Akustik.
  Eberhard Sengpiel ist zwar 2014 gestorben, seine Website wird aber treuhänderisch von seinem Sohn verwaltet und ist immer noch meine einzige Anlaufstelle, wenn es um Akustik geht.

Equipment
- thomann.de – der größte Onlineshop für Musikalien – es gibt andere (z.B. session.de) – hier gibt es alles oder kann dir besorgt werden.

Terminorganisation
- doodle.com – wenn du dich mit mehr als 5 Personen auf einen Termin einigen musst, unbürokratisch die Einzelstimmprobentermine eines Probensamstags unter den Sängern verteilen, oder im Chor eine Umfrage machen willst, ist *Doodle* unersetzlich geworden. Natürlich gibt es auch andere (z.B. die App „Konzertmeister").

Video
- youtube.com – hier findest du von fast allen Stücken Aufnahmen (mal gut – mal nicht so…). Beispielhaft oder zur Repertoiresuche unersetzlich.
  Ich möchte dir – stellvertretend für die vielen anderen – die Videos von Adam Neeley (*1988) ans Herz legen. Sie sind zwar auf Englisch, aber für Theoriefreaks wunderbar erfrischend anders. Schau mal einfach rein. •

Wegkorrektur

Einem Profichor musst du nur sagen, dass ein Fehler gemacht wurde: „Im Sopran ist in T54 das *c"* zu tief." Die Sänger werden nun selbsttätig den Fehler beheben und er wird nicht wieder auftreten. **Im Laienchor reicht das nicht.** *(s.a. Körperverhältnis)*

Du musst dir überlegen, warum der Fehler passiert ist und dann die Lösung präsentieren. So ist das *c"* auf dem Wort „hoch" vielleicht zu tief, weil vor ihm das Wort „und" auf einem *g'* den Mund der Sänger zu einem dunklen Vokal *gezwungen* hat. Der Sänger singt somit diesen Vokal dunkel und Wort „hoch" dann auch.

Die Lösung ist also nicht nur, „hoch" soll höher und hell, sondern vor allem das „und". Wenn nun das „und" angelächelt wird und die Zungenspitze vorne bleibt, ist der Mund offener und die Quarte aufwärts wird sauber.

Im sehr beliebten Reisesegen „Möge die Straße" von Markus Pytlik (*1966) **passiert** es in jedem meiner Chöre und jedem Chor, den ich damit gehört habe, dass **paradoxerweise** gerade die Textzeile „halte Gott dich fest in seiner Hand" wegrennt und eben nicht standhaft und stabil ist. Jahrelang habe ich mich gefragt: warum?
Bis mir in einer Probe die Erleuchtung kam und der Chor sich fragte, warum ich wie ein Honigkuchenpferd griente: In der Textzeile davor („Und wenn wir uns wiedersehen, halte…") war das „-hen" von „sehen" **zu kurz**. Der folgende Ton kam damit eine Sechzehntel früher, die Sänger verloren dabei den Grundpuls und fingen an zu rennen.
Lösung: Ich lasse nun meine Sänger immer bewusst ein langes „e" auf „-hen" und ein kleines Crescendo singen, sodass dieser Ton mit Spannung zum „hal-te" führt.
Dann sprechen sie noch bewusst das „n" ab und alles klappt.
Natürlich darf dazwischen auch nicht geatmet werden.

*...wie - der - se - h**e**n,   hal - te Gott...*

Ein weiteres grundsätzliches Problem: Zu späte Töne wie in Synkopen *(s.a.)* liegen meist an zu langen Tönen **vor** den zu späten Tönen.
Auch wenn das eigentlich logisch ist, kommunizieren wir in der Probe selten die Ursache, sondern das Problem: „Der Ton **ist** zu spät." statt „Der Ton **davor** ist zu lang."
Willst du also, dass ein Ton nicht zu spät ist, gib den Sängern eine klare **Handlungsanweisung** wie eben, dass sie den Ton *davor* kürzen sollen.

Bei Tonfolgen ist es ähnlich logisch, aber die Wortwahl macht den Unterschied:
Der Ton ist nicht falsch, sondern die *Verbindung zwischen zwei Tönen.*
Du musst den Sängern klar machen, dass sie z.B. bei der Tonfolge *E-A-C* nicht über ein falsches *C*, das als *C#* gesungen wurde, nachdenken sollen, sondern über die Tonverbindung in der Melodie: also a-moll. Sie singen durch das *C#* A-Dur
Demonstriere dies auf jeden Fall am Klavier, damit die Sänger den Unterschied hören.
Merke: Ein Ton ist für den Laiensänger (im Gegensatz zum Instrumentalisten) immer nur in seinem **Zusammenhang** (melodisch/harmonisch) falsch – nie für sich alleinstehend.
Kommuniziere dies so und du sparst dir eine Menge frustrierende Probenzeit, weil die Sänger so ihren **Weg** zum falschen Ton verstehen und damit vermeiden können.
Grundregel: Ein Fehler hat meistens seinen Grund in den Tönen und Rhythmen **vor** dem Fehler. Den Fehler anzusprechen reicht im Laienchor nicht, da der Sänger sich sonst auf diesen und seine Vermeidung fokussiert, dadurch den Weg zum Fehler übersieht und den Fehler paradoxerweise wahrscheinlich wiederholen wird. Die reine Benennung eines Fehlers gleicht einer Handlungsanweisung („Denke **nicht** an rosa Elefanten!")
Den Weg zu erkennen und zu korrigieren ist **dein** Job.
Kommuniziere immer positiv mit Handlungsanweisungen („Denke nicht an rosa Elefanten, sondern denke an graue Elefanten!"). •
(s.a. Eigene positive Änderungshinweise; Negative Anweisungen; Positiv bleiben)

Wellenlängen und Frequenzen

Jede Schallwelle hat in der Luft entsprechend ihrer Frequenz eine bestimmte Länge.
Die Frequenz bezeichnet, wie häufig eine Luftbewegung in Form einer Welle (als Bild kannst du dir eine Schlangenlinie vorstellen) wiederholt wird.
Unsere Stimmlippen erzeugen diese Wellen, indem sie aneinanderschlagen – und das verdammt schnell: Allein beim Kammerton a' sind es 440 Male in der Sekunde – genau wie sich deine Stimmgabel so häufig in der Sekunde bewegt und dadurch die Luftmoleküle zum Schwingen anregt.
Wie die Frequenz, die wir in Hertz messen, verdoppelt oder halbiert sich die Wellenlänge je Oktave – allerdings gespiegelt.
So hat unser Kammerton a' eine Frequenz von 440 Hertz und eine Wellenlänge von 0,78 Metern. Beide sind unabhängig von den Außenbedingungen.
Eine Oktave höher wäre es der Ton a'' mit einer Frequenz von 880 Hertz (doppelt) und einer Wellenlänge von 0,39 Metern (halbiert). Dies wäre auch schon der höchste Ton, den wir im Laienchor sinnvoll erreichen können.
Mit der folgenden Liste kannst du praktisch die Wellenlänge und Frequenz aller Töne ausrechnen. Die Werte sind auf ganze Zahlen gerundet.
Für **viel mehr** und genauere Informationen, die ganz dicke andere Bücher füllen, gibt es das Literaturverzeichnis *(s.a.)* oder die großartige Website www.sengpielaudio.com.

Ton	c'	cis'/des'	d'	dis'/es'	e'	f'	fis'/ges'	g'	gis'/as'	a'	ais'/b'	h'
Frequenz (Hertz)	262	277	294	311	330	349	370	392	415	440	466	494
Wellenlänge (cm)	131	123	117	110	104	98	93	88	83	78	74	69

Wenn du also eine Raumbreite in einer Kirche von ca. 9 Metern hast, kannst du davon ausgehen, dass dadurch ein *Es*-Klang eher verstärkt wird als ein *Fis*-Klang:
- Es: 110cm *2 (220) *2 (440) *2 = 880cm
- Fis: 93cm *2 (186) *2 (372) *2 =744cm

Merke: Die Wände müssen relativ glatt und aus einem harten Material sein.
Deshalb hat die Raumhöhe seltener einen Effekt, da die Decke meist aus einem porösen und damit nicht reflektierenden Material besteht.
Die Raum**länge** ist in Kirchen meist zu vernachlässigen, da die Schallenergie dort nicht ausreicht, um den Effekt der Raumbreite zu beeinflussen. Ist der Raum aber nahezu quadratisch sieht die Sache wieder anders aus.
Bevor mich die Akustiker steinigen: Es geht hier darum ein grobes Verständnis für die Materie zu vermitteln. Wie aber schon in *Raummoden und Flatterechos* beschrieben, funktioniert diese ca.-Berechnung des Raumes meiner Erfahrung nach (auch für praktische Konsequenzen) ausreichend gut. • *(s.a. Direkter und indirekter Klang (Schall))*

Weiche Stimmen
Herrscht hohe Luftfeuchtigkeit gepaart mit Hitze, haben Laienchöre häufig *weiche Stimmen*. Ich kann es physikalisch nicht erklären, aber manche Wetterlagen sorgen für einen klaren und manche für einen matschigen Chorklang.

Dies hat aber auch etwas mit dem Ausbildungsstand des Chores zu tun: Bei manchen Chören kann ich die Proben fast nach Wetterbericht planen (also meine Erwartungshaltung für die Probe). Wenn es warm und schwül ist, singe ich einfach viel und lass die Intonation heute Intonation sein… •

Werbegrundregeln
Neue Sänger erreichst du nur, wenn die Welt weiß,
1. dass du existierst
2. was du machst
3. dass du Sänger suchst.

Konzertbesucher erreichst du nur, wenn die Welt weiß, dass du
1. existierst
2. ein Konzert gibst
3. (subjektiv) wert bist, gehört zu werden.

Es bringt alles nichts, wenn keiner weiß, dass du existierst und was du machst. •
(s.a. Lebenszeichen)

Wertegemeinschaft
Hast du einen **offen** lebenden Rechts- oder Linksradikalen in deinem Chor, musst du die Emotionen (deine und die deiner Sänger) rationalisieren.

Das ist in unserem Fall auch recht einfach, wenn wir uns folgendem Grundsatz unterordnen: Ein Chor (ob kirchlicher oder weltlicher Chor) ist für sich eine **humanistische** *Wertegemeinschaft*.

Er ist kein Kegelklub oder eine Skatrunde, die sich über diesen Zweck definieren. Es gibt Chöre, die das versuchen, aber jeder Chor (auch der weltliche) singt christliche Lieder.

Rechts- und Linksradikale, sowie radikale Parteien/Vereine sind auch eine Wertegemeinschaft mit eigenen Regeln und Zielen.

Ein Chor ist durch die Texte, und die Tatsache, **dass er überhaupt singt**, ein Sprachorgan **seiner** humanistischen Wertegemeinschaft.

Ein Funktionär radikaler Organisationen oder Parteien ist ebenso ein Sprachorgan **seiner** Wertegemeinschaft.

Beide Wertegemeinschaften fordern unterschiedliche Dinge und beide Sprachorgane machen sich unglaubwürdig, wenn sie in der jeweils anderen Wertegemeinschaft mitmachen.

Ein Rechtsradikaler, der von Nächstenliebe singt und ein Kirchenchor auf einem NPD-Parteitag?
Dasselbe gilt auch für Linksradikale. Wenn ein Sänger z.B. skandiert, man müsse alle Banken in die Luft sprengen und die Banker erschießen, passt das nicht zu einer humanistischen Einstellung.

Das simpelste, gleichzeitig aber unrealistischste Beispiel, das mir auch noch nie untergekommen ist: Der Imam (=Sprachrohr) der benachbarten Moschee will im katholischen Kirchenchor (=Sprachrohr) mitsingen. Da würde man auch vorsichtig fragen: „Warum?"
Hier wäre die Diskrepanz zwischen den Wertegemeinschaften für jeden offensichtlich.
Ich schreibe dies ohne eine der Wertegemeinschaften bewerten zu wollen – es ist schlicht ein Fakt und kann rational begründet werden.
Würden wir als Mitglied einer Wertegemeinschaft (welcher auch immer!) nicht fordern, dass sich die Mitglieder den Werten unterordnen, und damit von anderen, die dies nicht tun, abgrenzen, würde sich diese Wertegemeinschaft ad absurdum führen.
Auch wenn du mit deinem Chor vielleicht offen für alle sein willst, bist du nie wertelos. Du wirkst aber beliebig und öffnest dich damit all jenen, die (noch versteckt) Werte vertreten, die du (später) nicht mittragen willst.

Allerdings bin ich überhaupt kein Freund von Gesinnungsprüfungen *(s.a.)*.
Jeder ist in **jedem** Chor willkommen (wenn er singen kann). Ob links oder rechts und gleich welchen Glaubens: So lange die Person sich nicht **öffentlich** gegen humanistische Werte stellt, bzw. ein Sprachorgan einer differierenden Wertegemeinschaft ist, kann sie gerne mitsingen. • *(s.a. Politischer Humanismus; Verhaltenskodex)*

Wettbewerbe
Meine Chöre singen nie in einem Wettbewerb.
Ich bin fest davon überzeugt, dass Singen kein Wettbewerb ist und sein soll.
Meine Chöre sind eine soziale Gemeinschaft. In der Gemeinschaft geht es nicht nur ums perfekte Singen, sondern auch um das menschliche Miteinander. Wenn nun jemand nicht der beste Sänger ist (trotzdem gut genug, um kompensiert zu werden), aber anderweitig der Gemeinschaft einen Dienst erweist, ist er im Laienchor auch wichtig und richtig.

Wenn Sänger mit dem Wunsch, an Wettbewerben teilnehmen zu wollen, an mich herantreten, muss ich sie leider vor vollendete Tatsachen stellen:
1. Ich nehme an einem Wettbewerb teil, um zu gewinnen.
2. Ein Wettbewerb ist nicht dafür da, andere Chöre kennenzulernen. Ich nehme an einem Wettbewerb teil, um sie zu **vernichten** (ja, ich bin wirklich kompetitiv!).
3. Wenn wir teilnehmen, werden mindestens 1/3 der Sänger den Chor verlassen **müssen**, weil sie nicht gut genug sind (es wird niemand „kompensiert").

4. Es werden dann nochmals einige den Chor verlassen, weil er ihnen keine Freude mehr bereitet.

Das ist meine Sicht. Ich kann beim besten Willen nicht entdecken, worin für einen Chor die Freude stecken soll, an einem Wettbewerb teilzunehmen (auch wenn einem sogar das Fernsehen seit einiger Zeit solches suggerieren will).

Ich bin fest davon überzeugt: Wenn ein Chor bei einem Chorwettbewerb gewonnen hat, zeugt es davon, dass im Chor sehr viel, total richtig läuft: die Organisation, die Stimmbildung, die Auswahl der richtigen Sänger, etc.
Ich mag aber einfach diese Art des Denkens nicht, wenn es um Menschen geht.
Chor ist gelebter Humanismus. Um einen Chorwettbewerb gewinnen zu können, muss ich meinen Chor aber zwangsläufig zuerst entmenschlichen.
Wenn ich dann meine Auswahl an gutem Stimm**material** getätigt habe, muss ich den Chor wieder zu einer Gruppe zusammenschweißen, was aber nur mit **berechnendem** Humanismus geht. Echte Emotionen sind da fehl am Platz – sie stören die Präzision.
Das wäre sogar meine Definition eines Profichores und in diesem Fall gibt's nicht mal ein Honorar für die Sänger…
Ohne ein einstimmiges Votum des Chores – mit allen Konsequenzen – würde ich einem Chor die Teilnahme an einem Wettbewerb niemals antun. •

WhatsApp-/ Signal-/ Telegramm-/ usw.-Gruppe
Vorteil: Alle werden relativ schnell erreicht (normalerweise schneller als per E-Mail).
Nachteil: Gruppendiskussionen und Antworten von einzelnen, die an alle gehen.
Resultat: Einige schalten diese Gruppe stumm.
Lösung: Zeige deinen Sängern, wie sie auf einen Gruppentext privat antworten können und Medien (Fotos/Videos) aus der Gruppe nicht automatisch herunterladen.
Wenn also der Chorleiter schreibt, dass er krank ist, müssen nicht alle die Genesungswünsche lesen, sondern nur er.
Die Hauptnachricht haben aber alle bekommen. •

When in doubt, check it out
Wenn du Zweifel hast, denk über die Alternativen nach, aber probiere es doch auch einfach mal aus. Wie viel Zeit verbringen wir mit Grübeln?
Bist du dir in deiner Vorbereitung z.B. nicht sicher, ob du ein Stück schneller oder langsamer besser findest, sag das dem Chor und probiere es aus.
So lange du offen experimentier**freudig** bist, werden deine Sänger es lieben an diesem Entstehungsprozess beteiligt zu sein.
Im Laienbereich darfst du das. Du hast die Probenzeit.
Sei neugierig. Gehe das Risiko ein, dass etwas nicht klappt oder auf Widerstand stößt.
Probiere es aus! •

When in doubt – ride the horse in the direction it is running

Manchmal hat ein Chor seinen eigenen Kopf. Selbst nach intensivem Üben singt er vielleicht ein Stück in einem anderen Tempo als du es willst und/oder die Sänger atmen konsequent an der (deiner Meinung nach) falschen Stelle.

Wenn du dir nicht 100% sicher bist, dass es sich lohnt, für deine Vorstellung von dem Weg noch mehr Energie zu investieren, akzeptiere den Weg des Chores.

Der Titelausspruch bedeutet, dass du im Zweifelsfalle (d.h. wenn es dir im Moment nicht überlebenswichtig erscheint), einen Vorstand/die Sänger/den Chor die Führung übernehmen lassen darfst. Warte ab und schau was passiert. Du musst verstehen, dass du in 99% der Fälle Zeit hast, eine Entscheidung zu überdenken.

Lass das Pferd doch erstmal laufen. Es ist nicht derart schnell, als dass du nicht deinen Weg wieder aufnehmen kannst, wenn du schließlich weißt, wo du hinwillst. •
(s.a. Eh harmonisch; Überflüssig und stolz darauf!)

Wieder ein Neuer (Neuer Chor)

Manche Sänger singen seit mehr als 40 Jahren in einem Chor und haben dutzende Chorleiter durch- und überlebt.

Bei der Übernahme eines Chores ist Skepsis dir gegenüber also normal und Vertrauen muss verdient werden (darin, dass man bleibt und nicht nach einem Jahr wieder woanders hingeht, sowie in die Qualität, die man bietet).

Auch Vergleiche zu ehemaligen Dirigenten sind normal, dürfen aber nicht als Angriff verstanden werden – dasselbe würdest du auch machen.

Und: Der alte Chorleiter ist weg und der Chor hat nun nur noch dich – also entspann' dich! • *(s.a. Vertrauensbildende Maßnahmen)*

Wiederholen

Nach dem Psychologen Hermann Ebbinghaus (1850-1909) vergessen wir von reinem Faktenwissen, das uns emotional **nicht** berührt, prozentual in den ersten 20 Minuten mehr als in den folgenden 31 Tagen, weil ein Großteil dieses Wissen nicht bis ins Langzeitgedächtnis vorgedrungen ist.

Er hat dies mit dem Auswendiglernen von zusammenhangslosen Silben getestet – also einer rein rationalen Fleißarbeit.

Als Chorleiter wirst du nur zwei Möglichkeiten haben Wissen zu vermitteln (und meistens in Kombination):
1. **Wiederholen**.
    Die Kernbotschaft wiederholen. Einmal ist keinmal.
    Hat eine Stelle gut geklappt, wiederhole sie.
    Beim ersten Mal haben nicht alle aufgepasst, wiederhole was du gesagt hast.

2. **Emotional berühren.**
   Verbinde das Gesagte mit einem humorigen Satz.
   Zeige die Schönheit der Stelle.
   Zeige, warum diese Tonfolge in dem harmonischen Verlauf so wichtig ist und mache dies hörbar.

Kombination: **Provoziere** eine **emotionale Reaktion** und **wiederhole**.
Das wird dir (hoffentlich) in diesem Buch widerfahren sein.
Ich habe die mir wichtigen Punkte mehrere Male, in verschiedenen Zusammenhängen, wiederholt. Ich habe humorige Titel genutzt und provokante Aussagen getätigt. Meine Sprache ist persönlich und ich spreche **dich** an.
Ich wiederhole mich, und du dich in deinen Gedanken durch mich.
Ich hoffe, es ist etwas hängen geblieben. •

Wiederholende Freundlichkeit

Bis zum Ende deiner Karriere wirst du 2 Dinge in jeder Probe mindestens 5x sagen müssen, einfach weil sie schlicht unnatürlich sind und du deine Sänger nur einmal pro Woche dazu überreden kannst, da du sie ja nicht häufiger siehst:
   1. Freundlich schauen. *(s.a. Hoch die Wangen!)*
   2. Zungenspitze an die unteren Schneidezähne. *(s.a. Abstützen; Koronal; Zungenspitze)*

Wir wollen ansonsten zwar eine bequeme und natürliche Sängerhaltung fördern, das Lächeln/freundliche Gesicht ist aber die einfachste Lösung, um deinen Chor gut klingen zu lassen (du kannst ihm auch einen Vokalausgleich *(s.a.)* beibringen…).
Die Zungenspitze soll vorne sein, damit der Sänger nicht darüber nachdenken muss, wo die Zunge während des Singens hin soll und/oder sie sich selbstständig macht.
Da die Zunge der einzige Muskel ist, der nur an einem Ende befestigt, gleichzeitig der verhältnismäßig stärkste und von Natur aus neugierig ist, muss die Zungenspitze verankert werden: vorne an den Schneidezähnen.
Je besser der Chor ist, desto weniger wirst du diese Hilfen anwenden müssen, da die Sänger durch ihre Ausbildung eigene Wege haben einen (zumindest von mir geforderten) hellen und freundlichen Klang zu erreichen, der sich schnell mischt.
Bis dahin sind das die zwei Lösungen, die mir die besten Ergebnisse gebracht haben.

Um es sehr deutlich zu machen: Du hast **keine** Zeit und Kapazitäten frei, dich um individuelle gesangstechnische Lösungen für jeden Sänger deines Chores zu kümmern, bzw. sie überhaupt zu analysieren und die Wirkung zu überprüfen. *(s.a. Vokalausgleich)*
Dir bleibt also nur die Möglichkeit, eine Technikanweisung zu finden, die allgemein die **Wahrscheinlichkeit** für einen guten Klang erhöht.
Das ist immer noch besser als gar nichts zu machen. Und so bleiben dafür meine beiden allgemeingültigen Technikanweisungen. • *(s.a. Mundstellung (chorische))*

Wikipedia

Ich bin ein riesiger Fan von Wikipedia.
Mir gefällt das Konzept: Privatpersonen schreiben unentgeltlich informative Artikel.
Aber vor allem ist es ein mächtiges Werkzeug, wenn man weiß, wie man es nutzen muss. Ich habe in meinem Fachbereich noch keine offensichtlichen Falschinformationen gefunden – dafür ist die Kontrollinstanz der *Crowd* einfach zu groß.
Ich vertraue Wikipedia genauso, wie ich meinem Navi vertraue: Es sagt mir, wo ich langfahren soll, aber ich muss noch immer selbst auf die Straße schauen.
Vor allem für Biografien und Werkeinordnungen, die man dem Chor vorstellen will, ist Wikipedia fast unersetzlich geworden.
Zwei Dinge machen Wikipedia besser als jedes Lexikon:
1. Die Möglichkeit einen Artikel auch in einer anderen Sprache lesen zu können. Da Wikipedia von Privatpersonen erstellt wird, sind die Artikel z.B. auf Deutsch und auf Englisch immer unterschiedlich und es finden sich im einen wie im anderen noch zusätzliche Informationen.
   Wie gesagt sind mir bisher noch keine sich widersprechende Informationen untergekommen. Aber selbst wenn:
2. Wikipedia achtet softwareseitig und durch die Nutzer heftigst darauf, dass Tatsachenbehauptungen durch Belege verifiziert werden. Diese Quellenangaben machen Wikipedia zu einer unschlagbaren Waffe: Du findest zu jedem Thema unendlich viele Literaturverweise, an die du vorher nicht mal denken konntest.

Wenn du lieber deinen alten Brockhaus nutzen möchtest – bitte schön.
Ich habe zur Zeit der Kinderschuhe von Wikipedia mein Abitur gemacht. Was wurde Wikipedia da verteufelt. Wikipedia ist mit seinen über 20 Jahren erwachsen geworden.
Und: Wikipedia gibt es als App. Schlepp mal deine 20 Bände Brockhaus zur Probe... •

Willfährige Produzenten von Tönen

Fachwissen trumpft **alles**. Das sind die harten Faktoren wie Dirigiertechnik, Gehör, Partiturkenntnis, Hintergrundwissen und Theorie. Du bist das wandelnde Lexikon, welches das vom Chor Angebotene mit der eigenen Erwartung vergleichen und die Unterschiede benennen kann.
Dazu gehören im Laienchor aber auch, um so viel mehr als im Profibereich, die weichen Faktoren wie Kommunikationsfähigkeit, Methodik und Pädagogik.
Ein Sänger wird, wenn er die Möglichkeit hat, in einen objektiv qualitativ schlechteren Chor wechseln, wenn der dortige Dirigent eine aus Sängersicht subjektiv gute und erfüllende Probe anbietet.

Grundregel: Dein Job ist es deinen Sängern zu sagen was sie falsch gemacht haben, sie dann so zu korrigieren, dass sie deine Forderungen umsetzen **können** und damit die Qualität zu verbessern.

Den Unterschied macht also der **Weg** zu dieser Qualitätsverbesserung.
- Bist du ein Egozentriker, dem nur das Ziel wichtig ist und die **Menschen** nicht? Dann wirst du bald keinen Chor mehr haben. *(aber s.a. Masochisten)*
- Bist du ein *Haballeliebmichliebhaben*, der Angst hat seine zerbrechlichen Sänger zu sehr zu kritisieren und wertvolle Probenstunden mit Wiederholen von Stellen in der Hoffnung vergeudet, dass sie bald besser werden, anstatt mal einer Stimme zu sagen, was sie anders machen muss?
- Bist du jemand der einfach akzeptiert (ok, dann hast du innerlich **gekündigt**)?
- Bist du der Traumchorleiter, der verstanden hat, dass er einen Job zu erledigen hat, der durch die Erfüllung seiner Verantwortung eben nicht immer Zuckerschlecken ist?

Du musst auf die Menschen eingehen.
Verstehe, dass die Sänger deine Kritik annehmen und auch einfordern, wenn du sie als Menschen wahrnimmst und nicht nur als *willfährige Produzenten von Tönen* – wie Tasten auf einem Klavier. • *(s.a. Kontrabass & Violine)*

Wippen
Steht dein Chor sehr steif, lass ihn beim Singen mit den Knien (im Stehen) mitwippen.
So spüren die Sänger das Tempo und sind gezwungen ihre Knie zu lösen.
Pass aber auf, dass sie nicht in die Trickkiste greifen und nur den Oberkörper bewegen. Das ist selten eine bewusste Handlung – einige stehen nun mal wie Zinnsoldaten und denken, wenn sie den Oberkörper zur Musik bewegen, dass sie damit den **ganzen Körper** bewegen. •
(s.a. Bauchatmung vs. Brustkorbatmung; Deutliches Sprechen ist deutliches Singen; Hackentrick; Stillgestanden!)

Wissen und die Angst vor dem Unbekannten
Herbert Feuerstein (1937 – 2020) hatte Flugangst. Um sie zu überwinden, **machte er einen Pilotenschein.**
Wissen ist das wirksamste Mittel gegen Angst vor dem Unbekannten.
- Je häufiger du Konzerte gibst, desto geringer wird die Angst davor.
- Je mehr du probst und lernst, dich auf dich verlassen zu können, desto entspannter kannst du Proben angehen.
- Je mehr du lernst, dich auf dich zu verlassen, indem du viele Situationen gemeistert und reflektiert hast, desto mehr wird das Unbekannte und damit die Angst verschwinden.
- Je mehr du dich kennenlernst und eigene Strategien entwickelt hast, desto mehr wird dir **Souveränität** in deinem Tun gelingen.
Du erlangst Selbstvertrauen durch Selbstbewusstsein *(s.a.)*.

„Aber…" wirst du sagen: „Wir haben es doch nicht mit einem Flugzeug zu tun, das bei guter Wartung einfach fliegt und der Pilot sich nur auf *sich* verlassen muss – wir haben es doch mit Menschen zu tun, deren Aktionen **irrational** sind."
Nein. Bei guter ‚Wartung', also Planung und Vorbereitung auf alle Eventualitäten, ist ein Chor überaus berechenbar und kontrollierbar. Vielleicht ist da mal eine Schraube locker – aber wir haben in unserem Werkzeugkasten dann den richtigen Schraubenzieher – wenn nicht – dann auf jeden Fall das nächste Mal. Du wirst rational reflektiert haben wie das fehlende Werkzeug auszusehen hat und es von nun an kaizengetreu dabeihaben.
Im Chor geht das ja schließlich… Wenn der Chor mal nicht so funktioniert, wie er soll, wirst du keinen tödlichen Absturz erleben… •

Wissensvorsprung
Ein Dirigent hat immer einen Wissensvorsprung und muss diesen vermitteln – er ist also im engsten Sinne ein Pädagoge.
Unabhängig vom Niveau des Chores, hat der Chorleiter immer den Wissensvorsprung, dass er definieren kann, wie er das Stück gerne hätte. Je besser er dies vermittelt, desto erfolgreicher ist er. Je geringer das Niveau des Chores, desto mehr muss der Pädagoge aber Lösungs**wege** anbieten.
Im Gegensatz zum Schulpädagogen hat der Dirigent auch seinen Körper als Lehrmittel zur Verfügung und nicht nur die Sprache. •

Witzigkeit kennt Grenzen
Erzähle keine Witze während der Probe. Lass es einfach.
Das bedeutet nicht, dass du nicht ein humorvoller Mensch sein sollst. Verzichte aber auf diese leidigen auswendig gelernten Geschichten, die eventuell auch noch jemand kennt. Es gibt sogar Menschen, die solche Witze dann als realistische Geschichten verkaufen wollen – das kann nur in die Hose gehen.
Und: Die meisten Witze gehen auf Kosten von Minderheiten wodurch du dich angreifbar machst.

Der angeblich witzigste Witz der Welt wurde vom Psychologen Richard Wiseman (University of Hertfordshire) 2002 per Internetabstimmung gefunden:
Zwei Jäger gehen durch den Wald. Plötzlich bricht einer von ihnen zusammen.
Der andere Jäger ruft den Notarzt mit seinem Handy an: „Mein Freund ist tot. Was soll ich machen?"
Der Notarzt: „Vergewissern Sie sich zuerst, dass er wirklich tot ist."
Darauf ertönt ein Schuss und der Jäger sagt: „Okay. Und jetzt?"

Mein Lieblingswitz:
Wie heißt das Reh mit Vornamen? Kartoffelpü. • (s.a. Humor ist, wenn man aus Mitleid lacht)

Wolf im Wald

Es kann passieren, dass ein (neuer) Sänger in den Proben unauffällig ist, im Konzert aber plötzlich falsch singt.
Dies liegt immer an einer Überforderung. Er ist nicht unbedingt ein Schläfer *(s.a.)*.
Meistens ist die Auftrittssituation etwas derart Neues für sein Gehirn und die Eindrücke sind so vielfältig, dass die Kapazitäten nicht mehr ausreichen, um sich auf die eigentliche Sache zu konzentrieren: das Singen. *(s.a. Wahrnehmungshierarchie)*
Sollte es in einem Konzert passieren und sehr auffällig sein, ist das absoluter Mist, denn egal, was du machst – es wird falsch sein. Wenn du an den Großteil des eh nix hörenden Publikums denkst *(s.a. Target Group 90%)* und, dass du den Sänger schützen musst, hast du eigentlich nur eine Lösung: Lass ihn weiter singen – er kann die ganze Gruppe rausbringen, aber eventuell berappelt er sich und alles geht gut aus.
Versuche unauffällig seine Aufmerksamkeit zu erlangen. Du wirst sehen, dass er sehr aufgeregt und angespannt ist. Wenn du ihm nun anzeigst, dass er leiser singen soll, wirst du ihn noch mehr verunsichern. Du musst ihn anlächeln, ihm zeigen, dass er ruhiger werden darf und alles in Ordnung ist. Das funktioniert meistens, obwohl er nicht merkt, dass er falsch singt. Die Reihenfolge ist wichtig: lieb beruhigen – evtl. akzeptieren – bei Rumgegröhle zum Schweigen bringen.
Wenn dir das im Gottesdienst oder einer anderen Veranstaltung, in der Pausen zwischen den Stücken sind, passiert, geh zu deinem Sänger hin und **sage ihm**, dass er aufgeregt ist und deshalb falsch singt. Beschreibe ihm, dass die Situation ihn im Augenblick überfordert und er deshalb das gut Gelernte nicht abrufen kann.
So rationalisierst du seine verzwickte Lage in der er steckt und hast eine Chance ihn da wieder rauszuführen. Sei klar und eindringlich. Du hast keine Zeit für langes und vorsichtiges Rumgeschwafel. Wenn du das nicht kannst, lass es lieber sein.
Versichere ihm nun, dass du bei dem nächsten Stück ganz bei ihm bist, den Text mitsprichst und ihr beide ganz frei singen dürft.
So kann er Vertrauen in die Situation bekommen und Kontrolle zurückerlangen.
Im Prinzip ist es so, als wenn du ein kleines Kind im Wald an die Hand nehmen musst, damit es vor der *unbekannten* Gefahr keine Angst haben muss. Denn es steht ja nun mal schlicht kein Wolf hinter dem nächsten Baum – aber das Gehirn des Kindes denkt: „Was, wenn doch…?" und ist damit total überfordert.
Vorsicht: Wenn der Sänger seine Situation und sein falsches Singen nicht wahrnimmt und **gleichzeitig** kein Vertrauen in dich und deine Bewertung hat, wird dieser Schritt nach hinten losgehen. Er wird dann irritiert nach der Ursache für deine Worte suchen, evtl. sogar verärgert und verletzt sein – in jedem Fall aber abgelenkt.
Ich spreche also nur Sänger an, wenn ich mir sicher bin, dass sie mir auch ohne momentane Beweisführung vertrauen und sich mir ‚ergeben'. •
(s.a. Das Ergebnis steht fest – mit dir oder ohne dich; Lampenfieber; Planung und Ausführung sind deckungsgleich; Tuut, tuut!; Vorhersehbarkeit herstellen)

Wortrezeption
Wie das Gehirn Wörter rezipiert:
„Gmäeß eneir Sutide eneir elgnihcesn Uvinisterät ist es ncith witihcg, in wlecehr Rneflogheie die Bstachuebn in eneim Wrot snid, das ezniige, was wcthiig ist, ist, dass der estre und der leztte Bstabchue an der ritihcegn Pstoiion snid. Der Rset knan ein ttoaelr Bsinöldn sien, tedztorm knan man ihn onhe Pemoblre lseen. Das ist so, wiel wir ncith jeedn Bstachuebn enzelin leesn, snderon das Wrot als gseatems." • *(s.a. SCHLAND)*

Seite „Buchstabensalat". In: Wikipedia, Die freie Enzyklopädie. Bearbeitungsstand: 27. Mai 2020, 18:19 UTC.
URL: https://de.wikipedia.org/w/index.php?title=Buchstabensalat&oldid=200388665 (Abgerufen: 11. Februar 2021, 11:28 UTC)

Wortschatz
Der gesamte deutsche Wortschatz wird auf 5,3 Millionen Wörter geschätzt.
Johann Wolfgang v. Goethe (1749 – 1832) hatte einen aktiven Wortschatz von ca. 91.000 Wörtern in seinen Büchern, ich habe in diesem Buch einen von ca. 12.000 Wörtern.
Ein 17-Jähriger hat im Durchschnitt einen passiven Wortschatz von 80.000 Wörtern – also Wörtern, die erkannt und verstanden, aber nicht unbedingt selbst genutzt werden.
Ein hoher Wortschatz ist essenziell für einen **differenzierten** Informationsaustausch.
Um 85% der Texte einer Sprache zu verstehen genügen schon um die 1300 Worte. •

[Seite „Wortschatz". In: Wikipedia, Die freie Enzyklopädie. Bearbeitungsstand: 31. Januar 2020, 08:52 UTC.
URL: https://de.wikipedia.org/w/index.php?title=Wortschatz&oldid=196357366 (Abgerufen: 11. April 2020, 07:23 UTC)]

X

X-mas
X ist im griechischen Alphabet der Buchstabe *chi* – die Abkürzung von *Christ* – deshalb wird im Amerikanischen *Christmas* häufig mit *X-mas* abgekürzt. •

Y

YouTube-Bingen
Um die Masse an Videos zu schauen, die **täglich** auf YouTube hochgeladen werden, bräuchte man 5 Jahre.
Wobei sich diese Menge in der Corona-Krise wahrscheinlich noch vervielfacht hat... •

Z

Zauberfrage
Ab und zu braucht ein Sänger eine deutliche persönliche Ansprache/Korrektur.
Tu dies niemals in einer Probe, sondern immer danach oder davor:
„Mir fällt auf, dass du ... in letzter Zeit häufig fehlst/unglücklich schaust/zu spät kommst/etwas unvorbereitet bist/etc. – was ist los/**wie kann ich dir helfen**?"
Vor allem die Frage „Wie kann ich dir helfen?" öffnet den Sänger, denn er fühlt sich nicht angegriffen, sondern von dir mit seinem (von dir identifizierten und/oder unterstellten) Problem wahrgenommen.
Er wird durch diese Frage zu einer konstruktiven Antwort gezwungen.
Selbst wenn er meint nichts falsch gemacht zu haben, keine Probleme, oder sogar Probleme direkt mit dir hat, wird er sich dir erklären (müssen).
Es ist eine *Zauberfrage*. • *(s.a. Theaterdonner)*

Zeitersparnis durch kleine Änderungen
Wenn du dich ‚aufraffst' auch **nur** die nächsten zwei (kleineren) Auftritte (Gottesdienst/Feier/etc.) inhaltlich zu planen und dem Chor die Stücke im Voraus (mindestens vor der ersten Probe mit diesen Stücken) mitteilst/austeilst, wirst du eine Menge Probenzeit sparen, die du in die Qualität deines Chores investieren kannst. *(s.a. Probenplan)*
Wenn du dieses Buch von vorne begonnen hast, wirst du meine begründete Vorbereitungsaffinität mittlerweile kennengelernt haben.

Nun also die nächste Begründung: Ich gehe von einer wöchentlichen Probe mit 90 Minuten effektiver Probenzeit (exklusive Einsingen und Pause) aus.
Verrätst du deinen Sängern (evtl. sogar durch einen detaillierten Probenplan) welche Stücke du im nächsten Auftritt singen lassen willst, teilst dazu die Noten aus und forderst ein, dass für diese Zeit ausschließlich diese Stücke in die Probe mitgebracht werden (und nicht der dicke Ordner...), wird folgendes passieren:
- Die Sänger müssen nur einige wenige Notenblätter mitschleppen – damit reduziert sich die Notensuchzeit in der Probe. *(5 Minuten Ersparnis pro Probe)*
- Es gibt in jedem Chor Sänger, die sich gerne auf eine Probe vorbereiten.
  Indem du ihnen sagst, was die nächsten Wochen geprobt wird, werden diese sich die Noten zuhause anschauen. Die Qualität dieser Vorbereitung kannst du z.B.

durch das Bereitstellen von Übe-Klang-Dateien *(s.a.)*, oder auch nur über eine kurze methodische Einführung (Schubladendenken *(s.a.)*) steuern.
Dadurch hast du Sänger, die mit einem Wissensvorsprung in die Probe kommen und ihre Stimme schneller lernen, wodurch neben diesen sitzende Sänger ihre Stimme auch schneller lernen. *(10 Minuten)*

- **Du selbst** kannst dich gezielter auf die Proben vorbereiten.
  Durch eine Probendisposition *(s.a.)* wird deine Probenzeit effektiver genutzt und deine Sänger werden durch eine stringentere Probenart motiviert (weil sie weniger tatenlos rumsitzen müssen). *(15 Minuten)*
- Der Chor beginnt durch eine geänderte Arbeitsatmosphäre pünktlich. *(5 Minuten)*

Nach meiner konservativen Einschätzung (und bei manchen Chorleitern würde ich da locker noch 10 Minuten Ersparnis mehr erwarten), kannst du pro Probe durch eine saubere Vorbereitung 35 Minuten sparen.
Dein ‚normaler' Kirchenchor wird wohl 5 – 8 Proben bis zum nächsten Gottesdienst haben. So hast du die Möglichkeit ca. zwei Proben einzusparen und öfter aufzutreten oder detaillierter zu arbeiten.
Du musst, um das zu erreichen, pro Woche nur 30 Minuten für deinen Chor investieren. Wenn du nicht gerade eine 60-Stundenwoche als Hedgefonds-Manager arbeitest und dann noch meinst Chorleiter sein zu müssen, ist das möglich.
Dein Chor hat das verdient.
Wenn dir nicht klar ist, wo die Einsparpotenziale sind, mach ein Coaching *(s.a.)* und besuche Kurse *(s.a. Chorleitungskurse)*, um einmal über den Tellerrand zu blicken.
Kleine Änderungen können sehr viel bewirken. • *(s.a. Betriebsblindheit; Kontrabass & Violine; Ohrenfinger; Organisationsbetriebsblindheit entgegenwirken; Taktansage; Taktzahlen)*

Zensur
Die Censur ist das lebendige Geständiß der Großen, daß sie nur verdummte Sklaven treten, aber keine freien Völker regieren können.
Johann Nestroy (1801 – 1862)

Zentralton
Die meisten melismatischen, schnellen Tonfolgen (im Sologesang auch „Koloraturen") haben einen Zielton/Schwerpunktton/eine Zieltonfolge mit folgender Abphrasierung und finden (wenn es keine Tonleiter ist) fast immer um einen *Zentralton* herum statt.
Übe die schnellen Tonbewegungen zuerst langsam, sodass sie **analytisch** verstanden sind. Übe dann mit deinen Sängern – nur mit dem Zentralton und leichtem Crescendo – das **Ziel** anzusteuern. So wird die Bewegung um den Zentralton zielgerichteter und es wird nicht mehr über jeden Ton nachgedacht, sondern eine Linie geführt, und selbst absolute Laien schaffen solche Stellen, ohne stoppen zu müssen.

Es darf nicht jeder Ton durch das Zwerchfell *(s.a.)* angestoßen werden.
Deine Sänger müssen singen, als wenn sie nur den langen Ton singen.
Die Tonbewegungen passieren in der Kehle.
Das großartige ist, dass die Sänger, die diese schnellen Bewegungen wirklich nicht schaffen (nicht zu schnell aufgeben!) auch einfach den Zentralton halten können, während andere die Umspielung singen. •

Beispiel: T8ff aus dem Kanon „Alles was ihr tut" von Dietrich Buxtehude (1637 - 1707)

Zielvereinbarung

Um gut proben zu können, musst du dir selbst Ziele für eine Probe definieren.
Wenn diese erreicht oder übertroffen werden, hast du gut geprobt.
Wenn nicht, frage dich, ob du zu viel erwartet hast, oder welche Umstände dazu geführt haben, dass du enttäuscht wurdest.
Bedenke, dass du **nur** der Dienstleister am Chor bist und dieser dich angestellt hat. D.h. wenn die Sänger nicht selbstständig geübt haben (obwohl sie es könnten) und deshalb deine Erwartung an die Probe nicht erfüllt wurde, musst du ihnen genau das so sagen (nicht beleidigt, sondern sachlich).
Erkläre deinen Sängern vor den Proben zu einem Konzertprogramm, was du von ihnen erwartest und wie sie es erreichen können. Dies ist deine *Zielvereinbarung*.
Deine Sänger sind durch die Umsetzung der Anweisungen fähig das **Programm** gut klingen zu lassen.
Müssen sie z.B. die Noten vorbereiten und diese können oder kennen?/Muss der Text geübt oder nur durchgelesen haben?/Müssen sie die Dynamik schon zuhause üben oder die Musik in der Probe lernen?/Etc.
Am Ende wirst du trotzdem das Niveau akzeptieren müssen, das der Chor **für sich** ‚entscheidet'. Du weißt dann vielleicht, dass es besser sein könnte, und wirst in diesem Moment innerlich deine Zielvereinbarung und beim nächsten Mal die Stückauswahl anpassen müssen. *(s.a. Grenzen definieren, akzeptieren und umwerfen)*

Kommunizierst du deine Zielvereinbarung und den Weg zum Ziel sachlich, führt das dazu, dass sich die Sänger – so lange sie nicht das Gefühl haben überfordert zu sein (gefordert dürfen sie werden) – aus Verantwortungsgefühl heraus hinsetzen und üben – natürlich nie alle...
Letztere brauchen deine Aufmerksamkeit, müssen evtl. kompensierbar sein oder gehen, weil sie sich der Sozialgemeinschaft nicht untergeordnet haben.
Wenn deine Sänger zwar die Fähigkeit, aber keine Motivation haben ein höheres Niveau zu erreichen musst du die demotivierenden Faktoren ergründen und ausschalten. •
(s.a. Langweilig!)

Zuhause bleiben
Egal wie wichtig eine Probe ist: Sänger die an Husten/Schnupfen/Fieber/Magen-Darm/etc. erkrankt sind, müssen zuhause bleiben.
Es bringt nichts, wenn ein Sänger zwei andere ansteckt.
Installiere ein System, wie sie alle Informationen bekommen, die in der Probe vermittelt wurden (jemand schreibt z.B. für sie mit), bzw. sorge dafür, dass klar ist, dass sich diese Sänger in der Folgeprobe selbst beim Sitznachbarn informieren. •

Zu hoch singen lassen
Wenn ein Stück oder auch nur eine Phrase zu wenig Spannung hat und dadurch an Intonation verliert, gib deinen Sängern die Aufgabe intonatorisch *zu hoch* zu singen.
Die meisten werden es aus musikalischen Gründen nicht schaffen, aber der Effekt ist, dass sie ein wenig mehr Körperspannung aufbauen und damit die Phrase geführter singen. So wird im Nebeneffekt die Intonation besser.
Diejenigen, die wirklich zu hoch singen, werden es spätestens beim zweiten Durchgang lassen. So erreichst du was du eingefordert hast, jedoch nicht primär dadurch, dass die Sänger bewusst höher gesungen haben. •

Zu tief
Sopranistinnen muss man, wenn tiefe Stellen gefordert sind, ab und zu überzeugen, dass sie nicht tief singen können – dies aber auch nicht müssen. Singen im Chor ist eine Gemeinschaftsleistung – die tiefen Stellen singt der Alt oder eben die Nachbarin.
Viele Sopranistinnen drücken den Ton nach unten. Dies ist ungesund. Der Ton wird häufig zu tief, oder es wird einfach der tiefste mögliche Ton gesungen, der dann aber zu hoch ist, und manche beginnen mit einem Vibrato. *(s.a. Knick; Vibrato)*
Wenn unten nur heiße Luft kommt, ist das besser.

Dieser *Heiße-Luft-Punkt* ist sehr individuell und muss von jedem Sänger selbst durch Übungen (z.B. Dreiklangsübungen abwärts) erspürt werden.
Baue solche Selbsterfahrungsmomente (auch in die Höhe) ins Einsingen ein, um sie ohne Zwang erfahrbar zu machen. Weise deine Sänger hier immer wieder darauf hin und ‚erlaube' ihnen unbeschwert einen tiefen (oder hohen) Ton **nicht** zu singen.
Tenöre beschweren sich früher, wenn es zu tief wird, drücken aber auch weniger nach unten, bzw. singen tiefe Töne einfach nicht. • *(s.a. Extremlagenwechsel; Registerwechsel vermeiden)*

Zufriedenheit (strategische)
Ab einem gewissen Probenzeitpunkt in den Proben vor einem Auftritt muss man zufrieden sein, um Sicherheit ausstrahlen zu können, die sich dann auf den Chor überträgt.
Wir werden dazu ausgebildet, immer kritisch zu sein.
Zufriedenheit ist unter Dirigenten ein **Defekt** und öffentlich vertreten zeugt sie vermeintlich von fehlender Kompetenz.
Ich nenne meine Zufriedenheit deshalb auch *strategische Zufriedenheit*.
Natürlich bin ich noch nicht zufrieden. Aber wenn ich keine Probenzeit mehr habe, bzw. die Sänger schlicht grundsätzlich nicht wie Engel singen, definiere ich mir eigene **realistische** Ziele, die erreicht werden müssen. Wenn diese erreicht sind, muss und **darf** ich zufrieden sein. • *(s.a. Perfekt; Relatives Loben)*

Zufriedenheit vs. Neid *(s.a.)*
Neid nervt. Er nervt den, dem etwas geneidet wird, aber auch den Neider, da er ja etwas *nicht* hat/kann.
Ich bin stolz *(s.a.)* auf das, was ich kann.
Ich bin stolz auf das, was ich erreicht habe.
Ich habe meine Fehler und Unzulänglichkeiten akzeptiert, arbeite aber daran.
Ich bin **zufrieden**. Ein tolles Gefühl!
Ich neide Menschen, die durch Arbeit, eine tolle Idee, Lebensentscheidungen oder gute Genetik erfolgreich sind, nichts.
Menschen, die einfach Glück haben, neide ich auch nichts, bin aber ärgerlich, wenn sie dies als eigene Leistung verkaufen wollen.

Solltest du erfolgreich sein oder augenscheinlich so wirken, wirst du oder dein Chor Neider bekommen.
Die sehen sich vielleicht selbst nicht als Neider, fallen aber in die Kategorie und sind gefährlich, weil sie schlechte Stimmung gegen deine Arbeit/Projekt verbreiten.

Erkenne sie:
- Neider werden die negativen Seiten deines Chores hervorheben: „Bei dem Chor muss man ja zuhause *arbeiten*!" (heißt, der Chor ist vermeintlich keine Freizeit).
- Neider werten ab: „Den Preis/den Studienabschluss bekommt ja heute jeder." – oder gegen den Chor: „Das Stück habe ich in diesem Jahr auch schon drei Mal von anderen Chören gehört."
- Neider versuchen dich, deinen Chor und die Reputation zu zerstören. Sie tratschen hinter dem Rücken. Gerüchten *(s.a.)* ist in deiner Position schwer beizukommen. Dem Chor gegenüber kannst du sie entkräften – gegenüber der Öffentlichkeit nicht. Dafür bist du nicht bekannt genug.

  Wenn beispielsweise im Dorf umgeht, dass dein Chor ja mit den Dorfbewohnern nichts zu tun haben will, weil ihr ja einmal kein Konzert im Dorf, sondern in einer großen Kirche in der Stadt gemacht habt, ist das etwas, was die Emotionen anregt.

  Gegen emotionalisierte Gerüchte hilft kein Argument – du kannst nur das Problem wahrnehmen, es dann Aussitzen und schließlich (**wenn es dir wichtig ist**) konsequent das Gegenteil tun (also Konzerte im Dorf geben).
- Neider sabotieren Projekte.
- Neider nivellieren Charaktereigenschaften:
    - „…fachlich besser, aber ein Arschloch."
    - „…hat mehr Erfolg, kann aber nicht mehr unerkannt im Supermarkt einkaufen."
    - „…Chor singt besser/hat mehr Publikum/macht geile Projekte, aber wir haben wenigsten Spaß beim Singen."
- Neider träumen: „Wenn ich das wollte, könnte ich das auch erreichen – ich will aber nicht."

[siehe: Schaller, Beat: Die Macht der Psyche. Herbig, 2002, S. 76-77]

Ohne Neid freust du dich über den Erfolg Anderer.
Vielleicht bist du auch offen angeekelt, weil du die Person nicht magst (was aber leicht den Verdacht des Neides aufkommen lassen kann)?
Wenn du dein Gegenüber (Mensch oder Chor) einfach nur als Unikum mit bestimmten Eigenschaften wahrnimmst, ohne einen Vergleich mit dir und deiner Situation anzustellen, bist du wirklich nicht neidisch.
Grundregel: Der Unterschied wird wahrgenommen, ist aber für eine Bewertung des Gegenübers irrelevant (diese Denkweise ist auch hilfreich interkulturelle und interreligiöse Toleranz zu etablieren).
Neid ist ein Symptom fehlender Zufriedenheit. Dies kann dein Ansatzpunkt sein, wenn du mit Neidern im Gespräch bist. Worin liegt *ihre* Unzufriedenheit?
Ein zufriedener Mensch darf **kritisch** sein – er wird aber immer **konstruktiv** und **differenziert** kritisieren oder alles super finden (wie Oma Liese oder Onkel Berthold nach einem Konzert).
Reine Negativität findest du nur bei unzufriedenen Menschen. • *(s.a. Target Group 90%)*

Zugabe

Eine Zugabe ist eine *Zugabe*. D.h. sie sollte aus einem **neuen** Lied bestehen. Nur in Ausnahmefällen darf an dieser Stelle ein Stück aus dem eben Gehörten gesungen werden. Es muss kein schweres Stück sein, sollte den Zuschauer aber in einer guten Laune zurücklassen…auch damit er etwas mehr Geld in den Klingelbeutel wirft.
Außerdem kannst du mit dem Stück den Inhalt des Konzertes zusammenfassen.
Kündige das Lied mit Titel und Komponist an, bevor ihr es singt. Es steht nicht im Programmheft und vielleicht hat gerade das jemandem gut gefallen und nun weiß er nicht, wie es heißt.
Wird nach der *neuen* Zugabe noch mehr gefordert, kannst du ein Lied, das dem **Chor** in den Proben gut gefallen hat, wiederholen.
Frage nicht das Publikum – das ruft nur irgendwelche Titel rein und du wirst eh das aussuchen, was dir in den Sinn kommt – dann plane doch gleich im Voraus und mache deinen Chor glücklich.
Kündige das deinem Chor aber nicht an. Es darf auch für ihn eine Überraschung sein. Wenn du es ankündigst und das Publikum will keine weitere Zugabe, ist es für den Chor schade. Lass dir selbst die Freiheit. •

Zuhören

Die meisten Konflikte im Chor (und im Leben) lassen sich durch *Zuhören* lösen.
Zuhören ist Liebe. Zuhören ist Zeit schenken. Zuhören bedeutet seinen Gegenüber wahrzunehmen.
Deine Sänger sind nur ein Teil der Masse und manche fühlen sich ab und zu mit ihren Problemen nicht *gehört*.
Wenn du ihnen nun zuhörst, freundlich bist und verständnisvoll reagierst, reicht das meistens schon. Honoriere damit, dass sie den Mut aufbringen, zu dir zu kommen. •

Zuhörermenge

Ob 1 oder 1000 Zuhörer: Ich versuche immer mein Bestes zu geben.
Die Menschen sind zu mir, in mein Konzert gekommen und verdienen es respektvoll behandelt zu werden.
Für einen Chor scheint es eine Motivationsgrenze in der Anzahl der Zuhörer zu geben: Sie muss die Anzahl der Chorsänger *übersteigen*. Das ist unabhängig von der Chorgröße.
Ein 20 Personen-Chor ist ab 20 Zuhörer motivierbar. Ein 40 Personen-Chor ab 40.
Als Erfolg wertet ein Chor ein Konzert aber unter zwei Voraussetzungen:
   1. Die Zuhörerzahl ist **doppelt** so groß wie die der Akteure.
   2. Der Zuschauerraum sieht (von der Bühne) gut gefüllt aus.

D.h. 100 Zuhörer in einer Kirche mit 500 Plätzen sieht immer leer aus und verhindert eine Dynamik im Publikum (z.B. Rufe nach Zugabe).
Kannst du die Zuhörerzahl antizipieren, solltest du die Zuhörerverteilung also durch das Sperren von Sitzreihen steuern – so sitzen dann die 100 Personen weiter vorne und näher beieinander. *(s.a. Konzert: intimer Raum; Konzert:Publikumsplatzierung (strategische))*

Je mehr Zuhörer da sind, desto aufgeregter werden manche Chorsänger.
Bei mir ist es andersherum: Je **weniger** Zuhörer da sind, umso mehr muss ich jeden einzelnen überzeugen.
Wenn viele da sind ergibt sich automatisch eine Gruppendynamik, die allein durch die Masse an Menschen, die extra in dieses Konzert gekommen sind, im Laienbereich meistens positiv ausfallen wird.
Du musst dich bei 500 Zuhörern echt anstrengen, um das Konzert im Auge des Zuschauers zu verbocken. Sind es dagegen nur 20 Zuhörer, kann schon eine öffentliche negative Äußerung reichen, um die allgemeine Meinung über das Konzert ins Bodenlose zu jagen.
Heißt: Je voller das Haus, desto ruhiger mein Puls, da Einzelmeinungen relativ unwichtig werden. •

Zukunftsentwicklung

Hast du noch keinen gewählten Beirat *(s.a.)* oder Vereinsvorstand, solltest du je nach Chorgröße einen gewählten Ausschuss oder ein Gremium bilden (bei 8 Sängern lohnt sich das natürlich nicht).
Wie auch ein Vorstand/Beirat sollte solch eine Gruppe aus 3-5 Sängern bestehen und sich mit dir ein Mal im Jahr treffen, um sich Gedanken über folgende Themen zu machen:

- Generelle Zukunftsplanung/Leitbild entwickeln
- Wo sehe ich den Chor in 1, 3, 5 Jahren?
- Mitgliederwerbung
- Wunschprojekte oder Stücke (z.B. mal etwas mit Orchester oder eine Kooperation mit einem Nachbarchor)
- Kosten (von solchen im Blick haben)
- Werbemaßnahmen (Logo, *Corporate Identity*)
- Pressekontakte entwickeln
- Internetauftritt entwickeln
- Soziale Netzwerke

Die Aufgabe ist also, alles was für die Außenwirkung und Zukunftsentwicklung wichtig ist zu planen und die Umsetzung rückblickend auszuwerten und zu bewerten. •

Zum Mitnehmen
Bietest du etwas zum Mitnehmen an – und sei es nur das Programmheft *(s.a.)*, das am Eingang ausliegt – weise mit einem Schild darauf hin.
„Programmheft zum Mitnehmen".
„Visitenkarten *(s.a.)* zum Mitnehmen".
„Noten zum Mitnehmen" (z.B. offenes Singen *(s.a.)*). Etc.
Wir sehen diese Dinge sofort, weil sie in unserer Wahrnehmungshierarchie *(s.a.)* weit oben stehen. Für den Zuhörer ist die Situation, in der er ein Programmheft oder andere Dinge nehmen soll aber insgesamt so neu, dass sein Gehirn sich erstmal mit den räumlichen und situativen Begebenheiten vertraut machen will. So wird selbst ein fast in den Weg gestellter Tisch mit Programmzetteln von überraschend vielen Menschen übersehen.

Ein anderer Grund für solch ein Schild ist unsere Höflichkeit und der Wunsch nichts falsch zu machen. Wenn nämlich nicht eindeutig klar ist, dass 1. etwas zum Mitnehmen da ist und 2. das auch kostenlos ist, braucht es den einen kleinen Hinweis (denn ein Programmheft kostet in manchen Konzerten etwas, in anderen nichts).
Selbst wenn es eigentlich klar ist (also mir...) – ich lege immer solch einen Zettel aus, der jedem verdeutlicht, dass das, was ich da anbiete zum Mitnehmen und kostenlos ist. Für die vielen, denen das eh klar war, ist der Zettel unwichtig – alle anderen sind **dankbar**. •

Zungenspitze
Die Zunge ist im Verhältnis zu ihrer Größe der stärkste Muskel im menschlichen Körper. Sie ist der einzige Muskel, der nur an einer Seite befestigt ist – und da liegt ein Teil des Problems.
Die Zungenspitze ist neugierig und will immer etwas zu tun haben. Wir nutzen sie beim Sprechen aber im Gegensatz zum Rest der Zunge überraschend wenig zum **bewussten** Artikulieren. Und so passiert es, dass die Zunge vielen Sängern während des Singens wörtlich in den Hals rutscht, weil sich die Zungenspitze beim Singen am harten Gaumen abstützt oder ohne Verankerung im Mundraum frei herumbewegt. Sie ist für uns Sänger eigentlich ziemlich ‚nutzlos' und sucht sich selbstständig ihre Aufgaben.
Das Resultat sind feste Stimmen, die drücken; ein kehliger Klang, weil der obere Resonanzraum mit Zungenmasse verstopft ist; gepresste Höhen; etc. und am Ende abgesungene Stimmen.

Es gibt viele Methoden und Techniken gut zu singen, aber sie müssten alle individuell auf die Sänger angepasst werden – im Chor kannst du nur Grundsätzliches klären.
Dazu gehört das freundliche Gesicht *(s.a. Freundlich)* und eben die Zungenspitze.
Ich erzähle meinen Sängern also mantrahaft in jeder Probe, sie sollen die Zungenspitze an den **unteren Schneidezähnen** belassen. *(s.a. Abstützen; Koronal)*
Die gesamte Zunge bleibt damit unten und vorne, da sie einen aktiven **Kontaktpunkt** (oder anschaulicher „Anker") im Mund hat. *(s.a. Mundstellung (chorische))*

Sie hängt so bei offenen Vokalen nicht in der Mundmitte und der Schalltrichter bleibt offen. Allein dadurch hellt sich der Klang schon auf.

Nur bei „sch" und dem englischen „th" (s.a.) brauchen wir die Zungenspitze oben – ansonsten kann alles mit der Zungenspitze unten gesungen werden.

Wichtig: Für einen Solisten wäre das Blödsinn, da mit dieser Technik zwar alle Vokale, aber nicht alle Konsonanten klar gesungen werden können. Im Chor muss von Fall zu Fall entschieden werden. Gehe bei der Bewertung der Konsonantenqualität immer vom Chorgesamtklang aus – **niemals** vom Klang einzelner. Wenn wegen dieser Technik ein Wort vom **Chor** undeutlich ist, musst du etwas ändern.

Das passiert 1x alle 10 Lieder. Die Vorteile überwiegen alle Nachteile.

Vor allem *dumpfe* Bässe und der Alt profitieren in der Tiefe davon, da mit der vorne gelassenen Zunge der Kehlkopf tendenzieller mittig bleibt.

Soprane und Tenöre (oder eben **alle**) profitieren in der Höhe davon, da sie ihre Kehle offenhalten und damit freier in die Höhe kommen. •

Zurschaustellung

Zu spät kommende Sänger musst du nicht rügen.

Es reicht, wenn du sie mit Namen freundlich begrüßt.

Es braucht kein schnodderiges „Ah, Marie, schön dass du da bist!" zu sein, sondern nur einfach: „Guten Abend, Marie."

Ein chaotischer Sänger, der in der Probe länger als alle anderen seine Noten sucht, weil er sie nicht in eine Mappe einsortiert hat, bekommt ein „Wir warten noch kurz auf Hans, dann geht es los." mit.

Den meisten ist diese *Zurschaustellung* schon peinlich genug, was zu einer Verhaltensänderung führt. Sollten sie sich darüber beschweren, beschreibst du ihnen das Problem (Sonderrolle (ob gewollt oder nicht) in einer Gruppensituation) und stellst die Zauberfrage (s.a.). Sind die Personen gegen eine Zurschaustellung immun, musst du das Gespräch suchen und mit ihnen über die Gründe sprechen. •

Zusammenfassung für gute Intonation

Damit deine Sänger sich intonatorisch überhaupt verbessern können, müssen sie verstehen, dass sie ein Problem haben, und dass du ihnen Werkzeuge geben kannst, um dieses Problem zu lösen.

Damit deine Sänger sich intonatorisch überhaupt verbessern können, musst **du** allerdings zuerst verstehen, dass der Sänger keine Taste hat, auf die er drücken kann, damit der richtige Ton rauskommt.

Er ist kein Profi, der weiß, in welchem Grad ein Ton, im Verhältnis zum richtigen Ton, falsch war. Deine Sänger sind Laien, denen **du** diese Informationen geben musst.

Grundregel: Ein Sänger will immer richtig singen. Tut er es nicht, musst du ihm helfen.
- Du musst deine Sänger im Hören schulen. Mache nach jedem Einsingen einfach eine kurze vierstimmige Übung Call-and-Response *(s.a.)*.
- Grundsätzlich müssen Intervalle **aufwärts weit** und **abwärts eng** gesungen werden.

  Aufwärts *arbeiten* die Sänger sich meist nach oben, sollten die Töne aber von oben nach unten *setzen*. Nutze z.B. das Bild: „Die Eier oben aus dem Regal greifen und nicht durch den Regalboden greifen wollen".

  Abwärts wird meist einfach losgelassen, weil die Sänger hierbei nicht mehr viel Energie nutzen (müssen). Da hilft das Bild, dass man einen Topf voll Suppe ja nicht einfach auf den Tisch plumpsen lässt, sondern ihn dorthin führt (das Wort **führen** ist hier wichtig, denn wir wollen ja, dass der Sänger, obwohl er nicht mehr viel Energie zum Tonproduzieren aufwenden muss, den Ton trotzdem in die richtige Richtung führt).
- (Spätestens) Wenn die Töne sicher sind, muss sich der Sänger auf den Text konzentrieren. Achte unbarmherzig darauf, dass die Anfangs- und Schlusskonsonanten gut gesetzt werden. Anfangsvokale sollten im Normalfall einen Glottisschlag *(s.a.)* bekommen (der Konsonant des Vokals).

  Vor allem im Piano braucht es eine energetische Artikulation. Über das energetische Sprechen behält der Sänger eine Grundspannung aufrecht, die der Intonation hilft (und nebenbei auch der Textverständlichkeit).

  Sauber geführte Diphthonge *(s.a.)* sorgen für einen klaren Klang und bessere Intonation. Im Chor bezeichne ich jede notwendige Mundbewegung in einer Silbe/Wort als Diphthong, da alle die gleiche Regel eint: auf dem ersten Vokal des Diphthongs wird gesungen – die Beugung geschieht so spät wie möglich.

  Nur so singen alle Sänger mit fast gleicher Vokalfärbung.

  Die Vokalfärbung beeinflusst wiederum die Obertöne *(s.a.)* die im Ton mitklingen und damit die Intonation – somit wird ein Vokalausgleich *(s.a.)* fast unnötig.

  Jede Bewegung im Mund erzeugt minimale Änderungen im Ton, da sich der Gesangsapparat bewegt. Diese müssen ausgeglichen werden.

  Je kürzer also dieser Bewegungszeitraum ist, desto weniger hörbare Tonänderung wird die Bewegung erzeugen.

  (s.a. Deutliches Sprechen ist deutliches Singen; Leise oder Laut – ich verstehe jedes Wort; Rufen)
- Ein freundliches Gesicht sieht nicht nur gut aus, es sorgt auch für eine bessere Intonation. Dunkle Vokale werden hell.

  Wir kennen alle den Telefoneffekt: Wir können immer hören, ob unser Gesprächspartner am anderen Ende der Leitung lächelt oder nicht.

  Warum werden sie hell? Je dunkler der Vokal, bzw. je spitzer/runder der Lippenring ist, desto tiefere Teiltöne/Obertöne *(s.a.)* klingen im Ton mit.

  Diese sind 2-3 Oktaven höher als der gesungene Ton. Je höher ein Ton ist, desto schneller ist seine Frequenz. Je schneller die Frequenz, desto eher gibt es *Kollisionen* zwischen nicht perfekt passenden Frequenzen.

Deshalb klingen hohe Soprane in der Gruppe gerne mal schrill und in Maßen falsch singende (freundliche) Bässe in der Tiefe immer noch ok.

Wenn ich es also schaffe, die Sänger dazu zu bringen, ihre primär mitklingenden Obertöne in ein unhörbares Spektrum zu verschieben, indem ich sie auch die dunklen Vokale mit einem breiteren Lippenkranz singen lasse, können mir diese hohen Teiltöne (die immer noch vorhanden, aber eben nicht mehr bewusst wahrnehmbar sind) die Stimmung nicht ruinieren (im doppelten Sinne...).

Etwas zugespitzt: Wenn zwei Bässe hell/freundlich singen, stimmt alles – wenn sie die gleiche Tonfolge dunkel singen, stimmt nichts mehr, da hier die mitklingenden Obertöne in einer hohen Sopranlage liegen und es verdammt schwer ist da zu zweit noch sauber zu singen.

Schaue dir die Obertonreihe im Artikel *Obertöne* an und probiere es aus – es ist ein Ohrenöffner.

- Die Zungenspitze muss an die unteren Schneidezähne *festgetackert* sein.

  Das sorgt dafür, dass die Kehle frei bleibt und die Zunge nicht nach hinten rutscht (und das tut sie verdammt oft).

  Probiere es aus: Lass den Chor eine Tonfolge auf „i" singen und dann nochmal mit dem Hinweis „Die Zungenspitze an die unteren Schneidezähne" – auch dies wird ein Ohrenöffner sein. *(s.a. Abstützen; Koronal; Zungenspitze)*

- **Kein Vibrato!** Und wenn dir jemand erzählen will, dass es ja ohne nicht gut klingt, dann sollten sich diese Personen mal die Spezialisten für Alte Musik anhören. Vibrato ist im Chor **immer** ein Störfaktor – es wird die Intonation **immer** verschlechtern und den Klang **nie** verbessern. *(s.a. Knick; Vibrato)*

  Für den Sologesang gilt natürlich immer noch Anderes, obwohl die Frage gestellt werden darf, ob s.g. *Quartenschleudern* heutzutage noch ihr Geld wert sind...

  Tu dir den Gefallen und schmeiß jeden, der sich weigert ohne Vibrato zu singen, raus. Die versauen dir den Klang am meisten – dagegen ist auch kein Kraut gewachsen! Ehrlich, was habe ich da schon für Diskussionen erlebt...

  Helfe allen anderen ihren vibratolosen Klang zu finden. In 99% der Fälle (bei mir bisher immer – außer es war halt ein bewusstes Vibrato) liegt es daran, dass die Sänger zu viel unkontrollierbaren Druck aufbauen (die Gründe dafür sind wiederum individuell).

- Tiefste oder höchste Töne einer Phrase werden als Zielton gesungen/gespürt, was **musikalisch** eigentlich richtig ist. Dort entspannt man sich aber, weil das Ziel erreicht ist und sackt dann mit der Intonation ab.

  Dies geschieht in der Höhe, weil das Abwärtsgehen antizipiert wird, in der Tiefe setzen sich die Sänger sprichwörtlich auf den tiefsten Ton.

  In beiden Fällen hilft es, den Sängern den Ton **nach** dem Spitzenton als Zielton zu vermitteln.

  So werden die tiefsten Töne abgefedert und aus der Versenkung herausgeführt und der Spitzenton in der Höhe durch die Verbindung zum *Folgeton* als Teil einer Linie gespürt.

  Damit wird eine Phrase energetisch über den Gefahrenton hinübergeführt.

- Bässe haben die Tendenz sich ihr eigenes Grab zu schaufeln.
  Sie ziehen die Intonation nach unten, bis das Stück so tief ist, dass sie nicht mehr singen können.
  Dies tun sie, indem sie mit dunklen Vokalen und tiefem Kehlkopf singen.
  Sie singen in der Tiefe (ab *c*) statt mit einer flexiblen mittleren Bruststimme (Kehlkopf mittig), mit einer kehligen Bruststimme, denn sie sind „ja schließlich Bässe".
  Nicht zu unterschätzen ist die dazukommende und nur schwer abzutrainierende nuschelige Artikulation (wenn man das noch so nennen darf…).
  Da musst du dem „starken Geschlecht" viel Liebe entgegenbringen, aber auch klare Ansagen machen, korrekte Technik einfordern und immer wieder kontrollieren. Im ‚Brummbass' zu singen ist halt einfach sehr komfortabel (bis es dann irgendwann nicht mehr geht…).
- Um deinen Chor in seiner Stimmung zu halten, kümmere dich **zuerst** um den Sopran. Wenn der Sopran nicht sackt, **kann** der Rest des Chores (eine gewisse Musikalität und a-capella-Schulung vorausgesetzt) nicht mehr sacken.
  Der Sopran ist wie ein Puppenspieler, der die anderen Stimmen an Fäden hält – er kann sie abstürzen oder in höchste Höhen fliegen lassen.
- Beginne beim Akkordeaushören oder Töneangeben *(s.a.)* simpel (Oktave) und gehe zum Komplexen über.
- Akkordverbindungen hörst du über die Medianten *(s.a.)* aus.

Deine Sänger wollen sauber singen. Bedenke aber, dass **du** definierst, was *sauber* ist.
Wenn die Stimmen deiner Sänger nicht mehr allzu frisch sind, bzw. nie ausgebildet wurden, kannst du nur ein bestimmtes Maß an reiner Intonation verlangen. Du kannst aber durch Schulung und Technik wahnsinnig viel verbessern.
Hole deine Sänger da ab wo sie stehen. Wenn du vorher nie Intonation geübt hast, kannst du damit anfangen, nach dem Einsingen eine Call-and-Response *(s.a.)* Übung einzubauen und mal einen Akkord auszustimmen – mehr aber auch nicht. Das wäre dann ein Startpunkt, um über gute Stimmbildung weiterzugehen.

Zum Schluss eine problematische **Grundregel:** Jeder von uns hat eine Hörgewohnheit und heute vor allem eine *mediumabhängige* Hörerwartung.
D.h. wenn wir in ein Konzert gehen, erwarten wir einen Raumklang und, je nach unserem Vorwissen über den Chor, eine bestimmte Qualität.
Wenn wir aber CD/MP3/Stream und auch Video anhören, erwarten wir heute **immer** glasklare Qualität. Wenn du also deinem Chor eine Aufnahme eines Konzertes zur Verfügung stellst, musst du diese Aufnahme pädagogisch einbetten.
Es gibt leider viele Sänger, die hier nicht gesund differenzieren können und sich und den Chor auf einmal hinterfragen.
Chormusik im Laienchor ist **Livemusik**. Musik will Emotionen wecken.
Positive Emotionen weckst du im Zuhörer, wenn dein Chor sicher singt und von sich überzeugt ist. Die Sauberkeit und Notentexttreue stehen da erst an zweiter Stelle.

Ich will dich nicht davon überzeugen, dass schlechte Intonation und eine *Scheißegal-Haltung* zu den Noten und den Wünschen des Komponisten der richtige Weg wären – das kannst du auch nicht glauben – dafür habe ich dich zu häufig zum Anwalt des Komponisten ernannt.
Ich will dich dazu bringen, dass du verstehst, **für wen** du Musik machst.
Wenn dein Chor 100% gegeben hat und 90% der Zuhörer überzeugt wurden, dann war ein Auftritt gut. Besser geht es immer, aber die Prioritätensetzung muss meiner Meinung nach angepasst werden. *(s.a. Target Group 90%)*
Musik ist lebendig. Lass deine Sänger (interne Kunden) die Musik erleben, dann werden die Zuhörer (externe Kunden) sie erleben dürfen. *(s.a. Vorwort/Kaizen)*
Deine Sänger werden Musik allerdings nur erleben dürfen, wenn du sie ihnen **rational** beibringst.
Wenn durch deine pädagogische Anleitung für deine Chor passendes Notenmaterial im Sänger parat steht und er dieses dann frei und ungezwungen wiedergeben kann, wird er positive Emotionen erleben, die auch der Zuhörer wahrnimmt. •

Zusatzinformationen

Die *Zusatzinformationen* zu einem Stück über Komponist/Entstehung/Umfeld (ist es aus einer Messe, Oratorium, Sammlung) gibst du dem Chor zu Beginn der 1. Probe dieses Stückes. Bei großen Werken lohnt es sich eine Zusammenfassung zu schreiben, bzw. den (gekürzten und überarbeiteten) Wikipediaartikel zu verteilen.
Eine gekürzte Form dieser Einführung in das Stück gibst du als Auffrischung nochmal in der Probe vor der Generalprobe (oder etwas früher – je nachdem, wie weit der Chor ist), um dem Stück eine inhaltliche Bedeutung über den Liedtext hinaus zu geben.
Dazwischen sind die Sänger mit den Tönen beschäftigt und nicht für Inhaltliches empfänglich.

Solche Informationen haben zuerst nichts mit den musikalischen Linien, oder dem, was aus den Noten/dem Text ersichtlich ist, zu tun.
Ein gutes Beispiel ist „Von guten Mächten" von Dietrich Bonhoeffer (1906 – 1945).
Ein sehr hoffnungsvoller Text und je nach Vertonung eine fröhliche oder tragende Melodie. Dem muss grundsätzlich Rechnung getragen werden, da es aus den Noten und dem Text ersichtlich ist.
Der Kicker (und damit die tiefgreifende Emotion) kommt, wenn man sich vor Augen führt, dass Bonhoeffer diesen Text in täglicher Todeserwartung geschrieben hat.
Er ist einem unmenschlichen Regime (Entmenschlichung der Opfer) mit einer eigentlich nicht möglichen menschlichen Art (Vergebung und Hoffnung) begegnet.
So passt dieser Text je nach Ausführung zum Volkstrauertag, Ewigkeitssonntag, Weihnachten und Neujahr. • *(s.a. Strophenliedern gerecht werden)*

2. Sopran

Wer kommt in den 2. Sopran? Die, die nicht (mehr) so hoch/brillant singen können/Mezzosopräne (also weder Sopran noch Alt = Bariton der Frauenstimme).
Aber nur die, die *Köpfchen* haben, denn Sopräne sind es gewohnt die Melodie zu singen. D.h. 2. Sopräne müssen immer mal wieder zwischen Melodie und einer darunterliegenden 2. Stimme wechseln (anders als der Alt, der gewohnt ist nur die 2. Stimme zu singen). Sie sollten also eventuell sogar Noten lesen können.
Deshalb ist es hilfreich auch hohe Altistinnen – wenn nötig – für einige Stücke in den 2. Sopran zu versetzen.
Manche Sopräne langweilen sich dabei, nur die Melodie zu singen. Auch wenn sie die Höhe hätten, frage ich sie, ob sie nicht im 2. Sopran etwas Abwechslung haben wollen.
Auch ich habe lange den 2. Sopran als *stimmlichen Mülleimer* für Mezzos, die im SATB-Gefüge keinen Platz haben, für Sopräne die sich weigern nun für immer Alt zu singen (obwohl sie es müssten) und alle anderen Sopräne, die nicht mehr die Brillanz haben und den Klang in der Höhe also verschlechtern, genutzt.
Das ist ein unverzeihlicher Fehler, denn nur durch gute Unterstimmen kann der 1. Sopran überhaupt glänzen. Lerne aus meinen Fehlern!
Besetze deinen 2. Sopran klug und akzeptiere im 1. Sopran lieber auch **Sänger**, die der Höhe nicht mehr ganz gewachsen sind. Ein sauberer 2. Sopran sorgt dafür, dass der 1. stark und mutig singen kann. Diese Problematik wirst du in keiner anderen Stimme finden. Da solltest du nach den Möglichkeiten gehen – ein 2. Bass/2. Alt muss eben tief singen können und ein 1. Tenor hoch. Der Grund ist einfach: In diesen Stimmen sind es alle Sänger gewohnt, *Begleitstimme* zu sein. • (s.a. Tonumfang)

Zwerchfell

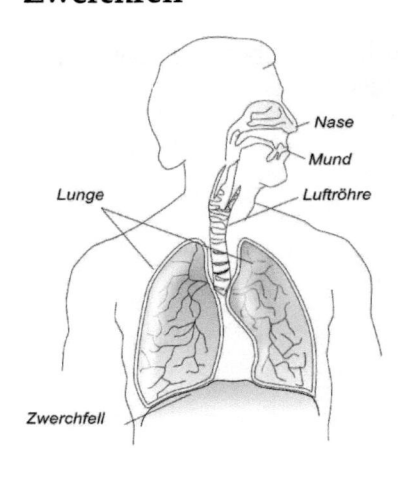

Das Zwerchfell (von „zwerch" – *quer*) ist eine Muskel-Sehnen-Platte, die bei Säugetieren und Krokodilen die Brust- und Bauchhöhle voneinander trennt. Es ist maßgeblich an der Atmung beteiligt und beim Gesang bauen wir mit ihm (wenn er gesund ausgeführt wird) den Großteil des nötigen Drucks auf.
Ich lege dir sehr den deutschen Wikipediaartikel zum Zwerchfell ans Herz. Er hat auch viele Bilder und Animationen…
Neben all den wichtigen Fakten lernst du da auch u.A. den Funfact, dass im antiken Griechenland das Zwerchfell der Sitz der Seele gewesen sein soll. Deshalb steht das griechische Wort *phrēn* für beide Begriffe und kommt in der Bezeichnung für eine psychische Krankheit wie Schizo**phren**ie vor, obwohl das Zwerchfell damit nichts zu tun hat. •

[Bildquelle: Theresa knott, Saibo (Δ): Respiratory system.svg, CC BY-SA 3.0, https://commons.wikimedia.org/w/index.php?curid=12302719]

Zwingend

Ich bin vielleicht zynisch, aber ich bin mir sicher, dass sich einige zwingend zu diesem Buch äußern müssen. Ich werde nach einiger Zeit einige unnütze Kommentare von Lesern bekommen, die mir erklären wollen, warum das eine oder andere Blödsinn wäre. Alles was ich hier berichte ist meine Erfahrung – wenn du sie nicht gemacht hast – ok. Wenn du meinst bessere Lösungswege zu haben – super! Immer her damit!
Merke aber: Ich werde sie in der nächsten Ausgabe dieses Buches verwenden, um Kollegen besser helfen zu können.
Mich interessieren deine Geschichten und Probleme wirklich!
Mich interessieren deine Lösungsansätze wirklich!
Du darfst und sollst mir gerne widersprechen und Dinge anders sehen. Ich will dich dazu bringen, dass du dich **mit dir selbst** auseinandersetzen und dich und deine Handlungen reflektieren musst. Um das Vorwort aufzunehmen: Wenn du dich in irgendeiner Form beleidigt fühlst, frage dich mal warum, und wie ich da einen Nerv getroffen haben könnte.

Ich will dir mit diesem Buch helfen. Nimm die Hilfe an, oder lass es sein. Nicht jeder wird sich von meinem Stil angesprochen fühlen. Ich bin ich und werde mich auch nicht in deine eierlegenden Wollmilchsau verwandeln (können). Aber genau das ist das Geheimnis hinter guter Chorleitung: Sei du selbst. Wisse um deine Fehler. Versuche sie zu vermeiden, ohne dich zu verbiegen. Nimm Hilfe an, wo du sie gebrauchen kannst.

Vielleicht ist es ein Corona-Koller der mich dies schreiben lässt, oder der mich meinen lässt, nochmal darauf hinweisen zu müssen: Empörst du dich – erwarte kein Mitleid oder eine Antwort von mir. Kannst du *Inhalt* nicht von *terminologischen Geschmäckern* trennen kann ich dir nicht helfen.
Hast du das Buch allerdings bis hierhin durchgelesen, freue ich mich auf einen anregenden Austausch mit dir.
Ernsthaft gestellt gibt es für mich keine doofen Fragen.
Nutze das Forum chorleiter-stammtisch.org, buche mich unter chorleiter-coaching.de und (bevor ihr auseinandergeht) als Mediator unter chor-mediation.de. •

Danksagung

- Ich danke zuerst meinen Chören. Allen Sängerinnen und Sängern, die mich immer wieder durch ihre Fragen und Forderungen an die Grenzen gebracht haben. Sie haben mir gezeigt, dass ein Dirigentenstudium zwar ein tolles fachliches Fundament sein kann, aber für einen ernsthaften Umgang mit **Laien**chören nicht die Bandbreite bietet, die nötig ist.
Ich bin gespannt was mich nächste Woche erwartet…
- Ich danke Prof. Walter Nußbaum und Prof. Jutta Rübenacker, die mich auf den rechten Pfad der Tugend getrieben haben.
- Ich danke meinen Eltern, die mir erlaubt haben herauszufinden, was der Pfad der Tugend ist.
- Ich danke meiner Familie für ihre Geduld und Liebe, die durchaus nötig ist, da dieser tugendhafte Pfad auch entbehrungsreich sein kann.
- Ich danke Huld Hafsteinsdóttir, Christian Lehmann, Eike Reiche und Jutta Rübenacker für die Durchsicht und Korrektur des Manuskripts.
- Ich danke Huld Hafsteinsdóttir dafür, die undankbare Aufgabe übernommen zu haben „Chorsängermodel" zu spielen, damit einige Haltungsarten durch Fotos mit etwas weniger Worten veranschaulicht werden konnten.
- Ich danke Katharina Lob für die Logo- und Buchcovererstellung: www.katharina-lob.de
- Folgenden Bands danke ich für die akustische Unterstützung während des nicht enden wollenden Korrekturprozesses (ein guter Dirigent ist nie mit sich selbst zufrieden, aber irgendwann musste halt auch mal Schluss sein – das Ergebnis hast du in den Händen…
Es sind insgesamt knapp 352.000 Wörter.
Ich kann wirklich mit den (von mir übershene) ca. 50 falsch geschriebenen Wörtern und genauso vielen Grammatikfehlern (Kommaregeln außer Acht gelassen) leben, solange sie den sachlichen Inhalt nicht verfälschen.
Ich hoffe du siehst mir diese Unsachlichkeit nach.): Astor Piazolla, Apocalyptica, Faithless, The Golden Gate Quartet, Jaques Loussier, John McLaughlin, Kraftklub, Kula Shaker, Marconi Union, Marilyn Manson, Motörhead, Queen, Queens oft he Stone Age, Rammstein, Radio.String.Quartett, Soweto String Quartett, System of a Down, The Tallis Scholars, Thirty Seconds to Mars, Toploader, Yes, ZZ Top und meinem AmazonMusic-Account.

Index

Ganz oder gar nicht: Ich konnte mich nicht entscheiden, welche Wörter ich suchen lassen will – also habe ich einfach alle (ein bisschen sortiert und zusammengefasst) in das Stichwortverzeichnis übernommen.

Ich habe, soweit sinnvoll, das Verb („Getränk" unter „trinken") oder den Wortstamm als Stichwort genutzt.

Wenn ein Wort vornehmlich vorkommt und im Verzeichnis keinen signifikanten Unterschied machen würde, habe ich dieses übernommen: Unter „bewusst" findet sich also auch das „Bewusstsein", „bewusst machen", etc.

Wenn ein Wort verschiedene Bedeutungen hat, habe ich versucht diese aufzuteilen: „teilen" in „teilen (auf-)", „teilen (miteinander)", „teilen (ver-)", „Teil".

Oder „sprechen" in: „Sprache", „sprechen (Text)" – also der Liedtext und „sprechen (miteinander)" – was ein Sammelbegriff für „reden", „mitteilen", etc. ist.

„Zuschauer", „Zuhörer" und „Publikum" sind unter dem Oberbegriff „Publikum" zusammengefasst, da alle Worte eigentlich dasselbe meinen.

Manche Oberbegriffe habe ich wiederum trennen müssen: So findest du „Auftritt" und „Konzert". Wo zwar beides ein Singen vor Publikum meint, ist ein Auftritt aber kurz und ein Konzert lang und meint damit Verschiedenes.

Auch eigentlich sehr selbstständige Begriffe wie „überfordern" habe ich in die Wortstammreihe eingereiht. Es ist damit unter „fordern (über-)" zu finden wie auch „fordern (ein-)" und „fordern (auf-)".

Meistens findest du unter dem Wortstamm auch das Gegenteil: Unter „Erfolg" findest du auch „Misserfolg", unter „physisch" auch „metaphysisch".

Ich mag keine Stichwortverzeichnisse die vor Verweisen, genauesten Differenzierungen oder doppelten Seitenzahlen strotzen.

Ich suche lieber auf vielen Seiten nach Ergebnissen und werde dadurch inspiriert, als dass ich durch die Differenzierung von z.B. „einfordern" und „fordern" die Hälfte der Ergebnisse nicht finde.

Wenn du ein Wort doch nicht findest, denke dir Synonyme, bzw. suche den Wortstamm/das Verb.

Wörter die ständig vorkommen (ab 300+) wie „Sänger" oder natürlich „Chor" habe ich zum großen Teil ausgelassen, da du sie rein rechnerisch auf jeder zweiten Seite findest.

Den perfekten Weg habe auch ich nicht – dies ist nun meiner und ein bisschen das Opfer eines Googlegenerationenautors.

Er wird dir aber wohl durch die 740 Seiten dieses Buches helfen.

¡

¡Ándale! · 44, 610

§

§19 UStG · 127, 538, 539
§4 Nr. 20 a) UStG · 538

¾

¾-Kreis · 114, 498, 499

1

1 zu 10 Regel · 76, 190, 192, 207, 281, 382, 544, 561, 583, 623, 671, 684, 698
100% · 32, 40, 63, 72, 86, 136, 179, 184, 193, 265, 312, 327, 337, 352, 376, 390, 401, 416, 420, 465, 468, 472, 475, 529, 548, 595, 619, 621, 624, 659, 662, 706, 718, 740
112 · 107, 203, 255

3

3-Sekunden-Regel · 32, 156

4

4'33 (John Cage) · 478

7

7 Phasen der Trauer · 465

9

99% · 36, 67, 100, 161, 197, 235, 292, 299, 338, 342, 369, 409, 423, 453, 481, 500, 521, 528, 572, 611, 629, 634, 640, 687, 718, 738

A

A History of Performing Pitch - The Story of 'A' (Bruce Haynes) · 646
aaargh · 350, 409, 675
abdecken · 241, 242, 294
Abdruck · 520
Abebben · 350, 371
Abend · 27, 43, 53, 65, 91, 95, 117, 118, 154, 185, 188, 189, 249, 258, 265, 305, 318, 319, 322, 344, 367, 462, 476, 479, 493, 508, 513, 545, 548, 552, 597, 620, 624, 637, 656, 700, 736
abendländisch · 329
Abendlied (J.G. Rheinberger) · 260
Abendmahl (Liturgie) · 262, 517
Abfall · 188, 325
abfangen · 577
Abfolge · 307, 506, 553, 603
Abgang · 59, 183, 228, 265, 272, 357, 358, 701
abgeben · 95, 135, 145, 184, 191, 198, 202, 220, 268, 301, 310, 311, 324, 375, 381, 473, 507, 594, 643, 681
abgegriffen · 483
abgehackt · 322, 632
abgelenken · 723
abgespannt · 184
abgewöhnen · 576
Abgrundsgründe · 26, 314
abhandenkommen · 399, 521
Abhandlung · 457
abhängen · 362
abhängig · 25, 36, 45, 51, 53, 55, 63, 66, 69, 112, 115, 122, 140, 160, 164, 166, 184, 186, 199, 200, 203, 208, 216, 222, 241, 244, 248, 275, 277, 303, 313, 335, 351, 373, 381, 382, 387, 394, 399, 405, 421, 423, 440, 453, 464, 490, 501, 504, 516, 519, 529, 560, 582, 590, 602, 617, 623, 624, 626, 643, 646, 673, 675, 690, 692, 694, 699, 700, 707, 714, 733, 739
abholen · 131, 194, 195, 246, 254, 337, 457, 542, 638, 688
Abilene-Paradox · 27, 28, 29, 283, 340, 400, 426
abklären · 528
Abkündigungen · 365, 367, 525
Ablage · 464
Ablauf · 35, 39, 45, 72, 81, 91, 120, 130, 135, 155, 176, 178, 179, 182, 183, 191, 192, 197, 202, 204, 214, 224, 225, 230, 235, 237, 238, 259, 262, 269, 271, 294, 326, 333, 337, 339, 344, 346, 350, 365, 428, 444, 458, 460, 465, 475, 500, 502, 503, 504, 509, 512,516, 517, 519, 522, 530, 531, 552, 560, 572, 588, 594, 602, 620, 627, 661, 664, 667, 668, 678, 683, 689, 701, 707
Ablaufplan · 262, 263, 264, 662
ablehnen · 34, 92, 259, 288, 341, 353, 485, 515, 516, 522, 580, 591, 595, 596, 674
ablenken · 26, 51, 53, 54, 105, 134, 135, 267, 304, 373, 374, 375, 495, 499, 511, 653, 654, 701
ablösen · 457
Abmessungen · 537
abnehmen · 60, 145, 319, 523, 650, 675
abonnieren · 43
abphrasieren · 47, 60, 61, 165, 302, 314, 330, 331, 555, 728
abprallen · 152, 533
Abrechnung · 127, 213, 240, 538
abrufen · 183, 265, 285, 447, 452, 475, 621, 723
absagen · 26, 29, 116, 150, 200, 324, 472, 491, 525, 580, 637, 672
Absätze (schriftliche) · 171
abschaffen · 235
Abschied vom Walde (F.B. Mendelssohn) · 409
Abschnitt · 60, 67, 74, 105, 215, 285, 303, 333, 402, 501, 505, 512, 529, 546, 547, 579, 666, 668, 685
abschweifen · 599
absehbar · 498
Absender · 340
absenken · 649
Absicht · 41, 205, 250, 349, 562, 692
Absichten · 370
absolut · 34, 48, 50, 80, 144, 159, 176, 216, 217, 232, 236, 240, 244, 251, 277, 294, 298, 313, 338, 351, 376, 380, 405, 416, 433, 434, 445, 455, 468, 482, 486, 498, 506, 527, 529, 541, 543, 557, 571, 573, 574, 586, 595, 599, 642, 650, 653, 655, 657, 694, 710, 723, 728
absolutistisch · 155, 188, 317
absolvieren · 51, 449
absorbieren · 152
Abspielgerät · 497
absprechen · 56, 269, 340, 349, 365, 373, 429, 453, 486, 516, 592, 641
absprechen (auf) · 56, 165, 342, 569
abspulen · 570
Abstand · 95, 102, 113, 114, 195, 198, 294, 348, 424, 433, 454, 457, 503, 552, 554, 575, 605, 616, 644, 646, 648, 700
abstellen · 31, 328
Abstimmung · 28, 30, 124, 128, 292, 340, 400, 462, 527, 572, 579, 596, 630, 631, 722
abstrahieren · 381
abstrakt · 30, 44, 94, 96, 237, 277, 399, 454, 516, 574, 575, 614, 616, 617, 644, 646, 666, 687
abstreifen · 362
Abstriche · 66, 128, 434
Abstufung · 166, 389, 390, 574
abstumpfen · 323
Absturz · 722
Absturzversicherung · 27, 31, 61, 310, 314, 330, 503, 577
abstützen · 31, 42, 52, 88, 89, 281, 291, 310, 313, 323, 445, 471, 615, 694, 698, 719, 735, 738
Abtritt · 279
abwägen · 68, 558, 626, 708
abwälzen · 319
abwärts · 27, 31, 164, 186, 225, 257, 274, 309, 314, 330, 503, 613, 731, 737
abwechseln · 126, 182, 616
Abwechslung · 138, 180, 230, 377, 414, 519, 612, 741
abweichen · 110, 301, 384, 426, 552, 553, 613, 709
abweisen · 432
abwerben · 382, 590
abwerten · 497
abwesend · 659
abwiegeln · 426
Abzug · 304
a-capella · 25, 59, 147, 174, 306, 350, 357, 439, 485, 487, 559, 600, 644, 654, 707, 708, 739
ACC-Akut · 298
Accelerando · 303
Acceptance Prophecy · 32, 34, 109, 234
Accessoires · 373
Account · 351, 662
Achseln · 53, 507, 508
Achtel · 150, 315, 530, 531, 564, 566, 617, 665
achten · 38, 40, 72, 74, 75, 108, 124, 132, 135, 144, 150, 155, 158, 164, 174, 182, 183, 184, 189, 191, 201, 209, 219, 221, 236, 252, 253, 255, 257, 263, 267, 279, 293, 299, 315, 322, 325, 330, 341, 345, 351, 352, 368, 376, 385, 387, 400, 410, 494, 504, 507, 519, 532, 545, 548, 552, 557, 560, 573, 574, 610, 619, 626, 633, 653, 660, 663, 669, 673, 707, 711, 720, 737
Achtsamkeit · 219, 610
Actionsingen · 606
ad absurdum · 386, 716
adäquat · 578
addieren · 236, 513
Ade zur Guten Nacht · 211
Adern · 362
administrativ · 84, 391
Adoro te · 256
Adrenalin · 136, 361
Adresse · 123, 129, 154, 159, 172, 238, 344, 364, 372, 510, 524, 525, 526, 539, 573
Adresse (IP-) · 340
Adressliste · 84, 144

Advent · 31, 32, 393, 510, 515, 621, 657
Affe · 133, 349, 350
affin · 257, 727
Afrika · 176, 586
Agentur · 201
Aggressionen · 36
agieren · 108, 230, 315, 421, 459, 469, 683
agitiert · 572
Agonist · 415
Agree to disagree. · 196
Aha-Moment · 436
ähnlich · 36, 61, 65, 85, 124, 151, 155, 160, 169, 171, 174, 193, 217, 223, 284, 295, 306, 366, 377, 385, 409, 487, 492, 494, 495, 500, 504, 519, 538, 603, 608, 657, 661, 713
Ahnung · 175, 203, 216, 245, 280, 354, 355, 409, 422, 474, 522, 545, 572, 615, 650, 660
Akademiker · 484
AKG 414 · 648
Akkolade · 37, 620
Akkord · 30, 38, 42, 50, 96, 111, 151, 166, 182, 198, 214, 304, 330, 332, 343, 398, 401, 421, 422, 440, 486, 487, 553, 559, 640, 641, 642, 643, 647, 664, 739
Akkord (Schluss) · 304, 398, 413, 440, 679
Akkordeon · 37, 304, 306
Akku · 278
Akkusativ · 80
Akronym · 34
Akteur · 152, 263, 733
Aktion · 76, 91, 108, 118, 196, 205, 238, 250, 254, 462, 478, 493, 593, 600, 617, 662, 722
Aktionäre · 241, 660
Aktionismus · 38, 63, 68, 212, 225, 341, 432, 487, 488, 572, 662, 670, 672
aktiv · 26, 38, 39, 41, 62, 64, 69, 81, 86, 120, 121, 126, 129, 140, 172, 173, 184, 195, 208, 209, 218, 219, 231, 272, 293, 306, 321, 323, 324, 326, 333, 334, 337, 344, 347, 350, 356, 383, 394, 397, 402, 423, 447, 469, 470, 479, 489, 513, 521, 526, 528, 529, 531, 546, 549, 570, 576, 581, 589, 596, 630, 631, 636, 637, 662, 665, 667, 668, 669, 684, 698, 705, 724, 735
aktivieren · 81, 417, 437, 445, 467, 600, 695
Aktivität · 399, 513, 656
aktuell · 41, 50, 67, 120, 130, 132, 153, 159, 161, 179, 221, 222, 267, 319, 320, 333, 335, 368, 379, 388, 397, 444, 463, 469, 472, 489, 491, 505, 519, 538, 593, 610, 639, 684, 710
Akustik · 25, 26, 70, 75, 84, 99, 110, 111, 112, 113, 115, 137, 149, 151, 158, 159, 174, 183, 185, 198, 205, 216, 217, 227, 250, 293, 321, 331, 335, 362, 366, 367, 372, 373, 378,

389, 395, 399, 407, 428, 436, 437, 486, 487, 495, 498, 499, 570, 571, 592, 598, 604,610, 615, 618, 630, 631, 648, 650, 655, 664, 665, 687, 701, 712, 714
akut · 393
Akzent · 39, 40, 47, 61, 79, 118, 140, 158, 258, 354, 384, 385, 432, 589
akzeptabel · 160, 206, 269, 313
akzeptieren · 29, 32, 33, 40, 43, 46, 50, 87, 108, 109, 135, 147, 148, 149, 161, 174, 179, 191, 192, 207, 209, 212, 220, 232, 250, 253, 255, 258, 261, 265, 267, 273, 279, 297, 311, 312, 315, 326, 334, 337, 338, 341, 347, 383, 386, 390, 396, 424, 426, 455, 456, 458, 459, 460, 465, 468, 475, 483, 541, 542, 549, 572, 577, 578, 580, 584, 592, 595, 599, 636, 659, 662, 669, 683, 685, 689, 692, 707, 710, 718, 721, 723, 729, 731, 741
albern · 87, 437
Aleatorik · 478
Aleotti, Vittoria Raffaella (1575 – 1646) · 619
Alkohol · 35, 40, 376, 458, 537
Alla Breve · 628, 629
Alle Eins · 41, 94, 674
allein · 25, 31, 41, 51, 66, 70, 85, 89, 99, 100, 112, 165, 168, 183, 188, 194, 199, 200, 202, 226, 230, 232, 238, 249, 275, 278, 280, 281, 292, 318, 319, 322, 324, 333, 337, 366, 377, 383, 385, 387, 420, 423, 448, 454, 469, 471, 490, 493, 498, 499, 508, 523, 537, 553, 558, 573, 578, 587, 593, 596, 613, 625, 654, 657, 669, 695, 701, 702, 714, 734
Allein Gott in der Höh sei Ehr (Liturgie) · 264, 516
Alleinherrscher · 150
alleinstehend · 713
Alleinunterhalter · 348
Alleluia (Randall Thompson (1899 – 1984) · 42
Alleluja · 42, 57
allerdings · 26, 62, 68, 91, 93, 109, 156, 169, 170, 172, 177, 182, 187, 188, 191, 202, 231, 233, 244, 259, 262, 273, 288, 289, 305, 310, 316, 317, 323, 339, 340, 351, 353, 377, 379, 387, 403, 415, 423, 426, 429, 444, 452, 461, 464, 477, 489, 500, 515, 520, 522, 525, 528, 542, 550, 551, 553, 562, 583, 594, 595, 612, 625, 631, 641, 650, 658, 662, 683, 692, 695, 710, 714, 716, 736, 740, 742
Allergiker · 42
Alles was ihr tut (D. Buxtehude) · 729

allgemein · 42, 50, 68, 87, 89, 93, 97, 110, 123, 153, 161, 174, 191, 234, 250, 304, 306, 320, 339, 421, 447, 457, 478, 533, 534, 548, 603, 669, 719, 734
Allgemeinbildung · 43, 44, 412, 485, 615
Allgemeine Geschichte der Musik (J.N. Forkel) · 602
Allheilmittel · 88
Allianzen · 334, 573
Alltag · 32, 34, 147, 162, 185, 188, 518, 687, 700
alltäglich · 51, 172, 305, 484
allthemusic.info · 44, 711
allwissend · 341, 449, 582
Allzweckdrucker · 157
Alphabet · 394, 627, 725
Alphatier · 287
alt · 75, 98, 132, 155, 160, 178, 188, 191, 204, 317, 325, 351, 362, 388, 395, 397, 405, 414, 421, 426, 432, 440, 446, 471, 498, 505, 506, 509, 549, 568, 640, 652, 656, 689, 702, 709, 718, 720
Alt · 57, 71, 99, 110, 111, 112, 113, 114, 136, 143, 164, 174, 181, 200, 209, 220, 283, 309, 314, 333, 395, 417, 422, 432, 472, 482, 498, 502, 503, 525, 543, 558, 559, 577, 582, 593, 613, 619, 631, 633, 640, 641, 652, 660, 700, 730, 736, 741
Altar · 102, 115, 151, 173, 206, 265, 376, 491, 498
Alte Musik · 98, 160, 302, 398, 407, 439, 471, 480, 608, 679, 738
alteingesessen · 235, 249, 388
Alter · 85, 98, 133, 155, 187, 188, 190, 265, 289, 317, 318, 323, 327, 333, 337, 338, 362, 382, 415, 432, 456, 581, 606, 637
älter · 94, 119, 155, 162, 181, 187, 188, 203, 211, 219, 259, 315, 323, 338, 344, 362, 376, 456, 475, 512, 568, 570, 585, 586, 593, 598, 628, 656, 689
Alter (Einstiegs-) · 187, 188, 317, 324
Alternative · 28, 71, 120, 188, 283, 432, 472, 607, 717
alternativlos · 130, 283, 426, 432, 465
Altersbeschränkung · 188
Althouse, Jay · 411
alufrei · 508
Alzheimer · 456
Amazon · 156, 419, 712
AmazonSmile · 684
ambitioniert · 34, 111, 182, 376, 397, 484, 534, 556, 652, 699, 700
Ambitus · 313, 389, 613, 644, 652
ambivalent · 38, 641
amerikanisch · 67, 110, 114, 218, 447, 603, 695, 725
Amt · 214, 681
Amtsantritt · 383

Amtshandlung · 465
Amusie · 205, 452
Anachronismus · 263, 506
analog · 161, 173, 174, 393, 435, 609, 688
Analogie · 30, 256, 334, 345, 417, 420, 559
analysieren · 63, 64, 79, 86, 87, 95, 109, 121, 133, 134, 178, 179, 191, 199, 200, 207, 252, 261, 272, 287, 383, 406, 414, 421, 422, 432, 443, 444, 455, 465, 490, 515, 523, 553, 555, 556, 578, 580, 634, 647, 661, 672, 696, 701, 711, 719
analytisch · 191, 728
anbehalten · 374
Anbetracht · 512
anbiedern · 163, 448
anbieten · 150, 190, 712, 722
Anbieter · 203, 255, 667, 693
Andacht · 656
andererseits · 28, 34, 50, 82, 202, 212, 279, 288, 396, 441, 453, 527, 571, 611
anderes · 32, 38, 40, 65, 92, 99, 108, 117, 127, 149, 197, 203, 208, 224, 247, 255, 268, 288, 291, 295, 309, 316, 380, 391, 398, 399, 410, 411, 461, 492, 500, 511, 516, 525, 527, 541, 546, 589, 672, 674, 692, 694, 708, 710, 738
ändern · 26, 33, 35, 38, 39, 40, 46, 50, 60, 61, 63, 64, 68, 89, 93, 108, 109, 110, 129, 148, 149, 150, 159, 163, 165, 168, 169, 177, 184, 195, 196, 200, 207, 214, 224, 225, 226, 230, 237, 257, 258, 260, 265, 267, 287, 311, 314, 315, 337, 340, 348, 354, 358, 367, 371, 380, 381, 400, 406, 413, 417, 419, 424, 425, 428, 443, 446, 454, 458, 460, 463, 472, 480, 481, 486, 494, 495, 496, 502, 506, 508, 509, 511, 517, 525, 542, 549, 572, 588, 598, 606, 607, 612, 629, 637, 643, 650, 661, 663, 665, 676, 685, 689, 694, 713, 727, 728, 736
anders · 25, 29, 39, 41, 42, 46, 69, 79, 93, 101, 122, 130, 139, 147, 148, 152, 164, 183, 192, 193, 196, 198, 236, 237, 242, 260, 265, 266, 295, 298, 320, 325, 335, 341, 345, 348, 354, 357, 373, 374, 377, 378, 389, 396, 400, 405, 452, 455, 471, 483, 486, 491, 499, 527, 534, 584, 585, 586, 590, 592, 604, 612, 613, 624, 636, 642, 646, 648, 670, 676, 712, 714, 721, 741, 742
andersherum · 113, 154, 209, 220, 234, 306, 320, 360, 369, 405, 481, 496, 500, 526, 616, 624, 640, 683, 687, 702, 734

andersrum · 154, 345, 640, 686
anderthalb · 282, 481, 482
anderweitig · 241, 490, 716
andeuten · 302
Andicken · 152
Android · 50, 172
anecken · 161, 419
aneignen · 205, 250, 254, 444, 500, 599, 603, 689
Anekdote · 27, 307, 348, 412, 535, 603
anerkennen · 48, 66, 153, 286, 344, 442, 524, 548, 631
Anfahrt · 199, 240, 243, 378, 383, 497
anfällig · 211, 309
anfangen · 41, 42, 44, 49, 69, 77, 85, 100, 134, 140, 141, 145, 148, 154, 157, 171, 179, 180, 183, 184, 190, 193, 205, 221, 234, 252, 256, 260, 262, 281, 302, 313, 318, 330, 331, 332, 334, 335, 337, 342, 350, 363, 387, 407, 412, 413, 433, 434, 435, 441, 442, 453, 456, 458, 464, 468, 472, 487, 497, 512, 518, 532, 546, 547, 549, 552, 563, 567, 587, 597, 599, 620, 630, 635, 640, 641, 642, 643, 647, 663, 669, 676, 685, 687, 688, 690, 696, 737, 739
Anfänger · 240, 407
Anfängerfehler · 94, 113, 573
Anfangston · 44, 45, 277, 430, 608, 641, 642
anfeuern · 193
Anforderungen · 187, 615
anfreunden · 35, 88
anführen · 337, 378, 486, 662
Anführungsstriche · 650
angeben (etwas) · 94, 139, 154, 213, 240, 490, 523, 532
angeben (Töne) · 38, 45, 108, 153, 177, 182, 183, 221, 273, 369, 370, 502, 504, 534, 558, 559, 608, 614, 631, 640, 641, 642, 643, 652, 669
Angeber · 34
angeblich · 426, 722
angebracht · 146, 154, 254
Angehörige · 117, 234, 249, 637
Angelegenheit · 172, 336
angemessen · 33, 46, 64, 68, 126, 128, 327, 541, 553, 581, 585, 621, 668, 678, 683
angenehm · 34, 35, 83, 221, 244, 291, 380, 399, 679
angestaut · 699
angestellt · 51, 92, 138, 231, 242, 243, 251, 286, 325, 409, 477, 526, 545, 636, 699, 729
angestrengt · 632
angetan · 447
angewiesen · 192, 516, 550, 578
angleichen · 592, 679
angreifbar · 615, 624, 722
angreifen · 33, 45, 95, 161, 234, 381, 416, 456, 464, 468, 479, 541, 560, 626, 635, 673, 718, 727
Angst · 46, 61, 65, 71, 81, 89, 94, 97, 117, 131, 149, 150, 166, 172, 191, 192, 223, 230, 254, 255, 257, 267, 288, 289, 290, 320, 329, 340, 346, 363, 369, 404, 413, 424, 432, 451, 465, 489, 491, 493, 500, 561, 578, 598, 620, 633, 638, 639, 643, 672, 673, 690, 698, 701, 708, 721, 723
anhalten · 103, 323, 383
anhand · 27, 49, 56, 96, 245, 289, 315, 369, 377, 393, 502, 521, 548, 649, 692
Anhang · 172
anheben · 591, 649
anhimmeln · 587
Anhimmeln · 587
Animation · 542, 741
animieren · 73, 162, 181, 290, 291, 292, 397, 435, 437, 464, 476, 479, 537, 547, 610, 659
animieren (re-) · 203
Animositäten · 75, 310, 315, 592
Anker · 31, 85, 113, 377, 445, 548, 654, 698, 719, 735
anklingen · 246, 385
ankommen · 110, 173, 392, 438
ankreiden · 161, 710
ankündigen · 263, 696
Anlass · 91, 252, 264, 282, 372, 490, 515, 525, 528, 556
Anlauf · 105, 130
anmachen · 91, 584
anmerken · 382, 491
Anmerkungen · 76, 214, 278, 289, 596
Annahmen · 46, 108, 159, 506, 522
Ännchen von Tharau · 389
Annexion · 590
anonym · 28, 69, 131, 132, 193, 217, 224, 225, 366, 383, 425, 454, 527, 579
anraten · 143, 587
anregen · 46, 91, 109, 156, 515, 600, 640, 714, 732
Ansage · 48, 52, 77, 96, 118, 150, 159, 184, 190, 236, 263, 264, 326, 337, 348, 384, 396, 415, 417, 436, 457, 478, 499, 501, 517, 530, 570, 632, 642, 653, 683, 707, 739
Ansatz · 33, 305, 451, 578, 638, 732
anschaffen · 352, 417
anschaulich · 559, 626, 690
anschließend · 353
Anschluss · 137, 178, 278, 293, 333, 503, 584, 685
Anschreiben · 93
Anschrift · 172, 213, 524
Ansehen · 45, 341, 442
Ansicht · 50, 193, 226, 462
ansiedeln · 370
ansingen · 44, 45, 182, 184, 220, 226, 279, 313, 314, 322, 446, 451, 499, 503, 640, 642
Ansingprobe · 75, 279, 322

ansonsten · 50, 76, 81, 92, 181, 215, 224, 269, 384, 391, 397, 508, 518, 529, 557, 558, 657, 719, 736
anspannen · 186, 334, 335, 508, 606
Anspielprobe · 305
Anspielungen · 515
Anspitzer · 120
anspornen · 598, 630, 672
Ansprache · 59, 348, 727
ansprechbar · 98
ansprechen (etwas) · 46, 75, 91, 160, 174, 189, 196, 212, 223, 224, 238, 243, 244, 253, 256, 287, 332, 334, 381, 540, 583, 593, 619, 657, 699, 713
ansprechend · 172, 411, 420, 520, 710
Ansprechpartner · 39, 346, 360, 365
Ansprechperson · 296
Anspruch · 88, 160, 172, 192, 267, 291, 327, 339, 447, 452, 485, 557, 591, 593, 621, 632, 638, 640, 683
anspruchsvoll · 621
anstatt · 129, 206, 231, 283, 323, 346, 431, 493, 584, 601, 638, 661, 721
anstecken · 233, 234, 292, 373, 378, 387, 454, 730
Anstecker · 373
anstellen · 89, 238, 241, 291, 631
ansteuern · 728
anstrengend · 89, 94, 100, 146, 221, 234, 256, 282, 284, 291, 332, 333, 390, 395, 414, 421, 455, 464, 497, 499, 551, 575, 583, 593, 602, 632, 670, 708, 734
Antagonist · 415
Anteil · 240, 247, 284, 471, 490, 547
Anti-Aging für die Stimme (E. Bengtson-Opitz) · 180, 181, 338, 411
Antihistaminika · 42
antik · 259, 289, 290, 603, 646, 741
Antiquariat · 677, 712
antizipieren · 47, 55, 61, 113, 192, 211, 212, 309, 327, 333, 437, 501, 553, 577, 634, 665, 668, 734, 738
Antrag · 434, 435
antreten · 264
antworten · 29, 35, 42, 48, 56, 80, 91, 147, 155, 156, 179, 192, 193, 195, 208, 224, 226, 244, 245, 246, 255, 278, 336, 338, 361, 380, 384, 400, 411, 421, 452, 501, 522, 524, 525, 526, 527, 540, 542, 603, 624, 630, 641, 661, 671, 673, 684, 691, 709, 710, 717, 727, 742
anvisiert · 577
Anwalt · 48, 205, 236, 268, 307, 363, 390, 405, 615, 659, 740
Anweisungen · 30, 42, 71, 89, 98, 164, 177, 227, 229, 281, 311, 316, 338, 415, 417, 439, 443, 444, 454, 485, 496, 559, 563, 598, 669, 682, 713, 719, 729
anwerben · 520, 524, 525
anwesend · 49, 305
Anwesenheit · 49, 126, 127, 203, 324, 391, 449, 506, 529, 670
Anwesenheitsliste · 29, 48, 49, 84, 144, 145, 187, 251, 507, 673, 691
Anwesenheitsrate · 49, 150
anwinkeln · 606
Anzahl · 124, 126, 156, 161, 223, 241, 415, 416, 520, 651, 707, 733
Anzeige · 130, 458, 520
anzeigen · 168, 172, 564, 569
anzeigen (juristisch) · 80
Anzeigenakquise · 365
anziehen · 53, 325, 361, 374, 375, 380, 487, 507
anzüglich · 97
Apfel · 71, 95, 479, 634
Apfelbaum · 50, 83, 484, 561, 580, 659
Apotheke · 120, 299, 520
Appel und ein Ei · 240
Appell · 558, 691, 693
Applaus · 201, 206, 349, 350, 351, 357, 366, 371, 517
Applausordnung · 349, 350
Apple · 50, 419
Apps · 43, 50, 51, 120, 278, 406, 410, 430, 467, 579, 608, 609, 699, 720
äquivalent · 53, 66, 110, 111, 114, 117, 166, 209, 231, 298, 303, 480, 492
arbeiten · 29, 34, 48, 51, 52, 53, 59, 68, 71, 74, 84, 86, 88, 91, 92, 94, 97, 123, 124, 125, 126, 133, 138, 143, 144, 145, 149, 160, 162, 177, 180, 187, 188, 195, 200, 204, 208, 224, 227, 228, 229, 233, 236, 240, 243, 245, 246, 248, 251, 254, 256, 266, 271, 272, 284, 286, 287, 294, 295, 314, 321, 324, 325, 326, 327, 332, 333, 339, 344, 346, 354, 368, 378, 379, 384, 394, 416, 417, 419, 421, 423, 426, 432, 433, 434, 436, 452, 455, 461, 468, 471, 473, 474, 475, 478, 479, 488, 493, 496, 499, 504, 508, 509, 518, 522, 523, 532, 534, 538, 543, 547, 548, 550, 570, 573, 576, 580, 584, 593, 595, 607, 609, 623, 636, 637, 650, 658, 659, 660, 661, 663, 668, 671, 674, 677, 683, 687, 698, 700, 728, 731, 732, 737
arbeiten (durch-) · 407, 501, 504, 509
arbeiten (heraus-) · 160, 235, 279, 519
arbeiten (zusammen-) · 92, 121, 122, 124, 128, 189, 252, 304, 305, 416, 420, 429, 446, 527, 562, 583, 588, 619, 658, 689
Arbeitgeber · 324, 327, 384, 416, 436, 442, 528, 588

749

Arbeitgeberanteil · 384
Arbeitnehmer · 149, 577
Arbeitskleidung · 53, 299
Arbeitslautstärke · 51, 228, 336, 347, 541
Arbeitsleben · 51, 514
Arbeitslosigkeit · 117, 489
Arbeitsmaterial · 52
arbeitsschutzrechtlich · 491
Arbeitsverweigerung · 150
Arbeitsweise · 93, 189, 235, 326, 335, 402, 475, 552, 580, 663, 678
Arbeitszeit · 242, 506, 514, 700
Arbeitszimmer · 295
archaisch · 433
Architektur · 216, 259
Archiv · 161, 462
ärgern · 36, 79, 80, 211, 251, 252, 316, 317, 416, 421, 428, 435, 489, 561, 570, 577, 595, 723, 731
Argument · 28, 71, 95, 98, 176, 178, 204, 225, 242, 243, 244, 257, 265, 283, 288, 337, 338, 378, 400, 405, 429, 444, 473, 491, 540, 541, 556, 562, 572, 596, 661, 673, 732
Argument (Killer-) · 240, 244, 245, 374, 429, 506, 639
Arktikfön · 43, 196
arm · 247, 347, 354, 705
Arm · 31, 48, 73, 76, 83, 115, 168, 169, 186, 272, 275, 277, 328, 329, 350, 375, 425, 631, 690, 698, 705
Ärmel · 35, 273, 374, 375, 507, 689
Armutszeugnis · 71, 193
arrangieren · 212, 227, 676, 677
Arroganz · 70, 146, 346, 384, 458, 527, 611, 636
Ars Antiqua · 457
Ars Nova · 457
Arsch · 34, 206, 230, 250, 301, 320, 345, 347, 375, 383, 416, 445, 485, 541, 557, 623, 684, 702, 732
Art · 67, 75, 84, 86, 88, 89, 94, 96, 103, 140, 200, 325, 333, 381, 384, 410, 427, 443, 447, 448, 449, 455, 458, 474, 485, 487, 489, 492, 498, 546, 549, 574, 586, 603, 636, 692, 695, 717, 728, 740
Artikel · 27, 53, 130, 203, 367, 368, 410, 467, 487, 496, 537, 567, 635, 720, 738
Artikulation · 52, 53, 75, 147, 159, 279, 281, 291, 297, 323, 329, 342, 377, 395, 399, 427, 433, 467, 498, 551, 568, 574, 604, 633, 687, 708, 735, 737, 739
Artikulationsorgan · 53
Arzt · 88, 196, 203, 211, 298, 323, 379, 414, 526, 615, 722
As · 559, 689
Aspekte · 68, 89, 261, 404, 409, 420, 610, 691, 692
Aspirant · 472, 525, 571

aspiriert · 56, 57, 66, 119, 151, 341, 494, 568, 569, 604, 665
Assad · 586
Assessoren · 702
Assurance des succès dramatiques · 201
Ästhetik · 259, 495
Atem · 53, 54, 82, 83, 85, 100, 146, 179, 207, 266, 271, 315, 327, 387, 433, 530, 531, 568, 576, 601, 633
Atem (Kurzatmigkeit) · 56, 57, 119, 272, 386, 508
Atemkontrolle · 54, 531
Atemluft · 225, 247, 417
Atemoffenbarung · 55, 57, 119, 386, 493
Atemorganisation · 55, 56, 57, 119, 386
Atemrhythmus · 392
Atemsäule · 328
Atemzeichen · 40, 47, 55, 56, 57, 64, 118, 119, 165, 214, 218, 237, 263, 266, 272, 278, 306, 307, 341, 451, 454, 460, 461, 478, 487, 492, 503, 519, 523, 531, 547, 569, 612, 665, 667, 668, 680, 718
Atemzug · 392
atmen · 34, 44, 54, 55, 56, 57, 81, 82, 83, 85, 118, 119, 147, 153, 167, 168, 175, 177, 183, 186, 204, 215, 233, 266, 271, 284, 303, 306, 321, 341, 386, 388, 392, 394, 399, 415, 436, 444, 451, 454, 492, 530, 531, 576, 591, 604, 606, 612, 641, 643, 665, 669, 713, 721
atmen (aus-) · 38, 54, 57, 81, 392, 531
atmen (chorisch) · 55, 56, 57, 118, 386, 451
atmen (ein-) · 38, 45, 47, 54, 55, 56, 81, 82, 83, 86, 118, 298, 306, 315, 341, 392, 399, 451, 454, 492, 493, 503, 504, 531, 569, 576, 604, 614, 643, 665, 667, 668, 669, 687
atmen (nach-) · 55, 85, 146, 166, 257, 451
atmen (über-) · 56, 81, 341, 451
atmen (ver-) · 57
atmen (zwischen-) · 55, 82, 146, 271, 341, 451, 531
Atmosphäre · 76, 233, 254, 556, 728
Atmung · 38, 54, 74, 82, 167, 185, 219, 279, 306, 392, 531, 540, 570, 612, 741
Atmung (Bauch-) · 38, 53, 81, 85, 147, 167, 186, 271, 274, 399, 415, 576, 606, 721
Atmung (Bauchmitten-) · 82, 83, 85
Atmung (Brustkorb-) · 38, 53, 81, 82, 85, 147, 186, 399, 415, 576, 721
Atmung (Schnapp-) · 38, 47, 56, 57, 81, 119, 151, 237, 341, 530, 531, 568, 569, 570, 576, 589, 610, 665

ATP (Adenosintriphosphat) · 247
attraktiv · 53, 133, 187, 226, 587
audiophil · 483
Auerswald, Eberhard (*1943) · 260, 612
aufarbeiten · 43, 583, 623, 707
aufbauschen · 269, 292
aufbereiten · 400, 407
aufblasen · 443
aufbrausend · 108, 109
aufbringen · 200, 733
aufdecken · 328
aufdringlich · 640
aufeinander · 267, 330, 331, 342, 387, 486, 502, 555, 605, 669
auffällig · 53, 54, 63, 146, 173, 217, 236, 277, 356, 373, 384, 419, 447, 452, 453, 499, 562, 634, 706, 723
auffangen · 31, 310, 667
Auffassung · 316, 405
Auffrischung · 740
aufführen · 66, 128, 176, 178, 241, 301, 304, 305, 356, 389, 391, 449, 457, 463, 477, 490, 518, 544, 555, 613, 619, 620, 677
Aufführungspraxis · 406, 408, 440
Aufgabe · 30, 46, 49, 58, 61, 64, 73, 76, 77, 84, 91, 92, 94, 95, 111, 115, 123, 128, 143, 144, 145, 155, 179, 185, 188, 189, 192, 197, 200, 202, 205, 207, 216, 219, 228, 235, 247, 256, 272, 274, 275, 286, 287, 310, 311, 318, 319, 323, 333, 339, 352, 354, 374, 391, 397, 400, 401, 402, 415, 420, 421, 423, 427, 437, 442, 446, 448, 449, 473, 474, 485, 516, 522, 527, 533, 540, 543, 550, 554, 557, 558, 579, 581, 595, 597, 601, 603, 653, 673, 674, 678, 681, 682, 687, 692, 696, 708, 709, 730, 734, 735, 745
Aufgabenverteilung · 365
Aufgang · 183, 265, 272, 357, 358, 701
aufgeben · 52, 61, 88, 198, 213, 263, 431, 525, 632, 660, 665, 729
aufgebracht · 54
aufgehen · 218
aufgehoben · 249, 381, 625
aufgeladenen · 462
aufgesetzt · 211, 440
aufgrund · 66, 68, 124, 136, 146, 154, 158, 190, 298, 301, 306, 314, 317, 323, 410, 413, 499, 542, 555, 628, 634, 646, 683, 695
aufhalten · 136, 288, 572
aufholen · 571
aufhören · 52, 68, 76, 140, 186, 219, 239, 269, 287, 371, 458, 537, 558, 584, 630, 696
Aufklärungsarbeit · 624
aufkommen · 98, 128, 187, 205, 260, 288, 315, 400, 405, 415, 423, 579, 732

aufladen · 337
Auflage · 408, 411, 676
auflösen · 92, 97, 113, 127, 190, 256, 462, 471
Auflösung · 137, 462, 520
Auflösungszeichen · 97, 703
aufmachen · 322, 416, 417, 568, 698
Aufmerksamkeit · 32, 43, 51, 59, 60, 71, 72, 74, 135, 161, 200, 219, 228, 233, 253, 268, 271, 288, 290, 306, 317, 333, 352, 356, 359, 363, 367, 397, 398, 401, 414, 446, 478, 492, 493, 550, 552, 593, 598, 612, 619, 620, 653, 670, 682, 691, 723, 730
aufmucken · 227
Aufnahme (Ton-) · 60, 63, 66, 79, 137, 152, 172, 179, 198, 230, 265, 279, 293, 294, 344, 351, 406, 471, 483, 500, 556, 573, 587, 592, 623, 628, 629, 648, 649, 668, 695, 712, 739
Aufnahme (Video-) · 351, 587, 691, 739
aufnahmefähig · 122, 234
Aufnahmegerät · 443
Aufnahmehäppchen · 294
aufnehmen · 60, 63, 296, 305, 348, 367, 413, 528, 585, 619, 648, 718
aufpassen · 231, 296, 306, 313, 345, 436, 558, 562, 572, 605, 660, 718
Aufphrasieren · 47, 555
Aufprall · 167
aufraffen · 727
aufrecht · 73, 75, 83, 140, 168, 169, 211, 216, 257, 271, 272, 277, 296, 320, 334, 398, 474, 504, 601, 614, 656, 737
Aufregung · 40, 99, 251, 267, 311, 316, 659, 701, 723, 734
aufrichten · 262, 272, 277, 398
Aufruf · 50, 490
aufrunden · 305
Aufsatz · 441
Aufschlaggeschwindigkeit · 329
aufstellen · 133, 243, 359, 366
Aufsteller · 385
Aufstellung (Chor-) · 25, 38, 60, 71, 88, 102, 110, 112, 113, 114, 115, 149, 152, 168, 174, 177, 183, 184, 191, 197, 206, 217, 226, 227, 230, 231, 265, 268, 279, 307, 334, 366, 367, 371, 372, 373, 378, 396, 418, 435, 436, 472, 473, 486, 491, 498, 511, 534, 559, 593, 598, 701
Auftakt · 86, 169, 523, 669, 705
Auftrag · 144, 159, 219, 306, 477, 705
Auftraggeber · 124, 516
Auftritt · 25, 28, 40, 55, 63, 72, 73, 75, 80, 86, 91, 95, 99, 103, 123, 124, 125, 126, 128, 135, 151, 158, 172, 177, 179, 183, 192, 199, 200, 201, 202,

750

204, 207, 212, 229, 231, 240, 241, 242, 249, 254, 255, 266, 267, 268, 279, 280, 286, 298, 304, 310, 311, 319, 320, 324, 331, 339, 340, 342, 343, 347, 349, 350, 352, 354, 357, 359, 361, 362, 369, 372, 373, 374, 376, 381, 386, 392, 397, 414, 423, 427, 446, 457, 461, 464, 473, 485, 486, 489, 508, 510, 513, 517, 518, 519, 521, 528, 533, 539, 544, 545, 548, 550, 555, 557, 561, 562, 568, 576, 580, 597, 598, 623, 624, 630, 638, 639, 640, 641, 642, 655, 657, 668, 669, 671, 689, 690, 692, 701, 707, 708, 712, 723, 727, 728, 731, 740, 746
Aufwand · 99, 128, 158, 159, 237, 240, 242, 264, 288, 305, 372, 458, 498, 528, 550, 613, 645, 648, 661
Aufwand (Mehr-) · 242
aufwärts · 27, 31, 257, 330, 464, 613, 712, 737
aufweisen · 415, 436
Aufzählung · 93, 109, 143, 204, 259, 325, 340, 459, 622, 677
Auge · 39, 42, 43, 47, 54, 61, 68, 115, 134, 167, 168, 214, 222, 223, 226, 229, 230, 255, 256, 274, 279, 301, 320, 321, 352, 381, 403, 404, 430, 439, 448, 463, 474, 484, 487, 491, 512, 564, 573, 586, 594, 601, 686, 698, 734, 740
Augenblick · 29, 30, 36, 61, 87, 98, 102, 122, 124, 126, 154, 156, 193, 196, 198, 208, 251, 267, 288, 310, 319, 336, 391, 394, 413, 414, 432, 434, 442, 448, 456, 460, 465, 477, 487, 506, 530, 557, 583, 643, 674, 682, 696, 723
Augenbrauenzucker · 62
Augenöffner · 207
augenscheinlich · 62, 69, 156, 171, 251, 273, 533, 671, 682, 709, 710, 731
Augenwinkel · 530
Augenwischerei · 90, 533, 570, 659
Aura · 146
Aus der Praxis für die Praxis (A. Pfortner) · 410
ausarten · 263, 436
Ausbeutung · 243
Ausbildung · 65, 89, 92, 98, 148, 153, 192, 230, 244, 246, 256, 258, 291, 317, 324, 332, 342, 395, 474, 480, 532, 652, 719, 731, 739
Ausbildungsstand · 243, 707, 715
Ausbleiben · 599
Ausblick · 510, 699
ausbreiten · 151
Ausbruch · 176, 193, 310, 311
auscheiden · 161
ausdenken · 28, 275, 379, 414, 440, 573

Ausdruck · 42, 48, 101, 161, 169, 177, 191, 208, 211, 255, 264, 274, 327, 347, 404, 439, 444, 500, 573, 600, 601, 629, 692
ausdrucken · 461, 497
ausdrücklich · 118, 200, 298
Ausdruckshand · 167, 168, 169, 273, 274, 275, 328, 352, 439, 564, 626, 643
Ausdruckstanz · 601
ausfallen · 36, 117, 132, 344, 460, 462, 508, 541, 575, 576, 578, 634, 734
ausfallend · 36
Ausflug · 27, 28, 116, 397, 617
ausführend · 679
ausführlich · 76, 101, 431, 521
Ausführung · 28, 82, 123, 139, 149, 150, 155, 164, 178, 180, 184, 186, 202, 205, 275, 392, 430, 431, 481, 489, 516, 563, 564, 569, 611, 631, 644, 662, 701, 723, 740, 741
Ausführungshilfe · 494
Ausgabe · 125, 461, 463, 523, 629, 677, 680, 742
Ausgabe (Noten) · 47, 56, 76, 119, 125, 138, 157, 177, 190, 215, 447, 460, 461, 463, 469, 487, 523, 524, 529, 540, 559, 629, 676, 677, 678, 679, 711
Ausgabe (praktische) · 190, 677, 679
Ausgaben (Kosten) · 116, 117, 125, 321, 434, 461
Ausgang · 68, 69, 173, 247, 304, 356, 364, 517, 600
ausgeben · 116, 117, 301, 434
ausgehen · 130, 140, 258, 310, 393, 487, 495, 599, 619, 628, 691, 714
ausgehend von · 39, 42, 140, 165, 166, 167, 242, 376, 417, 440
ausgeklügelt · 355
ausgenommen · 478
ausgeprägt · 313, 538, 694
ausgestoßen · 577
ausgewogen · 113, 236, 371, 420, 597
ausgiebig · 71, 72, 181, 383
ausgleichen · 63, 64, 68, 71, 93, 109, 116, 117, 160, 163, 164, 186, 190, 212, 231, 271, 281, 288, 314, 337, 402, 427, 435, 440, 446, 463, 483, 543, 547, 548, 557, 558, 589, 606, 617, 633, 688, 694, 698, 737
aushalten · 473, 499
Aushang · 130, 364, 391
Aushilfe · 64, 65, 118, 128, 442, 465, 610
ausklinken · 290
auslassen · 53, 399, 685, 746
auslaufen · 469
ausleben · 52, 108, 286, 617
auslegen · 30, 120, 212, 237, 247
Auslese · 64
auslösen · 228, 403, 587, 604, 605, 701
ausloten · 706

ausmachen · 35, 100, 107, 109, 151, 195, 224, 236, 247, 301, 404, 409
Ausnahme · 50, 62, 67, 73, 75, 89, 112, 188, 192, 213, 215, 217, 225, 236, 267, 301, 325, 330, 376, 436, 473, 517, 532, 544, 575, 619, 626, 640, 675, 733
ausnahmslos · 271, 285
auspacken · 307
Ausprägung · 283, 694
ausquetschen · 244
ausrasten · 346
ausräumen · 117, 495
Ausrede · 26, 186, 193, 319, 360, 393, 486, 512, 568, 706
ausreichen · 125, 128, 139, 146, 280, 292, 352, 359, 454, 464, 491, 514, 549, 692, 714, 723
Ausrichtung · 174, 312, 527
Ausrufezeichen · 215, 348
Aussage · 84, 96, 147, 156, 244, 277, 285, 229, 244, 292, 315, 326, 331, 344, 353, 387, 405, 417, 437, 440, 452, 454, 489, 492, 495, 500, 514, 515, 518, 546, 571, 592, 613, 628, 650, 671, 692, 693, 706, 707, 719
Aussagefähigkeit · 245
aussagekräftig · 90, 277, 397, 496, 571
ausschalten · 730
ausschließen · 340, 425, 650, 665
ausschließlich · 95, 124, 143, 178, 202, 206, 219, 220, 231, 256, 265, 283, 294, 308, 310, 335, 356, 360, 376, 391, 491, 530, 541, 559, 564, 572, 596, 601, 609, 656, 669, 689, 712, 727
Ausschnitt · 53, 293
ausschöpfen · 50, 150, 405, 416, 475, 483
ausschreiben · 90, 93, 594, 665
Ausschuss · 734
Ausschüttung · 476
außen · 45, 111, 153, 155, 161, 176, 199, 202, 230, 242, 250, 255, 280, 284, 339, 341, 344, 386, 427, 449, 486, 507, 587, 621, 623, 625, 630, 638, 661, 678
Außenbild · 415, 621
Außenklang · 665
Außenleben · 511
Außenwirkung · 39, 63, 154, 179, 202, 252, 268, 286, 319, 349, 400, 568, 591, 690, 734
außerdem · 41, 56, 59, 90, 126, 137, 153, 173, 177, 203, 216, 245, 255, 322, 349, 358, 374, 381, 388, 402, 410, 411, 439, 445, 472, 495, 513, 519, 540, 561, 564, 570, 577, 579, 606, 635, 683
außerhalb · 34, 62, 117, 143, 188, 196, 201, 208, 217, 240, 286, 295, 356, 448, 473, 528, 582, 656

äußern · 50, 61, 154, 174, 310, 316, 425, 427, 444, 530, 586, 590, 683, 686, 692, 693, 709, 710, 734, 742
außerplanmäßig · 55, 247, 528
aussetzen · 307
Aussicht · 200, 658
Aussitzen · 732
Aussprache · 66, 67, 256, 339, 443, 495, 540, 610, 651
Ausstattung · 527, 688
ausstehen · 62, 436
aussteigen · 571, 688
ausstellen · 127, 490, 499, 520
aussteuern · 293, 596, 650, 688
ausstoßen · 392
aussuchen · 75, 88, 90, 235, 311, 360, 511, 515, 526, 591, 594, 596, 658, 685, 733
Austicken · 310
Australien · 457
Austritt · 42, 68, 95, 138, 190, 191, 239, 348, 354, 356, 425, 429, 568, 627, 709
ausüben · 109, 125, 155, 178, 220, 328, 338, 344, 374, 449, 456, 470, 488, 587, 598, 621, 632
Auswahl · 131, 295, 375, 381, 488, 511, 515, 516, 522, 595, 607, 695, 711, 717
Auswahl (Programm/ Stücke) · 64, 102, 124, 194, 200, 226, 255, 426, 516, 522, 527, 540, 556, 557, 638, 678, 729
Auswahldirigieren · Siehe Probedirigieren
Auswahlvorsingen · 70, 296, 472, 530, 571, 702
auswärtig · 295, 309
Ausweg · 60, 100, 226, 258, 520
ausweichen · 218, 315, 473, 582, 587, 606
Ausweis · 90, 354
ausweisen · 146, 539, 560
auswendig · 47, 72, 73, 74, 83, 91, 148, 149, 157, 227, 263, 272, 403, 404, 436, 438, 527, 545, 547, 633, 666, 667, 676, 694, 718, 722
Auswertung · 224, 225, 425, 734
auswischen · 324
Auswüchse · 460
auszeichnet · 34, 400
Auszeit · 64, 229
ausziehen · 517
authentisch · 176, 414, 484, 485, 596
Auto · 195, 208, 241, 278, 281, 344, 455, 491, 531, 608
Autobahn · 281
autobiografisch · 456
Autokratie · 74, 75, 161, 458
automatisch · 40, 52, 55, 75, 76, 118, 135, 147, 164, 172, 175, 203, 255, 271, 277, 281, 283, 301, 306, 314, 322, 338, 368, 387,

751

395, 438, 440, 451, 468, 489, 511, 531, 595, 612, 655, 662, 701, 707, 717, 734
Autor · 101, 315, 477, 603
Autorität · 76, 199, 341
Avancen · 587
Ave Verum (W.A. Mozart) · 628
Aversion · 599, 689

B

Baby · 79
Bach, Carl Philipp Emanuel (1714 – 1788) · 603
Bach, Johann Sebastian (1685 – 1750) · 28, 66, 128, 164, 205, 215, 236, 241, 253, 260, 305, 411, 461, 477, 527, 535, 543, 628, 676
backen · 32, 479, 675
Backround · 83
Badewanne · 362, 538
Bahnen · 88, 254
Bahnfahrt · 217
bakteriell · 298
Bakterien · 298, 299, 659
Balance · 32, 81, 226, 246, 271, 502, 551, 624, 660, 664
Balken · 37
Balkenklammer · 37
Ball · 140, 231, 538
Ballade · 441
Ballast · 207, 362, 391
Ballett · 79, 169, 204, 275, 349, 430, 669
Banane · 479
Banchieri, Adriano (1568 – 1634) · 57, 444
Band · 25, 201, 306, 342, 354, 366, 408, 411, 441, 442, 579, 590, 650
Bandbreite · 222, 745
Bande · 151, 152, 538
bändigen · 108, 334
Bandwurm · 203
Bank · 41, 355, 356, 366, 372, 404, 417, 490, 498, 520, 545, 716
Bankräuber · 269
Banner · 385, 432
bar · 80
Barabbas-Effekt · 80, 119, 343, 634
Bärenfell · 507
Bariton · 110, 111, 652, 741
Barock · 80, 106, 283, 405, 477, 600, 679
Barocktrompete · 646
Barriere · 82, 154
Bartók, Béla (1881 – 1945) · 259
Basics · 245
basieren · 52, 297, 342, 443, 500, 551, 632, 633
Basis · 83, 155
Basischor · 527
Bass · 31, 38, 71, 89, 101, 110, 111, 112, 113, 114, 136, 147, 164, 165, 179, 181, 190, 198, 199, 200, 209, 220, 221, 249, 310, 313, 314, 330, 331, 395, 406, 417, 467, 493, 502,

503, 504, 542, 543, 555, 556, 559, 613, 619, 633, 640, 641, 647, 652, 657, 660, 700, 736, 738, 739, 741
Bassflöte · 304
Basso Continuo · 440
basteln · 403, 490, 533, 590
Bastion · 160
Bauch · 38, 48, 53, 73, 81, 82, 83, 85, 140, 167, 168, 199, 274, 387, 392, 507, 508, 531, 576, 741
Bauchgefühl · 82, 199, 431
Bauchmuskeln · 81, 147, 271, 606
Bauchnabel · 82, 167, 274, 566
Bauchraum · 38, 81, 82, 168, 508, 576
Bauchrednerpuppe · 596
Bauchzeigen · 508
bauen · 33, 34, 110, 145, 216, 262, 279, 280, 397, 416, 437, 441, 488, 494, 529, 537, 539, 553, 559, 562, 691
bauen (ab-) · 140, 282, 322, 346, 660
bauen (auf-) · 26, 40, 81, 86, 93, 116, 146, 157, 165, 168, 182, 187, 188, 191, 193, 194, 198, 200, 222, 236, 250, 252, 279, 282, 293, 294, 297, 309, 317, 329, 346, 347, 352, 354, 365, 399, 406, 408, 416, 417, 440, 453, 457, 460, 468, 479, 483, 508, 516, 527, 545, 559, 560, 578, 582, 604, 606, 607, 639, 640, 660, 671, 687, 730, 738, 741
bauen (ein-) · 40, 173, 174, 180, 234, 291, 437, 614, 698, 731
Bauer · 83
Baukasten · 397
Baum · 81, 111, 221, 223, 364, 443, 498, 658, 677, 723
baumeln · 374
Baurecht · 457
Baustrahler · 352
Bauwerk · 259
Bayern · 69
BCC (BlindCarbonCopy) · 238, 526
beachten · 91, 139, 165, 167, 172, 221, 253, 265, 308, 345, 363, 384, 385, 397, 469, 517, 519, 556, 617, 628, 629, 653, 670, 687, 699
bearbeiten · 106, 211, 222, 227, 323, 351, 524, 648, 663
beauftragen · 84, 150, 227, 249
Beauftragte · 249, 282, 352, 367, 593
beäugen · 103, 448
beben · 690
Bedauern · 274
bedeckt · 53, 145, 507
Bedenke: · 36, 40, 63, 64, 65, 67, 80, 83, 90, 94, 95, 100, 132, 189, 208, 217, 222, 235, 242, 249, 253, 279, 288, 354, 357, 360, 381, 383, 399, 405,

429, 448, 458, 484, 491, 492, 516, 526, 545, 575, 578, 637, 639, 669, 676, 687, 688, 698, 729, 739
bedenken · 58, 172, 199, 313, 341, 382, 405, 514, 519, 526, 591, 597
Bedenkenträger · 33
Bedenkzeit · 36, 487
bedeuten · 25, 30, 31, 36, 45, 64, 71, 76, 86, 90, 108, 145, 148, 149, 150, 152, 153, 174, 193, 197, 207, 208, 211, 215, 224, 229, 248, 255, 259, 262, 274, 283, 301, 320, 329, 331, 340, 353, 384, 385, 398, 399, 411, 415, 430, 431, 437, 438, 445, 447, 448, 452, 483, 504, 513, 521, 537, 546, 580, 581, 582, 583, 584, 598, 599, 604, 626, 628, 646, 650, 651, 672, 676, 679, 695, 718, 722, 740
bedeutend · 82, 106, 256, 259, 413, 580
bedienen · 32, 205, 354, 359, 487, 518, 548, 596, 687
Bedienungsanleitung · 627, 628
Bedingung · 130, 151, 196, 217, 524, 599, 657, 714
Bedürfnisse · 384, 424, 516, 665
beeinflussen · 68, 98, 160, 161, 169, 202, 206, 211, 239, 391, 447, 533, 714
beeinträchtigen · 52, 227, 474
Beerdigung · 126, 318, 373, 374, 382, 458, 478, 528, 545, 637
Beethoven, Ludwig v. (1770 – 1827) · 408, 477, 619, 629, 644
befähigen · 49, 280, 522
befehlen · 76, 95, 254, 336, 445, 446
befestigt · 31, 719, 735
befinden · 68, 191, 265, 315, 377, 456, 477, 647
Befindlichkeiten · 122
befolgen · 501, 629, 676
befreien · 36, 46, 52, 126, 192, 202, 254, 255, 257, 279, 285, 311, 376, 384, 391, 404, 415, 474, 489, 538, 561, 576, 588
Befreiungsschlag · 228
befriedigen · 77, 84, 98, 176, 178, 221, 229, 494, 540, 621, 649, 653
Befugnis · 39, 44, 126, 150, 153, 231, 307
Begabung · 123, 659
Begebenheiten · 269, 661, 735
begegnen · 33, 163, 207, 340, 481, 566, 587, 589, 598, 622, 740
begehen · 540
begeistern · 27, 71, 178, 449, 625, 656
Beginn · 38, 41, 55, 56, 58, 60, 65, 72, 74, 101, 106, 110, 115, 121, 126, 130, 140, 141, 149, 150, 156, 158, 165, 170, 183, 185, 188, 209, 216, 219, 237,

238, 242, 252, 255, 260, 261, 262, 264, 271, 279, 280, 291, 292, 307, 313, 315, 316, 318, 322, 324, 332, 333, 345, 346, 349, 353, 360, 361, 363, 364, 368, 369, 370, 387, 402, 415, 417, 427, 443, 446, 448, 451, 454, 456, 457, 469, 477, 479, 486, 494, 496, 498, 501, 502, 503, 508, 509, 510, 515, 516, 517, 521, 523, 524, 529, 531, 532, 533, 546, 552, 559, 563, 566, 568, 570, 575, 579, 592, 608, 614, 626, 627, 628, 633, 634, 637, 639, 642, 647, 657, 659, 662, 665, 666, 668, 681, 687, 689, 696, 698, 699, 700, 727, 728, 730, 739, 740
begleiten · 25, 93, 94, 111, 130, 133, 147, 161, 173, 207, 219, 293, 296, 304, 306, 324, 346, 350, 354, 355, 383, 436, 469, 472, 485, 486, 487, 497, 591, 597, 633, 644, 650, 669, 700, 702, 707, 711
Begleiten (bewusstes) · 25, 41, 94, 219, 497, 674
Begleitperson · 324
Begleitstimme · 26, 94, 219, 436, 497, 700, 741
begrenzt · 122, 367, 405, 543, 548, 559, 707
Begriff · 27, 32, 37, 96, 151, 217, 218, 219, 234, 245, 307, 346, 411, 414, 431, 447, 457, 521, 542, 562, 741, 746
begründen · 26, 27, 29, 32, 33, 35, 38, 43, 45, 48, 63, 75, 76, 82, 84, 100, 126, 131, 148, 159, 161, 199, 208, 225, 226, 231, 233, 256, 258, 287, 306, 311, 319, 324, 337, 338, 340, 341, 377, 380, 386, 390, 409, 419, 424, 426, 430, 432, 435, 436, 458, 460, 465, 515, 516, 525, 527, 540, 553, 568, 572, 576, 587, 596, 611, 612, 646, 673, 679, 680, 695, 696, 710, 716, 727
Begründung · 75, 159, 208, 338, 347, 432, 467, 643
begrüßen · 33, 62, 194, 239, 359, 360, 453, 470, 500, 579, 736
begünstigen · 309, 548
behäbig · 549
behaglich · 672
behalten · 39, 48, 49, 84, 103, 113, 145, 170, 186, 187, 268, 339, 343, 364, 380, 390, 403, 507, 518, 546, 574, 615, 643, 682, 706, 737
behandeln · 32, 33, 40, 65, 88, 109, 151, 154, 237, 295, 306, 320, 333, 360, 383, 411, 429, 495, 577, 587, 590, 615, 655, 668, 709, 733
beharren · 485
behaupten · 66, 70, 80, 109, 187, 211, 256, 269, 295,

328, 382, 458, 492, 528, 534, 568, 615, 633, 635
beheben · 558, 712
beherrschen · 67, 370, 552
beherzigen · 244
behindern · 53, 348, 374, 709
Behinderung · 43, 59, 333, 354, 357, 359, 511
Behrmann, Martin · 408
beibehalten · 313, 399, 422, 447, 460, 474, 514, 658, 660, 675
beibringen · 45, 66, 70, 176, 188, 205, 209, 280, 309, 311, 555, 560, 620, 622, 624, 700, 719
beieinander · 107, 134, 166, 249, 695, 734
beikommen · 212, 732
beinahe · 601
Beine · 53, 69, 103, 117, 268, 507, 511, 561, 606
beinhalten · 74, 174, 242, 291, 456
Beirat · 39, 77, 84, 90, 122, 128, 131, 216, 224, 225, 248, 251, 252, 268, 286, 346, 394, 426, 427, 473, 572, 625, 639, 670, 684, 699, 734
beirren · 341
beisammen · 35, 379, 476, 508, 597
beiseite · 186, 250, 291, 414, 594
Beispiel · 28, 38, 39, 56, 57, 61, 89, 92, 97, 99, 112, 119, 134, 139, 150, 156, 164, 165, 189, 190, 197, 199, 209, 223, 242, 250, 256, 257, 282, 283, 302, 303, 309, 320, 338, 339, 342, 384, 388, 391, 421, 422, 425, 428, 434, 454, 465, 467, 474, 482, 493, 496, 502, 509, 516, 534, 535, 541, 542, 547, 569, 602, 612, 623, 626, 644, 645, 647, 650, 651, 655, 681, 682, 683, 696, 697, 709, 716, 729, 740
Beispielbild · 172
beispielhaft · 66, 113, 127, 553
beißen · 42, 48, 62, 154, 341, 432, 467, 504, 561, 600
beitragen · 214, 329, 370, 377, 429, 442, 459, 667, 673
beiwohnen · 136, 216, 367, 496
bekämpfen · 298
bekannt · 45, 54, 61, 95, 105, 120, 121, 124, 131, 173, 177, 178, 184, 204, 218, 236, 290, 297, 310, 332, 339, 350, 365, 385, 397, 401, 433, 437, 439, 454, 456, 469, 472, 474, 477, 501, 504, 518, 524, 527, 534, 535, 537, 546, 547, 551, 590, 603, 606, 613, 616, 632, 635, 650, 655, 656, 658, 666, 674, 679, 701, 732
bekannt (un-) · 95, 120, 121, 131, 177, 178, 185, 263, 384, 446, 469, 478, 489, 669, 711, 721, 723

Bekker, Paul (1882 – 1937) · 457
bekloppt · 635
bekommen · 30, 31, 34, 40, 41, 42, 43, 48, 49, 52, 63, 65, 68, 69, 71, 80, 88, 94, 95, 100, 105, 112, 118, 120, 128, 130, 131, 132, 139, 140, 146, 149, 152, 158, 162, 167, 168, 170, 171, 173, 174, 178, 186, 190, 192, 193, 194, 195, 196, 198, 208, 211, 212, 216, 220, 223, 231, 240, 241, 242, 243, 244, 246, 247, 248, 249, 257, 263, 268, 271, 278, 279, 290, 291, 293, 299, 303, 306, 307, 311, 313, 316, 317, 319, 323, 325, 330, 332, 337, 338, 340, 342, 343, 344, 347, 350, 352, 359, 361, 363, 368, 370, 377, 380, 394, 395, 397, 399, 401, 408, 410, 411, 413, 425, 426, 428, 430, 434, 435, 436, 438, 439, 442, 443, 446, 447, 448, 449, 452, 455, 457, 465, 469, 470, 472, 478, 489, 496, 499, 501, 503, 509, 514, 516, 518, 519, 520, 521, 522, 524, 526, 533, 543, 547, 550, 552, 561, 572, 574, 575, 580, 589, 591, 594, 595, 599, 604, 608, 612, 616, 628, 632, 633, 636, 639, 648, 657, 658, 660, 661, 662, 664, 668, 672, 673, 677, 678, 683, 688, 689, 701, 705, 709, 710, 717, 723, 730, 731, 732, 737, 742
belagern · 154
belanglos · 348, 692
belassen · 31, 182, 329, 422, 469, 520, 584, 615, 632, 694, 735
Belästigung · 200, 498, 587
belebt · 588
belegen · 356, 426, 436, 588, 615, 720
Beleidigung · 36, 84, 95, 196, 211, 317, 325, 336, 340, 396, 399, 478, 572, 674, 677, 709, 729
Beleuchtung · 184, 282, 352, 365, 372
Belichtungszeit · 223
beliebig · 93, 163, 205, 289, 307, 341, 373, 459, 474, 529, 545, 552, 676, 716
beliebt · 414, 433, 486, 540, 700, 713
beliebt machen · 535, 706
bellen · 250, 443
Belohnung · 442, 678
Belting · 85
Belzebub · 97
bemerken · 169, 187, 193, 548
benachrichtigen · 344
benachteiligen · 50, 590, 591
Benefiz · 69, 365, 515, 518, 620
benehmen · 234, 248
benennen · 620, 621, 713
Bengtson-Opitz, Elisabeth · 411
Benker, Heinz (1921 – 2000) · 260, 433

benutzen · 566, 567
beobachten · 33, 52, 59, 86, 120, 160, 220, 234, 253, 334, 340, 344, 347, 402, 470, 601, 691, 705
bequem · 52, 54, 87, 100, 102, 166, 169, 265, 291, 380, 413, 719
berappeln · 723
Bérard, Jean-Antoine (1710 – 1772) · 695
beraten · 134, 175, 208, 339, 411, 414, 431, 557
berechenbar · 125, 154, 193, 341, 468, 485, 564, 588, 589, 625, 643, 722
berechtigt · 25, 128, 280, 281, 319, 336, 338, 479, 590, 599, 607, 611, 623, 673, 674, 710
berechtigt (gleich-) · 75, 160, 161, 236, 534, 596
Bereich · 30, 44, 85, 161, 195, 232, 261, 302, 367, 390, 423, 452, 456, 473, 582, 585, 643, 649, 650, 667
bereit · 98, 150, 398, 425, 427, 454, 521, 525, 528, 545, 552, 581, 631, 636, 663
bereiten · 105, 229, 310, 331, 630, 652, 682, 698, 706, 717
bereiten (vor-) · 45, 90, 99, 121, 132, 145, 154, 157, 175, 197, 203, 206, 214, 223, 243, 244, 258, 262, 271, 272, 278, 384, 420, 487, 489, 513, 514, 519, 539, 582, 584, 598, 630, 643, 662, 669, 675, 698, 700, 701
bereitstellen · 59, 359, 479
bereitwillig · 65
Berg · 544
Bergbau · 48, 405
berichten · 72, 122, 159, 232, 260, 288, 292, 458, 715
Berio, Luciano (1925 – 2003) · 205
Berlin · 86, 411, 412
Berlioz, Hector (1803 – 1869) · 410
Berthold · 732
berücksichtigen · 115, 220, 272, 451, 465
Beruf · 51, 64, 72, 87, 88, 93, 95, 108, 109, 123, 127, 144, 149, 187, 188, 195, 208, 227, 244, 246, 258, 280, 286, 304, 315, 318, 332, 346, 382, 385, 389, 423, 424, 453, 456, 457, 468, 470, 489, 516, 545, 549, 550, 562, 583, 587, 608, 615, 621, 636, 669, 700, 710
berufen (auf) · 288, 424, 516
Berufsbeschreibung · 391
berufstätig · 338, 508, 511
Berufung · 87
beruhen · 232, 235, 707
beruhigen · 62, 99, 100, 109, 202, 280, 292, 376, 392, 488, 568, 623, 666, 723
berühmt · 27, 323, 444, 459, 631, 644
berühren · 33, 81, 98, 128, 129, 191, 194, 254, 286,

420, 492, 521, 624, 628, 718, 719
Berwerber (Mit-) · 244, 246
beschäftigen · 26, 43, 88, 94, 133, 274, 321, 324, 371, 404, 438, 439, 468, 480, 524, 653, 678, 740
beschallen · 445, 635, 650, 666, 688
bescheiden · 240, 675
bescheuert · 131, 408, 433, 459, 675
beschissenes · 288, 558
beschleunigen · 241, 403
beschließen · 28, 128, 686
beschönigen · 429, 573
beschränken · 172, 326, 338, 356, 488, 491, 644
beschreiben · 69, 70, 71, 101, 109, 118, 130, 161, 186, 187, 209, 232, 233, 239, 284, 291, 308, 390, 394, 400, 401, 409, 412, 417, 419, 443, 444, 481, 487, 495, 496, 501, 504, 521, 524, 525, 544, 548, 553, 574, 576, 589, 599, 634, 652, 686, 691, 692, 707, 714, 723, 736
Beschriftung · 688
beschweren · 146, 173, 196, 197, 225, 227, 242, 243, 266, 388, 459, 514, 516, 533, 556, 572, 578, 626, 676, 683, 731, 736
beschwichtigen · 623
Besen · 155, 161
Besetzung · 91, 111, 130, 136, 143, 144, 145, 149, 235, 305, 307, 375, 442, 462, 522, 534, 553, 619, 622, 650, 700, 711, 741
besitzen · 50, 53, 84, 90, 176, 221, 224, 226, 241, 289, 325, 339, 351, 361, 400, 520, 580, 592, 608, 611, 628, 663, 687
Besonderheit · 34, 43, 64, 75, 87, 92, 124, 126, 154, 224, 232, 249, 259, 264, 266, 284, 340, 348, 352, 365, 371, 372, 377, 432, 443, 458, 478, 494, 517, 523, 549, 613, 630, 696
besonnen · 102, 206, 488, 602
besprechen · 381
bessern (ver-) · 31, 41, 46, 52, 71, 76, 79, 108, 115, 120, 132, 135, 144, 148, 149, 153, 154, 177, 179, 183, 189, 211, 226, 229, 237, 238, 244, 266, 293, 294, 296, 309, 310, 313, 317, 318, 326, 336, 354, 381, 396, 402, 412, 413, 452, 519, 539, 580, 621, 630, 635, 638, 639, 648, 661, 671, 678, 680, 683, 687, 691, 693, 699, 700, 701, 709, 720, 721, 736, 738, 739
Besserung · 29, 200, 580, 691
Besserungswünsche · 580
Bestandteil · 148, 181, 383, 407
bestätigen · 62, 64, 129, 161, 188, 213, 217, 225, 290, 325, 340, 418, 490, 506,

753

524, 619, 622, 623, 677, 698, 701
Besteck · 120, 214, 479, 511
bestehen · 33, 39, 85, 93, 94, 97, 98, 111, 134, 161, 212, 288, 303, 306, 325, 328, 329, 333, 345, 380, 389, 393, 395, 400, 424, 467, 479, 540, 541, 545, 555, 556, 558, 571, 597, 602, 608, 655, 660, 691, 693, 733, 734
bestellen · 58, 441, 491, 693
bestgeprobt · 486
bestimmen · 46, 51, 56, 106, 122, 129, 136, 186, 200, 224, 227, 278, 284, 339, 350, 391, 448, 469, 489, 502, 506, 514, 522, 537, 593, 596, 630, 635
bestimmt · 28, 37, 45, 56, 68, 79, 91, 96, 107, 118, 136, 151, 152, 154, 174, 196, 201, 214, 225, 226, 231, 234, 243, 263, 271, 316, 323, 337, 375, 384, 385, 389, 403, 426, 445, 446, 455, 456, 469, 473, 483, 484, 501, 537, 538, 540, 544, 545, 586, 588, 592, 593, 600, 601, 608, 610, 635, 646, 648, 670, 676, 684, 689, 695, 714, 732, 739
bestmöglich · 115, 123
bestreiten · 127, 241, 250, 331
besuchen · 66, 69, 204, 230, 331, 344, 363, 371, 379, 500, 507, 585, 728
beteiligen · 63, 81, 86, 128, 174, 194, 241, 245, 304, 324, 334, 350, 423, 441, 513, 532, 717, 741
Beteiligte · 391, 660
Betonung · 39, 40, 47, 61, 98, 118, 226, 266, 282, 283, 310, 331, 395, 399, 428, 432, 433, 533, 551, 566, 589, 611, 612, 625, 700
betrachten · 214, 221, 230, 383, 430, 488
Betrag · 116, 125, 127, 213, 242, 244, 247, 248, 490, 538, 539, 699
betreffen · 690
betreiben · 159, 329, 442, 487, 533, 699
betreuen · 49, 441
Betrieb · 27, 124, 149, 354
betriebsblind · 88, 120, 230, 323, 344, 475, 549, 661, 728
betroffen · 334, 436, 472, 530
betrügen · 706
Bett · 494, 503, 546, 698
betteln · 53, 657
betucht · 117
beugen · 150, 167, 272, 313, 569, 574
beugen (ver-) · 349, 350, 351, 371, 533, 701
beugen (vor-) · 139, 162, 168, 268, 273
Bevölkerung · 203, 513, 638, 662
bevorzugen · 173, 482
bewahren · 95, 124, 269, 216, 460, 590, 656, 661

bewährt · 47, 172, 512
bewältigen · 190, 625
bewegen · 314, 388, 392, 425, 686, 721
Bewegung · 42, 53, 62, 79, 82, 103, 147, 150, 155, 162, 167, 168, 169, 186, 190, 216, 227, 234, 257, 275, 277, 284, 303, 309, 313, 314, 327, 328, 329, 335, 338, 352, 374, 376, 398, 404, 413, 425, 430, 434, 446, 456, 463, 502, 576, 590, 600, 614, 626, 640, 647, 696, 705, 714, 721, 728, 737
Bewegungsfreiheit · 375, 491
bewegungsunfähig · 85
beweisen · 40, 62, 66, 80, 89, 161, 183, 217, 246, 250, 256, 261, 290, 291, 302, 317, 363, 388, 573, 580, 612, 635, 671, 672, 673, 706
Beweisführung · 723
Bewerbung · 90, 92, 93, 94, 223, 244, 489, 636
bewerkstelligen · 115, 118, 293, 527
bewusst · 26, 32, 33, 38, 40, 42, 53, 57, 60, 64, 73, 77, 80, 81, 82, 85, 94, 96, 101, 130, 133, 134, 135, 143, 148, 149, 159, 163, 167, 168, 180, 185, 186, 191, 193, 202, 203, 206, 208, 211, 214, 216, 217, 219, 222, 223, 228, 229, 236, 237, 238, 242, 245, 252, 253, 257, 258, 259, 263, 267, 275, 279, 280, 285, 292, 302, 306, 328, 330, 332, 339, 349, 352, 355, 363, 369, 376, 392, 441, 447, 465, 470, 488, 492, 495, 503, 506, 523, 525, 526, 529, 531, 544, 545, 547, 549, 551, 560, 562, 574, 576, 577, 582, 585, 589, 598, 615, 621, 623, 624, 633, 634, 635, 638, 644, 666, 671, 672, 690, 692, 698, 699, 705, 707, 708, 710, 713, 721, 730, 738, 746
Bewusstmachen · 180, 186
Bewusstsein · 82, 275, 285, 388, 576, 746
Bewusstsein (Selbst-) · 34, 45, 87, 97, 146, 195, 208, 218, 281, 294, 307, 339, 341, 357, 370, 386, 390, 400, 415, 563, 574, 580, 581, 582, 585, 611, 624, 638, 639, 665, 671, 683, 721
Bewusstsein (Unter-) · 82, 274, 488, 529, 561
bezahlen · 49, 69, 92, 94, 116, 159, 160, 231, 240, 241, 244, 245, 305, 325, 340, 353, 369, 370, 390, 391, 425, 479, 506, 528, 558, 562, 624, 714
bezeichnen · 37, 39, 96, 139, 140, 205, 214, 240, 259, 283, 301, 302, 315, 329, 385, 480, 503, 590, 599, 603, 604, 605, 618, 628,

629, 650, 691, 692, 693, 695, 741
beziehen (ein-) · 178, 273
beziehen auf... · 91, 178, 195, 336, 373, 414, 449, 514, 524, 629, 670, 687, 692, 695
beziehen von... · 582
Beziehung · 95, 153, 161, 287, 459, 603, 650, 691, 692
Bezirk · 364, 365, 367
Bezug · 27, 32, 176, 229, 245, 246, 311, 449, 528, 692
Bezugspunkt · 331
bezwingen · 544
Bibel · 409, 412
Bibliothek · 230, 375, 545, 663, 711
Bier · 35, 87, 98, 624, 702
bieten · 31, 54, 361, 366, 461, 517
bieten (an-) · 28, 31, 34, 36, 42, 43, 48, 49, 51, 64, 71, 75, 87, 97, 100, 108, 118, 120, 124, 125, 127, 131, 132, 133, 134, 151, 156, 157, 158, 162, 172, 174, 185, 188, 189, 190, 193, 206, 208, 212, 221, 222, 238, 243, 244, 245, 247, 267, 277, 306, 313, 324, 333, 351, 353, 356, 360, 368, 375, 379, 380, 393, 397, 400, 403, 404, 423, 426, 429, 437, 449, 457, 469, 470, 485, 513, 517, 528, 529, 548, 549, 556, 557, 571, 584, 585, 586, 588, 591, 600, 601, 602, 617, 625, 637, 662, 668, 670, 672, 683, 686, 718, 720, 745
Bilanz · 117
Bild · 27, 30, 31, 32, 44, 45, 63, 82, 96, 99, 102, 103, 151, 152, 175, 222, 223, 254, 268, 273, 279, 320, 326, 328, 330, 387, 417, 441, 445, 464, 475, 499, 520, 551, 559, 582, 607, 614, 634, 654, 657, 690, 698, 714, 737, 741
bilden · 50, 62, 67, 75, 84, 102, 110, 112, 117, 174, 206, 236, 281, 282, 320, 329, 334, 340, 345, 373, 377, 401, 425, 473, 497, 508, 527, 533, 552, 631, 655, 690, 734
bilden (fort-) · 86, 98, 475, 580, 585
bilden (weiter-) · 214, 323, 488
Bilderreihe · 35
Bildschirm · 196, 203, 232, 255, 579, 587
Bildung · 453
Bildung (D. Schwanitz) · 412
Bildungsspender · 684
Billardkugel · 151, 152, 538
billig · 90, 156, 222, 434, 464
Bindebogen · 56, 60, 118, 139, 214
Bindeglied · 473
binden (ein) · 36, 44, 263, 292, 294, 295, 296, 351, 437, 458, 614, 672

binden (zusammen-) · 375
Bindung · 97, 118, 124, 187, 193, 194, 199, 240, 253, 318, 602
bingen · 725
Binnenschiffer · 582
Biografie · 521, 720
Birnenbaum · 50
bisher · 29, 40, 41, 83, 91, 92, 136, 148, 157, 168, 197, 204, 317, 331, 333, 405, 410, 415, 470, 489, 529, 562, 608, 661, 720, 738
bisschen · 114, 137, 146, 150, 155, 211, 223, 245, 271, 278, 296, 303, 308, 315, 317, 397, 412, 441, 447, 461, 472, 496, 498, 524, 530, 559, 607, 643, 672, 701, 705, 746
Bitte · 76, 118, 164, 192, 197, 263, 298, 337, 352, 364, 374, 387, 440, 520, 605, 641, 708
bitten · 49, 51, 66, 68, 70, 154, 157, 187, 192, 212, 221, 224, 239, 242, 243, 268, 325, 337, 339, 357, 364, 400, 423, 487, 488, 517, 522, 526, 528, 540, 545, 558, 568, 577, 709
bitteschön · 125, 251, 422, 591
Bittsteller · 336
Blackout · 672
blahen (aus-) · 76
Blase · 361, 662
Blasebalg · 444
Blasen · 421
Bläser · 37, 110, 619, 646
Blaskapelle · 624
blasphemisch · 555
Blätter · 99, 111, 157, 397, 403, 658, 677, 686, 727
blättern · 47, 99, 189, 259, 272, 328, 371, 403, 461, 533, 584, 676, 677
Blattsingen · 408, 700
blau · 120, 134, 403
bläuen · 314
Blei · 256
bleiben · 27, 28, 31, 33, 36, 49, 57, 71, 77, 81, 89, 99, 117, 118, 120, 128, 135, 140, 146, 151, 152, 155, 168, 169, 171, 172, 177, 182, 183, 185, 186, 188, 190, 193, 194, 203, 207, 215, 225, 228, 229, 230, 233, 236, 244, 257, 265, 267, 272, 273, 279, 291, 296, 301, 302, 311, 313, 317, 318, 323, 328, 333, 360, 374, 377, 382, 390, 398, 400, 403, 405, 413, 421, 432, 433, 435, 443, 451, 454, 463, 472, 474, 480, 482, 494, 495, 501, 504, 507, 509, 516, 517, 525, 529, 533, 540, 542, 545, 555, 577, 582, 589, 601, 612, 628, 630, 632, 634, 639, 640, 661, 664, 669, 710, 712, 718, 719, 730, 735, 736, 738
bleiben (da-) · 87
bleiben (fern-) · 519
bleiben (offen-) · 42, 736
bleibend (gleich-) · 163, 164, 259, 315, 463, 612

blenden · 331, 473
blenden (aus-) · 344, 361, 488
blenden (über-) · 199
Blick · 41, 53, 115, 151, 223, 253, 259, 272, 296, 350, 368, 390, 391, 398, 404, 448, 487, 499, 507, 514, 519, 539, 629, 632, 661, 728, 734
Blickwinkel · 33, 398
blind · 38, 88, 120, 222, 230, 263, 323, 344, 475, 526, 661, 728
blinzeln · 223, 404
Blitz · 221, 222, 455
Blockade · 206, 602
Blockheizkraftwerk · 325
blockieren · 31, 55, 73, 83, 191, 192, 209, 220, 255, 272, 284, 285, 364, 366, 426, 429, 491, 592, 602, 632
blöd · 51, 62, 80, 111, 156, 203, 206, 316, 347, 381, 382, 484, 496, 585, 586, 587, 641, 709, 736
Blödsinn · 742
blond · 433
Blöße · 320, 585
bloßstellen · 425, 453, 622
blühen · 631
Blumen · 97, 112, 251, 259, 261, 349, 373, 442
Blumenkinder · 684
blumig · 96, 202, 238
Bluse · 361, 373, 374, 375
Blut · 33, 40, 54, 96, 100, 303, 362, 470, 529, 579, 699
Blut (Durchblutung) · 180, 247
Blüten · 498
Blutverlust · 303
Bock · 132, 407, 691
bocken (ver-) · 734
Boden · 25, 47, 114, 196, 325, 346, 374, 375, 404, 415, 491, 562, 589, 698, 734
Boden der Tatsachen · 346
Boeing 737MAX · 660
bombardieren · 228, 478, 515, 586, 683
Bonbons · 298
Bongos · 161
Bonhoeffer, Dietrich (1906 – 1945) · 612, 740
Bonus · 117, 385
Boost · 249, 387
Boot · 28, 76, 455, 525, 582, 670
Bord · 472, 581
Bösartigkeit · 577
böse · 73, 152, 199, 212, 219, 250, 252, 297, 303, 306, 307, 361, 404, 414, 453, 485, 492, 507, 516, 529, 559, 562, 621
boshaft · 496
Boss · 143, 349
böswillig · 593
Botanik · 100, 612
Box · 100, 294, 425
BpM · 101, 260, 481, 618, 628
Braccini, Roberto · 406
Brahms, Johannes (1833 - 1897) · 173, 303, 409, 572, 612, 629
brainstorm · 51

brauchbar · 157, 222, 293, 406
brauchen · 26, 29, 36, 43, 44, 47, 52, 55, 71, 83, 85, 96, 100, 102, 108, 118, 122, 123, 126, 127, 132, 133, 137, 139, 146, 152, 153, 154, 155, 158, 162, 167, 168, 172, 173, 175, 183, 186, 190, 196, 200, 203, 208, 214, 216, 217, 221, 222, 223, 225, 227, 237, 243, 249, 254, 256, 262, 265, 274, 275, 278, 282, 288, 290, 292, 293, 294, 298, 302, 307, 310, 314, 317, 322, 324, 327, 334, 337, 339, 341, 342, 343, 346, 352, 355, 358, 359, 364, 369, 370, 376, 379, 384, 387, 390, 393, 395, 398, 399, 402, 403, 424, 425, 428, 439, 441, 442, 454, 459, 464, 465, 468, 469, 471, 490, 491, 498, 501, 503, 511, 513, 514, 517, 521, 522, 525, 528, 531, 545, 551, 558, 561, 562, 567, 581, 588, 591, 592, 593, 595, 601, 604, 608, 610, 613, 617, 619, 626, 630, 631, 632, 633, 634, 635, 642, 656, 661, 682, 686, 691, 710, 727, 730, 736, 737
brauchen (ver-) · 247, 485
brav · 339
Bravo · 201
brechen · 124, 380, 511, 594, 709
brechen (ab-) · 36, 42, 56, 311, 352, 368, 391, 488
brechen (auf-) · 197, 231, 378, 511, 593, 598
brechen (auseinander-) · 369
brechen (zusammen-) · 673
Brei · 708
breiig · 321
breit · 115, 169, 198, 230, 261, 294, 321, 322, 366, 375, 380, 389, 424, 445, 494, 546, 638, 649, 694, 714, 738
breitbeinig · 53, 133
Breite · 102, 169, 198, 366, 380, 495, 537, 648, 694
bremsen · 33, 51, 257, 417, 577, 698
brennen · 298, 668
Brett · 172, 503
brevis · 480
Brief · 101, 125, 268, 472, 579
Briefkasten · 43, 364
brillant · 71, 281, 571, 608, 741
Brille · 234, 391
Brille (rosa) · 361, 391
bringen · 30, 54, 60, 82, 97, 102, 133, 148, 149, 162, 174, 175, 176, 177, 179, 185, 189, 199, 211, 220, 225, 245, 246, 247, 254, 255, 256, 266, 280, 281, 288, 291, 292, 293, 306, 310, 311, 312, 331, 347, 348, 356, 386, 394, 397, 398, 405, 407, 409, 428, 429, 430, 431, 440, 455, 460, 462, 464, 467, 479, 488, 492, 502, 515, 523,

539, 545, 546, 550, 552, 553, 560, 562, 575, 576, 577, 580, 599, 601, 603, 605, 632, 634, 642, 651, 667, 684, 685, 687, 688, 696, 709, 715, 723, 730, 738, 740
bringen (entgegen-) · 258, 530
bringen (mit-) · 131, 225, 249, 379, 405, 438, 479, 511, 556
britisch · 66, 67, 579, 711
British Academy of Sound Therapy · 579
Brockhaus · 720
brodeln · 193
Bronchien · 298
Brot · 53, 382
Brot und Butter · 675
Brötchen · 702
Brown, Clive · 408
Bruch · 480, 517, 685
brüchig · 279
Bruchteil · 445
Bruckner, Anton (1824 – 1896) · 89, 139, 164, 260, 302, 303, 358, 405, 493, 502, 619, 647, 697
Bruder Jakob · 654
brüderlich · 654
brüllen · 395, 432, 551
Brüllwürfel · 355
Brummbass · 101, 739
brummen · 101
Brust · 26, 71, 741
Brustkorb · 38, 81, 82, 83, 140, 167, 180, 507, 576, 616
Brustkorbatmung · 147, 186, 271, 392, 399, 415, 606, 721
Bruststimme · 163, 297, 314, 322, 330, 542, 632, 739
brutal · 319, 429
Buba · 419
Buch · 43, 67, 76, 88, 101, 109, 120, 130, 157, 159, 174, 175, 176, 181, 187, 192, 203, 226, 230, 246, 256, 259, 260, 280, 307, 309, 316, 332, 335, 337, 380, 398, 406, 407, 408, 409, 410, 411, 412, 416, 423, 467, 473, 495, 504, 579, 580, 583, 601, 602, 605, 607, 620, 636, 638, 670, 684, 688, 694, 712, 714, 719, 724, 727, 742, 746
Buch (Jahr-) · 159
Buch (Lehr-) · 407
Buch (Wörter-) · 406
buchen · 118, 201, 222, 344, 393, 545, 596, 600
buchen (ab-) · 585
Bücherverbrennung · 462
Buchführung (Kasse) · 80, 280, 684
Buchhalter · 545
Buchhandel · 677
Buchstabe · 101, 159, 247, 289, 385, 468, 725
buchstabieren · 570
buchstäblich · 138
Budget · 130, 434, 650
Buffet · 303, 479, 511
Bühne · 40, 59, 85, 102, 126, 212, 222, 267, 349, 350, 358, 359, 363, 372,

562, 590, 594, 596, 659, 686
Bühnenangst · 392
Bühnengrößenberechnung · 102, 115, 372
Bühnenlust · 595
Bühnenmusiker · 392
Bühnenperson · 388
Bulldozer · 102
Bummler · 216
bündeln · 668
Bundesinnenministerium · 586
Bundesland · 134
bunt · 120, 216, 247, 373, 561
Bürgermeister · 286
Burnout · 379
Büro · 180, 325
Bürokratie · 117, 240, 425, 712
Bus · 93, 103, 246, 386, 430, 457, 542, 688
Busch · 221, 498, 552
Busch, Wilhelm (1832 – 1908) · 205
Busen · 375
Busfahrer · 94, 103
Businessplan · 103
Buxtehude, Dietrich (1637 – 1707) · 99, 302, 428, 462, 729

C

c.f. · *Siehe* Cantus firmus
Cage, John (1912 – 1992) · 478
Cajón · 161
Call-and-Response · 74, 105, 149, 179, 277, 310, 681, 737, 739
Camcorder · 351
Campanus von Novara (1220 – 1296) · 259
Cancel Culture · 101, 171, 315, 316, 549, 572, 573
Cantate Domino (D. Buxtehude) · 99, 302, 428
Cantus firmus · 105, 106, 535
Capella (Software) · 663
Capricciata et Contrappunto bestiale (A. Banchieri) · 57, 444
Casella, Alfredo · 410
CasellaMortari · 410
cash cow · 458
Cäsium · 502
Cäsium 133 · 502
castle · 448
CCD · 157
CD · 60, 79, 86, 152, 265, 293, 312, 406, 407, 447, 471, 483, 500, 524, 621, 668, 739
Celibidache, Sergiu (1912 – 1996) · 152
Cello · *Siehe* Violoncello
Cent · 38, 96, 106, 107, 135, 330, 439, 445, 467, 646, 678, 694, 697, 706
Chance · 92, 132, 212, 220, 243, 331, 367, 391, 515, 571, 587, 626, 637, 643, 659, 723

Chaos · 58, 108, 135, 161, 170, 343, 433, 435, 475, 487, 505, 509, 549, 560, 584, 736
Charakter · 35, 62, 96, 108, 109, 162, 216, 269, 274, 335, 386, 389, 468, 470, 484, 485, 592, 615, 646, 692, 709, 732
Charme · 130, 339, 484
Chat · 573
chauvinistisch · 585, 686
Checkliste · 90, 91, 244
Chef · 65, 143, 149, 251, 252, 286, 326, 409, 541, 577, 611, 636
Chemie · 333
Chemtrails · 196
Chils, Eduard (1934 – 2012) · 695
Chinch · 173
chinesisch · 650, 651
Chlorhexamed · 298
Choral · 80, 105, 215, 385, 461, 612, 628, 656, 680
Chorauflösung · 462
Chorbeitrag (finanz.) · 80, 92, 116, 117, 241, 243, 244, 425, 458, 479, 484, 528, 585
Chorbreite · 293, 294, 366, 648
Choreografie · 216, 533
Chorfahrt · 28, 30, 72, 91, 117, 118, 126, 127, 154, 241, 251, 425, 452, 572, 581
chorisch · 42, 55, 56, 57, 75, 118, 151, 230, 237, 256, 281, 291, 301, 310, 323, 347, 386, 388, 424, 445, 451, 471, 546, 626, 632, 694, 696, 719, 735
Chorklammer · 37
Chorklang · 26, 42, 60, 70, 95, 111, 115, 136, 149, 150, 159, 185, 230, 253, 265, 287, 288, 289, 294, 295, 307, 317, 335, 337, 347, 355, 366, 378, 390, 392, 420, 424, 436, 445, 467, 471, 472, 499, 529, 557, 558, 568, 605, 631, 648, 664, 667, 668, 683, 690, 694, 695, 702, 715
Chorleben · 229, 352, 458
Chorleiterbesteck · 120, 214
chorleiterstammtisch.com · 147, 383, 457, 742
Chorleitervertrag · *Siehe* Vertrag
Chorleiterwahl · 130, 188, 246, 383
Chorleitung - Vom Konzept zum Konzert (S. Halsey) · 408
Chorleitung Band 1 – Probentechnik (M. Behrmann) · 408
Chorlied · 173, 280, 385, 460, 497, 519, 522, 702
chor-mediation.de · 423, 742
Chorsatz · 106, 111, 200, 260, 332, 426, 464, 492, 516, 543, 553, 556, 559, 612, 613, 656, 683
Chorstelle · 488
Chorverband · 93, 130, 132, 134, 243, 248, 359, 367, 397, 463, 489

Chorvokal · 696
Chorwissen für die Hosentasche (A. Lamken) · 406
Christi, du Lamm Gottes (Liturgie) · 264
christlich · 405, 711, 715
chronologisch · 91, 512
cipoo.net · 711
CIS · 157
Cisco Webex · 136
Claqueur · 201
Classical and Romantic Performing Practice 1750-1900 (C. Brown) · 408
Clique · 334, 592
Clown · 141, 380
Cluster · 134
Coaching · 63, 120, 121, 133, 208, 226, 230, 344, 409, 423, 475, 661, 691, 728, 742
Codein · 298
colla parte · 147, 236, 304, 702
Comedian · 201
Computer · 58, 74, 137, 232, 254, 279, 351, 364, 372, 375, 522, 523, 609, 663, 668, 682, 688
Conclusio · 646
cool · 88, 135, 185, 188, 217, 279, 302, 317, 422, 444, 538, 613, 659, 711
Copy kills Composer! · 248, 678
copy-paste · 66
Copyshop · 364, 520
Corona · 33, 102, 113, 114, 116, 122, 124, 130, 136, 138, 149, 150, 196, 207, 240, 295, 299, 317, 320, 324, 332, 361, 417, 420, 464, 465, 498, 513, 558, 591, 605, 637, 725, 742
Corporate Identity · 222, 251, 363, 639, 734
cpdl.org · 375, 463, 711
credebility · 707
Credo · 55, 103, 264, 390, 441, 542, 571, 666
Crescendo · 40, 61, 139, 140, 141, 163, 165, 166, 168, 302, 303, 314, 385, 431, 441, 494, 502, 589, 713, 728
Crowd · 720
Cruzifixus (Bach, J.S.) · 236
Crystal, David · 407
Csíkszentmihályi, Mihály (*1934) · 218

D

Da capo · 353, 386
dabeihaben · 48, 120, 461, 506, 545, 659, 722
Dach · 158, 472, 473, 499, 559
dadurch · 25, 26, 33, 34, 48, 52, 54, 61, 64, 71, 73, 76, 82, 83, 85, 89, 103, 123, 135, 138, 143, 150, 152, 163, 167, 180, 184, 205, 211, 219, 226, 229, 235, 241, 246, 249, 267,
268, 274, 285, 290, 295, 301, 314, 317, 321, 323, 328, 333, 337, 341, 345, 355, 357, 362, 368, 369, 373, 382, 383, 387, 388, 398, 405, 416, 420, 423, 428, 441, 443, 447, 451, 453, 460, 463, 464, 483, 484, 488, 493, 494, 525, 531, 532, 533, 543, 548, 550, 552, 553, 578, 587, 606, 612, 614, 621, 629, 630, 633, 635, 646, 648, 669, 673, 683, 684, 689, 694, 714, 728, 730, 736, 746
dagegen · 30, 34, 75, 81, 82, 99, 134, 162, 205, 239, 268, 272, 292, 302, 353, 382, 420, 429, 437, 439, 443, 493, 528, 541, 543, 553, 562, 591, 593, 630, 686, 701, 734, 738
dahinter · 122, 148, 250, 296, 376, 387, 467
damalig · 477, 679
damals · 646
dämlich · 568
dämmern · 460
Dämmmaterial · 589
Dampf · 199, 334
dampfen · 319
dämpfen · 63, 132, 152, 173, 274, 396, 433
Dampflock · 662
daneben · 197, 232, 253, 254, 388, 563
Dänisch · 646
dankbar · 36, 207, 212, 251, 252, 268, 304, 348, 356, 371, 453, 474, 496, 512, 525, 530, 539, 540, 558, 624, 649, 735, 745
danken · 61, 252, 520
Danket dem Herrn (K.F. Schulz) · 61, 209
darbieten · 432, 585
darlegen · 326, 630
Darm · 378, 730
darstellen · 124, 169, 201, 213, 264, 289, 326, 334, 374, 467, 601, 607, 623, 624, 643, 678, 740
darüber · 54, 63, 72, 84, 87, 93, 98, 131, 146, 154, 155, 167, 169, 198, 200, 206, 212, 224, 242, 251, 265, 269, 272, 273, 287, 288, 293, 296, 316, 325, 338, 346, 350, 358, 366, 367, 381, 391, 397, 398, 400, 417, 425, 427, 428, 433, 439, 441, 467, 472, 488, 492, 496, 501, 525, 527, 528, 540, 550, 563, 570, 577, 580, 583, 586, 594, 597, 606, 629, 642, 674, 676, 680, 684, 702, 706, 710, 719, 736
darunter · 69, 95, 137, 185, 222, 240, 265, 341, 357, 374, 387, 397, 427, 670
Das große Buch der Chor Warm-Ups (R. Robinson, J. Althouse) · 411
dasselbe · 26, 36, 48, 94, 136, 148, 166, 174, 275, 287, 333, 340, 363, 368, 371, 383, 414, 430, 447, 467, 508, 526, 537, 561,

573, 584, 594, 625, 663, 690, 696, 702, 716, 718, 746
dastehen · 29, 212, 307, 453, 562, 658
Dateigröße · 172, 368, 667
Daten · 159, 368, 506, 524, 526, 657, 692
Datenbank · 217
Datenerfassung · 159
Datenschutz · 63, 92, 159, 344, 524
Datenschutzgrundverordnung (DSGVO) · 159, 172, 351, 397, 458, 472, 525, 526, 593
Datum · 123, 129, 213, 357, 372, 456, 509, 510, 524, 539, 585
Dauer · 56, 86, 123, 125, 126, 158, 181, 215, 219, 225, 227, 238, 305, 311, 353, 357, 358, 417, 438, 454, 473, 480, 486, 506, 513, 517, 617, 628, 629, 675
dauerhaft · 42, 223, 229, 323, 325, 406, 424, 485
Dauerheuler · 540
Dauerkonflikt · 430
Dauerlösung · 41
dauernd · 28, 31, 50, 51, 52, 85, 88, 130, 212, 238, 295, 306, 327, 375, 459, 463, 497, 543, 552, 570, 580, 634, 669
Dauerschaden · 389
Dauerschleife · 654
Dauerzustand · 127, 274, 323, 550
Daumen · 81, 273, 274
dazugeben · 572
dazukommen · 72, 153, 343, 398, 661
dazwischen · 59, 97, 110, 135, 198, 238, 353, 358, 539, 713
Deadline · 58, 367
Deal · 77, 221, 222, 530
Death-Metal · 375
Debatte · 256
Deckblatt · 90, 93, 364
Decke · 352, 714
decken · 69, 90, 116, 117, 243, 489
decken (Konto) · 585
Deckmantel · 515
deckungsgleich · 63, 202, 392, 489, 502, 513, 563, 603, 621, 662, 693, 708, 723
Defekt · 731
definieren · 34, 39, 56, 60, 63, 76, 83, 106, 109, 118, 119, 122, 126, 150, 154, 158, 167, 168, 178, 179, 198, 205, 215, 228, 231, 245, 265, 286, 287, 312, 317, 322, 335, 380, 389, 390, 394, 400, 413, 420, 480, 483, 502, 525, 547, 550, 562, 564, 569, 574, 578, 582, 587, 588, 589, 592, 603, 616, 658, 659, 664, 665, 673, 675, 687, 694, 697, 717, 729, 731, 739
Definition · 649, 688, 722
definitiv · 442, 501, 629, 642
Defizit · 452

Dehne, Paul (1884 – 1964) · 559
deklassiert · 486
Dekolleté · 53, 375
Delay Line Controller · 355
delegieren · 49, 58, 65, 74, 84, 122, 143, 144, 145, 197, 202, 214, 222, 247, 249, 268, 282, 286, 319, 338, 346, 351, 394, 397, 419, 420, 473, 523, 537, 550, 554, 568, 617, 668, 672, 674, 678, 682, 710
dementieren · 251
Demenz · 456
demgegenüber · 64, 644, 692
demnächst · 499, 706
Demokratie · 29, 144, 153, 522, 540, 592
demonstrativ · 91, 234, 708
demonstrieren · 30, 331, 340, 399, 590, 606, 626, 633, 713
Demut · 146, 349, 474
denkbar · 357, 511, 685
denken · 28, 29, 54, 69, 93, 94, 99, 102, 115, 117, 122, 146, 151, 154, 162, 167, 186, 195, 198, 214, 227, 236, 248, 252, 287, 290, 328, 330, 332, 333, 346, 347, 348, 351, 353, 354, 358, 361, 378, 383, 395, 400, 405, 417, 427, 429, 441, 451, 453, 488, 489, 503, 515, 517, 520, 521, 537, 544, 548, 550, 559, 560, 570, 572, 573, 582, 583, 586, 594, 595, 598, 607, 608, 609, 629, 632, 641, 642, 659, 660, 662, 679, 684, 691, 693, 717, 720, 721, 746
Denkgebäude · 400
Denkweise · 26, 437, 679, 732
Denunziation · 378
Deo · 89, 508
Depp · 345, 354, 423, 485, 622
Depression · 146, 150, 379, 465, 530, 683
Der Käfer und die Blume (W.H. Veit) · 97, 261
Der klassische Stil. Haydn, Mozart, Beethoven (C. Rosen) · 408
Der vollkommene Capellmeister (J. Mattheson) · 602
derart · 162, 231, 259, 305, 417, 448, 650, 718, 723
dermaßen · 252, 417, 457
derzeitig · 46, 87, 124
Desaster · 601
Design · *Siehe* Layout
designiert · 146
Desinfektionsmittel · 120, 299
destruktiv · 622, 623, 624
Detail · 425, 701
detailliert · 48, 49, 53, 133, 224, 241, 393, 452, 501, 502, 510, 523, 727, 728
Detektivarbeit · 259, 629
deuten · 30, 62, 252, 337, 436, 476, 693
deutlich · 47, 49, 52, 60, 67, 74, 75, 85, 95, 106, 123, 147, 151, 159, 160, 214, 230, 237, 248, 251, 258, 260, 271, 274, 279, 284, 285, 293, 297, 316, 327, 336, 341, 342, 348, 370, 377, 395, 399, 415, 436, 458, 459, 496, 516, 551, 560, 571, 572, 575, 586, 594, 596, 604, 605, 606, 644, 654, 664, 670, 687, 691, 692, 708, 719, 721, 727, 735, 737
deutsch · 66, 67, 69, 79, 80, 119, 120, 134, 176, 217, 233, 250, 284, 289, 302, 341, 342, 384, 406, 416, 428, 441, 461, 477, 494, 538, 567, 581, 586, 597, 604, 634, 656, 662, 676, 685, 686, 695, 711, 720, 724, 741
Deutsche Messe (F. Schubert) · 119, 147, 236, 261, 281, 639
Deutsche Orchestervereinigung · 305
Deutsches Magnificat (H. Schütz) · 56, 261, 283, 309, 422, 482
dezent · 374
Dezibel · 394, 395, 551, 605
dezimieren · 674
Diabolus in Musica · 96
Diagnose · 452
Dialekt · 66
Dialog · 133, 147, 148, 154, 162, 177, 197, 238, 255, 338, 427, 494, 572, 611, 682
Dialogfenster · 338
dicht · 195, 362, 385, 507, 559
Dichter · 100, 398, 405, 520, 603, 651
dick · 111, 187, 235, 325, 403, 421, 454, 498, 602, 606, 607, 714
Didaktik · 194, 278, 449
Die Kunst des Krieges (Sunzi) · 408
Diebe · 321
dienen · 53, 101, 197, 289, 310, 360, 404, 533, 534, 560, 701
Dienst · 201, 716
Dienstleister · 40, 83, 87, 93, 128, 149, 304, 400, 456, 520, 527, 658, 673, 729
Differenzielles Lernen · 60, 148, 185, 436, 499, 511, 667, 701
differenzieren · 34, 39, 40, 54, 67, 71, 109, 145, 149, 158, 169, 179, 193, 201, 211, 215, 274, 275, 286, 316, 345, 354, 370, 389, 391, 401, 444, 448, 457, 504, 540, 564, 572, 599, 612, 618, 621, 622, 623, 636, 648, 649, 668, 680, 689, 690, 696, 724, 732, 739
differieren · 66, 650, 716
diffus · 488, 552
digital · 90, 279, 393, 435, 462, 463, 596, 668, 678, 688, 710, 711
digitalisieren · 462, 711
Diktatur · 45, 143, 144, 149, 150, 153, 154, 160, 228, 232, 273, 283, 426, 430, 432, 456, 470, 540, 541, 582
Dilemma · 423
dilettantisch · 484
dimensional (drei-) · 355
dimensional (zwei-) · 169
Diminuendo · 47, 140, 163, 165, 166, 168, 302, 303, 431, 494, 589
DinA2 · 385, 403
DinA3 · 74, 157, 364, 365, 385, 403
DinA4 · 58, 157, 224, 364, 365, 579
DinA5 · 520
DinA6 · 364, 365
Ding · 35, 45, 46, 53, 58, 68, 88, 93, 103, 120, 122, 138, 154, 158, 168, 171, 173, 175, 179, 193, 195, 202, 206, 222, 239, 250, 256, 268, 269, 275, 279, 281, 285, 286, 309, 321, 323, 326, 336, 337, 339, 340, 343, 366, 371, 376, 396, 420, 431, 436, 444, 448, 449, 452, 455, 456, 460, 473, 526, 530, 550, 554, 556, 560, 561, 568, 577, 578, 592, 596, 656, 681, 682, 683, 684, 686, 694, 699, 701, 710, 715, 719, 720, 735, 742
Diphthong · 27, 57, 67, 150, 151, 237, 281, 313, 387, 494, 569, 574, 696, 737
direkt · 26, 29, 32, 42, 46, 59, 74, 87, 101, 105, 115, 136, 137, 146, 149, 151, 152, 153, 158, 169, 194, 207, 208, 216, 223, 232, 238, 239, 262, 267, 277, 281, 287, 292, 293, 296, 298, 311, 312, 316, 334, 339, 345, 348, 349, 350, 352, 362, 367, 390, 423, 433, 436, 453, 462, 463, 473, 475, 495, 498, 499, 513, 528, 531, 538, 576, 578, 583, 593, 600, 610, 619, 630, 631, 636, 641, 648, 667, 673, 690, 693, 714, 727
direkt (in-) (Schall) · 115, 151, 152, 158, 312, 499, 538, 714
Dirigierbewegungen · 167, 327, 352, 398, 404, 410, 430, 463, 474, 601, 642, 698
Dirigierzeichen · 567
Diskrepanz · 149, 193, 534, 568, 716
Diskriminierung · 686
Diskriminierung (Alters-) · 187
Diskussion · 28, 29, 34, 63, 68, 117, 124, 148, 153, 154, 156, 161, 174, 196, 211, 224, 242, 255, 260, 263, 295, 306, 319, 338, 340, 342, 398, 400, 405, 423, 425, 426, 427, 465, 506, 507, 511, 528, 540, 541, 543, 561, 572, 579, 592, 596, 658, 705, 717
Diskussionskultur · 133, 147, 148, 154, 177, 340
Dispo · 585
disqualifizieren · 459

Dissonanz · 38, 96, 134, 135, 198, 343, 401, 503, 641, 643, 679
Distanz · 154, 198, 579, 580
Distler, Hugo (1908 – 1942) · 425
Disziplin · 42, 49, 272, 352, 385, 615, 633
dme.mozarteum.at/DME/nma/ · 711
DNS · 169
Dogmatiker · 237, 362, 645
Dokument · 391
Dokumentation · 648
Dokumentationszwecke · 351, 648, 649
Dokumentenabfrage · 218
dokumentieren · 351, 506, 711
Domain · 397
dominant (menschlich) · 160, 161, 188, 273, 338, 339, 470, 486
dominant (stimmlich) · 633
Dominante (Kadenz) · 30, 96, 398, 401, 641
Donnerstag · 500, 513
doodle.com · 712
doof · 46, 72, 77, 89, 144, 196, 263, 301, 381, 426, 429, 440, 453, 491, 537, 586, 598, 599
Doppelchor · 112
doppelseitig · 157, 328, 461, 463, 584
doppelt · 89, 101, 215, 240, 243, 341, 356, 359, 395, 481, 482, 506, 514, 534, 606, 617, 619, 628, 714, 733, 746
Dorf · 43, 69, 98, 116, 130, 131, 193, 194, 252, 324, 337, 397, 497, 498, 511, 513, 621, 732
Dorfchor · 43, 70, 94, 110, 131, 295, 303, 378
Dorfschule · 645
Dorfschullehrer · 645
Dorn im Auge · 264
dosieren · 274, 298, 531
Download · 137
dozieren · 218
dpi · 520
Draht · 238
dramatisch · 45, 65, 88, 437, 526
Drang · 42, 153, 361, 398, 402, 656
drängen · 34, 62, 95, 217, 242, 364, 571, 595
drängen (auf-) · 637
drängen (ver-) · 489, 518
drastisch · 62, 191, 402, 462, 598, 622
draufgehen · 498
draufhaben · 93
draußen · 27, 113, 128, 148, 149, 152, 216, 222, 227, 296, 356, 473, 495, 498, 499, 534, 701
Dreck · 155, 568
drehen · 33, 47, 73, 122, 138, 152, 168, 217, 256, 277, 305, 345, 349, 350, 355, 371, 438, 531, 540, 561, 564, 665, 676, 708
drehen (durch-) · 135, 192
drehen (ver-) · 109, 485, 611
drehen (weg-) · 577
Drei · 29, 81, 140, 155, 339, 392, 564

757

Dreieck · 155, 198, 308, 343, 563
Dreier · 260, 261, 283, 480, 481, 482, 617, 618, 643
Dreiertakt · 282, 392, 480
dreifach · 503
Dreiklang · 135, 182, 291, 613, 614, 731
dreireihig · 498
Dreivierteltakt · 275, 566, 617, 628
dringend · 58, 59, 118, 124, 143, 161, 225, 244, 384, 393, 425, 513, 542, 593, 688
drinnen · 222, 296, 499
Dritte · 159, 524
Drittel · 48, 149, 208, 231, 259, 260, 363, 481, 482, 515
Drogen · 396
drohen · 103, 233, 369, 425, 590, 626, 658
dröhnen · 174
Dropbox · 667
drüber · 61, 115, 563
Druck (Gesang & Luft) · 40, 52, 54, 81, 85, 118, 140, 146, 157, 163, 164, 165, 186, 220, 297, 334, 335, 386, 387, 395, 399, 416, 417, 421, 443, 451, 460, 551, 576, 602, 604, 605, 615, 632, 633, 634, 687, 690, 694, 735, 741
Druck (psychisch) · 52, 68, 85, 156, 201, 284, 451, 538, 594, 630, 660
Druckdaten · 520
drucken · 31, 40, 47, 52, 55, 85, 90, 139, 157, 165, 185, 202, 208, 222, 224, 263, 264, 328, 334, 335, 358, 364, 365, 367, 394, 397, 400, 403, 451, 461, 462, 463, 477, 496, 497, 520, 543, 550, 600, 630, 632, 633, 678, 738
drücken · 220, 380, 512, 587, 615, 696, 705, 736
drücken (auf-) · 155, 522, 596, 608, 613, 632, 645
drücken (Intonation) · 89, 216, 314, 322, 330, 542, 559, 577, 622, 730, 731
drücken (Kehlkopf) · 208, 209, 323, 445
drücken (unter-) · 87, 233, 428, 470
Drucker · 156, 157
Druckertinte · 156
Druckertoner · 156
Drucklegung · 365
Druckservice · 157, 461
Druckwelle · 151
Drumrum · 259, 286
Drumset · Siehe Schlagzeug
Drüsen · 600
dry · 115, 152, 157, 158, 173, 255, 293, 321, 355, 366, 567, 687
Dschungel · 103, 377
Du meine Seele singe · 637
Dudelei · 216, 447
Duden · 118
Duktus · 237, 612, 646
dumm · 89, 153, 293, 407, 473, 485, 487, 522, 533, 556, 585, 659
Dummheit · 50, 336, 356
dummt (ver-) · 728
dumpf · 329, 467, 616, 736

Dunbar, Robin (*1947) · 161
Dunbar-Zahl · 161, 454
Dünger · 83
dunkel · 26, 42, 88, 89, 151, 160, 184, 221, 237, 290, 309, 313, 323, 331, 347, 363, 388, 424, 467, 471, 612, 626, 646, 694, 696, 697, 712, 737, 738
dünn · 70, 111, 147, 152, 217, 321, 325, 378, 385, 690
Duole · 481, 618
Dur · 30, 38, 42, 96, 107, 181, 398, 408, 439, 440, 460, 529, 544, 555, 559, 640, 644, 646, 647, 679, 702, 713
durchaus · 25, 43, 62, 65, 86, 92, 93, 207, 240, 338, 362, 369, 378, 386, 571, 628, 671, 679, 745
durchbezahlt · 240, 242
durchdringend · 85, 111, 633
durchdrücken · 271, 515, 606
durcheinander · 307
Durchfall · 298, 378
Durchgang · 132, 181, 182, 183, 190, 249, 314, 493, 647, 674, 707, 730
durchgängig · 119, 259, 324, 394, 544
durchgehen · 37, 91, 267, 363, 642, 682
durchhalten · 87, 100, 134, 160, 274, 498, 507, 676
durchkommen · 236, 633
Durchlässigkeit · 468, 486
Durchlauf · 51, 59, 72, 184, 278, 279, 305, 350, 361, 376, 380, 387, 392, 497, 509, 512, 529
durchlebt · 160, 718
Durchschnitt · 69, 217, 414, 425, 724
durchsetzen · 85, 134, 175, 230, 283, 416, 557, 571, 579, 592, 596, 608, 613, 632, 645
Durchsetzungskraft · 632, 649
durchsichtig · 110, 111, 158
durchsingen · 51, 73, 76, 182, 191, 263, 279, 285, 294, 358, 360, 396, 402, 436, 501, 502, 504, 519, 671, 682, 683, 708
durchstehen · 522
durchwühlen · 375
durchziehen · 60, 77, 545
dürfen · 27, 30, 38, 40, 42, 43, 44, 47, 48, 49, 53, 54, 55, 62, 63, 64, 65, 68, 69, 70, 75, 79, 80, 90, 92, 98, 102, 103, 110, 116, 118, 119, 120, 124, 127, 128, 131, 134, 136, 145, 146, 149, 159, 163, 171, 172, 177, 178, 180, 181, 183, 184, 186, 194, 195, 202, 203, 205, 206, 207, 209, 211, 215, 219, 223, 227, 228, 229, 230, 231, 232, 235, 236, 240, 241, 244, 246, 255, 258, 265, 267, 268, 269, 272, 274, 280, 286, 289, 292, 295, 296, 297, 309,
310, 320, 323, 329, 330, 335, 338, 340, 344, 347, 356, 357, 359, 363, 366, 367, 373, 374, 376, 377, 378, 379, 380, 381, 382, 386, 391, 396, 397, 398, 400, 402, 404, 405, 409, 414, 418, 420, 423, 426, 432, 437, 439, 442, 445, 449, 451, 453, 456, 458, 459, 460, 461, 463, 468, 472, 473, 474, 478, 479, 484, 495, 506, 507, 508, 511, 512, 514, 517, 518, 521, 525, 527, 529, 530, 534, 540, 541, 542, 544, 550, 552, 556, 559, 560, 562, 572, 574, 583, 586, 589, 593, 594, 601, 603, 606, 608, 610, 614, 615, 630, 631, 632, 634, 641, 650, 659, 667, 669, 674, 675, 676, 677, 690, 696, 699, 702, 710, 712, 713, 718, 723, 729, 730, 732, 733, 738, 739, 740
Durst · 35, 162
duschen · 362, 537
Duschkabine · 537
dutzend · 81, 100, 473, 537, 654, 718
duzen · 91, 162, 163
DVD · 396
Dynamik · 31, 39, 40, 47, 48, 52, 54, 55, 56, 61, 64, 85, 89, 96, 98, 99, 115, 139, 140, 141, 146, 152, 158, 163, 164, 165, 166, 167, 168, 169, 173, 180, 182, 183, 184, 191, 196, 204, 209, 214, 222, 228, 237, 263, 266, 274, 279, 282, 291, 294, 302, 303, 304, 306,307, 314, 315, 330, 343, 348, 354, 355, 371, 378, 384, 385, 394, 395, 396, 398, 399, 418, 428, 431, 432, 434, 437, 441, 442, 444, 474, 493, 494, 495, 499, 502, 519, 522, 531, 532, 537, 540, 551, 552, 557, 574, 582, 589, 592, 597, 601, 603, 605, 612, 615, 632, 641, 642, 653, 659, 664, 665, 666, 669, 675, 680, 686, 698, 699, 707, 713, 723, 729, 734, 737
Dynamik (Binnen-) · 98, 99, 163, 307, 428
Dynamikausgleich · 163, 164, 330, 543, 589, 652
dynamisch · 108, 115, 170, 440
Dynamisch dirigieren · 167, 274, 328, 352, 398, 404, 439, 474, 564, 601, 698, 705
dysfunktional · 144

E

easy · 86, 494
ebay · 130, 489
Ebbinghaus, Hermann (1850-1909) · 718

Ebene · 95, 100, 167, 168, 169, 191, 275, 292, 327, 328, 381, 426, 565, 687, 691, 692, 693, 705
Echo · 112, 152, 159, 174, 197, 293, 355, 493, 495, 537, 538, 541, 708, 709, 710, 714
Echokammer · 174, 175
echt · 26, 30, 32, 34, 37, 42, 43, 50, 71, 79, 85, 88, 101, 133, 136, 162, 168, 173, 180, 184, 206, 216, 240, 241, 242, 260, 261, 263, 264, 271, 303, 316, 330, 332, 353, 356, 366, 374, 378, 405, 409, 417, 420, 430, 433, 464, 475, 507, 531, 535, 547, 552, 556, 558, 571, 579, 585, 589, 597, 599, 603, 606, 622, 631, 647, 658, 675, 700, 701, 702, 717, 734
Ecke · 62, 239, 257, 274, 285, 402, 443
eckig · 37, 215, 419
editieren · 367, 368
Edition · 679
Editionsbericht · 679, 680
Edlund, Lars · 408
EDU-Lizenz · 663
Effekt · 31, 47, 73, 79, 80, 86, 91, 112, 139, 167, 173, 199, 206, 216, 229, 231, 275, 281, 283, 296, 297, 308, 323, 353, 356, 362, 368, 396, 414, 443, 476, 496, 500, 533, 537, 538, 541, 552, 589, 593, 598, 606, 633, 646, 683, 707, 714, 730, 737
Effekt (Neben-) · 73, 296, 428, 539, 730
effektiv · 34, 47, 49, 63, 74, 83, 120, 122, 130, 175, 184, 186, 207, 216, 218, 225, 242, 248, 285, 291, 297, 333, 347, 385, 401, 415, 425, 436, 439, 453, 470, 479, 490, 491, 499, 504, 509, 532, 552, 575, 576, 593, 600, 622, 636, 643, 655, 663, 666, 668, 669, 678,693, 727, 728
egal · 35, 40, 45, 62, 90, 115, 145, 147, 178, 201, 203, 213, 217, 236, 251, 252, 255, 261, 273, 282, 284, 285, 301, 316, 324, 326, 345, 378, 397, 433, 441, 448, 451, 461, 486, 521, 530, 564, 572, 624, 636, 646, 659, 667, 687, 723, 730
egozentrisch · 105, 208, 219, 346, 429, 534, 721
ehemalig · 622, 623, 639, 718
Ehepartner · 195
Ehre · 32, 173, 177, 215, 286, 409, 448, 568, 681
Ehrenamt · 94, 244, 325, 533, 681
Ehrenkodex · 29, 124
Ehrgeiz · 175, 280
ehrlich · 27, 34, 61, 155, 161, 163, 175, 176, 192, 197, 224, 229, 254, 255, 257, 267, 293, 317, 320, 324, 332, 337, 374, 378, 424, 425, 429, 448, 454,

485, 525, 527, 530, 557, 562, 563, 572, 584, 624, 648, 671, 673, 675, 689, 706
eichen · 281, 654, 707
Eier · 27, 314, 737
Eierlegende Wollmilchsau · 36, 147, 176, 449
Eifer · 673
Eigendynamik · 170, 394
Eigenheiten · 194
Eigenleistung · 26, 176, 201, 344, 598, 669
Eigenschaft · 109, 161, 234, 599, 603, 732
eigenständig · 84, 112, 152, 231, 232, 306, 389, 427, 436, 454, 523, 560, 591, 596, 695, 702
eigentlich · 33, 43, 54, 55, 93, 94, 100, 101, 116, 126, 130, 135, 143, 144, 146, 147, 150, 154, 160, 162, 165, 171, 175, 176, 177, 185, 187, 203, 204, 212, 218, 223, 225, 228, 234, 236, 248, 249, 250, 255, 257, 266, 274, 282, 286, 294, 297, 302, 314, 316, 317, 322,329, 331, 333, 352, 361, 363, 374, 387, 405, 409, 411, 414, 417, 423, 431, 436, 446, 455, 457, 460, 461, 469, 473, 478, 479, 481, 485, 503, 516, 521, 525, 529, 535, 538, 539, 540, 542, 547, 561, 564, 599, 601, 613, 618, 626, 647, 649, 651, 653, 658, 662, 670, 672, 676, 677, 679, 688, 695, 707, 713, 723, 735, 738, 740, 746
Eigentor · 179
Eigentümer · 217
Eigenwert · 611
eilig · 58
Eimer · 188
einarbeiten · 126, 351, 375, 682
einbetten · 175, 293, 496, 530, 739
einbilden · 440
Einblick · 41
einbringen · 69, 81, 153, 442, 556
einbüßen · 390
eindämmen · 698
eindeutig · 41, 75, 256, 339, 421, 451, 487, 630, 671, 735
eindringlich · 68, 130, 192, 414, 723
Eindruck · 33, 45, 46, 62, 90, 101, 190, 202, 204, 244, 273, 279, 285, 346, 349, 357, 359, 382, 396, 405, 523, 568, 598, 599, 612, 664, 667, 668, 673, 707, 708, 723
einerseits · 28, 33, 40, 50, 65, 82, 185, 201, 202, 212, 227, 279, 288, 308, 353, 396, 441, 453, 503, 527, 544, 551, 571, 610, 611, 630, 657
einfach · 29, 31, 32, 33, 34, 36, 39, 41, 43, 46, 49, 53, 54, 55, 58, 59, 60, 62, 63, 67, 70, 71, 72, 73, 74, 76, 79, 81, 83,

93, 94, 96, 98, 99, 110, 113, 116, 117, 118, 121, 124, 126, 128, 132, 137, 140, 147, 148, 149, 150, 153, 154, 161, 165, 166, 172, 174, 175, 177, 181, 182, 183, 184, 186, 187, 188, 194, 195, 196, 197, 198, 200, 203, 204, 208, 211, 212, 215, 216, 218, 219, 220, 221, 225, 226, 232, 233, 234, 236, 238, 239, 242, 243, 246, 248, 250, 257, 258, 259, 260, 261, 263, 264, 265, 267, 271, 272, 275, 280, 283, 285, 287, 288, 291, 294, 295, 299, 302, 304, 305, 307, 308, 311, 315, 317, 322, 323, 324, 326, 327, 328, 332, 334, 340, 344, 345, 346, 350, 351, 352, 354, 355, 357, 359, 360, 364, 366, 367, 368, 383, 385, 389, 390, 392, 394, 396, 397, 399, 402, 403, 406, 409, 413, 417, 422, 423, 426, 427, 429, 430, 431, 432, 433, 434, 435, 436, 438, 439, 441, 442, 444, 445, 446, 447, 453, 454, 461, 462, 464, 469, 472, 473, 474, 475, 481, 482, 483, 485, 486, 487, 489, 491, 495, 496, 497, 501, 503, 504, 506, 514, 515, 520, 522, 523, 525, 529, 537, 538, 539, 540, 545, 549, 552, 553, 556, 558, 562, 563, 564, 567, 568, 570, 571, 575, 578, 580, 581, 583, 585, 586, 589, 594, 595, 596, 598, 601, 603, 607, 608, 610, 611, 612, 613, 617, 620, 621, 622, 623, 627, 630, 631, 633, 634, 635, 637, 640, 641, 643, 644, 645, 646, 648, 653, 654, 655, 657, 661, 662, 663, 666, 668, 669, 670, 673, 676, 678, 679, 680, 681, 682, 687, 688, 690, 691, 693, 699, 702, 705, 706, 708, 709, 710, 711, 712, 715, 717, 719, 720, 721, 722, 731, 732, 736, 737, 739, 741, 746
einfache-klavierbegleitung.de · 711
Einfachheit · 177, 390
einfangen · 97, 534, 662
Einfluss · 169, 189, 499, 541, 542, 593, 598, 693
einfügen · 47, 172, 403, 461, 518, 525, 539, 549, 584, 685
einfühlsam · 332, 499
Einführung · 27, 353, 380, 388, 471, 517, 521, 653, 654, 655, 728, 740
Eingang · 49, 438, 454, 469, 735
eingeben · 355, 711
Eingebung · 488
eingefahren · 197, 230, 231, 378, 511, 593, 598
eingehen · 42, 43, 76, 136, 137, 149, 195, 196, 212, 253, 254, 255, 294, 317,

338, 381, 444, 494, 631, 650, 698, 721
eingehend · 30, 687
eingeklemmt · 474, 632
eingeschränkt · 452, 543
eingeschworen · 415, 661
eingesetzen · 646
eingespielt · 350, 692
eingestehen · 28, 229, 320
Eingeweide · 38, 81, 576
eingreifen · 72, 696
Einhalt · 649
einhalten · 34, 64, 127, 589
einheften · 397, 461
einheimsen · 144
Einheit · 61, 106, 110, 112, 133, 157, 373, 480, 502, 614, 643, 669
einheitlich · 90, 221, 237, 443, 659
einhergehend · 163, 168
einholen · 351
einigen · 70, 88, 119, 131, 163, 164, 171, 196, 226, 316, 397, 399, 442, 454, 461, 475, 486, 506, 556, 642, 671, 709
einigen (sich) · 33, 50, 131, 307, 486, 487, 628, 712
Einkaufswagen · 317
Einkaufszentrum · 216, 217
einladen · 90, 94, 97, 118, 154, 194, 208, 223, 239, 242, 296, 357, 360, 365, 397, 438, 448, 462, 469, 470, 479, 523, 525, 526, 571, 591, 639, 660, 693, 699
Einlass · 183, 185, 360, 364
einlassen · 126, 135, 240, 353, 435, 636, 705
Einlauf · 227
einläuten · 637
Einleitung · 603, 635
einlullen · 130
einmal · 26, 34, 35, 40, 41, 42, 51, 56, 60, 67, 71, 73, 74, 75, 77, 86, 92, 94, 97, 98, 100, 123, 124, 135, 152, 154, 159, 163, 169, 172, 174, 175, 180, 181, 186, 191, 195, 199, 201, 203, 205, 207, 208, 212, 219, 221, 224, 225, 226, 227, 228, 235, 239, 246, 252, 256, 263, 273, 285, 297, 306, 307, 314, 321, 331, 337, 340, 344, 346, 347, 350, 356, 358, 376, 380, 385, 396, 414, 415, 434, 439, 440, 444, 448, 453, 458, 467, 468, 479, 484, 486, 489, 497, 500, 501, 504, 509, 512, 518, 519, 523, 539, 542, 545, 553, 556, 557, 571, 575, 581, 588, 590, 593, 596, 597, 599, 608, 614, 623, 628, 629, 633, 646, 656, 658, 660, 666, 668, 671, 672, 682, 683, 694, 699, 701, 702, 706, 707, 709, 719, 728, 732, 739
einmalig · 87, 99, 149, 259, 260, 428, 436, 475, 527, 549
Einnahmen · 28, 69, 116, 117, 240, 242, 243, 245, 248, 373, 528, 699

einnehmen · 117, 294, 298, 568, 601
Einordnung · 557, 703
einrichten (Noten) · 35, 138, 157, 272, 391, 457, 462, 513, 524
Einrichtung · 133, 538
einsam · 436
Einsatz · 41, 45, 177, 273, 461, 487, 643
Einsatz (Chor, Instrument, für) · 41, 45, 59, 89, 106, 112, 165, 184, 190, 265, 303, 321, 350, 369, 370, 393, 399, 451, 487, 492, 503, 531, 601, 605, 623, 643, 669, 702
Einsatz (Dirigent) · 38, 41, 56, 108, 177, 184, 214, 219, 262, 274, 306, 327, 348, 369, 370, 371, 487, 513, 559, 592, 610, 614, 631, 640, 642, 643, 669
einschleichen · 451
einschließen · 71
einschneidend · 29, 457
einschränken · 93, 114, 115, 129, 167, 391, 413, 644
einschreiten · 334
einschüchtern · 90, 243, 370, 571, 623
einsehen · 240
einseitig · 161, 656
einsetzen · 32, 45, 96, 106, 123, 144, 193, 231, 274, 275, 337, 369, 385, 572, 643, 654, 661, 690
Einsingen · 65, 70, 73, 74, 81, 88, 105, 118, 134, 136, 179, 180, 181, 182, 183, 184, 185, 186, 204, 209, 214, 220, 227, 230, 234, 255, 257, 264, 265, 277, 279, 290, 291, 327, 338, 339, 360, 383, 387, 414, 446, 501, 509, 510, 530, 552, 576, 584, 610, 643, 652, 689,698, 701, 708, 727, 731, 737
einstehen · 590
einsteigen · 469
einstellen · 51, 77, 91, 93, 268, 314, 357, 366, 529
Einstellung · 171, 177, 211, 311, 314, 325, 348, 421, 425, 426, 446, 464, 484, 596, 615, 623, 650, 716
Einstieg · 254, 387
einstimmig · 331, 700
einstudieren · 169
eintreten · 98, 188, 191, 199, 272, 296, 338, 370, 465, 487, 506, 596, 627
Eintritt (Konzert) · 68, 69, 128, 191, 353, 354, 356, 364, 437, 621
Einvernehmen · 709
Einverständnis · 124, 159, 351, 397, 524, 583, 593
Einverständniserklärung · 159, 472
Einwand · 153, 341, 432, 444, 603, 633, 673
Einweisung · 52
Einwilligung · 676
Einwurf · 493, 494
Einzelaktion · 662
Einzelfall · 669
Einzelgruppen · 306
Einzelinstrumentalunterricht · 122

759

Einzelkämpfer · 420
Einzelkompetenzen · 337
Einzelleistungen · 483
Einzellieder · 517
Einzelmeinungen · 84, 224, 370, 734
einzeln · 37, 63, 72, 129, 130, 189, 231, 258, 283, 307, 311, 329, 343, 346, 351, 357, 358, 360, 383, 385, 409, 426, 428, 429, 468, 504, 512, 523, 526, 527, 532, 533, 540, 569, 574, 582, 590, 593, 598, 603, 620, 626, 637, 652, 663, 666, 688, 709, 717, 734
Einzelperson · 38, 159, 161, 306
Einzelplatzlizenzen · 663
Einzelprobe · 71, 72
Einzelschicksale · 43, 84
Einzelstimmbildung · 189
Einzelstimmen · 67, 75, 189, 280, 294, 378, 445, 508, 553, 648, 649, 696
Einzeltreffen · 70
Einzelvorsingen · 70, 71, 72, 91, 296, 472, 530, 571, 622, 702
Einzelzimmer · 118, 127
einziehen · 38, 531, 576, 585
einzig · 28, 33, 50, 62, 72, 75, 84, 92, 132, 135, 145, 187, 196, 206, 223, 243, 250, 288, 290, 325, 331, 340, 379, 390, 404, 413, 420, 427, 432, 438, 442, 453, 456, 477, 529, 538, 543, 558, 559, 583, 587, 588, 590, 593, 596, 601, 617, 654, 673, 678, 699, 719, 735
Einzigartigkeit · 459
Eis · 350
Eisbrecher · 476
Eisenhower-Methode · 58
Eisgepicke · 620
Eitelkeit · 53, 72, 223, 508
Ekel · 187, 425, 622, 732
Elan · 369
Elbe · 582
Elchtest · 190
Elefant · 250, 454, 713
elegant · 273
Elektrotechniker · 705
Element · 98, 99, 153, 215, 231, 265, 380, 583, 630, 670
Elementare Dirigierlehre (M. Wolschke) · 410
eliminieren · 180, 442
elitär · 71, 305, 362, 524
Elitetruppe · 591
Ellenbogen · 33, 48, 81, 191, 562, 705
ellenlang · 253
eloquent · 457
Elter · 710
Eltern · 79, 95, 117, 188, 305, 324, 453, 513, 745
E-Mail · 29, 122, 154, 159, 171, 172, 238, 262, 263, 315, 316, 340, 344, 359, 368, 372, 439, 510, 524, 525, 526, 549, 573, 580, 585, 591, 627, 667, 668, 673, 691, 710, 717
E-Mailverteiler · 172, 238, 367, 429, 525
emanzipieren · 602

embassysingers.de/scores/ · 711
Emoji · 315, 316
Emotion · 36, 46, 62, 87, 93, 96, 99, 100, 101, 109, 135, 145, 160, 176, 190, 191, 193, 194, 195, 199, 204, 206, 207, 211, 212, 242, 251, 254, 255, 272, 280, 286, 287, 295, 311, 332, 338, 370, 377, 381, 392, 404, 413, 419, 423, 425, 428, 429, 433, 437, 444, 449, 452, 456, 458, 460, 465, 468, 484, 489, 492, 515, 516, 540, 548, 551, 571, 572, 573, 588, 589, 590, 599, 601, 612, 624, 637, 672, 693, 708, 710, 715, 717, 718, 719, 732, 739
Emotionsarchitekt · 194
emotionsgesteuert · 195
Empathie · 195, 196, 212, 416, 468, 548, 631, 691
empfangen · 73, 171, 172, 213, 315, 316, 526, 549, 578, 692, 693, 740
Empfänger · 172, 693
empfehlen · 42, 59, 67, 120, 130, 161, 176, 181, 200, 247, 251, 259, 298, 305, 339, 423, 469, 470, 473, 489, 491, 495, 506, 526, 590, 591, 659, 667, 668, 684, 700
empfinden · 63, 157, 229, 233, 443, 603, 679
empfindlich · 265, 293, 294, 307, 561, 623, 629, 631
Empore · 115, 173, 265
empören · 196, 197, 200, 201, 742
E-Musik · 362
Ende · 46, 55, 59, 63, 69, 74, 76, 77, 81, 89, 97, 105, 108, 115, 118, 125, 131, 139, 141, 153, 156, 157, 172, 179, 184, 186, 190, 192, 193, 215, 225, 226, 233, 235, 239, 244, 245, 250, 251, 262, 274, 288, 313, 319, 330, 356, 360, 369, 370, 371, 391, 396, 404, 406, 417, 425, 432, 434, 435, 438, 452, 455, 470, 498, 503, 512, 520, 525, 526, 527, 540, 546, 547, 549, 550, 558, 569, 572, 573, 575, 577, 578, 583, 605, 606, 619, 621, 622, 634, 664, 670, 671, 680, 685, 696, 708, 719, 729, 735, 737
enden · 39, 141, 146, 196, 224, 345, 348, 361, 433, 455, 469, 501, 502, 505, 547, 569, 587
enden (be-) · 83, 84, 95, 124, 181, 324, 350, 378, 430, 441, 512, 569
endlos · 698
Endorphine · 296
energetisch · 55, 163, 206, 216, 220, 225, 236, 272, 421, 511, 599, 698, 737, 738
Energie · 27, 31, 47, 55, 57, 72, 96, 136, 146, 147, 163, 165, 166, 168, 177, 205, 206, 220, 225, 247,

253, 254, 272, 274, 290, 305, 309, 310, 311, 312, 313, 315, 328, 329, 330, 331, 344, 369, 387, 392, 421, 429, 430, 436, 443, 474, 478, 485, 500, 538, 547, 556, 561, 570, 592, 594, 595, 598, 599, 602, 604, 621, 622, 624, 632, 640, 642, 669, 675, 685, 690, 698, 718, 737
Energieführung · 330
Energieumsatz · 247
Energiewaage · 548
energisch · 168, 315, 558
eng · 27, 40, 102, 105, 117, 124, 182, 189, 198, 208, 209, 290, 308, 310, 314, 330, 362, 366, 375, 383, 412, 456, 614, 632, 649, 667, 695, 722, 737
Engagement · 48, 52, 76, 80, 86, 93, 98, 128, 138, 145, 149, 188, 189, 197, 201, 207, 221, 224, 246, 252, 266, 272, 288, 305, 344, 345, 397, 416, 541, 547, 556, 598, 630, 639, 673, 684
engagieren · 465
Engelszungen · 361, 634
englisch · 66, 67, 84, 158, 161, 292, 342, 406, 407, 408, 419, 441, 468, 494, 603, 634, 635, 711, 712, 720, 736
Enkel · 654
Ensemble · 59, 79, 85, 92, 115, 147, 153, 264, 305, 306, 307, 354, 376, 390, 471, 473, 487, 513, 521, 524, 591, 592, 600, 624, 687
entbehrbar · 492
Entbindung · 578
entbrennen · 425, 528
entdecken · 88, 94, 323, 415, 477, 662, 697, 717
Entertainer · 228, 470
entfalten · 143, 186, 400
entfernen · 64, 109, 187, 198, 253, 284, 438, 492, 495, 588, 649
Entfernung · 42, 102, 115, 116, 117, 127, 152, 166, 169, 193, 198, 293, 294, 366, 433, 495, 529, 558, 586, 597, 605, 648, 649
Entfremdung · 405
entgegen · 252, 324, 470, 478
entgegenkommen · 287, 470
entgegenwirken · 28, 47, 88, 98, 120, 130, 230, 323, 324, 344, 475, 527, 661, 728
entgehen · 226
Entgleisungen · 585
entgleiten · 139
enthalten · 96, 240, 335, 367, 485, 539, 692
Enthusiasmus · 28, 212, 264, 624
entkommen · 577
entlarven · 63, 390
entlehnen · 106, 180
entrichten · 678
entscheiden · 390, 424, 566, 595

entscheidend · 52, 81, 111, 115, 151, 169, 180, 190, 202, 222, 237, 262, 297, 502, 513, 548, 584, 594, 621, 650
Entscheidendes · 633
Entscheidungen · 28, 29, 30, 63, 67, 68, 69, 71, 76, 82, 91, 117, 125, 128, 132, 133, 148, 149, 181, 184, 196, 198, 199, 204, 212, 213, 226, 227, 229, 231, 244, 246, 251, 258, 283, 288, 296, 325, 338, 341, 350, 359, 361, 369, 377, 425, 430, 431, 437, 447, 472, 483, 484,492, 496, 501, 502, 512, 522, 523, 525, 526, 527, 540, 545, 560, 562, 571, 572, 577, 578, 594, 595, 601, 629, 631, 635, 636, 658, 661, 663, 669, 676, 701, 718, 729, 731, 736
Entschluss · 193
entschuldigen · 36, 48, 49, 124, 162, 171, 197, 269, 370, 387, 560, 586, 674, 675
entspannen · 40, 44, 47, 60, 63, 85, 98, 177, 186, 261, 262, 272, 282, 311, 314, 347, 376, 415, 429, 436, 445, 489, 514, 531, 562, 563, 577, 581, 599, 601, 630, 632, 683, 698, 708, 718, 721, 738
entsprechen · 49, 101, 124, 127, 141, 195, 202, 211, 259, 264, 311, 354, 379, 394, 396, 419, 438, 468, 494, 507, 541, 559, 566, 612, 621, 631, 650, 694, 696, 714
entsprechend · 209, 351, 365, 432
entstehen · 33, 36, 82, 128, 147, 148, 150, 152, 154, 156, 160, 186, 188, 193, 199, 202, 205, 227, 229, 235, 257, 281, 289, 290, 320, 321, 323, 325, 333, 335, 340, 379, 395, 396, 417, 421, 445, 455, 468, 470, 471, 478, 530, 551, 562, 566, 568, 585, 587, 589, 592, 625, 635, 672, 682, 687, 701, 740
Entstehungsprozess · 717
Enttäuschung · 34, 178, 199, 200, 211, 229, 234, 428, 633, 729
entweder · 41, 67, 94, 124, 125, 238, 242, 255, 257, 266, 297, 332, 375, 425, 437, 442, 445, 453, 455, 474, 481, 493, 494, 629, 630, 638, 639, 670, 672, 692, 709
entwickeln · 102, 145, 328, 350, 651, 655, 695
Entwicklung · 51, 72, 83, 84, 95, 103, 108, 109, 120, 121, 134, 148, 149, 155, 161, 163, 175, 179, 181, 200, 229, 313, 315, 323, 344, 394, 395, 400, 431, 443, 447, 453, 457, 483, 484, 548, 549, 574, 581, 585, 614, 626, 628,

636, 639, 654, 661, 679, 695, 699, 709, 721, 734
Entwurf · 365
Entzündung · 88, 298, 361, 379
E-Piano · 173, 174, 252, 293, 354, 355, 357, 469, 487, 597
Episode · 683
Epoche · 236, 259, 307, 405, 431, 457, 477, 613, 645, 646, 679
Equalizer · 649
Equipment · 293, 712
erachten · 116, 128, 442
erarbeiten · 120, 121, 148, 195, 213, 236, 253, 294, 308, 332, 449, 500, 518, 519, 539, 585
Erde · 83, 376
erden · 167, 177, 392
Erdumfang · 100
Ereignis · 43, 118, 205, 250, 260, 407, 518, 701
erfahrbar · 30, 205, 731
erfahren · 29, 68, 149, 209, 246, 308, 353, 383, 385, 459, 468, 485, 572, 635, 637, 639
Erfahrung · 65, 69, 73, 76, 82, 85, 86, 88, 92, 93, 94, 108, 122, 128, 130, 131, 133, 155, 185, 188, 205, 237, 240, 244, 245, 246, 251, 261, 273, 307, 309, 310, 316, 323, 325, 337, 338, 347, 376, 380, 392, 396, 426, 430, 444, 465, 468, 472, 486, 489, 491, 492, 499, 500, 515, 524, 525, 546, 549, 553, 560, 573, 581, 585, 590, 593, 599, 602, 603, 614, 623, 624, 630, 633, 636, 637, 642, 650, 653, 654, 660, 661, 665, 701, 714, 742
erfinden · 44, 214, 292, 315, 375, 411, 444, 583, 602, 614, 615, 619, 628, 694
Erfolg · 33, 62, 69, 86, 87, 89, 92, 119, 152, 160, 201, 207, 225, 229, 243, 251, 284, 292, 319, 337, 345, 346, 348, 381, 382, 413, 414, 419, 423, 439, 441, 442, 449, 459, 489, 497, 512, 513, 518, 540, 548, 549, 552, 554, 585, 599, 605, 610, 621, 653, 693, 699, 707, 722, 731, 732, 733, 746
erfolgen · 71, 461, 495, 508, 563, 572, 580, 696, 707
erfolgreich · 243, 289, 298, 490, 517, 614
Erfolgserlebnis · 191, 204, 217, 291, 413, 501, 689
erfordern · 401
erfragen · 102, 134, 159, 344
erfüllen · 32, 36, 38, 82, 93, 102, 115, 124, 130, 133, 143, 144, 185, 187, 202, 215, 229, 234, 262, 312, 345, 375, 395, 405, 427, 449, 501, 515, 522, 560, 592, 620, 621, 653, 672, 682, 683, 708, 709, 720, 721, 729
ergangen · 709

ergänzen · 84, 129, 171, 238, 324, 410, 568, 664, 692
ergeben · 51, 64, 100, 110, 136, 146, 198, 219, 231, 236, 281, 322, 323, 333, 355, 373, 480, 499, 502, 503, 516, 523, 532, 535, 538, 540, 610, 616, 621, 723, 734
Ergebnis · 26, 40, 42, 50, 52, 88, 94, 123, 145, 148, 149, 156, 159, 160, 176, 177, 178, 187, 201, 202, 206, 207, 225, 260, 267, 278, 279, 284, 288, 306, 310, 327, 333, 338, 341, 377, 390, 392, 413, 417, 419, 425, 443, 485, 489, 495, 502, 520, 529, 537, 538, 544, 552, 563, 574, 602, 629, 630, 639, 653, 661, 662, 663, 671, 682, 694, 700, 719, 723, 745, 746
ergebnisorientiert · 176, 202, 333, 502, 659
ergo · 136, 159, 362, 381, 644
ergründen · 679, 730
Ergüsse · 370
erhalten · 37, 46, 98, 125, 129, 195, 223, 251, 290, 293, 334, 339, 356, 433, 441, 504, 525, 656, 661, 711
erheben · 59, 295, 422, 506, 570
erhöhen · 51, 68, 69, 97, 140, 150, 168, 173, 208, 228, 240, 242, 243, 260, 291, 316, 403, 417, 437, 460, 491, 555, 559, 561, 570, 571, 598, 629, 632, 694, 719
erniedrigen · 97, 291, 694
ernst nehmen · 32, 33, 44, 61, 156, 178, 193, 196, 204, 212, 220, 224, 244, 291, 321, 322, 336, 351, 353, 406, 443, 444, 494, 499, 540, 541, 556, 573, 599, 603, 622, 623, 624
Ernstfall · 319, 669
ernsthaft · 65, 69, 193, 236, 262, 307, 335, 348, 443, 444, 457, 546, 564, 577, 599, 621, 626, 629, 638, 701, 745
ernstnehmen · 370, 624
Erntedank · 393, 516, 657
ernten · 677
erpressen · 241, 295
erregen · 656
erreichen · 25, 26, 38, 42, 44, 55, 61, 65, 70, 83, 92, 109, 123, 144, 147, 156, 160, 163, 165, 166, 168, 169, 170, 178, 182, 187, 203, 204, 218, 219, 220, 221, 253, 255, 257, 267, 268, 285, 288, 291, 312, 313, 314, 323, 327, 337, 338, 345, 355, 357, 366, 367, 368,387, 395, 400, 404, 413, 414, 416, 423, 424, 426, 436, 437, 455, 461, 475, 484, 485, 489, 494, 501, 502, 504, 511, 512, 529, 533, 544, 548, 550, 551, 555, 574, 576, 580, 581, 589, 595, 599, 622, 627, 630, 642, 649, 653, 671, 674, 689,

671, 674, 679, 681, 683, 686, 690, 698, 709, 710, 715, 727, 742
erklingen · 37, 42, 136, 157, 343, 467, 679
erkundigen · 545
erlangen · 36, 54, 163, 190, 228, 229, 278, 352, 560, 585, 590, 723
erlauben · 36, 217, 257, 268, 301, 325, 332, 377, 379, 401, 488, 508, 526, 528, 530, 560, 576, 588, 589, 594, 615, 624, 677, 698, 709, 731
erläutern · 76, 203
erleben · 41, 59, 63, 69, 70, 82, 88, 101, 135, 144, 145, 151, 152, 160, 187, 190, 194, 200, 204, 216, 218, 219, 267, 293, 305, 325, 366, 374, 389, 398, 423, 430, 440, 444, 448, 465, 512, 516, 517, 537, 573, 630, 636, 641, 643, 666, 669, 673, 689, 698, 699, 722, 738, 740
erledigen · 58, 122, 144, 145, 202, 216, 252, 272, 319, 346, 391, 550, 673, 678, 705, 721
Erleichterung · 101, 190, 199, 277
Erleuchtung · 654, 713
erliegen · 562
Erlösung · 46, 101, 605
ermahnen · 51, 552, 585
ermöglichen · 117, 143, 176, 177, 183, 193, 203, 255, 258, 392, 431, 451, 537, 547, 558, 617, 643, 646, 652, 653, 655, 668

erwischen · 89, 197, 379, 698, 706
erworben · 585
erwünscht · 33, 109, 126, 152, 163, 171, 173, 189, 219, 330, 345, 471, 495, 508, 530, 585, 632, 698
erzählen · 92, 93, 195, 224, 236, 244, 249, 251, 254, 259, 268, 269, 295, 324, 327, 348, 362, 377, 397, 432, 456, 519, 521, 522, 612, 615, 620, 656, 658, 682, 699, 702, 722, 735, 738
erzeugen · 40, 51, 61, 75, 85, 101, 115, 140, 155, 169, 177, 192, 230, 237, 243, 249, 254, 258, 281, 294, 297, 322, 323, 347, 398, 399, 404, 407, 413, 415, 436, 444, 448, 456, 460, 463, 474, 538, 541, 552, 576, 589, 604, 607, 631, 634, 644, 660, 673, 714, 737
erzielen · 148, 149, 467, 495, 599, 690, 694
Es ist ein Ros entsprungen · 178, 390, 484, 515
Es ist ein Schnitter, heißt der Tod · 100
Esel · 256, 702
eselig · 97
Eselsbrücke · 97, 106, 301, 504
eskalieren · 239, 334, 428, 429, 709, 710
espressivo · 39
Essen · 27, 62, 118, 154, 250, 350, 447, 479, 511, 597, 651, 702, 706
essenziell · 64, 153, 181, 681, 724
etablieren · 49, 56, 57, 119, 125, 132, 214, 340, 370, 386, 393, 441, 471, 478, 510, 606, 643, 657, 676, 695, 732
Etage · 216
Etappen · 165, 166, 272, 369, 414, 489, 511
Etappenzielen · Siehe Ziel (Etappen-)
Ethik · 50, 207, 235, 455
Ethnien · 586
Etikett · 234
Euklid von Alexandria (3. Jh. v. Chr.) · 259
Euro · 52, 203, 561
evaluieren · 58, 70, 71, 133, 145, 199, 292, 580, 620, 658, 661, 685
evangelisch · 92, 516
Evangelium (Liturgie) · 262
Event · 128, 360, 438, 469, 514, 545
Eventualitäten · 117, 578, 706, 722
eventuell · 25, 26, 29, 33, 34, 39, 40, 43, 47, 55, 62, 65, 66, 67, 68, 70, 73, 75, 76, 84, 85, 86, 91, 93, 95, 100, 116, 120, 123, 125, 128, 134, 138, 139, 145, 146, 147, 150, 151, 159, 161, 162, 173, 178, 184, 192, 193, 197, 199, 205, 216, 217, 220, 224, 226, 240, 243, 245, 251, 262, 265, 282, 286,
287, 291, 292, 297, 305, 307, 313, 324, 334, 336, 345, 346, 349, 350, 351, 352, 358, 365, 366, 369, 371, 372, 380, 381, 383, 384, 387, 392, 398, 423, 427, 429, 432, 434, 435, 437, 440, 443, 448, 456, 457, 463, 464, 472, 474, 484, 488, 493, 495, 498, 501, 502, 503, 504, 506, 508, 509, 510, 511, 512, 515, 517, 520, 521, 523, 528, 530, 532, 539, 540, 542, 545, 546, 548, 550, 553, 557, 561, 571, 572, 574, 587, 591, 592, 593, 595, 605, 611, 612, 616, 624, 626, 630, 633, 639, 644, 653, 657, 660, 661, 665, 670, 672, 685, 698, 700, 701, 709, 722, 723, 727, 730, 741
Evolution · 54, 62, 191, 234, 257, 273, 315, 464, 626
ewig · 233, 342, 478, 690
Ewigkeitssonntag · 576
exakt · 261, 284
Existenzbeschreibung · 370
existieren · 44, 58, 86, 116, 117, 134, 138, 166, 196, 208, 231, 241, 250, 267, 307, 339, 361, 397, 408, 447, 468, 489, 509, 558, 591, 611, 673, 674, 677, 679, 715
exklusiv · 361, 407, 472, 727
exorbitant · 495
Experiment · 689
experimentieren · 79, 105, 115, 135, 263, 465, 606
experimentierfreudig · 717
Experte · 601
explizit · 32, 50, 138, 264, 306, 426, 440, 469, 494, 516, 520, 523, 670, 695
explodieren · 238, 278
extern · 36, 72, 120, 137, 189, 208, 278, 307, 351, 453, 475, 516, 517, 595, 610, 678
extra · 59, 89, 127, 166, 171, 173, 240, 242, 243, 264, 282, 406, 435, 441, 605, 615, 701, 734
Extraprobe · 242, 243, 258, 356, 508, 509, 511, 512, 514, 588, 661, 670
extrem · 45, 67, 92, 98, 99, 149, 163, 164, 165, 182, 184, 185, 186, 208, 209, 220, 253, 291, 292, 297, 301, 309, 312, 322, 329, 332, 374, 430, 431, 432, 447, 457, 478, 503, 543, 544, 553, 559, 577, 589, 630, 631, 633, 634, 644, 661, 731
Extremitäten · 362
Extremlage · 99, 164, 182, 208, 209, 291, 309, 322, 543, 634, 731
extrinsisch · 208, 254, 255, 351, 413, 441, 442, 529, 548, 650
extrovertiert · 484, 595
Exzess · 42

F

Facebook · 159, 222, 365, 593
fachfremd · 202
fachlich · 76, 93, 175, 194, 206, 337, 540, 541, 585, 636, 732, 745
Fachwissen · 130, 457, 720
Facial-Feedback · 211, 296, 347, 387
Factfulness (H. Rosling) · 412, 684
Faden · 98, 187, 559, 739
Faden (Leit-) · 507, 508
Faden (roter) · 437, 509, 517, 522, 540
fadenscheinig · 673
fähig · 85, 144, 188, 324, 478, 533, 571, 632, 656, 681, 729
Fähigkeit · 30, 52, 64, 65, 71, 86, 92, 93, 94, 95, 108, 130, 133, 143, 195, 203, 232, 234, 279, 280, 283, 301, 310, 313, 333, 351, 364, 379, 396, 402, 404, 410, 501, 520, 522, 529, 571, 580, 582, 592, 593, 601, 622, 681, 682, 685, 720, 730
fahl · 99, 648
fahren · 27, 103, 117, 118, 127, 208, 497, 513, 531, 582, 662, 710
fahren (los-) · 670
Fahrgäste · 103, 688
fahrlässig · 353, 432
Fahrrad · 216, 385, 608
Fahrradtour · 154, 617
Fahrrinne · 582
Fahrstuhl · 447, 511
Fahrtenbuch · 213
Fahrtkosten · 127, 213, 240, 241, 304, 305
Fahrtkostenabrechnung · 213
Fahrweise · 688
Fahrzeit · 514
fair · 69, 123, 192, 240, 242, 304, 345, 427, 461, 677
Fakt · 390, 425, 560, 716
Fakten · 245, 367, 424, 425, 440, 456, 465, 540, 541, 562, 572, 692, 718, 741
Faktenlage · 424
faktisch · 412, 635
Faktoren · 88, 93, 116, 117, 136, 244, 245, 246, 273, 367, 434, 448, 468, 484, 514, 515, 537, 547, 548, 553, 694, 720, 730, 738
Fall · 39, 58, 59, 63, 68, 93, 102, 105, 115, 116, 122, 127, 130, 132, 140, 144, 146, 150, 156, 172, 177, 212, 222, 224, 228, 233, 236, 238, 245, 248, 252, 260, 264, 286, 293, 297, 315, 335, 341, 343, 344, 346, 350, 351, 352, 353, 354, 356, 357, 358, 374, 375,378, 399, 434, 439, 441, 443, 461, 467, 474, 478, 487, 511, 514, 520, 521, 524, 525, 542, 556, 559, 560, 568, 569, 574, 588, 591, 621, 626, 631,
637, 639, 641, 642, 648, 654, 656, 670, 671, 677, 681, 683, 685, 689, 694, 709, 713, 715, 717, 722, 736
Fall (schlimmster) · 25, 33, 35, 36, 50, 85, 117, 122, 130, 154, 159, 171, 184, 189, 227, 296, 299, 328, 336, 340, 374, 377, 378, 382, 425, 433, 440, 448, 465, 511, 556, 573, 578, 581, 590, 592, 595, 599, 625, 637, 641, 670, 688, 698, 699, 702
fallen · 27, 31, 36, 38, 43, 47, 81, 97, 133, 140, 158, 168, 190, 214, 222, 245, 257, 264, 277, 309, 314, 325, 329, 330, 333, 370, 375, 429, 434, 446, 518, 531, 542, 601, 616, 679, 705, 731
fallen (ab-) · 165
fallen (auf-) · 29, 52, 77, 126, 173, 175, 201, 313, 317, 328, 342, 369, 470, 660, 727
fallen (aus-) · 580, 606, 671
fallen (be-) · 362
fallen (ein-) · 58, 246, 274, 279, 432, 434, 453
fallen (ent-) · 128, 454
fallen (ge-) · 58, 148, 149, 202, 203, 224, 249, 420, 426, 458, 492, 507, 596, 599, 606, 624, 710, 720, 733
fallen (raus-) · 638
fallen (rein-) · 234, 257, 572
fallen (schwer-) · 95, 320, 577
fallen (ver-) · 63, 68, 225, 272, 341, 432
fallen (zusammen-) · 165
Fallschirmspringer · 233
falsch · 51, 53, 76, 89, 115, 125, 137, 144, 150, 154, 178, 192, 193, 197, 200, 201, 211, 234, 257, 266, 271, 279, 280, 282, 285, 288, 292, 321, 326, 328, 345, 362, 382, 391, 426, 431, 432, 433, 442, 470, 471, 492, 505, 508, 515, 521, 540, 553, 562, 572, 577, 578, 582, 583, 588, 592, 593, 604, 605, 620, 622, 623, 624, 629, 632, 633, 634, 635, 636, 638, 642, 649, 653, 660, 672, 679, 688, 692, 696, 698, 700, 705, 713, 718, 720, 723, 727, 735, 736, 738, 745
fälschen (ver-) · 178, 579, 641
Falsett · 542
Familie · 26, 27, 95, 201, 202, 227, 241, 246, 319, 324, 360, 368, 398, 400, 413, 424, 455, 458, 483, 514, 515, 535, 562, 582, 614, 620, 622, 637, 648, 670, 678, 689, 691, 697, 745
Familientreffen · 535
fancy · 216
fangen · 25, 59, 73, 85, 166, 370, 433, 499, 538, 576, 598, 616, 622, 684

762

Fans · 358
Fantasie · 181, 562
fantastisch · 117, 151, 175, 176, 349, 483, 562, 671
Farbe · 120, 214, 262, 343, 352, 363, 373, 374, 462, 507, 520, 561
Farbe (Klang-) · 113, 236, 307, 695
Fass · 683
Fassade · 216
fassen · 89, 299
fassen (allum-) · 42, 471, 552, 615
fassen (an-) · 154, 191, 245, 269, 306, 409, 708
fassen (be-) · 53, 71, 159, 383, 409
fassen (er-) · 263, 294, 463, 488, 563, 617, 624, 647
fassen (um-) · 131, 273, 650
fassen (ver-) · 268
Fassung · 36, 181, 230, 264, 440, 590, 679, 686
fassungslos · 558
faszinierend · 53, 82, 204, 220, 399, 467, 613
Faulheit · 26, 29, 42, 83, 160, 175, 214, 220, 221, 227, 269, 292, 317, 319, 327, 332, 414, 447, 598, 641, 709
fault (ver-) · 71, 72, 95, 292, 568, 634
Faun · 432
Fauré, Gabriel (1845 – 1924) · 406
Faustregel · 240, 357, 513, 514, 619, 700
Favorit · 305, 378, 506, 685
federn · 89
federn (ab-) · 577, 738
Feedback · 120, 121, 146, 211, 214, 296, 387, 409, 499, 691
Fehlbarkeit · 320
fehlen · 26, 28, 29, 48, 49, 54, 68, 76, 95, 102, 109, 111, 114, 122, 152, 158, 185, 190, 194, 209, 227, 229, 231, 238, 241, 246, 255, 279, 284, 285, 286, 287, 289, 306, 315, 316, 319, 331, 340, 363, 399, 402, 413, 416, 432, 442, 461, 468, 471, 491, 498, 499, 500, 508, 523, 531, 542, 548, 549, 555, 567, 579, 620, 622, 631, 633, 635, 640, 642, 649, 652, 665, 691, 696, 722, 731, 732
Fehler · 33, 34, 42, 46, 51, 62, 63, 70, 76, 77, 79, 131, 133, 145, 146, 149, 171, 175, 176, 190, 191, 192, 206, 214, 253, 254, 255, 256, 261, 277, 280, 281, 317, 325, 332, 340, 345, 346, 352, 396, 398, 401, 402, 411, 416, 421, 427, 429, 449, 468, 483, 484, 485,492, 533, 537, 540, 553, 561, 577, 583, 595, 603, 607, 608, 610, 621, 622, 624, 626, 632, 636, 648, 660, 661, 671, 674, 677, 682, 683, 684, 688, 707, 708, 712, 713, 731, 741, 742
Fehlfunktion · 487

Fehlwahrnehmung · 571
Fehlzeiten · 48, 49
Feierabend · 334
Feiertage · 123, 240
feiern · 95, 108, 125, 126, 207, 223, 240, 249, 363, 373, 458, 545, 548, 561, 581, 597, 727
feilen · 190, 279
feilschen · 465
fein · 31, 94, 207, 219, 229, 247, 255, 266, 267, 274, 345, 373, 403, 404, 436, 509, 519, 550, 557, 620, 648, 689
Feind · 325, 333, 455, 521, 573, 595
feinfühlig · 472, 683
Feinheiten · 67, 160, 253, 266, 279, 500, 519, 682
Feinmotorik · 40, 433, 446
Fenster · 43, 54, 100, 196, 197, 225, 417, 440
Fensterfront · 495, 511
Ferien · 28, 91, 108, 122, 123, 240, 446, 510, 514, 575, 576
Fermate · 215, 487, 665
fernsehen · 118, 196, 201, 396, 433, 546, 717
Ferrara · 619
fertig · 131, 156, 165, 183, 349, 367, 394, 469, 471, 475, 478, 486, 497, 512, 514, 519, 521, 622, 637, 675, 685
fest · 33, 81, 89, 92, 105, 116, 154, 168, 186, 201, 202, 208, 209, 214, 241, 254, 283, 285, 302, 341, 342, 352, 391, 392, 393, 433, 441, 452, 478, 507, 510, 528, 562, 563, 599, 601, 608, 619, 633, 651, 657, 662, 713, 716, 717, 723, 735
Fest · 644
festgefahren · 674
festgeschrieben · 495, 516
festgetackert · 738
festigen · 149, 231, 613, 654, 692, 699
festkrallen · 237
festlegen · 392, 517, 679
festlich · 447
festmachen · 354
festsetzen · 385, 549
feststehen · 105, 204, 357, 368, 510, 657
feststellen · 43, 53, 56, 59, 127, 169, 186, 202, 251, 295, 302, 361, 389, 406, 435, 437, 448, 458, 513, 530, 656, 661, 668
festtackern · 281
Fetischismus · 188, 227, 342
feucht · 298, 361, 553, 558, 599, 651, 659, 715
Feuerstein, Herbert (1937 – 2020) · 721
feurig · 404
fies · 246
Figur · 283, 297, 468, 566
fiktiv · 66, 116, 624
filmen · 63, 79, 230
Filterblase · 174, 662
filtern · 174, 251, 540, 541
Finale (Software) · 663
finanz... · 43, 69, 91, 116, 117, 134, 138, 143, 144, 208, 240, 241, 244, 245,

246, 251, 268, 321, 337, 354, 425, 426, 434, 435, 441, 490, 528, 561, 656, 699, 706
finden · 28, 32, 33, 35, 46, 48, 50, 52, 53, 63, 67, 96, 102, 109, 112, 113, 116, 121, 122, 123, 124, 127, 129, 130, 133, 134, 135, 143, 145, 162, 167, 171, 176, 183, 184, 198, 201, 202, 206, 222, 223, 226, 235, 238, 239, 246, 265, 282, 289, 290, 297, 303, 304, 305, 317, 320, 326, 331, 332, 333, 335, 360, 377, 378, 385, 389, 392, 394, 399, 401, 410, 412, 419, 423, 426, 429, 432, 442, 444, 446, 453, 463, 465, 479, 494, 495, 498, 502, 509, 513, 514, 516, 523, 551, 556, 571, 573, 577, 578, 583, 584, 587, 595, 597, 620, 630, 644, 656, 658, 661, 664, 694, 696, 706, 711, 712, 719, 720, 722, 728, 732, 738, 741, 746
finden (ein-) · 70, 453, 544, 667
finden (heraus-) · 70, 71, 79, 94, 224, 243, 244, 317, 394, 429
finden (statt-) · 49, 64, 123, 124, 157, 331, 353, 356, 393, 425, 469, 499, 508, 513, 517, 525, 540, 587, 588, 647, 650, 657, 700
finden (vor-) · 550
finden (wieder-) · 452, 632
finden (zusammen-) · 134
Finger · 54, 81, 82, 169, 180, 182, 206, 274, 277, 290, 296, 322, 486, 542, 600, 668
Fingerfood · 249, 360, 511, 597
Fingerspitzengefühl · 472
finnisch · 432
Firma · 208, 215, 246, 409, 528, 596, 659, 663
Fisch · 166, 216, 559, 597, 635
fischen · 702
Fishing-for-Compliments · 271
fiskal · 68, 217, 232, 354, 479, 701
fit · 389, 553
Fitnessstudio · 117, 216, 417
fix · 242, 443
fixieren · 80, 290, 383, 405, 626
flach · 99, 143, 157, 162, 196, 274, 314, 323, 392, 424, 431, 463, 491, 616
Flächenbrand · 38
flächendeckend · 176, 409
Flachpfeifenmöchtegerndirigent · 486
Flamingos · 351
flankieren · 356
Flasche · 359, 360, 442, 632, 659, 690
Flashmob · 115, 216, 217, 438
flatter · 31, 152, 159, 186, 293, 355, 537, 538, 714
Flecken · 508

Fledermaus · 494
Fleisch · 232, 597
fleißig · 214, 461, 718
Flexibilität · 26, 55, 81, 98, 114, 274, 424, 491, 498, 514, 519, 542, 553, 604, 606, 626, 652, 739
Flicklaute · 217, 218, 220, 613, 668
fliegen · 103, 534, 616, 722, 739
fliegen (raus-) · 72, 184, 369
fliehen · 54
fließen · 57, 72, 93, 100, 138, 182, 183, 206, 215, 227, 261, 275, 280, 285, 336, 341, 362, 572, 685
Fließtext · 367
Flipflops · 507
Floskel · 321, 460
Flöte · 289, 304, 306, 396
Flow · 215, 218, 219, 624
Fluch · 40, 489
fluchen · 573, 683
flüchten · 552, 708
Flüchtlinge · 515, 518, 586
Fluchtreflex · 202, 662
Fluchtweg · 146
Flugangst · 706, 721
Flügel · 38, 50, 81, 83, 84, 173, 174, 357, 372
Flugzeug · 103, 394, 430, 434, 660, 706, 722
Fluktuation · 384, 545
Flummi · 167, 705
Fluss · 582
flüssig · 218, 361, 686
flüstern · 398, 399, 552, 642
Flyer · 364, 367, 373, 397, 524
Fokus · 40, 46, 75, 80, 89, 105, 120, 122, 132, 166, 169, 192, 206, 207, 219, 220, 228, 253, 274, 285, 306, 311, 322, 352, 360, 374, 395, 404, 435, 438, 446, 488, 495, 511, 529, 551, 599, 602, 619, 626, 653, 713
Fokusshift · 94, 219, 285
fokussieren · 392, 438, 621, 713
Folge · 87, 102, 181, 204, 225, 306, 415, 446, 499, 607
folgen · 33, 40, 46, 47, 50, 61, 63, 140, 166, 175, 204, 215, 219, 228, 233, 236, 258, 264, 277, 283, 303, 306, 321, 333, 339, 349, 352, 384, 399, 404, 419, 428, 432, 441, 454, 458, 503, 554, 574, 580, 581, 584, 591, 603, 611, 617, 622, 625, 629, 631, 634, 644, 647, 654, 664, 665, 666, 669, 673, 683, 690, 691, 728
Folgeprobe · 519, 730
Folgeton · 738
Folter · 387, 562, 621
foppen · 62, 234
forcieren · 163, 164, 209, 220, 258, 343, 656
Forcieren · 89, 209
fordern · 28, 64, 86, 92, 94, 103, 117, 138, 143, 148, 154, 162, 163, 168, 176, 196, 198, 205, 233, 241, 242, 244, 245, 246, 250, 258, 268, 277, 306, 322,

763

333, 335, 338, 362, 363, 386, 404, 440, 442, 471, 506, 512, 522, 545, 581, 591, 594, 601, 608, 611, 621, 622, 638, 650, 653, 654, 688, 698, 715, 716, 719, 730, 733, 746
fördern · 28, 64, 77, 135, 146, 156, 176, 180, 184, 234, 242, 279, 280, 314, 333, 376, 379, 396, 434, 435, 454, 477, 529, 534, 537, 548, 608, 656, 684, 690, 708, 719
fordern (auf-) · 31, 94, 175, 265, 287, 294, 347, 387, 393, 409, 445, 474, 487, 494, 495, 552, 558, 580, 583, 606, 615, 659, 682, 683, 693, 745
fordern (ein-) · 29, 33, 36, 38, 42, 43, 48, 49, 50, 52, 103, 123, 127, 158, 161, 175, 177, 180, 189, 221, 248, 252, 255, 262, 263, 297, 306, 338, 342, 347, 386, 395, 471, 478, 495, 560, 601, 608, 622, 678, 683, 730, 745
fordern (er-) · 99, 133, 150, 177, 344, 454, 457, 522, 604, 615
fordern (über-) · 36, 41, 64, 103, 131, 236, 239, 268, 275, 292, 347, 363, 383, 402, 453, 465, 492, 560, 601, 625, 666, 672, 688, 723, 730
fordern (unter-) · 402
fordernd · 338
Förderprogramm · 684
Form · 32, 82, 101, 123, 124, 134, 159, 205, 226, 245, 282, 283, 284, 297, 340, 345, 367, 372, 373, 375, 384, 399, 413, 419, 426, 437, 452, 462, 535, 540, 567, 570, 577, 585, 586, 589, 592, 604, 612, 618, 628, 660, 678, 686, 714, 740, 742
formal · 244, 426
Formant · 607
Format · 157, 222, 663
Formationen · 357
formbar · 208, 415
Formel · 282, 329, 414
formen · 48, 52, 96, 157, 159, 213, 226, 275, 278, 282, 290, 307, 318, 411, 432, 467, 648, 695, 696, 708
formfrei · 340
formulieren · 47, 82, 101, 108, 123, 124, 127, 156, 203, 224, 267, 311, 400, 489, 495, 671, 687, 742
forschen · 79, 256, 259, 322, 379, 398, 513
forschen (nach-) · 154, 292, 453
fortbewegen · 151
forte · 31, 39, 54, 55, 89, 98, 99, 164, 354, 384, 385, 432, 551, 574, 601, 659
fortführen · 451
fortgeschritten · 56, 407, 487
fortsetzen · 42, 421, 460, 501
Forum · 147, 383, 457, 699

Foto · 83, 90, 93, 159, 172, 221, 222, 223, 368, 372, 397, 433, 458, 491, 496, 520, 587, 593, 676, 710, 717
Fotoauflösung · 222
Fotograf · 159, 221, 222, 223
fps · 137
Frack · 90
Fragebogen · 224, 225
fragen · 33, 34, 43, 46, 48, 49, 52, 65, 68, 76, 79, 80, 90, 91, 120, 121, 123, 125, 128, 131, 136, 145, 147, 148, 153, 156, 158, 159, 177, 179, 187, 192, 193, 195, 197, 198, 200, 202, 213, 221, 222, 224, 225, 226, 227, 236, 238, 239, 242, 243, 244, 245, 246, 248, 249, 255, 256, 259, 263, 264, 271, 279, 292, 299, 301, 302, 304, 310, 315, 320, 325, 332, 342, 344, 348, 351, 355, 359, 361, 364, 367, 380, 384, 385, 390, 393, 398, 400, 405, 407, 411, 420, 425, 427, 429, 434, 436, 437, 448, 452, 453, 455, 457, 458, 459, 463, 468, 476, 485, 487, 488, 501, 515, 520, 522, 523, 524, 527, 528, 529, 530, 538, 540, 542, 547, 561, 571, 572, 573, 579, 581, 583, 586, 589, 594, 595, 597, 612, 620, 623, 625, 630, 631, 635, 637, 654, 661, 671, 680, 682, 683, 684, 688, 693, 708, 710, 713, 716, 727, 729, 733, 738, 741, 745
fragen (ab-) · 507
fragen (an-) · 102, 372, 490, 571, 591, 674, 678
Fragestunde · 353
Fragezeichen · 84, 225, 671
fraglich · 402, 591
Fraktionen · 28
Fraktionszwang · 527
Frakturschrift · 138
Frankreich · 457, 477
französisch · 37, 67, 406, 635
Frau · 27, 53, 65, 200, 211, 226, 324, 349, 369, 521, 585, 586, 587, 594, 615, 619, 636, 658
Frauenchor · 225, 573, 581
Frauenstimmen · 64, 65, 75, 85, 110, 112, 113, 118, 137, 175, 225, 260, 321, 355, 369, 396, 403, 469, 503, 553, 578, 606, 631, 633, 640, 700, 741
frech · 197, 226, 238, 594, 606, 709
frei · 28, 31, 32, 35, 37, 40, 46, 47, 51, 52, 53, 69, 73, 74, 79, 80, 83, 85, 125, 126, 127, 133, 136, 138, 146, 148, 161, 168, 180, 185, 218, 221, 226, 230, 237, 240, 254, 275, 281, 285, 289, 290, 296, 297, 299, 301, 302, 305, 313, 321, 322, 323, 329, 335, 341, 364, 374, 375, 382, 397, 404, 419, 424,

427, 433, 445, 454, 456, 461, 464, 474, 489, 513, 537, 541, 544, 567, 573, 590, 605, 632, 633, 651, 673, 679, 683, 693, 694, 695, 700, 707, 711, 719, 723, 724, 728, 735, 736, 738, 740
freiberuflich · Siehe selbstständig (beruflich)
freihalten · 152, 366, 513, 543, 561, 588
Freiheit · 55, 237, 254, 294, 374, 380, 391, 404, 425, 426, 431, 433, 438, 452, 611, 702, 733
Freikarte · 490
Freiraum · 65, 189, 254, 379, 393, 404, 640
freischaffend · Siehe selbstständig (beruflich)
Freitag · 117, 126, 258, 305, 513
freitonal · 86, 253, 254, 391, 408, 500
freiwillig · 76, 124, 149, 228, 239, 345, 479, 527, 595, 650, 678, 692, 694
Freizeit · 51, 153, 227, 318, 319, 456, 457, 458, 678, 732
Freizeitklamotten · 223
fremd · 121, 202, 203, 217, 227, 379, 440, 443, 491, 526, 541, 576, 619, 685
Fremdbestimmung · 38, 153, 227, 429
fremdsprachig · 66, 67, 236, 264, 394, 521, 540
fremdverschuldet · 477
Frequenz · 106, 107, 151, 152, 159, 293, 334, 355, 467, 537, 538, 559, 607, 649, 714, 737
fresh · 160
fressen · 76, 550
Freud, Sigmund (1856 - 1939) · 51, 228, 336, 347, 541
Freude · 52, 63, 68, 69, 77, 93, 94, 97, 128, 159, 192, 193, 195, 202, 207, 208, 216, 217, 218, 228, 229, 255, 258, 305, 324, 344, 352, 359, 390, 413, 415, 421, 428, 442, 474, 485, 489, 492, 496, 511, 514, 516, 518, 522, 528, 534, 539, 546, 548, 575, 586, 598, 614, 624, 630, 644, 672, 689, 698, 701, 708, 717, 732
Freudenfeier · 462
Freund · 62, 95, 154, 155, 161, 174, 189, 191, 201, 202, 206, 226, 248, 251, 319, 334, 349, 353, 360, 368, 400, 413, 447, 448, 455, 514, 525, 526, 538, 582, 605, 614, 620, 648, 650, 678, 684, 689, 716, 722
freundlich · 42, 47, 52, 62, 69, 75, 90, 151, 184, 185, 194, 206, 211, 221, 223, 229, 238, 239, 267, 279, 290, 296, 311, 313, 327, 347, 359, 361, 364, 367, 370, 371, 387, 391, 413, 424, 445, 467, 471, 494, 520, 546, 557, 615,

626, 657, 666, 673, 708, 709, 723, 733, 736, 737
Freundlichkeit · 40, 347, 546
Freundschaft · 95, 117, 162, 248, 251, 321, 448, 580, 650
Frieden · 50, 206, 334, 357, 554, 595, 613, 684
Frieden (Chor-) · 333, 334, 584
friemeln · 328
frisch · 131, 155, 203, 230, 267, 282, 460, 479, 518, 559, 571, 682, 683, 700, 702, 712, 739
Frist · 127, 129, 538, 684, 699
froh · 88, 513, 552
fröhlich · 73, 204, 211, 230, 272, 311, 332, 379, 626, 629, 740
frönen · 376
frontal · 25, 350, 591
Frontaldirigat · 592
Frontalunterricht · 137, 148
Früchte · 376, 479, 498, 677
fruchten · 188, 245, 532, 588
früh · 27, 49, 55, 62, 64, 65, 70, 75, 115, 118, 131, 134, 158, 160, 166, 168, 177, 183, 185, 189, 194, 197, 221, 228, 230, 238, 263, 281, 321, 337, 367, 373, 376, 379, 386, 390, 404, 444, 445, 451, 453, 456, 460, 465, 475, 478, 487, 498, 503, 508, 512, 513, 514, 523, 524, 531, 532, 545, 550, 568, 572, 574, 578, 582, 587, 593, 619, 626, 643, 661, 663, 665, 690, 695, 713, 731, 740
Frühjahr · 498
Frühling · 42, 43, 357, 373
Frust · 192, 211, 228, 249, 255, 312, 390, 444, 573, 599, 653, 667, 683, 699, 713
Fuge · 112, 253, 320
fügen (zusammen-) · 306, 500
fühlen · 25, 31, 32, 33, 41, 53, 55, 59, 64, 73, 77, 89, 100, 102, 135, 148, 154, 156, 160, 161, 181, 183, 194, 197, 202, 207, 208, 211, 212, 225, 229, 234, 238, 241, 243, 249, 251, 252, 254, 258, 280, 287, 288, 292, 295, 296, 299, 330, 331, 332, 340, 356, 358, 362, 364, 366, 381, 383, 388, 389, 399, 403, 405, 426, 427, 428, 433, 439, 442, 448, 452, 453, 456, 464, 472, 488, 498, 515, 517, 529, 549, 551, 552, 556, 561, 571, 577, 580, 582, 587, 590, 593, 595, 598, 615, 619, 621, 625, 630, 635, 650, 661, 667, 672, 683, 686, 692, 693, 700, 705, 727, 733, 742
fühlen (an-) · 47, 79, 193, 220, 221, 225, 291, 338, 377, 413, 442, 488, 509, 573, 596

Fühler · 84
führen · 26, 27, 31, 34, 40, 43, 48, 49, 51, 58, 60, 64, 75, 80, 81, 89, 123, 124, 129, 133, 136, 140, 141, 144, 145, 148, 150, 153, 156, 161, 163, 165, 166, 173, 174, 192, 207, 212, 213, 218, 225, 227, 228, 234, 236, 239, 244, 247, 248, 250, 251, 256, 260, 272, 274, 275, 281, 295, 298, 307, 313, 317, 329, 330, 338, 340, 341, 348, 352, 367, 381, 387, 388, 415, 425, 427, 433, 436, 439, 441, 449, 451, 462, 472, 484, 494, 499, 502, 505, 532, 540, 552, 572, 574, 579, 593, 595, 602, 606, 614, 626, 646, 653, 667, 672, 673, 675, 683, 698, 700, 705, 707, 713, 716, 723, 728, 729, 730, 737, 740
führen (durch-) · 124, 213, 258, 337, 569
führen (hoch-) · 27
führen (weiter-) · 61, 188, 509, 567, 627
führen (zusammen-) · 82, 112
Führer · 380
Führung · 33, 49, 64, 149, 166, 195, 219, 220, 232, 256, 339, 369, 370, 371, 465, 488, 619, 636, 653, 654, 718
Führungsbild · 488
Führungsdings · 449
Führungsperson · 32, 33, 153, 220, 493, 591, 592, 631
Führungsstimme · 64, 200, 220, 231, 553, 557, 591, 653, 655
Full HD · 137
füllen · 38, 111, 144, 164, 224, 227, 230, 237, 274, 335, 403, 445, 478, 508, 568, 574, 575, 598, 653, 654, 666, 714
füllig · 53, 159
Fullrange · 293
Fundament · 25, 26, 83, 111, 133, 187, 188, 202, 331, 341, 435, 559, 560, 585, 615, 636, 745
fundamental · 234, 235, 256, 474, 522
fundiert · 26, 62, 76, 176, 256, 517, 580, 671
Fundus · 116, 462
Funfact · 414, 633, 741
Fünfer · 563, 617, 643
Funke · 72, 216
Funktion · 54, 64, 110, 124, 150, 153, 161, 171, 200, 348, 379, 389, 484, 543, 550, 584
Funktionalität · 200
Funktionär · 715
funktionieren · 40, 42, 47, 49, 52, 64, 74, 75, 112, 116, 130, 135, 136, 143, 148, 156, 160, 186, 194, 214, 229, 232, 243, 248, 249, 250, 254, 259, 267, 281, 282, 283, 289, 297, 303, 308, 311, 313, 324, 326, 329, 332, 345, 380,
394, 400, 415, 420, 426, 430, 439, 441, 459, 470, 473, 484, 486, 487, 488, 494, 495, 504, 531, 546, 547, 552, 553, 558, 581, 590, 592, 602, 614, 625, 631, 654, 657, 660, 661, 665, 668, 669, 670, 672, 675, 682, 685, 688, 702, 709, 714, 722, 723
furchtbar · 217, 310, 439, 632, 672
fürchten · 124, 291, 425, 538
furios · 345
Fürst · 477
Furz · 230
Fuß · 134, 275, 335
Fußabtreter · 710
Fußball · 166, 231, 260, 319, 420, 433, 449, 521, 567
Fußball-Report (H. Benker) · 260, 433
Fußballtrainer · 231, 319
Füße · 25, 203, 253, 404, 491, 578, 595, 596
Fußgängerzonen · 216
fußkrank · 379, 617
Fußzeile · 461
Futter · 594
füttern · 540, 541, 586, 596

G

Gabel · 47, 139, 140, 166, 302, 303
gackern · 443
Gage · Siehe Honorar
gähnen · 178, 180, 186, 233, 234
Gähngefühl · 27, 52, 101, 281, 323, 424, 443, 445, 471, 615
galoppieren · 363
Gang · 146, 688
Gängelung · 29, 49, 122
Gänsemarsch · 227
ganz oder gar nicht · 700
Ganze (das) · 44, 90, 160, 182, 189, 202, 213, 234, 259, 280, 306, 337, 376, 448, 480, 483, 534, 598, 618, 626, 631, 708
gänzlich · 72, 73, 205, 395, 485, 551, 553, 656, 669
Ganzton · 89, 148, 182, 291, 309, 313, 330, 369, 391, 503, 529, 544, 555, 556, 602, 608, 647, 652, 657, 698
Garantie (Hersteller) · 156
garantiert · 117, 118, 124, 240, 298, 299, 375, 376, 416, 423, 435, 524, 548, 573, 638, 640, 687, 698
Garten · 221, 223, 227, 498, 511
Gastchor · 126, 360
Gästebuch · 356
Gastgeber · 358, 359, 360
GAU · 175, 302
Gaumen · 101, 443, 471, 735
gebannt · 439
Gebäude · 194, 400
Gebet · 262, 634
Gebiet · 128, 338, 389, 513
gebieten · 649
gebrauchen · 99, 122, 140, 274, 315, 325, 331, 447, 461, 511, 517, 518, 577, 587, 662, 687, 742
gebraucht · 351, 408, 410, 411, 462, 712
gebrechlich · 338, 511
gebrochen · 664
Gebühr · 45, 128, 248, 340, 561, 678
gebunden · 123, 440, 456, 463, 680
Geburt · 447, 458, 578, 634
Geburtstag · 30, 91, 125, 199, 235, 388, 437, 447, 458, 528
Geburtstagslied · 35, 235, 388, 545, 656
Gedächtnis · 403, 707
Gedächtnis (Kurzzeit-) · 396, 402, 403, 430
Gedächtnis (Langzeit-) · 403, 718
Gedächtnis (Ton-) · 192, 446, 460, 529, 544, 555
Gedanken · 34, 52, 54, 63, 76, 77, 97, 101, 108, 131, 146, 156, 165, 169, 174, 176, 201, 203, 206, 226, 248, 262, 292, 296, 311, 316, 325, 326, 332, 337, 357, 360, 365, 383, 384, 413, 433, 495, 505, 507, 541, 549, 552, 586, 599, 625, 671, 672, 682, 684, 692, 695, 700, 701, 719, 734
Gedankenwelt · 324, 586, 589
Gedicht · 235, 237, 262, 521, 603, 611, 612
Geduld · 87, 563, 573, 586, 634, 639, 745
geeignet · 181, 471, 685
Gefahr · 54, 62, 86, 139, 184, 188, 193, 194, 200, 204, 223, 234, 255, 273, 288, 290, 325, 334, 335, 375, 420, 462, 477, 485, 504, 541, 549, 555, 561, 587, 590, 670, 673, 723, 731
gefährden · 153, 231
Gefallen · 67, 205, 269, 348, 353, 473, 528, 615, 738
Gefängnis · 159, 383, 655
Gefüge · 741
Gefühl · 29, 33, 34, 36, 40, 44, 46, 52, 60, 61, 68, 81, 82, 85, 86, 88, 95, 97, 100, 101, 143, 156, 173, 180, 183, 191, 193, 194, 199, 201, 204, 205, 206, 207, 218, 219, 221, 225, 235, 238, 245, 253, 274, 280, 282, 291, 292, 293, 295, 296, 306, 309, 321, 322, 338, 339, 340, 369, 377, 382, 383, 396, 398, 403, 404, 405, 413, 415, 417, 420, 421, 425, 429, 438, 440, 442, 453, 455, 458, 465, 517, 527, 530, 532, 541, 549, 551, 561, 577, 587, 588, 598, 599, 604, 610, 614, 616, 623, 628, 631, 632, 635, 646, 648, 658, 671, 673, 682, 683, 689, 690, 694, 698, 730, 731
Gefühlsausbruch · 560
Gefühlswelten · 195
gegangen worden · 68, 238, 430, 494
Gegebenheiten · 393, 456, 501, 585
Gegenbewegung · 31, 186, 314
Gegend · 520, 582, 626
gegeneinander · 105, 334
gegenhalten · 559
Gegenleistung · 68
Gegenpart · 415, 553
Gegensatz · 58, 85, 99, 158, 205, 231, 286, 306, 335, 340, 374, 404, 490, 610, 623, 648, 662, 667, 713, 722, 735
Gegenseite · 386
gegenseitig · 136, 160, 247, 336, 420, 431, 476, 500, 533, 590, 654, 686, 687, 701, 709
Gegenstand · 123, 128, 161, 619
Gegenteil · 40, 109, 189, 199, 217, 225, 234, 250, 253, 268, 271, 292, 302, 320, 330, 361, 398, 492, 494, 557, 576, 577, 601, 626, 684, 706, 732, 746
Gegenüber, der · 32, 33, 34, 36, 39, 62, 90, 101, 103, 114, 117, 123, 156, 162, 174, 192, 196, 200, 204, 231, 234, 235, 238, 244, 245, 246, 252, 273, 281, 295, 335, 336, 363, 383, 384, 388, 390, 391, 395, 396, 404, 416, 429, 455, 458, 468, 470, 498, 530, 541, 557, 560, 561, 573, 586, 631, 635, 676, 686, 702, 718, 732, 733
gegenüberliegen · 110
gegenüberstehen · 175, 340
Gegenüberstellung · 389, 395
geglättet · 674
Gegner · 255, 527
Gehabe · 71
Gehalt · Siehe Honorar
Gehaltserhöhung · 242, 561
Gehaltsverhandlung · 241, 243, 245, 514
Gehege · 564
geheim · 30, 340, 507
Geheimnis · 124, 201, 308, 521, 649, 742
gehen · 27, 32, 40, 42, 59, 65, 70, 81, 84, 86, 87, 94, 98, 99, 120, 122, 126, 127, 149, 152, 155, 159, 162, 167, 178, 182, 187, 188, 196, 199, 216, 225, 226, 227, 239, 242, 257, 268, 272, 277, 281, 282, 288, 292, 293, 308, 310, 311, 324, 327, 334, 337, 339, 348, 349, 358, 360, 361, 364, 377, 382, 384, 387, 388, 396, 426, 430, 446, 460, 502, 504, 506, 507, 514, 516, 525, 527, 550, 558, 573, 577, 578, 581, 585, 586, 588, 594, 595, 601, 611, 620, 621, 622, 623, 628, 631, 636, 658, 661, 674, 699, 700, 702, 709, 717, 722, 730, 739, 741

gehen (weiter-) · 246
Gehirn · 45, 46, 54, 60, 110, 148, 185, 191, 199, 217, 218, 233, 234, 247, 261, 277, 379, 380, 403, 412, 445, 446, 474, 529, 546, 547, 575, 613, 653, 666, 667, 681, 683, 686, 723, 724, 735
gehoben · 591
gehoben (sozial) · 148, 675
Gehör · 25, 30, 185, 288, 310, 407, 445, 446, 471, 529, 544, 555, 574, 592, 604, 621, 696, 720
Gehör (absolutes) · 30, 430, 445, 529, 556, 574, 575, 608
Gehör (prozedurales) · 30, 430, 445, 529, 575
Gehör (relatives) · 446, 529
Gehörbildung · 50, 609
gehorchen · 340
Geilmachung · 701
Geist · 180, 211, 363, 373
geistern · 582
Geistesblitz · 76, 487, 488, 670
geistig · 294, 479, 492, 707
geistlich · 711
gekonnt · 101, 237, 281, 370
Gelände · 217
Geländer · 102, 491
Gelassenheit · 33, 135, 708
geläufig · 294
gelb · 247, 363, 364, 508
gelbstichig · 373
Geld · 69, 80, 117, 125, 127, 138, 208, 211, 222, 240, 241, 243, 244, 245, 247, 248, 280, 304, 305, 321, 325, 335, 354, 356, 368, 377, 398, 416, 425, 434, 435, 442, 483, 490, 514, 520, 528, 547, 595, 605, 610, 650, 688, 701, 706, 733, 738
Geldquelle · 117
gelebt · 256, 405, 717
Gelegenheit · 62, 76, 94, 110, 118, 145, 263, 304, 307, 321, 360, 449, 542, 633, 637, 674, 699
Gelingen · 169, 201, 231, 287, 442, 475, 598
GeloRevoice · 298
gelten · 36, 42, 43, 48, 51, 59, 67, 71, 94, 111, 115, 119, 124, 127, 132, 146, 161, 204, 214, 221, 222, 231, 236, 242, 254, 256, 314, 315, 325, 335, 337, 356, 374, 379, 388, 402, 419, 421, 426, 430, 444, 461, 469, 485, 486, 496, 507, 508, 521, 561, 569, 584, 593, 594, 625, 628, 676, 677, 698, 699, 703, 716, 738
gelungen · 624
GEMA · 125, 134, 217, 248, 304, 360, 447, 461, 477, 678
gemein · 66, 325, 432, 694
Gemeinde · 262, 263, 264, 265, 478, 486, 516, 529, 684
Gemeindebrief · 97, 365, 367, 373, 397, 524, 525, 639

Gemeindegesang · 263, 264, 517, 591
Gemeindehaus · 32, 45, 359, 417, 479, 511, 517, 568
Gemeindelieder · 263, 478
gemeiner Gesang · 263
gemeinfrei · 44, 125, 190, 248, 437, 461, 469, 676, 677, 711
gemeinnützig · 127, 490, 520, 538, 684, 699
gemeinsam · 30, 59, 65, 76, 92, 93, 116, 119, 121, 126, 134, 136, 145, 153, 157, 173, 175, 179, 194, 218, 249, 268, 284, 303, 304, 307, 320, 321, 334, 336, 345, 356, 357, 359, 360, 361, 393, 394, 400, 423, 439, 469, 475, 476, 497, 500, 502, 526, 531, 533, 551, 555,569, 575, 590, 591, 592, 597, 614, 617, 628, 643, 659, 667, 686, 687
Gemeinsamkeit · 307, 357, 444, 687
Gemeinschaft · 146, 195, 196, 208, 228, 246, 249, 253, 268, 317, 318, 388, 415, 506, 562, 578, 617, 637, 661, 702, 716
Gemeinschaftsboost · 249
Gemeinschaftsleistung · 534, 730
Gemetzel · 100, 612, 699
gemütlich · 28, 35, 87, 91, 249, 476, 508, 545, 548, 597, 639, 670
Gemütszustand · 465
genau · 378, 547
Genauigkeit · 39, 70, 71, 90, 109, 113, 131, 148, 170, 171, 214, 217, 222, 259, 268, 307, 308, 312, 352, 358, 380, 383, 394, 398, 428, 435, 439, 446, 481, 501, 504, 509, 519, 523, 525, 529, 532, 537, 547, 550, 580, 582, 590, 603, 621, 629, 648, 659, 664, 674, 683, 688, 694, 710
Genehmigung · 435, 477, 520, 677
General · 58
generalisierend · 231, 382, 530, 622, 623, 657
Generation · 98, 162, 656
Generation (Lost) · 98, 188, 318, 415
generell · 196, 281, 287, 382, 529, 538, 582, 602, 694, 706, 734
Genesung · 249, 379, 717
Genetik · 452, 731
Genie · 280, 346, 562
genießen · 228, 363, 582, 620, 662
Genre · 441

genug · 38, 55, 60, 70, 71, 72, 81, 96, 98, 109, 117, 118, 123, 128, 146, 155, 158, 168, 191, 196, 197, 200, 204, 205, 222, 225, 226, 231, 243, 247, 250, 264, 265, 272, 279, 292, 318, 323, 338, 339, 357, 361, 367, 369, 370, 375, 378, 382, 393, 394, 402, 403, 415, 417, 423, 437, 442, 447, 453, 461, 468, 473, 494, 496, 498, 512, 517, 519, 521, 525, 534, 544, 550, 552, 580, 581, 584, 585, 588, 591, 598, 606, 616, 624, 633, 634, 647, 666, 667, 676, 700, 701, 708, 732, 736
genügen · 162, 284, 331, 606, 667, 724
gepflegt · 106, 507, 597
Gepflogenheit · 64, 560, 676
gerade · 28, 33, 36, 51, 60, 63, 85, 86, 89, 94, 112, 127, 145, 156, 169, 173, 177, 187, 193, 199, 216, 217, 222, 225, 232, 238, 250, 253, 272, 274, 280, 285, 296, 327, 332, 334, 349, 357, 367, 371, 380, 398, 413, 427, 430, 436, 448, 464, 488, 497, 516, 518, 543, 547, 582, 591, 593, 605, 611, 612, 624, 648, 651, 654, 671, 675, 679, 681, 686, 689, 698, 713, 728, 733
Gerät · 156, 417, 648, 688
Geräusch · 151, 205, 250, 254, 388, 433, 436, 437, 443, 444, 454, 467, 469, 478, 500, 538, 570, 599, 603, 605, 648, 659
gerecht (etwas g. werden) · 101, 103, 207, 241, 289, 306, 332, 337, 357, 359, 399, 485, 511, 568, 571, 603, 611, 687, 710, 740
gerechtfertigt · 38, 43, 61, 193, 321, 353, 354, 455, 533
Gerechtigkeit · 36, 191, 577
gerichtlich · 250, 251, 550, 573
gering · 40, 86, 106, 139, 165, 173, 200, 254, 272, 297, 305, 322, 329, 353, 359, 362, 390, 446, 476, 498, 511, 598, 606, 721, 722
Gerlitz, Carsten (*1966) · 444
germanisch · 686
Gerüche · 456
Gerücht · 46, 159, 250, 251, 252, 268, 292, 334, 577, 633, 732
Gerüchtestreuer · 250
Gerüst · 81, 393, 394, 576, 641, 668, 681
gesamt · 37, 43, 53, 63, 95, 118, 127, 129, 172, 209, 213, 231, 232, 239, 259, 280, 351, 360, 409, 430, 480, 495, 508, 509, 520, 539, 561, 591, 597, 604, 615, 724
Gesamteindruck · 509, 556, 684

Gesang als Grundgesetz aller Musikdarstellung (H. Scherchen) · 409
Gesangbuch · 263, 628, 656
Gesangsapparat · 31, 147, 168, 181, 209, 227, 375, 404, 417, 421, 430, 446, 460, 463, 474, 561, 737
Gesangstechnik · 85, 347, 555, 576
Geschäft · 124, 216, 217, 364, 368, 383, 483, 490, 520, 550, 580, 650
Geschäftsführung · 143
Geschäftstätigkeit · 528
geschehen · 36, 52, 55, 65, 98, 110, 131, 144, 145, 152, 200, 225, 264, 317, 342, 382, 415, 433, 441, 456, 468, 469, 482, 491, 534, 570, 634, 636, 658, 662, 694, 737, 738
Geschehen · 457, 495, 605
Geschehen (Tages-) · 43, 614
Geschichte · 44, 79, 89, 196, 252, 354, 410, 432, 457, 517, 519, 553, 602, 603, 651
Geschichte vom Soldaten (I. Strawinsky) · 79
Geschichten · 249, 259, 377, 456, 497, 522, 551, 615, 722, 742
Geschick · 592
geschickt · 130, 304, 323, 445
geschieht · 31, 64, 73, 76, 80, 85, 98, 138, 180, 215, 295, 313, 331, 334, 338, 342, 371, 465, 501, 531, 543, 576, 585, 589
Geschlecht · 53, 65, 73, 359, 578, 585, 587, 640, 739
Geschmack · 48, 98, 223, 233, 307, 431, 432, 481, 521, 572, 592, 596, 628, 629, 635, 648, 663, 679, 706
Geschmäckle · 71, 701
geschnitten · 375, 507
geschweift · 37
Geschwindigkeit · 136, 137, 151, 155, 401, 482, 570, 571, 630
Gesellschaft · 54, 231, 286, 324, 349, 442, 477, 562, 656
Gesellschaft für Konsumforschung · 362
gesellschaftlich · 710
Gesetz · 40, 44, 50, 123, 124, 125, 196, 315, 320, 477, 538, 677, 702
gesetzt · 539
Gesicht · 42, 53, 61, 62, 88, 90, 138, 180, 186, 211, 229, 237, 252, 253, 281, 291, 294, 299, 313, 323, 347, 361, 375, 388, 424, 431, 432, 436, 444, 445, 448, 453, 471, 491, 540, 546, 578, 580, 586, 593, 601, 615, 626, 666, 694, 719, 735, 737
Gesichtskommentar · 253, 369, 370
Gesinnung · 333
Gesinnungsprüfung · 253, 716

gesondert · 242, 353
gespannt · 101, 186, 258, 268, 305, 314, 329, 334, 404, 446, 471, 474, 605, 606, 610, 632, 698, 723, 745
Gespräch · 32, 36, 43, 46, 49, 51, 76, 77, 90, 91, 92, 93, 94, 122, 131, 132, 133, 156, 162, 175, 191, 224, 238, 243, 244, 245, 246, 269, 283, 292, 308, 316, 334, 340, 367, 383, 409, 429, 485, 532, 541, 548, 552, 558, 572, 573, 577, 586, 588, 621, 626, 631, 640, 671, 676, 706, 708, 709, 732, 736, 737
Gespräch (Einzel-) · 36, 38, 212, 495, 635
Gesprächsstoff · 462
gestalten · 39, 55, 88, 89, 116, 122, 124, 126, 133, 180, 194, 197, 218, 278, 304, 305, 306, 319, 337, 346, 379, 380, 389, 419, 441, 456, 472, 483, 484, 491, 497, 501, 502, 517, 519, 520, 522, 545, 556, 575, 612, 613, 627, 630, 689
Geständis · 728
Geste · 182, 205, 215, 238, 250, 251, 253, 254, 257, 260, 274, 275, 329, 386, 444, 500, 599, 601, 603, 612
gestellt · 32, 43, 44, 153, 221, 222, 223, 248, 259, 337, 367, 403, 438, 738
gestreckt · 274, 460
gestrichelt · 56, 118
gesund · 28, 89, 140, 145, 146, 148, 153, 154, 162, 188, 195, 209, 220, 233, 234, 241, 262, 271, 272, 282, 296, 310, 320, 322, 335, 340, 347, 361, 387, 398, 399, 411, 412, 415, 417, 446, 455, 464, 465, 489, 574, 578, 579, 580, 583, 601, 626, 632, 675, 684, 697, 701, 730, 739, 741
Gesundheit · 298
Getränkemarktleiter · 545
gewährleisten · 123, 221, 348, 567
Gewalt · 103, 220, 255, 338, 590
gewaltig · 159, 364
Gewand · 477
gewappnet · 578
Gewerkschaft · 479
gewesen · 27, 28, 96, 126, 150, 178, 235, 242, 244, 265, 343, 443, 506, 554, 583, 584, 603, 611, 622, 648, 654, 656, 741
Gewicht · 165, 292, 330, 431, 491, 494, 589
Gewichtung · 82, 84, 110, 426, 448, 547, 561, 589, 640, 653, 654, 660, 693
gewinnen · 34, 76, 93, 132, 138, 156, 212, 235, 245, 254, 268, 285, 301, 319, 334, 415, 424, 443, 455, 488, 520, 521, 533, 549,
556, 575, 593, 631, 653, 678, 689, 716, 717
gewinnen (lieb-) · 187, 388, 460, 639, 656
Gewissen · 115, 321, 346, 421, 483, 659, 676
gewissenhaft · 256, 449, 468, 550, 611, 672
gewissermaßen · 212
Gewissheit · 256
gewöhnen · 35, 63, 73, 96, 108, 119, 132, 135, 159, 162, 165, 178, 183, 226, 254, 264, 272, 293, 305, 306, 310, 321, 329, 333, 353, 367, 384, 386, 392, 403, 436, 438, 458, 465, 470, 475, 492, 499, 514, 525, 527, 547, 585, 593, 598, 614, 618, 620, 627, 631, 632, 634, 641, 642, 658, 676, 683, 686, 689, 709, 739, 741
gieren · 442
Gies, Oliver (*1973) · 211, 495
Gitarre · 304, 306, 459, 469, 472
glänzen · 29, 256, 741
Glas · 40, 157, 298, 511, 558
glasklar · 739
glatt · 85, 495, 507, 537, 538, 714
glauben · 28, 76, 97, 101, 129, 130, 149, 154, 160, 170, 217, 225, 228, 237, 248, 250, 256, 259, 280, 292, 320, 322, 346, 388, 396, 405, 425, 426, 436, 439, 447, 465, 471, 475, 488, 492, 506, 515, 516, 522, 528, 568, 573, 592, 595, 607, 615, 625, 633, 634, 637, 698, 702, 705, 716, 740
Glaubensbekenntnis (Liturgie) · 262
glaubhaft · 93
Glaubwürdigkeit · 179, 432, 518, 525, 707, 715
gleich · 32, 33, 37, 55, 69, 79, 94, 101, 106, 134, 146, 148, 151, 155, 166, 171, 186, 190, 196, 198, 214, 230, 240, 248, 254, 256, 259, 260, 261, 266, 267, 283, 290, 295, 302, 306, 307, 322, 330, 335, 342, 346, 348, 357, 362, 373, 374, 391, 402, 405, 406, 411, 421, 422, 427, 428, 433, 435, 436, 438, 441, 461, 480, 498, 499, 507, 512, 520, 521, 531, 533, 544, 546, 555, 557, 559, 564, 569, 571, 573, 597, 599, 601, 603, 608, 609, 610, 627, 636, 641, 643, 646, 648, 661, 671, 695, 696, 699, 702, 703, 716, 733, 737, 738
gleichbleibend · 612
gleichermaßen · 103, 137, 145, 176, 229, 241, 429, 442, 676
gleichgestellt · 297
gleichgut · 113, 645
Gleichheit · 196
gleichlang · 301
gleichmäßig · 166, 266, 371, 392, 574
gleichschenklig · 155, 198
gleichschwebend · 106, 107, 645
gleichsetzen · 47, 310, 449, 615, 639
gleichstufig · 106, 107
gleichzeitig · 36, 37, 55, 68, 75, 134, 136, 149, 167, 246, 256, 271, 274, 281, 282, 291, 294, 301, 332, 341, 382, 386, 403, 414, 426, 427, 429, 446, 455, 457, 459, 463, 524, 535, 550, 551, 557, 574, 575, 580, 600, 648, 649, 654, 666, 675, 676, 679, 686, 707, 716, 719, 723
Gleitton · 97, 314, 401
Glieder · 180
Glissando · 45, 186, 257, 309, 451
Glockenläuten · 262
Gloria · 264, 305, 516, 613
glorifiziert · 447
Glottisschlag · 40, 157, 257, 258, 297, 342, 451, 687, 737
Glück · 33, 51, 67, 80, 95, 98, 116, 130, 149, 154, 172, 178, 194, 197, 203, 208, 222, 223, 238, 250, 255, 316, 353, 369, 370, 435, 455, 486, 515, 545, 585, 594, 595, 622, 623, 631, 636, 637, 731
glucken · 443
glücklich · 27, 32, 33, 63, 83, 95, 173, 181, 195, 196, 211, 215, 217, 227, 239, 251, 258, 287, 332, 338, 376, 387, 402, 411, 459, 476, 483, 484, 489, 512, 514, 550, 619, 621, 623, 625, 683, 684, 695, 727, 733
Glücksbärchis · 258, 511
Glucose · 247
gnädig · 182
Goethe, Johann Wolfgang v. (1749 – 1832) · 659, 724
Gold · 34, 256, 315, 447, 528
Goldener Schnitt · 259, 260, 363, 481
Goldwaage · 432
gönnen · 349, 355, 385, 702
Good Spell (Gospel) · 178
Google · 76, 159, 305, 323, 419, 525, 526, 538, 667, 678, 684, 695
GoogleMaps · 364
Gospel · 25, 69, 84, 176, 178, 248, 254, 263, 264, 283, 292, 331, 354, 357, 361, 389, 397, 400, 403, 409, 415, 437, 485, 488, 515, 521, 527, 581, 595, 600, 633, 668
Gott · 32, 48, 164, 241, 260, 264, 297, 345, 405, 416, 465, 515, 516, 543, 602, 713
Gottesdienst · 41, 45, 124, 125, 126, 147, 184, 206, 207, 240, 241, 243, 248, 252, 262, 263, 264, 265, 272, 367, 393, 447, 478, 509, 510, 512, 516, 517, 518, 519, 539, 591, 630, 637, 638, 639, 655, 657,
662, 668, 689, 723, 727, 728
Gottesdienst (Konzert-) · 264, 361
Gottesdienstbesucher · 262, 263, 265
Grab · 191, 739
graben · 448
Grad · 88, 198, 202, 294, 296, 301, 313, 314, 316, 325, 446, 498, 548, 583, 598, 694, 698, 736
graduell · 139, 313, 555
Grafiker · 337
grafisch · 254, 443, 458
Gram · 623
Grammatik · 203, 218, 225, 320, 427, 603, 651, 671
Gran Vals (F. Tárrega) · 459
grandios · 216
Gras · 444
gratulieren · 235, 388, 624
grau · 34, 427, 440, 594, 713
grauenvoll · 444, 476, 643
grausam · 674
Grauzone · 159, 251
Gregorianik · 106
greifen · 54, 99, 243, 314, 425, 721, 737
Gremium · 130, 132, 383, 734
Grenze · 42, 45, 70, 77, 83, 84, 86, 98, 99, 123, 154, 161, 179, 188, 196, 209, 220, 265, 266, 272, 286, 297, 312, 326, 372, 390, 429, 457, 465, 483, 528, 587, 588, 589, 604, 659, 706, 716, 722, 729, 733, 745
griechisch · 259, 282, 289, 389, 586, 646, 725, 741
grienen · 713
griesgrämig · 89, 272
Griff · 245
Griffbrett · 474
grillen · 95, 249, 258, 335, 597, 656
Grimasse · 546
grimmig · 253, 370
Grinsen · 546
grippaler Infekt · 88, 497
grob · 207, 266, 274, 357, 492, 501, 509, 518, 519, 620, 647, 682, 683, 694, 714
Groll · 239
großartig · 131, 202, 305, 444, 445, 453, 483, 533, 541, 542, 714, 729
Größe · 111, 168, 201, 222, 227, 243, 259, 277, 352, 355, 364, 387, 445, 491, 517, 735
Großmütter · 654
großspurig · 621
Großteil · 212, 213, 287, 346, 393, 594, 652, 688, 718, 723, 741
Großvater · 44, 195, 485, 534, 705
großzügig · 305, 514
grottig · 624
grübeln · 580, 717
Grummeln · 199
grün · 403, 444
Grund · 29, 36, 42, 49, 52, 68, 69, 75, 80, 82, 84, 92, 93, 96, 99, 100, 110, 129, 130, 134, 138, 152,

767

154, 171, 186, 197, 212, 213, 219, 223, 234, 239, 246, 248, 250, 263, 267, 269, 285, 287, 294, 296, 321, 335, 338, 344, 382, 383, 390, 391, 396, 408, 416, 422, 427, 434, 442, 453, 458, 460, 464, 472, 503, 507, 515, 516, 525, 531, 555, 556, 559, 572, 584, 588, 591, 601, 608, 613, 619, 620, 625, 630, 631, 635, 638, 640, 644, 645, 646, 668, 677, 688, 691, 698, 701, 705, 710, 713, 730, 735, 736, 738, 741
Grundannahme · 160
gründen · 134, 201, 324, 383, 493, 513, 541, 572, 646, 684
Grundfläche · 537
Grundgehalt · 240
Grundgerüst · 679
Grundhaltung · 33
Grundlage · 25, 131, 206, 320, 337, 409, 475, 552, 575, 657
grundlegend · 66, 256, 341, 577, 646, 660
Grundrecht · 196, 427
Grundregel · 25, 27, 29, 42, 43, 47, 49, 51, 52, 54, 56, 60, 62, 63, 64, 67, 72, 73, 75, 76, 77, 84, 93, 96, 99, 115, 116, 117, 123, 126, 130, 132, 143, 145, 146, 148, 149, 150, 155, 158, 164, 166, 169, 175, 176, 179, 186, 188, 190, 191, 193, 196, 197, 202, 204, 208, 209, 221, 222, 224, 228, 229, 237, 243, 244, 245, 252, 255, 256, 275, 280, 281, 285, 299, 306, 309, 310, 313, 314, 316, 323, 337, 350, 355, 358, 368, 374, 379, 382, 395, 396, 399, 414, 421, 426, 428, 434, 437, 441, 443, 445, 448, 451, 455, 459, 465, 473, 474, 478, 481, 486, 487, 490, 494, 495, 500, 501, 502, 508, 509, 519, 530, 531, 541, 548, 553, 555, 556, 557, 559, 567, 572, 573, 575, 576, 587, 588, 589, 596, 599, 602, 614, 619, 620, 624, 629, 633, 635, 638, 640, 643, 644, 646, 649, 650, 675, 677, 680, 683, 684, 685, 689, 690, 694, 705, 709, 710, 713, 715, 720, 732, 737, 739
Grundriss · 538
grundsätzlich · 28, 29, 33, 34, 40, 46, 49, 67, 68, 70, 71, 75, 76, 92, 108, 110, 113, 114, 115, 124, 125, 129, 130, 132, 138, 145, 151, 157, 159, 174, 178, 190, 191, 196, 199, 200, 204, 209, 211, 215, 224, 226, 233, 235, 240, 247, 255, 258, 260, 266, 273, 274, 277, 279, 292, 308, 309, 310, 313, 324, 325, 330, 331, 333, 337, 338, 339, 340, 348, 353,

356, 360, 386, 387, 390, 396, 400, 402, 406, 410, 415, 423, 424, 426, 432, 438, 442, 453, 483, 484, 487, 513, 517, 519, 528, 529, 539, 540, 541, 555, 557, 570, 575, 581, 582, 586, 588, 591, 595, 599, 606, 611, 615, 620, 623, 632, 640, 642, 647, 656, 676, 679, 691, 699, 700, 708, 709, 731, 735, 737, 740
Grundsätzlichkeiten · 25, 27, 184, 266, 279, 309, 311, 327, 508, 519, 556, 646, 682, 708
Grundschule · 188, 324
Grundspannung · 606, 737
grundständig · 641, 643, 647
Grundstock · 207, 327, 652
Grundtempo · 570
Grundthema · 375
Grundton · 38, 181, 330, 386, 401, 406, 502, 537, 554, 559, 640, 641, 643, 644
grundverschieden · 391
Grundvoraussetzung · 145, 395
Gruppe · 119, 220, 438, 462, 476, 591, 655
Gruppe (Sänger, Instrumente) · 37, 41, 65, 77, 119, 124, 126, 146, 153, 174, 175, 201, 208, 219, 220, 223, 227, 239, 252, 253, 283, 284, 304, 306, 339, 349, 361, 367, 378, 394, 425, 427, 429, 451, 459, 467, 468, 469, 472, 476, 486, 489, 493, 496, 509, 510, 513, 521, 523, 541, 545, 582, 592, 595, 598, 610, 667, 687, 708, 723, 734, 738
Gruppe (soziale) · 27, 28, 45, 118, 153, 170, 174, 195, 223, 227, 229, 234, 238, 239, 241, 261, 283, 295, 296, 301, 303, 307, 317, 332, 340, 344, 347, 360, 366, 371, 425, 426, 427, 456, 468, 471, 476, 493, 541, 552, 581, 582, 583, 586, 591, 592, 593, 598, 621, 631, 653, 706, 708, 717
Gruppendynamik · 28, 74, 212, 336, 366, 394, 654, 655, 734
Gruppenleiter · 28, 53, 108, 127, 144, 153, 154, 174, 193, 380, 386, 424, 507, 541, 542, 686
gruselig · 642
gültig · 161, 335, 509, 679
gültig (allgemein-) · 115, 317, 459, 719
gültig (end-) · 48, 170, 171, 229, 294, 540, 563
gültig (gleich-) · 692
Gummiband · 167, 268, 352, 398, 404, 474, 601, 698
Gummisohlen · 374, 375
Gunst · 345
günstig · 118, 157, 495, 660
günstig (fiskal) · 52, 100, 156, 240, 245, 293, 304, 403, 435, 463, 663, 693

Guss · 517
gut genug · 130, 221, 255, 402, 483, 534, 675, 716
Gute-Laune-Kasper · 135
Guten (im) · 68, 239, 426, 622
gutheißen · 448, 637, 706
Gutschein · 251
Gymnasium · 188

H

Haare · 53, 375, 645, 684, 706
Habachtstellung · 262
Haballiebmichliebhaben · 721
Hacken · 271
Hackentrick · 81, 85, 147, 186, 271, 399, 415, 606, 721
hadern · 234, 465, 578
haken · 280
haken (ab-) · 190
haken (nach-) · 248
halb · 33, 49, 70, 126, 198, 221, 237, 248, 294, 321, 322, 358, 366, 393, 403, 432, 443, 480, 481, 482, 495, 497, 507, 513, 520, 524, 618, 628, 634, 656, 657, 670, 714
Halbjahresabschluss · 249
Halbkreis · 137, 153, 481, 511, 592, 610
Halbton · 89, 106, 182, 291, 313, 314, 330, 446, 503, 544, 555, 556, 559, 646
halbwegs · 212, 244, 431, 595, 613, 621
Halbwissen · 66, 335
Hale, Adam de la (1237 – 1287) · 559
Hälfte · 41, 110, 126, 150, 249, 263, 275, 295, 409, 425, 431, 435, 460, 478, 504, 519, 571, 597, 619, 629, 664, 702, 746
Hall · 26, 62, 115, 152, 158, 159, 173, 293, 471, 592, 650, 688, 701
Hall, Donald E. · 407
Hall, Edward Twitchell (1914 – 2009) · 62
hallig · 152, 701
Halo-Effekt · 533
Hals · 27, 53, 85, 167, 168, 169, 180, 281, 298, 374, 375, 389, 507, 561, 632, 633, 735
Halsey, Simon · 408
Halt · 48, 73
haltbar · 391
halten · 35, 43, 46, 47, 48, 54, 61, 64, 73, 81, 82, 83, 95, 105, 130, 138, 139, 166, 168, 173, 175, 176, 183, 193, 194, 200, 212, 215, 216, 219, 227, 230, 231, 239, 241, 258, 273, 274, 275, 283, 313, 314, 318, 323, 366, 371, 373, 397, 402, 403, 414, 433, 439, 463, 494, 495, 494, 495, 525, 555, 559, 569, 579, 586, 591, 599, 605, 610, 615, 616, 628,

638, 659, 671, 673, 675, 684, 705, 710, 739
halten (ab-) · 137, 242, 699, 708
halten (auseinander-) · 334, 572, 615
halten (fest-) · 170, 641, 701
halten (stand-) · 335, 395, 632, 690
halten (zurück-) · 303, 417, 427, 537, 632
Haltestelle · 103
Haltung · 83, 167, 211, 272, 296, 352, 398, 404, 433, 458, 474, 601, 698
Haltung (geistige) · 33, 49, 174, 272, 312, 335, 427, 458, 470, 492, 586, 622, 635, 686, 698, 740
Hammer · 432
Hammerflügel · 645
Hammertrick · 402
Hampelmann · 601, 622, 709
Hamster auf LSD · 328, 421, 601
Hand · 31, 42, 48, 53, 61, 73, 83, 115, 120, 140, 148, 166, 167, 168, 169, 174, 181, 184, 227, 253, 273, 274, 275, 277, 280, 282, 292, 293, 299, 329, 349, 353, 360, 375, 383, 389, 400, 408, 416, 420, 433, 439, 470, 491, 504, 522, 568, 580, 583, 601, 611, 616, 620, 625, 626, 643, 688, 690, 705, 713, 723
Handbuch der Gospelchorleitung A.C. Schullz) · 409
Handbuch der lateinischen Aussprache - Aufführungspraxis Vokalmusik. Klassisch - Italienisch - Deutsch – Französisch (V. Scherr) · 406
handeln · 166, 577, 679, 695
handeln ('machen') · 34, 36, 45, 68, 77, 82, 86, 95, 108, 145, 190, 206, 207, 219, 228, 268, 269, 287, 352, 380, 398, 413, 414, 421, 426, 429, 431, 432, 442, 448, 456, 476, 534, 537, 552, 585, 602, 636, 658, 659, 673, 686, 721
Händeschütteln · 273, 299, 470
Handfläche · 73, 81, 82, 83, 168, 169, 273, 274, 277, 328, 470, 698
Handgelenk · 626
Handhaltung · 168, 274, 275, 328, 439, 470, 564, 617, 705
Handlung · 458
Handlungsanweisung · 30, 44, 96, 267, 387, 454, 495, 496, 614, 661, 713
Handlungsbegründung · 605
Handschlag · 33, 62, 194, 273, 453, 497, 579
Handtechnik · 277, 439, 452, 464, 597, 614, 616, 655, 699, 700
Handvoll · 29, 528

768

Handwerk · 51, 108, 230, 235, 259, 275, 278, 323, 449, 477, 552, 560, 659
Handwerker · 51, 275, 560, 620
Handwerkzeugs · 564
Handy · 32, 63, 74, 90, 120, 172, 203, 221, 222, 255, 271, 278, 344, 351, 358, 359, 374, 459, 510, 556, 587, 593, 722
Handyempfang · 203, 255
Handzeichen · 143, 278, 282, 479, 572, 579, 588
hangeln · 176
hängen · 31, 58, 73, 83, 185, 266, 274, 277, 364, 367, 403, 404, 546, 576, 618, 719
hängen (an-) · 172, 331, 373, 667
hängen (dran-) · 64, 85, 181, 321, 369, 554, 557, 653
Hansel · 506, 676
Häppchen · 271, 332, 402, 403, 504
Happening · 208, 344, 448, 475, 514
Happy · 216, 437
Happy Birthday (M.+P. Hill) · 437
Hardware · 136
Harfe · 37, 304
harmlos · 197, 250
Harmonie in der Ehe (J. Haydn) · 175, 260
Harmonielehre · 259, 407, 559, 560, 636
Harmonielehre (D. Motte) · 407
Harmonielehre im Selbststudium (T. Krämer) · 407
Harmonieverlauf · 421, 440, 647
Harmonik · 30, 55, 96, 253, 272, 331, 343, 435, 464, 592, 647, 667, 685, 700, 708
harmonisch · 111, 134, 135, 175, 213, 257, 304, 308, 311, 343, 394, 422, 477, 503, 560, 612, 647, 654, 664, 668, 669, 679, 685, 713, 718, 719
harsch · 198, 307, 316, 344, 358, 584
hart · 39, 55, 69, 98, 110, 158, 198, 200, 233, 238, 241, 244, 246, 251, 320, 332, 342, 374, 416, 419, 429, 440, 443, 455, 465, 467, 484, 492, 507, 528, 548, 550, 569, 576, 579, 586, 590, 595, 598, 604, 656, 658, 720, 735
härten · 68, 69, 348, 354, 356, 425, 468
Hass · 63, 108, 161, 224, 351, 358, 430, 587, 620
hässlich · 684
hauchen · 96, 146
hauchig · 31, 85, 163, 164, 281, 297
hauen · 459
Haufen · 76, 97, 173, 328, 344, 615
häufig · 25, 42, 47, 48, 55, 56, 60, 67, 74, 88, 90, 93, 98, 111, 112, 122, 136, 137, 153, 154, 165, 166, 178, 189, 197, 199, 205, 215, 219, 222, 239, 240, 246, 248, 253, 256, 257, 260, 267, 274, 275, 281, 282, 283, 285, 286, 288, 292, 296, 301, 304, 307, 309, 314, 317, 341, 344, 346, 354, 358, 367, 368, 375, 380, 381, 383, 393, 401, 403, 406, 427, 430, 445, 446, 451, 456, 463, 465, 485, 495, 498, 499, 500, 504, 505, 508, 516, 521, 529, 542, 543, 545, 552, 553, 556, 558, 563, 568, 571, 574, 577, 578, 585, 593, 597, 602, 608, 613, 614, 615, 636, 641, 650, 652, 658, 668, 670, 671, 672, 673, 683, 684, 691, 695, 696, 701, 707, 710, 714, 715, 719, 721, 725, 727, 740
hauptberuflich · 51, 95, 382, 423, 488
Hauptchor · 526
Hauptnachricht · 717
hauptsächlich · 38, 111, 174, 274, 279, 354, 384, 390, 454, 467, 487, 599, 636
Hauptzeit · 565
Haus · 32, 150, 154, 279, 280, 296, 318, 346, 379, 455, 559, 734
Hausanlage · 348, 354, 597
Hausbau · 279, 312
hause (nach-) · 27, 51, 88, 117, 126, 178, 384, 448, 512, 540, 583, 621, 623, 695
hause (zu-) · 25, 27, 28, 49, 50, 58, 64, 67, 74, 76, 113, 125, 154, 188, 192, 195, 201, 237, 279, 295, 311, 315, 324, 356, 400, 424, 430, 497, 511, 514, 523, 525, 547, 574, 575, 621, 625, 635, 665, 667, 668, 669, 670, 695, 727, 729, 730, 732
Haushalt · 511
Haushaltsbuch · 280
häuslich · 435, 575, 665
Hausmeister · 354
Haustür · 582
Haut · 290, 299, 362
Haydn, Joseph (1732 – 1809) · 175, 260, 408, 603
Haynes, Bruce (1942 – 2011) · 646
HD · 137
Headset · 688
Hebel · 429, 573, 676
heben · 231, 290, 631, 634, 643, 670
hecheln · 601
Heckmeck · 204, 251, 278
Hedgefonds-Manager · 728
heftig · 80, 139, 393, 668, 720
heilen · 64, 146
Heilig · 119, 151, 261, 281, 567
Heiligenschein · 533
heimisch · 635, 667, 699
heimlich · 49, 68, 127, 145, 197, 238, 430, 494, 587
Heinz-Hermann · 530
Heiserkeit · 282, 414
heiß · 27, 37, 82, 89, 136, 162, 183, 200, 267, 278, 281, 314, 331, 352, 361, 445, 473, 493, 498, 558, 659, 708
Heiße-Luft-Punkt · 731
Heizung · 69, 91, 278, 325, 553, 672
Held · 515
Heldentum · 644
helfen · 25, 29, 33, 34, 38, 39, 41, 42, 44, 47, 48, 49, 50, 52, 54, 62, 64, 65, 70, 71, 72, 73, 74, 79, 82, 85, 96, 99, 102, 109, 113, 120, 122, 128, 130, 145, 146, 150, 158, 159, 165, 168, 170, 177, 184, 186, 189, 190, 197, 198, 200, 202, 203, 218, 223, 237, 255, 263, 271, 272, 277, 278, 282, 284, 291, 292, 294, 297, 298, 299, 306, 310, 313, 314, 322, 326, 332, 335, 336, 337, 339, 343, 347, 352, 362, 368, 370, 383, 387, 392, 394, 398, 402, 403, 404, 416, 417, 423, 425, 428, 429, 431, 435, 438, 439, 442, 451, 452, 453, 457, 461, 464, 472, 474, 475, 487, 488, 489, 496, 502, 503, 518, 522, 523, 525, 527, 530, 534, 537, 551, 553, 557, 563, 577, 578, 582, 586, 589, 590, 595, 596, 599, 605, 608, 610, 615, 618, 619, 620, 622, 624, 631, 632, 633, 634, 635, 636, 642, 647, 650, 655, 660, 673, 678, 681, 682, 685, 689, 692, 696, 698, 699, 701, 707, 719, 727, 732, 733, 737, 738, 742, 746
hell · 32, 42, 57, 89, 96, 134, 216, 229, 237, 264, 307, 310, 313, 322, 329, 330, 347, 352, 388, 389, 445, 467, 511, 577, 612, 616, 626, 632, 646, 694, 696, 697, 712, 719, 736, 737, 738
Hemd · 35, 53, 73, 223, 299, 361, 373, 374, 375, 507
Hemiole · 282, 283, 589
Hemmung · 26, 34, 40, 154, 217, 227, 230, 306, 371, 443, 546, 606
Henne und Ei · 487
heranblasen · 131, 381
heranführen · 362, 386
Herangehensweise · 205, 479, 526, 655, 690
Herausforderung · 390, 402, 415, 423, 573, 701
Herausgeber · 629, 676, 677, 679, 680
herausholen · 265, 327, 420
herauskristallisieren · 153, 220
herausragend · 52
herausstechen · 335, 605
herausstellen · 82, 93, 115, 126, 146, 179, 180, 285, 442, 488, 658
heraustreten · 33, 444
herb · 342
Herbst · 357, 498, 576
Herbstferien · 576
Herdentrieb · 174, 201, 283, 284, 412, 591, 611, 631, 708
Herdplatte · 27, 31, 89, 183
hergeben · 100, 128, 177, 357
herkommen · 656
Herr Christ, der einig Gotts Sohn (J.S. Bach) · 164, 260, 543
herrisch · 108
herrschen · 53, 101, 135, 148, 172, 186, 232, 347, 371, 426, 436, 468, 498, 500, 637, 698, 715
herrschen (be-) · 188, 309
herrschen (vor-) · 340, 521
herstellen · 90, 185, 202, 246, 247, 281, 373, 391, 392, 445, 447, 489, 548, 563, 617, 619, 659, 662, 663, 698, 701, 708, 709, 723
Hersteller · 156
Hertz · 106, 107, 334, 607, 608, 646, 649, 714
herum · 41, 43, 49, 51, 115, 167, 184, 185, 204, 247, 378, 452, 492, 498, 499, 526, 593, 708, 728
hervorheben · 93, 94, 337, 413, 615, 664, 668, 732
hervorragend · 489, 542, 562, 621
hervorrufen · 38, 55, 61, 71, 86, 93, 178, 192, 311, 394, 430, 550, 572, 580, 623, 689, 701
hervortreten · 38
Herz · 30, 46, 50, 81, 96, 98, 100, 128, 187, 190, 194, 242, 284, 310, 322, 381, 392, 443, 629, 712, 741
Herzblut · 199, 588
hezhaft · 233, 234, 387
herzlich · 273, 320, 700
heterogen · 43, 50, 174, 176, 223, 258, 284, 285, 305, 315, 332, 376, 427, 560, 615, 678, 708
hetzen · 350
heulen · 459
heute · 43, 62, 65, 66, 90, 92, 96, 97, 118, 152, 162, 172, 180, 187, 194, 196, 197, 201, 205, 221, 222, 239, 254, 263, 265, 289, 316, 329, 335, 357, 385, 389, 408, 413, 414, 419, 421, 428, 437, 439, 444, 447, 454, 477, 478, 480, 497, 511, 514, 521, 532, 544, 553, 573, 580, 584, 587, 590, 602, 608, 611, 629, 641, 646, 650, 663, 671, 672, 684, 688, 702, 709, 715, 732, 738, 739
Hierarchie · 75, 95, 113, 143, 145, 148, 162, 236, 286, 591, 676, 699, 707, 708, 709
Highlights · 637
High-Maintenance-Sänger · 287, 288, 557
hilfreich · 47, 79, 96, 134, 146, 153, 189, 298, 308, 325, 394, 469, 538, 540, 617, 665, 691, 732, 741
Hill, Mildred und Patty · 437

769

Hilliard Ensemble · 471
Himmel · 97, 612, 698
hinaus · 44, 122, 123, 126, 127, 136, 143, 158, 236, 245, 252, 290, 367, 389, 390, 709, 740
hinausgehen · 298, 588
Hinblick · 557
hinderlich · 379
hindern · 133, 390, 587
Hindernis · 582
hinein · 105, 225, 226, 495, 546, 674
hinsetzen · 264, 650, 730
Hinsicht · 130, 280, 528, 690
hinten · 41, 48, 73, 74, 82, 90, 102, 111, 112, 167, 168, 184, 187, 197, 226, 230, 231, 265, 271, 277, 294, 355, 366, 369, 396, 424, 443, 445, 472, 499, 527, 547, 570, 593, 598, 605, 615, 619, 634, 696, 723, 738
hinter · 35, 46, 54, 59, 63, 73, 102, 110, 111, 114, 115, 151, 173, 269, 291, 315, 334, 338, 350, 355, 373, 377, 396, 403, 416, 435, 436, 448, 452, 462, 495, 511, 542, 573, 591, 595, 600, 606, 617, 626, 634, 636, 675, 706, 723, 732, 742
Hinterbühne · 349
hintereinander · 42, 198, 302, 343, 371, 613
hinterfragen · 86, 87, 199, 292, 429, 438, 528, 561, 602, 635, 671, 692, 707, 739
Hintergedanke · 507
Hintergrund · 43, 90, 94, 98, 193, 221, 353, 363, 447, 467, 519, 552, 560, 571, 664, 693
Hintergrundmusik · 447
Hintergrundwissen · 93
Hinterhand · 701
hinterher · 181, 625, 705
Hinterkopf · 679
hinterlassen · 90, 216, 244, 383
Hintern · 53, 363, 685
Hinterwulchingen · 389
hinweg · 115, 202, 296, 616
Hinweis · 29, 36, 49, 65, 66, 75, 85, 89, 135, 139, 147, 153, 164, 166, 172, 177, 197, 202, 226, 238, 253, 267, 285, 289, 292, 294, 315, 325, 327, 328, 330, 331, 335, 336, 368, 375, 376, 382, 389, 398, 406, 409, 423, 431, 433, 442, 454, 457, 496, 501, 567, 570, 587, 601, 602, 622, 625, 629, 633, 657, 658, 667, 683, 686, 698, 701, 708, 709, 713, 735, 738
hinweisen · 285, 573, 708, 731, 742
hinziehen · 285, 453
hinzufügen · 96, 370, 523, 549, 681
Hippocampus · 456
Hirnläsionen · 452
hirnlos · 386
Hirte · 644

Hirtenflöte · 646
historisch · 66, 101, 105, 205, 257, 289, 408, 439, 440, 447, 477, 560, 608, 646, 677, 711
Hitchcock, Alfred (1899 – 1980) · 552
Hitze · 27, 114, 152, 361, 362, 498, 507
Hitzewelle · 498
hitzig · 256, 425
HNO · 195, 288, 570
Hobby · 195, 292, 318, 545, 558, 614
hoch · 26, 31, 38, 40, 42, 47, 52, 71, 80, 82, 85, 96, 107, 127, 128, 140, 143, 147, 148, 151, 155, 163, 164, 165, 167, 168, 169, 173, 177, 180, 182, 184, 185, 186, 192, 199, 200, 208, 209, 211, 218, 220, 221, 222, 243, 244, 245, 247, 256, 257, 258, 264, 271, 272, 277, 281, 286, 290, 291, 293, 297, 301, 308, 313, 314, 322, 323, 326, 327, 329, 330, 334, 335, 353, 354, 371, 374, 382, 388, 402, 413, 416, 417, 424, 426, 427, 432, 445, 446, 447, 448, 460, 463, 467, 473, 474, 475, 483, 491, 499, 506, 508, 542, 544, 546, 547, 548, 551, 555, 556, 559, 562, 572, 574, 577, 581, 591, 592, 602, 603, 604, 606, 608, 620, 621, 630, 631, 632, 633, 634, 647, 648, 652, 654, 657, 678, 694, 698, 706, 707, 712, 714, 715, 719, 724, 730, 731, 737, 738, 739, 741
hochgeistig · 485
hochgekrempelt · 35, 507
Hochglanz · 222, 364
hochgradig · 526
hochhalten · 454
hochkant · 222, 403
hochladen · 137, 625
Hochpassfilter · 649
hochschmieren · 314
hochschrauben · 167, 294
Hochschule (Musik-) · 130, 131, 132, 246, 304
Hochschule (Volks-) · 132
Hochsprache · 67
höchstens · 168, 169, 326, 489, 635, 682
hochtrabend · 353, 660
hochwohlgeboren · 48
Hochzeit · 126, 335, 372, 447, 458, 478, 528, 545, 605
Hochzeit des Figaro (W.A. Mozart) · 335
hoffen · 27, 244, 316, 438, 455, 525, 721, 740
hoffentlich · 90, 187, 206, 212, 346, 377, 438, 484, 580, 596, 636, 672, 719
Hofladen · 495
höflich · 197, 233, 296, 320, 391, 443, 673, 676, 706, 709, 735
Höhe · 26, 52, 68, 70, 81, 117, 128, 155, 163, 164, 165, 167, 169, 179, 180, 185, 191, 209, 220, 221, 240, 257, 268, 285, 290,

291, 297, 314, 334, 354, 368, 409, 417, 460, 464, 491, 614, 615, 633, 652, 731, 735, 736, 738, 739, 741
Höhepunkt · 98, 140, 431
hohl · 388, 445
Hohlraum · 329, 443
Hölle · 97, 139, 441, 529, 572
Holz · 380, 462, 464, 698
Homans, Georg C. (1919-1989) · 541
Homeoffice · 295
Homestory · 368
Homogenität · 285, 295, 309, 337, 362, 402, 420, 445, 543, 595, 613, 678, 699, 708
homophon · 303, 392, 436, 438, 439, 492, 497, 634, 655
Homophone · 651
Honig · 321
Honigkuchenpferd · 211, 296, 713
Honorar · 34, 45, 80, 87, 93, 94, 98, 116, 117, 122, 124, 125, 126, 127, 128, 130, 138, 159, 199, 201, 222, 240, 241, 242, 243, 244, 245, 246, 248, 268, 286, 304, 305, 325, 327, 345, 353, 354, 382, 389, 390, 416, 425, 435, 442, 475, 506, 507, 514, 516, 528, 547, 548, 560, 561, 573, 596, 650, 685, 701, 717
honorieren · 127, 138, 281, 294, 295, 541, 550, 621, 624, 733
Hopfen und Malz · 413
hopsen · 169, 421
hörbar · 30, 96, 106, 118, 158, 220, 236, 279, 293, 294, 314, 331, 345, 354, 395, 407, 441, 451, 555, 559, 592, 614, 619, 635, 639, 663, 664, 665, 667, 668, 695, 719, 738
Horde · 351
Höreindruck · 293
hören · 25, 26, 33, 51, 62, 66, 70, 71, 77, 82, 94, 99, 113, 117, 136, 146, 149, 152, 175, 179, 183, 184, 187, 190, 191, 192, 195, 199, 205, 219, 226, 230, 231, 236, 245, 248, 253, 257, 258, 267, 271, 273, 279, 280, 281, 287, 292, 293, 294, 295, 297, 314, 316, 319, 321, 324, 331, 341, 343, 346, 350, 353, 354, 355, 358, 362, 378, 388, 389, 394, 396, 399, 403, 404, 415, 434, 436, 437, 443, 445, 447, 453, 471, 474, 483, 485, 486, 489, 499, 500, 502, 514, 521, 529, 550, 553, 555, 556, 567, 568, 571, 573, 589, 593, 597, 598, 610, 611, 621, 622, 623, 626, 633, 641, 648, 649, 650, 662, 669, 675, 684, 693, 696, 701, 702, 707, 713, 737, 739
hören (an-) · 45, 49, 113, 122, 176, 195, 230, 244,

296, 306, 328, 335, 363, 390, 394, 408, 437, 484, 539, 586, 639, 648, 666, 667, 738, 739
hören (ein-) · 185, 378
hören (hin-) · 70
hören (vor-) · 497, 570
hören (zu-) · 32, 46, 100, 135, 175, 184, 255, 292, 336, 337, 356, 357, 437, 439, 499, 514, 552, 620, 633, 669, 733
Horizont · 26, 296, 314, 446, 686, 698
Hormon · 136, 387, 403, 476
Horn · 37, 148, 183, 326, 410, 611
Hornhaut · 632
Hörprobe · 293, 294, 295, 648
Hose · 53, 73, 118, 299, 374, 507, 683, 722
hospitieren · 86
Hotel · 118
huckepack · 644
Hüfte · 606
Huhn · 222, 232, 331, 443, 465, 487, 685
Hühnerstall · 443
Humanismus · 50, 174, 253, 320, 427, 492, 586, 715, 716, 717
humanitär · 515
Hummeln · 363
Humor · 33, 69, 271, 297, 316, 388, 444, 719, 722
humpeln · 34
Hund · 226, 250, 424, 592
Hunger · 184, 196, 215, 517
hüpfen · 328
Hürde · 29, 144
hurritische Hymnen · 289
Husten · 240, 282, 298, 378, 423, 497, 730
Hut · 337, 380, 572, 579
Hygiene · 54, 120, 299
hymnary.org · 711
hyperventilieren · 54, 392
hypothetisch · 622
hysterisch · 370

I

Ibuprofen · 298, 423
Ich-Botschaften · 530, 692
ics-Dateien · 393
ideal · 294
Ideal · 136, 147, 198, 259, 323, 352, 433, 445, 471, 473, 495, 513, 606, 610, 622, 640, 644, 686
Idealfall · 40, 72, 86, 91, 102, 143, 145, 149, 156, 172, 263, 325, 359, 391, 474, 502, 519, 543, 558, 559, 563, 609, 610, 614, 641, 669, 680, 700
Idee · 27, 28, 50, 147, 149, 153, 155, 188, 197, 213, 226, 231, 293, 324, 326, 337, 344, 360, 365, 372, 436, 440, 473, 522, 556, 562, 615, 660, 675, 731
ideell · 69, 354, 479, 590
Identifikation · 581, 667

identifizieren · 25, 29, 45, 50, 101, 118, 143, 158, 159, 202, 220, 277, 310, 360, 378, 400, 456, 460, 567, 581, 586, 597, 608, 663, 699, 727
Identität · 161, 208, 388, 400, 581, 639
Ideologie · 161
Idiosynkrasie-Kredit · 301
Idioten · 267, 423
ignorieren · 76, 281, 493, 629, 710
Ikea · 100
Image · 157, 529
imaginär · 79, 140, 507, 668
Imam · 716
imitieren · 106, 696
immens · 178
immun · 736
Immunsystem · 299
Imperativ (kategorischer) · 320
implementieren · 637, 661
implizieren · 162, 228
implizit · 707
importierbar · 672
improvisieren · 176, 202, 505, 679
Impuls · 33, 53, 65, 120, 168, 208, 220, 344, 436, 591, 661, 669, 709
imslp.org · 112, 463, 502, 711
in petto · 244
indem · 30, 36, 44, 54, 62, 74, 79, 80, 86, 93, 97, 102, 105, 115, 118, 130, 135, 140, 143, 154, 178, 212, 213, 228, 230, 249, 253, 254, 255, 262, 271, 272, 274, 281, 285, 287, 291, 294, 306, 328, 329, 333, 338, 339, 347, 352, 358, 363, 364, 383, 387, 396, 398, 430, 444, 453, 454, 463, 467, 468, 472, 478, 490, 493, 494, 506, 515, 520, 537, 539, 549, 550, 563, 576, 594, 598, 599, 605, 612, 622, 626, 630, 631, 634, 642, 657, 671, 673, 676, 685, 690, 706, 708, 709, 714, 721, 727, 738, 739
Indikator · 150, 162, 163, 173, 417, 541, 576, 632, 647
Individualleistungen · 690
individuell · 42, 49, 52, 85, 109, 133, 160, 161, 163, 189, 199, 208, 212, 224, 225, 234, 235, 252, 258, 287, 313, 392, 425, 443, 508, 516, 542, 551, 567, 598, 622, 631, 689, 691, 694, 709, 719, 731, 735, 738
Individuum · 228, 253, 333, 337, 373, 471, 625, 691
Indiz · 61, 199, 218, 336, 476
Industriestandard · 243
Inegalität · 139, 166, 301, 302, 427
ineinander · 273, 697
infantil · 552
Information · 564, 619
Informationen · 46, 62, 70, 71, 88, 90, 96, 111, 131, 148, 162, 171, 172, 174, 184, 190, 238, 273, 295, 323, 334, 340, 356, 363, 364, 367, 379, 380, 382, 394, 398, 399, 403, 423, 439, 446, 454, 457, 472, 492, 519, 520, 523, 526, 534, 551, 571, 588, 613, 627, 647, 653, 660, 692, 707, 714, 720, 724, 730, 736, 740
Informationsmüll · 380
Informationsvorschuss · 295
informieren · 29, 33, 46, 94, 122, 172, 238, 243, 244, 256, 257, 265, 303, 307, 319, 324, 334, 363, 368, 385, 397, 412, 430, 504, 525, 526, 550, 562, 572, 588, 615, 629, 661, 692, 730
ingeb.org · 711
Ingenieure · 660
Inhaber · 44, 676, 677
Inhalt · 46, 66, 75, 96, 101, 135, 171, 203, 211, 235, 236, 264, 296, 353, 377, 392, 405, 410, 441, 461, 488, 515, 521, 549, 551, 570, 571, 574, 579, 612, 638, 646, 676, 677, 727, 733, 740
Inhaltsangabe · 521
inhaltsschwanger · 375
Inhaltstransport · 236
Initialatmer · 503
Initialbewegung · 315
Initialimpuls · 665
Initiator · 494
initiieren · 238, 572
Inkassounternehmen · 477, 678
inklusive · 121, 215, 258, 260, 360, 475, 711
innehalten · 278, 643
innen · 564
innendrin egal · 301
Innenleben · 347
inner... · 36, 44, 98, 127, 146, 156, 157, 177, 181, 184, 191, 192, 206, 241, 247, 272, 281, 282, 295, 303, 305, 309, 316, 328, 343, 364, 370, 383, 416, 421, 430, 441, 452, 480, 504, 538, 579, 591, 592, 604, 608, 618, 646, 647, 711, 721
innerhalb · 301, 566
innerlich · 304
innovativ · 160
Input · 132, 344
insgesamt · 301, 348, 366, 473, 474, 476, 513, 517, 548, 578, 630, 635
insistieren · 393, 471, 531, 551
inspirieren · 83, 229, 230, 379, 433, 444, 614, 746
Instagram · 222, 593
interkulturell · 732
installieren · 145, 148, 187, 346, 491, 672, 730
Instanz · 44, 153, 277, 307, 516, 591, 720
Instinkt · 352, 398, 399
Institution · 381, 579
Instrument & Instrumentalist · 25, 26, 37, 51, 59, 69, 74, 79, 86, 87, 91, 92, 93, 96, 99, 102, 110, 111, 114, 115, 116, 122, 128, 135, 138, 147, 151, 155, 161, 169, 173, 174, 175, 189, 203, 207, 217, 219, 220, 230, 236, 240, 241, 262, 263, 264, 265, 275, 279, 284, 289, 304, 305, 306, 307, 320, 324, 325, 327, 331, 332, 335, 345, 349, 350, 354, 355, 357, 372, 376, 396, 399, 404, 405, 407, 409, 410, 411, 422, 430, 434, 435, 438, 439, 440, 441, 442, 445, 452, 453, 456, 459, 469, 472, 473, 474, 485, 486, 487, 490, 494, 497, 513, 517, 521, 524, 544, 555, 561, 573, 574, 591, 592, 597, 601, 602, 606, 607, 608, 614, 618, 619, 620, 623, 643, 644, 654, 664, 669, 677, 686, 687, 695, 702, 707, 708, 713, 721, 734
Instrumentalbereich · 644, 646
Instrumentallehrer · 447, 474, 663
Instrumentation – Geschichte und Wandel des Orchesterklanges (P. Jost) · 410
Instrumentenpflege · 304
Instrumentierung · 668
inszenieren · 217
intakt · 400
integrieren · 77, 109, 239, 240, 272, 288, 472, 514
Integrität · 153
Intellekt · 33, 43, 148, 316, 455, 599
intensiv · 106, 117, 266, 406, 484, 630, 670, 718
Intention · 82, 386
interagieren · 137, 202, 206, 601
interessant · 59, 79, 93, 98, 103, 110, 151, 158, 212, 236, 260, 288, 304, 316, 359, 374, 375, 380, 381, 386, 398, 402, 405, 431, 432, 469, 489, 535, 570, 573, 598, 599, 639, 681, 700
Interesse · 27, 43, 44, 48, 51, 62, 67, 71, 90, 93, 137, 154, 155, 174, 176, 187, 215, 242, 244, 253, 259, 273, 316, 319, 324, 336, 337, 353, 358, 367, 368, 398, 404, 405, 417, 454, 459, 472, 474, 497, 500, 515, 521, 525, 530, 532, 561, 571, 579, 587, 599, 601, 631, 638, 639, 700, 708, 711
Interessengemeinschaft · 43
Interface · 137, 293
intern · 32, 39, 80, 124, 128, 146, 153, 220, 238, 303, 348, 351, 357, 367, 442, 453, 458, 479, 516, 607, 667
Internationales Phonetisches Alphabet (IPA-Zeichen) · 394
Internet · 43, 66, 137, 172, 223, 299, 315, 406, 410, 415, 444, 490, 537, 695, 722, 734
Interpretation · 48, 62, 212, 215, 230, 279, 280, 302, 307, 315, 394, 405, 445, 446, 486, 560, 594, 629, 644, 665, 692, 695
Interpretationsinstrument · 646
interpretieren · 424
Intervall · 27, 86, 96, 97, 106, 180, 277, 291, 307, 308, 309, 310, 326, 553, 555, 607, 608, 609, 670, 685, 699, 737
Intervall (Abwärts-) · 310, 313, 314, 322, 577
Intervall (Aufwärts-) · 310, 313, 314, 330
intervenieren · 153
Interview · 367, 368, 639
intim · 155, 308, 362, 521, 530, 689, 734
Intimität · 478
Intimwährung · 195, 295, 308, 456, 530
Intonation · 26, 31, 38, 52, 60, 61, 67, 70, 102, 135, 150, 151, 163, 177, 179, 216, 229, 236, 237, 264, 297, 309, 310, 314, 315, 343, 347, 386, 387, 411, 421, 422, 440, 443, 445, 460, 471, 484, 499, 519, 532, 537, 556, 559, 589, 592, 610, 615, 622, 626, 632, 633, 641, 642, 675, 687, 690, 695, 696, 715, 730, 736, 737, 738, 739, 740
Intonationsdelle · 313, 529, 555
intrigieren · 577
intrinsisch · 208, 254, 255, 351, 413, 441, 442, 529, 548, 650
investieren · 156, 173, 254, 348, 433, 461, 548, 666, 685, 718, 727, 728
involvieren · 38, 69, 473
IPA-Zeichen · 394
irgendein · 31, 42, 80, 135, 212, 243, 324, 360, 378, 440, 499, 552, 572, 677
irgendetwas · 63, 126, 176, 348, 478, 488, 552, 610, 688
irgendjemand · 137
irgendwann · 88, 157, 160, 161, 166, 220, 227, 239, 248, 291, 292, 340, 424, 440, 448, 460, 475, 480, 506, 512, 516, 552, 567, 619, 683, 690, 698, 706, 710, 739
irgendwie · 115, 135, 220, 263, 275, 280, 288, 369, 406, 411, 413, 421, 632, 672, 682
irgendwohin · 99, 401
irisch · 711
Ironie · 316
irreführend · 417
irren · 159, 424, 671, 706
irren (ver-) · 675
irrigerweise · 633
irritieren · 25, 43, 55, 103, 185, 189, 203, 216, 252, 328, 359, 434, 436, 446, 486, 557, 612, 640, 653, 654, 667, 708, 723

irrsinnig · 79
irrwitzig · 79
Irvine, Robert (*1965) · 98, 549, 661
Ishikawa-Diagramm · 678
isolieren · 238, 283, 340
ISO-Wert · 222
italienisch · 66, 67, 79, 329, 341, 342, 350, 406, 431, 432, 441, 494, 495, 604, 619, 628, 629

J

Jacke · 187, 262, 325, 380
jagdbar · 686
Jahr · 28, 35, 49, 58, 60, 61, 66, 70, 71, 72, 88, 91, 92, 93, 97, 98, 116, 117, 122, 123, 131, 132, 138, 155, 160, 173, 175, 180, 187, 188, 190, 191, 198, 200, 204, 221, 222, 224, 240, 241, 242, 243, 244, 245, 246, 251, 252, 256, 265, 268, 280, 289, 311, 317, 321, 324, 326, 336, 337, 344, 356, 357, 362, 385, 388, 393, 400, 405, 412, 415, 434, 442, 444, 452, 456, 461, 463, 475, 484, 488, 499, 506, 509, 513, 518, 522, 524, 525, 537, 538, 539, 545, 548, 549, 568, 571, 572, 576, 578, 579, 581, 590, 597, 621, 623, 636, 637, 638, 656, 657, 660, 661, 670, 671, 676, 677, 678, 688, 689, 695, 699, 708, 718, 720, 725, 732, 734
jahrelang · 447, 713
Jahresplanung · 92, 268, 488
Jahresprogramm · 513, 667, 689
Jahrestagung · 686
Jahreszeit · 469
Jahrhundert · 259, 302, 329, 477, 480, 481, 602, 628, 644, 646, 695
jährlich · 117, 305, 321, 622
Jahrzehnt · 119, 235, 317, 460, 646, 656
Jäncke, Lutz (*1957) · 403
japanisch · 320, 322
jaulen · 51, 266, 579, 584, 672
Jazz · 50, 403, 486
Jeans · 53, 373, 507
jederzeit · 68, 311, 581
jemand · 29, 30, 38, 40, 42, 43, 45, 46, 48, 49, 58, 59, 61, 63, 65, 66, 69, 72, 90, 99, 100, 108, 122, 133, 144, 146, 154, 161, 162, 163, 178, 191, 196, 197, 208, 218, 221, 222, 223, 245, 249, 252, 253, 254, 255, 256, 266, 268, 269, 288, 296, 323, 325, 331, 335, 336, 345, 354, 355, 360, 364, 376, 378, 388, 389, 397, 401, 415, 416, 423, 425, 426, 427, 456, 472, 485, 487, 496, 506, 514, 529, 530, 546, 549, 558, 568, 571, 572, 586, 592, 594, 618, 624, 626, 627, 631, 635, 636, 642, 650, 656, 662, 667, 673, 674, 676, 681, 684, 685, 687, 691, 694, 702, 706, 708, 709, 710, 716, 721, 722, 730, 733, 738
Jenkins, Florence F. (1868 – 1944) · 370
Jesus · 80, 97
jeweilig · 74, 279, 286, 503, 525, 664
Job · 48, 53, 62, 63, 71, 72, 76, 87, 92, 95, 103, 135, 145, 160, 179, 180, 192, 193, 195, 206, 218, 228, 236, 240, 241, 242, 251, 254, 256, 269, 274, 292, 306, 319, 335, 338, 344, 375, 384, 393, 413, 416, 449, 453, 457, 489, 522, 534, 556, 557, 558, 560, 561, 562, 575, 588, 594, 595, 602, 610, 629, 634, 636, 650, 658, 669, 693, 701, 709, 713, 720, 721
Jockey · 44
joggen · 216
Johann Nicolaus Forkel (1749 – 1818) · 602
Jonny · 29
josquin.stanford.edu · 711
Jost, Peter · 410
Journalist · 59, 116, 236, 241, 510, 527, 657
jovial · 95, 689
JPEG · 172
Jubeljahre · 596
Jubiläum · 447, 510, 515, 528, 657
juchzen · 97
jucken · 132, 316, 317
Jugend · 93, 188, 317, 324, 362, 675
jugendlich · 447
Jugendorchester · 410
Jugendwahn · 317, 362
Juli (Band) · 342
jung · 53, 98, 131, 133, 155, 162, 187, 305, 317, 337, 340, 345, 362, 453, 507, 568, 593, 637, 656
Junge · 155, 188, 317, 606
juristisch · 80, 379, 587
justieren · 45, 336, 484
justitiabel · 250, 264, 269
Jux · 212, 478

K

Kabel · 137, 173, 355, 688
Kachel · 537
Kacke · 193, 319
Kadenz · 96, 283, 329
Kaffee · 258, 359, 376, 479, 511, 512
Kaffeekasse · 247, 321
Kaffeemaschine · 479
Kaffeesatzlesen · 199, 431
Kaffeewasserfuge · 44, 320, 603, 614, 617, 695
Kaizen · 381, 516, 552, 589, 722, 740
Kakophonie · 535
Kalender · 58, 122, 367, 393, 506, 509, 528
Kalkulation · 116, 434, 487
kalt · 84, 247, 325, 362, 374, 465, 582
Kamera · 90, 115, 221, 222, 223, 344, 491, 587, 691
Kameradschaft · 405
Kamm · 39, 220, 475
Kammerchor · 87, 111, 357, 361, 573
Kämmerlein · 79
Kammermusik · 435, 436, 486, 610
Kammerorchester · 619
Kammerton · 446, 608, 646, 714
Kampagne · 368, 462
kämpfen · 33, 35, 49, 100, 212, 250, 273, 315, 334, 388, 416, 420, 471, 515, 522, 562, 585, 590, 636, 669
Kanada · 677
kanalisieren · 493
Kandidat · 92, 130, 131, 132, 244, 383, 472, 571, 576, 684
Känguru · 274
Kanon · 41, 99, 179, 249, 302, 359, 360, 371, 372, 428, 437, 438, 462, 469, 476, 492, 535, 554, 610, 653, 654, 655, 729
Kant, Immanuel (1724 – 1804) · 320
Kantate · 59, 116, 236, 241, 510, 527, 657
Kantor · 656
Kantorei · 25, 116, 581, 600, 675
Kapazität · 46, 237, 272, 294, 321, 404, 707, 719, 723
kapieren · 118, 186, 241, 550, 634
Kapillare · 387
Kapitän · 116, 319, 582
kaputt · 156, 157, 279, 288, 553, 588, 621, 631, 642, 688
Karajan, Herbert v. (1908 – 1989) · 596
Karaoke · 320
Karriere · 324, 568, 588, 719
Karte · 29, 130, 249, 364, 506, 507, 625, 658
Kartoffel (heiße) · 27, 281, 445
Kartoffelsalat · 479, 511
Karton · 74, 403, 404
kaschieren · 34, 109, 130, 188, 218, 346, 485, 500
Kasse · 72, 80, 128, 138, 304, 359, 425, 479, 545, 585
Kassenbeleg · 321
Kassenprüfung · 117, 321
Kassenwart · *Siehe* Schatzmeister
katapultieren · 169
Katastrophe · 53, 125, 130, 227, 250, 342, 449, 486, 523, 533, 537, 660
Kategorie · 109, 337, 490, 557, 731
kategorisch · 320, 515
katholisch · 92, 376, 507, 716
Katze · 42, 57, 261, 424, 445
Kauderwelsch · 654
kaufen · 50, 58, 69, 116, 125, 138, 156, 173, 193, 248, 258, 351, 435, 447, 461, 463, 464, 473, 477, 483, 484, 490, 491, 511, 614, 656, 659, 663, 677, 687, 732
kaufen (ver-) · 135, 245, 258, 266, 294, 366, 372, 384, 390, 412, 447, 463, 490, 496, 506, 507, 517, 677, 678, 685, 722, 731
Kaufhaus · 447
Kaugummi · 321, 322, 389
kaum · 62, 85, 96, 99, 100, 212, 227, 252, 297, 328, 460, 514, 546, 579, 581, 620, 625, 679, 685, 696
Kausalkette · 108, 109
Kausalzusammenhang · 604
Kaution · 159
kbit · 667
Kbit/s · 137
Kegelklub · 715
Kehle · 26, 40, 42, 45, 52, 85, 101, 157, 208, 209, 281, 290, 291, 313, 323, 335, 443, 445, 446, 451, 464, 543, 558, 561, 632, 633, 642, 659, 698, 729, 736, 738
kehliger Klang · 27, 180, 281, 323, 471, 615, 735, 739
Kehlkopf · 31, 85, 101, 225, 314, 322, 323, 330, 424, 445, 542, 543, 736, 739
Keim (im K. ersticken) · 250, 455
Kekse · 359, 360, 556
Keller · 331, 615, 660, 687
Kelletat, Herbert (1907 – 2007) · 411, 645
Kelvin · 352
Kempelen, Wolfgang von (1734 – 1804) · 444
kennen · 33, 34, 61, 62, 63, 72, 86, 88, 91, 93, 102, 109, 113, 122, 131, 133, 155, 161, 171, 183, 186, 187, 194, 196, 209, 215, 218, 235, 244, 245, 252, 265, 280, 290, 296, 316, 319, 323, 346, 347, 360, 370, 375, 378, 382, 384, 386, 396, 409, 414, 428, 434, 452, 454, 463, 471, 476, 490, 501, 503, 518, 523, 529, 543, 545, 555, 558, 576, 581, 590, 607, 608, 612, 617, 622, 626, 637, 652, 657, 663, 675, 694, 702, 706, 729, 737
kennenlernen · 63, 93, 95, 183, 360, 472, 501, 502, 571, 610, 617, 630, 640, 654, 674, 716, 721, 727
Kenntnis · 54, 123, 128, 224, 237, 241, 255, 259, 280, 310, 317, 385, 389, 457, 560, 592, 650, 720
kennzeichnend · 106, 680
Kern · 292, 297, 321, 460
Kernbotschaft · 718
Kette · 374, 385, 551, 590, 627, 661
Kettenglieder · 627
Keule · 62, 273
Keynes, John Maynard (1883 – 1946) · 424
Kick für den Augenblick · 442
Kicker · 740

Kiefer · 186, 395, 600, 615, 694
Kiki · 419
killen · 250, 268, 577
Killerargument · 666
Kilometer · 84, 100, 116, 117, 127, 213, 240, 283, 356, 558, 590, 656
Kilometerpauschale · 213, 240
Kind · 51, 95, 159, 188, 223, 228, 263, 273, 282, 298, 310, 318, 324, 346, 354, 452, 453, 508, 513, 534, 552, 586, 634, 653, 684, 710, 720, 723
Kinderchor · 188, 277, 324, 361, 390, 411, 453, 508, 573, 581, 588, 597, 655
Kindergarten · 159, 188
Kinderwagen · 146
Kinn · 348, 433, 600, 643
Kino · 250, 507
kipp · 417
Kirche · 26, 32, 41, 73, 84, 91, 92, 93, 94, 98, 115, 116, 128, 134, 138, 151, 152, 158, 159, 173, 206, 217, 222, 241, 242, 243, 263, 264, 265, 293, 304, 325, 340, 348, 352, 353, 355, 357, 359, 364, 366, 367, 372, 374, 385, 397, 405, 415, 469, 475, 490, 491, 498, 507, 512, 515, 516, 528, 529, 537, 538, 543, 561, 588, 596, 597, 602, 621, 639, 650, 656, 660, 661, 684, 688, 701, 714, 732, 734
Kirchenamt · 248, 364, 506
Kirchenbüro · 265
Kirchenchor · 25, 45, 69, 70, 84, 90, 92, 94, 98, 116, 126, 134, 138, 155, 181, 190, 240, 241, 264, 317, 321, 331, 389, 393, 397, 411, 448, 464, 478, 484, 508, 512, 516, 518, 519, 520, 527, 528, 573, 581, 591, 597, 639, 656, 657, 666, 667, 668, 675, 715, 716, 728
Kirchengemeinde · 45, 126, 144, 194, 241, 248, 340, 364, 365, 490, 525, 528, 638
Kirchenlatein · 67
Kirchenlied · 236, 385, 426, 456, 581, 656
Kirchenmusikertätigkeit · 447
Kirchenvorstand · 326, 462, 660
Kirchturmspitze · 385
Kirnberger II · 646
KISS · 60, 294, 326, 364, 489, 496
Kiste · 334
kitzeln · 160, 191, 310
klacken · 54, 222, 374
klagen · 92, 156, 423, 587, 677
Klammer · 37, 283, 308, 343, 421, 652, 664, 667
klammern · 47, 414
Klang · 26, 27, 30, 38, 39, 40, 52, 61, 71, 74, 88, 89, 96, 99, 110, 111, 112, 113, 115, 134, 135, 140, 143, 150, 151, 152,

158, 163, 164, 167, 168, 169, 173, 174, 198, 209, 229, 237, 254, 255, 257, 275, 278, 281, 291, 294, 297, 307, 312, 315, 321, 323, 345, 354, 355, 362, 369, 371, 386, 387, 388, 389, 395, 420, 436, 440, 443, 445, 461, 463, 467, 471, 474, 486, 493, 499, 500, 538, 575, 578, 589, 595, 596, 597, 601, 604, 614, 615, 616, 632, 634, 646, 648, 649, 661, 664, 665, 666, 668, 690, 694, 714, 719, 728, 735, 736, 737, 738, 741
Klanganteile · 649
Klangbild · 396, 649
Klangergebnis · 310
Klangkörper · 169, 275, 307, 328, 395, 474, 601, 626
Klangmalerei · 236
Klangraum · 378
Klangrede · 602, 603
Klappe · 419, 444, 494
klappen · 30, 41, 63, 65, 86, 88, 89, 102, 105, 135, 136, 166, 187, 192, 207, 220, 221, 225, 226, 260, 267, 327, 347, 369, 394, 406, 415, 465, 488, 581, 592, 599, 601, 602, 630, 653, 681, 683, 685, 699, 713, 718
klar · 29, 31, 34, 39, 60, 63, 67, 68, 76, 79, 85, 94, 96, 97, 101, 117, 118, 123, 125, 126, 144, 146, 148, 157, 158, 165, 166, 167, 168, 170, 172, 176, 178, 182, 191, 192, 194, 200, 202, 206, 213, 215, 216, 218, 226, 231, 235, 237, 241, 244, 245, 248, 251, 253, 257, 282, 286, 287, 289, 297, 314, 316, 321, 327, 328, 330, 352, 356, 361, 370, 377, 390, 396, 398, 400, 404, 406, 424, 425, 426, 427, 436, 439, 440, 443, 444, 449, 455, 461, 467, 471, 473, 474, 478, 527, 544, 551, 552, 560, 561, 563, 568, 569, 571, 574, 586, 590, 592, 601, 622, 625, 632, 634, 638, 639, 640, 641, 642, 643, 669, 674, 680, 681, 687, 697, 698, 706, 708, 713, 715, 723, 728, 730, 736, 737
klären · 55, 62, 65, 67, 91, 116, 136, 138, 184, 191, 237, 269, 279, 294, 309, 357, 360, 396, 458, 494, 503, 504, 509, 519, 532, 553, 563, 571, 575, 583, 643, 653, 674, 701, 709, 735
Klarinette · 175, 391
klarkommen · 286, 287, 343, 707
klarmachen · 195, 196, 344, 429, 586
Klarsichthülle · 328, 472, 677
Klasse · 101, 217, 221, 231, 259, 347, 410, 417, 442
Klasse (Mittel-) · 675

Klassenmusizieren · 410
Klassenprimus · 593
Klassik · 362, 411, 645
Klassiker · 486, 629
klassisch · 26, 69, 90, 98, 111, 113, 150, 173, 215, 256, 292, 317, 354, 357, 397, 406, 408, 412, 432, 436, 438, 473, 486, 488, 494, 516, 527, 613, 619, 644, 647, 702
Klatsch und Tratsch · 43, 44, 521
klatschen · 180, 201, 275, 329, 350, 371, 437, 538, 616
klatschen (mit-) · 437, 469, 471
klauen · Siehe stehlen
Klausel · 61, 129, 179, 310, 329, 331, 679
Klaviatur · 37, 174
Klavier · 25, 26, 30, 37, 51, 69, 74, 91, 93, 96, 107, 135, 173, 174, 207, 245, 275, 279, 284, 304, 306, 324, 327, 331, 332, 354, 355, 357, 372, 399, 404, 407, 409, 422, 430, 439, 445, 485, 486, 487, 490, 494, 497, 544, 555, 592, 597, 608, 614, 623, 644, 645, 654, 664, 668, 669, 695, 707, 708, 713, 721
Klavierauszug · 487, 677, 711
Klavierstimmungen · 96, 644
kleben · 74, 99, 185, 285, 403, 404, 490
Klee, Ernst · 412
Kleid · 507
Kleidung · 53, 54, 62, 222, 257, 280, 301, 325, 373, 374, 375, 507, 508, 533, 605, 678
klein · 27, 28, 30, 33, 34, 38, 48, 58, 60, 67, 71, 79, 94, 96, 99, 110, 111, 119, 120, 125, 135, 143, 144, 146, 153, 156, 166, 169, 181, 186, 191, 192, 194, 203, 207, 208, 219, 223, 226, 227, 230, 235, 247, 248, 249, 251, 255, 256, 259, 261, 273, 277, 282, 295, 307, 308, 309, 314, 319, 320, 324, 329, 331, 332, 348, 350, 352, 355, 357, 361, 362, 363, 368, 376, 384, 386, 387, 389, 395, 397, 402, 403, 406, 410, 434, 442, 449, 454, 459, 464, 469, 474, 479, 483, 484, 487, 491, 495, 496, 508, 513, 518, 520, 529, 533, 539, 541, 547, 548, 549, 550, 553, 556, 558, 563, 573, 579, 587, 589, 590, 592, 594, 598, 599, 601, 610, 617, 623, 624, 630, 642, 650, 660, 667, 668, 671, 678, 685, 699, 702, 706, 708, 713, 723, 727, 728
Kleinarbeit · 673
kleinbürgerlich · 689
Kleinigkeit · 101, 184, 227, 251
kleinkariert · 144, 479
Kleinkind · 636

kleinteilig · 59, 134, 157, 228, 267, 326, 332, 333, 348, 414, 428, 436, 500, 503, 504, 512, 553, 575, 630, 674, 675
Kleinteiliges Proben · 51, 228, 332, 402, 500, 547, 653
Klempner · 615
Klick · 664, 665, 668
klicken · 172, 394
Klima · 234, 699
Klingelbeutel · 69, 247, 733
Klingelton · 459
klingen · 47, 56, 70, 89, 106, 107, 118, 125, 141, 148, 157, 158, 166, 176, 216, 217, 237, 256, 265, 266, 290, 295, 296, 307, 321, 343, 345, 355, 390, 395, 424, 439, 440, 467, 471, 478, 483, 486, 495, 502, 515, 537, 559, 567, 581, 601, 608, 621, 634, 639, 640, 646, 649, 660, 671, 682, 683, 688, 690, 698, 719, 729, 737, 738
Klinger · 551
klinisch · 146, 436, 530
Klinke · 173
Klinker · 538
Klischee · 98
klönen · 379
klopfen · 51, 180, 181, 207, 275, 363, 370, 388, 486, 544, 570, 628, 629, 682
klug · 41, 56, 59, 65, 102, 174, 176, 189, 226, 229, 234, 241, 244, 267, 291, 305, 316, 331, 335, 341, 372, 390, 419, 440, 460, 469, 491, 503, 524, 525, 539, 575, 639, 655, 673, 741
Knabbereien · 670
knack · 39
Knack · 649
knackig · 40, 54, 250
knallen · 164, 227, 239, 334, 373
knallig · 343
knapp · 101, 197, 296, 409, 410, 709, 711
Knarzen · 205
Knatsch · 333
Kneipenchor · 390, 508, 581
knicken · 52, 70, 180, 323, 334, 390, 395, 405, 416, 632, 690, 730, 738
Knie · 81, 271, 507, 601, 606, 721
Kniff · 102, 131, 208, 671
Knigge für Chorleiter · 335
Knigge, Adolph Freiherr von (1752-1796) · 335
Knochen · 289, 290, 600
knödeln · 562, 634
Knopf · 587
Knoten · 102, 632
knüpfen · 118, 456
knüpfen (ver-) · 252, 653
kochen · 118, 252, 306, 479, 558
Kodex · 686
kognitiv · 161, 177, 271, 454, 574, 615, 669, 707
Kohlensäure · 359, 659
Kohlenstoffdioxid · 233, 392, 417, 499
Koi-Karpfen · 635

773

kokettieren · 43, 576
Kollege · 25, 26, 61, 64, 66, 70, 72, 86, 88, 109, 118, 125, 135, 145, 167, 182, 188, 243, 256, 267, 273, 289, 307, 312, 331, 332, 344, 346, 358, 359, 376, 383, 406, 430, 432, 436, 439, 440, 454, 457, 459, 477, 483, 484, 494, 540, 550, 557, 558, 584, 587, 633, 672, 674, 683
kollektiv · 336, 347, 483
Koller · 127, 742
Kollisionen · 737
Koloratur · 728
Kombination · 53, 84, 89, 121, 212, 237, 285, 296, 308, 329, 470, 529, 548, 603, 604, 617, 620, 629, 636, 646, 653, 654, 705, 718, 719
kombinieren · 298
komfortabel · 53, 739
Komfortzone · 443, 444
komisch · 82, 96, 127, 171, 180, 194, 219, 225, 252, 272, 306, 321, 354, 366, 371, 400, 429, 443, 444, 464, 544, 577, 597, 599, 611, 648, 677, 685
Komitee · 522
Komm, o komm, Geselle mein (A.d.l. Hale) · 559
Komma · 55, 118, 386
kommandieren · 30, 425, 562, 577
kommen (an-) · 27, 62, 70, 85, 110, 173, 180, 181, 185, 186, 204, 338, 359, 366, 485, 486, 532, 538, 556, 562, 571, 578, 585, 610, 623, 648
kommend · 333, 497, 518, 556, 699
Kommentarfunktion · 351
kommentieren · 34, 43, 51, 76, 95, 108, 135, 136, 137, 154, 161, 178, 180, 193, 194, 213, 222, 227, 253, 279, 333, 334, 336, 339, 356, 365, 370, 373, 393, 434, 444, 453, 493, 494, 521, 540, 541, 585, 586, 593, 623, 708, 709, 711, 742
kommerziell · 711
Kommission · 522
Kommune · 462, 479
Kommunikation · 32, 38, 39, 44, 49, 56, 77, 114, 115, 117, 122, 133, 145, 153, 179, 186, 188, 190, 193, 197, 202, 224, 226, 227, 249, 253, 258, 289, 297, 303, 308, 315, 316, 336, 338, 340, 350, 357, 359, 360, 381, 386, 398, 400, 404, 445, 448, 453, 454, 471, 487, 488, 498, 523, 530, 540, 544, 572, 573, 579, 586, 587, 592, 620, 621, 636, 638, 682, 683, 689, 691, 692, 709, 713, 720
Kommunikation (Einweg-) · 682
Kommunismus · 50, 337
kommunizieren · 530, 696, 713
kompatibel · 663

kompensieren · 29, 117, 190, 209, 220, 337, 511, 532, 547, 557, 558, 578, 595, 716, 730
Kompetenz · 48, 76, 92, 93, 97, 175, 194, 195, 317, 324, 337, 338, 339, 341, 423, 428, 432, 457, 470, 533, 585, 624, 674, 688, 731
Kompetenznummer · 339
Kompetenzwirkung · 338
kompetitiv · 716
komplementieren · 288
komplett · 72, 182, 297, 427, 435, 642, 651, 653, 660, 665
komplex · 70, 111, 190, 206, 236, 338, 390, 400, 439, 456, 467, 495, 496, 576, 607, 641, 643, 682, 701, 739
Kompliment · 624
kompliziert · 227, 275, 326, 331, 589, 618, 642, 684, 688
Komponente · 123, 195, 236, 288, 289, 324, 414, 548, 653
komponieren · 105, 175, 179, 205, 209, 236, 259, 283, 335, 405, 422, 437, 459, 477, 497, 535, 603, 613, 628, 644, 659, 695
Komponierweise · 679
Komponist · 39, 48, 56, 87, 96, 99, 100, 111, 139, 163, 164, 198, 205, 208, 209, 230, 235, 236, 259, 302, 303, 307, 335, 342, 363, 370, 391, 398, 405, 408, 422, 431, 440, 447, 461, 462, 463, 477, 481, 500, 516, 517, 521, 543, 553, 560, 591, 603, 611, 613, 615, 628,629, 644, 646, 656, 659, 676, 677, 678, 679, 680, 681, 687, 695, 711, 733, 740
Kompression · 151
Kompromiss · 28, 35, 149, 258, 465, 513, 610, 694
Kondition (physische) · 562
Konditionen · 325, 340, 677
Konfession · 92
Konfirmation · 188, 264, 657
Konflikt · 29, 84, 92, 123, 153, 190, 227, 238, 239, 246, 265, 286, 287, 289, 332, 334, 423, 428, 429, 430, 444, 474, 534, 573, 631, 638, 693, 706, 710, 733
konform · 92, 159, 172, 351, 458
Konformitätsdruck · 28, 283, 340, 579, 631
Konfrontation · 62, 87, 101, 192, 269, 410, 530, 573, 578, 582
kongruent · 163, 176
König · 96, 233, 468, 477
konkret · 30, 44, 92, 93, 96, 134, 147, 159, 172, 195, 224, 237, 263, 264, 277, 285, 320, 357, 364, 399, 405, 407, 485, 490, 493, 516, 534, 543, 549, 574, 575, 579, 580, 598, 612, 614, 616, 617, 618, 624,

644, 646, 654, 666, 683, 684, 687
konkretisieren · 277, 452, 679
Konkurrenz · 87, 94, 133, 201, 246, 283, 345, 357, 360, 361, 500, 513, 527, 678
Können · 194, 405, 660, 688
Konnotation · 109, 362, 462, 541, 582, 646
Konsens · 50, 430, 596
konsequent · 51, 73, 100, 150, 154, 156, 174, 212, 216, 225, 231, 251, 277, 279, 322, 327, 341, 405, 409, 410, 416, 422, 430, 439, 442, 454, 465, 485, 546, 562, 564, 571, 586, 595, 597, 612, 634, 660, 673, 676, 701, 718, 732
Konsequenzen · 49, 70, 95, 100, 110, 124, 138, 159, 179, 200, 234, 287, 312, 380, 417, 429, 431, 454, 465, 586, 594, 656, 714, 717
konservativ · 315, 316, 706, 728
konsonant · 38, 343, 641
Konsonant · 40, 52, 55, 66, 67, 75, 147, 150, 157, 158, 159, 179, 185, 233, 236, 237, 257, 281, 297, 321, 341, 342, 343, 377, 395, 428, 441, 494, 495, 530, 551, 567, 569, 574, 604, 635, 654, 687, 696, 708, 736, 737
Konsonant (Schluss-) · 56, 342, 494, 495, 568, 569, 687, 737
Konsonantenshifting · 80, 342, 343, 441
konstant · 181, 186, 191, 306, 323, 325, 334, 335, 463, 499, 612, 668
Konstanzen · 38, 343, 647
Konstellation · 310, 610
Konstitution · 512, 572
Konstruktionen · 444
konstruktiv · 49, 86, 99, 145, 176, 208, 214, 254, 267, 281, 289, 292, 294, 326, 385, 413, 419, 465, 537, 583, 611, 621, 622, 624, 727, 732
Konsumenten · 344
Kontakt · 42, 58, 121, 138, 244, 298, 305, 344, 358, 359, 362, 365, 415, 423, 438, 439, 470, 472, 508, 510, 517, 526, 548, 562, 603, 637, 734, 735
kontakt.p.lehmann@gmail.com · 121, 147, 412, 423
kontern · 413
Kontext · 32, 44, 148, 315, 577
Kontingent · 122, 502
kontinuierlich · 165, 209, 405, 449
Konto · 80, 125, 127, 281, 539, 585
Kontra · 543
Kontrabass · 88, 120, 230, 323, 344, 345, 410, 453, 475, 645, 712, 728
kontraproduktiv · 362, 641
Kontrapunkt · 105

Kontrast · 40, 247, 301, 345, 363, 395, 403, 511, 551, 589
Kontrast-Effekt · 345
Kontrolle · 31, 36, 38, 40, 44, 48, 49, 51, 54, 55, 61, 70, 71, 72, 76, 81, 134, 135, 140, 144, 147, 152, 153, 165, 176, 184, 185, 186, 189, 206, 207, 228, 232, 268, 272, 273, 275, 284, 285, 288, 307, 310, 322, 328, 329, 332, 334, 340, 344, 346, 347, 349, 352, 390,392, 395, 399, 416, 430, 438, 439, 443, 445, 446, 453, 485, 506, 523, 544, 549, 551, 560, 574, 576, 589, 591, 592, 601, 604, 606, 610, 625, 632, 633, 643, 662, 681, 682, 683, 694, 720, 722, 723
Kontrolle (End-) · 144, 145
Kontrollinstrument · 358, 642
Kontrollverlust · 36, 145, 191, 193, 255, 311, 346, 632
kontrovers · 342, 400, 625
Kontur · 31, 258, 323, 471
Konversation · 367, 587
Konzentration · 517
Konzentrationsphase · 363, 642
Konzentrationsschnute · 42, 62, 252, 347, 445, 546, 694
konzentrieren · 43, 44, 47, 51, 53, 59, 96, 135, 136, 149, 184, 198, 206, 228, 234, 237, 252, 253, 254, 258, 265, 266, 267, 271, 274, 285, 310, 311, 321, 323, 333, 336, 344, 347, 361, 363, 368, 369, 370, 378, 392, 396, 402, 403, 404, 417, 445, 476, 499, 511, 512, 513, 514, 541, 551, 623, 626, 643, 654, 666, 670, 675, 678, 683, 701, 723, 737
Konzept · 84, 87, 131, 161, 302, 408, 411, 477, 480, 613, 681, 685, 720
Konzert · 26, 28, 29, 35, 40, 41, 42, 43, 45, 46, 47, 48, 49, 53, 58, 59, 60, 65, 68, 69, 72, 73, 74, 75, 80, 86, 91, 99, 103, 108, 109, 110, 115, 116, 123, 124, 125, 126, 127, 128, 134, 135, 136, 138, 146, 148, 152, 153, 161, 162, 172, 173, 175, 176, 177, 178, 179, 183, 184, 185, 190, 191, 192, 193, 194, 198, 201, 202, 203, 205, 206, 207, 211, 212, 221, 222, 223, 224, 227, 229, 230, 231, 242, 243, 247, 248, 253, 255, 262, 267, 268, 272, 278, 279, 280, 282, 296, 298, 303, 304, 305, 310, 311, 312, 313, 314, 317, 319, 320, 326, 331, 337, 342, 345, 346, 347, 348, 349, 350, 351, 352, 353, 354, 355, 356, 357, 358, 359, 360, 361, 362, 363, 364, 365,

366, 367, 368, 369, 370, 371, 372, 373, 374, 375, 376, 377, 378, 379, 381, 386, 389, 392, 393, 396, 397, 398, 401, 403, 404, 413, 426, 434, 435, 436, 437, 438, 441, 442, 448, 452, 458, 459, 461, 463, 464, 465, 469, 472, 473, 479, 483, 484, 485, 486, 487, 488, 489, 490, 491, 496, 497, 499, 500, 502, 510, 512, 513, 514, 515, 516, 517, 518, 520, 521, 523, 524, 527, 528, 533, 539, 543, 544, 548, 550, 555, 556, 558, 561, 562, 563, 571, 576, 581, 590, 592, 593, 595, 596, 597, 598, 599, 607, 610, 613, 620, 621, 622, 623, 624, 625, 630, 633, 638, 641, 642, 643, 648, 649, 650, 654, 659, 662, 669, 676, 678, 682, 684, 687, 688, 699, 701, 702, 707, 708, 715, 721, 723, 732, 733, 734, 739, 746
Konzertablauf · 621
Konzertabschlussessen · 548
Konzertakteure · 356
konzertant · 357, 516, 591, 613
Konzertbesucher · *Siehe* Publikum
Konzertchor · 264, 331, 345, 357, 389, 393, 464, 484, 488, 508, 509, 512, 518, 521, 527, 581, 597, 600, 625, 630, 668
Konzerteinführung · 353
Konzerthaus · 152, 217, 371
Konzertmeister · 349, 435, 473, 474, 619, 620
Konzertmeister (App) · 712
Konzertort · 25, 41, 58, 115, 128, 136, 143, 144, 145, 151, 152, 158, 159, 185, 227, 230, 251, 321, 350, 353, 357, 359, 360, 362, 364, 365, 366, 372, 374, 385, 393, 441, 472, 473, 491, 511, 512, 513, 515, 517, 524, 588, 592, 630, 650, 674, 678, 701, 708
Konzertortbesichtigung · 365
Konzertplanungsliste · 58, 365
Konzertprogramm · 65, 125, 138, 157, 177, 195, 207, 240, 258, 266, 271, 283, 345, 353, 367, 371, 375, 379, 406, 509, 518, 522, 523, 539, 595, 597, 613, 729
konzerttreif · 207, 266, 452, 543
konzipiert · 512, 596
Kooperation · 356, 425, 468, 579, 734
Kopf · 26, 102, 109, 115, 180, 186, 187, 190, 194, 197, 216, 243, 250, 253, 257, 280, 285, 290, 296, 314, 323, 328, 333, 351, 355, 361, 363, 384, 428, 431, 460, 463, 464, 473, 475, 488, 492, 515, 533, 544, 550, 559, 578, 616,

618, 623, 693, 698, 705, 706, 718
Kopffarbeit · 616
Köpfchen · 741
köpfen · 258
Kopfhörer · 74, 110, 173, 665
Kopfkissen · 546
kopflos · 465, 685
Kopfnuss · 42
Kopfsache · 531
Kopfschmerzen · 552, 672
Kopfstimme · 85, 163, 186, 291, 330, 369, 416, 417, 542, 632, 633
kopieren · 93, 123, 125, 138, 157, 248, 461, 463, 469, 477, 520, 542, 552, 620, 664, 676, 677
Korb · 69, 247, 356
Korn · 40, 222
koronal · 31, 42, 52, 88, 89, 281, 291, 310, 313, 323, 377, 445, 471, 615, 694, 698, 719, 735, 738
koronal-alveolar · 377
koronal-dentalalveolar · 377
Körper · 31, 53, 73, 100, 162, 167, 169, 179, 180, 181, 206, 227, 255, 271, 328, 335, 361, 362, 380, 404, 415, 419, 453, 455, 529, 561, 567, 606, 721, 722, 735
Körpergefühl · 79, 698
Körpergewicht · 100, 247
Körpergröße · 115
Körperhaltung · 73, 83, 86, 88, 101, 169, 191, 211, 216, 272, 273, 282, 296, 376, 398, 399, 446, 463, 464, 529, 601, 602, 606, 626, 691, 694, 698, 719
Körperkerntemperatur · 362
körperlich · 53, 100, 689, 698
Körpermitte · 566
Körperspannung · 601, 675, 730
Körpersprache · 79, 692
Körperteil · 180, 191
Körpertemperatur · 362
Körperübungen · 81, 180, 181, 185, 338, 507
Körperverhältnis · 335, 338, 712
Korpus · 110
korrekt · 43, 52, 55, 66, 67, 80, 82, 116, 125, 134, 155, 160, 168, 186, 190, 213, 220, 245, 254, 280, 307, 314, 342, 369, 400, 403, 407, 416, 419, 426, 446, 468, 493, 511, 535, 540, 544, 557, 564, 569, 578, 606, 608, 611, 612, 634, 642, 668, 669, 670, 677, 705, 739
Korrektiv · 346
Korrektur · 64, 76, 86, 88, 171, 175, 203, 232, 254, 257, 285, 288, 307, 313, 346, 402, 432, 445, 446, 529, 531, 577, 583, 588, 602, 626, 636, 642, 674, 683, 686, 712, 713, 720, 727, 745
Korrespondenz · 384
Korruption · 377, 448
kosmisch · 358
kosten · 58, 151, 269, 429

Kosten · 43, 46, 52, 69, 116, 117, 124, 127, 128, 137, 189, 213, 222, 240, 241, 242, 245, 246, 248, 264, 289, 293, 297, 304, 325, 351, 352, 359, 361, 371, 372, 384, 397, 410, 425, 434, 443, 447, 496, 520, 521, 529, 584, 594, 663, 677, 680, 685, 722, 734
kostenlos · 663, 735
Kosten-Nutzen-Analyse · 289, 361, 594, 680, 685
kostenpflichtig · 128, 521
Kot · 659
kotzen · 54, 249, 295, 316, 353, 393, 408, 673
krächz · 378, 389, 583
Kraft · 85, 99, 140, 155, 168, 169, 284, 290, 341, 355, 477, 551, 573, 575, 577, 580, 691
kräftig · 31, 34, 54, 55, 96, 102, 164, 209, 212, 399, 417, 494, 515, 600, 633, 684, 732
kraftlos · 167, 220, 471, 682
Kragen · 507
krakeelen · 562
kramen · 613
Krämer, Thomas · 407
krampfen · 52, 186, 285, 291, 562, 601, 698, 705, 707
krank · 29, 43, 60, 122, 123, 124, 138, 188, 200, 238, 240, 249, 272, 282, 298, 308, 317, 323, 324, 378, 379, 382, 434, 456, 465, 497, 519, 561, 568, 580, 588, 595, 606, 632, 673, 684, 717, 730, 741
Krankenhaus · 691
Krankenkasse · 384
krankgeschrieben · 379
krankhaft · 684
krass · 296, 562
kratzen · 73, 389, 561, 564, 658
Kraut · 738
Krawatte · 53, 374, 561
kreativ · 51, 52, 83, 102, 181, 370, 379, 444
Kredit · 301
kreieren · 194, 419, 475
Kreis · 25, 114, 115, 151, 227, 286, 481, 498
Krempe · 380
Kreuz · 97, 100, 236
Kreuzchen · 435
kreuzen · 49, 227, 380, 485, 657
kribbelig · 610
kriechen · 404, 431, 564
Krieg · 101, 200, 341, 375, 405, 408, 586, 590
Kriminalstatistik · 586
Krise · 33, 116, 124, 136, 138, 150, 161, 295, 317, 320, 324, 332, 361, 464, 465, 515, 586, 591, 605, 725
Krisenbewältigung · 465
Kristall · 257
Kriterien · 98, 215, 289, 313, 372, 522, 594, 650, 692
Kriterium · 502
Kritik · 50, 191, 192, 341, 413, 414, 533, 544, 622, 623, 673, 709

kritisch (Aufgabe) · 346, 650
kritisieren · 38, 48, 63, 68, 76, 84, 94, 144, 145, 153, 154, 155, 162, 177, 190, 194, 197, 224, 228, 254, 265, 281, 288, 292, 294, 310, 312, 316, 317, 335, 340, 344, 346, 356, 370, 381, 382, 397, 413, 425, 457, 458, 533, 537, 572, 582, 592, 621, 622, 623, 624, 658, 659, 673, 689, 690, 692, 693, 711, 721, 731, 732
Krokodil · 232, 741
krumm · 211, 272, 305, 413, 684, 702
krümmen · 255, 474, 601
ktpgbd · 569
Küche · 118, 191, 273, 281, 479
Kuchen · 32, 479, 511, 512
Kugel · 137, 412
Kuh · 245, 443, 444, 635
kühl · 233, 234, 361, 362, 498, 499
kulant · 117
kulminieren · 311
Kultur · 44, 116, 145, 148, 153, 222, 228, 242, 252, 367, 371, 590
Kulturlexikon zum Dritten Reich (E. Klee) · 412
Kultusministerium · 538
kümmerlich · 431
kümmern · 26, 50, 122, 135, 146, 177, 183, 197, 287, 321, 335, 340, 367, 380, 391, 554, 635, 691, 719, 739
kümmert (be-) · 246
kumpelig · 65, 297
Kunde · 103, 215, 241, 317, 381, 384, 385, 390, 457, 516, 520, 678, 705
Kundenstopper · 385
Kundenwunsch · 36, 176, 449, 485
kündigen (an-) · 148, 178, 264, 291, 344, 359, 367, 368, 376, 397, 414, 434, 435, 437, 478, 496, 508, 511, 515, 654, 670, 696, 699, 733
Kündigung · 127, 129, 130, 138, 172, 231, 382, 383, 442, 586, 658, 721
Kunst · 149, 259, 278, 323, 335, 364, 370, 386, 408, 420, 431, 468, 477, 499, 560, 700
Kunstbegriff · 250, 386
Kunstfertigkeit · 655
Kunstform · 535, 571, 695
Künstler · 144, 201, 223, 335, 364, 384, 432, 560
künstlerisch · 123, 259, 363, 538, 560, 603
Künstlersozialkasse · 127, 384
künstlich · 47, 247, 456, 517, 589, 614
Kunststoff · 659
Kunstverhinderungsanstalt · 125, 134, 217, 248, 304, 360, 447, 461, 477, 678
kunstvoll · 278, 364, 431, 477, 602
kurieren · 282
Kurs · 66, 86, 92, 120, 121, 132, 133, 134, 203, 273,

775

339, 344, 473, 661, 675, 695, 728
Kurs (Dirigier-) · 132, 203, 230, 675
Kursivdruck · 680
Kurve · 61, 145
kurz · 39, 46, 47, 52, 53, 55, 65, 130, 138, 140, 141, 146, 148, 157, 158, 166, 179, 182, 184, 194, 197, 198, 199, 204, 207, 212, 223, 239, 261, 262, 274, 278, 279, 299, 313, 316, 318, 321, 322, 326, 334, 336, 350, 353, 358, 360, 362, 365, 369, 371, 374, 380, 388, 390, 393, 398, 407, 410, 421, 434, 446, 456, 468, 485, 487, 488, 493, 508, 512, 524, 525, 526, 556, 569, 582, 586, 589, 605, 610, 630, 641, 643, 670, 672, 685, 701, 709, 713, 736, 737, 746
kurzeitig · 291
kurzfristig · 109, 187, 190, 195, 219, 339, 379, 386
Kurzschrift · 394, 500
Kürzung · 126, 138, 156, 157, 192, 203, 213, 482, 494, 578, 603, 713, 725, 740
kurzweilig · 409
kuschelig · 204, 325, 709
Küster · 596
Kyrie · 613

L

L'homme armé · 105
Lächeln, freundliches (Technik) · 33, 40, 42, 47, 75, 88, 89, 101, 134, 151, 211, 229, 237, 279, 281, 290, 291, 294, 296, 310, 311, 313, 323, 327, 347, 370, 387, 388, 389, 395, 413, 416, 424, 441, 445, 454, 467, 471, 533, 546, 626, 632, 657, 694, 696, 698, 708, 712, 719, 735, 737, 738
lachen · 33, 51, 55, 176, 180, 201, 204, 211, 297, 354, 370, 387, 388, 432, 599, 722
Lachenmann, Helmut (*1935) · 353
lächerlich · 90, 320, 354, 364, 487, 493
Lachkampfverstand · 235, 296, 689
Lachzwang · 388
Laden · 136, 368, 520, 586
Lage · 42, 85, 87, 112, 136, 166, 182, 189, 198, 267, 282, 291, 301, 325, 330, 345, 474, 503, 542, 560, 603, 604, 633, 637, 723
Lage - eng · 182, 198
Lage - weit · 182, 198
Lager · 160, 245, 586
lahm · 272, 486
Laie · 44, 90, 304, 474, 564, 645, 655, 686, 728
Laienbereich · 26, 72, 133, 150, 153, 160, 195, 219,
229, 274, 275, 286, 307, 331, 353, 354, 358, 370, 378, 391, 423, 474, 483, 484, 488, 515, 516, 521, 547, 549, 636, 649, 675, 717, 734
Laienchor · 39, 40, 43, 47, 51, 55, 60, 67, 70, 71, 74, 80, 89, 93, 94, 97, 111, 117, 122, 130, 133, 139, 143, 148, 149, 151, 153, 163, 182, 187, 188, 195, 197, 205, 209, 215, 223, 229, 232, 237, 240, 241, 266, 274, 279, 280, 281, 292, 293, 297, 313, 317, 332, 337, 338, 339, 341, 345, 354, 374, 376, 380, 389, 390, 391, 405, 409, 413, 421, 431, 432, 440, 467, 473, 474, 475, 481, 482, 483, 484, 519, 537, 541, 545, 548, 551, 555, 559, 569, 571, 590, 594, 597, 608, 614, 619, 636, 644, 652, 662, 675, 682, 687, 693, 694, 695, 712, 713, 714, 715, 716, 720, 739, 745
Laienchorkonzertpublikum · 621
Laienchorleitung · 51, 120, 132, 133, 320, 344, 345, 383, 390, 391, 409, 468, 489, 529, 540, 600, 669, 675, 686, 705
laienhaft · 564, 649
Laiensänger · 35, 42, 66, 71, 75, 90, 94, 169, 205, 217, 246, 279, 280, 281, 326, 339, 376, 389, 390, 401, 409, 433, 436, 445, 464, 528, 534, 576, 618, 636, 648, 667, 675, 713, 736
lamentieren · 207, 362, 497
laminieren · 391, 472, 543
Lamken, Andreas · 406
Lampenfieber · 40, 202, 296, 311, 392, 489, 563, 662, 701, 708, 723
Land · 69, 130, 383, 531, 677
landen · 135, 151, 152, 159, 257, 346
Landeskirchen · 489
Landeskirchenamt · 656
Landkarte · 602
landläufig · 252, 478, 678
lang · 27, 29, 32, 35, 52, 53, 55, 56, 60, 72, 74, 76, 81, 87, 93, 95, 100, 102, 117, 118, 135, 145, 148, 150, 152, 153, 158, 163, 165, 166, 169, 171, 173, 175, 176, 181, 183, 184, 185, 186, 187, 188, 191, 193, 196, 203, 204, 206, 207, 208, 212, 221, 227, 229, 233, 234, 235, 240, 245, 249, 250, 254, 257, 265, 271, 272, 273, 274, 281, 282, 284, 285, 287, 291, 293, 295, 301, 303, 313, 314, 319, 320, 322, 324, 332, 333, 334, 337, 338, 341, 350, 351, 352, 353, 354, 357, 358, 362, 363, 367, 375, 377, 378, 380, 382, 383, 386, 387, 393, 395, 403, 408, 413,
421, 426, 427, 430, 431, 438, 445, 449, 451, 454, 469, 473, 489, 494, 499, 505, 506, 507, 511, 512, 513, 517, 530, 546, 547, 548, 550, 551, 552, 558, 559, 562, 569, 572, 578, 582, 583, 585, 586, 604, 606, 611, 618, 621, 623, 626, 628, 630, 631, 634, 637, 638, 642, 661, 675, 689, 691, 709, 713, 716, 723, 730, 741, 746
Länge · 35, 123, 126, 166, 171, 215, 237, 242, 314, 355, 358, 360, 363, 444, 464, 482, 491, 501, 507, 512, 517, 522, 537, 562, 574, 590, 664, 668, 687, 714
Längenberechnung · 363, 517
länger · 53, 55, 59, 60, 64, 65, 88, 105, 141, 146, 152, 157, 158, 168, 175, 181, 187, 189, 201, 204, 215, 217, 249, 291, 311, 328, 329, 332, 333, 351, 375, 376, 392, 412, 424, 426, 429, 453, 477, 498, 519, 540, 573, 584, 585, 602, 637, 670, 674, 675, 676, 682, 687, 736
längern (ver-) · 59, 123, 126, 321, 517, 530, 614
langfristig · 52, 87, 89, 109, 116, 138, 143, 144, 145, 156, 160, 161, 166, 181, 187, 188, 189, 195, 200, 207, 208, 211, 214, 277, 281, 283, 284, 292, 332, 333, 347, 362, 379, 382, 385, 386, 393, 442, 475, 478, 502, 508, 537, 539, 548, 550, 584, 590, 618, 636, 638, 657, 668, 674, 706, 709
langgedient · 522
langgezogen · 166, 168
langjährig · 66, 125, 187, 239, 288, 594, 638, 661
langsam · 47, 54, 63, 135, 156, 181, 186, 187, 218, 233, 260, 273, 275, 288, 321, 329, 348, 351, 353, 377, 387, 388, 396, 421, 428, 479, 481, 486, 519, 531, 542, 543, 564, 566, 570, 574, 576, 629, 636, 639, 643, 664, 665, 669, 672, 697, 717, 728
langweilig · 28, 64, 88, 178, 179, 183, 233, 234, 357, 393, 573, 598, 599, 613, 625, 640, 730, 741
langwierig · 479
Langzeitgedächtnis · 666
LAN-Kabel · 137
Laptop · 137, 293, 663, 666
Lärm · 205, 250, 254, 322, 437, 444, 498, 500, 599, 603
L'Art du chant (J.A. Bérard) · 695
Lasermessgerät · 538
Lasse Red'n (Ärzte) · 211, 212
lassen · 25, 26, 28, 30, 31, 32, 34, 38, 41, 43, 44, 48, 55, 60, 61, 64, 65, 67, 68, 70, 71, 73, 74,
75, 80, 81, 83, 85, 89, 93, 94, 96, 97, 99, 100, 105, 106, 107, 110, 111, 113, 115, 131, 133, 135, 136, 139, 140, 147, 148, 149, 151, 154, 160, 161, 168, 176, 181, 182, 183, 185, 186, 187, 195, 196, 199, 203, 205, 207, 209, 212, 213, 217, 219, 221, 224, 225, 226, 227, 234, 235, 240, 245, 246, 247, 249, 250, 256, 257, 261, 262, 264, 265, 268, 273, 274, 277, 281, 285, 287, 288, 291, 292, 294, 295, 296, 298, 301, 306, 308, 310, 314, 315, 318, 319, 322, 323, 324, 325, 326, 327, 329, 330, 332, 333, 337, 338, 341, 344, 345, 348, 349, 350, 351, 358, 359, 360, 361, 367, 370, 374, 375, 376, 381, 382, 385, 387, 393, 395, 396, 399, 400, 403, 405, 406, 414, 415, 420, 421, 423, 426, 431, 433, 436, 440, 441, 443, 448, 458, 459, 460, 465, 467, 469, 470, 475, 478, 481, 484, 486, 488, 490, 492, 494, 496, 498, 503, 508, 512, 514, 517, 518, 519, 520, 521, 522, 524, 526, 527, 529, 531, 538, 539, 540, 543, 546, 551, 553, 555, 556, 558, 570, 571, 572, 573, 575, 576, 578, 579, 581, 582, 585, 586, 588, 589, 594, 595, 596, 601, 602, 603, 604, 606, 612, 614, 615, 616, 617, 620, 621, 632, 633, 637, 638, 640, 642, 644, 648, 653, 658, 659, 662, 669, 674, 675, 676, 679, 685, 689, 690, 696, 697, 698, 699, 700, 705, 708, 713, 715, 718, 719, 721, 723, 727, 729, 730, 731, 732, 733, 738, 739, 746
lassen (heran-) · 95, 195
lassen (zu-) · 46, 62, 76, 131, 146, 154, 158, 162, 212, 225, 232, 324, 340, 360, 427, 468, 522, 570, 587, 593, 634, 667
Last · 43, 52, 416
lasten (aus-) · 710
lasten (be-) · 26, 190, 265, 286, 295, 332, 361, 393, 459, 540
lasten (ent-) · 145, 473, 504
lasten (über-) · 301, 346, 352, 632, 665, 667, 707
lästern · 334, 383, 577
Lastschrift · 585
Latein · 66, 67, 80, 256, 257, 259, 406, 441, 495, 515, 685
Lauf · 448
laufen · 44, 183, 184, 208, 227, 265, 268, 326, 368, 423, 438, 442, 465, 582, 623, 669, 718
laufen (herum-) · 226, 227, 633
laufen (hinterher-) · 103
laufen (mit-) · 664

laufen (schief-) · 72, 122, 146, 279, 369, 449, 465, 554, 622
laufen (weg-) · 54, 255, 453
Lauffeuer · 623
Laune · 70, 77, 135, 144, 296, 448, 479, 506, 517, 556, 585, 589, 663, 709, 733
lauschen · 594, 675
laut · 40, 52, 54, 61, 85, 89, 96, 98, 99, 100, 124, 140, 141, 146, 152, 158, 161, 163, 165, 166, 167, 168, 169, 173, 180, 184, 192, 204, 209, 222, 228, 260, 261, 279, 304, 330, 343, 347, 348, 354, 355, 376, 378, 384, 385, 394, 395, 396, 399, 418, 428, 432, 437, 441, 444, 474, 492, 493, 495, 499, 522, 531, 533, 537, 551, 552, 557, 562, 574, 582, 586, 589, 592, 597, 601, 603, 604, 605, 612, 615, 622, 632, 633, 642, 664, 665, 666, 669, 675, 684, 698, 699, 712, 737
Laut · 80, 150, 217, 218, 297, 377, 389, 394, 433, 443, 444, 603, 604, 607, 634, 635, 697
Laut (Um-) · 150
Lautheit · 39, 395, 551
lautmalerisch · 235, 236
Lautschrift · 394, 443
Lautsprecher · 173, 174, 198, 293, 294, 354, 355, 596, 597, 666, 688
Lautsprecherständer · 293
lautstark · 74, 132, 323, 340, 533, 551, 626, 683
Lautstärke · 39, 40, 51, 99, 106, 110, 158, 165, 166, 168, 169, 173, 174, 184, 209, 219, 273, 281, 282, 294, 302, 347, 348, 392, 394, 395, 399, 433, 437, 441, 471, 533, 551, 552, 589, 597, 598, 632, 660, 664, 668, 675
Layout · 47, 144, 145, 358, 363, 364, 365, 367, 442, 461, 520, 545, 663, 672, 673, 680, 693
Le Bateau (H. Matisse) · 499
Learning-by-doing · 396
leben · 30, 51, 65, 111, 160, 196, 205, 207, 227, 253, 265, 268, 349, 357, 398, 412, 432, 443, 477, 488, 562, 572, 586, 595, 660, 662, 690, 710
Leben · 32, 44, 46, 61, 64, 68, 95, 96, 98, 174, 196, 199, 206, 221, 229, 233, 292, 301, 318, 339, 346, 349, 396, 409, 420, 448, 452, 455, 458, 459, 465, 478, 483, 488, 495, 534, 571, 576, 598, 606, 614, 615, 631, 654, 658, 673, 683, 733
Leben und leben lassen. · 196
lebendig · 96, 98, 111, 147, 175, 176, 193, 301, 303, 320, 404, 431, 484, 640, 701, 740
Lebensgefühl · 558

Lebenslage · 188, 198
Lebenslauf · 90, 93, 94, 398, 710
lebensnah · 44, 614
lebensnotwendig · 257, 338
Lebensstandard · 208
Lebensweg · 396, 468, 521, 708
Lebensweise · 459
Lebenszeichen · 397, 715
lecken · 559
LED · 352
Ledersohlen · 375
leer · 96, 278, 320, 353, 366, 397, 405, 410, 488, 499, 515, 640, 644, 659, 734
leerlaufen · 438
Leerseiten · 461
Leertakt · 665, 668
Legastheniker · 634
Legato · 55, 564
legen · 34, 50, 88, 90, 99, 131, 132, 140, 154, 169, 187, 206, 207, 212, 213, 245, 272, 274, 278, 291, 306, 315, 322, 356, 361, 362, 363, 405, 420, 432, 435, 443, 491, 512, 513, 533, 548, 551, 561, 602, 632, 633, 668, 686, 694, 708, 712, 735, 741
legen (ab-) · 262, 464, 485
legen (an-) · 58, 161, 375
legen (ein-) · 234, 583
legen (fest-) · 67, 92, 105, 124, 126, 138, 172, 215, 240, 243, 244, 245, 294, 357, 359, 400, 473, 492, 501, 506, 611, 612, 613, 677
legen (wider-) · 33, 245, 250, 436
legen (zurecht-) · 242
leger · 507
legitim · 237, 378, 438, 482, 498, 612, 657
Lehnen · 167, 271, 352, 398, 404, 474, 601, 698
Lehrbuch · 284, 409, 410, 646, 695
Lehrbuch des Dirigierens (H. Scherchen) · 409
lehren · 169, 675
lehren (be-) · 26, 225, 440
Lehrer · 66, 94, 108, 133, 169, 203, 226, 227, 234, 261, 282, 288, 379, 394, 414, 453, 483, 615, 620, 663, 675
Lehrmeinung · 564
lehrreich · 63
Lehrwege · 636
Leib · 639
leicht · 28, 31, 32, 35, 48, 52, 56, 68, 77, 81, 96, 120, 130, 134, 135, 139, 147, 152, 155, 158, 165, 167, 180, 181, 185, 186, 191, 193, 198, 203, 204, 216, 225, 249, 253, 258, 265, 271, 273, 277, 291, 302, 314, 315, 316, 321, 322, 323, 330, 336, 348, 355, 363,372, 380, 393, 401, 402, 407, 421, 430, 431, 438, 445, 458, 460, 464, 469, 471, 478, 495, 497, 498, 502, 503, 504, 512, 515, 520, 527, 528, 542, 546, 554, 559, 576, 577, 578, 586, 588, 589,

600, 606, 611, 614, 616, 622, 624, 630, 633, 635, 638, 657, 689, 690, 698, 710, 732
leichtfallen · 458
Leichtigkeit · 226, 285, 551
leiden · 28, 69, 95, 113, 153, 172, 225, 226, 227, 265, 307, 317, 341, 362, 379, 387, 398, 452, 456, 551, 555, 572, 610, 659, 665, 670, 676, 706
Leidenschaft · 398
leider · 26, 43, 52, 55, 59, 72, 124, 136, 145, 146, 154, 159, 163, 178, 182, 190, 216, 231, 236, 245, 253, 256, 287, 299, 301, 312, 317, 366, 374, 381, 390, 408, 409, 410, 416, 424, 430, 437, 444, 456, 487, 496, 511, 515, 538, 543, 544, 545, 571, 583, 585, 586,594, 595, 605, 630, 634, 636, 648, 656, 660, 668, 679, 683, 690, 701, 716, 739
leidig · 244, 634
leidtun · 42, 427
leidvoll · 639
Leidwesen · 405, 461, 636
Leierkasten · 612
leihen · 86, 182, 248, 472, 677, 687, 705
Leine · 582
leise · 31, 52, 55, 96, 98, 99, 115, 140, 146, 152, 163, 165, 166, 168, 180, 182, 183, 184, 209, 222, 263, 265, 279, 282, 315, 343, 348, 354, 355, 395, 398, 399, 418, 434, 441, 494, 495, 531, 551, 552, 557, 574, 578, 582, 587, 589, 596, 597, 601, 605, 612, 641,675, 686, 698, 707, 723, 737
Leiste · 464, 620
leisten (fiskal) · 30, 72, 117, 128, 247, 354, 425, 558, 561, 562, 650
leisten (Leistung) · 50, 69, 133, 138, 181, 202, 204, 241, 243, 245, 271, 289, 292, 314, 318, 337, 338, 345, 357, 391, 439, 442, 449, 474, 475, 483, 485, 506, 548, 554, 574, 624, 694, 731
Leistungsdenken · 311
Leistungsfähigkeit · 241, 653, 690
Leistungssystem · 582
Leitbild · 45, 87, 92, 97, 178, 195, 208, 268, 319, 397, 400, 415, 472, 500, 516, 581, 638, 639, 678, 734
leiten · 40, 46, 50, 65, 75, 86, 92, 94, 95, 98, 113, 120, 123, 126, 130, 131, 132, 133, 146, 149, 155, 174, 175, 187, 191, 192, 194, 199, 204, 215, 220, 227, 238, 244, 245, 249, 252, 268, 298, 306, 324, 327, 331, 337, 339, 342, 344, 345, 348, 350, 359, 361, 381, 390, 398, 405, 432, 435, 465, 485, 486, 488, 489, 500, 518, 526, 527, 548, 549, 550, 551,

552, 578, 582, 585, 591, 600, 601, 608, 610, 615, 619, 623, 637, 638, 658, 660, 689, 699, 700, 710, 737
leiten (ab-) · 32, 63, 316
leiten (an-) · 41, 51, 160, 176, 199, 241, 263, 391, 430, 483, 499, 557, 592, 596, 620, 637, 656, 666, 670
leiten (ein-) · 269
leiten (ver-) · 168, 192, 362, 620
Leiter · 76, 97, 341, 359, 410, 417, 427, 441, 456, 473, 474, 540, 541, 611, 681
Leitfigur · 283
Leithammel · 148, 183, 326, 487, 611
Leitton · 97, 314, 401, 681
Lektüre · 174, 411, 573, 636
lenken · 352
lernen · 25, 34, 50, 55, 60, 62, 63, 65, 67, 74, 77, 84, 86, 87, 88, 91, 120, 122, 130, 133, 135, 145, 147, 148, 149, 154, 161, 166, 167, 168, 183, 191, 194, 199, 219, 220, 221, 226, 231, 235, 237, 239, 245, 246, 252, 258, 263, 265, 268, 271, 283, 284, 285, 287,288, 302, 307, 310, 311, 316, 323, 328, 329, 332, 337, 339, 348, 350, 360, 362, 380, 403, 407, 421, 439, 440, 446, 447, 452, 453, 455, 460, 464, 475, 478, 483, 486, 488, 493, 497, 503, 534, 542, 546, 547, 559, 561, 562, 570, 574, 575, 583, 595, 597, 599, 601, 602, 607, 613, 615, 617, 625, 636, 637, 644, 655, 661, 666, 667, 669, 671, 675, 683, 684, 686, 689, 695, 700, 702, 721, 722, 723, 728, 729, 741
Lerngeschäfte · 483
Lernkurve · 145
Lernmusik · 272, 403
Lernprozess · 76
Lernzentrum · 285
Leseblätter · 47, 74, 157, 403, 404, 633
Lesekärtchen · 74, 404
lesen · 28, 43, 47, 49, 59, 67, 74, 81, 92, 101, 148, 152, 153, 156, 171, 172, 175, 189, 190, 200, 203, 205, 218, 226, 227, 230, 233, 237, 243, 259, 261, 273, 280, 289, 301, 308, 316, 327, 331, 353, 356, 364, 367, 370, 392, 398, 399, 406, 407, 409, 410, 416, 423, 436, 440, 464, 467, 473, 481, 487, 495, 498, 521, 534, 542, 548, 549, 571, 572, 573, 575, 579, 581, 597, 601, 602, 607, 608, 614, 620, 629, 633, 637, 638, 639, 644, 669, 670, 679, 681, 682, 683, 686, 689, 700, 707, 711, 717, 720, 729, 741
Leserbrief · 370
Leserichtung · 686

777

Lesung (Liturgie) · 262, 516
lethargisch · 402
letzt... · 47, 48, 49, 58, 62, 91, 93, 126, 127, 131, 135, 144, 149, 150, 154, 160, 166, 171, 173, 177, 184, 204, 215, 224, 231, 239, 254, 255, 263, 274, 278, 279, 286, 298, 313, 317, 331, 332, 333, 350, 354, 359, 363, 367, 368, 369, 370, 371, 376, 385, 386, 387, 388, 389, 399, 405, 423, 437, 444, 451, 469, 484, 485, 496, 503, 504, 513, 514, 515, 525, 528, 531, 539, 545, 546, 558, 572, 584, 592, 597, 601, 605, 614, 621, 622, 623, 642, 658, 669, 689, 691, 702, 727
leuchtend · 42, 167, 230, 352, 404, 439, 474, 564, 601, 698
leugnen · 174, 465
Leute · 46, 196, 250, 252, 317, 335, 348, 350, 378, 406, 437, 512, 586, 624, 688
Level · 51, 67, 155, 189, 427, 484
Leviten · 572
Lexikon · 720
Libretto · 335
Licht · 32, 33, 38, 91, 146, 184, 220, 221, 222, 223, 247, 328, 331, 351, 352, 373, 391, 498, 511, 687, 701, 706
Licht (Tages-) · 184, 222
lichten · 465
lieb... · 88, 108, 186, 265, 277, 307, 310, 320, 328, 335, 336, 345, 357, 375, 404, 405, 418, 435, 436, 521, 522, 563, 580, 587, 594, 611, 620, 634, 658, 708, 723, 733, 739, 745
Liebhaber · 50, 306, 307, 484
Liebhaber-Orchester · 307
Lieblinge · 590
Lieblingslieder · 204, 235, 405, 637
Liedblock · 348
liederlexikon.de · 711
Liedgut · 217, 460, 590, 656
Liedsatz · 392, 406
Liedtext · 320, 403, 520, 611, 696, 740, 746
liefern · 42, 122, 236, 579
liefern (ab-) · 358, 518
liefern (aus-) · 77, 219, 662
liefern (über-) · 289, 590, 646
liegen · 38, 40, 44, 46, 72, 97, 101, 105, 106, 107, 116, 117, 120, 126, 127, 128, 130, 134, 135, 140, 155, 157, 166, 168, 169, 173, 174, 177, 182, 185, 186, 192, 198, 200, 219, 243, 253, 254, 256, 261, 265, 281, 295, 309, 310, 311, 321, 323, 345, 381, 383, 422,423, 427, 442, 455, 456, 467, 473, 475, 483, 488, 492, 495, 498, 513, 520, 523, 527, 531, 544, 551, 558, 559, 565, 575, 580, 600, 602, 614,

616, 625, 626, 635, 641, 642, 652, 682, 685, 688, 690, 705, 713, 723, 732, 735, 738
liegen (er-) · 570
liegen (tiefer-) · 217, 218
liegen (unter-) · 93, 124, 161, 187, 321, 389, 400
liegen (vor-) · 127, 342, 399, 481, 559, 635, 646, 676
liegend (nahe-) · 304
Liegestütz · 216
Liese · 178, 732
Liga · 390
Ligeti, György (1923 – 2006) · 438
Limit · 59, 161, 312, 504
lindern · 460
linear · 543, 679
Linie · 31, 37, 55, 60, 61, 89, 98, 99, 105, 139, 146, 163, 164, 165, 179, 183, 220, 234, 247, 274, 283, 285, 323, 341, 386, 395, 403, 441, 502, 503, 529, 553, 596, 614, 679, 714, 728, 738, 740
Link · 136, 137, 172, 351, 667, 706
links · 37, 41, 50, 54, 81, 110, 112, 114, 115, 134, 136, 275, 350, 352, 356, 492, 563, 564, 600, 607, 616, 626, 686, 716
Linkshänder · 273, 616
Lippen · 186, 347, 404, 444, 589, 615, 694, 737, 738
Lippenbekenntnis · 349, 416, 656
Lippenlesen · 439
Liste · 29, 48, 49, 58, 90, 91, 137, 145, 159, 187, 204, 251, 282, 304, 346, 351, 354, 364, 365, 394, 405, 453, 479, 507, 526, 550, 627, 668, 673, 690, 691, 714
Liter · 100, 245, 361, 659, 690
Literatur · 181, 259, 313, 412, 477, 566, 603, 644, 647
Literaturverzeichnis · 43, 67, 71, 176, 180, 181, 256, 284, 331, 338, 406, 439, 464, 473, 540, 610, 645, 684, 699, 714
Liturgie · 236, 264, 516, 517
live · 136, 152, 201, 471, 648, 649, 739
Liveevent · 136
Liveprobe · 137
Lizenz · 663
Llosa, Mario Vargas (*1936) · 420
loben · 49, 50, 144, 145, 190, 191, 192, 193, 224, 239, 241, 252, 265, 285, 292, 310, 312, 344, 382, 413, 414, 442, 475, 492, 502, 512, 515, 543, 544, 578, 582, 602, 622, 624, 671, 682, 689, 709, 731
Lobhudelei · 335
Loch · 133, 152
locken · 60, 138, 362, 514, 518
locker · 81, 167, 168, 176, 179, 186, 209, 220, 281, 291, 292, 323, 329, 352, 373, 395, 418, 460, 474,

497, 508, 515, 517, 521, 531, 543, 556, 615, 631, 632, 633, 652, 705, 722, 728
Locus Iste (A. Bruckner) · 89, 139, 164, 260, 302, 303, 358, 493, 502, 647, 697
Löffel · 76
Logik · 80, 110, 191, 201, 202, 308, 338, 341, 380, 436, 440, 479, 701, 713
Logiktwist · 558
Logistik · 517
Logo · 247, 251, 363, 368, 385, 520, 605, 639, 659, 693, 734
Logopäde · 146, 282, 414
Lohmann, Paul · 411
lohnen · 35, 36, 58, 67, 115, 128, 133, 134, 151, 152, 156, 157, 192, 204, 206, 208, 214, 221, 227, 240, 242, 249, 282, 293, 303, 308, 324, 325, 349, 352, 355, 356, 360, 361, 364, 371, 372, 383, 387, 407, 414, 426, 430, 439, 441, 458, 461, 470, 472, 478, 491, 498, 504, 508, 511, 514, 517, 520, 523, 561, 575, 610, 612, 619, 631, 637, 642, 647, 662, 666, 678, 691, 710, 718, 734, 740
lokal · 43, 69, 90, 94, 134, 304, 305, 317, 356, 364, 368, 397, 437, 520, 524, 529
Lokalnachrichten · 462
lokalpatriotisch · 582
Lokalradio · 365
longa · 480
Longfellow, Henry Wadsworth (1807 – 1882) · 603
Loop · 414
lösbar · 310, 401, 402, 415, 437
löschen · 120, 172, 190, 192, 396, 579, 613, 665
lösen · 73, 165, 166, 291, 384, 398, 499, 576, 602, 685
losgehen · 60, 130, 187, 219, 226, 262, 299, 487, 643, 723
loslassen · 38, 60, 61, 65, 81, 85, 144, 145, 147, 165, 186, 282, 302, 399, 415, 416, 531, 576, 589, 600, 605, 632, 659, 737
Lösung · 33, 34, 36, 38, 40, 42, 43, 57, 59, 62, 63, 68, 88, 99, 101, 102, 122, 124, 131, 132, 133, 145, 147, 149, 155, 156, 163, 165, 177, 180, 184, 188, 191, 192, 194, 200, 202, 206, 207, 209, 213, 225, 227, 235, 239, 255, 257, 263, 267, 280, 281, 287, 291, 292, 294, 304, 311, 314, 315, 320, 326, 327, 330, 331, 333, 343, 352, 376, 383, 384, 395, 396, 398, 401, 402, 404, 405, 423, 429, 430, 442, 459, 465, 487, 488, 527, 529, 543, 549, 551, 561, 576, 580, 583, 584, 585,

588, 597, 599, 601, 602, 625, 634, 636, 654, 657, 658, 667, 673, 675, 685, 686, 690, 693, 698, 700, 701, 705, 707, 712, 713, 717, 719, 721, 723, 733, 736
Lösungsansatz · 419
Lösungsweg · 454, 722, 742
loswerden · 68, 129, 325, 334, 356, 416, 428, 632, 673
Lotto · 455
loyal · 63, 87, 144, 199, 200, 238, 283, 381, 416, 560, 625, 626
Lübeck · 686
Lücke · 134, 498, 568
Luft · 34, 38, 40, 54, 55, 81, 82, 85, 118, 140, 146, 151, 163, 186, 206, 209, 221, 238, 275, 297, 298, 334, 341, 386, 387, 388, 392, 399, 416, 417, 438, 443, 451, 454, 463, 498, 531, 558, 576, 604, 632, 649, 698, 714, 716, 731
Luft, heiße · 209, 220, 221, 730
Luftaustausch · 100, 233, 417, 499
lüften · 233, 234, 417
luftig · 81, 163, 167, 169, 291, 297, 330, 507, 632
Luftkontrolle · 186
Luftmenge · 297, 315
Luftmoleküle · 714
Luftzug · 163, 186, 225, 233, 417
lügen · 92, 94, 184, 269, 351, 397, 648, 649, 706
Lully, Jean-Baptiste (1632 – 1687) · 695
Lunge · 38, 55, 81, 186, 203, 216, 233, 357, 387, 395, 399, 508, 576, 604
Lungenentzündung · 88, 323
Lungenvolumen · 186
Lust · 28, 67, 86, 118, 144, 181, 217, 228, 242, 272, 338, 339, 344, 383, 452, 497, 506, 517, 518, 520, 545, 550, 626, 656, 670
lustig · 53, 211, 380, 515
Lustlosigkeit · 383
lutschen · 298, 390, 669
Luxus · 112, 262, 398, 418, 702
lyrisches Ich · 101

M

Machaut, Guillaume de (1305 – 1377) · 457
machbar · 28, 42, 144, 151, 163, 485, 622, 630, 634, 642, 688
Macher · 33, 96
Macht · 34, 71, 80, 96, 100, 130, 149, 160, 182, 232, 238, 250, 327, 331, 338, 339, 341, 346, 390, 429, 432, 439, 440, 454, 486, 490, 527, 533, 546, 568,

570, 573, 587, 591, 618, 686, 720, 732
Machtposition · 710
machtvoll · 32, 102, 186, 191, 220, 239, 285, 322, 364, 404, 496, 544
Mädchen · 211, 216, 426, 515, 606, 673
Maestro · 74, 163
Magen · 118, 256, 361, 378, 730
Magen-Darm · 378, 730
Mahler, Gustav (1860 - 1911) · 390, 409
Major · 259
Makel · 416
mäkeln · 419
Malbuch · 551
malen · 31, 44, 60, 140, 144, 154, 214, 218, 271, 490
Maler · 31, 113, 335
Malheur · 171, 382, 533
Maluma · 419
Mälzel, Johann Nepomuk (1772 – 1838) · 628
Mammon · 528, 545
managen · 27, 76, 121, 122, 128, 133, 143, 172, 201, 231, 361, 390, 513, 639, 678
Mangel · 113, 247, 317, 359, 638, 644
Manierenzentrum · 212
manifestieren · 191, 347, 415, 671
Mann · 27, 53, 65, 197, 225, 226, 243, 349, 374, 550, 578, 585, 586, 606, 612, 640
Mann, Thomas (1875 – 1955) · 550
Männerchor · 415, 416, 417, 432, 488, 573, 581, 601, 632, 634
Männerstimmen · 64, 65, 75, 85, 110, 111, 112, 113, 114, 115, 118, 175, 200, 225, 260, 321, 355, 369, 372, 396, 403, 416, 418, 435, 465, 469, 472, 498, 534, 553, 578, 593, 631, 633, 640, 700
männlich · 65, 160, 291, 324, 349, 359, 433, 490, 587, 631, 640
Mannschaft · 420
Manöver · 554
Mantel · 243, 377
Mantra · 55, 229, 326, 420, 487, 504, 615, 706, 735
Manuskript · 629, 745
Mappe · 91, 93, 180, 235, 385, 397, 403, 405, 472, 736
Märchen · 289
Marconi Union · 579
marginal · 530
Marienvesper (C. Monteverdi) · 106
Marke · 160, 245, 419, 420, 447
markieren · 99, 156, 262, 283, 308, 343, 364, 428, 509, 553, 554, 564, 565
Markt · 50, 90, 131, 149, 181, 245, 299, 305, 317, 461, 511, 651, 732
Marktlücke · 133
marode · 352
Marotten · 204, 328, 449, 577, 691

Maschinen · 637, 678, 687
Maschinengewehr · 649
Maschinenschlosserei · 338
Maske · 605
maskieren · 82
Masochisten · 227, 420, 721
Maß · 76, 136, 152, 153, 168, 218, 273, 344, 491, 537, 606, 658, 675, 738, 739
Masse · 85, 109, 125, 190, 193, 217, 221, 228, 321, 366, 454, 542, 594, 598, 655, 725, 733, 734, 735
Maßeinheit · 106
maßen (an-) · 197
maßgeblich · 411, 602, 741
massieren · 186, 421, 600
mäßig · 178
massiv · 184, 314, 474, 562, 663, 707
maßlos · 251, 570
Maßnahme · 29, 41, 43, 46, 56, 85, 100, 159, 184, 192, 207, 221, 295, 303, 311, 334, 355, 363, 376, 381, 434, 435, 436, 441, 464, 475, 488, 490, 532, 540, 550, 575, 595, 661, 669, 670, 674, 685, 689, 690, 700, 718, 734
Maßstab · 455, 484, 537
Match your energy · 592
Material · 125, 138, 171, 275, 278, 323, 562, 591, 649, 678, 711, 714
Materialauswahl · 152
Materie · 203, 204, 317, 407, 601, 714
Mathematik · 253, 259, 260, 480
Matisse, Henri (1869 – 1954) · 499
Matsch · 159
matschig · 152
Mattheson, Johann (1681 – 1764) · 602
Mauer · Siehe Wand
Maul · 189
Maul (Groß-) · 427, 533
maulen · 212, 229, 258
Maus · 34, 427, 594
maximal · 58, 59, 131, 132, 166, 219, 220, 224, 241, 243, 264, 293, 322, 331, 332, 353, 372, 403, 434, 435, 464, 498, 511, 517, 534, 571, 595, 653, 710
Maximalrechnung · 434, 562, 688
Maxime · 268, 320, 383, 421
Maximum · 243, 264, 282, 401, 434
MAYBEBOB · 438
mb · 667
Mbit/s · 137
mechanisch · 438, 604, 629
meckern · 151, 335, 541, 630, 676
medial · 136, 438
Mediante · 38, 283, 330, 343, 421, 422, 440, 471, 555, 739
Mediation · 423, 742
Mediator · 423
Medien · 221, 367, 368, 717
Medikamente · 43, 298, 423
Medium · 151
medizinisch · 120, 299, 335
Meerschweinchen · 159

Meerschweinchenversammlungsverbot · 515
Meeting · 673
Megaphone · 432
Mehrarbeit · 122, 138
mehrfach · 160, 192, 519, 613, 657
Mehrheit · 132, 284, 340, 557, 579, 650
Mehrheit (schweigende) · 30, 340, 578, 658
mehrstimmig · 41, 71, 73, 74, 110, 112, 166, 179, 181, 182, 185, 200, 236, 262, 277, 304, 310, 329, 411, 418, 438, 439, 457, 469, 484, 502, 529, 535, 553, 610, 613, 631, 633, 641, 643, 653, 683, 695, 700, 711, 737
Mehrwert · 255, 262, 356, 598, 605, 642, 644, 661, 680
Mehrzahl · 63
meinetwegen · 43, 116
Meinung · 30, 33, 46, 50, 68, 70, 84, 97, 100, 148, 161, 163, 174, 175, 187, 189, 196, 224, 238, 245, 250, 251, 252, 258, 309, 316, 335, 338, 340, 373, 386, 409, 411, 412, 415, 424, 425, 426, 427, 441, 458, 468, 478, 484, 493, 515, 517, 522, 523, 540, 571, 572, 582, 586, 590, 592, 622, 624, 626, 630, 631, 636, 645, 659, 662, 673, 678, 684, 696, 702, 710, 718, 734, 740
Meinungsänderung · 149, 175, 193, 341, 380, 424, 468, 589
Meinungsbild · 28, 30, 150, 425, 527, 579, 631
Meinungsfreiheit · 213, 425, 426
Meinungspluralität · 426, 427
meinungsstark · 424
meistens · 36, 41, 49, 52, 54, 55, 63, 68, 76, 82, 89, 90, 95, 96, 105, 106, 116, 118, 124, 128, 131, 132, 135, 136, 144, 152, 153, 163, 165, 167, 172, 178, 186, 188, 189, 191, 194, 196, 197, 199, 201, 206, 212, 213, 219, 226, 227, 237, 239, 248, 251, 253, 265, 274, 281, 282, 283, 292, 305, 316, 317, 325, 327, 329, 330, 331, 333, 334, 335, 339, 342, 349, 356, 357, 361, 366, 371, 378, 381, 389, 392, 393, 399, 406, 413, 415, 428, 429, 435, 436, 441, 448, 462, 463, 469, 479, 481, 488, 491, 498, 509, 511, 515, 527, 538, 540, 541, 545, 547, 551, 576, 586, 587, 591, 592, 593, 594, 595, 596, 612, 615, 617, 621, 622, 625, 628, 630, 631, 633, 636, 641, 644, 647, 663, 673, 679, 682, 689, 690, 706, 707, 711, 713, 718, 723, 733, 734, 746
Meister · 152, 203, 494, 650

meistern · 191, 254, 487, 585, 672, 721
melden · 82, 199, 248, 346, 447, 556, 571, 627, 630, 641, 642, 658, 683
melden (ab-) · 29, 286, 490, 526, 691
melden (an-) · 125, 127, 147, 217, 368, 524, 525, 526
melden (rück-) · 132, 189, 252, 413, 525, 632, 648
melismatisch · 341, 427, 428, 575, 728
Melismen · 610
Melodie · 25, 44, 60, 86, 94, 105, 106, 110, 111, 112, 113, 115, 118, 147, 174, 219, 225, 236, 237, 260, 289, 304, 309, 326, 369, 396, 402, 406, 433, 436, 456, 469, 470, 477, 497, 553, 554, 557, 559, 575, 591, 611, 612, 613, 614, 632, 633, 641, 654, 656, 681, 711, 713, 740, 741
Melodieverlauf · 237, 574, 603, 612, 653, 669
melodische Stimmen · 111
Mendelssohn Bartholdy, Felix (1809 – 1847) · 354, 409, 484, 695
Menge · 80, 200, 240, 299, 359, 382, 386, 397, 429, 449, 499, 552, 585, 713, 725, 727
menscheln · 345, 560
Menschen · 32, 33, 34, 42, 43, 45, 46, 47, 62, 63, 73, 83, 86, 88, 94, 97, 98, 99, 106, 108, 133, 134, 137, 143, 144, 146, 148, 152, 161, 162, 174, 191, 192, 194, 195, 196, 197, 199, 203, 205, 206, 208, 216, 217, 218, 222, 223, 227, 231, 234, 240, 245, 246, 247, 250, 252, 255, 256, 257, 258, 261, 278, 286, 287, 289, 295, 305, 310, 312, 315, 316, 318, 319, 321, 323, 328, 329, 335, 337, 344, 345, 346, 347, 351, 353, 354, 356, 363, 366, 379, 382, 388, 389, 390, 391, 394, 398, 399, 405, 413, 415, 419, 421, 424, 426, 427, 428, 429, 436, 440, 442, 443, 449, 452, 453, 454, 455, 456, 459, 460, 465, 468, 469, 470, 476, 477, 478, 484, 485, 489, 490, 492, 493, 508, 514, 518, 526, 529, 530, 533, 541, 542, 548, 550, 560, 561, 562, 563, 570, 572, 573, 576, 579, 580, 581, 582, 585, 586, 590, 591, 601, 605, 606, 607, 615, 617, 621, 623, 624, 631, 635, 637, 650, 662, 673, 674, 675, 676, 678, 683, 684, 687, 691, 702, 707, 708, 709, 717, 721, 722, 731, 732, 733, 734, 735
Menschen (Mit-) · 459, 470, 684
Menschenansammlung · 315

Menschenführung · 74, 133, 315, 338, 601, 636
Menschenkenntnis · 62, 82
menschlich · 99, 100, 123, 155, 188, 195, 199, 255, 284, 310, 312, 345, 381, 394, 444, 540, 548, 586, 607, 649, 678, 716, 735, 740
menschlichen (ent-) · 255, 312, 317, 492, 586, 717, 740
Menschlichsein · 239, 391, 428, 429, 674
Mensuralnotation · 481
mental · 195, 241, 430
Mentales Üben · 430, 446
Mentalität · 582, 691
Menthol · 298
Merkblatt · 58, 372
Merke: · 39, 56, 100, 126, 131, 169, 190, 192, 203, 212, 225, 238, 255, 272, 310, 316, 338, 339, 346, 351, 360, 364, 378, 379, 385, 400, 413, 504, 520, 539, 553, 562, 565, 575, 595, 622, 655, 713, 714
merken · 30, 35, 36, 45, 49, 51, 68, 77, 96, 122, 124, 130, 145, 149, 158, 179, 181, 187, 189, 198, 199, 220, 221, 229, 239, 244, 262, 266, 288, 307, 316, 327, 344, 351, 369, 370, 374, 376, 378, 381, 396, 413, 425, 428, 436, 440, 442, 454, 475, 506, 512, 525, 526, 529, 537, 541, 543, 544, 552, 558, 562, 580, 596, 602, 610, 615, 621, 630, 640, 648, 651, 671, 672, 675, 676, 682, 685, 689, 691, 705, 709, 723
Merkmal · 71, 223, 353, 533, 638
Merksätze · 702
merkwürdig · 100, 252, 286, 311, 349, 355, 458, 577
Messa di voce · 140, 431, 494
Messe · 128, 147, 236, 264, 457, 462, 527, 613, 619, 639, 740
Messe de Nostre Dame (G.d. Machaut) · 457
messen · 173, 265, 537, 678, 714
Messer · 191, 533
Metadaten · 340
Metall · 151, 380
Meter · 59, 102, 103, 198, 216, 230, 293, 294, 348, 366, 373, 374, 380, 491, 714
Methodik · 26, 41, 42, 47, 49, 52, 54, 58, 63, 67, 70, 71, 74, 99, 102, 115, 119, 120, 149, 182, 187, 194, 199, 226, 230, 239, 250, 266, 272, 278, 284, 285, 297, 332, 333, 348, 360, 370, 378, 381, 382, 387, 403, 425, 431, 449, 453, 465, 471, 488, 490, 518, 519, 532, 545, 546, 547, 553, 570, 588, 589, 593, 647, 657, 661, 665, 666, 668, 670, 672, 675, 678, 693, 720, 728, 735

Metronom · 51, 274, 275, 301, 302, 307, 352, 358, 438, 486, 592, 619, 628, 629, 664, 665, 668
Metrum · 55, 480, 481, 564, 628
Meute · 258
mezzo · 164, 432, 652, 741
Michelangelo di Lodovico Buonaroti Simoni (1475 – 1564) · 432
midi · 663, 667, 711
midicoral.com · 711
midi-Klänge · 663
Miene · 632
Mieskuoro Huutajat · 432
Miete · 49, 69, 116, 222, 240, 244, 304, 360, 372, 581, 677
Migranten · 492
Mikroexpression · 62, 327, 404
Mikrofon · 48, 85, 136, 137, 152, 198, 293, 294, 348, 355, 433, 434, 435, 488, 596, 648, 650, 688
Mikrofonständer · 293, 294, 433
Mikromuskelkontraktionen · 430
Mikrotonalität · 253
Milch · 245, 479, 635
Milchmädchenrechnung · 116
milde · 83, 172
Milieu · 678
militärisch · 147, 322
Millimeter · 345
Million · 579, 590, 724
Mimik · 79, 495
Minderheit · 28, 226, 722
mindern · 154, 495, 638
minderwertig · 527
mindestens · 32, 43, 65, 66, 69, 72, 74, 93, 102, 116, 120, 127, 131, 134, 137, 144, 146, 148, 153, 171, 181, 183, 189, 216, 217, 222, 224, 229, 237, 240, 241, 242, 243, 268, 279, 282, 289, 290, 305, 311, 316, 323, 350, 352, 354, 355, 357, 358, 360, 361, 363, 372, 379, 383, 407, 425, 474, 479, 486, 488, 495, 506, 508, 514, 515, 516, 517, 519, 520, 523, 524, 531, 532, 534, 544, 548, 557, 559, 587, 595, 608, 630, 638, 671, 678, 684, 698, 708, 716, 719, 727
Minichor · 591
minima · 480
minimal · 152, 314, 388, 499, 589, 737
Minimalrechnung · 434, 562, 688
Minimum · 36, 81, 117, 152, 158, 171, 186, 243, 245, 301, 302, 321, 430, 434, 553, 589, 606, 615, 634, 695, 705
Miniversion · 663
Minor · 259
Minute · 41, 58, 59, 60, 65, 71, 72, 75, 83, 100, 101, 120, 121, 123, 125, 126, 127, 131, 151, 185, 189, 201, 203, 228, 240, 242, 262, 264, 271, 272, 273,

280, 285, 291, 294, 313, 322, 327, 332, 349, 351, 353, 357, 358, 360, 361, 363, 378, 396, 417, 433, 438, 473, 478, 479, 488, 497, 501, 502, 504, 506, 508, 509, 513, 514, 517, 519, 531, 532, 562, 583, 610, 623, 628, 666, 674, 683, 691, 699, 718, 727, 728
mischen · 71, 230, 335
mischen (ein-) · 154, 319, 333
Mischpult · 146, 435, 687, 688
Mischung · 25, 70, 75, 111, 112, 113, 115, 148, 173, 184, 188, 222, 230, 231, 236, 293, 294, 352, 355, 357, 366, 367, 369, 378, 380, 395, 414, 435, 436, 440, 445, 471, 474, 484, 521, 527, 534, 557, 581, 597, 631, 632, 633, 649, 664, 690, 694
Misere · 685
Misophonie · 250, 436
Missbrauch · 172, 232, 324, 346, 529, 537, 580, 686
missbrauchen · 707
Missgunst · 595
misslungen · 190, 684
Missstand · 200, 582, 583, 708
Misstrauen · 61, 129, 230, 252, 383, 436, 605
Mist · 26, 45, 51, 145, 205, 306, 315, 348, 358, 369, 374, 426, 486, 562, 636, 677
Mitarbeiter · 124, 143, 208, 215, 251, 286, 287, 423, 523, 533
mitbekommen · 70, 71, 173, 179, 204, 328, 350, 354, 355, 521, 586, 673
mitbringen · 595, 727
Mitbringliste · 511
miteinander · 55, 113, 135, 148, 159, 195, 333, 476, 485, 535, 546, 548, 555, 592, 746
Miteinander · 32, 176, 378, 548, 709, 716
Mitglied · 716
Mitglieder · 28, 39, 45, 68, 84, 98, 116, 117, 124, 125, 128, 134, 138, 153, 162, 174, 190, 240, 242, 248, 251, 283, 317, 319, 324, 326, 345, 346, 367, 394, 415, 430, 432, 434, 442, 458, 470, 476, 479, 522, 528, 541, 548, 558, 585, 594, 622, 627, 637, 638, 672, 678, 689, 699, 734
Mitgliedsbeitrag · Siehe Chorbeitrag (finanz.)
Mitgliedschaft · 117, 134, 208
mithalten · 71, 444
mitklopfen · 332
mitkommen · 591
Mitleid · 42, 297, 308, 584, 722, 742
Mitmachaktion · 368, 437
mitmachen · 70, 195, 204, 227, 234, 306, 397, 430,

437, 468, 487, 527, 557, 571, 591, 656, 715
mitnehmen · 64, 74, 75, 88, 130, 176, 193, 219, 220, 320, 388, 469, 521, 543, 582, 659, 688, 735
Mitsänger · 25, 39, 288, 347, 469, 529, 555, 617, 707
mitschleifen · 32, 577
Mitspracherecht · 699
Mitstreiter · 625
Mittagessen · 65
Mitte · 41, 118, 126, 149, 185, 197, 206, 231, 277, 294, 351, 362, 396, 403, 437, 445, 472, 501, 507, 508, 567, 571, 638, 648, 695, 736
Mitteilung · 365
Mittel · 29, 42, 120, 194, 207, 246, 248, 285, 292, 298, 299, 423, 438, 451, 524, 538, 547, 625, 672, 721, 722
Mittelalter · 105, 259
mittelbar · 206, 326, 438, 439, 463, 709
Mittelgang · 41
Mittellage · 45, 112, 258, 291, 297, 323, 543, 614, 696, 697
Mittelmaß · 52, 208, 333
Mittelmeer · 492, 586
mittelprächtig · 106, 190, 439, 544, 646
Mittelstimmen · 110, 497, 559, 613
mitteltönig · 106, 439, 440, 544, 622, 645, 646
Mittelweg · 42, 64, 162, 426, 631, 700
Mittelwert · 630
mitten (in) · 51, 72, 206, 216, 369
mittendrin · 547
Mitte-Seite (Tonaufnahme) · 351, 648, 650
mittler... · 67, 133, 354, 441, 490, 697, 727, 739
Mitwirkung · 198, 202, 363, 692, 702
Mobbing · 239, 427
Möchtegern · 486, 594, 623
Modalitäten · 472, 684
Modeerscheinung · 216
Modell · 468, 691, 693
modeln · 531
Moder · 498
moderat · 361
moderieren (Diskussion) · 148, 153, 540
moderieren (Konzert) · 46, 47, 69, 159, 263, 348, 353, 358, 363, 433, 517, 520
modern · 85, 90, 98, 143, 205, 221, 250, 253, 410, 461, 480, 481, 500, 520, 590, 598, 599, 600, 608, 627, 656
modern (post-) · 477
modernisieren · 660
Modifikation · 686
Modulation · 644
Modus · 51, 54, 162, 278, 408
Modus Vetus/ Novus (L. Edlund) · 408
Möge die Straße (M. Pytlik) · 713

mögen · 38, 62, 77, 148, 206, 231, 257, 316, 332, 375, 474, 515, 547, 554
möglich · 28, 33, 36, 44, 47, 50, 54, 56, 66, 72, 76, 85, 86, 93, 106, 107, 108, 119, 122, 129, 136, 150, 153, 161, 163, 165, 171, 181, 201, 202, 209, 215, 222, 239, 240, 242, 243, 244, 245, 247, 264, 272, 281, 290, 293, 297, 307, 312, 313, 319, 326, 327, 332, 334, 348, 356, 361, 366, 372, 373, 404, 425, 426, 429, 434, 435, 438, 442, 452, 454, 465, 470, 472, 475, 478, 484, 486, 492, 496, 499, 502, 513, 518, 520, 522, 525, 534, 545, 548, 549, 555, 569, 580, 586, 588, 591, 596, 608, 615, 629, 632, 636, 638, 648, 656, 667, 670, 674, 677, 688, 689, 701, 706, 708, 711, 728, 737
möglicherweise · 131, 312
Möglichkeit · 97, 150, 463, 606, 617, 719, 720
Möglichkeiten · 30, 49, 50, 59, 69, 71, 72, 77, 79, 80, 85, 86, 91, 97, 112, 115, 117, 134, 136, 143, 172, 173, 177, 180, 184, 188, 189, 190, 199, 208, 213, 235, 239, 242, 244, 263, 265, 272, 285, 304, 305, 306, 317, 333, 343, 354, 359, 361, 366, 367, 372, 378, 380, 390, 391, 416, 420, 429, 435, 437, 451, 463, 472, 483, 484, 499, 501, 502, 545, 547, 562, 572, 573, 582, 606, 617, 638, 641, 654, 659, 670, 675, 685, 688, 718, 720, 728, 741
Möglichkeiten (Sitz-) · 59
möglichst · 58, 59, 70, 96, 114, 121, 176, 186, 230, 236, 238, 355, 362, 367, 375, 384, 392, 393, 447, 470, 477, 498, 511, 518, 526, 558, 560, 574, 586, 610, 639, 646, 664, 689, 690, 693
Molekül · 151
moll · 30, 96, 107, 128, 181, 320, 398, 408, 647, 679, 702, 713
mollig · 325
Moment · 29, 30, 33, 36, 39, 55, 83, 99, 100, 119, 126, 137, 140, 150, 175, 193, 201, 202, 211, 218, 220, 223, 231, 239, 252, 254, 260, 274, 286, 313, 318, 328, 349, 350, 352, 369, 371, 377, 382, 388, 391, 392, 393, 394, 413, 438, 446, 459, 465, 478, 485, 493, 509, 531, 532, 540, 549, 574, 583, 601, 602, 612, 625, 626, 636, 637, 646, 649, 661, 662, 668, 674, 679, 686, 718, 729
momentan · 211, 223, 285, 323, 592, 625, 723

Monat · 42, 49, 64, 94, 97, 116, 117, 124, 125, 127, 129, 138, 178, 207, 235, 240, 241, 243, 244, 245, 246, 268, 286, 311, 326, 328, 358, 425, 473, 506, 578, 597, 630, 688, 689
monatlich · 123, 125, 126, 241
Mönche · 628
Mondegreen · 342, 441
Mondscheinsonate Op. 27,1 (L.v. Beethoven) · 629
monieren · 306
Monitor · Siehe Lautsprecher
mono (Mikrofon) · 198
monogam · 253
Monopol · 84, 226, 447
monoton · 348, 441, 574
Montag · 513
Montessori, Maria (1870 – 1952) · 219
Monteverdi, Claudio (1567 – 1643) · 106
Montgomery Ward · 551
Moral · 125, 235, 248, 269, 381, 556, 571
Mörder · 80
morgen · 593, 637, 671
Morphem · 651
Mortari, Virgilio · 410
Moschee · 716
Moslem · 92
Motette · 236, 612
Motivation · 64, 77, 100, 101, 102, 133, 207, 208, 230, 231, 249, 252, 254, 255, 272, 292, 295, 366, 402, 428, 441, 442, 512, 534, 544, 548, 587, 598, 638, 650, 671, 728, 730, 733
Motivationsebene · 241
Motivationsschub · 435
Motivationstrainer · 483
Motive · 122, 195, 250, 255, 292, 378, 423, 470, 562, 701, 708
Motor · 325, 490
Motte, Diether de la · 407
Motto · 705
Mozart, Wolfgang Amadeus (1756 - 1791) · 335, 408, 477, 494, 628, 635, 711
MP3 · 555, 665, 666, 669, 739
MRT-Aufnahmen · 53
Mücken · 498
müde · 42, 75, 100, 234, 344, 387, 417, 421, 478, 508, 512, 570
muffeln (an-) · 197
Mugge · 80, 304, 473, 528
Muh · 205, 250, 254, 386, 443, 444, 500, 599, 603, 634
Mühe · 129, 301, 363, 420, 460, 520, 550, 555, 556, 584, 629, 634, 668, 710
mühen (be-) · 124, 310, 437, 454, 494, 635, 659
mühsam · 115, 180, 430, 499, 503
Müll · 499
Mülleimer · 741
multiplizieren · 259
Mund · 26, 40, 42, 48, 52, 60, 61, 75, 82, 157, 158, 163, 183, 186, 212, 290,

297, 298, 309, 313, 322, 323, 347, 348, 361, 367, 389, 399, 416, 417, 433, 439, 443, 444, 445, 454, 494, 546, 567, 589, 599, 600, 602, 614, 615, 622, 632, 633, 634, 657, 659, 694, 696, 697, 698, 712, 735, 737
Mundbewegungen · 137, 433, 604
Mundgeruch · 672
mündlich · 129, 240, 289, 572, 573
Mundraum · 31, 297, 388, 604, 634
Mundstellung · 42, 75, 150, 151, 229, 230, 237, 281, 291, 310, 313, 323, 347, 388, 389, 395, 424, 443, 445, 471, 546, 626, 632, 694, 696, 719, 735
Mundwinkel · 388
Mund-zu-Mund · 367
munter · 424, 537, 629
Münze · 138
murmelig · 603
murren · 284, 512
Musescore (Software) · 663, 665
Museum of Modern Art · 499
Musical · 527
musikalisch · 25, 26, 48, 60, 61, 94, 98, 105, 106, 123, 124, 147, 148, 191, 215, 236, 259, 268, 283, 284, 285, 286, 290, 301, 302, 326, 327, 330, 331, 345, 400, 407, 411, 428, 456, 473, 474, 477, 529, 531, 535, 570, 571, 572, 591, 594, 601, 603, 611, 629, 656, 663, 669, 685, 687, 730, 740
Musikalische Akustik – Ein Handbuch (D.E. Hall) · 407
Musikalisches GelegenheitsGeschäft · 80, 304, 528
Musikalität · 219, 369, 427, 592
Musikbetrieb · 391
Musikgattung · 695
Musikpiraten · 677
Musikschule · 130, 304, 305, 474
Musiktheorie · 205, 324, 329, 407, 689
Musiktheorie für Dummies · 407
musizieren · 79, 116, 128, 133, 253, 301, 302, 350, 404, 408, 435, 440, 478, 620, 646, 669, 679, 705
Muskel · 31, 40, 83, 148, 181, 185, 186, 187, 216, 314, 317, 329, 334, 335, 415, 430, 445, 446, 529, 544, 606, 690, 719, 735, 741
Muskelgedächtnis · 445, 446, 460, 503, 529, 544, 555
Muskelkontraktion · 430
Muskel-Sehnen-Platte · 741
Muskeltraining · 446, 452, 460, 529, 555
müßig · 42, 425

Muster · 94, 204, 213, 234, 278, 301, 373, 447
muten (an-) · 110, 419, 653
mutieren · 478
mutig · 162, 291, 374, 478, 493, 686, 710, 733, 741
mutigt (ent-) · 102, 135, 571
Muzak · 447, 448, 678
mxl · 663, 667
Mystik · 36, 176, 259, 449, 485, 620, 644

N

nacharbeiten · 48, 121, 286
Nachbar · 25, 48, 52, 105, 116, 118, 119, 134, 135, 149, 159, 183, 218, 228, 230, 243, 250, 278, 295, 297, 321, 371, 378, 404, 428, 435, 498, 500, 524, 529, 562, 578, 583, 598, 610, 632, 633, 677, 684, 707, 716, 730
Nachbearbeitung · 649
nachdem · 28, 65, 68, 73, 97, 161, 171, 224, 263, 301, 325, 388, 415, 429, 437, 442, 509, 512, 522, 533, 551, 562, 575, 641, 653, 670, 703, 740
nachdenken · 44, 69, 98, 184, 190, 199, 200, 212, 213, 218, 224, 229, 242, 273, 295, 322, 350, 366, 381, 392, 393, 428, 454, 500, 515, 540, 552, 563, 570, 684, 701, 706, 713, 719, 728
Nachdruck · 705
nacheinander · 106, 422, 441, 517, 575, 613, 637
Nachfolger · 380, 383, 660
nachgeben · 559
nachgehen · 87, 345, 346, 528, 562, 700
nachhaltig · 25, 32, 89, 121, 131, 187, 188, 229, 233, 323, 334, 339, 347, 380, 392, 405, 413, 541, 574, 575, 666, 668, 671
Nachhinein · 260, 507, 573, 587
nachholen · 49, 122
Nachlass · 560, 659
nachlassen · 64, 233, 512
Nachmittag · 27, 120, 121, 188, 475, 508, 511, 512, 607, 650
nachrangig · 241
Nachrichten · 43, 159, 172, 174, 178, 261, 412, 496, 515, 516, 593, 614, 627, 691, 692
Nachschlagewerk · 161, 408, 410
nächst... · 28, 42, 51, 62, 64, 92, 94, 129, 131, 144, 152, 195, 200, 207, 215, 221, 225, 226, 238, 244, 246, 247, 248, 256, 257, 266, 281, 288, 291, 307, 314, 322, 326, 327, 344, 358, 368, 369, 370, 371, 393, 400, 441, 444, 447, 453, 470, 488, 494, 501, 504, 507, 508, 509, 513,

781

517, 522, 523, 525, 540, 545, 561, 571, 572, 573, 577, 580, 583, 598, 627, 638, 639, 641, 656, 657, 661, 673, 674, 691, 697, 722, 723, 727, 728, 745
Nächstenliebe · 716
Nacht · 31, 46, 211, 550, 623
Nachteil · 135, 163, 172, 245, 258, 431, 439, 499, 545, 591, 717, 736
nachtragend · 416
nachträglich · 340, 628
nachvollziehen · 175, 203, 382, 458, 505, 621, 623
nachweisen · 76, 80, 118, 129, 156, 211, 259, 311, 321, 322, 424, 440, 476, 496, 526, 573, 579, 587, 629
Nachwelt · 223, 711
Nachwuchs · 187, 324
Nacken · 43, 361
nackig · 446, 452, 689
Nackiger Sänger · 70, 146, 205, 446, 452, 476, 689
nackt · 73, 243, 439, 453, 507, 561
nagen · 623
nahbar · 223
nahe · 54, 71, 87, 107, 110, 131, 133, 134, 154, 166, 176, 203, 246, 252, 255, 268, 295, 328, 377, 398, 405, 433, 440, 448, 457, 486, 488, 574, 580, 587, 607, 624, 648, 659, 695, 696, 734
nahebringen · 250, 348, 405, 410, 558
nahekommen · 587, 645
nähen · 195, 659
näherbringen · 89
näherkommen · 686
Näherungswerte · 66
nahezu · 172, 198, 394, 688, 714
nähren · 83, 86, 196
Nahverkehrsbedingungen · 130, 354
Name · 27, 107, 123, 161, 172, 186, 188, 194, 213, 236, 372, 390, 419, 435, 437, 447, 453, 454, 456, 490, 510, 524, 525, 526, 539, 546, 597, 605, 637, 639, 640, 641, 659, 660, 663, 706, 722, 736, 745
Namensnennung · 520
Namensschild · 453, 454, 472, 527
Narrativ · 698
Narzissten · 375
nasal · 297, 649
Nase · 262, 297, 298, 382, 432, 447, 454, 551, 614, 615, 660, 684
Nasenloch · 54, 454
Nasenspray · 298
Nasenwurzel · 460
nass · 158, 380
Natur · 39, 50, 61, 168, 222, 250, 259, 272, 405, 470, 570, 589, 612, 657, 719
Naturalien · 437
Naturell · 396
naturgegeben · 110
natürlich · 47, 50, 53, 55, 59, 60, 66, 70, 81, 87, 89, 99, 109, 131, 134, 135,

136, 147, 154, 161, 163, 165, 172, 179, 182, 185, 188, 189, 212, 216, 218, 219, 229, 246, 247, 249, 254, 259, 265, 266, 269, 271, 291, 296, 297, 299, 316, 322, 323, 329, 331, 336, 337, 345, 346, 349, 351, 352, 357, 360, 362, 366, 368, 369, 374, 378, 379, 381, 382, 390, 391, 393, 395, 396, 406, 410, 414, 417, 425, 426, 429, 430, 433, 441, 442, 446, 448, 453, 455, 463, 467, 469, 470, 473, 474, 483, 490, 495, 498, 508, 513, 517, 519, 521, 522, 523, 525, 529, 531, 537, 550, 561, 568, 572, 573, 576, 583, 591, 598, 599, 606, 609, 623, 624, 626, 634, 637, 644, 650, 655, 665, 671, 682, 685, 687, 690, 699, 700, 707, 708, 709, 719, 730, 734, 738, 746
Navigationsgerät · 567, 720
Nazis · 425, 426
Neandertaler · 191, 273
neben · 38, 44, 59, 85, 93, 100, 110, 112, 114, 133, 203, 231, 236, 249, 277, 286, 297, 306, 309, 318, 324, 338, 347, 349, 350, 357, 373, 392, 394, 436, 439, 467, 472, 498, 499, 511, 545, 557, 558, 563, 593, 613, 626, 629, 648, 650, 664, 682, 702, 728, 741
nebenberuflich · 51, 95, 700, 710
nebeneinander · 111, 112, 115, 137, 435, 593
Nebenhöhlen · 297
Nebensache · 557, 678
Nebensänger · 70, 288, 373, 445
Nebensatz · 50, 96
Neeley, Adam (*1988) · 712
negativ · 32, 33, 43, 95, 132, 135, 168, 179, 190, 193, 194, 201, 207, 212, 224, 266, 267, 301, 310, 362, 370, 382, 392, 436, 442, 444, 454, 460, 483, 489, 496, 541, 560, 572, 586, 590, 591, 622, 623, 636, 654, 659, 661, 683, 684, 691, 692, 713, 732, 734
negieren · 113, 323, 465, 495, 572, 635
nehmen · 27, 28, 29, 32, 35, 40, 42, 43, 59, 64, 69, 70, 84, 94, 124, 128, 131, 132, 156, 179, 184, 190, 193, 196, 212, 220, 224, 229, 235, 238, 246, 250, 256, 285, 296, 314, 322, 332, 335, 336, 339, 367, 377, 396, 406, 432, 435, 444, 455, 483, 488, 494, 499, 507, 522, 525, 531, 540, 541, 556, 561, 572, 573, 577, 589, 608, 611, 619, 623, 624, 625, 633, 634, 637, 654, 659, 670, 690, 693, 699, 702, 723
nehmen (ab-) · 430, 441

nehmen (an-) · 46, 84, 106, 167, 169, 207, 211, 224, 226, 227, 256, 268, 269, 272, 309, 341, 346, 352, 371, 380, 398, 404, 474, 485, 512, 515, 553, 563, 572, 582, 598, 601, 615, 623, 624, 661, 670, 671, 678, 692, 698, 707, 721
nehmen (auseinander-) · 504, 574, 615
Neid · 442, 448, 455, 484, 595, 731, 732
neigen (zu) · 33, 85, 220, 253, 424, 448, 459, 475, 580
nein · 30, 51, 82, 122, 217, 227, 427, 428, 562, 579, 584, 655, 675
nennen · 34, 37, 58, 60, 81, 110, 123, 126, 173, 180, 238, 242, 244, 245, 259, 273, 278, 305, 311, 344, 399, 414, 471, 474, 480, 488, 491, 493, 522, 530, 619, 620, 622, 624, 640, 657, 672, 677, 679, 731, 739
nennen (be-) · 125, 127, 205, 267, 279, 326, 369, 370, 414, 462, 490, 529, 597, 635, 666, 720
Nenner · 480
Neocortex · 161, 309, 456
Nerd · 109, 234, 456, 457
Nerv · 342, 412, 465, 742
nerven · 31, 56, 60, 87, 109, 154, 180, 197, 219, 227, 238, 310, 322, 327, 336, 346, 348, 350, 383, 478, 490, 494, 499, 541, 550, 561, 665, 705, 731
Nervensystem · 148, 284
nervös · 47, 62, 201, 489, 562, 579, 599, 643, 662
Nestbeschmutzer · 674
nesteln · 73
Nestroy, Johann (1801 – 1862) · 728
nett · 62, 125, 130, 197, 199, 298, 316, 385, 401, 420, 473, 474, 478, 615, 648
Netz · 203, 255
Netzwerk · 401, 402, 457, 489, 662
Netzwerk (neuronal) · 401, 402, 630
Netzwerke (soziale) · 161, 174, 752
neu · 35, 58, 62, 63, 69, 70, 71, 72, 87, 96, 129, 130, 134, 148, 152, 154, 155, 182, 183, 185, 204, 235, 237, 244, 275, 284, 296, 303, 311, 321, 332, 350, 371, 372, 378, 385, 388, 421, 426, 430, 446, 453, 461, 475, 477, 490, 497, 498, 509, 513, 514, 521, 530, 544, 571, 575, 597, 626, 627, 640, 658, 667, 676, 685, 689, 699, 700, 702, 706, 707, 708, 733
Neubau · 498
Neue Musik · 98, 224, 253, 353, 457, 477, 656
Neuer Chor · 35, 134, 204, 243, 384, 385, 405, 457, 490, 513, 514, 573, 638, 640, 689, 718

Neugierde · 31, 398, 399, 717, 719, 735
Neuigkeiten · 368
Neujahr · 740
neutönend · 200
neutral · 50, 62, 69, 199, 279, 370, 373, 492, 527, 630
New York Times · 677
Newsletter · 368, 458, 479, 525
Nichtstun · 305
nicken · 328, 371, 487
Niedergang · 639
niedergeschlagen · 556
niedrig · 167, 174, 175, 177, 182, 272, 351, 434, 511
niemals · 25, 33, 34, 41, 51, 53, 60, 77, 88, 94, 95, 101, 103, 105, 112, 113, 118, 122, 123, 124, 128, 133, 135, 139, 144, 155, 168, 169, 176, 183, 187, 200, 217, 222, 237, 242, 243, 244, 247, 248, 252, 254, 255, 256, 265, 269, 273, 274, 275, 288, 295, 301, 316,324, 328, 331, 333, 337, 338, 349, 350, 360, 361, 369, 370, 373, 378, 382, 386, 389, 400, 409, 416, 420, 421, 426, 429, 434, 442, 455, 467, 470, 474, 475, 484, 485, 486, 489, 491, 493, 506, 515, 518, 526, 529, 530, 545, 546, 548, 552, 555, 560, 561, 568, 572, 573, 587, 588, 593, 594, 596, 615, 624, 625, 637, 640, 641, 642, 644, 648, 649, 650, 668, 672, 673, 682, 688, 689, 690, 698, 709, 717, 727, 736
niemand · 63, 208, 224, 226, 247, 263, 317, 347, 356, 364, 385, 423, 437, 497, 532, 541, 560, 579, 582, 585, 603, 627, 637, 656, 684, 706
Nieren · 137, 198, 293, 361
niesen · 42, 223, 460
Niesreiz · 460
Niveau · 33, 40, 65, 67, 71, 103, 107, 131, 148, 173, 184, 204, 208, 231, 246, 254, 256, 336, 357, 394, 409, 440, 464, 501, 525, 528, 532, 545, 624, 673, 675, 690, 700, 709, 722, 729, 730
nivellieren · 732
nix · 67, 723
nochmal · 58, 89, 99, 136, 171, 184, 192, 199, 204, 212, 226, 231, 244, 267, 279, 290, 291, 316, 325, 340, 350, 360, 368, 373, 380, 391, 396, 435, 439, 452, 465, 475, 504, 509, 514, 539, 549, 564, 641, 642, 643, 650, 653, 670, 675, 682, 686, 707, 717, 738, 740
NoGo · 405, 486, 521
nölen (an-) · 95
Nonne · 326, 643, 647
Nonne · 97, 619
Nonsens · 196
normal · 28, 32, 34, 35, 44, 45, 48, 58, 61, 90, 91,

782

102, 113, 130, 133, 138, 140, 157, 201, 212, 217, 233, 241, 242, 252, 253, 255, 269, 277, 301, 302, 313, 315, 322, 334, 355, 375, 396, 403, 409, 415, 417, 437, 443, 446, 458, 465, 471, 477, 478, 481, 491, 493, 495, 498, 506, 514, 517, 525, 528, 552, 559, 562, 570, 575, 576, 580, 586, 597, 618, 621, 629, 652, 654, 661, 664, 676, 686, 696, 707, 718, 728
Normalbedingung · 392
normalerweise · 34, 36, 41, 42, 73, 75, 98, 140, 150, 162, 184, 185, 186, 206, 277, 280, 299, 384, 385, 436, 445, 501, 520, 547, 563, 572, 599, 608, 626, 653, 654, 667, 670, 717
Normalfall · 52, 110, 151, 167, 171, 189, 220, 257, 280, 355, 400, 425, 469, 515, 522, 601, 608, 627, 637, 643, 677, 680, 695, 737
Norrington, Roger · 408
Norwegisch · 66
Nostalgie · 405, 446, 460, 656, 689, 709
Not · 90, 652, 657
Notar · 560
Notation · 289, 290, 480, 481
Noten · 35, 37, 41, 47, 48, 49, 55, 58, 59, 61, 64, 69, 72, 73, 74, 76, 91, 99, 102, 105, 112, 116, 118, 125, 139, 143, 144, 148, 154, 157, 164, 165, 166, 175, 179, 189, 190, 206, 208, 209, 214, 226, 227, 232, 235, 236, 237, 241, 248, 260, 262, 266, 272, 279, 283, 284, 289, 296, 304, 308, 313, 314, 323, 327, 328, 331, 370, 371, 380, 384, 385, 386, 391, 392, 394, 396, 397, 398, 404, 406, 430, 431, 436, 438, 439, 441, 447, 461, 462, 463, 464, 469, 472, 473, 480, 481, 482, 487, 497, 502, 513, 523, 524, 529, 533, 534, 540, 544, 545, 546, 550, 555, 556, 563, 579, 581, 584, 589, 596, 601, 608, 611, 614, 618, 620, 626, 628, 633, 638, 640, 641, 647, 657, 663, 667, 674, 676, 677, 678, 679, 680, 681, 682, 699, 703, 707, 711, 712, 727, 729, 736, 740, 741
Notenbild · 566, 567
Notenkauf · 461, 463, 469
Notenkopf · 343
Notenlesen · 138, 277, 406, 464, 700
Notenständer · 47, 72, 74, 99, 114, 206, 272, 314, 323, 403, 446, 449, 463, 464
Notenstecher · 37
Notensystem · 37
Notentext · 44, 178, 236, 277, 603, 679, 739

Notenwart · 84, 144
Notenwert · 215, 301, 480
Notenzeile · 703
Notfall · 100, 278, 359, 404, 583, 600, 608
Notfallplan · 465, 488
notieren · 37, 56, 118, 163, 164, 254, 266, 301, 372, 386, 394, 403, 443, 481, 487, 500, 529, 553, 555, 559, 569, 574, 665, 679, 680
nötig · 40, 53, 54, 65, 70, 101, 102, 163, 166, 192, 236, 237, 243, 244, 246, 247, 255, 274, 289, 291, 297, 298, 314, 328, 334, 341, 348, 350, 353, 354, 368, 375, 376, 394, 417, 434, 465, 470, 478, 505, 509, 513, 518, 520, 541, 566, 576, 584, 618, 649, 669, 675, 676, 688, 699, 709, 710, 737, 741, 745
nötigen · 196, 284, 389, 515
Notizen · 77, 86, 364, 397, 579, 633
notorisch · 584
Notruf · 203, 255
notwendig · 31, 34, 55, 72, 74, 92, 116, 122, 124, 125, 126, 127, 128, 135, 137, 153, 154, 159, 164, 176, 177, 183, 184, 192, 196, 236, 241, 257, 258, 283, 313, 317, 324, 325, 327, 328, 338, 339, 372, 381, 397, 408, 415, 438, 461, 473, 507, 508, 513, 521, 524, 532, 540, 560, 569, 574, 612, 650, 669, 679, 694, 737
Nuancen · 404
nummerieren · 364, 523
nuscheln · 147, 237, 343, 567, 739
nutzen · 31, 32, 40, 45, 51, 53, 56, 58, 74, 80, 81, 83, 85, 90, 91, 96, 102, 119, 125, 132, 134, 136, 147, 149, 154, 156, 159, 160, 167, 170, 172, 173, 177, 182, 185, 189, 191, 197, 205, 212, 215, 216, 217, 218, 219, 221, 228, 231, 236, 245, 246, 247, 248, 250, 252, 254, 256, 258, 259, 267, 277, 281, 283, 288, 292, 298, 302, 303, 308, 315, 316, 317, 328, 329, 331, 337, 338, 339, 342, 346, 351, 353, 359, 363, 364, 366, 367, 368, 372, 377, 378, 381, 382, 385, 390, 393, 394, 396, 397, 402, 403, 404, 406, 409, 410, 415, 433, 445, 446, 453, 457, 463, 464, 475, 479, 491, 493, 506, 508, 512, 524, 526, 528, 538, 539, 542, 553, 561, 570, 576, 579, 581, 582, 593, 597, 605, 607, 619, 624, 626, 631, 636, 640, 644, 646, 648, 650, 661, 662, 663, 664, 665, 666, 672, 674, 678, 679, 680, 688, 690, 696, 699, 707, 710, 711, 720, 724, 728, 735, 737, 741, 746

nutzen (aus-) · 29, 51, 173, 174, 186, 238, 240, 243, 284, 339, 416, 428, 492
Nutzer · 172, 593, 662
nützlich · 31, 180, 543
nutzlos · 77, 132, 149, 274, 362, 388, 409, 504, 620, 669, 735

O

O Heiland, reiß die Himmel auf (J. Brahms) · 612
oben · 27, 31, 34, 82, 85, 90, 128, 152, 167, 168, 169, 174, 186, 209, 213, 225, 233, 239, 265, 267, 273, 274, 298, 310, 311, 313, 314, 323, 354, 401, 402, 417, 434, 443, 470, 482, 488, 491, 504, 522, 525, 542, 543, 544, 546, 553, 559, 563, 576, 577, 594, 624, 631, 640, 641, 643, 652, 654, 657, 671, 697, 698, 700, 707, 736, 737
Oberfläche · 151, 152, 495
oberflächlich · 131, 501, 519
oberhalb · 370
Oberhand · 273
Oberkörper · 32, 140, 167, 168, 169, 186, 275, 433, 491, 601, 606, 721
Oberteil · 53, 90, 373
Oberthema · 197, 515
Oberton · 38, 89, 106, 291, 322, 323, 347, 388, 445, 467, 474, 595, 607, 694, 697, 707, 738
objektiv · 256
Objektivität · 95, 159, 221, 222, 265, 287, 310, 389, 390, 415, 475, 484, 508, 545, 557, 598, 720
obligatorisch · 442
Oboe · 305
Obsessionen · 458
obskur · 617
Obsoleszenz (geplante) · 157
OBS-Studio · 137
obwohl · 28, 42, 53, 56, 88, 120, 149, 162, 218, 225, 247, 248, 289, 296, 301, 319, 322, 337, 358, 399, 413, 416, 422, 436, 446, 499, 503, 516, 523, 530, 561, 579, 599, 649, 653, 659, 679, 683, 691, 723, 729, 737, 738, 741
Ofenrohre · 432
offen · 28, 29, 40, 42, 52, 53, 61, 68, 73, 80, 92, 100, 102, 117, 130, 146, 163, 169, 171, 172, 180, 186, 196, 219, 224, 229, 235, 238, 243, 247, 254, 257, 267, 273, 274, 281, 285, 291, 297, 320, 322, 323, 340, 359, 366, 377, 382, 387, 388, 417, 432, 443, 448, 451, 469, 470, 492, 494, 507, 521, 524, 527, 533, 538, 561, 568, 571, 578, 582, 587, 589, 594, 595, 598, 599, 615, 625, 632, 633, 635, 640,

642, 643, 657, 659, 660, 661, 686, 689, 693, 694, 695, 696, 697, 698, 712, 715, 716, 717, 727, 732, 736
Offenbarung · 55, 73, 411, 470, 675, 691, 692
Offenheit · 273, 468, 470, 492
offenlegen · 117, 425, 449, 660
offensichtlich · 55, 239, 465, 665
offensiv · 108, 470
öffentlich · 28, 30, 34, 43, 49, 50, 68, 84, 90, 100, 108, 109, 121, 124, 127, 149, 159, 162, 163, 172, 204, 207, 212, 217, 224, 253, 320, 333, 334, 336, 339, 340, 351, 381, 398, 428, 429, 434, 442, 453, 465, 469, 470, 477, 483, 489, 490, 507, 528, 539, 571, 579, 582, 586, 588, 590, 593, 599, 637, 656, 660, 673, 710, 716, 731, 734
Öffentlichkeit · 123, 224, 349, 397, 524, 638, 732
offiziell · 32, 183, 219, 266, 292, 311, 349, 360, 392, 472, 590, 677, 699, 706
offline · 172, 364, 375
öffnen · 114, 158, 309, 444, 445, 498, 632, 634
Öffnungsstrategie · 366
oft · 29, 38, 46, 63, 145, 153, 174, 178, 179, 180, 188, 189, 205, 212, 228, 252, 271, 301, 304, 307, 311, 317, 329, 330, 332, 335, 343, 364, 387, 396, 427, 442, 447, 453, 533, 541, 543, 578, 635, 657, 709, 711, 728, 738
Oh du fröhliche · 655
ohnmächtig · 324
Ohr · 40, 73, 110, 115, 134, 146, 151, 152, 158, 173, 194, 198, 279, 293, 295, 315, 342, 378, 399, 430, 445, 471, 564, 591, 594, 600, 604, 605, 648, 660, 692, 693
Ohrenfinger · 471, 619, 620, 728
Ohrenöffner · 556, 738
Ohrfeige · 274
Ohrfeigen · 180
Ohrringe · 53, 374
okkupieren · 241, 590
Oktave · 38, 44, 51, 96, 106, 164, 190, 209, 221, 289, 291, 343, 490, 502, 503, 606, 609, 631, 640, 641, 643, 644, 645, 657, 711, 714, 737, 739
okular · 189
Öl · 298
Old School · 579
oldmusicproject.com · 711
Ole · 471, 568
Olivenöl · 342
Olympiade · 271, 519
Oma · 178, 202, 203, 732
On-Boarding · 87, 296, 344, 472, 571
Onedrive · 667
Onkel · 732

783

online · 137, 138, 211, 375, 394, 464, 490, 520, 629, 678, 679, 711
Onlinedruckerei · 364, 693
Onlineshop · 712
OpenAir · 152, 158, 216, 371, 472, 473, 487, 498, 499, 677
Oper · 132, 201, 335, 389, 445, 522, 594, 600
Opfer · 255, 398, 537, 561, 658, 740, 746
Opposition · 28, 29, 174, 258, 340
optimieren · 45, 87, 145, 206, 214, 354, 406, 473, 539, 583, 661, 678
Option · 116, 273, 481, 514, 700
Orang-Utan · 636
Oratorium · 25, 59, 66, 98, 116, 236, 292, 353, 389, 400, 490, 514, 527, 581, 740
Orchester · 25, 26, 37, 59, 79, 80, 86, 87, 92, 110, 111, 114, 115, 116, 128, 138, 147, 151, 169, 175, 207, 230, 235, 236, 240, 241, 304, 305, 306, 320, 349, 350, 376, 391, 396, 404, 405, 410, 434, 435, 445, 464, 473, 474, 513, 524, 573, 601, 607, 608, 619, 620, 643, 656, 677, 686, 734
Orchesterarbeit · 245, 467, 473, 595
Orchestergraben · 445
Orchesterleiter · 169, 175, 218, 328, 352, 404, 409, 474, 601, 619
Orchestermusiker · 189, 241, 304, 305, 486, 521
ordentlich · 29, 35, 50, 67, 72, 90, 125, 168, 204, 264, 293, 305, 307, 320, 324, 371, 393, 472, 497, 560, 562, 579, 580, 584, 620, 653, 662, 666, 705
ordentlich (außer-) · 71, 126, 127, 129, 178
ordnen · 58, 112, 135, 193, 205, 228, 238, 254, 259, 334, 343, 359, 367, 475, 481, 540, 552, 560, 586, 621, 622, 637, 723, 730
ordnen (ein-) · 101, 205, 266, 293, 468, 582, 614, 720
Ordner · 52, 328, 372, 397, 462, 522, 523, 667, 727
Ordnung · 60, 556
Ordnungsruf · 336, 347
Organ · 336
Organisation · 39, 57, 74, 88, 90, 91, 98, 108, 120, 133, 135, 138, 145, 185, 230, 231, 242, 286, 323, 337, 344, 357, 359, 360, 393, 420, 425, 473, 475, 477, 533, 572, 583, 592, 636, 661, 669, 673, 674, 700, 715, 717, 728
Organisationsgeschick · 94
Organisationsstruktur · 84, 390
organisch · 188, 371
organisieren · 58, 84, 103, 108, 134, 143, 145, 185, 214, 232, 251, 337, 358, 359, 390, 393, 420, 441, 462, 475, 478, 479, 511, 524, 532, 563, 568, 617, 627, 637, 638, 662, 669, 670, 674, 706
organisierend (selbst-) · 473, 582, 583
Organismus · 551
Orga-Probleme · 459
Orgel · 37, 92, 147, 155, 262, 263, 264, 265, 304, 306, 320, 325, 332, 372, 439, 486, 490, 517, 591
Orgelvorspiel · 662
orientieren · 415, 567
orientiert · 33, 103, 117, 156, 188, 215, 237, 292, 318, 381, 384, 457, 486, 559
original · 120, 166, 189, 248, 291, 370, 380, 407, 446, 460, 469, 498, 544, 574, 614, 664, 665, 676, 698
Ort · 58, 69, 118, 121, 124, 127, 128, 129, 213, 356, 360, 363, 364, 469, 487, 498, 509, 510, 511, 514, 524, 539, 543, 588, 608, 646, 648, 663, 701
orten · 158
örtlich · 367, 368, 393, 397, 528
Ortssuche · 498
Ortswechsel · 499, 511
Ostern · 32, 393, 510, 516, 575, 576, 656, 657
outen · 579, 593
Outfit · 53, 374
outsourcen · 610
Ouvertüre · 646
overhead · 355
Oxytozin · 118, 146, 476, 670
Ozonloch · 261

P

paar · 41, 47, 62, 85, 102, 105, 107, 111, 113, 122, 137, 138, 146, 176, 178, 180, 183, 217, 219, 224, 232, 236, 239, 266, 271, 275, 282, 284, 291, 298, 309, 313, 322, 324, 325, 326, 328, 333, 346, 350, 351, 353, 360, 362, 363, 364, 373, 374, 387, 397, 400, 425, 432, 452, 472, 476, 478, 492, 494, 499, 503, 508, 513, 522, 531, 545, 552, 557, 558, 562, 579, 613, 658, 662, 678, 683, 685, 687, 691, 699
paaren · 85, 98, 327, 339, 521, 527, 595, 636, 662, 715
Pacioli, Luca (1445 – 1514) · 259
Package · 87, 296, 472, 571
Packung · 515
Pädagogik · 26, 34, 94, 119, 131, 149, 175, 182, 202, 228, 293, 294, 295, 305, 308, 324, 347, 391, 407, 408, 435, 456, 530, 556, 592, 636, 660, 675, 695, 720, 722, 739, 740
Pailletten · 257
Panik · 54, 321
Panorama · 664
Papagei · 534
Papier · 30, 52, 86, 90, 157, 247, 328, 364, 397, 550, 579, 585
Paradebeispiel · 675
paradox · 27, 28, 29, 88, 138, 156, 163, 251, 283, 310, 319, 340, 362, 376, 394, 400, 463, 470, 488, 502, 504, 541, 587, 588, 713
parallel · 81, 302, 526, 695, 702
Parameter · 199, 245, 592
paranoid · 61, 194, 292, 436
parat · 192, 405, 501, 700, 740
parat haben · 100, 102, 181, 266, 385, 501, 556, 693
parieren · 584
Paris · 201
parken · 274
Parodie · 105, 477, 678
Paroli · 586
pars pro toto · 33, 234, 457, 684, 690
Part · 100, 161, 273, 656, 695
Partei · 127, 129, 156, 423, 590, 595, 715, 716
Partialton · Siehe Oberton
partiell · 599
Partitur · 37, 48, 72, 108, 121, 153, 189, 236, 271, 278, 279, 280, 307, 323, 350, 371, 396, 409, 457, 462, 500, 505, 517, 524, 529, 553, 560, 563, 581, 626, 647, 664, 720
Partiturleser · 679
Partizipation · 437
partizipieren · 375, 437
Partner (Ansprech-) · 39, 44, 93, 130, 134, 145, 296, 346, 360, 372, 383, 472, 543, 677, 693
Partner (Gesprächs-) · 32, 43, 156, 308, 340, 626, 671, 676, 737
partout · 102, 488, 614
Party · 396, 507
Passage · 51, 165, 217, 271, 277, 332
Passant · 216, 363, 385, 432
passen · 29, 41, 70, 85, 90, 94, 95, 112, 115, 174, 198, 199, 201, 212, 219, 224, 234, 240, 254, 258, 292, 307, 311, 314, 346, 348, 350, 357, 360, 382, 396, 403, 419, 426, 432, 437, 458, 491, 515, 516, 522, 527, 537, 538, 556, 570, 592, 606, 683, 685, 689, 702, 709, 710, 716, 737, 740
passen (an-) · 64, 91, 110, 115, 117, 123, 130, 148, 173, 181, 187, 196, 222, 333, 348, 352, 364, 365, 372, 379, 402, 421, 438, 469, 485, 496, 502, 506, 531, 562, 574, 579, 612, 630, 661, 665, 680, 729, 735, 740
passen (ein-) · 343, 387, 482, 502, 617
passieren · 33, 34, 43, 47, 52, 54, 55, 58, 61, 62, 72, 73, 75, 76, 80, 85, 88, 102, 108, 131, 134, 138, 148, 150, 153, 154, 155, 160, 166, 167, 168, 170, 171, 172, 173, 174, 179, 181, 191, 196, 197, 199, 200, 202, 204, 209, 213, 219, 222, 225, 234, 236, 240, 241, 245, 246, 253, 259, 260, 263, 284, 285, 297, 309, 317, 321, 323, 333, 335, 339, 343, 344, 346, 348, 349, 352, 354, 358, 359, 360, 381, 382, 388, 394, 396, 398, 399, 422, 427, 431, 434, 441, 444, 446, 447, 453, 455, 456, 464, 465, 467, 472, 479, 480, 487, 488, 492, 493, 495, 498, 506, 511, 516, 519, 527, 529, 531, 537, 543, 558, 560, 563, 567, 569, 570, 572, 578, 581, 582, 583, 586, 587, 588, 596, 610, 614, 615, 623, 624, 625, 626, 631, 632, 642, 643, 644, 651, 653, 654, 660, 662, 666, 670, 672, 673, 683, 684, 685, 694, 705, 708, 712, 713, 718, 723, 727, 729, 735, 736
Passion · 28, 66, 80, 116, 236
Passion (Johannes-) (J.S. Bach) · 28, 66, 514
Passion (Markus-) (J.S. Bach) · 514
Passion (Matthäus-) (J.S. Bach) · 305
passiv · 38, 79, 120, 218, 238, 239, 321, 344, 458, 479, 489, 531, 570, 630, 665, 698, 705, 724
Passus · 124, 125, 126, 127, 128, 138, 539
Pastor · 46, 90, 203, 204, 262, 263, 264, 265, 348, 365, 393, 429, 478, 516, 517, 591, 594, 597, 657, 661
Pastorale · 644, 646
Pater Noster · 516
Patient · 88, 456, 526
patriarchalisch · 349
Patt · 132, 427
pauken (ein-) · 391
Pauschale · 126, 127, 157, 213, 240, 241
Pause · 35, 76, 88, 165, 181, 229, 271, 272, 361, 363, 370, 478, 517, 530, 688
Pause (Konzert) · 358, 363, 372, 517, 723
Pause (Noten) · 47, 55, 56, 57, 65, 119, 126, 165, 182, 217, 266, 315, 321, 341, 370, 376, 454, 460, 478, 492, 493, 503, 517, 523, 531, 569, 612, 617, 665, 667, 668, 680
Pause (Probe) · 35, 36, 49, 59, 65, 76, 118, 121, 154, 234, 261, 279, 292, 376, 452, 478, 479, 487, 488, 507, 508, 509, 512, 575, 583, 685, 689, 727
Pause (Probe-) · 479

Pausenmusizieren · 47, 55, 56, 57, 119, 165, 218, 266, 306, 341, 478, 547, 569, 612, 667
pausieren · 195, 492, 578
Pavarotti, Luciano (1935 – 2007) · 633
PayPal · 490
PDF · 90, 157, 172, 328, 461, 462, 463, 521, 584, 711
Pedal · 490
pedantisch · 504
peinlich · 36, 217, 350, 370, 444, 594, 599, 706, 736
peitschen · 212, 339
Penetranz · 576
Pepp · 182
Perestroika · 590
perfekt · 35, 42, 46, 67, 88, 97, 131, 145, 176, 178, 195, 201, 254, 255, 262, 266, 290, 310, 312, 340, 342, 352, 369, 376, 406, 413, 414, 442, 467, 468, 480, 483, 484, 486, 500, 504, 514, 555, 558, 574, 585, 642, 648, 671, 699, 716, 737, 746
Perfekte Welle (Juli) · 342
perfide · 492
Performance · 596, 599
Periode · 590
Perlen · 222, 514
permanent · 36, 81, 88, 159, 187, 228, 247, 325, 391, 445, 446, 447, 489, 540, 593, 673, 686, 694
Person · 28, 29, 33, 39, 42, 43, 46, 48, 58, 62, 64, 65, 68, 69, 70, 72, 77, 82, 100, 101, 102, 109, 130, 143, 145, 150, 153, 154, 161, 162, 171, 196, 203, 204, 213, 221, 223, 224, 225, 238, 247, 251, 253, 255, 256, 268, 269, 273, 282, 286, 287, 292, 307, 316, 317, 319, 324, 333, 336, 340, 344, 349, 356, 377, 381, 387, 390, 403, 425, 427, 428, 441, 442, 472, 473, 488, 490, 506, 526, 545, 551, 560, 568, 571, 573, 586, 587, 594, 598, 605, 620, 627, 635, 650, 660, 672, 673, 674, 681, 682, 691, 692, 702, 706, 710, 716, 732, 733, 734, 736, 738
Personal · 145, 246, 377, 650
personalisieren · 172, 461
persönlich · 26, 29, 38, 51, 65, 76, 87, 90, 95, 97, 124, 128, 154, 160, 162, 191, 192, 194, 195, 200, 202, 212, 238, 239, 241, 246, 251, 283, 287, 288, 292, 295, 296, 297, 307, 310, 316, 319, 334, 335, 336, 340, 360, 368, 381, 382, 383, 403, 405, 411, 414, 425, 435, 436, 453, 456, 478, 483, 484, 488, 496, 521, 528, 540, 541, 544, 551, 553, 560, 562, 572, 583, 586, 594, 596, 617, 627, 653, 673, 692, 693, 698, 701, 706, 709, 719, 727

Persönlichkeit · 70, 75, 96, 108, 109, 121, 130, 133, 150, 160, 194, 195, 204, 206, 226, 231, 268, 283, 328, 338, 339, 381, 386, 401, 427, 447, 459, 468, 484, 485, 507, 542, 594, 595, 596, 636, 692
Persönlichkeit (Chorleiter-) · 109, 428, 448, 468
Persönlichkeitsprofil · 386, 468, 484, 485, 692
Persönlichkeitsprofilrepertoire · 485
Persönlichkeitsstruktur · 595
Perspektive · 436, 500, 523, 547
pessimistisch · 60, 258, 500, 512, 675
Pest oder Cholera · 485
Pfad · 613, 745
Pfarrgarten · 498
pfeifen · 443, 486, 552
Pfeiffe mit drei f · 486, 552
Pferd · 44, 186, 189, 292, 326, 421, 718
pflanzen · 677
Pflaume · 135, 284, 292, 639
pflaumen (an-) · 709
Pflegekasse · 384
pflegen · 117, 172, 249, 307, 346, 508, 638, 656, 673, 691, 710
Pflicht · 118, 123, 124, 126, 128, 129, 134, 153, 246, 324, 356, 358, 429, 506, 560, 580, 650, 659
Pfortner, Alfred · 410
Pfusch · 705
Phänomen · 80, 85, 174, 321, 695, 707
Phantom Power · 293
Phase · 51, 52, 60, 149, 157, 180, 260, 264, 285, 296, 464, 518, 687
Philosophie · 256, 259, 409, 659
Phonetik · 53, 394
Phrase · 44, 55, 60, 81, 98, 118, 119, 139, 140, 147, 148, 163, 165, 166, 215, 219, 225, 236, 266, 271, 301, 309, 313, 341, 386, 394, 406, 427, 428, 570, 577, 602, 611, 730, 738
physisch · 33, 51, 73, 89, 146, 168, 169, 232, 255, 268, 272, 288, 314, 327, 328, 356, 392, 398, 404, 407, 415, 430, 547, 577, 592, 605, 690, 707, 715, 746
piano · 31, 39, 55, 274, 395, 398, 432, 474, 574, 601, 659, 737
Pickel · 266, 342, 533
picken · 328
picken (heraus-) · 159
Piks · 46
Pilatus · 80
Pilot · 706, 721, 722
Pimmel · 586
Pingpong · 538
pinkeln · 361
Pirouette · 564
Pissingcontest · 65, 359, 676
Pissoir · 359
Pixel · 137
pixelig · 520
plädieren · 326

Plädoyer · 412
Plakat · 116, 143, 145, 172, 185, 197, 247, 319, 337, 363, 364, 365, 367, 368, 373, 385, 397, 419, 441, 490, 514, 524, 550, 639, 672, 673
plan (liegen) · 157
Planbarkeit · 488
planen · 28, 29, 30, 51, 52, 55, 58, 60, 64, 76, 86, 88, 92, 93, 103, 116, 121, 124, 125, 126, 128, 131, 177, 178, 194, 195, 199, 200, 202, 207, 217, 219, 240, 243, 244, 247, 262, 263, 265, 266, 268, 278, 280, 323, 327, 354, 357, 364, 365, 367, 379, 392, 393, 394, 397, 402, 432, 434, 437, 449, 452, 465, 473, 475, 478, 479, 485, 487, 488, 489, 491, 497, 501, 502, 508, 512, 514, 518, 519, 525, 528, 532, 550, 563, 575, 578, 581, 584, 610, 625, 638, 639, 662, 668, 670, 672, 686, 701, 706, 715, 722, 723, 727, 733, 734
planlos · 488, 601, 672
Planungssitzung · 365
Planungstreffen · 365
plappern (ver-) · 154, 484
plastisch · 570
platonisch · 354, 490
platt · 483
Platz · 34, 38, 53, 58, 102, 112, 113, 114, 146, 147, 155, 165, 196, 219, 231, 264, 272, 279, 294, 357, 359, 360, 363, 365, 366, 372, 391, 459, 469, 470, 478, 490, 491, 508, 517, 564, 568, 590, 593, 606, 717, 734, 741
Platzhirsche · 490
platziert · 101, 114, 115, 155, 198, 366, 376, 472, 734
Plausch · 204
Playlist · 403
Plenum · 283
Plosiv · 39, 40, 297, 433, 604, 649, 687
plötzlich · 39, 40, 115, 134, 135, 146, 148, 165, 186, 257, 348, 371, 382, 552, 557, 562, 722, 723
plumpsen · 576, 737
pochen · 33, 306, 347, 429
Podest · 59, 102, 115, 168, 184, 252, 282, 340, 346, 365, 372, 491
Poème Symphonique (G. Ligeti) · 438
pointiert · 322
polarisieren · 174, 175
Polemik · 106, 211, 212, 439, 544, 646
polieren · 256, 529, 619
Politik · 50, 96, 108, 174, 196, 253, 337, 405, 427, 457, 492, 515, 518, 535, 572, 662, 716
Polizei · 335
Polygamie · 253
polyphon · 56, 57, 119, 436, 492, 493, 503, 575, 711

Pop · 69, 85, 160, 216, 227, 342, 354, 433, 477, 494, 656, 687
Popanz · 33, 493, 494, 586
Popcorn · 250
Pöppel, Ernst (*1940) · 379
populär · 69, 175, 283, 658
populistisch · 160, 362, 386, 483
Portal · 489
Portemonnaie · 69, 693
Portfolio · 377
Posaunenchor · 92, 115, 147, 304, 513, 524, 619
Position · 36, 377, 428, 433, 498, 556
Position (körperlich) · 42, 273, 277, 329
Position (Meinung) · 50, 125, 426, 650
Position (Ort) · 173, 185, 198, 217, 219, 262, 350, 356, 371, 495, 511, 593, 620, 696
Position (sozial) · 36, 64, 76, 130, 143, 144, 148, 242, 297, 386, 428, 429, 470, 484, 623, 637, 676, 699, 706, 732
positiv · 32, 33, 49, 73, 74, 76, 77, 86, 90, 91, 95, 135, 136, 146, 168, 177, 190, 191, 193, 194, 199, 206, 207, 208, 217, 224, 228, 229, 230, 234, 261, 267, 279, 281, 301, 310, 311, 359, 369, 413, 418, 436, 442, 444, 454, 462, 472, 483, 489, 495, 496, 512, 515,516, 572, 573, 581, 611, 620, 622, 623, 636, 648, 659, 669, 674, 683, 685, 689, 690, 698, 701, 708, 709, 713, 734, 739, 740
postalisch · 479
Postbote · 586
Postel, Jon (1943 – 1998) · 101, 171, 315, 316, 549, 573
Postel's Law · 315
Post-it · 99
Postkarte · 490
Potenzial · 143, 190, 227, 434, 453, 475, 588, 621, 728
Powerbank · 278
Präferenz · 110, 424, 435, 451, 642
prägen · 218, 457
pragmatisch · 75, 488
prägnant · 80
Prägnanz · 355, 631
Prägnanzverstärkung · 173, 597, 688
praktisch · 44, 109, 149, 175, 185, 190, 223, 231, 261, 266, 277, 345, 350, 351, 370, 396, 406, 407, 409, 460, 467, 475, 621, 645, 655, 680, 700, 714
Praktisches Wörterbuch der Musik - Italienisch-Englisch-Deutsch–Französisch (R. Braccini) · 406
praktizieren · 71, 584, 612, 641
Prämisse · 109, 405, 458, 502, 522
präsent · 173, 438, 557, 673

Präsentation · 28, 52, 59, 68, 73, 90, 115, 136, 160, 178, 201, 215, 216, 278, 351, 357, 362, 363, 386, 389, 395, 397, 400, 471, 488, 539, 562, 576, 596, 599, 638, 712
Praxis · 259, 410, 442, 516, 545, 601
Präzision · 26, 40, 55, 64, 80, 135, 147, 150, 152, 157, 158, 159, 216, 220, 273, 274, 306, 329, 352, 395, 439, 443, 543, 551, 567, 610, 643, 682, 685, 690, 717
predigen · 88, 327
Predigttext · 516
Preis · 93, 201, 222, 240, 244, 245, 340, 351, 364, 434, 479, 520, 650, 732
preisgeben · 468, 530
Presse · 91, 97, 143, 178, 221, 223, 251, 356, 365, 368, 373, 397, 469, 496, 524, 525, 550, 621, 638, 639, 660, 734
pressen · 26, 33, 140, 151, 168, 416, 433, 531, 600, 632, 634, 687, 735
Preuße · 479, 700
primär · 324, 369, 404, 576, 621, 624, 730, 738
Prime · 343
Printmedien · 496
Prinzip · 33, 65, 76, 84, 110, 149, 152, 199, 201, 216, 229, 234, 236, 239, 240, 259, 280, 295, 320, 326, 337, 374, 441, 457, 459, 482, 489, 493, 496, 544, 546, 570, 590, 613, 617, 627, 632, 654, 656, 678, 683, 684, 687, 714, 723
priorisieren · 58, 638, 740
privat · 51, 63, 76, 77, 90, 116, 121, 132, 137, 154, 157, 159, 162, 187, 199, 212, 217, 221, 222, 286, 295, 351, 427, 462, 468, 477, 541, 545, 573, 581, 588, 617, 661, 717, 720
Privatleben · 87, 95, 108, 154, 155, 286, 287, 295, 381, 440, 448, 456, 468, 531
Probanden · 110, 211, 322, 419, 476
Probe · 25, 26, 29, 33, 34, 35, 36, 40, 41, 44, 48, 49, 50, 51, 56, 59, 62, 63, 64, 65, 66, 70, 71, 74, 76, 77, 80, 86, 87, 88, 91, 94, 95, 100, 108, 120, 121, 122, 126, 131, 132, 135, 136, 137, 138, 143, 144, 146, 147, 148, 150, 154, 158, 160, 162, 168, 170, 174, 175, 183, 189, 191, 193, 194, 195, 200, 204, 205, 206, 212, 214, 216, 217, 219, 221, 222, 223, 227, 228, 229, 230, 231, 234, 235, 237, 238, 239, 240, 241, 242, 243, 246, 247, 248, 249, 253, 256, 257, 260, 261, 263, 264, 265, 266, 268, 275, 278, 280, 281, 282, 286, 287, 288, 293, 298, 299, 306, 310, 311, 320,

323, 324, 325, 326, 327, 331, 332, 333, 336, 337, 339, 341, 343, 344, 346, 347, 364, 371, 378, 380, 381, 382, 386, 387, 391, 393, 399, 400, 405, 406, 410, 413, 414, 417, 421, 425, 429, 434, 435, 436, 438, 443, 446, 447, 452, 453, 456, 458, 459, 464, 468, 469, 471, 472, 473, 474, 475, 476, 478, 479, 483, 484, 491, 494, 495, 497, 498, 499, 500, 501, 502, 503, 504, 505, 506, 507, 508, 509, 510, 512, 513, 514, 518, 519, 525, 531, 532, 534, 540, 541, 544, 545, 546, 547, 548, 550, 552, 554, 555, 556, 560, 561, 563, 568, 571, 573, 575, 578, 579, 580, 581, 582, 583, 584, 586, 587, 593, 597, 598, 599, 602, 608, 610, 611, 617, 620, 625, 626, 630, 635, 636, 637, 638, 641, 650, 659, 661, 666, 667, 669, 670, 671, 672, 674, 675, 683, 685, 686, 689, 691, 692, 694, 698, 699, 700, 701, 707, 708, 709, 713, 715, 719, 720, 722, 727, 728, 729, 730, 735, 736, 740
Probe (Ansing-) · 75, 136, 183, 192, 267, 339, 364, 385, 465, 497, 513
Probe (General-) · 26, 74, 158, 185, 221, 227, 242, 249, 258, 267, 278, 279, 298, 305, 311, 321, 325, 404, 499, 513, 701, 708, 740
Probe (Haupt-) · 191, 249, 278, 279, 311, 392, 513, 701
Probedirigieren · 94, 130, 131, 132, 188, 204, 244, 246, 383
Probenarbeit · 74, 102, 147, 160, 224, 234, 255, 267, 311, 394, 518, 534, 550, 571, 578, 592, 660, 663, 678, 681
Probenausfall · 124, 627
Probendisposition · 29, 89, 108, 139, 164, 170, 260, 302, 303, 332, 358, 394, 397, 402, 493, 500, 501, 502, 504, 505, 506, 508, 512, 513, 546, 552, 553, 554, 581, 647, 674, 675, 697, 700, 728
Probendokumentation · 506, 514
Probenlänge · 35, 479, 507, 508
Probenphase · 26, 28, 64, 158, 177, 193, 272, 305, 469, 512, 630, 670
Probenplan · 29, 48, 49, 52, 93, 121, 126, 143, 200, 204, 214, 258, 305, 311, 324, 393, 394, 452, 469, 472, 473, 501, 508, 509, 513, 519, 523, 539, 548, 630, 638, 699, 727
Probenraum · 25, 26, 84, 88, 91, 121, 143, 158, 183, 196, 230, 233, 251, 293,

360, 379, 417, 441, 495, 498, 508, 511, 514, 524, 548, 568, 588, 678, 701
Probentag · 35, 49, 68, 75, 117, 122, 126, 130, 242, 282, 382, 384, 387, 479, 511, 512, 513, 525, 526, 701
Probentempo · 51, 228, 421, 514, 571
Probenvorbereitung · 25, 64, 74, 77, 86, 108, 121, 138, 143, 157, 164, 192, 214, 231, 236, 237, 239, 240, 242, 246, 254, 256, 271, 272, 278, 280, 284, 288, 289, 294, 311, 323, 326, 327, 332, 333, 385, 387, 409, 421, 435, 475, 489, 497, 500, 501, 505, 506, 513, 514, 523, 525, 527, 541, 547, 553, 554, 560, 562, 563, 575, 581, 583, 584, 598, 611, 625, 630, 635, 638, 659, 670, 672, 700, 717, 722, 727, 728, 729' 740
Probenwoche · 28
Probenzeit · 75, 91, 122, 123, 126, 148, 151, 160, 180, 188, 240, 242, 249, 284, 359, 379, 471, 498, 506, 508, 512, 514, 519, 539, 550, 625, 630, 693, 713, 717, 727, 728, 731
Probenzustand · 478
Probeprobe · 132
Probezeit · 129
probieren (aus-) · 50, 58, 79, 132, 169, 193, 327, 343, 366, 372, 443, 453, 464, 488, 585, 596, 602, 654, 661, 685, 717, 738
Problem · 26, 28, 33, 34, 36, 38, 40, 42, 49, 51, 55, 57, 58, 59, 60, 61, 62, 63, 66, 68, 73, 74, 81, 88, 91, 99, 101, 105, 122, 132, 133, 134, 135, 136, 137, 153, 156, 166, 167, 168, 174, 177, 189, 190, 191, 192, 194, 196, 199, 204, 207, 211, 212, 213, 225, 227,228, 229, 230, 238, 239, 247, 255, 258, 263, 267, 272, 279, 280, 286, 287, 288, 292, 294, 295, 309, 310, 313, 317, 323, 326, 328, 330, 331, 333, 335, 338, 344, 345, 352, 379, 380, 383, 384, 388, 396, 398, 405, 411, 413, 414, 417, 423, 424, 429, 430, 441, 442, 447, 459, 460, 471, 473, 475, 478, 483, 486, 487, 488, 491, 492, 499, 518, 520, 522, 530, 533, 540, 541, 542, 544, 550, 551, 553, 558, 561, 576, 579, 580, 582, 583, 588, 589, 592, 594, 597, 598, 599, 602, 614, 615, 616, 619, 620, 621, 622, 631, 632, 633, 643, 652, 655, 657, 658, 660, 682, 683, 699, 700, 706, 713, 727, 736
Problematik · 43, 92, 99, 163, 164, 212, 315, 324, 405, 452, 457, 499, 516,

530, 634, 655, 690, 695, 741
problematisch · 739
Problemstellen · 381
Produkt · 122, 215, 246, 391, 516
Produktion · 245, 341, 396, 444, 634
Produzent · 721
produzieren · 50, 54, 146, 151, 158, 209, 217, 293, 297, 323, 325, 352, 443, 445, 459, 469, 474, 516, 586, 589, 599, 634, 640, 648, 737
produzieren (re-) · 42, 60, 218, 267, 289, 402, 530, 546, 562
professionell · 59, 69, 90, 118, 221, 222, 223, 305, 338, 390, 486, 507, 520, 594, 607, 658, 663, 690, 712
Professor · 27, 218, 235, 327, 403, 414, 636
Profi · 222, 391, 479, 622, 667, 736
Profibereich · 26, 74, 150, 169, 195, 219, 286, 390, 484, 516, 600, 636, 686, 720
Profichor · 133, 148, 205, 229, 279, 293, 339, 344, 345, 390, 712, 717
Profil · 45, 93, 133, 222, 268, 361, 386, 397, 400, 444, 468, 472, 484, 485, 527, 638, 639, 658, 678, 689, 692
Profis · 26, 113, 132, 133, 217, 222, 267, 376, 389, 390, 391, 433, 440, 471, 484, 500, 521, 599, 621, 622, 667, 694
profitieren · 41, 56, 65, 115, 118, 146, 148, 149, 295, 326, 332, 337, 338, 345, 457, 522, 570, 608, 736
Programmaufbau · 263, 264, 353, 358, 363, 371
Programme · 84, 98, 136, 179, 214, 230, 361, 362, 375, 379, 521, 527, 549, 584, 609, 663
Programmgestaltung · 122, 124, 518, 519, 522
Programmheft · 69, 116, 203, 223, 236, 262, 282, 346, 353, 358, 364, 365, 368, 426, 441, 520, 521, 533, 660, 678, 733, 735
programmieren · 44, 637, 672, 688
Programmkommission · 124, 153, 473, 522, 556
Programmplanung · 93, 207, 452, 502, 518, 539
Projekt · 29, 46, 51, 58, 60, 84, 86, 92, 97, 98, 116, 138, 147, 199, 207, 224, 242, 304, 305, 337, 350, 354, 356, 361, 434, 435, 448, 453, 454, 473, 475, 496, 508, 512, 513, 524, 525, 526, 527, 549, 550, 561, 526, 571, 582, 591, 630, 639, 656, 699, 731, 732, 734
Projektchor · 71, 97, 147, 240, 242, 523, 524, 525, 526, 527

projizieren · 38, 227, 429
proklamieren · 160, 391, 666
prolatio · 480
Propaganda · 367
proportio sesquialtera · 282, 480, 481
Proportionierung · 259
prostituieren · 528, 545
Protest · 462
provozieren · 138, 246, 393, 401, 507, 573, 599, 690, 719
prozedural · 30, 383, 430, 443, 445, 465, 529, 575
Prozeduren · 661
Prozent · 107, 267, 624
Prozentrechnung · 259
prozentual · 240, 718
Prozess · 29, 76, 108, 170, 292, 319, 346, 347, 371, 403, 465, 539, 546, 707
Prüfung · 30, 70, 76, 94, 127, 132, 133, 199, 207, 224, 282, 292, 381, 432, 489, 551, 659, 660, 675, 678, 687, 691, 692, 706, 716, 719
prügeln · 632
PS · 241
Psalm · 80, 516
Psychologie · 34, 47, 52, 73, 89, 133, 146, 161, 191, 211, 218, 234, 272, 273, 295, 309, 379, 398, 403, 415, 436, 451, 456, 522, 530, 605, 691, 698, 707, 718, 722, 741
psychologisch (hör-) · 80, 99, 395, 495, 551, 559, 567
Psychopath · 255, 465, 533
psychosomatisch · 186, 415, 561
Psychoterror · 328
PTK · 38, 53, 70, 82, 83, 85, 179, 530, 576
public domain · 711
Publikum · 31, 32, 40, 41, 46, 47, 59, 61, 67, 68, 69, 75, 80, 87, 103, 115, 116, 126, 128, 136, 151, 157, 158, 159, 173, 175, 178, 185, 186, 194, 198, 201, 205, 206, 221, 222, 235, 236, 253, 254, 255, 257, 264, 265, 295, 296, 305, 311, 313, 342, 345, 348, 349, 350, 353, 354, 355, 356, 358, 359, 360, 361, 362, 363, 364, 366, 368, 369, 370, 371, 372, 373, 374, 386, 390, 392, 395, 396, 400, 403, 420, 433, 437, 438, 439, 442, 443, 444, 445, 448, 469, 472, 473, 475, 479, 481, 483, 485, 494, 496, 499, 500, 514, 515, 516, 517, 518, 521, 533, 550, 551, 556, 557, 559, 560, 562, 567, 568, 571, 594, 596, 597, 598, 599, 610, 612, 613, 620, 621, 622, 623, 624, 634, 646, 648, 669, 678, 685, 687, 690, 715, 723, 732, 733, 734, 735, 739, 740, 746
Publikum (Anzahl-) · 248, 362, 520

Publikumsplatzierung · 115, 198, 366, 734
publizieren · 457, 695
Puffer · 36, 251, 512
Pufferstücke · 353
Pullover · 299
Puls · 44, 101, 153, 183, 215, 307, 315, 352, 392, 439, 480, 564, 591, 592, 617, 628, 629, 664, 713, 734
Pult · 167, 352, 398, 404, 439, 474, 564, 601, 619, 698
Punkt · 29, 32, 34, 45, 54, 58, 69, 86, 90, 91, 119, 127, 137, 153, 155, 156, 160, 256, 267, 334, 352, 353, 358, 381, 428, 452, 478, 508, 519, 549, 564, 567, 577, 580, 585, 603, 626, 638, 644, 674, 685, 686, 694, 719, 731
pünktlich · 305, 306, 492, 643, 665, 666, 708
Pünktlichkeit · 55, 67, 147, 231, 237, 248, 315, 320, 322, 333, 336, 341, 343, 427, 492, 493, 494, 495, 503, 504, 531, 532, 541, 568, 585, 623, 687, 728
punktuell · 71, 135, 532, 663
Puppenspieler · 559, 739
Pups · 144, 196, 449, 621
putzen · 262, 471
Pythagoräisches Komma · 439
Pythagoras · 114
pythagoreisches Komma · 645
Pytlik, Markus (*1966) · 713

Q

Quadrat · 222, 343, 567, 714
quälen · 51, 220, 223, 291, 467, 620, 657
qualifiziert · 90, 94, 130, 131, 187, 241, 325, 326, 423, 487, 530, 533, 586, 650
Qualität · 40, 65, 69, 71, 87, 91, 95, 97, 98, 113, 120, 124, 128, 135, 138, 150, 151, 153, 160, 178, 179, 187, 201, 202, 216, 221, 222, 237, 245, 246, 256, 265, 267, 279, 288, 293, 305, 312, 313, 317, 319, 326, 337, 339, 345, 351, 353, 370, 372, 390, 409, 414, 420, 468, 483, 504, 508, 520, 523, 528, 533, 539, 548, 557, 558, 594, 595, 598, 602, 621, 622, 623, 624, 630, 638, 639, 642, 650, 660, 667, 678, 681, 708, 718, 720, 727, 739
qualitäterhaltend · 660
Quäntchen · 144, 386
Quantität · 124, 362
Quark · 360, 646
Quartal · 129
Quarte · 51, 277, 291, 330, 406, 503, 562, 609, 613, 645, 647, 712

Quartenschleuder · 335, 471, 738
Quartett · 25, 59, 69, 113, 147, 295, 304, 474, 486, 534, 591
Quatsch · 70, 124, 156, 202, 271, 332, 374, 503, 568, 597, 615, 654
Quelle · 100, 238, 239, 284, 329, 444, 456, 534, 542, 550, 608, 621, 679, 687
Quellenangabe · 496, 534, 711, 720
Quellenlage · 567
quer · 96, 227, 372, 403, 440, 741
Querelen · 333
Querstand · 679
quetschen · 111, 328, 375
quietschen · 54, 291, 374, 375
Quinte · 30, 38, 51, 96, 106, 135, 179, 181, 277, 291, 343, 406, 502, 609, 613, 631, 641, 643, 645, 685, 702
Quintenzirkel · 534, 645, 702
quittieren · 379
Quittung · 80
Quizsendung · 546
Quodlibet · 105, 469, 535
Quote · 281, 401, 402

R

Raabe, Max (*1962) · 388, 444
Rabatt · 354, 463
Rachen · 281, 323, 443, 445, 694
Rad · 208, 214, 317, 694
Rädchen · 202, 319, 391, 442, 594
Radetzky-Marsch · 565
Radiergummi · 97, 120
radikal · 50, 492, 656, 715, 716
Radio · 368
Rahmen · 30, 39, 45, 93, 105, 159, 206, 353, 371, 524, 638, 694
Rahmenbedingung · 684
Rahmenvertrag · 134, 447
Rameau, Jean-Philippe (1683 – 1764) · 695
rammen · 191
Rampe · 511
Rampensau · 34, 109
Ramsey, Robert (gest. 1644) · 112, 260
Rand · 41, 99, 102, 115, 247, 403, 728
Randlagen · 559, 644
Rang · 286
rapide · 60, 668
Rapport · 49, 144, 537
rasiert · 53, 507
rassistisch · 686
Rat · 145, 432, 487, 688
Ratgeber · 160, 410, 488
rational · 33, 52, 63, 82, 95, 99, 101, 109, 131, 150, 155, 191, 192, 194, 195, 199, 207, 212, 213, 229, 243, 250, 255, 267, 280, 287, 293, 311, 361, 378,

383, 392, 412, 429, 435, 443, 444, 449, 455, 460, 488, 489, 492, 515, 525, 547, 572, 574, 582, 588, 589, 598, 618, 634, 636, 658, 672, 674, 693, 715, 716, 718, 722, 723, 740
ratsam · 94, 544
Ratschlag · 341, 432
Rätsel · 478
rätseln · 634
Rattenschwanz · 108
rattern · 254
rau · 287, 537, 557, 605
Rauchen · 458, 537
rauf · 27, 89, 97, 98, 182, 277, 330, 351, 388, 406, 463, 574, 603, 657, 700
Raum · 33, 38, 47, 60, 84, 93, 102, 115, 118, 120, 123, 148, 151, 152, 173, 174, 176, 183, 184, 185, 189, 194, 196, 217, 226, 227, 230, 254, 265, 277, 280, 293, 310, 324, 335, 337, 350, 353, 354, 355, 357, 359, 360, 362, 372, 385, 400, 403, 435, 469, 472, 495, 498, 499, 511, 517, 532, 534, 537, 538, 540, 553, 564, 587, 588, 589, 592, 596, 600, 613, 647, 648, 649, 650, 652, 655, 666, 688, 698, 714, 734
Raumcharakteristik · 152
Raumklang · 114, 151, 152, 407, 445, 498, 499, 648, 649, 739
räumlich · 112, 115, 136, 217, 303, 355, 360, 564, 567, 654
Raumluftqualität · 417
Raummikrophon · 648
Raummode · 152, 159, 293, 355, 537, 538, 714
Rauputz · 538
Rausch · 218
raushalten · 533
rauskommen · 59, 66, 73, 382, 392, 506, 584, 706
rauslassen · 40, 60, 192, 228, 334
Reaktion · 28, 29, 36, 61, 65, 68, 75, 77, 79, 86, 99, 108, 148, 154, 166, 196, 201, 204, 206, 211, 228, 265, 269, 275, 287, 301, 317, 323, 332, 345, 348, 381, 385, 389, 393, 404, 415, 421, 425, 429, 432, 436, 438, 447, 449, 460, 468, 486, 516, 519, 541, 552, 553,561, 562, 572, 577, 580, 581, 585, 586, 588, 598, 602, 604, 623, 636, 662, 671, 672, 674, 682, 683, 686, 698, 701, 709, 710, 719, 733
reaktiv · 102, 238, 382, 572, 636
reaktiv kreativ · 102
real · 75, 83, 132, 133, 172, 216, 316, 339, 409, 425, 444, 489, 493, 514, 562, 661
realisieren · 84, 216, 295, 469, 562, 583, 602
realistisch · 28, 30, 34, 63, 93, 113, 137, 176, 253, 291, 413, 432, 434, 465,

787

469, 483, 489, 520, 582, 622, 624, 657, 674, 716, 722, 731
rebellieren · 592
Rechenschaft · 95, 427
Recherche · 323
rechnen (aus-) · 416, 506, 714
rechnen (be-) · 102, 108, 115, 117, 125, 126, 160, 223, 240, 242, 243, 259, 260, 264, 288, 355, 372, 434, 465, 468, 485, 506, 508, 513, 514, 537, 538, 652, 714, 717
rechnen (durch-) · 134, 561
rechnen (er-) · 578, 607, 608
rechnen (hoch-) · 243
rechnen (vor-) · 242, 245
Rechnung · 127, 137, 242, 243, 342, 344, 435, 452, 538, 539, 740
Rechnungsempfänger · 539
Rechnungsnummer · 539
Recht · 124, 125, 127, 128, 129, 147, 159, 243, 324, 331, 340, 381, 461, 494, 525, 540, 578, 708
rechteckig · 343, 537, 538
rechtens · 461, 525
Rechtfertigung · 29, 117, 269, 288, 338, 346, 429, 515, 516, 522, 560, 594, 656, 668, 690, 698
rechtlich · 125, 127, 150, 269, 340, 567, 684
rechts · 41, 50, 54, 81, 90, 110, 112, 114, 174, 273, 275, 277, 350, 352, 356, 492, 563, 600, 616, 626, 686, 715, 716, 745
Rechtsform · 286, 321, 699
Rechtslage · 538
rechtzeitig · 49, 72, 193, 278, 288, 367, 368, 672
Recorder · 351
Recorder (Handheld-) · 63, 351
Recycling · 505, 539, 668
Redakteur · 222, 232, 368, 370, 496
Rede · 47, 248, 340, 515, 603, 676
redendes Prinzip (C.P.E. Bach) · 603
Redepult · 47
reduzieren · 36, 41, 54, 80, 129, 138, 163, 194, 200, 209, 277, 301, 313, 366, 368, 417, 423, 479, 504, 528, 547, 552, 556, 570, 579, 584, 598, 625, 640, 652, 669, 673, 707, 708, 727
Referenzton · 445, 555, 574, 592, 607, 608
reflektieren · 145, 152, 280, 339, 511, 636, 661
reflektieren (geistig) · 34, 38, 62, 65, 84, 86, 91, 92, 133, 151, 179, 207, 239, 280, 341, 344, 373, 446, 447, 460, 483, 580, 602, 604, 621, 636, 656, 674, 707, 721, 722
Reflex (auch Schallreflexion) · 36, 54, 151, 152, 173, 316, 499, 577, 585, 604, 605
Refrain · 403
Regal · 27, 314, 737

Regel · 29, 41, 62, 91, 110, 118, 123, 188, 190, 191, 217, 225, 227, 229, 231, 232, 233, 253, 303, 325, 363, 376, 402, 465, 469, 484, 494, 495, 540, 541, 542, 619, 636, 650, 684, 687, 693, 715, 737
regelhaft · 183
regelmäßig · 49, 80, 125, 151, 171, 194, 258, 272, 281, 282, 288, 316, 328, 387, 445, 454, 465, 469, 513, 517, 525, 538, 545, 550, 563, 575, 578, 579, 585, 589, 597, 623, 628, 643, 645, 687, 709
regeln · 138, 231, 242, 354, 621
regelrecht · 61, 204, 533, 562
Regelung · 110, 123, 129, 172, 400
Regelunterwerfung · 36, 460
Regen · 158, 380, 385, 420, 472, 487, 559
Reger, Max (1873 – 1916) · 303, 572
Regie · 354, 552
regieren · 728
Regime · 740
Region · 53, 99, 134, 163, 167, 186, 356, 361, 364, 367, 368, 446, 513
Regisseur · 396, 552
Register (Gesangs-) · 322, 330, 542, 543, 577, 607
Registerwechsel · 99, 164, 209, 322, 731
regulär · 121, 123, 126, 203, 242, 255, 265, 353, 379, 473, 545
Reibepunkt · 93
Reibung · 33, 50, 562
reichen · 31, 49, 52, 81, 84, 100, 117, 118, 122, 139, 150, 155, 158, 160, 164, 173, 180, 185, 208, 221, 251, 264, 268, 283, 293, 317, 324, 334, 340, 341, 344, 367, 368, 397, 446, 448, 453, 512, 514, 516, 531, 538, 539, 556, 614, 630, 650, 653, 671, 710, 712, 713, 733, 734, 735
reichhaltig · 511
Reichtum · 455
Reichweite · 558
reif · 606
reifen · 388
reifen (nach-) · 207, 267, 452, 518, 539
Reihe · 25, 41, 49, 59, 63, 69, 70, 74, 113, 115, 152, 167, 198, 230, 231, 356, 366, 376, 378, 389, 396, 398, 404, 409, 453, 464, 472, 491, 511, 515, 543, 552, 570, 593, 598, 610, 623, 672, 691, 734
Reihenfolge · 32, 38, 91, 137, 272, 280, 358, 375, 399, 400, 461, 471, 497, 517, 523, 584, 640, 641, 687, 700, 723
reihum · 633
rein · 25, 44, 59, 96, 100, 106, 107, 150, 158, 198, 199, 205, 234, 236, 274, 295, 296, 314, 353, 357, 363, 369, 387, 389, 391,

406, 417, 426, 439, 440, 471, 472, 493, 514, 517, 520, 530, 537, 547, 555, 559, 571, 572, 576, 584, 644, 645, 646, 696, 709, 712, 718, 733, 739, 746
reingehen · 366, 484
Reinigung · 32, 340, 499
reinkommen · 205, 525
reinplatzen · 65, 185
reinrufen · 369
reinschreiben · 523
Reise · 127, 176, 305, 332, 425, 603, 614, 638, 713
reißen · 328
reißen... · 61, 86, 178, 212, 328, 346, 404, 471, 490, 517, 589, 608, 632, 642
Reiz · 228, 229, 288, 298, 332, 605
reizen (aus-) · 355, 688
rekonstruieren · 289
relativ · 90, 99, 100, 122, 123, 139, 158, 160, 162, 165, 187, 191, 192, 193, 218, 221, 228, 245, 252, 257, 260, 265, 272, 273, 277, 290, 293, 310, 314, 317, 327, 328, 333, 337, 351, 361, 362, 369, 382, 390, 399, 402, 413, 426, 430, 433, 437, 440, 445, 446, 460, 468, 478, 483, 484, 491, 504, 508, 512, 529, 543, 544, 551, 555, 557, 559, 591, 593, 597, 598, 617, 629, 638, 644, 654, 657, 659, 662, 671, 681, 689, 690, 714, 717, 731, 734
relativieren · 46, 204, 288, 598
relevant · 56, 71, 151, 154, 171, 174, 175, 190, 198, 204, 250, 278, 321, 331, 343, 353, 368, 371, 382, 407, 413, 420, 428, 465, 488, 500, 530, 559, 636, 669, 672, 694, 732
Religion · 196, 256, 405, 586, 614, 644, 732
rempeln · 226
Renaissance · 105, 106, 259, 260, 481, 711
renitent · 49, 73
rennen · 226, 348, 613, 616, 713
Rentner · *Siehe* Senioren
reparieren · 193, 195, 285, 415, 653
Repertoire · 83, 91, 215, 219, 267, 324, 347, 388, 405, 434, 487, 528, 545, 581, 613, 625
repetitiv · 517
repräsentativ · 84, 351
Repressalien · 425
Reprise · 260
Reputation · 732
Requiem · 406, 629
Requiem Op. 45 (J. Brahms) · 409, 629
Requisiten · 432
reservieren · 365, 384, 512, 624
Resignation · 312, 327
resolut · 563
Resonanz · 690, 708

Resonanzraum · 281, 297, 424, 445, 614, 615, 694, 735
Respekt · 66, 148, 175, 199, 200, 238, 244, 320, 327, 332, 337, 363, 389, 405, 428, 429, 448, 490, 493, 507, 520, 522, 556, 560, 578, 579, 586, 615, 692, 709, 710
respektieren · 65, 220, 244, 376, 459
respektvoll · 33, 163, 459, 474, 530, 656, 709, 733
Ressourcen · 146, 339, 454, 545, 653, 667, 670, 683
Rest · 27, 29, 35, 41, 111, 160, 165, 185, 187, 201, 219, 220, 228, 237, 239, 260, 266, 284, 287, 379, 386, 430, 431, 436, 456, 549, 567, 590, 591, 625, 735, 739
Restaurant · 251, 359, 447, 528, 545, 588, 617
restaurieren · 405, 446, 460, 656, 689
Resultat · 146, 186, 377, 516, 690, 717, 735
Retortensprache · 66
Retourkutsche · 307
retrosequenziell · 60, 74, 105, 332, 333, 402, 497, 502, 546, 547, 574, 666, 668, 674, 675, 681, 683
retten · 102, 113, 133, 409, 414, 562, 631, 652, 657
Return of Investment · 547
retuschieren · 159
Revolution · 31, 590
Rezept · 172, 414
Rezeption · 567, 686, 724
Rezipient · 202, 549
reziprok · 68
Rhein · 582
Rheinberger, Josef Gabriel (1839 – 1901) · 260
rhetorisch · 292
Rhythmus · 44, 47, 74, 75, 147, 180, 183, 226, 237, 253, 260, 266, 274, 275, 279, 291, 320, 352, 398, 432, 437, 500, 529, 530, 532, 551, 574, 575, 604, 610, 614, 616, 617, 618, 625, 644, 665, 666, 667, 668, 669, 685, 707, 713
Rhythmuseinheit · 617
richten · 244, 557, 559
richtig · 28, 45, 49, 52, 58, 63, 65, 66, 67, 69, 70, 71, 72, 89, 97, 109, 111, 125, 130, 133, 143, 144, 145, 146, 147, 149, 171, 177, 178, 180, 190, 191, 201, 204, 205, 221, 226, 238, 239, 253, 254, 257, 265, 278, 285, 288, 293, 294, 308, 314, 315, 322, 323, 328, 330, 335, 339, 341, 344, 350, 354, 369, 377, 380, 383, 391, 398, 401, 402, 413, 428, 435, 446, 465, 483, 487, 492, 494, 503, 514, 523, 549, 555, 557, 560, 562, 571, 580, 582, 583, 592, 601, 602, 606, 613, 620, 624, 633, 643, 648, 650, 660, 669, 675, 682, 683, 716, 717, 722, 736, 737, 740

Richtschnur · 421, 521, 603
Richtung · 44, 75, 95, 113, 168, 174, 199, 200, 255, 277, 292, 299, 325, 354, 400, 436, 492, 538, 564, 596, 630, 640, 737
Richtungscharakteristik (Mikrofon) · 137, 293, 294
Richtwert · 240, 242
riesig · 390, 594, 720
rigoros · 428, 586
Rinderwahn (M. Raabe) · 444
ringen · 392, 398
Rippe · 81, 191, 576, 657
Risiko · 126, 147, 171, 253, 254, 376, 386, 431, 437, 640, 698, 717
Ritardando · 283, 302, 303
Ritual · 360, 376
Ritze · 375, 443
Rivale · 166
Robinson, Russell · 411
Roboter · 46, 98, 99, 329
robust · 623
Rock · 53, 362
Rollator · 146
Rolle · 33, 95, 105, 178, 201, 219, 252, 259, 263, 272, 273, 286, 289, 294, 306, 329, 395, 429, 432, 448, 560, 568, 582, 619, 640, 648, 651, 702
Rollenverständnis · 286
Rollenverteilung · 59, 85, 287
Rollkragen · 375, 561
Rollstuhl · 146, 365
Rom · 507, 602
romanisch · 686
Romantik · 302, 303, 385, 406, 408, 477, 619, 629, 644, 679
rosa · 250, 361, 391, 454, 713
Rosen, Charles · 408
Rosling, Hans · 412
rot · 58, 100, 120, 214, 222, 262, 385, 403, 437, 509, 517, 522, 540, 551
Rotationssystem · 591
rotieren · 197, 383, 591
Rottenbildung · 593
Rotz (brauner, salziger) · 118
rotzen · 522
Router · 137
Routine · 88, 181, 184, 216, 498, 514
Rubato · 487
ruckartig · 165
rückblickend · 734
Rücken · 54, 73, 102, 144, 173, 174, 211, 269, 272, 334, 338, 375, 416, 495, 499, 511, 573, 706, 732
Rückendeckung · 334
rückgängig · 431
Rückkopplung · 354
Rücklagen · 116, 117, 268, 425
rückläufig · 98
Rucksack · 608
Rückschlüsse · 570, 626, 679
Rückseite · 397
Rücksicht · 43, 69, 84, 115, 167, 265, 468, 532
Rücksprache · 128, 473, 670
rückwärts · 41, 74, 609

Rückzugsraum · 118
Rudel · 295, 592
Rudelkonzert · 358
Ruder · 598
Rudiment · 628
Rudolph the Red Nosed Reindeer · 551
Ruf · 93, 251, 268, 346, 573, 577, 587, 660
rufen · 52, 197, 267, 296, 343, 395, 399, 432, 441, 472, 493, 501, 551, 552, 584, 627, 688, 709, 722, 733, 737
Rufschädigung · 251
rügen · 51, 76, 586, 588, 736
Ruhe · 51, 82, 100, 101, 109, 127, 162, 280, 304, 325, 334, 341, 350, 362, 370, 381, 465, 488, 491, 517, 546, 550, 552, 553, 556, 573, 579, 580, 628, 629
ruhen · 257, 347, 404, 626
ruhen (auf) · 167, 257, 319, 606, 636
ruhen (aus-) · 83, 159, 289, 323, 333, 403, 414, 432, 660
Ruhestörung · 335
ruhig · 54, 74, 92, 99, 212, 228, 245, 254, 264, 275, 297, 310, 333, 369, 381, 421, 463, 487, 494, 498, 515, 517, 550, 552, 556, 560, 581, 585, 629, 662, 670, 723, 734
rühmen · 625
rühren · 206, 321, 438
rührend · 615
ruiniert · 268
rumbölken · 196, 238
Rumgedruckse · 245, 384
Rumgegröhle · 723
Rumgeschwafel · 723
Run for Cover · 181, 552, 553, 554, 581, 672
rund · 42, 99, 100, 115, 151, 181, 215, 235, 237, 290, 323, 389, 419, 442, 445, 497, 528, 590, 696, 737
Runde · 132, 457
runden · 649
Rundfunkchor · 621
rundum · 217, 380
runter · 84, 89, 97, 98, 102, 147, 182, 185, 220, 225, 254, 277, 308, 314, 326, 351, 388, 406, 428, 435, 446, 463, 574, 603, 657, 671, 700
runterbimmeln · 53
Runterdrücken · 322, 542
runterladen · 44, 438, 667, 717
runterlassen · 332
runterspielen · 447
ruppig · 688
rutschen · 445, 537, 694, 735, 738

S

Saal · 353, 445, 469, 515
sabbeln · 204, 278, 370, 557, 582
Säbelzahntiger · 54, 464
sabotieren · 659, 732

Sache · 34, 35, 36, 41, 46, 49, 145, 167, 208, 251, 265, 279, 339, 341, 349, 382, 391, 396, 401, 416, 428, 430, 432, 442, 444, 449, 462, 485, 492, 494, 496, 497, 527, 530, 538, 541, 555, 572, 575, 580, 588, 603, 620, 623, 629, 654, 684, 691, 692, 711, 714, 723
Sachebene · 287, 426, 572, 692, 693
Sachlage · 586
sachlich · 36, 191, 192, 195, 212, 250, 254, 255, 265, 292, 337, 338, 369, 381, 382, 400, 414, 423, 449, 483, 540, 541, 544, 557, 560, 582, 596, 659, 691, 710, 729, 730, 745
Sachsen · 66
sacken · 26, 27, 89, 268, 313, 314, 322, 369, 398, 440, 446, 454, 467, 525, 543, 555, 556, 559, 633, 652, 657, 738, 739
sacken (zusammen) · 186
Sacko · 53, 374
Sack-Rate · 313, 544, 555, 556, 657
Sadist · 255
säen · 83
Saft · 217, 360, 659
Sagen · 161, 289, 292
Sahara · 558, 599, 659
Saint-Saëns, Camille (1835 – 1921) · 50
Saison · 53
säkular · 658
Salbei · 298
sammeln · 43, 72, 80, 86, 103, 116, 159, 181, 224, 247, 261, 279, 370, 372, 400, 461, 463, 469, 490, 506, 522, 523, 526, 571, 579, 590, 637, 746
Samstag · 64, 242, 258, 305, 508, 509, 511, 512, 514, 588, 670
Sanctus · 516
Sand · 216, 310, 314, 331, 337, 559
Sandalen · 507
Sandwichposition · 559, 644
Sängerformant · 607
Sängerkategorien · 64, 71, 187, 231, 284, 288, 337, 402, 557, 577, 638, 688
Sängerschreibtsichseineeigenennotenselbermethode · 190
sangeswillig · 415
Sanglichkeit · 67, 233, 441
Sanitäter · 203
Sarkasmus · 137, 160
satt · 649
Satz · 84, 108, 114, 125, 127, 169, 177, 203, 217, 225, 238, 243, 288, 305, 315, 316, 317, 337, 348, 381, 399, 400, 405, 425, 426, 444, 459, 489, 492, 525, 537, 541, 550, 556, 559, 577, 598, 599, 626, 629, 633, 656, 658, 671, 672, 691, 709, 719
Satzbau · 320
sauber · 38, 42, 44, 52, 80, 97, 139, 150, 151, 152, 177, 220, 310, 313, 342,

343, 345, 382, 383, 395, 416, 446, 460, 462, 467, 471, 475, 519, 520, 529, 545, 555, 556, 557, 564, 568, 594, 608, 614, 642, 660, 673, 685, 701, 712, 728, 737, 738, 739, 741
Säue · 222
sauer · 42, 87, 101, 135, 162, 298, 316, 479, 560, 659, 688
Sauerei · 378
Sauerstoff · 54, 100, 233, 247, 387, 417, 499
saugen · 38, 81, 430
Säugetiere · 741
saumäßig · 590
saure Gurken · 479
Sauregurkenglas · 417
säuseln · 665
scannen · 90, 154, 157, 462, 489, 676
Schachbrettmuster · 102, 114
Schachmaschine · 444
schade · 68, 286, 316, 426, 517, 520, 733
schaden · 76, 101, 159, 187, 200, 203, 215, 251, 273, 295, 299, 307, 312, 336, 356, 362, 376, 410, 416, 453, 473, 485, 541, 573, 583, 584, 604, 662, 667, 674, 682
Schadenersatz · 251
Schadensersatz · 548
schaffen · 28, 32, 38, 65, 76, 81, 85, 87, 89, 102, 135, 136, 143, 144, 145, 165, 167, 194, 195, 200, 207, 208, 214, 218, 223, 224, 228, 231, 249, 252, 254, 261, 265, 266, 267, 278, 279, 280, 285, 288, 301, 302, 307, 309, 321, 332, 337, 346, 355, 361, 368, 395, 413, 427, 442, 451, 453, 463, 464, 475, 491, 502, 504, 512, 515, 518, 527, 531, 533, 544, 548, 552, 553, 573, 575, 582, 584, 588, 589, 599, 612, 625, 636, 637, 639, 652, 657, 662, 670, 672, 689, 699, 728, 729, 730
schaffen (ab-) · 642
schaffen (an-) · 64, 84, 173, 174, 194, 248, 346, 355, 385, 391, 434, 464, 488, 687, 738
schaffen (be-) · 91, 125, 411
schaffen (er-) · 109, 475
schaffen (ge-) · 102, 233, 325, 582
schaffen (ver-) · 101, 504, 539, 550, 570
schäkern · 154
Schal · 53, 373, 375, 561
Schale · 316
Schall · 60, 115, 151, 152, 158, 173, 312, 407, 424, 433, 445, 499, 511, 538, 615, 714
schallen · 493, 709
Schallgeschwindigkeit · 151, 152
Schallpegel · 604
Schallquelle · 173, 250
Schalltrichter · 60, 61, 75, 230, 294, 424, 445, 471, 694, 736

Schallwelle · 151, 538, 714
schalten · 55, 136, 191, 278, 325, 348, 423, 430, 492, 587, 588, 717
schalten (ab-) · 43, 333, 384, 621
Schambehaarung · 507
schämen · 61, 217, 247, 261, 385, 561, 576
scharf · 101, 159, 197, 321, 395, 426, 495, 516, 604, 633
schärfen · 75, 133, 382, 670
schärfen (ein-) · 370
schärfen (ver-) · 525, 535, 570
Schatten · 373, 496, 511
schätzen · 244, 251, 265, 301, 336, 338, 561, 724
schätzen (ein-) · 93, 125, 131, 194, 243, 252, 265, 266, 288, 323, 483, 502, 508, 514, 557, 562, 622, 623, 625, 638, 647, 670, 692, 728
schätzen (über-) · 246, 638, 670, 681, 685, 698
schätzen (unter-) · 41, 204, 246, 361, 369, 473, 499, 568, 588, 618, 629, 668, 710, 739
schätzen (ver-) · 168, 670
schätzen (wert-) · 251, 253, 345, 360, 692
Schatzmeister · 84, 91, 117, 143, 145, 286, 321, 425, 426, 561, 562, 699
Schau · 75, 467, 470
schauen · 29, 61, 75, 89, 115, 121, 226, 229, 238, 252, 266, 273, 275, 282, 285, 296, 321, 323, 347, 358, 366, 370, 371, 398, 404, 416, 421, 428, 431, 439, 446, 463, 467, 473, 479, 486, 498, 511, 513, 541, 546, 550, 558, 572, 586, 598, 605, 611, 639, 670, 698, 700, 718, 719, 720
schauen (ab-) · 208
schauen (an-) · 42, 49, 62, 192, 194, 195, 224, 226, 239, 253, 279, 296, 380, 396, 429, 433, 435, 452, 507, 567, 688, 689, 691, 725, 727
schauen (aus-) · 89, 90, 211, 223, 252, 404, 546, 727
schauen (drauf-) · 374, 404
schauen (durch-) · 316
schauen (hin-) · 626
schauen (hinein-) · 61, 72, 189, 223, 226, 314, 350, 385, 405, 407, 410, 481, 628, 712
schauen (nach-) · 274, 293, 406
schauen (raus-) · 53, 99, 279, 311, 375, 380, 404, 434, 487
schauen (über-) · 166, 206
schauen (voraus-) · 49, 321, 660
schauen (zu-) · 145
schaufeln · 739
Schaukasten · 397
Schaum · 417
Schaumstoffüberzug · 433
Schauspieler · 151, 335, 381, 383, 601

scheinbar · 326, 390, 416, 479
scheinbar (un-) · 161, 249
scheinen · 134, 217, 233, 245, 259, 373, 404, 419, 508, 629, 733
scheinen (durch-) · 157, 328, 507
scheinen (er-) · 74, 130, 132, 221, 232, 490, 584, 691, 710, 718
scheinheilig · 26, 98
Scheinwerfer · 217, 352, 412
scheiß · 83, 227, 390, 413, 420, 428, 599
scheiße · 517
scheißegal · 49, 115, 312, 631, 740
Scheiterhaufen · 173
scheitern · 32, 137, 144, 207, 214, 234, 244, 245, 487, 559, 562, 642
Schema · 282, 500, 509, 564, 566, 567, 697
Schenkel · 275
schenken · 189, 235, 247, 251, 288, 365, 391, 468, 678, 691, 733
Scherchen, Hermann (1891 – 1966) · 284, 331, 409, 473
scheren · 39, 534
Scherr, Vera · 406
Scherz · 61, 108, 186, 203, 250, 267, 297, 335, 339, 414, 416, 422, 586, 594
scheuen · 29, 223, 242, 473, 520, 578
scheußlich · 298
schicken · 64, 88, 90, 101, 126, 130, 138, 146, 152, 171, 172, 262, 263, 354, 358, 368, 376, 403, 445, 496, 512, 521, 525, 526, 534, 538, 549, 573, 585, 706
Schicksal · 108, 489
schieben · 86, 109, 140, 277, 313, 322, 346, 387, 443, 688, 738
schieben (ein-) · 509, 594
schieben (hoch-) · 140, 267
schieben (nach-) · 244, 429
schieben (ver-) · 26, 167, 174, 182, 206, 220, 266, 285, 342, 372, 525, 529, 532, 540, 550, 612, 685
schieben (vor-) · 378
schief · 336, 465, 554, 557, 682, 698
schießen · 69, 231, 415, 577, 716
Schiff · 116, 320
Schild · 366, 454, 735
Schild (Aushänge-) · 319, 660
Schild (Schutz) · 73, 561
schildern · 130, 238, 430, 683
Schiller, Friedrich (1759 - 1805 · 412
schimpfen · 49, 84, 316, 393, 478, 573, 599, 670, 692
Schippe drauflegen · 671
Schizophrenie · 741
schlafen · 46, 72, 82, 226, 241, 546, 550, 623
Schläfer · 562, 563, 723
schlaffen (ab-) · 75, 225, 249, 421

Schlag · 169, 273, 274, 342, 352, 392, 531, 564, 566, 567, 614, 643, 705
Schlaganfall · 452
schlagartig · 150, 317
Schlagbild · 566
schlagen · 114, 275, 284, 341, 352, 420, 619, 643, 660
schlagen (an-) · 494, 497, 639, 664
schlagen (weiter-) · 183
schlagen (zurück-) · 95, 381
schlagfertig · 33, 278, 280, 709
Schlaghand · 168, 169, 273, 274, 275, 328, 352, 439, 564, 626, 643
Schlagpunkt · 167, 169, 273, 328, 352, 398, 424, 430, 439, 474, 564, 567, 601, 698, 705
Schlagpunktdifferenzierung · 567
Schlagsatz · 399, 626, 707
Schlagwort · 462, 552, 669
Schlagzeilen · 43
Schlagzeug · 25, 158, 161, 173, 275, 606
Schlamm · 559
SCHLAND · 158, 471, 567, 724
Schlange · 155, 171, 188, 568, 714
Schlangenlinien · 564
Schlangenlinienbildchen · 564
schlank · 101, 322, 323, 424, 508
schlau · 457
Schlauch · 421
schlecht · 25, 27, 29, 58, 60, 68, 70, 71, 80, 84, 85, 86, 87, 88, 90, 95, 108, 116, 118, 125, 136, 145, 149, 150, 154, 155, 177, 193, 195, 197, 211, 214, 216, 219, 222, 223, 224, 225, 226, 231, 237, 239, 241, 246, 248, 256, 265, 266, 272, 274, 278, 287, 288, 293, 296, 298, 311, 317, 341, 342, 345, 346, 351, 353, 354, 357, 363, 368, 375, 378, 379, 382, 383, 386, 389, 390, 391, 392, 412, 413, 420, 421, 426, 437, 448, 455, 457, 460, 463, 475, 478, 483, 492, 498, 499, 511, 512, 513, 520, 525, 527, 538, 549, 552, 553, 555, 556, 557, 558, 562, 570, 579, 580, 582, 584, 589, 591, 592, 593, 601, 604, 621, 622, 638, 639, 683, 684, 688, 691, 696, 707, 708, 709, 720, 731, 738, 740
schlechthin · 373
schleichen · 52, 163, 356
schleichen (ein-) · 184, 257, 451, 562
Schleim · 180, 298
schleimen · 298, 376
schleimen (ein-) · 255, 335, 496
Schleimhaut · 298, 454, 479
schleppen · 321, 343, 530, 720
schleppen (durch-) · 28, 369

schleppen (mit-) · 235, 521, 545, 638, 727
schleppen (ver-) · 321
schlicht · 34, 68, 81, 89, 99, 113, 122, 128, 152, 156, 168, 174, 175, 183, 200, 201, 205, 206, 221, 235, 244, 248, 251, 258, 266, 272, 274, 289, 298, 303, 310, 332, 341, 345, 377, 384, 385, 399, 405, 422, 423, 427, 437, 442, 446, 468, 482, 483, 484, 488, 511, 512, 513, 520, 523, 551, 552, 567, 570, 573, 579, 582, 591, 592, 600, 614, 620, 666, 675, 678, 690, 696, 709, 716, 719, 723, 731
Schlichter · 333
Schlieren · 137
schließen & geschlossen · 26, 27, 40, 43, 54, 57, 60, 129, 158, 163, 186, 220, 225, 248, 281, 297, 338, 375, 387, 388, 400, 404, 444, 501, 507, 569, 594, 606, 614, 615, 633, 634, 698, 709
schließen (ab-) · 62, 134, 195, 340, 353, 359, 385, 417, 497, 568, 684
schließen (auf-) · 62, 316, 468
schließen (aus-) · 82, 86, 92, 123, 134, 159, 226, 288, 388, 511, 593, 644, 660, 670, 688
schließen (ein-) · 84, 112, 199, 248
schließen (ver-) · 212, 254, 257, 561, 568, 599
schließlich · 28, 53, 62, 63, 68, 86, 92, 125, 143, 148, 149, 166, 178, 185, 187, 218, 220, 237, 244, 245, 246, 258, 323, 361, 363, 371, 372, 381, 388, 404, 426, 435, 507, 510, 519, 527, 573, 576, 587, 592, 612, 632, 642, 650, 654, 660, 681, 685, 689, 698, 707, 718, 722, 739
schlimm · 25, 33, 35, 36, 46, 50, 53, 65, 70, 71, 73, 84, 85, 95, 102, 117, 122, 130, 149, 154, 162, 171, 174, 175, 184, 187, 188, 189, 212, 227, 248, 262, 292, 296, 297, 299, 320, 324, 328, 336, 337, 340, 346, 347, 349, 374, 378, 382, 399, 425, 433, 436, 440, 444, 448, 465, 487, 511, 527, 533, 545, 555, 556, 573, 577, 578, 581, 584, 587, 590, 593, 595, 599, 601, 625, 637, 641, 670, 673, 688, 698, 699, 702, 706
Schlingel · 157, 285, 343, 666
schluchzen · 197, 389, 583, 601, 629
schlucken · 40, 46, 152, 228, 436, 495, 676
schludern · 144, 163, 177, 179, 181, 317, 362, 567
Schlund · 615
Schluss · 25, 28, 69, 84, 91, 101, 126, 136, 153, 161,

179, 182, 191, 203, 225, 244, 245, 260, 287, 317, 329, 330, 345, 349, 358, 363, 374, 387, 393, 399, 407, 413, 437, 441, 501, 502, 503, 504, 509, 510, 512, 516, 517, 540, 545, 546, 547, 549, 550, 569, 574, 591, 597, 614, 615, 627, 630, 636, 637, 657, 665, 685, 697, 699, 739, 745
Schlussakkord · 679
Schlusschor · 390, 409
Schlussdefinition · 56, 57, 119, 151, 341, 568, 569, 665
Schlüssel · 91, 133, 147, 153, 154, 177, 359, 360, 365, 379, 438, 568, 631, 700
Schlüsselbund · 374
schlussendlich · 331
schlüssig · 390, 701
Schlussklang · 135
Schlusslied · 359
Schlussphase · 260
Schlussproben · 175
Schlusstakte · 181
Schlusston · 61, 139, 165, 310, 313, 321, 330, 331, 589, 707
Schlusswendung · 329, 330, 331
schmachten · 404
schmackhaft · 394, 539
schmal · 649
Schmalz · 368, 629
Schmalzkuchengegend · 167
Schmatzen · 436
schmecken · 118, 232
schmeicheln · 587
schmeißen (raus-) · 172, 198, 287, 288, 417, 448, 493, 550, 557, 584, 586, 658, 738
schmelzen · 614
schmelzen (ver-) · 85, 483, 696
schmerzhaft · 63, 258, 381, 552, 583, 672, 691
schmettern · 85, 540
Schmidt, Harald (*1957) · 33, 278, 602, 709
schmieden · 334, 573
schmieren · 61, 314, 397
schminken · 34
Schmitz, Rainer · 412
Schmuck · 54, 257, 353, 374
schmuggeln · 677
Schmutz · 45, 155, 172, 613
schnalzen · 342, 388, 604
schnappen (auf-) · 120
Schnappschuss · 90, 221, 222, 587
schnarren · 570
schnauben · 186
Schnauze · 190, 197, 429, 552
schneiden · 204, 351, 373, 513, 546
schneiden (ab-) · 243, 586
schneiden (an-) · 196
schnell · 26, 29, 32, 34, 38, 40, 44, 45, 54, 62, 70, 71, 74, 77, 80, 81, 82, 90, 95, 99, 100, 103, 108, 119, 127, 129, 132, 137, 140, 149, 151, 156, 165, 166, 172, 173, 181, 182, 184, 187, 191, 194,

203, 204, 218, 221, 226, 228, 235, 237, 238, 241, 244, 254, 258, 260, 261, 273, 274, 275, 281, 284, 301, 306, 308, 315, 316, 317, 321, 330, 331, 332, 333, 334, 335, 339, 341, 342, 343, 359, 363, 370, 377, 387, 399, 402, 405, 413, 417, 424, 427, 428, 429, 465, 471, 472, 475, 481, 486, 488, 495, 498, 505, 523, 526, 541, 545, 547, 561, 566, 569, 570, 571, 572, 573, 577, 583, 586, 587, 600, 627, 628, 629, 641, 643, 644, 647, 653, 657, 661, 664, 665, 667, 668, 669, 687, 689, 691, 694, 695, 699, 705, 706, 711, 714, 717, 718, 719, 728, 737
Schnitzer · 682
schnodderig · 736
schnöde · 528, 545
Schnörkelei · 363
schnörkelig · 564
schnuffig · 360
Schnupfen · 240, 282, 298, 378, 423, 497, 672, 730
Schnupperprobe · 70, 87, 163, 296, 344, 472, 530, 571, 702
Schock · 273, 353, 488, 552, 586, 637
Schockaufführungen · 386
Schokolade · 30, 96, 376, 614
schön · 42, 43, 95, 98, 103, 140, 154, 171, 188, 205, 215, 216, 221, 248, 249, 267, 278, 288, 290, 296, 299, 306, 311, 337, 348, 352, 363, 371, 380, 389, 390, 433, 448, 460, 476, 492, 496, 515, 544, 555, 556, 568, 570, 582, 594, 596, 599, 615, 620, 622, 624, 632, 636, 657, 663, 675, 684, 719, 720, 736
Schönberg, Arnold (1874 - 1951) · 353, 386
schonen · 291, 485
Schonhaltung · 59, 376
schönreden · 217, 288
Schopenhauer, Artur (1788– 1860) · 388
Schoß · 420, 635
schräg · 267, 440
Schranke · 110
schrappen (vorbei-) · 409, 644
Schraube · 722
Schraubverschluss · 417
Schrecken · 288, 525, 558, 577, 670
schrecken (ab-) · 71, 94, 525, 587
schrecken (auf-) · 71, 552
schrecken (er-) · 159, 273, 420, 658, 675
schrecken (ver-) · 274, 331, 351, 678
schrecken (zurück-) · 86
schreiben · 29, 30, 47, 48, 56, 58, 77, 80, 86, 91, 93, 94, 100, 101, 116, 125, 126, 133, 136, 156, 159, 164, 165, 172, 189, 203, 218, 225, 232, 234, 238, 243, 249, 256, 281,

289, 298, 302, 308, 311, 315, 316, 327, 358, 364, 367, 370, 372, 392, 393, 394, 396, 397, 402, 403, 405, 409, 412, 426, 428, 434, 458, 459, 461, 473, 496, 501, 505, 506, 509, 510, 513, 514, 520, 521, 523, 525, 526, 538, 543, 544, 549, 552, 554, 555, 561, 563, 564, 573, 579, 583, 584, 591, 593, 607, 609, 611, 624, 640, 647, 663, 673, 674, 675, 680, 684, 691, 700, 716, 717, 720, 730, 740, 742
schreiben (ab-) · 375, 676, 677, 686
schreiben (nieder-) · 580
schreiben (rein-) · 55, 371, 385, 397, 589
schreiben (über-) · 396
schreiben (unter-) · 29, 49, 108, 122, 129, 213, 244, 249, 506, 514, 524, 526, 539
Schreibtisch · 108, 113, 358, 392, 514, 608
schreien · 79, 100, 101, 124, 394, 395, 414, 415, 432, 443, 511, 551, 572, 586, 612
schreien (an-) · 389
Schreier · 132, 317, 400, 522, 571, 572, 582, 622, 658
schreiten (be-) · 93, 214
Schrift · 157, 247, 262, 363
Schrift (Keil-) · 289
Schriftart · 364, 403
Schriftgröße · 47
schriftlich · 80, 125, 127, 186, 289, 315, 316, 340, 400, 431, 524, 572, 580, 677, 691
schriftlich (hand-) · 101, 139, 481, 584, 629, 677
Schriftliche Schnellschüsse · 171, 316, 549, 572, 573
schrill · 507, 738
Schritt · 47, 49, 68, 94, 102, 109, 120, 122, 134, 169, 192, 199, 207, 219, 268, 269, 273, 275, 291, 375, 423, 428, 429, 443, 447, 465, 472, 505, 523, 553, 573, 587, 594, 625, 645, 699, 707, 723
Schrulligkeit · 301
Schubert, Franz (1797 – 1828) · 119, 147, 236, 261, 281, 411, 639
Schublade · 291, 574, 653, 654, 666
Schubladendenken · 49, 67, 74, 147, 151, 237, 291, 399, 574, 575, 604, 644, 653, 654, 666, 669, 707, 728
schüchtern · 487
Schuhe · 54, 374, 375, 456, 507, 720
Schuhkarton · 538
Schulbildung · 707
Schuld · 69, 86, 98, 146, 192, 227, 242, 275, 279, 291, 330, 346, 383, 388, 423, 442, 475, 540, 560, 570, 625, 670
Schuldgefühl · 267, 465, 635

schuldig · 216, 238, 347, 491, 496, 525, 531, 587, 600, 635, 679
Schuldner · 247
Schuldschein · 247
Schule · 258, 263, 354, 377, 414, 417, 440, 441
schulen · 71, 111, 120, 135, 245, 335, 391, 431, 446, 471, 486, 487, 555, 621, 696, 700, 737
Schüler · 117, 347, 457
Schulliederbuch · 658
Schullz, Axel Friedrich · 409
Schulter · 370
Schultern · 53, 73, 81, 82, 83, 143, 168, 169, 207, 253, 277, 319, 363, 380, 507, 544, 576, 628, 629, 682, 705
Schulterzucker · 38, 47, 81, 576
Schulung · 694, 739
Schulz, Karl Friedrich (1784 – 1850) · 61, 209
Schumann, Robert (1810 – 1856) · 39, 342, 547, 569, 681
schupsen · 606
schusch · 452
Schuster · 620
schütteln · 290
Schütz, Heinrich (1585 – 1672) · 56, 283, 309, 422, 482, 622
Schutzbefohlene · 655
schützen · 36, 70, 73, 81, 124, 125, 127, 128, 154, 187, 193, 238, 241, 248, 255, 265, 289, 299, 317, 324, 380, 414, 461, 463, 464, 468, 561, 577, 589, 594, 604, 605, 622, 631, 676, 677, 687, 706, 723
Schützenfest · 397, 624, 656
Schutzmauer · 317, 381, 468
Schutzreaktion · 316, 585
Schutzreflex · 36, 251, 577
Schwa · 61, 106, 445, 467, 694, 696, 697
schwach · 64, 112, 144, 149, 160, 187, 209, 231, 310, 327, 332, 337, 338, 339, 378, 382, 402, 420, 436, 503, 527, 553, 558, 577, 578, 585, 590, 591, 593
schwächeln · 72, 200, 508
Schwächen · 36, 92, 109, 160, 180, 386, 424, 449, 484, 539, 558
Schwachsinn · 28, 256, 411
Schwachstellen · 309, 310
schwammig · 173, 245
Schwangerschaft · 578
Schwanitz, Dietrich · 412
Schwankung · 116, 117, 161, 190, 229, 302, 390, 606
Schwanz · 676
schwappen · 538
Schwärmerei · 588
schwarz · 74, 80, 172, 223, 247, 288, 361, 373, 374, 375, 403, 404, 507, 508, 573, 603
schweben · 106, 255, 439, 538
schweben (ent-) · 161
schweben (vor-) · 133
schwebend (gleich-) · 439, 644, 646

schwebungsfrei · 106
schwedisch · 339
Schweigen · 124, 340, 376, 454, 494, 496, 552, 723
Schweigespirale · 340
Schweiß · 363, 507
Schweiz · 50
schwelgen · 389
Schwelle · 52, 106, 605, 709
schwellen · 71, 140, 298, 431
schwenken · 33, 283, 626
schwer · 31, 33, 34, 35, 36, 76, 84, 86, 92, 118, 131, 143, 152, 153, 158, 163, 178, 184, 191, 192, 193, 198, 204, 207, 213, 215, 218, 224, 236, 241, 250, 256, 261, 266, 271, 274, 283, 287, 291, 304, 305, 308, 310, 313, 317, 318, 320, 328, 330, 331, 334, 339, 343, 349, 374, 380, 381, 385, 391, 393, 402, 416, 417, 430, 431, 439, 444, 464, 467, 473, 482, 485, 496, 499, 500, 503, 507, 512, 515, 525, 527, 531, 539, 544, 556, 560, 561, 574, 576, 580, 599, 610, 613, 625, 639, 642, 658, 661, 665, 670, 675, 683, 685, 689, 690, 700, 712, 732, 733, 738, 739
Schwere · 246, 383, 509
Schwerkraft · 194, 347, 546
schwerlich · 95, 525, 600
Schwerpunkt · 60, 61, 139, 155, 160, 165, 254, 283, 301, 302, 309, 428, 519, 563, 589, 611, 612, 616, 705, 728
schwerwiegend · 287
Schwester · 98, 386, 437, 598, 599
Schwiegermutter · 27, 199
schwierig · 42, 43, 66, 72, 105, 131, 149, 153, 162, 163, 179, 182, 187, 198, 277, 304, 314, 358, 433, 492, 494, 501, 506, 547, 553, 554, 575, 585, 594, 595, 611, 617, 618, 634, 641, 665, 667, 681, 685, 689, 690
Schwierigkeit · 50, 51, 65, 131, 140, 149, 180, 237, 254, 291, 309, 311, 327, 330, 331, 333, 393, 456, 457, 497, 501, 508, 652, 666, 672
Schwierigkeitsgrad · 64, 420, 449, 522, 556, 562
Schwimmbad · 193, 506
schwimmen · 25
schwimmen (ver-) · 293, 373, 375, 648, 649
schwingen · 215, 334, 358, 375, 537, 538, 687, 714
schwingen (Einschwingphase) · 157, 158, 687
Schwingungsbild · 158
schwirren · 550
schwören (ein-) · 187, 225
schwören (ver-) · 295
schwül · 715
Schwung · 212, 267, 415
Schwunggewicht · 628
Scordatura · 644
SD · 137

Sechzehntel · 530, 713
Seefahrt · 405
Seele · 212, 284, 332, 453, 488, 573, 579, 580, 637, 741
Seelsorge · 150
Segen · 32, 73, 152, 235, 297, 545, 713
Segen (Liturgie) · 262
Segno · 667
sehen · 29, 34, 35, 36, 41, 42, 54, 59, 62, 63, 72, 73, 82, 90, 109, 114, 115, 123, 130, 136, 147, 158, 161, 163, 166, 167, 168, 169, 171, 172, 174, 180, 181, 184, 188, 198, 204, 221, 225, 226, 227, 236, 238, 244, 249, 252, 253, 256, 272, 273, 274, 280, 282, 296, 308, 311, 319, 322, 323, 328, 329, 337, 346, 347, 350, 351, 366, 373, 374, 379, 381, 385, 386, 396, 397, 398, 400, 404, 425, 430, 433, 436, 439, 444, 445, 448, 449, 453, 463, 468, 487, 491, 492, 505, 507, 508, 518, 526, 534, 545, 550, 551, 555, 579, 584, 589, 592, 597, 603, 607, 619, 626, 632, 638, 661, 673, 674, 675, 686, 691, 692, 693, 698, 702, 709, 713, 719, 723, 731, 733, 734, 737, 742
sehen (aus-) · 47, 90, 109, 127, 171, 222, 223, 308, 329, 349, 373, 417, 505, 507, 552, 586
sehnen · 229, 261
Seikilos-Stele · 290
Sein · 169, 232, 307, 386, 405, 409, 471, 561, 562, 631
Seite · 28, 35, 37, 41, 73, 81, 96, 99, 106, 108, 109, 110, 114, 145, 148, 160, 161, 169, 173, 189, 191, 197, 198, 212, 228, 244, 274, 275, 283, 289, 290, 301, 305, 329, 342, 346, 349, 350, 363, 378, 379, 385, 395, 397, 400, 407, 410, 412, 416, 419, 423, 424, 426, 429, 430, 444, 452, 454, 456, 472, 474, 489, 520, 526, 537, 538, 541, 567, 572, 584, 587, 590, 605, 607, 612, 620, 630, 631, 644, 646, 648, 651, 660, 677, 682, 684, 691, 693, 695, 707, 724, 732, 735, 746
Seitenschiff · 115, 366
Seitenwechsel · 228, 336, 347, 541, 584
seitig (ein-) · 178, 197, 336, 410, 420, 548, 684
seitig (zwei-) · 178, 385, 420, 684
seitlich · 54, 59, 73, 155, 169, 173, 277, 355, 495, 565
Sekt · 40, 360
Sektenführer · 45, 175
Sekunde · 32, 74, 100, 101, 115, 141, 156, 171, 193, 206, 215, 223, 247, 279, 293, 307, 308, 314, 334,

355, 370, 387, 445, 472, 478, 488, 502, 538, 552, 600, 628, 629, 641, 642, 666, 672, 676, 696, 714
Sekunde (Milli-) · 217, 613
Selbstdarstellung · 601, 692
Selbsterfahrungsmoment · 731
selbstgefällig · 215
selbstgemacht · 249
Selbsthilfebücher · 483
Selbstkasteiung · 180
Selbstkontrolle · 63, 328
selbstlos · 416
Selbstmitleid · 584, 672
selbstsicher · 484, 493
selbstständig · 34, 127, 139, 285, 306, 323, 331, 384, 499, 501, 593, 666, 719, 729, 735
selbstständig (beruflich) · 127, 240, 242, 384
selbsttätig · 534, 712
selbstverständlich · 328, 388, 523, 576, 710
Selbstvertrauen · 50, 339, 452, 580, 585, 595, 596, 721
Selbstwertsteigerung · 548
Selbstwirksamkeitserwartung · 580, 585
selektiert · 381
selektiv · 684
Self-fulfilling-Prophecy · 32, 85, 290, 317, 643
selten · 51, 62, 68, 84, 131, 136, 139, 154, 163, 213, 217, 221, 229, 233, 236, 239, 240, 242, 253, 274, 282, 291, 292, 304, 323, 325, 327, 330, 335, 356, 372, 376, 381, 413, 422, 435, 442, 471, 481, 488, 496, 511, 514, 515, 531, 553, 567, 568, 571, 584, 585, 613, 626, 636, 644, 677, 687, 700, 713, 721
Semester · 188, 211, 315, 326, 586, 689
semibrevis · 480
Seminar · 390, 476
senden · 171, 172, 315, 316, 490, 538, 586, 667
Senf · 572
sengpielaudio.com · 712, 714
Senioren · 116, 117, 188, 318, 354, 384, 415, 508, 512, 615
senken · 362, 402
senkrecht · 37, 258
sensibel · 113, 154, 195, 196, 212, 223, 230, 238, 249, 275, 317, 322, 337, 345, 425, 526, 530, 576, 578, 583, 631, 637, 660, 686, 688, 696
sensibilisieren · 203, 220, 299, 585, 695, 696
Sensor · 157, 417
sentimental · 410, 456
SEPA · 585
separat · 353, 355, 653
Separierung · 112, 552
Septime · 30, 38, 96, 111, 135, 181, 182, 198, 308, 326, 398, 401, 641, 643, 685
Serifenschrift · 47, 403
Serotonin · 136, 347, 387

serpentpublications.org/drupal7/ · 711
Server · 573
Service · 668
servieren · 284, 363
session.de · 712
setzen · 40, 41, 49, 59, 105, 126, 140, 156, 165, 175, 200, 201, 230, 231, 245, 259, 279, 283, 294, 298, 302, 314, 335, 337, 349, 360, 376, 378, 431, 435, 467, 469, 501, 512, 518, 527, 534, 558, 605, 610, 662, 669, 670, 691, 737, 738
setzen (ab-) · 27, 52, 87, 127, 240, 295, 299, 327, 520, 605, 684
setzen (auseinander-) · 72, 316, 386, 439, 688
seufzen · 186, 599
Sexualität · 53, 54, 200, 250, 269, 324, 507, 515, 561, 576, 585, 586, 587, 686
Shakespeare · 66, 67, 407
Shitstorm · 623, 662
Show · 217, 265, 345, 353, 375, 442, 601
Shut-Down · 464
Sibelius (Software) · 663
sic · 66, 196, 287, 389, 507, 654
sicher · 192, 254, 341, 378, 524, 693, 717, 742
Sicherer Raum · 145, 254, 265, 267, 444, 489, 588
Sicherheit · 25, 30, 45, 55, 70, 71, 72, 73, 76, 88, 93, 102, 109, 117, 135, 150, 153, 155, 156, 159, 176, 177, 184, 190, 192, 194, 202, 220, 224, 227, 229, 231, 233, 234, 240, 249, 254, 256, 257, 258, 259, 262, 266, 280, 285, 291, 298, 299, 304, 316, 331, 335, 340,341, 343, 345, 369, 379, 400, 404, 421, 425, 431, 434, 435, 439, 440, 457, 460, 464, 465, 472, 483, 488, 496, 503, 522, 523, 524, 525, 526, 541, 549, 552, 561, 570, 578, 580, 582, 587, 588, 589, 597, 598, 610, 623, 642, 643, 658, 663, 671, 682, 690, 698, 706, 707, 718, 723, 731, 737, 739
sichern · 473
sichern (ab-) · 340
sicherstellen · 54, 124, 346
Sicht · 68, 95, 110, 114, 212, 240, 245, 256, 284, 336, 384, 409, 458, 592, 679, 701, 717
sichtbar · 42, 51, 53, 74, 81, 84, 137, 171, 220, 236, 247, 356, 375, 442, 491, 495, 509, 546, 592, 593, 707
sichtlich · 179
sichtlich (offen-) · 69, 145, 149, 153, 154, 161, 175, 212, 236, 296, 307, 349, 375, 378, 386, 404, 432, 441, 489, 560, 573, 605, 620, 629, 656, 669, 671, 716, 720
sichtlich (voraus-) · 200

sichtlich (zuver-) · 75
Siebener · 643
Siezen · 91, 162
Signal · 110, 158, 201, 273, 274, 405, 428, 438, 486, 586, 592, 665, 687
Signal (Gruppe) · 717
Signatur · 172, 368, 710
signifikant · 70, 110, 166, 193, 202, 259, 260, 474, 496, 528, 579, 590, 598, 746
Silbe · 84, 105, 147, 150, 157, 158, 183, 258, 313, 322, 342, 395, 422, 427, 441, 462, 482, 569, 574, 575, 589, 603, 611, 617, 634, 640, 650, 695, 718, 737
Silbenanzahl · 665
Silbenbetonungen · 39, 61, 395, 399, 551, 589, 612
Silbenverteilungen · 668
Silber · 256
Simkarte · 203, 255
simpel · 234, 308, 326, 447, 474, 489, 612, 692, 702, 716, 739
Sinfonie · 390, 405, 409, 619, 644
Single · 250, 590
single out · 590, 591
singulär · 287
sinken · 116, 529
sinken (ver-) · 262, 350, 559, 584, 589
sinken (zusammen-) · 277, 601
Sinn · 45, 48, 51, 55, 91, 108, 138, 145, 167, 169, 180, 191, 208, 212, 240, 250, 259, 287, 296, 316, 328, 335, 336, 337, 345, 353, 354, 358, 380, 386, 387, 392, 432, 435, 442, 458, 488, 500, 517, 534, 537, 540, 545, 552, 567, 571, 576, 591, 608, 645, 646, 654, 679, 702, 706, 722, 733, 738
Sinnhaftigkeit · 442
sinnlos · 132, 196, 284, 299, 455, 698
sinnvoll · 44, 49, 72, 74, 79, 86, 97, 112, 117, 122, 126, 136, 143, 152, 160, 167, 168, 183, 189, 190, 193, 205, 208, 228, 258, 266, 274, 276, 287, 288, 307, 318, 364, 375, 379, 404, 415, 417, 422, 438, 442, 451, 464, 465, 489, 498, 501, 502, 503, 522, 553, 566, 591, 618, 623, 627, 631, 641, 665, 687, 700, 714, 746
Sinuston · 152
Sippenhaft · 29, 43
Situation · 28, 33, 36, 54, 66, 68, 69, 70, 73, 85, 87, 91, 101, 108, 110, 130, 134, 145, 148, 153, 154, 173, 185, 192, 193, 199, 200, 206, 207, 212, 214, 217, 218, 220, 222, 227, 235, 236, 238, 239, 244, 257, 267, 288, 295, 322, 334, 347, 377, 378, 381, 382, 410, 426, 429, 430, 447, 452, 455, 465, 475, 486, 487, 488, 508, 515,

549, 559, 577, 584, 585, 586, 587, 599, 625, 630, 635, 637, 649, 658, 662, 667, 672, 673, 680, 683, 684, 685, 686, 691, 701, 708, 709, 721, 723, 732, 735
situativ · 75, 158, 195, 580, 701, 735
situiert · 434
Sitz · 445
sitzen · 27, 33, 41, 48, 53, 59, 71, 75, 89, 90, 110, 114, 115, 128, 140, 148, 151, 155, 169, 174, 175, 180, 198, 201, 202, 230, 231, 232, 239, 249, 272, 284, 294, 305, 306, 332, 347, 349, 355, 361, 366, 376, 379, 387, 391, 413, 429, 435, 464, 469, 472, 486, 490, 493, 495, 498, 512, 522, 527, 529, 545, 557, 573, 593, 597, 598, 600, 635, 674, 676, 691, 694, 702, 705, 728, 730, 734, 737, 741
Sitzordnung · *Siehe* Aufstellung (Chor-)
Sitzung · 122, 128, 154, 400, 473, 506
skandieren · 190, 228, 292, 483, 716
Skatrunde · 715
Skepsis · 718
Sklave · 167, 170, 301, 478, 613, 728
Skype · 136, 137
Sleep fleshly birth (R. Ramsey) · 112, 260
Smalltalk · 108, 468
Smartphone · 43, 76, 98, 415, 587, 608
SMS · 29, 691
Snack · 360, 372, 479, 511
Snapchat · 593
Social Media · 143, 159, 221, 222, 365, 368, 397, 593, 662
Sockel · 71, 295, 337, 591, 593
Socken · 325
Sofa · 378
sofort · 39, 45, 58, 67, 73, 90, 127, 129, 137, 144, 145, 146, 186, 192, 196, 204, 209, 236, 244, 246, 256, 268, 273, 296, 333, 343, 350, 356, 381, 384, 391, 401, 429, 446, 452, 465, 470, 488, 494, 524, 526, 527, 529, 531, 545, 563, 575, 583, 586, 596, 613, 626,663, 672, 681, 682, 688, 709, 735
Software · 34, 125, 136, 137, 144, 172, 222, 254, 279, 293, 351, 461, 462, 464, 648, 663, 677, 680
sogar · 25, 28, 33, 44, 47, 49, 52, 57, 59, 60, 73, 76, 85, 95, 100, 108, 117, 130, 132, 135, 136, 138, 147, 168, 175, 181, 182, 184, 186, 187, 188, 195, 198, 199, 201, 203, 218, 219, 222, 225, 231, 234, 250, 253, 255, 263, 277, 281, 283, 296, 299, 305, 306, 310, 324, 329, 331, 337, 338, 339, 340, 346,

347, 351, 367, 369, 374, 377, 381, 383, 387, 389, 390, 392, 398, 402, 406, 413, 415, 423, 425, 437, 442, 446, 447, 448, 452, 454, 456, 460, 462, 465, 467, 469, 470, 473, 477, 487, 490, 493, 506, 511, 516, 518, 522, 528, 531, 535, 537, 544, 549, 553, 556, 560, 561, 562, 565, 568, 572, 575, 579, 583, 586, 590, 592, 594, 597, 601, 602, 604, 611, 612, 620, 626, 628, 630, 634, 639, 646, 660, 666, 667, 669, 671, 674, 675, 679, 682, 688, 698, 700, 705, 717, 722, 727, 741
Sohn · 164, 260, 534, 543
Solar Plexus · 81
Solisten · 41, 42, 48, 59, 69, 70, 71, 74, 85, 89, 91, 110, 111, 128, 189, 202, 218, 230, 240, 281, 302, 304, 306, 307, 350, 355, 356, 365, 377, 391, 395, 403, 411, 424, 431, 433, 434, 441, 442, 445, 448, 459, 486, 591, 594, 595, 596, 597, 600, 610, 650, 664, 690,695, 736, 738
Solistenverstärkung · 173, 348, 355, 688
Solmisation · 320, 597, 695
solo · 42, 111, 112, 355, 372, 395, 420, 431, 487, 595, 667, 696
Sommer · 114, 152, 357, 374, 375, 446, 498, 507, 576, 597, 656
Sonderfall · 330
Sonderproben · 126, 508, 513
Sonderrolle · 736
Sonne · 278, 380, 473, 495
Sonnenlicht · 247
Sonntag · 32, 117, 258, 264, 265, 305, 373, 393, 510, 511, 512, 513, 516, 525, 657, 702
sonstig · 127, 269, 397, 479, 523, 712
Sopran · 39, 61, 71, 99, 110, 111, 112, 113, 114, 136, 164, 174, 181, 182, 184, 187, 190, 200, 209, 216, 219, 220, 260, 281, 290, 291, 302, 307, 310, 313, 314, 334, 369, 395, 432, 460, 467, 472, 497, 498, 502, 503, 525, 543, 544, 553, 558, 559, 578, 593, 602, 619, 620, 622, 623, 632, 633, 640, 641, 644, 647, 652, 657, 660, 690, 698, 700, 712, 730, 736, 738, 739, 741
sorgen (be-) · 359, 712
sorgen (für) · 31, 56, 67, 68, 79, 99, 100, 101, 102, 117, 149, 152, 155, 167, 172, 175, 184, 194, 197, 200, 213, 216, 228, 238, 248, 255, 258, 263, 267, 277, 278, 283, 294, 307, 308, 310, 311, 316, 322, 332, 333, 341, 344, 345, 358, 360, 361, 362, 363, 366, 373,381, 396, 401, 414, 421, 427, 430,

441, 442, 445, 454, 463, 470, 472, 474, 498, 499, 501, 508, 511, 516, 518, 527, 533, 537, 547, 563, 568, 576, 585, 586, 592, 593, 601, 615, 632, 635, 639, 650, 694, 715, 730, 737, 738, 741
sorgen (sich) · 101, 113, 125, 226, 253, 268, 271, 291, 307, 328, 329, 336, 349, 374, 385, 405, 423, 465, 541, 583, 640, 655, 690, 698
sorgen (ver-) · 54, 100, 196, 233, 293, 316, 387
sorry · 98, 267, 375, 449, 492, 541, 668, 711
sortieren · 71, 72, 108, 137, 147, 188, 194, 206, 372, 375, 376, 377, 380, 403, 461, 523, 524, 550, 594, 627, 672, 736, 746
Soundcheck · 294, 348, 354, 355, 433
Soundkarte · 137
souverän · 33, 34, 63, 280, 580, 585, 721
Sowjetunion · 590, 695
sozial · 34, 43, 50, 87, 91, 92, 108, 116, 117, 118, 127, 133, 136, 161, 193, 194, 196, 201, 202, 206, 241, 246, 247, 268, 288, 289, 323, 334, 354, 376, 378, 383, 384, 415, 427, 458, 472, 476, 485, 508, 517, 532, 548, 557, 575, 578, 582, 585, 591, 592, 597, 598,617, 636, 637, 670, 716, 734
sozial (a-) · 30, 34, 288, 557, 558, 593
sozialakustisch · 231
Sozialdruck · 98, 188, 333, 347, 494
Sozialdynamik · 337
Sozialfälle · 557
Sozialgemeinschaft · 48, 68, 117, 194, 196, 229, 295, 309, 415, 448, 493, 548, 557, 560, 634, 673, 702, 730
sozialisieren · 527, 585
Sozialsystem · 64, 99, 337, 420, 590
Sozialverhalten · 558
sozialverträglich · 558
Soziopath · 255
Spagettiträger · 507
spalten · 160, 189
spanisch · 66, 197
spannend · 84, 112, 128, 138, 259, 260, 265, 268, 290, 386, 393, 395, 398, 399, 408, 502, 537, 547, 598, 599, 612, 613, 614, 619
Spannung · 31, 45, 47, 55, 60, 61, 68, 75, 81, 85, 89, 102, 135, 139, 140, 146, 147, 164, 165, 168, 184, 258, 262, 268, 271, 314, 315, 331, 334, 394, 398, 415, 421, 423, 441, 445, 446, 460, 463, 502, 504, 514, 517, 589, 599, 601, 606, 614, 672, 675, 708, 713, 730

793

Spannung (Grund-) · 81, 271, 310, 415, 489, 604, 606
Spannungsabfall · 60, 139, 165, 589, 606
spannungsvoll · 139, 395, 474, 556
Spannungszustand · 446, 544
sparen · 116, 118, 160, 172, 185, 222, 237, 248, 265, 305, 347, 352, 353, 364, 367, 374, 434, 460, 463, 471, 479, 518, 531, 539, 542, 570, 575, 595, 713, 727, 728
sparen (er-) · 144, 185, 350, 508, 620, 652, 727, 728
sparsam · 434, 472
Spaß · 29, 45, 63, 68, 109, 130, 135, 180, 183, 184, 195, 205, 207, 208, 215, 223, 228, 229, 249, 295, 327, 371, 374, 382, 396, 422, 426, 433, 442, 444, 457, 469, 470, 500, 529, 535, 537, 538, 548, 610, 643, 709, 732
Spaßchor · 327, 485, 506, 532, 652
spät · 26, 27, 29, 47, 49, 55, 58, 65, 82, 85, 89, 95, 105, 125, 146, 163, 166, 179, 182, 184, 191, 216, 220, 233, 238, 242, 248, 266, 272, 281, 282, 288, 289, 303, 305, 306, 313, 319, 329, 333, 357, 362, 363, 381, 387, 402, 411, 415, 416, 417, 435, 451, 465, 477, 478, 483, 487, 508, 512, 523, 524, 531, 532, 552, 569, 582, 588, 594, 602, 615, 626, 627, 629, 635, 637, 657, 673, 675, 687, 702, 705, 706, 713, 727, 730, 736, 737
später · 45, 574
spazieren · 183, 376, 514
Speichel · 48, 599, 600
Speichelprobe · 476
speichern · 32, 161, 340, 396, 403, 456, 524, 573, 663
Spektrum · 186, 247, 456, 467, 476, 738
Spekulationen · 123
Spende · 68, 69, 138, 247, 304, 348, 356, 360, 364, 437, 479, 483, 490, 517, 684
Spendenbescheinigung · 490, 520, 684
Spendenbutton · 490
spendieren · 434
sperren · 138, 203, 255, 366, 734
spezial · 593
Spezialbehandlung · 154
Spezialensemble · 471
Spezialist · 134, 144, 145, 370, 481, 500, 600, 636, 673, 738
speziell · 75, 76, 97, 99, 100, 120, 140, 163, 181, 224, 295, 393, 400, 444, 457, 464, 469, 472, 474, 486, 528, 571, 579, 657, 676, 680

spezifisch · 179, 218, 389, 408, 410, 436, 449, 527, 557, 610, 644, 656, 660
Spickzettel · 404, 500, 505
spiegeln · 59, 79, 101, 112, 169, 174, 253, 258, 272, 328, 347, 370, 398, 404, 421, 506, 528, 564, 601, 648, 676, 698, 714
Spiegelneuronen · 474
Spieglein · 167, 398, 404, 474, 601, 698
Spiel · 50, 284, 294, 298, 399, 427, 541
spielbereit · 305
spielen · 25, 27, 29, 37, 50, 59, 71, 80, 96, 118, 147, 151, 152, 161, 175, 178, 201, 245, 253, 259, 263, 264, 272, 289, 294, 301, 305, 306, 307, 319, 390, 395, 396, 399, 405, 433, 439, 442, 448, 456, 474, 477, 486, 487, 497, 538, 541, 544, 567, 591, 603, 608, 619, 625, 629, 640, 644, 648, 651, 656, 677, 702, 706
spielen (ab-) · 74, 79, 260, 265, 663, 665, 667
spielen (auf-) · 34, 238, 295, 622, 709
spielen (aus-) · 124
spielen (ein-) · 264
spielen (mit-) · 147, 161, 174, 236, 304, 396
spielen (rein-) · 537
spielen (über-) · 175, 339, 484, 671
spielen (vor-) · 25, 51, 263, 279, 579
Spielerei · 253, 538
spielerisch · 167
Spielfilm · 414
Spielmannszug · 513
Spielraum · 313, 395, 629
Spielregeln · 95, 426
Spieß · 246, 676
spitz · 309, 445, 737
Spitze (Doppel-) · 75, 160, 161
Spitzenton · 31, 163, 257, 260, 309, 698, 738
Spleen · 35
Sponsoren · 116, 365, 434, 490, 496, 520
spontan · 117, 124, 247, 249, 278, 297, 393, 447, 478, 500, 528, 554, 570, 578, 602, 638, 660
sporadisch · 43, 282, 305
Sport · 44, 53, 118, 148, 162, 218, 267, 271, 375, 379, 430, 519, 570
Sport-BH · 53, 375
spöttisch · 35
Sprache · 66, 67, 79, 110, 176, 203, 218, 236, 244, 296, 339, 342, 354, 419, 441, 443, 444, 495, 515, 516, 551, 574, 596, 600, 602, 603, 612, 646, 650, 651, 667, 687, 697, 719, 720, 722, 724, 746
Sprache (Aus-) · 40, 42, 47, 66, 67, 76, 176, 177, 180, 197, 236, 237, 239, 256, 257, 264, 281, 296, 320, 339, 341, 342, 394, 395, 398, 406, 407, 495,

540, 551, 553, 574, 634, 687, 707
Sprache (Mutter-) · 66, 76, 516
Sprachen · 650, 686
Sprachgebrauch · 329, 447
Sprachmelodie · 147
Sprachrohr · 528, 715, 716
sprechen · 66, 147, 151, 218, 225, 242, 244, 329, 336, 377, 399, 415, 444, 476, 493, 503, 504, 530, 574, 575, 580, 603, 604, 634, 746
sprechen (an-) · 577
sprechen (aus-) · 586, 676
sprechen (aus-) lassen · 67, 156, 340, 673, 676
sprechen (be-) · 65, 66, 120, 121, 128, 135, 145, 178, 238, 278, 286, 287, 346, 350, 371, 383, 459, 473, 506, 530, 540, 661, 699, 708, 711
sprechen (für) · 340
sprechen (miteinander) · 29, 34, 35, 36, 42, 46, 47, 59, 60, 62, 63, 68, 71, 76, 77, 79, 82, 85, 108, 110, 113, 122, 144, 147, 148, 155, 156, 181, 182, 189, 200, 212, 216, 225, 228, 238, 239, 244, 246, 255, 268, 269, 284, 287, 293, 295, 307, 308, 316, 334, 336, 346, 347, 349, 357, 367, 371, 376, 382, 383, 393, 409, 416, 425, 427, 428, 438, 453, 459, 476, 485, 487, 489, 496, 506, 516, 517, 530, 540, 545, 552, 555, 557, 561, 563, 570, 573, 582, 586, 588, 595, 615, 621, 627, 635, 637, 639, 676, 691, 693, 702, 706, 708, 719, 723, 727, 736
sprechen (Text) · 40, 49, 52, 56, 66, 67, 74, 75, 147, 151, 185, 209, 217, 218, 225, 228, 237, 256, 271, 279, 282, 285, 289, 297, 299, 311, 313, 322, 329, 339, 342, 343, 348, 369, 377, 395, 399, 406, 415, 432, 433, 434, 438, 439, 482, 492, 493, 496, 503, 504, 530, 531, 551, 558, 574, 575, 603, 604, 606, 611, 614, 616, 618, 625, 634, 642, 644, 653, 657, 666, 674, 687, 691, 708, 713, 721, 723, 735, 737
sprechende Stimmen · 111, 559
Sprechmaschine · 444
Sprechstück · 433
sprengen · 694, 716
Spreu vom Weizen trennen · 102, 487, 549, 634
springen · 33, 74, 164, 169, 181, 209, 233, 256, 322, 596, 622, 662, 670, 685, 705
springen (ein-) · 672, 674
Spritze · 46
spröde · 537
Spuckabstand · 114
spucken · 66, 299, 306, 341, 604
Spuckweite · 70

Spuk · 216, 259
spülen · 138, 298
spüren · 27, 40, 42, 48, 49, 79, 82, 89, 93, 153, 156, 165, 166, 181, 183, 194, 206, 219, 225, 227, 230, 257, 282, 290, 319, 330, 331, 346, 347, 358, 385, 387, 396, 401, 415, 439, 453, 455, 493, 496, 499, 500, 503, 530, 532, 540, 548, 550, 601, 610, 611, 616, 618, 635, 642, 681, 686, 690, 721, 731, 738
Stab · 619
stabil · 81, 82, 96, 97, 138, 169, 190, 191, 202, 231, 268, 275, 279, 328, 343, 344, 374, 401, 463, 464, 503, 559, 641, 681, 713
stabilisieren · 167, 404, 559
Stabilisierungsspannung · 81, 147, 186, 399, 415, 606
Stabilo · 120
Staccato · 55
Stadiongesang · 471
Stadt · 69, 87, 131, 133, 187, 193, 194, 289, 367, 528, 684, 732
staffeln · 216, 305, 520
Stamm · 81, 111, 746
stammeln · 218
stammen · 48, 114, 125, 257, 289, 292, 324, 444, 459, 552, 603, 628, 680, 705, 706
Stand · 73, 159, 224, 266, 277, 310, 375, 539, 662
Standard · 59, 63, 66, 91, 129, 172, 173, 180, 213, 214, 235, 243, 305, 331, 350, 393, 401, 406, 407, 408, 410, 437, 491, 552, 613, 637, 643, 645
Standbein (beruflich) · 488
Ständchen · 125, 528
standhaft · 713
ständig · 159, 160, 196, 224, 225, 238, 310, 315, 336, 347, 381, 468, 519, 525, 549, 746
Standort · 134, 146, 151, 152, 231, 356, 365, 372
Standpunkt · 33, 381
Stange · 352
stapeln · 90, 171
Star · 128, 439
Star Wars · 439
Starallüren · 389
stark · 28, 31, 35, 39, 40, 42, 45, 61, 64, 66, 80, 83, 85, 87, 92, 112, 113, 135, 147, 149, 160, 165, 174, 191, 200, 224, 231, 250, 258, 261, 273, 280, 283, 288, 296, 297, 313, 321, 327, 334, 338, 370, 386, 395, 401, 402, 403, 412, 414, 420, 426, 427, 436, 473, 484, 551, 553, 584, 587, 593, 602, 605, 611, 639, 662, 683, 706, 719, 735, 739, 741
stärken (be-) · 73, 135, 144, 146, 234, 279, 310, 572, 583
stärken (ver-) · 220, 229, 303, 307, 528, 589, 595

starren · 47, 54, 61, 272, 323, 375, 439, 463, 507, 620, 682, 707
Start · 45, 150, 158, 159, 161, 181, 213, 255, 345, 357, 358, 394, 399, 409, 438, 441, 490, 512, 540, 587, 593, 639, 739
Startbedingungen · 438
starten · 666
Startton · 257, 559
Station · 94, 688
statisch · 424
Stativ · 146, 173
stattdessen · 46, 140
stattfinden · 478, 479, 525, 649
Status · 90, 99, 163, 346, 384, 484, 594
Stau · 532
stäuben · 659
staubig · 27, 156, 217
stauen · 381
staunen · 571
Stauung · 60
Steckdose · 352, 688
stecken · 73, 206, 421, 502, 547, 717, 723
stehlen · 46, 68, 85, 148, 180, 236, 265, 341, 354, 379, 385, 622, 670
steif · 43, 254, 463, 705, 721
steigen · 106, 138, 337, 345, 440, 446, 551
steigend (auf-, ab-) · 163, 165, 415, 502, 503, 613
Steigerung · 49, 68, 76, 98, 135, 140, 149, 163, 164, 165, 200, 209, 348, 354, 356, 425, 508, 511, 556, 570, 598
Stein · 151, 191, 211, 257, 279, 290, 325, 374, 559
steinigen · 714
Steinzeit · 561
Stelle · 26, 42, 43, 47, 55, 56, 59, 70, 72, 79, 85, 89, 90, 91, 92, 94, 102, 105, 112, 115, 118, 119, 130, 131, 135, 136, 137, 146, 149, 151, 158, 168, 169, 176, 179, 184, 187, 189, 190, 192, 198, 201, 208, 209, 212, 213, 215, 218, 225, 239, 249, 254, 259, 260, 261, 262, 272, 274, 279, 288, 291, 293, 294, 301, 304, 308, 309, 311, 313, 314, 316, 334, 341, 354, 355, 357, 369, 370, 371, 380, 384, 386, 392, 396, 398, 402, 413, 427, 428, 435, 437, 438, 446, 448, 451, 461, 471, 472, 474, 488, 489, 493, 495, 501, 503, 504, 519, 532, 543, 544, 547, 551, 554, 555, 560, 574, 575, 583, 589, 593, 594, 596, 599, 601, 602, 610, 612, 618, 619, 623, 633, 639, 648, 649, 653, 657, 663, 668, 670, 671, 672, 674, 675, 681, 682, 683, 685, 686, 698, 708, 718, 719, 721, 728, 730, 733, 739
stellen · 28, 45, 69, 71, 74, 76, 110, 111, 113, 114, 131, 136, 144, 148, 165, 172, 184, 195, 224, 242, 256, 264, 283, 285, 293,
320, 323, 326, 335, 346, 349, 354, 355, 367, 385, 393, 400, 421, 436, 446, 468, 470, 491, 498, 516, 522, 524, 540, 545, 560, 613, 672, 678, 680, 686, 709, 716
stellen (auf-) · 168, 263, 294, 352, 376, 403, 479, 541
Stellenwert · 377
Stellung · 45, 186, 323
stellvertretend · 349, 350, 712
stemmen · 338, 460
Stempel · 394, 507
sterben · 97, 98, 111, 190, 316, 317, 408, 415, 463, 477, 492, 496, 500, 515, 548, 558, 601, 637, 638, 639, 658, 684
stereo · 173, 198, 294, 648
Stereotypen · 66, 234, 702
stetig · 441
Steuer · 52, 116, 127, 240, 245, 272, 295, 299, 520, 538, 562, 605, 684
steuern · 55, 101, 140, 148, 153, 154, 178, 194, 195, 206, 251, 254, 255, 302, 347, 352, 355, 366, 416, 423, 427, 433, 444, 557, 576, 582, 669, 672, 728, 734
steuern (an-) · 27, 291, 309, 398, 569
steuern (über-) · 348, 354
Steuernummer · 539
Steuerung · 352
Stichel · 37
Stichnoten · 487
stickig · 498
Sticks · 161, 275
Stiefmütterheim · 376
stiefmütterlich · 151, 615, 652
Stift · 52, 100, 120, 187, 214, 380, 454, 464, 579, 605
Stigma · 324
Stil · 160, 223, 408, 639, 742
stilisiert · 66
Stille · 31, 40, 51, 79, 124, 137, 228, 347, 359, 361, 399, 403, 478, 637
Stille Post · 399
Stillgestanden · 81, 147, 186, 271, 328, 399, 415, 606, 721
Stimmbänder · 221, 288, 334, 379, 430, 446, 463, 607, 632, 687
Stimmbandschluss · 195, 288, 570
Stimmbildung · 42, 70, 71, 72, 81, 87, 91, 94, 120, 121, 126, 160, 163, 181, 187, 189, 276, 280, 313, 317, 318, 411, 415, 445, 508, 578, 610, 630, 640, 652, 717, 739
Stimmbruch · 606
Stimmbücher · 679
stimmen · 28, 87, 127, 184, 199, 231, 304, 340, 439, 498, 515, 524, 578, 594, 608, 642, 671, 681
stimmen (aus-) · 38, 151, 343, 471, 739
stimmen (ein-) · 216, 311, 387, 411, 469
stimmen (Instrument) · 349, 350, 391, 439, 440, 644, 646
stimmen (zu-) · 212, 339, 423, 473
Stimmenmaterial · 483, 717
Stimmfehler –
Stimmberatung - Erkennen und Behandlung der Sängerfehler in Frage und Antwort (P. Lohmann) · 411
Stimmführer · 349, 396
Stimmgabel · 120, 369, 430, 446, 607, 608, 609, 699, 714
Stimmgerät · 439, 644, 645
Stimmgruppe · 85, 593, 665
stimmhaft · 45, 634
stimmig (drei-) · 41, 112, 179, 200, 411, 418, 469, 610
stimmig (ein-) · 41, 304, 331, 359, 653, 700, 717
stimmig (vier-) · 41, 73, 74, 179, 181, 310, 411, 438, 484, 529, 553, 613, 631, 633, 641, 683, 711, 737
stimmig (zwei-) · 41, 181, 182, 262, 411, 502, 610, 633, 700
Stimmkreuzung · 679
Stimmlage · 52, 70, 99, 323, 525
Stimmlippen · 220, 257, 258, 298, 314, 334, 335, 395, 417, 421, 443, 445, 446, 537, 542, 606, 632, 640, 690, 698, 714
stimmlos · 221, 228, 257, 369, 430, 438, 451, 493, 530, 614, 634, 642, 643
Stimmmaterial · 677, 702
Stimmprobe · 64, 65, 71, 75, 118, 138, 243, 249, 475, 509, 510, 610, 695
Stimmprobenleiter · 64, 65, 75, 118, 377, 610
Stimmritze · 607
Stimmsprecher · 84
Stimmumfang · 99, 289, 556, 652
Stimmung · 51, 75, 106, 107, 135, 211, 216, 238, 242, 307, 313, 314, 345, 421, 439, 440, 446, 527, 558, 559, 608, 610, 624, 626, 646, 670, 683, 693, 731, 738
Stimmung (Grund-) · 136, 224, 267, 281, 310, 413, 495, 512, 620, 689, 701, 708
Stimmungsbild · 30, 425, 579, 662
Stimmungsmacher · 44, 592, 610
Stimmungssystem · 646
Stimulation · 233
stinken · 83, 216, 559, 702
Stinson, Danu A. · 34
stocken · 668
Stoff · 373
stöhnen · 698
Stolpergefahr · 375
stolpern · 331
Stolperstein · 166, 200, 219, 459, 487, 504
stolz · 25, 90, 175, 178, 203, 311, 337, 363, 366, 370,
393, 484, 611, 669, 672, 674, 718, 731
stoppen · 60, 126, 184, 218, 247, 290, 302, 636, 671, 709, 728, 735
Stoppuhr · 302, 358
stören · 55, 71, 76, 94, 109, 130, 151, 152, 154, 155, 158, 175, 187, 201, 222, 228, 233, 238, 250, 263, 271, 288, 316, 333, 334, 336, 342, 347, 378, 393, 398, 445, 447, 448, 495, 498, 508, 511, 516, 556, 578, 624, 659, 671, 690, 691, 693, 696, 717
Störfaktor · 304
Stories · 154
Störung (psychische) · 436, 676
stoßen · 50, 272, 285, 417, 445, 533, 545, 628, 693, 698
stoßen (ab-) · 515
stoßen (an-) · 211, 540, 729
stoßen (auf-) · 162
stoßen (aus-) · 592
stoßen (dazu-) · 305
stoßen (ge-) · 197, 559
stoßen (ver-) · 29, 159, 253, 542
Strafe · 124, 688
straffen · 311
sträflich · 568
strahlen · 174, 229, 339, 432, 601
strahlen (ab-) · 355
strahlen (aus-) · 34, 72, 101, 195, 280, 281, 311, 339, 341, 350, 370, 465, 474, 624, 731
strahlen (er-) · 32
strammstehen · 606
Straße · 193, 216, 364, 378, 432, 434, 551, 720
Strategie · 108, 109, 175, 193, 245, 327, 364, 378, 453, 581, 721
strategisch · 41, 207, 249, 284, 305, 356, 366, 435, 452, 469, 504, 518, 558, 655, 666, 731
Strauss, Richard (1864 – 1949) · 477
Strawinsky, Igor (1882 – 1971) · 79
Stream · 136, 739
Streaming · 403, 447
streben · 96, 401
Streben · 125, 483, 528
streben (an-) · 70, 79, 124, 246, 323, 412, 542, 544, 580
Strebeton · 314, 401
Strecke · 71, 259, 427, 500, 639, 647, 688
strecken · 84, 180, 186, 470, 690
Streich · 706
streicheln · 579
streichen · 58, 186, 419, 474
Streicher · 37, 59, 69, 110, 111, 114, 147, 169, 304, 473, 474, 591, 646
streifen · 686
Streifschuss · 375
streiten · 122, 334, 336, 457, 548, 594
streng · 274, 320, 541, 590
Streptokokken · 378
Stress · 41, 60, 71, 88, 145, 146, 180, 181, 183, 202,

795

227, 230, 243, 265, 267, 322, 325, 376, 379, 423, 435, 436, 476, 489, 504, 512, 513, 544, 547, 550, 553, 583, 584, 585, 589, 608, 610, 625, 630, 640, 652, 673, 701, 707, 708
streuen · 227, 250, 306, 389, 414, 424, 444, 445, 538, 694
Strich · 137, 258, 629
Striche · 473, 710
Strichstärke · 37
strikt · 75
stringent · 148, 183, 326, 540, 611, 728
strittig · 148, 484
Strohbass · 542
Strohhalm · 421
Strom · 172, 278, 293, 325, 352, 688
strömen · 38, 82, 531
Strophe · 100, 211, 213, 215, 237, 263, 369, 456, 470, 478, 611, 612, 613, 614, 658, 665
Strophenlied · 101, 237, 369, 603, 611, 612, 613, 685, 687, 740
strotzen · 316, 522, 586, 746
Strudel · 683
Struktur · 75, 90, 91, 98, 124, 143, 152, 153, 160, 195, 259, 260, 262, 316, 320, 323, 344, 404, 406, 427, 428, 493, 508, 523, 529, 531, 552, 553, 573, 575, 588, 613, 614, 630, 638, 644, 660, 661, 681, 692
Stück · 30, 44, 55, 66, 74, 76, 119, 120, 121, 149, 215, 227, 237, 259, 266, 266, 313, 332, 333, 353, 359, 363, 368, 464, 480, 501, 504, 519, 521, 523, 529, 553, 563, 592, 608, 614, 626, 642, 646, 664, 665, 668, 685, 686, 698, 740
stückeln · 147, 547, 653
Student · 117, 131, 133, 188, 326, 660
Studie · 161, 190, 193, 211, 267, 417, 476, 577, 635
Studienabschluss · 245, 732
studieren (ein-) · 28, 79, 131, 166, 179, 204, 253, 331, 339, 357, 389, 465, 518, 526, 527, 528, 544, 575, 695, 699
Studium · 94, 133, 189, 245, 246, 318, 327, 339, 390, 407, 446, 486, 489, 534, 585, 636, 745
Stufen · 166, 277, 388, 422, 511
stufenweise · 166, 168, 491
Stuhl · 43, 59, 91, 198, 230, 272, 282, 346, 366, 372, 376, 491, 498, 578, 610
stumm · 272, 430, 493, 494, 562, 581, 635, 642, 658, 717
stumpf · 362
Stunde · 27, 59, 75, 120, 121, 126, 127, 183, 193, 214, 227, 240, 242, 243, 244, 248, 266, 272, 282, 344, 353, 358, 363, 364, 376, 382, 403, 417, 454,
498, 506, 507, 508, 513, 517, 518, 546, 555, 577, 579, 637, 670, 721, 728
stundenlang · 165, 282
Stundensatz · 126, 240, 242, 243, 244, 246, 416, 506, 514, 701
stürmisch · 201, 328, 629
stürzen · 103, 615
stürzen (ab-) · 84, 89, 660, 739
stürzen (ein-) · 102
stutzen · 435
stützen · 25, 31, 43, 48, 168, 169, 187, 272, 274, 403, 404, 454, 503
subito · 354, 601
subjektiv · 53, 62, 158, 256, 265, 316, 598, 624, 715, 720
Substanz · 33, 130
Substitut · 191, 297, 428, 569, 591
subtil · 32, 274
suchen · 64, 71, 88, 94, 112, 123, 124, 144, 145, 167, 172, 188, 193, 196, 197, 199, 212, 235, 238, 244, 288, 294, 297, 304, 313, 318, 327, 352, 353, 356, 359, 363, 368, 375, 377, 378, 383, 384, 392, 397, 398, 411, 415, 423, 448, 457, 462, 473, 488, 489, 498, 503, 556, 573, 577, 578, 595, 631, 637, 646, 656, 660, 668, 685, 700, 708, 709, 710, 715, 727, 736, 738, 746
Sucht · 188
Suchzeit · 696
suggerieren · 470, 499, 564, 671, 717
Suggestion · 44, 614
sukzessive · 52
Summe · 80
summen · 247, 471, 503, 588, 614, 615, 641, 642, 643
Summen · 614, 615, 617
Sumpfterrine · 594
Sunzi · 408
super · 47, 160, 175, 183, 219, 231, 250, 284, 346, 413, 602, 660, 709, 732, 742
Superman · 44, 195, 485, 534, 615
Suppe · 27, 31, 165, 166, 314, 330, 503, 511, 737
Suppenverlust · 61, 165, 314
Supporting Group · 396
Survival-Show · 686
süß · 261
Sweetspot · 187
syllabisch · 427, 575
Symbol · 241, 437, 480, 481, 552, 568
Sympathie · 32, 33, 34, 62, 90, 174, 349, 351, 382, 485
Symptom · 282, 732
synchron · 284
Synkope · 282, 431, 589, 616, 618, 685, 713
Synonym · 431, 477, 746
Syrien · 289, 684
System · 37, 63, 64, 75, 106, 119, 123, 132, 148, 187, 206, 242, 275, 277, 343, 346, 352, 369, 383, 401,
411, 420, 440, 462, 506, 529, 553, 564, 582, 583, 589, 606, 614, 617, 618, 688, 730
Systematik · 567
systemrelevant · 343
Szenarien · 138, 232, 543
Szene · 248, 437, 685, 699

T

Tabelle · 93, 106, 372, 405, 537
Tablet · 74, 579, 596
tabu · 50
Tactus · 628
tadeln · 254, 682
Tafel · 437, 607
Tafelmusik · 447
taff · 188
Tag · 43, 51, 72, 84, 95, 100, 121, 122, 126, 127, 162, 185, 195, 216, 226, 241, 258, 265, 325, 344, 347, 361, 384, 385, 391, 397, 421, 498, 499, 501, 512, 513, 526, 538, 550, 553, 573, 617, 622, 631, 659, 700, 708, 718
Tag der Vereine · 397
Tagesausflüge · 371, 617
Tagesgeschäft · 459
Tageslicht · 511
Tagessatz · 305
Taggen · 159
täglich · 53, 100, 171, 218, 284, 382, 433, 725, 740
tagsüber · 511, 700
Tagungsstätte · 118
Taizé · 517, 639
Ta-ke, Ga-me-la, Da-le-pi-co-la · 275, 282, 320, 482, 616, 617
Takete · 419
Takt · 118, 131, 184, 189, 215, 259, 260, 261, 266, 271, 273, 275, 277, 303, 342, 352, 358, 391, 422, 471, 478, 480, 482, 487, 490, 504, 519, 563, 589, 619, 620, 628, 629, 642, 643, 703
Taktansage · 471, 619
Taktart · 79, 155, 215, 282, 283, 439, 480, 565, 566, 589, 628, 629
Taktkäufer · 354, 490
Taktschlag · 55, 79, 114, 135, 165, 169, 215, 273, 274, 275, 277, 283, 309, 327, 352, 428, 439, 481, 482, 487, 563, 589, 614, 619, 626, 629, 643, 669, 691
Taktschwerpunkt · 564
Taktstock · 90, 114, 278, 391, 486, 619, 620
Taktstrich · 37, 309
Taktwechsel · 214, 259, 260, 371, 563
Taktzahl · 118, 125, 170, 184, 189, 369, 471, 490, 523, 552, 619, 620, 666
Talisman · 376
Tallis Scholars · 471
Tallis, Thomas (1505 - 1585) · 66

Talmud · 108
Tamtam · 671
tangieren · 50, 287, 405, 431, 626, 660
Tante · 30
tanzen · 79, 169, 204, 275, 430, 522
Target Group 90% · 136, 178, 309, 311, 317, 390, 484, 572, 582, 620, 621, 678, 685, 723, 732, 740
Tarnung · 373
Tárrega, Francisco (1852-1909) · 459
Tasche · 203, 240, 243, 361, 374, 406, 608, 706
Taste · 444, 592, 623, 736
Tastenhengst · 174
Tasteninstrument · 411, 439, 440, 486, 490, 646, 721
Tastenstute · 174
Tat · 145
tatenlos · 376, 728
Tätigkeit · 35, 116, 125, 127, 229, 232, 239, 284, 390, 423, 495, 528, 538, 585, 708, 717, 719
Tatsache · 38, 82, 196, 246, 250, 255, 332, 334, 346, 361, 380, 424, 436, 470, 488, 492, 549, 562, 572, 635, 636, 715, 716
Tatsachenbehauptung · 256, 720
tatsächlich · 33, 49, 61, 69, 71, 97, 99, 117, 126, 127, 128, 137, 140, 153, 167, 175, 196, 206, 211, 221, 227, 232, 240, 245, 250, 259, 263, 264, 268, 274, 275, 287, 317, 320, 345, 353, 364, 370, 385, 395, 396, 398, 399, 405, 406, 412, 417, 429, 430, 437, 440, 441, 462, 489, 504, 512, 529, 538, 558, 561, 562, 568, 586, 594, 598, 599, 604, 612, 619, 621, 623, 628, 646, 648, 658, 659, 665, 669, 671, 678, 693, 707, 709
taub · 228, 623
Taube · 328
tauchen (auf-) · 105, 127, 159, 166, 375
tauchen (unter-) · 217
Taufbecken · 206
taufen · 80, 545
tauglich · 180
Tausch · 68
tauschen (aus-) · 113, 116, 118, 133, 150, 172, 179, 205, 252, 303, 340, 346, 417, 459, 491, 499, 540, 543, 724
TBK · 668
Team · 416, 420, 625, 626, 692
Technik · 32, 40, 42, 61, 67, 85, 89, 105, 106, 109, 132, 133, 140, 155, 156, 169, 173, 176, 187, 188, 189, 221, 230, 258, 265, 271, 273, 275, 277, 281, 282, 291, 297, 307, 309, 322, 323, 348, 352, 354, 355, 365, 394, 410, 434, 445, 472, 487, 506, 546, 550, 555, 569, 574, 576, 601, 605, 610, 626, 632,

650, 652, 687, 688, 719, 720, 735, 736, 739
Technik des modernen Orchesters (A. Casella, V. Mortari) · 410
technisch · 52, 89, 133, 171, 177, 187, 193, 194, 195, 332, 338, 443, 452, 474, 488, 583, 719
Technologiestandort Deutschland · 137
Tee · 252, 298, 376, 479, 556, 659
Teeküche · 479
teeren · 537
Teich · 498, 629
Teil · 41, 88, 90, 128, 136, 143, 160, 162, 172, 180, 187, 189, 191, 192, 195, 207, 209, 234, 241, 253, 258, 259, 260, 283, 287, 315, 328, 331, 338, 347, 350, 356, 376, 382, 383, 406, 420, 434, 437, 442, 443, 446, 455, 456, 459, 460, 461, 465, 481, 483, 493, 495, 497, 513, 534, 548, 558, 561, 583, 595, 603, 604, 608, 619, 622, 624, 630, 631, 636, 638, 681, 682, 702, 711, 733, 735, 738, 746
teilen (auf-) · 33, 41, 58, 65, 72, 75, 110, 113, 119, 144, 195, 223, 234, 266, 304, 327, 349, 364, 367, 419, 420, 442, 451, 457, 480, 490, 497, 508, 530, 603, 624, 627, 635, 666, 684, 702
teilen (aus-) · 119, 187, 282, 469, 517, 620, 689
teilen (miteinander) · 280, 351, 405, 456, 526, 600, 667, 682
teilen (unter-) · 58, 277, 427, 480, 493, 546, 557, 563, 564, 566, 616, 617, 618, 621, 643
teilen (ver-) · 41, 59, 77, 85, 91, 111, 112, 115, 136, 143, 145, 159, 201, 224, 252, 262, 351, 364, 371, 400, 419, 435, 441, 452, 454, 461, 496, 519, 524, 534, 555, 584, 597, 639, 655, 676, 740
teilhaben · 117, 241, 354, 448, 490, 522, 581
Teilleistungsschwäche · 452
Teilnahmebedingungen · 524
teilnehmen · 49, 122, 125, 128, 136, 137, 195, 211, 231, 354, 524, 525, 526, 716, 717
Teilnehmerzahl · 656
Teilschlag · 614
Teilton · *Siehe* Oberton
Teiltöne · 467, 695
Teilungsverhältnis · 259
teilweise · 48, 129, 133, 143, 460, 469, 475, 692
telefonieren · 65, 93, 122, 159, 172, 195, 203, 229, 255, 313, 316, 372, 457, 524, 526, 572, 588, 626, 627, 737
Telefonkette · 172, 627
Telegramm (Gruppe) · 717
Teller · 479, 511

Temperatur · 53, 227, 361, 373, 374, 411, 498, 499, 507, 541
Tempo · 51, 101, 183, 191, 204, 215, 219, 237, 259, 260, 273, 274, 285, 301, 302, 303, 306, 307, 315, 321, 333, 358, 377, 394, 428, 438, 480, 481, 482, 485, 486, 531, 553, 569, 570, 571, 574, 592, 612, 628, 629, 630, 642, 643, 663, 665, 668, 669, 718, 721
Tempo (Perfectes) · 101, 260, 282, 480, 618, 628
Tempoangabe · 101, 260, 307, 481, 628, 679
Temporallappen · 456
Tempowechsel · 665
tempus imperfectum · 480
tempus perfectum · 480
Tendenz · 110, 168, 204, 225, 274, 330, 401, 448, 533, 543, 619, 630, 652, 666, 739
Tendenziöse Fragestellung · 28, 30, 150, 340, 527, 579, 630
Tenor · 26, 29, 52, 71, 85, 97, 105, 106, 110, 111, 112, 113, 114, 136, 181, 182, 190, 198, 209, 291, 307, 330, 334, 389, 395, 416, 417, 422, 446, 471, 491, 502, 503, 543, 559, 562, 613, 631, 632, 633, 634, 640, 641, 652, 657, 660, 690, 731, 736, 741
Tenöse · 111, 307, 631
Termin · 58, 92, 147, 200, 282, 325, 365, 368, 393, 397, 473, 478, 490, 491, 509, 510, 514, 550, 657, 660, 662, 673
Terminologie · 228, 240, 308, 385, 390, 401, 513, 638, 703
Terminplan · 661
Terminplanung · 365
Terrasse · 27, 498
Terrassendynamik · 141, 166
Terror · 328, 562
Terz · 30, 38, 51, 96, 107, 111, 277, 307, 308, 330, 398, 401, 440, 446, 554, 555, 556, 613, 641, 643, 644, 645, 679, 699, 700, 702
Tesafilm · 403
testen · 72, 131, 151, 184, 226, 294, 348, 467, 571, 718
teuer · 30, 117, 138, 156, 173, 221, 354, 417, 434, 568, 672
Teufel · 96, 97, 146, 720
Teufelskreis · 102, 146, 231, 290, 533, 698
Text · 37, 40, 44, 47, 49, 52, 55, 56, 61, 66, 67, 74, 75, 80, 100, 101, 118, 147, 151, 171, 172, 209, 211, 212, 213, 215, 218, 228, 235, 236, 237, 256, 258, 260, 262, 263, 264, 266, 285, 291, 302, 306, 320, 321, 322, 323, 329, 339, 342, 343, 347, 358, 368, 386, 387, 394, 395,

397, 399, 403, 404, 406, 424, 427, 433, 437, 438, 439, 441, 460, 461, 462, 492, 493, 496, 502, 515, 519, 520, 521, 525, 526, 532, 535, 551, 569, 571, 574, 575, 599, 602, 603, 604, 611, 612, 613, 614, 617, 625, 629, 632, 633, 634, 638, 640, 644, 646, 651, 653, 654, 657, 658, 665, 666, 668, 669, 675, 685, 687, 695, 708, 711, 713, 715, 717, 723, 724, 729, 737, 740, 746
Texterkennung · 462
Textierung · 320
Textmarker · 156
Textsystem · 613
Textverständlichkeit · 75, 233, 235, 297, 306, 342, 484, 499, 737
th (englisch) · 66, 67, 634, 736
The Oxford Dictionary of Original Shakespearean Pronunciation (D. Crystal) · 407
Theater · 151, 201, 217, 366, 527, 686
Theaterdonner · 193, 310, 560, 635, 727
theatralisch · 212, 375
theistisch · 50
Thema · 36, 43, 50, 91, 148, 154, 159, 174, 195, 196, 197, 211, 218, 225, 243, 244, 261, 357, 368, 371, 373, 375, 377, 405, 425, 457, 462, 467, 471, 473, 514, 515, 516, 522, 530, 540, 595, 607, 625, 647, 720, 734
Theologie · 259
Theorie · 44, 72, 126, 138, 148, 149, 160, 161, 214, 223, 234, 259, 283, 309, 376, 386, 467, 521, 645, 657, 700, 712, 720
Theoriebegleitendes Klavierspiel · 668
Therapeut · 87, 133, 195, 456, 530
Therapie · 452
Thermoskanne · 479
THINK BIG! · 483
thomann.de · 688, 712
Thompson, Randall (1899 – 1984) · 42
tief · 26, 31, 38, 57, 59, 89, 96, 99, 101, 102, 106, 111, 133, 135, 148, 151, 164, 165, 167, 168, 177, 179, 180, 184, 186, 191, 208, 209, 220, 221, 257, 277, 291, 296, 309, 313, 314, 322, 323, 327, 328, 330, 331, 335, 355, 369, 371, 387, 388, 391, 424, 432, 443, 445, 448, 464, 467, 474, 491, 511, 538, 542, 543, 544, 555, 559, 577, 582, 592, 601, 602, 603, 606, 608, 615, 622, 623, 631, 633, 634, 640, 641, 644, 646, 657, 671, 694, 698, 700, 702, 712, 730, 731, 737, 738, 739, 741
Tiefe · 27, 31, 59, 70, 102, 135, 156, 163, 164, 179,

180, 185, 198, 209, 220, 221, 233, 258, 291, 304, 322, 323, 491, 495, 542, 555, 614, 615, 631, 644, 648, 649, 652, 736, 738, 739
Tiefenschärfe · 157
Tiefgang · 582
tiefgefroren · 361
tiefgründig · 539
Tiefpassfilter · 649
Tier · 476
Tiergeräusche · 444, 634
tierisch · 389, 489, 635
tilgen · 63
Timeline · 360
Timing · 589
Tinnitus · 486
Tipp · 67, 71, 72, 195, 296, 409, 453, 457, 573, 622, 655, 689, 700
Tisch · 53, 165, 293, 459, 735, 737
Tischler · 278
Titel · 202, 263, 335, 357, 363, 372, 375, 377, 389, 405, 419, 462, 515, 522, 584, 636, 718, 719, 733
titelgebend · 613
Titelkampf · 86, 102, 206, 382, 580, 602, 636, 637, 672, 682, 686
Titten · 212
Tod · 32, 86, 100, 101, 126, 235, 318, 362, 373, 458, 461, 496, 510, 637, 639, 651, 659, 676, 677, 722, 740
Todesfall · 126, 382, 637, 672
tödlich · 88, 155, 219, 312, 323, 573, 641, 722
Todsünden · 41, 94, 151, 557, 638, 674
Toilette · 32, 54, 324, 359, 372, 417, 517, 587, 632, 672
Toleranz · 376, 686, 732
toll · 27, 28, 29, 41, 50, 53, 54, 63, 69, 72, 79, 94, 95, 102, 132, 134, 135, 137, 156, 178, 189, 201, 206, 226, 249, 254, 256, 267, 271, 277, 319, 329, 332, 333, 354, 356, 360, 375, 379, 391, 394, 397, 398, 409, 412, 413, 428, 437, 440, 442, 444, 447, 456, 470, 479, 483, 496, 499, 504, 517, 522, 543, 556, 568, 571, 579, 588, 590, 593, 594, 595, 598, 624, 670, 672, 675, 683, 684, 688, 702, 709, 711, 731, 745
Tomaten · 250
Ton · 27, 30, 31, 38, 40, 42, 44, 45, 47, 51, 52, 55, 56, 57, 60, 63, 70, 76, 85, 96, 97, 98, 99, 108, 134, 135, 140, 141, 143, 146, 148, 151, 152, 154, 157, 158, 163, 165, 166, 168, 173, 177, 182, 183, 186, 189, 190, 198, 201, 205, 208, 209, 220, 221, 230, 235, 236, 250, 253, 254, 257, 267, 277, 279, 285, 290, 291, 296, 297, 303, 306, 314, 315, 322, 323, 327, 330, 334, 344,

797

345, 351, 369, 378, 386, 388, 389, 401, 413, 416, 427, 431, 441, 444, 445, 446, 451, 454, 460, 464, 467, 471, 487, 493, 494, 500, 502, 503, 529, 532, 537, 540, 542, 558, 559, 569, 570, 574, 575, 577, 584, 587, 589, 592, 596, 599, 602, 603, 607, 608, 609, 614, 615, 616, 618, 620, 623, 631, 633, 637, 638, 640, 641, 642, 643, 644, 645, 651, 653, 657, 665, 694, 696, 697, 698, 713, 714, 728, 729, 730, 731, 736, 737, 738
Tonart · 182, 343, 439, 440, 446, 460, 529, 537, 538, 540, 544, 555, 559, 644, 646, 647, 702, 739
Tonartencharakteristik · 106, 439, 544, 559, 644, 646
Tonarteninterpretation · 646
Tonband · 45
Tonbeispiele · 106, 407
Tonbildung · 695
Tonfall · 79, 692
Tonfärbungen · 632
Tonfolge · 31, 44, 139, 166, 237, 253, 291, 307, 310, 314, 329, 331, 402, 441, 529, 570, 574, 603, 644, 681, 700, 711, 713, 719, 728, 738
Tonhöhe · 45, 99, 151, 164, 186, 291, 314, 369, 371, 441, 443, 529, 544, 574, 597, 640, 642, 650, 651, 665, 694
Tonhöhenbewegung (Text) · 147
Tonika · 401
Tonlage · 84, 209, 330
Tonlänge · 664, 668
Tonlängenänderungen · 665
Tonleiter · 163, 307, 728
Tonleiter (Stamm-) · 646
Tonmaterial · 237, 421, 555
Tonmeister · 354, 650
Tonname · 597, 609
Tonraum · 237
Tonsatz · 236
Tonschritt · 308, 330
Tonsprache · 205, 254, 386, 477, 500, 572, 598, 599, 602, 603, 650, 651
Tonsprache (erweiterte) · 205, 250, 254, 444, 500, 599, 603
Tonsprung · 26, 27, 105, 140, 164, 277, 310, 427, 542, 543, 603, 613, 657, 667
Tontechnik · 143, 352, 650, 688
Tonumfang · 89, 99, 163, 209, 291, 313, 544, 559, 613, 644, 652, 657, 741
Tonverlauf · 163, 225, 603, 666
Topf (heißer Suppen-) · 27, 31, 165, 314, 330, 503, 737
Tor · 231, 297
total · 53, 217, 360, 364, 562, 563, 588, 589, 631, 717, 723

Total einfach · 41, 372, 469, 476, 492, 653
Totum pro parte · 234
Toupet · 53, 355
Tour · 332
Tradition · 35, 37, 40, 69, 92, 235, 388, 393, 460, 590, 597, 629, 656, 657, 658, 690, 711
Traditionsauftritte · 214, 393, 478, 510, 657
tragen · 31, 48, 53, 70, 83, 111, 117, 168, 216, 231, 254, 277, 286, 307, 314, 319, 334, 342, 344, 373, 374, 389, 425, 449, 453, 514, 523, 527, 555, 561, 605, 660, 681, 740
tragen (aus-) · 429, 709
tragen (ein-) · 48, 55, 58, 119, 123, 125, 139, 169, 172, 204, 209, 266, 328, 341, 368, 380, 393, 405, 431, 461, 494, 501, 502, 507, 519, 579, 584, 612, 620, 628, 641, 659
tragen (heran-) · 304
tragen (mit-) · 148, 430, 656, 716
tragen (über-) · 47, 118, 123, 136, 148, 168, 207, 214, 306, 328, 352, 364, 369, 402, 509, 549, 603, 604, 610, 611, 643, 731
tragen (vor-) · Siehe Vortrag
tragen (zu-) · 287
Tragweite · 292
trainieren · 38, 50, 55, 79, 107, 157, 166, 181, 187, 194, 218, 267, 275, 277, 280, 310, 317, 331, 335, 386, 395, 430, 446, 449, 452, 453, 465, 499, 529, 532, 551, 559, 606, 607, 608, 609, 610, 618, 642, 643, 665, 673, 707
trampeln · 174
Transferleistung · 177, 207, 426, 519, 532, 549, 657
Transpiration · 229, 604
transponieren · 544, 559, 652, 657, 700
transportieren · 46, 75, 96, 111, 135, 236, 262, 352, 364, 365, 399, 491, 492, 520, 549, 570, 571, 612
tratschen · 732
trauen · 46, 95, 147, 148, 154, 257, 266, 439, 452, 540, 558, 628, 634, 686
Trauerbewältigung · 465
trauern · 26, 204, 637
träumen · 84, 318, 458, 562, 594, 688, 721, 732
Traumsolist · 595
traurig · 87, 101, 211, 327, 387, 546, 558, 586, 709
treffen · 26, 65, 70, 72, 86, 125, 129, 130, 132, 151, 152, 159, 183, 193, 197, 198, 204, 254, 258, 264, 286, 287, 288, 332, 346, 423, 446, 452, 457, 473, 476, 496, 508, 540, 557, 558, 562, 587, 603, 614, 617, 635, 650, 661, 666, 706, 734
treffen (be-) · 43, 68, 82, 337, 477, 586, 672, 698
treffen (zu-) · 127

treiben · 51, 86, 111, 283, 369, 530, 531, 745
treiben (auf-) · 434
treiben (über-) · 50, 164, 211, 254, 292, 299, 303, 322, 426, 429, 443, 496, 557, 603, 683, 706
Trend · 53, 233, 662
trennen · 29, 41, 64, 65, 67, 70, 75, 95, 111, 112, 137, 155, 180, 187, 233, 237, 328, 342, 423, 441, 456, 460, 462, 564, 567, 595, 610, 654, 658, 664, 665, 741, 746
Treppe · 102, 441, 491, 511
treten · 203, 338, 350, 444, 457, 470, 572, 624, 728
treu · 58, 109, 126, 318, 381, 475, 479, 521, 552, 658, 722, 739
Treuhand · 659
trial and error · 122
Trick · 26, 35, 42, 89, 102, 163, 165, 194, 221, 225, 237, 246, 249, 271, 281, 292, 340, 382, 384, 388, 392, 524, 525, 586, 589, 599, 608, 614, 652, 685, 686, 721
Trieb · 201, 283, 284, 412
triftig · 668
triggern · 165, 456, 486, 549, 662
trimmen · 439, 555, 663, 689
trinken · 35, 40, 98, 162, 298, 335, 359, 360, 361, 372, 434, 479, 517, 545, 561, 599, 659, 670, 702, 746
Triole · 481, 482, 530, 531
Tritonus · 96, 97, 326, 503, 641
Trittbrettfahrer · 598
trocken · 26, 33, 48, 115, 158, 298, 361, 407, 445, 479, 521, 530, 537, 558, 599, 648, 650, 659
Trompete · 305
Tropfen · 298, 472, 558
trösten · 347
trotz · 48, 106, 109, 113, 124, 159, 169, 187, 229, 316, 325, 383, 424, 437, 451, 454, 502, 507, 542, 556, 557, 615, 670
trotzdem · 33, 38, 46, 47, 59, 63, 70, 75, 87, 88, 90, 91, 125, 143, 156, 159, 163, 166, 172, 183, 196, 198, 212, 214, 216, 217, 223, 226, 238, 251, 260, 274, 325, 331, 337, 364, 368, 371, 381, 384, 395, 404, 409, 413, 427, 430, 474, 486, 495, 506, 531, 534, 544, 553, 579, 583, 589, 595, 603, 628, 631, 642, 649, 653, 660, 661, 668, 671, 677, 699, 702, 705, 716, 729, 737
trübsinnig · 428
trumpfen · 337, 457, 720
T-Shirt · 53, 361, 507
Tube · 512
Tucholsky, Kurt (1890 – 1935) · 250
Tugend · 284, 531, 660, 661, 745
tunlichst · 515

Tunnelblick · 660, 661
Tür · 54, 68, 185, 205, 217, 252, 296, 297, 310, 356, 359, 417, 488, 568, 635, 660
türkisch · 552
Turnus · 224
Tüte · 54, 375
tutti · 114, 189, 306, 355, 370, 497, 498, 502, 503, 504, 534, 553, 595, 610, 664, 667, 674, 675, 696
TÜV · 344
Twitter · 572, 593, 662
typisch · 79, 122, 330, 471

U

Übe-Klang-Dateien · 47, 49, 74, 125, 138, 143, 147, 218, 306, 311, 315, 321, 430, 438, 461, 464, 493, 506, 523, 525, 547, 555, 575, 604, 661, 663, 664, 667, 668, 672, 681, 711, 728
Übel · 239, 284, 534, 550
Übemethode · 666
üben · 42, 45, 47, 49, 67, 70, 72, 74, 79, 94, 105, 115, 135, 140, 153, 158, 165, 166, 168, 169, 178, 179, 180, 182, 184, 185, 189, 192, 202, 208, 209, 230, 237, 249, 253, 258, 263, 264, 265, 266, 274, 275, 291, 305, 310, 311, 314, 315, 321, 323, 327, 329, 331, 332, 333, 335, 336, 341, 343, 344, 349, 350, 351, 363, 367, 368, 388, 391, 392, 402, 413, 430, 433, 435, 438, 449, 457, 465, 486, 498, 503, 504, 512, 519, 524, 531, 539, 546, 547, 551, 553, 555, 561, 562, 569, 575, 576, 579, 604, 609, 610, 613, 619, 626, 635, 640, 641, 642, 643, 654, 663, 664, 665, 666, 667, 668, 669, 670, 675, 682, 683, 685, 687, 689, 699, 700, 701, 718, 729, 730, 739
Übepad · 275
überall · 119, 364, 368, 447, 597, 612, 688
überarbeiten · 180, 740
überarbeitet (sein) · 144
überaus · 118, 464, 722
Überbindung · 282
Überblick · 48, 58, 145, 166, 170, 249, 343, 358, 364, 365, 390, 411, 412, 427, 473, 501, 504, 522, 550, 553, 570, 575, 673, 694, 701, 706
überbordend · 380, 708
überdeckt · 191, 489
überdenken · 475, 658, 702, 718
überdrüssig · 605
übereinander · 37
übereinanderstehen · 37, 679
übereinstimmen · 84
überfahren · 204, 571

überfallen · 204, 296, 606
Überflieger · 595
Überfluss · 623
überflüssig · 25, 175, 185, 311, 669, 718
überfordern · 64, 347, 746
überfrachten · 667
Übergang · 42, 192, 383, 540, 542, 546, 558, 639, 658
übergangen · 595
übergeben · 682
übergehen · 447, 595, 697
übergeordnet · 618, 691
Übergriff · 686
überhaupt · 28, 33, 36, 38, 56, 64, 86, 94, 102, 108, 129, 169, 176, 196, 199, 226, 267, 279, 301, 321, 324, 325, 331, 336, 358, 398, 408, 409, 440, 447, 461, 472, 473, 494, 499, 501, 521, 523, 527, 533, 546, 579, 597, 601, 606, 613, 631, 641, 642, 650, 668, 715, 716, 719, 736, 741
Überheblichkeit · 346
Überinterpretation · 571
überkommen · 88
überlagern · 421, 422, 467, 623
überlappen · 158
überlassen · 405, 425, 656
überlaufen · 381, 687
überleben · 203, 327, 377, 380, 385, 473, 549, 718
Überlebenskünstler · 686
überlebensnotwendig · 611
Überlebenstrieb · 656
überlebenswichtig · 195, 459, 483, 573, 718
Überlegenheit · 28, 35, 63, 86, 136, 181, 200, 222, 235, 237, 326, 327, 354, 371, 429, 447, 458, 474, 500, 501, 516, 541, 561, 572, 577, 611, 684, 688, 706, 712
Überlieferung · 439, 560
übermäßig · 147, 308, 310, 445, 533, 609
übermitteln · 358
übernächsten · 380, 518
Übernachtung · 116, 117, 127
übernehmen · 35, 39, 47, 65, 79, 84, 85, 117, 118, 123, 130, 131, 144, 145, 153, 156, 162, 163, 181, 194, 199, 208, 219, 245, 264, 268, 278, 280, 319, 320, 328, 346, 359, 369, 378, 383, 405, 422, 425, 431, 432, 442, 514, 538, 545, 556, 573, 586, 629, 631, 638, 674, 681, 683, 684, 689, 690, 695, 709, 718, 746
überraschen · 42, 90, 108, 157, 217, 223, 228, 260, 262, 294, 301, 359, 363, 394, 405, 434, 438, 467, 518, 521, 537, 559, 581, 594, 625, 674, 683, 733, 735
Überraschungsgemütlich · 249, 597, 670
überreden · 124, 460, 685, 719
überrennen · 301

überschätzen · 553
überschaubar · 522, 528
überschauen · 706
überschlagen · 40, 395, 443, 606, 710
überschreiten · 77, 86, 357, 709
Überschwang · 192, 382, 413, 502, 544, 622, 671, 698
übersehen · 88, 248, 379, 478, 652, 700, 735
übersetzen · 208, 236, 264, 277, 335, 384, 385, 474, 502, 520, 521, 553, 603
Übersicht · 49, 393, 410, 507, 699
überspitzt · 147, 281, 389
überstehen · 138, 398
übersteigen · 514, 517, 733
übertönen · 329, 469, 665
übertragen · 47, 637
übertreffen · 544, 671, 729
übertreiben · 232, 274, 443, 448, 586, 622, 698
überweisen · 125, 127, 248, 538, 539, 585
überwiegen · 163, 172, 173, 325, 377, 432, 585, 591, 736
Überwindung · 46, 198, 266, 353, 381, 721
überzeugen · 258, 292, 413, 424, 507, 570, 671
überzeugt · 28, 90, 102, 226, 254, 283, 335, 341, 373, 376, 390, 424, 475, 492, 515, 571, 580, 594, 595, 629, 631, 671, 716, 717, 739, 740
Überzeugung · 28, 29, 76, 84, 103, 116, 130, 149, 189, 205, 215, 225, 237, 254, 258, 280, 283, 284, 304, 328, 340, 342, 345, 413, 426, 444, 458, 464, 493, 496, 500, 504, 507, 522, 528, 570, 571, 580, 585, 588, 594, 605, 625, 646, 671, 689, 698, 730, 734, 740
Überzieher · 659
Übetempo · 665
üblich · 105, 371, 608, 679
übrig · 116, 117, 160, 374, 398, 432, 507, 625, 645
übrigbleiben · 364, 710
übrigens · 135, 335
Übung · 41, 45, 51, 71, 73, 74, 79, 81, 82, 101, 134, 135, 137, 166, 179, 180, 181, 182, 183, 184, 185, 186, 189, 205, 214, 216, 219, 220, 263, 277, 291, 303, 304, 306, 307, 310, 314, 321, 322, 326, 338, 350, 387, 411, 435, 493, 529, 530, 531, 576, 604, 607, 609, 610, 613, 615, 634, 642, 645, 647, 695, 696, 698, 699, 731, 737, 739
UdSSR · 590
Ugarit · 289
Uhr · 84, 120, 121, 123, 126, 136, 185, 188, 202, 258, 264, 272, 319, 340, 358, 360, 374, 391, 442, 478, 479, 508, 509, 510, 511, 512, 588, 594, 610, 624, 651, 710

Uhrmacher · 202
ultimativ · 531
Ultra HD · 137
umarmen · 81
Umbau · 517
umdisponieren · 359
Umfang · 128, 410, 652
umfangreich · 159, 351, 473, 520
Umfeld · 40, 87, 149, 153, 205, 231, 252, 292, 301, 367, 421, 427, 431, 488, 548, 587, 662, 698, 740
Umfrage · 150, 224, 425, 712
Umgang · 63, 76, 102, 133, 144, 195, 200, 215, 226, 245, 255, 275, 307, 314, 315, 317, 320, 335, 373, 379, 391, 468, 470, 473, 478, 485, 499, 530, 576, 577, 596, 613, 620, 673, 709, 732, 745
Umgangssprache · 38, 203, 580, 703
umgebend · 667
Umgebung · 87, 133, 143, 174, 226, 273, 285, 303, 304, 344, 357, 385, 445, 469, 478, 504, 513, 526, 527, 617, 658, 660, 661
umhauen · 606
umhüllen · 377
Umkehrschluss · 216, 345, 426, 662
Umkreis · 84, 283, 356, 364, 558
Umlauf · 159, 646
Umsatzsteuer · 538, 539
Umsatzsteuerpflicht · 538, 684
umschiffen · 28, 174, 595
Umschlag · 224, 579
umschlagen · 35, 163, 587
umsetzen · 34, 48, 65, 89, 135, 143, 148, 149, 150, 177, 178, 194, 231, 247, 261, 266, 267, 275, 307, 308, 322, 328, 380, 385, 396, 404, 413, 423, 431, 438, 439, 444, 451, 474, 481, 482, 500, 570, 598, 603, 611, 612, 615, 621, 653, 693, 707, 720, 729, 734
umsonst · 69, 355, 447, 639
umspielen · 105, 729
Umstände · 50, 54, 71, 84, 136, 143, 148, 149, 151, 189, 193, 194, 199, 200, 206, 207, 218, 353, 390, 405, 429, 445, 452, 488, 502, 505, 540, 548, 550, 587, 588, 621, 625, 672, 702, 729
umständlich · 507, 686
Umstellung · 168, 233, 485
umstimmen · 338, 572, 645
umstritten · 259
U-Musik · 362
Umweg · 40, 298
Umwelt · 307, 389, 457, 661, 678
Umweltschutz · 397, 515
unabhängig · 52, 122, 381, 382, 390, 643, 722
unaufhaltsam · 662
unausgesprochen · 113
Unausweichlichkeit · 662
unbarmherzig · 737

unbedarft · 80, 172, 217, 623
unbedingt · 35, 36, 44, 50, 72, 74, 84, 93, 152, 171, 195, 206, 217, 218, 262, 266, 272, 293, 297, 317, 349, 350, 351, 407, 428, 430, 434, 437, 461, 474, 492, 516, 518, 520, 523, 594, 595, 603, 621, 637, 656, 665, 673, 679, 699, 723, 724
unbeschwert · 731
unbestritten · 558
uneigentlich · 416
unendlich · 199, 720
unerfindlich · 80, 171
unerlässlich · 663
Unersättlichkeit · 442
unersetzlich · 712
Unflätigkeit · 428
ungefähr · 100, 148, 293, 430, 431, 434, 454, 501, 506, 508, 513, 519, 529, 603, 608, 629, 642, 645, 666
ungehalten · 288, 379
ungekannt · 331
ungemein · 63, 383, 623, 666, 696
ungeniert · 268
unglaublich · 79, 191, 204, 220, 394, 398, 443, 457, 488, 594, 683
ungleich · 301, 317, 318, 339, 641
uniform · 373, 374, 533
Unikum · 732
unisono · 396
universell · 205, 214, 603
Universität · 188, 403, 414, 456
unken · 191, 362, 412, 639
unliebsam · 364
Unmut · 571, 593
Unpässlichkeiten · 378, 497
unsäglich · 675
unschlagbar · 665
Unstimmigkeiten · 39, 383, 485
untätig · 41, 94, 638, 660, 674, 675
unten · 27, 31, 38, 42, 52, 81, 82, 88, 89, 101, 140, 151, 163, 164, 167, 168, 186, 209, 216, 220, 221, 225, 267, 273, 275, 279, 281, 291, 313, 314, 322, 323, 330, 362, 377, 395, 401, 403, 416, 443, 445, 460, 463, 464, 467, 470, 471, 501, 531, 542, 546, 553, 576, 577, 615, 622, 631, 632, 634, 640, 641, 643, 652, 671, 694, 697, 698, 705, 719, 730, 731, 735, 736, 737, 738, 739
unterbinden · 51, 85, 189, 540, 541, 552, 672, 686
Unterbiss · 322
unterbrechen · 137, 156, 171, 183, 206, 215, 238, 279, 336, 358, 381, 413, 528, 673, 676, 708, 709
unterbringen · 343, 567
unterbuttern · 427
untereinander · 37, 31, 38, 136, 153, 161, 245, 335, 361, 527, 610, 663
Unterfangen · 163

Untergang · 29, 154, 339, 558, 593, 598, 655, 710
untergraben · 76, 196, 199, 341
unterhalb · 290, 370
unterhalten · 161, 174, 317, 376, 386, 414, 447, 483, 494, 599, 615, 623
unterkommen · 97, 215, 317, 385, 452, 720
Unterkunft · 30, 305
unterlassen · 155, 349, 350, 438, 693, 708
Unterlassung (jur.) · 251, 268
Unterlinge · 144
untermauern · 436
unternehmen · 116, 150, 292
Unternehmen · 117, 214, 231, 241, 251, 353, 447, 477, 660, 678
unterordnen · 228, 232, 420, 426, 448, 591, 605, 619, 659, 669, 702, 715, 716, 730
Unterricht · 122, 137, 148, 189, 228, 252, 304, 320, 379, 457, 597, 675, 695
unterscheiden · 39, 61, 98, 106, 107, 117, 149, 169, 171, 173, 178, 194, 198, 216, 225, 226, 233, 258, 260, 261, 264, 279, 308, 321, 331, 344, 364, 379, 390, 402, 406, 424, 474, 484, 491, 496, 521, 529, 530, 549, 559, 589, 594, 604, 609, 611, 620, 622, 623, 626, 635, 643, 646, 651, 687, 690, 695, 713, 720, 721, 732, 746
unterschiedlich · 25, 43, 61, 110, 113, 115, 131, 133, 148, 149, 150, 151, 152, 160, 167, 169, 201, 220, 242, 243, 261, 275, 313, 315, 340, 343, 348, 357, 361, 373, 383, 390, 395, 441, 479, 484, 504, 527, 535, 610, 612, 613, 646, 651, 665, 668, 677, 693, 694, 702, 708, 709, 713, 715, 720
unterstellen · 269, 340, 727
Unterstimme · 111, 369, 741
unterstützen · 31, 34, 82, 112, 117, 128, 140, 159, 162, 173, 187, 209, 217, 288, 324, 340, 364, 374, 398, 420, 478, 479, 591, 614, 620, 625, 658, 696
untersuchen · 259, 260, 391, 401, 417, 456, 555
Untertöne · 219, 316
unumwunden · 34, 227
unverfänglich · 515
unvermittelt · 218
unvoreingenommen · 423
unweigerlich · 140, 468, 615, 684
unwirsch · 77, 301
Unzulänglichkeit · 288, 731
updaten · 58
Upload · 137
Uraufführung · 391
Urgrund · 612
Urheber · 461, 477, 520, 677

Urheberrecht · 44, 125, 157, 190, 248, 351, 457, 461, 462, 463, 469, 477, 520, 521, 676, 677, 678
Urknall · 239
Urkunde · 490
Urlaub · 393
Ursache · 576, 678, 713
ursprünglich · 110, 470, 658, 677, 679, 695
urteilen · 32, 62, 68, 70, 126, 153, 178, 179, 293, 303, 345, 390, 396, 507, 533, 547, 577, 587, 621, 622, 623, 702, 707
Urtext · 116, 679
USA · 662, 677
USB · 137, 278, 293
UStG · 538
utopisch · 435

V

vakant · 90
Variationen · 123
variieren · 44, 120, 148, 160, 179, 180, 326, 414, 553, 575, 628, 629, 657, 701
Vater · 223
Vater (Groß-) · 521, 615
Vater (Schwieger-) · 27, 28
Vater unser (Liturgie) · 262, 516
Vaterland · 590
Veganer · 458
vegetativ · 284
vehement · 250, 269, 701
Veit, Wenzel Heinrich (1806 – 1864) · 97, 261
Ventil · 199, 646
verabreden · 201, 278, 370, 486
verabscheuen · 61, 520, 612, 622
verabschieden · 172, 188, 356, 445, 488, 621, 637
verachten · 354, 584, 586
verallgemeinern · 292
veranschaulichen · 27, 96, 97, 399, 681
Veranstalter · 46, 144, 151, 248, 262, 340, 348
Veranstaltung · 125, 134, 159, 217, 293, 340, 351, 368, 371, 373, 434, 528, 581, 593, 660, 723
Veranstaltung (Extra-) · 528, 545
Veranstaltungsbüro · 365
Veranstaltungskalender · 367, 373
verantwortlich · 32, 39, 64, 84, 87, 90, 92, 94, 125, 127, 130, 136, 143, 145, 150, 169, 192, 194, 207, 248, 251, 286, 296, 306, 307, 319, 326, 340, 349, 354, 364, 365, 367, 376, 380, 383, 403, 416, 423, 426, 429, 441, 442, 449, 456, 459, 472, 473, 477, 479, 538, 568, 582, 583, 592, 594, 598, 627, 639, 650, 660
verantwortlich (eigen-) · 143, 144, 145, 177, 220, 231, 279, 473, 534

Verantwortung · 39, 40, 85, 87, 95, 103, 123, 125, 130, 135, 144, 145, 146, 155, 156, 185, 187, 191, 193, 201, 202, 207, 220, 240, 241, 245, 265, 268, 278, 286, 288, 311, 319, 320, 327, 332, 344, 345, 346, 347, 364, 378, 381, 382, 383, 391, 417, 442, 449, 473, 523, 537, 538, 557, 558, 568, 578, 594, 598, 603, 605, 632, 656, 669, 681, 682, 684, 708, 721
Verantwortungsgefühl · 201, 241, 598, 605, 730
veräppelnd · 477
verarbeiten · 106, 110, 145, 191, 294, 439, 460, 477, 488, 537, 539, 546, 575, 681, 707
verbal · 36, 95, 236, 315, 338, 348, 381, 438, 585, 682, 683, 692
verbalisieren · 101, 571, 683, 684, 692
Verbandskasten · 120
verbannen · 361
verbergen · 190, 617
verbessern · 88, 309, 310, 313, 465, 648, 680
verbieten · 50, 53, 63, 124, 286, 316, 347, 374, 391, 414, 552, 590, 619, 659
verbinden · 55, 137, 343, 420
Verbindung · 31, 52, 55, 56, 75, 106, 150, 194, 206, 257, 287, 313, 340, 343, 360, 361, 419, 421, 422, 428, 429, 438, 441, 445, 456, 467, 474, 511, 526, 546, 574, 578, 603, 629, 654, 691, 694, 696, 697, 702, 713, 719, 738, 739
verbleiben · 266, 272, 386, 502, 512, 558, 591
Verbrecher · 90, 586
verbreiten · 70, 135, 151, 256, 386, 447, 516, 517, 627, 731
verbrennen · 462
Verbrennungsfeier · 462
verbrieft · 619
verbringen · 46, 132, 344, 379, 514, 620, 717
verbunden · 37, 69, 87, 162, 204, 205, 268, 309, 346, 422, 441, 453, 456, 493
Verdacht · 71, 131, 184, 288, 324, 448, 525, 587, 656, 732
verdammt · 66, 193, 217, 236, 342, 413, 467, 494, 650, 675, 714, 738
verdecken · 247, 403, 693
verderben · 426, 556
Verderben · 226
verdienen · 124, 125, 132, 138, 145, 241, 304, 327, 363, 368, 447, 490, 507, 522, 525, 538, 586, 594, 605, 611, 701, 718, 728, 733
Verehrung · 477
Verein · 39, 84, 98, 116, 117, 123, 124, 127, 128, 138, 188, 248, 286, 324, 397, 416, 475, 479, 488, 490, 492, 520, 538, 585,

634, 661, 684, 686, 687, 699
Verein (Kultur-) · 684
Vereinbarung · 77, 93, 108, 123, 124, 125, 127, 129, 182, 184, 241, 242, 351, 369, 384, 428, 439, 465, 479, 514
Vereinbarung (Ziel-) · 65, 86, 544, 581, 666, 729
vereinfachen · 97, 234, 326, 488, 639, 670, 681, 685
vereinigen · 590, 643
Vereinsmeierei · 98, 415
Vereinssatzung · 472, 492
vereint · 284, 500
Verfahren · 130, 199, 237, 377, 462, 477, 648
verfahren (sein) · 267
Verfasser · 316
Verfassung · 315, 316, 529, 608
verfehlen · 370
verflixt · 369, 488, 670, 685
verfolgen · 252, 295, 341, 488, 553
verfügbar · 508, 539, 638, 679, 711
Verfügung · 74, 147, 224, 248, 293, 354, 367, 393, 465, 472, 483, 499, 512, 523, 524, 722, 739
Vergangenheit · 92, 205, 235, 252, 340, 416, 590, 699
vergeben · 561, 740
vergehen · 228, 396
vergessen · 40, 42, 58, 65, 84, 87, 89, 129, 178, 185, 204, 218, 223, 238, 248, 289, 319, 325, 327, 341, 346, 347, 348, 351, 355, 361, 364, 379, 428, 434, 442, 444, 456, 478, 507, 514, 518, 519, 521, 526, 550, 561, 573, 582, 585, 608, 653, 674, 684, 701, 706, 718
vergeudet · 721
vergewissern · 370
vergleichen · 25, 26, 44, 69, 89, 106, 119, 120, 178, 208, 215, 232, 241, 243, 245, 246, 293, 319, 344, 389, 390, 398, 434, 435, 444, 445, 460, 475, 476, 509, 526, 529, 573, 614, 636, 637, 663, 667, 668, 679, 686, 718, 720, 732
Vergnügen · 40, 457, 603
vergraben · 601
vergraulen · 134
vergriffen · 410, 677, 712
vergrößern · 89, 172, 223, 392, 541
vergütet · 125, 126, 127, 243, 701
Verhalten · 32, 34, 36, 53, 59, 65, 70, 109, 143, 176, 195, 199, 200, 228, 234, 239, 272, 287, 288, 295, 301, 313, 316, 339, 376, 413, 429, 485, 530, 533, 537, 549, 560, 577, 580, 586, 587, 588, 635, 658, 692, 702, 709, 710
Verhaltensänderung · 413, 736

800

Verhaltenskodex · 50, 253, 427, 492, 586, 587, 686, 716
Verhältnis · 39, 44, 64, 95, 115, 122, 124, 138, 151, 154, 160, 162, 163, 188, 189, 227, 232, 244, 246, 259, 321, 335, 336, 362, 366, 395, 423, 425, 429, 447, 490, 498, 503, 558, 580, 587, 592, 597, 640, 660, 698, 735, 736
verhältnismäßig · 64, 114, 241, 243, 245, 246, 265, 271, 312, 440, 481, 556, 624, 644, 687, 690, 709, 719
verhandeln · 93, 127, 156, 240, 241, 242, 243, 244, 245, 465, 514
verhärmt · 634
verharren · 193, 212, 258, 262, 503, 531
verhaspeln · 46, 700
verhindern · 28, 29, 59, 81, 117, 119, 123, 124, 127, 128, 168, 171, 187, 257, 315, 346, 357, 388, 441, 448, 451, 460, 505, 559, 604, 638, 661, 662, 671, 673, 734
verhunzt · 256
verifizieren · 100, 256, 280, 351, 720
verinnerlichen · 166, 553
verkappt · 389
verkennen · 455
verkleinern · 60, 303, 541, 598
verklemmt · 632
verklingen · 494, 664
verkneifen · 479
verkniffen · 576
verkörperlichen · 277, 616
verkrümeln · 231
verkrustet · 511
verkünden · 132, 590, 699
Verlag · 125, 157, 190, 406, 408, 409, 411, 412, 461, 463, 477, 523, 628, 629, 676, 677
Verlagsrecht · 461, 469
verlangen · 43, 60, 86, 116, 122, 128, 146, 149, 157, 163, 219, 236, 271, 292, 307, 315, 352, 354, 402, 443, 459, 465, 494, 516, 541, 547, 556, 601, 633, 668, 739
verlassen · 60, 87, 200, 219, 224, 246, 280, 292, 306, 331, 379, 391, 394, 435, 443, 460, 498, 523, 549, 554, 577, 578, 583, 585, 587, 605, 648, 653, 668, 710, 716, 717, 721, 722
Verlauf · 41, 56, 63, 99, 147, 162, 163, 166, 168, 184, 332, 343, 353, 417, 424, 428, 552, 553, 573, 574, 584, 603, 647, 650, 651, 664, 685, 692, 719
Verlegenheit · 187
Verleger · 628
Verleih uns Frieden! · 613
verletzen · 95, 101, 125, 191, 199, 200, 224, 286, 317, 340, 416, 468, 560, 572, 585, 701, 708, 723
verletzlich · 73, 191, 273, 316, 381, 453, 468

verlieren · 36, 46, 48, 50, 58, 60, 89, 93, 98, 102, 103, 112, 131, 133, 152, 163, 170, 187, 204, 219, 244, 254, 258, 268, 285, 309, 310, 328, 331, 332, 346, 369, 381, 388, 405, 413, 424, 431, 432, 448, 452, 462, 468, 489, 509, 514, 525, 533, 538, 551, 552, 560, 568, 577, 578, 581, 590, 621, 637, 639, 649, 656, 676, 690, 701, 706, 713, 730
verlockend · 434
vermehrt · 298, 476, 532, 646
vermeiden · 51, 54, 75, 95, 99, 118, 128, 135, 145, 164, 171, 192, 209, 230, 258, 287, 293, 297, 322, 342, 353, 361, 416, 428, 429, 447, 483, 494, 495, 513, 515, 542, 543, 555, 577, 583, 595, 625, 632, 633, 674, 707, 708, 713, 731, 742
vermeintlich · 26, 34, 64, 95, 151, 154, 167, 171, 201, 216, 228, 238, 256, 283, 316, 326, 340, 404, 416, 503, 539, 549, 558, 574, 580, 590, 731, 732
vermerken · 86, 307, 364, 677
vermiesen · 242, 428
vermindert · 308, 609
vermissen · 108, 284
vermitteln · 39, 44, 46, 52, 73, 92, 95, 101, 174, 205, 214, 230, 235, 264, 280, 296, 326, 339, 348, 380, 387, 399, 404, 423, 442, 463, 464, 474, 485, 496, 499, 512, 534, 564, 575, 582, 646, 666, 692, 698, 714, 718, 722, 730, 738
Vermutung · 425, 635
vernachlässigen · 92, 155, 201, 281, 408, 547, 548, 619, 660, 714
verneinen · 197, 426, 429
vernetzen · 662
vernichten · 100, 541, 716
vernünftig · 67, 98, 132, 324, 461
veröffentlichen · 44, 120, 159, 172, 367, 368, 406, 409, 496, 520, 523, 593, 695
verpackt · 202, 435
verpassen · 48, 226, 227, 262, 274
verpesten · 389
verpönt · 323, 590
verraten · 62, 416, 727
verrauscht · 222
verrennen · 552, 678
verringern · 129, 163, 246, 305, 664
verrückt · 27, 217, 301, 324, 379, 460, 483
versagen · 102, 192, 352
Versammlung · 128, 251, 397, 590
Versammlung (Voll-) · 48, 98, 128, 248, 321, 419, 479, 522, 571, 684, 699
versauen · 40, 415, 538, 738
versäumen · 336, 626

verscherzen · 512
verschieben · 465, 738
verschieden · 39, 42, 43, 50, 53, 58, 65, 79, 100, 102, 105, 136, 152, 153, 193, 214, 227, 230, 258, 262, 267, 274, 279, 310, 347, 361, 367, 373, 389, 390, 414, 417, 420, 422, 441, 454, 456, 459, 460, 488, 526, 535, 551, 566, 576, 591, 592, 602, 603, 608, 612, 613, 635, 637, 649, 650, 651, 653, 654, 655, 663, 687, 694, 719, 746
verschleiern · 108, 150, 171
verschließen · 205, 561, 598, 659
verschlimmbessern · 657
Verschlusszeit · 221
verschränken · 73
verschreiben · 298
verschreibungspflichtig · 298
verschroben · 457
verschütten · 166
verschwenden · 158, 266, 312
verschwinden · 40, 187, 216, 347, 568, 674, 721
versehen · 222
Versehen · 86, 133, 162, 187, 285, 441, 530, 531, 549, 587
Versenkung · 738
versetzen · 86, 99, 211, 334, 640, 741
Versetzungszeichen · 703
Versicherung · 52, 74, 93, 126, 127, 201, 204, 256, 384, 405, 641, 642, 687, 723
Versicherung (Haftpflicht-) · 568, 687
versiert · 384, 654
versinken · 331
versprechen · 34, 46, 94, 197, 199, 444, 515, 588, 621
versprühen · 272
verständlich · 32, 52, 75, 85, 154, 202, 203, 233, 236, 297, 301, 313, 316, 342, 399, 424, 439, 442, 484, 494, 499, 523, 551, 563, 571, 621, 687, 692, 737
Verständnis · 36, 96, 100, 148, 163, 190, 200, 212, 215, 287, 308, 309, 325, 328, 381, 426, 427, 449, 464, 472, 485, 556, 559, 594, 690, 691, 714
Verständnis (Miss-) · 187, 340, 416, 429, 441, 495, 580, 640, 691
verstärken · 112, 148, 152, 348, 354, 355, 443, 537, 538, 597, 660, 687
verstärken (elektrisch) · 152, 161, 173, 348, 354, 355, 434, 472, 487, 550, 596, 597, 650, 687, 714
Verstärkungsringe · 52, 328
verstecken · 143, 160, 166, 197, 273, 386, 396, 448, 470, 472, 501, 509, 541, 576, 593, 598, 636, 659, 716
verstehen · 25, 44, 47, 52, 53, 56, 63, 64, 65, 66, 74, 85, 87, 90, 96, 99,

100, 101, 108, 109, 110, 135, 148, 151, 161, 165, 166, 169, 170, 177, 181, 185, 186, 188, 190, 192, 193, 195, 202, 203, 204, 207, 211, 212, 213, 216, 218, 220, 225, 236, 238, 239, 241, 250, 254, 255, 257, 258, 262, 264, 265, 266, 268, 271, 274, 286, 287, 301, 304, 309, 310, 315, 316, 320, 326, 327, 329, 342, 343, 344, 346, 348, 350, 352, 364, 380, 381, 382, 384, 390, 395, 398, 399, 405, 410, 411, 413, 416, 423, 426, 427, 429, 430, 432, 433, 436, 437, 441, 442, 443, 444, 455, 457, 467, 477, 478, 483, 492, 495, 515, 516, 523, 529, 530, 538, 540, 541, 548, 551, 556, 564, 567, 570, 572, 574, 577, 584, 588, 591, 599, 601, 602, 603, 612, 614, 620, 623, 626, 634, 636, 641, 661, 669, 672, 673, 675, 683, 687, 693, 698, 709, 710, 713, 718, 721, 724, 733, 736, 737, 740
verstellen · 174, 382
verstockt · 485
verstohlen · 350
Verstopfung · 417, 601, 632
versuchen · 27, 33, 36, 40, 41, 42, 54, 59, 66, 67, 70, 88, 99, 100, 102, 109, 113, 127, 135, 137, 144, 148, 149, 151, 152, 160, 168, 170, 183, 186, 187, 191, 196, 199, 203, 206, 212, 213, 215, 217, 220, 227, 238, 243, 246, 248, 249, 252, 253, 262, 273, 280, 284, 287, 289, 290, 297, 302, 314, 319, 326, 330, 337, 339, 341, 342, 343, 345, 346, 354, 368, 380, 386, 387, 389, 395, 399, 409, 414, 422, 427, 430, 433, 434, 435, 442, 453, 456, 457, 460, 471, 483, 484, 489, 492, 494, 504, 505, 512, 527, 535, 546, 549, 550, 551, 557, 559, 561, 562, 574, 595, 605, 612, 614, 629, 630, 631, 633, 643, 646, 651, 653, 655, 668, 671, 679, 686, 689, 693, 696, 698, 699, 706, 723, 732, 733, 742
Versuchsjahr · 93, 103, 246, 386, 542, 688, 689
Versuchung · 34, 111, 126, 135, 163, 165, 225, 345, 399, 446, 571, 590, 609, 660, 696
vertagen · 36
verteidigen · 45, 76, 147, 338, 426, 427, 533, 595, 625, 626
Verteidigungsfront · 251
verteilen · 137, 534, 664
Verteilerliste · 365
verteufeln · 386, 587
vertikal · 273, 679
vertonen · 612, 613
Vertonung · 235, 236, 342, 612, 613, 687, 740

801

Vertrag · 39, 80, 93, 122, 123, 124, 126, 127, 129, 138, 240, 241, 242, 244, 246, 248, 324, 463, 506, 514, 689, 709
vertragen · 43, 155, 468, 608
Vertrauen · 29, 33, 34, 36, 61, 62, 65, 69, 76, 77, 90, 95, 102, 138, 153, 191, 192, 193, 199, 218, 223, 232, 238, 247, 252, 254, 268, 269, 280, 281, 288, 319, 340, 345, 346, 348, 368, 379, 382, 383, 413, 416, 425, 429, 431, 436, 439, 453, 468, 474, 506, 525, 530, 553, 563, 578, 580, 588, 590, 592, 595, 671, 672, 674, 682, 689, 690, 692, 699, 706, 718, 720, 723
Vertrauensverhältnis · 95, 124, 154, 162, 345, 453, 689
vertrauenswürdig · 63, 221, 468
vertraulich · 117
vertraut machen · 735
Vertrautheit · 218, 468
vertretbar · 242, 513, 576
vertreten · 50, 65, 91, 123, 251, 339, 359, 360, 373, 424, 427, 429, 545, 571, 580, 622, 716, 731
verunglücken · 653
Vervielfältigung · 629
verwalten · 353, 560, 659
Verwandte · Siehe Familie
verwaschen · 221, 578
verwässert · 690
verweisen · 90, 124, 427, 485, 694, 720, 746
Verwendung · 462
verwirklichen · 305, 548
verwirren · 135, 182, 333, 368, 369, 404, 488, 555, 653, 665
Verwirrung · 679
verzagt · 230
verzeichnen · 242, 639, 647
verzeihen · 36, 95, 133, 137, 317, 345, 368, 416, 432, 541, 560, 637, 649, 741
verzichten · 184, 264, 374, 444, 634
verzieren · 679
Verzierung · 431
Verzögerung · 171, 355, 398
Verzug · 248
verzweifelt · 55
Verzweiflung · 33, 144, 177, 220, 267, 354, 440, 489, 594, 654, 708
verzwickt · 723
Vibrato · 70, 85, 180, 334, 335, 389, 390, 395, 424, 471, 539, 632, 690, 730, 738
Video · 63, 121, 172, 179, 261, 324, 328, 351, 363, 433, 587, 637, 648, 691, 712, 717, 725, 739
Videofeedback · 328, 691
vielfältig · 102, 723
vielleicht · 26, 34, 35, 40, 54, 55, 62, 79, 87, 90, 92, 95, 109, 112, 144, 148, 150, 152, 171, 176, 188, 194, 195, 199, 200, 207, 212, 216, 219, 220, 225, 226, 231, 238, 249, 268, 274, 287, 294, 299, 327,
341, 345, 348, 350, 354, 376, 381, 389, 394, 395, 396, 405, 423, 424, 433, 435, 440, 448, 455, 463, 465, 492, 504, 516, 540, 560, 568, 577, 580, 583, 585, 588, 594, 595, 601, 605, 613, 621, 629, 637, 639, 641, 653, 656, 658, 667, 669, 670, 688, 709, 712, 718, 722, 729, 731, 732, 733, 742
Vierertakt · 392
Viertel · 215, 259, 260, 261, 273, 315, 358, 367, 422, 482, 498, 530, 531, 564, 570, 617, 628, 629, 645, 665
Viertelkomma · 645
Viertelnote · 215, 370
Viola · 25, 111, 114, 643
Violine · 88, 110, 111, 114, 120, 230, 306, 323, 344, 345, 349, 391, 396, 447, 453, 474, 475, 486, 591, 607, 644, 661, 721, 728
Violoncello · 111, 114, 410
Viren · 299
virtuell · 161, 637, 668
Virtueller Chor · 138
viruzid · 299
visibility · 707
Visier · 332
Vision · 280
Visitenkarte · 172, 204, 397, 520, 639, 693, 710, 735
Visualisierung · 452
visuell · 111, 137, 153, 159, 422, 438, 439, 471, 486, 564, 567, 592, 598
vital · 581
Vitrine · 278
Vitry, Philippe de (1291 – 1361) · 457
Vivaldi, Antonio (1648 – 1741) · 305, 615
Vogel · 223, 230, 593
Vogelfreiheit · 376
Vokal · 26, 40, 42, 52, 61, 88, 89, 101, 150, 151, 157, 158, 179, 181, 191, 229, 233, 237, 257, 258, 264, 281, 290, 309, 310, 313, 321, 322, 327, 330, 341, 342, 343, 347, 387, 424, 427, 441, 451, 467, 551, 569, 574, 577, 602, 618, 634, 635, 642, 687, 694, 695, 696, 697, 712, 736, 737, 738, 739
Vokalausgleich · 26, 313, 314, 315, 441, 694, 719, 737
Vokale (Doppel-) · 150
Vokalfärbung · 696, 737
Vokalise · 67, 105, 158, 212, 235, 291, 320, 341, 602, 615, 654, 695, 696, 698
Vokalmusik · 253, 406, 602
Vokalreinheit · 67, 150, 291, 294, 330, 387, 632, 633, 695, 696
Vokalsingen · 387, 695, 696
Volk · 289, 389, 590, 728, 740
Volkslied · 105, 289, 350, 375, 389, 397, 535, 590, 602, 656, 711
Volksverdummung · 440
voll · 39, 58, 70, 73, 99, 128, 160, 161, 196, 197, 219,
314, 355, 366, 552, 600, 601, 659, 683, 688, 734, 737
Vollbart · 561
Vollbremsung · 310
vollendet · 196, 361, 716
Vollgas · 638, 639
vollkommen · 95, 99, 144, 243, 392, 452, 460, 601, 710, 711
vollständig · 32, 38, 46, 156, 213, 232, 251, 290, 313, 361, 406, 539, 567, 672, 711
Vollzeit · 616, 617
vom Blatt · 277, 497, 552, 553, 699, 700
Von guten Mächten (E. Auerswald - D. Bonhoeffer) · 260, 612, 740
voneinander · 166, 275, 334, 342, 529, 553, 610, 626, 646, 695, 741
vorangehen · 429, 599
Voraus · 116, 166, 357, 393, 550, 555, 727, 733
voraussagen · 89, 93
Voraussetzung · 40, 98, 125, 145, 196, 209, 234, 247, 267, 384, 385, 386, 425, 431, 451, 469, 493, 501, 502, 573, 582, 595, 684, 688, 733
Vorbehalt · 509, 510
vorbei · 194, 216, 281, 355, 356, 370, 432, 507, 517
Vorbereitungsschlag · 643
vorbestimmt · 478
Vorbild · 168, 320, 335
vorbringen · 243, 491, 701
Vordergrund · 34, 46, 69, 111, 195, 235, 236, 263, 334, 349, 357, 374, 391, 398, 414, 437, 448, 500, 516, 532, 612, 631, 644
vordringen · 82, 174, 666, 718
vorenthalten · 192, 238
Vorfall · 324, 425, 548
Vorfeld · 621
vorführen · 588
Vorgabe · 98, 170, 225, 230, 231, 274, 357, 358, 404, 501, 629, 648, 653, 688, 707
Vorgang · 53, 113, 439, 549, 589, 598
Vorgänger · 91, 144, 243, 244, 246, 265, 319, 380, 460, 489, 491, 623, 639, 660, 683
vorgeben · 56, 113, 151, 219, 237, 486, 591, 635, 666
vorgebenen · 392
vorgefertigt · 235
Vorgehen · 76, 193, 278, 544
Vorgesetzte · 214
vorgezeichnet · 440, 481, 629, 662
Vorhaben · 28, 94, 126, 204, 293, 337, 426
Vorhalt · 96, 314, 330, 343, 399, 401, 647
Vorhalt (Quart-) · 96, 398, 401, 647
vorhanden · 59, 85, 92, 106, 128, 146, 173, 241, 258,
279, 372, 384, 390, 398, 399, 413, 417, 491, 540, 553, 613, 629, 679, 687, 738
Vorhang · 448
vorher · 40, 59, 64, 72, 86, 95, 97, 98, 103, 105, 119, 126, 131, 135, 136, 146, 162, 184, 185, 199, 222, 224, 225, 226, 231, 242, 262, 264, 265, 273, 274, 283, 285, 322, 330, 348, 349, 352, 354, 357, 365, 367, 368, 392, 393, 396, 399, 403, 414, 430, 453, 465, 473, 478, 500, 501, 513, 515, 516, 523, 524, 528, 531, 532, 545, 556, 558, 560, 562, 575, 584, 585, 588, 594, 606, 631, 634, 640, 653, 659, 667, 674, 675, 683, 688, 696, 701, 720, 739
vorherig · 105, 277, 314, 339, 435, 482, 509, 515, 690, 705
vorhersagen · 170, 553
Vorhersehbarkeit · 77, 88, 185, 202, 246, 370, 392, 393, 434, 457, 468, 485, 487, 489, 512, 550, 553, 563, 578, 588, 625, 662, 683, 701, 708, 723
vorkommen · 32, 76, 79, 80, 110, 147, 152, 205, 212, 282, 291, 331, 340, 341, 345, 367, 368, 405, 488, 521, 583, 606, 641, 672, 695, 746
Vorlage · 123, 127, 159, 213, 214, 240, 304, 367, 469, 506, 539, 543, 672, 686, 689
Vorlauf · 42, 52, 340, 357, 478
vorleben · 686
vorlegen · 256
Vorleistung · 68, 138, 308, 309, 416, 506
Vorlieben · 122, 250, 459
vorliegen · 288, 497
vormachen · 474
vorne · 27, 41, 48, 73, 74, 81, 82, 83, 105, 111, 114, 115, 120, 133, 148, 151, 168, 169, 180, 230, 231, 265, 271, 273, 277, 279, 280, 303, 310, 314, 322, 323, 327, 328, 347, 349, 350, 355, 358, 368, 369, 377, 391, 398, 416, 445, 469, 509, 532, 546, 547, 552, 557, 562, 573, 578, 591, 593, 594, 597, 598, 615, 616, 640, 669, 696, 698, 703, 705, 712, 719, 727, 734, 736
vornehinein · 94, 242, 272, 357, 378
vornehmen · 137, 272, 396, 581, 647
vornehmlich · 71, 132, 133, 301, 384, 602, 660, 711, 746
vorneweg · 611
vorproben · 518
vorrangig · 241
Vorsatz · 63
Vorschein · 285
Vorschlag · 27, 28, 68, 73, 76, 77, 103, 113, 115,

136, 138, 174, 197, 213, 214, 226, 231, 292, 294, 338, 341, 380, 419, 429, 512, 522, 586, 591, 596, 673, 683, 685, 701
vorschreiben · 340, 368, 373, 440, 496, 574, 644, 646
Vorsicht · 93, 108, 182, 188, 197, 204, 227, 238, 269, 297, 307, 321, 322, 337, 470, 498, 574, 606, 625, 633, 637, 654, 698, 716, 723
Vorspiel · 702
Vorstand (Chor- und Vereins-) · 36, 39, 46, 70, 77, 90, 92, 94, 121, 122, 123, 124, 125, 128, 129, 130, 131, 132, 150, 154, 204, 216, 221, 224, 225, 242, 243, 246, 248, 251, 252, 268, 269, 283, 286, 304, 319, 324, 326, 346, 359, 361, 383, 394, 423, 426, 427, 429, 430, 473, 475, 483, 523, 528, 533, 572, 588, 625, 639, 658, 660, 661, 670, 672, 673, 684, 699, 718, 734
Vorstand (Kirchen-) · 123, 319, 325, 326, 340, 429, 661
vorstellen · 45, 81, 90, 163, 204, 263, 280, 281, 319, 360, 391, 410, 442, 485, 527, 529, 551, 618, 630, 641, 642, 720
Vorstellung · 45, 149, 430, 446, 474, 497, 561
Vorstellung (geistige) · 44, 46, 70, 82, 89, 149, 197, 204, 274, 289, 295, 303, 304, 312, 319, 328, 358, 394, 430, 438, 443, 444, 446, 453, 471, 551, 581, 596, 614, 618, 642, 656, 661, 686, 696, 714, 718
Vorstellungskraft · 609
vortäuschen · 100, 246, 470
Vorteil · 54, 62, 63, 72, 77, 79, 88, 93, 134, 163, 172, 173, 174, 178, 234, 237, 240, 241, 244, 245, 258, 288, 315, 352, 358, 374, 393, 431, 440, 461, 489, 498, 499, 528, 539, 542, 549, 571, 668, 678, 684, 717, 736
Vortrag · 48, 203, 205, 243, 253, 254, 262, 267, 353, 354, 381, 389, 390, 443, 457, 469, 522, 556, 638, 646, 699
Vortritt · 699
vorübergehend · 282
Vorwand · 587
vorwärts · 103, 183, 190, 611
vorwegnehmen · 531
vorweisen · 93, 250
vorwerfen · 302, 424
vorwiegend · 695
Vorzeichen · 97, 464, 534, 644, 646, 679, 680, 702, 703
Votum · 579, 717
Voyeurismus · 221, 367, 639
vs. (versus) · 33, 38, 41, 53, 63, 68, 81, 85, 101, 108, 147, 149, 169, 178, 186,
189, 195, 205, 207, 208, 228, 250, 253, 271, 306, 328, 352, 386, 389, 399, 404, 405, 415, 420, 434, 442, 444, 446, 455, 458, 460, 468, 474, 484, 485, 500, 548, 560, 562, 576, 599, 601, 603, 606, 619, 635, 656, 688, 689, 692, 710, 721, 731

W

Waage · 34, 69, 190, 301, 315, 325, 416, 431
wabern · 421
wach · 134, 135, 146, 155, 211, 228, 272, 323, 333, 344, 363, 404, 439, 475, 486, 499, 556, 562, 598, 612, 696
wachen (auf-) · 310, 562, 639
wachen (er-) · 219
Wachsamkeit · 233
wachsen · 84, 145, 162, 188, 235, 261, 295, 509, 519, 522, 606, 690, 706, 738, 741
Wackeldackel · 168, 275, 328, 352, 398, 404, 439, 474, 564, 601, 698, 705
wackelig · 369, 465
Waffe · 273, 470, 720
wage (sein) · 93, 244, 588
wagen · 378, 586, 689
wählen · 377, 660, 693
wählen (aus-) · 64, 79, 80, 84, 120, 127, 128, 131, 212, 254, 260, 367, 390, 402, 403, 449, 513, 518, 523, 527, 539, 545, 548, 584, 591, 595, 603, 611, 663, 695
wählen (Wahl) · 39, 50, 72, 80, 84, 91, 97, 117, 130, 131, 132, 144, 189, 204, 240, 283, 286, 292, 352, 374, 377, 405, 426, 459, 472, 484, 485, 513, 523, 658, 734
Wahlspruch · 97, 98, 318, 420, 705, 711
wahlweise · 370, 545, 640
Wahnsinn · 80, 149, 192, 336, 531, 546, 629, 739
wahr · 82, 108, 138, 187, 234, 249, 268, 269, 292, 295, 321, 373, 460, 468, 506, 584, 657, 699, 706
während · 26, 54, 59, 61, 63, 64, 73, 74, 76, 94, 99, 101, 105, 123, 138, 164, 171, 184, 186, 189, 212, 219, 221, 227, 228, 239, 243, 255, 265, 268, 272, 275, 277, 279, 281, 295, 347, 350, 352, 354, 360, 361, 377, 438, 458, 492, 493, 497, 503, 540, 541, 558, 561, 563, 575, 583, 590, 605, 608, 616, 633, 641, 642, 674, 676, 682, 691, 699, 719, 722, 735
währenddessen · 41, 54
wahrhaftig · 659
Wahrheit · 27, 29, 63, 109, 168, 175, 191, 246, 263, 295, 319, 377, 405, 435, 448, 483, 492, 557, 572, 577, 585, 586, 622, 659, 671, 692, 706, 707
Wahrnehmung · 32, 43, 49, 62, 63, 64, 75, 77, 80, 85, 94, 96, 97, 98, 115, 121, 124, 132, 133, 134, 161, 169, 176, 178, 180, 184, 191, 197, 212, 218, 219, 227, 235, 236, 238, 249, 250, 251, 252, 255, 262, 263, 281, 282, 284, 294, 295, 311, 346, 356, 369, 374, 377, 382, 385, 390, 395, 396, 400, 404, 442, 476, 479, 495, 496, 497, 498, 503, 507, 517, 541, 543, 548, 561, 563, 568, 570, 576, 577, 590, 591, 592, 595, 610, 611, 619, 620, 633, 635, 641, 648, 654, 660, 661, 664, 667, 678, 681, 683, 685, 687, 692, 697, 698, 700, 707, 708, 721, 723, 727, 732, 733, 738, 740
Wahrnehmung (Außen-) · 28, 63, 97, 178, 251, 252, 319, 400, 539, 621, 639
Wahrnehmung (Eigen-) · 63
Wahrnehmungshierarchie · 25, 135, 185, 332, 392, 492, 551, 653, 654, 701, 709
Wahrnehmungsstörung · 676
Wahrnehmungsverzerrung · 533, 659
wahrscheinlich · 54, 66, 69, 92, 113, 156, 188, 199, 200, 214, 223, 224, 244, 252, 328, 357, 409, 431, 455, 456, 462, 494, 501, 526, 538, 540, 577, 588, 677, 706, 713, 719, 725
Währung · 69, 308, 425, 483, 507, 706
Wald · 33, 197, 392, 493, 494, 498, 563, 662, 708, 709, 722, 723
wallend · 375
Wand · 54, 86, 102, 336, 495, 498, 511, 537, 538
wandeln · 98, 163, 720
wandeln (um-) · 30, 128, 195, 225, 277, 481, 656, 659
wandern (ab-) · 558, 658
wandern (durch-) · 169
Wanderung · 118, 198, 617, 697
Wange · 42, 186, 211, 290, 388, 443, 445, 546, 719
wann · 47, 55, 56, 58, 91, 92, 94, 140, 143, 166, 214, 219, 220, 252, 255, 262, 264, 315, 337, 351, 363, 365, 386, 397, 417, 444, 453, 473, 503, 508, 523, 524, 525, 563, 569, 601, 602, 622, 631, 679, 710
Ware · 68, 245, 246, 348, 354, 356, 384, 390, 425, 507
warm · 175, 179, 184, 185, 187, 264, 278, 325, 352,
361, 362, 374, 377, 432, 498, 553, 558, 649, 715
Warm-Up · 411
warnen · 278, 292, 414, 581
warnen (vor-) · 333, 382, 507
warten · 31, 32, 41, 59, 156, 171, 238, 262, 263, 278, 333, 346, 371, 488, 492, 503, 504, 532, 568, 573, 625, 647, 668, 691, 699, 709, 718, 736
Wartung · 722
warum · 26, 29, 32, 33, 36, 45, 63, 68, 71, 73, 79, 86, 88, 92, 94, 99, 100, 118, 145, 149, 157, 177, 192, 195, 199, 200, 201, 207, 212, 213, 219, 223, 229, 233, 239, 246, 255, 263, 267, 292, 301, 312, 331, 332, 335, 336, 347, 357, 359, 364, 367, 380, 391, 394, 400, 405, 408, 409, 417, 420, 434, 435, 437, 440, 442, 448, 453, 455, 456, 458, 467, 469, 478, 488, 491, 496, 507, 516, 526, 527, 532, 545, 556, 560, 561, 568, 573, 581, 583, 589, 598, 599, 601, 602, 611, 619, 623, 625, 635, 641, 648, 659, 661, 670, 675, 678, 679, 681, 683, 691, 694, 709, 710, 712, 713, 719, 737, 742
Was geschah mit Schillers Schädel? (R. Schmitz) · 412
Wäsche · 172, 258, 511
waschen · 172, 258, 299, 511
Waschlappen · 361
Wasser · 48, 151, 156, 162, 257, 298, 359, 361, 362, 385, 421, 462, 558, 599, 600, 659, 690
watschen · 77
Watt · 247, 352
Webcam · 137
Website · 34, 84, 90, 93, 121, 130, 134, 144, 159, 221, 222, 230, 251, 346, 351, 365, 367, 368, 397, 406, 407, 438, 447, 463, 490, 510, 524, 525, 545, 593, 660, 667, 672, 673, 678, 693, 710, 711, 714
Websites · 406, 688
wechseln · 35, 59, 60, 79, 85, 96, 110, 131, 132, 135, 149, 150, 166, 182, 183, 188, 191, 200, 208, 221, 222, 228, 258, 279, 281, 322, 330, 331, 333, 358, 360, 367, 371, 374, 382, 388, 403, 421, 422, 436, 444, 454, 481, 499, 511, 530, 541, 542, 543, 577, 584, 631, 639, 640, 658, 660, 701, 720, 741
wecken · 33, 344, 492, 624, 658, 739
Wecker · 272
Weg · 25, 34, 35, 40, 58, 65, 69, 71, 74, 87, 93, 102, 103, 109, 119, 136, 152, 155, 159, 165, 166, 169, 172, 196, 198, 200, 208, 214, 226, 229, 235, 237,

803

238, 239, 255, 259, 277, 278, 280, 281, 296, 302, 307, 329, 330, 331, 340, 341, 344, 357, 358, 385, 391, 392, 394, 426, 427, 434, 455, 458, 459, 465, 484, 489, 497, 553, 558, 564, 574, 575, 577, 583, 589, 590, 595, 601, 602, 609, 611, 625, 645, 662, 666, 668, 669, 673, 674, 685, 700, 713, 718, 719, 721, 735, 740, 746
Wegbereiter · 315
Wegfegen · 154
Weggang · 568
weggehen · 281, 578, 591
Wegkorrektur · 335, 391, 669, 712
weglassen · 128, 215, 440, 521, 620, 629, 685
wegnehmen · 35, 62, 97, 169, 594
wegrationalisieren · 413
wegschmeißen · 499, 526
Wegweiser · 170
weh (tun) · 46, 87, 95, 126, 252, 308, 448, 533, 691
wehen · 355, 473
wehren · 30, 93, 251, 269, 586, 594, 635, 701
wehren (ver-) · 228, 241, 528
wehtun · 426, 518, 706
weiblich · 65, 160, 324, 349, 359, 490, 587, 631, 640
weich · 55, 68, 69, 81, 101, 111, 140, 158, 165, 209, 241, 245, 246, 258, 275, 314, 322, 348, 354, 356, 369, 390, 399, 418, 419, 425, 428, 448, 451, 474, 484, 494, 507, 514, 515, 542, 547, 548, 553, 567, 600, 604, 633, 634, 639, 654, 715, 720
weiche Ware · 69, 117, 245, 390, 425, 507
Weichteile · 546
weigern · 138, 150, 152, 211, 212, 248, 263, 393, 506, 738, 741
weigern (ver-) · 42, 124, 212, 238, 279, 435, 591
Weightless · 579
Weihnachten · 31, 32, 178, 264, 357, 373, 375, 387, 470, 510, 514, 516, 576, 658, 740
Weihnachtsfeier · 249, 548, 561, 597
Weihnachtsoratorium · 98, 353, 490, 514
Wein · 363, 442
weinen · 176, 197, 201, 211, 492, 584
Weise · 43, 69, 129, 247, 250, 313, 336, 392, 434, 455, 492, 497, 504, 537, 590, 596, 607
Weisheit · 76
weiß · 53, 72, 176, 188, 222, 310, 336, 337, 342, 352, 373, 406, 489, 507, 545, 563, 573, 706, 720, 736
Weißabgleich · 222
Weisungen · 286, 625
weisungsbefugt · 39, 231, 286, 326
weisungsgebunden · 149

weit · 27, 40, 41, 42, 47, 53, 70, 75, 83, 85, 89, 99, 111, 117, 120, 155, 160, 169, 182, 186, 191, 193, 198, 209, 227, 230, 239, 243, 266, 272, 293, 295, 307, 308, 310, 314, 322, 324, 329, 330, 355, 361, 379, 389, 391, 424, 425, 440, 445, 471, 497, 529, 550, 553, 558, 573, 577, 586, 617, 634, 641, 648, 690, 737, 740
weiten · 38, 81, 82, 140, 198, 208, 233, 281, 387, 514, 543, 576
weiterdenken · 478
weiterfahren · 103, 542, 662
weiterführen · 660
weitergeben · 159, 349, 367, 524, 551, 568, 656, 677, 693
weitergehen · 311, 501, 673
weiterhin · 29, 55, 85, 95, 165, 173, 204, 216, 247, 297, 396, 402, 495, 593, 629, 699, 708, 709
weitermachen · 531, 675
weitreichend · 44, 153, 177, 307
Weitsicht · 541
Welle · 342, 538, 714
Wellenlänge · 152, 159, 293, 334, 355, 537, 607, 714
Welpenschutz · 70
Welt · 99, 134, 153, 154, 156, 205, 211, 214, 234, 250, 289, 319, 344, 360, 393, 396, 397, 398, 429, 473, 489, 499, 522, 556, 573, 603, 625, 660, 661, 676, 710, 715, 722
weltlich · 45, 405, 525, 715
Weltrekord · 394
Welttournee · 94
wenden (ab-) · 151
wenden (an-) · 42, 70, 89, 102, 109, 123, 131, 141, 149, 154, 162, 163, 168, 175, 177, 186, 193, 214, 226, 228, 255, 291, 313, 380, 384, 409, 411, 420, 429, 431, 493, 501, 532, 552, 553, 645, 652, 671, 696, 719
wenden (auf-) · 429, 640, 737
wenden (gegen) · 238
wenden (gegen-) · 577
wenden (hin-) · 32, 350, 474
wenden (ver-) · 37, 106, 136, 217, 221, 247, 281, 329, 432, 453, 462, 506, 524, 539, 543, 564, 566, 587, 644, 646, 663, 692, 742
Wendung · 302, 329, 552, 685
wenig · 26, 27, 29, 40, 54, 55, 59, 60, 62, 64, 71, 83, 88, 89, 91, 93, 97, 98, 103, 111, 117, 118, 122, 123, 128, 130, 132, 141, 146, 151, 160, 163, 168, 171, 172, 173, 176, 178, 179, 180, 181, 183, 186, 189, 192, 193, 201, 202, 203, 217, 218, 222, 223, 226, 227, 229, 231, 237, 240, 243, 244, 245, 246, 251, 258, 261, 264,

267, 272, 273, 274, 277, 286, 288, 289, 297, 309, 311, 319, 324, 326, 327, 334, 337, 342, 348, 354, 359, 361, 362, 369, 372, 373, 376, 377, 381, 395, 396, 402, 411, 412, 413, 415, 417, 428, 434, 436, 437, 445, 451, 456, 457, 463, 468, 470, 472, 475, 479, 486, 488, 496, 499, 502, 506, 508, 514, 515, 516, 517, 521, 537, 540, 541, 543, 545, 546, 556, 558, 561, 568, 571, 573, 576, 591, 593, 594, 598, 606, 610, 611, 612, 615, 616, 625, 630, 633, 637, 643, 648, 651, 657, 660, 668, 671, 674, 676, 681, 685, 698, 706, 710, 719, 727, 730, 731, 732, 734, 735
wenigstens · 190, 227, 303, 315, 332, 337, 464, 475, 586, 628
Werbeaussage · 679
Werbekunden · 520
Werbung · 43, 52, 60, 71, 147, 159, 188, 201, 221, 226, 240, 251, 268, 299, 304, 324, 337, 359, 363, 364, 367, 368, 373, 437, 447, 448, 489, 490, 496, 520, 525, 526, 533, 545, 581, 620, 621, 660, 678, 693, 707, 710, 711, 715, 734
Werbungskosten · 520
Werckmeister III · 645, 646
Werckmeister, Andreas (1645 – 1706) · 645
werfen · 76, 88, 206, 550, 581, 629, 733
werfen (ent-) · 113, 368, 419, 639
werfen (raus-) · 212, 289, 670
werfen (um-) · 179, 265, 312, 390, 465, 483, 659, 729
werfen (unter-) · 170, 273, 337, 541, 542, 646
werfen (ver-) · 58
werfen (vor-) · 161, 171, 199, 202, 241, 287, 302, 373, 409, 416, 421, 567, 587, 670, 685, 701
Werk · 26, 28, 59, 66, 91, 94, 106, 115, 176, 235, 236, 250, 271, 303, 305, 349, 350, 407, 408, 410, 457, 461, 477, 490, 517, 521, 522, 572, 584, 603, 620, 628, 630, 676, 677, 679, 703, 712, 720, 740
Werkstatt · 432
Werkzeug · 52, 63, 174, 195, 197, 275, 278, 292, 331, 332, 363, 620, 720, 722, 736
Wert · 332, 417, 425, 462, 611, 673, 714
Wertegemeinschaft · 50, 253, 268, 427, 492, 586, 686, 715, 716
wertelos · 716
werten (auf-) · 229
werten (be-) · 33, 52, 62, 68, 69, 72, 76, 95, 127, 133, 145, 148, 154, 156, 160,

178, 179, 185, 193, 198, 199, 207, 227, 230, 238, 246, 248, 251, 259, 265, 266, 280, 319, 345, 348, 354, 362, 363, 382, 383, 390, 410, 417, 432, 447, 448, 455, 456, 458, 459, 475, 484, 527, 530, 533, 535, 542, 547, 548, 555, 570, 572, 578, 579, 585, 598, 602, 624, 656, 663, 686, 687, 692, 695, 702, 706, 707, 708, 709, 715, 716, 723, 732, 733, 734, 736, 738
wertig (gleich-) · 33, 156, 273, 338, 345, 359, 574, 633
wertig (grenz-) · 266
wertig (hoch-) · 125, 222, 556
wertig (höher-) · 602
wertig (voll-) · 126, 560
wertlos · 678
wertvoll · 32, 48, 68, 71, 144, 155, 178, 202, 246, 324, 458, 545, 621, 625, 626, 721
Wesen · 640
wesentlich · 106, 161, 267, 326, 390
Wespen · 498
wet · 115, 152, 157, 158, 173, 255, 293, 321, 355, 366, 567, 687
wett machen · 93, 209
Wettbewerb · 124, 267, 345, 467, 535, 571, 622, 716, 717
Wette · 254, 345
Wetter · 43, 227, 374, 385, 534, 540, 553, 684, 715
WhatsApp · 29, 159, 172, 315, 367, 580, 627, 691, 717
when in doubt · 717, 718
white lies · 706
wichtig · 25, 27, 29, 43, 46, 47, 58, 59, 60, 62, 68, 69, 99, 100, 109, 118, 122, 129, 130, 134, 148, 149, 152, 156, 158, 169, 171, 180, 184, 185, 190, 199, 200, 202, 204, 207, 208, 213, 214, 228, 235, 236, 241, 252, 254, 257, 263, 266, 271, 272, 279, 284, 285, 291, 296, 301, 315, 317, 319, 326, 336, 340, 343, 344, 347, 348, 351, 352, 353, 370, 371, 374, 378, 379, 380, 382, 391, 398, 399, 400, 427, 429, 441, 442, 444, 446, 448, 454, 459, 465, 467, 469, 481, 483, 484, 488, 489, 491, 494, 496, 501, 502, 503, 511, 516, 521, 526, 532, 548, 549, 554, 559, 561, 562, 576, 580, 582, 588, 592, 598, 602, 606, 611, 622, 625, 635, 647, 648, 652, 656, 661, 662, 669, 675, 676, 678, 681, 683, 684, 687, 689, 691, 698, 702, 708, 716, 719, 721, 723, 730, 734, 735, 736, 737, 741
widerfahren · 719
Widerruf · 526
widersetzen · 227

widersprechen · 29, 80, 108, 109, 130, 144, 147, 159, 235, 238, 245, 324, 352, 427, 561, 628, 629, 671, 673, 720, 742
Widerstand · 50, 135, 206, 398, 443, 445, 545, 590, 670, 689, 717
widmen · 452, 501
wiedergeben · 235, 541, 612, 617, 628, 665, 740
wiederholen · 40, 49, 54, 67, 68, 73, 86, 88, 89, 99, 145, 148, 156, 199, 200, 202, 211, 222, 224, 228, 260, 269, 304, 353, 380, 381, 401, 402, 406, 437, 456, 457, 470, 501, 504, 529, 549, 561, 574, 583, 593, 602, 613, 640, 647, 653, 674, 682, 694, 707, 713, 714, 718, 719, 721, 733
Wiederholungszeichen · 665
wiederkehrend · 88, 188
wiederkommen · 65, 68, 229, 453, 472
wiedernehmen · 705
wiederum · 71, 96, 99, 135, 178, 241, 321, 337, 338, 341, 361, 371, 392, 402, 464, 473, 480, 513, 594, 628, 642, 661, 667, 737, 738, 746
wiegen · 34, 84, 190, 192, 301, 561
wiegen (auf-) · 281
Wiener · 110, 111, 114, 411
Wienersängerknaben · 389
Wiesel · 375
Wikipedia · 28, 37, 51, 53, 106, 148, 161, 259, 289, 290, 301, 329, 394, 407, 410, 419, 452, 467, 534, 542, 567, 590, 597, 605, 607, 651, 689, 693, 694, 695, 707, 711, 712, 720, 724, 740, 741
wild · 601, 657
Wild · 686
Wille · 73, 77, 129, 130, 149, 254, 278, 283, 348, 361, 380, 390, 540, 541, 549, 560, 631, 646, 659, 681, 682, 717
Willemsen, Roger (1955 – 2016) · 550
willfährig · 721
Williams, Tennessee (1911 – 1983) · 631
willkommen · 472, 716
Willkommensriten · 472
Willkür · 288, 289, 604
Wind · 341, 350, 385, 443, 473, 499, 595
winden · 169
Windrichtung · 499
Wink · 69
Winkel · 198, 328, 597
winkeln (an-) · 606
winken · 59
winken (ab-) · 193, 368, 369, 370, 569
Winter · 88, 325, 357, 374, 375
wippen · 81, 271, 606, 721
Wirbelwind · 659
Wirgefühl · 249
wirken · 167, 214, 221, 222, 226, 298, 318, 341, 343, 395, 472, 494, 527, 564,

577, 587, 630, 638, 661, 663, 693, 705, 728, 731
wirken (aus-) · 130, 168, 177, 284, 417, 586
wirklich · 29, 33, 34, 44, 47, 50, 58, 62, 63, 69, 70, 71, 72, 81, 88, 113, 125, 128, 135, 140, 146, 152, 154, 159, 166, 167, 173, 174, 180, 186, 188, 190, 193, 200, 202, 206, 216, 222, 226, 229, 234, 246, 247, 259, 267, 274, 279, 287, 294, 297, 298, 303, 316, 318, 329, 348, 349, 351, 352, 356, 357, 367, 370, 374, 381, 406, 407, 409, 412, 413, 422, 429, 433, 440, 444, 452, 459, 460, 491, 498, 506, 512, 527, 538, 556, 558, 561, 568, 570, 571, 581, 587, 593, 595, 596, 599, 601, 608, 618, 623, 629, 633, 634, 637, 657, 658, 669, 670, 671, 672, 693, 694, 702, 716, 722, 730, 732, 742
Wirklichkeit · 417, 682
wirksam · 28, 31, 42, 129, 140, 226, 386, 441, 442, 464, 490, 532, 585, 605, 633, 721
Wirkung · 32, 34, 76, 81, 82, 90, 93, 94, 98, 122, 137, 147, 150, 152, 154, 156, 166, 168, 175, 195, 214, 229, 238, 244, 259, 267, 273, 274, 282, 298, 299, 313, 331, 341, 349, 350, 351, 371, 374, 376, 384, 398, 423, 437, 457, 465, 479, 483, 489, 495, 507, 508, 526, 551, 552, 559, 561, 571, 575, 580, 657, 671, 673, 678, 709, 716, 719, 731
wirkungsvoll · 81, 200, 219, 274, 343, 399, 443, 479, 493, 518, 606, 654, 707
Wirtschaft · 27, 69, 117, 122, 129, 231, 353, 448, 586, 678
wischen · 33, 156, 217, 499
wissen · 28, 34, 43, 44, 45, 48, 56, 60, 62, 72, 76, 81, 88, 90, 91, 92, 99, 109, 115, 118, 120, 122, 128, 130, 131, 133, 147, 149, 155, 157, 162, 164, 168, 170, 178, 186, 187, 200, 211, 214, 217, 232, 236, 245, 251, 256, 259, 271, 278, 279, 280, 281, 285, 286, 289, 295, 305, 306, 307, 308, 310, 317, 321, 323, 324, 326, 327, 331, 337, 339, 341, 342, 343, 344, 346, 351, 354, 364, 373, 378, 380, 384, 385, 397, 398, 405, 406, 408, 409, 410, 411, 412, 413, 417, 419, 421, 423, 426, 432, 435, 437, 442, 446, 447, 448, 449, 452, 453, 456, 457, 458, 465, 467, 468, 473, 474, 481, 483, 487, 488, 489, 491, 496, 501, 504, 508, 514, 517, 518, 521, 525, 526, 527, 530, 538, 541, 545,

547, 552, 554, 557, 560, 561, 563, 567, 568, 573, 580, 581, 582, 585, 588, 591, 594, 599, 600, 607, 608, 611, 615, 623, 631, 632, 634, 636, 642, 646, 647, 657, 659, 661, 662, 676, 682, 688, 689, 699, 706, 715, 718, 720, 721, 729, 733, 736, 739
Wissen · 323, 431, 487, 636, 641, 646, 679
Wissen (un-) · 320, 332, 337, 484
Wissenschaft · 44, 223, 233
wissenschaftlich · 161, 206, 261, 353, 402, 412, 461, 463, 611, 677, 679, 680
Wissensstand · 127, 398, 399, 491
Wissensvorsprung · 34, 130, 144, 339, 341, 449, 722, 728
witzig · 201, 280, 297, 348, 359, 369, 387, 388, 413, 572, 654, 722
WLAN · 137
woanders · 87, 325, 357, 718
Woche · 30, 43, 47, 58, 62, 72, 73, 121, 129, 179, 180, 181, 192, 193, 216, 227, 230, 235, 238, 248, 256, 258, 266, 267, 307, 319, 333, 358, 364, 365, 367, 379, 384, 411, 414, 437, 452, 460, 468, 478, 513, 516, 519, 522, 540, 545, 555, 573, 575, 577, 578, 585, 666, 667, 678, 688, 691, 702, 709, 719, 727, 728, 745
Wochenende · 60, 117, 118, 243, 258, 283, 305, 393, 511, 512, 513, 526, 575, 650
Wochentag · 123, 509, 513
wöchentlich · 123, 126, 179, 514, 727
Wogen · 674
Wohl · 95, 212, 468, 491, 534, 709
wohl gesonnen · 101
Wohlbefinden · 476
wohlfühlen · 34, 73, 102, 134, 246, 428, 468, 500, 636, 683
wohlgemerkt · 49, 59, 98, 126, 191, 271, 273, 284, 305, 339, 404, 442
wohnen · 49, 117, 127, 154, 188, 193, 223, 252, 261, 531, 532, 732
Wohnort · 127, 646
Wolf · 199, 392, 563, 662, 723
Wolf, Notker (*1940) · 199
Wolkenkuckucksheim · 33, 409, 562
wollen · 27, 28, 29, 30, 40, 43, 55, 56, 63, 69, 71, 72, 76, 81, 85, 87, 89, 90, 91, 94, 95, 97, 98, 99, 100, 101, 103, 122, 123, 130, 131, 133, 134, 143, 145, 147, 149, 160, 161, 162, 171, 172, 174, 184, 186, 187, 190, 193, 200, 201, 202, 203, 205, 208, 215, 217, 218, 223, 225, 226, 227, 228, 230,

231, 242, 243, 245, 246, 251, 252, 254, 255, 257, 258, 264, 268, 284, 285, 288, 291, 292, 295, 297, 304, 305, 315, 316, 320, 321, 322, 323, 324, 327, 332, 334, 335, 336, 337, 341, 343, 350, 356, 360, 364, 366, 376, 378, 380, 381, 385, 386, 390, 392, 395, 401, 402, 405, 406, 414, 416, 419, 420, 425, 428, 437, 440, 441, 442, 448, 453, 457, 459, 460, 463, 468, 472, 477, 485, 489, 492, 496, 500, 503, 506, 511, 512, 514, 516, 519, 525, 526, 527, 528, 529, 533, 535, 539, 540, 541, 542, 545, 547, 556, 557, 568, 578, 579, 584, 585, 589, 591, 595, 599, 603, 621, 622, 624, 625, 631, 632, 633, 638, 639, 653, 658, 663, 672, 681, 685, 689, 698, 700, 702, 705, 708, 709, 716, 719, 722, 731, 737, 739, 741, 742
Wolschke, Martin · 410
Word (Microsoft) · 58, 90, 247, 262, 372, 403
Workout · 411
Wort · 30, 42, 46, 52, 62, 66, 76, 80, 84, 96, 108, 110, 138, 144, 147, 154, 166, 184, 195, 212, 218, 228, 229, 232, 233, 235, 236, 237, 245, 246, 251, 255, 281, 286, 313, 315, 342, 343, 377, 385, 395, 399, 407, 413, 415, 416, 419, 428, 441, 462, 530, 537, 540, 551, 560, 567, 569, 582, 589, 592, 603, 612, 617, 628, 629, 635, 639, 644, 650, 651, 654, 657, 678, 692, 695, 696, 697, 712, 724, 736, 737, 741, 746
Wörterbuch · 406
Wortgefechte · 709
wortgewandt · 484
Wortlaut · 660
wörtlich · 114, 236, 320, 542, 586, 735
wortlos · 522
Wortrezeption · 567, 686, 724
Wortschatz · 218, 229, 419, 485, 724
Wortschwerpunktsubstitute · 428
Wortsinn · 64, 79, 208, 483, 557, 581, 582, 679
Wort-Ton-Verhältnis · 30, 235, 236, 540
Wortwahl · 495, 571, 713
wozu · 301, 426, 456
Wright, Sylvia · 441
Wumms · 543
Wunde · 212
Wunder · 166, 181, 220, 318, 390, 657
wunderbar · 165, 216, 259, 389, 411, 524, 621, 671, 712
wundern · 146, 206, 478, 561, 628
wundervoll · 194, 622
Wunderwaffe · 546

805

Wunsch · 43, 47, 56, 91, 92, 93, 94, 120, 121, 126, 127, 128, 137, 148, 171, 174, 176, 195, 211, 214, 219, 224, 235, 246, 249, 336, 338, 345, 367, 379, 381, 413, 439, 444, 448, 449, 453, 463, 474, 475, 478, 481, 497, 522, 527, 545, 562, 580, 597, 631, 657, 673, 682, 683, 691, 693, 716, 717, 735, 740
würdigen · 124, 350, 477, 594
würgen · 135, 389, 620
wursteln · 167
Würze · 370
wurzeln · 392
Wurzeln · 50, 83, 84, 94, 111, 460
Wust · 593
Wut · 172, 176, 255, 310, 311, 436, 465, 572, 573, 709
WYSIWYG · 34

X

xy (Tonaufnahme) · 648

Y

Yoga · 284
YouTube · 136, 137, 172, 216, 351, 433, 447, 579, 706, 712, 725

Z

z.T. · 52, 156, 187, 227, 358, 382, 391, 503, 519, 545, 621, 646, 711
zackig · 707
Zahl · 30, 161, 190, 244, 369, 395, 434, 509, 551, 572, 611, 668
zählen · 54, 55, 56, 69, 93, 96, 149, 179, 181, 188, 215, 251, 254, 257, 259, 260, 261, 281, 282, 293, 334, 358, 370, 426, 431, 451, 458, 481, 482, 484, 487, 492, 493, 500, 504, 523, 551, 571, 593, 594, 596, 601, 602, 605, 610, 614, 616, 617, 621, 628, 636, 656,714
zählen (ab-) · 42, 119, 378, 416, 580, 593, 598
Zähler · 480
zahlungsfähig · 706
Zählzeit · 55, 56, 257, 431, 480, 566, 616
Zahndamm · 377
Zähne · 316, 432, 589, 615
Zähne (Schneide-) · 31, 42, 52, 88, 89, 101, 151, 279, 281, 291, 310, 311, 313, 322, 377, 395, 443,
445, 467, 471, 602, 615, 632, 634, 694, 698, 719, 735, 738
zähneknirschen · 148
Zahnweh (R. Schumann) · 39, 342, 547, 569, 681
Zauber · 36, 147, 258, 287, 389, 507, 547, 551
Zauberfrage · 635, 727, 736
Zaun · 444, 594
Zeichen · 61, 135, 182, 186, 233, 246, 274, 308, 310, 335, 349, 350, 360, 371, 383, 384, 385, 389, 394, 416, 437, 438, 443, 457, 477, 487, 533, 541, 552, 560, 579, 580, 596, 599, 612, 641, 643, 651, 667, 696
zeichnen · *Siehe* malen
Zeigefinger · 54, 168, 274, 460
zeigen · 29, 33, 49, 53, 63, 65, 73, 76, 83, 85, 89, 90, 91, 92, 96, 99, 102, 131, 138, 139, 149, 164, 168, 171, 174, 189, 204, 211, 212, 215, 232, 238, 258, 259, 273, 274, 275, 277, 278, 302, 316, 325, 338, 339, 346, 349, 350, 352, 354, 360, 369, 381, 389, 396,401, 404, 405, 412, 417, 419, 421, 422, 423, 426, 427, 435, 449, 456, 462, 465, 470, 471, 481, 494, 507, 508, 509, 533, 541, 552, 569, 576, 587, 601, 613, 622, 641, 642, 665, 666, 686, 691, 692, 697, 711, 723
zeigen (vor-) · 93
Zeiger · 710
Zeile · 37, 172, 184, 211, 212, 282, 342, 403, 526, 618, 713
Zeising, Adolf (1810 – 1876) · 259
Zeit · 28, 32, 42, 43, 44, 46, 47, 48, 52, 54, 55, 59, 64, 65, 66, 67, 68, 71, 84, 85, 86, 88, 90, 109, 113, 114, 119, 120, 122, 123, 126, 129, 132, 152, 155, 156, 160, 162, 163, 171, 172, 177, 180, 181, 183, 184, 187, 189, 193, 196, 197, 206, 215, 218, 220, 222, 227, 229, 237, 238, 242, 249, 256, 259, 262, 264, 265, 266, 271, 272, 275, 288, 289, 298, 302, 306, 307, 315, 319, 324, 331, 333, 337, 339, 341, 343, 344, 346, 349, 350, 353, 357, 358, 360, 362, 367, 370, 371, 375, 379, 385, 391, 393, 400, 403, 407, 411, 412, 413, 414, 415, 417, 424, 426, 429, 433, 436, 443, 444, 446, 452, 453, 460, 461, 465, 473, 475, 478, 488, 493, 498, 502, 510, 512, 513, 514, 518, 522, 531, 532, 533, 539, 544, 548, 562, 570, 572, 574, 575, 576, 578, 584, 586, 588, 607, 610, 616, 625, 626, 628, 629, 630, 636, 637, 642, 643, 648, 650, 651,
653, 654, 664, 670, 671, 674, 676, 677, 679, 682, 685, 689, 690, 699, 700, 705, 717, 718, 719, 720, 723, 727, 733, 742
zeitaufwändig · 356
Zeitdruck · 473
Zeiteinheit · 502
Zeitersparnis · 144, 160, 502, 508, 727
Zeitgeist · 196
Zeitgeschehen · 43
Zeitgründe · 545
zeitlich · 97, 150, 158, 259, 305, 382, 383, 459, 501, 564
Zeitplan · 354, 502, 504, 550
Zeitpunkt · 56, 58, 122, 258, 259, 260, 262, 311, 372, 402, 424, 469, 503, 517, 531, 558, 699, 700
Zeitraum · 96, 165, 290, 417, 454, 479, 493, 502, 504, 509, 539, 578, 630, 682
zeitsensitiv · 465
Zeitung · 43, 92, 130, 201, 203, 222, 365, 367, 368, 370, 397, 496
Zeitverschwendung · 249, 316, 597, 653
Zeitversetzung · 152
zelebrieren · 34
Zensur · 695, 728
Zentimeter · 102, 345, 491, 616, 714
zentral · 148, 153, 277, 664, 669, 697
Zentralorgan · 175, 669
Zentralton · 728
zentrieren · 82, 189, 219, 230, 416, 445, 632
Zepter · 148
zerbrechlich · 345, 650, 721
Zerren · 447
zerrissen · 583
zerstören · 28, 64, 77, 124, 154, 175, 228, 250, 280, 337, 396, 455, 456, 484, 493, 558, 588, 590, 620, 622, 623, 673, 684, 685, 692, 699, 732
Zerstörer · 622, 623
Zetern · 447
Zettel · 58, 99, 185, 263, 264, 359, 364, 385, 403, 404, 425, 438, 500, 505, 520, 543, 633, 693, 735
Zeug · 618
Zeuge · 269, 587
zeugen · 48, 53, 71, 76, 90, 131, 188, 263, 357, 559, 590, 717, 731
Zeugnis · 93
ziehen · 53, 70, 74, 75, 95, 98, 109, 138, 140, 160, 179, 196, 200, 205, 212, 232, 283, 287, 293, 321, 341, 352, 356, 362, 398, 417, 425, 427, 430, 493, 546, 552, 574, 632, 637, 656, 658, 676, 739
ziehen (er-) · 52, 55, 220, 236, 281, 323, 333, 377, 386, 485, 532, 641, 642
ziehen (hinzu-) · 423
ziehen (vor-) · 28, 132, 427, 459, 587
ziehen (weg-) · 25, 382, 404
ziehen (zurück-) · 573
ziehen (zusammen-) · 657, 665
Ziel · 26, 33, 42, 60, 66, 69, 70, 74, 85, 90, 92, 102, 103, 109, 131, 139, 165, 166, 170, 175, 179, 193, 194, 195, 202, 204, 205, 213, 220, 223, 224, 229, 236, 237, 238, 239, 257, 268, 280, 285, 291, 308, 310, 312, 313, 333, 334, 337, 354, 355, 366, 375, 386,414, 420, 423, 426, 435, 437, 460, 483, 484, 494, 512, 513, 527, 544, 547, 550, 557, 560, 569, 577, 581, 582, 583, 593, 596, 597, 601, 610, 617, 621, 623, 625, 633, 639, 648, 688, 691, 702, 711, 715, 721, 728, 729, 731
Ziel (Etappen-) · 165, 207, 267, 414, 452, 489, 518, 539, 544, 671
zielen · 133, 539, 728
zielführend · 71, 87, 108, 287, 455, 545, 608, 648, 710
zielgerichtet · 103, 156, 180, 415, 560, 589, 617, 653, 688, 728
Zielgröße · 168, 169
Zielgruppe · 362
Zielrichtung · 440
Zielton · 97, 257, 608, 609, 728, 738
Zielton(art) · 26, 42, 165, 257, 304, 427, 428, 609, 647, 681, 698, 738
ziemlich · 160, 188, 250, 272, 458, 489, 527, 529, 578, 600, 710, 735
Ziffern · 710
Zigarettenanzünder · 278
Zimmer · 684
Zinnsoldaten · 721
zip · 667
Zischlaut · 649
Zitat · 50, 315, 573, 603
Zitrone · 33, 42
zittern · 334, 690
zivilisiert · 239, 255
Zombie · 640
Zoom · 136, 137
Zoom H2 · 648
zuallererst · 85, 258, 473, 484, 670
zucken · 62, 576, 626
zücken · 69
Zucker · 298, 659, 721
Zuckerbrot · 339
Zuckerersatzstoffe · 298
zuerst · 33, 38, 41, 45, 70, 74, 87, 89, 94, 95, 97, 109, 110, 146, 147, 148, 149, 151, 154, 178, 193, 198, 204, 225, 230, 237, 244, 246, 257, 268, 273, 274, 278, 283, 291, 294, 302, 311, 314, 321, 328, 331, 333, 338, 341, 343, 346, 349, 350, 354, 363, 366, 370,392, 395, 408, 433, 443, 446, 459, 465, 470, 471, 484, 485, 499, 502, 503, 509, 515, 521, 531, 552, 559, 561, 575, 577, 588, 604, 611, 615, 619, 623, 629, 632, 635, 646, 672, 676, 678, 686, 687, 689, 690, 696, 700,

703, 706, 717, 722, 728, 736, 739, 740, 745
Zufall · 35, 44, 193, 231, 260, 302, 437, 556
zufolge · 211, 362, 468, 541
Zufriedenheit · 29, 63, 86, 144, 160, 197, 215, 229, 246, 255, 258, 265, 285, 287, 292, 312, 416, 421, 455, 483, 484, 502, 512, 516, 517, 519, 522, 548, 550, 571, 585, 621, 624, 631, 648, 658, 678, 696, 731, 732
zufriedenstellen · 27, 63, 258, 443, 481, 621
Zug · 33, 430, 531, 609, 662
Zugabe · 99, 353, 437, 517, 733, 734
Zugang · 53, 94, 129, 193, 299, 407, 456
zugänglich · 218, 244, 410
zugeben · 34, 149, 188, 227, 349, 359, 431, 548, 558, 620
zugegebenermaßen · 130, 154, 332, 375, 377
zugehörig · 92, 238, 241, 388, 427, 458, 471, 527, 695
zugesprochen · 707
zugig · 645
zügig · 333
zugleich · 320, 555, 692
zugreifen · 217, 351, 462
zugrundeliegend · 208, 564, 614
zugunsten · 360, 424, 460, 462, 571, 629
zugutekommen · 475
zuhauf · 222, 533
Zuhilfenahme · 645
Zuhörer · *Siehe* Publikum
Zuhörermenge · 362, 733
Zukunft · 87, 92, 93, 123, 133, 145, 199, 200, 214, 282, 317, 421, 423, 431, 453, 462, 483, 526, 623, 638, 734
zumindest · 62, 64, 88, 98, 114, 127, 133, 136, 143, 146, 150, 188, 211, 212, 222, 273, 289, 341, 345, 346, 350, 357, 379, 383, 389, 410, 426, 447, 457, 475, 479, 483, 489, 492, 498, 499, 506, 524, 529, 530, 587, 593, 608, 612, 667, 688, 719
zunehmen · 88, 273, 317, 533, 585
Zunge · 30, 31, 48, 96, 281, 314, 323, 342, 377, 388, 424, 443, 445, 471, 600, 602, 614, 615, 632, 634, 694, 719, 735, 736, 738

Zunge (Halb-) · 322
Zunge (Mittel-) · 377
Zungenbändchen · 600
Zungenpfeifen · 444
Zungenspitze · 31, 42, 52, 88, 89, 101, 151, 279, 281, 291, 310, 311, 313, 322, 323, 327, 377, 395, 416, 443, 445, 467, 471, 600, 615, 634, 640, 694, 698, 708, 712, 719, 735, 736, 738
zupfen · 73
Zur musikalischen Temperatur (H. Kelletat) · 411
zurechtfinden · 708
zurechtweisen · 271
zurren · 85
Zurschaustellung · 736
zurückbekommen · 548
zurückbringen · 673
zurückgesetzt · 154
zurückgreifen · 108, 218, 679, 680
zurückkehren · 39, 192, 602, 695
zurücklassen · 550, 733
zurücklegen · 165, 609
zurücklehnen · 662
Zurückweisen · 587
zurzeit · 250, 370, 461, 526, 602, 637, 660, 662
Zusage · 34
zusammen · 25, 26, 37, 41, 73, 91, 117, 135, 147, 151, 165, 175, 191, 197, 249, 262, 274, 279, 292, 324, 329, 332, 359, 371, 378, 403, 428, 446, 492, 497, 503, 542, 553, 575, 582, 628, 654, 655, 670, 688, 722
Zusammenarbeit · 189, 239
zusammenbrechen · 42, 369, 465, 654
Zusammenbruchstelle · 369
Zusammenfassung · 37, 117, 185, 246, 309, 315, 400, 567, 570, 643, 668, 733, 736, 740
zusammengepfercht · 376
Zusammenhalt · 64, 97, 184, 528, 591, 656
Zusammenhang · 30, 34, 60, 70, 75, 90, 96, 186, 190, 215, 218, 259, 278, 282, 308, 326, 385, 400, 441, 451, 456, 503, 515, 529, 535, 566, 567, 570, 572, 574, 604, 617, 647, 648, 713, 718, 719
Zusammenklang · 158, 280, 295
zusammenscheißen · 192
Zusammenschluss · 134

zusammenschweißen · 45, 117, 371, 717
zusammensetzen · 64, 233, 245, 246, 289, 325, 329, 557, 603, 678
Zusammensingen · 75, 183, 428, 499, 519, 610, 624, 669, 701, 708
Zusammenspiel · 148
zusammenstellen · 345, 411, 473, 522, 528, 535, 595, 613
Zusammenstellung · 535
Zusatz · 121, 122, 124, 125, 126, 138, 171, 180, 235, 237, 262, 394, 454, 521, 538, 539, 680, 701, 740
zusätzlich · 29, 84, 98, 125, 126, 152, 163, 173, 242, 281, 298, 314, 324, 329, 359, 370, 386, 434, 474, 543, 602, 660, 701, 720
Zuschauer · *Siehe* Publikum
zusichern · 514
zusprechen · 580, 592
Zustand · 100, 211, 212, 218, 219, 229, 258, 308, 392, 449, 488, 546, 622
Zustand (Ist-) · 124, 187, 310, 311
zuständig · 49, 124, 222, 352, 360, 361, 391, 456, 538, 632
Zustandsbeschreibung · 389, 390, 549
zutrauen · 341, 504, 643
zutreffen · 566
Zutun · 294, 314
zuverlässig · 394, 650
zuvorkommend · 360
Zuwachs · 242, 458
zvab.com · 712
Zwang · 255, 731
Zweck · 46, 53, 75, 82, 98, 123, 126, 129, 157, 173, 189, 202, 216, 221, 233, 260, 262, 278, 284, 291, 293, 324, 337, 351, 353, 371, 377, 427, 471, 473, 492, 496, 508, 525, 526, 528, 529, 545, 557, 581, 605, 617, 630, 665, 688, 695, 700, 710
Zweckgemeinschaft · 98
Zweier · 260, 480, 481, 617, 618
Zweiertakt · 392, 482
Zweifel · 117, 176, 291, 379, 400, 515, 579, 583, 623, 717
Zweifelsfall · 28, 33, 49, 80, 88, 124, 146, 156, 195, 200, 209, 251, 262, 295, 383, 473, 484, 504, 525, 527, 555, 556, 558, 572,

579, 583, 587, 595, 629, 637, 639, 672, 718
Zweiklassengesellschaft · 442
zweireihig · 114, 137, 153, 219, 498, 592
Zwerchfell · 38, 61, 81, 82, 140, 474, 508, 531, 576, 589, 604, 607, 729, 741
Zwiebelprinzip · 325
Zwiespalt · 149, 286
zwingen · 39, 42, 51, 54, 55, 62, 69, 73, 77, 79, 82, 83, 85, 103, 118, 126, 148, 149, 152, 153, 160, 162, 185, 188, 194, 199, 200, 214, 218, 220, 224, 226, 228, 231, 247, 250, 254, 255, 273, 274, 277, 285, 296, 297, 311, 317, 327, 331, 344, 347, 352, 353, 358, 369, 374, 387, 402, 423, 425, 429, 435, 452, 464, 467, 470, 475, 483, 488, 522, 527, 528, 593, 604, 609, 615, 644, 646, 660, 661, 669, 670, 675, 712, 717, 721, 727
zwischen · 37, 72, 75, 79, 81, 96, 101, 106, 110, 117, 123, 127, 132, 137, 148, 149, 153, 161, 162, 178, 181, 183, 187, 188, 189, 206, 227, 228, 232, 235, 239, 251, 258, 261, 286, 303, 333, 345, 348, 360, 364, 369, 371, 377, 390, 396, 397, 403, 419, 421, 423, 433, 445, 447, 472, 473, 474, 479, 481, 484, 485, 511, 515, 538, 546, 551, 558, 559, 564, 609, 610, 614, 616, 623, 630, 649, 652, 697, 713, 716, 723, 737, 741
Zwischenbericht · 122, 288, 397
Zwischenbetonung · 566
zwischendurch · 51, 55, 60, 105, 258, 306, 334, 348, 349, 376, 387, 518, 656, 674, 699
Zwischenfall · 199, 200
Zwischenraum · 198
Zwischenstation · 175, 390
Zwischenzeit · 183, 245, 344, 393
zwischenzeitlich · 63, 65, 124, 453, 506, 599, 699
Zwölftonmusik · 253
Zyklus · 179, 454
zynisch · 347, 349, 445, 742